中国畜牧业

年　鉴

1999

中国畜牧业年鉴编辑委员会编

中国农业出版社

中国畜牧业年鉴编辑委员会

目 录

统计资料

科技教育

饲草饲料

草业

畜禽良种

产业化经营

商品基地建设

规模经营

兽医工作

兽药及器械

国际经济技术活动

环境保护

专题文章

大事记

附录

发　展　综　述

1998年畜牧业发展概况

1998年是中国畜牧业经历了极不平凡的一年。由于受亚洲金融风暴的冲击，国内外市场出现疲软，加上三年多时间"养猪热"的积累，产品过剩，严重"卖难"，价格大幅度下跌。长江、松花江、嫩江流域发生百年不遇特大洪涝灾害，使十几个省区的畜牧业遭受严重损失。在如此大的困难面前，中国各级政府及畜牧业管理部门采取了一系列行之有效的措施，加之中国畜牧业经过近50年尤其是改革开放20年的快速发展，整体素质大幅度提高，抵御各种风险能力明显增强，经受住了考验，度过了难关，实现了大灾之年继续夺丰收的目标。

第一，顺利完成了国家畜牧兽医行政管理部门机构改革，转变了工作职能。1998年是中国经济体制改革动作较大的一年，改革率先从国家行政机关开始，然后向地方各级机关延伸。在这次改革中，农业部原畜牧兽医司和全国饲料工业办公室合并，组成农业部畜牧兽医局(全国饲料工作办公室)，人员减少55%，职能做了相应调整，做到了简减队伍，转变职能，提高效率。

第二，强化了法制工作。改革开放以来，中国政府一直致力于加强畜牧兽医领域的法制建设，从1985年颁布实施《家畜家禽防疫条例》开始，至今行业法律、法规达到5部，有《草原法》、《动物防疫法》、《兽药管理条例》、《种畜禽管理条例》、《进出境动物植物检疫法》等，相应的细则、规章上百部。1998年是法制建设进展较大的一年，与正在实施的5部法律、法规相配套，又出台了《种畜禽管理条例实施细则》、《种畜禽生产经营许可证管理办法》、《动物疫情报告管理办法》、《动物防疫、监督实施办法》、《兽药批准文号管理规定》等8部法规。《饲料管理条例》已草拟完毕，可望1999年出台。正在修改的法规有《草原法》、《兽药管理条例》、《进出境动植物检疫法》。地方各级政府对畜牧兽医法制建设敢非常重视，制定了一大批与国家法规配套的规定，各地还根据实际制定了一批法规。法制工作的加强，使我国畜牧兽医工作进入了法制时代。

第三，动物保护工程开始启动，兽医工作得到加强。1998年是我国兽医工作充满生机与省略，取得重大进展的一年，也是经受严峻考验的一年。一是《动物防疫法》已颁布2年，经过2年的实践与摸索，制定了一系列配套法规并颁布实施，以法制牧步伐加快。二是动物保护工程开始实施，制定了《全国动物保护工程建设规划》和《全国无规定动物疫病区项目实施方案》，其核心是加强对省、地、县三级动物防疫监督机构的基础设施建设，加强动物疫病测报网络建设，对大型兽药厂进行改造，以及加强动物防疫和产地检疫工作。三是全国发生大范围洪涝灾害，造成疫病流行隐患，给控制疫病增加了难度。但由于兽医体系建设取得了明显成效，加之灾情发生后，各级政府和业务主管部门采取措施及时而得力，有效地控制了疫病，保证了大灾之年无大疫发生。

第四，启动了"畜禽良种工程"。畜禽良种是畜牧业生产的基本生产资料，推广应用畜禽良种对改善和提高畜产品质量，提高生产效率和效益具有重要作用。为此，各级政府一直重视良种体系建设，通过五十年来的不懈努力，形成了自上而下，横向贯通的畜禽良种繁育体系。目前全国有各级种畜禽场1 700多个，还设有省、地、县各级畜禽良种推广站，乡镇畜牧兽医综合技术推广站，大部分村有推广员。启动良种工程的宗旨就是在现有的基础上，根据生产发展的需要和未来趋势，根据生产布局，区别重点和一般，有针对性地对一些环节予以加强。为此农业部颁布了《加强全国畜禽良种繁育体系建设的意见》，根据此意见制定了《全国种畜禽良种工程建设规划》。1998年重点加强了国家种畜禽场、重点种公牛站和畜禽质量监测检验中心的投资建设，其中国家重点种畜禽场20个，种公牛站8个。对70多个种畜禽场进行检查验收，并颁发了经营许可证。

第五，草原生态建设力度加大。我国有近60亿亩草地，是重要的畜牧业资源。但是由于长期的不合理利用，建设保护不够，致使北方大面积草原退化，严重影响了生态环境，而南方草山草坡开发利用不够，势必造成资源浪费。这些问题已引起了各级政府的重视，改革开放以来国家已拿出大量资金用于草地建设。1995年国家开始进行牧区开发示范工程建设,1998年国家又追加资金与原有资金一并开始了草地生态工程建设,其范围也由北方扩大到南方草山草坡建设。通过工程建设,项目县的草地退化现象达到有效遏止,草地畜牧业开始向草畜平衡方向发展。此外还编制了长江、黄河中上游草地生态治理、长江中下游退耕还湖种草养畜、治理水土流失一系列规划,待时机成熟开始实施。

第六,社会化服务体系建设有新突破。中国设有自上而下的畜牧兽医社会化服务体系,省、地、县、乡分四级有5万多个推广服务机构,40多万人,还有50多万村级推广员。其中,处在生产第一线的乡镇畜牧兽医站,是推广科学技术,服务农牧民的主力军。但是这支队伍长期性质不明,经费无保证,编制不定,影响了这支队伍的工作积极性。为此,于1992年农业部与人事部联合下文明确了乡镇站性质,规定了定编标准,随后国家有关部门又多次下文要求做好落实工作,包括落实经费。1998年乡镇畜牧兽医站三定工作有了大的进展,46 249个乡镇站全部定为全民所有制事业单位,其中财政列支的站为30 989个,占总站数67%。全国乡镇站共定编制295 407人,1998年下达编制270 482人,占编制总数92%。

第七,瘦肉型猪商品基地和秸杆养牛羊示范县建设稳步发展。商品猪基地建设从1983年开始试点,到目前已形成了"气候",全国共建基地县490个,其中1998年新增28个。基地县生产能力逐年增强,提供商品数量增加。目前基地县出栏肥猪占全国总数47.3%。

1992年开始实施国家级秸秆养牛示范县建设项目,1995年又扩展到养羊,到目前全国有国家级示范县268个,其中1998年新增54个。地方示范县187个。通过兴建示范县,带动了养牛业的发展,推动了粗饲料的开发利用,为走适合我国国情的节粮型畜牧业之路做了积极探索。

(农业部畜牧兽医局　全国畜牧兽医总站)

养猪业概况

1998年我国生猪年末存栏42 256万头,肉猪年出栏50 215万头,猪肉产量达到了3 884万吨,分别比1997年增长5.5%、8%和8%,猪肉在全国肉类总产量中的比重占到67.8%。我国生猪存栏数达到了世界总存栏量的一半,肉猪出栏数达到了世界总出栏数的46.2%,猪肉产量达到了世界总产量的46.1%。

【猪肉生产区域分布】 我国的猪群分布表现出明显特点,冀、苏、皖、赣、鲁、豫、鄂、湘、桂、川是我国生猪十大主产省(以下简称十大主产省),生猪出栏3.26亿头,猪肉产量2 487.3万吨,分别占到全国总量的64.9%和64.1%。其中四川出栏生猪5 589.8万头,占全国总量的11.1%,其他几个省生猪年出栏在3 000万头以上的有:湖南5 467.3万头、河南3 592.9万头、山东3 123.2万头。

东北辽、吉、黑三省是我国重要的粮食产区,1998年粮食产量占全国粮食总产量的14.3%,丰富的粮食资源使东北三省成为我国生猪生产的新产区,1998年东北三省出栏生猪3 453.4万头,比1991年的1 862.0万头增加1 591.4万头,出栏生猪的年递增率达9.2%,比同期全国6.2%的年递增率高3个百分点,生猪生产呈现强劲的发展势头。猪肉供应由1991年以前的每年调入170万头变为自给有余。

经济发达的北京、上海、天津、广东、福建和浙江等省、直辖市每年都要从周边省区调入相当数量的生猪,是主要的销区。

【商品猪基地生产】 1998年480个商品瘦肉型猪基地,生猪出栏量和猪肉产量分别达到22 482.9万头和1 620.66万吨,分别占全国总量的45.6%和43.2%。基地县中涌现了一批生猪生产大县。年出栏生猪100万头以上的县有41个,占基地县数的8.8%,仅湖南省就有14个出栏生猪超百万的大县,其中湘潭县出栏生猪达185万头。基地县外调出生猪10 145.44万头,其中二、三元杂交瘦肉型猪9 638.2万头,外调生猪数量大的省份有:四川省外调1 096.88万头、山东省929.9万头,湖南省895万头。外调生猪折合猪肉771.74万吨。

【生猪生产的主要方式】 一是小农户养猪,每户平均饲养3~5头猪,其生猪饲养量占全国饲养总量的75%~80%,生产的猪肉偏脂肪型;二是专业户养猪,每户饲养规模从数百头到上千头,其生猪饲养量占全国饲养总量的15%左右,生产的猪肉偏瘦肉型;三是工厂化养猪,年出栏1万~5万头,其生猪饲养量占全国饲养总量的5%左右,生产的猪肉为瘦肉型。前两类生产的猪肉主要供给国内市场,工厂化猪场所生产的瘦肉型猪部分作供港活猪,部分供大城市消费。按生产水平来评价,部分工厂化猪场已经达到发达国家的水平。

【生猪市场价格变动】 1998年生猪市场价格变化有两个显著的特点,一是上半年价格下降幅度大。生猪价格从3月份开始下降到6月份,仔猪、活猪、猪肉同比分别下降42.39%、27.36%和23.53%,造成生猪生产全面亏损,不少地方出现"卖猪难"。二是生猪价格波动周期短。生猪价格从3月份下跌到7月份开始回升,仅有4个月时间,比以往任何一次波动所经历的时间都短。造成上半年畜产品价格普遍下跌的原因，主要是在此之前，生猪生产经历了一个较长时间的高价位，生产者普遍扩大规模，大量留养母猪，不少主产省的母猪存栏占猪群的 10%~15%，大大超过 7%~8% 的合理范围；一些地方搞地区封锁，垄断经营，造成流通渠道不畅；同时在生猪生产和经营环节上滥收税费，损害了生产者利益，给生产造成严重影响。

在激烈的市场竞争中，生猪生产必须加快从数量型向质量型的转变。随着城乡居民生活水平的提高，畜产品由短缺到基本满足市场供应后，人们对畜产品的需要，已不仅仅是数量上的满足，而是更加重视产品的质量。因此，要及时调整结构，努力降低成本，获得较高效益。同时，还要积极创造条件，推进产业化进程。要做好产前、产中、产后服务，支持并发挥各种组织在生猪流通加工中的作用，做好产销衔接，提高生产者抗御市场风险的能力。

（农业部畜牧兽医局）

家禽业概况

【肉鸡生产】 80年代以来，我国引进了国际上先进的肉鸡生产方式和生产技术，肉鸡行业异军突起，蓬勃发展，成为畜牧业产业化经营水平最高的行业之一。1998 年禽肉产量为 1 087.3 万吨，其中肉鸡肉产量约 520 万吨，占全国肉类总产量的 10%以上。为世界第二大肉鸡生产国。

我国肉鸡生产区主要在山东、广东、江苏、四川、辽宁、河南等省，排在我国禽肉产量前十位的省市其产量合计约占全国总产量的 75%以上。广东省是生产黄羽肉鸡数量最多的省份，山东省是白羽肉用仔鸡生产量最大的省。目前我国的肉鸡生产的组织形式主要有三种类型：一是独立性生产，即联合体式生产，集种鸡饲养、商品鸡生产、饲料加工、屠宰加工和销售等生产环节为一体，每个生产环节受联合体的统一控制和平衡，饲养规模庞大，饲养管理和经营管理水平高，并具有雄厚的经济实力，如上海大江、山东诸城外贸、北京华都等；二是非独立性生产，以一个企业为龙头，带动周围农户规模饲养，各生产环节各自独立，这种生产组织形式在国内最为普遍。三是千家万户的分散饲养，以自给为主，生产条件低，其产品商品率较低，对市场的波动不敏感。据 1996 年统计，全国年出栏 10 000 只以上肉鸡场共 61 579 个，出栏肉鸡 15.43 亿只，占全国出栏肉鸡总数的 40%。

在肉鸡消费方面，我国存在较大的地域间差异。南部尤其是粤、桂、闽、浙、苏、沪等省市对黄羽肉鸡十分偏爱，其中浙、苏、沪消费黄羽肉鸡有一定的季节性，而广东、广西、福建 3 省则是常年消费，这些地方活鸡价格比西装鸡还高；北方地区对肉鸡的消费以白羽肉用仔鸡为主。

我国的肉鸡出口主要有两种，一是活鸡出口到港澳，出口量基本在 3 500 万~4 000 万只，1997 年受香港发生禽流感的影响，1998 年出口数量有所下降。二是冻鸡出口到日、韩和部分欧洲国家，冻鸡的出口量从 1987 年的 1.8 万吨发展到 1997 年的 30 万吨左右。单从数字上看，冻鸡的出口量虽然不到生产量的 5%，但用于加工出口分割鸡肉的原料鸡肉近 90 万吨，约占肉用仔鸡总产量的 15%，冻鸡的出口对我国肉用仔鸡生产的发展有重要的作用。

我国冻鸡出口的市场原来分布比较合理，鸡胸肉销欧盟，鸡腿肉销日本，鸡翅、鸡爪等销国内。三个市场都属高价区，互为依托，竞争力较强。自 1997 年以来，三个市场的优势尽失。主要是欧美国家将鸡的一些副产品以低廉的价格出口我国，使国内市场价格走低；美国市场打不开，欧盟市场关闭，使鸡胸肉外销不畅，价格大跌；日本市场竞争激烈，我国所占市场份额萎缩。出口价格大幅度下降，出口日本的冻鸡产品由最高时的每吨 2 600 美元下降到 1 600 美元。1998 年全国大部分肉鸡生产加工企业效益下降，亏损经营。1998 年全国祖代种鸡（白羽）饲养量比 1997 年下降约 35%。但是，优质黄羽肉鸡却出现上升趋势，尤其在北方地区。

【蛋鸡生产】 我国鸡蛋生产主要在黄淮海地区及东北三省的玉米产地，该区域饲料资源丰富、交通便利、地理及气候条件适宜蛋鸡养殖。1998 年禽蛋产量2 018.5 万吨，其中河北、河南、山东、江苏、辽宁等 5 个省，占全国禽蛋总产量的 57.3%。目前，全国已形成了“北蛋南调”的格局。

我国蛋鸡生产的形式有规模化饲养、适度规模的个体饲养和千家万户的分散饲养。据统计，1996 年我国年饲养蛋鸡 10 000 只以上的企业有 6 403 个，其中饲养 1 万~5 万只的企业有 5 865 个，5 万~10 万只的有 377 个，10 万~20 万只的有 129 个，20 万只以上的有 31 个。

在消费上，以鲜蛋为主，约占总产量 90%。我国北方的鸡蛋消费量高于南方，而南方的水禽蛋消费量较大，消费鸡蛋时，对蛋壳颜色有选择，以褐壳蛋为主，并偏好粉壳蛋。我国的禽蛋出口量较小，主要是对港澳地区出口鲜蛋。

自 1997 年以来，主产区的鸡蛋市场零售价格在每千克 5 元左右，这是由于鸡蛋人均占有量较高，又以鲜蛋为主，消费比较平稳。而生产却保持持续增长，出现供过于求的状况，生产效益明显下降，从而导致大城市郊区的较大规模商品蛋鸡场亏损严重，有的压缩规模，有的已经转产，北京、上海等市已明显减少饲养量。但与此同时，在主产省的广大农村适度规模的专业饲养户,却依然有所收益,养殖每只鸡仍有10元的利润,饲养热情不减。这个区域蛋鸡生产,适度规模养殖户集中连片,密度很大,如石家庄郊区的辛集、藁城等县,他们确立以村级为单位,发展"大规模、大群体"的生产模式,帮助解决种苗、饲料、销售、防疫灭病等问题。可以说,未来这些地区生产情况的好坏,将影响我国鸡蛋的供应情况。

【水禽生产】 我国是世界上最大的水禽生产和消费国,1998年水禽肉(包括鸭肉和鹅肉)产量为426万吨,水禽蛋(鸭蛋)产量约为350万吨,水禽肉、蛋、羽绒产量均位居世界第一。水禽饲养在我国有悠久的历史,劳动人民在长期的生产实践中培育出许多生产性能优良的地方良种,如绍兴鸭、金定鸭、北京鸭、狮头鹅、豁眼鹅等。水禽加工产品丰富多样,风味独特,如北京烤鸭、松花皮蛋、盐水鸭、双黄咸蛋等,享誉国内外。

我国传统的水禽饲养区主要分布在长江流域及其以南地区,该区域内江河纵横、湖泊众多,水生动植物资源丰富,为水禽发展提供了得天独厚的自然地理环境条件,水禽饲养已成为南方畜牧业重要的组成部分。近年来,随着以产品加工企业为龙头,带动农民饲养水禽的外向型生产迅速发展,北方的水禽饲养也具有了一定的规模。

我国南方的水禽饲养逐渐由过去的以放牧为主的千家万户分散饲养过渡到规模化、适度规模专业化和农户分散饲养并举的局面。鱼鸭结合、蛋鸭圈养、肉鸭网上饲养和水禽全价配合饲料等实用技术在较大范围内推广应用,整体的水禽饲养水平有了显著提高。特别是近十年来,北方地区充分利用当地丰富的饲料资源,建起了一批高起点、上规模的肉鸭出口企业,成为国家重要的肉鸭出口基地和肉鸭产品生产供应基地。

我国的水禽产品消费,南方历来是以饲养蛋用和兼用型麻鸭为主,国内除了北京烤鸭和广东、广西的烧鸭使用白羽肉鸭外,其他著名的鸭肉熟制品生产都是使用麻鸭。80年代以来,为满足国内市场和出口的需要,转以白羽北京鸭为鸭肉熟制品加工原料的趋势愈加明显,江苏的盐水鸭、四川的樟茶鸭、熟板鸭等大多改用白羽北京鸭,出口的分割鸭肉则采用经过系统选育的白羽肉鸭。其中,盐水鸭的加工已开始使用真空保鲜包装,生产技术有了较大改进。

我国水禽产品的出口贸易一直比较活跃,除传统的出口品种如板鸭、松花皮蛋、咸蛋等,近年来发展起来的白羽肉鸭屠宰分割出口也占据国际市场的较大份额,约占世界鸭肉总贸易量的25%。我国鸭肉的出口市场主要是日本和韩国,传统鸭肉制品和再制蛋的出口主要是东南亚和海外华侨的聚居区。近年,随着我国国内羽绒产品深加工的发展,原绒的出口逐渐减少。

(农业部畜牧兽医局)

奶业生产概况

【奶源总体分布与奶的生产】 我国的奶源主要由牛奶和羊奶构成。在奶类总产量中,牛奶占85%左右。奶畜资源除奶牛及改良种奶牛、奶山羊外,还有黄牛、牦牛和水牛。在牧区,马和骆驼也少量产奶,供牧民自食。

1. 奶牛及改良种奶牛存栏情况、分布及产奶水平。据1998年末统计,全国有奶牛及改良种奶牛439.65万头,1949—1998年的49年间,年平均递增率为7.6%。近年来,我国奶牛总的饲养头数呈增长趋势,但增幅不大。目前,牧区饲养数量较多,其中内蒙古72.61万头、新疆97.67万头。其次是农区和农牧结合地区,饲养数量超过全国总饲养头数的一半,其中饲养10万头以上的省份有黑龙江65万头、河北42.20万头、甘肃32.54万头、山东14.76万头、山西12.66万头、陕西12.55万头。为保证城市的消毒奶及奶制品供应,在大中城市郊区都有一定数量的奶牛饲养,其中以北京、上海、天津饲养量较大,分别为6.28万头、5.75万头、2.65万头。

大中城市郊区和农区主要饲养品种为中国荷斯坦牛,饲养方式为全舍饲或半舍饲,成母牛平均产奶水平为5 000千克;牧区饲养品种有三河牛和新疆褐牛,以放牧为主,平均产奶水平在3 000千克左右,乳脂率为4.2%。以上三个品种牛与当地黄牛杂交的改良种牛也主要在牧区饲养,产奶水平在2 000千克左右。

2. 其他奶畜饲养状况及分布。

(1)黄牛。我国有丰富的黄牛资源,全国黄牛存栏9 849.76万头,存栏在300万头以上的省、自治区有河南、河北、山东、山西、安徽、云南、广西、四川、贵州、甘肃、内蒙古、吉林、黑龙江、湖南、新疆等,大多为肉用。牧区有小部分进行季节性挤奶,产奶水平仅500千克。

(2)牦牛。牦牛主要分布在青海、西藏、四川、甘肃、新疆、云南6省、自治区的高原草地。总饲养量约1 400万头。成母牛年平均产奶约200千克,含脂率高,达到6.5%~7.5%。四川、青海、西藏少数民族地区奶类产品大多来自牦牛奶。

(3)水牛。我国有水牛2 425.12万头,主要分布在中南和西南地区。从50年代起就开始培育乳肉兼用水牛,一个泌乳期可产奶2 000千克左右,由于分散饲养,改良头数少,除极少数地区外,大都没有形成生产规模,影响奶的生产和利用。

(4)奶山羊。奶山羊饲养量约490万只,主要分布在陕西、山东、河南、河北4省,约占全国奶山羊总数的75%。成母羊年平均产奶量为300~600千克。由于饲养分散,乳品加工形不成规模,产品单一,一定程度上制约了奶山羊的发展。

【乳品加工业现状及分布】 我国现有乳制品加工企业500余个,大部分为日加工处理鲜奶100吨以下的规模。最大规模的企业年产乳制品3.5万吨。乳制品重点产区的产量占全国总产量的比重:黑龙江22.1%,河北13.4%,浙江8.3%,山东6.7%,内蒙古6.5%,陕西6.0%。液体奶以大中城市乳品企业生产为主,产量较高的城市为上海占32.6%,北京占20.1%。

1998年,我国干乳制品产量为65万吨。在乳制品产量中,以奶粉为主,约占总产量的70%。其他产品如奶油、炼乳、干酪素等约占30%。奶粉多数为加糖奶粉、婴儿奶粉、脱脂奶粉,全脂奶粉量较小。液体奶长期以来以生产消毒奶为主。近年来,随着城市消费水平的提高,酸牛奶、添加风味物质的花色奶产量增加很快。随着无菌灌装技术和设备的引进,各种保鲜奶的生产也有了很大增长。乳制品市场花色品种日趋丰富。

【奶类消费情况】 我国乳制品消费受收入、消费习惯以及营养知识、城市化程度等多方面因素的影响,总的消费水平不高。1998年为6.13千克,近20年间增长5.11千克,年人均消费增长0.26千克。我国不同地区奶类消费水平差异很大,大中城市是奶和奶制品的主要消费市场,北京、上海人均奶类消费量已超过30千克,牧区的牧民人均消费超过40千克,而农区人均消费不足2千克。

【奶业发展的特点】 "九五"期间,我国经济体制由计划经济体制向社会主义市场经济体制转变,对奶业的发展政策有较大幅度的调整,奶业结构相应发生变化,我国奶业处于调整期。

1. 取消财政补贴,逐步放开奶价。各地相继取消了实行多年的供应奶牛平价精饲料的办法(即"以奶换料",平议差价由财政补贴),并取消了对牛奶收购的价格补贴。售奶价格由政府严格监控(即所谓"管一头,放一头")到逐步完全放开。

2. 投资主体多元化。奶业由单一经济形式向多种经济形式转变,个体饲养奶牛量逐年扩大,集体、私营、中外合资及外商独资乳品加工企业有较大发展,初步形成了国家、集体、个体一齐上,国有、私营、中外合资、外商独资乳品企业共同发展的新格局。特别是实力雄厚的跨国公司纷纷涌入我国市场,外资和技术的引进,对提高我国奶业的技术和管理水平起到了积极作用。

3. 实行产业化经营。在计划经济条件下,奶牛饲养与加工、销售各自分立,产、加、销之间的利益分配由政策、计划进行调整。而实行市场经济,其利益分配不均的矛盾突出出来。实行产业化经营成为奶业发展的趋势。奶业发展由产、加、销脱节向一体化、集团化转变,集产前、产中、产后为一体的新型乳品企业、乳业集团在这种转变中兴起,并开始创出了自己的名牌,市场占有率逐年提高。一批中、小型乳品企业通过重组、兼并或加盟大的乳业集团,得到了改造。

4. 加快奶源基地调整。大中城市加工企业的奶源基地由近郊向远郊区、县和农区、牧区转移,出现了"奶牛下乡,牛奶进城";农、牧区的奶源基地向乳品加工企业集中,推动了规模化经营,为奶牛业实现高产、优质、高效、低耗的集约化经营创造了条件。另外,由于激烈的市场竞争,一些技术相对落后的中、小乳品企业被挤垮,供应其奶源的饲养业同时萎缩,也促进奶源布局的再调整。

5. 产品多样化。由于市场需求的变化,奶业开始进行产品结构调整。奶制品由单纯的消毒奶和奶粉生产为主的格局也相应发生变化,各种液态奶、发酵奶、配方奶粉的开发极大地丰富了奶制品市场。

奶业在我国畜牧业中,是一个相对滞后的产业,人均消费水平远远低于世界平均水平。因此,加快奶业发展,既是提高国民健康水平的重要措施,也是加快调整农业产业结构、促进农村经济发展、增加农民收入的一个切入点和新的经济增长点,具有重要的战略意义。随着宣传力度的加大和生活水平的不断提高,人们对提高营养健康水平和生活质量的需求日益强烈,乳品的消费需求将有较大增长。

(农业部畜牧兽医局)

羊毛产销概况

【我国羊毛生产现状】 羊毛产业生产不仅在我国畜牧业生产和人民生活中占有重要地位,同时也是边疆和少数民族地区经济发展的重要支柱产业。改革开放以来,羊毛生产得到了一定发展。1998年绵羊存栏1.27亿只,比1980年的1.07亿只增长19%;羊毛产量达到27.7万吨,比1980年的17.6万吨增长57%,其中细羊毛11.6万吨,增长82%,半细羊毛6.1万吨,增长75%。羊毛品质有所改善,细羊毛净毛率达到41%,提高了5个百分点。羊只个体产毛量明显提高,细毛羊和半细毛羊的个体平均产毛量分别达到3.9千克和3.2千克,提高了0.9千克和0.7千克。

从羊毛生产的区域分布来看,内蒙古、新疆等西部牧区是我国羊毛特别是细羊毛的主产地区。1998年新疆、内蒙古、青海、甘肃和西藏五大牧区省区绵羊存栏数8 606万只,占全国绵羊存栏总数的68%,生产绵羊毛16.8万吨,占全国绵羊毛总产量的61%,其中生产细羊毛7.2万吨,占全国细羊毛总产量的63%;山东、山西、河南和河北中原四省绵羊存栏2 196万只,占全国绵羊存栏总数的17%,生产绵羊毛5.1万吨,占全国绵羊毛总产量的19%;辽宁、吉林和黑龙江东北三省绵羊存栏786万只，占全国绵羊存栏总数的6%，生产绵羊毛3.9万吨，占全国绵羊毛总产量的14%；剩余的四川、浙江、江苏、云南、陕西、宁夏等省绵羊存栏1 129万只，占全国绵羊存栏总数的9%，生产绵羊毛1.8万吨，约占全国绵羊毛总产量的6%。

我国细毛羊的发展大致经历了三个阶段。第一阶段是从50年代到60年代，主要推广的是原苏联的细毛羊品种，培育出我国第一个细毛羊品种新疆细毛羊。第二阶段是从70年代到80年代，主要利用澳大利亚美利奴羊品种培育自己的细毛羊品种，先后培育出内蒙古细毛羊、东北细毛羊和中国美利奴细毛羊等品种。这些羊的羊毛细度以60～64支纱为主，毛长度在6～9厘米，净毛率在40～50%左右，其中以中国美利奴羊的品质最优。在此期间，各种羊场先后引进澳洲美利奴细毛羊来提高这些国内培育品种的品质，使国内细毛羊的改良速度明显加快。第三阶段是从90年代初开始，通过选育细度在66支纱以上的优质细毛羊，并采取边选育边推广的技术路线，已在新疆、吉林两省形成一定规模的能够生产高档精纺用毛的优质细毛羊群体，累计改良细毛羊300多万只。为我国自己生产高支纱毛，实施优质羊毛工程建设打下良好的基础。

【羊毛市场价格】 自1989年后，我国羊毛价格长期走低，平均毛价在8～10元/千克。与此同时，近十年里，国际、国内羊毛市场发生较大变化，用毛从强毛型(细度在25微米)向细毛型(细度在21～19微米)转变。根据羊毛市场的变化，农业部从1994年开始，着手细毛羊生产结构的调整，积极发展优质细毛羊生产，在优质细毛羊生产区实行边选育边推广，建立羊毛分级、整理、打包、检验的现代羊毛管理制度，帮助成立了新疆优质细毛羊生产者协会。

从毛纺行业的情况看，1998年全国毛纺生产能力387万锭，毛织机3.1万台。毛纺生产能力主要集中在东部地区，仅江苏、山东、上海、浙江、广东、辽宁6个沿海省市生产能力占全国的63%。1980年全国毛纺能力60万锭，1996年增加到408万锭，80年代以来新增的近350万毛纺生产能力中，非国有企业约占75%。国家纺织工业局决定以全国408万毛纺锭为基数，用3年时间在全国范围内压缩淘汰100万落后毛纺锭。到1998年，全国毛纺总锭数已压缩到387万锭，比1996年减少了21万锭，其中粗纺锭减少15万锭，毛线锭减少10万锭，其他纺锭减少5万锭，然而精纺锭数却增加了近9万锭。这一变化结果表明，毛纺工业在其结构调整中，粗纺和毛线生产的能力在下降，精纺能力在提高。精纺能力提高的结果是，高支数羊毛的用量在增加。1998年羊毛及其制品出口额约24.47亿美元，占纺织工业出口总额的6%。其中羊绒出口2 003吨，出口值1亿美元。1998年毛纺工业原料及其制品的进口以羊毛为主，羊毛(含毛条)进口额约占羊毛及其制品进口额的50%，1998年进口羊毛16.8万吨，比上年减少18.63%，是1992年以来进口羊毛数量最少的一年。

从羊毛、羊绒市场销售情况看，细羊毛平均收购价不到10元/千克，新疆为8.5元/千克，80%左右的羊毛仍积压在牧民手中；羊绒平均收购价100～120元/千克，低的仅有80元/千克，比去年同期下降50%～60%。羊毛、羊绒价格低迷的原因主要有：第一，1997年进口羊毛较多，为20.7万吨(其中毛条4.6万吨)，由于毛纺行业和毛纺织品市场不景气，加上毛纺压锭力度大，库存进口羊毛可维持企业纺织用毛的需要。同时，受金融危机的影响，国际市场羊毛价格全面走低，对国内羊毛市场造成直接影响，因此，国产羊毛基本上是有价无市。第二，羊肉价格较高，毛肉比价严重倒置，1980年，我国的毛肉比价为2.96:1(接近国际市场的比价)，1990年为1.46:1，1998年为0.55:1。毛肉比价的变化，致使不少牧民由饲养毛用羊改为饲养肉用羊，绵羊品种改良出现倒改，促使了羊毛价格的下跌。第三，羊绒价格受国际市场价格影响较大，金融危机爆发后，国际市场羊绒价格回落，羊绒出口数量和价格均大幅度下跌，同时国内羊绒制品销售不景气，价格下降，导致羊绒市场价格走低。

根据羊毛市场特点和毛纺压锭出现的新情况，羊毛生产一是要加快细毛羊生产的结构调整，发展优质细毛羊生产，适应毛纺结构调整的用毛需要；二是要下大力气规范羊毛的分级、打包、检验工作，向国际通行做法看齐；三是要积极进入规范的羊毛市场，及时掌握纺织工业信息，明确工业用毛要求，同时减少中间环节，保护生产者的利益。

(农业部畜牧兽医局)

领 导 讲 话

齐景发副部长在1997年全国农业工作会议畜牧饲料专业会议上的讲话

一、充分认识畜牧业发展的地位和作用

党的十五大强调指出，要继续加强农业基础地位，坚持把农业放在经济工作的首位。畜牧业是农业的重要组成部分，因此，强调农业，也必须把畜牧业摆到重要位置。

许多同志都会记得，在50～70年代的时候，肉、蛋、奶极度缺乏，市场上凭票供应，副食店里排长队购买，在价格上肥肉要比瘦肉高出很多。这种局面一直持续了30多年。党的十一届三中全会将我国历史的发展翻开了崭新的一页。改革开放首先是从农村开始的，农业和整个农村的面貌发生了翻天覆地的变化。

这一时期也是我国畜牧业发展最快的时期，近20年连续以10%以上的速度增长，这在世界畜牧业史上是绝无仅有的。从1978年到1985年短短几年就发展成为世界第一禽蛋生产大国，到1991年肉类也跃居世界首位。我国的饲料工业在改革开放中也取得突破性进展，去年配合饲料产量达到5 118万吨，预计今年可达5 500万吨，为发展畜牧业提供了坚实的物质基础。如果说我们以占世界7%的耕地养活了占世界22%的人口，是了不起的事情，那么，在这块土地上解决12亿人的畜产品消费问题，市场上这么丰富多彩，同样也是举世公认的业绩。大力发展畜牧业的作用和意义表现在许多方面，概括起来，主要是：

第一，增加畜产品有效供给，成为社会稳定的重要因素。我们常说"无粮不稳"，可以再加上一句："无肉不安"。道理很简单。试想，如果市场上缺肉、缺蛋，或者肉蛋价格很高，人们将是什么心情，什么舆论？现在，无论是穷还是富，谁也用不着为买肉买蛋而为难。1996年我国人均肉蛋奶占有量分别达到49.5千克、16千克和6.1千克。肉类人均超过世界平均水平10多千克，禽蛋达到发达国家水平，奶类供应也有所改善。充足的货源，丰富了市场、稳定了物价，为抑制通货膨胀做出了贡献。近两年来，市场物价指数低，很大程度上得益于农业连年丰收，其中畜产品的极大丰富是重要因素。

第二，提高畜牧业的比重，有利于巩固农业的基础地位。畜牧业产值占农业总产值比重的大小，是衡量一个国家农业现代化程度的重要标志，发达国家畜牧业产值占农业总产值的比重一般在50%以上。1980年我国畜牧业比重是17%，到1996年已上升到31.4%，发展速度是比较快的，在农业中的地位日显重要。可以说没有畜牧业的快速发展和壮大，就没有农业的振兴，农业的基础地位也不会稳固。如果到2010年畜牧业产值占农业总产值的比重能够超过40%的话，畜牧业对农业、农村经济乃至整个国民经济的支持作用将更大，农业的基础地位也就更加巩固。

第三，增加农民收入，吸纳剩余劳动力。随着农村改革的深入，畜牧业已成为农民致富奔小康目标的有效途径，成为吸纳农村剩余劳动力的重要出路。我国12亿人口，8亿在农村。实现小康目标的难度在农村，关键在农村。目前，我国农村劳动力总数为4.5亿，而26%常年闲置，无业可就。到1997年年末，全国农村大约有1.3亿劳力待业。乡镇企业每年只能吸纳400万～500万人，那么大批剩余劳动力怎么办？畜牧业生产具有广泛的适用性，是千家万户均可从事的产业，综合利用各种资源发展畜牧业是我国农业发展的现实选择。从近几年来的情况看，畜牧业已挑起农民增收的大梁。四川等省"八五"期间畜牧业占农民收入新增部分很大比重。这次我们参观的安徽省几个地市县发展畜牧业，使一些村的农民收入大幅度增加，有的年收入2万元，有的年收入7万～8万元。畜牧业的发展，尤其是规模养殖的增加，为农村劳动力开辟了广阔的就业门路。畜牧业产业链的延伸和发展，必然带动饲料、食品、轻纺、皮革等相关工业和服务业的振兴，极大地拓宽了农村经济的发展空间。正是因为畜牧业在解决当前农民增收与就业两大课题方面具有明显优势，所以，各地纷纷将畜牧业作为支柱产业予以扶持，作为农村经济新的增长点予以培植，这是符合调整农村产业结构、深化农村经济改革潮流的。

第四，农牧结合，推动种植业的发展。发展畜牧

业，是实现我国农业可持续发展的重要途径。畜牧业不仅转化了大量粮食，支撑了粮食生产，而且还充分利用农副产品，转化出大量畜产品，同时每年为种植业提供数10亿吨有机肥，种养结合，农牧互补，提高了农业的综合效益，促进了种植业的丰产、丰收。以全国秸秆养牛第一大区安徽省阜阳市为例，1996年粮食产量783万吨，比1991年增加453万吨，年递增18.8%，大大超过同期全国2.1%的递增速度。

第五，支撑牧区经济发展，增进民族团结。畜牧业是牧区经济的主体产业，是广大牧民赖以生存的基本条件。我国牧区地域辽阔，大都地处祖国边疆和边远地区，为少数民族聚居地。虽然牧区人口占总人口的比重不很大，但由于牧区所占的面积、所处的位置及人口中少数民族的比重有其特殊重要性，因此发展草原畜牧业，不仅仅是经济问题，而且对增强民族团结，巩固边疆具有重要的战略意义。同时加强草原生态建设，是改善我国生态环境，造福子孙后代的千秋大业。

二、实现两个转变是我国畜牧业的出路所在

人多地少，人增地减是我国的基本国情。我国畜牧业受资源短缺的制约越来越明显。此外投入不足、基础脆弱、科技滞后、体制不顺、管理粗放等问题也影响着畜牧业的进一步发展。综观这些问题，投入不可能增加很快，基础改善也不是一朝一夕可以解决的。资源有待进一步开发，但本身就不足。而管理方面和科技方面的潜力却很大，并且增加科技含量，改善管理可以提高有限资金和资源利用效率和效益。实现两个转变应综合运用政策、法律、经济、技术等多项措施，从行业角度出发，应把握以下几个重点：

（一）畜牧业产业化经营是实现两个根本性转变的战略措施

畜牧业产业化是在市场经济条件下，农业和农村经济深化改革和进一步发展的必然要求。通过实行专业化生产、区域化布局、一体化经营、社会化服务、企业化管理等综合配套措施，可以较好地解决农民小规模经营与社会大市场需求的矛盾，可以较好地解决提高劳动生产率与剩余劳动力的矛盾，以及畜牧业科技含量低等问题。畜牧业的产业化经营工作起步早，发展得较好，积累了不少经验，也涌现出许多典型，如上海大江、吉林德大、山东诸城等。现在的问题是，典型归典型，推广的面还很小，一般化的居大多数。发展畜牧业产业化经营要着重在三个方面下功夫。一是要办好龙头企业。要善于发现、引导和培育龙头企业，集中力量提高龙头企业开拓市场、加工增值、向农民提供配套服务的能力，带动千家万户发展商品生产。要抛开门户之见，打破区域和所有制界限，无论谁来搞，只要生产发展了、农民富裕了、企业壮大了就是成功的，就应该支持。二是要建立商品生产基地，发展专业化生产。推进畜牧业产业化进程，必须立足本地资源和市场优势，发展具有本地特色和市场竞争力的拳头产品，把基地建设与拳头产品的形成和龙头企业的发展结合起来，发展多种形式的适度规模经营，逐步形成基地商品规模化、批量化、标准化。三是要培育和开拓市场。抓市场主要抓两条，一个是抓市场建设，另一个是抓流通组织。现在一个突出的问题是，千家万户养猪养牛，但销售仍然很困难，只好到交易市场去出售，有的一头牛去几次也卖不掉，长期下去肯定会影响农民养畜积极性。市场要建，更要注重培育和发展中介组织，同时要搞好畜产品深加工，这样，农民养畜才有收益保证。

（二）发展规模饲养，推进畜牧业生产专业化

千家万户分散饲养是我国畜牧业在今后相当长时间内的主要生产组织形式，也是我国国情所决定的。但是规模饲养代表了先进生产方式，尤其随着国家工业化的发展，受产业比较利益的驱动，规模饲养将有较快发展。目前城郊、沿海、经济发达地区规模养殖发展很快，如京津沪三大市出栏生猪中来自规模养殖的超过60%，广东、浙江、福建、江苏等省也发展很快。规模养殖可以集科学技术、现代管理、先进的生产工艺于一体，是转变畜牧业增长方式的有效途径。同时对稳定市场供给，提高畜牧业的行业竞争力有重要作用。事实说明，在国际国内市场竞争激烈的形势下，小规模的企业往往是没有竞争力的。畜牧业的现代化建设，最根本的一条就是利用现代化要素去改造传统畜牧业的技术，改革经营方式。实行适度规模经营，为采用先进生产手段提出了条件和可能。

（三）依靠科技进步，加快畜牧业增长方式转变

科学技术是第一生产力，科技进步是经济发展的决定性因素。畜牧业发展也离不开科技。1996年畜牧业的科技贡献率为47%，这个水平与发达国家相比，差距还很大，他们的科技贡献率一般在70%以上。从猪的出栏率看，我国为120%左右，与发达国家相差60~70个百分点。如果生猪出栏率提高1个百分点，就可增产40万吨猪肉。

再从牛的个体产肉量看，我国仅68千克，如果达到国际上200千克的水平，每年就可增加200万吨牛肉。小平同志指出："农业最终要靠科技来解决问题"。我们要充分估量现在与未来科学技术发展对畜牧业生产的巨大影响，应把加速科技进步放在畜牧业发展的关键位置，使畜牧业的持续稳定发展，真正转到依靠科技进步和提高劳动者素质的轨道上来。通过实施科技兴牧的发展战略，争取到本世纪末使科技在畜牧业增产中的贡献份额达到50%以上。

（四）切实加强兽医保护，提高畜禽产品卫生质量

前一段，我参加了全国兽医工作会议，对兽医保护

工作的重要性有所体会。近几年,畜产品的安全质量问题已成为热点。江总书记、李鹏总理非常关注动物防疫工作,指示要让城乡居民吃上“放心肉”,保障人民身体健康。姜春云副总理对我部提出的关于加强动物防疫工作的请示做了重要批示,认为动物防疫工作关系重大。刘江部长更是多次强调,畜牧业今后的重点主要应该多考虑保护问题,这是畜牧业今后发展的关键。各地已把这项工作提到议事日程。我国是畜产品生产大国,但却是出口小国,出口量仅占总量的1%左右,其中还是以港澳地区为主。这是令人遗憾的问题。为什么欧盟不要我们的鸡肉、日本不要我们的猪肉、牛肉,主要原因就是疫病问题。对兽医工作,有些意见我在北海会议上已讲过,在此,我再强调几点:

一是必须认真贯彻《动物防疫法》,加强执法力度。二是抓好基层防疫工作,这是整个兽医工作的重点。只有把基层防检疫搞好,才能从源头切断疫病传播,也才能有放心肉可吃。对于生产而言,控制畜禽疫病,降低死亡,就能增加生产效益。生猪每降低1个百分点的死亡,就可多出栏几百万头。目前生猪死亡率高达8%,通过努力,完全可以降低2~3个百分点的死亡,仅此一项就可多产肉100万~200万吨,可见基层防检工作是多么重要。三是要加强兽医执法监督。要逐步建立起与国际接轨的兽医工作管理体制,搞好畜产品的卫生质量监督工作,要让消费者吃上“放心肉”。四是搞好“无疫区”的试点工作,凡是有出口的地区,更要抓好试点,扩大畜产品出口。

三、努力工作,为促进畜牧业持续稳定发展再做贡献

世纪之交,我们既面对着严峻的挑战,也面对着前所未有的有利条件和大好机遇。党的十五大对新时期我国经济改革与发展做出了战略部署,为农业全面发展指明了方向,为畜牧业深化改革和健康发展提供了保障。今年是畜牧行业在法制、政策、体制上取得重大突破的一年。近几年来各级党政部门对畜牧业给予了高度重视,普遍将畜牧业作为农村经济乃至国民经济的支柱产业来抓,出台了一批政策措施。以上这些均是我们畜牧业的有利条件,摆在我们面前的问题是如何抓住这一有利时机,发挥自身的主观能动作用,将畜牧业工作做得更好。

我们要努力创造和争取更好的政策环境。现阶段畜牧业仍以农民家庭分散生产为主体,抵御自然风险和市场风险能力较弱,必须为畜牧业发展创造良好环境,扶持农牧民发展生产。今年,畜牧兽医司起草的“关于促进畜牧业持续发展的意见”,就是为了解决一些问题,争取一些政策,文件正在报批之中,力争尽快下发。对于饲料行业,要通过认真总结今年组织部分饲料企业直接到玉米产区收购调运玉米的经验,努力争取国务院把它作为一项长期的政策固定下来,为建立通畅的饲料粮流通渠道提供扶持政策和宽松环境。各地要积极工作,争取制定和落实一些扶持政策,安徽的“进位工程”、江苏的“三大工程”等,对当地的畜牧行业都非常有利。通过大家的努力,既提高了我们工作的号召力,又为政府分忧解难,从而为本行业的发展提供一些有利的条件。畜牧业的法律法规已出了不少,明年还要出台一些,这些都是我们工作的基本总则。法律赋予我们权利,我们就必须认真行使,要敢于执法,严格执法,依法行政。各地一定要注重配套法规的制定工作,满足实际工作需要。通过贯彻落实法律法规,建立起适应社会主义市场经济体制的工作环境和秩序,形成依法行政的气氛。要把国家支持畜牧、饲料行业发展的优惠政策落到实处。诸如减免增值税、所得税、进出口税等。对于各类扶持资金,要用在刀刃上,充分发挥作用。

我们要努力提高自身素质。行政部门的干部,最重要的是要依法行政。要真正做到依法行政,就要首先提高自身素质。应该说,绝大多数执法人员能够按国家规定,勇于执法、严格执法,涌现出许多感人的事迹,整体素质是好的。但是,我们也看到,各地的执法工作发展不平衡,有的地方工作滞后。执法队伍代表着我们整个行业的形象,他们的工作状况如何,直接影响到整个行业。各级农牧部门要把这项工作当作一件大事来抓,重点从思想建设、组织建设、作风建设、业务素质建设抓起,努力使我们的执法队伍做到学法、懂法、守法,严明执法。

我们要主动地充分地发挥主观能动性,增强实力,做好服务。各级畜牧行政部门一定要充分发挥职能部门的作用。任何一个地方政府,任何一个行政部门,要想有所作为,必须加大工作力度,如果只是平平淡淡地抓,是不会有突破性进展的。安徽省省长回良玉同志提出,安徽的畜牧业要杀出一条血路,可见决心之大。旗帜就是方向,那么口号可以说就是导向,就是号召。我们要勇于思考,不断进取,做好各项本职工作。通过扎实的工作和完善的服务来赢得领导的支持和社会的认可。在近几年的机构改革中,不少省、市、区就是通过自身的努力,畜牧机构得到加强。各地要继续完善县级畜牧业技术推广机构职能,认真做好乡级畜牧兽医站的“三定”和经费保证工作,全面落实“三定”各项政策,逐步改善基层技术推广人员的工作和生活条件。基层站的工作一定要拓宽领域,把服务工作延伸到整个畜牧业经济的各个环节。在长期实行的计划经济体制的影响下,目前畜牧兽医工作管理体制不顺,有点实权的事情各部门又争又抢,结果是职能交叉,矛盾重重。随着社会主义市场经济体制的建立和政府机构的改革,这方面的问题将会逐步得到解决。

(1997年12月6日)

认真贯彻党的十五大精神
推进畜牧业经济和饲料工业健康发展(摘要)

农业部畜牧兽医司司长 全国饲料工业办公室主任
贾幼陵

(一)1997年畜牧业取得全面丰收

1997年是我国历史上具有重要意义的年份,香港回到祖国怀抱,党的十五大胜利召开,国民经济健康发展。在这样的历史时期,增加畜产品有效供给,对于安定民心和社会,保证几个重要事件的完成都十分重要。畜牧饲料行业的全体同志以高度的责任感,兢兢业业地忘我工作,加上广大农牧民的辛勤劳动,使畜牧业和饲料工业获得了全面丰收。

1997年畜牧业生产的显著特点是,生产者、消费者和政府三方均满意,这是由于畜产品货源十分充足,除猪肉价格比上年略有增长外,其他品种均有不同程度下降,消费者得到了实惠。为政府抑制通货膨胀、稳定物价做出了贡献。对生产者来说,由于玉米价格从1996年10月份开始连续10个月下滑,幅度大于畜产品下跌水平,降低了生产成本,提高了生产效益。玉米主产区通过发展畜牧业弥补了种粮效益,提高了农业生产的整体收益,出现了更高层次的农牧互补。据国家统计局统计,1997年1~9月份农民人均收入比上年同期增加96.8元,其中98.4%来自出售畜产品。

在生产丰收的同时,几项主要工作也取得实质性进展。《动物防疫法》出台,进一步确立了农牧部门对畜禽防检疫工作的领导和管理地位,明确了基层防检工作的基础作用,必将推动整个兽医工作的发展,促进畜牧业经济体制的转变。1996年向有关部门提出了改革饲料粮流通体制的建议,得到了国务院领导的肯定,1997年开始实施,组织了部分饲料企业直接到玉米产区收购调运玉米,开辟了玉米新的流通渠道,减轻了储备压力,为保护农民利益做出了贡献。这一成功的尝试为改革饲料粮购销体制做了积极探索。1997年分别召开了农区、牧区畜牧业座谈会议,尤其是牧区畜牧业座谈会是近10年来的第一次,对总结牧区改革与发展成果,研究分析问题,指导今后工作均具有十分重要的意义。1996年底在农业工作会议上宣布要发一个畜牧业发展的文件,现已送到了国务院。以上几项措施包括法制的健全、政策的完善和体制的理顺,是市场经济体制的必要条件,关系到我国畜牧业和饲料工业以什么样的姿态进入21世纪,因此说以上措施具有重要的现实意义和深远的历史意义。

在硬件建设上也有较大突破。近几年来,农业部始终在坚持调整畜牧业基本建设重心,1997年有了较大进展,动物疫病测报体系、兽药厂改造、畜禽良种繁育体系建设等基础性项目全面启动。农区秸秆养畜、牧区开发示范工程等比较大的项目也在正常实施,草原生态建设、南方草山草坡开发利用已摆上日程,计划1998年启动。1997年是农业科技推广年,通过丰收计划和农业新技术推广项目的带动,大批实用技术在生产中得到应用。"九五"畜牧业重大攻关项目也开始全面实施,科技作为第一生产力在畜牧业中的作用越来越明显。一年中取得如此多的进展,是前所未有的,尤其是法制、体制、政策方面的成就,是畜牧战线广大职工共同奋斗的结果,实属来之不易。我们一定要珍惜这个良好局面,抓住机遇,创造性地开展工作,推动畜牧业再上新台阶。

成绩显著,但问题也很突出,除了外部环境仍需进一步改善外,工作中的问题主要有以下几方面。一是兽医工作依然薄弱,畜禽疫情复杂,控制难度加大,疫情测报体系尚未建立起来,队伍素质差,工作手段落后。二是畜禽良种繁育体系不健全,良种培育保护滞后,品种退化,管理混乱。三是草原生态继续恶化,草场滥垦乱挖现象严重,草原退化难以遏制。四是1997年生猪补栏过热,1998年可能出现一定程度的"卖难"。鸡蛋价格长时间走低,1997年玉米又减产,蛋价很难与玉米价格同步上升,可能导致生产效益继续下降。

(二)加大宏观调控力度,力保
1998年再夺畜牧业丰收

宏观调控是政府在市场经济条件下保持经济健康发展的必要手段,也是一项经常性工作。但是1998年对畜牧业的宏观调控难度大,任务重,各地务必保持清醒认识,采取得力措施,努力保持畜牧业经济正常运行。对1998年生产形势的判断应把握以下几点,一是从1996年底以来,仔猪价格直线上升,1997年10月份比上年同期上升近60%,说明养猪过热,可能出现新一轮卖猪难。二是鸡蛋价格连续下跌一年多时间,说明鸡蛋生产处于总量过剩状态,即使最近玉米价格开始回升,蛋价也未有回升迹象。1997年玉米减产已成定局,减产幅度较大,据有关部门估计,减产1 500万吨

以上，可能造成1998年玉米供应相对紧缺，价格上升，相当一部分企业会面临更加严峻的形势，只有加大宏观调控力度，适时调整工作措施，正确引导面上工作，指导生产和消费，才能保证各项工作的贯彻实施，促进畜牧业健康发展。

为保证1998年乃至今后一个时期畜牧业和饲料工业稳定发展，近期国家明确了一些税收优惠政策，主要有饲料企业减免税、农牧企业优惠税收、检疫费免税等，正在争取的有减免兽药和添加剂增值税，对羊毛生产实施保护税率。

信息是进行宏观调控的重要依据，也是基本手段，抓好信息工作至关重要。最近几年每次会议我均强调信息工作的重要性，工作确实也有不少起色，但还远远不够。突出表现在信息量太少，现有网络的功能还未发挥出来。对收集到的信息分析不深，研究不透，利用率不高，更缺少的是对形势的判断预测。最近农业普查中畜牧业数字有较大出入，对工作和决策均有不利影响。针对这些问题，我们必须狠下功夫，尽快将畜牧业统计信息体系建立起来。统计工作要与业务工作有机结合，比如疫苗用量、畜禽免疫数、检疫数等，均能反映畜禽数量，要注意利用这些途径，综合分析各项数据，尽可能得到较为准确的信息。要密切注视生产中出现的新情况、新问题，加强信息传递，在此基础上，加强对信息的研究分析工作，除了对已发生情况进行分析外，还要注重对可能发生情况的判断预测。遇有重要情况，要及时送给有关部门，对生产和市场有指导价值的信息要及时发布，引导生产与消费，真正当好政府决策的参谋。

国家重大项目的实施也是调控手段之一，1998年农业部在项目安排上将继续向基础性强的项目倾斜，重点是兽医防检体系、良种体系、草原生态建设等。此外还将争取有关部门的支持，增加政策性贷款，以扶持产业化发展和饲料企业收购玉米。1998年要特别注意对种畜禽场的扶持和保护，以利于减缓生产波动。希望各地也要与农业部协调一致，共同搞好畜牧业的基础性建设。

典型引路也是贯彻政府意图的有效手段，1998年农业部将继续总结产业化和规模饲养的典型经验和做法，并从机制方面、发展规律方面进行深入研究，以有效指导畜牧业生产。

(三)深化改革，健全法制，开创饲料工业发展的新局面

饲料工业依托种植业，服务养殖业，其发展状况直接影响着粮食和畜产品生产的稳定，影响着农牧民发展生产的情绪和积极性，进而影响市场供应状况。因此，要认真研究饲料工业所面临的形势，加快和深化改革，努力促进饲料工业健康发展。工作的着力点是加快和深化改革，健全和完善法制，加强行业管理和宏观调控，优化饲料工业产业结构，转换饲料企业经营机制，提高行业整体素质和水平。

1. 加快饲料用粮流通体制改革进程。我国粮食综合生产能力已经达到5亿吨水平，满足口粮不成问题。通常所说的粮食问题，归根到底是饲料粮问题。因此搞好饲料粮的生产、流通、供应各环节工作，是解决我国粮食问题的重要措施。我国饲料用粮的主要问题是流通渠道不畅，与全面放开的畜产品流通体制不协调，影响了饲料粮生产的稳定和市场的有效供给，不利于畜产品生产和市场的稳定。改革饲料粮流通体制势在必行。

在1997年年初的农村工作会议上，朱镕基副总理强调指出“推进粮食流通体制改革，要坚持一主多辅的原则，逐步建立起国家宏观调控下的统一开放、竞争有序的粮食市场体系”。在国务院的协调和有关部门支持下，农业部组织了部分饲料企业直接到玉米产区收购调运玉米，400万吨收购任务圆满完成。其结果是减少了农民玉米积压，保护了农民利益，也减少了中间环节，降低了饲料生产成本，促进了养殖业发展，政府也减轻了储备压力。达到了粮食生产者受益，政府满意，养殖产品消费者实惠的目的。党的十五大明确提出“改革粮棉油购销体制，实行合理的价格政策”，为进一步深化饲料粮流通体制改革提供了政策保障和理论依据。我们要抓住机遇，乘势而上，继续将改革深入进行下去。

要认真总结400万吨饲用玉米收储工作经验，争取国务院把饲料企业到产区收储饲料用粮，作为一项长期政策固定下来，并纳入国家粮食购销体制改革的整体方案之中，为建立通畅的饲料用粮流通渠道提供扶持政策和宽松环境。有关省、自治区、直辖市饲料工业办公室要继续争取有关部门对饲料用粮流通的支持，加强产销区饲料企业、粮食部门、粮食企业之间的联系，巩固已建立起来的合作关系和购销渠道。农业部计划1998年召开全国饲料工业工作会议，贯彻落实《饲料管理条例》，研究饲料企业改革和深化饲料粮流通体制改革问题。

2. 加强政策研究和立法工作，强化产业管理。我国的饲料工业经过十几年的发展，已经形成由饲料原料工业、饲料加工工业、饲料添加剂工业、饲料机械工业和支持服务体系五大分支构成的较完整的工业体系，1984年国务院就颁发了《1984—2000年全国饲料工业发展纲要》，对饲料工业的迅速发展起到了积极的推动作用。随着社会主义市场经济体制的不断完善，依据国家政策和法规进行宏观调控和行业管理日益迫切。为此，将重点抓好两方面工作。一是要继续做好《饲料工业产业政策》的送审工作。《饲料工业产业政策》十易其稿，充分采纳了各省和国务院有关部委的意

见，争取一季度上报国务院审批。二是全力做好《饲料管理条例》颁布施行工作。农业部起草的《饲料管理条例》(送审稿)已上报国务院，并经国务院法制局征求各部委意见后定稿，可望近期上报国务院常务会议审定。农业部正在抓紧进行《条例》实施细则和有关配套法规的起草工作，各地要抓紧当地实施办法及配套法规的制定，为《条例》颁布后的顺利实施做好准备。

3. 抓好试点、统筹规划，促进饲料工业企业改革。党的十五大明确提出：加快推进国有企业改革，调整和优化经济结构的战略任务。各级饲料办要抓住机遇，加快饲料企业改革步伐。其目标是加快实现资产优化重组，加快实现规模经营和规模效益。全国饲料工业办公室已经着手选择企业改革试点，开始制定工作计划和实施方案，希望各地也要开始工作，赢得时间和主动。

(四)认真贯彻《动物防疫法》，全面提高兽医工作水平

《动物防疫法》的颁布，开创了我国兽医工作的新纪元，要紧紧抓住贯彻落实《动物防疫法》这一契机，从强化基础、加强基层、健全体系、完善制度等方面入手，全面提高兽医工作水平。

第一要加强执法体系建设。《动物防疫法》从 1998 年 1 月 1 日起施行，目前农业部正在组织人员起草《动物防疫法》的配套法规和规章，主要有《动物防疫法实施条例》、《动物疫情报告管理办法》、《动物检疫管理办法》、《动物防疫、监督实施办法》等，各地也要抓紧工作，按照“法”的基本精神和当地实际情况，制定相关配套法规，并主动争取当地人大和政府支持，使配套法规尽早通过实施，避免出现《动物防疫法》开始施行后，配套法规和措施跟不上，造成工作空白。

建立一支高素质的执法队伍，是贯彻落实好《动物防疫法》的关键，1998 年农业部要加大监督体系建设力度，要加强执法人员培训，不断提高人员素质，提高执法质量。国办 1996 年 40 号文件已明确了农牧部门对防检疫工作的主管地位，应该说管理体制已经很明确。照顾到历史原因，让一部分国营屠宰厂实行自检，但文件授于农牧部门监督的权力，各地务必要用好这一权力，对一些违法行事者，坚决进行处罚。

第二要认真履行《动物防疫法》赋于我们的责任，努力使防检疫工作落到实处。搞好基层防检疫工作是让城乡居民吃上“放心肉”的保证。只有生产中的疫病控制住，调运中的疫病封堵住，市场上的病害肉类才能减少。基层防检疫的任务在农牧部门，主动权也在农牧部门，如果基层出了问题，无任何理由推脱责任。因此，我们要下大力气抓好基层防、检疫工作。从 1998 年起要全面实施计划免疫制度，对国家规定实施强制免疫的疫病，要保证免疫密度和质量，农区养殖业集中的地区，产地检疫要不留死角，力争从源头切断疫病流入市场。

江苏省畜牧兽医管理部门承诺要全省人民吃上“放心肉”，表现出畜牧工作者的勇气和魄力，也体现了一种高度的社会责任感和坚强的信心，提高了自身的声誉和社会地位。他们之所以敢于承诺，是因为防检工作做得扎实，因此得到省委、省政府的肯定，并给予了一系列政策保证。吉林省开展“无规定疫病区”工程，深圳市推行屠宰、检疫、经营三分离，其宗旨均是让消费者吃上“放心肉”。这些地区能办到的事情，其他地区也应该能办到，只要大家主动协调、扎实工作，照样能得到当地党政部门的支持。

第三是加强兽药管理，保证用药安全。加强兽药生产、流通、使用环节的管理，是做好畜禽疫病防治工作的关键措施，要切实抓好抓实。要继续完善兽药管理法规和规章，着手修改《兽药管理条例》和配套的实施办法。建立健全兽药药政管理和监督机构，稳定兽药管理队伍。各地要采取措施，健全和完善各级药政管理机构和兽药监督检验机构，加强兽药的监督管理工作。加大兽药市场整顿的力度，扩大抽检覆盖面，保证每年抽检两次，对一些违章生产、经营假劣兽药屡禁不止的单位或个人要严肃处理。

为了推动 GMP 的实施，希望各省按照已颁布的有关规定制定实施计划，力争在 2005 年以前，在兽药生产企业中全面推行并使之达到 GMP 标准要求。

第四是加强基础设施建设。1998 年重点项目有，南京药厂和兰州兽医研究所的疫苗工程建设，兽医疫病测报体系建设，加强中监所对药品监测能力及全国畜牧兽医总站药械检测能力建设等。同时，开始农业部动物检疫所的诊断液和血清库项目的前期工作。

(五)推进畜禽良种繁育体系建设

畜禽良种是现代化畜牧业生产的基础，今后农业部要将畜禽良种繁育体系建设纳入到种子工程中，统筹规划、组织实施。

推进良种繁育体系建设，必须建立依法管理的良好环境。要加大《种畜禽管理条例》的贯彻力度。条例细则近期将以部令形式出台。要建立和完善审批、发证制度，以此规范种畜禽生产、经营行为和方向。必须建立公正、权威的种畜禽质量检验和监督体系，以促进种畜禽质量的不断提高。为适应执法的需要，各地要对种畜禽管理人员进行严格培训，实行持证上岗。

推进良种繁育体系的建设，必须对现有的布局进行整顿、完善和提高，逐步建成育、繁、推、用相配套的体系。种猪繁育体系，重点是对在生产中发挥重要作用的种猪场进行完善和提高，主产区要加快建立高质量的种猪扩繁场，使种猪繁育体系的结构、布局和规模更加合理，避免频繁地大跨度调运种猪。我国蛋鸡、肉

鸡繁育体系较完整地借鉴了国外经验，建设基础较好，要继续保持其稳定。原种和祖代蛋鸡生产能力已趋于饱和，要严格控制新建场。要加大力度建设和完善水禽育种场。对条件较好的奶牛、肉牛、水牛繁育中心及种公牛站要明确目标，逐步形成优势牛种的繁育体系。要继续加快重点种公牛站的建设，以提高细管冻精生产比重为突破口，扩大生产规模，提高冻精质量。地(市)以下冻精站，应逐步转为开展冻精贮运工作。注意防止重复建设，重复引进，造成浪费。毛用绵羊繁育体系要突出提高质量，明确核心地域，完善与提高一批对生产发挥重要作用的种羊场。肉用绵羊生产要合理安排改良计划，防止急功近利，对羊毛生产造成不利影响。加强肉用山羊繁育体系的建设，改造和完善绒山羊繁育场，其他畜禽品种也将创造条件，建立相应的繁育体系。

要加强畜禽遗传资源的保护，重视地方优良品种的利用及其优良特性的开发。对处于濒危状态的畜禽品种，通过建立资源场、保护区及运用现代高新生物技术等措施，使我国的一些重要畜禽品种得到有效保护，以利于今后进一步开发利用。对畜禽品种的出口，要严格按照程序办理，对于一些珍稀品种，要从严把关，防止品种资源的流失。

鼓励种畜禽生产企业与科研院校的联合，有条件的地方或企业，可以与科研院校共同组建种畜禽企业集团，扩大种畜禽生产规模，探索种畜禽培育生产一体化路子。要鼓励有条件的地区及高代次的种畜禽生产企业建立品种质量测定体系。要大力推行种畜公开拍卖，推动种畜禽生产企业间的竞争，逐步建立起适合我国畜牧业特点的种畜禽市场格局。

农业部将对畜禽良种繁育体系建设实行倾斜政策，集中一定资金建设国家重点种畜禽场、种畜站以及监测体系。各级畜牧行政主管部门要积极争取当地政府及各有关部门的支持，不断开辟资金投入渠道，增加对良种繁育体系建设的投入，加快畜禽良种繁育体系建设步伐。

(六)全面实施科教兴牧战略，加速畜牧业科技进步

科技作为第一生产力，在过去的畜牧业发展中发挥了至关重要的作用，今后畜牧业发展依然离不开科技。我国是一个人多地少，资源相对不足的国家，人增地减、对畜产品的需求日益增长不可逆转，加强科技工作，增加科技含量，转变增长方式显得尤为重要和迫切。

国家对畜牧业科技工作给予了很高的重视，一批围绕畜牧业生产的关键环节、关键技术问题的课题被列入国家"九五"攻关计划，并开始全面实施。这批成果如果预期完成并尽快推广应用，将使我国畜牧兽医科技水平上一个档次，对当前乃至下一个世纪前期的畜牧业产生重要影响。1998年进入攻关项目的中期评估阶段，在搞好中期评估的同时，要着手进行"十五"科研攻关计划的制定，做好科技储备。

要加快科技成果和实用技术的转化，认真总结实施畜牧业"丰收计划"的成功经验，以此为龙头，带动整个科技推广应用工作。科技推广工作要把握好以下几个重点。

一是要搞好组织建设。各地一定要有专门的组织或人员负责科技推广工作。采取切实有效措施，加快培养一支有科研能力和技术创新水平的前沿专家、学科带头人和跨世纪人才队伍。乡镇畜牧兽医推广站是畜牧科技推广工作的重要依托力量，要继续搞好"三定"工作，并注意督促检查，使"三定"工作真正落实，要尤其注意"三定"经费的落实。

二是要做好规划布局。根据当地特点和需要筛选或引进一批实用成果和技术，列入总体规划中组织实施。

三是要善于把握和利用科技传播媒体。比如通过推广畜禽良种，可以将品种应用、饲养技术、管理技术、环境技术综合应用到良种的推广上，只有这样推广效益才更加显著，农民才更加自愿地接受新技术。产业化的实施、商品基地建设、牧区开发示范工程项目等均是集多学科、多种技术的综合性项目，是推广科学技术的有效载体，务必要注意充分应用这些载体，提高科学技术推广效率。

(七)加快草地和秸秆资源开发，增强畜牧业发展后劲

我国是一个人口众多、资源相对不足、生态环境极为脆弱的国家，把资源的开发与建设利用、环境的保护有机地统一起来，提高资源利用率，是必须牢牢坚持的一项基本国策。

草地是六大自然资源之一，是牧区、半牧区社会经济发展的基础，是重要的生态屏障。草地畜牧业既是牧区经济的支柱产业，也是老、少、边、穷地区脱贫致富奔小康的重要途径。加快草地生态建设步伐，发展草地畜牧业有利于牧区经济的发展和社会进步，也有利于边疆的稳定、民族的团结。正因为如此，草地生态建设已受到党中央和国务院的高度重视，江泽民总书记指出："要发挥社会主义制度的优越性，发扬艰苦奋斗创业精神。经过一代一代人长期地、持续的奋斗，改变历史遗留下来的生态环境恶化的状况，再造祖国秀美山川"，李鹏总理也作了重要批示。为了落实中央领导批示精神，农业部已与国家计委等部门进行了认真研究，一致的意见是加大投资力度，加快草原生态治理，与现有的牧区开发示范工程、人工种草、治虫灭鼠等项目统盘考虑，形成合力，彻底改变草原面貌。1998年重

点从以下几方面入手。

一是加强法制体系建设，依法治理草原。党的十五大提出：要严格执行资源管理和保护的法律，要实施资源有偿使用制度。这既是对前一段工作的肯定，也为进一步依法管好草原提供了依据。当务之急是加紧修改《草原法》，并做好沟通协调工作，争取1998年内修改后的《草原法》出台。要求各地也要及早动手，结合本地情况，着手制定配套法规，为顺利实施修改后的《草原法》创造条件。

草地承包责任制的落实是牧区畜牧业发展的前提。责任制的落实理顺了人、畜、草关系，调动了牧民自我投入、自我发展的积极性，有利于草地的建设、保护和合理利用。因此，必须加快草地有偿承包责任制的落实，力争用两三年时间，完成全国可利用草地承包到户的落实工作，并作为一项基本制度长期稳定下来。各地要根据“取之于草，用之于草”的原则，因地制宜地制定有偿使用费用的收取办法和资金管理规定。

二是落实好牧区开发示范项目。牧区开发示范工程是国家扶持牧区社会经济发展和牧民脱贫致富的重大项目，充分体现了中央对牧区的关怀和重视，也为牧区经济注入了新的活力。三年来，已在12个省、(自治区、兵团)93个县(旗)实施，取得了可喜成绩。实践证明，制定行之有效的项目管理制度，加强项目监管是项目得以成功的保证。农业部已成立项目领导小组和工作小组，专门负责项目前期的监督、检查和项目中期的评估及竣工后的验收工作。近期内，农业部将与国家计委联合下发《牧区开发示范工程项目管理办法》和《牧区开发示范工程验收办法》。各地也要成立项目管理组织，制定相应的项目管理办法，保证项目顺利实施。要注意发挥典型的辐射和示范作用，建成一个，带动一片，促进整个牧区经济的发展。

三是加强草地生态建设。为了落实江泽民总书记和李鹏总理的批示精神，农业部已与国家计委就草地生态建设保障体系建设工作和草地鼠虫害治理工作，遏制住草地“三化”，使现有1.3亿公顷“三化”草地植被恢复，提高草地生产力，改善草原生态，开展为牧区干旱、半干旱地区经济发展营造更加美好环境的工程。这一工程是功在当代，利在千秋，造福万代的伟大工程，各地要从维护国家长治久安的战略高度来认识其重要性，积极创造条件，保证这一工程的进行。

四是继续推进农区秸秆养畜工作。要认真贯彻“秸秆养畜发展纲要”精神，加快秸秆养畜发展步伐。当前示范县数量已到相当水平，1997年的重点是要加大示范县的辐射带动能力，向面上尽快扩展，形成区域化发展格局。要发展产业化经营，延伸产业链，加工增值，提高秸秆养畜效益。

党的十五大为新时期国民经济的发展指明了方向，提出了新的目标和任务，我们要以党的十五大精神为指针，紧密团结在以江泽民同志为核心的党中央周围，高举邓小平理论伟大旗帜，发奋工作，努力进取，促进我国畜牧业和饲料工业健康发展，以新的面貌迎接21世纪的到来。

刘成果副部长在1998年全国农业工作会议畜牧专业会上的讲话

一、充分认识畜牧业的地位，增强责任感

参加这次会议，代表们都很受鼓舞，这主要是中央对畜牧业高度重视，畜牧业的地位空前提高。党的十五届三中全会通过的《关于农业和农村工作若干重大问题的决定》，为一个专业写了111个字，份量加重了；温家宝副总理在讲到畜牧业时，强调调整农村产业结构，畜牧业是重中之重，提出发展畜牧业是个大问题，是一篇大文章。“大”和“重”都用在畜牧业上，这是客观的，也是符合实际的。大家必须充分认识畜牧业的地位和作用

第一，畜牧业既能增加农民收入，又能解决农村剩余劳动力和剩余粮食的出路。没有畜牧业，农民单纯从种植业中获得现金收入，一旦受到“卖难”的影响，价格低，不但收入趋缓，甚至会下降。现在，畜牧业能一定程度起到调节自然风险和市场风险给农民带来的损失，成为农民收入的一个“稳定器”，是农民收入的增长点。对农民收入来讲，现在畜牧业已经起到至关重要的作用。从农村经济的总量看，畜牧业产值占到1/3左右；从农民的现金收入看，畜牧业占的比重普遍在40%以上；在农民新增收入中，畜牧业所占的比重更大。

目前，农村剩余劳动力和剩余劳动时间消化难度大，乡镇企业吸纳农村剩余劳动力的能力在减弱，外出打工受到城市下岗分流的制约，其出路主要靠畜牧业。利用剩余粮食和其他资源，发展畜牧业，本身就能促进粮食的转化，解决粮食“卖难”问题。温家宝副总理在讲到畜牧业时，专门举了吉林榆树市弓棚镇的例子，讲得很具体，意思和目的就是说，在调整农村产业结构中要大力发展畜牧业，以解决“卖难”和农民收入问题。

农民收入增加了，就业门路拓宽了，有利于促进农村稳定。所以，发展畜牧业，对解决农村目前存在的两大突出问题具有现实意义。农民收入的增加，间接作用就是启动农村市场，农村市场的启动对整个国民经济将起到重要的促进作用。因此，仅仅把畜牧业作为调整农村产业结构的重要内容，这种认识还不够。畜牧业从当前的地位、作用来讲，已超出调整产业结构的范围，它在整个经济结构的调整中占有重要的地位。畜牧业的发展还能促进个体、私营经济的发展，增加个体和私营经济的比重，调整所有制结构。

第二，畜牧业既能促进种植业的发展，又是农业可持续发展的重要内容。从农业的自身规律看，农、林、牧三者关系密不可分。从现代农业的发展趋势看，畜牧业所占的比重应该更大，发达国家都高于50%，有的达到60%以上。相比之下，我国作为发展中国家，畜牧业的比重还很低，说明发展潜力很大。在大农业三者关系的内在规律上，很重要的是生态和环境问题。目前，提高耕地的生产能力，主要靠化肥，但化肥用多了后遗症很大。化肥挥发了，污染蓝天；化肥渗到地里，硝态氮流到水里，都造成污染。解决这一问题，除了提高化肥施用的科学水平外，很重要的是与有机肥相结合。而农家肥的主要来源就是畜牧业，一头牲畜就是一个小肥料厂。现在基本农田保护，大家重视的都是面积，耕地质量没有提高到应有的地位。应该认识到提高耕地质量是耕地保护的重要内容。提高耕地质量，畜牧业首当其冲。只有保护土壤的生态平衡，农业才能做到可持续发展。

第三，畜牧业既是支柱产业，又是承农启工的中轴产业。畜牧业地位的提高在我国有个过程。从“养牛为耕田，养猪为过年，养鸡换油盐”的自给型传统畜牧业，在集体化后被当作家庭副业，后来逐渐作为多种经营的一部分，近几年规模大了，作用显示出来了，叫做支柱产业，而且不是一般的支柱产业，畜牧业是一个中轴产业，它能承农启工。只有畜牧业有这种特殊的优势，它能为粮食饲料产品提供市场，又使自身的产品进入加工环节。

当前农村出现的新阶段、新特征、新问题，客观上对畜牧业提出了更高的要求。畜牧业这样重要，地位这么高，要研究如何去适应。发展畜牧业要靠我们这支队伍，党的方针、政策要靠我们去落实，农民的积极性要靠我们去引导，大家的责任重大。

第四，畜牧业既是“菜篮子”的一部分，又是轻工、制药等行业的原料。过去，农业部强调“菜篮子工程”的重要性，在特定时期把畜牧业放到“菜篮子”里讲，体现“菜蓝子”的重要性，这无疑是对的。但是，单纯把它视为一个“菜篮子”产品不准确，也不全面，位置摆得相对低了。因为畜牧业本身除了肉蛋奶以外，还有皮毛绒及脏器等，这些是轻工、制药等的原料。所以，畜牧业本身就不是单纯的“菜篮子”。

二、抓住机遇，扎扎实实做好畜牧业工作

这里着重讲些规律性的工作，主要是畜牧业的“种、病、料”。

种，包括种畜禽、精液、胚胎甚至细胞等。种，决定产品品质，决定效益，这是最基础的工作，也是最宏观、最战略的工作，要放在第一位。

病，包括兽药、疫苗和疫病防治等。主要保障畜禽的安全，提高成活率，减少死亡；同时还要解决药物低毒、低残留问题。

料，包括精饲料、粗饲料以及饲料添加剂，更包括草原。重点是如何充分利用资源，提高饲料报酬。

这些问题别人不会去解决，我们的职责是必须把这些问题解决好。要解决好这三个问题，必须把握好以下几个方面

第一，必须以市场需求为导向，提高产品质量。目前市场是分档次消费的，必须从育种开始就要考虑销售问题。过去养畜为耕田，为过年，为换油盐，现在养畜是商品，是为挣钱。必须吸取种植业在育种方向上只追求高产的教训，畜产品应当及早重视质量问题，这就是新思路。

第二，抓住有利时机，强化基础设施建设。正在实施的畜禽良种工程、动物保护工程、草原生态建设工程和秸秆养畜示范项目都是解决种、病、料的问题。必须抓住一些重点项目，做好示范推广。必须管好项目，用好资金。

第三，加强立法和执法工作。畜牧业的法律法规在农业部是比较多的，这些法律法规也都围绕种、病、料。目前，法律的条文有的不完善，有的比较软，有的还扯皮，这些有待于随着机构改革、立法的指导思想和立法水平的提高，逐步地解决。在没有解决之前，在法律允许范围内，必须发挥优势，积极努力地做好工作。只有在执法管理中有所作为，才能树立起管理的权威性和执法主体地位。

第四，发挥区域比较优势，调整畜牧业内部结构。我国地域辽阔，自然、社会和经济技术条件差异较大。必须搞好畜牧业的区域分工，防止产业趋同。必须使畜牧业结构多元化，产品结构分档次。整个畜牧业结构必须调出优势，调出市场，调出效益。牧区和农区要各有特点，要发挥各自的优势。积极发展牧区畜牧业，不能丢掉毛、皮、绒、奶，盲目与农区趋同。牧区必须从粗放向集约化发展，加快出栏，多出商品。此外，必须搞好草原建设，其重点就是定、包、改、保。定，就是牧民定居，必须尽快解决。包，就是草原承包，一定要落实，而且要长期稳定不变。改，就是草原改良，提高草原生产能力。保，就是要保护草原，建设草原，维护草原生态环境，走可持续发展道路。

三、发挥畜牧业在扶贫工作中的作用，增强服务意识

畜牧业和扶贫工作的关系，应该说非常密切。一是现在农业部有扶贫的职能；二是扶贫是整个农村工作的一个组成部分，解决农村贫困人口的温饱问题，农业部门责无旁贷；三是现在扶贫工作的重点是扶贫到户，扶贫到户的重点是发展种养业，这就要求必须搞好服务，才能保证健康发展。

目前，4 000多万贫困人口的吃饭问题多数能解决，主要问题是没有钱花。收入上不去，就解决不了温饱。在这些地区，现在能换钱的主要靠畜牧业。因此，扶贫资金的投放，除搞农田基本建设及解决人畜饮水外，重点抓种养业。但是，贫困户发展畜牧业的素质很差，要让他去自我开发，难度很大。有钱不等于能把事办好，必须有人帮助扶持。养殖业要办好，就是畜牧部门的责任。要把贫困地区的畜牧技术服务，甚至包括销售服务到户的问题，当作一件大事。在贫困地区经常能见到服务不到位的现象，这不完全是一个地方的问题，必须引起重视。畜牧部门要增强扶贫意识，增强服务意识，充分发挥畜牧业在扶贫工作中的优势和作用，为贫困农牧民脱贫致富再做新贡献。

（1998年12月31日）

贾幼陵同志在1998年全国农业工作会议畜牧分组会上的讲话（摘要）

1998年是我国实行改革开放20周年，20年来，农业和农村经济发生了翻天覆地的变化，畜牧业也顺应改革潮流，结合行业自身特点，探索出一条适合我国国情的发展道路。主要畜产品产量连续20年以10%左右的速度递增，饲料产品产量年递增率超过20%，肉、蛋、奶产量分别增长了6.5倍、8.2倍和7.7倍，彻底改变了畜产品市场短缺的局面。畜牧业产值占农业总产值的比重也从1978年的13%上升到1998年32%。

我国畜牧业持续、快速、健康发展的历程，是党的十一届三中全会以来改革开放政策在畜牧兽医和饲料工作上的具体体现。20年的实践证明，保持畜牧业的持续稳定发展，必须坚持家庭承包经营和多种所有制经济成分并存的发展方针，为畜牧业营造宽松的发展环境；必须坚持放开畜产品市场和正确的市场取向，尊重市场规律；必须坚持科技兴牧，加强支持保护体系建设，积极引进先进技术和管理模式，提高生产力水平；必须坚持依法治牧，完善法规建设，强化宏观调控，规范市场行为，这些基本经验将对我国畜牧业今后的发展产生积极而深远的影响。

下面，按照十五届三中全会《关于农业和农村工作若干重大问题的决定》精神，结合中央农村工作会议和全国农业工作会议的要求，就畜牧兽医和饲料行业1998年的情况和1999年的工作部署讲几点意见。

（一）把握形势，强化宏观调控

1998年是我国畜牧业发展历史上极不平凡的一年。在这一年中，畜牧业生产受到了两大不利因素的困扰，一是受亚洲金融危机的冲击，畜牧业生产和国内外市场都受到了宏观大环境的影响，畜产品价格大幅度下降；二是长江、松花江和嫩江流域发生百年不遇的洪涝灾害，十几个省、自治区的畜牧业遭受了巨大损失。面对这些困难，全行业的同志们齐心协力，勤奋工作，按照1997年全国农业工作会议上对1998年畜牧业工作的布署，千方百计地完成工作任务，保持了全年畜牧业的稳定发展。预计全年肉、蛋、奶产量将分别比上年增长4%、3%和9%左右，配合饲料产量达到5 500万吨，基本实现了预定的发展目标。当然，这些成绩的取得离不开中央及各级党政领导的关心和支持，同时，也说明了我国畜牧业经过改革20年的发展，已有较为坚实的基础，具备了一定的承受和抵御风险的能力。

农业部在各地畜牧兽医和饲料系统及有关部门的配合下，抓了以下几项工作

第一，转变政府职能，强化了法制管理。1998年是我国政治经济体制改革力度较大的一年，在国家行政机关的机构改革中，原农业部的畜牧兽医司和全国饲料工业办公室合并为畜牧兽医局（全国饲料工作办公室），人员减少55%。在职能方面，保留了原有的大部分行政职能，增加了兽医外检的部分职能。这样，在法制管理上，畜牧兽医局负责的法律、法规达到6部。改革促使我们调整思路，把工作重心转移到以法制管理为主要内容的宏观调控上来。在社会主义市场经济条件下，政府的一个很重要的作用就是通过公正、严格的执法，为不同市场主体之间的公平竞争创造一个有序的环境。

在法律、法规建设上，《饲料管理条例》完成了制定工作，已报送到国务院法制办公室。在已颁布的6部法律、法规中，加强了配套法规建设，1998年出台的配套法规就有8项，这在近几年的配套法规建设中力度是最大的。如《种畜禽管理条例实施细则》、《种畜禽生产经营许可证管理办法》、《动物疫情报告管理办法》、

《动物防疫、监督实施办法》、《兽药批准文号管理规定》等。根据新的形势变化,正在修改的有《草原法》、《兽药管理条例》和《进出境动物植物检疫法》。同时,许多省、自治区、直辖市根据已颁布的法律、法规,结合本地的实际情况,加快了立法步伐,制定并出台了相应的配套法规。

在执法和质量监督方面,主要抓了以下几点:一是对83个国家重点种畜禽场和22个种公牛站进行了检查、验收和发放生产经营许可证工作。二是结合《动物防疫法》的实施,加强了防检疫执法工作。三是加强了饲料、兽药的质量监督。开展了全国配合饲料产品统一监督检查,抽查916个饲料生产企业的1 260个批次的配合饲料产品,合格率为89%,比上年提高18个百分点。抽检兽药4 580批次,重点抽检品种24个,产品合格率比上年提高6个百分点。

第二,突出兽医工作,确保了大灾之年无大疫。1998年,我国发生的特大洪涝灾害,对兽医工作是一次严峻考验。这次洪涝灾害虽然给受灾地区畜牧业带来巨大损失,但是,灾区人民和畜牧部门在洪灾面前表现的大无畏精神,以及全行业同志们表现出的一方有难,八方支援的友爱精神,是宝贵的精神财富,也是今后敢于面对困难,战胜困难的精神力量。

为确保抗洪期间和洪水退后没有大的疫情发生,我们坚决贯彻国务院的指示和要求,以对人民群众生命安全和救灾防病工作高度负责的责任感,与灾区人民一道,共同做好防疫灭病工作。畜牧兽医局和各重灾省、自治区畜牧主管部门都下发了做好疫病防治工作的紧急通知,及时制定了防疫方案,紧急调拨救灾用兽药,分发到灾区。同时,千方百计筹集资金,支援灾区抗灾保畜,并派调查组到灾区了解灾情、疫情。受灾地区也加强了灾后的畜禽防疫、消毒灭源和疫情监测工作,确保了大灾无大疫。

第三,加强宏观调控,启动了支持保护体系的骨干工程建设。进行畜牧业支持保护体系建设,增强行业发展后劲,是1998年国务院果断作出的扩大国内需求,增加投入等宏观调控措施的一个重要组成部分。近几年来,国家对畜牧业基础设施建设的投入逐步加强,1998年的力度更大,投资成倍增长,充分体现了中央对畜牧业的高度重视。1998年,作为支撑体系而启动的基础设施建设有:

——全国畜禽良种工程,按照农业部《加强全国种畜禽良种繁育体系建设意见》制定了《全国种畜禽良种工程建设规划》,重点加强了国家级种畜禽场、重点种公牛站及畜禽质量监测检验中心的投资建设,其中,国家重点种畜禽场20个、种公牛站8个。

——全国动物保护工程,制定了《全国动物保护工程建设规划》和《全国无规定动物疫病区项目实施方案》。加强了对部分省、地、县三级动物防疫监督机构的基础设施建设,启动了南京药厂、兰州兽医研究所的疫苗工程项目,以及农业部动物检疫所的诊断液生产、农业部兽药监察所的兽药残留实验室项目的建设。

——草原生态工程。包括牧区开发示范工程和南方草山草坡开发示范项目。在加大投入力度的同时,向草地改良与建设、生态保护方面倾斜,加强了续建和牧草种子基地的建设。此外,陆续编制、提出了长江、黄河中上游草地生态治理、长江中下游退耕还湖种草养畜、治理水土流失等一系列规划。

第四,加强市场信息分析,提出了稳定生产的建议和措施。1998年的畜产品市场,生猪价格从3月份开始下降,到6月份,仔猪、活猪、猪肉同比分别下降42%、27%和24%;细羊毛平均收购价每千克不到10元,80%左右的羊毛仍积压在牧民手中;羊绒的实际收购价每千克只有100元左右,比上年同期下降50%以上;肉鸡出口受阻,上半年活家禽和冻鸡的出口量同比下降51%和17%。针对畜产品价格大幅度波动,给生产带来的不利影响,我们及时向国务院报告了情况,给地方通报了信息,提出了建议和应采取的措施。同时,借助副食品风险基金,稳定了一批骨干种畜禽场。许多地方也采取了相应措施,如浙江省政府专门下发了《稳定生猪生产的通知》,帮助生产者调整生产结构,适应市场变化;黑龙江省一些地市实行了生猪保护价收购,有力地保持了生产的稳定。

此次畜产品的价格波动,呈现出下降幅度大、持续时间短的特点。生猪价格从3月份急剧下降后,7月份即开始回升,虽与上年同期相比仍低10%左右,但从下跌到上升仅隔4个月,比以往任何一次波动所经历的时间都短。因此,一些主产省的母猪存栏比例仍然较高,预计,目前生猪较低的价格水平还将持续一段时间。回顾1998年畜牧业形势的发展,分析此次价格波动的特点及其原因,为今后如何在市场经济条件下,加强畜牧业生产的宏观调控提供了如下几点启示:

——畜产品质量是适应市场竞争的前提。随着城乡居民生活水平的提高,畜产品由短缺到基本满足市场供应后,人们对畜产品的需要,已不仅仅是数量上的满足,而是更加重视产品的质量。上半年虽然总体价格水平下降,但优质产品与普通产品比较,市场需求大、价格下降幅度小。如“三元杂交”猪的销售价格,明显高于其他肥猪,在上半年的“卖猪难”中就处于有利的地位。又如广大群众要求吃“放心肉”的呼声很高,说明提高产品质量已成为增强市场竞争能力的重要因素。因此,在今后的宏观指导中,要积极引导结构调整,发展优质产品生产。

——畜产品价格变化与国家宏观经济形势的关系更加紧密。随着社会主义市场经济的建立,畜牧业经济的运行必然要受到国家宏观经济运行态势的影响,政府行政管理部门的宏观调控,应尽可能地利用经济杠杆,通过市场竞争规律和价值规律的作用,引导生产运行,调节供需平衡,优化资源配置。

——适应市场变化是生产者走向成熟的表现,经过几次市场波动的磨练,许多生产者已逐步适应市场行情的变化,以往的抱怨和无所适从的现象少了,而是以积极态度,主动适应市场变化。在产品价格下降时,调整结构,改良品质,增加科技含量,努力降低成本,增强在低价位市场竞争中的能力;在价格上升时,又能及时组织恢复生产,既保证了市场供应,又获得了较高效益。

(二)把握大局,明确发展方向

党的十五届三中全会《决定》突出了新阶段发展畜牧业的地位和意义,提出了畜牧业的发展任务和方针,是指导我国畜牧业跨世纪发展的纲领。最近,中央召开的经济工作会议,将增加农民收入和保持农村稳定这两个突出问题作为当前农业和农村工作的重点。畜牧行业一定要结合各地实际情况,深入领会,认真贯彻《决定》和中央经济工作会议精神。

第一,坚持党在农村的基本政策,保持农村稳定。改革20年来的畜牧业发展历史证明,只有保持农村社会的稳定,把党在农村的各项方针政策落到实处,我国畜牧业才能持续稳定发展,而畜牧业的持续快速发展,又为广大农民创造出更多的就业机会,有利于促进农村经济的发展和社会的稳定,特别是在牧区,由于畜牧业是牧区经济和牧民赖以生存的支柱产业,积极发展牧区畜牧业,对于增强民族团结,巩固边疆安定有着更加重要的意义。

——坚持以家庭承包经营为基础。在农区,继续稳定千家万户为主的畜牧业经营方式,畜牧业的商品化、专业化、集约化和产业化进程都要以此为基础,通过探索、寻找与千家万户农民联系的切入点和有效的纽带,把农户的小规模分散饲养与社会化的大市场衔接起来。在牧区,继续下大力气推行草地家庭承包经营和有偿使用,这是保持牧区稳定,调动广大牧民建设草原和发展生产积极性的基础。

——坚持畜产品多渠道经营,放开市场、放开价格,支持并发挥各地农民的运销组织在畜产品流通中的作用,做好产销直接衔接;规范各地畜牧业生产税费的收取,实行收支两条线,坚决制止向农民乱收、摊派生猪税费的行为。

——坚持稳定基层服务体系,努力提高服务队伍素质。各级畜牧兽医服务组织是行业工作的支柱,稳定这支队伍,对畜牧业持续稳定发展至关重要。各地要按照中央有关文件精神,继续落实和完善"三定"工作,切实改善基层服务人员的工作和生活条件,通过各种形式,提高基层服务队伍素质。要顺应国家机构改革的趋势,加强基层站(场)与生产者的有机结合,通过有力的服务,达到稳定队伍,增强实力,提高素质的目的。

第二,坚持市场取向,增加农民收入。由于农户从事畜禽养殖具有投资少、见效快、易操作等特点,许多地方都将发展畜牧业作为增加农民收入的重要途径。在广大农村特别是贫困地区,发展畜牧业已经成为农民家庭收入的重要来源。初步估算,近几年来,畜牧业收入对农民家庭收入增长的贡献率达到30%以上。畜牧业已经成为农村经济最为活跃的增长点之一。因此,要从战略高度,充分认识发展畜牧业在发展农村经济,增加农民收入中的重要作用。

——加强畜牧业生产支持保护体系建设。在市场经济条件下,帮助农民发展畜牧业,增产增收,国家的支撑不能减弱。要组织好种畜禽生产,为农牧民进行畜牧生产提供优良种畜禽;加强畜禽重点疫病防治,降低畜禽死亡率,提高畜产品卫生品质和质量;提高配合饲料的入户率,减少直接用于畜禽养殖的原粮数量,提高饲料的整体转化率。

——坚持科教兴牧的发展战略。在科学技术研究中,要面向生产,突出重点,鼓励创新,注重效益,联合攻关,争取在现代集约化饲养、疫病防治等技术方面取得突破;加快科技成果转化,大力推广先进实用技术,提高饲养管理水平和生产效益,不断提高科技对畜牧业增长的贡献率;继续实施"牧科教"结合,提高农民素质,促进畜牧业经济增长方式的根本转变。

——紧紧围绕市场需求,优化产业结构,提高产品质量,提高畜牧业产值在农业中的比重,是调整和优化农村经济结构的一个重要方向。在畜牧业结构调整中,要稳定发展生猪生产,突出发展草食型、节粮型畜禽业。随着人民生活水平的提高,增加名特优新畜产品的生产,鼓励农牧民拓宽饲养范围,实现养殖结构的多样化,重点引导饲料转化率高或市场潜力大的畜禽产品的生产,如奶牛、优质细毛羊和水禽等。通过产业结构调整与优化,不断提高畜产品的品质和质量,增强畜产品的市场竞争力。

——积极稳妥地推进畜牧业产业化进程。农业产业化对于解决千家万户的农民进入市场,增加农民收入,意义重大。而畜牧业产业化起步较早,应该而且能够在产业化过程中发挥重要作用。畜牧业产业化要以市场为导向,以科技为依托,以效益为中心,以增收为目的。鼓励农民将畜牧产业链向产前、产后延伸,促进"种养加"的有机结合,特别是引导农民进行畜禽产品的精深加工;加强各种类型实体培育,开拓市场,为广大饲养农户提供优质配套的服务,将农牧民的家庭经营与国内外市场有机地衔接在一起,使农牧民不仅在生产环节获得利益,而且在加工、流通环节也得到适当收益。对在产业化发展中起至关重要作用的龙头组织,要给予特别的鼓励和支持,并通过典型引路的示范带头作用,探索产业化发展的有效模式,促进畜牧业产业化沿着健康的轨道发展。

第三，坚持生态保护和环境治理，实现畜牧业可持续发展。保护和改善生态环境，实现可持续发展，是我国经济社会发展的总体战略，实施畜牧业可持续发展是实现这个总体目标的重要组成部分。从我国的国情出发，在今后的畜牧业生产中，必须对草地生态恶化、饲料资源短缺、规模养殖造成的环境污染等问题给予高度重视。

——牧区畜牧业要坚持草原建设与畜牧生产并举，实现草畜同步增长，在长江、黄河中上游地区和“三北”生态脆弱地带，要积极种草，加强生态建设。要严格执法，坚决制止非法开垦草地的行为。加快草地“三化”治理，遏制草地生态环境恶化的趋势。同时，各地要认真规划，精心组织，把草地建设作为国家治理生态环境的重要措施和重点工程，实现草地畜牧业的可持续发展。

——重视环境保护与污染治理。大中城市郊区及人口稠密地区要及时把畜禽养殖的环保工作提上日程，特别是规模化养殖场的建设要有配套的污染治理措施，保障畜牧业的健康、持续发展。

——严格控制畜禽产品中的有害物质残留。要依法加强对兽药及饲料添加剂生产、使用的管理与监督，提高畜禽产品卫生水平，保障我国居民的动物性食物安全，增强畜禽产品在国际市场中的竞争能力。

——广辟饲料来源，加强各类饲料资源的开发和合理利用。充分利用饼粕、糠麸、糟渣等农副产品，以及农作物秸秆、畜禽屠宰和轻工业下脚料等可饲用资源，缓解我国饲料资源的紧张状况。针对我国人均耕地占有量少的现实，努力提高畜禽养殖的饲料报酬率，实现饲用资源的高效利用，不断满足城乡居民日益增长的动物产品需求。

（三）把握机遇，推进行业工作

1999年是决定我国畜牧业以什么姿态和形象跨入21世纪的关键一年。当前，畜牧业发展正处于非常有利的时机。中央及各地党政领导高度重视畜牧业；良种繁育、动物防疫、饲料生产等支撑体系框架已基本形成；科技兴牧的步伐日益加快；生产者经受了市场经济规律的反复磨练，开始以积极的态度适应市场变化。要把握机遇，坚定信心，以增加农民收入为目标，以调整和优化产业结构为重点，从宏观调控入手，把十五届三中全会精神落到实处，重点做好如下工作：

第一，进一步加强行业法制建设。实现依法治牧，严格执法监督是一项长期工作。各地要根据国家出台的各项法律、法规，结合本地区的实际，制定相应的配套法规。同时，中央和地方都要加强行业质量监督监测检验体系建设，制定相应的质量标准。

贯彻《动物防疫法》，继续制定出与其相配套的法规，出台检疫、卫生和管理等有关标准和规程，推进动物防、检疫标准化进程；制定动物防疫监督机构技术质量认证规定，有组织、有计划地开展省、地、县三级监督机构技术质量认证工作；加强动物防疫监督的规范化管理，开展动物防疫监督的规范化试点建设；切实加强产地检疫、屠宰检疫和流通环节的监督管理工作；逐步在全国实行动物诊疗许可、种畜禽健康许可等管理制度；加快监督执法人员素质的培训和提高。

抓紧修订《兽药管理条例》，制定兽药残留监控计划，并制定、修订药品质量标准，进一步健全和稳定兽药药政管理和兽药质量监察两大体系。各地要把加强执法监督，加大查处假劣兽药力度作为1999年兽药管理工作的重点。对上年度抽检不合格的产品及生产经营企业跟踪抽检，定期或不定期发布兽药质量通报。

贯彻《种畜禽管理条例》及其实施细则，做好《种畜禽生产经营许可证》发放和管理监督工作，规范种畜禽生产经营。进入市场流通的畜禽，必须具有《种畜禽合格证》、《动物检疫合格证》和《种畜系谱证》。完善种畜禽质量评定和监测体系，加快北京、江苏、武汉等地的质量监测中心建设，使之尽快发挥作用。加强对种畜禽管理人员的培训工作，实行持证上岗。

加快《草原法》修订工作，进一步完善草地法规配套，加大对《草原法》的执法力度，制止非法开垦，加大打击破坏草原行为的力度。农业部1998年已专门下发了《关于制止非法开垦，保护草地资源的通知》，各地一定要认真贯彻落实。严格执行《草原防火条例》。继续推进草地承包经营责任制和有偿使用工作，责任制未落实的地方，要拿出具体措施，制定详细方案，尽快落实到户。组织好草地承包工作的检查和总结，力争1999年全国的草地家庭承包经营的比例达到60%。

第二，加强重点工程的建设和管理。畜牧业支持保护体系的重大项目建设，要加强项目管理。对每项工程建设，畜牧兽医局都已成立项目建设领导小组，各地也要加强对项目建设的领导。要按照国家发展计划委员会的要求，制定相应的管理办法，认真搞好项目前期的筛选、论证、审查、评估工作，严格按项目管理要求申报项目。在建项目要加强监督、检查，力争国家宏观调控资金发挥最大的作用。

动物保护工程建设，重点要抓好无规定疫病区的建设工作。对已落实建设任务的地区，要按照农业部颁布的实施方案落实配套资金及各项建设任务和指标；加强动物疫情分析测报网络化建设，完善疫情报告制度，采用电脑等现代工具对动物疫情进行管理，建立动物疫情数据库和动态显示系统；制定畜禽重点疫病的防治计划，通过基层兽医化验、诊断设施设备的更新和改造，把基层防疫工作抓到实处。

畜禽良种繁育体系工程，重点是完善种畜禽原种场和种公牛站建设，提高种畜禽生产水平和供种能力。种公牛站要以提高细管冻精生产比重为突破口，全面推广细管人工授精技术，提高改良效果。同时，做好畜禽品种资源保护，搞好国家基因库和部分畜禽资源场的建设。要按照《全国种畜禽良种工程建设规划》的要求，严格程序，周密筹划，把建设项目落到实处。

草地建设项目包括牧区开发示范工程、南方草山草坡开发示范工程和近期准备实施的草地生态建设工程。这些项目建设要按照国家投资原则和建设重点，实行分类指导。在进行草地基本建设时，要借鉴澳大利亚、新西兰等草地畜牧业发达国家的经验，通过家庭牧场建设，提高草地的生产力水平和经济效益。

秸秆养畜示范项目，要以国务院颁布的《1996—2000年全国秸秆养畜过腹还田项目发展纲要》为工作指针，巩固和进一步发展中原肉牛带，开发东北肉牛带，开辟华南肉牛带，努力完成《纲要》明确的目标。秸秆养畜示范项目实施中，要通过完善配套措施，进行产业化开发，推广实用技术等手段，提高秸秆养畜的经济、社会和生态效益。

第三，加强产业结构的高速和优化。肉蛋奶等大宗畜产品生产，要改良品种，提高质量，增加良种比例，增加花色品种，增加市场短线产品比重。大力发展优质瘦肉型猪、肉牛、黄羽肉鸡及细毛羊等名特优新畜产品，以适应市场需求，提高生产效率和经济效益。

生猪生产是我国肉类生产主体，要加快品种改良，优化猪群结构，加快优质“二元杂交”母猪的生产，增加适合市场需求的优良“三元杂交”和配套系商品猪的生产比重。要根据市场发展，适当增加牛羊肉、禽肉生产，使肉类结构进一步优化。

禽蛋产量和人均占有量都已达到较高水平，要在稳定生产的同时，控制发展规模，提高生产力水平，讲求经济效益，避免因效益过低导致生产的大起大落。

奶类生产要加强消费宣传，引导城乡居民增加营养丰富的奶产品消费，开发适合儿童、中小学生和老人等特殊消费群体需求的优质奶制品，在有条件的地方积极推行学生加餐奶，以促进奶类生产。在主要产区开展和推广奶牛产业化试点建设，形成“龙头企业加基地加农户”的乳业发展格局。

羊毛生产要稳定数量，提高品质。争取启动优质细毛羊工程，通过优质细毛羊的集中连片推广，加快扩大优质细毛羊群体；结合羊毛流通体制的改革，通过实行机械剪毛、羊毛除边、分级整理、机械打包、客观检验的管理模式，积极开展羊毛拍卖和工牧直交，提高我国羊毛的生产水平。

第四，加强科学研究和技术推广。科技进步是畜牧业发展的根本动力。为加强整个行业的科技工作，畜牧兽医局成立了畜牧和饲料科技工作领导小组，其目的就是加快科教兴牧步伐，促进畜牧业增长方式的根本转变，争取使科技进步在畜牧业增长中的贡献份额达到50%。

在科研方面，1999年是国家科技攻关项目及攀登计划项目的关键一年，这些项目要力争出一批对实际生产有重要价值、高水平的研究成果；重点做好生物技术，特别是基因工程的开发与应用，加强重要疫苗的开发、胚胎工程产业化、畜禽疫病控制、工业饲料生产所需的酶制剂、活性微生物等技术研究；做好“十五”科研规划工作，并力争得到科技部、国家发展计划委员会等有关部委的支持，组建几个高水平、上档次的国家畜牧业工程技术研究中心。

在技术推广方面，要推广一批重点适用技术项目，如优良畜禽养殖技术、主要疫病综合防治技术、饲料配合技术等。要认真总结畜牧业“丰收计划”的成功经验，结合成套技术开发示范、优质高效畜牧业发展试点以及科技成果产业化等工作，吸引社会各方面的力量参与畜牧科技成果的推广。基层服务组织要坚持市场取向，开展技术推广，重点加强产后服务，以达到增加农民收入，壮大自身实力，增加综合服务能力的目的。

第五，加强政策研究和市场信息体系建设。在政策研究方面，1999年将对21世纪我国动物食品供需预测、科技进步在我国畜牧业发展中的地位和作用、如何加强我国的奶类生产和优质细毛羊生产等重大课题进行重点研究，从总体上把握我国畜牧业发展的方向。

在市场建设方面，主要抓两条，一是市场设施建设，即积极培育、建设活畜和畜产品交易市场，鼓励各地开展种猪等种畜禽拍卖工作；二是流通组织建设，即培育和发展各种中介组织，鼓励各类专业协会、生产合作组织、技术服务组织、流通合作组织参与畜产品市场建设，坚持畜产品多渠道经营。

在信息体系方面，各地要加强对畜牧业经济运行状况的掌握和监测，密切注视生产中出现的新情况、新问题，把握畜牧业市场走势，加强形势分析，及时作出判断和预测，为政府决策提供科学依据，正确引导生产者组织生产。需要提请大家注意的是，对畜牧兽医局制定的价格月报、生产季报、生产年报和专业年报制度，各级畜牧业主管部门一定要认真执行，按时完成填报任务。

第六，加强饲料工作。为使《饲料管理条例》尽快出台，积极和有关部门进行协调和沟通，做好宣传工作，同时，要为《条例》的出台和颁布后的贯彻执行，尽快完成《实施细则》和配套法规的起草工作。要加强饲料行业政策的调研、制定工作，尽快出台《中国饲料工业发展纲要》。

完善进口饲料添加剂质量标准，把好进口质量关，对主要饲料添加剂产品开展评审工作。抓紧与有关部门协商，争取启动饲料安全工程。根据我国饲料资源状况，制定《饲料高效生产利用工程项目规划》。

依靠科技进步，大力开发饲料资源，推广适合国情的饲料产品。提高饲料工业的整体素质，完善工业饲料行业内部结构，重点加强基础性的添加剂项目建设，力争使主要添加剂品种实现国产化。要通过资产重组、联合、并购和股份制合作等多种方式，促进企业存量资产优化和增长方式的根本转变，逐步形成一批富有竞争力的大型饲料工业企业集团。

（1998年12月31日）

季之华副局长在1998年全国秋季农业现场会畜牧专业会议上的讲话

（一）畜牧业生产形势

1998年上半年，由于受饲料原料价格上涨、畜产品价格下跌和部分地区严重自然灾害等诸多不利因素的影响，我国畜牧业生产总体增长速度明显放慢，鸡蛋产量甚至略有下降，肉鸡生产也继续下滑。但生猪出栏预计增长3%、存栏增长2%，肉牛出栏增长8%，肉羊出栏增长10%，牛奶产量增长8%，畜产品总量继续增长。我国畜牧业之所以能在逆境中保持相对稳定的发展势头，一是各级政府的重视，把畜牧业作为农村经济新的增长点常抓不懈。二是我国已初步建立起节粮型畜牧业结构。以牛羊为主的草食畜价格相对平稳，效益稳定增长。三是鸡蛋生产在经历长时间的低价位之后已开始复苏，蛋鸡生产正在走出低谷。生猪市场经历严重挫折后，价格也开始回升。四是良种体系初步形成。五是兽医工作力度加大。《动物防疫法》出台，动物保护工程启动，保证了畜牧业的健康发展。值得注意的是，草食动物由于受粮食价格波动的影响很小，一直保持良好的生产势头。这再一次证明，国家关于大力发展农区秸秆养畜的决策是英明的，也是完全符合中国国情的。秸秆养畜不仅是秸秆综合利用的主要途径，而且也是建立节粮型畜牧业结构的重要战略举措。

（二）秸秆养畜示范项目取得新进展

1997年，第五次全国农区发展畜牧业座谈会召开后，秸秆养畜项目又在以下几个方面取得重要进展：

1. 国家级秸秆养畜示范县又有新的发展。1998年，中央秸秆养畜投资在1997年的基础上又增加400万元，达5 400万元，新建国家级秸秆养畜示范县55个，其中，秸秆养牛示范县36个、养羊县19个。至此，全国共建国家级秸秆养畜示范区13个、国家级秸秆养畜示范县268个（不含已除名的北京市通州区、怀柔县和青海省互助土族自治县），其中，养牛县212个，养羊县56个。

2. 秸秆饲料利用取得新突破。1997年，已建的213个国家级秸秆养畜示范县占全国总县数的9.9%，氨化秸秆却占全国总量的40.1%，达1 478万吨；青贮饲料占全国总量的27.2%，达2 628万吨；示范县秸秆饲用率达48.1%。在示范县的推动下，1997年全国共利用秸秆1.84亿吨，其中，氨化秸秆3 685万吨，青贮饲料9 668万吨，分别比上年增长20.9%和13.3%。全国秸秆饲用率已超过30%，其中，秸秆处理利用率达10.7%。

3. 牛羊肉产量大幅度增加。1997年，176个秸秆养牛示范县生产牛肉173.2万吨，占全国总产量的36%；37个秸秆养羊示范县生产羊肉30.6万吨，占全国总产量的13.7%。在示范县的推动下，全国牛羊肉总产量已达808.9万吨，增长幅度在各类畜产品中继续保持领先地位。

4. 秸秆养畜项目配套物资又有新增加。1998年，农业部先后争取氨化专用尿素8万吨，青贮、氨化专用薄膜8.5万吨，与1997年相比，专用薄膜增加2万吨。1998年3月，农业部制定了《秸秆养畜专项塑料管理办法》（试行），对专项薄膜实行"一条龙"管理，减少中间环节，减低了成本，有力地促进了秸秆饲料的开发工作。

5. 积极推进秸秆饲料开发的标准化工作。1996年，农业部颁布了《青贮饲料质量暂行标准》，1998年又组织制定了《氨化饲料质量暂行标准》，使秸秆饲料开发更加规范。

（三）进一步推进秸秆养畜项目的几点意见

党中央、国务院对秸秆养畜工作十分重视，温家宝副总理最近批示指出："秸秆养畜是实行农牧结合，推动粮食生产和畜牧业同步发展的重要措施；也是保护生态，促进农业可持续发展的有效途径。几年来，这项工作取得了很大成绩，也积累了不少经验，应该坚持不懈地抓下去。要在总结经验的基础上进一步完善政策和措施，大力推广实用技术，走产业化的路子，努力提高秸秆养畜的水平和经济、社会、生态效益。"温家宝副总理的批示，表明国务院新一届领导对秸秆养畜工作十分重视，并对今后工作提出了更高要求。我们要以《1996—2000年全国秸秆养畜过腹还田项目发展纲要》（以下简称《纲要》）和温家宝副总理批示为指针，认真做好工作，努力完成《纲要》确定的目标。

1. 进一步完善政策措施，狠抓落实。目前，在中央这一层次，已经做到政策、资金、物资、技术"四落实"。经多年努力，已为项目的健康发展创造了良好的大气候。各地的小气候要靠各省自己去创造。农业部多次要求各地藉助国务院颁布《纲要》的东风，出台本省的政策和规划。1997年，农业部、国家农业综合开发办公室、中国人民银行、中国农业发展银行和中国农业银行等五部(办、行)委在关于贯彻《纲要》的通知中再次要求各省、自治区、直辖市根据实际情况制定本地区的政策和发展规划，于1997年7月1日前上报农业部。然而，迄今为止，只有14个省、自治区制定并颁布了本地秸秆养畜规划，大部分省、自治区杳无音信，迟迟没有行动。做任何事情都要抓机遇、讲效率。已经制定规划的省、自治区就抓住了国务院批准全国《纲要》的有利时机，而其他省、自治区就有可能失去一次大好机遇。今后批准项目就是要依据《纲要》和规划，不能无规划地盲目上项目。

2. 走产业化道路，提高秸秆养畜的经济、社会和生态效益。根据《纲要》精神，今后确定秸秆养畜示范县项目，要继续坚持选择资源丰富、技术条件好、自然条件有利的区域，连片开发，资金集中投入重点地区。近年来，中央逐年增加财政资金，各地也应该加大对秸秆养畜的投入力度，在建设国家级秸秆养畜示范县的同时，加快省、地级示范县的建设。各地要注意在抓饲养的同时，解决好产后出路问题，要按产业化的思路抓秸秆养畜工作。国务院决定自1997年起设立秸秆养畜后续加工专项政策性贷款，以推进产业化进程。1997、1998年首先将中原和东北列为秸秆养畜产业化的试点地区，今后，将根据各地项目的发展情况，逐步推向华南、西南以及全国其他条件具备的地区。

3. 健全制度，强化项目管理。在国家秸秆养畜示范项目实施之初，农业部就与国家农业综合开发办公室共同制定了《关于农区秸秆养牛示范县项目选项、申报、立项的要求》，明确了项目的指导思想和选择秸秆养牛示范县的条件；具体规定了资金的使用范围和管理办法；严格规定了国家秸秆养畜示范县项目的申请和审批程序以及项目检查验收制度。在近年来的示范县检查验收中发现，个别县疏于管理，项目领导小组有名无实，以致验收时主要指标未能达到，被取消示范县的称号。近年来，有些省、自治区每半年的阶段性总结不报了，年终总结也一拖再拖；有些省、自治区项目建设和资金使用计划随意变更；个别地方资金管理不严、使用不尽合理等。这种在项目管理工作中的"冷"与争取项目时的"热"形成很大反差。这里要重申，应严格执行项目管理办法，下大力气做好项目的管理工作，保证秸秆养畜项目上一个，成功一个。今后，在项目实施过程中一经查出问题，除对项目实施单位进行严肃处理外，还将核减项目所在省、自治区、直辖市下年度申请指标。

4. 注重科技在秸秆养畜中的作用，积极推广实用技术。最近，李岚清副总理在谈科技工作时指出：发达国家科技成果转化率为50%左右，我国只有6%～8%。我国是发展中国家，财力有限，本应更加注意抓成果转化，实际情况是转化率反而更低。在农业领域，科技成果转化率极低，业已成为推进农业科技革命的"瓶颈"。因此，应加强秸秆饲料的基础研究和应用技术的推广，努力提高秸秆的科学利用水平与经济效益。青贮饲料是玉米秸秆利用的好形式，已成为我国秋季农业的重要内容之一。目前，我国青贮饲料玉米主要是青贮玉米(带谷穗)和青贮玉米秸。据吉林省农业科学研究院研究，在土地和耕作条件同等的情况下，种植1公顷青贮玉米比籽实玉米多收入539元。青贮玉米每公顷平均产量47吨，而玉米籽实的产量仅为7吨。从公顷营养产量比较，青贮玉米比籽实玉米多产可消化蛋白53千克，相当于726千克玉米籽实的可消化蛋白含量。按饲料单位计算，多产出3 333个，相当于2 755千克玉米籽实的营养价值。研究表明，提前7～10天收获玉米籽实，收贮秸秆，籽粒产量、质量几乎不受影响，而玉米秸的营养价值却能大幅度地提高，值得大力推广。各地要不断探索和完善秸秆饲料利用技术，特别是秸秆青贮技术、氨化技术和"微贮"技术。同时，也要把提高牛羊的生产性能作为项目建设的一项重要内容来抓，在改进饲养条件的同时，相应地进行牛羊品种改良，提高牛羊的个体产肉量。

5. 加强宣传、引导和发动工作。几年来，受国务院委托，农业部和国家农业综合开发办公室先后召开五次全国性秸秆养畜会议，有力地促进了秸秆养畜的快速、健康发展。各地要抓住机遇，不断开创农区秸秆养畜发展新局面。要充分利用各种宣传媒体，组织好广播、电视和报刊等对秸秆养畜的宣传工作，发挥舆论导向作用，多形式、多渠道宣传发动，让更多的领导和科技人员认识秸秆饲料开发工作的重要意义，进一步加大秸秆养畜、过腹还田工作的力度。

6. 关于灾后自救问题。1998年历史罕见的洪涝灾害，对畜牧业生产造成很大影响，受灾的省份在水灾过后，要发扬自力更生精神，抓紧生产自救和灾后防疫工作，确保大灾之后无大疫，千方百计恢复生产，确保饲料及畜牧业生产稳定发展。

七年来，秸秆养畜示范项目已取得显著成效，但这仅仅是迈出的第一步。迄今为止，在6亿吨秸秆中只有1/3左右用于秸秆养畜，其中经过处理(青贮、氨化或微贮)而后利用的秸秆就更少。就地区而言，也仍有大片空白，有待宣传、发动，示范推广。江泽民总书记在十五大报告中指出："在现代化建设中，必须实施可持续发展战略"，"资源开发和节约并重，把节约放在首位，提高资源利用效率"。在十五大精神的指引下，经过各部门互相配合，积极努力，秸秆养畜"九五"发展《纲要》确定的宏伟目标一定能实现。

(1998年9月11日)

(本栏目主编　石有龙)

各 地 概 况

北 京 市

京郊畜牧业在中央有关部门和各级政府领导、支持下，通过畜牧战线及有关部门50年通力合作，已发展成为一项相对独立的产业，初步建成了具有现代科学技术、现代设施、现代市场、现代信息的现代化畜牧业。1998年，全市上下从京郊实际出发，坚持稳定发展、提高效益、丰富市场的指导思想，贯彻以富民为主线，促进首都经济发展的方针，加强畜牧业内部结构调整，推动畜牧企业重组转制，扶植家庭养殖，发展产业化生产，推广现代化科学管理技术，增加畜牧业科技含量，取得明显成效。为全面超额完成“九五”规划目标和畜牧业跨世纪持续发展奠定了基础。

1998年，京郊主要畜禽生产稳定，特种养殖异军突起。全市出栏生猪375万头、肉牛11.6万头、肉羊80万只、肉鸭1 331万只、肉鸡6 925万只；生产鲜鸡蛋17.6万吨，鲜牛奶22.7万吨；各种特畜珍禽产量378.6万头(只)。全市肉类总产量44.9万吨。畜牧业产值76.63亿元，占农业总产值176.61亿元的43.4%。

与1949年相比，出栏生猪增长18倍，肉羊增长65.7倍，肉鸭增长2 218倍，鸡蛋产量增长102倍，鲜奶产量增长112倍。

与改革开放前的1978年相比，生猪出栏增长1倍，肉羊增长12.8倍，肉鸭增长4倍，鸡蛋产量增长12倍，鲜奶产量增长3.2倍。肉牛、肉鸡均是60年代以后发展的产业。1998年出栏肉牛比1978年增长40倍，出栏肉鸡比78年增长37.7倍。

与1997年相比，出栏生猪增长6%；出栏肉牛增长6.6%；出栏肉羊增长13.5%；出栏肉鸭增长1.5%；出栏肉鸡增长24%；生产牛奶增长2.5%。

目前，首都市场大宗畜禽产品充足，皮、毛、绒、药供应丰富，特禽特畜星罗棋布。猪肉自给率达到50%以上，鸡蛋、鸡肉自给有余，鲜奶自给率达到100%，北京烤鸭从专供出口和饭店走上寻常百姓家庭的餐桌。畜禽产品长期以来的紧缺状况得到彻底根除。低限量凭票供应和营业员挎篮子上街收购鸡蛋成为历史。

1998年北京市畜牧业经济发展情况详见下表。

北京市1998年畜牧业经济发展情况表

指标项目 \ 年度	1949年完成数	1978年完成数	1997年完成数	1998年完成数	98年比49年增减倍数	98年比78年增减倍数	98年比97年增减%
畜禽出栏							
生猪(万头)	19.70	183.62	353.50	374.81	18.0	1.0	6.03
肉(菜)牛(万头)		0.28	10.89	11.61		40.5	6.61
肉(菜)羊(万只)	1.20	5.80	70.50	80.02	65.7	12.8	13.50
肉鸭(万只)	0.60	262.70	1 311.04	1 331.28	2 217.8	4.1	1.54
肉鸡(万只)		179.00	5 577.38	6 924.92		37.7	24.16
肉类总产(万吨)			40.25	44.90			11.55
其中：猪肉(万吨)			24.72	27.93			12.99
牛肉(万吨)			2.12	2.06			－2.83
羊肉(万吨)			1.05	1.22			16.19
禽肉(万吨)			12.29	13.47			9.60
其他(万吨)			0.07	0.22			214.29

（续）

指标项目 \ 年度	1949年完成数	1978年完成数	1997年完成数	1998年完成数	98年比49年增减倍	98年比78年增减倍	98年比97年增减%
奶类总产(万吨)	0.20	5.40	22.17	22.80	113.0	3.2	2.84
其中:牛奶(万吨)	0.20	5.40	22.17	22.73	112.5	3.2	2.53
鸡蛋总产量(万吨)	0.17	1.36	23.46	17.59	102.5	11.9	-25.02
畜牧业总产值(亿元)							
当年价(亿元)			74.80	76.63			2.45
农业产值(亿元)			170.86	176.61			3.37
现价比重(%)			43.78	43.39			-0.39
不变价(亿元)			37.77	39.50			4.58
农业产值(亿元)			90.42	93.52			3.43
不变价比重(%)			41.77	42.24			0.47

【规模饲养促进生产基地建设】 京郊自1974—1992年，政府号召，全市总动员，大力发展规模饲养业。市、县财政与生产单位总投资约20多亿元，建成蛋鸡、生猪、肉鸡、奶牛等规模畜禽场2 000多个。到1998年底，全市有年产1 500头以上规模猪场880个，成年母猪总规模22万头，年生产能力300多万头，其中万头以上规模猪场140个；有万只以上规模蛋鸡场223个，蛋鸡总规模888万只；年出栏5万只以上的规模肉鸡场73个，年生产能力4 000万只，其中100万只以上规模肉鸡场13个；有全民、集体规模奶牛场70个。1998年，全市仅1 500头以上的规模猪场出栏生猪260万头，占全市总量的69%；万只以上规模鸡场产蛋6.35万吨，占全市总量的36%；5万只以上规模肉鸡场出栏肉鸡3 770万只，占全市总量的54%；全民、集体规模奶牛场产鲜奶18.39万吨，占全市总量的81%。规模畜禽场的建设，形成了首都稳定的副食品生产基地，从根本上保证了首都肉、蛋、奶的供应，为解决首都长期以来畜禽产品严重紧缺起到历史性作用。1992年底，北京市畜禽产品市场全部放开。

与此同时，规模饲养还带动了相关行业的发展，崛起了一大批经济实体。如北京市畜牧机械厂、燕京牧机、大北农饲料、鲲鹏集团、华都肉食品公司、大发畜产公司、三元牛奶、雪峰羊绒衫、肯德基快餐等企业。

【科技进步与科技教育】 “七五”以来，适应规模饲养业的要求，京郊从生产工艺、畜舍环境、品种繁育、仪器设备、饲料饲养、疫病防治等全方位推广现代化科学技术，特别是日臻完善的规模畜禽场现代化配套技术，成为北京市畜牧业的标志。1998年，全市规模猪场每头成年母猪年平均提供商品猪16头以上；规模鸡场每只蛋鸡年平均产蛋16千克以上，均比传统粗放饲养提高1倍多；每头成乳牛年平均生产鲜奶6 900千克，其中国营奶牛场平均为7 154千克，为国内领先水平。目前，全市主要畜禽品种为国内外优良品种，并应用现代遗传学技术进行科学选育，增加了科技含量。蛋鸡、肉鸡全部为良种繁育体系供应种雏、种蛋，规模猪场由上一级种猪场供应优良父母代种猪，生产瘦肉型商品猪。

为提高郊区畜牧从业人员素质，有关部门不断完善技术服务组织和服务设施，促进现代畜牧兽医科学技术的推广。利用世界银行贷款，1998年建成畜牧兽医技术服务中心，总建筑面积5 000平方米，年培训能力为5 000人次。1998年市畜牧、兽医部门共组织举办现代化养猪和特种养殖等各种技术培训班11批600多人次，深受基层管理人员和畜牧兽医技术人员欢迎。为实施农业部绿色证书工程，市畜牧管理办公室按市政府农林办公室统一部署，组织举办农民技术职评辅导班6批110人次，对610名农民技术人员进行职称审核评定。

1998年底，全市市、县、乡三级畜牧兽医站、繁殖改良站共有高级畜牧兽医师56人、中级畜牧兽医师381人、初级职称1 060人，占市、县、乡三站人员总数的57.4%。全市审定农民高级畜牧兽医师33人、中级畜牧兽医师134人、初级畜牧兽医技术人员443人，农民绿色证书持有者约占全市农民畜牧从业人员的1.5%。规模猪场专业技术人员1 760人，占从业人员的17.5%。

【畜牧业现代化体系】 北京畜牧业的规模化、商品化带动了良种繁育、饲料加工、疫病防治、畜牧机械、屠宰加工等相关体系的建设，形成了较完善的畜牧业现代化体系。

1. 良种繁育体系。全市现有种畜禽场128个，有种奶牛场2个、种猪场50个、蛋用种鸡场38个、肉用种鸡场14个，种鸭场4个、种羊场16个、种兔场6个等。其中国家级种畜禽场7个。生猪、蛋鸡、肉鸡、奶牛良种繁育体系集中了世界十几个著名品种，实现了良种化。北京鸭在保持原有特点基础上向瘦肉型发展。

1998年，依据农业部《种畜禽管理条例》，起草了《北京市种畜禽管理办法》，加强了对种畜禽规范化、法制化管理。建立和完善育种机构，制定和优化育种方案，按照农业部要求对种畜禽场进行重新登记、验收，并按照育种方案，统一组织、严格把关，引进一些国内外著名良种畜禽，为发展现代化畜牧业打下基础。

2. 畜禽疫病防治体系。本市自1949年成立兽医防疫队，1951年建立畜禽配种站，1957年成立北京市畜牧兽医站，1958年普遍成立公社畜牧兽医站，1993年2月更名成立北京市畜牧兽医总站。到1998年底，全市共有市、区(县)、乡三级畜牧兽医站(含繁殖改良站和技术中心)249个，从业人员2 600多人，其中专业技术人员1 500人。畜牧业技术推广与疫病防治体系的队伍建设，促进了畜牧业现代化科学技术与管理水平的提高，强化了畜牧业的保障功能。

3. 饲料加工体系。现有各行业饲料生产企业200多个，年加工能力250万吨。经营品种主要有：配合饲料、预混饲料、添加剂等。

4. 畜禽产品屠宰、加工体系。现有大、中、小型畜产品加工企业59个，总屠宰加工能力为7 000多万头(只)。其中生猪屠宰加工企业38个，年屠宰加工能力为500万头；大型肉鸡屠宰加工企业2个，年屠宰加工能力为5 000万只；大型牛羊屠宰加工企业2个，年屠宰加工能力20万头(只)；2个北京鸭屠宰加工企业，年屠宰加工能力为1 000多万只。现有大型牛奶加工企业12个，年加工鲜奶能力25万吨。

5. 畜牧机械加工体系。现有各类畜牧机械生产厂家35个，具备了生产主要畜禽成套设备的能力。

【初步形成畜牧业产业化体系】 经过多年探索和实践，特别是十五大的召开，加速了北京市畜牧业的产业化进程。“九五”以来，北京市畜牧业以市场为导向，以企业为龙头，突破所有制界限，从简单的产加销一体化，向以大、中型企业为龙头，产前、产中、产后服务，信息共享，利益与风险共担的纵深发展，推广企业与农户有机结合、相互促进的系统化组织形式和经营机制，不但有效地解决了农民进入市场，运用现代科技和扩大经营规模的问题，提高了畜牧业的市场化程度，增强了市场竞争能力，还为畜禽企业的集团化、多元化发展创造了有利条件。目前全市运行的畜牧业产业化体系主要有：以鲲鹏集团和华都肉食品公司为龙头的生猪产业化；以华都集团和正发养殖集团为龙头的蛋鸡产业化；以大发畜产公司、华都集团为龙头的肉鸡产业化；以农工商金星鸭中心、前鲁养鸭中心为龙头的肉鸭产业化；以农工商联合总公司奶牛公司为龙头的奶牛产业化；以房山雪峰羊绒衫厂为龙头的绒山羊产业化；以顺义、农工商联合总公司为龙头的种猪产业化等。

【畜禽企业转制初见成效】 1997年8月开始，市政府直接领导，京郊畜禽企业开始实施转制。到1998年上半年，全市规模猪场已转制的有793个场20万头成年母猪规模，分别占规模猪场总场数和总规模的94.6%和90%；已转制的规模鸡场有246个场831万只规模，分别占总场数和总规模的90%和77%。转制的主要形式有：股份制、拍卖，租赁、承包等。通过转制，使本市20年来以公有制为主的规模畜禽场格局发生巨变，形成了公有、私有、股份制、合资、独资等多种经济形式共存，国营、集体、私营、租赁、承包等多种经营形式共同发展的新局面，畜牧业资源得到较好的配置，调动了各方面的积极性，提高了共同抵御市场风险的能力，给畜牧企业带来了生机，突出表现在经营主体变化和减员增效上。完成转制的规模猪场、鸡场中，国家和集体经营与农民家庭经营比例由9:1转变为1:9；减员2 500多人，仅工资一年即可节省1 000万元以上。转制难度较大的国有国营畜禽场在1998年下半年也开始纷纷转制。如顺义区小店畜禽良种场，年饲养种猪规模6 000头，1998年9月由国有国营转为股份制经营。

【国有企业与农民形成紧密联合体】 适应市场经济要求，华都集团、农工商总公司等发挥国有企业科技优势，在资产重组转制的基础上，确定新的发展战略，从富民兴企出发，以蛋鸡、肉鸡、瘦肉猪、奶牛良种为中心，退商品生产于民，建立起公司加农户的新型产业化组织，扶持周边农户发展蛋鸡、肉鸡、奶牛生产，共发展各类养殖户5 000多个。华都集团公司所属9个种鸡场，存栏原种、祖代种鸡54万只(其中蛋用种鸡40万只、肉用种鸡14万只)，年内向兄弟省市和周边农民提供各类雏鸡近6 000万只，发展农民饲养户1 000多个。集团公司种鸡场负责为饲养户提供良种雏鸡、饲养技术、饲料、疫苗、防疫指导、产品回收等产前、产中、产后服务，与农户形成了紧密结合的经济联合体，对完善企业自身建设和实施富民工程起到示范作用。

【家庭养殖促进畜禽品种的多样化】 1970年以前，京郊畜牧业以农户饲养为主，1970年以后开始大力发展集体饲样业，到80年代后期90年代中期，集体、国有为主的公有制饲养业达到顶峰。1995年全民、集体出栏生猪245万头占全市的72%；全民、集体鸡场鸡蛋产量18.52万吨，占全市的66%；全民、集体肉鸡出栏292万只，占全市的49%；全民、集体牛场鲜牛奶产量18.21万吨，占全市的88%。1998年，京郊各区县贯彻市政府有关政策，以兴郊富民为主线，依据本区县实际，制定养殖专业户标准和扶持奖励政策，鼓励农民投资养殖业，调动了农民养殖致富的积极性，家庭养殖迅速发展。到1998年底，全市专业养殖户发展到10.02万户，比1997年底的2.2万户增长3.5倍。1998年，全市以家庭养殖收入为主的农户占总农户的比例，由1997年的3.1%提高到14.7%。

家庭养殖的发展，促进了畜禽品种结构调整。京郊由主要饲养肉、蛋、奶3大项6~7个品种发展到肉、蛋、奶、皮、毛、绒、药(补)、观赏8大项50~60个品种，其中特种养殖就有40多个品种，如肉鸽、乌鸡、山鸡、鹧鸪、鸵鸟、孔雀、蓝狐、鹿以及观赏鸟等，年末各种特畜珍禽存栏达370多万头(只)。极大地丰富了北京市民的菜篮子和生活情趣，有些产品已经形成出口市场，成为新的经济增长点。

【坚持兽医执法，保证市民吃放心肉】 北京市畜牧兽医总站与有关部门密切配合，以《中华人民共和国动物防疫法》为中心，以执行《北京市家畜家禽检疫条例》为主线，不断完善畜禽疫病诊断监测网络体系，加强畜禽生产、销售各环节防疫、检疫和监督，依法对畜禽产销进行产地、屠宰、运输、市场检疫，确保市民吃放心肉。在生产环节上确定13种疫病为强制免疫范围，推行免疫卡制度。在流通环节上，根据市场经济的需要，市政府批准设立市、县(区)、乡(镇)三级兽医卫生监督检验机构和专职监督检验人员，加强对畜禽产品检疫。在药政管理上，贯彻有关法律法规，对国产、进口疫苗加强效力监测与许可证管理。1998年，对检疫合格的畜禽产品实行了检疫标志管理，全市未发生大的畜禽疫病和食肉中毒案例，实现了市政府对市民"吃放心肉"的承诺。

【种养结合，发展生态畜牧业】 根据中央有关部、委要求，从首都的地位和可持续发展战略出发，京郊自"五五"末期，推广兴建沼气池，利用畜禽粪便发酵产气，改善农民生活燃料，逐步发展为现在的以机电技术现代化和与生物技术现代化为手段种养结合的生态畜牧业。加快了种植业与养殖业、种养业与人的生存需要之间的物质良性转换，对减少环境污染，保持生态持续性、经济持续性和社会持续性发展具有战略意义。到1985年，全市共建成户用沼气池5.9万个，约25万人生活用上了优质沼气能燃料。其中，大兴县留民营沼气工程使5万只鸡的粪便得到优化处理，被联合国命名为"中国生态第一村"。京郊生态畜牧业的主要模式，集饲养业、沼气、日光温室、种菜四位一体，形成畜菜相互依存、优势互补的农村能源综合利用体系。1998年，市政府把"四位一体"作为"种养结合能源生态富民工程"列入为民办实事项目，加大推广支持力度，形成"生猪—肥料—沼气—果菜"新型生态模式，当年建成9 062个。其基本模式：

$$\text{畜禽饲养}\xrightarrow[\text{暖棚}]{\text{粪尿}}\text{沼气池(沼气)}\xrightarrow[\text{喷(施)粮、菜、果、花等}]{\text{沼渣、沼液开发利用}}\text{绿色食品}$$

目前，京郊还出现了集养殖、种菜、林果、旅游专线等为一体的休闲畜牧业。

展望未来，北京市畜牧业将继续以兴郊富民为主线，以增加科技含量为手段，合理开发和利用畜牧业资源，实现市政府提出的2010年率先实现畜牧业现代化的设想。主要指标达到：规模生产占畜禽产品总量的70%以上，科技贡献率达到60%以上，畜牧业产值占农业总产值的55%以上。

(苏雪梅)

天 津 市

天津市地处华北平原东北部，在全国综合农业区划、中国畜牧业综合区划中属黄淮海区。地跨燕山，太行山山麓平原农业区和冀、鲁、豫低洼平原农业区，北傍燕山，东临渤海，西承九河，与京冀接壤，优越的地理条件，为天津畜牧业的发展奠定了基础。

天津市畜牧业经历了从无到有，从小到大，从单一到全面的发展历程，尤其是经过近20年的改革与发展，已实现由传统的副业性生产向现代商品经济的转变，畜产品产量大幅度增长，生产水平显著提高，形成了相对稳定的，并具有一定活力和自我发展能力的产业，步入了一个新的发展时期。1998年，全市肉类总产量21.74万吨，比1978年增长4.55倍，其中猪肉13.88万吨，牛、羊肉3.74万吨，分别比1978年增长2.6倍和73.8倍；禽蛋总产量22.68万吨，比1978年增长29.24倍；奶类总产量11.68万吨，比1978年增长6.05倍；1998年末，全市大牲畜存栏30.93万头，猪存栏127.23万头，羊存栏56.12万只，家禽存栏2389.43万只，比1978年分别增长33.66%、26.6%、1.5倍和5.4倍。畜牧业产值由1978年的1.05亿元，增加到1998年的42.5亿元(当年价格)，畜牧业产值占农业总产值的比重由1978年的15.2%提高到1998年的32%。

多年来，我市注重实用技术的推广，努力提高生产水平。目前我市新技术、新成果覆盖率达到80%，科技贡献率达61.8%。主要畜禽良种覆盖率，猪、鸡达到95%以上，牛、羊达到55%以上；猪、牛、羊的出栏率分别达到175%、75%和131%；基地蛋鸡单产15千克，料蛋比2.6:1；基地商品猪瘦肉率达到55%左右，料肉比3.6:1，肥育期日增重达700克。

【八大商品基地】 ①年出栏150万头瘦肉型猪的生产基地，占全社会生猪出栏量的2/3，商品猪实现杂交化，瘦肉率普遍达55%以上；②存栏蛋鸡1 000多万只、年产鲜蛋15万吨商品蛋鸡的生产基地，鸡只单产达到15

千克;③年出栏2 000多万只肉鸡的生产基地;④年出栏300万只肉鸭的生产基地;⑤年出栏20万头肉牛的生产基地;⑥年出栏80万只商品肉羊的生产基地;⑦年出栏20万只珍禽的生产基地;⑧年产10万多吨牛奶的奶牛生产基地。

商品生产基地的发展,从根本上保证了天津市畜牧产品的有效供给,为实现畜牧业产业化发展奠定了坚实的基础。

【产业化建设】 按照《天津市畜牧业产业化建设规划》,通过典型引路、分类指导,使畜牧业产业化建设取得新进展。在生猪生产上,形成了以天津北方生猪批发交易市场、宁河原种猪场为龙头的生猪产业化格局;在肉牛生产,形成了以武清金牛商贸有限公司、蓟县侯家营肉牛屠宰场等为龙头的肉牛产业化格局;在蛋鸡生产,形成以蓟县副食品公司等服务组织为龙头的产业化格局;在肉鸡生产上形成了以康地万达(天津)食品有限公司、武清大海公司等为龙头的肉鸡产业化格局;在肉鸭生产上,形成了以精武集团有限公司、蓟县库区办种鸭场等为龙头的产业化格局。

【六大服务体系】

1. 良种繁育体系。生猪、蛋鸡等主要畜禽生产已基本形成了育种、扩繁、推广、利用相配套的良种繁育体系。

2. 科技创新体系。现有高中级科研人员52名,专业教师31名,博士6名,硕士16名。基本具备支撑我市畜牧科技和畜牧经济可持续发展的创新能力,使我市知识创新、技术创新的综合能力达到国内同行业先进水平。

3. 技术推广服务体系。形成以乡镇畜牧兽医站为主体,市、县畜牧行政、科研推广、教学等部门为骨干的三级技术服务体系,各级服务组织已达300多个,有专业技术人员1 357名,其中中级以上309名。

4. 兽医防疫体系。建成了市、县、乡三级防疫网,队伍人数达1 500余人。

5. 饲料生产体系。建成饲料生产厂家200多个,饲料品种大类共100多种,建成兽药和饲料添加剂生产企业88家,产品达100多种。

6. 流通体系。以天津北方生猪批发交易市场、何庄子禽蛋批发交易市场等为龙头的批发交易市场的建立,促使天津市畜牧业初步形成大流通、大市场的格局。

【规模化生产格局】 1998年,全市猪、禽、牛、羊等各类规模饲养场户已达3.82万个,其中规模养猪场户(年出栏30头以上)达32 432个,养鸡场户(存栏1 000只以上)3 699个,养牛场户(存栏5头以上)2 104个。其中,猪、鸡规模生产场(户)存栏占社会总存栏量的比重分别达到66%和72%。以国营、集体饲养场为主的格局已逐步被以专业户为主的新格局取代。在规模养猪场户中饲养量专业户占87.78%、集体占8.41%、国营占3.81%,规模养鸡场户饲养量专业户占85.4%、集体占9.47%、国营占5.13%。

【良种繁育】

种猪:已形成原种场、扩繁场、生产场为基本框架的三级种猪繁育体系。饲养的主要猪品种有长白、大约克、杜洛克、施格等世界优良品种。天津市宁河原种猪场和天津市武清原种猪场有基础母猪1 700头。种猪质量和供种能力在全国名列前茅,远销全国26个省、市和自治区。其中,宁河原种猪场为全国重点种猪场之一。有市级扩繁场7座、基础母猪2 000头;有母猪生产场3 000多个,能繁母猪10万头,年可提供商品仔猪160万头以上,基本保证本市商品猪生产的需要。

种禽:建有祖代蛋种鸡场1座,规模2万套,父母代场27座,规模35万只,主要饲养品种有依莎褐、海赛褐、海兰白、京白等国内外优良品种;建有祖代肉种鸡场1座,规模3万套,父母代肉种鸡场2座,规模15万只主要饲养品种有AA和艾维因;建有父母代种鸭场3座,规模3.2万只。

种牛:自1990年实施日本政府援助项目,建成了设施设备国内一流的奶牛育种中心。该中心引进现代化育种手段,大力推行现代化育种技术,在国内同行业中具有明显的技术设备和人才优势。某些技术如胚胎移植、生产能力测定、血型分析、细管精液、饲料分析、繁殖、疾病防治等在国内处于领先水平。该中心引进了优良黑白花奶牛和西门塔尔等国际优良肉牛品种血液,并通过县、乡改良站改良本地牛。

种羊:建成了东丽区种羊场,饲养小尾寒羊,并开展了优良品种间杂交试验。

【生猪批发交易】 设立在宝坻县境内的"天津北方生猪批发交易市场"带动了本市及周边地区生猪生产,成为我国北方地区最大的生猪集散地。日交易量3 000头左右。年交易量达100万头,客户遍及河北、山东、辽宁、北京等十几个省市。同时促进了当地屠宰加工业的发展,新建成的10个屠宰场,日屠宰加工3 000头猪,且养猪副产品也在市场集中交易,生猪附加效益提高,在农民年人均收入中,养猪收入达600元,养猪已成为农民致富奔小康的重要途径。

【防疫灭病】 坚持预防为主,狠抓畜禽疫病的综合防制,对猪瘟、鸡新城疫坚持常年按程序免疫接种。全年完成猪瘟免疫315万头次,鸡新城疫免疫6 421万羽次,免疫密度保持在95%以上,猪瘟、鸡新城疫得到有效控制,发病率和死亡率进一步下降。先后消灭了马鼻疽、牛肺疫、布鲁氏菌病,未再有临床病例发生,1998年检测马传染性贫血血样6 243份、布鲁氏菌病病料化验和病原分离905份,均为阴性。对禽流感,加强了疫情监测,抽检化验5 972羽次,未发现阳性。我市猪、禽死亡率自1996年以来控制在7%、15%以内,被农业部列入全国"无规定疫病区"建设首批试点省市之一。

【动物及产品检疫】 根据《中华人民共和国动物防疫法》有关规定,经市政府批准,恢复了16个埠际间公路动物防疫监督检查站,制订了公路动物防疫监督管理规定,建立了公路动物防疫监督岗位责任制,经严格培训和考核,130多名监督检查人员持证上岗,对进出本市的动物及其产品实施24小时全天候监督检查。同时加强了产地和市场检疫,做到检疫设施、人员、制度"三落实",定点屠宰检疫率达100%。保证了上市肉品的卫生质量,得到了人民群众的肯定和有关部门的表彰。1998年全年检疫活畜禽1 078.1万头(只),检疫肉类24.5万吨,检出病害畜禽12 759头(只),各环节查出处理检疫不合格肉类及病害肉114.87吨,屠宰检疫率达到了100%,出栏活畜禽的防疫质量及肉类检疫质量进一步提高。查处违反动物防疫法规案件593起,行政罚款55 820元,保障了动物防疫法规政策的落实。

【兽药生产】 为促进兽药行业GMP规划的实施,提高兽药生产水平,对新申报的兽药生产企业、兽药产品以及换发《兽药生产许可证》的企业、换发文号的产品,坚持从严把关,从严审批。年内新审批兽药生产企业5个、兽药产品150个,换发文号的兽药产品1 070个,对6个经整改未达到要求的生产企业依法注销了《兽药生产许可证》。1998年共审批兽药生产企业76家,其中三资企业9家。兽药经营企业98家。兽药年总产值约5亿元,创利税5 000万元。已形成生产兽药原料、注射剂、片剂、散剂、溶液剂等多剂型、多品种、多规格的行业体系。本市研制生产的二甲硝咪唑、越霉素A、抗孕马血清、恩诺沙星可溶性粉剂被农业部批准为新兽药,河北制药厂生产的核黄素、天津市兽药二厂生产的氯化胆碱、烟酸,新星兽药厂生产的杆菌肽锌分别在中国农业博览会上获得金、银、铜质奖章;氯化胆碱和杆菌肽锌评为天津市农业名牌产品。天津市已发展成为氯化胆碱和杆菌肽锌生产的主要基地,并打入国际市场。

【兽药"打假"】 1998年,对兽药经营企业进行了集中清理整顿,取缔无证经营点63个,对17个不合法的兽药经营点依法吊销《兽药经营许可证》。全年在市场环节抽检兽药产品132批,经检测合格率为58.33%,没收销毁假劣兽药针剂11.28万支、片剂36.72万片、散剂9.9吨,总价值11.72万元,没收非法所得及行政罚款9.05万元。使本市兽药市场秩序明显改善,经营活动进一步规范,兽药质量得以提高。

【兽药管理体系】 1998年,制定了《天津市兽药监督员管理办法》,对兽药监督员的任命、业绩考核、组织管理有了明确规定,经考核,全市任命兽药监督员65名,目前已形成市、区县两级兽药管理网络。

天津市兽药监察所是全国7个口岸兽药监察所之一,现拥有高效液相色谱仪、原子吸收分光光度计、紫外双束分光光度计等先进的仪器设备,且技术力量雄厚,中高级以上技术职称占全所人员60%。

【科技成果】 截止1998年底,近20年间,全市组织实施各类科技项目136项,其中国家、部级项目16项,获得部、市级奖励66项。其中市畜牧局组织的科技项目55项,国家、部级项目13项,分别占全市实施畜牧兽医类项目总数的40.4%和81.3%。目前已完成32项,获部、市级科技成果奖励29项,其中一等奖3项,二等奖13项;三等奖13项。这些项目中研究类占25%,其成果具有鲜明的地方特色,转化率高达100%,推广类占75%。市畜牧局先后两次获得市科技成果推广工作优秀奖。

【标准化建设】 先后组织实施了标准化项目23项,修订、制定、颁发地方标准和企业产品标准21项。承担完成的国家级畜牧业标准化示范区项目以90.9分的优秀成绩,通过了国家级的验收。

【人才培训】 到1998年底,近20年间通过岗位培训、学历教育、继续教育等多种方式,为一大批优秀科研骨干、学科带头人、推广人才、农民技术员的成长创造了条件。与各类推广项目结合,年技术培训人次达3 000~6 000人次,近10万人次参加了各类型培训班,智力投入明显提高了各类人员的学历档次。以乡站为例,与80年代相比,大专以上学历提高6.98个百分点,中专(高中)提高34.3个百分点。我市畜牧业成人教育、培训工作、专业技术人员继续教育工作连续数年被评为市级先进单位。

【畜牧法制建设】 先后制定了《天津市家畜家禽检疫条例》等3个地方法规、规章和《生猪定点屠宰兽医卫生条例试行标准》等一系列规范、制度,初步形成了依法行政的法制化管理局面。建立了一支稳定的兽医执法队伍,全市动物防疫队伍已发展到1 870余名,兽医执法人员发展到974名。认真落实行政执法责任制,加强执法人员的培训和执法监督，执法水平明显提高，1998年被市政府法制办评为行政执法文书案卷样板单位，被市人大常委会评为落实行政执法责任制先进单位。

（天津市畜牧局供稿）

河 北 省

【二十年回顾】 1998年是河北畜牧业持续快速发展的第20个年头。20年来，河北畜牧业发生了巨大的变化：全省肉类总产量由28万吨发展到404万吨，禽蛋总产量由2.5万吨发展到319万吨，鲜奶总产量由2.4万吨发展到66万吨，分别比1978年增长13.4倍、126.6倍、26.5倍；1998年全省畜牧业产值548亿元，在农业总产值中的比重由1978年的8.7%提高到36.4%，20年时间提高了27.7个百分点；畜牧业由家庭副业发展成为农村经济的支柱产业；饲养方式由过去的千家万户小规模分散经营、粗放管理发展为规模化、集约化、科学化经营，各类畜禽的个体生产率大幅度提高，畜禽病死率显著下降；肉、蛋、奶等畜禽产品由自给自足向商品化转变。

畜牧业的发展不仅丰富了城乡居民的菜篮子，而且在增加农民收入，加快农村脱贫致富方面发挥了重要作用，并直接拉动了种植业、皮革、毛纺、饲料、兽药、食品加工等相关产业的发展。河北省的主要畜牧生产指标全部进入全国前五位，其中禽蛋产量和人均禽蛋第1位，饲料产量、山羊毛产量、家禽存栏和兔存栏为第2位，兔出栏、牛出栏和牛肉产量第3位，绵羊毛产量、牛奶产量、鸡出栏第4位，肉类总产、羊绒产量、大牲畜存栏、羊存栏、羊出栏第5位。1998年河北省人均肉61.87千克、蛋48.89千克、奶10.1千克，分别比1978年增长12.16倍、96.78倍和19.2倍。河北省活牛出口连续十三年数量、质量、创汇额和效益全国第一，禽蛋产量在全国占六分之一，60%外销，远销两湖、两广等全国20多个省、市、区，生猪年供京津700多万头，牛、羊肉占领京津一半以上的市场，奶制品覆盖全国市场，河北成为闻名全国的畜牧大省。

【生产概况】 1998年河北省畜牧业生产获得全面丰收，各类畜禽稳定发展，肉、蛋、奶及各类畜禽存出栏比1997年同期均有较大增长。蛋鸡走出低谷，发展强劲，生猪结构性调整，肉鸡周期性波动，牛羊发展稳定，特种动物养殖方兴未艾，肉兔东山再起，饲料工业稳中有进。1998年全省存栏猪2447万头、鸡5亿只、牛679万头、羊2016万只，同比增长3.2%、5.6%、2.6%、4.75%；出栏猪3110.7万头、牛449.7万头、羊1696.5万只、鸡4.7亿只，同比增长5.5%、4.7%、6%、5%；蜂存栏17.33万箱、羊毛产量2.9万吨、羊绒产量0.09万吨，同比增长15.6%、11.5%和17.6%。肉类产量410万吨、禽蛋产量319万吨、鲜奶产量66万吨，同比增长7.6%、6.1%和20.6%；饲料产品总产量580万吨，饲料产品合格率同比提高5个百分点，达70%以上。河北畜牧业生产呈现出良好的发展势头，从南到北，六畜兴旺，形势喜人。目前河北省张家口、保定、沧州的养羊，承德、廊坊的养牛，秦皇岛的肉鸡，唐山、衡水的养猪，石家庄、邢台的蛋鸡，邯郸的畜牧园区及黑龙港流域的草业起点都比较高，已初具规模，并在全国形成较大影响。

【宏观管理】 为加快河北省畜牧业的发展，1998年8月河北省政府召开了全省畜牧工作会议，会上讨论通过了《关于加快畜牧业发展，建设畜牧强省的意见》。全省上下形成共识，畜牧业是农村经济最具活力的增长点，有巨大的发展潜力和广阔的市场前景。为引导河北畜牧业实施战略调整，经过大量调查研究，出台了河北畜牧业的长远发展思路，总体概括为“12345”：明确一个目标，即建设畜牧强省，把畜牧业建成农业第一主导产业。实现两个确保，一保增产增收，农业产值增加部分70%以上来自畜牧业，农民来自畜牧业的货币收入占第一产业总收入的50%以上；二保争先进位，各项生产指标在全国的排位要保五争三。突出三个到位，即项目资金到位；技术人才到位，大力引进畜牧事业发展急需的科研、管理、经营等各类人才；市场经济体制和运行机制到位，建立完善与市场经济相适应的各类畜牧业管理制度。实施四大工程，一是畜禽良种工程，逐步建立层次分明、金字塔式的原种场—扩繁场—商品场畜禽繁育生产体系；二是畜禽保护工程，争取实施的重点项目是无规定疫病区项目建设；三是饲草饲料及秸秆资源开发工程；四是畜牧产业化工程，继续抓好“231”工程的落实。强化五项措施，一是抓好区域化布局，按照巩固提高牧区、积极发展农区的方针，全面发展，突出重点，蛋鸡巩固第一产蛋大省的地位，养猪业抓紧调整优化品种结构；二是壮大龙头企业，大力实施龙型经济工程；三是强力开拓畜产品市场，抓好畜禽及产品专业市场和批发市场建设，通过建立批发中心、信息中心、交易中心、展销中心和举办各种经贸洽谈活动，拓展省外畜产品市场。四是积极推进科技进步，完善省市县乡畜牧科技推广体系的建设，制定科技实施规划，建设好畜牧科技示范园区。五是加强畜牧业法制建设，做好畜牧行业法律法规的宣传普及，抓好执法队伍建设，对已列入人大立法规划的饲料、草地、防疫管理条例，要做好法规起草前的调研工作，争取早日出台。

【良种繁育体系建设】 根据国务院《种畜禽管理条例》和农业部《种畜禽管理条例实施细则》的有关规定，河北省畜牧局在深入调研的基础上结合本省实际,起草了《河北省种畜禽管理条例》。经过一年来的多次修改,于1998年10月16日通过省政府常务会,并报省人大审议通过。1998年组织精干力量研究制定了《河北省畜禽良种区域规划》及猪、鸡、牛、羊、兔五个畜种的专门规划和投资计划,从宏观角度为保证全省畜牧业的持续稳步发展奠定了坚实的基础。1998年各市对1 000个种畜禽场进行了检查验收和发证,有力地净化了河北省种畜禽市场。全省共建黄牛配种站点110个,购置液氮运输车6部、液氮罐215支、显微镜100台,调拨冷冻精液50万粒,分别下发到11个市级液氮站和211个黄牛配种改良站(点);调拨种羊150多只、种猪300多头;从国外引进祖代种鸡2.3万只、樱桃谷种鸭3 500只、种蓝狐1 500余只、羊驼300只、山羊胚胎1 000枚。省畜牧良种服务中心从加拿大引进优良种牛61头,共有短角、海福特、安格斯、比利时兰白花、利木赞、西门塔尔、夏洛来、荷斯坦等8个品种,其中7头是世界博览会冠军牛。通过引进良种,完善良种繁育体系,全省畜禽良种覆盖率有了进一步提高,分别为牛75%、羊63%、猪92%、禽92%,同比增长了2、3、3和1.5个百分点。

【规模养殖】 1998年,群众性规模饲养如雨后春笋,河北畜牧业由北向南、由西向东纵深发展。全省形成了冀东、京东等养猪带7个,冀中、冀南等养鸡带7个,京山等铁路沿线养牛带6个,特种养殖11大片。商品基地、专业村和养殖小区建设深入发展,全省畜产品商品基地发展到104个,其中猪43个、牛30个、羊27个、兔2个、蜂1个、鹅1个。养殖专业村5 049个,养殖小区806个。养殖专业户70多万个。其中肉牛专业户7.2万个、养猪专业户14.3万个、养羊专业户11.3万个、养鸡专业户26.3万个,分别比1997年增长3%、15.3%、13%、7.4%,奶牛专业户1.4万个、养兔专业户万个,与上年持平。专业户出栏牛91万头、猪851.6万头、羊531.46万只、鸡2.84亿只、兔847万只,分别占全省出栏总量的20.23%、27.38%、31.33%、60%和28.25%。1998年河北省专业户畜产品商品收入239.13亿元,户均3.4万元。1998年规模养殖生产的肉、蛋、奶分别占全省总产量的1/3、2/3和1/2。

【市场建设】 1998年河北畜牧市场建设成绩斐然。全省各级畜牧主管部门积极协助当地政府和工商部门,致力畜牧市场的发展与完善。全省专业畜禽交易市场发展到2 545个,年交易猪2 017.38万头、牛241.4万头、羊701.9万只,其他畜禽3 211.4万头(只),交易额108.6亿元;专业畜产品交易市场870个,年交易禽蛋116.27多万吨、肉类51.9万吨、毛绒2.1万吨、皮张6 049多万张,年交易额137亿元。河北省的畜产品打入全国20多个省(市、区)。1998年全省出口活牛、生猪、肉类等大批畜产品,创汇2亿多美元。承德市棋盘山大牲畜交易市场、张家口市华北大牲畜交易市场,唐山市沙流河仔猪市场,保定市留史皮毛市场、衡水市大营皮毛市场,邯郸市金凤禽蛋市场等,规模及经营额均居全国同类市场前列。

【引资引项】 1998年河北省共争取国家项目21个,主要包括种草、秸秆氨化、肉牛育肥、品种改良、畜禽屠宰加工、服务体系建设等方面,落实资金4 305万元。其中基建和技改项目8个,投资3 475万元;专项资金项目13个,投资830万元。非农产业向畜牧业转入资金3.5亿元。外资项目方面,玉田县中加瘦肉型猪项目是加拿大国际发展署对玉田县无偿援助的,项目总投资3780万元,其中加方投入2 230万元;邢台县中澳小流域治理和畜牧生产项目是澳大利亚澳发署对邢台无偿援助的,项目总投资10 184万元,其中澳方投资370.7万美元;世行农业支持服务项目利用世行贷款389.4万美元。在河北省政府举办的"5.18"河北经贸洽谈会及"9.8"厦门经贸洽谈会上,河北共引进畜牧项目26个,合同利用外资5 690万美元,主要项目有澳大利亚在廊坊的独资项目"万头奶牛场"、与怀来县的合资项目"驼羊养殖"、美国在徐水县的独资项目"美国黑山羊养殖"等。项目资金的引进大大增加了河北省畜牧业的融资力度,拓宽了国际市场。

【产业化经营】 根据河北省委、省政府确定的围绕十大产业,建设100个年经营额5亿元以上的农业产业化重点工程"百龙腾飞"计划,河北省畜牧产业化实施了"231"工程,省级直接抓年销售收入10亿元以上的产业化重点工程2个,协助各市抓好年销售收入5亿元以上的产业化工程30个,带动全省每个县抓好一个年产值1亿元以上的产业化工程。经过一年的实践,这些项目进展顺利,全省已基本形成猪、牛、羊、肉牛、禽蛋、乳品、特种养殖七大主导产业。省级主抓的肉牛产业化项目是利用世界银行贷款建设的养牛和肉牛加工项目,总投资4.3亿元;乳制品产业化项目是利用欧共体援款建设的奶牛饲养、鲜奶收购、储运和加工项目,欧洲联盟援助2 900万元。1998年世界银行和欧洲联盟对这两个项目进行了考察和初步评估工作。各市主抓的30个畜牧产业化工程,1998年销售额达到270亿元,实现利税33亿元,同比增长17.4%和15.8%。1998年省政府确定的牛羊、禽蛋及其加工产业、乳业产业三大产业销售额分别达到160亿元、137亿元和15.4亿元,同比增长14.2%、2.2%和6.9%,利税20亿元、11亿元和2.3亿元,同比增长11.1%、10%和9.5%。畜牧产业化已成为全省农业产业化工作的重点。1998年5月,省委、省政府命名表彰的农业"增、转、化"优胜单位中，十强龙头企业畜牧占3个，十大专业市场畜牧占4个，十佳中介组织畜牧占4个，24个省级农业龙型经济畜牧占10个。全省亿元以上的畜牧业产业化集团达到18个，3 000万元以上的12个，1 000万元以上的20个。三鹿乳业集团以产权为纽带，通过合理资本运营、内部挖潜和技术改造，已形成以骨干企业为核心，拥有9家乳品加工企业、33个奶牛技术服务站、19个奶牛饲养场，形成了以"三鹿"品牌为轴心，上下延伸的产业链，与农户联营协作，带动26个县、754个村、1250个奶牛场户的发展。新乐肉类加工集团3家核心企业带动着132家屠宰冷冻厂，连接几万个猪、牛、羊、禽、兔养殖户，形成了利益联结、相对紧密的龙型经济，年加工生产各种肉类10多万吨。

【科技推广】 1998年河北省重点推广了9项技术，其中复合酶制剂推广、良种肉牛推广、良种肉鸡推广和鸡粪再生饲料等4项技术完成项目设计任务。河北省畜牧局承担的农业部"丰收计划"项目良种蛋鸡推广、良种肉牛推广和省科委"双五"工程重点项目"冀合白猪"推广，1998年分别推广1.6亿只、6万头和200多万头，均超额完成计划任务。在科研方面，承担省科委、省山区办项目2项，河北省畜牧局新上项目11项，结转项目14项，各项目均按计划完成了年度任务。另外为提高农民科学文化素质，普及实用技术，全省各级畜牧部门1998年举办各类培训班2 800多期，培训各类人员63万人次。到1998年河北省畜牧业的科技贡献率已达50%以上，超过全国平均水平。

【畜禽防疫检疫】 1998年，全省畜禽防疫工作强化以免疫为基础的综合防制措施，同时做好其他常见病、多发病的防治工作。畜禽检疫工作以产地检疫为重点，针对河北省平原、山区、坝上、丘陵并存的特点，探索出6种模式。这几种模式体现了防检结合的工作思路，促进了全省产地检疫工作的开展，全省各类畜禽的产地检疫率已达90%以上。为让全省人民吃上放心肉，各级兽医卫生防疫监督机构严把屠宰检疫关，对省内各屠宰场点进行了两次清理整顿，取缔了一些不符合防疫条件的场点。在检疫过程中，防疫监督人员严格遵守操作规程，不漏检、不误检，全省屠宰检疫率已达100%。结合兽药生产企业年检，通过抓点、带片、促面，对兽药生产企业进行了整顿。组织人员抽查兽药生产企业72家，抽检产品70批次。对条件差、不符合要求的6家兽药企业吊销了生产许可证。为整顿兽药经营秩序，1998年各市对兽药流通领域进行了监督检查，严厉打击了制售假劣兽药行为。

【草业管理】 在开发农作物秸秆资源方面，1998年河北省坚持以秸秆养畜示范县建设为中心，重点推广秸秆青贮、氨化、微贮技术，重点扶持环石家庄市、环京津和沿京石高速公路"两环一线"地区的秸秆综合利用工作和承德秸秆养畜示范区建设。全省完成秸秆青贮800万吨、氨化234万吨、微贮89万吨，同比增长3%、4.2%、12%，秸秆处理率达20%，取得了显著的经济效益和社会效益。1998年共争取到国家级秸秆养畜示范县5个，国家投资480万元，河北省的秸秆养畜示范县已达到21个，在全国列第三位；争取到牧区开发示范项目2个，国家无偿投资400万元；争取到飞播牧草示范县2个，争取到农区种草资金200万元、治蝗资金35万元、飞播牧草资金20万元；围场红松洼草地自然保护区已获得国务院批准。在草地工作方面，以完善草场有偿使用承包责任制、促进草畜平衡发展、增强草地可持续发展能力为中心，以牧区开发示范工程、飞播种草、京津周围绿化种草、黑龙港低平原农区苜蓿草产品基地建设和冬闲地种草工程为重点，全省种植多年生人工牧草3.3万公顷，低平原区种苜蓿0.1万公顷，飞播种草0.4万公顷，改良退化草场1.5万公顷，均超额完成年初计划。1998年坝上草原发生大面积的严重蝗虫灾害，河北组织力量突击灭蝗，共治理重灾草场23.7公顷，把损失降到了最低限度。

【饲料工业】 1998年河北省饲料工业呈现出"稳中有进"的发展态势，饲料总产量突破580万吨，跃居全国第二位。单班年产2 000～10 000吨的饲料加工企业650个，万吨以上的104个，饲料产值按现价计算达到81亿元。为加强饲料质量的监督管理，河北省饲料办对饲料生产企业实行准产证、对经销单位实行准销证管理，对饲料添加剂及预混料实行产品批准文号管理，对各企业实行年检。同时大力推广先进饲料生产技术，研制开发秸秆生物饲料，组织编报了河北省1998年全国农牧渔业丰收计划项目"猪用复合添加剂预混料推广应用"，获得了国家大量资金支持。为加大对饲料行业的宣传力度，河北省饲料工业办公室、饲料协会联合创办了行业内部半月刊《饲料世界》，加强了信息交流。为提高优质饲料产品的知名度，积极扶持名优产品，河北省饲料办与河北人民广播电台推出"河北省名优饲料工业产品展播活动"，通过采取以上措施，河北省饲料产品的市场竞争力和质量有了明显提高。目前制约河北饲料工业深入发展的主要问题：一是饲料工业产业化进程缓慢；二是行业调控手段不强，法律法规不健全；三是科技水平低，饲料产品单调，饲料结构改革进展太慢；四是饲料粮严重不足。饲料行业及企业的改革势在必行。

（河北省畜牧局供稿）

山 西 省

党的十一届三中全会以来，畜牧业发展进入了一个改革开放的崭新时期。首先是极大地激发了广大农民群众发展畜牧业的主动性和积极性，促使畜牧业焕发了勃勃生机与活力；其次是促进和加快了畜牧业结构调整，推动了高产优质高效畜牧业的发展。80年代后期，随着改革开放的不断深化，畜牧业在基础设施建设、专业化基地建设、服务体系建设、新技术推广、法制化监督等各个方面都有了长足的发展。进入90年代之后，随着市场经济的不断发展，畜禽适度规模经营的成长，畜牧业进入了一个快速发展的新阶段。畜牧业综合生产能力大幅度提高，畜产品生产大县不断涌现，肉奶蛋等畜产品产量成倍增长，结束了畜产品市场供应短缺的历史。畜牧业专业化、商品化、社会化水平的显著提高，已摆脱了在自然经济中作为农业附属的副业地位，走上了独立的产业化的发展道路，并成为农村经济中的支柱产业。

1998年在亚洲金融危机的影响下，畜产品市场出现疲软，产品积压，价格急剧下降，形成了1994年以来畜牧业发展的再次大波动。其中，生猪波动最为严重，到6月份跌到低谷，活猪收购价5.79元/千克(全省平均)，猪肉市场零售价降至10元钱可买到1.5～2千克猪肉，猪粮比价下滑到1:4.9，大大低于1:5.5的盈亏平衡点。针对这种情况，山西省人民政府下发了《关于稳定生猪生产的通知》，并拨出专款400万元，对全省一级、二级国营种猪场和14个省级猪基地县的种猪给予保护。同时，大力开辟生猪"绿色通道"，确保生猪运输，搞好粮食部门与饲料企业的衔接，稳定饲料供应，通过一系列政策措施的引导，保障了生猪生产的稳定增长。1998年，猪存栏达到701.5万头，猪出栏781.2万头，分别比上年增长36%和41%，其中能繁母猪达到60.3万头，比上年增长3.7%。牛存栏达到319.3万头，牛出栏86.4万头，分别比上年增长2.2%和4.7%，其中，能繁母牛存栏127.8万头，奶牛存栏12.7万头，分别比上年下降0.5%和增长1.2%。羊存栏1172.3万只，羊出栏523.7万只，分别比上年增长3.7%和2.3%。禽存栏8 574万只，禽出栏4 162.1万只，分别比上年下降3.5%和0.3%，其中蛋鸡存栏8 060.3万只，肉鸡存栏355.3万只，分别比上年下降5%和增长13.2%。

【畜产品产量】 1998年肉类总产量达到88.2万吨，比上年增长4%，其中猪肉59.9万吨、牛肉12.1万吨、羊肉8.1万吨、禽肉5.7万吨，分别比上年增长2.1%、0.6%、6.5%和16%。禽蛋总产量达到52万吨，比上年下降0.7%。奶类总产量达到37.5万吨，比上年下降2.9%。羊毛绒总产量8 885.1吨，比上年增长6.2%。

【人均占有畜产品】 1998年人均占有肉类28.5千克，比上年增长4.4.%。其中人均占有猪肉19.4千克，比上年增长3.4%；人均占有禽蛋16.8千克，比上年下降0.3%；人均占有奶类12.1千克，比上年下降2.6%。

【畜牧业基地】 一是瘦肉型猪。1998年省级14个基地县共出栏商品肉猪218.5万头，占全省出栏肉猪的29%。其中出栏瘦肉型猪179.5万头，占全省出栏瘦肉型猪的39%。各基地县存栏、出栏均比1990年增长4倍以上。二是集约化养鸡。全省6个禽蛋基地存栏蛋鸡4 101.3万只，占全省存栏的46%，比1990年提高30个百分点，成为城乡禽蛋供应的主力。三是秸秆养牛。全省36个基地县出栏肉牛49.5万头，占全省出栏牛的60%。四是奶牛业。全省8个基地县，产奶量达到24.9万吨，占全省产奶量的64.3%。五是绒山羊业。全省24个基地，绒山羊存栏由1985年的1 000余只，发展到147.3万只，占全省绒山羊存栏的84%。

【适度规模经营】 1998年全省规模养殖户达到30多万户，其中，存栏猪500头以上的达202户，出栏肉猪20.3万头，占全省出栏肉猪的3%；存栏牛30头以上的达2 000户，出栏肉牛2.5万头，占全省出栏肉牛的5%；存栏羊50只以上的达4.2万户，出栏肉羊121.4万只，占全省出栏肉羊的28%。进入90年代之后，各地普遍利用闲弃地开发集中连片、具有区域性特色的规模养殖小区。如太谷县，确立了"规模养殖业工程"，提出"抓住养殖业，促进种植业，带动加工业"的发展方针。创建了"四统两分"的规模养殖小区经验，即在村外规划一片土地，实行"统一规划，统一设计圈舍，统一供水、供电，统一防疫管理，分户建设，分户经营"。目前全县已有90个村，建成小区206个，小区饲养猪占全县饲养量的50%，养鸡占20%。

【畜产品生产大县】 按照农业部规定的畜产品折肉单位计算，1992年以万吨级为标准，出现了忻州市、清徐县、太原市南郊区、榆次市、朔城区、山阴县、洪洞县、长子县、文水县、高平市、大同市南郊区、阳高县、汾阳市、平遥县等14个县区。到1998年万吨级县区已增加到30个，其中3万吨以上县区达到8个，2万吨以上11个。文水县达到5.43万吨，平遥县达到4.5万吨，忻州市、山阴县、太谷县、榆次市、洪洞县、祁县均在3万吨以上。晋中地区畜产品综合产量超过20万吨，成为全省畜牧大区。

【畜牧业科技推广】 从1990年以来，全省先后开展了畜牧兽医科技达标竞赛，畜牧业两高一优开发工程，畜牧业丰收计划以及"振兴畜牧年"活动。推广了牛羊集约化饲养配套技术、绒山羊改良及饲养配套技术、瘦肉型猪改良及饲养配套技术、高产蛋鸡综合配套技术、奶牛高产综合配套技术、草地改良及建设家庭牧场综合配套技术、塑膜暖棚饲养畜禽配套技术、猪鸡抗体监测和程序免疫综合配套技术、配合饲料生产技术、秸秆科学加工技术等十项。到1998年,家畜良种覆盖率由1978年的不到10%,提高到牛达36.03%、羊达39.29%、猪达62.46%、鸡达71.20%,分别比上年提高5.53、9.99、7.46、7.62个百分点。配合饲料用量增加五成多,农作物秸秆青贮、氨化科学利用增加2倍,猪瘟、鸡新城疫注射密度提高10个百分点,畜禽体内外驱虫增加90%,冬季塑膜暖棚养畜从无到有,发展到50多万头。

【世界银行贷款山西小规模肉牛发展项目】 根据农业部(1995)农(牧项)字第22号文件精神,我省开始项目筹划,经过世界银行专家背景团考察、准备团两次考察和国内外专家两次市场调研,先后三次修改《项目建议书》。数次调整项目地点、内容和规模,提交了项目《环评报告》、《项目建议书》、《建议书初评意见》。山西省计划委员会以晋外字(1997)838号文,将《世界银行贷款山西省肉牛发展项目建议书》呈报国家发展计划委员会。1998年3月农业部又将山西、河北、河南、安徽四省的综合《项目建议书》上报。项目建设内容包括:肉牛生产(示范户2 500个、饲养母牛户22 250个、新增母牛户7 000个、育肥牛户4 680个、育肥牛场12个);支持技术服务体系(省养牛服务站1个、饲料舔砖厂1个、县级站12个、乡级站100个);活牛交易市场12个;饲料加工厂1个;组织管理体系(省项目办1个、地区项目办3个、县级项目办12个、乡项目办100个)。建设地点为忻州地区的忻州市、五台县、繁峙县、代县;晋中地区的平遥县、祁县、昔阳县、寿阳县;临汾地区的临汾市、洪洞县、安泽县、襄汾县,共12县100个乡镇。建设期五年。项目投资为4 400万美元,其中世界银行2 200万美元,国内配套2 200万美元。项目建成后,存栏牛达到19.9万头,每年出栏肉牛7.74万头,年经济收入人民币6.4亿元,其中纯收入人民币6 701万元。目前该项目已由国家贸易部工程设计院准备可行性研究报告,报国家发展计划委员会以完成国内申报程序,预计于2000年6月可正式启动。

【草地生态建设】 根据中国共产党山西省委员会,山西省人民政府制定的《关于加快我省生态环境建设的意见》中全省草地建设速度每年达到2%的要求,每年需人工种植牧草3.4万公顷、飞机播种牧草2万公顷、人工改良草地6.7万公顷,到2010年全省草地建设总面积达到156万公顷,占全省草地总面积的30%以上,使得我省草地退化趋势得到有效遏制,到下世纪中叶,再现山西的"秀美山川"之风貌。据此,1998年12月8日召开"全省草地建设工作会议",制定了《山西省1999—2010年草地建设纲要》、《山西省草地建设示范县项目实施方案》、《山西省牧草种子生产基地建设项目1999年实施方案》、《山西省飞播牧草1999年实施方案》等有关文件。各级政府和畜牧部门根据会议精神,认真落实部署工作任务,掀起了改善生态环境,加快草地建设的新高潮。

【畜牧产业化经营】 1997年11月山西省人民政府召开了"全省畜牧产业化工作会议",把畜牧产业化经营摆到了各级政府的议事日程。1998年起草了《山西省人民政府关于推进畜牧产业化经营,加快畜牧业发展的意见》,明确了发展畜牧产业化经营的指导思想,发展目标、政策措施,对推动全省畜牧产业化发展发挥了重大作用。同时,还积极编写了《建设畜牧业强省的战略抉择》一书,从理论、政策、技术、管理等多视角、多层次对山西畜牧业历史沿革、发展现状、未来趋势、政策措施作了全面系统的分析与研究,为大力推进畜牧产业化经营,建设畜牧业强省提供了理论支持和决策依据。

确立了省级畜牧产业化示范县和示范企业。根据"全省畜牧产业化工作会议"提出的畜牧产业化示范县四条标准,即一是县委、县政府主要领导高度重视畜牧业生产,认识水平高,措施得力,亲自带头大抓产业化开发的;二是畜牧局(中心)领导班子团结战斗,具有开拓精神的;三是畜牧业主导产业明确,规模程度较高,商品生产潜力大的;四是畜牧产业化龙头企业已经建立,具有较强带动能力与较大的辐射作用,前有"公司+农户"模式所形成的稳定原料来源,中有齐全的加工能力,后有较广阔的商品市场前景。按照"四条标准"经过实地考察,慎重研究,初步确定了以下6种类型14个县市及单位为首批省级畜牧产业化示范县及示范性龙头企业。具体如下:

1. 偏关县、隰县定为羊产业化示范县。其龙头企业分别为"山西万家寨食品有限公司"、"隰县食品肉联厂"。

2. 大同市南郊区、山西省兽药饲料监察所定为产业化批发市场示范区和单位,清徐县为准示范县。其龙头企业分别为"大同市永久鲜肉批发市场"、"山西省兽药饲料添加剂批发市场"。

3. 山阴县定为奶牛产业化示范县。其龙头企业为"山西古城乳业(集团)有限公司"。

4. 介休市定为特种养殖业—肉鸽产业化示范市。其龙头企业为"山西环飞乳鸽开发有限公司"。

5. 高平市、翼城县、平定县定为养猪产业化示范县,长子县定为养猪产业化准示范县。其龙头企业分别为"高平食品公司"、"翼城县生猪产销总公司"、"山西永艾食品有限公司"。

6. 永济市、交城县定为养鸡产业化示范县,山西省肉用种鸡场为示范单位。其龙头企业分别为“粟海集团公司”、“交城县玄中童子鸡开发中心”。

省确定的畜牧产业化示范县、重点县应当制定出《1998—2010年畜牧产业化发展规划》,并组织有关行政领导和专家进行科学论证。已经过论证的地县有忻州地区、偏关县、岢岚县、翼城县、襄汾县等11个地县。以县人大、县政府名义发了“决议”或“决定”,以法制化形式,将畜牧产业化工作固定下来,做到领导变,工作不变,一任接一任地搞下去。我们还把有关材料汇编为《山西省地县级畜牧产业化1998—2010年发展规划汇编》,发给大家参阅。还有十几个县(市、区)已制定了发展规划等待论证。通过制定发展规划、组织论证,使这些县进一步明确了主导产业、龙头企业和服务体系建设的内容,产业的运行机制以及扶持政策和措施,为加快畜牧产业化发展,奠定了良好的基础。

(山西省农业厅畜牧局供稿)

内蒙古自治区

内蒙古自治区为全国五大牧区之一,草原总面积8 800万公顷,其中可利用面积6 800万公顷,自东向西依次分布有草甸草原、典型草原、荒漠草原、草原化荒漠等草原类型。全区草原分布有种子植物2 330多种,其中主要优良牧草200多种,是世界上质量较好、保护较好的天然草原之一。广袤辽阔的草原,多样的草原类型和牧草品种,孕育了丰富的家畜品种。据调查结果认定,全区符合品种要求的畜禽品种有99个,其中地方品种16个,引入品种59个,培育品种24个,有不少如内蒙古白绒山羊、乌珠穆沁羊、阿拉善双峰驼等家畜品种,以其独特的性能和优良的产品质量而闻名全国、享誉世界。在畜牧业工作中,内蒙古自治区率先提出并全面实施了草畜双承包责任制、草原“双权一制”,为全国牧区经济体制改革和深化改革积累了经验;家畜改良、草原建设规模居全国各省区之首;皮、毛、绒等畜产品总量供给和农牧业人口人均产量处于全国领先水平;大牲畜和羊的饲养量,牧民人均收入,农牧业人口人均肉、蛋、奶产出均居全国前列,是我国重要的畜产品生产基地之一。目前,内蒙古畜牧业已具备了年稳定生产100万吨肉、6万吨羊毛、近4 000吨羊绒、60万吨鲜奶、稳定总增长2 000万头(只)以上牲畜的综合生产能力。全区畜牧业已经初步摆脱了草原畜牧业靠天养畜,大灾大减产、小灾小减产的不稳定局面,实现了建设养畜,持续稳定发展。畜牧业经济增长方式也正在由过去的数量扩张型向质量效益型转变。

【发展概况】 1998年是内蒙古畜牧业经受严峻考验的一年。在这一年里,春季是草原火灾、特大干旱,夏季是鼠虫灾害,秋季是百年不遇的洪涝灾害,冬季东部区是“白灾”、西部区是“黑灾”。就在全区畜牧业遭受严重损失的情况下,仍取得了连续第14年的大丰收。牧业年度全区牲畜存栏达7 387.2万头(只),总增2 499.3万头(只),比1997年增加274.8万头(只),纯增3.9%;生猪生产在市场疲软的情况下存栏仍达到1 185.9万头,比1997年同期增加79.1万头,纯增长7.2%。年末出栏牲畜3 000万头(只),大小畜出栏率达到50.56%,商品率达到41.34%;年内出栏肉猪791.16万头,出栏率达97.70%;商品率达到58.45%。年末肉类总产量达到129.4万吨,比上年增加4.33万吨,增长3.46%;牛奶产量达到63.79万吨,比上年增加4.74万吨,增长8.03%;绵羊毛产量达到6.6万吨,由于价格长期低下,农牧民管理上的原因,绵羊毛产量比上年减少0.09万吨;山羊绒产量达到3 876吨,比上年增加45吨,增长1.17%;禽蛋产量达到20.2万吨,比上年增加0.37万吨,增长1.78%。畜牧业产值达到101.58亿元(按1990年不变价计),比上年增加3.08亿元,增长3.13%;牧民人均收入达到2 516元/人,比上年增加172元,增长7.33%;农民人均收入中来自畜牧业的部分也比去年有较大幅度的提高。在各项经济指标取得14年连续突破的同时,畜牧业的各项建设事业也取得了显著的成就。畜牧业已成为自治区经济发展、社会进步、各族人民物质文化生活水平提高的基础产业和支柱产业。

【主要措施】 建国以来,特别是改革开放以来,内蒙古畜牧业取得了长足的发展。1998年与1978年相比,全区牲畜数量提高0.8倍,大牲畜和羊的良种、改良种比率提高39个百分点、出栏率提高33个百分点,肉类、鲜奶、毛绒总量分别提高5.2倍、8.27倍、1.08倍,畜牧业产值提高2.96倍,牧民人均收入提高12.38倍。可以说,实现了历史性跨越。总结经验,最基本的有以下五个方面:

一是坚持畜牧业经济体制改革,不断解放和发展生产力。党的十一届三中全会以后,内蒙古率先在全国牧区推行了“草畜双承包”生产责任制,首先解决了人吃牲畜“大锅饭”的问题。80年代末,在总结“草畜双承包”经验的基础上,又率先推行了以草原划分到户为重点的“双权一制”,从根本上解决了牲畜吃草场“大锅饭”的问题。通过两次变革,理顺了人畜草、责权利的关系,形成了初步适应牧区特点的社会主义初级阶段的经营管理体制,极大地调动了广大农牧民生产、建设的积极性,促进了畜牧业的快速发展。

二是坚持以改善生产条件和生态条件为中心的畜牧业基础建设,走建设养畜的道路。根据牧区自然灾害频繁、生态环境恶劣、草畜矛盾突出的客观现实,自治区坚定不移地狠抓以草原建设为中心的畜牧业基础建设。在建设内容上强调以解决牲畜“温饱”为主,以改善畜牧业基本生产条件为目标；建设形式上坚持以户为主、以小型为主、以配套为主，重点推行以水为中心，水草林机料配套的家庭草库伦建设。1987年以来，以主动防灾为目的，在全区38个易灾旗县大规模地开展了防灾基地等项目建设，取得了很好的效果。由被动抗灾为主动防灾，由靠天养畜为建设养畜，是草原畜牧业经营方式上的一个重要转折，是促进草原畜牧业生产力发展的一条新途径。1996年，自治区党委在总结经验的基础上，提出"双增双提"（增草、增畜，提高质量、提高效益）畜牧业可持续发展战略，目的是要把增草和畜牧业基础建设作为保护生态和建设养畜的根本，加大建设力度，提高建设水平，进一步促进畜牧业持续发展。

三是坚持科技兴牧，全力提高畜牧业的整体生产水平。根据畜牧业生产中存在着量大面广的问题，自治区重点围绕畜禽和牧草良种选育、繁殖改良、饲养管理、疫病防治、经营管理等进行科技攻关，组装、配套并推广了一批适用增产技术，突出推广了猪、牛、羊、奶牛、蛋鸡模式化饲养技术和配套草库伦建设技术，牧草和农作物秸秆"二贮三化"技术。并以这些适用增产技术为中心，多渠道、多层次、多形式加紧农牧民科技培训，强化畜牧业科技服务体系建设，有效地提高了畜牧业的科技含量和整体生产水平。

四是培植新的畜牧业经济增长点，大力发展农区畜牧业。内蒙古纯牧业旗县仅有24个，63个旗县为农区和半农半牧区，针对农区种植业"腿"长，养殖业"腿"短的问题，自治区确定："内蒙古畜牧业主体在牧区，潜力在农区，牧区畜牧业以提高质量和效益为中心加快建设步伐，稳定发展；农区畜牧业以牛羊育肥、猪禽生产为重点，以秸秆等农副产品转化利用为手段，要有大的突破"的发展思路，进行分类指导，整体推进。通过调整种养结构，制定优惠政策，实行目标管理责任制和积极推进专业化生产、规模化经营、产业化发展等一系列措施，使农区畜牧业有了较快的发展，撑起内蒙古畜牧业的半壁江山，成为内蒙古畜牧业和整个农村经济的新的经济增长点，也成为农民脱贫致富达小康的支柱产业。

五是稳定政策，有效调动和保护农牧民生产建设的积极性。不断调动和充分保护农牧民发展畜牧业的积极性，是牧业增产增收的决定性因素，也是保证农村、牧区稳定的基础性工作，不仅是一个经济问题，而且是一个重大的政治问题。多年来，自治区一直把调动农牧民的生产积极性作为制定、完善政策的首要出发点。一方面认真落实党的各项基本政策，特别是稳定以家庭联产承包为主的责任制和统分结合的双层经营体制，并不断加以完善，从"草畜双承包责任制"到草原"双权一制"的落实，就集中体现了这一点。另一方面按照是维护还是危害农牧民利益和权利、是发展还是阻碍畜牧业生产力、是有利于调动还是会挫伤农牧民生产积极性的基本准则，把多年来经实践检验是正确的和行之有效的做法和经验长期坚持下去，并坚定不移地狠抓落实。第三方面是全力做好牧民减负工作，以确保"牧业增产、牧民增收、牧区稳定"为前提办事情、想问题，较好地调动和保护了农牧民的生产积极性，促进了畜牧业的持续稳定发展。

【畜牧业法制建设】 随着改革开放的不断深入，畜牧业生产的随意性、发展的盲目性和资源利用的不合理现象逐步显露。为保证生产的规范和有序进行，内蒙古自治区一方面把多年来行之有效的具体措施和办法用法规和政府规章的形式确定下来。另一方面是搞好现有畜牧业有关法律、法规的配套建设，增强国家法律、法规的可操作性。近年来，先后拟定了《内蒙古自治区草原管理实施细则》、《内蒙古自治区基本草牧场保护条例》、《内蒙古自治区草原使用权流转办法》、《内蒙古自治区种畜禽管理条例》以及种畜禽广告审查、种用动物健康合格证、防疫效果监测、兽药新制剂管理等一系列规范性文件。其中《内蒙古自治区种畜禽管理条例》、《内蒙古自治区草原管理实施细则》、《内蒙古自治区基本草牧场保护条例》已于1998年颁布实施，其他一些兽药管理、防疫等方面的管理办法也以规范性文件的形式实施。畜牧业法规规章的不断健全，有效地规范了种畜禽推广、草原建设与保护、兽医卫生防疫检疫和饲料、兽药等各个环节的畜牧业生产及经营，为内蒙古畜牧业健康发展创造了良好的社会环境。

【草原畜牧业经济体制改革】 为建设适应牧区特点的社会主义初级阶段草原畜牧业经济体制，强化畜牧业基础地位和生产者主体地位，调整牧民之间的利益关系，有效地解决草原畜牧业长期形成的"草原无主，放牧无界"问题，实现草原"用管护"、"责权利"的统一，从根本上解决吃草原"大锅饭"和大户吃小户的问题。1984年，内蒙古自治区就在一部分旗县开始推行不同形式的草原承包，1989年又进一步把草原承包明确为"落实所有权、使用权和有偿承包责任制"，在全区范围内推行。到1998年，全区草原"双权一制"落实工作基本完成。1998年6—7月，自治区人民政府统一安排，组织了7个验收小组，分赴11个盟市的44个旗县、10 744个牧户进行了认真的检查验收。结果表明，全区共落实草原所有权面积6 866.7万公顷，占应落实总面积的94%；落实草原使用权面积5 400万公顷，占应落实面积的95%；承包到户面积4 060万公顷，占应承包到户面积的71%。草原"双权一制"的落实，极大地调动了广大牧民建设草原、保护草原、合理利用草原的积极性；草原建设投资主体发生变化，建设速度明显加快；并使一些贫困牧户获得基本生产资料，脱贫有了保证，为在广大牧区走共同富裕的道路奠定了基础。

【科技推广】 1998年，内蒙古自治区畜牧业科技工作的重点是围绕牲畜“种子工程”建设，突出推广模式化饲养技术和配套草库伦建设技术，加强以科技培训、示范、推广服务为主要内容的畜牧业社会化服务体系建设。年内推广肉羊、肉牛、奶牛、蛋鸡模式化饲养和“四

奥来型当年羔羊群

良四改”养猪分别达到552万只、43万头、9万头、1160万只和380万头；大牲畜和羊的良种、改良种数量达到4127.08万头(只)，比上年增长301.92万头(只)，良种改良牲畜比重达到66.55%，比上年提高2.86个百分点；胚胎移植技术、反刍动物营养研究、白绒山羊选育等居全国先进水平；年内新增36项畜牧业“丰收计划”项目，培训农牧民69万人次；截止年底，全区已建成旗县服务中心45个，苏木、乡镇畜牧兽医技术推广服务机构1595个，初步形成了以旗县服务中心为龙头，以苏木、乡镇综合服务站为纽带，村、嘎查科技示范户为基础的服务网络。

【草原建设】 鉴于内蒙古牧区干旱、风沙大、植被退化等气候和自然环境特征，自治区一直把草原建设放在畜牧业工作的首位，坚持“全面规划、加强保护、合理利用，重点建设”的指导方针，大力发展人工草地，采取围栏封育，翻耙更新，补播、飞播牧草，灌溉等措施进行草地改良，以提高植被覆盖率和草地质量，改善生态环境。在西部荒漠草原主要采取围栏封育、种植耐旱饲用植物为主，在以根茎禾草为主的草甸草原和典型草原上，主要采取翻耙更新措施；在沙地草场主要采用飞播措施。

1998年，全年完成人工种草67.42万公顷，草地改良43.54万公顷，草地围栏39.79万公顷，飞播牧草6.6万公顷，饲料作物378.25万公顷，饲用灌木21.78万公顷，草原建设总规模达到216.97万公顷，比1997年增加了16万公顷。全年打贮草93万吨，生产草籽13999吨，青贮和微贮饲草料达54.9万吨，分别比1997年提高了15.9%、22.5%和26.7%。新建配套草库伦10817处、3.98万公顷。推广牧草增产菌2.01万公顷，草田轮作18.96万公顷，浅耕翻2.4万公顷。

1998年，内蒙古自治区草原生态治理工程正式启动，列入国家生态治理项目的旗县10个，总投资12750万元，其中国家投资8500万元，目前正加紧实施。此项治理工程将对改善草原生态环境，缓解草畜矛盾，推动地方经济和畜牧业持续发展起到十分重要的作用。

【草原保护】 草原是畜牧业赖以发展的物质基础，运用行政、法律、技术等手段保护草原生态环境是内蒙古自治区长期坚持的一项重要政策。主要措施一方面是贯彻落实《中华人民共和国草原法》、《内蒙古自治区草原管理条例》和《内蒙古自治区基本草牧场保护条例》等一系列法律法规，加大草原执法力度，严厉查处、打击违法乱开、滥垦草原和破坏草原的行为，1998年全区共举办草原法律法规普法培训班503期，印发宣传材料25.4万册，培训农牧民46万人次；培训草原监理工作人员2716人次，合格的1087人做到了持证上岗；全年查处破坏草原案件2499起，处理147个单位、16399人。另一方面是在全面落实草原“双权一制”，充分调动广大农牧民保护、管理草原，合理利用草原积极性的同时，采取切实可行的措施，加强对草原鼠、虫、病害和毒草的防治工作，鼠、虫、病害主要是采取药物防治，毒害草主要是用机械或药物根除。1998年全区草原灭鼠130.67万公顷，灭虫57.07万公顷，除毒害草14.89万公顷。

【牲畜“种子工程”】 为促进内蒙古畜牧业向质量效益型转变，全面推进科技兴牧。1997年12月自治区党委、政府联合做出了《关于推进牲畜“种子工程”的决定》，并于1998年在全区范围内全面实施。牲畜“种子工程”的目标是到2000年基本实现种公畜良种化；大小牲畜良种和改良种比重达70%；提高牲畜个体产量和畜产品质量。重点是搞好以种源基地为中心的良种繁育体系建设；以旗县家畜改良站为龙头，苏木、乡镇综合站为纽带，农牧民改良配种员为基本队伍的良种推广体系建设；以种畜禽监督管理为主要内容的监督体系建设。通过一年的实施，取得了显著的成绩。全区建设达标牛冷冻精液配种站5819个、羊人工授精站3897个；从国外引进优良种牛、种羊220只；全区12个盟市畜牧部门、90个旗县家畜改良站都建立了种畜禽质量监测站，年内对全区种畜质量监测人员全部进行了执法培训，做到了持证上岗。依据国家和自治区的《种畜禽管理条例》，全面开展了种公畜普查鉴定工作，全年共普查鉴定种公畜73.88万头(只)，普查率达75.4%。对合格种公畜进行了建档立卡，对不合格的进行了清群去势和限时淘汰；年内还对67个种畜场进行了整改，对种畜禽生产、经营、使用实行《种畜禽生产经营许可证》、《种畜禽合格证》和《检疫合格证》“三证”制度。

【畜种结构】 1998年牧业年度内蒙古自治区家畜总头数7 387.19万头(只),其中大小畜合计6 201.31万头(只),生猪1 185.88万口。大小畜中,大畜存栏817.77万头,小畜存栏5 383.54万只。全区畜牧业中,养羊业所占比重较大,细毛羊存栏1 456.9万只,半细毛羊576.18万只,山羊1 206.54万只。与上年相比,小畜和生猪增幅较大,分别增长4.23%和7.15%,马和骆驼的数量受市场影响下降幅度较大,尤其是马的数量比上年下降了7.06%。在全区牲畜总头数中,良种、改良种大小畜存栏4 127.08万头(只),占大小畜总数的66.55%,比上年增长301.92万头(只),比重提高了2.86个百分点。其中良种、改良种牛存栏271.86万头,占牛总数的56.8%;良种、改良种绵羊存栏2 658.07万只,占绵羊总数的77.74%;良种、改良种山羊存栏1 206.54万只,占山羊总数的61.42%。在全区各盟市中,伊克昭盟、哲里木盟、巴彦淖尔盟、兴安盟、赤峰市的大小畜良种化程度较高,占其大小畜总数的比重分别为87.93%、84.09%、82.44%、76.42%和73.67%。

【繁殖改良】 1998年内蒙古自治区大小畜合计繁殖仔畜2 207.56万头(只),比上年增加101.35万头(只),增长4.81%,繁殖率80.45%;成活仔畜2104.64万头(只),比上年增加113.18万头(只),增长5.68%,成活率95.34%,比上年提高0.79个百分点;繁殖成活率76.70%,比上年下降0.41个百分点。全区家畜改良工作以黄牛冷冻精液配种和绵山羊人工授精为重点,采用行政技术双承包等措施,全年大小畜改良配种总规

三河牛群

模达到*1 662.9*万头(只),牛品种改良配种125.25万头,其中冷冻精液配种59.44万头;绵羊改良配种1 019.37万只,其中人工授精362.57万只;马、驴改良配种39.80万匹;骆驼选配3.35万峰;推广良种猪571.89万头、良种鸡3 522.69万只。

【商品基地建设】 为提高全区畜牧业的质量和效益,自治区以有利于产业化形成为出发点,狠抓了畜产品基地建设,一是在坚持以家庭经营为主的前提下,按照“小规模、大群体”的原则,组织农牧民发展专业化商品生产,强化商品基地建设,使之尽快形成商品优势和经济优势。二是积极培植畜产品加工龙头企业,形成企业加基地、公司加牧户、生产加服务、收购加销售的贸工牧一条龙的“四加一”基本模式,把加工企业与千家万户按合理的利益机制联结在一起,结成利益共同体,使各类畜产品基地形成产业化经营的格局。经过努力,全区涌现出如伊利、鄂尔多斯、兴发等一大批产业化经营的典型。并形成一批各具特色、集中连片的畜产品商品基地。1998年,全区牲畜存栏超百万的旗县有29个,占全区存栏量的59.15%;生猪存栏20万头以上的旗县有21个,占全区存栏量的57.68%;羊肉产量在3 000吨以上的旗县有29个,占全区产量的66.30%;牛肉产量在3 000吨以上的旗县有21个,占全区产量的65.26%;鲜奶产量超万吨的旗县有19个,占全区产量的72.07%;绵羊毛产量超千吨的旗县27个,占全区产量的62.89%;山羊绒产量在50吨以上的旗县有25个,占全区产量的79.33%,占全国产绒量的近1/3。

【动物防疫】 传统的兽医工作是保证畜牧业没有大的疫病发生,1998年初,自治区对兽医工作的要求进一步提高,要求兽医工作不仅要保证畜牧业健康发展,而且要保证畜产品市场流通和消费者的安全。为此,全区兽医工作贯彻“预防为主”方针,全面加大了防检疫工作力度,加强了监督管理的职能。年内建立和完善了免疫登记管理制度、检疫检验和报检制度、“定点屠宰、到点检疫”管理制度、防检疫证章管理制度,实施了对主要疫病的监测制度、全面推行了畜禽疫病防制分级管理,保证了畜牧业生产的稳定发展和畜产品市场的安全卫生。1998年,全区共预防牲畜8 567.47万头,预防家禽6 750.44万羽,预防羊三病1 896.8万只,分别超额完成预防任务的53.67%、33.4%、23.06%;活畜产地检疫728.12万头(只),生猪屠宰检疫269.49万头;检疫肉类20.81万吨,检疫消毒毛2.83万吨、皮张61.28万张、运载车辆66 313辆(次)。进出境检疫年内检疫消毒毛类899.76吨、皮63 068张、肉类860吨、动物13 764头(只、羽)。防疫监督年内共查处各类违法案件1 465件,培训监督员、检疫员2 000人次,核发“两员”证件713个,对全区兽医从业人员进行了清查、统计、资格审核、培训考核,有效地规范了兽医从业行为。由于各项工作力度加大,全区兽医防检疫工作取得了显著成效,在1998年内蒙古遭受百年不遇的特大洪涝灾害的情况下,不仅确保了大灾之后无大疫,而且使全区牲畜死亡率控制在1.85%,比上年同期下降0.44个百分点。

【兽药管理】 1998年自治区兽药管理围绕加强行业管理，完善管理制度，加大市场执法检查力度，严厉打击生产和销售假冒伪劣兽药行为为重点，做了大量工作。年内制定出台了《内蒙古自治区兽药新制剂研究管理暂行办法》、《兽药新制剂稳定性实验指导原则》；编辑印发了《兽药管理文件汇编》、《1998—2000年兽药产品抽检指导目录》；发布兽药地方标准3个，审批、换发兽药产品批准文号416个；抽检兽药产品498批次，合格率46.6%，抽检覆盖面达到95%；全区查处兽药违章案件108起，取缔无证经营兽药单位103个，没收假劣兽药价值近32万元，罚款6.58万元。为从源头遏制制售假劣兽药的不法行为，自治区成立了内蒙古动物保健品协会，对用量大、动物防疫中起重要作用的16个兽药品种统一调控，不仅有效地扶持了自治区兽药生产企业的发展，而且净化了兽药市场、保护了广大农牧民的合法权益。

【存在的问题】 1998年，内蒙古畜牧业虽然在大灾之年夺得了大丰收，但也存在一些不容忽视的问题。一是由于畜牧业综合生产能力的提高，畜产品供给由以前的长期短缺变为总量基本平衡、季节性剩余，畜牧业发展越来越多地受市场需求的制约，突出地表现在毛绒市场长期疲软，生猪生产滑坡，牧业增幅大，牧民收入增幅小的矛盾。二是畜牧业市场化、产业化程度低，种畜市场尚未全面启动，畜产品市场尚在发育和建立阶段，产前产后服务功能较差，畜产品加工增值率低，品种、品质结构不适应多样化的市场需求，严重影响畜牧生产效益的提高。三是基础建设水平还比较低，草原建设和基础设施建设的质量和效果，还不适应畜牧业发展的要求，草畜矛盾、发展和资源制约的矛盾还很突出。四是畜牧业的科技含量和经营水平亟待有一个大幅度的提高。这些问题，必须引起我们的高度重视，在今后的工作中逐步予以解决。

（内蒙古自治区畜牧厅供稿）

辽 宁 省

改革开放20年来，辽宁畜牧业持续高速发展，年均以两位数的速度递增，并发生了由副业到主业，由销区到产区，由耗粮型到节粮型，由粗放零星散养到科学化规模化饲养的历史性巨变。1998年是农村经济体制改革20周年，也是实现“九五”目标的关键之年。一年来，辽宁畜牧业在各级党委、政府和农业部的正确领导和大力支持下，克服了畜产品卖难、出口不畅、价格波动较大、效益下降等困难，各项主要生产指标再创历史最好水平，是改革开放以来辽宁畜牧业持续稳定发展的第20个丰收年，为振兴农村经济、促进农民增收、丰富“菜篮子”、稳定物价、稳定社会做出了突出贡献。

【畜牧业经济总量稳定增长】 1998年，全省畜牧业总产值189.7亿元(1990年不变价)，比上年增长7.5%；肉类总产量216.6万吨，增长7.9%；蛋类总产量131.6万吨，增长0.8%，奶类总产量19.9万吨，增长6.4%。全省畜产品人均占有量中，肉类为51.9千克；蛋类为31.7千克，奶类为4.8千克，均达到国内较高水平。

【市场开发成效显著，省外销售份额较大】 在国内外畜产品市场不景气的情况下，全省畜产品在省外销量继续保持较高水平。据不完全统计，1998年，全省生猪省外销量200万头，占出栏量的15.5%；活牛省外销量40万头，占出栏量的26.7%；禽蛋省外销量40万吨，占禽蛋产量的26%；禽肉省外销量22万吨，占禽肉产量的27.1%；肉类出口量约为21万吨，占肉类产量的9.7%。全省畜禽及畜产品的省外销售份额已达1/4。

【龙头与基地建设明显加强，产业化建设取得积极进展】 1998年，辽宁投入资金6.9亿元，启动省级重点龙头加工项目10个，其中阜新市火腿肠加工厂，辽阳鹧鸪加工厂等部分项目已试车投产。各级财政投入资金10 000多万元，新上国家商品瘦肉猪基地2个，国家秸秆养牛示范县1个，国家秸秆养羊示范县1个，续建省级肉牛开发县24个。

全省龙头与基地建设有以下两个特点：第一，起点高、标准高。全省龙头企业投资规模均在2 000万元以上，加工规模在3万头(只)以上；基地县新建大型饲养场8个，总投资近亿元，全省畜牧专业户发展到40多万个，万头以上猪场40多个，万只以上鸡场近千个。第二，积极引进非农部门和外商资金。据不完全统计，全省龙头企业和规模饲养场建设共引进外资3.7亿元，非农部门和城市资金约1亿元。经过多年建设，辽宁省已建成大中型畜产品加工企业77个，其中肉牛加工4个，肉禽加工64个，肉猪加工8个，蛋粉加工1个；建成畜牧业商品基地76个，其中商品瘦肉猪基地30个，肉牛基地24个，大中城市肉蛋禽基地14个，细毛羊基地2个，绒山羊基地6个；建成大型畜禽及其产品批发市场100多个，交易市场2 600多个。全省肉牛的35%、生猪的45%、蛋鸡的70%、肉鸡的100%走上了区域化布局、专业化生产、一体化经营的轨道。肉禽产业化更为突出，64个肉禽加工企业普遍通过契约形式与4万多个专业户结成联合体，年生产加工肉禽2亿多只，出口创汇约1.5亿美元。

【科技兴牧成效显著】 1998年新启动一批畜牧科技示范项目。新民、海城等五个县(市)列为国家畜牧科技示范县，在国家没有投资的情况下，各地不等不靠，启动了一批重点项目，并取得阶段性成果。技术推广项目取得可喜进展。良种猪配套技术推广、畜禽寄生虫防制技术、良种肉鸡及配套技术、良种肉牛繁育及增产综合技术等8个项目列入省部级推广计划，总投资100万元，有力地推动了实用技术的推广。人才培训取得新的突破。全省共举办各种类型培训班540批次，培训人数达12.6万人次；组织实施了“科技之冬”和“绿色证书”工程，创办了畜牧兽医本科函授班，对提高农民和专业技术人员的业务水平发挥了重要作用。畜牧科研工作得到了明显加强。全省一年来共承担省部级科技攻关项目8项，总投入208万元。省畜牧兽医科研所是省级重点科研单位，已在转基因技术、育种、异源血清等畜牧兽医前沿领域开展科技攻关。各地畜牧科研工作也得到加强，共取得畜牧兽医科技成果奖17项，其中省部级6项。全省畜牧业科技贡献份额已达到期50%以上。

【畜牧法制建设明显加强，依法治牧取得新进展】 在立法工作上，1998年《辽宁省兽药管理条例》作为全国兽医管理的第一部地方法规出台，并于1999年1月1日起正式实施。在普法工作中，各级畜牧部门以《中华人民共和国动物防疫法》、《辽宁省兽药管理条例》和《种畜禽管理条例》为重点，通过制作宣传版画、印发传单、撰写普法稿件、举办培训班、召开新闻发布会等多种形式，开展大规模宣传活动，取得了良好效果。在执法工作上，进一步强化了动物防疫措施，加大防疫合格证的发放力度，奶牛健康证制度全面实施，基本实现“一牛一证”；各地畜牧部门均向国有“两厂”派驻了监督员，使国有“两厂”的监督工作明显加强。全省查处动物防疫违法案件4 615起，结案率达到98%，查处案件质量较上年明显提高。检疫工作取得新突破，村屯农户产地检疫进一步加强，全省12 122个村屯普遍开展了产地检疫，大型饲养场产地检疫报检制度推广面不断扩大，锦州、铁岭等地规模饲养场产地检疫率100%；兽药质量监督取得新进展，全省查处兽药生产经营违法案件164起，取缔无证经营业户352家，没收假劣兽药货值80余万元，罚没款50余万元；种畜禽质量监督工作得到加强，组织召开了全省种畜禽工作会议，制定了新建场审批制度和《种畜禽生产经营许可证》管理制度，通过开展种畜禽场检查验收，有力地推动了畜禽良种繁育工作，1998年各级财政投资近亿元，全省新建成投产万头种猪场2个、地方良种牛保种场2个、扩建种鸡场2个，引进种猪50头、种牛160头、种禽9万只。

【养鸡生产】 1998年全省蛋鸡存栏20 053.7万只，比上年下降3.7%，禽蛋产量131.5万吨，增长0.8%。蛋鸡数量略有下降是连续多年超常发展后的合理调整，对改变生产相对过剩、效益低下的状态，促进产销平衡和效益回升，具有重要意义。全年平均蛋价每千克5.23元，与上年持平，但趋势与上年的先高后低相反，呈先低后高态势，2月每千克4.55元，为全年最低价，9月达到6.14元，是全年最高价，常年基本稳定在5.40~5.60元之间。养鸡效益上半年较差，下半年较好，全年略有盈利。蛋类外销势头继续看好。以深圳、广州等为重点的销售渠道畅通，价格稳定，数量上升，全年外销鸡蛋40万吨以上。对生产起到了较好的拉动效果。

肉鸡生产总的看比较稳定。全省肉鸡存栏5 094.2万只，出栏28 507.4万只，禽肉产量74.7万吨，分别比上年增长2.5%，8.0%和5.5%。省内禽肉市场饱和，出口不畅。但省外市场需求比较旺盛，出省数量明显增加，从而弥补了省内及国际市场下降份额，使肉鸡生产继续保持相对平稳的发展势头。肉鸡生产上半年效益不佳，下半年效益较好，全年肉鸡生产微利。

【牛羊生产】 1998年，全省养牛生产继续保持发展势头。据1998年末统计，全省牛饲养量达到357.9万头，比上年增长13.7%；其中存栏209.3万头，增长8.2%；出栏148.6万头，增长8.8%；生产牛肉23.41万吨，增长8.5%。秸秆开发明显增加。全省开发农作物秸秆(半干)青贮饲料475.7万吨，与上年基本持平；氨化饲料81.3万吨，增长11.4%。配套技术推广力度进一步加大。全省人工冷冻精液配种54万头，比上年增长2.0%，其中应用细管冷冻精液配种44万头，占冷冻精液配种总量的81.3%，比上年提高15个百分点。快速育肥牛出栏72万头，增长20.5%。

养羊生产发展平稳。全省羊饲养量达511.8万只，比上年增长8.5%；其中存栏318.0万只，增长9.5%。羊肉产量2.62万吨，增长7.4%。绵羊毛产量7450.0吨，增长0.6%。羊绒产量309吨，下降2.2%。山羊毛产量858吨，增长5.7%

【生猪生产】 1998年，全省生猪生产保持较好发展态势。全省生猪存栏1 039.9万头，出栏223.9万头，猪肉产量112.8万吨，分别比上年增长9.1%、8.2%和9.6%。其主要特点：一是二季度暂短波动后效益迅速回升。年内生猪价格除二季度下降到盈亏平衡点以下外，全年基本稳定，特别是7月以后饲料价格回落，生产成本降低，效益较好，生产者积极性高涨。二是规模饲养有较大发展、规模养猪户数增加，规模扩大，非农资金、尤其是再就业者把生猪生产作为养殖业首选项目。全省养猪专业户20.3万户，增长14.0%，万头以上猪场达到31家。专业户出栏猪580.1万头，占全省出栏猪总量的47.4%，三是可繁母猪保持稳定。年内仔猪价格偏高，母猪生产未因上半年的波动而减少，全省可繁母猪92.6万头，基本保持上年水平。

（李延山　郝洪璋）

吉 林 省

【基本情况】 1998年,吉林省畜牧业克服了亚洲金融危机和洪涝灾害的不利影响,保持了平稳的发展势头。到年末,全省生猪存栏855万头、出栏1 166.3万头;牛存栏386万头、出栏243.3万头;羊存栏321.4万只、出栏218.9万只;家禽存栏1.74亿只、出栏3.54亿只。肉蛋奶总产量分别达到223.7万吨、73.1万吨和13.4万吨。牧业产值(1990年不变价)达到140.2亿元,占农林牧渔各业总产值的比重达到38.2%。

改革开放的20年,使全省畜牧业步入稳定、健康、快速发展的轨道,实现了从依附产业向支柱产业、从产品畜牧业向商品畜牧业、从零散粗放饲养向集约规模经营的历史性跨越,开始成为农村经济的主导产业。1998年,畜牧业产值占农林牧渔各业的比重由1978年的11.2%,上升到38.2%,提高了27个百分点。肉、蛋、奶总产量分别比1978年增长13.3倍、12.3倍和4.6倍,畜产品商品量已达80%。从1996年开始,全省肉类人均占有量稳居全国前两位。畜牧业已发展成为富省裕民的重要途径和农村经济新的增长点。

【科技教育】 1998年,全省组织实施了省政府牧业技术推广项目71项,有55项获奖,共创直接经济效益26亿元。科技贡献率达到47%,比上年提高2个百分点。目前,省、市、县、乡都设有畜牧兽医站。有9个市(州)级、37个县级、86个乡级草原管理站。有省、市、县三级养蜂管理站5个。全省设有畜牧专业的大中专院校7所,其中省属牧业中专学校一所,畜牧兽医科研机构8所,各级牧业培训中心16个。全省组织牧业职工参加学历教育共1 550人,其中大学本科80人,大专1 300人,中专170人。全系统职工9 925人,其中高级技术推广人员583人,中级2 532人;大专以上2 437人,中专4 800人。加强了科研工作,加速了科技成果转化。《松辽黑猪瘦肉型母系新品种选育》等4个科研项目获省科技进步奖和农业部丰收计划奖。科技成果转化率已达到35%。1998年,全省猪、牛、羊出栏率分别达到124%、47.4%和50.9%。强化了教育培训工作,全年培训"绿色证书"学员3.5万人,发证5 000人,举办实用技术培训班3 500余次,培训农民80万人次,印发科技资料100万册,组织收听、收看广播电视讲座200万人次。现有国家级牧业"绿色证书"教育示范县4个,省级示范县10个,吉林省还被确定为国家牧业绿色证书教育示范省。

吉林省梨树县是国家的重点产粮大县,也是国家首批"绿色证书"教育试点县和农民教育先进县之一。该县的"绿色证书"教育从1990年开始,对村干部、村级畜牧技术员、青年农民和规模饲养户,在牧业经营管理方式、业务知识、牧业实用技术等方面进行培训。培训中实施了"333"工程(即用三年时间,学习三门课程,培训3 000人)和"311""绿色证书"培训工程(即用3年时间,培训1万人,学习一门专业技术),采取理论与实践、自学与辅导、学习与业务"三结合"办法,逐步形成了由上到下的立体交叉的科技网络,使全县"绿色证书"培训的人才效益、科技效益和社会效益有了明显提高。到1998年,先后培训了村级畜牧兽医技术员354人,村干部479人,养殖业大户567名,累计培训农民15万人次。猪、牛良种覆盖面已分别达到100%和97%,生猪出栏率达到208%,育肥猪料重比已由1985年的3.85:1降低到3.5:1,规模户饲养的生猪占全县生猪饲养总量的近60%。

【饲草饲料】 吉林省的工业饲料生产已初步形成了包括饲料加工、饲料添加剂、饲料原料、饲料机械工业和科研教育、流通、行业管理等服务设施在内的饲料工业体系。1998年末,全省饲料工业年双班生产能力达到400万吨,年产各种饲料250万吨,现有时产1吨以上的饲料加工企业280家,其中时产5吨以上的大中型饲料加工企业45家。全省饲料工业固定资产投资超过6亿元,年实现产值25亿元,在全省39个工业行业中排名在前20位。吉林德大、吉林正大、长春市华龙饲料厂三家企业进入全国饲料工业百强企业行列。吉林省的饲料工业以粮食及其副产品为基础原料,是全省转化粮食最大的行业,主要原料玉米占配合饲料的70%左右,每年转化玉米保持在100万吨以上的水平。可以生产包括猪、蛋鸡、肉鸡、奶牛、肉牛、鱼和特种经济动物在内的十余个系列上百个品种饲料,基本能够满足各种畜禽动物在不同生长时期的营养需要。饲料产品中,配合料的比重已达到75%以上,浓缩料的比重已接近总产量的四分之一。进入90年代,粉料逐步被颗粒料代替,现在大中型饲料企业生产的配合料基本为颗粒料。同时,饲料原料工业、饲料添加剂工业也从无到有、从小到大。在饲料原料生产方面,省内有上百家企业对淀粉、酒精、造纸、制药、制糖、屠宰等行业的废渣废料进行综合开发利用,生产出优质的蛋白饲料原料,是全省发展饲料工业的优势所在。吉林省的饲料工业具有比较健全的质量监测机构和比较完善的监测手段,饲料生产质量有了可靠的保证,1997年全省饲料产品抽检合格率为75%,超过全国平均水平。

粗饲料开发以"两化两贮"和玉米掰棒青贮为重点。1998年,全省"两化两贮"饲料1047.82万吨,比上年增加了166.72万吨,增长了19个百分点。其中,青贮饲料440.22万吨、氨化饲料126.5万吨、盐化饲料336.5万吨、微贮(含EM菌)饲料144.6万吨,分别比上年增长29.3%、7.7%、-5%和109%。玉米秸早期掰棒青贮技术在全省大面积推广,全省共生产掰棒青贮饲料272.9万吨,比上年增长1倍多。秸秆处理利用率达18%,饲喂率40%,同比增长了9个百分点。到1998年末,全省已有14个县被列为国家级秸秆养畜示范县,长春市被列为秸秆养牛示范区。其中,公主岭等7个县(市)已经通过国家验收,公主岭市被评为全国秸秆养畜"十佳"示范县。1998年,14个国家级秸秆养畜示范县共生产秸秆饲料783.3万吨,占全省总量的74.8%,比建示范县前增长了2.8倍。秸秆的饲用率高出全省5个百分点。

【草业】 全省草地总面积584.2万公顷,牧业可利用草地437.9万公顷。分布大体以中长铁路为界,以西为平原草甸草原,是欧亚草原带向东延伸的末端,是我国松嫩草原的中心,以盛产羊草驰名中外,面积为187.7万公顷;以东为山区、半山区草地,面积为108.2公顷。还有林间、林下草地及农田隙地288.4万公顷。全省草地资源类型分为8类(包括4个亚类)37组95个型。植物种类1 000多种,饲用植物800余种,优良牧草100余种。

1998年,按照省级抓原种、市(州)抓良种、县(市)抓商品种子生产的原则,加强了牧草种子建设。目前,已建有市级良种繁育基地2个,县(市)级牧草种子生产基地5个,种子田面积0.67万公顷,省级原种繁育基地也在规划筹建之中,牧草繁育体系已初步形成。生产的牧草种子品种有公农1号苜蓿、公农2号苜蓿、羊草、碱茅、胡枝子、野火球等。

为了加快草原建设步伐,起草下发了《吉林省草原建设项目管理办法》。全年完成人工种草和改良草原4.2万公顷,围栏草场4.1万公顷,飞播牧草4.0万公顷。加强了草原保护,全省灭鼠面积34.7万公顷,其中生物防治20.9万公顷,占60%,综合治理6.3万公顷,占18.2%。治虫面积16.7万公顷,其中生物防治面积10万公顷,占60%。强化了草原防火。全省成立了26个市、州、县(市)级草原防火指挥机构和5个县级专业草原扑火队。投资120万元,完成了省草原防火指挥部服务中心项目建设。加强了草原执法,将每年的4月定为全省草原法规宣传月,广泛宣传《中华人民共和国草原法》和《吉林省草原管理条例》,草原法规宣传普及面达85%以上。1998年,全省共查处违法案件76起,结案54起,恢复植被0.24万公顷。进一步落实了草原承包责任制。截止年底,已落实草原承包面积107.9万公顷,占全省西部应落实面积的57.4%。

【畜禽良种】 1998年,全省初步形成省抓祖代、市县抓父母代、农户饲养商品代的塔型良种网络体系。省牧业局下发了《全省畜禽良种繁育及杂交改良体系建设实施意见》,开展了种畜禽场整顿与验收工作,年内有80个种畜禽场验收合格并发给种畜禽生产经营许可证。目前,全省共有种畜禽场90个,其中种猪场30

种羊放牧

个,种牛场4个,种羊场4个,种马场3个,种肉鸡场23个,种蛋鸡场15个,种兔场3个,种蜂场2个,种犬场1个,种鹿场2个,种鸭场1个,综合场2个。市县乡三级家畜改良站395个,设有牛冷冻精液站5处,液氮站17个,配种站(点)2 661个,"冷冻精液配种"母牛111.3万头;猪改良站722个,累计人工改良62万头;羊改良站195个,人工改良46.4万只;马配种站786个,人工改良21.2万匹。全省畜禽良种普及率:猪80%,牛70%,羊95%,蛋鸡60%,肉鸡100%。加强了基础设施建设,实施了三猪"三元工程",全省年出栏三元杂交商品猪476万头,占全省生猪出栏量的35%。

【产业化经营】 吉林省牧业产业化经营始于90年代初期。1992年,吉林德大有限公司采取"公司+农户"的模式,把第一车间放在农户,与农户形成利益共同体,获得成功,使产业化经营进入了一个新阶段。1996年,吉林省牧业管理局组建后,成立了吉林省牧业产业化工作领导小组,省政府连续两年召开了全省牧业产业化工作会议,加大了产业化经营推进力度。到1998年,全省共有牧业产业化组织522个,总产值55.9亿元,上缴税金1.4亿元,创汇5 759万美元。职工人数2.9万人,带动农户14万户,农户从产业化组织中新增收入2.4亿元。

牧业产业化经营主要有五种模式:一是龙头企业牵动型。全省现有各类产业化经营龙头企业82个,其中销售额5亿元以上的1个,1亿~5亿元的1个,1 000万~1亿元的23个,1 000万元以下的57个。二是专业市场拉动型。有较大型的牧业专业市场153个,1998年成交量达550万头(只)。三是经营能人带动型。梨树县榆树台镇的唐立国,榆树市弓棚镇的李晓霞,年贩卖生猪均在2万头以上。四是优势产品驱动型。扶余县三岔河镇李家店村,蛋鸡饲养专业户100多个,年存栏50万只,人均养鸡收入4 000元以上。五是中介组织联动型。现有牧业中介组织77个。

牧业龙头加工企业初步形成了肉鸡、牛、猪、羊和

专业户养猪

鹅 *5* 条龙。有较大型的肉鸡加工企业 *6* 个,加工能力 *1.1* 亿只;肉牛加工企业 *4* 个,加工能力 *44* 万头;生猪加工企业 *4* 个,加工能力 *300* 万头;肉羊加工企业 *1* 个,加工能力 *50* 万只;肉鹅加工企业 *3* 个,加工能力 *800* 万只。

【商品基地建设】 1998 年,德惠、榆树、农安、九台、梨树、公主岭、伊通、双辽、双阳、东丰、东辽、通化、梅河口、靖宇、通榆、大安、前郭、扶余、敦化、珲春、桦甸、蛟河、磐石等 23 个肉牛基地县,肉牛饲养量达到 627.4 万头,占全省的 71.6%。其中,存栏 365.8 万头,占全省的 68.8%;出栏 261.5 万头,占全省的 75.9%。榆树、农安、九台、梨树、公主岭、双辽、东丰、东辽、梅河口、柳河、辉南、永吉、舒兰、长岭、扶余等 15 个商品猪基地县,生猪饲养量达到 1 435.5 万头,占全省的 59.4%。其中,存栏 618.4 万头,占全省的 62.8%;出栏 817.1 万头,占全省的 57.0%。德惠、榆树、农安、九台、公主岭、伊通、双阳、东丰、梅河口、柳河、辉南、永吉、舒兰、前郭、扶余等 15 个肉鸡基地县,肉鸡饲养量达到 25 155.2万只,占全省的 83.0%。其中:存栏 4 664.3 万只,占全省的 81.6%;出栏 20 490.9 万只,占全省的 83.4%。洮南、镇赉、通榆、大安、前郭、扶余、长岭、乾安、双辽等 9 个羊基地县,羊饲养量达到 486.1 万只,占全省的 66.2%。其中:存栏 285.0 万只,占全省的 65.3%;出栏 201.1 万只,占全省的 67.6%。德惠、榆树、农安、九台、大安、前郭、双辽、东丰、梨树、长岭、扶余、乾安、公主岭等 13 个鹅基地县,鹅饲养量达到 2 973.61万只,占全省的 70.2%。其中:存栏 1 046.13 万只,占全省的 63.8%;出栏 1927.48 万只,占全省的 74.3%。汪清、扶余等 2 个商品兔基地县,兔饲养量达到 33.7 万只,占全省的 19.0%。其中:存栏 13.0 万只,占全省的 16.2%;出栏 20.7 万只,占全省的 21.4%。安图、蛟河、舒兰等 3 个蜂产品基地县,共养蜂 21 756 箱,占全省的 18.9%。

【规模经营】 1998 年,全省规模经营饲养户(场)44.3 万个,饲养畜禽 2.7 亿头(只),同比分别下降 0.06%和 3.6%。其中,规模养猪户(场)18.6 万个,养猪 637.7 万头,同比增长 8.2%和 6.6%;规模养牛户(场)13.9 万个,同比下降 5.4%,养牛 178 万头,同比增长 5%;规模养羊户(场)3.8 万个,养羊 363.2 万只,同比增长 3.6%和 6.2%;规模养禽户(场)8.1 万个,养禽 2.6 亿只,同比下降 8.5%和 2.9%。1998 年,全省牧业生产经受了产品价格低、经济效益差的考验,规模经营得到了稳步发展。梨树县梨树乡是北方寒冷地区"四良四改"养猪配套技术发祥地之一。从 1994 年开始,连续五年养猪超 10 万头,到 1998 年底,全乡生猪发展到 15.1 万头,其中出栏商品猪 12.8 万头。特别是霍家店村,是最早应用"四良四改"科学养猪技术的村,全村生猪饲养量达到 1.3 万头,人均养猪收入 354 元。东丰县那丹伯镇是个养牛大镇。1998 年,全镇黄牛发展到 2.65 万头,户均 7.05 头,人均 1.6 头。规模养牛户 778 个,养牛 1 271 头,占养牛总数的 48%。涌现出 8 个养牛专业村、35 个养牛专业组、72 个养牛超 50 头的专业大户。全镇牧业产值达到 2 860 万元,占农业总产值的 40.5%,其中养牛产值 1 970 万元,人均创产值 1 190 元,养牛人均收入 762 元。榆树市五棵树镇,有 138 家小型酿酒厂,用酒糟喂牛、养猪。杨玉江、肖大鹏、马凯等养牛大户,年均出栏育肥牛都在 2 000 头以上,纯收

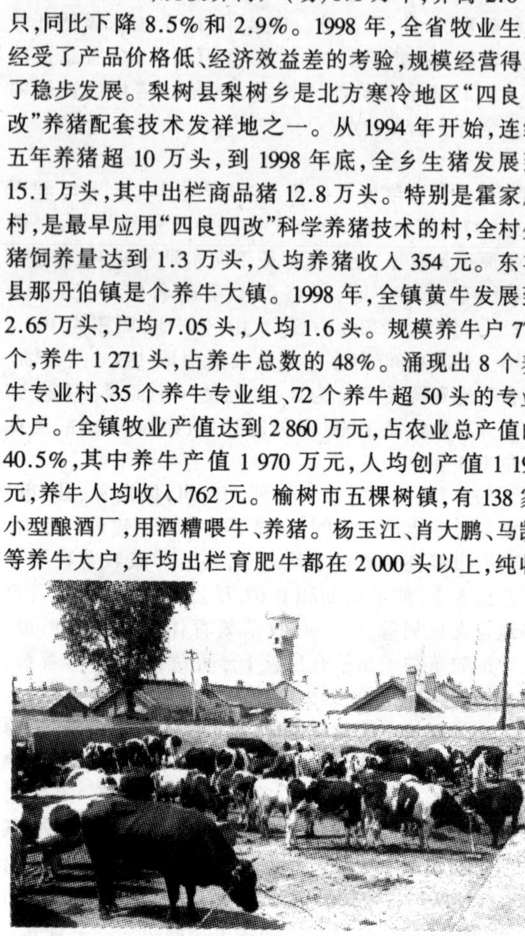

榆树市五棵树镇育肥牛场

入高达 *40* 万 ~ *50* 万元。

【兽医工作】 1998 年,全省动物防检疫工作深入贯彻《中华人民共和国动物防疫法》及国家的有关法律法规,加大了无规定疫病区建设力度,把猪瘟、鸡新城疫等 19 种危害严重的畜禽疫病重点定为防制对象,实施区域化管理工程性防疫,使全省动物疫情保持稳定,特别是在全省遭受严重洪涝灾害的情况下,没有大的疫情发生。一年来,围绕"兴牧工程"竞赛活动,全面实施了无规定疫病区建设和标准化畜牧站建设,吉林省被列为全国十个无规定疫病区建设示范省之一。起草下发了《吉林省建设动物保护工程规划》、《吉林省动物保护工程实施方案》等规范性文件。经年终考核验收,有长春、吉林两个市站,磐石等 12 个县站、45 个乡(镇)畜

牧兽医站达到标准化畜牧站建设标准,9个县(市)被评为无规定疫病区建设先进县。各地落实了防检疫工作目标管理责任制,明确了政府和业务部门的责任。高质量完成了各种畜禽的免疫注射工作,口蹄疫、猪瘟、鸡新城疫免疫密度分别达到100%、99.5%和98.3%,其他疫病的免疫密度也都在85%以上,大家畜、中家畜和家禽疫病死亡率被控制在2%、5%和8%以下。经过努力,全省消灭了马鼻疽,通过了国家农业部的验收。同时,加强了兽医执法,建立健全了监督执法机构,强化了国家统一规定的动物防疫证章标志的管理,全面开展了产地检疫和定点屠宰检疫,进一步落实了动检工作"四到位"。注重提高队伍素质,全年共培训动物检疫人员3 500人次,更新仪器设备、检疫工具、无害化处理设施共计97万余元,举办了全省防检疫化验员师资培训班,培训师资力量180余人。全省日屠宰3头以上的乡镇全部实行了产地检疫和定点屠宰检疫,开展产地检疫的乡镇达100%。全年检疫各种活畜禽1.15亿头(只),取缔畜禽私屠滥宰场(点)和病害肉加工点286个,及时捕杀和无害化处理了病畜禽1.2万头(只)、病害畜禽产品368.9吨。

【兽药及器械】 吉林省现有化药、中药(兽用)生产企业66家,生产化药品种92个,中药品种27个,全年总产值为1.8亿元,利润1 500万元。化药原料生产企业2家,生产喹乙喹与氯化胆碱,其中四平联合化工厂天华公司饲料添加剂厂为全国最大的氯化胆碱原料及制剂生产企业。中药制剂企业仅有2家,产品主要为中药散剂,生产规模较小。兽药生产企业中,90%以上为小型制剂企业。年产值超过千万元的企业有5家,其中吉林省五星动物保健药厂为全省最大的企业,1998年产值为5 200万元,占全省兽药生产总值的25%以上,其主导产品"558消炎退热灵注射液"畅销全国各地。吉林省生物制品厂是农业部在吉林省唯一定点的生产兽用生物制品的企业。生产各种兽用生物制品近50个品种。其中"马传染性贫血活疫苗"是全国定点生产的厂家之一。该厂1997年被吉林省政府列为全省36户实施挂牌支持单位之一,"猪瘟细胞活疫苗"曾获农业部优质奖。1998年生产兽用生物制品19.7亿头份,产值1 600万元,产品出厂合格率为100%。

加强了兽药执法。一是进行了对新兽药及兽药新制剂的研制开发审批工作。组织召开了3次新兽药及兽药新制剂审评会,共有10个品种通过审评。二是对全省兽药生产企业的产品文号进行重新编制、核发。全年核发新的兽药产品文号192个,注销过期兽药生产文号246个。三是对在兽药生产、经营过程中的违纪违规案件进行了严肃查处,全年共处理制售假劣兽药案件8起。

(吉林省牧业管理局供稿)

黑龙江省

1998年黑龙江省畜牧业生产在省委、省政府的正确领导下,克服了畜产品市场低迷,资金短缺,养畜效益不断下滑和百年不遇的特大洪涝灾害等诸多不利因素,仍继续保持了稳定、健康发展的好势头。年末统计,全省肉牛存栏达到372.9万头,比上年增长1.9%;奶牛存栏65.2万头,下降0.74%;生猪存栏958.1万头,增长7.4%;山绵羊存栏462.8万只,增长4.71%;家禽存栏1 208.6万只,增长3.82%。1998年全省共出栏肉牛175.7万头,增长11.02%;出栏猪1 063.1万头,增长13.11%;出栏羊205.8万只,增长10.85%;出栏禽15 325.6万只,增长11.86%。全年肉类总产量142.7万吨,增长13.27%;鲜奶总产量144.5万吨,增长1.08%;禽蛋产量71.2万吨,增长5.41%。全年畜牧业总产值117.8亿元(1990年不变价),占农业总产值的27.7%。

黑龙江省地处祖国边陲,饲草饲料资源十分丰富,发展畜牧业具有得天独厚的自然条件。自1978年改革开放以来,省委、省政府一直把畜牧业作为振兴黑龙江经济的支柱产业来抓,先后提出"粮牧企协调发展"、"把黑龙江建成畜牧业大省"、"反弹琵琶、倒过来抓"等发展黑龙江畜牧业的战略口号。20年来,黑龙江省畜牧业生产获得突飞猛进的发展。奶牛存栏增长10.5倍,肉牛增长3.55倍,生猪增长1.15倍,山绵羊增长2.11倍;家禽存栏增长6.38倍,肉类总产量增长5.69倍,鲜奶总产量增长16.5倍,禽蛋总产量增长8.37倍。畜牧业总产值增长18.1倍,占农业总产值由1978年的10.6%增加到27.7%,上升17.1个百分点。

【精神文明建设】 黑龙江省畜牧系统,自1992年以来,一直是黑龙江省精神文明建设先进系统单位。1998年在连续6年的基础上又被省委、省政府授予"全省文明单位建设先进系统标兵"称号。这是全省畜牧战线广大干部、职工围绕畜牧大省建设,坚持两个文明一起抓,积极开展文明单位建设的具体体现和不懈努力的结果。1998年全省各级畜牧部门普遍加强了对精神文明建设工作的领导,调整和充实了各级精神文明建设机构和领导班子,积极开展各种形式的精神文明建设活动。为了加强对全省精神文明建设的指导,11月份省畜牧局会同省文明办联合举办了两期全省站村共建文明村活动骨干培训班;编辑出版了《行业文明单位创建必读》一书,对全省畜牧系统文明单位建设起到了规范与指导作用。1998年还完成了省文明办、省直工委的验收与命名工作,省畜牧局直属在哈的五个文明单位创建工作晋升了一个档次。省畜牧局还与省文明办联合表彰了590名全省站村共建文明村活动先进工作者，命名表彰了87名全省畜牧系统文明职工标兵和90名精神文明先进工作者；命名系统文明单位和文明单位标兵42个，先进系统和先进系统标兵5个。经复查重新命名先进系统和先进系统标兵6个，文明单位和文明单位标兵57个。以上活动的开展，极大地调动了全省畜牧系统干部和职工的文明单位创建工作的积极性，对本行业的业务工作起到了极大的促进与保证作用。

【抗洪救灾】 1998年黑龙江省松花江、嫩江发生了百年不遇的洪涝灾害，给全省畜牧业生产造成了巨大的经济损失，也给黑龙江省畜牧业发展带来了很大困难。入汛以后，齐齐哈尔、大庆、哈尔滨等市区，特别是省畜牧局直属的大山、红旗、繁荣、齐齐哈尔四个种畜场先后遭受了洪水的袭击。大片农田、草原被淹，职工住房、校舍、种畜禽舍及防、检、治设施被毁。面对这样一种情况，省畜牧局及时成立了防汛指挥部，由办公室、工会、种畜处等处室人员昼夜值班，及时沟通情况，上传下达。同时，由局领导带队，克服重重困难和危险，深入灾区，查看灾情，组织抢险，慰问灾民。在积极做好局直属单位的抗洪抢险工作的同时，对全省畜牧系统面上的工作做了及时的部署，先后下发了《关于做好抗洪期间和汛后动物疫病防制工作的紧急通知》、《关于抗灾保畜迅速恢复畜牧业生产的紧急通知》以及《关于切实解决好饲草饲料确保灾后牲畜安全越冬的紧急通知》。要求各地克服一切困难，以抗洪抢险精神，切实做到灾后无大疫，确保畜牧业生产一年受灾，一年恢复，为全省灾区恢复重建和社会稳定做出积极贡献。省地共筹集500多万元资金，购置和下发灾区急需的动物疫苗、消毒和治疗药品以及治疗器械；先后购置青切机1 215台，投入到灾区。并通过向上汇报、邀请领导视察、制定规划方案等办法，争取到了农业部及省财政、省计委等部门的资金和物质支持，从而为畜牧业一年受灾、一年恢复创造了良好的条件。

【畜牧业产业化】 1998年黑龙江省在省委、省政府提出的"二次创业、富民强省"的战略思想和"反弹琵琶、倒过来抓"的工作思路指导下，畜牧业产业化重点抓了如下工作：一是在5月份召开了全省畜牧工作会议。总结了各地在发展畜牧业经济产业化的经验，进一步提高了对畜牧业富民强省、二次创业中所承担的历史使命的认识，研究、部署了今后产业化道路怎么走。二是积极开拓国内外市场，搞活产品流通。在哈尔滨市成功举办了首届黑龙江省畜牧业和饲料工业交易会。成交意向性协议金额达8 500万元。三是开展了产业化专题调查。深入省内五个地市及省外对发展畜牧业产业化情况进行调查。四是强化了基地建设。经过论证和筛选，推荐一批省级生猪生产基地、奶牛基地、绒山羊基地，并在资金投放、项目建立方面予以倾斜。五是制定了《推进畜牧业产业化实施方案》。明确了畜牧业产业化工作总目标和具体指标，并制定了工作措施。

畜牧业产业化是农牧民进入市场的主要方式和依托，是发展畜牧业生产的根本出路。较发达国家农牧业产业化经营的模式归纳起来有两种：即合作社模式和公司＋农户模式。通过几年工作，到1998年底全省发展畜牧业产业化大体可分为四种类型。

第一种类型是既有龙头企业，又有一定的生产规模基地，龙头企业与基地、农户之间已形成一定的利益关系，已显出较强的生命力，生产企业和养殖农户都已从中受益，带动了生产的发展。如双城雀巢公司、呼兰的金星集团带动了奶牛业的发展；大庆金锣集团、青冈的迪卡猪集团带动了生猪业的发展；木兰肥牛集团带动了肉牛业的发展；依安的大鹅、呼兰的正大均带动了养禽业发展。这种类型约占全省的15%左右。

第二种类型是从发展规模经营、建设生产基地入手，形成了较大规模的畜产品供给能力，但没有龙头加工企业，产品只能以鲜活畜禽外销为主，构不成产、加、销龙型生产体系。如绥化市的生猪生产、宾县的肉牛生产、龙江县的肉羊生产，其比例约占全省的30%左右。

第三种类型是生产基地已初步形成，但产业集中度和产品批量生产能力不足，加工企业档次低、竞争力差或没有加工企业，发展产业化还需要从产、加、销三方面努力。这种类型比较普遍，约占全省的45%左右。

第四种类型是一些边远市县，畜牧业基础差，畜禽数量少，生产规模小，产品只能自给或者还需外进，发展产业化还需长时期的努力，其比例约占全省的10%左右。

畜牧业产业化是新生事物，发展时间短，在前进中出现了急待解决的问题，如龙头企业没把基地、农户当做自己的第一车间；加工企业工艺简单、设备落后，效益活力得不到发挥；产品宣传力度不够，市场知名度不够，占有率不高；投资融资渠道不畅，基地建设满足不了生产发展的需要。

【执法监督】 1998年黑龙江省畜牧部门具体实施执行的法律法规有《草原法》、《动物防疫法》、《兽药管理条例》、《草原防火条例》、《种畜禽管理条例》等二法六个条例。在执法工作中有以下特点：一是整章建制，强化领导，对执法人员实行目标管理；二是突出重点，执法检查力度大；三是积极组织和参与立法调研，保证立法质量；四是法制宣传学习、法制培训与业务技术培训相结合，促进了队伍建设；五是认真开展行政复议，防止、纠正行政执法错案，使畜牧业行政执法步入制度化、规范化。

在《草原法》和《黑龙江省实施〈中华人民共和国草原法〉条例的执法上,配合草原承包工作,加大了草原违法案件的查处力度。全省共查处草原违法案件1 058起,查处面积0.6万公顷,恢复植被0.4万公顷。通过执法检查,确权发证、明晰使用权,为依法管理和利用草原打下了基础,推动了全省草原执法工作的开展。

在《动物防疫法》和《兽药管理条例》的贯彻实施方面,年初制定了《全省兽医卫生、兽药执法检查工作方案》,确立了以强化防检疫证章管理为基础,以打击出售假劣兽药为重点,以让人民吃上放心肉为宗旨的指导思想。省畜牧局抽出20多人,组成5个执法检查工作组,在全省范围内开展了执法检查,对逃避检疫贩卖病害肉及制售伪劣兽药行为依法进行了处理。到年底,全省共核发《动物检疫合格证》4 800套,《动物诊所合格证》1 900套;共查处违法案件700多起,依法处理600余起。

在贯彻《种畜禽管理条例》方面,继续把清理整顿种畜禽生产经营市场作为重点,依法对全省种畜禽场、孵化厂、人工授精站点种公畜进行检查验收,加强了对引种和种畜禽广告管理。全年共检查验收145家单位,对符合标准的120家核发了《种畜禽生产经营许可证》,对25家不合格单位,给予了停业整顿、不许出种,限期达标等处罚。通过执法检查和清理整顿,全省各级畜牧行政主管部门共受理案件73起,结案48起,涉及违法金额21.8万元。完成了各种畜场、孵化厂检查验收收尾工作,使全省种畜禽生产经营秩序进一步得到规范。

【草原建设与饲料开发】 畜牧发展、草料先行。1998年黑龙江省草原建设达12.07万公顷。其中封区育草4.87万公顷,人工种草2.13万公顷,飞播牧草0.27万公顷,浅翻轻耙2.2万公顷,治理碱化草场0.4万公顷,松土补播1.33万公顷,粮草间作0.87万公顷。由于1997年冬气温较往年同期偏高,因而1998年全省草原虫害发生面积达60万公顷,成灾面积达42万公顷,鼠害发生面积21.33万公顷。为此,在省畜牧局领导下,省草原饲料中心实验站加大了治虫灭鼠力度。1998年草原治虫灭鼠14.47万公顷,其中草原灭鼠5.47万公顷,草地治蝗9万公顷。但1998年入夏,黑龙江省遭遇特大洪水袭击,使得草原水灾严重,过水草场达140万公顷,绝产面积100万公顷,有25.33万公顷草场全部浸泡在水中,损失惨重。为减缓草场压力,加大了饲料开发力度,走以秸代草之路。1998年全省共种植青贮玉米2.67万公顷,生产青贮饲料230万吨,微贮饲料94万吨,氨化、盐化秸秆280万吨。秸秆加工利用总量达604万吨,占全省秸秆产量的20.1%,秸秆利用率达到13%。全省细绿萍放养面积达到0.43万公顷。为变星星之火成燎原之势,继1992年实施秸秆养牛示范县项目以后,1998年讷河市、阿城市又被列为国家级秸秆养牛示范县。至此,黑龙江省已有14个市县被列为国家级秸秆养牛示范县。其中双城市、肇东市、宾县、巴彦县、桦南县五个市县已通过省和国家验收。宾县被评为全国十佳示范县,获资金20万元,为黑龙江省赢得了荣誉。项目实施后,项目区草食家畜存栏平均年增长40.8%, 存栏总数占全省25.2%,肉奶产量年增长60%,占全省总数50.53%。项目区共建青贮窖6 000座,氨化池3.4万座,购置青贮切碎机4 000多台套。

【科技与推广】 1998年黑龙江省采取行政、科研、生产相结合的办法,继续在全省大力开展科技兴牧工作。不断地扩大猪的直线育肥技术、肉蛋鸡综合高产技术、肉牛快速育肥综合技术、奶牛群体高产综合技术和肉毛羊高产综合技术为主的五项综合技术的推广覆盖面,使畜禽生产水平有较大的提高。据统计,1998年全省累计推广生猪直线育肥技术615万头;肉牛集中育肥技术82.4万头;奶牛提高群体单产综合技术29.5万头;羊毛、肉综合增产技术89.5万只;蛋、肉鸡高产综合技术9 100万只;猪、鸡、奶牛、肉牛、羊应用先进技术的覆盖面分别达到80%、85%、40%、30%和20%以上,科技在畜牧业增产中的贡献率已达46%以上。肉、蛋鸡规模饲养比重已达到85%以上,生猪已超过55%,肉牛、肉羊、大鹅等新兴项目都已较快速度增长,科技含量不断提高,从而使黑龙江省畜牧业生产效益水平和市场竞争能力得到了新的提高。同时,注重通过各种媒介,特别是省畜牧局主办的《黑龙江畜牧兽医》杂志,大力宣传畜牧业的实用技术和高新技术,宣传省委、省政府有关发展畜牧业的方针政策,促进了质量效益型畜牧业的发展。全省畜牧业生产五项综合技术推广应用面平均达到60%以上,形成饲养畜禽一条街8 530条,牧业生产小区1 993个,专业乡328个,专业村3 962个,逐步形成了牧业生产区域化的发展格局。

【家畜繁育改良】 1998年黑龙江省家畜繁育改良工作,在各级政府和畜牧部门的领导下,战胜了百年不遇的洪涝灾害,取得了显著成绩。黑龙江省家畜繁育指导站是全省养牛业的唯一供种基地和家畜改良推广单位,1998年饲养奶、肉优良种公牛100头,生产冷冻精液120万剂,基本上满足了省内牛种改良的需要。奶牛品种改良配种25万头,其中应用冷冻精液人工授精技术改良奶牛20万头,当年产改良牛犊17万头,母牛平均单产达到4.3吨,比改良前的1.8吨提高2.5吨。肉牛品种改良配种达到120万头,其中应用冷冻精液人工授精60万头,肉牛生产良种比率已达40%。肉牛生产质量也有了明显的提高,肉牛的屠宰体重由改良之初的150千克达到了现在的300千克,牛的屠宰也由最初的老、弱、病、难孕为主,发展到现在的3岁左右的育肥出栏。肉质也有了根本的提高,现在已经能生产分割肉、肥牛肉,肉牛业正在向社会化产业化过渡。1998年全省马匹改良23万匹,其中人工授精19万匹,马的冷冻精液配种已逐步使用细管冷冻精液,改变了传统的工艺。1998年猪改良配种107万头,母猪年平均产仔2.2窝,窝平均产仔11头,养猪生产已实现种猪良种化,商品猪杂交化,猪肉供给已由外省调入转为大量供应省外。在这一系列转化中,改良工作的贡献是很大的。1998年全省改良羊120万只,由于近年来羊毛生产效益的下降,故顺应生产形势开创了肉羊改良,实现了肉羊改良5万只,引导了养羊生产方向的转变。

1998年黑龙江省家畜繁育体系建设也取得了根本进展,经20多年的努力,全省已建起上下贯通的繁殖改良服务网络。省市县均有指导和服务机构,广大农村已有3 300多个家畜改良站点,从业人员已达4 000人。这支队伍经多年培训,现在有40%已达到中等专业技术水平,为改良技术的应用打下了深厚的基础。1998年良种在牧业生产的贡献率已达30%,真正起到了第一生产力的作用。

1998年家畜改良工作取得这样的成绩,得益于以下几个方面,一是各级政府和主管部门对繁殖改良工作的重视程度提高了,田凤山省长曾多次在全省畜牧工作会议上指出,畜牧业发展首先必须依赖良种的普及应用。各地也对改良推广工作出台了相应政策。二是广大农民及养畜户对良种带来的效益有了更充分的认识,在同样饲养条件下,改良家畜比当地品种可增加效益一倍。明显的对比,提高了广大农户参与家畜改良的积极性,由过去被动接受变为现在主动追求。三是广大家畜改良工作人员服务质量有了明显的提高,不但在技术上精益求精,提高很快,而且在服务方式上也有了根本的转变,以前是坐门待客,等农民前来搞改良,而现在是主动上门服务,方便了群众,促进了改良工作。

【兽医卫生防疫】 1998年黑龙江省动物疫病防制工作,以防制国家重点控制动物疫病为重点,因地制宜地开展其他动物疫病的防制(治)工作。在加强队伍建设、提高人员素质、增强综合服务能力、完善各项规章制度、实行规范化管理、稳定控制动物主要疫病等方面取得很大成绩。全省动物主要疫病的免疫密度都达到了95%以上,有效地保证了黑龙江省动物饲养业的健康发展。动物因病造成的死亡明显减少,大牲畜、猪、鸡的死亡率分别为0.24%、2.45%和3.68%,达到了农业部要求的防疫指标。

一是,取得了"大灾之后无大疫"的初步胜利。1998年黑龙江省遭受百年不遇特大洪涝灾害袭击,为了全面落实党中央提出的"大灾之后无大疫"的指示精神,省兽医卫生防疫站全体职工积极行动起来,多方联系,打破常规,及时调拨疫苗,从物资上保证防大疫的需要。开展业务培训,从8月25日起连续举办两期"全省动物疫病诊断培训班",从技术上保证防大疫的需要。先后两次派出10个工作组奔赴全省18个县(市),走访农户693户,调查研究指导动物防疫工作。在全省广大动物疫病防制工作者的共同努力下,全省没有大的疫情爆发流行,人畜共患病比较稳定。

二是,1998年8月,俄罗斯与黑龙江省东北部接壤的希马诺夫斯克地区发生牛瘟疫情,农业部为此下发了《关于防止中俄边境地区牛瘟疫情进入的紧急通知》,引起全省各方面的高度重视。省兽医卫生防疫站派出2个调查组迅速深入到黑龙江沿江4个县区调查落实、隔离、口岸贸易等情况,指导工作。由于沿江各地区及时采取了有效的预防措施,黑龙江省未发现疑似牛瘟病牛。

三是,1998年继消灭牛瘟、牛肺疫后,在黑龙江省消灭了马鼻疽。1998年4—5月在各地(市)对各辖区的马属动物进行马鼻疽检疫的基础上,6月初派出6个考核验收小组,分赴省内12个县(市)在当地进行鼻疽菌素点眼检疫,共抽检了24个乡(镇)饲养的1 208匹马,结果全部阴性。于8月13日通过农业部专家组考核验收,确定黑龙江省马鼻疽防制达到部颁消灭标准。

四是,按黑龙江省《"九五"期间马传染性贫血防制规划》的总体部署,1998年黑龙江省在有计划地对30个县(市)318 412匹马开展马传染性贫血弱毒疫苗免疫接种工作的同时,对其余38个县(市)马匹进行马传染性贫血疫情监测,共采集马血清1 724匹份,检出阳性马51匹份,为掌握停止马传染性贫血疫苗免疫接种2年后马传染性贫血污染情况,搞好今后的马传染性贫血工作提供可靠依据。

五是,全省各级兽医卫生防疫部门继续按照省畜牧局"黑牧(医)字[1992]第166号"文件精神,分别对辖区内的种鸡场实施了以鸡白痢、鸡支原体、鸡白血病为重点的疫病监测、净化工作。仅省兽医卫生防疫站所负责的9家种鸡场共抽检监测7 980只种鸡,检出白痢阳性鸡512只,支原体阳性鸡675只,白血病阳性鸡45只。其中8家种鸡场达到"鸡疫病监测合格场"标准,并颁发了证书,从而保证在根源上对鸡的主要疫病实行有效控制。

【种畜禽管理】 1998年黑龙江省种畜禽管理工作,在继续抓好《种畜禽管理条例》贯彻实施基础上,重点抓了以下三项工作,均取得较好成效。

1. 建立瘦肉型原种猪场:过去黑龙江省没有瘦肉

型原种猪场，每年都花大量资金从省外引种。据统计，全省每年用于引种费用达2 000余万元，其中20%的费用是用于考察和运输，给用种单位造成了大量的人力、物力、财力上的浪费。为了填补黑龙江省没有瘦肉型原种猪场的空白，建立黑龙江省良种猪的繁育体系，提高全省养猪生产水平，推动黑龙江省生猪生产发展，省畜牧局筹措资金100万元，决定在兰西县养猪场的基础上扩建黑龙江省瘦肉型原种猪场。从1998年2月开始组织实施，到1998年7月12日止，从加拿大引进的瘦肉型原种猪40头正式运抵兰西县(约克夏、长白各20头)。并计划1999年继续从国外引种。定型基础母猪800头，年生产种猪10 000头。

2. 重新确定国家重点种畜禽场：根据农业部核发国家重点种畜禽场《〈种畜禽生产经营许可证〉管理办法》要求，对黑龙江省1994年经农业部批准的9家国家重点种畜禽场和种公牛站(农业部规定国家重点种畜禽场有效期3年)，在应具备的基本条件上逐一进行了初检，合格的形成文字材料上报农业部申请检查验收。经农业部专家验收组检查验收，最后重新确立黑龙江省家畜繁育指导站、哈尔滨市松花江奶牛场、兰西县种猪场、大庆市种羊场4家为国家重点种畜场。

3. 开发优质肉羊产业：近年来，国内外市场对羊毛和羊肉的供需关系发生了很大变化，羊毛的需求量逐年递减，羊肉的需求量逐年增加，养羊业纷纷由"以毛为主"转向"以肉为主"。黑龙江省是羊肉的购进省，每年均需从外省购进2万~3万吨羊肉。随着市场毛肉供求关系的变化，羊毛价格下跌，羊肉价格上扬。黑龙江省毛肉比价由70年代的3:1降至现在的0.5:1。为了适应市场变化，增加肉类产量和养羊的经济效益，充分发挥优质种羊作用和黑龙江省资源优势，省畜牧局决定开发优质肉羊产业。在省财政厅的大力支持下筹措起动费86万元，经过精心规划与组织实施，通过制定全省优质肉羊产业发展规划，引进国外良种(德国肉用美利奴、特克塞尔、夏洛来、无角道塞特和萨福克)，建立肉用种羊原种群，实施纯种扩繁、筛选杂交组合及品种繁殖改良区划等开发前期的充分准备工作。于1997年6月实施了全省优质肉羊开发启动方案。到1998年底，经过一年多的积极探索和实践取得了可喜的成果。据试点县青冈县测算，用纯种肉羊与当地细毛羊杂交，其杂交一代公羔当年育肥屠宰，与当地细毛羊比较，毛的产量没有下降，而产肉明显增加，仅产肉一项，按现价计算，每只羊增收200元左右。开发优质肉羊产业试点工作的成功，为黑龙江省养羊业由以产毛为主向以产肉、产毛的方向转变提供了可行的作法和有价值的借鉴，必将对增加黑龙江省肉类产量、提高养羊业的效益，进而提高畜牧业产值作出巨大的贡献。

(黑龙江省畜牧局供稿)

上　海　市

【基本情况】 改革开放20年来，特别是菜篮子工程建设10年来，上海的农业和农村经济结构发生了历史性的重要变化，畜牧业结合行业自身特点，初步走出了一条开拓、创新、壮大的道路，为丰富城乡居民"菜篮子"发挥了重要作用。郊区畜牧业已连续8年稳定增长，1998年产值达到87.27亿元，按不变价格计算，比1990年增长50%，畜牧业产值占农业总产值的42.2%。全市猪、禽、蛋和鲜奶自给率分别达到50%、80%、70%和90%。

随着城市化建设的加快，畜牧业开始从近郊向中远郊转移，续建和改建了一批专业化生产、规模化经营的养殖基地，中外合资、股份合作制、个体等集约化经营的畜牧基地建设发展很快，初步形成了多种经济成分并存的格局。目前，上海郊区已建成千头以上规模化养猪场596个，其中5 000头以上110个，万头以上109个；万羽以上规模化肉鸡场575个，万羽以上蛋鸡场103个，百头以上奶牛场146个，特种畜禽饲养场200多个，规模化基地场生产上市的肉猪和肉鸡、鲜鸡蛋、鲜奶分别占总上市量的5成和8成以上。

1998年，受全国肉蛋产销波动的影响，上海市场畜产品价格大幅度下滑，生产几度陷入困境。在市、县(区)、乡(镇)三级政府的重视和关心下，在畜牧战线广大干部群众的共同努力下，郊区畜牧业生产经受了严峻的考验，全年猪、禽、蛋、奶产量仍稳中有升，产品质量提高。据统计，1—12月份生猪累计出栏460万头，比去年同期增加10万头；生猪存栏242.79万头，同比增加18.17万头，其中生产母猪24.33万头，同比增加1.76万头，后备母猪4.79万头，肉猪137.23万头，同比增加13.46万头，仔猪75.81万头，同比增加3.52万头。家禽出栏1.61亿只。鲜蛋产量14.8万吨，其中鸡蛋产量6.496万吨，鸭蛋产量8.264万吨。全市鲜奶总产量24.01万吨，同比增加0.46万吨，奶牛饲养总头数5.75万头，同比增加62头。

【科技兴牧】 上海的科学技术进步在提高畜牧业生产水平方面发挥了重要作用，科学技术对畜牧业的贡献率达到50%以上。

一是重视畜牧良种的培育和推广应用，选育和推广了一批优良品种。1996年开始，全郊区启动了优质畜禽良种繁育工程。生猪生产方面，实施瘦肉型猪良种繁育体系建设项目，市、县(区)投资8 000多万元，改扩建种猪舍60 799平方米，并为原种猪场配置了电脑、测膘仪等先进工具。郊区基本建成了宝塔型的生猪良种繁育推广体系。三年来，累计更新二元杂交生产母猪15.6万头，累计出栏瘦肉型商品猪700多万头，胴

上海市东山养猪场

体瘦肉率由原来的46%提高到55%以上，全郊区规模化养猪场基本实现了瘦肉猪生产，郊区养殖业增加产值6.6亿元，农民增加收入近4亿元。通过实施"优良新品种罗曼蛋鸡增产技术推广"、"优良肉鸡品种综合配套技术"、"良种肉鸭及配套增产技术"等丰收计划，使良种蛋鸡、肉鸡覆盖率达到100%，良种肉鸭覆盖率达到92.6%，罗曼蛋鸡辐射到全国25个省、市、自治区，占全国商品代蛋鸡总量的35%以上。良种奶牛覆盖率达60%以上。

二是广泛运用新工艺、新技术。这几年，市郊普遍推广使用了生猪高床产仔育仔和仔猪早期断奶等养殖新技术，使生产水平明显提高。目前，郊区生猪出栏率由170%提高到200%以上，仔猪成活率达到95%以上。蛋鸡年产蛋量达到15千克以上，控制量蛋鸡场料蛋比达到2.7:1，死亡淘汰率控制在15%以内。成乳牛平均单产达到6 778千克，最高超过8 000千克。肉鸡50～53日龄体重达2.5千克以上，料肉比2.3:1。生产水平的提高增加了养殖业效益，促进了生产稳定发展。

三是金山区和崇明县被农业部批准为全国畜牧兽医科技示范县，在建设县、乡、村、户四级畜牧兽医科技示范网络中取得成绩，为全郊区畜牧科技进步起了示范作用。

【产业化经营】 上海畜牧产业化经营起步较早。各县(区)正在逐步形成具有区域特色的主导产业。如南汇的优质黄鸡，嘉定的鸵鸟和肉鸽，金山、宝山、闵行的瘦肉型商品猪，青浦的瘦肉型鸭，松江的肉鸡和肉鹅，崇明的白山羊，浦东新区的奶牛，奉贤的特种畜禽等。据不完全统计，全市畜牧业产加销一体化经营企业达170多家，中泰合资的上海大江股份有限公司、上海市牛奶集团公司、上海大盈肉禽联合公司、上海金山大昌肉类食品公司、奉贤申兰集团、南汇汇绿蛋品公司和上海祥欣畜禽有限公司等龙头企业在服务城市、富裕农民方面起着越来越大的作用。比如南汇汇绿蛋品公司，1998年在郊区蛋鸡生产全面亏损的情况下，生产销售鸡蛋4 009.5吨，先后开发即食蛋、盒装蛋、再制蛋等三大系列7个品种，产品直销大型超市，赢利25万元，取得了较好的经济效益。同时，畜牧产业化经营为上海的副食品市场创出了一批名牌产品，如"江南凤黄鸡"，"大盈肉鸭"，"大江系列肉鸡产品"，"红太阳肉食品"，"崇明白山羊"，"阿强牌鸡蛋"等，受到上海市民的

上海祥欣畜禽有限公司

欢迎。

【机制转换】 1998年以前上海的猪、禽、蛋、奶生产基地大多是国营、集体性质的，普遍存在着机制不活、经营方式单一、生产成本居高不下的矛盾。1998年，各县区开始对国营、集体性质的基地场逐步推行股份合作经营、私人买断经营、承包经营等方式，通过机制转换，盘活存量，用好增量，促进了经营方式调活、品种结构调优、生产成本调低、经济效益调高。比如浦东新区全面转换经营机制后，成果明显，1998年该区母肉配套的规模化养猪场49家，其中集体经营的4家，其余均改制为私人经营或私人租赁和买断经营，已转制的场占总数的81.6%，私营养猪场上市的商品猪约占总上市量的70%；其中瘦肉型猪占80%。在禽蛋生产方面，新区现有万羽以上蛋鸡场7家，其中3家为集体经营，肉鸡肉鸭场已全部转为个体经营，新区珍禽场原是新区农村发展局的下属单位，去年开始，实行棚舍租赁，珍禽和设施卖给私人经营，企业摘掉了亏损的帽子。奶牛生产方面，该区现有百头以上规模场12家，其中个体经营为8家，占奶牛场总数的66.7%。畜牧基地场通过机制转换，在经营管理、生产水平和经济效益方面均有较大的提高。在实行转制改革的饲养场中，90%以上是有经营能力、懂技术的能人负责经营管理。过去人均每年出栏肉猪仅200头，饲养母猪20头，奶牛4头，现在分别增加到800头、50头、10头，人均产出增加50%左右。商品猪全程肉料比也从4.5:1下降到4:1以下，生猪出栏率从原来的170%提高到200%。

【监督执法】 为了让市民吃上安全放心肉，上海市加强了兽医卫生的监管力度并取得初步成效。一是徐匡

迪市长签发了市政府46号令:《上海市家畜屠宰管理规定》,全市生猪屠宰场由1996年的200多个缩减到目前的52个,每个县(区)设一个中心屠宰点,3~4个屠宰分点,实行严格的定点屠宰管理。二是为了加强肉类市场的管理,市政府办公厅以沪府办(1998)18号文件转发了五个委办局"关于加强本市肉类市场监督管理,加大对私屠滥宰打击力度的意见"。同时,新组建了上海市兽医卫生监督管理所,下设4个监督执法大队,加强对生猪屠宰、加工、肉品流通等环节的监督执法。在工商、卫生、公安等部门的大力支持下,该所组织了多次联合执法行动,进一步规范了市区肉食品市场的经营行为。三是对外省市来沪活猪和肉品实行"准运证"制度。7、8两月先后召开了苏、浙、鲁、皖、豫等五省兽医卫生工作恳谈会和联络员会议,为实行准运证制度作好了充分准备,10月1日起正式实施,取得了初步成果,外省市生猪及其制品除了凭当地兽医部门的检疫检验证外,还必须凭上海市兽医部门签发的"准运证"才能进入上海口岸。四是加强对肉食品药物残留的监测,保证了肉食品的安全卫生。五是根据国务院《种畜禽管理条例》和《上海市种猪管理暂行办法》,首次对全市12家外来品种种猪场和地方品种种猪场进行验收考核,发给《种畜禽生产经营许可证》。

【宏观管理】 一是为了稳定生产,上海市政府分别建立了生猪、鲜鸡蛋风险基金、牛奶价格调节基金,制定了畜禽生产场水电优惠价格收费政策,各县(区)政府也建立了副食品风险基金。二是在生猪生产方面,上海实行了"保母放肉"政策,1998年,受全国生猪生产供大于求的影响,上海生猪价格急剧下滑,养猪生产普遍亏损,同时,苗猪价格跌入了近年来最低水平,严重影响了母猪生产。为了稳定郊区生猪生产基础,优化品种结构,在政策导向上鼓励三元杂交瘦肉型商品猪生产,市政府先后两次动用风险基金,对母肉配套的规模化基地场二元杂交生产母猪实行风险补贴,每头补贴200元。三是在蛋鸡生产方面,实行了"保鸡放蛋"政策,根据大市场、大流通、大交通形成后,外省市鲜鸡蛋大量进入上海,造成市郊蛋鸡生产长期亏损的情况,上海适度递减了产蛋鸡存栏量,实行52家蛋鸡场、200万只产蛋鸡定点、定量控制生产,1998年,市郊蛋鸡生产出现严重亏损,市政府三次动用风险基金对200万只产蛋鸡实行风险补贴,既保证了市区鲜鸡蛋供应,又减少了财政补贴,促进了定点生产场管理水平和生产水平的提高。四是为了加强基地场的内部管理,千方百计降低生产成本,上海市畜牧办公室在年初提出了"狠抓饲养单位管理,讲成本,讲核算,讲效益,提高畜禽生产投入产出率"的要求,同时,先后下发了"关于对生猪基地场实行考核的通知"和"加强控制量蛋鸡场管理"的文件,促使郊区基地场加强了内部管理,生产水平有所提高,四季度全市评出30家生猪规模化优胜示范基地场。

【兽医兽药】 兽医卫生防疫工作方面,一是上海畜牧兽医站培训中心建成投入使用,该中心建筑面积为2 994平方米,年内已开展15次国内外学术研讨会和技术培训活动,成为上海畜牧兽医人员培训、交流、学习和活动的中心。二是全市犬类防疫工作在公安、卫生等部门的配合下,共免疫市区有证犬3 800余条、郊县(区)4万条,全市没有发生狂犬病例。三是根据农业部的要求,从6个方面对郊县和农场系统进行了动物防疫目标管理工作的考核检查,评出一等、二等和三等单位,有力地推动了全市防检疫工作的开展。兽药管理工作方面,市兽医药政部门对全市兽药、饲料添加剂产品进行重新注册登记,批准生产兽药产品572个,饲料添加剂产品430个,其中上海医科大学和上海先锋药业公司开发的新兽药"那西肽原料药和制剂"获农业部新兽药证书。1998年度全市兽药生产产值11.4亿元,利税6 000万元,出口创汇1.3亿元;兽药经营单位销售额3.5亿元,利税2 500万元。为了加强管理,上海制定了《上海市兽药标准(1998年版)》,开始对渔用药品实行监测和管理,对专营渔用药的经营单位实行"许可证"制度,同时,对全市65家兽药饲料添加剂厂和174家兽药经营单位实行严格管理,对违反《兽药管理条例》的单位予以处罚,累计没收违法药品货值金额16万元。

(曹海平)

江 苏 省

【概况】 畜牧业是江苏农业的重要组成部分,既是具有悠久历史的传统产业,又是充满生机和活力的现代产业。党的十一届三中全会后,随着实行联产承包责任制和农村经济体制的全面改革,极大地调动了广大农民发展畜牧生产的积极性,畜牧业呈现欣欣向荣的局面,获得了连续20年大丰收。畜牧业无论是生产总量还是生产技术均已达到历史最高水平,成为农村经济中最为活跃的产业。1998年畜牧业生产继续保持稳定发展势头,全省肉类总产量295.29万吨,另据畜牧业务部门统计,全省禽蛋产量达216.9万吨、奶12.39万吨,肉、蛋、奶产量分别是1981年的2.54、10.45和3.52倍,比上年分别增长10.76%、0.93%和5.81%;按1990年不变价格计,畜牧业产值达到246.93亿元,比上年增长4.17%,是1978年的4.23倍,畜牧业产值在农业总产值中比重达22.91%,比1978年提高7.06个百分点。畜牧业的发展对加强农业基础,繁荣农村经济,增加农民收入,丰富市场供应,提高人民生活水平作出了积极贡献。

推广科学技术，生产力水平不断提高。经过改革开放20年的生产实践，猪、羊、牛人工授精、全价配合饲料、秸秆处理利用、科学饲养模式和疫病综合防制等一整套现代畜禽生产技术日臻成熟，并基本为广大农民所掌握，极大地提高了畜牧业生产水平。仔猪2月龄由过去的8～10千克左右提高到20千克，商品猪饲养周期由8～10月龄缩短到3～4月龄，出栏率由20年前的68.9%提高到138.3%，商品蛋鸡年产蛋13～14千克，料蛋比2.6～2.8∶1；商品肉鸡7周龄普遍达到2.0千克。全省猪、鸡死亡率分别为4.6%和7.8%，大大低于全国的平均水平。调整优化畜禽结构，生产布局趋于合理。以“稳猪，增禽，大力发展草食家畜”为方向，积极调整、优化畜牧业生产结构，合理配置和有效利用资源。畜禽结构调整初显成效，生猪存栏稳定，出栏率不断提高，优质肉猪比例增加；家禽生产量质并举，外来品种引进应用与地方良种开发利用并驾齐驱，养禽产值居畜牧业的首位；以羊为主的草食家畜呈现由西向东推进，由北向南发展的良好态势。在肉类总量不断增加的基础上，猪肉在肉类中的比重从1981年的88.9%下降到目前的64.29%，禽肉从8.4%上升到27.87%，牛羊兔肉从2.7%上升到7.84%。禽蛋和禽肉产量已超过猪牛羊兔肉产量的总和。

加强基地建设，区域规模优势逐步形成。全省以建设商品猪基地、瘦肉猪基地和秸秆养畜示范基地为重点，实行区域发展，创立区域特色，提高规模养殖水平。在鼓励千家万户饲养畜禽的同时，苏南地区突出加强工厂化畜禽养殖场的建设，苏北地区突出加强专业户、专业村、基地县的建设。改革开放20年来，全省共建设17个商品猪基地、30个瘦肉猪基地县、20个国家级和省级秸秆养畜示范县（区）、2个肉兔基地。商品瘦肉猪基地出栏商品肉猪占全省出栏总量的64.6%；秸秆养畜示范县（区）牛、羊饲养量分别占全省的70.13%和47.38%，牛羊肉类产量和奶类产量分别占全省的65%和27%；2个肉兔基地存栏肉兔占全省的28.12%，出栏肉兔占全省的45.79%；东台、盐都、射阳、海安等8个禽蛋生产大县，存栏家禽和禽蛋产量分别占全省总量的31.9%和35%；海门、启东、如东等县已发展成为我省良种肉鸡主产区，年出栏良种肉鸡占全省的30%；此外，南京、江阴等地的白羽肉鸭，里下河地区的高邮鸭都成为特色主产区。全省规模饲养肉猪（出栏20头以上的场、户）占23.72%，肉鸡、商品蛋鸡规模饲养量已占50%左右。在积极发展专业基地的同时，按照区域化发展要求，逐步形成具有农区特色、生产相对集中，加工、流通体系配套的生猪、肉牛、肉鸭、蛋鸡、特禽、水禽、山羊、肉兔等十大畜牧业发展区域，着力培植江南、淮南、淮北三条高效畜牧产业带。

实施“三大工程”，保障畜牧业持续发展。按照全省农业和农村经济的发展要求，江苏畜牧业发展不断适应市场需求，转变经济增长方式。围绕产业化、良种化和外向化开展工作，建设有江苏特色的高效畜牧业。从1996年起，江苏省委、省政府决定在全省组织实施畜牧业“三大工程”，即畜牧业百项一体化工程、科技兴牧工程和“放心肉”工程，这是江苏畜牧业跨世纪发展的战略决策。百项一体化工程，到“九五”末，全省建设100个贸工农一体化、产加销一条龙的畜牧业龙头企业，架起农民与市场之间的百座金桥，在此基础上加速江南、淮南和淮北三条高效特色产业带的建设步伐。科技兴牧工程，全省重点抓好畜禽品种改良、秸秆养畜等科技项目的推广，全力推进生猪三元杂交和利用波尔山羊改良地方肉羊的工作，“九五”期末，科技进步在畜牧业生产中的贡献份额每年提高1～2个百分点，达到55%。“放心肉”工程则是保障工程，以推行“放心肉”承诺制不断向纵深发展和重大疫病防制为主攻方向，全面推进疫病防制工作。“放心肉”工程的总体要求是，做到疫病防治安全、肉品卫生安全和畜禽用苗安全，即畜禽重大疫病不流行、不暴发，畜禽检疫正确规范、兽药管理规范有序，确保人民群众食肉安全，畜牧业健康、持续发展。

【开展'98畜牧良种推广年活动】 开展“'98畜牧良种推广年”活动有两个鲜明的导向，其一，畜牧业在总量扩张的同时，必须注重质量的提高；其二，良种是科技兴牧的结晶，要以良种为核心，推进畜牧科技革命。

一是制订规划。制订了《1998—2010年全省畜禽品种引进、选育、推广规划》，对地方品种资源的保护和选育、国外良种的引进、杂交生产体系的建立提出规划目标和具体实施措施，成为指导我省推进良种化进程的一个纲领性文件。

二是建设重点种畜禽场。制定了省级种畜禽场评定标准，确定了17家省级重点种畜禽场，作为全省良种规划实施的重点依托场。同时，依据《种畜禽管理条例》，加强对重点种畜禽场的管理，1998年完成5个国家级种畜场和12个省级重点场的组织验收和生产经营许可证换发工作。

三是引进了一批畜禽优良新品种。在农林新品种更新工程招标中，畜牧方面中标18家，已累计引进畜禽优良新品种24个。徐州市家畜改良站从加拿大引进了14头夏洛来种公牛；两次从南非引进了180多头波尔山羊，建成了全省第一个波尔山羊繁育推广中心。南京“一统牧业”、宿迁市多管局、睢宁县种羊场和改良站等单位也从南非引进了170只波尔山羊。常州康乐农牧公司瘦肉型猪原种场、常熟市畜禽良种场、苏州市外种猪原种场等从国内外引进了长白、大约克、杜洛克等外种猪400多头。海门京海肉鸡集团公司从美国引进AA肉鸡祖代种鸡1.15万套，无锡养鸡场集团公司从法国引进伊莎蛋鸡祖代种鸡5000套，海安县祖代种鸡场从上海引进罗曼祖代蛋种鸡1万套。

四是强化猪统一供精。组织开展全省猪统一供精工作检查评比活动;加强县级改良站建设,全省各级用于改良站建设的资金达到750万元以上,县级改良站累计更新种公猪300多头,一些县级改良站设备陈旧、组织涣散、工作不力的局面得到改变;积极推广应用猪人工授精新器械和人工授精新技术,加强对农民输精的技术培训和技术指导,努力实现种质优质化、精液商品化和供精有序化。全省猪统一供精量200万瓶,普及率达到60%,比上年提高10个百分点。

五是新品种(品系)选育工作取得进展。苏州市太湖猪育种中心在抓好新太湖猪选育扩群的基础上,又在新沂、宿豫、沭阳、阜宁、昆山等地建立了5个扩繁场,能繁母猪达1 200多头。江苏省农科院畜牧兽医研究所培育的太湖猪新品系——苏钟Ⅰ系、Ⅱ系在洪泽进行了八个世代选育,在滨海建立第一个扩繁场。姜堰市种猪场姜曲海猪瘦肉品系培育已完成了杂交组合试验。扬州大学与扬州市多管局在新太湖鹅的选育方面也取得了阶段性成果。

通过开展良种年活动,加快了畜禽品种改良步伐,进一步加强和完善了畜禽良种繁育体系建设。1998年全省三元杂交商品瘦肉猪比例达到28.3%,比上年提高11个百分点。实施"引进波尔肉用山羊,加速我国山羊产业化进程"项目,并与13个县签订了推广项目区的合同,项目区利用波尔山羊改良本地山羊7.8万头。里下河地区5个养鸭重点县推广高邮鸭,推广蛋鸭超过300万只,出栏肉鸭达600万只。

【开发畜牧业经济三个增长点】 开发畜牧业经济增长点,为农民增收拓宽渠道是1998年全省畜牧工作的重点之一,一年来特畜禽、奶业和蜂业生产长足发展,为农民增收作出贡献。

一是开发特畜禽生产。加强对全省特种畜禽生产的引导,通过开展综合配套技术的研究推广,充分发挥农村经纪人的市场流通主体作用,提高生产效益。目前特种畜禽生产成为农民增收的重要项目之一。全省现饲养乌骨鸡1 648万只、肉鸽2 231万只、鹌鹑11 259万只,此外还饲养野鸭、鹧鸪、雉鸡、珍珠鸡等特禽品种;淮阴的乳鸽、七彩山鸡、绿头野鸭,锡山、姜堰的鹌鹑,东台、滨海的乌骨鸡,沛县的肉狗等已成为当地畜牧业的特色项目之一。

二是开发奶业。6月8—9日,召开了首次全省奶业工作会议,会议明确了今后一段时期内我省奶业发展的总体目标和在联合、加工、消费上寻求突破的工作思路,省政府姜永荣副省长到会讲话;省农林厅制订了《关于加快全省奶业发展的意见》,8月21日省政府办公厅予以转发;加强宣传,引导消费,"早餐吃什么,牛奶加鸡蛋——推进中国人早餐革命"的口号,引起全社会的强烈反响。1998年牛奶产量超过12万吨,南京市较去年同期增长20%以上。1998年,全省城市人均奶制品消费量达7.13千克,分别比1996年和1997年增加了30.3%和54.2%。南京市牛奶生产机械化程度达到70%。南京奶业集团公司通过实行资产重组,建立了现代企业运行机制,投入1.5亿元资金太规模进行技术改造,开发出50多个品种的中高档奶品,产品销售半径已延伸至250千米,日销乳品突破65万瓶,在华东地区仅次于上海,成为江苏奶业发展的核心。

三是开发以蜂产品为主的天然营养保健品。全省蜂业着力抓技术创新,开发新品,引导消费,占领市场。已开发的蜂王浆、蜂蜜系列产品、乌鸡精、鹿茸鹿血酒等不仅满足了国内外消费市场的特殊需求,增强了产品的市场竞争能力,而且使蜂产品通过加工得到了增值。如昆山市开拓国际蜂产品市场,已成为我省乃至全国重要的蜂产品出口基地,蜂产品出口额名列该市农产品出口的榜首。南京老山营养保健品有限公司开发的特色产品蜂王浆冻干粉,产品畅销全国各地,深受消费者青睐,1998年产销量达18吨,占领了全国60%的市场。无锡华丰营养滋补剂厂积极开拓国际市场,1998年出口王浆干粉18吨、鲜王浆45吨。1998年底全省蜂群数达18万箱,生产蜂蜜0.6万吨,加工出口蜂蜜1.8万吨、鲜王浆130吨、王浆干粉22吨,蜂产品加工产值超过3亿元。

【建设三条高效特色畜牧产业带】 从1996年实施畜牧业百项一体化工程以来,全省已逐步形成了生猪、肉禽、山羊、肉牛、特畜禽、水禽、蛋禽、兔等十大商品生产区域,规模优势和商品优势不断显露,畜产品加工龙头企业迅速崛起,农村经纪人和各类中介组织发育成长,畜牧业产业化经营呈现喜人的发展形势。省农林厅在认真分析、调查论证的基础上提出,从1998年开始在全省全面实施建设江南、淮南、淮北三条高效特色畜牧业产业带,作为今后一段时期内全省畜牧业产业化经营工作的中心内容,努力使畜牧业成为农业产业化经营的突破口。三条畜牧业产业带的建设得到了江苏省委、省政府的高度重视,陈焕友书记在省委九届八次全委扩大会议上明确提出要切实抓好,省政府办公厅全文转发了省农林厅的实施意见。根据三条产业带的现有基础和产业化建设的要求,提出江南产业带以龙头企业带动为主,淮南产业带以流通和市场带动为主,淮北产业带以特色商品基地建设为主的实施路线。三条产业带的建设在全省各地全面展开,并表现出良好的发展势头,畜牧业产业化经营有了新的起色。

一是群体规模优势凸显。三条特色畜牧产业带的建设,在全省形成十大畜牧业产业化群体,即江南生猪、肉鸭、奶业,淮南家禽、生猪、山羊,淮北草食畜禽、生猪、家禽、特畜禽产业化群体。

二是龙头带动作用加强。南京雨润肉食品公司以高科技产品抢占市场制高点，成为在华东地区最大的熟食品加工龙头企业，1998年实现销售6个多亿，其中在上海超级市场占了40%的份额，加工了120万头生猪、150万只家禽、10万头牛，由于加工的发展，带动了南京郊区以及东海县等生猪生产基地的良性发展；南京桂花鸭集团公司已在国内外开设了16家分公司、16座加工厂、300家连锁店，年加工销售鸭1 000万只；高邮鸭集团建立一个种鸭核心场、3个蛋品加工厂，以养鸭合作社的形式与当地16个乡镇500多户合作养鸭60万只，1998年突破产值2.0亿元，利税800万元。

三是市场流通新格局正在形成。农民经纪人队伍和农村合作经济组织的兴起与蓬勃发展，促进了畜产品流通，保护了农民的利益，同时，经纪人市场信息灵通，能及时反馈给农民，促进生产的发展，农民经纪人和农村合作经济组织正逐步成为市场流通新的主体。盐城市目前有农民经纪人7万多人，营销总额20多亿元；徐州市有从事活禽和禽蛋运销人员10万人以上，其运销量占全市总产量的50%以上；高邮市经纪人高和权从事高邮鸭和肉鸡销售，1998年经销总额3 800万元，纯收益80万元，江都市张钢镇经纪人刘成亮由当初经营万只禽场的“鸡状元”进化为年成交额超4 000万元的“倒蛋大王”。东台许河的兔毛市场、如皋吴窑的山羊市场、如东江海桥的苗猪交易市场、东海的山左口大牲畜交易市场等一大批专业市场成为畜产品流通的重要阵地。

【畜禽疫病防制】 全省畜禽疫病防制工作遵循“以防为主，防重于治”的原则，继续推行“无病包防、有病包治、死亡包赔”的经济技术承包责任制，加强常年防疫，稳定提高防疫密度。加强动物疫情监测中心和兽医诊断实验室建设，健全畜禽疫病监测诊断体系。重大疫病防制工作全面实行行政首长负责制，加强以免疫为重点的“防、检、消、杀”四项技术措施为主要内容的综合防制措施。全省猪瘟的防疫密度达99%以上，鸡新城疫的防疫密度达90%以上；规模猪场、鸡场和专业大户的防疫密度基本上达100%。动物血防工作实行综合开发治理，推行“种草养鹅、兴林抑螺、挖池养鱼、水田改旱田”四种基本模式，变血吸虫病瘟床为群众致富之地。全年完成开发改造有螺区866.67公顷。

【动物检疫员技能操作大比武活动】 1996年开始，全省组织实施“放心肉”工程，1997年在全国率先实行“放心肉”承诺制。为推进“放心肉”承诺制向纵深发展，1998年全省组织开展理论和实践相结合的检疫员技能操作大比武活动。此次活动历时近一年，通过由乡到县、由县到市、由市到省的层层筛选，最后组织省级决赛，取得较大的社会影响。据统计，全省8 600多名检疫员中有90%的同志参加了县级比赛，各县、区从中遴选出10%的优秀者，参加市级检疫操作比武活动；各市前6名参加了省级比武决赛。1998年11月14、15日两天，举办了动物检疫员技能操作省级大比武活动，最后决出了10名动物检疫状元、20名动物检疫标兵和48名动物检疫能手，苏州、南京、盐城市获组织奖。通过此项活动的开展，提高了检疫员的业务素质，树立了农牧部门良好的执法形象。全年共实施活畜禽检疫9 589.3万头(只)，检出病畜禽6.87万头(只)；实施肉品检疫67.16万吨，检出病害肉1 027吨；产地检疫覆盖面以乡为单位一直稳定在100%；违章案件查处进一步到位，全年共查处违章案件6 640起。

【迎接欧盟兽医专家检查】 为了扩大畜产品出口，发展外向型畜牧业，9月下旬，国家有关部门邀请欧盟专家组来华就相关畜产品加工、生产、畜禽疫病防疫体系、药物残留控制等进行检查。为迎接欧盟兽医专家组来苏检查，全省相关各级农牧部门齐心协力，积极、紧张、有序、扎实地做好各项迎查准备工作。由于准备充分，各种纪录齐全，仪器、设备、设施符合工作要求，畜禽疫情清楚，疫病控制措施明确，欧盟检查组对我省的畜禽疫病防制体系表示满意。检查结束后，省政府领导对农牧部门的工作给予充分肯定。

【秸秆养畜示范基地建设】 抓好在建国家级和省级示范县的实施，加强督促，定期检查。全省已建和在建的国家级秸秆养畜示范县区由去年的8个增加到10个，省级示范县由4个增加到8个。为进一步推动该项工作，组织开展先进单位和个人表彰活动，共表彰先进县2个、先进乡17个、先进村13个，先进个人48个。通过实施以基地建设带动区域化生产、以加工流通推动产业化进程、以技术服务促动商品化开发的“三动”战略，加速推进草食家畜产业化经营步伐，从而实现由资源优势、生产优势向商品优势、经济优势的根本转变，努力开创秸秆畜牧业新局面。1998年全省共青贮饲料135万吨、氨化秸秆93万吨，比上年增长27.4%和10.7%，共节省饲料粮55.2万吨。

【兽药产业发展与药政管理】 1998年全省各类兽药生产企业达223家，兽药业生产总值达10.8亿元，利税近7 000万元，其中饲料添加剂及饲料浓缩料生产总产值达5亿元，近占兽药业总产值的半壁江山，达46%。全省组织开展了优秀生产企业认定活动，确定10家企业为97年度全省兽药质量优秀企业。为进一步发展兽药产业，省农林厅制订了“关于加快发展兽药产业的意见”，全面实施“1159”工程，即到2010年，全省发展10个以上年销售额超亿元的生产企业集团，10个以上年经营额超亿元的经营实体，建立和改造50个

GMP企业(车间),努力提高产品质量,产品抽检合格率达90%以上。在积极发展兽药产业的同时,规范兽药药政管理,提高监督执法水平。各级兽药管理部门向社会公开作出五项服务承诺,严格十个不准,为企业提供优质高效服务。开展兽药市场整顿工作。各级农牧行政主管部门积极行动,在工商、公安、司法及水产等有关部门密切协助配合下,共检查经营使用单位2 829个,取缔无证经营户599个、查处各类违章案件780个、查出各类假劣兽药686个品种。

【服务体系建设】 自改革开放以来,江苏省畜牧兽医推广体系不断发展壮大,初步形成了"上下连线,左右成网,体系健全,服务配套"的推广格局,形成了比较稳定的服务阵地和人员保障体系。目前全省现有各级畜牧兽医站2 093个,其中省级1个、市级13个、县(市、区)级97个、乡级1 962个。全省畜牧兽医技术推广网络健全,共有技术推广工作人员29 243人,其中省级63人,市级314人,县级2 704人,乡级26 162人,分别占0.22%、1.07%、9.25%和89.46%。畜牧兽医推广服务体系既承担了推广先进实用的畜禽饲养技术、防治动物疫病的任务,同时还肩负着依据畜牧兽医法律法规,以法治牧的重担。在加强网络建设的同时,更加注重农技推广人员素质的提高,全省乡镇畜牧兽医站人员结构中,具有技术职称的人员占职工总数的61.85%。

一是稳定管理体制。1993年7月,《农技推广法》颁布实施后,江苏省于1994年9月正式公布实施了《实施办法》。《实施办法》从稳定机构和队伍、调动农技推广人员积极性、促进农技推广工作的目的出发,对全省农技推广机构、队伍、推广服务、管理体制、经费保障等各个方面都作了较为具体的规定。江苏省委、省政府始终把推广体系的稳定和发展作为农业和农村工作的一项基础工作来抓。针对1997年以来由于面临新的机构改革,各地推广体系又出现了一些不稳定的苗头。在广泛调查研究的基础上,1998年下半年,省政府办公厅专门就加强农技推广体系建设下发了文件(苏政办发〔1998〕127号),再次强调乡镇推广机构是国家在基层的全民事业单位。在全省机构改革前,对农技推广机构要继续做到性质不变,机构不撤,队伍不散,经费不减。坚持对乡镇推广机构实行条块结合,双重领导,其人事管理以县主管部门为主,乡镇协助,按组织人事部门规定的程序办理,乡站的各项业务工作由县主管部门负责,党政和其他行政工作以乡镇管理为主等。省委、省政府的高度重视,为全省推广体系的稳定和队伍发展提供了有力的保证。广大技术推广人员遵照法律规定开展各项推广服务活动,并运用法律武器保护自身权益。

二是制定激励措施。针对基层技术推广工作任务重、条件差、待遇低等特点,江苏省出台了一系列政策文件。1995年出台了提高基层农技人员退休待遇的政策,规定凡在基层从事农技推广工作30年(女25年),其中在乡级20年(女15年),退休后享受全额工资待遇。这一政策体现了政府对农技推广人员的关心,在全省甚至全国产生较大影响。为鼓励农业科技人员多出成果,快出成果,全省除了原来设有的科技进步奖、农业科技进步奖和丰收奖外,1995年省政府又拿出2 000万元,设立"江苏省农业科技成果转化奖"和"江苏省农技推广奖",其中"推广奖"主要面向基层,鼓励县以下推广单位作为第一完成单位申报,使在农技推广第一线做出成就的基层农技人员有机会得大奖、得重奖,调动了他们钻研业务、搞好推广工作的积极性和创造性。为了表彰各级农技推广机构和人员在发展农业、振兴农村、致富农民中作出的成绩,1998年省农林厅和省人事厅在全省农林系统开展了一次先进集体和先进工作者的表彰活动,获表彰的先进工作者享受市级劳模待遇,这项表彰活动同时被写进省政府办公厅《关于进一步加强农技推广体系建设的通知》文件中,使表彰奖励基层农技推广人员的活动经常化、制度化,这对全省农技推广人员是个极大的鼓舞。三是明确发展方向。1988年江苏省提出对乡镇畜牧兽医站实行"一综七统"的办站要求,即:综合办站,统审资格,统评职称,统筹养老,统核财务,统抓防检,统供药械,统供料种。1992年又提出了乡镇畜牧兽医站要在"一综七统"的基础上,实行"三联一化",即:管理联合,技术联合,经济联合,走向集团化,对全省畜牧兽医队伍稳定与建设起到了很好的作用。1998年根据农业产业化发展的新要求,提出在"一综七统"、"三联一化"的基础上,推进推广体系服务产业化。真正建立起能够为跨世纪农业发展提供强有力技术支撑和智力支撑的技术推广运行机制和服务体系,立足为基本实现农业现代化服务,为促进新的农业科技革命和农业产业化经营服务。目前全省畜牧兽医技术推广体系建设中坚持了三大原则,一是坚持稳定提高的原则,建立健全推广服务体系,培养一支高素质的农技推广队伍;二是坚持科技创新的原则,不断引进、开发、推广畜牧业新成果、新技术,提高畜牧业科技含量;三是坚持市场取向的原则,增强市场观念,转变运行机制,改进服务方式,拓展服务领域,提高服务水平。针对全省畜牧兽医服务部门的基础条件,结合全省畜牧兽医的中心工作,要求县级畜牧兽医服务部门首先抓好一场、一站、一室、一部的建设,即加强种畜禽场、家畜改良站、动物疫病诊断室和兽药饲料经营部的建设,以推进整个畜牧兽医推广体系服务产业化工作。

四是建设成效显著。畜牧兽医服务体系拓展服务领域,提高服务水平,在巩固提高产前信息引导、产中技术服务的同时,不断向产前、产后延伸,大力兴办服务实体,积极推进服务体系产业化,一手抓发展事业,一手抓壮大自己。如徐州市畜牧部门发展乳牛产、加、销一体化,"绿健"牌系列产品享誉彭城,有效地稳定了当地奶牛业的发展。苏州市畜牧兽医站自办三个定点屠宰场,在保障市民吃上"放心肉"的同时,也增强了市场的调控能力。连云港市畜牧兽医站组建东大动物保健品公司、扬州市畜牧兽医站开发生产预混合饲料、淮阴市畜牧兽医站兴办现代化规模猪场、从事兽药经营和预混合饲料生产,对促进当地畜牧业的发展发挥了积极作用。此外,高邮市的"红太阳"系列蛋品加工厂、如东县和金坛市的苗猪市场、武进市的正大饲料厂、东台市的天鹏饲料厂等也都将加强畜牧业社会化服务与推进产业化进程紧紧融合,作了成功的探索,迈出了可喜的一步。

【规模养殖环境保护】 江苏省农牧部门以防治包括规模畜禽场在内的农业污染源为主的太湖地区生态农业建设为重点,推进农业环境保护工作。《江苏省太湖水污染防治条例》规定,"太湖一级保护区到2000年应当建成农业生态良性循环示范区"。位于无锡市马山区的无锡市养鸡场集团有限公司是一家饲养25万只蛋鸡的大型鸡场,也是太湖流域1998年底限期达标排放的770家重点企业之一,该场专门成立了鸡粪处理班组,对全年鸡粪采取堆储发酵的生物无害化处理,处理后的鸡粪外销作肥料,其中85%用于果树,12%用于农田,3%用于养鱼。1998年投资60万元,建成日处理20吨污水的设施,对冲洗鸡舍的污水处理后再排放,经农业环境监测部门抽样检测,含氮量符合省规定的排放标准。1998年底全国人大环委会在"聚焦太湖——零点行动"的大检查中对该场的达标排放表示满意。吴县市太湖一级保护区内的6个千头养猪场基本做到了粪便进蓄粪池集中存放,经腐熟后施入农田,有效地保护了入流河道的水质。1998年12月29日,江苏省九届人大常委会第七次会议通过《江苏省农业生态环境保护条例》,并于1999年2月1日起正式施行。其中第二十九条规定:"专业从事畜禽饲养的单位和个人,必须对粪便、废水及其他废弃物进行综合利用或者无害化处理,避免和减少污染。"这一规定为畜禽粪便污染的治理和控制提供了比较具体的法律依据。

(孙宏进)

浙 江 省

【基本情况】 浙江畜牧业历史悠久,据考证,种粮养畜已有7000多年的历史。新中国成立后,畜牧业有了很大的发展,特别是党的十一届三中全会以来,随着农村经济体制改革的逐步深入,浙江省畜牧业的生产力得到了进一步的提高,畜牧业实现了由家庭副业向独立产业的转化,由传统畜牧业向现代畜牧业的转化。1998年全省畜牧业生产经受住了市场疲软和外来疫源侵入的双重考验,生产稳中有升,产品质量明显提高,畜牧业的产业结构得到了一定的调整,效益畜牧业已成为行业追求的首要目标,全省畜牧业产值达到了91.04亿元(按1990年不变价计),比1978年的14.35亿元(按1980年不变价计)增长5.28倍,畜牧业已成为大农业中的支柱产业之一。畜产品生产总量大幅增加,肉类总产量104万吨,禽蛋产量32万吨,奶类产量8万吨,分别比1978年增长130%、230%、146%。畜牧业生产水平有了较大幅度的提高,1998年同1978年比较,头均能繁母猪提供肉猪数从9.3头增加到15.3头,肉猪头均产量从49千克增加到64千克,生猪出栏率从80.2%提高到127%,肉猪的平均瘦肉率从45%上升到52%左右;牛、羊的出栏率分别由6%和14.7%提高到15.4%和61.43%;家禽出栏与存栏的比重从86.72%提高到139.8%;奶牛头均产奶量从4 580千克提高到5 600千克。畜牧业内部结构得到了初步调整,从肉类总产量的构成来看,猪肉所占比重从1978年的98.38%下降到1998年的78.28%,牛羊兔肉和禽肉从1.62%上升到21.72%。

1998年全省生猪存栏1 041万头,出栏1 272万头;家禽存栏8 940万只,出栏1.4亿只;牛存栏44万头,出栏7万头;羊存栏208万只,出栏132万只。浙江省畜牧业主要呈现以下几个特点:

(1)畜禽规模饲养比例较高。1998年全省年出栏50头以上的规模养猪场(户)有2.58万个,其出栏的商品猪占全省生猪出栏总数的45.6%;年出栏商品肉鸡2 000只以上的规模场(户)有6 333个,其出栏的肉鸡占全省总出栏数的55.3%;年存栏蛋鸭、蛋鸡500只以上的规模场(户)有14 384个,其产量占全省禽蛋总产量的73.15%;奶牛、蜜蜂、兔的规模饲养比例也分别达到了57.7%、95.86%和30.6%。体现了浙江畜牧业正由千家万户的分散饲养逐渐朝着规模化、集约化的方向发展。

(2)区域化生产格局比较明显。到1998年止,浙江省在铁路沿线已建成瘦肉型猪基地县19个,全年出栏瘦肉率50%以上的商品猪550多万头,接近全省出栏猪总数50%;浙北地区的嘉兴市年生产仔猪500多万头,形成了闻名省内外的仔猪生产基地;嵊州、新昌、临海等县(市)的长毛兔饲养和江山、慈溪、桐庐等县(市)的蜜蜂饲养已分别占全省总量的50%和70%;还有浙西南的草食动物、浙东水网地带的水禽也初步形成区域化生产的格局。

(3)畜禽良种覆盖率较高。浙江有丰富的地方品种资源,有8个品种被列入《中国畜禽品种志》,金华二头乌、嘉兴黑猪、湖羊、绍鸭等都是国内外闻名的优良地方品种,多年来,从国外引进了长白猪、杜洛克猪、大约克猪、依莎鸡、艾维茵鸡等优良品种,用外来品种与地方品种杂交改良，到1998年末，全省畜禽良种覆盖率达到86.2%，种公猪良种比例达95%。

【良种繁育体系建设】 到1998年，浙江省已初步形成了各级种畜禽场与畜禽良种繁育推广站相结合的畜禽良种推广体系，共有各类种畜禽场165个，其中：国家级重点种畜禽场4个，省级原种场3个，一级良种繁育场31个，二级良种繁育场127个。各类种畜禽场中，有种猪场40个、种鸡场58个、种鸭场33个，种鹅场2个，种羊场3个、种兔场10个、种蜂场2个、种鸽及其他畜禽品种场17个。1998年浙江省向省内外提供种猪7万多头、种禽5 000万只、种兔35万只，向周边省(市)提供商品仔猪400多万头。

1998年浙江省在种畜禽生产上，采取引进新品种与加强选育相结合，强化对种畜禽的品牌创新，开展种畜禽的商标注册，重视形象包装，实行标准化生产，生产上了新台阶。杭州市种猪试验场率先打出“大观山”长白猪的品牌，实施ISO9000标准化生产，1998年被浙江省政府评为浙江省名牌产品，其生产的种猪已销往除台湾省外的所有省市；金华市种猪场的加系大约克、镇海种兔场的巨型长毛兔、杭州西湖畜禽养殖总场的西湖野鸭等8个品种荣获浙江省优质农产品金奖。西湖野鸭通过品种审定，1998年供种量达到200多万只。

浙江省的种猪、蛋鸭、长毛兔、种蜂质量具有显著的优势。种猪的生长速度、饲料转化率、繁殖率等指标位于全国前茅；绍兴麻鸭的年产蛋量达到280～300枚；长毛兔年产毛达到1 500～2 000克，种蜂的王浆单产达到3～4千克，均处于国际领先或先进水平。

1998年，浙江省开始筹建“浙江省种猪质量监测中心”，准备对种猪的生产经营实行更规范的管理；开始建设全省种畜禽场信息网络系统，加强宏观调控，进行种畜禽市场供求形势分析和预测预报，指导种畜禽生产企业按照市场规律，科学有效、准确均衡地安排种畜禽生产，防止生产大起大落。

【兽医防疫工作】 根据《动物防疫法》的有关要求，1998年重点抓好有关配套法规和规章制度的建设，使兽医防疫工作逐步走上依法制疫的轨道。1998年底，省政府明确了动物防疫监督机构实施屠宰检疫的主体地位；省农业厅、财政厅、物价局等有关部门联合颁发了《浙江省畜禽及其产品防检疫收费票据管理办法》，理顺了动物防检疫收费管理体制；省农业厅根据农业部6号令的要求，出台了《浙江省兽用生物制品管理规定》。

浙江省农业厅专门举办了屠宰检疫员骨干操作培训班以及规模猪场兽医防疫人员技术培训班，对两员进行系统的法制及业务技术培训，并进行了考核发证，使动物防检疫人员的素质大大提高。

1998年着重进行对畜牧业生产危害严重的重点动物疫病防制，突出抓好规模场(户)的各项综合防疫措施的落实，以兽医技术干部联场带户的方式，加强规章制度建设、免疫、消毒等措施的落实。

1998年浙江省加强省际联防，促进动物防检疫工作到位。通过实施进沪生猪及肉品准运证制度，一方面确保了上海人民吃上放心肉，同时也促进了浙江省各有关市、县以及规模猪场防检疫措施的到位。

【畜牧兽医队伍建设】 浙江省畜牧兽医技术推广服务体系在促进全省畜牧业生产持续、稳定、健康发展中具有重要的地位和作用。整个推广体系以省畜牧管理局为核心，市(地)、县畜牧兽医站为主体，乡镇畜牧兽医站为基础，各种社会服务团体为补充。上下级之间、同级之间相互协调、相互促进、相互监督，把技术推广、畜禽防检疫和综合服务等各项工作在全省范围内有序地组织开展起来。

全省共有乡级以上畜牧兽医技术服务机构1 708个，其中省级1个，市(地)级11个，县级82个，乡级1 638个；技术推广人员7 848人，其中省级52人，市(地)级137人，县级1 251人，乡级6 408人，技术人员中具有高级职称131人，中级职称649人，初级职称2 459人。县级服务体系管理主要有四种类型：一是统一管理。以各个已经建设的畜牧中心为代表，全县(市)畜牧系统人、才、物高度统一，全部落实“三定”工作，解决好养老保险和医疗保险；二是联站管理。以县(市)联站＋乡镇畜牧兽医站，县(市)联站＋区域联＋乡镇畜牧兽医站两种形式；三是条块结合。人、财、物由县业务主管部门管理，乡镇站的组织关系挂靠当地乡镇政府领导；四是管委会管理体制。由各乡镇站站长组成管委会，组织专门人员负责县联站的日常业务管理，乡镇政府主要负责组织关系管理。

1998年，浙江省财政拨款158.04万元，向25个山区、海岛贫困县的1 137名基层畜牧兽医人员每人补助1 300～1 600元，各地也落实相应的配套资金，支持畜牧兽医队伍，极大地调动了生产第一线畜牧兽医技术人员工作积极性，促进了全省畜牧业的平衡发展。

【教育科研推广】 浙江省畜牧系统有一个较完善的教育、科研、推广体系，以浙江大学(原浙江农业大学)动物科学学院、浙江省农科院畜牧兽医研究所、浙江省农业厅畜牧管理局为代表，共同实现浙江省畜牧业的科技进步，1998年共培养硕士研究生14名，全日制本科生61名。

1998年通过省级以上鉴定的研究课题和验收项目包括：绍兴麻鸭饲养标准制订、促畜禽生长果聚寡糖产业化技术研究、新型畜禽营养再分配剂(盐酸甜菜碱)研制及产业化技术研究、肉鸡用中草药饲料添加剂研究、中国瘦肉型猪新品系选育与配套研究、应用物候查治牛羊捻转血矛线虫和肝片吸虫病技术研究、猪口蹄疫和猪水泡病单抗联合诊断药盒的研制、鸭传染性浆膜炎防治技术研究、优质肉用仙居鸡开发研究、蜜蜂王浆高产添加剂与蜂皇催产素研制、太湖8号猪用复合饲料风味剂——强力素、江山市白鹅基地建设配套技术、浙江省衢州市秸秆养牛项目和浙江省龙泉市种草养畜项目。

1998年省级重点研究课题和推广项目包括：规模养猪产业化配套技术和试验基地建设、猪优良品种及配套集约化养猪技术推广、绍兴麻鸭遗传资源开发利用和研究、母猪高效增产技术、饲草饲料资源综合开发利用技术和畜禽规模饲养综合配套技术等。

【兽药生产管理】 改革开放后，浙江省的兽药事业有了长足的发展，特别是在《兽药管理条例》颁布后，从1979年单一的药物预混剂、片剂生产，形成目前以兽用原料药为基础，兽药制剂和饲料药物添加剂等产品全面发展，以化学合成、生物合成的兽用原料药和合成维生素系列为代表的饲料添加剂原料生产基地，以及兽药预混剂、针剂、片剂等品种比较齐全的兽药及饲料药物添加剂生产格局。到1998年，全省共有兽药及饲料药物添加剂生产企业179家，生产企业年销售收入约6亿元，税利逾亿元。

以原料药物为代表的浙江兽药业，在全国占有非常重要的地位。1998年，全省有原料药物生产企业20家，生产品种包括化学合成药物(如喹诺酮类、抗球虫药物)、生物合成药物(如阿维菌素)和维生素E、维生素A、泛酸钙、烟酸、甜菜碱、有机砷等为代表的饲料药物添加剂，品种达50余种。产品畅销全国，还出口到欧美及东南亚等地。

兽药及饲料添加剂品种齐全。全省有兽药制剂生产企业71家，包括兽药预混剂、片剂、针剂、中药预混剂、蜂用药物及兽用生物制品等，其中专业生产蚕用药物的企业18家，药物品种26个；鱼用药物企业4家，药物品种20个；饲料药物添加剂生产企业89家，品种包括维生素、微量元素、饲用复合酶制剂、复合预混料等达609个。

1998全省有兽药经营单位约1 300家，以浙江省牧工商联合公司、金华大康农牧有限公司为代表，经营企业遍及全省各地。经营品种从水、粉针剂、药物预混剂、片剂、饲料添加剂、兽用生物制品等，能基本保障本省畜牧生产的需要。全省经营企业年经营收入约12.5亿元。

【养蜂业】 浙江省是全国传统第一养蜂大省，随着改革开放和商品经济的发展，调动了广大农民养蜂致富的积极性，自1978年以来，全省养蜂生产以每年十几万箱的增长速度迅猛发展，1985年全省养蜂95.5万箱，出现第一个高峰。1989年全省饲养蜜蜂132万箱，从事养蜂的专业人员5万多人，生产蜂蜜7.2万吨，蜂王浆1 000多吨，养蜂产值超过3.5亿元，跃居全国首位，是浙江养蜂历史上第二个高峰。90年代后，由于受各种因素影响，养蜂生产有所下降，1995年后又稳步回升，1998年末养蜂达89.03万箱，为全国之首，产蜜5.38万吨，约占全国1/3；王浆1 118.48吨，约占全国1/2；花粉2 000吨，蜂蜡1 000吨，蜂业产值再次超3.5亿元。多年来，浙江省对养蜂科技进步非常重视，攻克了茶花蜜源禁区、开辟新蜜源；研制推广了开巢门长途安全运蜂技术、蜂王浆高产全塑台基条、脱粉片、C型多功能蜂箱；培育和推广了多个王浆高产蜂种。

浙江省的养蜂业表现出几个特点：(1)区域化生产明显。全省形成以江山、慈溪、兰溪、桐庐四县(市)为主的养蜂区域化生产格局，其养蜂总数为41.48万箱，占全省的46.5%。江山市突破20万箱大关，连续7年居全国各县(市)首位，养蜂产值8 153万元，占牧业产值16.4%。(2)规模经营发展迅速。推广"汽车蜂场"实行适度规模经营以来，1998年全省有蜂场(户)10 627个，年末养蜂85.34万箱，户均养蜂80箱以上，居全国首位；其中户均120箱以上的规模饲养量占蜂场总量的51.82%；(3)互助合作社发展迅速。互助合作社是近几年新出现的蜂农经济合作组织，采取自愿组织、独立核算、风险共担、互助合作的模式，以产品销售为纽带，融生产、经营为一体，实行产销直挂减少流通环节，增加蜂产品利润，具有较旺盛的生命力。如江山市1998年有互助合作社17个，联合蜜蜂68 000箱，占全市蜂群总数的1/3。(4)龙头企业发展迅速。全省有加工、经销蜂产品的个体、集体、中外合资、股份制企业20多家，具备收购、加工、内外贸等多功能产后服务能力，1998年加工、经营蜂产品产值超3亿元。其中杭州常青蜂业公司拥有固定资产7 000多万元，年加工蜂产品2万余吨，在主要蜂产品生产基地均设有收购点，并与省内每家蜂业公司业务联营，已基本实现贸工农一体化经营。1998年出口蜂蜜5 000多吨，王浆200多吨、蜂花粉200吨、蜡300多吨，创外汇1亿多元，约占全国蜂产品外汇收入的1/3，是浙江省最大的蜂产品加工龙头企业。

【养兔生产】 50年代以小型笼养为主，兔产品主要是外销，70年代后期，浙江省引进了产毛量高的德系长毛种兔进行推广，促进了毛兔生产的迅速发展。1985年全省存栏兔突破1 000万只，产毛26 580吨，创历史纪录，列全国第二位，新昌、嵊州被称为长毛兔之乡。进入90年代，随着市场经济的发展和产业结构的调整，规模化、区域化养兔生产迅速发展，1998年底全省兔存栏20只以上的户12 314户，存栏兔占全省的

30.64%，并出现了新昌、嵊州的兔业合作社，宁波、台州等地的“公司+农户”形式的产加销一体化的产业化生产组织，建立了如“白雪公主”、“巨高”等品牌的生产基地。同时兔良种繁育体系的建立和育种兔的推广促进了生产水平的提高。镇海种兔场母兔年产毛1 500～2 000克，最高达4 000克，嵊州市华兴种兔场的公兔群体单产毛分别达到1 683克和1 293克，产毛量达国际先进水平。此外也开发了獭兔生产，现培育出14个花色品种的獭兔品系。1998年全省总存栏兔380.92万只，其中长毛兔311.49万只，全年生产兔毛1 943吨，兔肉1 839.68吨。

（周一新）

安　徽　省

【二十年回顾】 改革开放以来，安徽畜牧业持续20年稳定增长，特别是“九五”以来，省政府决定实施畜牧业进位工程，发展势头更加强劲，逐步由农村副业发展成为农村经济的支柱产业，对促进农村经济发展和农民增收发挥了重要作用。1998年，全省畜牧业产值193.0亿元(按1990年不变价计)，占农业总产值的29.5%，较1978年提高16个百分点；全省农民纯收入增加部分中，畜牧业占17%；肉类总产量288.0万吨，较1978年增加247.0万吨，增长6.03倍，其中猪肉183.7万吨，增长3.04倍；牛肉34.3万吨，增长76.95倍；羊肉11.5万吨，增长16.62倍；禽蛋94.7万吨，增长9.23倍；奶类3.05吨，增长2.05倍。肉、蛋、奶20年平均增幅分别为9.34%、11.75%、3.65%。

畜牧业产业结构调整步伐加快，畜产品结构日趋合理。在稳定发展生猪生产的基础上，大力发展节粮高效的草食畜禽，1998年全省禽肉及牛羊肉占肉类的比重分别达到20.13%和15.90%，而猪肉的产量已由1978年的86.8%下降到63.78%。商品肉猪打破了本地猪种一统天下的格局，加快向二元杂交和三元杂交猪发展，家禽本地品种和良种同步发展，土洋结合，尤其是水禽生产独具特色，规模饲养与传统放养结合，七彩山鸡、野鸭、肉鸽、鹌鹑、鸵鸟、狐狸、梅花鹿、肉犬、獭兔等特种养殖蓬勃兴起，成为常规畜牧业的有力补充。

科技推广成效显著，生产水平进一步提高。通过实施良种计划，建立科技示范园区，开展科技报告月活动，推广良种和实用技术，科技水平显著提高。1998年全省良种普及率达74%，猪的平均料肉比达3.5∶1，鸡料肉比2.2∶1，料蛋比2.6∶1，生猪的出栏率达146.44%，每头平均胴体重为82.0千克，分别比1978年提高87.14%和12.2千克；牛的出栏率为38.35%，每头平均胴体重为142.0千克，分别提高35.85%和56.2千克；羊的出栏率为118.37%，每只平均胴体重为14.5千克，分别提高55.37%和5.2千克。70年代初，全省开展畜禽防疫技术承包，80年代以来，全面推行防疫承包双轨目标责任制，对“两病一瘟”(鸡新城疫、鸡法氏囊病、猪瘟)实行强制性计划免疫，同时积极推行免疫程序化，全省猪禽防疫密度分别达90%和80%以上，死亡率分别降至6%和14%以下。

区域化布局，规模化生产，一体化经营迅速发展。以龙头企业带动、市场拉动、中介联动、规模场(户)促动的多形式的产业化经营蓬勃兴起，产业链条前伸后延，规模不断扩大，机制更加灵活。1998年全省规模饲养比重达18%，肉蛋总产10万吨以上的畜牧大县达到10个，其总量占全省近一半，淮北地区草食家畜、江淮地区猪禽、沿江水禽、皖西白鹅、宣城三黄鸡五大基地发展很快，优势明显。以阜阳市为中心的淮北肉牛饲养迅速崛起，年出栏肉牛130万头，占全省90%，阜阳市成为全国养牛第一大区，其蒙城、涡阳、利辛三县被誉为我国中原肉牛带的“金三角”；淮北地区出栏肉羊317.3万只，占全省84.3%；颍州、颍上、阜南三县区饲养长毛兔545万只，占全省63.9%，被誉为全省养兔的“银三角”；皖西六安地区以羽绒及鹅肉加工为龙头，带动全区白鹅生产大发展，皖西白鹅享誉全国，产品畅销国内外。巢湖地区充分利用江湖水泊资源，大力发展养鸭生产，“鸭子王国”渐成气候。全省各种类型的畜牧龙头企业达470多个，规模养殖专业场达3.2万个，初具规模的饲养小区800多个，以引用外资兴建的“三鸡一牛”集团以及广德和威集团、宣州华大集团、蒙城兴业集团、阜阳金牛集团、临泉山羊集团等为龙头的肉鸡、三黄鸡、瘦肉猪、黄牛、肉牛产业化已初具规模。

基地建设不断加强。20年来，中央及地方在我省共建各类畜禽商品基地54个，其中商品猪基地32个，商品牛和秸秆养牛示范县17个，秸秆养羊示范县3个，水禽基地2个，为稳定生产、保障供应，提供肉、蛋、奶、毛、绒、皮等工业原料，增加出口创汇和社会有效供给发挥了重要作用。一些地区还充分利用当地资源优势，扶持规模经营，走产供销一体化、贸工牧一条龙的路子，形成了具有本地特色的主导畜产品区域化产销格局。

畜产品市场体系逐步建立，产销衔接顺畅。在畜产品主产区和畜牧大县，普遍形成了以地区性产地批发大市场为框架，以乡镇农贸市场为支撑，以各地商贸城为网络，以农民购销组织和农村经纪人为补充的市场流通体系。1998年，全省农牧市场已达1 270多个，年肉蛋成交量95万吨。颍上谢桥兔毛市场、淮北青龙集板皮市场、阜南三塔禽蛋市场、蒙城柳林黄牛市场、临泉庙岔山羊市场、六安固镇羽绒市场、芜湖清水猪肉批发市场等初具规模，年交易额均超亿元。

资源配置得到调整优化。1998年全省饲料粮占粮食总量的20%，秸秆利用率达到30%以上，皖西南地区利用荒坡、山地种草养畜，各地还积极发展生态养殖,鸭鱼混养、猪鸡鱼联养,开展畜产品深度开发、系列加工,加快了粮食转化,促进了秸秆利用和草场开发。

【畜牧业进位工程】 根据全国畜牧业发展形势以及安徽发展现状和资源条件,为进一步加快畜牧业产业化步伐,增强畜牧业综合实力,实现向农业强省跨越的目标,实施跨世纪赶超战略,省政府决定,“九五”期间在全省范围内实施畜牧业进位工程,其主要内容是:以市场为导向,以效益为中心,调整饲养结构和种植业结构,提高综合生产能力,通过兴办龙头企业,发展饲养小区,推进产业化进程,实现速度加快、质量提高、效益增加、位次前移。具体目标是:到本世纪末,全省肉蛋总产确保450万吨,力争500万吨,进入全国前十位,力争第八位,科技进步对畜牧业增长的贡献份额达到50%以上;畜牧业产值达到230亿元(按1990年不变价计),占农业总产值的35%以上,农民人均年牧业收入达1 000元以上(按当年价计)。进位工程实施3年来,进展顺利,成效显著,1996年全省肉蛋总产在全国的位次由上年第12位上升到第11位,1997年再进一个位次,进入前十位,1998年继续保持强劲的发展进位势头。

【养猪业概况】 安徽是养猪大省,全国十大生猪主产省之一,传统的生猪调出区。猪良种繁育体系建设较早,良种化程度较高,70年代确立了定远猪、皖南花猪等六大优良地方猪种作为保护品种,建立了10个地方良种猪保种场和48个地方猪扩繁场,有计划地引进了国外优秀品种,开展杂交改良,进行杂交组合试验和配合力测定。1998年底,全省存栏良种长白、大约克、杜洛克种公猪5 000多头,存栏能繁良种母猪110万头,商品猪中二元杂交猪占48%,洋三元占10%,土三元占20%。规模化饲养发展迅速,各行各业积极参与,高科技含量、集约化、规模化的大中型猪场不断涌现,1998年全省年出栏1万头以上的猪场15个,年出栏1 000头以上的297个,500头以上1 483个,养猪专业户9万多个,规模化养猪比例达25%左右。科学养猪技术广泛运用,生产水平显著提高。通过商品瘦肉型猪基地、丰收计划、“三化”养猪、科技示范园(区)等项目的实施,广泛推广瘦肉型良种、仔猪补料补铁、高床饲养、分阶段饲养、快速育肥、圈舍改造、人工授精、疫病防治等先进实用的养猪技术,提高饲养效益,降低发病率,全省生猪出栏率平均达140%,瘦肉型猪比重达78%,猪用配合饲料应用面达80%,猪防疫密度达90%,死亡率控制在6%以下。在规模化养猪的基础上,采取扶持龙头、联合千家万户、带动市场、鼓励运销组织发展等措施,促进了生猪生产产业化进程。许多地方建立了“公司+农户”的民间生猪运销体系,各类贩运大户、养猪协会充分发挥人才、信息优势,搞活流通,全省还拥有各类屠宰加工厂100多个,年加工能力400万头。

1998年生猪生产开局很好,3月份之后,由于受到国内外大环境影响,生猪市场疲软,销售不畅,价格下跌,生产受阻,随后又出现多次价格波动。对此,各级政府和农牧部门迅速作出反应,采取积极措施。6月初,经省政府同意,省农业厅在霍邱县召开生猪生产与流通现场会,各地市及18个生猪生产重点县(市)政府和农牧部门领导共商发展大计。7月份,省政府专门下发了《关于搞好当前生猪生产的通知》,提出提高认识,加强领导;开拓市场,搞活流通;规范征税,减少收费;挖掘潜力,节支增收;推广科技,提高质量;提升加工业,发展产业化等六项措施,确保了生猪生产稳定。1998年,全省出栏猪2 239.6万头,年末存栏1 809.1万头,其中能繁母猪147.1万头,猪肉产量183.7万吨。

(潘　鑫)

【养牛业概况】 农村实行联产承包生产责任制以来,安徽养牛业持续快速发展。1998年底,全省存栏牛627.02万头,出栏牛240.45万头,牛肉产量34.26万吨,其中黄牛存栏503.35万头,出栏219.27万头,牛肉31.30吨,分别是1978年的4.88倍、73.09倍和112.61倍;水牛存栏122.36万头,出栏21.02万头,肉产量2.94万吨,分别是1978年的1.17倍、9.38倍和15.88倍。

黄牛品种改良成效显著。50年代开始,引进国内良种秦川、南阳牛,并试用黑白花奶牛对黄牛进行杂交改良,旨在加大体型,提高役用能力,适应农业生产深耕细作的要求。1978年,为适应改革开放后农村商品经济的需要,农民养牛由以前单纯的役用向役肉兼用方向发展,开展大规模黄牛、水牛的品种改良,在不同的杂交组合中,以西本杂交优势明显,役乳肉兼用、抗逆性强、耐粗饲,被确定为全省黄牛品种改良的当家品种。1998年底,全省累计改良黄牛975万头,水牛23万头,繁殖各类改良牛近700万头,每头牛较本地牛增值300元左右,仅此一项农民直接增收近21亿元。

改良体系初步建立。全省建立省属改良总站1个,地市级改良中心1个,地市级液氮站3个,县级改良站28个,乡镇改良站1 200多个。

综合配套技术得到推广。在大力开展杂交改良的同时,全省推广了农作物秸秆青贮、氨化,种草养畜、脲酶抑制剂的应用、冷冻精液配种、犊牛补饲、肉牛短期育肥等综合配套技术,全省出栏牛的平均胴体重由1978年的85.8千克增加到1998年的142千克。

牛肉产品加工初具规模。随着农村养牛业的发展,牛的屠宰、牛皮加工、牛肉加工以及副产品的深加工等生产企业也相继发展起来,由此带动了食品、制革、制药、生物工程等加工业的发展。目前全省有各类制革厂20多家,屠宰加工厂30多家,其中年屠宰能力

蓬勃发展的安徽养牛业

上万头的有7家。

【养羊业概况】 安徽养羊业历史悠久。1949年全省养羊25.8万只,其中绵羊1.8万只,山养24万只。建国后各级政府十分重视养羊业,到1978年底,全省存栏羊299.58万只,其中山羊227.03万只,绵羊72.55万只,当年出栏肉羊128.09万只,羊肉产量0.99万吨、羊毛产量0.41万吨。十一届三中全会以后,养羊业得到进一步发展,1998年底,全省存栏羊671.06万只,出栏羊794.95万只,羊肉产量11.5万吨,分别是1978年的2.24倍、6.21倍、11.62倍。由于我国羊毛受国际市场的冲击,价格一路下滑,山羊增长迅速,绵羊大幅下降,1998年底,全省存栏羊中山羊668.29万只,占99.59%,绵羊2.77万只,占0.41%,与1978年相比,存栏增长2.24倍,其中山羊增长2.9倍,绵羊下降3.5倍。

山羊的品质得到了改善。安徽白山羊,属小型山羊品种,黄淮白山羊的一个类群,其特点是早熟、平均产羔率为260%,平均成年公羊体重35千克。但板皮质量上乘,属"汉口路"。随着商品经济的发展,农作物秸秆的开发利用,商品肉羊的市场需求加大,农民迫切需要生长速度快、产肉量多、肉质细嫩的山羊,提高养羊效益。在80年代前后,全省先后引进了萨能奶山羊、内蒙古山羊、成都麻羊、牛腿羊、马头羊、中卫山羊等对本地山羊进行改良,其中以萨能奶山羊改良效果较好,其杂交羊生产性能提高10%~20%以上,目前在皖北地区均有分布。1997年开始从陕西、江苏等地引进南非波尔山羊及其冷冻精液,有计划选择萨本杂一代母羊开展波×萨×本三元杂交生产工作,全面提高肉羊品质。据省农科院和省畜禽品种改良站试验测定,在农村常规饲养条件下,波杂一代羊6月龄体重比本地羊提高50%以上。波萨本三元杂交肉羊提高近一倍。1998年底,全省引进波尔山羊种公羊20只,母羊25只,冷冻精液配种山羊7万多胎次,情期受胎率在60%以上。

推广了适用的科学饲养技术。先后在12个县实施了"山羊良种及综合配套技术"丰收计划项目,先后推广了山羊的品种改良、羔羊补饲、短期育肥、冷冻精液配种、规模饲养、疫病防治等实用技术,取得了较好的效果,特别是推动全省"北羊南移",充分发挥皖南地区草山草坡资源优势,提高了全省养羊的总体水平。由于实施了综合配套技术,全省出栏羊的胴体重由1978年的9.3千克,增加到1998年的14.47千克,增长55.6%。

(李赛明)

【养禽业概况】 安徽历史上就是全国水禽和禽蛋的集散地。但那时依托江河湖泊全为散养和放养,饲养技术极为粗放、落后,发病率、死亡率高,经济效益低下。1978年全省存栏家禽5180万只,出栏3700万只,禽蛋产量23.1万吨,禽肉产量2.78万吨,基本均是淘汰蛋禽。改革开放以后,随着市场经济的发展,农民养禽的积极性空前高涨。特别是进入80年代以来,商品化、集约化养禽蓬勃发展,陆续引进国内外新优良种,饲养规模不断扩大,生产水平大幅提高,涌现出一大批专业户、饲养小区和现代化养禽场,建设了一批家禽养殖基地。1998年,全省出栏家禽3.9亿只,存栏2.18亿只,分别比1978年增长10.5倍和4.2倍,禽蛋总产94.7吨,增长4.1倍,禽肉产量59.8万吨,增长20.9倍,家禽业已成为我省畜牧业的重要产业。

良种保护、引进与改良成绩显著。我省地方良种家禽较多,有皖南三黄鸡、天长三黄鸡、淮南麻黄鸡、淮北麻鸡、巢湖麻鸭、皖西白鹅等十几个品种。1987年、1991年分别建成省级祖代蛋用种鸡场和肉用种鸡场。并建成皖西白鹅、巢湖麻鸭、宣州三黄鸡的保种场。淮南麻黄鸡的提纯选育也取得较大进展。巢湖麻鸭经改良选育于1987年通过鉴定,达到全国兼用鸭标准,国内外良种主要引进了罗曼、伊沙、海兰蛋鸡,AA、罗斯、艾维茵肉鸡,樱桃谷肉鸭、绍鸭,四川白鹅、雁鹅等,用以改良本地品种。目前,全省存栏祖代家禽10万多套,父母代家禽100多万套,全省家禽良种普及率达50%以上。

科学养禽技术日益普及。各地普遍采用笼养或室内平养等规模化饲养方式,鸡场皆为机械化笼养。采用自配或购入各生长发育阶段的全价配合料、预混料,科学饲养,注重疫病防治,采取全程程序化免疫,注重禽舍与饲料、饮水的清洁卫生。活拨鹅毛、强制换羽等技术应用也使农民养禽效益进一步提高。目前,全省家禽蛋料比达1:2.8左右,肉料比1:2.0左右,死亡率散养20%、专业化10%以下。

规模化、产业化程度不断提高。随着科学技术的运用,管理水平的提高,规模化养禽不断发展。1998年底,全省年存栏蛋鸡1万只以下的鸡场2400多个,1万只以上的88个,总存栏700多万,占年禽蛋产量的

20%以上;年存栏肉鸡1万只以上的2 000多个,10万只以上的50多个,约占总量的30%。家禽业的龙头企业不断壮大,固镇康达肉鸡集团、广德和威集团、泾县凤凰集团、农垦正阳集团、郎溪华地集团、宁国太阳公司等企业年出栏肉鸡、肉鸭均在250万只以上,并具备一定的屠宰加工能力,产品出口日本、东南亚及中东地区。马鞍山江南集团、怀宁禽蛋联合体等禽蛋企业也正蓬勃发展,带动了周围农户发展养禽,成功的"公司+农户"的模式得到普遍推广。

禽业结构调整初见成效。我省家禽业以前以养鸡为主,约占80%以上,鸭占10%,鹅占8%左右。随着市场需求的多样化,家禽业结构也发生了变化,经济效益相对较好的养鸭、养鹅业日益壮大。六安地区年出栏白鹅2 000多万只,并带动羽绒加工业的发展;巢湖地区养肉鸭已成为当地支柱产业,年出栏1 500万只以

规模养鸭

上;宣城地区的三黄鸡年出栏3 000多万只,效益显著。特种禽业异军突起,全省已存栏种鸽6万多对,饲养量100万只以上,山鸡、鹌鹑近百万只。

(汤　洋)

【兽医工作】 改革开放20年来,安徽兽医工作取得了显著成绩,为畜牧业健康发展作出了积极贡献。一是加大资金投入,加强基础设施建设,建立了完善的疫病防治体系。多年来,一直把疫病防治体系建设作为一件大事,加大投入,重点扶持,省财政每年安排专项基金110万元,还安排150万元用于购置防疫疫苗和药品,全省初步建立了省、地、县、乡、村五级动物防疫体系,县级以上基本建立了兽医卫生监督检验机构,全省拥有各级畜牧兽医站(中心)2 039个,兽医卫生监督所44个,省级兽药监察所1个,地、市级兽药监察所2个,兽医化验诊断室30多个;1995年起国家和我省共同投资250万元,兴建了5个县级疫情测报站。1996年全省开展了乡镇畜牧兽医站"三定"工作,乡镇站全部实行以条为主的管理体制。同时,坚持抓好以提高疫病防治技术和执法水平为重点的培训工作,队伍素质不断提高,保证了各项措施的贯彻落实。二是推行双轨目标责任制,实行程序化免疫,主要疫病得到有效控制。从70年代起开展畜禽疫病防治技术承包,随着市场畜牧业的发展,各地不断总结经验,充实内容,规范管理,以生猪、家禽防疫为主的技术承包普遍展开,特别是1996年以来,省政府把双轨目标责任制作为实施畜牧业进位工程的一项重要措施,各级政府和畜牧部门各负其责,密切配合,合力灭病,畜禽防疫密度显著提高,死亡率大大降低。根据当前生猪生产周期缩短的情况,全省还普遍推广新的程序化免疫,提高了防疫效果。1998年全省生猪防疫密度达90%以上,家禽80%以上,死亡率分别为6%和14%。为控制疫病的传播与蔓延,从1993年开始,经省政府批准,全省还在交通要道、边境地区设立牲畜疫病检疫消毒站,1998年设站36个。同时,全面加大免疫力度,1997年注射猪74万头,1998年注射120万头,并实行免疫登记卡制度。农业血防成效显著,内陆地区疫情得到控制,疫区范围缩小,防治技术有了新的提高,全省动物血防疫区县41个,1998年底,已消灭14个,基本消灭12个,未控制15个。三是狠抓定点屠宰,强化产地检疫,确保了肉品质量。全省已建立生猪定点屠宰场(点)1 900多个,除边远乡镇外,基本都实行了定点屠宰、集中检疫,屠宰检疫到位率达100%。为了严把肉品质量关,屠宰场(点)一律凭产地检疫证明收购,没有产地检疫证明的生猪不准进入屠宰场点,以检促防、防检结合;认真做好屠宰检疫,对检出的病猪,分别情况,及时处理;严把宰后检疫关,实行检疫员跟班作业,程序化操作,不让任何一头病猪进入市场。四是加强兽药管理,减少药物残留,保证肉品安全。对兽药生产企业,严格按照条件验收考核,对经营企业合理布局,强化管理,同时,加强生产经营企业人员培训,提高法制观念和技术水平,还采取经常性检查,突击抽查等措施,打假治劣。1998年3月,省农业厅、省工商局、省技术监督局和部分省直新闻单位,联合开展了以"打假保优、净化市场、提高质量,保障发展"为主题的兽药质量千里行

销毁假劣兽药现场

活动,给假冒伪劣兽药以沉重打击,有效保证了产品质量。对研制开发的兽药新产品,严格把关,进行规定的临床试验、验证,确认疗效确切,安全可靠,残留符合标

准之后，经过专家论证审评，才能投入批量生产。1998年底，全省有兽药厂43个，其中蚕药厂4个，鱼药厂1个；饲料添加剂厂33个，年产值4.3亿元，全省兽药经营以畜牧系统为主体，经营单位6 500多个，年经营额8亿多元，阜阳、合肥、太和三大兽药市场年经营额均超过5 000万元。

（潘 鑫）

江 西 省

【改革开放二十年回顾】 改革开放20年，江西省畜牧业取得了快速发展，成为农业和农村经济的支柱产业，为地方财政和农民增收作出了突出贡献，并成为东南沿海城市的重要动物蛋白供应基地。1998年，全省肉、蛋、奶分别比1978年增长6.25倍、6.23倍和9.65倍，人均占有肉蛋奶分别比1978年增长5.07倍、5.33倍和7.6倍，主要畜产品在全国的位次不断前移。畜牧业产值早已超过了粮食作物产值，占农业总产值的比重32.43%，确立了我省畜牧业在农业和农村经济中的重要地位。畜产品的快速增长，不仅丰富了省内城乡居民的"菜篮子"和改善人们的膳食结构，而且为保障沿海城市畜产品供给起到重要作用，每年有近千万头生猪，4 000万羽家禽和几十万头牛羊销往省外。畜牧业结构进一步优化，畜产品品种丰富，猪肉比重降至82.71%。随着畜禽良种的推广普及，优质畜产品比重逐年上升，其中三元杂交商品猪的比例占全省出栏总量的35.8%。

总结20年畜牧业改革与发展，认为最基本的经验有以下几条：一是突破"一大二公"统一经营的体制，确立按价值规律发展商品经济的新思路。随着以家庭承包经营为主的统分结合的双层经营体制改革的建立，畜禽养殖以家庭经营为主，充分激发了广大农民的积极性、主动性和创造性，解放了生产力，促进了畜牧业的快速发展。在坚持家庭联产承包制和坚持千家万户为主的同时，又不失时机地引导农民发展规模养殖，形成区域化养殖、专业化生产、社会化服务的新格局。

二是不断深化畜产品流通体制的改革，培育畜产品市场。自1985年开始逐步取消了统购、派购，单位和个体以不同的渠道和形式进入流通领域，民间流通成为经营畜产品的主力军。近几年推行的"实体＋农户"的产业化经营形式，正在逐步解决小生产与大市场的矛盾。畜产品专业市场和批发市场的培育与发展，对畜牧业生产起了有力的拉动作用。

三是加强社会化服务体系建设，为农民提供系列配套服务。畜牧兽医技术推广机构稳定、健全和队伍素质的提高，畜禽良种繁育体系建立和完善，以及饲料、兽药、牧业机械工业的发展壮大，有效地向农民提供了产前、产中、产后综合配套服务。

四是依靠科技进步，提高劳动者素质。通过实施"丰收计划"、"星火计划"，将良种、良料、良法、良管等单项技术组装配套，形成模式化操作向农民推广普及，通过技术培训和建立科技示范点，提高了农民的素质。加强农科教结合，实施科技兴牧战略，许多科技成果得到转化，畜禽生产性能提高、饲养周期缩短、产品质量明显改善，整个畜牧业科技含量提高。

五是增加资金投入，建设畜产品商品基地。国家、集体、个人多渠道筹措资金，利用国家基建经费、世界银行贷款、老区建设资金、农业综合开发项目、多种经营经费等，建立了一大批国家和省级畜产品商品生产基地，大幅度提高了畜产品商品率和畜牧业综合生产能力，为今后发展奠定了基础。

【1998年生产情况】 1998年初以来，畜产品出现市场疲软，价格持续下跌，6月份开始回升，又遭受近三个月的洪灾肆虐，全省畜牧业生产和农民收入损失惨重。面对市场风险和自然灾害的双重压力，各级党委、政府和业务部门与广大群众一道，发扬抗洪精神，千方百计帮助农民发展畜牧业生产，最大限度地减少市场振荡和洪涝灾害造成的损失，全年畜牧业生产仍然取得了较好成绩。生猪出栏2 271万头，比上年增长4.66%，存栏1 800万头，同比下降4.28%；牛出栏68.91万头，同比增长3.36%，存栏391.7万头，同比下降9.14%；羊出栏55.8万头，同比下降14.72%，存栏72.9万头，同比增长7.19%。地方良种家禽异军突起，推动了我省整个养禽业的较快发展，全年出笼2.25亿羽，同比增长6.57%，存笼1.76亿羽，同比下降4.21%。兔、蜂、鸽等特种养殖发展形势遇到较大阻力，全年兔出笼265万只、存笼154万只，同比下降23.78%和54.04%，蜂蜜产量0.65万吨，同比下降37.86%，特禽养殖968万羽，增长2.35%。全省肉类总产213.82万吨，同比增长2.73%，蛋产量33.67万吨，同比下降9.26%，奶产量4.73万吨，同比增长33.99%。由于今年价格跌幅大，灾害损失重，畜牧业经济效益不景气，畜牧业产值(现价)238.31亿元，同比减少6.86%，畜牧业产值比重下降0.8个百分点。但畜牧业仍是农民收入的重要来源，在农民纯收入中占有较大比重。在今年这种市场环境和自然条件不利的情况下，有效地防止了生产滑坡，这些成绩来之不易。

【畜禽良种推广】 从实际出发，制定了畜牧业良种繁育体系建设中长期发展规划，对畜禽良种繁育推广进行了合理布局，初步形成了"宝塔型"良种繁育网络。严格执行种畜禽管理法规，一方面整顿种畜禽场，提高供种质量；另一方面在基地县、重点县，强制淘汰劣质种畜，使畜产品良种比例明显上升。如赣州地区今年将生猪品种改良作为政府考核的重要内容，投资5 000

万元，用于更换劣质种公猪和建良种母猪扩繁场，为全区良种商品猪生产打下了坚实的基础。今年全省扩建种畜禽场34个，完善畜禽改良站58个，新建和扩建种猪祖代场（母猪扩繁场）200多个。同时引进国外优秀种猪双肌臀大约克。全省增加祖代、父母代种猪供应7万头，更换外来优质种公猪5 000头，良种公猪覆盖率90%以上。全年三元杂交猪增加100万头，占商品猪比重35.8%，增加4个百分点，其中纯三元猪比重达到10%，增加1个百分点，全省因淘劣更新种公猪，有400万头商品猪的质量得到改善。黄牛品种改良以重点县为突破口，进度加快，全省黄牛冷冻精液配种9万头，比上年增长5.3%，泰和、渝水、安福三县区已超过1万头。奶牛选育取得显著成绩，全国8头第一名种公牛安徽省占有5头。羊品种改良力度加大，引进了一批南江黄羊、波尔山羊和小尾寒羊等优良品种。地方家禽本品种选育和杂交改良进展加快，生产性能显著提高，全省增加地方优质肉禽2 000万羽，地方鸡良种覆盖率50%，水禽良种覆盖率60%。

【技术推广服务】　各级畜牧部门深入持久地开展科技下乡活动，组织畜牧兽医专家、技术员下乡2万多人次，发送畜牧科技资料100多万册，培训农民20万人次，建立各类畜牧业科技示范户近40万户，仅省畜牧兽医部门印发实用技术手册就达30多万份、技术挂图10万张，培训农民3 000人次，建立科技示范点10个。省畜牧局多次利用广播、电视、报刊、杂志向广大饲养户推荐不同区域、不同季节低成本养殖参考配方数十个，使低成本养殖技术进一步推广普及，规模养猪低成本技术覆盖率达到60%。如高安市畜牧部门建立3个低成本养殖示范自然村，以技术培训为切入点，引导农民“自繁自养、自配（配制饲料）自防”，利用当地丰富的稻谷资源养猪，养殖成本大大降低，在许多养猪户无利可图或亏本的上半年，3个示范村内的养猪户无一亏损，每头盈利60～100元，生产因此迅速增长，专业户不断涌现，3个村户均养猪30头以上。结合低成本养殖技术，种草养畜养禽技术也在逐步推开，全省饲料作物面积10.67万公顷，增加21%，其中牧草栽培面积取得大的突破，达到4.67万公顷，比上年增加3.8万多公顷。农牧结合、鱼牧结合、果牧结合、沼牧结合等立体养殖技术在各地普遍推广应用。全年低成本养殖转化稻谷300多万吨。农民运用科技，降低了养殖成本，提高了经济效益，对抵御今年的市场风险，稳定全省畜牧业生产发挥了重要作用。

【灾后恢复生产和扩群增养】　1998年江西省遭遇特大洪涝灾害，人民生命财产受到重大损失，大量畜禽因灾死亡，部分种畜禽场、基层畜牧兽医站等基础设施严重破坏。洪灾发生后，省畜牧部门紧急筹措款物折合人民币600多万元，及时送往灾区，并号召畜牧部门开展对口支援，捐赠药品、饲料，调剂种畜禽和商品仔畜禽苗，帮助灾区尽快恢复生产，发展短平快畜禽养殖项目，稳住了灾后畜牧业生产，许多受淹地区畜牧业生产出现良好的回升势头。在轻灾区、非灾区，积极动员农民抓住畜产品市场好转等有利时机，扩群增养。第四个季度，全省增加生猪出栏700万头，同比多30万头，增加生猪存栏64万头，同比多50万头，增加家禽出笼9 900万羽，同比多2 400万羽，增加家禽存笼2 200万羽，同比多700万羽。如崇仁县积极开拓麻鸡市场，实现了全县增养500万羽的目标；修水县灾后安排老区建设扶贫资金460万元、返还屠宰税20万元，用于畜牧业生产，并制定优惠政策扶持、奖励养殖专业户和生猪、山羊贩运大户，全县大灾之后畜牧业生产仍然保持了良好的势头。重灾区的波阳县，第四季度抓住仔猪价格低的有利时机，积极补栏，待来年重振旗鼓，全年生猪存栏略低于上年。

【兽医工作】　各级畜牧部门积极开展学习、宣传、贯彻《动物防疫法》的活动，全省兽医工作出现新的局面。基层畜牧兽医站坚持技物结合，广泛开展畜禽防疫技术承包，加强畜禽预防注射，全面开展产地检疫和白肉检疫，重点防治多发病和传染病，全省鸡新城疫注射密度在80%以上，猪瘟注射密度在92%以上，产地检疫密度保持在80%以上，畜禽死亡率均控制在国家规定范围内。为促进动物检疫工作，树立良好的执法形象，有59个地（市、县）畜牧部门开展了放心肉承诺服务。特别是面对这次大面积、长时间的洪涝灾害，省里一方面组织有关专家下到灾区巡回诊疗，另一面要求县乡兽医技术人员及时帮助指导栏舍清扫消毒和病、死畜禽无害化处理，对畜禽进行强制性免疫注射，在血吸虫疫区，坚持人畜同步，做好查病治病及灭螺工作，有效防止了大的疫病发生和流行，确保了大灾之年无大疫，保障了灾后畜牧业的健康发展。

【市场信息指导】　对全省畜牧业定点调查点进行了重新布置，建立了畜牧业生产、市场价格月报制度，与有关部门建立广泛的联系，及时收集各方面畜牧业信息，为全省畜牧业宏观决策指导畜产品生产经营起到重要作用。为拓宽畜产品外销市场，省畜牧局组织人员考察了沿海畜产品市场，与有关单位达成了初步的产销协议，为我省畜产品进入沿海市场创造了条件。今年，全省调往省外的活猪860多万头，活禽4 600多万羽，比上年分别增长2.6%和5.9%，另外还有大量的禽蛋、牛羊源源不断地输出。如生猪大县上高，面对市场疲软，积极发展民间畜产品流通组织，大力扶持个体贩运户，培育运销联合体，建立畜产品市场信息网络，全县有运销大户104户，车辆251部，外贸、商业、畜牧、乡镇场先后在广东、福建、上海等地设了十多个畜禽产品直销点，平均每天10车以上的生猪调往省外，全年外销生猪35万头，有效地缓解了“卖猪难”的问题。

【畜牧业一体化经营】 为解决生产与市场的矛盾，各地积极培植了一大批畜牧业产业化经营的典型，对这些典型在资金、政策上予以重点扶持。今年省政府集中资金用于农业产业化“龙头企业”建设，其中扶持畜牧业“龙头”建设项目的资金占一半左右。而且吸引了银行贷款、个人资金投向畜牧业产业化项目，一批畜牧业“龙头企业”、加工企业由此得到发展壮大。如崇仁县麻鸡集团，集种禽生产、产品加工、活鸡运销于一体，内联农户，外连市场，年外销活鸡150多万羽，销售种苗100多万羽和商品苗500多万羽，有力地带动了当地养禽业的发展。又如以饲料、兽药生产为主体的江西民星集团，又向畜产品生产与销售延伸，建立两个万头猪场，发展养猪专业户，形成稳定的生产基地，并在广东以股份合作形式建立生猪中转站和生猪批发市场，取得很好效益。在我省，一批陷入困境的国有畜产品加工企业，通过转制，初具“龙”形，不仅企业的经营管理水平提高，国有资产盘活，而且带动了养殖业发展。

【兽药饲料监察】 各级畜牧部门严格执行《兽药管理条例》，一手抓生产企业的整顿，一手抓流通领域的打假，兽药监察工作取得显著成绩。省兽药饲料监察所先后在全省各地兽药市场抽样200多批，查出了一大批假劣兽药，并依照有关规定进行了严厉处罚。如在临川市、吉安市先后查处了两个制假窝点，大批兽药被销毁，非法所得被没收，其中临川市的制假头目已被判刑，吉安市的制假案件也正在审理之中。这两起案件的查处，对全省震动很大，有力地推动我省兽药监察工作的顺利开展。全省饲料监察工作也取得明显进展，今年又有五个地市的饲料质检站通过机构审查认可。到目前为止，全省十一个地市有十个地市能独立开展饲料产品常规检测。农业部南昌饲料质量检测中心的建设进展顺利，仪器设备陆续购进，基础设施更具完善，检测水平大大提高，为我省饲料监察工作创造了有利条件。

【存在的问题】 从整个畜牧业发展态势来看，影响全年畜牧业生产和收入的几个比较突出的问题有，一是畜产品市场疲软，价格大幅下跌，养殖效益下降，挫伤了广大群众发展畜牧业的积极性；二是灾害给畜牧业造成很大的影响。全省因灾死亡家畜占存栏总量的2.7%，因灾死亡家禽占总量的3.6%，一些种畜禽场和农民的栏舍严重破坏，畜牧业损失巨大；三是畜牧业技术入户率仍然偏低。由于技术服务体系不够完善，许多实用技术很难及时到达农民手中；四是投入不足使畜禽良种繁育体系的技术水平和供种能力尚不能满足生产的需要；五是地方上乱收费、乱罚款的现象时有发生，部分县市借定点屠宰搞行业垄断经营和地区封锁，阻碍畜产品流通的现象还比较严重，农民的利益受到损害 1999年年畜牧业围绕“突出良种、力推良法、狠抓流通”三个工作重点，以党的十五大精神为指导，深入贯彻《中共中央关于农业和农村工作的若干重大问题的决定》，以市场为取向，依靠科技进步，提高产品质量，优化品种结构；深化畜产品流通体制改革，拓宽省内外市场；千方百计降低畜产品生产、经营成本，努力提高畜牧业经济效益，打破近年来缓慢增长的局面，推进我省畜牧业再上新台阶。

（刘　亮）

福　建　省

建国50年，尤其是改革开放以来，我省畜牧业连续20年持续发展。畜牧业已成为农村经济中的支柱产业，畜产品的增长对改善人民生活、出口创汇、带动相关产业的发展和社会稳定起了重要作用。同时畜牧业是我省广大农村产业结构调整和发家致富奔小康的重要途径，是一项富国富民的产业的，也是我省菜篮子工程的重要组成部分。

1998年福建省畜牧业产值达200.17亿元，比1978年提高10.1个百分点，增长5.33倍，占农业总产值的20.6%。特别是进入90年代，畜牧业生产发展更快，肉、蛋、奶等主要畜产品以每年平均12万吨的速度增长。

作为农业产业化主导产业，畜牧业具备诸多优势和潜力。表现在以下几方面：

1. 由于国家政策资金扶持和高科技的推动，我省已形成专业化、规模化、商品化生产，成为畜牧业生产发展的新动力。

2. 我省有较为完善的畜牧兽医综合服务网络，全省已建立22个畜牧水产局，1 156个畜牧兽医机构，67个畜牧兽医服务中心，83个兽医卫生监督所，有饲料加工厂777家，还有263个种畜禽生产单位已通过验收。已形成省、地、县、乡、村五级服务网络。

3. 具有丰富的饲草饲料资源，林间草地204万公顷，其中可直接利用的就有193.3万公顷，竹林面积68.1万公顷，居全国之首，发展草食动物的潜力很大。

4. 水禽生产和蜂业开发富有特色，我省水禽饲养占全国第三位，福建省蜂业科技含量为全国之首。

5. 我省拥有丰富的地方畜禽良种资源和60多个外来良种。

我省的金定鸭、山麻鸭、连城白鸭、白绒乌骨鸡、河田鸡、长乐灰鹅、莆田黑猪、槐猪等驰名国内外。

6. 闽、台、港澳经济联动中畜牧业起到主导作用。随着民间“三通”，福建省以近邻、高质、保鲜、短途运输的优势，保证供应港澳台畜产品，为台湾同胞、香港人民和澳门人民生活水平的提高起到保障作用。

鉴于福建省畜牧业取得的成就，1998年被国家农业部列为首批《无规定疫病区》建设项目省份之一。

【畜禽良种】

1. 采取有力措施，保障种畜禽生产稳定发展。各级政府关心重视种畜禽生产。一是在政策上给予扶持。省政府在实施“九五”规划中，已经将种畜禽生产列入“种子工程”，通过省科委进行实施。各地各级政府也纷纷出台有关政策，大力支持种畜禽生产，推进畜禽良种化进程。龙岩市委、市政府《关于1999年经济和社会发展工作的基本思路》中，把畜牧业列入龙岩市农业和农村工作的三大支柱产业之首，其中把发展的重点放在开发优质畜禽品种，如瘦肉型猪、长汀河田鸡、连城白鸭等。晋江市政府1998年出台《进一步扶持发展农业生产的若干规定》，其中有3条专门针对畜禽良种繁育体系规划内的，并通过验收的种畜禽场，采取优惠政策，包括享受优惠贴息政策、建设用地优惠政策、2年内给引进良种猪补贴政策等。二是在资金外给予倾斜。除国家给我省在发展瘦肉型猪、地方良种种质资源保护等给支持20万元外，省计委、省经委、省财政厅等有关部门也给予大力支持。同时，各地也出台各种扶持政策，如各级政府及有关部门对长汀县开发河田鸡投入资金达101万元；龙海市政府拨出发展瘦肉型猪专项贷款2 000万元；永安市拨专款50万元，用于母猪定位栏设施建设；闽侯县有关部门拨出6万元，扶持贫困山区延坪、大湖两乡，引进四川麻羊和福清山羊发展养羊业。

各地政府和有关部门，都能从不同角度，重视和扶持种畜禽生产和基础设施建设，保证畜牧业生产稳定健康地发展。

2. 加大科技推广力度，提高畜禽品种质量。由于我省近几年来良种繁育水平和层次的不断提高，以及畜牧业生产格局发生变化，生产者对变更生产对象和吸纳新技术的要求呼声日增，1998年，种畜禽科技推广研究工作主要有以下几方面：

(1)开展科技下乡活动。通过举办实用技术培训、讲座咨询等形式对基层技术人员以及种畜禽饲养场(户)人员的培训，提高技术人员水平和生产者素质。

(2)攻克有推广意义项目。一是《瘦肉型良种猪选育与配套技术研究》、《山麻鸭配套系》以及白羽半番鸭的推广等都取得进展，其中山麻鸭选育已有5个世代。二是漳州市畜牧兽医站组织研究推广小猪早期断奶(28日龄)技术与鸭人工授精、鹅人工孵化等也取得成效。同时，芗城区、长泰县推广水牛杂交改良，利用本地水牛与南亚摩拉水牛、尼里水牛杂交，生产高品质的水牛奶，目前正在大面积推广。三是，全省各地较大规模地开展本地鸡杂交组合试验，开发新的肉鸡发展途径。福建“三农”为进一步推动优质肉鸡的科研与生产，10月份还在武夷山市召开包括中国内地、香港、台湾“优质鸡改良、生产和发展”的研讨会。四是，推广海兰高产蛋鸡生产，已很普及。五是大力发展南江黄羊、四川麻羊。福州市利用福清山羊与四川麻羊杂交，取得成果，杂交一代每年供种苗达80万只，由于肉质好，深受欢迎。六是，地方优良品种开发利用有新进展，如河田鸡火爆榕城，连城白鸭已建成年饲养种鸭6 000只，提供种雏15万只规模的原种场，种苗已远销北国黑龙江虎林地区。1998年，我省探讨开发适应市场需要的畜禽品种，正在向深度和广度发展，努力提高种畜禽的质量。

(3)继续引进优良畜禽品种。1998年，向法国引进白番鸭R51种苗2 000多只；向省外引进良种的有龙海市PIC祖代配套系种猪300头；据统计，全省从四川引进南江黄羊种羊约500只；从广西引进摩拉水牛15头。南平市延平区奶牛生产结合开发乳制品加工，从省内外引进种奶牛1 000多头，一个较大规模奶牛生产、加工基地，已初步形成。

3. 加强种畜禽依法管理，规范种畜禽生产，提高种畜禽整体质量。一是结合年初农业部发布的《种畜禽管理条例实施细则》(下称《细则》)，开展一次全省性种畜禽管理法规大宣传，省农业厅下达《关于认真学习贯彻实施农业部＜种畜禽管理条例实施细则＞的意见》，将《条例》、《细则》与贯彻意见汇成小册子，分发到地市、县(市、区)畜牧部门和种畜禽生产单位及有关部门，广为宣传。长汀县翻印《条例》1 000份，有关宣传材料3 000多份分发到各种畜禽场和乡镇有关农户。漳州市各县通过宣传车宣传，会议贯彻、印发《条例》、《细则》，帮助生产者和经营者提高对加强种畜禽管理的认识。二是为完善申办新办种畜禽场和申报领取《种畜禽生产经营许可证》(下称许可证)制度，年初省里还制定了《关于种畜禽生产经营申报、审批和发证制度的通知》，严格按有关手续和程序申报建场、申请核发许可证，使种畜禽生产有序进行。三是根据农业部农牧畜发(1998)80号文件精神，在全省范围内开展第三次种畜禽场验收，核发全国统一的许可证。经过全省各级畜牧部门3个月的努力，抓紧抓好，多数地方成立了种畜禽场验收评审小组，进行严格验收审查，取缔不合格场，各地市、各县(市、区)现已完成验收、审定工作，上报到省畜牧行政主管部门审批，根据统计，这次通过验收的场达到263个。四是成立一支种畜禽执法队伍。各级畜牧行政主管部门都推荐选派出思想品德好、业务素质高的在职干部，承担执法任务，经批准种畜禽监督员共256个。五是开展种畜禽监督工作，福州市对供种有严重质量问题的场，处以吊销许可证处罚，限期整改。六是对各地市种畜禽监督员的负责人进行一次执法培训，比较系统地对有关法律、法规等进行集中学习、探讨，提高种畜禽执法人员的执法能力和水平。

4. 搞好良种畜繁育体系建设和畜禽良种工程的规划。1998年，省和各地市已经将畜禽良种繁育体系建设规划的粗线条制定出来，基本按照各地不同的自然条件、地理环境以及资源配置拟定规划。同时，农业部安排我省到2002年良种工程建设项目规划，其中猪原种场1个、扩繁场8个、改良站15个；牛品种改良站5个；禽原种场1个、父母代场5个、水禽场2个，共计37个场，均上报审批。今后，将按规划的布局进行实施。

【饲草饲料】 我省天然草地资源丰富，面积达200多万公顷，为耕地面积的1.7倍，但除了少部分被开垦为果园、茶园外，绝大部分尚未开发利用；在农作物秸秆资源方面，全省每年可生产1 000多万吨的秸秆，尽管前几年全省累计建立十几个秸秆养畜示范县，但是由于受牛肉市场一直不景气等多种因素的影响，目前秸秆的处理利用率仍然很低。此外，我省尚有大量的弃耕农田、冬闲田和幼龄果园，且立地条件优越，开发利用潜力很大。从当地牧草生长的角度看，冬季缺“青”严重。我省天然草地的本地牧草均属暖季型的品种，4月至9月生长茂盛，虽草质差些，但仍可基本满足现有饲养规模在量上的需要，而10月至翌年3月，在这长达6个月的时段内，本地牧草要么枯死，要么处在宿根状态，饲草供应十分匮乏。从饲草营养价值的角度看，未经改良的天然草地的牧草其营养成分含量低，且营养素不平衡；稻草粗纤维含量虽高，但纤维细胞壁坚硬，消化率低，饲用后只能满足牛体的维持需要。总之，我省现有饲草资源的质量与效益型的草食动物生产是不相适应的。

推广以饲料添加剂为主的综合配套技术是提高我省草食型畜禽个体生产性能的重要途径和主要措施。在我省的诏安县也曾在种鹅饲料中添加激蛋素，有效地提高了种鹅的产蛋率和年产蛋量。1998年全省有饲料加工厂777家，年生产饲料156万吨。

【兽医工作】 《动物防疫法》实施以来，全省畜牧兽医行政管理部门，开展各种形式的宣传活动，通过各种新闻媒介，加大《动物防疫法》及有关法规的宣传力度，仅1998年，有关动物防疫工作宣传报道在省、地、县各类电视台新闻或专栏就播出38台(次)，有两次被中央台新闻、经济半小时摘播，扩大了《动物防疫法》学习、宣传、贯彻力度。

1. 加强领导，健全完善动物防疫监督队伍。各级畜牧兽医行政管理部门，充分把握《动物防疫法》颁布实施的有利契机，完善动物防疫监督机构，目前，全省已建立1个省级、9个地(市)级、73个县(市、区)级的兽医卫生(动物防疫)监督所，形成省、地、县三级监督管理网络，逐步依托乡(镇)畜牧兽医站，建立起县级动物、动物产品检疫申报站(点)，健全6个省属、4个县属的省际间动物检疫监督检查站，建立健全动物检疫执法、监督的有关规章制度。全省目前拥有一支由3 015名动物检疫员、496名动物防疫监督员组成的动物防疫执法队伍。这些执法人员全部参加了省里组织的《动物防疫法》基础知识考试，还参加各地组织的不同类型的业务技术、基本技能、法律知识的培训班、学习班、研讨班，省里专门举办一期全省兽医卫生(动物防疫)监督所所长培训班，邀请了省政府法制局、省高级法院、福州动植物检疫局等有关专家、领导授课，各地也开展不同形式的培训，这些都为确保动物防疫工作的顺利开展，打下坚实基础。

2. 积极争取，及时出台与动物防疫监督相配套的规范性文件。为了认真贯彻《动物防疫法》，结合我省实际情况，及时出台了十多个重要的规范性文件，如《福建省人民政府关于省际边境动植物检疫工作的批复》、《福建省人民政府办公厅转发省农业厅关于贯彻实施＜中华人民共和国动物防疫法＞意见的通知》、《福建省物价委员会、福建省财政厅、福建省农民负担监督管理办公室关于动物、动物产品收费标准的批复》、《福建省农业厅、贸易厅关于加强生猪等动物定点屠宰、集中检疫的通知》、《福建省农业厅关于动物检疫有关具体规定》、《福建省农业厅、财政厅关于印发〈福建省动物及动物产品检疫费用使用管理规定〉的通知》等，在文件的出台过程中，得到省政府及有关部门的大力支持，这些都是政策性很强、含金量很高的文件，对促进我省动物防疫工作起到积极的推动作用。

3. 强化监管，加强检疫证、章、标志管理。严格按照农业部的要求，从1998年元月底起，全省实行新的全国统一的肉品检疫验讫印章，共更新1 254套印章，从1998年10月1日起，全省使用新的全国统一的检疫证照。从1998年7月1日起全省使用统一由省财政厅监制的《福建省动物、动物产品检疫费用专用收据》，做好上下级和同级间检疫票证的申领、登记、发放、使用、核销等监督管理。1998年共发放各种检疫证37.87万份，动物防疫合格证3 173份，考核证2 045份，委托证书590份，推进了动物检疫规范化管理工作。

4. 依法治疫，全面深入开展动物防疫监督工作。根据农业部关于动物防疫和检疫“四到位”工作要求，制定的《福建省农业厅关于“九五”动物防检疫工作目标》，并围绕这一目标，广泛深入开展动物检疫监督工作。

一抓检疫。一是加强动物检疫，把动物疫病控制并消灭在产地、基层、源头。按照农业部《"九五"动物防检疫工作目标》要求，我厅专门制定出《福建省农业厅关于动物检疫工作具体规定》、《福建省农业厅关于动物检疫合格验收规定》，并以厅文下发全省地、县，要求各地制定出切实可行的实施方案，使检疫工作真正成为政府行为。在全省畜牧兽医工作会议上，对动物检疫工作进行全面布置，1998 年底，全省乡（镇）总数 1 005个，动物检疫开展乡 860 个，开检率 85.6%。目前漳州、南平等地工作已全面铺开。

二是强化动物产品检疫。今年初，以《动物防疫法》、《生猪屠宰管理条例》同时实施为契机，我省农、商两家共同协商，并联合下去调研，突击检查一些地、县的定点屠宰场后，以两厅名义联合下文，进一步规范了我省贯彻"定点屠宰、集中检疫"的管理制度。1998 年底全省动物屠宰场（点、户）数 8 177 个，已开展动物产品检疫的场（点、户）8 176 个，开检率 99.8%。已全面开展动物产品检疫工作，保证了全省肉品卫生质量，让人民吃上"放心肉"。

二抓监督。一是加强动物交易市场的动物检疫监督，要求动物进入交易市场必须凭动物免疫证或动物检疫合格证，方可进场交易，否则将进行重新检疫。1998 年底全省动物交易市场数量 428 个，开展检疫监管数 298 个，市场开检率 69.63%。

二是加强定点屠宰场动物进场前的检疫监督。目前全省生猪等动物定点屠宰场（点）已达 300 多个，各级动物检疫机构对进入定点屠宰场的动物进行验证检查，要求生猪等动物凭动物检疫合格证方可进场，否则，要实施补检，并加倍收取动物检疫费，以便促进动物产地检疫工作。

三是进一步强化农贸市场的检疫监督，要求动物产品进入农贸市场必须凭动物产品检疫合格证，方可进行交易，否则将依法进行补检，视情况加倍收取动物产品检疫费。1997 年底，全省农贸市场数 1 519 个，开展检疫监督数 1 510 个，开检率 99.4%。

四是全面实行动物、动物产品运输检疫监督。1998 年 2 月 5 日，省政府根据动物防疫监督工作现状，批复我厅已停止上路两年半的省际动物防疫监督检查站（简称边检站），恢复上路执行临时性动物防疫监督任务到 10 月 31 日止，12 月 18 日省政府又再次批复我厅省际边检站延长临时检查期限至 1999 年 10 月底，据统计，省际边检站上路到 10 月底，共查验运输动物及动物产品车辆 2.5 万辆，其中消毒车辆 1.9 万辆，查验过境动物 804 万头（只、羽）等，并对检出病死动物 5 543头（只、羽）和检出来自荷兰疫区走私的猪产品 32.1 吨（价值 28.8 万元），在动物植物检疫局等部门监督下，进行就地深埋、烧毁等无害化处理。上路共处理违章调运动物、动物产品案件 345 件（结案率 100%），有效地促进了动物产地检疫工作，严防动物疫病的传播，保护了畜牧业的健康发展。

一年来，我省动物防疫监督工作，在全省各级动物防疫监督机构共同努力下，做了大量的工作，但同时必须看到，目前这项工作仍存在许多问题，突出表现在：动物防疫监督工作尚未形成制度化、规范化、程序化，产地检疫开展力度不够，动物防疫监督机构不健全，人员少，队伍素质有待于进一步提高，检疫行为不规范现象时有发生，监督手段落后等，这些问题没有及时解决，将严重影响我省动物防疫监督工作开展。

【闽台经济技术交流活动】 福建在地理位置上与台湾一水相隔，语言相通，习俗相近，是台湾同胞主要的祖籍地，在两岸关系的发展中具有特殊的地位和作用。1997 年 4 月 19 日，我省福州、厦门两港与台湾高雄港开始试点直航，结束了海峡两岸间 50 年没有商船直航的历史。1998 年年底，台湾交通部也拟开放港口与湄洲湾直航，这些举措均对实现两岸直接三通具有重要的意义。

福建省涵江蜂产品基地是农业部定点建设的优质蜂产品基地之一，也是福建省唯一的蜂产品生产、加工、出口基地，并位于闻名遐迩的妈祖故乡，处于闽东南经济区中部"黄金海岸"福厦路中心。1992 年国务院批准湄洲岛为国家级旅游度假区，赋予湄洲岛更加开放的优惠政策。农业部也于 1991 年下达（农）计字第 10 号文件，要求把涵江蜂产品中心建立的湄洲岛种蜂场基地建设成为闽台及面向东南亚的蜂产品出口基地。

涵江蜂产品开发中心自成立以来，非常重视与台湾蜂业界的联系与合作。早在 1991 年 7 月份，台湾蜂业界的的各类代表一行共 30 多人来闽考察，他们对该中心蜂产品基地从蜂产品的生产、加工到出口给予充分的肯定，同时对蜂场的管理、蜜蜂饲养技术、蜂产品深加工和国际蜂业的接轨等方面提出了难能可贵的意见。1992 年初，涵江区养蜂协会向上级申报的"养蜂生产管理技术引进项目"得到国务院引智办立项批准后，先后多次邀请台湾养蜂协会理事长、理事、养蜂专家等前来作专业指导，除了交流、引进先进的养蜂技术外，台湾方面还邀请我们组团赴台考察，使闽台蜂业交流向纵深发展。

在闵台蜂业交流的同时，还鼓励外资在福建办种畜禽企业。福建是全国著名的侨区。台胞、侨胞爱国爱乡，都愿意在家乡投资建设。近年来，在我省投资经营种畜禽企业势头方兴未艾。投资的特点，一般起点高，规模大，资金雄厚。目前，外商在漳州市投资的已有 5 家，兴办的种猪场规模均在 400～600 头左右；台商在仙游县榜头镇兴办的"亿松农业开发有限公司"，计划投资 1 亿元，已建猪舍 13 幢，建筑面积 1.2 万平方米,已饲养长白、大约克、杜洛克等种猪1 380头。外资办畜禽场,对发展我省种畜禽生产将产生重要影响。

(刘玉梅)

山 东 省

【概况】 山东省地处黄河下游,东临黄海、渤海,总面积15.67万平方千米,其中耕地666.6万公顷,总人口8 838.2万人,其中农业人口6 520万人。属暖温带季风性气候,四季分明,雨热同季,年平均气温11~14℃,适宜多种畜禽和农作物的生长。山东农业生产发达,年粮食产量4 000多万吨,其中玉米2 000多万吨。小麦、玉米、大豆、薯类等可用于喂养的农作物秸秆资源丰富,年产量在5 000多万吨。全省共有草地166.67多万公顷。此外,还有大量的麦麸、花生饼、豆饼、棉籽饼等可用于发展畜牧业。山东畜牧业发展历史悠久,牛、羊、鸡、猪、兔等畜种门类齐全,地方畜禽品种众多,拥有鲁西黄牛、小尾寒羊、里岔黑猪、莱芜猪、青山羊等一批著名地方畜禽品种,其中小尾寒羊具有体格大、成熟早、繁殖率高(平均250%以上)、生长发育快、遗传性能稳定、肉质好等特点,被列为"国宝"。

【改革开放二十年】 党的十一届三中全会以来,我省畜牧业生产有了长足进步,从传统的家庭副业发展成为农业和农村经济中的重要支柱产业。80年代初,在农村实行的"家庭联产承包责任制",推行牲畜作价到户,实行户有户养,解放了生产力,极大地调动了农民发展畜牧业的积极性,到1980年,畜牧业年均递增速度达到10.5%,占农业总产值的比重由1978年的11.9%提高到15.5%。1985年,随着国家取消对生猪生产的统派购制度,全面放开畜产品市场和价格,畜牧业率先走向市场。1986年12月份,省政府召开全省畜牧工作会议,提出了"面向市场,进一步调整畜牧业生产结构,加强瘦肉猪改良和积极发展草食家畜、家禽,面向市场,坚持放开搞活,促进专业化饲养,围绕服务,加强畜禽基地建设和搞好畜牧兽医业务建设"的指导方针。1987年6月,省委、省政府在诸城召开现场会议,总结和推广当地组织的以肉鸡生产为主要内容的商品经济"大合唱"的经验。同年12月,省委、省政府发出了《关于加快畜牧业发展的若干规定》,进一步提出了要把加快畜牧业发展作为当前和今后一个时期调整农村经济结构的重点来抓。这一系列政策措施的出台,加快了我省畜牧业发展的步伐,到1990年年均递增速度达10.3%,占农业总产值的比重提高到20.5%。进入90年代,山东省委、省政府把畜牧业作为实现高产优质高效农业的重要突破口,各地按产业化组织生产,使畜牧业年均递增速度达到20%。到1998年,全省畜牧业产值达到553.43亿元(按1990年不变价计),占农业总产值的比重提高到33.5%。经过20年的发展,山东畜牧业发生的一系列巨大变化表现在:

畜产品产量大幅度增长,供给状况发生明显变化。到1998年,我省肉、蛋、奶产量分别达到699.5万吨、416万吨、73万吨,人均占有肉、蛋、奶分别由1978年的8.49千克、3.14千克、0.84千克提高到1998年的80.40千克、47.82千克、8.39千克,分别增长9.5倍、15倍、10倍。畜产品不仅满足了本省城乡市场的需要,而且每年有100多万吨鸡蛋、1 000多万头生猪、100多万吨禽肉以及其他畜产品销往外省或出口。

以猪为首的生产格局向高效节粮方向转变,生产结构进一步优化。1998年,全省养鸡业产值占畜牧业产值的近一半。牛羊禽兔肉产量占肉类总产量的比重达到50.42%,比1978年增加了42个百分点。

由粗放养殖向科学养殖转变,生产水平大幅度提高。全省畜牧科技成果推广应用率达到60%以上,科技进步在畜牧增产中的贡献率达到50%以上。生猪、鸡蛋的料重比分别由1978年的5∶1、3.5∶1提高到3.5∶1、2.5∶1。畜禽疫病死亡率得到有效控制。畜牧业科技的推广应用直接给农民增加收入或降低成本带来的效益每年高达20多亿元。

由分散粗放饲养向集约化生产转变,规模饲养发展迅猛。全省规模饲养场户发展到90多万个,规模饲养量占整个畜禽饲养量的50%以上。其中年出栏千头牛、万头猪、十万只鸡以上的规模养殖场、户500多个。各类畜牧养殖小区发展到1万多个。

由单体松散运作向产业化运作转变,区域化生产布局日益明显。全省各类畜牧龙头企业发展到5 000多家,产值达到400多亿元,其中大型畜产品加工龙头20多个;建立和完善了畜禽及其产品专业批发市场240多个,年交易额过亿元的6处。

由封闭向全面开放转变,对外开放成果显著。全省畜牧三资企业发展到500多个,累计引进外资8亿多美元。畜产品及其加工产品年出口创汇额达5亿多美元,约占全省农副产品出口创汇额的1/4。畜牧业已成为我省对外开放最具活力的产业之一。

【1998年畜牧业生产情况】 1998年,在山东省委、省政府的正确领导下,我省各级畜牧部门认真贯彻党的十五大和十五届三中全会决议以及全国、全省农村工作会议精神,以建设畜牧业强省为目标,围绕畜牧业增产、农民增收,积极推进畜牧产业化经营,克服了上半年畜产品价格下跌、市场疲软等不利因素,畜牧业生产稳定发展。全年肉类总产达到699.5万吨,蛋类总产416.2万吨,奶类总产73.4万吨,分别比去年增长1.19%、7.06%、-8.10%。全年畜牧业总体发展形势良好,市场畜产品供应充足,生产稳步发展,经济效益有所回升。一是牛羊等草食畜发展较快,价格平稳。一

现代化养猪

集约化养鸡

头杂交牛当年可创收千元以上，一只山羊也在百元以上。据统计1998年全省牛存栏1 269万头，羊存栏4 046万只；全年共出栏牛480万头，出栏羊4 252万只。二是生猪稳定发展。全省生猪存栏3 092万头，增加325.57万头，增长11.77%；生猪出栏4 180万头，增长7.76%。三是家禽生产有升有降。家禽存栏7亿只，下降14%；禽类出栏13亿只，与1997年基本持平。

【科技兴牧】 一是以省良种产业化开发工程为龙头，加快了良种的引进、繁育和推广步伐。省财政在前3年投资2 690万元的基础上，1998年又投入750万元，从国外引进了50头良种肉牛、100只波尔山羊和200头瘦肉猪良种，启动了省家畜胚胎移植中心项目。二是通过继续开展畜牧科技推广年活动，省里投入300多万元，实施了"丰收计划"、送科技成果下乡、技术培训、科技示范、技术推广等项目，加大了品种改良、青贮氨化、饲料生产、饲养管理、环境控制、疫病防治等技术推广力度，提高了实用技术的登门入户率和广大饲养者的技术水平。三是围绕畜牧业生产的关键环节、关键技术问题，组织科技攻关。在继续实施好国家和省重大科技攻关项目的同时，省畜牧局也从今年设立了畜牧科研项目，为畜牧业提供了强有力的技术支撑。科技对促进畜牧业经济增长方式的转变发挥了越来越重要的作用，肉鸡、兔、蛋鸡、生猪、肉牛、肉羊等畜禽良种覆盖率分别达到100%、90%、90%、85%、30%、10%。生猪出栏率由54%提高到140%；出栏猪瘦肉率达到53%；科技进步在畜牧业增产中的贡献率已达50%以上。

【畜牧产业化】 全省现已发展各类畜牧生产、加工、运输企业5 000多家，年产值达400多亿元，其中利税过千万元的大型畜产品加工龙头20多家。其中诸城外贸集团，仍是山东畜牧龙头企业的排头兵，年屠宰肉鸡6000万只，产值35亿元，利税1.1亿元。临沂金锣集团当年新增生猪加工能力100万头，总加工能力达到400多万头，该集团还对当地生猪实行最低保护价收购政策，带动了当地生猪生产。青岛雀巢集团当年增加投资2 000万美元，处理鲜奶能力新增9000吨。安丘大江企业集团带动养殖户1 000多个，实现产值2.1亿元，利税1 900万元。目前，全省已建立国家和省级畜牧生产基地150多个，基地生产的畜产品产量占全省生产总量的70%以上。全省规模饲养场、户发展到90万个，规模饲养的畜禽量占全省总量的50%以上。建立和完善了畜禽及其产品专业批发市场300多个，年交易额过亿元的达10多处。参与畜禽及其产品加工运销的农民达百万人。产业化组织形式进一步完善，出现了莱芜养猪协会、泰安畜牧合作社、临沂生猪合同保护价、莱阳股份合作制等一批好的典型。

（山东省畜牧局供稿）

河　南　省

河南地处中原，气候温和，资源丰富，交通便利，非常适于畜牧业的发展。建国以来特别是改革开放20年来，我省畜牧业持续、快速、健康发展，已由"养猪为过年、养牛为耕田、养鸡换油盐"的落后的传统畜牧业向商品化、规模化经营发展，进而又步入了产业化发展的轨道。畜牧业的发展，有力地带动了饲料、食品、兽药、皮革、纺织及冷藏、贮运等相关产业的发展。1998年，全省畜牧业产值占农业总产值的比重达到了36.1%（按1990年不变价计）。畜牧业已成为农业产业化的突破口和承农启工的中轴产业，成为全省农业和农村经济的重要支柱产业和农村经济新的增长点，取得了巨大的成就。

【改革开放成就斐然】 改革开放20年来，河南省畜牧业持续、稳定、快速发展，主要生产指标大幅度增长。与1978年相比，全省肉类总产量达461.6万吨，增长8.5倍；禽蛋产量达229.3万吨，增长15.9倍；奶类产量达12.3万吨，增长8.6倍。生猪出栏达3 592.9万头，增长3.95倍；牛出栏达551.8万头，增长72.0倍；羊出栏达2 38.1万只，增长15.1倍；家禽出栏36 578.6

万只,增长32.6倍。畜禽存栏等指标也大幅增长。在产业结构调整、良种繁育推广、基地建设、产业化经营、防疫灭病、依法治牧及利用外资等方面都有长足发展,并取得辉煌成就。目前,河南省各项畜牧业主要生产指标均居全国前列。

【1998年生产情况】 1998年,受亚洲金融危机和国内洪涝灾害等诸多因素的影响,河南省和全国一样,出现了畜产品市场需求不旺、价格下跌、效益下滑的局面,畜牧业生产形势较为严峻。上半年,我省畜牧业生产效益较低,尤其是生猪生产一波三折,3月份后仔猪、毛猪和猪肉价格一直走低,到6月份降到了最低点,猪粮比价为1:4.21。8月份,畜牧业生产开始走出低谷,价格全面回升,养殖效益不断提高。生猪生产从第三季度开始回升,猪粮比价由6月份的最低点回升到1:5.38。进入四季度后,生猪生产效益较好,10月份和11月份猪粮比价分别为1:5.93和1:5.77,均在盈利水平线以上,12月份有所下降。家禽生产自2月份以来开始走出低谷,蛋粮比价由最低点1:4.28上升到11月份的1:5.42。同时,玉米、豆粕等主要饲料原料和猪鸡配合料的价格均较低,畜牧业生产成本也相应降低,生产效益不断上升。饲料生产由于受养殖业生产形势低迷的影响,饲料产量基本持平,企业经济效益有所下降。

由于省委、省政府的高度重视,各有关部门的大力支持,特别是全省畜牧战线广大干部职工的艰苦奋斗,我省畜牧业仍保持了持续、快速、健康发展的势头。全省肉类总产量达到461.6万吨,同比增长14.5%;禽蛋产量达229.3万吨,增长13.9%;奶类产量达12.3万吨,增长16.6%。生猪出栏达3 592.9万头,增长15.0%;牛出栏551.8万头,增长18.7%;羊出栏达2 368.1万只,增长7.9%;家禽出栏达37 127.8万只,增长1.5%,各种畜禽存栏也有不同幅度的增长。饲料总产量达400万吨左右,与上年持平,其中配合料约300万吨,浓缩料约90万吨。

【生产发展特点】 1998年我省畜牧业生产呈现出八个特点:一是各级领导更加重视发展畜牧业,切实把畜牧业放到了更加重要的位置,把畜牧业作为农村经济新的增长点和农民增收的一个重要途径来抓,制订了许多切实可行的政策措施。二是广大农民群众发展畜牧业的积极性更加高涨,其他行业和一些城镇职工也积极投资于畜牧业生产。三是畜产品市场竞争日趋激烈,有效地促进了畜牧生产、加工、销售等环节管理水平的提高。四是畜牧业生产的波动周期缩短,广大饲养者把握市场和适应生产波动的能力增强,能够在生产低谷或高峰时及时调整生产规模和结构,向结构调整要效益。五是广大生产者更加注重应用科学技术,提高畜牧业发展各个环节的贡献率,向科技要效益。六是畜牧业规模化、专业化的进程加快,一批畜牧龙头企业经受了市场风险的考验,其辐射带动能力进一步增强,畜牧产业化发展步伐加快。七是畜牧业产业结构和产品结构调整已引起广泛关注,一些地方结构调整已取得明显成效。八是特种经济动物养殖日益受到一些投资者的重视,已形成了常规畜牧业的补充。

与此同时,也出现了一些影响我省畜牧业发展的因素。其一,个别地方对发展畜牧业的认识不足,尽管也重视畜牧业发展,但与十五届三中全会的要求有较大差距,未能及时把畜牧业放到更加重要的位置。其二,基础设施和服务体系建设较为薄弱,特别是良种繁育体系和动物防疫检疫体系建设不能适应畜牧业快速发展的要求,一些地方动物疫病又有抬头现象。其三,科技队伍建设急待加强。一方面,科技队伍缺乏必要的工作和生活条件,相当多的地方基层站"三定"工作至今没有落实到位;另一方面,一些科技人员素质差,观念陈旧,服务意识淡薄,不愿走向基层建功立业。其四,依法治牧工作仍较薄弱,法制宣传不够,法制意识不强,机构不健全,执法手段和装备设施落后,执法队伍整体素质不高。其五,畜牧业投入不足,基础设施建设缓慢。突出表现为配套资金落实较差,事业经费严重不足,在一些地方,省委、省政府制定的扶持畜牧业发展的政策未能很好地落实,如省政府去年计划重点扶持的畜牧产业化龙头企业,始终未能落到实处。

【工作重点】

1. 调整和优化畜牧业产业结构和产品结构。一是优化产业结构,生猪生产稳定存栏,主攻出栏,提高出栏率;家禽生产着重提高生产水平,讲求经济效益,力避大起大落;利用我省资源优势,大力发展秸秆养畜,特别是肉牛和肉羊生产;挖掘资源和市场潜力,下大力气发展奶业生产,在大中城市郊区,重点推广奶牛产业化试点建设,努力形成"龙头企业加基地加农户"的产业化格局,改变我省奶业生产的落后面貌;因地制宜、因势利导促进兔、鹅、鸭等草食型畜禽及特种经济动物养殖业健康发展。二是调整畜禽良种结构,实施畜禽良种工程,重点发展瘦肉型猪、良种肉牛和肉羊、黄羽肉鸡等适销对路的良种畜禽,形成良种畜禽结构的科学组合,不断提高良种覆盖率和生产水平。三是优化畜产品结构,通过技术改造发展畜产品加工企业,形成一批技术先进、管理科学、质量优良、效益显著的具有相当规模的名牌企业群,发挥龙头企业的辐射带动作用;大力开展精、深加工,提高产品附加值,通过加工增值,延长产业链条,并增加花色品种,满足不同层次的消费需求;实施名牌战略,开发名牌产品,提高产品知名度和在国内外市场占有率,扩大畜产品出口创汇。

2. 积极推进畜牧产业化经营。深入贯彻落实全省畜牧产业化经营工作会议精神和省委、省政府下发的《关于推进畜牧产业化经营,进一步加快畜牧业发展的意见》,在市场、龙头、基地、科技、利益、机制等各个环节上下功夫。抓好"龙头"企业建设。集中人力、物力、财力对已经有了一定规模且科技含量高、辐射带动能力强的"龙头"企业进行扶强扶壮,增强"龙头"企业辐射带动能力;引导"龙头"企业与养殖户结成可靠的利益共同体,使养殖户不仅在生产环节受益,而且能够分享产品加工、流通环节的利润,改变其单纯原料供应者的地位;大力加强畜牧业生产基地建设,根据资源分布和"统一规划、合理布局、相对集中、高产高效"的原则,建立各具特色的产业化生产基地,发展规模经营,提高集约化水平;通过社会化服务、产业化经营,带动千家万户共同走向市场,创造规模效益。

3. 实施科技兴牧战略。首先,进一步推广普及了畜禽良种及综合配套饲养、畜禽疫病综合防制、配合饲料和秸秆青贮氨化等畜牧业各项先进实用技术。其次,建立健全了培训机制和科技服务体系,提高全省畜牧工作者和饲养者的科技素质。其三,加强了与生产、教学、科研单位的协作,开展联合攻关,加快科技成果转化步伐,提高科技成果转化率,促进畜牧业经济增长方式的转变。其四,强化了基层科技推广网络建设,稳定基层队伍。其五,积极引导畜牧部门科技人员采取科技承包等多种有效形式,扶持本地畜牧业及相关产业的发展。

4. 加强服务体系建设。一是坚持开发我省畜禽品种资源与引进推广国内外优良品种相结合、纯种选育提高与杂交利用相结合,搞好新品种(品系)培育工作,培育出了适应我省社会、经济、自然条件的优良畜禽品种,解决了当前畜禽良种供种能力不足的问题;二是大力进行了畜禽品种改良,重点抓好牛的轮回杂交和猪、鸡的经济杂交,不断提高畜禽生产性能;三是大力实施了动物保护工程,加强畜禽重点疫病防治,降低畜禽病死率,提高畜产品质量;四是建立健全省、地(市)、县(市)动物疫情诊断监测体系,动物检疫体系、兽医卫生监督体系和四级冷链体系,使各级动物防疫、检疫、监督机构的建设适应工作需要,实现动物疫病诊断、防治、检疫、监督、兽药监督管理的制度化、规范化、科学化。

5. 认真落实畜牧业各项法律法规,切实强化依法治牧。一是加强了对全省种畜禽生产经营的监督管理,实行种畜禽生产经营许可证制度,对种畜禽的生产质量进行规范、监督,确保全省畜禽良种率稳步提高;二是强化了对饲料生产的管理和饲料产品的监测,严格饲料产品生产批准文号的审批制度,确保饲料产品卫生、安全、高效,降低环境污染;三是认真执行《动物防疫法》,做好动物饲养、屠宰、加工、流通、运输等各个环节的疫病预防、控制、扑灭以及动物、动物产品的检疫和动物防疫监督等各个环节的工作,确保人民群众吃上"放心肉",并切实提高了我省各类畜产品的质量,扩大了出口,增加了效益;四是推行了兽药生产质量管理规范(GMP),加强兽药生产、经营、使用管理,不断提高兽药质量;五是认真贯彻《草原法》,落实草地有偿承包责任制。

6. 大力开发饲料资源,发展饲料工业。一是依靠科技进步、因地制宜大力开发饲料资源,引导和促进各地改粮食、经济作物的二元种植为粮食、经济作物、饲料作物的三元种植;二是积极推广配合饲料,提高配合饲料的入户率;加强酶制剂、中草药添加剂、酸化剂、抗生素替代品等生态型添加剂的研究和开发,发展绿色饲料,为养殖业提供卫生、安全和无污染的饲料产品;三是提高质量意识,实施名牌战略,催生和培育出一批河南名牌饲料产品,形成一批富有竞争力的大型饲料工业企业。

7. 积极开拓市场,强化畜牧业市场体系和信息体系建设。一是降低药物残留,提高畜产品质量,增强产品竞争力;二是转变营销方式,实行产销见面,建立稳定的销售网络;三是多渠道筹集资金,建设畜产品市场体系,主要是建立专业批发市场和大中城市销售批发市场等能够带动全局性和区域性的市场;四是加强对畜牧业经济运行状况的掌握和监测,把握畜牧业市场走势,为领导决策提供科学依据,正确引导生产者组织生产。

(河南省畜牧局供稿)

湖 北 省

湖北地处长江中下游,南北过渡地带,是全国著名的农业主产区,畜牧业颇具优势。改革开放以来,我省畜牧业已发展成为国民经济中的重要支柱产业,成为现阶段农民增收、农村经济发展的重要增长点和支撑点。一是畜牧业在农业经济乃至整个国民经济中居于重要位置。在组成国民经济的43个行业中,畜牧业产值居第四位;在农业总产值中,畜牧业产值占31%,基本实现了三分天下有其一。二是畜牧业对增加农民收入起到了重要支撑作用,是仅次于种植业经营的重要项目。在农民家庭13项经营收入中,畜牧业经营收入占1/5以上;在农民家庭纯收入中,畜牧业纯收入占1/6以上。同时,畜牧业的发展对丰富城乡居民"菜篮子"、稳定物价、提高人民生活水平、维护社会稳定起到了其他产业替代不了的重要作用。我省肉蛋产品产量大、质量优,在全国位居前列,其中猪肉产量居全国第四位,禽蛋产量居第六位。80年代后期,我省实现了肉蛋自给有余,90年代在满足本省人民生活需要的同时,开拓了沿海市场,形成了"楚猪南下"的格局,畜产品市场繁荣,价格稳定,我省城乡居民人均肉蛋年消费量均高于全国平均水平。

【重点项目建设】 改革开放以来,全省畜牧业基本建设投资1.7亿元,建设项目包括14个类别近百个专项,有力地促进了全省畜牧业的发展。主要项目有:

1.草地畜牧业基地项目。建设期限为1991—1995年,国家和地方先后投资1 157万元,在长阳县火烧坪、利川市齐岳山、鹤峰县高原和郧西县兴建了4个牛、羊生产基地。项目建设成效明显,已于1996年全部通过了部、省级验收。累计新增人工和改良草场0.74万公顷,青贮、氨化饲料1 200万千克;在高寒山区率先成功饲养了半细毛羊3 200只。

2.秸秆养畜项目。1993年以来,国家、省先后下拨专项资金1 150万元,兴建秸秆养牛(羊)示范县15个,其中:国家级7个,省级9个。通过推广秸秆处理利用技术,发展“杂交牛、氨化草、配合料、增重剂”及“良种羊、氨化草、配合料、增重剂、常驱虫”的肉牛、肉羊生产模式,狠抓规模养殖和市场流通,取得了显著效果。

3.南方草地建设与发展畜牧业项目工程。此项目属国家在恩施市大山顶和宜昌县百里荒的草地建设试点工程,建设期限为1983—1985年,国家、省、地方三级投资1 050万元。实际完成种草面积0.61万公顷。

4.生猪“四化”项目。生猪“四化”具体表述为“公猪外来良种化、母猪地方良种化、配种人工授精化、肥猪杂交一代化”。正式建设期限1982～1991年。全省先后组织实施了四批(每批期限两年),累计投资3 190万元,建设项目县(市)75个。共建立生猪配种站1 650个,中心站473个,发展人工授精员16 636人。有项目与无项目比较,出栏率由58.26%提高到84.26%,瘦肉率由42%提高到48%。在建设生猪“四化”项目的同时,又专项投资1 372.9万元,兴建商品型瘦肉猪基地县(市)21个。生猪良种繁育体系日趋完善,“三群一站”建设日趋合理,建立生猪最优杂交模式16种,“湖北猪市一片白”已享誉全国。

5.生猪“三优”项目。自1992年开始,全省开展了“优化杂交组合、优化饲料日粮、优化饲养管理”的生猪“三优”项目建设,到1998年已投资3 340万元,分三批兴建项目县市47个,其中第一、二批县市已经建设完成,第三批县市正在建设之中。

6.良种鸡繁育体系建设。项目建设期限为1990—1995年,共投资1 200万元,兴建祖代种鸡场3个,新建和改造父母代种鸡场29个。与体系建设前相比,祖代种鸡存笼由0.5万套扩大到1.5万套,祖代种鸡提供父母代种鸡的能力由16万套扩大到55万套;父母代种鸡存笼由21万套扩大到60万套;商品代蛋肉鸡的供种能力由1 700万只扩大到5 100万只。鸡良种繁育体系的建设推动了全省养禽业的发展,效益大大提高。

7.四湖地区农业血防综合治理试点项目。该项目建设期限为1992～1994年。1991年11月农业部正式确定我省四湖地区的江陵、潜江、仙桃、洪湖、监利五县(市)为农业血防综合治理试点区。国家在畜牧上的投资400万元,通过项目的建设,取得了显著的效果。耕牛感染率下降,垸内钉螺面积下降,同时也促进了农业生产的发展和经济效益的提高。

8.兽疫防治冷链体系建设项目。1993年农业部投资该项目50万元,自1994年起列入省财政预算,每年投入专项资金50万元。到目前为止,全省78个县(市)1 130个乡镇配备了各种型号的冷藏设备1 452台,兴建和改造冷库3个,总投资300多万元。有力保证了全省畜牧业持续、稳定、健康发展。

9.畜牧兽医技术推广机构建设项目。自1979年以来,全省共投资3 966万元,建设地级畜牧兽医推广机构50个,建县级畜牧兽医技术服务中心19个。

10.湖北省肉牛品种改良体系建设项目。1974年国家投资380万元在武汉市武昌南湖兴建了湖北省家畜品种改良站(即现湖北省畜禽育种中心),主要任务是采用世界上先进技术进行肉牛品种改良,先后从7个国家引进优良肉牛品种80头。形成了种牛饲养、冷冻精液制作、液氮生产、技术推广培训服务体系。肉牛冷冻精液供应到5个省区,网络了全省60个县市,260个乡镇肉牛品种改良点,累计改良肉牛100万头。

1998年新争取到三个国家项目,无规定动物疫病区建设、畜禽良种工程、南方草山草坡综合开发示范工程,现正在启动。

【生猪生产】 受上半年猪价低迷和特大洪涝灾害影响,1998年全省生猪生产有所下滑。全省出栏生猪2 492.05万头,猪肉产量202.87万吨,分别比上年下降0.84%和0.59%。年初以来,猪市价格持续下滑,特别是进入4月份后,猪价狂跌,6月中旬跌至最低谷,仔猪、活猪价分别为7.38元/千克和5.56元/千克,分别比上年同期下降53.53%和33.97%。农民养猪由上年每头盈利150～300元转为每头亏损100～200元,积极性受挫,生猪生产陷入低谷。针对这一严峻形势,省畜牧主管部门及时组织专家进行调研、分析,做好生产引导工作,并积极主动地为省政府当好参谋,省政府办公厅于7月1日下发了“鄂政电〔1998〕8号”明传电报,即《关于防止生猪生产下滑的通知》。各地根据8号明传电报精神,制定了相应的对策和措施,对缓解下滑趋势,稳定生猪生产起到了重要作用。养猪“三优”工作在着重巩固第一批、加快实施第三批的同时,对第二批16个县市组织了验收,16个县市全部一次性通过了验收,下达了第四批13个“三优”建设县市,使目前全省已建和在建的“三优”县市达到59个。

【家禽生产】 全省家禽生产按照“稳鸡增鸭鹅、稳蛋禽增肉禽”的发展思路，狠抓了家禽良种繁育体系建设，积极开展地方鸡杂交改良和种鸡人工授精技术推广，大力推广土鸡圈养和养鸭综合配套技术。大灾之年，在家禽被洪水冲淹死和因灾贱卖共计损失1 407.16万只的情况下，仍然保持了家禽生产的稳定。全省家禽出笼3.23亿只，比上年减少0.18%，禽肉产量42.76万吨，增加2.22%；禽蛋产量121.62万吨，比上年增长2.93%；家禽每只平均产蛋量4.51千克，比上年增长1.92%。

地方鸡杂交改良试点工作不断完善，初步形成了三群两室（杂交亲本饲养群、杂交制种群、杂交鸡生产群、乡镇畜牧兽医站建杂交鸡孵化室、农户建杂交鸡育雏室）杂交改良模式和“保温育雏、合理补料、综合免疫”三项关键配套技术措施，杂交鸡总育成率达92%以上，农户饲养杂交鸡只平均盈利10元以上。

家禽的良种繁育体系建设采取“抓大放小”的原则，重点完善存笼万只以上规模种鸡场，引导小型种鸡场进行良种调剂和地方鸡杂交改良反交制种。全省各类种禽场存笼祖代鸡3 000套、父母代种鸡35万套，父母代肉鸭5万套。

【牛羊生产】 90年代以来，全省以秸秆养畜示范项目建设为依托，加快牛羊饲养方式改革，积极推进饲草青贮氨化技术和牧草种植技术，推进牛羊良种生产体系建设，开展山羊杂交组合试验和山羊“一推三改”科技示范，提高了牛羊生产的科技含量和生产水平。1998年，全省出栏肉牛104.15万头，出栏肉羊145.89万只，分别比上年增长2.01%和7.52%；年末牛羊存栏量分别为439.04万头和135.12万只；牛羊出栏率分别达到23.27%和104.42%。省畜牧局从新西兰引进波尔山羊34只（公羊5只、母羊29只），分别投放在省畜禽育种中心和长阳县集中纯繁，种羊生长发育基本正常，母羊已全部产羔。牛品种改良工作取得较大成绩，全省31个县（市）投放冷冻精液配罐点305个，冷冻精液配种改良牛18.2万头，分别比上年增加53个和4.9万头，均创历史最好成绩。

【发展畜禽转化粮食】 省畜牧局围绕农民增收这个重点，积极组织全省畜牧系统大力开展发展畜禽转化粮食工作。1998年年初，省畜牧局组织专家研究制定了发展畜禽转化粮食的对策和技术方案，并在鄂州市、通城县组织开展了用糙米替代部分玉米和用浓缩饲料与稻谷糙米组合饲喂畜禽的试验和示范工作。这一工作，受到省委、省政府高度重视，省委常委、副省长王生铁同志给予了高度评价，并亲临省畜牧局听汇报、现场办公。

经省政府批准，省畜牧局在通城县召开了全省发展畜禽转化粮食工作现场会议，向全省推广了通城县大力发展养猪专业户，实行“小规模大群体”的生产模式和“浓缩饲料+稻谷”的养猪配套技术。随着通城经验在我省大面积的推广，一方面促进了浓缩饲料和饲料科学技术的普及应用；另一方面，利用我省现有饲料资源优势和低价的稻谷转化增值，降低饲料成本，在一定程度上减轻了市场风险带来的压力，增加了农民收入。

【畜牧业抗灾自救】 在1998年的特大洪涝灾害中，全省畜牧业和畜牧部门损失惨重。据统计，全省水毁畜舍320万平方米；冲淹死生猪49万头、牛1.6万头、家畜875万只；因灾发病生猪90万头、死亡9万头，发病牛4万头、死亡2 060头，发病家禽2 740万只、死亡649万只；因灾贱卖生猪93万头、牛1.5万头、家禽532万只；因灾损失饲料3.7万吨，兽药3 280.6吨；畜牧部门共有53个种畜禽场和393个乡镇兽医站受灾。全省畜牧业直接经济损失达38.6亿元，其中畜牧部门损失2.65亿元。

省畜牧局按照省委、省政府的部署，全力投入抗洪救灾和生产自救。

一是及时送医送药到灾区。省局先后共派出16个调查组，各地也及时派出了工作组、专家组和巡回医疗队，分赴重灾县（市）了解灾情、疫情，送医送药，帮助指导生产自救、畜禽疫病防治和消毒工作。

二是积极筹措抗灾资金和物资。湖北的灾情和抗灾工作，得到了农业部畜牧兽医局的高度重视和大力支持，在救灾资金和物资安排上对湖北给予了倾斜。在省政府的直接领导下，省局先后筹措了800多万元的抗灾资金和物资，及时分批分发到了各灾区。

三是加强了灾后的畜禽防疫、消毒灭源、疫情监测工作，灾区县（市）全面及时开展了紧急防疫免疫和消毒工作，实现了大灾当年无大疫。

四是积极组织保种扩繁，调剂仔猪，补栏增养。围绕落实省政府提出的帮助灾区农民灾后补栏100万头仔猪恢复生产的抗灾生产措施，省局于9月8日及时召开了全省畜牧业抗灾保发展工作会议，提出了三条紧急补栏措施：①号召全省畜牧系统广泛开展献爱心活动，无灾地区畜牧系统对口捐赠了仔猪1.12万头；②多渠道解决种猪，增繁仔猪20万头；③动员重灾区有生产能力的轻灾户和无灾户自购仔猪一头，新增补栏80万头。为了确保灾区补栏仔猪100万头的指标到位、质量到位、技术到位、防疫免疫到位，头头饲养成功，在全省畜牧业抗灾工作会议后，各地迅速行动，周密部署，用一个多月的时间，保质超量按期完成了省政府提出的为灾区补栏仔猪100万头的任务。这种实实在在的"落实"作风得到了省委、省政府的充分肯定。

【实施畜牧业"1511"工程】 1998年是我省全面实施畜牧业"1511"科技示范服务工程的第二年,省畜牧局结合工作实际,对原工程实施方案作了修改和完善。新实施方案要求各地在组织实施时,要遵循因地制宜、合理布局和自愿互利的原则。在具体措施上一是要主动当好党政部门的参谋,争取制定和落实栏圈用地、饲料地和投入方面的优惠政策;二是要充分发挥部门技术优势,重点组织好良种生产、饲料加工、技术培训和关键生产技术的推广,狠抓畜禽疫病综合防制,积极组织和参与畜产品流通。各地根据新实施方案要求,加强了领导,明确了任务,制定了措施,狠抓了落实,取得了显著成绩。年底统计,全省共有2.4万名畜牧兽医科技人员参加了畜牧业"1511"科技示范服务活动,兴办科技示范村798个、科技示范户15万户,向示范户提供饲料(浓缩料、配合料、仔猪料)90万吨、种苗2 083万头只、药品价值2 240万元,组织帮助示范户销售畜禽1 610万头(只)。示范户年出栏肉猪210万头、肉牛8.7万头、肉羊47万只、家禽116万只,畜牧业经营收入达16亿元,人年均畜牧业纯收入2 163元。

【畜禽疫病防治】 全省畜禽疫病防治在重点做好猪瘟防疫工作的同时,加大了禽病的防治力度。全省鸡新城疫Ⅰ系疫苗免疫39 894.2万只,免疫密度达到87.8%,分别比上年增加6 905.7万只和4.2个百分点;鸡新城疫Ⅱ系疫苗免疫5 137.8万只、禽出血性败血症疫苗免疫1 954万只,分别比上年增长158%和21.4%。猪瘟疫苗免疫4 854.8万头,密度为96.6%,分别比上年增加264.9万头和1.5个百分点。此外加强了禽流感和布鲁氏菌病的监测工作。全省猪、禽、牛、羊全年的死亡率分别控制在4%、8%、1%和3%以内。

动物血防工作配合农业部血防专家咨询委员会完成了对监利县农业血防的春查工作,受到了检查组专家的一致好评。加强了对清净区和轻疫区的监测,在咸宁、当阳、京山、襄阳、大冶设立了动物血吸虫病固定监测点。一年来,这五个监测点共监测检疫耕牛16 110头,查出阳性183头,阳性率为1.14%。

【实施"放心肉"工程】 为了保障畜牧业生产快速发展,保证人民群众吃上"放心肉",省畜牧局提出了工作思路,并制定了配套方案,得到了省委、省政府的高度重视。省政府办公厅以鄂政办发[1998]54号文件转发了实施"放心肉"工程的意见,并于12月上旬在宜昌市召开了全省实施"放心肉"工程会议,拉开了"放心肉"工程的序幕。

农业部对我省实施"放心肉"工程给予了很大的支持,把我省作为全国首批十个无规定动物疫病区项目省之一,总投资2 810万元。全省涉及该项目建设的有8个地(市)、22个县(市)。十二月下旬,省畜牧局与省计委在武汉联合召开了湖北省畜禽无规定疫病区建设项目会议,会议传达了全国会议精神,落实了实施方案,与项目建设单位签订了项目建设协议书。

【动物检疫】 动检执法严把产地检疫和屠宰检疫关,理顺了县、乡两级屠宰检疫的体制,规范了证、照、章和流通环节的监督管理。全省有79个县、1 282个乡镇开展了产地检疫,开展面分别达到96%和89%;65个县(市)、929个乡(镇)开展了定点屠宰,开展面分别为90%和64.4%。全年共使用产地检疫证5万本,动物产品检疫合格证4万本,防疫合格证3万本,检疫合格证8千本,消毒证1万本;启用新滚筒验讫印章1 770套;并对6 000多名动检员和650名监督员换发了新证。全年产地检疫活畜禽3 000万头(只),检出病害畜禽19万头(只),均作了无害化处理;定点屠宰活畜禽1 140万头(只)、检疫畜禽肉72.12万吨、检出病害畜禽5万头(只)、病害肉类700吨,均作了无害化处理;运输检疫活畜禽1 400万头(只)、检疫肉类3.3万吨,检出病害畜禽7万头(只)、病害肉类24吨,均作了无害化处理。

【兽药药政】 我省兽药管理按照《兽药管理条例》和农业部6号令的有关规定以及鄂政办发[1998]9号文件精神,对兽药生产、经营企业进行了一次全面清理整顿,建立了兽药生产、经营年审制度;理顺了兽用生物制品专供体系,对生物制品中试产品实行专用标志管理;严格审批生产企业和核发批准文号,全年审核批准兽药生产企业9家;完成了兽药产品批准文号的清理、登记和建档工作;完成了省兽药监察所计量、资格论证的准备工作,评审基本通过。全年共完成检品检验1 079批,检出不合格产品382批,合格率为64.6%。

(湖北省畜牧局供稿)

湖 南 省

【基本情况】 改革开放20年来,湖南畜牧业持续快速发展。畜产品连续20年快速增长,1998年全省肉类总产量达到485.03万吨,禽蛋产量66.45万吨,分别为1978年的69.02万吨、8.21万吨的7倍和8倍;肉类总产列全国各省区第3位;人均占有肉类75千克,比全国人均占有水平高近20千克。

建国初期,湖南省的畜牧业生产服务体系一片空白,改革开放以前,体系建设进展缓慢。从1978年开始,进入高速发展时期,畜牧业基础设施建设进展迅速,畜牧业生产支持服务体系逐步建立,生产条件极大改善,生产科技水平显著提高。到目前为止,已经建成良种繁育、疫病防治、饲料生产、技术推广等门类齐全、配套较完善的服务体系,并以社会力量为主形成了运转有序的畜产品流通服务体系。

畜牧业在国民经济中的地位和性质发生了显著变化,一是实现了由家庭副业向农村经济支柱产业的跨越。畜牧业产值由1978年的12.55亿元、占农业总产值比重的14%上升为1998年的508亿元和40%,超过全省粮食产值,由原来从属、依附于粮食生产一跃而为农业中的第一大产业,在国民经济体系中起到了推动种植业、带动饲料工业、食品加工业、运输业等相关产业发展的主导作用。特别是由于畜牧业发展的支撑,湖南饲料工业迅速崛起,从1990年起进入全国五大饲料工业强省之列,浓缩饲料产量居全国第一位。畜牧业成为财税扩源、农民增收的重要途径。1995年以来,全省每年的畜牧业相关税费收入达20亿元以上。1998年我省农民人均从农业中获得的纯收入中,38.7%来自畜牧业。二是实现了由自给自足的封闭型产业向外向型商品畜牧业的跨越。畜产品供求由卖方市场转为买方市场,全省人均肉类占有量由1978年的13.3千克上升到1998年的75千克。充分发挥了毗邻东南沿海经济发达省区的地理优势,成功开拓了省外、国际市场,畜产品商品率、外销率不断提高。

养猪业在湖南畜牧业中一枝独秀,猪肉产量和养猪业产值均占全省畜牧业的80%以上,生产水平高、占全国的比重大、对全国的贡献大。20年来,湖南养猪业取得了举世瞩目的成就,1990年获全国“金猪杯”一等奖。1998年生猪出栏量达到6240万头,猪肉年产量达到410.4万吨,列全国第二位;人均出栏生猪和占有猪肉均为全国第一位;年外销生猪由改革开放之初的不足200万头上升到1998年的2800多万头,生猪外销率接近50%,外销量和出口量均居全国各省区首位;生猪出栏率达到172%,已接近世界养猪业发达国家水平,比1978年的78%提高94个百分点;生猪杂交改良面由1978年的20%上升到91%,其中瘦肉率55%以上的瘦肉型猪由1978年前的几乎为零上升到35%。

1998年,在国内省内畜产品消费市场疲软、畜产品特别是生猪价格长时间大幅度下跌,同时省内发生历史罕见的北涝南旱自然灾害、畜牧业因灾损失惨重的情况下,湖南畜牧业仍然稳步发展。发展特点:一是畜产品总量继续增长,但速度减慢,现行价产值下降。1998年全省肉类总产量和禽蛋产量分别比1997年增长7.75%和5.94%,肉类总产增长速度比上年下降4.4个百分点,禽蛋产量增长速度与上年基本持平;实现畜牧业产值506亿元(现行价),比1997年减少32亿元,降幅达5.95%,占农业总产值的比重为40%,与上年基本持平。二是养猪业价格、效益大幅下滑,发展势头减缓,外销萎缩。全省生猪收购均价由1997年的8.2元/千克于1998年5月份跌至最低点5.6元/千克,之后在6.2~6.5元/千克之间徘徊,全年生猪收购均价比上年下降22%;养猪效益由1997年的头平盈利150元左右下降为1998年的头平亏损25元;生猪生产增长速度较前几年明显降低,全年出栏肉猪5969万头,仅比1997年5837万头增长3.22%,远低于前几年10%以上的增长速度;全年外销生猪2816万头,比1997年减少65万头,近年来第一次出现生猪外销萎缩。三是牛羊禽等节粮型畜禽养殖发展快,效益较好,畜禽结构调整进展明显。1998年全省出栏(笼)牛111万头、羊433万只、禽3.57亿羽,分别比1997年增长12.88%、13.73%和13.7%;牛羊禽肉占肉类总产量的比重为14.5%,比1997年增长近1个百分点;在农产品价格普遍下跌的情况下,牛羊肉价格比上年分别仅下跌10%、4%,禽肉持平,远比猪肉20%以上的跌幅小,效益可观。1998年底,全省存栏生猪3692.24万头,比上年增长1.65%,其中能繁母猪296.75万头,占存栏猪的比重为8.04%,比上年底308.37万头下降3.77%。存栏(笼)牛493.89万头、羊449.75万只、禽2.07亿羽,分别比上年增长1.5%、减少2.5%、增长5.1%。

【良种繁育体系】 1978年以前,湖南省的良种繁育体系几乎一片空白,80年代以后进入高速发展时期。到1998年,全省已建成县以上种畜禽场100多个,分为生猪、家禽、草食动物三大良种繁育体系。良种猪繁育体系配套较为完整,已形成原种场-扩繁场-制种场和人工授精网络相配套的“三场一网”体系。承担着引进良种、培育良种、地方良种三大类猪种的保种、选育、繁殖、推广任务,层次分明,门类齐全。不仅拥有世界上著名的高产、优质品种,还保留并不断选育着湖南独有的地方良种。引进良种以省原种猪场为龙头,与14个地市级原种猪扩繁场、80多个县级制种场相配套,以生产世界流行的三大品种杜洛克、长白、大约克种公猪、母猪和长大、大长杂种母猪为主,常年存栏三大品种纯种种猪14500多头,年生产各类种猪近20万头;培育品种建有湘白猪、新桃源猪原种场各1个;湖南地方良种建有桃源黑猪、大围子猪、沙子岭猪的保种场各1个;全省建有猪的人工授精网点1145个。

家禽良种繁育体系以蛋鸡良种生产为主,建有省蛋鸡祖代场1个,近10个蛋鸡、肉鸡父母代场,生产世界著名的引进蛋鸡、肉鸡良种,还建有地方良种湘黄鸡、桃源鸡、临武鸭、武冈铜鹅、溆浦鹅的保种场。

草食动物良种繁育体系,牛的良种繁育以省种公牛站为龙头,饲养了世界上主要的优质肉牛品种,与全省5个地市级品种改良站、县级冷冻精液配种点配套,开展牛的冷冻精液配种;羊的良种繁育体系已建有引进品种波尔山羊，培育品种南江黄羊，地方良种马头羊、湘东黑山羊的保种繁育场。1998年生猪价格长时间大幅度下跌对“良种出效益”作了最好的论证，各地抓住机遇，大力开展了“三场一网”良种繁育体系建设和种畜禽的选优去劣工作。省原种猪场两条万头生产线已建成投产，将于1999年一季度向全省供种。14个地市级扩繁场和大部分县级制种场进行了设施改造扩建和种猪扩群升级换档工作。全省种畜禽场全年共新增猪舍面积3.4万平方米，更换种猪0.76万头，生产条件、供种能力和供种质量迈进了一大步。

【饲料生产供应体系】 改革开放之初的1979年，湖南仅有2家饲料厂，年双班生产能力不足6000吨，产品单一。“七五”、“八五”是湖南饲料工业发展的鼎盛时期，生产能力迅速扩大，形成了不同畜种的配合料、浓缩料、预混料等门类、档次齐全的产品序列。从90年代初起，湖南饲料工业跃入综合实力全国五强之列。“九五”以来，湖南饲料开始向企业集团化方向发展，目前，时产5吨上的饲料企业已达100家，正虹饲料股份有限公司成为全国首家饲料工业上市公司。到1998年，湖南饲料工业年双班生产能力达到705万吨，实际生产323万吨。其中浓缩饲料100.43万吨，预混料3.21万吨，浓缩料、预混料产量占全国总产量的15.47%，居全国第一位。随着饲料工业的发展壮大，饲料销售网络也逐步建立，目前销售网点已遍布全省。

【基地建设】 湖南省各级政府和畜牧部门通力合作，把从1978年起由畜牧部门掌握使用的屠宰税的相当比重用于基地建设，从1984年起还建立了瘦肉型猪基地建设专项补助经费，1998年又建立了草食动物生产建设专项经费，其他经费也向基地建设倾斜。在国家农业部、财政部的支持下，先后建设了59个商品瘦肉型猪基地县，8个国家级秸秆养畜示范基地。通过建设完善服务体系、推广良种和组装配套技术，扶持、引导规模化、产业化经营方式，在基地县自身发展的同时，还迅速带动促进了湖南畜牧业生产科技水平、生产社会化组织程度、畜禽产品商品率优质率的提高。1998年占全省总县数36.5%的瘦肉型猪基地县生猪出栏数和猪肉总产量分别占全省总数的80%和82%，外销商品猪占全省外销猪总数的85%以上，并涌现出19个年出栏生猪过百万头的养猪大县。秸秆养畜示范县的基础设施建设得到很大改善，生产实绩有较大幅度提高。

【规模养殖】 根据湖南的具体情况，我们倡导了一条“小规模、大群体，小集中、大分散”的适度规模养殖发展之路。1978年以来，湖南的养殖专业户数量迅速增加、规模逐渐扩大、生产水平不断提高。1998年，全省生猪生产的规模化程度已达到27%，蛋鸡生产业的集约化程度达到70%以上。近年来我省的规模养殖户一直稳定在65万户左右，占全省农户总数的4.8%，生产了全省20%以上的畜产品。公司+农户、以场带户等畜牧业专业化、一体化经营不断壮大，近年来更是首创了以区域化布局、专业化生产、一体化经营、社会化服务为主要特征的“畜牧小区”模式，被实践证明是在农村土地承包经营条件下实现畜牧业一体化经营的较好生产组织形式。

【防疫检疫、技术推广体系】 经过建国以后特别是改革开放20年来的建设，目前省、地、县动物防疫检疫监督、畜牧兽医技术服务中心三级网络已经基本建立，畜禽疫病的预防、治疗、检疫、监测、疫苗保存“冷链”已初成体系，但设施尚待完善。基本上每个乡镇都建有畜牧兽医站，畜禽疫病防治、饲养技术推广、专业服务范围已经覆盖全省每一个角落。全省猪、家禽、牛、羊等主要畜禽的死亡率1998年分别为2.95%、8.7%、0.9%和0.5%，比1978年显著下降。

1998年是《中华人民共和国动物防疫法》颁布实施的第一年，各地畜牧部门以动物防疫法制建设为中心，控制畜禽疫病、保护人畜健康、促进生产发展和对外贸易为目标，普遍开展了普法宣传和执法培训，加大了防疫检疫力度。畜禽双轨防疫承包责任制继续顺利推行，据不完全统计，1998年全省免疫生猪8294万头次，免疫密度为93.21%，免疫家禽4.36亿羽次，免疫密度为80.6%；检疫工作以基层为重点，突出抓好产地检疫和屠宰检疫。在产地环节进一步完善了检疫员岗位责任制，强化了定期考核和奖罚制度，把好了源头关；在屠宰环节向各定点屠宰场(厂)派驻专职检疫员，确保宰前检疫和宰后检验，把好了屠宰检疫关，确保了“放心肉”工程的实施。全省产地检疫牛猪4418万头，受检率比上年提高14个百分点；屠宰检疫和补检肉品147.3万吨，剔除病害畜禽1194.7吨。防疫检疫工作的发展，使畜禽疫病得到了有效控制。

【兽药产销监管】 到1998年底止，全省已建有兽药生产企业103家，生物药、兽用原料药、化学药品、抗生素、中草药制剂、饲料药物添加剂、鱼药、消毒剂门类齐全，年产值达6.3亿元，拥有兽药经营单位和个人5700多个，形成了辐射全国、覆盖三湘的兽药生产、流通网络。

全省有近80个县市成立了兽药管理机构，长期从事兽药市场整顿工作。1998年年内又有娄底地区、衡阳市兽药监察所通过了省级兽药检验资格认证。全省已初步形成了设置合理、运作有序、较为完备的兽药监督管理网络。全省各级采取培训、考核等手段，强化、提高了兽药药政执法人员业务素质。兽药监管的重点——打击制售假劣兽药取得了丰硕成果，1998年共立案查处兽药违法案件2013宗，捣毁非法制药黑窝点26个，取缔无证经营点1038个，销毁假劣兽药8.3万件，标值980.7万元。圆满完成了农业部下达的年度兽药生产经营企业抽样检验任务。配合有关部门查处β-兴奋剂，规范了饲料药物添加剂生产行为。通过这些行动，我省的兽药生产、流通秩序明显好转，为兽药生产、经营企业创造了公平竞争的环境，保障了养殖业的健康发展。

【种畜禽管理】 湖南的种畜禽管理工作起步较晚，1998年省农业厅、省畜牧局把"种畜禽法制化管理"列为厅局大事狠抓落实，取得了显著成效。主要工作一是抓种畜禽管理法规普及，7月份在全省开展了种畜禽法制化管理宣传月活动，采取了发放宣传材料，宣传车上街宣传，电视、广播、报刊媒体宣传等手段；二是完善法规规章配套。以《种畜禽管理条例》为根本，结合我省实际，1998年制定下发了十几个种畜禽管理规范性文件，为《种畜禽管理条例》贯彻的操作性、准确性提供了保障；三是建立执法机构、执法队伍。以各级畜牧部门的畜牧处、科、股为主体，上下贯通的省、地、县三级种畜禽管理执法机构体系已基本完善，明确了职能，确定了专人。各级按照实行"考核发证、持证上岗"的原则，层层培训、考核，参训人数达1100人次，全省共有300多人成为合格的种畜禽执法监督员；四是按照管理权限对种畜禽生产经营企业实施验收发证。对全省100个种畜禽场进行了考核验收，其中84家合格，16家被限期整改或延迟验收，验收合格种猪12500头，种鸡15.65万套，强制淘汰不合格种猪1400余头。验收结果已于1999年元月登报公布。各地县共验收孵化场300家、家畜配种站1100个，核发许可证1300个；五是做好社会种畜禽监管。各地狠抓了社会种猪普查和调优汰劣工作，全省共淘汰劣种公猪8200余头，更新良种公猪1万余头，淘汰劣种母猪40多万头。加大了对制售劣质种猪的打击力度，使一度较为混乱的种畜禽市场得到有效整顿。

【科研与科技推广】 改革开放以来，湖南在畜牧业科研和科技推广共计获国家级科技进步二等奖1项，星火三等奖、四等奖各1项，部省级科技进步、丰收计划一等奖6项，二等奖17项，其他各类奖项180多项；先后培育出了我省独有的湘黄鸡、湘白猪、新桃源猪等品种(品系)；重点引进和推广了畜禽良种和人工授精、杂交优势利用、配合饲料养畜(禽)、秸秆氨化养畜、人工种草养畜等多项技术，显著提高了湖南畜牧业生产的科技水平。20年间，全省生猪出栏率提高到172%，已接近世界养猪业发达国家水平；生猪杂交改良面达到91%，其中瘦肉率55%以上的瘦肉型猪比重达到35%；商品猪个体产肉量由45千克提高到64千克；家禽已基本实现品种优化；配合饲料饲养畜禽从无到有，入户率已超过50%；牛、羊的胚胎移植等世界先进技术已在湖南进入商业化应用阶段。

【畜产品流通】 80年代以前，湖南的畜产品流通与全国一样，以国营商业部门为主，1982年，湖南按照中央的指示，在全国率先取消了生猪派购制度，放开了畜产品流通，制定实施了一系列奖励政策和税费减免政策，极大地鼓励、促进了国营、集体、个人多渠道经营畜产品流通的发展。1998年，全省外销生猪2816万头，占年产量的将近一半，其中个体贩运户的承销量达到了80%以上，有力地促进了我省畜牧业生产的发展。

【产业化建设竞赛】 为了推动畜牧业产业化建设，办好示范样板，树立行业形象，湖南省畜牧局在全省畜牧行业选择100个地县畜牧局经济实体、乡镇畜牧兽医站、种畜禽(饲料、兽药)场(厂)以及局扶持兴办的畜牧业专业村(畜牧小区)、养殖、加工、运销专业大户，在1998年到2000年的3年内作为全省畜牧系统产业化"百龙"建设参赛单位。1998年，各级畜牧部门从技术、信息、资金、项目上对参赛单位给予了倾斜扶持，有60多个参赛单位产量、效益都取得了不俗业绩，加快了湖南畜牧业产业化进程。

【指导救助灾后生产】 全省畜牧系统响应省委、省政府的号召，在抗洪救灾恢复生产工作中做到了以保生产发展目标、保大户、保良种为重点，坚持调整结构、稳定生猪生产、加快草食牲畜和家禽发展的发展方向，狠抓了科技补损以及秋防、秋配、秋种等工作；将200多万元的疫苗及消毒药品紧急调运灾区，全面开展防疫消毒工作；组织科技队伍下乡，全省共有2000多名畜牧科技人员下农村办养殖业示范村、片、户，举办各类养殖技术培训班5000余期，培训农民50多万人次，印发科普资料150余万份。这些措施对灾区人民迅速恢复生产起到了积极作用，保证了大灾之年畜牧业的稳定发展。

【机遇与挑战】 随着畜牧业市场经济的发展和我国即将加入世界关贸总协定，湖南畜牧业面临着新的机遇和挑战，突出表现为产业化进展不快、结构调整相对滞后、基础设施条件差、畜产品加工增值尚未出现突破等与市场经济迅速变化发展态势的种种不相适应。凭借改革开放20年来奠定的坚实基础和在实践中获得的宝贵经验，我们自信完全有能力不断开拓进取，克服种种困难，保持湖南畜牧业的持续稳定发展。

（湖南省畜牧局供稿）

广 东 省

【基本情况】 改革开放以来,广东省认真贯彻落实党和政府的各项方针政策,采取一系列措施,把畜牧业生产作为发展农村经济、增加农民收入的有效途径来抓,使广东畜牧业取得空前迅速的发展。各类畜产品产量、畜牧业产值连续20年创造历史新水平,成为建国以来最好的发展时期。畜产品的供给与需求的关系已从过去长期的总量性短缺进入到结构性短缺与过剩和周期性短缺与过剩的阶段。畜牧业从生产到流通各个领域都发生了一系列深刻的变化。畜产品产量大幅度增加,畜牧业生产结构得到优化,高耗粮型的猪肉产量占肉类总产量的比例由1978年的86.6%下降到1998年的63.9%,降低了22.7个百分点;节粮型的禽肉产量由12.8%上升到33.1%,提高了21.3个百分点;经济地位显著提高,1998年全省牧业产值209.23亿元(按1990不变价计),占农业总产值的比重由1978年的15.07%上升到22.6%,部分市、县畜牧业产值已超过种植业产值;饲料、良种、畜禽保护三大体系建设得到加强;畜牧业正向规模化、集约化、专业化、产业化方向发展。

1998年,广东省畜牧业生产坚持以市场为导向,以调整和优化畜牧业产业结构为重点,从宏观调控入手,正确引导畜牧业向"三高"牧业和产业化方向发展,努力使畜牧业生产增长方式由粗放型、数量型、耗粮型向科技型、质量型、节粮型转变。依法治牧,采取了一系列行之有效的措施,克服了上半年各种自然灾害的袭击和畜产品价格下跌等困难,消除了香港禽流感风波的影响,实现了广东畜牧业生产第20个年头的持续增产。主要生产指标如下(按农业普查结果调整口径统计):

项目名称	1998年	对比1997年 ±%	1978年	1998年比1978年增长倍数
肉类总产量(万吨)	296.44	7.6	55.53	4.34
其中:猪肉(万吨)	189.32	7.2	48.09	2.94
禽肉(万吨)	98.11	2.9	7.08	12.86
牛肉(万吨)	3.00	7.9	0.34	7.82
羊肉(万吨)	0.50	2.1	0.02	24.00
奶类产量(万吨)	7.47	19.0	1.66	3.50
禽蛋产量(万吨)	29.23	5.3	1.03	27.38
大牲畜存栏(万头)	424.1	15.4	295.67	0.43
猪存栏(万头)	1 776.54	8.2	1 777.39	0.00
羊存栏(万只)	31.04	27.3	16.38	0.89
出栏肉猪(万头)	2 412.99	8.6	942.7	1.56
出栏肉牛(万头)	27.68	18.3	3.17	7.73
出栏肉羊(万只)	26.96	44.2		
出栏家禽(万只)	73 719.13	8.3		
家禽饲养量(万只)	101 292.46	11.1	7 192.7	13.08
畜牧业产值(亿元)	209.23*		11.02**	17.99

注:*按1990年不变价计,**按1970年不变价计。

【领导重视】 中共广东省委八届二次全会通过《中共广东省委关于贯彻十五届三中全会〈决定〉,开创农业和农村工作新局面的意见》提出:把提高水产、畜牧、林果业的发展水平作为优化农业结构的重点,把畜牧业放到更加重要的位置,实行饲养猪禽和草食动物并举,促进养殖业和加工业的发展。并规定饲养生猪规模较大的，经批准允许设点自行屠宰上市经营。中共中央政治局委员、省委书记李长春同志先后到韶关、清远、东莞、河源、湛江等市调研，视察了养牛场、肉猪场、种猪场等畜牧企业，根据各市情况分别提出了加快发展肉牛、肉猪生产以带动当地脱贫致富的指示；省委副书记黄丽满、省人大副主任侣志广也专程到韶关考察畜牧业；分管农业的副省长欧广源同志经常到市、县考察、指导畜牧业工作。

各市、县党委、政府也纷纷加大力度狠抓畜牧业生产。阳江市委、市政府召开全市畜牧业工作会议，出台了《关于加快发展畜牧业的决定》；韶关市委、市政府多次召开会议专门研究发展肉牛产业、瘦肉型猪生产和乡镇畜牧兽医站问题，制订了《关于加快发展三元杂交瘦肉型猪、优质肉牛的实施意见》；河源市委、市政府作出《加强生猪品种改良工作决定》；梅州市人大提出了《关于加快畜牧品种改良促进畜牧业发展的议案》，交由市政府办理落实。曲江、乳源、乐昌等县也分别制定了加快发展肉牛产业和瘦肉型猪生产的决定。

【增加投入】 各地加大对畜牧业的投入。省级财政增加投入 655 万元用于发展秸秆养牛、飞播牧草、畜禽品种改良、华南区动物疫病诊断中心建设、饲料监测中心建设；广州市财政安排专项资金 1 200 万元用于扶持种猪和大型猪场生产，安排资金 300 万元作为新建万头猪场的贷款贴息；深圳市安排 1 340 万元扶持畜禽生产龙头企业；汕头市安排 590 万元巩固、完善市级 57 个基地的建设；东莞市从菜篮子工程发展基金安排 1 000 万元扶持生猪、禽蛋等 20 个生产基地；韶关市财政投入 260 万元用于发展肉牛产业和瘦肉型猪生产，并决定 1999—2001 年连续三年每年固定投入 200 万元用于此项工作，基层畜牧兽医站每人每年由市财政补助 3 600元解决人员经费；阳江市决定从 1998 年起每年安排 15%的农业发展基金用于发展畜牧业，“菜篮子”工程建设的专项资金每年投入畜牧业的比例不得低于 20%，同时基层畜牧兽医站的事业经费纳入财政预算，保证每月人均不少于 400 元；河源市决定从 1999 年起三年共投入资金 1 800 万元用于建立瘦肉型猪的三级良种繁育体系；曲江县财政共投入 700 多万元用于发展肉牛生产。据不完全统计，1998 年全省共新增畜牧业投入约 8 000 万元。

【科教兴牧】 生产、科研、教学部门联合攻关，重点进行对生产有重大影响的畜牧基础性研究、关键应用技术研究；同时加快畜牧科技成果转化，大力推广优良畜禽品种及其配套科学饲养技术、秸秆氨化养牛和种草养畜综合配套技术、畜禽疫病综合防治技术，提高畜牧业生产水平；继续引进国外优良畜禽品种及配套饲养技术和其他先进的畜牧科技。科技在畜牧业生产中的贡献率约达到 50%。生猪出栏率由 1978 年的 57%上升到 1998 年的 147%，饲养周期也从过去的 10~12 个月缩短到现在的 5~6 个月就可上市，鸡鸭的饲养周期也大大缩短；饲料报酬得到大幅度提高（猪 1:2.9~3.4，快大肉鸡 1:1.9~2.1，优质黄羽肉鸡 1:2.4~2.8，鸭 1:2.5）；输往港澳的瘦肉型猪在肉质、售价等方面一直名列全国前茅。

抓好培训教育，1998 年举办了全省兽药监督员培训班和对水产系统兽药监督员进行兽药法规、执法程序及兽药基本知识的培训；省、市有关部门积极开展兽医卫生监督员、检疫员培训工作，共培训 8 000 多人；此外，各级农牧部门对兽医技术队伍、动物和动物产品经营者开展了相应的专业知识和法律法规知识培训，全年培训 3.8 万人次；对秸秆养牛、种草养畜技术人员和专业户进行培训，共办培训班 679 期，培训 5.33 万人次，发放宣传资料 9.67 万份。

【规模化生产产业化经营】 改革开放以来，广东省充分利用省内和港澳市场优势，优化畜牧业结构，培育主导产品，扶持龙头企业，兴办商品生产基地，逐步形成基地化、集约化的生产、经营体系，加快了传统畜牧业向以市场为导向、发展现代化畜牧业的转变，涌现了一批具有一定实力和规模的畜牧业生产基地和产业化经营实体。目前畜牧业产业化经营主要有以下几种形式：

“公司+农户”模式。如新兴县温氏、温木辉、温树汉、古章汉“三温一古”四大养鸡集团，带动了万家农户养鸡，年出栏肉鸡 8 600 万只，成了远近闻名的养鸡龙头企业；

集团式一体化经营模式。如深圳光明华侨畜牧场，以牛奶生产为基础，以奶业加工为依托，以商贸为纽带，把牛奶产品的生产、加工、销售有效地结合起来，形成了产供销一体化；

“基地+农户”模式。如湛江市是雷州黄牛生产基地，该市建立了湛江市金牛实业公司，办起了肉牛育肥示范场，对本地黄牛进行品种改良，采取向农民提供黄牛配种技术指导、回收牛犊等服务形式，大力发展肉牛生产；

“市场+农户”模式。如南海市的家禽批发市场，带动了整个珠江三角洲地区养禽业的发展；

“加工+农户”模式。如四会市广新食品公司从事肉鸭分割加工，公司与农户签订收购合同，农户为公司养鸭，解决了肉鸭的销售问题，促进了养鸭发展。

全省规模化、集约化的畜牧业生产不断发展，据不完全统计，1998 年全省有年出栏肉猪 500 头以上的场 2 052个，现代养猪生产线 130 条；年出栏肉鸡或肉鸭在 2 000 只以上的场 47 500 多个，年出栏肉鹅 1 000 只以上的场 1 603 个；畜禽饲养专业户 26 万多户。

【动物防疫与监督】 省、市、县三级分别设有兽医防疫检疫站和兽医卫生监督所，乡镇设有畜牧兽医站，形成了兽医防疫检疫网络。1998年1月4日欧广源副省长发表实施《动物防疫法》电视讲话，各地把贯彻实施《动物防疫法》作为兽医工作的重中之重来抓，全面加强动物防疫工作。

1. 坚持预防为主的方针，加强疫病预防控制。农业部批准建设华南区动物疫病诊断中心、广东省动物疫情测报中心，广东省人民政府也批准成立广东省动物疫病监测中心，以加强对动物疫病的诊断和监测工作。以“一疫两瘟三病”为重点开展畜禽疫病防制工作和以“禽流感、猪蓝耳病、伪狂犬病”为重点开展监测工作，降低畜禽因病死亡率，全年免疫注射猪1.2亿头次、牛49.5万头次、家禽22亿只次，猪、鸡因病死亡率在3%和12.4%以下。抓好夏季查源灭原和冬春战役工作，消毒新老疫点、市场、屠宰场等1 440万平方米，消毒车辆4.5万辆次。全年全省猪瘟注射5 500万头次，鸡新城疫注射8.1亿只次，抽样调查显示猪瘟免疫率100%，鸡新城疫免疫率91%。抓好布氏病、狂犬病和血吸虫病的监测和净化，加强对阳东等9个布氏病监测点的监测，累计检测牲畜6万头；免疫犬30万只，占存栏的60%；血吸虫病防制则以原疫区的市、县、农场为重点开展监测，对2岁以下及新购进的牛只采血检查或粪检，共检测3.5万头，未发现阳性牛。

2. 抓好动物产地检疫和禽流感监测。3月，召开全省动物防检工作会议，推广东莞、阳东、中山的产地检疫经验。清远、汕尾、阳江等市政府颁发了《动物产地检疫工作规定》。动物产地检疫工作逐步在全省铺开。根据农业部41号令，召开专门会议部署禽流感监测工作，建立了定期监测制度，对有关禽场实行严密监控，全年监测血样13 000多份。

3. 强化防疫监督工作。加强饲养场的防疫监督，尤其是对种畜禽场防疫条件审查及主要疫病监测；加强屠宰场监督，广州市农牧渔业局制定了《屠宰场动物防疫条件要求》，对屠宰场防疫条件进行审查整改；加强对流通环节的防疫监督，开展对畜禽批发市场、肉类市场、猪苗市场的防疫监督。

4. 狠抓防疫执法。加强执法队伍建设，强化执法人员培训，坚持严格、文明、规范执法，全省处理动物防疫案件5 800多宗，有效遏止动物防疫违法行为。规范动物防疫证章标志的使用管理，对原兽医卫生监督员、检疫员换发资格证件；加强检疫合格证明、消毒证明、检疫标志章等的规范和统一使用；证章标志的发放实行分级管理。10月，省人大农工委与省农业厅联合组成执法检查组对茂名、阳江、韶关、河源等市进行《动物防疫法》执法检查，促使电白和阳西县解决了屠宰检疫由畜牧部门负责等问题。全省6 429个屠宰场(点)中，由动物防疫监督机构实施屠宰检疫的占89.4%。

【种畜禽生产和管理】 改革开放以来，广东省从比利时、美国、丹麦、澳大利亚等十多个国家引进优良猪种7个、种猪11 000多头；牛种6个，种牛5 000多头；种禽20多个品种、种苗550万套；羊种1个，种羊150头；鸵鸟7 000多只。全省初步建立了原种—祖代—父母代—商品代四个代次比较分明的繁育体系。到1998年，全省建立原种猪场12个、原种鸡场1个，一级种猪场7个、二级种猪场38个；祖代种禽场15个，父母代种禽场114个；种兔场6个、种牛场5个、种羊场2个。此外，还建立了广东省种猪测定中心，实行种猪的性能监测、择优汰劣，开展种猪拍卖。

良种猪

加强法规制度建设。1998年制定了《关于进一步加强种畜禽管理工作的通知》、《广东省种猪场(站)标准》(暂行)、《广东省种猪场(站)验收办法》、《广东猪品种审定标准》等规章制度；编印《种畜禽管理法规文件汇编》1 000本，发至各级种畜禽管理部门及种畜禽生产企业。

严格办场申报审批。按照分级管理的原则，对申办种畜禽场实行分级审批。1998年省批准筹建2个原种猪场和1个种山羊场。各市县也按照审批权限开展审批工作。规范种畜禽场验收及生产经营许可证的换发证工作。种畜禽场凭《动物防疫合格证》及1995—1998年生产经营总结等资料，经复查合格，才予以换发许可证。广州市白云区开展种蛋孵化场的专项整顿工作，认真查处无证经营活动。1998年全省共换发生产经营许可证(包括新场发证)210个。

开展畜禽品种(配套系)的审定。1998年受农业部国家畜禽资源管理委员会的委托，对深圳市种猪场和深圳光明畜牧场申报的深农猪和光明猪配套系进行了测定，并配合农业部国家畜禽资源管理委员会对其进行审定并获通过。

加强种畜禽广告出证管理。鉴于近年来广东省出现的多起利用假哈白兔、珍珠熊等高价放种回收、诈骗

优质黄羽肉鸡

钱财的案件情况，与省工商行政管理局联合颁发了《关于加强种畜禽广告出证管理的通知》，对设计、制作、代理、发布种畜禽广告进行出证管理。

抓好种畜禽进出口管理工作，严格把好进出口关。据统计，1998 年共出口种猪 10 852 头，进口畜禽27.333 4万头(只、枚)。

1998 年 11 月农业部在广州召开全国种畜禽管理工作会议，对广东省的种畜禽管理工作给予肯定。

【饲料和牧草生产】 积极推进饲料工业建设，1998 年全省有饲料厂 245 家，产配混合饲料 681 万吨。农业部饲料质量监督检验测试中心(广州)，按照国家技术监督局和农业部的统一部署，于 4—8 月对广东、湖南、福建、海南四省的 109 家配合饲料生产企业，110 个猪、鸡、鸭和特种动物配合饲料产品进行了监督、检查、检验。

本地饲料资源的开发利用。1998 年度，广东省全面贯彻国务院颁发的秸秆养畜过腹还田《纲要》和省政府湛江秸秆氨化养牛工作会议精神，抓好秸秆饲料资源的开发利用工作。1998 年新建国家示范县 1 个，省级示范点 10 个。全省现有 16 个市的 47 个县(区)130多个乡镇 69 629 个农户开展了秸秆养牛工作。当年新建氨化青贮池 27 987 个 9.056 万立方米，配置铡刀1 013把、切碎机 142 台和人工授精设备一批，处理秸秆175 万吨，用氨化、青贮、微贮秸秆养牛 62.28 万头，有效地促进了草食动物的发展。通过建立、健全牛品种改良站，大力推广了南德温牛等优良品种。1998 年，全省共配南德温牛等良种肉牛 21 130 头，产杂交牛 6 000多头。

11 月，省农业厅在阳西县召开全省秸秆氨化养牛现场会，推广阳西集氨化、种草、品种改良、育肥、屠宰于一体的产业化经营模式，促进肉牛生产产业化工作的开展。

国家级示范县的建设验收。1998 年曲江县被批准成为广东省第 7 个国家级示范县，全省现有徐闻、遂溪、雷州、廉江、吴川、五华、曲江等 7 个国家级秸秆养牛示范县和湛江示范区，其中徐闻、遂溪已通过国家验收，1998 年雷州、廉江国家级秸秆养牛示范县项目通过了省级验收。

大力推广春种柱花草、矮象草、皇草、杂交狼尾草，冬种黑麦草。1998 年春种牧草 0.85 万公顷，冬种黑麦草 1.16 万公顷，总产干草 29.28 万吨，建设种草养畜家庭牧场 5 390 个，黑麦草成为粤东农民的热门冬种作物。1998 年全省用草配料养猪 227.5 万头，三鸟9 087.8万只，牛羊兔 147.4 万头，鸵鸟 41 405 只，养鱼6 908公顷。

【兽药生产和管理】 1998 年全省有兽药生产企业 140 家，生产品种规格 890 个、剂型 28 个，产值 12.5 亿元，约占全国的十分之一，质量名列全国前茅。省农业厅发出了《关于加强兽药生产企业管理的通知》和《关于加强兽药制剂室管理的通知》，注销了 12 个不符合条件的兽药生产企业的《兽药生产许可证》。审批兽药产品 708 个，兽药广告 25 个。召开兽药审评委员会第一次全体会议，对 4 个水产药新制剂、9 个兽药进行了审评。

改革兽药厂换证验收形式，验收时对兽药厂有关领导当场书面考试。第一把手考兽药管理法规，主管生产技术的厂长考药剂学。全年共有 29 个厂换证。

加大打假力度，净化市场。省农业厅先后 3 次组织全省各市、县畜牧行政管理部门，开展查处假劣兽药专项活动，共出动打假人员 2 000 多人次，没收假劣兽药货值 100 多万元，罚款 10 万多元，有力地打击制售假劣兽药的行为。12 月，省政府在广州李坑垃圾场举行了销毁假劣兽药现场会，没收的假劣兽药被全部当众销毁，《南方日报》、《广东电视台》等作了报道。

【深入调研，当好参谋】 围绕省委、省政府"增创新优势，更上一层楼"的调研主题，结合本行业实际，针对畜牧业生产出现的问题，积极开展调研工作，及时向省委、省政府反映情况和提出建议、对策。

对全省畜牧业产业化现状、存在问题进行了广泛深入调查，提出了今后发展的思路对策。针对生猪价格急剧下跌，普遍出现卖猪难，养猪亏本的情况，开展了生猪生产调研活动，先后对肇庆、东莞、中山、江门、阳江、广州、清远、惠州、河源等市进行了调查，对定点屠宰中出现的部门保护和地区封锁、"一把刀"经营所造成的卖猪难、乱收费等情况，向省政府和有关部门提出调查报告，争取政策扶持，稳定生猪生产。允许规模养猪场自办屠宰场的建议得到省委采纳，在省委八届二次会议关于贯彻十五届三中全会决定的实施意见中得到明确。到韶关、曲江、肇庆、三水、汕尾、梅州等地调研发展秸秆氨化、肉牛产业情况，指导当地发展草食动物。根据省过境交通检疫站撤销后省外疫情不断传入的严峻形势，进行调研考察，提出了考察报告供省长办公会议决策参考。

【舆论引导和监督】 总结改革开放20年广东畜牧业的经验与成就，制作了《发展中的广东畜牧业》VCD光盘，与广东电视台《社会纵横》节目组联合制作了《"定点屠宰"岂能是"行业垄断"》节目。编辑出版《广东牧业简报》、《广东养猪业》、《广东禽讯》、《广东草业》等刊物，及时通报牧业政策、交流经验、传递信息、指导基层、反映行业发展情况及存在问题。认真做好《中国牧业通讯》、《中国畜牧水产消息报》、《广东农业》等报刊的征订发行工作，《中国牧业通讯》的通联工作再获先进单位称号。纪念改革开放20周年专稿《发展中的广东畜牧业》、《广东省畜牧业产业化的现状问题对策》、《中国草业的广东模式——热带牧草在广东的推广利用》分别被《南方农村》、《广东农业》、《中国草食动物》刊载。

【存在问题】 受经济大气候的影响，畜产品市场疲软，需求下降，价格持续下跌，增产不增收，并出现卖难现象，不少养殖者亏损经营。据统计，1998年瘦肉型猪和二元杂交猪毛重每千克平均价8.4元和6.4元，分别比1997年下降23%和35%，出栏肉猪每头亏损80元以上。家禽产品长时间处于低迷状态，销售价低于成本价，企业普遍亏损经营。

部分地区把定点屠宰变成高度集中屠宰，甚至搞部门垄断经营，对猪肉产品划定地区销售，限制猪肉流通范围，加剧农民卖猪难。部分地区随意增加税收项目，抬高收费标准，加大了养猪户的负担，群众反映强烈。畜禽防疫难度加大，乡镇畜牧兽医站经费无保障，待遇低，难以吸收大中专毕业生。全省有350个乡镇畜牧兽医站没有站址和686个危房站，长期得不到解决。防疫执法队伍素质参差不齐，年龄老化；检验检疫设备、手段落后，难以适应新的形势要求。饲料紧缺成为制约畜牧业发展的主要因素，草食动物发展缓慢。

（罗建民）

广西壮族自治区

【发展与特点】 改革开放20年来，在广西壮族自治区党委、政府的领导下，广西各地认真贯彻落实发展畜牧业的方针、政策，积极调整、优化畜牧业生产结构，加强畜禽良种繁育、饲料生产、兽医卫生保护和畜牧兽医科研与推广等社会化服务体系建设，多渠道增加畜牧业投入，大力推进畜牧业产业化进程，全自治区畜牧业生产持续20年增长，取得了令人瞩目的成就。1998年全自治区肉类总产量332.61万吨，比1978年的39.65万吨增长了7.39倍，年均增长11.22%；1998年禽蛋产量16.16万吨，比1978年的1.7万吨增长8.50倍，年均增长11.92%；1998年奶产量12 274吨，比1978年的2 225吨增长4.52倍，年均增长8.91%。1998年畜牧业产值达342.69亿元（现价），占大农业总产值的比重为36.28%，比1978年的12.72%提高23.56个百分点。畜牧业已成为广西经济的一大支柱产业，并为农民增收，丰富城乡居民的"菜篮子"，振兴广西农村经济作出了巨大贡献。

广西畜牧业发展主要有以下几个特点：

1. 积极调整畜牧业生产结构，大力发展草食畜禽。充分利用广西646.67万公顷草山草坡的资源优势和农作物秸秆资源发展牛、羊等草食动物；利用广西水牛存栏居全国之首的优势，发展乳肉兼用型的杂交水牛生产；开发利用农村冬闲田种草养畜，发展肉鹅和肉兔生产。通过加快发展草食畜禽生产，节粮型的牛羊兔肉占肉类总产量的比重由1978年的1.49%提高到1998年的4.73%。

2. 发展规模生产，走畜牧业产业化的路子。通过建立畜牧业商品生产基地，带动千家万户形成了一大批养猪、养禽专业户、专业村，形成了瘦肉型猪、杂交猪、三黄鸡、肉鹅和杂交水牛五大外向型生产基地。

3. 积极引进、推广优良畜禽品种，重点抓畜禽品种的改良，加强对种畜禽的管理，使畜牧业生产水平不断提高，全自治区生猪出栏率由1978年的51.91%提高到1998年的116.27%，牛的出栏率由1978年的1.24%提高到1998年的16.18%，羊的出栏率由1978年的6.03%提高到1998年的67.8%。

4. 大力发展饲料工业和兽药业。1998年全自治区饲料生产能力达460.65万吨；饲料加工业产品产量从1981年的1.8万吨，跳跃发展到1998年的233.67万吨，增长128.82倍，年均增长33.14%；1998年实现饲料工业总产值52.74亿元（现价）。兽药生产企业由1982年的8家发展到1998年的98家，生产的兽药品种由30多个发展到650个，产值由200万元发展到3亿元（现价）。五是认真贯彻《中华人民共和国动物防疫法》、《广西壮族自治区家畜家禽检疫条例》等法律法规，加强防疫、检疫和兽医卫生监督管理，畜禽死亡率大幅度下降。生猪死亡率由1975年的20%下降到1998年的3.5%，家禽死亡率由50%下降到19%。

【1998年生产概况】 1998年，虽然遭受市场困扰、冲击和严重的洪涝灾害，但广西畜牧业经济总体上仍保持持续增长。全自治区肉类总产量332.61万吨，比上年增长2.99%；禽蛋产量16.16万吨，比上年减2.53%；牛奶产量12 274吨，比上年增长15.97%；蜂蜜产量4 743吨，比上年减2%。除生猪的年末存栏量比上年略减外，其他畜禽的存栏量和出栏量均有不同程度增长，其中草食类的牛、羊的出栏量分别比上年增长

9.21%和29.52%。畜牧业总产值342.69亿元(现价),占全区农业总产值的36.28%。

1998年,广西部分地市遭受严重的洪涝灾害,畜牧业生产遭到严重破坏,损坏畜禽栏舍59.86万平方米,冲走、淹死大牲畜1.37万头,生猪死亡9.33万头,家禽死亡385.11万羽,全自治区畜牧业经济损失6.36亿元(现价)。灾情发生后,自治区畜牧局采取紧急防疫措施,组织各级畜牧部门开展救灾工作,并无偿调拨救灾疫苗1276万毫升(价值49万元)开展灾后防疫,及时控制疫情发生,保证了畜牧业的健康发展。

1998年广西畜禽存栏和出栏情况

项　　目	数　量	比上年增减%
大牲畜年末存栏(万头)	891.03	1.74
其中:牛(万头)	853.05	1.77
生猪(万头)	2 653.54	-1.74
山羊(万只)	269.22	4.60
家禽(万羽)	22 230.29	1.18
猪出栏(万头)	3 164.18	1.94
牛出栏(万头)	137.02	9.21
羊出栏(万只)	164.51	29.52
禽出栏(万羽)	43 751.13	2.79

【畜禽繁育体系建设】

1. 种畜禽管理。根据国务院颁布的《种畜禽管理条例》和农业部制定的《种畜禽管理条例实施细则》对《广西壮族自治区实施种畜禽管理条例办法》进行修改和完善,制定了《广西壮族自治区种畜禽场考核验收发证管理办法》、《广西壮族自治区禽蛋孵化经营单位(个人)考核验收发证管理办法》、《广西壮族自治区种畜配种经营单位(个人)考核验收发证管理办法》和《广西壮族自治区种猪场验收标准》、《广西壮族自治区种禽场验收标准》,逐步使种畜禽生产、经营和管理有法可依。1998年上报并由自治区技术监督局发布了隆林黄牛和隆林山羊地方标准,完成了摩拉水牛、尼里/拉菲水牛、巴马香猪、环江香猪和杜洛克猪地方标准的制定和审定工作。考核验收种畜禽场180多个,核发《种畜禽生产经营许可证》174个。

2. 良种繁育。1998年争取到国家支持建设广西畜牧研究所种猪场、博白县种猪场、钦州市钦南区种禽场、北海副食品第一猪场和1个国家种公牛站建设项目。根据农业部布置,制定了《广西壮族自治区1998—2003年全国养殖业良种工程建设项目规划》。根据自治区“1234610”工作思路,制定了《广西壮族自治区畜禽良种工程工作目标》,编写了《广西壮族自治区实施畜禽良种工程工作意见》。

3. 畜禽品种改良。1998年全自治区共复查、鉴定、选留合格种公猪约6 800头,淘汰劣杂公猪1 800头,利用优良种公猪杂交配种母猪490万窝次,其中人工授精约410万窝次,提高了我区出栏猪的质量和养猪效益。全自治区共有33个县(市、区)开展了本地种公牛的评奖、鉴定、选留工作,共选留合格本地种公牛13 200头,用选留的种公牛配种母牛56万头,种公牛的利用率达95%以上,同时淘汰劣质公牛6 000多头。牛的杂交改良工作重点在灵山、合浦等16个县进行,共杂交配种母牛23 000头,比上年增长49%。山羊改良工作加强了对本地山羊品种的选育工作,特别是重视了种公羊的异地交换,遏制了近亲繁殖,全区共杂交配种母羊30多万窝次,产成活羔羊40多万只,促进了我区养羊业的快速发展。

4. 商品猪基地建设。1998年广西新增全州县国家商品瘦肉型猪基地和玉林市国家商品猪建设基地,使广西的国家商品瘦肉型猪基地县达16个,国家商品猪基地县达3个,进一步促进了广西优质瘦肉型猪的生产。

【畜禽疫病防治与兽药管理】

1. 畜禽疫病防治。全面推行动物防疫双轨目标管理责任制,建立了以生猪免疫为重点的动物计划免疫制度。1998年各地、市的猪瘟免疫密度在90%~98%之间,绝大部分地市在95%以上;鸡新城疫免疫密度在55%~85%之间,少数地市达到85%以上。同时加强对禽流感、马传染性贫血、猪生殖和呼吸综合征、布鲁氏菌病等动物疫病的监测。年内广西生猪死亡率3.5%,家禽死亡率19%。

2. 兽医卫生检疫。1998年重点抓产地检疫和屠宰检疫工作。全自治区已有45%的县全面开展产地检疫,并逐步形成了报检制度。定点屠宰,到点检疫工作全面展开,全自治区14个地市86个县实行了定点屠宰。在1350个屠宰场(厂、点)中除桂林和南宁两市个别屠宰场仍自检外,全部由动物防疫机构施检。广西上市肉类的检疫率达98.5%,合格率95%以上,保证了人民群众吃上“放心肉”。

3. 兽医诊断室建设。兽医诊断室的建设关系到兽医科技的推广应用,是实施动物保护工程的基础工程。1998年,自治区财政拨款100万元用于地市县购置兽医诊断室仪器设备。年内继续开展对地市级兽医诊断室考核验收工作,已有柳州、桂林、玉林等市通过了考核验收。此外,农业部疫情测报平乐县、来宾县和玉州区站也通过了验收。并由自治区兽医防疫检疫站培训了32名实验室人员,提高了他们的兽医诊断技术水平。

4. 兽药管理。1998年制定了一系列广西兽药管理审批程序,如广西壮族自治区申请开办兽药生产企业的程序、广西壮族自治区申请换发兽药生产许可证办理程序等,使兽药的审批工作基本做到程序化、公开化、制度化。全年共审批核发兽药批准文号496个,换发兽药批准文号203个、生产许可证26份、兽药经营许可证1份,核发兽药监督员证63个,审查兽药广告30个。年内加大力度打击制售假劣兽药的违法行为,配合广西电视台对南宁市兽药禽苗市场兽药质量情况进行调查,协助公安机关在贵港市、河池市等地端掉3个制假窝点,并对个别兽药企业生产无批准文号兽药和假劣兽药案件进行了查处。为净化兽药市场,全年共抽检兽药202批次,合格123批次,合格率60.89%,比上年提高5.23个百分点。其中:从广西区内生产企业抽检107批次,合格83批次,合格率77.57%,比上年提高10.9个百分点;从市场上抽检95个样品,合格40个,合格率42.11%,比上年提高3.11个百分点。

【草食畜禽生产】 1998年广西各地继续加快草食畜禽发展步伐。年末牛存栏853.05万头,出栏肉牛137.02万头,分别比上年增长1.77%和9.21%;山羊存栏269.22万只,出栏肉羊164.51万只,比上年增长4.6%和29.52%。至1998年底止,广西共建立秸秆养畜示范县37个(其中国家级12个),示范乡87个,示范村224个,示范户16 400户。年内青贮秸秆135万吨,氨化秸秆59万吨,新鲜利用秸秆280万吨,分别比上年增长26.2%、31.1%和12%。其中12个国家级秸秆养牛示范项目县青贮秸秆123.36万吨,氨化秸秆53.95万吨,新鲜利用秸秆200万吨,年底存栏牛218.97万头,当年出栏牛62.47万头,产牛肉6.25万吨,分别占全区青贮量的91.4%,氨化量的90.4%,新鲜利用秸秆量的71.4%,存栏牛数量的25.2%,出栏牛数量的40.8%,牛肉产量的45.1%。12个县市秸秆青贮量分别比上年增长28.7%,秸秆氨化量增长26.7%,牛年末存栏量增长5%,出栏量增长18.2%,牛肉产量增长22.5%。1998年建立种草养畜项目点30个,牧草飞播项目县4个。

【饲料生产】 1998年广西饲料加工企业224家(时产1吨以上),全自治区饲料年生产能力460.65万吨,年内生产配合饲料209.16万吨,浓缩料22.91万吨,添加剂预混料1.61万吨,饲料加工业总产值达52.74亿元(现价)。其中配合饲料产量比上年有所下降,浓缩料和添加剂预混料分别比上年增产6.78%和37.91%,产品结构渐趋合理。

年内开展全国配合饲料统检,广西抽查了135家饲料企业,受检样品253个,合格31个,产品合格率91.3%,比1996年的80%提高了11.3个百分点。

1998年广西国有饲料企业以推进三项制度改革,强化管理作为转换企业机制的突破口,深入开展企业改革整顿工作,国有饲料企业又现生机,在广西20家大型国有饲料企业中,有8家增产,经济效益也有所提高。广西国有饲料企业在整个饲料行业中仍占较大比重。广西浓缩饲料厂于7月份完成了企业改制工作,成立广西华桂畜牧饲料有限公司,年内创利税905.76万元(现价),比上年增加326.8万元(现价),增长56.44%,取得了建厂十年来最好的效益,被评为自治区"三好"企业。

【水牛奶业开发】 1998年广西水牛奶业开发项目有新进展:项目区内杂交水牛存栏达7 566头,当年杂交配种母水牛7 181头,比上年增长25.54%;当年产杂交犊牛3 204头,增长12.58%;年产鲜水牛奶1 750吨,增长60.70%;出售杂交水牛1661头,增长16.8%;奶和杂交水牛的年产值达1 245.11万元(现价),增长39.13%。年内广西水牛奶业开发工作在原来开发的10个县(郊)的基础上又新增了防城区和象州县两个示范县,填补了这两个县鲜牛奶上市的空白。1998年是中国-欧盟水牛开发项目实施第二年,各项工作进展顺利,欧盟多次派专家来检查均感满意。12月上旬在我区北海市成功地召开的98年度中国-欧盟水牛开发项目工作会,农业部和欧盟专家均到会主持会议,对广西项目区的工作给予了肯定。至年底广西共得到欧盟援款151.33万元(现价),当年地方配套272万元(现价),主要用于设备购置和基建、维修、设备运输与安装、技术培训等。现在,广西水牛研究所和广西畜禽品种改良站的基础设施建设已焕然一新,并拥有了世界一流的仪器设备。

【畜牧兽医科研与技术推广】 1998年广西新下达畜牧兽医科研课题13项,畜牧兽医技术推广项目15项,均进展顺利。其中年底完成并通过科技成果鉴定的《百万只山羊饲养综合技术开发》和《羔羊生产配套增产技术》两项"丰收计划"项目,覆盖了广西26个主要养羊县,1998年项目区共出栏山羊108.78万只,新增纯收益5 500万元(现价);在博白县、贺州市和柳城县实施的《瘦肉型猪饲养技术示范工程》项目和在北流市实施的《三元配套杂优猪生产技术》项目,项目实施第一年,共建设养猪示范乡(镇)38个,项目区共出栏肉猪150多万头,新增纯收益1.82亿元(现价)。1998年,自治区畜牧系统共有7项成果获广西牧渔业科技进步奖,有5项成果获广西科技进步奖。自治区人民政府办公厅表彰了200名在1988—1997年10年间为我区畜牧科技事业作出突出贡献的畜牧兽医工作者,并授予"广西科技兴牧先进工作者"称号。

1998年,自治区畜牧兽医技术培训中心共举办"种、养"、兽药新产品开发、兽医实验室诊断技术和兽医行政执法、电脑培训等培训班26期,培训2 500多人次,邀请国务院有关部、局和区外的著名专家、教授讲课,并与广西农业广播电视学校联合招收畜牧兽医专业全日制班、业余班11个,共230人,对提高我区畜牧兽医队伍的素质起到很好的作用。

(广西壮族自治区畜牧局供稿)

海南省

1998年全省肉类总产量39.79万吨,比上年增长8.13%。其中猪肉22.16万吨,增长7.76%;牛肉2.40万吨,增长12.49%;羊肉0.19万吨,增长21.33%;禽肉13.88万吨,增长8.1%。全年畜禽出栏情况则为:肉猪266.43万头,增长6.21%;肉牛25.15万头,增长10.79%;小羊59.59万只,增长20.77%;家禽8 787万只,增长8.34%。生猪出栏率达89%,比上年提高7%。年末畜禽存栏:猪314.27万头,比上年增长6.08%;牛153.8万头,增长3.72%;山羊84.96万只,增长10.17%;禽3 533.82万只,减少3%。禽蛋产量2.44万吨,比上年增长9.9%;牛奶产量500吨,增长143.9%。畜牧业产值达25.82亿元(按1990年不变价计),比上年增长8.31%。

畜牧业的生产方式逐步由分散、粗放型向集约、精细型转变,全省饲养万头以上集约化猪场有15家,年出栏10万只以上大型集约化肉鸡场2家。全省出栏肉猪50头以上的饲养户有1 090户,共出栏肉猪26.81万头;年出栏肉鸡2 000只以上的饲养户有125户,共出栏肉鸡2 693.64万只。大型饲养场及专业户的发展使全省畜牧业的经济效益及社会效益有了明显提高。琼海、儋州、琼中、定安等市县党委和政府十分重视畜牧业的发展,既当作农村扶贫首选项目,亦视作当地经济发展的支柱产业。琼海市畜禽肉产量占全省的19%,成为全省畜牧业生产第一大县(市)。新型畜牧业的发展成为海南畜牧经济新的增长点。琼山、儋州、白沙、陵水等地种草养畜和秸秆养羊技术的推广,使1998年全省草食动物饲养有较快的发展;琼中、白沙、东方等地引入牛黄人工培植技术,极大地提高了养牛业的经济效益,从而带动了当地养牛业的发展;澄迈等市县推广科学养猪新技术,使全省生猪出栏率有较大提高。

【畜禽良种繁育体系建设】 1998年,海南省种猪场在原有基础上,扩建了有120多头原种猪的清澜分场,使种猪产量增长达30%,既满足了集约化养猪的需求,也为广大农村提供了猪种改良所需的种公猪。琼海、儋州、屯昌、澄迈、琼山、琼中等市县的二级种猪场也扩大了种群,为农村提供大量优质种猪。定安县农村猪苗繁殖基地的建设也取得了显著效果,1998年共生产良种猪苗22万头,除供应本县所用之外,还输往其他市县12万头。全省良种猪苗产量120多万头,加上外调良种猪苗,猪良种覆盖率超过70%,猪苗自给率达到75%。1998年,全省禽苗产量超过5 00万羽,自给率超过50%。其中:海口、文昌、琼海、澄迈等市县良种禽苗实现全部自给。澄迈、白沙、东方、定安、昌江等市县积极开展牛的品种改良,澄迈县采用冷冻精液配种3 600头,已产杂交牛100多头,走在全省牛品种改良的前列。1998年是《种畜禽管理条例实施细则》施行第一年,各级畜牧主管部门加强了畜禽品种资源保护、培育和种畜禽生产经营管理,有效地提高了畜禽质量,促进了畜牧业的健康发展。年内验收合格种畜禽场89家,依法核发《种畜禽生产经营许可证》84个。

【畜禽疫病防治及动物检疫监督】 1998年是《中华人民共和国动物防疫法》实施的第一年,全省畜牧兽医工作者以法律为武器,依法防疫检疫,对主要疫病实行计划免疫,对严重危害人畜安全的疫病实行强制免疫。全省猪瘟免疫达到90%,鸡新城疫的免疫达到70%。全省所有屠宰场点都实施屠宰检疫,基本做到有宰必检,有检必严。全年共检疫活畜457.34万头,检疫活禽2 499.18万只,检疫肉类23.31万吨,检出病死畜3.37万头,病死禽12.2万只,病害肉404.7吨,基本上进行了无害化处理;查处案件316起,结案率89%。澄迈、定安、琼中、昌江等四个市县开展产地检疫的乡镇达90%。全省定点屠宰场的到点检疫率达98%,病死动物及其产品的无害化处理达98%以上;县级以上兽医诊断仪器达到要求的95%,检疫刀、钩及听诊器、体温计配置率达100%。全省检疫员队伍整体素质有所提高,其中动物监督员具备中专以上学历的人员占总数的95%,全年全省动物监督员和检疫员考核合格率达95%以上;全省兽医执法水平有较大提高,净化了肉禽市场,有效地遏制了畜禽疫病的流行。

【兽用生物制品和兽药市场管理】 1998年加强了兽用生物制品的执法检查工作,成立了"海南省兽用生物制品稽查小组",全年查处违法经营兽用生物制品单位14家,查处非法疫苗100多个品种,共4 000余件。理顺了兽用生物制品的经营关系,规范管理全省兽用生物制品经营行为和市场秩序,进一步完善各级畜牧兽医站内部管理,健全兽用生物制品的订购、供应和保存制度,做好疫苗价格的核定并公开价格,亮牌经营。在此基础上,全年共组织畜用疫苗14个品种610万头份,禽用疫苗19个品种6 320万只份,确保了全省计划免疫制度的顺利开展。

(海南省农业厅供稿)

重庆市

【基本情况】 重庆市幅员面积824万平方千米,辖40

个区县(自治县、市),总人口 3 050 万,其中农业人口 2 460万,占总人口的 80%以上,是一个具有大城市、大农村特点的典型的农业直辖市。而在大农业中,畜牧业又占有极其重要的位置。因此,市委市政府十分重视畜牧业,逐年增加对畜牧业的投入,切实加强对畜牧业的领导,努力增加畜牧业科技含量。各级畜牧部门采取有力措施,大力推广各项先进技术和组织实施一系列科技项目,使畜牧业连续 20 年增长,1998 年全市出栏生猪 1 780 万头,牛 35 万头,羊 131 万只,分别比 1978 年增长 330%、458%和 50%;出栏家禽 12 392 万只,兔 730 万只,与 1978 年相比均成倍增长;牛奶产量达 43 万吨,比 1978 年增长 270%;畜牧业产值 883 260 万元,比 1978 年增长 48 倍,占农业总产值的比重达 415%,比 1978 年增加近 10 个百分点。畜牧业发展势头强劲。

【生猪良种工程】 重庆是全国主要的商品猪生产基地,年出栏生猪近 1 800 万头,居全国第 13 位,每年外调猪肉十几万吨。以养猪业为主的畜牧业产值占全市农业总产值的 40%以上,农民人均养猪收入超过 700 元,已成为我市农村经济重要的支柱产业。经过多年的发展,我市生猪虽然取得了"量"的飞跃,但与发达地区相比,还有较大差距,主要表现在猪生长速度慢、饲料转化率低、瘦肉率不高、生产性能及综合经济效益差,产品市场竞争力不强,外调猪肉量逐年下降。主要原因就是我市种猪质量较低,"老三系"种公猪和土杂劣母猪仍有相当数量。种猪质量差已严重制约了我市养猪业的发展。因此,实施生猪良种工程,增加养猪科技含量,稳定生猪数量,提高生猪质量成为我市养猪业发展的必然选择。为此,市政府明确提出从 1998 年起,实施生猪良种工程,用 3~5 年时间,使我市生猪品种改良跃上一个新的台阶,从而拉动养猪业的升级换代。

按照市政府的要求,1998 年重点抓了以下工作:

1. 重点抓好市种畜场、市种猪场建设。以新英系或新丹系长白、大约克种猪做父本,逐步将各人工授精网点和种猪饲养户的"老三系"公猪更换为新英系或新丹系长白、大约克种公猪。

2. 在全市范围内实施新荣昌猪 I 系二级扩繁场建设。重点推广目前国内最好的专门化母本品系之一,新荣昌猪 I 系,逐步以新荣昌猪 I 系的优良母猪更换农村现有基础母猪,提高母本质量。

目前,我市生猪良种工程已初见成效,一是全市已初步形成市种畜场、市种猪场为核心的新英系长白、大约克和新丹系长白、大约克为主的外种猪原种场和荣昌猪保种场,以养猪研究院为核心的新荣昌猪 I 系的核心群场。其中,市种畜场(市种猪场)1998 年被国家农业部再次评定为国家级重点种畜场。目前两场共饲养有 600 余头新英系约克长白基础种母猪,100 头新丹系约克、长白基础种母猪,近 200 头荣昌猪纯种猪。二是在万州、涪陵、合川、江津等 21 个区县(市)建设了 21 个新荣昌猪 I 系二级扩繁场。每县饲养新荣昌猪 I 系母猪 150 头。三是在城口、秀山、丰都、永川、北碚等区县(市)建设了 5 个以长白、约克为主的外种猪扩繁场。四是积极扶持业主,兴办了聘程种猪场和合川万头配套系种猪场。目前,合川万头配套系种猪场已完成土建 2 万平方米,引进 PIC 商品配套系种猪 800 余头。

【400 万只蛋鸡工程效益显著】 为丰富菜篮子,尽快解决重庆鲜蛋供求矛盾,我市从 1995 年开始,在长寿、江津、合川、大足、潼南、北碚等六个区县(市)实施了 400 万只蛋鸡工程建设项目。经各级各部门的努力,到 1997 年底,圆满完成了预定的项目建设任务。实施项目的区县(市)中,饲养蛋鸡在 500 只以上的农户有 3 479户,其中饲养 2 000 只以上的有 515 户,饲养 5 000 只以上的有 144 户,最多的一户饲养量达 7 万只,项目区县(市)共饲养蛋鸡 4 897 万只,超任务指标 2 243%,共向市场投放鲜蛋 11 208 万千克,创产值 99 亿元。在蛋鸡工程的带动下,全市养鸡业得到了较快发展,1998 年仅近郊区县(市)产蛋就达 1 234 万吨,比实施项目前的 1994 年增长 41%,结束了我市靠外地蛋供应市场的局面,既丰富了菜篮子,又实现了农民增收的目标。

【畜牧业结构调整】 重庆市的畜牧业一直是以生猪生产为主的产业。随着人民群众生活水平的提高,市民的膳食结构发生了变化,出现了猪肉滞销、养猪亏本的状况,畜牧业的发展受到了严重影响,畜牧业新的增长点急需开拓。而高蛋白、低脂肪的牛羊肉则深受消费者欢迎,市场前景较为广阔。为此,市政府提出了积极调整畜牧业结构,大力发展节粮型畜禽的方针。各级畜牧部门根据市政府的精神,采取有力措施,大力发展以牛羊为主的草食牲畜。一是围绕三峡库区生态工程,利用房前屋后等隙闲地和 25 度以上坡耕地种植优质牧草,大力发展牛羊兔等节粮型畜禽。二是在彭水、酉阳等地实施秸秆养畜示范项目。1998 年底,两县微贮氨化秸秆 92 万吨,青贮秸秆 20 万吨,秸秆处理养畜利用率比实施项目前增长 185%。该项目的实施,带动了全市秸秆利用工作的开展,据统计,1998 年全市秸秆利用率比上年增长 5%以上。三是积极开发利用草山草坡资源。我市有草山草坡 215.8 万公顷,其中可利用面积为 191.6 万公顷,由于缺乏资金等原因,这些草资源基本上未得到开发利用。1998 年,在国家计委和农业部的支持下,我们在城口和石柱两县实施了草山草坡开发利用示范工程项目。到年底,两县基本完成了 0.13 万公顷核心草场的基础工作,并制定了 0.53 万公顷辐射草山草坡的利用措施,积极着手开发利用。其他许多区县也结合自己的实际,制定方案,组织人力、物力积极开发利用草山草坡资源。四是积极开展牛品种改良工作和种羊场的建设,改良品种,提高质量,扩大供种数量,以满足草食性畜发展的需要。通过以上工作,我市以牛羊为主的节粮型草食牲畜有了较大发展。1998 年全市出栏牛 35 万头,羊 131 万只,分别比 1978 年增长 458%和 50%。

【畜牧体制改革】 我局属有 8 个畜牧经济实体,因经营管理体制等方面的原因,近年来经济状况一直很差,有 4 个单位亏损严重。为改变面临的严峻形势,适应激烈的市场竞争,1998 年局党组根据中央和市委市政府的有关政策,在坚持"国有资产不流失,银行债务不悬空,职工安置有保障"三大原则的基础上,对局属畜牧经济实体实行了改革。局改制领导小组组织人员在对各单位进行摸底调查的基础上,提出改革设想,制定改革措施。在进行资产评估,取得国有资产管理局和国土局确认的情况下,充分听取企业职代会的意见,制订改制协议书,搞好职工分流安置、财务交接和人事、行政、财务、文书档案的交接工作。在改制中,我局一直坚持了一切从实际出发,实事求是的方针,如对华渝牧工商联合公司实行出让式兼并,对重庆市种畜场重庆市家禽养殖场实行兼并,对重庆市畜牧总公司所属动物药品药械贸易中心和牧业商贸中心实行股份合作制改造,由职工出资购买国有资产,组成经营班子进行民营。由于实行了改革,1998 年经济大环境虽然不佳,但我局属畜牧经济实体基本消除了亏损,实现了盈利,市养猪研究院、市种畜场等单位年纯利润均在 100 万元以上。

(重庆市农业局供稿)

四　川　省

【基本情况】 四川地处西南,位于长江上游,幅员辽阔,地势、地貌类型多样,畜禽品种资源丰富,具备了发展畜牧业得天独厚的自然优势。四川既是畜牧业大省,又是全国五大牧区之一。改革开放以来,四川畜牧业依靠政策,依靠科技,依靠投入,快速发展,各项生产指标持续稳定增长。畜牧业已发展成为四川农村经济的新增长点和农民增收的重要来源,在全省农村经济中占有举足轻重的地位。为四川农村经济发展、农民增收、财税增长和市场供给、社会稳定作出了应有的贡献,实现了 22 年辉煌。

1. 畜禽存出栏全面增长。1998 年四川省存栏生猪 5 287.53 万头、大牲畜 1 099.46 万头、羊 1 298.30 万只,分别比 1997 年增长 6.11%、1.90%和 8.89%,分别比 1977 年增长 82.89%、44.90%和 61.20%,年递增分别为 2.92%、1.78%和 2.30%;1998 年四川出栏肉猪 6 469.96万头、牛 202.87 万头、羊 849.24 万只、禽 56 443.72万只、兔 4 856.9 万只,分别比 1997 年增长 3.12%、8.96%、21.02%、11.31%和 12.53%,猪牛羊分别较 1977 年增长 365.79%、459.18%和 392.11%,年递增分别为 7.60%、8.54%和 7.88%;禽兔比 1980 年分别增长 821.33%、673.27%,年均递增 31.99%、29.13%。

2. 畜产品产量大幅上升。1998 年四川肉类总产量达到 576.76 万吨,其中,猪肉 453.35 万吨、牛肉 22.75 万吨、羊肉 12.86 万吨,分别比 1997 年增长 8.16%、6.03%、11.89%和 25.80%,比 1977 年分别增长 656.21%、527.21%、775.00%和 818.57%,年递增分别达 10.11%、9.14%、10.88%和 11.14%。禽蛋 83.27 万吨、奶 27.71 万吨,分别比 1997 年增长 10.98%和 6.20%,分别比 1980 年增长 527.03%、135.03%,年递增达 10.73%和 4.86%。

3. 畜牧业结构调整成效显著。"八五"期间四川牛羊生产打破了长期徘徊的被动局面,首次出现双位数增长,进入"九五",继续保持了快速增长的可喜势头;禽、兔、蜂也保持了较快发展。1998 年全省牛羊和禽兔等非猪畜禽肉类产量达 123.41 万吨,占肉类总产量的比重达 21.40%,比 1977 年提高了 16.17 个百分点,畜牧业结构逐步趋向优化。

4. 畜牧业已成为四川农村经济的支柱产业,挑起了农民增收的大梁。1998 年四川畜牧业产值达 327.05 亿元(按 1990 年不变价计),占全省农业总产值的比重达 41.35%,部分县已超过 50%,较 1978 年提高了 21.89 个百分点。近十多年来,畜牧业收入已占农民家庭经营收入的 1/3 以上;农民人均出售畜产品现金收入占出售农产品现金收入的 60%以上。1998 年四川农民人均出售畜产品收入达 663 元,比 1981 年增长了 13.23 倍;农民人均增收 109 元中,有 2/3 来自畜牧业。

5. 畜牧业已成为地方财税增长的重要来源。四川省每年仅生猪税费收入就达 30 亿元左右,有的县级财政收入中,来自畜牧业的高达 50%。猪肉、肠衣、皮革等均是四川大宗出口创汇产品。

6. 畜牧业已成为繁荣和保障市场供给的重要基础。区域调整后四川生猪存栏、出栏、猪肉产量、猪肉外调量和家禽产量等多项畜牧业发展指标仍名列全国前列。1998 年四川外调生猪和猪肉量仍占全国省际间调拨总量的 1/3,每年约有 1 300 万头仔猪和大量禽苗调出省外。四川畜牧业对丰富人民"菜篮子",保持物价稳定作出了重大贡献。

7. 畜牧业已成为四川经济新的增长点。四川畜牧业的蓬勃发展,带动了饲料工业、食品加工、皮革、生化、毛纺等相关产业的发展。1998 年全省仅工业饲料产量就达 340 万吨,总产值 60 多亿元(按现价计),利税 3 亿元。畜牧业前推及后置产业的综合效益日渐增大。

【畜牧产业化】 四川早在1979年就开始改革畜产品流通体制,牧区放开牲畜交易,农区取消生猪统派购制度;1982年率先进行畜牧食品一体化改革试点,探索管理体制和经营机制一体化,取得了一定的成绩。改革适应和促进了生产力的发展,带动了畜牧业较早步入市场经济,一定程度上起到了联结分散农户经营与社会化大市场的作用,对畜牧产业化经营进行了有益的尝试。1997年,四川省人民政府下发了《四川省人民政府关于加快畜牧产业化把我省建成畜牧业强省的通知》(川府发[1997]28号),在全省掀起了实施畜牧业产业化经营的高潮。经过两年多的实施,全省出现了一批按产业化内在要求,高起点、新机制启动和发展的龙头企业带动型、科技市场带动型、专业协会带动型、专业场站带动型、专业大户带动型等产业化模式的雏形,方兴未艾,蓬勃发展。这些产业化典型适应了当前农村生产力水平,有效地带动了分散的农户生产走向市场,促进了科技成果转化,推动了区域性主导产业的发展和产品的开发,取得了较好的经济效益和社会效益。据对40个产业化典型的调查表明,40个产业化组织共带动农户3.2万多户,农民从事产业化经营获得人均年收入2 000元左右。1998年,全省在巩固已有的"公司+农户"等产业化经营的同时,突出抓重点工程的建设和主要措施的落实。各地根据区域资源优势,正确引导,坚持一手抓龙头企业带农户,一手抓"五专带农户",积极发展各具特色的产业化经营组织,有力地推进畜牧产业化进程。一批注重高科技(良种、良法、优质、高效)、外向型(直接面向外省的专业市场和直接出口的龙头企业)、新机制(股份制、股份合作制企业)的产业化项目有较大发展,取得显著成效。如四川省阳坪种牛场、阿坝红原奶粉厂、官汉云蒙山示范合作牧场、泸县仔猪协会、温江县农友家禽研究所等一头连接农户发展生产,一头连接市场实现商品价值,产供销有机连接,已具产业化雏形。

【科技兴牧】 科学技术是第一生产力。改革开放以来,四川积极实施科技兴牧战略,围绕实施"丰收计划"和"星火计划",大力推广生猪"双推五改"、三元杂交技术,推广饲料青贮、秸秆氨化养牛羊技术,推广畜禽品种改良、育肥和大中城市集约化饲养蛋鸡等综合配套技术,推广牲畜疫病防制、牛羊驱虫等实用技术,大幅度提高了畜牧业综合生产能力。在抓好科技推广的同时,坚持"生产、科研、推广"单位三结合,加快畜牧兽医重大科研项目攻关,取得可喜的成就,为生产应用贮备了技术。狂犬病疫苗株及抗体检测技术的研究、瘦肉型猪规模化养殖及产业化技术研究等生猪专门化母系推广,齐卡兔、良种獭兔及配套技术推广,达到了国内同类项目先进水平,已取得了显著的社会经济和生态效益。48～50支凉山半细毛羊品种培育、"天府肉鸭"选育及配套、南江黄羊定向选育、四川白猪Ⅰ系和新荣昌猪Ⅰ系两个瘦肉猪专门化母本新品系培育等均取得重大突破,丰富了四川和全国的良种畜禽品种资源。其中,南江黄羊经30多年的定向选育,已具备国家山羊新品种的标准,是国内肉用性能最好的山羊新品种,居全国领先水平,获农业部丰收计划一等奖,并被农业部正式命名颁证。此外,"生猪适度规模饲养及产业化技术研究"、"外种猪选育技术研究"、"种猪性能测定技术研究"、"北川白山羊、美姑山羊选育研究"、"天府黑兔新品系选育"、"规模化养鸭疾病防治模式研究"等也取得较快进展。截止1998年,四川畜牧兽医共有1700多项研究成果获各种科技成果奖,其中国家级奖励2项,省部级奖励340项。四川畜牧业科技贡献率已达45%,科技成果转化率达70%。

【畜牧商品基地建设】 在基地建设上,四川始终按照"合理利用资源,相对集中成片,增大科技含量"的原则,重点把生猪"双推五改"、三元杂交、高床养殖以及高瘦肉率的生产配套技术和畜禽疫病生物工程防制技术、优质肉用山羊品种及繁育技术、牛羊禽兔育肥技术、种草养畜综合技术等一批科技成果推广纳入生猪、牛羊、家禽基地建设内容,提高基地建设质量。截止1998年底,全省共建商品猪基地88个、牛羊基地63个、水禽41个、抗(防)灾保畜打贮草基地23个、半细毛羊基地6个。这些基地的建设,在全省畜牧业生产中起到了示范,发挥了骨干作用。到1998年,全省生猪基地出栏肉猪5 200万头、占全省的83%,水禽1.2亿只、占全省的50%,肉牛74.49万头、占全省的42.8%,肉羊407万只、占全省的61.5%。四川有15个县被列入国家级秸秆养畜项目建设,1998年,项目县秸秆处理利用率达25.6%,所有生产指标均高于全省增长水平,显示了良好的示范作用。农业部、国家农业开发办对四川秸秆养畜项目建设给予了高度评价。

【畜牧业服务体系建设】 畜牧业社会化服务体系是保障畜牧业生产发展的基础,是衡量畜牧业综合发展能力的重要标志。为服务畜牧业的快速发展,依据国家的畜牧法律法规,四川突出抓了畜禽良种繁育、动物保护、饲料供给体系的建设。

在良种繁育体系建设上,四川按宝塔型的原则进行建设,现已初步形成以原种场、扩繁场、商品场为载体,以重点种畜禽场为主体,以省、地、县、乡四级改良站(点)为依托的畜禽良种繁育体系。四川畜牧系统已建立国家级和省、地、县级重点种畜禽场27个,省、地(市、州)级畜禽改良站22个、县级改良站153个、乡级人工授精站2 892个、液氮冷冻精液站5个和省级种猪性能测定站1个，共有科技人员5 700余人，做到了品种选育、畜禽改良和新技术推广有人抓，良种引进、调剂和质量监督有人管。1998年，四川生猪杂交改良面已达85%以上，其中三元杂交面达22%；牛羊禽兔的杂交改良覆盖面分别达到12%、20%、27%和50%。四川省原种猪场作为全省良种繁育体系的塔尖，已初步完成第一期技术改造。1998年5月，从加拿大引进了优良种猪，提高了种猪质量和供种能力。同时，相配套的绵阳、乐山、内江、德阳等一批重点种猪场也进行技术改造和良种引进。与此同时，在全省范围内选择50个生猪主产县开展的母猪换种工程全面启动，外种二元杂交母猪和配套系母猪逐步置换现有母猪群。全省以省原种猪场为核心、国家重点攻关项目瘦肉型猪规模养殖及产业化技术研究试点场为重点的猪良种繁育体系已具雏形，形成了"原种场—扩繁场—商品场"的"塔"式良种繁育结构。此外，四川省阳坪种牛场与乐山种猪场、绵阳迪卡种猪场通过了农业部验收；建立了南江黄羊原种场及扩繁场、波尔山羊扩繁场、樱桃谷鸭祖代场、獭兔种场。这些种畜禽场的建设，为四川畜禽良种化奠定了基础，促进了畜牧业综合生产能力的提高。

在动物保护体系建设上，四川围绕"以牧为主，多种经营，全面发展"的方针，坚持条块结合的管理体制，狠抓队伍的稳定和人员素质的提高。特别是90年代初撤区并乡建镇期间，四川从畜牧业发展基数大、服务面广，且任务重的实际出发，按国家关于建立和健全农村社会化服务体系的要求，落实定性、定编、定员工作，解除了几十年来基层兽医人员的后顾之忧，切实稳定了乡(镇)畜牧兽医队伍，提高了人员素质，形成了省、地、县到乡的防疫检疫体系。同时，走综合办站的道路，积极推广新技术，增强经济实力和服务能力，做好畜禽产地和流通检疫、生猪定点屠宰工作，四川畜禽主要疫病得到了有效防制，多年未发生重大疫情疫病，保持了清净无疫，促进了饲养畜禽水平的不断提高。《动物防疫法》颁布后，四川从机构、人员和投入上进一步保证动物保护体系建设，按照《四川省人民政府批转省畜牧食品局关于加强动物防疫体系建设保障畜牧业持续健康发展的意见的通知》(川府发[1998]8号)要求，加强了全省动物防疫体系建设，完善防疫手段，坚持做好畜禽产地检疫和流通环节的检疫，坚持生猪定点屠宰。为全面提高畜产品兽医卫生质量，四川率先建设无规定动物疫病区，以点带面，推动全省防疫工作的进一步开展。项目实施区猪瘟发病率低于十万分之一，示范乡无猪瘟发生。农业部于1996年、1998年在四川省召开全国畜禽防疫检疫和全国无规定动物疫病区建设现场经验交流会。在兽药管理上，依据《兽药管理条例》，加强了兽药生产和质量监察。到1998年底，四川已有全民、集体、股份制、民营、中外合资兽药生产企业171家，其中按GMP标准新建了4个兽药厂，对老企业开始进行GMP改造。由四川省牧工商总公司与德国拜耳公司合资兴建的兽药厂第二期工程已于1998年11月在成都航空港开发区破土动工。四川兽药生产欣欣向荣。

在饲料供给体系建设上，四川饲料工业起步晚，实行大中小型相结合，以中小型为主的建设原则，合理规划布局，鼓励和支持国家、集体、个人和外商来川投资发展饲料企业，四川饲料工业有了较快发展，初步形成了适应四川省情的以饲料加工工业为主体，饲料原料工业、饲料机械工业、饲料添加剂工业、饲料质量监测、饲料科研与技术推广相应发展的饲料工业体系。到1998年底，四川饲料企业有951个，其中年产万吨以上的饲料加工企业达104个，工业饲料总产量384万吨，其中，浓缩饲料21万吨，添加剂产品预混料12万吨。饲料产品由初期的简单猪用混合饲料发展到现在的猪、鸡、牛、羊、鸭、鱼等不同动物、不同生长阶段、不同用途的营养全面的配合饲料、浓缩饲料、添加剂预混料等几十个品种，为畜禽饲料报酬率的提高和良种覆盖面的扩大奠定了基础，有力地促进了畜牧业的发展。在坚持抓工业饲料生产的同时，四川注重非常规饲料的开发，尤其是秸秆氨化利用，取得了较好的实效。1998年，四川青贮饲料670万吨、氨化秸秆150万吨，节约饲料用粮181.5万吨。

畜牧业服务体系的建立和完善，保证了畜牧业的健康快速发展，使牲畜的存活率、头平均重、出栏率等指标大幅度提高。1998年四川猪、牛、羊头平均重比1977年分别增长了34.81%、56.49%和86.68%，出栏率由1977年的49.69%、4.99%、21.96%上升到122.41%、20.25%和71.23%。

【牧区畜牧业】 四川牧区是全国五大牧区之一，主要集中在甘孜、阿坝、凉山三个少数民族自治州，资源丰富，发展潜力巨大。四川牧区按"草原承包—'人草畜'三配套—家庭牧场"的方向，加快发展。1998年，四川牧区肉类总产量35.30万吨，比上年增长31.30%；牛奶产量18.42万吨，增长2.79%；羊毛产量4 032.1吨，增长11.22%。出栏肉猪298.51万头、肉牛78.47万头、肉羊171.74万只，分别增长8.99%、8.13%和10.27%。实现牧业产值25.02亿元(按1990年不变价计)，增长11.10%。在工作上，一是认真贯彻落实《草原法》、《四川省草原法实施细则》和《四川省草原承包办法》，贯彻《中共四川省委四川省人民政府关于加强牧区畜牧工作的意见》(川委发[1997]51号)，进一步落实草场承包责任制，促使牧民合理地、有序地放牧，提高草场的载畜能力。截止1998年，甘孜州已基本完成了草场承包，承包面积已占总面积的85%以上；阿坝、凉山州进行了草场承包试点，已全面推开。二是大力推进牧区“人草畜”三配套建设，为改变牧民“逐水草而居”、靠天养畜的生产条件和生活方式，四川把“人草畜”三配套建设纳入了重要的工作日程，1998年，中共四川省委、省人民政府在甘孜州召开了全省“人草畜”三配套现场经验交流会，下发了《四川省人民政府关于本世纪末基本完成牧区人草畜三配套建设任务的通知》，进一步落实了确保本世纪末完成三配套建设任务目标的措施。到1998年底牧区完成三配套建设牧户3.58万户，共建围栏草场0.69万公顷、人工种草0.36万公顷，牧区牧民已初步实现人有定居住房、畜有越冬棚圈、草地有围栏、冬春有贮草。三是抓好牧区家庭牧场试点工作，全省确立了18户家庭牧场示范户，重点选择了6户具有一定代表性、示范性、生产管理基础条件较好的牧场主赴日本学习，制定了家庭牧场规划和具体实施方案，确定了家庭牧场建设规模和技术经济指标。

【草地建设与保护】 四川有可供利用的草场面积0.196亿公顷，开发潜力巨大。长期以来，四川坚持”因地制宜，分类指导，注重效益，稳步发展”的指导思想，草地建设与保护工作取得较好成绩。截止1998年，全省累计建设人工改良草地31.33万公顷，其中，飞播牧草4万余公顷，围栏草地21.75万公顷；草地灭鼠治虫358.85万公顷（次），其中生物灭治159.06万公顷（次），灭效达86%～95%；综合治理鼠虫害草地66.67万公顷（次）；累计建成牧草种子基地10个，种子面积达0.54万公顷，生产各类牧草种子4560吨，基本做到自给有余。在草场建设上，依据《草原法》及配套法规，开展了草场承包工作，结束了草场掠夺式经营，并建立了围栏轮牧草场、冬春过渡草场、打贮草草场，牲畜放牧有序地进行。同时，围绕冬春草地开展抗灾保畜、打贮草基地和商品草基地建设，积极发展季节性畜牧业，缓解了草畜矛盾，提高了草地畜牧业经济效益，促使草地生态环境逐步转为良性循环。半农半牧区发挥农牧结合优势，利用冬闲地、轮歇地及冬春气候条件较好的特点，大力推广粮（果）草轮作技术，实行农牧结合，建设草畜商品生产基地，开拓了畜牧业发展的新路子。农区积极推进农业耕作制度改革，改粮食经济作物二元结构为粮食经济作物饲料（草）三元结构，促使农区种草上一个新台阶。在草地保护工作中，四川坚持“统一规划，突出重点，集中连片，综合治理，注重效益，灭治一片，巩固一片”的原则，健全承包责任制，加强资金和项目管理，把生物防治与综合治理结合起来，并从多方入手将测报、生物防治、化学防治、物理防治、天敌保护技术进行配套组装，对鼠虫害草地进行综合治理，生物防治已达到全年防治总面积的86.9%。加强了鼠虫害预测预报工作，全省鼠虫害预测预报体系已初步形成，监测面积扩大。同时，全省加强了牧草种子繁殖生产和质量监督检验工作，确保了牧草种子质量。

【外事外经】 农村改革以后，四川畜牧业开始走出国门，引进智力、利用外资，特别是从80年代后期开始，四川畜牧业进入了利用外资最好时期，到1998年已累计利用外资达3500多万美元，为促进四川畜牧业发展作出了较大贡献。一是积极争取国外贷款。利用国际农业发展基金贷款1800多万美元，世界银行贷款1000多万美元。二是吸引外商投资合作发展畜牧业。四川省原种猪场与香港屏山企业有限公司、广州畜牧总公司合资兴建四川省穗屏饲料厂，总投资达450万美元，其中外资占60%；四川省牧工商总公司与德国拜耳公司共同投资的动物保健品厂注册资本达670万美元，其中外资占70%。三是接受国外援助发展畜牧业。德国艾伯特基金会、国际小母牛基金会，以提供优良草种、畜种、先进技术和培训人员为重点，扶持贫困地区发展畜牧业。加拿大政府援赠中加瘦肉猪内江项目，共援赠近400万加元的种猪、仪器设备。四是引进国外智力发展畜牧业。先后从德国、美国、荷兰、日本、澳大利亚引进了奶牛、种猪、山羊、獭兔等智力项目，共执行引进国外智力成果推广项目17项，提高了四川畜牧科技含量，收到了显著的社会效益和经济效益。

（四川省畜牧食品局供稿）

贵 州 省

为了实现到本世纪末基本解决农村人口粮食自给和基本解决贫困人口温饱的战略目标，省委、省政府作出了到“九五”期末把贵州省建成以商品牛羊为重点的畜牧养殖业大省的决定，并明确提出，到2000年全省要实现年出栏肉牛100万头、肉羊500万只，畜牧养殖业产值占农业总产值的比重达到35%以上的发展目标。围绕实现畜牧养殖业大省这一目标，全省各级畜牧部门的广大干部职工在各级党政的领导下，做了大量的工作，取得了较好的成绩。

【基本情况】 1998年，贵州省肉类总产量113.2万吨、禽蛋产量6.9万吨、奶类产量1.7万吨，分别比上年同期增长6.0%、1.5%和5.5%，分别比1978年增长785.8%、64.7%、319.8%。全年肉牛、肉羊、肥猪出栏数分别比上年同期增长13%、44%和8.2%；年末全省大牲畜、羊、猪存栏数分别比上年同期增长3.0%、12.0%和3.0%；1998年全省畜牧业产值61亿元（按1990年不变价计），比上年同期增长3.4%。

1998年贵州省畜牧业生产的特点是：商品牛羊大发展，生猪稳定增长，畜产品产量增加，市场价格稳中有降，畜牧业发展势头良好。1998年末牛和羊存栏数分别比1995年增长11.5%和70.4%,牛和羊出栏数分别比1995年增长35.9%和97%。"九五"前三年牛存栏年均递增3.7%,羊存栏年均递增19.4%,牛出栏年均递增7.6%,羊出栏年均递增25.4%。从全省商品牛羊生产各项指标完成情况来看,到本世纪末实现年出栏肉牛100万头、肉羊500万只的"一五"工程项目发展目标是完全有可能的。

【"四良四改三提高"】 针对贵州省畜牧业饲养技术落后、畜禽个体生产性能低、饲料报酬低、畜禽死亡率高等突出问题,省委、省政府提出"九五"期间我省畜牧业科技进步要重点抓好"四良四改三提高"。1998年来,全省各级业务部门认真落实"四良四改三提高"的各项措施,促进了畜牧业生产和农村经济的发展。

在畜禽品种改良工作中,以推广畜禽良种为重点,抓好畜牧兽医技术推广服务体系建设。总的思路是:牛抓品质提高、羊抓繁殖增长、猪抓稳步发展、禽抓良种繁育配套。肉牛品种改良工作坚持"两条腿走路"的方针,一方面抓牛的冷冻精液配种,另一方面进行本品种选育。在农业部和省财政的支持下,我们对省冷冻精液站进行改扩建,优良种公牛的饲养规模已达到25头。1998年牛的冷冻精液配种达2.5万头。在抓好牛的冷冻精液配种工作的同时,实施了《牛本品种选育及配套饲养技术推广》丰收计划项目。该项目在兴义、开阳等9个县(市)实施,经过3年的努力,较好地完成了合同规定的各项任务,为在全省推广牛本品种选育,提高养牛的经济效益作出了示范。肉羊品种改良工作,主要实施了《亚热带草山草坡种草养羊综合技术》丰收计划项目,"实行两改四推广",即改平圈为高圈、改混养为分圈饲养、推广规模养羊、推广种羊异地交换、推广肉羊补饲育肥、推广疫病综合防治。该项目在铜仁、毕节、黔南3地(州)的6个县(市)实施,按期超额完成了任务,达到了较好的技术经济水平。在生猪品种改良工作中,改变过去以二元杂交为主的做法,以发展商品生产为目的,大力推广适合我省特点的三元杂交组合,提高商品猪的瘦肉率,开拓省内外市场,提高养猪的经济效益。1998年全省推广杂交猪1 200万头。在家禽和肉兔品种改良工作中,重点实施了《良种肉兔及配套饲养技术》丰收计划项目和《75万只乌骨鸡及配套生产技术》丰收计划项目,完成了《高产优质高效商品肉鸡生产综合措施的研究》、《商品肉兔饲料配方筛选研究》、《场、户联合发展商品肉兔生产示范试验》等项科研课题。两项丰收计划项目和三项科研课题都如期完成了任务。通过对这些技术进行组装配套和推广应用,大大提高了家禽和肉兔的出栏率、商品率和饲料转化率,提高了养禽、养兔的经济效益。1998年全省推广良种家禽600万羽。

根据省领导关于"要下决心坚决把饲料工业发展起来"的指示,1997年召开了全省饲料工作会议,制定了全省饲料工业发展规划。1998年着重抓了三件事,即建立机构,理顺关系,落实人员编制;对现有重点饲料工业企业进行技术改造;利用绿色产业建设专项贷款新建一批起点高、技术新、上规模、上档次的饲料加工厂,逐步建立完善的饲料工业体系。1998年全省生产推广配合饲料、浓缩饲料54.9万吨,比上年增长10.1%。同时,在饲料青贮、秸秆氨化(微贮)、草地改良利用和推广"三元"种植结构建立合理的耕作制度方面做了大量的工作。1998年全省青贮饲料170万吨,氨化(微贮)秸秆18万吨,人工种草、改良草地2.33万公顷,利用冬闲田种植以绿肥为主的青绿饲料作物40万公顷。全省用氨化、微贮饲料养牛26万头,出栏14万头,分别比上年增长9.7%和15.8%。通过实施林间养羊丰收计划项目,加快灌丛草地的开发利用。

全省各级畜牧部门转变作风,层层抓试点,扎扎实实地搞好科技推广工作。省局重点抓了兴义、绥阳、施秉三个科技推广的示范点。各地县也建立了自己的科技推广示范点,通过层层抓试点,实现重点突破、以点带面、全面推进、快速发展。

【搞好基地建设,发展产业化经营】 全省商品瘦肉型猪基地县已发展到16个,其中9个已通过验收并不断巩固提高。1997年全省安排绿色产业建设贷款,建立了28个商品牛生产基地和24个商品羊生产基地。各商品牛羊生产基地县采取公司+基地+农户的经营方式,实行农户分散饲养与育肥场集中育肥相结合,发展畜牧业产业化经营,获得了较好的经济、社会和生态效益,主要表现在以下几个方面。一是养殖专业户发展迅速。以册亨县为例,全县1998年存栏牛13万多头,户均3头以上,最多的1户养牛180头。又如,黄平县中兴农牧业资源开发公司在项目区新发展了1 400个养牛专业户,每个专业户平均养母牛3.5头。各基地县在发展基地带农户、公司+农户、以场带户等联合经营方式上探索出了一些适合本地特点、易于推广的好经验,使养殖专业户通过发展养牛养羊达到了增加收入、脱贫致富的目的。二是一批肉牛育肥场已初具规模。各商品牛基地县已建立了一批有一定规模的肉牛育肥场,这些育肥场积极推广饲料青贮、秸秆氨化(微贮)和肉牛规模化饲养与快速育肥技术,大大提高了肉牛育肥的经济效益。各商品牛基地县建立的肉牛育肥场不仅可以为客户提供批量的产品,而且为养殖专业户育肥肉牛做出了示范。普定县商品牛基地肉牛育肥场已建规范化的圈舍6栋,每期可育肥肉牛400多头,从1998年8月份以后,该场育肥的优质肉牛已陆续销往省内外。兴仁县畜牧局张科明承包的肉牛育肥场每期可育肥牛100多头,1998年已出售育肥牛200多头,获纯利润3万多元。三是肉牛品种改良已初见成效。黄平县和织金县商品牛生产基地，自项目实施之初就狠抓肉牛品种改良工作。黄平县商品牛基地1998年完成冷冻精液配种2 000多头。这两个基地县养牛专业户饲养的基础繁殖母牛已陆续产下杂交牛。杂交牛生长速度快、饲料报酬高，养殖专业户已初步尝到肉牛品种改良的甜头。目前这两个基地县的养牛专业户积极要求进行牛品种改良。遵义市原计划建牛品种改良人工授精示范点80个，后因各县积极性高涨发展到90多个。省农业厅直接抓种草养畜示范点22个，促进了全省牛品种改良工作的蓬勃发展。四是商品牛羊生产基地与牛羊肉类加工企业联合，实现产加销一条龙，开始形成畜牧业产业化经营的雏型。黄平县商品牛生产基地和黄平县兴华食品厂已形成养殖、加工、销售一体化经营的经济联合体。镇宁县商品牛生产基地与安顺市"牛来香"食品加工厂已签订了肉牛产销合同。一批商品牛生产基地已与贵州牛羊肉类加工厂签订了组建贵州省牛羊产销总公司的协议。商品牛羊生产基地与牛羊肉类加工企业联合，发展畜牧业产业化经营，在全省范围内即将形成燎原之势。五是多种经济成分积极参与发展商品牛羊生产，形成国有、集体、个体和合资、独资企业一起上的热潮。发展畜牧养殖业，特别是发展商品牛羊生产已成为各级党委、政府加快扶贫攻坚进程的重点项目，也是广大农户、城镇居民和企业投资的首选项目，各级政府以大力发展商品牛羊生产为突破口，把发展畜牧养殖业与建设县级财源结合起来，努力把畜牧养殖业建成继"两烟"之后的又一项富民富县的支柱产业。我省发展商品牛羊生产的势头很好。这种形势是前所未有的。

【认真贯彻"两法两条例"】 1998年，各级畜牧主管部门加强法制宣传，建立健全执法体系，加强执法队伍自身建设，建立健全各项规章制度，严格行政执法，规范监督管理，认真贯彻《中华人民共和国动物防疫法》、《中华人民共和国草原法》和《兽药管理条例》、《种畜禽管理条例》等法律法规，增强了广大人民群众的法制观念，提高了畜牧行政部门的执法水平，促进了畜牧养殖业的发展。通过贯彻《动物防疫法》，完善畜禽防疫"双轨"目标责任制，加强兽医工作，提高防疫密度，防止畜禽疫病的发生和流行，降低了畜禽死亡率。积极推行"定点屠宰、集中检疫、税费统收、分散经营"的管理办法，提高了肉品卫生质量。1998年全省预防注射猪瘟1 510万头，防疫密度为83.8%。产地活畜检疫共检疫生猪361.9万头、牛75.7万头、马8.3万匹、鸡395.9万羽、羊3.8万只。动物及其产品运输检疫共检疫大牲畜20.6万头(匹)、生猪22.1万头、山羊11.3万只、绵羊0.51万只、家禽74万只；检疫猪肉309.5吨、牛肉6 980吨。动物屠宰检疫共检疫猪肉219.6万头、牛马肉27.7万头(匹)、羊犬肉13.2万只。在抓好防疫工作的同时，加强兽医卫生监督管理，积极开展兽医门诊治疗工作，有效地降低了畜禽死亡率。据统计，全省牛羊猪鸡的死亡率分别为1.2%、3.8%、4.4%和8.7%，达到了全国畜牧兽医总站对畜禽死亡率控制指标的要求。通过贯彻《草原法》，落实草场有偿承包责任制，加强草地管理，保护建设和合理利用草地资源，有力地促进了商品牛羊生产的发展。通过认真贯彻《兽药管理条例》和《种畜禽管理条例》，提高了兽药饲料合格率和种畜禽质量，保护了广大畜禽养殖户的利益，提高了畜产品生产者发展畜牧养殖业的积极性。

【抓改革，促发展】 1998年主要抓了以下三个方面的改革，一是实行税费统收，把发展畜牧养殖业与加强财源建设结合起来，增加地方财政收入，提高畜牧部门自身活力。据统计，全省有31个县(市)实行税费统收，共收税费2 232.8万元。二是认真贯彻落实农业部第6号令，对预防用生物制品实行归口管理，提高兽用生物药品的使用效率，切实保护广大养殖户的利益，增加兽用生物药品生产企业的收入。三是在事业经费的使用上实行三保证一增强，即保证重点技术推广项目、保证基础设施建设、保证畜牧部门自己的示范项目，增强后劲，提高事业经费的使用效益。

【建机制，打基础】 一是在肉牛品种改良工作中，改变过去以国家投入为主的做法，按价值规律办事，充分调动企业和个人参与牛品种改良工作的积极性，加快牛品种改良步伐，加快肉牛品种改良体系建设，积极为组建贵州省肉牛品种改良总公司创造条件。二是在生猪品种改良工作中建立引、繁、推、用的良种繁育体系。省抓良种引进，地县抓种猪扩繁，乡镇抓良种推广，农户抓养殖应用。三是积极兴办农办实体，实行科牧工贸一体化，走自我积累、自我发展的道路，提高畜牧部门自身活力。特别是对省牧工商公司和省畜牧技术开发公司实行国有民营的管理办法，充分调动广大职工的积极性，为农办实体加强内部管理树立了榜样。以上这些措施，对提高畜牧业的科技含量，发展畜牧业产业化经营，起到了重要的推动作用。

(贵州省农业厅畜牧局供稿)

云 南 省

云南植物资源丰富，水热光充足，具有寒、温、热三带立体气候特点，对于畜牧业发展有着得天独厚的自然条件。

历史发展的长河中，云南各族人民把畜牧业作为增收致富的首选产业，极大地推动了农村经济的发展。尤其是十一届三中全会以来，畜牧业经济体制进行了重大改革,以国家、集体、个人共同发展的方针,畜禽以私养为主,1985年取消了畜产品派购,价格放开,多渠道经营,借助市场拉动,出台各种奖励政策,调动了农民的养畜积极性。回顾1978年,全省牲畜存栏总数只有2 662.09万头,出栏肉猪526.63万头,出栏率42.9%;肉类产量仅有27.59万吨,市场肉食短缺,实行定量供应,畜牧业产值6.57亿元(按1970年不变价计),占农业总产值的16.40%。1979—1998年畜牧业进入快速发展时期,年年获得丰收,经济逐年增加,1998年具新的特色,全省肉类总产达180.25万吨,比1978年增加152.66万吨,增长5.53倍;畜牧业产值(按1990年不变价计)达94.93亿元,比1978年增加88.36亿元,增长12.45倍。全省牲畜年末存栏4 261.11万头,比1978年增加1 599.01万头,增长60.07%。

【生产和经济增长迈上新台阶】 1998年,云南畜牧业克服了畜产品价格下跌和疫病影响等不利因素,保持了稳定发展的好势头,连续获得第20个丰收年,主要畜产品全面增产,全省生猪出栏1 817.57万头,比上年增加52.69万头,增长2.99%,出栏率73.84%;出栏牛109.53万头,羊274万只,禽6 619.1万只,分别增长26.17%、19.39%和17.1%。猪、牛、羊、禽肉总产180.25万吨,比上年增加21.81万吨,增长13.77%,是建国以来增长最快、增幅最高的一年,提前两年实现了"九五"计划目标。其中猪肉产量153.34万吨,增加17.17万吨,增长12.61%;牛羊肉16.15万吨,增加3.37万吨,增长26.37%;奶产量12.53万吨,增长1.87%;禽蛋产量8.7万吨,增长2.23%;蜂蜜产量6 290吨,增长7.08%;畜牧业产值达184.83亿元(现价),比上年增加20.9亿元,增长12.75%,占农业总产值的28.03%,也是建国以来增长最多、增幅最高、发展最快的一年。

【畜禽商品基地建设有较大突破】 1998年末,全省已建成各类畜禽基地89个,其中猪基地45个,牛羊基地32个,禽蛋基地8个,蜂基地4个。猪基地县继续抓好以提高母猪生产力为重点的科学养猪配套技术推广,促进基地上水平、上规模、上档次。45个县出栏肥猪988.3万头,增长8.9%,出栏率达95%,提高6个百分点,猪肉产量87万吨,提供商品猪725万头,分别增长9.4%和13%。占全省总县数36%的基地县,出栏猪和猪肉产量分别占全省的54.4%和56.8%,商品猪数占80%以上;有21个县出栏率超过100%,其中最高的宜良县达181.3%,其次是红塔区,为180.2%。宜良、陆良、通海、丽江4个现代化养猪示范县出栏猪118万头,比上年增加11万头,增长10.5%,猪肉产量9.9万吨,增长率3.7%,提供商品猪101.5万头,增长率2.9%;肉猪出栏率平均达135%,提高6.7%,比全省平均水平高61个百分点,比基地平均水平高40个百分点。部分生产的技术指标已达全国先进水平,如宜良县,通过3年建设,实现全省四个第一:即出栏率181%,猪肉产量人均95千克,母猪生产力达头均19.2~24头,科技贡献率46.1%。按1990年不变价,1998年四县畜牧业产值6.88亿元,比1995年增加1.76亿元,增长34%,占农业总产值的38%。1998年四县农民养猪纯收入1.19亿元,比1995年增加2 688万元,3年累计养猪纯收入3.23亿元。32个商品牛羊基地虽然受到牛羊价格下跌的影响,但仍保持了平稳发展,出栏肉牛57.2万头,出栏羊107万只,分别增长18.3%和21.4%;牛羊出栏率分别达19.4%和43.7%,分别提高2.6%和5.7%;生产牛肉5.74万吨、羊肉1.88万吨,增长19.1%和23%;洱源、官渡、宜良3个奶牛基地县牛奶总产达7.2万吨,占全省牛奶总产量的61.8%。8个禽蛋基地随着市场价格的复苏,生产逐步恢复,扭转了连续下滑的势头,全年禽肉总产1.5万吨,增长5.1%;禽蛋产量1.1万吨。宜良商品鸭基地克服市场疲软、鸭价下跌的困难,1998年肉鸭饲养量达72.9万只,商品鸭达656.2万只,比上年增长7.98%,仅鸭子一项,农民收入达9 186.5万元。德宏、保山、普洱、开远、版纳等5个父母化禽场共生产鸡苗100万只,增长23.8%,提供商品蛋500吨,增长45.8%。4个蜂基地养蜂数量和蜂蜜产量均比建基地前翻番,大姚、永胜、罗平3个县加工蜂蜜600吨,销售收入1 200万元,获利润50万元。

【畜牧业与扶贫攻坚结合前所未有】 1998年,各级畜牧部门继续帮助广大贫困户发展畜牧业,将各种项目安排与扶贫工作相结合,向贫困地区倾斜,取得很好效果。近两年我们在50个县的100个攻坚乡实施扶贫工程示范项目,共扶持畜牧扶贫示范户37 053户,1998年示范户畜牧业收入达到4 410.70万元,比实施项目前的1996年增加3 946.78万元,增长8.51倍;示范户人均畜牧业收入达到254.22元,比1996年增加205.49元,增长4.22倍。已完成项目计划人均畜牧业纯收入增加150~200元的目标。项目区贫困户比1996年的21 9661户减少了89 863户,减少40.91%,两年累计脱贫613 729人,其中靠畜牧业脱贫321 275人,占脱贫总人数的52.35%。100个乡农民人均纯收入由1996年的359.68元增加到534.48元,其中畜牧业收入由1996年的129.8元增加到230.12元,增长77.2%。

由于畜牧业持续丰收,市场畜产品供应充足,价格普遍下降。据云南省工商管理局统计,1998年,云南省城乡市场猪、牛、羊、禽肉及活鸡价格均有不同程度下降;全省集贸市场畜产品成交额达105亿元,占市场消费品成交额的40%;全省肉禽蛋成交总量61.8万吨,比上年增加5.04万吨,增长8.9%,其中猪肉成交达

35.2万吨。

【各界关注和支持出现新形势】

1. 各级领导重视,制订扶持措施。全省上下已形成了重视畜牧业,把发展畜牧业作为农民增收的重要措施。特别是"两烟"、"双控"后,畜牧业更受到了各级党委、政府领导的重视,将其作为农村经济结构调整中新的增长点来培植。省委、省政府领导多次就畜牧业的发展作了指示,省委书记令狐安指出:"潜力在山,希望在畜;远抓林果,近抓畜牧。可以说,这十六个字是我省多年工作经验的总结。在我省多数地区,畜牧业应该、而且可以建成农村经济的一个支柱产业,建议省委农村工作领导小组牵头,组织有关部门、专家对此进行专题调研,以总结经验,找出差距,制定规划,落实措施,并作为明年我省农村经济工作的一项重要任务"。令狐书记的这一批示明确指出了云南省畜牧业的支柱产业地位,李嘉廷省长和黄炳生副省长也都作了重要批示,并由省委农村部牵头完成了调研报告。文山、怒江、保山等地州的党委、政府领导还亲自带队进行调研,进一步提高了对畜牧业的认识,研究制订了许多扶持政策和措施。

2. 投入稳定增加。在地方财政减收的情况下,各级仍然保证了畜牧业的投入,1998年全省畜牧业资金投入38 863万元(畜牧事业费35 999万元,占92.63%;基本建设费2 864万元,占7.37%),比上年增加3 531万元,增长10%。其中:中央投资2 512万元,省级投资16 353万元,地县乡投资19 998万元。大理州畜牧业投入1 266.8万元,师宗县畜牧业投入1 218.7万元,文山州小额信贷资金有2 500万元用于畜牧业,占60%以上。此外,畜牧业还成为社会集资开发的热点。

3畜牧兽医基础设施建设加强,科技推广有新突破。1998年,以良种繁育体系为重点的基础设施建设进展顺利。云南省先后从国外引进良种肉牛362头,已在小哨和寻甸建成了3个省级原种牛场,使良种肉牛发展到560多头,并已向部分地州县出售36头;从法国引进先进设备,改造完善了昆明和大理两个冷冻精液站,1998年共生产冷冻精液33.25万剂,其中细管冻精27.8万支,增长96%;已在全省各地配套建设牛冷冻精液改良点407个,其中1998年新建成23个,为全省进一步扩大肉牛品种改良提供了良好的条件;省原种猪场建设进展迅速,完成核心群猪场建设并已投入使用,可饲养基础母猪360头,公猪36头,已引进良种母猪170头,目前抓紧扩群和扩繁场的建设。此外,为增加我省优良母本的供应,逐步提高母猪生产力,先后投资在部分地县建设良种猪核心场或扩繁场28个,绝大部分已经投入使用。祖代肉种鸡场不断完善,实现了预定的扩繁计划,种鸡存栏总量已达1万套;新建或完善了德宏、保山、普洱、开远、版纳等5个父母代禽场;新建了一批地方良种山羊保种基地(场);在继续完善县乡防疫和边境免疫带的同时,协助完成了通海、宣威、楚雄、永胜4个畜禽疫病测报站建设。从国外引进波尔山羊190头,建设原种场工作正在抓紧进行。

畜禽杂交改良工作进展良好,1998年完成生猪杂交改良216万窝;良种覆盖面达70.5%;山绵羊改良50.8万只;推广良种禽2 200万羽;为充分发挥国外引进种牛的作用,进一步加快肉牛杂交改良步伐,全省统一部署,采取综合配套措施,并狠抓了奖惩责任制的制订与落实,全省共开展牛冷冻精液改良7.34万头,其中肉牛9 812头,受胎率达75.6%。大理州推广7 135头,受胎率67.8%,产仔成活率均在90%以上。

推广人工种草1.26万公顷,其中畜牧扶贫种草0.88万公顷。推广饲料青贮4 434万吨,氨化饲料124万吨,其中畜牧系统9.6万吨。加大了饲料、兽药监察力度,全年共检验各种饲料样品360个,检验项目104项,为用户挽回经济损失55 011万元;全年供应各种疫苗1.7亿头份(毫升),共免疫各种畜禽1.2亿多头只(次),其中猪瘟免疫4 263.4万头(次),大牲畜免疫323.8万头,注射疫苗5 263.4万余头(次),畜禽免疫连续多年保持了高密度;开展畜禽驱虫5 000多万头只(次);据抽查,猪、牛、羊、禽死亡率分别为2.4%、0.87%、1.55%和8.76%。

在国家科委和省科委的支持下,动物蓝舌病研究、48~50支半细毛羊选育提高、云贵高原草地畜牧业可持续发展及热带亚热带动物病毒病研究等4个国家攻关课题;滇系、杜大、撒坝猪等优良母系选育,肉牛杂交组合试验,牛、羊胚胎移植等省级课题进展较快。

由于畜牧科技推广工作的不断深入普及,主要畜禽出栏率和个体产品率都有显著提高,其中全省猪出栏率达73.84%,比上年提高1.28个百分点;牛出栏率达14.33%,羊出栏率达35.68%,分别比上年提高2.79个和4.43个百分点。全省有29个县肉猪出栏率已超过100%。目前主要问题是市场有效需求不足,畜产品价格偏低,外销难度大,国内供过于求,市场形势不容乐观;两烟"双控"后各级财政困难加大,继续增加对畜牧业的投入有困难,部分县甚至削减畜牧兽医的正常经费;基础设施依然薄弱,全省的兽医防疫网络尚未建成,部分地州县及乡镇畜牧兽医站缺乏基本的工作条件,还有几百个乡镇站无房或住危房,技术手段落后,经济效益差。

(杨家全　王鸿智)

西藏自治区

西藏是我国五大牧区之一。畜牧业是西藏国民经济的基础和民族经济的支柱。畜牧业产值占全区工农业总产值的40以上，占农业总产值的50%以上。畜牧业又是西藏人民世代经营并赖以生存和发展的传统产业，具有十分悠久的历史。广袤的草原，丰富的畜种资源，孕育着灿烂的草原文化和畜牧业的独特风格。在长期的畜牧业生产实践中，勤劳、勇敢、智慧的西藏各族人民同严酷的大自然斗争，在高寒缺氧、气候恶劣、灾害频繁的"世界屋脊"创造了经营高寒草地畜牧业的一个又一个奇迹，并续写了当代西藏畜牧业发展历史的辉煌篇章。

【基本情况】 西藏草地辽阔，牲畜众多，畜牧业资源极为丰富。全区草地总面积为0.83亿公顷，占西藏总土地面积的69.1%，占全国天然草地总面积的1/5，居各省、自治区草地面积的首位。其中可利用草地面积为0.55亿公顷，占草地总面积的66.3%，已利用草地面积为0.43亿公顷，占可利用草地面积的77.6%。西藏复杂多样的自然条件和气候条件，造就了丰富多样的生物类群。其中，草地的类型从南到北，从低海拔到高海拔按热量条件依次分布有热带、亚热带、温带、亚寒带和寒带的各种草地类型。从东南到西北，按水分条件依次分布有湿润、半湿润、半干旱、干旱、极干旱的草地类型。全国草地按统一标准划分为18个草地类，除干热稀疏灌草丛类外，其他17个草地类在西藏均有出现。而分布众多的藏系畜禽地方品种，如藏牦牛、藏黄牛、藏绵羊、藏山羊、藏马、藏驴、藏猪和藏鸡，则都是在繁育、放牧和饲养管理相当粗放的条件下驯养、培育出的原始品种，具有程度不同的高原适应性能。在长期的自然选择和人工选择的双重作用下，它们逐渐成为适应高寒、缺氧、低压特殊高原环境的，具有较高经济价值和科研价值的地方优良品种，是我国高寒牧区家畜家禽的宝贵基因库。

经几十年艰苦不懈的努力，西藏还育成了"拉萨白鸡"和"澎波毛肉兼用半细毛羊"两个新的品种群。1978年党的十一届三中全会召开以来的20年间，全区上下坚持党在新的历史时期的基本路线和邓小平理论，认真贯彻落实中央为西藏制定的一系列特殊政策和灵活措施，积极稳妥地推进农牧区经济体制改革和畜牧业市场取向改革，大力推广畜牧业实用技术，多渠道增加对畜牧业的投入，使畜牧业这门古老的产业焕发了青春活力，步入了发展的快车道，使广大农牧区发生了翻天覆地的变化，展现出前所未有的繁荣景象。

截止1997年，全区各类牲畜年末存栏2 302.98万头(只、匹)。其中绵羊1 121.62万只，占牲畜存栏总数的48.70%；山羊588.51万只，占牲畜存栏总数的25.55%；牦牛392.21万头，占牲畜存栏总数的17.03%；黄牛130.60万头，占牲畜存栏总数的5.67%；马属动物51.46万匹，占牲畜存栏总数的2.23%；猪18.58万头，占牲畜存栏总数的0.81%；另有鸡56.54万羽。

1997年，全区畜牧业产值达18.76亿元(按当年价格计)，比1978年增长698.30%；肉类总产量和奶类产量达12.15万吨和18.60万吨，分别比1978年增长157.96%和99.14%；农牧民人均纯收入达1 080元，比1978年增长807.56%。

与此同时，行业发展的各个方面，如草场、饲草饲料基地、抗灾基地、牲畜品种繁育基地及畜种改良、畜产品基地等基地建设，以及疫病防治等方面都有长足发展；还完成了"澎波毛肉兼用半细毛羊"和"拉萨白鸡"新品种群的培育。

【大灾之年再获丰收】 1998年是西藏畜牧业发展史上一个多灾的年份。继1997年冬至1998年春主要牧区遭受历史罕见的特大雪灾之后，春夏之交局部又发生了旱灾和草原虫害，进入雨季部分地区还遇到了洪涝灾害，给畜牧业生产造成重创。据4月下旬统计，全区受灾县42个，受灾人口92.7万人，受灾牲畜1 006万头，占上年末牲畜存栏总数的8.7%，占受灾牲畜总数的19.9%，直接经济损失近9亿元。其中遭受雪灾最为严重的阿里、那曲两个地区，因灾死亡牲畜分别多达92.64万头只和82.66万头只，死亡率分别高达34.18%和12.03%，分别比上年同期上升29.81和7.94个百分点。上半年草原畜牧业生产形势极为严峻。

进入6月份以后，全区大部分地区雨量充沛，牧草长势喜人，牲畜上膘迅速，死亡很少，牧业生产形势明显好转。特别是农区畜牧业呈强劲增长势头，主要生产指标再创新水平，有效弥补了草原畜牧业的损失。年内，山南、昌都、拉萨、日喀则四地市新生仔畜成活367.8万头只，成活率达89%；成畜死亡42.4万头只，死亡率为3.3%；牲畜总增325.4万头只，总增率达25.4%；牲畜出栏329.7万头只，出栏率达25.7%；肉类、奶类产量分别达9.45万吨和14.83万吨。

据统计，年内全区新生仔畜成活564.7万头只，成活率为80.4%，比上年提高1.07个百分点；成畜死亡228.6万头只，死亡率为9.9%，比上年上升6.72%；牲畜总增336.1万头只，总增率为14.6%，比上年下降6.4%；牲畜出栏492.5万头只，出栏率为21.4%，比上年提高2.19%；肉类产量12.7万吨，奶类产量19万吨，毛绒产量9 700吨，分别比上年增长4.53%、2.15%和2.10%；畜产品综合商品率达38%，比上年提高2%；农牧民人均纯收入达1 150元，比上年增长6.48%，实现了畜牧业灾年夺丰收的预定目标，保持了畜牧业的稳定发展。

【加强行业领导和管理】 1998年，各级党委、政府坚持从西藏实际出发，解放思想，实事求是，转变观念，认真贯彻中央第三次西藏工作座谈会精神和自治区党委五届四次全委(扩大)会议精神,进一步稳定基本政策,深化农牧区改革,增加畜牧业投入,巩固了畜牧业的基础地位。各级农牧部门认真推行畜牧业生产目标管理责任制,以合同书或责任状的形式将畜牧业生产指标和工作任务逐级分解,直至落实到户,并适时考评,做到了指标分解,任务明确,责任到人,奖惩兑现,调动了畜牧战线广大干部、职工的工作积极性。各级农牧部门的领导积极转变工作作风,经常深入基层,开展调查研究,进行现场办公,及时发现、研究和解决畜牧业生产和工作中出现的新情况、新问题,并借鉴农业上实行领导挂牌示范田的经验和做法,确立了畜牧业挂牌示范点、示范户,发挥了典型引路,示范引导的作用。

【抗灾救灾及灾后重建】 西藏牧区发生历史罕见雪灾后,党中央、国务院给予高度重视和无微不至的关怀,及时派出工作组,视察灾情,慰问灾民,极大地鼓舞了全区人民抗灾抢险、恢复生产和重建家园的斗志。面对严重灾情,自治区党委、人民政府把抗灾救灾作为压倒一切的中心任务,团结带领灾区人民,动员政军民及全社会力量,发扬一方有难,八方支援的社会主义团结互助精神,积极向灾区捐款捐物,奉献爱心,妥善安排灾民生活,广泛开展生产自救。认真落实"杀一批、转一批、售一批、保一批"的抗灾保畜措施,把灾害损失降到了最低限度。灾情缓解后,灾区人民发扬自力更生、艰苦奋斗的精神,不等不靠,不失时机地开展恢复生产、重建家园工作,抓紧进行牲畜调剂,大搞畜牧业防灾抗灾设施建设,狠抓接羔育幼、饲养管理、疫病防治、抓膘配种、牲畜出栏、畜产品流通等重要环节,千方百计增加灾民收入,使灾区畜牧业生产得到较快恢复。

【落实和完善草场经营责任制】 为促进草场经营责任制的落实和完善,自治区农牧厅在昌都地区乌齐县召开了全区畜牧业防灾抗灾暨落实草场责任制现场会,总结、推广了先进地、县的经验,明确了工作方法和任务。在现场会的推动下,各地把落实和完善草场经营责任制当作深化农牧区经济体制改革的一项重大举措来抓,动员广大干部、群众积极投身于这场改革的伟大实践。在自治区有关政策规定和具体方案未出台的情况下,各地从实际出发,本着量力而行、注重实效、有利于群众生产生活和有利于畜牧业综合建设的原则,采取边探索、边落实,边总结、边完善的办法。开拓性地进行工作,因地制宜划分草场,通过签订草场承包合同和颁发草场使用证,将草场使用权尽可能划归到最小单位直至农牧户,明确了单位和农牧民管理、保护、建设和合理利用草场的责任、权利和义务,打破了草场利用上的"大锅饭",实现了牲畜私有私养与草场承包经营的统一,进一步调动了农牧民发展畜牧业生产的积极性。

【大力推广畜牧业实用技术】 一年中,各级农牧部门切实加强了对畜牧业技术推广工作的管理,建立健全了畜牧业技术承包责任制,调动了广大技术人员推广实用技术的积极性。各级行业技术服务机构积极组织技术人员投身畜牧业生产第一线,参与技术承包,开展技术培训,提供技术指导,进行示范,进一步加大了牧业实用技术推广的深度和广度,提高了实用技术推广的效果。年内,全区扶持秸秆微贮养畜示范户 5 805 户,新建微贮窖 11 153 个,生物处理秸秆 1.4 万吨,建立草籽基地 136.67 公顷,人工种草 0.82 万公顷,完成草原"三灭"11.94 万公顷;新增改良牛 1.6 万头、改良羊 2.7 万只,选育种用牦牛 635 头、绵羊 6 000 只,推广白鸡 4.7 万羽;接种畜禽传染病疫苗 3 115.6 万头(只)次,防治家畜寄生虫病驱虫 1 507.8 万头(只)次,实现了大灾之后无大疫,促进了灾后畜牧业生产的恢复和发展。

【认真组织实施畜牧业重点建设项目】 年内各地围绕改善畜牧业生产条件,增强畜牧业发展后劲,实现畜牧业发展既定目标,认真组织实施了牲畜温饱、肉食。乳品和牧区开发示范"四大工程"项目,同时加强了地区级种猪场、牲畜定点屠宰场、绒山羊基地、畜禽良种繁育基地、县级畜牧兽医站基础设施项目建设。在项目资金的筹措上,继续采取了国家、集体、个人一起上,多渠道筹集资金的办法;在项目实施过程中,各项目主管部门和建设单位认真执行《西藏自治区畜牧业生产建设项目暂行管理办法》,建立健全了项目管理责任制,加强了项目资金和施工管理,保证了项目建设的进度和质量,充分发挥了投资效益。年内全区有 5 个县实施牲畜温饱工程,14 个县实施肉食工程,14 个县实施乳品工程,7 个县实施牧区开发示范工程,建成围栏草场 3.89 万公顷,牲畜棚圈 89.2 万平方米;扶持养猪重点户 1 574 户,养猪规模达 7 870 头;扶持养牛重点户 5 316户,养牛规模达 15 948 头。

【加大牲畜出栏】 各地、县认真吸取雪灾教训,教育群众深刻领会"多出栏便少死亡"的道理,坚持加大牲畜出栏不松懈,下决心狠抓牲畜出栏措施的落实,实现了早出栏、快出栏、多出栏。大灾之年,全区牲畜出栏率高出总增率 6.8 个百分点,并比上年提高 2.19 个百分点,阿里、那曲两地在牲畜总增率较低,甚至出现负增长的情况下,牲畜出栏率分别达到 10.8%和 17%,充分表明全区牲畜出栏工作抓出了成效,有了新的起色,对优化畜种畜群结构,加快畜群周转,提高畜牧业经济效益起到了重大的促进作用。

【主要问题】 1998年，西藏自治区畜牧业生产取得了全面丰收，畜牧业工作取得了很大成绩，但同时也存在一些不容忽视的问题。主要有：受国际、国内市场大环境的影响，畜产品尤其是毛绒、皮张市场疲软，流通发生梗阻，价格出现滑落，减少了农牧民收入特别是现金收入的增加，暴露出小生产与大市场之间日趋尖锐的矛盾；受旧思想、旧观念的束缚，农牧民依靠科技发展畜牧业的意识不强，加上畜牧业科技推广手段落后，以致畜牧业增产的科技含量不高；畜牧业新的投入机制尚未形成，农牧民投入主体地位尚未确立，资金筹集渠道狭窄，投入严重不足，基础建设迈出的步子不大，畜牧业抵御自然灾害的能力弱，大灾降临后暴露出畜牧业尤其是草原畜牧业的脆弱性和不稳定性；农牧部门为牧区、牧业、牧民服务的意识和功能不强，队伍的整体素质不适应建立市场畜牧业经济的要求；个别牲畜疫病出现抬头趋势，给畜牧业生产的发展和人民身体健康带来潜在威胁。

综上所述，无论是畜牧业改革和发展20年的经验，还是1998年畜牧业生产和工作的实践，都一再雄辩地证明，只要我们坚持党在农牧区的基本政策不动摇，坚持实施科技兴牧战略不动摇，坚持加强畜牧业基本建设不动摇，坚持狠抓畜牧业重大增产措施不动摇，注重在社会主义市场经济条件下，研究新情况，解决新问题，扎扎实实，脚踏实地做好各方面的工作，畜牧业增产、农牧民增收，农牧区稳定的目标就一定能够实现。

（郭晓东）

陕　西　省

【发展概况】 1998年，陕西畜牧业在党的十五大和十五届三中全会精神鼓舞下，以提高畜牧业经济效益为中心，以建设畜牧业强省、增加农民收入为目标，稳定猪禽生产、加快肉牛肉羊奶畜三大产业开发，克服市场疲软、消费需求萎缩以及局部地区洪涝灾害等不利因素的影响，实现了全省畜牧业经济持续稳定地发展，对活跃农村经济发挥了较大的作用。总的发展特点是：

1. 主要畜产品产量持续增产。据农业统计，全省肉类总产94.8万吨，其中猪肉70.86万吨，牛肉9.67万吨，羊肉5.48万吨，禽肉7.43万吨，分别比上年增长6.15%、4.76%、14.45%、8.03%和6.96%；禽蛋总产44.86万吨比上年减产2.48%；奶类总产55.96万吨，其中牛奶32.79万吨，分别比上年增长8.48%和10.02%；羊绒产量788.83吨，绵山羊毛产量5 935吨，蜂蜜产量5 242吨，分别比上年增长2.14%、6.53%和41.59%。

2. 畜禽出栏加快，存栏稳定增长。全省1998年出栏肉猪902.97万头，肉牛67.66万头，肉羊374.22万只，肉禽4 708.6万只，分别比上年增长4.54%、12.5%、8.86%和1%。全省年末存栏牛299.85万头，与上年基本持平，其中奶牛12.55万头，比上年增长9.32%；存栏生猪949万头，绵山羊739.1万只，家禽6 900万只，分别较上年增长1.45%、1.22%和1.06%。

3. 规模养殖水平提高。随着秦川肉牛产业开发的不断深入，全省5头以上的养牛大户发展到2万多户，其中百头牛场52个；年出栏生猪50头以上的专业大户7 353户，全年出栏生猪80.18万头，占全省生猪出栏总量的8.88%；存栏500只以上的蛋鸡饲养大户发展到1.4万户，存栏蛋鸡1457.46万只，鸡蛋产量15.16万吨，分别占全省总量的20.78%和33.8%。

4. 产值收入增加。全省畜牧业1990年不变价产值72.3亿元，比上年增长4.43%，占农林牧渔业总产值的比重为25.3%。全省农民来自畜牧业的人均收入达到227.18元，占到总收入1 406元的16.15%。

【秦川肉牛开发】 为加快秦川肉牛产业化的开发，促进秦川肉牛的选育提高和饲料、技术、设备、产品开发等方面的交流与合作，省农业厅与省农业综合开发办公室于9月16—17日在三原县联合举办了“陕西省第二届秦川牛大赛暨秦川牛产品开发展示交易会”，来自全省各地市和20个秦川肉牛基地县主管部门、牛产品开发企业、新闻单位以及天津、山西、河南等省市的来宾共300多人参加了大会，省委常委栗战书、原省政协副主席梁琦出席了大会开幕式。养牛大户和参观群众达1万多人。参赛交易秦川牛1 000多头，参展企业42家。大赛评选出冠军牛3头、亚军牛6头和季军牛13头，依次各奖牛主1 500元、800元和500元，并颁发了相应的奖牌和证书。程安东省长为本次大会题词“让中华秦川牛走向世界”，并发来贺电表示祝贺，同时提出“要采取综合措施，加快提高秦川牛产业化程度，使之成为走向世界的拳头产品”。省委常委栗战书亲临大会并提出了改变经营思想，改变饲养方式，改良提高秦川牛品质，扩充总量，扩大规模，延伸牛产品加工增值等“三改两扩一延伸”的开发要求。把秦川肉牛产业化开发，作为发挥地方优势，建设陕西特色畜牧强省的突破口，已成为全省上下的共识，西安市从1998年开始每年投资100万元，实施“百万牛羊工程”；商洛地区把肉牛开发作为四大支柱产业之一，制订了九条优惠扶持政策，投入1 000多万元用于肉牛开发；铜川市投入1 000万元扶贫款，以开发肉牛来帮助群众脱贫致富；宝鸡、咸阳提出以发展养牛为突破口建设畜牧强市的目标。省农业厅通过组织产销衔接、参与经贸洽谈与招商引资、举办秦川牛大赛暨牛产品交易展示会、实施领导干部抓点示范、安排养牛基地县与企业签订合同等有效措施，促进了国内外肉牛市场的开发和20个基地县的建设,1998年,20个基地县牛存栏143.2万头,出栏37.9万头,生产牛肉6万吨,分别较上年增加10.5%、23.1%和30.4%。扶风县成立肉牛协会并建起初具规模的秦川牛开发小区,礼泉县开办秦川牛托养示范场,创造了购牛入托,保本代养,利润分成的经营机制。蓝田县养牛存栏达到16万头,建成1 500头规模牛场1个,存栏50头牛场5个,成为我省第一养牛大县和第一大场。国内外有10多个省区常年驻陕收购活牛并不断洽谈秦川牛开发,开创了产销两旺的良好局面,一个蓬勃发展的秦川肉牛产业开始崛起。

【畜禽良种推广】 针对年初猪肉禽蛋价格下跌,生猪家禽下滑的突出问题,省农业厅及时采取措施,强化良种繁育体系和基地建设,确保了生产的稳定发展。省财政扶持95万元专款,地县配套100万元,专门用于省家畜改良站,兴平、勉县、安康、宁陕、延安、宁强、永寿、宝鸡等基地县和种畜场畜禽良种的推广,全省270个种畜禽场为社会提供种牛209头,种猪4.63万头,种羊5 357只,种鸡1 517.5万只,种兔1.8万只。同时还引进种牛9头,种猪680头,改良配种2万头;引进推广父母代种鸡3万只,推广商品代良种鸡150万只。这些举措对下半年猪禽生产的迅速回升起到了基本的保证作用。此外,省内企业引进布尔山羊240多只,使我省年底布尔山羊群达300只规模;引进非洲黑鸵鸟130只,年底我省鸵鸟养殖已达2 000只。

【种草养畜工作】 1998年是省委省政府关于奋战四年实现绿化灭荒的最后一年,全省各级农业部门进一步加大了种草灭荒的工作力度,4月份开展了种草月活动,7月份组织联查联评并召开全省种草养畜绿化灭荒工作会议表彰奖励和安排部署,随后开展秋季种草突击月活动和冬闲种草,保证了全省种草的进度快、规模大、质量好,全年种草21.3万公顷,4年累计种草82万公顷,超额完成了省委省政府下达的种草灭荒任务。同时在全省农区大力推广秸秆养畜和加工利用,全省青贮饲料300.19万吨,氨化饲料100.68万吨,微贮饲料14.53万吨。

【实施"放心肉"工程】 加强兽医卫生工作,确保畜牧业健康发展,保证人民群众吃上放心肉,是兽医卫生工作的基本职责。1998年省农业厅提出实施"放心肉"工程,进一步加强了基础免疫、重大疫病防制和防检体系建设。全省新建30个乡镇畜牧兽医站,1个县级畜牧兽医中心和1个疫情测报站,进一步完善了基层畜牧兽医服务体系。在全省7个地市23个县市推行防疫双轨制,累计免疫畜禽1.1亿头只。采取内查外堵、建立免疫带等有效措施,有效控制了猪瘟、鸡新城疫、羊布鲁氏菌病等危害严重的畜禽疫病。加快了马传染性贫血防制效果的考核,马鼻疽已达消灭标准。

【畜牧业法制建设】 在省政府发布的《陕西省种畜禽管理办法》之后,起草发布了《陕西省种畜禽生产经营许可证管理办法》、《陕西省畜禽良种审定办法》等配套法规。年底举办了全省地县种畜禽管理队伍并开展了宣传月活动,开始对全省种畜禽场验收发证,使我省种畜禽管理步入法制化轨道。同时全省认真贯彻《动物卫生法》,依法将畜禽检疫工作向产地检疫转移,强化了运输环节的检疫稽查力度,增设潼关、神木、佳县3个动物运输检疫消毒站点。装备了省级与7个地市的动物防疫监督机构,举办了一期兽医卫生监督员培训班和两期兽药监督员培训班,共培训监督员1 200名。举办全省动物检疫员肉检规范化技术比武,培训检疫员6 300人次,初步建立了以监促检,以检促防,以基层防疫为主的兽医卫生新秩序。

(高联政)

甘 肃 省

【基本情况】 1998年,甘肃畜牧业夺得了1982年以来连续第17个丰收年。1978—1998年,畜牧业年均增长8%,全省畜牧业经济总量翻了三番,畜牧业产值占大农业的比重由1978年的15.8%上升到1998年的30%,提高了12个百分点;农牧民牧业纯收入由15元增加到380元;畜牧业综合商品率由52%上升到64%,基本实现了由家庭副业到支柱产业的历史性转变。1998年,全省人均占有肉、蛋、奶分别达到31.8千克、6.6千克和7.1千克,比1978年提高了5.1倍、11.2倍和6.1倍,畜产品结束了长期短缺的历史。1998年,全省肉类总产达75万吨,比1978年增长8倍,禽蛋产量达到17万吨,增长28倍,奶类产量12万吨,增长5.7倍,绵羊毛产量13 700吨,增长1.3倍,肉、蛋、奶、绵羊毛的年均增速分别为10.9%、18.2%、9.1%和7%;各类牲畜饲养量达到3 908万头(只),比1978年净增1 688万头(只),家禽饲养量净增8 114万(只);年末生猪存栏720万头,绵山羊存栏1 220万(只),大牲畜存栏645万头,分别比1978年增长21%、7.8%和28.7%。分别比上年增长6.2%、2.1%、3.9%。1998年全省新增畜牧业产值3.3亿元(按1990年不变价计),对农业经济增长的贡献份额达到87%。

【扶持政策】 1998年,甘肃省委省政府出台了《关于加快发展农业产业化经营的意见》,把畜牧业作为调整农村产业结构、增加农民收入的支柱产业。部分地县也出台了一系列扶持政策。如两当、西和县政府财政资助以保护价收购生猪;陇南地区连续三年大办畜牧业,在低起点上办出了新水平;酒泉地区着力推进规模经营,牧业人均纯收入突破千元。在基本政策的落实上突出了三个方面:①加大了草场家庭承包责任制的推行力度。1998年,甘肃省草场家庭承包工作以甘南州为重点全面展开。据统计,全省共完成草场到户承包面积67.9万公顷,实施配套围栏6.7万公顷。甘南州18个牧业乡中9个牧业乡已完成了冬春草场承包工作,天祝县完成草场到户承包面积8.3万公顷。一部分牧户开始走上建设养畜之路。②部分地县开展了"四荒"地拍卖试点工作。陇南地区推广徽县"集中统一治理,拍卖分户经营"的经验,拍卖、租赁"四荒"地666.67公顷,累计达到4 667公顷。临夏、漳县等地出台了《"四荒"地拍卖办法》,仅漳县就有62个村开展了此项工作,拍卖"四荒"地1.4万公顷,畜牧部门积极为购买草山的农户提供优质牧草种籽,使1 330公顷草山得以改良,治理率达62%。③乡站"三定"基本完成。一是机构设置基本完成。省编委核定拟建乡站1 515个,已建1 522个。二是定性、定编基本落实。全省定编8 523人,有13个地(州、市)、79个县(市、区)发文确定1 271个乡站为全民事业单位,定编8 099人。三是人员补充逐步到位。省下达招聘指标3 571名,占原计划应聘符合条件4 687人的76.2%,现有在编职工4 218人,编外职工2 400人。四是双重管理体制逐步理顺。全省1 522个乡站中,以县为主管理的1 277个,以乡为主管理的245个。五是列入财政预算逐步到位。明文列入预算、并核定了在编人员工资标准的乡站达到1 271个。其中,县列894个,乡列377个;全额拨款237个,差额拨款1 034个。

【科教兴牧】 甘肃省逐步建立健全了良种、饲料、草原、兽医四大科技服务体系。1978—1998年,全省畜禽饲养总量增长70%,而相应的畜产品产量增长700%。科技进步对畜牧业经济增长的贡献率达到48%。①在科技研究方面,全省共取得畜牧科研成果800多项,其中292项获地区(厅)级以上科技进步奖(丰收奖或改进奖)。培育出了甘肃高山细毛羊、甘肃黑白花奶牛、甘肃黑猪和甘肃白猪4个新品种,从而结束了甘肃省没有细毛羊、黑白花奶牛和瘦肉型猪地方优良品种的历史。先后开展了畜禽品种资源调查、草地资源调查、饲料资源调查、畜禽疫病普查等大规模调研活动。1998年,省列"中国美利奴高山型细毛羊新品种培育"、"配套选育合成系杂优猪的研究"等"九五"攻关项目取得阶段性成果。年内共受理各类科技成果23项,其中"甘肃省马流行性感冒病源研究与综合防制"等20项成果获甘肃省畜牧局科技进步奖,有13项获省部级奖励(9项获甘肃省科技进步奖、1项获全国农牧渔业丰收奖、3项获农业部科技进步奖)。②在科技推广方面,重点推广了畜禽良种、配合饲料、青贮氨化、暖棚养畜等十大关键技术。1998年,引进加系利木辛牛、皮埃蒙特牛等优质冷冻精液2 800粒(支),在酒泉、武威、张掖、镇原4县(市)选点开展了三元杂交试验;授配720头,受胎率达80%,繁殖成活率达76%以上,为省内专门化肉牛品系杂交生产起到了示范引导作用。全年完成黄牛冷冻精液配种改良16万头,肉牛配套技术育肥出栏20万头。在10县市建立瘦肉型猪产业化示范小区36个,杂交繁殖成活瘦肉型仔猪126万头;在8地32县市杂交改良细毛羊138万只,繁殖扩散肉羊10万只。全年新建规范化圈舍40万间,暖棚养畜突破1 000万头只。③在科技培训方面,一是重点对中青年技术骨干进行了分层次培训,1978—1998年共有3万多人(次)技术人员接受了继续教育。二是对县以上主管畜牧工作的领导干部开展了农牧业现代管理培训,先后选派78名主管畜牧业的县长、农牧局长参加了农业部组织的农牧技术和农牧经济轮训班;委托甘肃农业大学和甘肃省畜牧学校举办了5期领导干部培训班,共培训100余人;三是大规模地开展了农牧民畜牧技术培训活动,近年来,每年围绕规模养殖培训的农牧民都在10万人次以上。1998年,各级畜牧部门对11万人次的农牧民进行了畜牧实用技术培训,其中有8 300多人获得"绿色证书"。年内甘肃省畜牧局组织科技人员,深入靖远、会宁等科技示范点及农贸市场,进行了一次集中统一的科技下乡活动。④在科技改革方面,各院校都进行了专业和课程改革,采用多种形式办学。甘肃农业大学在畜牧、兽医、草原三系内,增设了饲料工程、畜产品加工、农村养殖、畜牧师资、兽医公共卫生、畜牧兽医等专业。甘肃省畜牧学校在完成国家指令性招生计划的同时,广开办学门路,先后开办了地方委托定向培训班、乡站定向班、畜牧领导干部班、畜牧技术工人培训班、职工成人中专班、专业证书班和各种短期培训班,培养了大批专业人才。1998年,甘肃省畜牧局出台了《关于鼓励科技人员创(领)办科技实体、开展科技服务的规定(暂行)》,不少地、县畜牧部门也相应出台了科技激励措施。据统计,全省有300多名科技人员奔赴畜牧业生产第一线开展技术咨询、技术服务和领(创)办科技实体。

【节粮型畜牧业】 1998年全省出栏肉牛95.1万头、肉羊475.3万只,分别比上年增长6.6%和2.0%;牛羊肉产量达19.3万吨,较上年增长11.6%。在全国畜牧业发展整体速度放慢的大背景下,甘肃草食畜保持了快速发展的势头。牛羊肉在肉类总产中的比重由1978年的12%上升到23%,节粮型的禽肉比重上升了2.9个百分点,畜种结构日趋优化。①秸秆养畜取得新的突破。1998年全省推广青贮氨化饲料236万吨。秸秆养畜工作在两方面取得较大突破:一是省级秸秆养畜示范县项目开始启动。组织实施了平凉、镇原、宁县等

8个省级秸秆养畜示范县和张掖、武威、酒泉、灵台4个国家级秸秆养牛示范县项目。二是秸秆利用技术试验推广有新的进展。张掖地区首次引进复合添加剂及发酵草粉技术，在全区试验、推广，为工厂化生产秸秆开辟了新路；兰州、张掖两地分别建成EM原液生产车间，全年共生产EM原液39.6万吨，在省内9个地州市的20多个县推广应用。②欧盟二期奶援项目在兰州、武威、张掖三市正式实施。年内扶持发展奶农100户，为项目区配置车辆、通讯设施设备51辆(部)；在武威市、张掖市各建收奶站1个，改扩建牛奶质量实验室2座，新建发奶点100个，兰州、张掖、武威3个乳品厂改扩建工程全面启动。

【产业化经营】 1998年，全省各类畜禽规模养殖户突破40万户，其中专业大户达14万户；专业村达到2 100多个，养殖场达到2 500多家，其中工厂化养殖企业达330余家，规模养殖对畜牧业经济增长的贡献率达到85%。畜牧业规模经营促进了产业链的延伸和产业群的壮大。目前，全省各地涌现出龙头企业带动型、养殖协会联动型、科技服务推动型、公司农户合作型等多种形式的畜牧产业化经营龙头及中介组织150个，直接带动农户8万户。龙头企业在规模、技术、效益上有新的提高，如酒泉地区先后新建和扩建了年加工能力6 000吨的酒泉东方集团肉联厂、玉门肉联厂，加工的"层层脆"、"三义治"、"五香猪肘"、"五香牛肉"、"澳洲烤牛肉"等25个花色品种，投入市场后颇受顾客青睐。

【牧区建设】 在牧区，分步落实了牲畜归户饲养和草场到户承包政策，先后实施了牲畜"温饱工程"、育草基金项目和牧区开发示范工程等基础性、公益性重大项目，累计建成围栏草场30万公顷，人工草地5.3万公顷。有85%的牧民实现了定居，告别了逐水草而居的游牧历史。20个牧业、半牧业县有7个县已达到小康生活水平。牧区各县建立了草原站、监理站和防火机构，完善了草原监理、动态测报、防火体系，有效遏制了草原的不合理利用。1998年在12个县场实施了牧区开发示范工程项目，首批4县年内顺利通过省级验收，第二批4县已完成计划任务的90%，第三批4县已完成计划任务的40%，第四批4县做好了实施项目的准备工作。在建的12个项目县共建设草籽基地、人工及改良草地3.7万公顷，打井26眼，修渠1 000米，购置仪器设备492台件，引进种畜920头只，修建棚圈7 000平方米，建工作用房5 251平方米，购液氨车5辆，修活动式注射栏27个，建药浴池22座，完成技术培训4 469人次。一部分牧户由靠天养畜向"六化"(牲畜良种化、草场围栏化、草料基地化、圈舍暖棚化、防疫程序化、牧民定居化)家庭牧场迈进。

【饲料工业】 1998年，甘肃累计建成饲料加工厂(点)1 177个，其中饲料工业企业达到219个，配合饲料年双班生产能力达到200万吨，年产工业饲料98万吨，比上年增长2%。

【畜牧业基本建设】 20年来，各级财政先后投资20亿元，建成地级畜牧服务中心10个、县级68个，维修乡站800多个，建成兰州鸡场、兰州乳品厂、甘肃省种鸡场、兰州猪场、兰州正大饲料厂、正大父母代种鸡场、天马制药厂、临泽新华猪场、平凉地区冷库等畜牧龙头骨干企业300多家。目前全省地县乡"三站"(畜牧、兽医、草原)达到1 628个，工作条件大大改善，服务手段明显强化。1998年，新建地县畜牧中心6个，新建维修乡站30个。

【兽医防疫体系建设】 据统计，甘肃现有各级畜牧兽医站(中心)1 628个，其中：省级1个、地级14个、县级86个、乡(镇)兽医站1 537个，有兽医技术人员1.2万人，全省配备了村兽防员3万名，在防疫战线上形成了一支强大的"兽防军"。截至1998年，全省各级畜牧兽医站(中心)开展综合办站的有733个，其中有一半以上的盈利。从"六五"开始，各级政府共筹措约4 500万元资金，用于改善充实各级兽医站的防治设备和检验设施，目前基本可做到常见病确诊不出县，地级兽医站配备了高精度检验设施，疑难病例确诊不出地区；乡村防疫员诊断、防疫有药械。1998年在全省普遍推行"行政技术双轨责任制"，取得较好效果。全省免疫注射各类畜禽1亿头只份，其中猪瘟免疫注射1 100万头只，免疫密度达到95%；鸡新城疫免疫6 500万只次，免疫密度达到90%。年内驱治各类畜禽寄生虫5 000万头只。各类畜禽的病死率大幅度下降，猪由1978年的10%下降到1998年1.5%，鸡由13.9%下降到3%，大家畜的病死率降到0.8%，羊降到1.6%以下。

【畜禽良种繁育体系建设】 先后对种畜禽场分期分批进行了整顿，实行分级管理，省上主抓育种制种；地、县负责良种繁殖扩散，初步形成了宝塔式体系。到1998年全省畜牧系统建成各级各类良种畜禽场82个，其中种猪场21个，种鸡场23个，种羊场16个，种牛场6个，种马场2个，综合种畜场14个。年底存栏良种畜25个品种共11万头只，当年提供各龄良种畜2.2万头(只)；存栏良种蛋肉鸡13个品种，种鸡27万套，当年提供种雏75万只。同时还加强了家畜改良设施的建设，并增加了设备。先后建成武威、兰州2个冷冻精液站，平凉、天水、临夏、兰州、武威5个液氮站，建成596处黄牛冷冻精液配种改良点，110个瘦肉型猪统一供精站、420个绵羊人工授精点、980个孵化育雏点。优良畜禽品种由1978年的71个增加到1998年的93个，各类良种畜禽饲养量由360万头(只)增加到3 422万头(只),其中良种及改良羊由160万只增加到427万只,良种及改良种奶肉牛由15万头发展到141万头,良种瘦肉型猪由不足30万头增加到270万头,良种鸡由150万只增加到2 584万只;牛、羊、猪、鸡良种化程度达到40%、47%、69%和79%,分别比1978年增长33.3、26.3、30和58个百分点。1998年,甘肃省畜牧局在分类评估的基础上,确定了26个省级重点种畜禽场。

【依法治牧】 80年代以来,甘肃省先后制定颁布了《甘肃省实施草原法细则》、《甘肃省实施家畜家禽防疫条例办法》、《甘肃省饲料工业管理暂行办法》等20余部地方配套法律法规,形成了省、地、县三级执法网络。1998年全省牧业法制工作又有新的进展:①行业执法资格确认基本完成。省地县三级政府分别确认了畜牧行政及有关事业单位的执法主体资格。全省畜牧执法主体资格单位达270余个,包括检疫机构62个、检疫人员3 180多人,草原监理机构38个、专职人员200余人,饲料监测和兽药监督检验机构70个、310人,兽医卫生监督机构80个、560余人。②行业执法力度进一步加大。年内全省共查处违法违章案件624起,其中结案621起,结案率比上年提高1.2个百分点。在兽医防检方面,全省共检疫活畜禽1 370万头只、检疫肉类9.6万吨,比上年有所增加。在兽药执法中,共抽检兽药134批,查出不合格兽药540余种。在饲料执法方面,年内审查考核了两家饲料添加剂和饲料添加剂预混料生产企业的质量保证体系,发布了3家企业3个产品的批准文号,备案审查了5家企业30个产品的标签。同时,加强了年度监测,基本上杜绝了饲料企业的无标生产。在全国配合饲料产品年度统检中,抽检甘肃省的产品全部合格。在草原监理方面,各地草原监理部门会同公安、林业、矿山、土地等部门查处各类破坏草原案件800余起,责成恢复植被1.5万公顷;清理草原作业矿点16处,协同调解处理草场纠纷18起,查处草原火灾案件3起,较好地遏制了人为破坏草原的势头。

【外向型畜牧业】 畜产品是甘肃省出口创汇的拳头产品之一,在农产品出口中占主要份额。据外贸部门统计,1995年甘肃省畜产品出口额达3 758万美元,占全省出口贸易总额的9.7%,占当年农产品出口额的76.5%。一是在良种引进推广方面,近20年来,共引进了40多个畜禽良种。以美系、英系等杜洛克、汉普夏、大约克夏等瘦肉型良种猪为主体父本,育成了甘肃白猪和甘肃黑猪;引进和导入澳洲美利奴细毛羊血液,使本省细毛羊每只平均产毛量达到8千克以上;引进德国和丹麦荷斯坦奶牛,育成中国荷斯坦奶牛甘肃类群,使奶牛头均年产奶量由5 000千克左右提高到8 000千克以上;应用奥地利西门塔尔牛等良种兼用牛品种改良土种牛,初步实现了役用牛向肉役、乳役兼用的转化;大量引进推广多种良种鸡后,基本实现了商品鸡良种化。二是在科技合作交流方面,畜牧部门先后派出60多人次到国外学习和考察,请进来30多名外国专家,实施了中澳、中日和中美技术合作项目,开展了草地农业、绵羊育种、肉牛与饲料生产及牛体胚胎移植技术的研究和示范,引进了先进的技术设备和优良畜禽基因。三是在国际经济合作方面,"八五"期间甘肃省畜牧局与泰国正大集团合作建成的兰州正大有限公司,以全价饲料生产销售为龙头,投产了一个年产18万吨的饲料厂和一个年供900万只良种鸡苗的种鸡场,公司已同1 200个养殖户建立起长期稳定的合作关系。"九五"期间,以"兰星"和"兰太"为龙头的草坪技术开发公司,开拓国内外草坪技术市场,已在国外建植各类草坪绿地近千万平方米,实现产值超亿元。

【主要问题】 1998年,甘肃畜牧业在市场环境不利的条件下,取得了平稳发展的好成绩。但仍面临着新的困难和矛盾,主要是:在全国具有绝对优势的草产业开发尚未真正破题,种草面积萎缩,牧草种子及草产品没有形成批量;在西北地区具有相对优势的饲料工业总体上还比较弱小,配合饲料产量不足100万吨,饲料添加剂的研制开发未形成气候;饲料工业发展面临着原料价格上涨和需求相对不足的双重压力;作为产业化基础的规模养殖,在区域化、专业化和"五良"科技配套上尚有较大的差距;解决市场开放所带来的畜禽疫病增加等难点问题,缺乏经费与手段的强有力支撑;作为科教兴牧龙头的"畜禽良种工程"尚未有效启动,良种畜禽的比例增加缓慢,科技含量的大幅度提高受到制约;面对全球农业进入产业化时代、全国畜牧产业化迅速推进的大背景,甘肃畜产品停留在初级加工的水平上,缺乏大型深加工企业的有力带动,大大牵制了全省畜牧产业化的进程;主要畜产品内销不畅、外销渠道少、市场开拓能力不强,给农牧民增收带来很大困难。

(周邦贵)

青 海 省

【二十年改革成就】 1998年与1978年相比,青海省草食畜总增率、出栏率、商品率分别提高了8个、12个、14个百分点;肉类总产量增长了3倍多;畜牧业总产值从3.6亿元增加到14.85亿元,增长了4倍;农牧民人均纯收入从229.3元增加到1426元。全省已有74%的牧户实现了定居,牧民的生产水平得到了较大提高。畜产品产量大幅度增加,有效地保障了市场供给。

1998年为社会提供的商品牲畜数量达到394.45万头，是1978年的3.4倍；全省人均肉、奶、蛋占有量分别达到43千克、42千克和3千克。到1998年底，全省累计建成围栏草场193.58万公顷，人工种草85.23万公顷，修建畜棚28 680万平方米，改良草场97.99万公顷，草原灭鼠2 730.56万公顷，灭虫284.92万公顷。青南牧区"温饱工程"建设已达到22 644户，占青南牧区总牧户的39.60%，防灾减灾能力明显提高。环湖牧区"小康工程"建设推动了现代畜牧业的发展，部分牧户已在"四配套"(围栏草场、人工种草、牲畜棚圈和牧民定居房屋相结合的配套建设)的基础上实现了水、电、路和文化教育、医疗卫生设施的多种配套。"七五"以来，在全省范围内组织实施"1516"计划、"星火计划"、"丰收计划"等畜牧科技项目，使科技进步因素在畜牧业增产增效中的比重不断提高。与1978年前相比，科技成果推广应用率从15%提高到55%左右，科技进步对畜牧业经济的贡献率已达到40%。全省已建成草业综合服务机构102个，畜牧兽医服务中心33个，畜牧兽医服务站487个，形成了比较完善的省、州(地)、县、乡四级畜牧兽医、草原建设服务体系。农区畜牧业有了突破性进展。目前，农区14县、市的草食畜数量占全省的17%，肉类产量占47%，牛奶产量占39%，禽蛋产量占90%以上，畜牧业产值已占该地区农业总产值的32%，占全省畜牧业产值的46%。在全省全面推行了草场承包到户责任制，制定了草场承包到户50年不变的政策。经过努力，到目前，全省牧区已承包冬春草场1 400万公顷，占可利用冬春草场面积的90%；承包夏秋草场800万公顷，占可利用夏秋草场面积的54%。

【基本情况】 1998年，青海畜牧业保持了稳定发展的势头，是继1997年大丰收之后的又一个好年景。据统计，年内草食畜总增率、出栏率、商品率分别为24.84%、24.60%和18.94%，与上年基本持平；年末草食牲畜存栏2 090.59万头只。生猪生产继续保持稳定增长，出栏增长6%，存栏增长4.4%。畜产品产量稳中有增，肉类总产量突破20万吨。畜牧业总产值达到14.85亿元(按1990年不变价计)。

【基础建设】 1998年青海南部牧区"温饱工程"防灾基地项目建设，共投入资金10 060.1万元，14个县完成配套项目建设5 581户，完成计划任务的93%；建成围栏草地9.67万公顷，暖棚37万平方米，人工种草188.27万公顷。由省人民政府支持的青南牧区牲畜越冬饲料贮备项目启动实施，年内项目共落实资金1 164万元，其中国家无偿投资461万元，牧民贷款及自筹703万元。玉树、果洛两州9县30个乡共调运贮备颗粒饲料5 231吨，完成计划任务的97%。

环湖牧区"小康工程"，主要是牧区开发示范工程项目建设。一期项目的祁连、都兰、泽库3县及二期项目的2个种畜场均按计划完成，通过省级验收，其他各项目县正在抓紧实施。三期项目的5个县，已签订项目建设协议，进入实施阶段。

农区"致富工程"，包括3个重点项目：①百万细毛羊工程种草养畜项目，经招标确定大通、民和、平安3县为项目实施县，引进细毛、半细毛良种羊1.41万只；种植草料380.4公顷，户均达0.25公顷；修建氨化池577座、6 925立方米，氨化、青贮饲草244万千克。②黄牛良种繁育体系建设项目，从全省143个牛品种改良站(点)中选择57个一类站(点)进行重点扶持，已进入全面实施阶段。③猪三元杂交繁育体系建设项目，选择大通、乐都县种猪场、省畜牧科学研究院实验猪场为良种猪原种场，培育种猪740头；对三个互助猪保种场及其他猪场进行清理整顿，引进培育良种母猪1 100头，建立人工授精点5处，目前项目正在实施。

【草地生态建设】 1998年，共建成围栏草场19.53万公顷，人工种草7.07万公顷，牲畜棚圈62万平方米，改良草地7.4万公顷。年内共完成鼠害草场治理156.87万公顷，虫害草场治理15.46万公顷，防治面积分别是上年的1.9倍和1.5倍。

【科技推广】 1998年重点组织实施了24项科技推广、开发项目，取得了良好的经济和社会效益。全年举办各类实用技术培训班205期(场)，培训人员25.3万多人次；开展送科技下乡活动，发放实用技术材料及藏文科普宣传材料共22万余份。在乌兰、格尔木、刚察、共和、同德5县(市)启动实施了畜牧兽医"绿色证书"工程。

【疫病防治】 1998年全省共免疫预防和驱虫防治各类畜禽疫病6 163.6万头只(次)，与上年相比，疫区、疫点和发病、死亡牲畜数量都有明显下降。家畜布鲁氏菌病防治全省达到了国家规定的"控制区"标准。产地检疫、屠宰检疫和兽医卫生监督检验工作得到加强，年内处理违法案件182起，保护了生产发展和消费者的合法权益。

【畜种改良】 1998年全省共完成绵羊改良88万只，比上年增加7.66万只；完成黄牛品种改良4.38万头，比上年增加0.3万头；猪的改良5.58万头；绒山羊改良10.15万只，年末达到40万只；良种鸡推广165万只；安排调剂种畜5 292头只。

【法制建设】 1998年，全省加强了行业立法和执法体系队伍的建设。认真贯彻《中华人民共和国动物防疫法》，先后制定公布了《青海省动物检疫员管理规定》和

《青海省兽医个体诊疗管理办法》等配套规章和规范性文件。清理整顿了全省动物检疫员队伍，对904名检疫员进行了统一资格考试。严格执行《中华人民共和国草原法》，加大草原执法力度，年内共查处各类违法案件113起。培训草原监理人员80名。

【牧场改革】 1998年，根据厅属种畜场经营现状和发展水平，确定以所有制结构和产权制度改革为突破口，以人事制度改革为切入点，以"两费自理"（生产费用、生活费用自理）和"四到户"（承包到户、经营到户、盈亏到户、风险到户）为改革核心，重点落实"五项改革"：一是所有制结构的改革；二是承包经营方式的改革；三是劳动、人事、分配制度的改革；四是养老保险制度改革；五是管理职能的改革。以改革总揽全局，促进了生产发展。1998年粮油总产量创历史最高记录，达到1 846.44万千克，比上年增加219.24万千克，增长13.47%；总增牲畜6.52万头只，总增率32.52%；农牧业总产值达到7 378.17万元。

（马清德）

宁夏回族自治区

宁夏是我国回族聚居区，又是全国十大牧区之一，拥有天然草地300万公顷，占国土面积的58.2%，"种黎牧畜"有着悠久的历史，长期以来视"畜牧业为天下饶"，宁夏滩羊、中卫山羊驰名中外，畜牧业既是传统的民族经济，又是重要的支柱产业。

但是，旧中国的畜牧业却十分落后。1949年，大家畜存栏334 176头，猪89 827头，羊889 185只，畜牧业总产值3 139.9万元。新中国的成立，揭开了宁夏畜牧业发展的新篇章。宁夏党委政府先后成立了畜牧业行政管理机构，制定了一系列鼓励发展畜牧业的方针政策，从而调动了广大农牧民的生产积极性，促进了畜牧业的发展。特别是1978年，党的十一届三中全会以来，自治区党委政府贯彻落实以家庭联产承包责任制为主的一系列改革开放政策，在广大农村大力推行"牲畜折价，户有户养"的经营体制，极大地解放了畜牧业生产力。1998年，大家畜存栏达到879 647头，是解放前的2.6倍。其中，牛58.82万头，奶牛从无到有达到6.12万头；生猪达到121.11万头，羊340.1万只，鸡1 157.64万只。特种养殖得到了长足发展，全区特种动物养殖场达1 200多家，饲养的动物种类达16种之多。畜牧业产值达到22.4亿元，占农业总产值的比重达到28.4%，按1990年不变价计算的畜牧业产值达13.5亿元，占农业总产值的比重达到31.5%，农民人均牧业收入达到496.7元。畜牧业的长足发展改变了传统的农牧业结构，使畜牧业不再扮演"副业"角色，而成为繁荣农村经济、增加农民收入、促进农村稳定的支柱产业。目前，畜牧业在各级领导心中有了"位子"，工作走上了"路子"，农民赚到了"票子"。

【商品基地建设特色明显】 80年代初期，我们首先进行了畜牧业经济区划，按照发展区域经济的要求规划建设了卫宁青瘦肉型猪基地，盐同灵及贺兰山东麓绒山羊基地，六盘山商品牛基地，灌区养牛工程，盐池、灵武牧区示范工程，固原养蜂基地等14个畜牧业商品生产基地及工程项目，银川、吴忠已形成特色明显、优势突出的奶牛产业带，平罗、灵武、永宁、中卫4县（市）成为国家级秸秆养畜示范县（市）。畜牧业商品生产基地的建设促进了畜牧业由农本型小农经济生产向专业化、集约化、商品化方向发展。1998年全区养牛10头、羊50只、猪30头、鸡500只的专业户达4万余户，其中百头牛场、千头猪场、万只栈羊育肥羊场和万只鸡场达100余家。全区畜牧业商品生产能力达到年出栏：菜牛21.2万头、菜羊及羔羊203万只、肉猪120.6万头、肉禽1 454.6万只；主要畜产品产量分别达到肉类15.61万吨，禽蛋6.53万吨，奶类18.18万吨，羊毛绒4 864万吨。在肉类总产量中，猪肉达8.24万吨，占51.2%，牛、羊、兔、禽肉达7.4万吨，占48.8%，基本形成了适合宁夏民族特点的肉品结构，为加强民族团结、保持民族地区稳定做出了积极的贡献。

【区域经济发展势头强劲】 各地根据市场需要和所处的区位优势，宜牛则育，宜羊则牧，宜猪则饲，宜鸡则养，一户带一片、一片带一村、一村带多村，多村成一乡，形成一乡一业，一村一品的畜牧业区域经济，1998年各类养殖小区达20多个。原吴忠市养牛8万头，其中奶牛最多时达3万头，5头以上的奶牛专业户达1 500多户，汉渠乡60%的农户养奶牛，饲养量占全市的40%。1998年乳品加工企业达25家，日处理鲜奶350吨，实现销售收入1.3亿元，利税超过1 000万元。其区域效应辐射到相邻市县的乡镇，与银川郊区相衔接形成银吴平原奶牛带及乳品加工基地。中卫县宣和镇养鸡过百万，产值超亿元，1998年鸡的饲养量达到180多万只，存栏达120多万只，养千只鸡以上的大户达450多户，万只鸡场5家。全镇每天产蛋50多吨，10多辆集装箱汽车和300多辆农用车投入运营，产品不仅占领西北各大中城市，而且还远销广东、并出口前苏联；全镇70%的劳动力从事养鸡或与养鸡有关的二、三产业，40%的农户靠养鸡实现了小康，其中有10多户成为养鸡10万元户。中宁县养猪已成为农村经济的主导产业，并形成了产、供、销一体化经营的特色。1998年全县生猪饲养量达34万头，全县农民人均养猪1.5头，出栏18万头，有千头猪场5家，百头猪场26家，30头以上的专业户4 800多户。盐池县羊只饲养量达70多万只，规模养羊户达4 500户，占全县总农户

20%的规模养羊户饲养了全县65%的羊只。规模饲养带动了全区畜牧业的第二次飞跃,成为实现畜牧业经济增长方式转变的基础力量。

【提高产品加工深度,确保增值】 随着畜牧业商品生产基地的建设和区域经济的形成,我们投资兴办了一批畜产品加工企业。1998年,全区共有乳品加工企业25家,肉类加工企业16家,皮毛绒加工企业51家,畜产品加工值达到25亿元,与畜牧业产值之比达1.1:1。形成了"夏进"系列乳制品、"泾河"清真牛肉、"圣雪绒"羊绒制品、"平惠乐"清真羊肉等畅销全国的名牌畜产品。其中"嘉源绒业公司"、"德海土畜产公司"加工的无毛绒出口海外,"圣雪绒"牌羊绒衫荣获北京第六届国际山羊节金奖,并出口欧美国家,圣雪绒国际企业集团公司已成为宁夏优秀企业之一,年出口创汇3000多万美元。夏进乳品饮料总公司引进荷兰具有国际90年代初先进水平的二次超高温塑料瓶装灭菌奶生产线,年生产液体奶及系列乳制品3.4万吨。1998年生产销售灭菌奶1.12万吨,实现销售收入4000多万元,利润360多万元,在全国18个省区建立了销售公司,与区内近十家大中型奶牛场建立了一体化经营关系。泾河清真肉联厂是利用丹麦政府混合贷款,全套引进国外先进自动化屠宰分割生产线,于1993年建成投产,年设计单班屠宰肉牛1.6万头,生产高档分割牛肉2000吨。石嘴山肉联厂是原国内贸易部定点的清真牛羊肉屠宰加工厂,经过技改新建了肉羊分割屠宰生产线,年生产销售高档分割羊肉2000吨,"平惠乐"清真羊肉已打入上海麦德隆、八佰伴、万家乐等大型超市。日处理鲜蛋80吨的超临界生物萃取工程公司业已动工兴建。

【市场流通队伍不断壮大】 继80年代中期建立了同心皮毛绒流通试验区后,又相继筹资建成了年屠宰销售肉羊30万只、肉牛5万头的灵武涝河桥和平罗宝丰两个清真牛羊肉批发市场,西吉单家集、永宁纳家户两个清真牛羊肉批发市场也日益发育成熟;投资1300万元的中卫县宣和禽蛋批发市场业已开工建设。在大力兴建有形市场的同时,我们还积极培育以农民专业协会、养殖业合作社、运销大户等牧工商经济联合体为主的无形市场,致力于建立统一、开放、竞争、有序的市场体系和多元化的市场结构。1998年,全区各类养殖业合作社及专业协会达23个,各类运销专业户达1200多个。中宁县生猪运销专业户达480多户,年外销生猪14万多头,占全县出栏生猪的77.8%。"中宁猪"已成为名牌猪,远销甘肃、青海、内蒙、山西等省区的17个大中城市。中卫县日产蛋80多吨,凭借360多人的"倒蛋"运销队伍销往全国各大中城市。同心县皮毛绒经纪人队伍达200多人,将新疆、青海、西藏、内蒙、甘肃、陕西等地的皮、毛、绒贩入宁夏同心或河北清河等地进行加工。

【产业化发展前景喜人】 据调查,1998年全区已形成各类农业产业化组织641个,其中畜牧业产业化组织365个,占56.9%。在这些组织的引导下,我区畜牧业产业化初步呈现出以下几种模式:一是龙头企业带动型即"公司+农户",这种模式是以畜产品加工企业为龙头,通过其辐射作用,带动周边农民从事畜牧业生产;龙头企业一头连着国内外大市场,一头连着千家万户,把产、加、销诸环节联接起来,如吴忠地区的奶业。二是专业市场带动型即"市场+农户",通过发展畜产品专业市场,带动专业化生产,形成产销一体化经营,最为典型的是灵武市涝河桥和平罗宝丰清真牛羊肉批发市场。三是主导产业带动型即"基地+农户",从建设商品基地入手,培植区域性主导产业,在此基础上形成产、加、销的规模经营,最为典型的是卫宁青瘦肉型猪基地和灌区养牛工程。四是中介组织带动型即"协会+农户",通过专业技术服务组织、社区合作经济组织、农民专业协会为农户提供产前、产中、产后服务,协调各方面的利益关系,形成产、供、销一条龙服务网络,把农民组织起来进入市场,最为典型的是中卫县宣和镇的养鸡业。

【科技推广功不可没】 以前,宁夏畜牧业科研技术推广工作几乎是一片空白。1949年以后,宁夏畜牧业科技工作进入了全新的发展阶段。特别是改革开放以来,自治区下大气力建立、健全了畜牧业教学、科研、推广体系,充实了1935人的畜牧业科技推广队伍;大力实施"科技兴牧"战略,着力推广了畜禽良种化技术,人工种草及草地牧业综合开发技术,配合饲料及高效饲料添加剂开发、生产、饲用技术,暖棚养畜技术,秸秆饲料开发利用技术,高氟低硒区奶牛高产技术,畜禽保健及疫病控制等先进实用技术,有计划地建立了一批畜牧业科技示范县(市)、示范乡村。1998年,牛、羊、猪的出栏率分别达到32%、43%和106.2%;猪鸡的配合饲料入户率分别达到41%和72%,鸡、猪、奶牛基本实现了良种化,肉牛良种化水平达到34%;肉猪、肉牛的出栏周期分别由12个月、10岁提前到6个月和3岁;秸秆饲料的科学利用率达到15%,畜牧业科技进步对畜产品增长的贡献率达到40%以上。改革开放20年来,共取得省部级科研及科技推广成果156项,多数已直接应用到畜牧业生产中去,科技成果转化率达到50%以上,986人获省部级科技进步奖,4人获得中国农业科教奖。通过胚胎生物工程技术引进国外优良牛种改良我区黄牛及中低产奶牛的工作初见成效,现繁殖成活胚胎牛63头,作为畜牧业"种子革命"和"种子工程"启动项目的宁夏牛胚胎生物工程中心业已竣工运行。

【服务体系建设进一步完善】 近几年来，我们本着“提高县一级、强化乡一级、完善村一级”的原则，先后完成了14个县级畜牧技术中心建设，占全区19个县市(区)的73.7%。按照党中央国务院关于加强农业社会化服务体系建设的要求以及农业部、人事部和自治区人民政府的有关文件精神，完成了乡镇畜牧兽医站的“三定”工作，稳定了畜牧业科技队伍；134个乡镇站开展了综合办站，改善了乡镇站的基础设施，促进了乡镇站经营机制的转变和服务职能向产前、产中、产后的拓展。

【加强法制化与标准化】 在以法治牧方面，除了坚决贯彻执行国家的有关法律、法规外，我们坚持两手抓，一手抓地方性行业法制建设，一手抓行业标准化建设。经过我们的积极努力，近些年自治区人大常委会和自治区人民政府颁布和发布了《宁夏回族自治区草原管理条例》、《宁夏回族自治区甘草管理办法》、《宁夏回族自治区畜禽防疫实施办法》、《宁夏回族自治区乡镇畜牧兽医站管理办法》等4部地方性法规。依照有关法律、法规，我们坚持不懈地开展了制止乱挖甘草、乱垦滥开、破坏草原的违法行径，有效保护草地生态资源；开展了兽药饲料监察工作，严厉打击贩卖假冒伪劣兽药、饲料，坑农、害农的非法经营活动，使畜牧业生产经营依法、有序进行。

畜牧标准化是推广畜牧业科研成果和实用技术、促进畜牧业经济技术交流和贸易的重要手段，改革开放以来，我们把畜牧业标准化建设作为发展畜牧业的重要方面，建立健全了自治区畜牧标准化委员会，制定了自治区畜牧业标准化计划，先后编制并经农业部颁发了《滩羊标准》、《中卫山羊标准》2部国家标准，制定和推广了《宁夏八眉猪(二八眉)标准》、《宁夏黑猪品种标准》、《双峰驼人工授精技术规程》、《塑料暖棚猪圈标准》、《进口动物产品检疫监督管理技术规程》、《中蜂活框饲养技术规程》、《宁夏主要栽培牧草种子质量分级标准》、《青贮饲料调制技术规程》、《海子一号湖南稷子标准》、《鸡新城疫防制标准》、《猪常温人工授精技术规程》、《商品瘦肉型猪基地县标准》、《商品瘦肉型猪生产综合技术标准》、《饲料原料质量标准》、《奶牛饲养管理技术规程》、《牛冷冻精液及人工授精技术操作规程》、《滩羊羔羊育肥技术规程》等20多项畜牧业标准。《中国标准化》杂志于1997年第7期以《加快畜牧业标准化进程，推动畜牧业健康发展》为题介绍了宁夏畜牧业标准化建设方面的经验。

【产业特点愈加明显】 改革开放20年，是宁夏畜牧业发展最快的时期，全区畜牧业经济总量翻了三番，同改革开放初期相比实现了质的飞跃，呈现出以下特点：一是由家庭副业开始向支柱产业转变；二是由“卖方”市场开始向“买方”市场、自给型向外向型转变；三是由生产依附型开始向消费导向型转变；四是生产方式由小农经济的粗放经营开始向规模化、产业化集约经营转变；五是由追求数量扩张开始向数量、质量并重转变；六是由传统牧区畜牧业开始向农区畜牧业与牧区畜牧业结合转变，形成了农区畜牧业与牧区畜牧业并驾齐驱的发展态势。

(宁夏回族自治区畜牧局供稿)

新疆维吾尔自治区

新疆维吾尔自治区幅员辽阔，历来以草原丰美、畜种优良著称，是国家重要的草原牧区之一。全区草原面积5 733.3万公顷，约占全自治区绿地面积的85%；其中可利用面积达4 800万公顷。发达的绿洲灌溉农业，更为农区畜牧业的发展提供了丰富而稳定的饲料和副产品。1998年全区年末存栏各类家畜4 223.99万头，其中牛364.29万头，马100.26万匹，驴123.45万头，骆驼15.99万峰，猪169.82万头，绵羊2 919.33万只，山羊528.05万只。当年全区肉类产量751 904吨，其中牛肉191 889吨，猪肉135 988吨，羊肉324 863吨，马肉28 184吨，禽肉60 707吨；全区绵羊毛产量62 147吨，山羊绒811.36吨；牛奶599 625吨，羊奶50 608吨。

中华人民共和国成立50年来，新疆畜牧业经历了一个曲折的发展过程，新中国成立后，经过民主建设和对牧主经济的改造，再加上国家对牲畜品种改良和疫病防制等方面的大力支持，使解放前濒临崩溃的畜牧业迅速得以恢复和发展。但1966年开始的文革时期，使畜牧业遭受了很大挫折，到1977年全区年末牲畜存栏较1965年下降11.2%，年内繁殖成活幼畜下降18.1%。党的十一届三中全会后，新疆的畜牧业才又走上迅速发展的大道。1990年与1950年相比，牲畜存栏增长271.9%，年内繁殖成活幼畜由391万头发展到2 012.8万头，增长437.8%；年出栏牲畜由175.2万头发展到2 222万头，增长了11.68倍；商品畜由14万头发展到1 607.4万头，增长了113.8倍。同期全区肉类产量增长14.25倍，绵羊毛产量增长8.13倍，牛奶产量增加27.6倍。改革开放的20年，是新疆畜牧业发展最好的时期，在邓小平建设有中国特色社会主义理论的指导下，发展速度明显加快，生产效益显著提高，如牲畜年出栏率1955年为15%，1978年为18.77%，而1998年已达55.44%，1998年较1978年提高了36.67个百分点；肉食品的增长速度，1978—1998年的20年间年均增长达10.8%，而1949—1978年的29年间，年均增长仅为2.25%。

畜牧业生产条件不断改善，抗御自然灾害的能力逐步提高，1998年全区新建人工草料基地3.68万公顷，改良草场6.97万公顷，当年定居牧民8 780户，至此,全区已累计建成人工草料基地84.67万公顷,改良草场100万公顷,围栏草场78.67万公顷。每年冬草打储量由70年代的16亿千克增加到现在的40多亿千克。1986年以来,全区已定居牧民11.38万户,占全区纯牧业户的71.1%。这些定居牧民,不仅有住房、有牲畜棚圈,而且都有相当规模的人工草料基地,牧区一半以上的牲畜已实现了冬春季舍饲、半舍饲,牲畜过冬损失由70年代的每年8%以上下降到现在的2%以下。

新疆种植业发展迅速,饲料和农副产品资源十分丰富,但由于长期依赖草原牧区,因此农区畜牧业一直未得到应有的重视,发展迟缓。1984年,以种植业为主的南疆和东疆的七个地州,共有牲畜1 530万头,占当时全区牲畜的50.6%,但其中改良牛仅占全自治区的12%,细毛羊及改良羊仅占全自治区的18.6%,肉产量仅占全自治区的31%,牛奶仅占19.3%,绵羊毛仅占28%,商品畜仅占全自治区的20%。这种状况严重制约了农村经济的发展。1988年,自治区党委和人民政府作出了《关于发展农区畜牧业若干问题的决定》,使农区畜牧业开始得到广泛的重视,1996年召开的自治区畜牧业工作会议,进一步将农区畜牧业的发展放到农村经济发展的突出位置,使农区畜牧业发展速度明显加快,尤其是大批养殖专业户和养殖小区的兴起,使农区畜牧业的效益大为提高。到1998年,农区畜牧业无论是牲畜存栏头数,还是各类畜产品的产量,已真正成为自治区畜牧业生产的半壁江山。

(史瑞芝)

【草场有偿分户承包】 据统计,截止1998年底,新疆已依法承包草场面积3 866.7万公顷,除去有争议的草场及无水缺水草场外,占应承包草场面积的93.5%,占全疆可利用草场面积的80.6%。落实承包草场的牧户11万余户,占全疆牧户总数的70%以上。

(高 宁)

【新疆白绒山羊新品种(南疆型)培育】 自治区科委下达的自治区"八五"重点科技攻关项目,由阿克苏地区山羊研究中心和新疆畜牧科学院畜牧研究所共同承担,经过多年的努力,培育出了适合南疆荒漠半荒漠草场的绒山羊新品种。1998年5月项目通过了自治区科委组织的专家验收,整体研究水平达到国际先进水平。8月通过了自治区畜禽品种委员会品种审定,命名为"新疆南疆绒山羊"。

新品种羊是利用群体遗传学原理,在"六五"、"七五"引进辽宁绒山羊杂交改良本地绒山羊研究成果的基础上,通过横交固定的方法培育而成。到1997年底,新品种绒山羊达76 116只,其中特一级46 271只,占60.8%。新品种绒山羊体型外貌一致,遗传性稳定,产绒量高,绒品质好,适应性强。项目实施7年累计向全疆推广新品种绒山羊种羊17 478只,使阿克苏地区110万只绒山羊平均产绒量达175.6克(项目实施前全地区平均抓绒量140克),7年累计增绒142.62吨,增加产值4 183.74万元。

(熊 斌)

【饲料工业】 至1998年底,新疆已有时产1吨饲料的加工企业344家,年双班生产能力197.6万吨。其中时产5吨以上配混合饲料的加工企业17家,时产1吨以上316家,浓缩饲料加工企业2家,添加剂预配饲料加工企业9家。1998年全疆生产各类饲料87.14万吨,其中配混合饲料84.45万吨,浓缩饲料2.13万吨,添加剂预配饲料0.56万吨,分别比上年增长5.38%、46.9%和27.27%。

1998年新疆饲料产品的价格高于全国平均水平,主要大型饲料企业保持了较好的盈利状况。饲料行业的生产呈现出向大型企业集中的趋势,正大、泰昆、天康、希望等企业处于快速扩张之中,正向集团化方向发展。而部分国有中小型饲料企业处境较为困难。

1998年全疆饲料加工总产值164 787万元,比上年增加5 801.8万元,饲料企业年末职工人数3 891人。

1998年新疆饲料产品质量监督检验站完成各类饲料产品检验478个批次,其中定期监督检验48个批次,合格46个;考核发证8个批次,合格7个;市场监督20个批次,合格8个,仲裁的1个批次合格;合同、委托检验401个批次。

【饲草加工】 1998年,新疆(不含生产建设兵团,下同)青贮、氨化、微贮等秸秆加工调制总量393.35万吨,相当节约粮食65.59万吨,直接经济效益达23 601万元。此外还有酒糟、甜菜渣等农副产品鲜贮53.6万吨。秸秆和农副产品合计完成青贮、氨化、微贮446.95万吨。全疆饲草(牧草、秸秆)铡短、粉碎757.3万吨,比上年增长83.25%,比长草整喂减少损失浪费151.4万吨。全疆拥有铡草机、揉草机、多功能粉碎机等机具56 411台,其中新购各类机具9 925台。全区地县两级共举办"三贮一化"培训班、现场会150次,参加人数8 300多人。

(刘君健)

【动物疫病发生与流行】 1998年,新疆完成各类牲畜防疫、驱虫、药浴、治疗1.63亿头(次),全区未发生大的急性、烈性传染病。在防治牲畜口蹄疫方面,对边境免疫带预防注射,共免疫牛、羊455万头(次)。在布鲁氏菌病防治方面,重点抓了畜间幼畜的免疫和布鲁氏菌病的监测工作,共免疫幼畜424.4万头(只)。在马传染性贫血病防治方面,有20个县(市)和1个国家级种畜场开展了马传染性贫血病检疫净化工作,在马鼻疽监测方面，有29个县(市)进行了马鼻疽监测工作。在牛结核病监测方面，有37个县(市)、2个国家级种牛场进行牛结核监测工作。在寄生虫防治方面，内寄生虫防治以蠕虫、线虫为主，外寄生虫防治以羊疥癣为主。1998年，驱除体内外寄生虫7 965万头(次)，其中体内驱虫4 188.9万头(次)，药浴3 776.1万头(次)。在运输检疫方面，自治区所属哈密、乌鲁木齐、库尔勒、奎屯4个铁路兽医检疫站共检疫进出疆动物0.56万头，种蛋82万枚，冷冻肉品2.6万吨，冷冻水产品1.7万吨，蜜蜂0.8万箱，消毒羊毛935.6万吨，各类皮8 700张，其他畜产品1万吨。全年全疆屠宰检疫101万头(只)，活畜市场(检疫)动物146.7万头(只)。

【兽医药政管理】 1998年，新疆兽医药政部门对全区48家兽药生产企业进行了审核验收，其中有22家企业不具备生产条件，吊销了兽药生产许可证，并撤销了兽药产品批准文号。全年完成各类兽药监督检验826批次，合格583批次，合格率70.6%；委托检验兽药108批次，合格80批次，合格率74.1%；报换兽药批准文号检验兽药374批次，合格326批次，合格率87.2%；接受外省(区)销售申报检验兽药586批次，合格393批次，合格率67.1%。

1998年，新疆共查处生产、经销假劣兽药案件54起，涉及区内外兽药生产企业33家，没收各类假劣兽药50批次，53个品种，2 000箱(件)，总价值70万元。

全年举办了地(州)市级兽药监督员监督检验抽样培训和兽药经销从业人员上岗培训班两期，参加人员共450人。

(周自富)

【地方国有牧场】 1998年，新疆共有地方国有牧场176个，比上年减少3个。其中盈利113个，亏损63个。净利润362万元，亏损企业的亏损额1 125万元。资产负债率53%。全年完成国内生产总值(现行价，下同)7.62亿元，比上年增长6.4%。实现人均国民生产总值4 850元，增长7.0%。全年创造农林牧渔业总值13.91亿元，增长11.7%，其中畜牧业总产值7.67亿元，增长2.68%。1998年，全疆地方国有牧场完成固定资产投资总额6 675万元，比上年减少26%。其中基本建设投资4 270万元，更新改造投资1 955万元。投资总额中用于农林牧渔的投资3 686万元，占55.2%。1998年地方国有牧场总人口42.66万人，职工15.73万人，全年工资总额7.71亿元，人均收入4 558.17元，比上年增长2.9%，人均纯收入1 681元，增长6.86%。离退休职工1.25万人，占职工总数的7.9%，全年离退休费用4 073.5万元。

1998年地方国有牧场粮食总产量25.11万吨，比上年减少1.3%，油料总产量2.3万吨，增长33.7%，棉花总产2.4万吨，增长128.6%，糖料总产量16.6万吨，增长41.4%。年末牲畜存栏头数481.74万头(只)，比上年增长0.2%，其中大牲畜62.18万头，绵羊333.38万只，山羊83.07万只。牛奶总产量5.78万吨，减少28.8%，羊毛总产量7 516吨，增长7.1%，肉类总产量5.13万吨，增长1.2%，其中牛肉1.52万吨，羊肉3.2万吨。

(居　萍)

【地方国有牧场扶贫情况】 1998年，国家对新疆15个贫困牧场投入资金295.2万元，其中以工代赈资金100万元，贴息贷款100万元。地(州)配套资金95.2万元，累计295.2万元。分别用于5个项目的建设。集中资金开发土地约600公顷。

1998年新疆15个贫困牧场完成国民生产总值4 084.3万元(按1990年不变价计)，比上年增长4.8%。实现利润142.1万元，减少9%。粮食总产9 274吨，增长4.81%。实现利润142.1万元，减少9%。粮食总产9 274吨，增长4.81%。棉花总产1421.8吨，增长9.03%。牲畜年末存栏51.83万头(只)，增长2%。肉类总产量4641.7吨，减少10.44%。牧民人均收入1 072元，增长47.46%。

1998年贫困牧场扶贫工作增强了牧场自我发展能力，改善了牧场生产、生活条件，牧场经济得以持续好转。

【秸秆养畜示范县项目(市)建设】 到1998年底，新疆已有3个国家级秸秆养牛示范县，4个国家级秸秆养羊示范县(市)，5个自治区级秸秆养畜示范县。国家级示范县建设期为3年，自治区级视资金到位情况另行制定。

1998年12个秸秆养畜示范县(市)牲畜存栏796.94万头(只)，比上年增长11.03%(上年为11县数，下同)。年内牲畜出栏412.95万头(只)，增长32.47%。肉类总产15.38万吨，增长24.23%。秸秆加工调制总量133.25万吨。12个县(市)产肉总量占全区23.38%。秸秆加工调制总量占33.88%。

(刘君健)

【牧区开发示范工程】 1998年，新疆完成了第一批牧区开发示范工程项目验收工作，昭苏、布尔津、裕民、奇台、巴里坤5个县的牧区开发示范工程项目经过三年建设已全部竣工，共开发草料地12 507公顷，已种植7 504公顷，改良草地9 760公顷，建立牧草种子基地380公顷，定居牧民312户。修建各类渠系447.77千米，各类水利建筑物305座，机井84眼，架设高压输电线路79.2千米，饮水管道1.179千米，修路68.83千米。引进种畜1 850头，建立配种站及人工授精点109

座，药浴池13处、青贮窖276座，全部通过自治区级验收，迎接国家级抽验。1998年，第二批牧区开发示范工程项目也已基本接近尾声，新源县、哈巴河县、吉木萨尔县、和静县、民丰县和和田地区畜牧处六个项目共新建人工草料地3 320.4公顷，改良草地7 866公顷，优良牧草种子基地161.33公顷，定居牧民1 108户。修建各类渠系166.92千米，各类水利建筑物248座，新打机井8眼，架设高压输电线路20.9千米，新修道路15.5千米。引进各类种畜563头，新建配种站及人工授精点17处，药浴池6处，乡级兽医站4座。各项工作正在完善配套，准备自验，迎接自治区级验收。

1998年，第三批牧区开发示范工程项目（富蕴县、福海县、特克斯县、额敏县、温泉县、木垒县、阿克陶县）建设进展顺利，已完成投资1 177.77万元（含贷款，不含牧民自筹及投工投劳），共新建人工草料基地2 360公顷，改良草地2 700公顷，围栏草地1 200公顷，建立牧草种子基地46.67公顷，定居牧民497户。兴建各类渠系166.03千米，各类水利建筑物121座，打井21眼，扬水站3座，铺设引水管道13.7千米，架设高压输电线路41.8千米，修路9.2千米，植树91.67公顷。引进种畜753头，建立配种站及人工授精点34座，药浴池6处，乡级兽医站3个。利用“科技兴牧”、“科技之冬”、“科技之夏”等活动培训农牧民6 145人次。各项工程量均已过半。

1998年，新疆牧区开发示范工程项目又增加8个县（青河、吉木乃、精河、尉犁、皮山、哈密、拜城、昌吉市）。新建项目和3个县（新源县、裕民县、和静县）续建项目，已做好项目前期各项准备工作。连同以前完成和在建工程项目，共达26个县（市）。

（高　宁　范　伟）

【牧区生态环境建设启动】 1998年开始，新疆根据国家生态环境建设工程的要求，开始探索牧业生态环境建设工程。即以经济增长与环境保护相结合的可持续发展为目标的经营方式。加大科技含量，运用先进技术，使畜牧业持续稳定发展，使牧民更早更快地达到小康水平。《伊犁河中上游草原生态平衡综合治理项目》、《木垒沙漠化综合治理项目》和《呼图壁石梯子试验示范项目》已经评估论证完毕并已开始启动。

（范　伟）

【第二期奶类发展项目】 1998年，是欧盟第二期对中国奶类援助项目的第一年，全年项目建设投资846.4万元人民币，其中欧盟资金3.29万元，中方配套资金517.4万元。项目内容有购牛、牛舍、青贮窖、兽医配种站、兽医配种设备、收奶站、兽药和精液、畜牧兽医人员交通工具、通讯工具以及国内外各类人员培训等。到年底，除国际招标的兽药、兽医设备外，凡是当地自建的项目都已按计划完成，实际完成投资778.9万元，占应完成投资的87.51%，其中欧盟资金完成251.3万元，中方配套资金投入527.6万元。全年接待专家184人次，国外培训114人次，国内培训317人次，当地培训508人次，并组建了1个县级奶农协会、2个乡级奶农协会。

1998年末项目区奶牛存栏15 160头，比上年增长9%，牛奶产量36 927吨，增长10.5%；成母牛单产5.04吨，增长1.94%；商品奶36 264吨，增长11%；项目区人均占有奶量14.6千克，增加7.37千克，牛奶平均收购价每千克1.65元，增加0.08元；每千克牛奶生产成本1.2元，降低0.2元；项目区奶业产值10 880万元，企业和农民增收280万元。

（高庆超）

【牧业灾情】 1998年春季，新疆气候反常，频频发生多年罕见的大雪、低温、大风、洪水等多种自然灾害，牧业生产受到较大影响。3月6—10日，伊吾、巴里坤、哈密、鄯善、木垒5县牧业遭大雪灾害。3月15—19日，北疆牧区又遭到一次以降温、降雪、刮风为主的灾害性天气，东疆牧区气温降到－20℃，牲畜无法放牧和转场。巴音布鲁克牧区气温降到－26℃，300座棚圈被大风刮坏。3月19日阿图什市羊场等牧区发生强烈地震，倒房388间，倒棚圈1 835座。4月18日北疆大部分牧区发生多年罕见的狂风，平均风力8级，瞬间风力12级以上，持续20多个小时，6个地州、20个县市遭灾。在风灾中，全区共损失成、幼畜1.07万头，刮坏、烧毁住房3 131间，刮坏毡房8 592座，刮坏塑料棚圈6 904座，损失草料610吨。5月18—20日，伊犁、塔城、昌吉、哈密、巴音郭楞、阿克苏等牧区又发生雨、雪、低温天气，其中伊犁地区洪水泛滥，因洪水死亡13人，伤2人，淹死牲畜1.67万头，冲毁住房1 187间，棚圈456座，桥6座。1998年春季全区牧业因灾直接经济损失4.9亿元。

1998年自治区抗灾保畜累计投入饲草91.84亿千克，投入饲料8.21亿千克，新备塑料棚圈20 861座，投入抗灾资金4.43亿元，其中牧民自筹90%。

（王　军）

【牧业防灾基地建设】 新疆易灾牧区有30个牧业易灾县，从1988—2000年，我们利用国家财政部包干安排的抗灾保畜补助费，在这30个易灾县分期分批实施了四轮畜牧业防灾建设项目，已经取得显著成绩，大大提高了畜牧业抵御自然灾害的能力。1998年，根据国家财政部、农业部关于投资相对集中，项目安排范围适当压缩的要求，共安排特克斯县、青河县、福海、木垒、巴里坤、拜城、阿合奇、民丰等8个县的畜牧业防灾建设项目，总投入资金2 450万元，其中国家投入550万元，自治区配套500万元，其余由地、县、乡和牧民个人自筹。防灾项目的主要建设内容是新建饲草料基地0.59万公顷，围栏改良草地0.47万公顷，新建棚圈1 221座，挖井30眼，购买铡草机71台，新定居牧民716户。建设任务通过签订合同的方式分解落实到各易灾县和建设地点。据调查了解，资金落实情况较好，县、乡和牧民建设积极性很高，从夏天开始施工，入冬以前全部完成建设任务，有效地抵御冬春各种自然灾害的侵袭，把牲畜因灾死亡率降低到存栏数的2%以下。

（斯拉吉丁）

【草原虫鼠害及防治】 1998年，新疆草原虫鼠灾害普遍发生，尤其是北疆地区蝗虫为害为近十年来最为严重的发生年份。全年草原虫害发生面积169.62万公顷，严重发生面积67.94万公顷；鼠害发生面积305.8万公顷，严重发生面积75.43万公顷。

1998年，草原虫害发生在北疆各地及南疆的巴音布鲁克草原。鼠害主要发生在青河县、富蕴县、昌吉州北沙窝及伊吾县等地。

1998年全疆共完成草地治虫49.82万公顷，灭鼠67.1万公顷。

（熊 玲）

【羊毛、羊绒及活畜流通情况】 1998年，新疆羊毛产量62 147吨，比上年增长3.4%，其中细羊毛29 199吨，比上年略有减少。山羊绒产量846.43吨，增长4.14%。由于市场疲软和山羊绒的市场价格大幅度下跌，每千克细一级羊毛的价格在7～10元之间，国有牧场优质细羊毛每千克12元左右。细羊毛平均价比上年下降5元左右。山羊绒新上市的时候，每千克150元左右，6月中旬以后下降到100～120元，比上年下降50～100元不等。从全年情况来看，尽管细羊毛和山羊绒价格下降幅度大，销售也不畅，但没有出现大量积压，年底基本销售完毕。

1998年新疆出栏牲畜2 222.72万头，其中商品畜1 607.64万头，比上年增长8.5%。市场上活畜及肉食供应充裕，价格稳中有降。牛、羊每千克活重平均比上年下跌0.5元。牛肉价格基本与上年持平，全年平均价每千克13元左右。羊肉平均价每千克13元左右，与全国市场价格基本拉平。

（斯拉吉丁）

大 连 市

党的十一届三中全会以来，大连市坚持改革开放和以经济建设为中心的方针，以市场为导向，增加畜产品总量和农民收入为目标，以确保城市副食品有效供给为重点，合理调整优化产业结构，提高畜牧业科技含量，有力地促进了畜牧业生产的全面发展。改革开放20年，肉蛋奶产量逐年增长，货源充足，价格稳定，对稳定社会起到了重要作用，畜牧业已经成为独立产业和振兴农村经济的支柱性产业。

1998年，大连市畜牧业生产持续发展，取得可喜成绩。全市肉类总产量26.2万吨，蛋类总产量13.5万吨，奶类总产量5.3万吨，分别比上年增长10.7%、11%和8%，比1978年增长2倍、8.6倍和3.5倍；生猪饲养量379.5万头，比上年增长7.5%，比1978年增长55.1%；牛饲养量37.5万头，比上年增长1.9%，比1978年增长73.6%；羊饲养量29.3万只，比上年增长4.5%，比1978年增长3倍；家禽存栏1 544.1万只，比上年增长5.9%，比1978年增长2.7倍。全年实现畜牧业产值24.5亿元（按1990年不变价计），比上年增长9.9%，比1978年增长13.8倍。肉蛋奶年人均占有83.2千克，比上年增加7.9千克，比1978年增加58千克，实现历史性的突破。

【畜牧产业化经营有新突破】 1998年，大连市畜牧产业化龙头企业发展较快，并产生较好的经济效益。大连镜港蛋粉加工厂，年加工鲜蛋能力2万吨，生产蛋粉能力4 000吨，当年加工鲜蛋6 000吨，生产销售蛋白、蛋黄粉1 500吨。台湾大成食品有限公司年屠宰加工肉鸡能力2 400万只，年内加工肉鸡1 700万只，产品全部出口，在全国肉鸡加工企业中独占鳌头。大连础明实业发展公司投资3 800万元，建立年屠宰加工能力5万头的猪肉制品加工厂，年末试产成功，其设备、技术、工艺、兽医卫生条件均符合国际标准，受到国内外专家的一致好评。普兰店市诚真肉牛屠宰加工厂当年屠宰加工肉牛760头，产品达到出口肉类标准。上述龙头加工企业，初步形成多元化的市场连龙头，龙头带基地，基地带农户的新格局，使全市畜牧业实现了由小生产向产业化的过渡。至年末全市拥有万只以上蛋鸡场29处，年产蛋3.4万吨，占上市鲜蛋90%以上，其中最大的养鸡场大连韩伟养鸡场蛋鸡存栏150万只，年产蛋2万吨；万头以上猪场8处，百头以上猪场1 748处，五百头以上猪场48处，这些规模猪场年出栏商品猪30万头，占市场供应量30%，最大3万头；百头奶牛场28处，千头以上奶牛场3处，年产牛奶3万吨，占市场供应量75%以上，其中最大的奶牛场大连三环集团奶牛场存栏奶牛1 662头，年产奶5 800吨。

【精品工程建设见成效】 按照市政府关于建设精品场要求而兴建的畜牧饲养精品工程年内见成效。上年被列为市级精品畜牧场的甘井子区金星奶牛场、大连础明实业发展公司猪场、大连种鸡场、旅顺口区洪家养鸡场、大连韩伟养鸡场，不仅环境绿化美化，而且

泡崖精品奶牛场

其生产指标也进入全国先进行列，鸡的产蛋率83.3%，蛋料比1:2.5，最好的1:2.34；商品猪6个月平均体重94.3千克，瘦肉率60%，肉料比1:3.54，最好的1:3.2；奶牛年平均单产5吨，最好的6吨。1998年，瓦房店市多绒型绒山羊原种场和庄河大骨鸡繁育中心被确定为精品场建设单位，经市农委和农业局检查验收达到建设标准。

【科技推广工作取得突破性进展】 1998年，全市加大了畜牧技术推广工作力度，突出特点是将品种改良、棚养畜禽、全价饲料等项技术综合起来，配套实施，变单一技术推广为实施综合配套技术，使各项技术优势互补，初步形成了适合本市特点的较为完整、规范和系统的良种畜禽增产配套技术体系。全市完成黄牛冷冻精液配种改良8.1万头，猪人工授精21.1万头，分别比上年增长10.5%和10.9%。秸秆青贮、微贮、氨化16.3万吨，比上年增长6.5%。快速育肥猪137.2万头，快速育肥牛5.5万头，比上年增长9.5%、14.5%，良种蛋鸡综合配套技术1 166.5万只，比上年增长13.3%，良种肉鸡高产配套技术1 280万只，比上年增长17.4%。此外，据有本市特色的畜牧实用技术的应用也有了新突破。大连韩伟养鸡场改变传统的横向通风为纵向通风，把单体鸡舍改为五连体鸡舍，鸡笼由3～4层改为6～8层，采用自动刮粪设备，提高了经济效益，改善了鸡舍环境。另外，高床网上养猪、大骨鸡育肥等技术，在全市也得到推广应用并取得成功经验。同时加强了国际间技术交流与合作。高新园区生物工程公司引进国外体外胚胎移植技术，建立1处500头规模的胚胎移植母牛繁育场，现饲养母牛200头，已进入陆续产犊阶段。1998年，全市畜牧业先进技术推广重点提高了普及率和覆盖面。1998年，大连市先后从美国、荷兰和国内15个省市引进新品种33个，计10万头(粒)，重点推广黄牛冷冻精液配种、猪人工授精、商品瘦肉型猪综合配套生产技术和肉牛肥育、高产蛋鸡、良种肉鸡综合配套技术及秸秆利用等技术，至年末，畜禽良种覆盖率达80%以上，集约化蛋鸡单产水平达到16千克，比1978年提高6千克。适度规模经营肥猪出栏时间均达到6个月，比1978年缩短4个月；奶化、微贮秸秆饲料，大力发展秸秆养牛，取得显著成绩。一是生产快速发展。当年，全市牛饲养量达到37.5万头，比实施秸秆养牛前的1994年增长68%，比上年增长1.9%；牛肉产量1.5万吨，比1994年增长1.4倍。1998年，全市共发展百头牛场17个，10头以上养牛专业户2 374户，百头以上养牛屯497个，500头以上养牛村294个，养牛5 000头以上的乡镇27个。二是秸秆利用效果显著。全市开发利用秸秆16.3万吨，比1994年增长10.6倍；节约饲料粮4万吨，增加粪肥45万吨，肥田1.33万公顷。秸秆的利用促进了农牧结合，推动了生态农业持续发展。三是取得很大的经济效益，对农民脱贫致富发挥了积极作用。

【兽医兽药监督工作进一步加强】 全年监督检查饲养场64处，屠宰场27处。对社会上逃避检疫、涂改和伪造证件、证物不符等违规违章行为，现场处罚440起，罚款额7.15万元。全年对169个兽药经营和使用单位进行检查，共抽检兽药26个品种、134批次，其中合格75批次，合格率为56%，比上年提高6个百分点。全年共查处假劣兽药17个品种、95批次，其中假药6批，劣药89批，共466件，货值7.3万元。查处假劣药案73起，没收假劣药品188件，货值4.3万元，罚款6 590元，取缔无证经营24户。

【生猪生产的市场化程度有新提高】 全市生猪生产，在产品价格下降时调整结构，改良品种，增加科技含量，努力降低成本，增强在低价位市场上竞争的能力，逐步适应市场变化，走向成熟。全市加大引种力度，年内引进优良品种4个计361头，增加猪人工授精配种点密度，完成全年任务的117%，瘦肉型(瘦肉率58%～60%)猪推广137.2万头，占出栏肥猪70%。建立市级种猪场，加强良种繁育体系建设，饲养父母代的大连良种猪繁育中心已建立，结束了市级长期没有种猪场的历史，引进新一代丹麦长白、比利时长白种猪等优良新品种，加强三级繁育体系建设，至年末，全市共有种猪场94处，饲养优良品种种猪1万余头。另外，采取适当限制外进猪，同质同价优先收当地猪，减少中间盘剥，农民直接参与流通等措施，极大地缓解了本地卖猪难问题。

【奶牛北移有新进展】 1998年，大连市在完成了欧共体奶类项目(欧洲共同体计划用十年的时间分两期无偿对中国奶业生产、加工，包括设备、技术医药等方面进行援助)援助第一期任务后，又争取第二期项目，并正进入操作阶段。在欧共体奶类项目实施期间

(1991—1996年),大连市在基地建设、收奶分发系统完善、乳品加工厂改造、服务体系建设等方面都发生重大变化,城市由喝奶难转为供应有余。1997年以前,大连市奶牛基地基本是以近郊为主,由于污染环境,加之城市建设,尤其是饲草饲料依靠北草南调,成本增高,导致奶牛生产一度出现滑坡。为巩固欧盟援助成果,使生产者有良好效益,保证城市鲜奶正常供应,于1996年提出奶牛北移的战略方针,经过2年的努力,大连市奶牛北移初见成效,1998年,甘井子区三业集团将500头奶牛转移到普兰店市大刘家镇建立奶牛基地,保证外援项目顺利执行。

(大连市农业局供稿)

青岛市

青岛市是沿海开放城市、经济中心城市和国家计划单列市,下辖平度、莱西、即墨、胶州、胶南5个县级市和城阳、崂山、黄岛区及市内四区,总面积1万多平方千米,耕地666.67公顷,总人口690万人,其中农村人口550万人。改革开放20年来,青岛畜牧业取得了巨大成就,发生了深刻的历史性变化:畜牧业综合生产能力显著提高,1997年全市肉类、蛋类、奶类总产量分别是1978年的7.5倍、61.3倍和73.8倍,畜产品实现了由长期短缺向市场充裕、结构性剩余的历史性跨越。畜牧业在农业和农村经济中的地位和作用日益突出。20年来,全市畜牧业总产值按可比价格计算增长了10倍,在农业总产值中的比重比1978年提高了20个百分点。畜牧业生产方式发生了深刻变化,个体和私营经济成为新的市场主体,规模化、专业化、商品化水平有较大提高。畜牧业产业化经营迅速发展,各具特色的龙型经济蓬勃兴起,区域化商品基地初具规模。

1998年,青岛畜牧业坚持以增加畜产品有效供给、增加农民收入、促进区域经济发展为目标,以市场为导向,突出产业化经营、结构调整、基础建设、外向型畜牧业和依法治牧等重点,积极推进畜牧业两个根本性转变,较好地适应了市场变化,继续保持了稳步健康发展。全市生猪存栏170万头,肉牛存栏90万头,奶牛存栏3万头,蛋鸡存栏3 500万只,肉鸡出栏1亿只,羊存栏90万只。肉类总产45万吨、蛋类35万吨、奶类17万吨,畜牧业总产值40亿元(按1990年不变价计)。

【畜牧业产业化经营】 各级畜牧部门积极探索畜牧业产业化经营的多种实现形式,发挥自身优势,加强扶持引导,全市不同层次、不同所有制形式、不同模式的"龙型经济"迅速发展。五大产业化经营体系(即:以青岛雀巢公司、青岛市奶业总公司为龙头的奶业产业化体系,以青岛正大公司、九联集团为龙头的肉鸡产业化体系,以德维集团、万福集团为龙头的肉羊、生猪产业化体系,以中牧集团华安公司为龙头的肉牛产业化体系,以康大集团为龙头的肉兔产业化体系)积极拓展,青岛雀巢有限公司新建超高温灭菌奶生产线,青岛市奶业总公司通过欧盟奶类援助项目进一步扩大加工能力,使全市年加工鲜奶能力增加了1万多吨,进一步带动了全市奶牛生产;青岛九联集团扩建了肉鸡屠宰加工生产线,年加工肉鸡提高到1 000万只,其蛋鸡、肉鸡产业化体系带动了8 000多农户,并开始投资生猪产业化项目,计划在两年内投资1亿元,建设6 000头规模的种猪场、带动年出栏300头生猪的规模养殖户1 000个、年加工生猪30万头;胶南德维集团在年加工生猪50万头的基础上,新建了年加工20万只肉羊的生产线,促进了胶南市全国秸秆养羊示范县建设;中牧集团华安公司优质肉牛加工能力不断提高,年屠宰量5 000头,使平度市42个规模100头以上的肉牛育肥场得到了巩固和发展,同时又带动起一大批肉牛育肥专业户。具有龙头作用的畜产品专业批发市场加快发展,青岛市七级生猪批发市场抓住列为全国菜篮子工程定点鲜活农副产品中心批发市场的机遇,迅速扩大规模,全年生猪交易量75万多头,交易额8亿元,辐射范围扩大到17个省市。

畜牧专业协会、运销协会等连接市场与农户的中介组织为畜牧产业化增添了新的活力,不少乡镇畜牧兽医站转变观念,牵头组织各类协会,积极为农民提供产前、产中、产后系列化服务,组织带动千家万户的农民闯市场,与农民结成了利益共同体,实现了共同发展。平度市新河镇兽医站牵头组织的肉鸡经纪人协会,全年运销毛鸡1 500万只,不仅为该镇出栏的700多万只肉鸡找到了出路,还带动了周围乡镇的肉鸡生产,全镇农民人均肉鸡收入可达1 000多元,镇兽医站年创收20多万元;胶州前店口乡兽医站的蛋鸡协会,每天帮助农民外销鸡蛋1万多千克、淘汰鸡2万多只。为引导、规范这些中介组织的发展,在全市开展了畜产品运销组织、运销大户评比表彰活动,对为农民提供运销服务、带动农民发展商品生产的具有样板和示范作用的10个运销组织和10个运销大户进行表彰奖励。

【区域化基地建设】 在巩固发展全市五个国家商品瘦肉猪基地县的基础上,从搞好宏观引导,避免区域性主导产业趋同出发,按照加快发展以平度市为中心的肉牛产业区、以莱西市为中心的奶牛产业区、以即墨市为中心的肉鸡产业区、以胶州市为中心的瘦肉猪产业区和以城阳区为中心的近郊蛋鸡产业区、开发以胶南市为中心的肉羊产业区的思路,精心组织实施了莱西市的全国秸秆养牛示范县、胶南市的全国秸秆养羊示范县建设等国家畜牧基地建设项目,充分发挥"龙头企业"的带动作用,多渠道增加投入,加快发展高产优质高效的区域化基地。大部分市区和乡镇都因地制宜,制定了鼓励扶持畜牧业发展的优惠政策,胶南市政府连续四年出台了加快畜牧业发展的意见,平度市用于支持畜牧业的各种资金达3 000多万元,扶持了2 000多个规模养殖场户。在基地建设过程中,积极引导支持大中型工商企业投资畜牧业,建设了一大批高起点、现代化的工厂化养殖项目,如即墨市王村镇建筑公司投资2 000万元建设的即墨恒生源养殖公司,开发荒滩266.67公顷,建设了万头规模的工厂化养猪场、生物饲料加工厂和猪粪养鱼等生态畜牧业园区。在全市开展了畜禽养殖示范场建设活动,按照规模化、科学化、规范化的标准,培育和发展了具有一定规模和水平的畜禽养殖示范场30个,提高了畜牧业基地建设水平。目前,平度市肉牛存栏50多万头,即墨市肉鸡年出栏2 000多万只,莱西市奶牛存栏1.5万头,胶南市8个5万只肉羊基地乡镇初具规模,胶州市的瘦肉猪和近郊的蛋鸡生产稳步发展,加快向质量效益型转变,六大产业化基地生机勃勃。

【外向型畜牧业】 把外向型畜牧业作为推动畜牧业向更高水平发展的重要增长点,充分发挥青岛的对外开放优势,积极搞好协调服务,千方百计引进外资,建设了一批高起点、现代化的养殖、加工和良种项目。1998年全市引进较大规模的畜牧外资项目5个,合同利用外资2亿多美元。青岛雀巢有限公司在已投资4 500万美元建设现代化乳品加工厂的基础上,增资2 000万美元扩大乳品加工规模。台湾统一企业集团投资1.7亿美元,在平度市兴建青岛统一饲料农牧有限公司,进行畜牧业综合开发。一期工程投资4 990万美元,建设年生产优质配合饲料10万吨、饲料添加剂5 000吨的饲料加工厂;二、三期工程投资1.2亿美元,建设生猪、蛋鸡良种繁育推广项目、工厂化养猪场和现代化畜产品加工项目。青岛万福集团与英国PIC育种中心合作,总投资6 900万元人民币,在莱西市建设良种猪产业化推广项目。1998年投资2 400万元,建设现代化种猪场,引进英国祖代康贝尔种猪1 000头。1999年投资2 700万元,建设年生产能力10万吨的饲料加工厂、年屠宰加工生猪50万头的加工厂。2000年,投资1 800万元,建设3个年出栏5万头生猪的商品猪场。这些外资项目的实施,显著增加了畜牧业投入、促进了畜牧业结构调整、扩大了畜产品出口,对畜牧业现代化建设将起到积极的促进作用。

【结构调整】 坚持市场取向,抓住畜产品比较充足的有利时机,及时调整优化畜牧业结构。立足充分开发农区丰富的农作物秸秆资源,加快发展食草畜禽,降低生猪、蛋鸡比重。在进一步巩固发展平度、莱西、胶南三个全国秸秆养牛、养羊示范县建设的基础上,1998年启动了青岛市秸秆养畜示范工程,采取政策、科技、资金综合配套措施,每年扶持建设10个市级秸秆养畜示范乡镇,用3年时间分批建设30个市级秸秆养畜示范乡镇,使示范乡镇出经验、出成果、出效益,带动全市秸秆养畜发展。1998年首批建设了10个示范乡镇,每个示范乡镇市财政投入20万元,市区、乡镇财政按1:1比例配套,这些示范乡镇食草畜禽增长速度都在13%以上,秸秆利用率都超过了40%。1998年全市肉牛增加4万多头、奶牛增加3 000多头、肉羊增加5万多只,食草畜禽与食粮畜禽的产值比例由上年的11:89提高到12:88。突出特色竞争,积极发展名、特、优、新畜禽品种。全市已有国内外20多个珍禽品种和梅花鹿、水貂等经济动物的规模化养殖场200多个,形成了一批适应市场需求的"小而专、小而精、小而特"名优化畜牧业经济带。即墨市普东镇的美国落地王鸽、崂山区的美国绿头野鸭、胶南市华青建安集团的梅花鹿等都形成了较大规模,其中胶南华青建安集团实行梅花鹿养、加、销一体化经营,示范场存栏800头,带动农民养鹿500头,计划在两年内示范场养鹿规模达到2 000头,带动农户养鹿2 000头,建成规模较大、产加销一体化的梅花鹿养殖基地。

【畜牧业科技进步】 积极推进良种工程。进一步拓宽思路,鼓励支持多种经济成分特别是有条件的龙头企业投资畜牧业良种工程,加快了畜禽新品种的引进、更新和推广。万福集团引进的英国康贝尔猪,九联集团引进的美国迪卡猪、恒生源养殖公司引进的比利时皮特兰猪等都形成较大规模。全市引进新罗曼祖代蛋鸡2万套,美国黑星奶牛、安格斯肉牛、波尔山羊等国外优良肉牛、肉羊品种的细管冷冻精液10万只,波尔山羊种羊26只。全市瘦肉猪良种率提高了10个百分点,杂交改良瘦肉型猪占商品猪的80%以上,肉牛、肉羊良种率分别提高5~8个百分点,蛋鸡良种更新2 000万只。以"丰收计划"为龙头,大力普及畜牧业实用技术,积极推广三元杂交瘦肉猪等畜禽集约化生产技术、重点疫病防治技术等增产、增收效果显著的先进技术,良种肉牛及配套饲养技术推广15万头,三元杂交瘦肉猪推广50万头,主要畜禽疫病发病率和死亡率降低了1~2个百分点,青贮氨化作物秸秆12亿千克,秸秆利用率提高到30%以上,推广优质牧草种植0.13万公顷。各级畜牧部门围绕生产急需开展科技攻关,全市取得畜牧科技新成果20多项,获市级以上成果奖11项,其中良种肉牛及配套饲养技术推广获农业部丰收计划三等奖、青岛市星火计划和丰收计划一等奖,利用冬闲地种植优良牧草开发研究、高档精选牛肉生产技术研究与开发获青岛市科技进步二等奖。各级畜牧部门采取举办培训班、邀请国内外专家专题讲座、巡回指导等多种形式,加强对农民的科技培训,全年培训养殖专业户1万多人,提高了广大养殖户的科学素质。

【依法治牧】　在全市开展"畜牧执法年"活动,各级畜牧部门采取多种形式,利用各种新闻媒体加大《动物防疫法》等畜牧业法律法规宣传,增强生产者、经营者的守法意识,加大社会监督力度。在此基础上,突出重点,狠抓了畜禽防检疫、种畜禽管理、兽药监察三个专项治理活动,取得了明显成效。畜禽防检疫,在胶南市进行了畜禽免疫卡和户口登记制度试点,并在全市进行推广。畜禽防疫工作市财政投入资金100多万元,各级配套投入120万元,着重抓了畜禽重点疫病的计划免疫和强制免疫,猪瘟、猪丹毒和鸡新城疫免疫密度分别达到95%和90%,主要畜禽疫病得到了较好控制。畜禽检疫工作重点是结合实施"放心肉"工程,狠抓产地检疫和屠宰检疫。加强产地检疫和屠宰检疫,做到随宰随检,有宰必检,把好"放心肉"源头关;加强市场监督,市兽医卫生监督所在市内五个主要肉类批发市场设立了监督站,对上市的肉类进行严格的复检、监督,基本杜绝了病害肉上市,生产者、经营者、消费者普遍感到满意。严格种畜禽场年审制度,对全市100多个种畜禽场进行了验收换证,对不合格的10多个种畜禽场限期整顿,有效地提高了我市种畜禽生产水平。加大对兽药生产、经营环节经常性的监督检查,重点整顿了兽药经营企业,进行验收合格后重新发证,严厉打击无证经营和制售假劣兽药行为,有效地净化了兽药市场。为规范执法行为,开展了执法文书制作培训和优秀执法文书评比检查活动,提高了依法行政和依法办案水平。

【乡镇站建设】　针对乡镇畜牧兽医站长期以来投入不足、基础设施薄弱、服务手段落后的状况,以加强基础设施建设、队伍建设、法规建设、制度建设和精神文明建设为重点,多渠道增加投入,加强了乡镇站建设。1998年全市各级乡镇站建设投入400多万元,其中市财政投入100多万元,重点扶持建设了37个示范站。一些市区还出台了相应的扶持政策,如莱西市规定,只要达到标准的乡镇站,财政无偿扶持5万元。目前这些乡镇站的基础设施状况明显改善,服务手段显著增强,涌现出大批社会化服务搞得好、经济效益迅速提高、自我发展能力较强的典型,树立了畜牧部门的良好形象,也极大地促进了畜牧业发展。加强基层队伍建设,重点抓了领办示范服务基地和业务培训。按照"做给群众看,带着群众干,帮着群众富"的要求,各级畜牧部门科技人员领办、创办畜牧示范服务基地300多个,这些示范服务基地规模化、科学化程度高,经济效益好,较好地发挥了样板、带动作用,促进了畜牧部门工作作风和工作方式的转变,受到广大农民欢迎。各级畜牧部门针对畜牧业生产中的重点、难点问题,共举办培训班24期,培训基层科技人员1 700多人次。特别是邀请国内知名专家、教授,对全市400多名动物卫生监督员、检疫员集中进行了法律、法规和业务培训,经考试合格后持证上岗。为迎接欧盟兽医组织考察,各级投入200多万元,集中了三个多月的时间,进一步完善了畜禽防疫体系和基础设施建设,青岛市的迎检工作受到了山东省政府的通报表扬。

（青岛市畜牧局供稿）

宁　波　市

1998年,宁波市肉类总产量11.54万吨,比1978年增长1.93倍;禽蛋产量9.34万吨,比1980年增长5.49倍;奶类产量0.60万吨,比1980年增长3.02倍。人均肉、蛋、奶占有量已分别达到21.51千克、17.41千克和1.12千克,比1980年分别提高10.27千克、14.31千克和0.84千克。全年出栏肉猪134.16万头,比1978年增长84.06%;家禽饲养量3 170.70万只,比1978年增长5.21倍。

1998年,在农村经济总收入中,畜牧业居种植业之后列第二,收入达27.14亿元(现价),高于渔业(22.20亿元)、林业(6.28亿)。农民从事畜牧业的现金收入占第一产业现金收入的比重已超过40%,发展畜牧业已成为农民增收的重要途径。1998年,宁波市的畜牧业产值22亿元(现价),占农业总产值的比重从1978年的11%提高到15%。

【规模经营】　20年来,宁波的畜牧业已从千家万户分散饲养向规模经营转变。1998年,全市有各类专业户16 458户,其中年出栏50头以上养猪专业户3 904户,年出栏肉猪54.66万头,户均出栏140头,分别比1985年增长10倍、19倍和10倍。规模养猪场已发展到77个,存栏生猪19.09万头,年出栏肉猪31.62万头,比1985年的18个、年出栏2.20万头分别增长3.28倍和13.37倍。全市专业场、户出栏占全社会生猪出栏的比重已达67.62%,比1985年提高了61个百分点。1998年,全市有养禽专业户7 658户,饲养家禽1770.56万只,户均养禽2 312只,占全社会养禽量的64.97%,饲养量、户均养禽和专业户饲养比重比1986年分别增长3.68倍、2.43倍和提高了28个百分点,使宁波的畜牧业规模经营成为一道迷人的风景线。

【产业化进程】　宁波市畜牧业产业化雏形已基本形成。主要有以下几种形式:一是基地带动型。根据不同的地理资源、饲养习惯及经济技术条件,针对性地开发、培育区域性主导产业和产品,建立有形或无形的生产要素市场,逐步扩大规模,提高产品档次,组织产业群、产业链，从而形成相对稳定的产业带或基地，使之成为当地区域经济的重要组成部分。如鄞县、江北区等地的商品猪；余姚市、慈溪市的肉鸡；余姚市、象山县的白鹅；奉化县、宁海县的蛋鸭；镇海区、北仑区的特种动物；慈溪市的蜜蜂等。二是企业带动型。以加工企业为龙头，一头连接市场，一头连接农户，以资金为纽带，把分散的畜牧生产组织起来，建立较为密切的"贸、工、农"一体化经营体系。如鄞县三高长毛兔发展有限公司、慈溪市家禽股份有限公司、余姚市振余畜禽养殖公司、宁海县建维家禽有限公司、慈溪市蜂业公司等都体现了这种"两头大、中间小"的产业化形式。三是中介带动型。以合作社、技术协会等中介机构为载体，发挥技术优势，健全服务体系，开拓新的市场领域，这在宁波有成功的经验。如象山县养鸡协会、慈溪市康联禽蛋产供销合作农场、象山晓塘禽蛋合作社等。四是企业集团型。以畜产品为基地，加工、销售企业为主体，综合技术服务为保障，把生产、加工、销售、科研和生产资料供应等环节纳入统一的经营体内，成为紧密的企业集团。如余姚市畜禽养殖公司通过8年的努力，1998年已拥有年产6万吨级的饲料加工厂1座，种畜场2个，大型猪场3个，再制蛋品厂、食品有限公司、牧业发展公司各1个，并在余姚市城区各农贸市场设立了20多个供应摊点，形成了饲料加工—肉猪繁育—屠宰加工—上市销售的"产、加、销"一条龙生产服务体系。

【科技进步】 改革开放20年来，全市各级农牧部门和全体畜牧技术人员致力于引进、吸收、推广国内外先进技术，在良种引进、适用饲养技术推广、饲料开发和应用、疫病综合防治等方面取得了显著成绩。主要表现在：一是品种优良化。1984—1998年，全市累计引进瘦肉型良种公猪5 614头，使良种覆盖率从1984年的42.68%提高到1998年的99.86%；累计引进优良父母代种禽201万只，向社会提供优良苗禽达1.91亿只，使家禽良种覆盖率从1984年的30%提高到1998年的95%以上。此外，各地还引入布尔山羊、四川黄羊、美国白羽皇鸽、澳洲鸵鸟、孔雀、蓝狐、梅花鹿等，优化了畜禽品种。二是饲料全价化。配合饲料、添加剂工业从无到有、由小到大，1998年全市5 000吨级以上的饲料生产企业已有20家，年班生产能力达40万吨左右，配合饲料和添加剂的使用推广面已达100%。提高了畜禽的生产水平。三是管理科学化。部分专业场、户引入了工厂化饲养管理模式，1998年全市已有13个猪场实行工厂化分阶段养猪，其中3个场被评为市级"标准化"猪场。同时，推广仔猪早期断奶、种鸡人工授精等技术，不仅提高了良种畜禽的利用率，而且降低了饲养成本。四是防疫程序化。大力推广各项综合防治技术，对一些危害性大、流行面广的人畜共患病采取强制免疫，从而有效地遏制了疫病的发生和流行，大幅度提高了畜禽的成活率。

【基层站建设】 1998年，宁波市镇(乡)的畜牧兽医定性、定编、定员工作基本结束。全市镇(乡)共150个，应建镇(乡)畜牧兽医站122个，已建113个，占应建站的92.6%。宁海、象山、镇海二县一区共有镇(乡)44个，以区域建站15个，其余均为镇(乡)建站。全市现定编人员494名，经考核考试进编聘用的321人，进编聘用占定编人员的64.9%，平均每站进编人数为2.1人。进编人员经费落实情况可划分为两种类型。一是由县(市、区)地方财政每年拨给在编镇(乡)畜牧兽医人员定额补助，列入镇(乡)财政预算，共271人。如鄞县每人每年为8 000元，奉化市拨给贫困镇(乡)每人每年为4 000元，其他镇(乡)每人每年为2 000元。二是正式列入全民事业单位在编人员，工资与其他农业科技人员相同，共50人。这种类型的有慈溪、余姚二市实行的一乡一聘和海曙、江东、江北、镇海等区的少数镇(乡)畜牧兽医人员。

【定点屠宰】 宁波市的定点屠宰工作，始于1996年4月，至1998年底，全市已设立了135个生猪定点屠宰场，6个菜牛定点屠宰场和1个家禽定点屠宰场，宁波市区、八个县(市、区)城关和70%的镇(乡)实施了生猪定点屠宰管理。1998年，在宁波市区各定点屠宰场屠宰检疫完税后上市的生猪达22.94万头，比1997年增加36.55%；全市达107.50万头，比1997年增加30.12%。宁波市区定点屠宰上市的猪肉占上市猪肉总量的95%左右；全市达75%以上。在1998年定点屠宰中，宁波市区共检出病变猪1 020头，检出率为0.44%；全市检出病变猪2 700头，检出率为0.25%。宁波市区的生猪税收1998年度已达550.56万元，比上年增加20.18%。1998年定点屠宰工作取得明显成效的一个重要原因，是在国务院适时颁发了《生猪屠宰管理条例》及浙江省政府对定点屠宰作出了明确指示和有关规定后，全市各级政府认真贯彻执行，积极开展对屠宰场的清理、整顿、集中、提高工作。宁波市由实施初期的10个场撤消了6个，重点保留并发展两个中心屠宰场，两场各投资150万元，基本达到了上规模、上水平、上档次的要求。同时，慈溪、奉化、北仑、镇海等县(市、区)通过改造、新建、完善，办起了条件好、规模较大、布局合理的中心屠宰场。据已设立的6个中心屠宰场统计，1998年新投入的资金达1 700多万元，新建屠宰车间的面积达5 000平方米，并配备有较好的排污、防疫设施，其中3个场配备了流水操作装置，6个场的日屠宰能力已达4 000头以上，有力地促进了全市定点屠宰工作的健康发展。

【行政执法】 1998年，畜牧业行政执法工作取得了显著成绩。一是宣传贯彻落实《动物防疫法》，强化动物防疫、检疫工作。全市各地利用新闻媒体围绕《动物防疫法》进行了大量的宣传报道，同时通过张贴标语、宣传布告和举办培训班等多种形式，形成了一定的宣传气氛和声势，使《动物防疫法》的基本精神深入人心，提高了执法队伍的自身素质，为实施依法制疫打下了良好的基础。全年共注射猪瘟疫苗 135 万头份，其他家禽疫苗 2 398 万羽次；检疫活畜禽 1 580 万头(只)，检疫畜产品 11.34 万吨；核发动物防疫合格证 4 000 多份；依法收回了定点屠宰厂(场、点)的检疫权，彻底理顺了屠宰管理体制。二是深入贯彻执行《种畜禽管理条例》，加强种畜禽管理。宁波市的种畜禽管理工作始于 1987 年，已坚持了 11 年。1998 年，宁波市农业局组织了力量对全市的 30 个种畜禽场进行了复查验收，建立了健全的种畜禽生产许可证制度。同时，各县(市、区)对其辖区内的经营性孵坊和种公畜进行了鉴定发证，促进了全市种畜禽生产的有序进行，提高了种畜禽的质量和科学管理水平。三是贯彻落实《兽药管理条例》，严肃查处假冒伪劣兽药。通过兽药、饲料添加剂市场大检查，重点查处了含有 β-兴奋剂的系列产品，全年共查处违禁兽药 4 000 千克、违法案件 80 余起，罚没款 10 万余元。

(项益锋)

厦 门 市

厦门市是一个地处福建东南沿海的风景旅游城市，行政管辖 7 个区 19 个镇，土地面积 1516 平方千米，常住人口 124.6 万人，其中农业人口 74.4 万人，1998 年畜牧业总产值 7.23 亿元，占农业总产值的 20.38%。全市畜牧业生产以猪、禽为主，大部分集中在同安、集美、杏林、湖里四个区及六大国营农林场；集约化程度较高，规模场生产的畜禽产品占全市生产总量的一半；水禽养殖是厦门市的一大地方特色，每年提供的水禽肉、蛋产品分别占全市禽肉、禽蛋产量的 80% 和 65%；特种珍禽鹧鸪、美国野鸭等生产已初具规模；饲料资源相对贫乏，但依靠港口城市所提供的运输便利，建立了较为完整的饲料加工体系。

改革开放 20 年来，厦门市畜牧业发展十分迅速。主要畜产品肉蛋奶总产量增长 300.4%，其中家禽产品迅猛发展，禽肉产量增长 36 倍，禽蛋产量增长 33 倍；科技进步推动了畜牧业生产发展，生猪存栏量虽然减少了 20.4%，但由于生猪出栏率的提高，猪肉总产量递增 145.9%；畜牧业的产业化格局已初步形成，各区因地制宜，发挥优势，形成的区域性布局与示范点、片的开发建设已逐步发挥出典型辐射作用，如杏林区的水禽养殖，同安区的珍禽养殖，凤南农场的种猪生产基地等；畜牧兽医社会化服务体系日趋完善，建立了较为完善的动物防检疫体系，相继恢复和成立了市家畜检疫站、市兽医卫生监督所，通过以检促防，防检并举，强化监督，推进全市的兽医卫生防疫工作；初步形成了畜牧业行政执法体系的雏形，随着《兽药管理条例》、《种畜禽管理条例》和《中华人民共和国动物防疫法》的相继颁布实施，全市畜牧业的行政执法工作逐步得到加强，管理日趋规范。

1998 年全市有各级畜牧兽医站 25 个，其中市站 2 个，区站 5 个，镇站 18 个。各级畜牧兽医站人员定编 86人，从业人员 91 人，其中市站 23 人、区站 29 人、镇站 21 人。全市具有中专以上畜牧兽医学历人员 55 人，其中研究生 1 人，本科生 12 人，专科生 6 人，中专生 36 人；具有初级以上职称的畜牧兽医技术人员 52人，其中副高级职称 1 人，中级职称 18 人，初级职称33 人；全市共有兽医卫生监督员 20 名，检疫员 72 名。

【全行业生产概况】 1998 年，全市肉蛋奶总产量 65 126吨，增长 11.3%。肉类产量 47 280 吨，增长 15.53%(其中猪肉产量 39 373 吨，增长 16%；牛肉产量 826 吨，增长 55.3%；禽肉产量 6 846 吨，增长 8.84%；羊肉产量 156 吨，增长 73.3%；兔肉产量 79 吨，增长 8.2%)。禽蛋产量 16 661 吨，下降 0.14%。鲜奶产量 1 185吨，增长 31.67%。

生猪生产发展平稳，至年底存栏 331 470 头，增长 8.24%，其中母猪存栏 25 531 头，增长 4.52%。全年出栏生猪 579 020 头，增长 14.92%。家禽生产稳中有降，年底存栏 3 135 950 只，下降 9.04%，其中蛋鸭存栏 1 192 520只，下降 8.3%。全年出栏 6 845 180 只，增长 8.84%。鲜奶生产发展迅速，奶牛存栏 288 头，增长 29.73%。

1998 年 1—7 月，厦门地区畜禽产品市场价格连续 7 个月直线下滑，畜禽产品市场销售疲软，下跌幅度同比高达 60%，是近几年来少有的现象，广大养殖户亏损严重，下半年随着市场价格的小幅回升，生产逐步得到恢复，特别是我市一些企业看好养殖业的良好发展前景，纷纷扩大投资规模，使我市畜牧业生产开始好转，1998 年全市年出栏千头以上的专业化猪场有 76 个，增加了 8 个；年出栏万头以上的猪场有 9 个，增加了 3 个。禽蛋生产受外地冲击严重，由于运输方便，本地市场价格一旦上扬，外地蛋产品立即大量涌入，造成我市禽蛋生产发展缓慢。鲜奶市场价格稳定，推动全市奶牛、奶山羊生产持续发展，但目前活跃于城乡市场的鲜奶销售以个体的游击队居多，国营企业形不成龙头，缺乏带动能力，缺乏规模效应及名牌推动，生产发展后劲不足。

【饲料工业发展迅速】 厦门市饲料工业起步晚，基础薄弱，饲料的主要原料——玉米、麸皮、豆饼、鱼粉等需通过省内外调入和从国外进口，因此生产成本高。在60年代，厦门没有正规的配合饲料加工工业，进入80年代，由市粮食加工厂等组建饲料公司，在加工粮食的同时，开始正规化生产配合饲料。近年来，我市的饲料工业发展迅速，1998年有各类饲料厂19家，年产各种配合饲料20多万吨，并销往省内外。

【规范种畜禽的生产经营】 1998年厦门市根据闽农畜(98)字第19号《关于实行种畜禽生产经营申报审批发证制度的通知》，以宣传、贯彻《种畜禽管理条例实施细则》为契机，对新建的种畜禽场实行严格的申报、审批和发证制度，市农业局依照有关规定组织专家对11个具有一定规模的种畜禽生产经营单位进行验收，补办手续，并上报省农业厅申请发证，各区也按规定组织人员对各自范围内的120多家畜禽生产经营单位进行验收发证。近几年，我市种猪场建设发展较快，1998年较大规模的种猪场有9家，其中台资企业2家，全部投产将满足全市需要，并提供外销；蛋鸭苗基本上能自给；肉鸡苗主要是土鸡及土杂鸡苗缺口较大，仅同安区每年需要从省内外调入100万只以上。

【基地建设进一步巩固】

1. 生猪生产。同安区为全国瘦肉猪商品基地县，骨干场有五显镇的凤梨山猪场、山头后猪场，莲花镇的白沙仑猪场，洪塘镇的三忠猪场，新民镇的凤南原种猪场、万金农牧有限公司猪场，竹坝开发区的国寿种猪场；集美区骨干场有后溪镇的国家级天马种猪场、六兴畜牧有限公司猪场，灌口镇的东盛畜牧有限公司、麒峰养殖场、江西东乡县瘦肉猪开发有限公司厦门猪场；杏林区的骨干场有海沧镇的星鲨饲料畜牧有限公司猪场及新安、祥露一带30个规模化养殖场构成的商品生产带。

2. 家禽生产。水禽生产主要集中于同安区东咀港周边，由于其沿海水域较为宽阔，水体交换量大，具有水禽生产得天独厚的自然环境，包括西柯镇、洪塘镇、新店镇的海湾。杏林区、集美区的杏林湾和马峦湾由于受海堤封围，水体交换量小，水质易富营养化，规模及数量正在逐步减少。蛋鸡场主要有同安区凤梨山5万羽商办现代化蛋鸡场和市牧业中心1万羽实验蛋鸡场。肉鸡生产有位于集美区英村的厦门正大农牧有限公司种鸡场，年生产500万羽艾维因商品鸡苗。

3. 珍禽生产。规模较大的有同安区郭山珍禽场，年生产商品鹧鸪40万只；同安区的美国野鸭生产基地，年生产规模达10余万只。

【疫病防制】 采取预防为主的方针，以“三瘟一病”为重点，在开展常年防疫的基础上，狠抓春秋两季突击防疫补针，1998年全市共购进疫苗价值近50万元，使用28种疫(菌)苗，接种免疫各类畜禽1 328.7万头(只、次)。及时发现、扑灭动物疫病，全市共设疫情测报点180个，由市财政补贴9万元，发现患有疫病或疑似动物疫病的动物能及时向动物防疫监督机构报告，防疫监督机构能及时采取处理措施，并逐级上报，保证上市动物产品卫生质量。1998年全市各检疫机构共检疫牛6 800头、羊5 800头、猪1 050 000头、禽8 200 000只，检出病猪2 368头、禽14 932只，无害化处理病猪2 368头、病禽14 932只。做好动物、动物产品生产、营销卫生合格证制度，1998年《动物防疫卫生合格证》发放近3 000份，其中岛内共发放1 725份，办证率100%。

【兽药监管力度不断加大】 1998年全市有兽药经营企业38家，从业人数87人，其中有64人经过培训考核合格，全年兽药营业额约1 000万元，饲料添加剂营业额约200万元。1998年度全市兽药监督机构共出动检查12次69人次，没收假劣兽药近11万元，没收非法经营的生物制品价值约2万元。全市兽药经营企业办证率达100%，经营单位除具备相应技术人员外，还自觉接受兽药监督部门的监督和检查，不定期接受有关兽药法规的培训和教育，1998年共举办培训班二期，参加培训人员64人。

根据1998年3月召开的全省疫苗订货会的要求及根据闽农畜[1998]16号文关于预防用生物制品管理规定、闽家畜[1998]18号文关于印发《尤衍厅长在全省兽用生物制品订货会上的讲话》的通知，厦门市严格按规定执行有关生物制品的采购、供应工作，向省厅订购疫苗近50万元。在省防检站、兽药饲料监督所的支持下，1998年10—12月连续对全市38家兽药经营单位进行突击抽查，查处9家违法经营兽药的单位和个人，净化了兽药市场，疫苗的专供渠道得到保证，全市没有出现因疫苗质量问题出现的投诉案件，保证了畜牧业健康稳定发展。

【发展方向】 根据厦门市委市政府关于农业和农村经济工作的《决定》精神：确立畜牧业为农业五大主导产业之一；以猪、禽、蛋、奶为主，发展高新品种，扶持加工龙头企业，逐步实现生产规模化、经营集约化、组织产业化、防疫程序化、管理现代化。

1. 肉类。稳定生猪生产，抓好良种繁育体系建设，重点是提高种猪的品质，提高良种覆盖率；禽肉生产以水禽为主，注意开发适销对路的品种；鼓励和支持特种珍禽养殖业的发展，满足特区消费结构多样化的需求，丰富特区肉类消费市场。

2. 蛋类。利用我市得天独厚的自然环境，继续发展水禽生产，搞好禽蛋的深、精加工，提高蛋品的附加值。

3. 奶类。扶持和发展龙头加工企业，以此带动奶业生产；推广种植优质牧草品种，节约奶牛生产成本。

4. 饲料工业。立足国内空白点，面向国际尖端技术，发展高新技术，重点开发预混料生产，各种饲料添加剂。

5. 食品加工工业。确立一批龙头企业，集中优势开发农副产品的深加工、系列开发和高效生产。

（厦门市农业局供稿）

深圳市

【基本情况】 深圳建立特区前是一个农业县，1979年深圳建市后，成立了经济特区，转为以工商业发展为主。由于工商业的飞速发展和城市建设的需要，畜牧业赖以生存和发展的土地资源急剧减少，但通过改革开放，引进现代化生产设备，利用现代科学技术和优良品种，改革经营方式等，畜牧业得到了快速健康发展。20年来，畜牧业产值连年增长，成为位居深圳农业榜首的龙头产业。1998年畜牧业产值（按现价计）13.92亿元，比上年增长了12.17%，按可比价计算，比1979年增长10.6倍，年均递增13.2%；畜牧业在农业中的比重越来越大，1979年仅占农业总产值的11.59%，1998年则达到46.68%。畜牧业中以鸡、猪、奶牛、乳鸽的饲养为主，1998年生猪饲养量89.36万头，出栏量59.27万头，分别比上年增长8.37%和9.05%。因1998年上半年受香港“禽流感”事件影响，活鸡饲养量和上市量有较大幅度的减少，全年活鸡饲养量2 789万只，上市量2 381万只，分别比上年减少了15.87%和2.7%。全年乳鸽饲养量468万只，上市量394万只，与上年基本持平。奶牛存栏量7 575头，产奶量19 851吨，分别比上年增长1.3%和5.27%；肉类总产量8.3万吨，与上年基本持平，比1979年增长11.35倍。

【宏观管理】 深圳市委、市政府对畜牧业发展给予高度重视和大力支持，把畜牧业列为“菜篮子工程”重点项目来抓，进一步加大了对畜牧业的有效投入。80年代初，市委、市政府及时制定了畜牧业要“首先为特区服务，同时为出口创汇服务”的发展方针，积极鼓励鲜活产品出口。以后随着特区农村的城市化，市委、市政府明确提出了“特区可以没有农村，但不可以没有农业”的指导思想。为了加强农业和菜篮子工程建设，市委、市政府先后颁布了关于加快农业（包括畜牧业）生产发展，加强“菜篮子工程”建设和加强农业保护区管理等一系列文件和法规的基础上，1998年又修订出台了《农业、农村经济和菜篮子工程建设责任人考核方案》，将各项指标分解到各区及市政府有关部门和有关生产企业责任人，对畜牧产品的产量考核指标做了明确规定，为推动促进全市畜牧业的持续稳定发展起到了重要的保证作用。3月初召开了全市农业和菜篮子工作会议，部署了1998年全市农业和菜篮子工作，龙岗、南山、宝安等区也先后召开了农业工作会议。为扶持企业发展，增强企业的市场竞争能力，市委、市政府制定优惠措施：一是从政策上扶持，对企业经营农业项目免收土地使用费，水电费实行和居民生活用水用电同样的价格，由市政府掌握的农产品出口配额分配向生产企业倾斜等；二是适当的资金支持，一些规模较大的农业项目在兴建时，政府通过专项投入或贴息贷款支持等形式，引导和支持企业上规模上档次。1998年，市财政扶持畜牧业项目开发资金1 340万元，用于15个畜牧业项目的建设。市委、市政府的高度重视和各项政策措施的落实，促进了畜牧业的健康发展，推动畜牧业逐步走上现代化、产业化的发展道路。

【科技进步】 1998年，在全国部分畜禽产品出现阶段性过剩的情况下，全市各畜牧骨干企业，依靠科技进步，在过去通过引进、消化、吸收和推广应用的基础上，继续加大引进优良种畜、种禽的繁育和推广应用力度，增加科研经费和技术投入，形成了良种猪、优质黄羽鸡和乳鸽的良种繁育体系。深圳市农牧公司的“深农猪”和光明畜牧合营有限公司的“光明斯格”种猪配套系1998年8月通过了国家品种审定委员会猪品种专业委员会的审定；天翔达“肉鸽新品系的选育及配套杂交的研究”继1997年国家科委批准为国家级科技成果重点推广计划项目后，1998年又获深圳市科技进步一等奖。在科技工作方面，一是重视对国内外和内地科研单位及大专院校的科技成果利用；二是重视企业科研及进行科技成果开发。对企业科研实行优惠政策，允许企业将部分科研资金计入生产成本。一些较大的畜牧企业设立了科研开发机构，企业根据市场需要和自身情况，有目的地进行科研开发，成果可以及时转化为生产力。由于企业科研紧密结合生产实际，成果转化快，企业对科研投资积极性高。1998年全市畜牧企业科研开发项目12项，累计投资3 300万元。三是注意发挥科研单位的作用，调动畜牧科技人员的积极性。

【产业化经营】 1998年，深圳市畜牧业充分利用独特的地理和深港市场需求扩大的优势，通过增加畜牧业科技投入，不断提高畜牧业的科技含量，优化畜牧产业结构，扶持发展一批集生产经营、科技开发、内外贸一体化的畜牧龙头企业。一是调整畜牧产业结构，形成了以良种生产为主，奶牛、猪、鸡、鸽协调发展的生产格局。各级政府和畜牧主管部门注重引导企业发展科技型畜牧业，不断调整产业结构，增加畜牧业的科技投入，发展以企业化为主体的、科研和生产紧密结合的现代化畜牧企业。二是以骨干企业为龙头，专业大户和生产基地为依托，形成科工贸农一体化、产供销一条龙生产经营体系。光明华侨畜牧场在发展畜牧业产业化方面，确定了以牛奶生产为基础，以奶品加工为依托，以商贸为纽带，形成了产供销一体化，把牛奶产品的生产、加工、销售有效地结合起来。目前该场饲养奶牛6 700头，年产鲜奶1.7万吨，纯鲜牛奶主要销往香港，奶品加工业使该场成为全国最大的鲜奶生产出口企业，同时也带动了相关中小企业的发展，取得了较好的经济效益和社会效益。三是建立了具有一定的生产规模的集约化、专业化、规模化畜牧生产基地。随着畜牧企业经济实力的发展壮大，逐步形成了一批适度规模经营的畜牧生产商品基地。四是以主导产业为主，形成了专业化生产服务体系。畜牧生产基地的发展，促进了畜牧业专业化服务体系的形成，形成饲料、种苗供应，产品加工、销售和科研相对独立、有机结合的生产经营运行体制。

农业产业化使畜牧企业增强了市场竞争能力，获得了结构优化效益和规模经济效益。畜牧业年产值占农业产值一半左右，其产值的80%以上来自于几个大型骨干企业，康达尔集团、光明华侨畜牧场、华宝集团、农牧实业公司、广三保养猪公司等5家企业的农业年产值在亿元以上。其中康达尔公司年农业产值3.5亿元，光明华侨畜牧场年农业产值达2.5亿元。

【基地建设】 近年来，市政府特别重视从政策和投入上扶持一批上规模、科技含量较高的畜牧生产基地建设，如光明华侨畜牧场、农牧实业公司、康达尔集团、华宝集团、天翔达、新龙达等产品适销对路，上规模、上水平、上效益的企业。建成了有6 800头奶牛、年产1.9万吨鲜奶的光明华侨畜牧场奶牛生产基地，年产8万头以上商品猪的绿美特猪场、光明合营猪场、广三保(万丰)猪场，年产180万只乳鸽的光明大宝鸽场，以及一批优质黄羽商品肉鸡生产基地。1998年畜牧生产基地建设投资额达5 250万元，其中市级财政投入畜牧基地建设资金1 340万元。全市现有万头猪生产线45条，年出栏量500头以上猪场59个，其中年产0.3万~1万头猪场17个，1万~5万头猪场11个，5万头以上猪场3个；年产5万只以上肉鸡场89个，其中年产10万只以上肉鸡场30个。规模化畜牧生产基地的发展，使畜禽生产商品率大大提高，1979年商品率26%，1998年提高到95%以上。这些基地的产品不仅供应深圳市场，还成为香港市民的重要菜篮子。光明合营猪场、广三保万丰猪场、深圳市种猪场被广东省养猪协会评为1998年度先进单位。

【良种繁育】 深圳市畜牧业把良种畜禽繁育和推广工作作为促进畜牧业持续稳定发展的重要工作来抓，坚持“以良种促生产，以优质赢得市场”的指导思想，狠抓良种畜禽的繁育和推广工作，取得了明显的经济效益和社会效益。一是政策扶持，增加投入。为鼓励企业开展良种繁育工作，政府有关部门制定了相应的优惠政策，1998年市农业局投入700多万元扶持企业良种引进、选育和改良工作，占1998年畜牧综合开发资金的53%，企业自身投入资金总计2 000多万元。二是以市场需求为导向，开展科学育种。企业根据深圳和香港市场的消费要求，培育出“深农猪”三元杂交配套系和“光明斯格”猪杂交配套系，“康达尔128”黄鸡，“天翔达”种鸽，这些优良种畜、种禽除供自繁自养外，还推广到全国20多个省、市，种猪和种鸽还销往香港，1998年种猪销售量1.2万头，种鸡销售量30万套，种鸽销售量4万对，出口香港的种猪2 000多头，占香港种猪市场的40%。三是加强种畜禽管理。认真贯彻执行国务院颁发的《种畜禽管理条例》和《广东省种畜禽管理实施办法》，加强了种畜禽场的监督管理力度，对种畜禽场进行清理整顿，按照种畜禽场分级管理制度，开展年审和核发新的《种畜禽生产许可证》工作。

全市先后建立了国家级重点种猪场1个，一级种猪场3个，二级种猪场1个；祖代黄羽种鸡场1个，父母代黄羽种鸡场15个；祖代种鸽场1个。已形成了猪、鸡、鸽的良种繁育和推广应用体系，全市良种覆盖率90%。

【肉品卫生检验】 1998年，深圳市继续贯彻落实市人大1997年颁布的《深圳经济特区畜禽屠宰与屠宰检疫管理条例》，抓好肉品卫生质量管理。肉检部门共检疫检验牲畜85万头(其中生猪82万头，羊2.6万头，犬0.4万头)，家禽16.2万只，检出各种病畜6 600头，其中传染性疾病、寄生虫病1 563头，高温无害化处理肉品42吨，销毁有害肉品0.85吨，有效地保证了肉品卫生质量，保证了市民肉食安全。共受理冻肉报检147批次计1 900多吨，销毁变质冻肉品0.6吨，共抽样检验冻肉品9批次，查出不合格3批次，并查处了鸡肉注水等严重掺假行为。1998年，肉品卫生管理部门加大了对鲜冻肉品超市肉品质量的监管力度，抽检了10家超市计39批次肉品，抽查酒楼饭店10余家，其中进行新鲜度检验30批次，不合格率为10%；鲜牛肉水分含量测定16批次，不合格率为6%。同时，组织公安、工商等部门共同行动严厉打击私宰行为，全年出动1300多人次，查获私宰生猪434头，其中病猪35头、死猪2头、牛肉5吨，捣毁私宰点40个。肉检部门还利用先进技术设备服务社会，定期到肉品加工企业、科研单位、超级市场监测生产环境和肉品卫生质量，提供科学、准确的检验数据。

【畜禽卫生防疫检疫】 1998年，深圳市认真贯彻落实《中华人民共和国动物防疫法》，把动物防疫管理纳入法制轨道，全年共组织消毒药50多吨及大量疫苗，保证了各饲养场防疫和扑疫灭病的需要。在疫情的扑灭上把握"早、快、严、小"的方针，做好拔点灭源工作，共处理疫情8宗，扑杀病猪274头，进行无害化处理，消毒面积达10万平方米，有效遏制了疫病的扩散和蔓延。

在畜禽疫病监测方面，防检部门与全市14个大中型猪场签订了《加强畜禽防疫检疫责任书》，实行连续监测，全年抽检种猪2 048头，猪瘟的免疫合格率达到79%，所有监测的猪场均未发生疫情；全年共抽检监测各种禽类2 000多只，涉及禽场25个，监测项目包括新城疫、禽流感、法氏囊病、霉形体病、鸡白痢和鸡腺病毒感染(AIC)，其中，禽流感未发现H5、H7亚型，但首次监测AIC发现此病在种畜场有一定程度感染；对7个马场140匹马进行了马传染性贫血、马焦虫和马锥虫监测，均为阴性。防检部门还认真把好产地检疫关，对10个猪场、10个鸡场、3个鸽场、1个鹧鸪场进行了产地调查，在形式上采用"抓大放小"即对市属大型集约化饲养场的检疫抓住不放，偏远地区规模小的饲养场则由区防检所执行检疫，并对委托检疫人员进行资格审定和技术培训。同时，强化执法监督，严格依法治疫。在全市开展"兽医监督员""兽医防疫员"培训和证件换发工作，两员培训达318名；向生产经营者审核发放动物防疫合格证153张；加强兽药管理，整顿兽药市场，举办全市兽药经营门店负责人培训班，查处14处无证经营兽药店，没收兽药1.8万包。

【畜禽出口】 经过20年的发展，深圳鲜活畜禽产品出口量和出口值大幅度增长，已成为香港市场鲜活畜禽产品的重要供应基地。1998年，全市鲜活畜禽产品出口总值达7.72亿港元，比上年增长了9.7%；比1979年增长52倍，平均年递增23.1%。几种主要出口产品的出口量和出口值为：活鸡1 685万只，创汇4.33亿港元；活猪14.85万只，创汇2.14亿港元；鲜奶1.48万吨，创汇1.04亿港元；乳鸽80.87万只，创汇1 145万港元。在出口数量有较大增长的同时，出口质量也有所提高。1998年几种主要出口品种在香港市场占有份额为：活鸡40%，鲜奶50%，乳鸽55%。

【标准化工作】 1998年，在制订《深王鸽种鸽品系》、《瘦肉型杂优猪繁育体系》、《康达尔黄鸡父母代种鸡》三个种畜禽生产标准的基础上，认真做好标准的宣传和贯彻工作，进一步规范了种畜禽管理，使畜禽良种得到推广应用。同时进一步开展畜禽生产的标准化工作，制定《奶牛饲养技术规范》、《万头猪场饲养技术规范》等生产技术标准，通过标准的制定，实现畜禽生产的标准化、科学化和规范化管理，提高企业效益。

(骆求辉 周瑶伟)

(本栏目主编 余 鸣)

政 策 法 规

中华人民共和国农业法

（1993年7月2日第八届全国人民代表大会常务委员会第二次会议通过，同日，中华人民共和国主席令第六号公布）

第一章 总 则

第一条 为了保障农业在国民经济中的基础地位，发展农村社会主义市场经济，维护农业生产经营组织和农业劳动者的合法权益，促进农业的持续、稳定、协调发展，制定本法。

第二条 国家坚持以农业为基础发展国民经济的方针。

国家采取措施，保障农业的稳定发展。

农业发展的基本目标是：努力发展农村社会主义市场经济，进一步解放和发展农村的生产力，开发、利用农村劳动力、土地和各种资源，增加农产品的有效供应，满足人民生活和社会经济发展的需要；在发展生产的基础上增加农业劳动者的收入，提高其生活水平，建设共同富裕的文明的新农村，逐步实现农业现代化。

本法所称农业，是指种植业、林业、畜牧业和渔业。

本法所称农业生产经营组织，是指农业集体经济组织、国有农业企业和其他农业企业。

第三条 农村和城市郊区的土地，除由法律规定属于国家所有即全民所有的以外，属于集体所有。

森林、山岭、草原、荒地、滩涂、水流等自然资源都属于国家所有；由法律规定属于集体所有的森林和山岭、草原、荒地、滩涂除外。

第四条 国有土地和集体所有的土地的使用权可以依法转让。任何组织或者个人不得侵占、买卖或者以其他形式非法转让土地。

各级人民政府必须珍惜和合理利用土地，切实保护耕地。禁止乱占耕地和滥用土地的行为。

第五条 在农村以社会主义公有制经济为主体，多种经济成分共同发展，振兴农村经济。

第六条 国家稳定农村以家庭联产承包为主的责任制，完善统分结合的双层经营体制，发展社会化服务体系，壮大集体经济实力，引导农民走共同富裕的道路。

第七条 国家依靠科学技术进步和发展教育振兴农业。

第八条 国家发展水利事业和农用生产资料工业，为农业生产的稳定增长提供物质保障。

第九条 国家对发展农业有显著成绩的单位和个人，给予奖励。

第十条 各级人民政府必须把农业工作放在重要地位，统一负责、组织各有关部门和全社会支持农业，做好发展农业和为发展农业服务的各项工作。

国务院主管农业的部门按照各自的职责，负责全国有关的农业工作。国务院其他有关部门在各自的职责范围内，负责全国有关的为农业生产经营服务的工作。

县级以上地方人民政府主管农业的部门按照各自的职责，负责本行政区域内有关的农业工作。县级以上地方人民政府其他有关部门在各自的职责范围内，负责本行政区域内有关的为农业生产经营服务的工作。

第二章 农业生产经营体制

第十一条 集体所有的土地依照法律属于村农民集体所有，由村农业集体经济组织或者村民委员会经营，管理。已经属于乡（镇）农民集体经济组织所有的，可以属于乡（镇）农民集体所有。

村农民集体所有的土地已经分别属于村内两个以上农业集体经济组织所有的，可以属于各该农业集体经济组织的农民集体所有。

第十二条 集体所有的或者国家所有由农业集体经济组织使用的土地、山岭、草原、荒地、滩涂、水面可以由个人或者集体承包从事农业生产。国有和集体所有的宜林荒山荒地可以由个人或者集体承包造林。个人或者集体的承包经营权，受法律保护。发包方和承包方应当订立农业承包合同，约定双方的权利和义务。

第十三条 除农业承包合同另有约定外，承包方享有生产经营决策权、产品处分权和收益权，同时必须履行合同约定的义务。承包方承包宜林荒山荒地造林的，按照森林法的规定办理。

在承包期内，经发包方同意，承包方可以转包所承包的土地、山岭、草原、荒地、滩涂、水面，也可以将农业承包合同的权利和义务转让给第三者。

承包期满，承包人对原承包的土地、山岭、草原、荒地、滩涂、水面享有优先承包权。

承包人在承包期内死亡的，该承包人的继承人可以继续承包。

第十四条　农业集体经济组织或者村民委员会应当向承包土地、山岭、草原、荒地、滩涂、水面的个人或者集体提供生产服务。

第十五条　国家鼓励个人或者集体对荒山、荒地、荒滩进行承包开发、治理，并保护承包人的合法权益。

第十六条　农民依法缴纳税款，依法缴纳村集体提留和乡统筹费，依法承担农村义务工和劳动积累工。

第十七条　国家保护农民和农业生产经营组织的合法财产不受侵犯。

第十八条　任何机关为办理公务向农民或者农业生产经营组织收费必须依据法律、法规、国务院授权的部门的决定或者省级人民政府制定的规章的规定，省级人民政府制定的规章必须报国务院备案。收费的范围和标准应当公布，并根据情况做必要的检查、清理。没有法律、法规、国务院授权的部门的决定或者省级人民政府规章规定的依据，任何机关因办理公务而收费的，农民和农业生产经营组织有权拒绝。

任何机关对农民或者农业生产经营组织进行罚款处罚必须依据法律、法规的规定。没有法律、法规规定的依据，任何机关对农民或者农业生产经营组织罚款的，农民和农业生产经营组织有权拒绝。

任何机关或者单位不得以任何方式向农民或者农业生产经营组织进行摊派。除法律、法规另有规定外，任何机关和单位以任何方式要求农民或者农业生产经营组织提供人力、财力、物力的，属于摊派。农民和农业生产经营组织有权拒绝任何方式的摊派。

第十九条　向农民或者农业生产经营组织集资必须实行自愿原则，不得强制集资。任何机关和单位向农民或者农业生产经营组织强制集资的，农民和农业生产经营组织有权拒绝。

第二十条　国家鼓励农业集体经济组织和其他有关组织发展多种形式的农业生产产前、产中、产后的社会化服务事业。财政、金融、科学技术、物资等部门，应当对农业生产社会化服务事业给予支持。

第三章　农业生产

第二十一条　国家采取措施，从资金、农业生产资料、技术、市场信息等方面扶持农业生产经营组织和农业劳动者发展农业生产。

第二十二条　国家引导农业生产经营组织和农业劳动者按照市场的需求，调整农业生产结构，保持粮棉生产稳定增长，全面发展种植业、林业、畜牧业和渔业，发展高产、优质、高效益的农业。

国家有计划地建设商品粮、商品棉等生产基地。

第二十三条　各级人民政府应当制定农业综合开发规划，向农业的广度和深度开发，并组织实施。

第二十四条　各级人民政府和农业集体经济组织应当采取措施，发展乡镇企业，发展第三产业，支持农业的发展，转移富余的农业劳动力。

第二十五条　各级人民政府和农业生产经营组织应当制定规划，采取措施，组织农田水利和防护林的建设，保证旱涝保收农田面积的稳定增长。

第二十六条　各级人民政府和农业生产经营组织应当建立、健全农田水利设施的管理制度，发展节水型的灌溉设施，严格控制非农业建设占用灌溉水源，禁止任何组织和个人非法占用或者毁损农田水利设施。

第二十七条　国家鼓励和支持农业生产经营组织和农业劳动者使用先进、适用的农业机械，提高农业机械化水平。

第二十八条　国家鼓励和支持粮食的加工和综合开发利用，增加粮食的附加值，改善人民的食物营养结构。

第二十九条　各级人民政府应当采取措施，提高农业防御自然灾害的能力，做好防灾、抗灾和救灾工作，帮助灾民恢复生产，开展社会互助互济；对生活没有保障的灾民，组织生产自救，给予救济和扶持。

国家扶持贫困地区，帮助进行经济开发，改善经济发展条件。

第三十条　各级人民政府应当支持为农业服务的气象事业的发展，提高对气象灾害的预报水平。

第三十一条　国家鼓励和扶持对农业的保险事业的发展。

农业保险实行自愿原则。任何组织和个人不得强制农业劳动者和农业生产经营组织参加农业保险。

第三十二条　国家实行动植物防疫、检疫制度。任何组织和个人都必须遵守有关动植物防疫、检疫的法律、行政法规。

第三十三条　国家采取宏观调控措施，使化肥、农药、农用薄膜、农业机械和农用柴油等主要农业生产资料和农产品之间保持合理的比价。

第三十四条　各级人民政府和农业生产经营组织应当建立和健全农药、兽药、农业机械等可能危害人畜安全的农业生产资料的安全使用制度，教育农业劳动者安全生产。

农药、兽药、化肥、种子、农业机械、农用薄膜和其他农业生产资料的生产者、销售者应当对其生产、销售的产品的质量负责,禁止以次充好、以假充真、以不合格的产品冒充合格的产品。禁止生产国家明令淘汰的农药、兽药、农业机械等农业生产资料。

第四章 农产品流通

第三十五条 农产品的购销逐步实行市场调节,国家对关系国计民生的重要农产品的购销活动实行必要的宏观调控。

国务院和国务院授权的省、自治区、直辖市人民政府对关系国计民生的重要农产品可以委托有关经营组织收购。委托收购的农产品的品种和数量,由国务院或者由国务院授权省、自治区、直辖市人民政府规定。

国务院在必要时可以对特定的农产品规定委托收购的价格。

第三十六条 国家对粮食等关系国计民生的重要农产品实行保护价收购制度,设立风险基金。

国家对粮食等关系国计民生的重要农产品实行中央和地方多级储备调节制度,设立储备基金,建立、健全仓储运输体系,做到保证供应,平稳市场。

第三十七条 国有商业组织和供销合作经济等集体商业组织应当加强仓储设施建设、提供市场信息、改进收购工作,发挥主渠道作用,为农民销售农产品服务。

国家鼓励和引导农民从事多种形式的农产品流通活动。农业生产经营组织和农业劳动者,可以按照国家有关规定从事农产品收购、加工、批发、贩运和零售活动。

第三十八条 国家鼓励和支持企业事业单位和个人依法从事跨地区、跨行业的农产品生产、加工、销售联合经营活动。

第三十九条 国家支持农产品集贸市场和农产品批发市场的建立和发展。

农产品批发市场应当制定交易规则。农产品批发市场的管理者不得参与农产品批发市场的交易。

第四十条 具备条件的农业生产经营组织和其他经济组织可以按照国务院规定经批准取得对外贸易经营权,进行农产品进出口贸易。

第四十一条 县级以上人民政府应当组织财政、金融、粮食、供销等有关部门和单位及时筹足农产品收购资金,任何单位或者个人不得截留或者挪用。

农产品的收购单位必须在收购时向出售农产品的农业生产经营组织或者农民付清价款。

农产品的收购单位在收购农产品时,不得压级压价,不得在支付的价款中扣缴任何费用。法律、行政法规规定代扣、代收税款的,依照法律、行政法规的规定办理。

第五章 农业投入

第四十二条 国家逐步提高农业投入的总体水平。国家财政每年对农业总投入的增长幅度应当高于国家财政经常性收入的增长幅度。

国家采取措施,促进农业扩大利用外资。

第四十三条 县级以上各级人民政府应当按照国家有关规定设立农业发展、育林、水利专项建设等各项农业专项基金。

第四十四条 国家运用税收、价格、信贷等手段,鼓励和引导农业生产经营组织和农业劳动者增加农业投入。

国家鼓励和支持农业生产经营组织和农业劳动者在自愿的基础上采取多种形式,筹集农业资金。

第四十五条 国家对农业的投入用于下列基础设施和工程建设:治理大江大河大湖的骨干工程,防洪、治涝、引水、灌溉等大型水利工程,农业生产和农产品流通重点基础设施,商品粮棉生产基地,用材林生产基地和防护林工程,农业教育、农业科研、技术推广和气象基础设施等。

农业的生产投入和农田水利等基本建设,应当由农业生产经营组织和农业劳动者投入资金和劳动积累,国家应当给予扶持。

第四十六条 国家采取税收、信贷等手段鼓励和扶持农用生产资料工业的发展,适应农业生产对化肥、农药、兽药、农用薄膜和农业机械等农业生产资料的需求。

第四十七条 各级人民政府应当加强对国家农业资金使用的管理,引导农业集体经济组织合理使用集体资金。

任何单位不得截留、挪用各级人民政府拨付用于农业的资金和银行的农业贷款。

第六章 农业科技与农业教育

第四十八条 各级人民政府应当逐步增加农业科技经费和农业教育经费,发展农业科技、教育事业。

国家鼓励集体经济组织、国有企业事业单位和其他社会力量举办农业科技、教育事业。

国务院有关部门应当对农业科技基础研究、应用研究和高技术研究统筹规划,组织重大项目的联合攻关,促进国际农业科技合作与交流。

第四十九条 国家在农村实施义务教育,发展农业职业教育,提高农业劳动者的文化、技术素质。

第五十条 国家扶持农业技术推广事业,促使先进的农业技术尽快应用于农业生产。

农业技术推广机构应当与农业科研、教育单位相互协作,推广先进的农业技术。

第五十一条 对于农业技术推广机构、农业科研单位和有关学校举办的为农业服务的企业,国家在税收、信贷等方面给予优惠。

第五十二条 各级人民政府应当采取措施,充实加强农业科技、教育和农业技术推广队伍。对从事农业技术推广工作的专业科技人员,应当保障和改善他们的工作条件和生活条件,改善他们的待遇,并依照国家规定给予补贴,鼓励他们为农业服务。

第五十三条 国家鼓励农民采用先进的农业技术,支持农民举办各种科技组织。

第七章 农业资源与农业环境保护

第五十四条 发展农业必须合理利用资源,保护和改善生态环境。

各级人民政府应当制订农业资源区划、农业环境保护规划和农村能源发展计划,组织农业生态环境治理。

第五十五条 县级以上各级地方人民政府应当划定基本农田保护区,对基本农田保护区内的耕地实行特殊保护,具体办法由国务院规定。

县级以上各级人民政府应当采取措施,加强对荒山、荒地、荒滩的开发与治理。

农业生产经营组织和农业劳动者应当保养土地,合理使用化肥、农药,增加使用有机肥料,提高地力,防止土地的污染、破坏和地力衰退。

第五十六条 国家对水土保持工作实行预防为主,全面规划,综合防治,因地制宜,加强管理,注重效益的方针。各级人民政府应当采取措施,加强对小流域治理,控制风沙危害,预防和治理水土流失、土地沙化。

禁止毁林开荒、烧山开荒、围湖造田以及开垦国家禁止开垦的陡坡地。

第五十七条 国家实行全民义务植树制度。各级人民政府应当采取措施,组织群众植树造林,护林防火,防治森林病虫害,保护林地,制止滥伐、盗伐森林,提高森林覆盖率。

第五十八条 国家保护和合理利用水、森林、草原、野生动植物等自然资源,防止其被污染或者被破坏。

第八章 法律责任

第五十九条 违反本法第十八条、第十九条的规定,向农民或者农业生产经营组织收费、罚款、摊派或者强制集资的,上级机关应当予以制止,并予公告;已经收取钱款或者已经使用了人力、物力的,由上级机关责令限期归还已经收取的钱款或者折价偿还已经使用的人力、物力;情节严重的,由上级机关或者所在单位给予直接责任人员行政处分。

第六十条 违反本法第四十一条第一款、第四十七条第二款的规定,任何单位将农产品收购资金截留、挪用于单位非农产品收购用途的,或者将各级人民政府拨付用于农业的资金截留、挪用于单位非农业开支的,或者将银行的农业贷款截留、挪用于单位非农业用途的,由上级机关责令限期归还被截留、挪用的资金;情节严重的,由上级机关或者所在单位给予直接责任人员行政处分。

第六十一条 违反本法第四条的规定,买卖或者以其他形式非法转让土地的,非法占用土地的,依照土地管理法的规定追究法律责任。

第六十二条 违反本法第三十四条第二款的规定,生产假农药、假兽药、假化肥的,销售明知是假的或者是失去使用效能的农药、兽药、化肥、种子,或者生产者、销售者以不合格的农药、兽药、化肥、种子冒充合格的农药、兽药、化肥、种子的,责令停止生产、销售,没收违法生产、销售的产品和违法所得,并处违法所得一倍以上五倍以下的罚款,可以吊销营业执照。构成犯罪的,依法追究刑事责任。

前款规定的行政处罚由法律、行政法规规定的机关决定。

第六十三条 违反本法规定,侵犯农业生产经营组织或者农业劳动者的合法权益,造成损失、损害的,依法承担民事赔偿责任。

第六十四条 违反本法规定,依法应当给予行政处罚的,除本法另有规定外,依照有关法律、法规的规定执行。

第六十五条 违反本法规定,依照法律应当追究刑事责任的,依照有关法律的规定追究刑事责任。

第九章 附 则

第六十六条 本法自公布之日起施行。

中华人民共和国农业技术推广法

(1993年7月2日第八届全国人民代表大会常务委员会第二次会议通过,同日,中华人民共和国主席令第五号公布)

第一章 总 则

第一条 为了加强农业技术推广工作,促使农业科研成果和实用技术尽快应用于农业生产,保障农业的发展,实现农业现代化,制定本法。

第二条 本法所称农业技术,是指应用于种植业、林业、畜牧业、渔业的科研成果和实用技术,包括良种繁育、施用肥料、病虫害防治、栽培和养殖技术,农副产品加工、保鲜、贮运技术,农业机械技术和农用航空技术,农田水利、土壤改良与水土保持技术,农村供水、农村能源利用和农业环境保护技术,农业气象技术以及农业经营管理技术等。

本法所称农业技术推广,是指通过试验、示范、培训、指导以及咨询服务等，把农业技术普及应用于农业生产产前、产中、产后全过程的活动。

第三条 国家依靠科学技术进步和发展教育，振兴农村经济，加快农业技术的普及应用，发展高产、优质、高效益的农业。

第四条 农业技术推广应当遵循下列原则：

(一)有利于农业的发展；

(二)尊重农业劳动者的意愿；

(三)因地制宜，经过试验、示范；

(四)国家、农村集体经济组织扶持；

(五)实行科研单位、有关学校、推广机构与群众性科技组织、科技人员、农业劳动者相结合；

(六)讲求农业生产的经济效益、社会效益和生态效益。

第五条 国家鼓励和支持科技人员开发、推广应用先进的农业技术，鼓励和支持农业劳动者和农业生产经营组织应用先进的农业技术。

第六条 国家鼓励和支持引进国外先进的农业技术，促进农业技术推广的国际合作与交流。

第七条 各级人民政府应当加强对农业技术推广工作的领导，组织有关部门和单位采取措施，促进农业技术推广事业的发展。

第八条 对在农业技术推广工作中做出贡献的单位和个人，给予奖励。

第九条 国务院农业、林业、畜牧、渔业、水利等行政部门(以下统称农业技术推广行政部门)按照各自的职责，负责全国范围内有关的农业技术推广工作。县级以上地方各级人民政府农业技术推广行政部门在同级人民政府的领导下，按照各自的职责，负责本行政区域内有关的农业技术推广工作。同级人民政府科学技术行政部门对农业技术推广工作进行指导。

第二章 农业技术推广体系

第十条 农业技术推广，实行农业技术推广机构与农业科研单位、有关学校以及群众性科技组织、农民技术人员相结合的推广体系。

国家鼓励和支持供销合作社、其他企业事业单位、社会团体以及社会各界的科技人员，到农村开展农业技术推广服务活动。

第十一条 乡、民族乡、镇以上各级国家农业技术推广机构的职责是：

(一)参与制订农业技术推广计划并组织实施；

(二)组织农业技术的专业培训；

(三)提供农业技术、信息服务；

(四)对确定推广的农业技术进行试验、示范；

(五)指导下级农业技术推广机构、群众性科技组织和农民技术人员的农业技术推广活动。

第十二条 农业技术推广机构的专业科技人员，应当具有中等以上有关专业学历，或者经县级以上人民政府有关部门主持的专业考核培训，达到相应的专业技术水平。

第十三条 村农业技术推广服务组织和农民技术人员，在农业技术推广机构的指导下，宣传农业技术知识，落实农业技术推广措施，为农业劳动者提供技术服务。

推广农业技术应当选择有条件的农户，进行应用示范。

国家采取措施，培训农民技术人员。农民技术人员经考核符合条件的，可以按照有关规定授予相应的技术职称，并发给证书。

村民委员会和村集体经济组织，应当推动、帮助村农业技术推广服务组织和农民技术人员开展工作。

第十四条 农场、林场、牧场、渔场除做好本场的农业技术推广工作外，应当向社会开展农业技术推广服务活动。

第十五条 农业科研单位和有关学校应当适应农村经济建设发展的需要，开展农业技术开发和推广工作，加快先进技术在农业生产中的普及应用。

教育部门应当在农村开展有关农业技术推广的职业技术教育和农业技术培训，提高农业技术推广人员和农业劳动者的技术素质。国家鼓励农业集体经济组织、企业事业单位和其他社会力量在农村开展农业技术教育。

农业科研单位和有关学校的科技人员从事农业技术推广工作的，在评定职称时，应当将他们从事农业技术推广工作的实绩作为考核的重要内容。

第十六条 国家鼓励和支持发展农村中的群众性科技组织，发挥他们在推广农业技术中的作用。

第三章 农业技术的推广与应用

第十七条 推广农业技术应当制定农业技术推广项目。重点农业技术推广项目应当列入国家和地方有关科技发展的计划，由农业技术推广行政部门和科学技术行政部门按照各自的职责，相互配合，组织实施。

第十八条 农业科研单位和有关学校应当把农业生产中需要解决的技术问题列为研究课题，其科研成果可以通过农业技术推广机构推广，也可以由该农业科研单位、该学校直接向农业劳动者和农业生产经营组织推广。

第十九条 向农业劳动者推广的农业技术，必须在推广地区经过试验证明具有先进性和适用性。

向农业劳动者推广未在推广地区经过试验证明具有先进性和适用性的农业技术，给农业劳动者造成损失的，应当承担民事赔偿责任，直接负责的主管人员和其他直接责任人员可以由其所在单位或者上级机关给予行政处分。

第二十条　农业劳动者根据自愿的原则应用农业技术。

任何组织和个人不得强制农业劳动者应用农业技术。强制农业劳动者应用农业技术，给农业劳动者造成损失的，应当承担民事赔偿责任，直接负责的主管人员和其他直接责任人员可以由其所在单位或者上级机关给予行政处分。

第二十一条　县、乡农业技术推广机构应当组织农业劳动者学习农业科学技术知识，提高他们应用农业技术的能力。

农业劳动者在生产中应用先进的农业技术，有关部门和单位应当在技术培训、资金、物资和销售等方面给予扶持。

国家鼓励和支持农业劳动者参与农业技术推广活动。

第二十二条　国家农业技术推广机构向农业劳动者推广农业技术，除本条第二款另有规定外，实行无偿服务。

农业技术推广机构，农业科研单位、有关学校以及科技人员，以技术转让、技术服务和技术承包等形式提供农业技术的，可以实行有偿服务，其合法收入受法律保护。进行农业技术转让、技术服务和技术承包，当事人各方应当订立合同，约定各自的权利和义务。

国家农业技术推广机构推广农业技术所需的经费，由政府财政拨给。

第四章　农业技术推广的保障措施

第二十三条　国家逐步提高对农业技术推广的投入，各级人民政府在财政预算内应当保障用于农业技术推广的资金，并应当使该资金逐年增长。

各级人民政府通过财政拨款以及从农业发展基金中提取一定比例的资金的渠道，筹集农业技术推广专项资金，用于实施农业技术推广项目。

任何机关或者单位不得截留或者挪用用于农业技术推广的资金。

第二十四条　各级人民政府应当采取措施，保障和改善从事农业技术推广工作的专业科技人员的工作条件和生活条件，改善他们的待遇，依照国家规定给予补贴，保持农业技术推广机构和专业科技人员的稳定。对在乡、村从事农业技术推广工作的专业科技人员的职称评定应当以考核其推广工作的业务技术水平和实绩为主。

第二十五条　乡、村集体经济组织从其举办的企业的以工补农、建农的资金中提取一定数额，用于本乡、本村农业技术推广的投入。

第二十六条　农业技术推广机构、农业科研单位和有关学校根据农村经济发展的需要，可以开展技术指导与物资供应相结合等多种形式的经营服务。对农业技术推广机构、农业科研单位和有关学校举办的为农业服务的企业，国家在税收、信贷等方面给予优惠。

第二十七条　农业技术推广行政部门和县以上农业技术推广机构，应当有计划地对农业技术推广人员进行技术培训，组织专业进修，使其不断更新知识，提高业务水平。

第二十八条　地方各级人民政府应当采取措施，保障农业技术推广机构获得必需的试验基地和生产资料，进行农业技术的试验、示范。

地方各级人民政府应当保障农业技术推广机构有开展农业技术推广工作必要的条件。

地方各级人民政府应当保障农业技术推广机构的试验基地、生产资料和其他财产不受侵占。

第五章　附　　则

第二十九条　国务院根据本法制定实施条例。

省、自治区、直辖市人民代表大会常务委员会可以根据本法和本地区的实际情况制定实施办法。

第三十条　本法自公布之日起施行。

中华人民共和国动物防疫法

（1997年7月3日第八届全国人民代表大会常务委员会第二十六次会议通过）

第一章　总　　则

第一条　为了加强对动物防疫工作的管理，预防、控制和扑灭动物疫病，促进养殖业发展，保护人体健康，制定本法。

第二条　本法适用于在中华人民共和国领域内的动物防疫活动。

进出境动物、动物产品的检疫，适用《中华人民共和国进出境动植物检疫法》。

第三条　本法所称动物，是指家畜家禽和人工饲养、合法捕获的其他动物。

本法所称动物产品，是指动物的生皮、原毛、精液、胚胎、种蛋以及未经加工的胴体、脂、脏器、血液、绒、骨、角、头、蹄等。

本法所称动物疫病，是指动物传染病、寄生虫病。

本法所称动物防疫，包括动物疫病的预防、控制、扑灭和动物、动物产品的检疫。

第四条　动物屠宰，依照本法对其胴体、头、蹄和内脏实施检疫、监督。经检疫合格作为食品的，其卫生检验、监督，依照《中华人民共和国食品卫生法》的规定办理。

第五条　国家对动物疫病实行预防为主的方针。

第六条　国务院畜牧兽医行政管理部门主管全国

的动物防疫工作。

县级以上地方人民政府畜牧兽医行政管理部门主管本行政区域内的动物防疫工作。

县级以上人民政府所属的动物防疫监督机构实施动物防疫和动物防疫监督。

军队的动物防疫监督机构负责军队现役动物及军队饲养自用动物的防疫工作。

第七条　各级人民政府应当加强对动物防疫工作的领导。

第八条　国家鼓励、支持动物防疫的科学研究,推广先进的科学研究成果,普及动物防疫的科学知识,提高动物防疫水平。

第九条　在动物防疫工作、动物防疫科学研究中做出成绩和贡献的单位和个人,由人民政府或者畜牧兽医行政管理部门给予奖励。

第二章　动物疫病的预防

第十条　根据动物疫病对养殖业生产和人体健康的危害程度,本法规定管理的动物疫病分为下列三类:

(一)一类疫病,是指对人畜危害严重、需要采取紧急、严厉的强制预防、控制、扑灭措施的;

(二)二类疫病,是指可造成重大经济损失、需要采取严格控制、扑灭措施,防止扩散的;

(三)三类疫病,是指常见多发、可能造成重大经济损失、需要控制和净化的。

前款三类疫病的具体病种名录由国务院畜牧兽医行政管理部门规定并公布。

第十一条　国务院畜牧兽医行政管理部门应当制定国家动物疫病预防规划。

国务院畜牧兽医行政管理部门根据国内外动物疫情和保护养殖业生产及人体健康的需要,及时规定并公布动物疫病预防办法。

国家对严重危害养殖业生产和人体健康的动物疫病实行计划免疫制度,实施强制免疫。实施强制免疫的动物疫病病种名录由国务院畜牧兽医行政管理部门规定并公布。

实施强制免疫以外的动物疫病预防,由县级以上地方人民政府畜牧兽医行政管理部门制定计划,报同级人民政府批准后实施。

第十二条　国家应当采取措施预防和扑灭严重危害养殖业生产和人体健康的动物疫病。

预防和扑灭动物疫病所需的药品、生物制品和有关物资,应当有适量的储备,并纳入国民经济和社会发展计划。

第十三条　动物防疫监督机构应当加强对动物疫病预防的宣传教育和技术指导、技术培训、咨询服务,并组织实施动物疫病免疫计划。

乡、民族乡、镇的动物防疫组织应当在动物防疫监督机构的指导下,组织做好动物疫病预防工作。

第十四条　饲养、经营动物和生产、经营动物产品的单位和个人,应当依照本法和国家有关规定做好动物疫病的计划免疫、预防工作,并接受动物防疫监督机构的监测、监督。

第十五条　动物饲养场应当及时扑灭动物疫病。种畜、种禽应当达到国家规定的健康合格标准。

第十六条　动物、动物产品的运载工具、垫料、包装物应当符合国务院畜牧兽医行政管理部门规定的动物防疫条件。

染疫动物及其排泄物、染疫动物的产品、病死或者死因不明的动物尸体,必须按照国务院畜牧兽医行政管理部门的有关规定处理,不得随意处置。

第十七条　保存、使用、运输动物源性致病微生物的,应当遵守国家规定的管理制度和操作规程。

因科研、教学、防疫等特殊需要,运输动物病料的,应当按照国家有关规定运输。

从事动物疫病科学研究的单位应当按照国家有关规定,对实验动物严格管理,防止动物疫病传播。

第十八条　禁止经营下列动物、动物产品:

(一)封锁疫区内与所发生动物疫病有关的;

(二)疫区内易感染的;

(三)依法应当检疫而未经检疫或者检疫不合格的;

(四)染疫的;

(五)病死或者死因不明的;

(六)其他不符合国家有关动物防疫规定的。

第三章　动物疫病的控制和扑灭

第十九条　国务院畜牧兽医行政管理部门统一管理并公布全国动物疫情,也可以根据需要授权省、自治区、直辖市人民政府畜牧兽医行政管理部门公布本行政区域内的动物疫情。

第二十条　任何单位或者个人发现患有疫病或者疑似疫病的动物,都应当及时向当地动物防疫监督机构报告。动物防疫监督机构应当迅速采取措施,并按照国家有关规定上报。

任何单位和个人不得瞒报、谎报、阻碍他人报告动物疫情。

第二十一条　发生一类动物疫病时,当地县级以上地方人民政府畜牧兽医行政管理部门应当立即派人到现场,划定疫点、疫区、受威胁区,采集病料,调查疫源,及时报请同级人民政府决定对疫区实行封锁,将疫情等情况逐级上报国务院畜牧兽医行政管理部门。

县级以上地方人民政府应当立即组织有关部门和单位采取隔离、扑杀、销毁、消毒、紧急免疫接种等强制性控制、扑灭措施,迅速扑灭疫病,并通报毗邻地区。

在封锁期间,禁止染疫和疑似染疫的动物、动物产品流出疫区,禁止非疫区的动物进入疫区,并根据扑灭动物疫病的需要对出入封锁区的人员、运输工具及有关物品采取消毒和其他限制性措施。

疫区范围涉及两个以上行政区域的,由有关行政区域共同的上一级人民政府决定对疫区实行封锁,或者由各有关行政区域的上一级人民政府共同决定对疫区实行封锁。

第二十二条 发生二类动物疫病时,当地县级以上地方人民政府畜牧兽医行政管理部门应当划定疫点、疫区、受威胁区。

县级以上地方人民政府应当根据需要组织有关部门和单位采取隔离、扑杀、销毁、消毒、紧急免疫接种、限制易感染的动物、动物产品及有关物品出入等控制、扑灭措施。

第二十三条 疫点、疫区、受威胁区和疫区封锁的解除,由原决定机关宣布。

第二十四条 发生三类动物疫病时,县级、乡级人民政府应当按照动物疫病预防计划和国务院畜牧兽医行政管理部门的有关规定,组织防治和净化。

第二十五条 二类、三类动物疫病呈暴发性流行时,依照本法第二十一条的规定办理。

第二十六条 为控制、扑灭重大动物疫情,动物防疫监督机构可以派人参加当地依法设立的现有检查站执行监督检查任务;必要时、经省、自治区、直辖市人民政府批准,可以设立临时性的动物防疫监督检查站,执行监督检查任务。

第二十七条 发生人畜共患疫病时,有关畜牧兽医行政管理部门应当与卫生行政部门及有关单位互相通报疫情。畜牧兽医行政管理部门、卫生行政部门及有关单位应当及时采取控制、扑灭措施。

第二十八条 疫区内有关单位和个人,应当遵守县级以上人民政府及其畜牧兽医行政管理部门依法作出的有关控制、扑灭动物疫病的规定。

第二十九条 发生动物疫情时,航空、铁路、公路、水路等运输部门应当优先运送控制、扑灭疫情的人员和有关物资,电信部门应当及时传递动物疫情报告。

第四章 动物和动物产品的检疫

第三十条 动物防疫监督机构按照国家标准和国务院畜牧兽医行政管理部门规定的行业标准、检疫管理办法和检疫对象,依法对动物、动物产品实施检疫。

第三十一条 动物防疫监督机构设动物检疫员具体实施动物、动物产品检疫。动物检疫员应当具有相应的专业技术,具体资格条件和资格证书颁发办法由国务院畜牧兽医行政管理部门规定。

县级以上畜牧兽医行政管理部门应当加强动物检疫员的培训、考核和管理。动物检疫员取得相应的资格证书后,方可上岗实施检疫。

动物检疫员应当按照检疫规程实施检疫,并对检疫结果负责。

第三十二条 国家对生猪等动物实行定点屠宰、集中检疫。

省、自治区、直辖市人民政府规定本行政区域内实行定点屠宰、集中检疫的动物种类和区域范围;具体屠宰场(点)由市(包括不设区的市)、县人民政府组织有关部门研究确定。

动物防疫监督机构对屠宰场(点)屠宰的动物实行检疫并加盖动物防疫监督机构统一使用的验讫印章。国务院畜牧兽医行政管理部门、商品流通行政管理部门协商确定范围内的屠宰厂、肉类联合加工厂的屠宰检疫按照国务院的有关规定办理,并依法进行监督。

第三十三条 农民个人自宰自用生猪等动物的检疫,由省、自治区、直辖市人民政府制定管理办法。

第三十四条 动物防疫监督机构依法进行检疫,按照国务院财政、物价行政管理部门的规定收取检疫费用,不得加收其他费用,也不得重复收费。

第三十五条 动物防疫监督机构不得从事经营性活动。

第三十六条 国内异地引进种用动物及其精液、胚胎、种蛋的,应当先到当地动物防疫监督机构办理检疫审批手续并须检疫合格。

第三十七条 人工捕获的可能传播动物疫病的野生动物,须经捕获地或者接收地的动物防疫监督机构检疫合格,方可出售和运输。

第三十八条 经检疫合格的动物、动物产品,由动物防疫监督机构出具检疫证明,动物产品同时加盖或者加封动物防疫监督机构使用的验讫标志。

经检疫不合格的动物、动物产品,由货主在动物检疫员监督下作防疫消毒和其他无害化处理;无法作无害化处理的,予以销毁。

第三十九条 动物凭检疫证明出售、运输、参加展览、演出和比赛。动物产品凭检疫证明、验讫标志出售和运输。

第四十条 检疫证明不得转让、涂改、伪造。

检疫证明的格式和管理办法,由国务院畜牧兽医行政管理部门制定。

第五章 动物防疫监督

第四十一条 动物防疫监督机构依法对动物防疫工作进行监督。

动物防疫监督机构在执行监测、监督任务时,可以对动物、动物产品采样、留验、抽检,对没有检疫证明的动物、动物产品进行补检或者重检,对染疫或者疑似染疫的动物和染疫的动物产品进行隔离、封存和处理。

第四十二条 经铁路、公路、水路、航空运输动物、动物产品的,托运人必须提供检疫证明方可托运;承运人必须凭检疫证明方可承运。

动物防疫监督机构有权对动物、动物产品运输依法进行监督检查。

第四十三条　动物防疫监督工作人员执行监督检查任务时，应当出示证件，有关单位和个人应当给予支持、配合。

动物防疫监督机构及人员进行动物防疫监督检查，不得收取费用。

第四十四条　动物饲养场所、贮存场所、屠宰厂、肉类联合加工厂、其他定点屠宰场(点)和动物产品冷藏场所的工程的选址和设计，应当符合国务院畜牧兽医行政管理部门规定的动物防疫条件。

第四十五条　动物饲养场、屠宰厂、肉类联合加工厂和其他定点屠宰场(点)等单位，从事动物饲养、经营和动物产品生产、经营活动，应当符合国务院畜牧兽医行政管理部门规定的动物防疫条件，并接受动物防疫监督机构的监督检查。

从事动物诊疗活动，应当具有相应的专业技术人员，并取得畜牧兽医行政管理部门发放的动物诊疗许可证。

患有人畜共患传染病的人员不得直接从事动物诊疗以及动物饲养、经营和动物产品生产、经营活动。

第六章　法律责任

第四十六条　违反本法规定，有下列行为之一的，由动物防疫监督机构给予警告；拒不改正的，由动物防疫监督机构依法代作处理，处理所需费用由违法行为人承担：

(一)对饲养、经营的动物不按照动物疫病的强制免疫计划和国家有关规定及时进行免疫接种和消毒的；

(二)对动物、动物产品的运载工具、垫料、包装物不按照国家有关规定清洗消毒的；

(三)不按照国家有关规定处置染疫动物及其排泄物、染疫动物的产品、病死或者死因不明的动物尸体的。

第四十七条　违反本法第十七条规定，保存、使用、运输动物源性致病微生物或者运输动物病料的，由动物防疫监督机构给予警告，可以并处二千元以下的罚款。

第四十八条　违反本法规定，经营下列动物、动物产品的，由动物防疫监督机构责令停止经营，立即采取有效措施收回已售出的动物、动物产品，没收违法所得和未售出的动物、动物产品；情节严重的，可以并处违法所得五倍以下的罚款：

(一)封锁疫区内与所发生动物疫病有关的；

(二)疫区内易感染的；

(三)依法应当检疫而检疫不合格的；

(四)染疫的；

(五)病死或者死因不明的；

(六)其他不符合国家有关动物防疫规定的。

第四十九条　违反本法规定，经营依法应当检疫而没有检疫证明的动物、动物产品的，由动物防疫监督机构责令停止经营，没收违法所得；对未售出的动物、动物产品，依法补检，并依照本法第三十八条的规定办理。

第五十条　违反本法第四十二条规定，不执行凭检疫证明运输动物、动物产品的规定的，由动物防疫监督机构给予警告，责令改正；情节严重的，可以对托运人和承运人分别处以运输费用三倍以下的罚款。

第五十一条　转让、涂改、伪造检疫证明的，由动物防疫监督机构没收违法所得，收缴检疫证明；转让、涂改检疫证明的，并处二千元以上五千元以下的罚款，违法所得超过五千元的，并处违法所得一倍以上三倍以下的罚款；伪造检疫证明的，并处一万元以上三万元以下的罚款，违法所得超过三万元的，并处违法所得一倍以上三倍以下的罚款；构成犯罪的，依法追究刑事责任。

第五十二条　违反本法第四十五条第一款规定，从事动物饲养、经营和动物产品生产、经营活动的单位的动物防疫条件不符合规定的，由动物防疫监督机构给予警告，责令改正；拒不改正的，并处一万元以上三万元以下的罚款。

第五十三条　违反本法规定，单位瞒报、谎报或者阻碍他人报告动物疫情的，由动物防疫监督机构给予警告，并处二千元以上五千元以下的罚款；对负有直接责任的主管人员和其他直接责任人员，依法给予行政处分。

第五十四条　违反本法规定，逃避检疫，引起重大动物疫情，致使养殖业生产遭受重大损失者或者严重危害人体健康的，依法追究刑事责任。

第五十五条　动物检疫员违反本法规定，对未经检疫或者检疫不合格的动物、动物产品出具检疫证明、加盖验讫印章的，由其所在单位或者上级主管机关给予记过或者撤销动物检疫员资格的处分；情节严重的，给予开除的处分。

因前款规定的违法行为给有关当事人造成损害的，由动物检疫员所在单位承担赔偿责任。

第五十六条　动物防疫监督工作人员滥用职权，玩忽职守，徇私舞弊，隐瞒和延误疫情报告，伪造检疫结果，构成犯罪的，依法追究刑事责任；尚不构成犯罪的，依法给予行政处分。

第五十七条　阻碍动物防疫监督工作人员依法执行职务，构成犯罪的，依法追究刑事责任；尚不构成犯罪的，依法给予治安管理处罚。

第七章　附则

第五十八条　本法自1998年1月1日起施行。

中华人民共和国进出境动植物检疫法

（1991年10月30日第七届全国人民代表大会常务委员会第二十二次会议通过
1991年10月30日中华人民共和国主席令第五十三号公布1992年4月1日起施行）

第一章　总　则

第一条　为防止动物传染病、寄生虫病和植物危险性病、虫、杂草以及其他有害生物(以下简称病虫害)传入、传出国境,保护农、林、牧、渔业生产和人体健康,促进对外经济贸易的发展,制定本法。

第二条　进出境的动植物、动植物产品和其他检疫物,装载动植物、动植物产品和其他检疫物的装载容器、包装物,以及来自动植物疫区的运输工具,依照本法规定实施检疫。

第三条　国务院设立动植物检疫机关(以下简称国家动植物检疫机关),统一管理全国进出境动植物检疫工作。国家动植物检疫机关在对外开放的口岸和进出境动植物检疫业务集中的地点设立的口岸动植物检疫机关,依照本法规定实施进出境动植物检疫。

贸易性动物产品出境的检疫机关,由国务院根据情况规定。

国务院农业行政主管部门主管全国进出境动植物检疫工作。

第四条　口岸动植物检疫机关在实施检疫时可以行使下列职权:

(一)依照本法规定登船、登车、登机实施检疫;

(二)进入港口、机场、车站、邮局以及检疫物的存放、加工、养殖、种植场所实施检疫,并依照规定采样;

(三)根据检疫需要,进入有关生产、仓库等场所,进行疫情监测、调查和检疫监督管理;

(四)查阅、复制、摘录与检疫物有关的运行日志、货运单、合同、发票及其他单证。

第五条　国家禁止下列各物进境:

(一)动植物病原体(包括菌种、毒种等)、害虫及其他有害生物;

(二)动植物疫情流行的国家和地区的有关动植物、动植物产品和其他检疫物;

(三)动物尸体;

(四)土壤。

口岸动植物检疫机关发现有前款规定的禁止进境物的,作退回或者销毁处理。

因科学研究等特殊需要要引进本条第一款规定的禁止进境物的,必须事先提出申请,经国家动植物检疫机关批准。

本条第一款第二项规定的禁止进境物的名录,由国务院农业行政主管部门制定并公布。

第六条　国外发生重大动植物疫情并可能传入中国时,国务院应当采取紧急预防措施,必要时可以下令禁止来自动植物疫区的运输工具进境或者封锁有关口岸;受动植物疫情威胁地区的地方人民政府和有关口岸动植物检疫机关,应当立即采取紧急措施,同时向上级人民政府和国家动植物检疫机关报告。

邮电、运输部门对重大动植物疫情报告和送检材料应当优先传送。

第七条　国家动植物检疫机关和口岸动植物检疫机关对进出境动植物、动植物产品的生产、加工、存放过程,实行检疫监督制度。

第八条　口岸动植物检疫机关在港口、机场、车站、邮局执行检疫任务时,海关、交通、民航、铁路、邮电等有关部门应当配合。

第九条　动植物检疫机关检疫人员必须忠于职守,秉公执法。

动植物检疫机关检疫人员依法执行公务,任何单位和个人不得阻挠。

第二章　进境检疫

第十条　输入动物、动物产品、植物种子、种苗及其他繁殖材料的,必须事先提出申请,办理检疫审批手续。

第十一条　通过贸易、科技合作、交换、赠送、援助等方式输入动植物、动植物产品和其他检疫物的,应当在合同或者协议中订明中国法定的检疫要求,并订明必须附有输出国家或者地区政府动植物检疫机关出具的检疫证书。

第十二条　货主或者其代理人应当在动植物、动植物产品和其他检疫物进境前或者进境时持输出国家或者地区的检疫证书、贸易合同等单证,向进境口岸动植物检疫机关报检。

第十三条　装载动物的运输工具抵达口岸时,口岸动植物检疫机关应当采取现场预防措施,对上下运输工具或者接近动物的人员、装载动物的运输工具和被污染的场地作防疫消毒处理。

第十四条　输入动植物、动植物产品和其他检疫物,应当在进境口岸实施检疫。未经口岸动植物检疫机关同意,不得卸离运输工具。

输入动植物,需隔离检疫的,在口岸动植物检疫机关指定的隔离场所检疫。

因口岸条件限制等原因,可以由国家动植物检疫机关决定将动植物、动植物产品和其他检疫物运往指定地点检疫。在运输、装卸过程中,货主或者其代理人应当采取防疫措施。指定的存放、加工和隔离饲养或者隔离种植的场所,应当符合动植物检疫和防疫的规定。

第十五条 输入动植物、动植物产品和其他检疫物,经检疫合格的,准予进境;海关凭口岸动植物检疫机关签发的检疫单证或者在报关单上加盖的印章验放。

输入动植物、动植物产品和其他检疫物,需调离海关监管区检疫的,海关凭口岸动植物检疫机关签发的《检疫调离通知单》验放。

第十六条 输入动物,经检疫不合格的,由口岸动植物检疫机关签发《检疫处理通知单》,通知货主或者其代理人作如下处理:

(一)检出一类传染病、寄生虫病的动物,连同其同群动物全群退回或者全群扑杀并销毁尸体;

(二)检出二类传染病、寄生虫病的动物,退回或者扑杀,同群其他动物在隔离场或者其他指定地点隔离观察。

输入动物产品和其他检疫物经检疫不合格的,由口岸动植物检疫机关签发《检疫处理通知单》,通知货主或者其代理人作除害、退回或者销毁处理。经除害处理合格的,准予进境。

第十七条 输入植物、植物产品和其他检疫物,经检疫发现有植物危险性病、虫、杂草的,由口岸动植物检疫机关签发《检疫处理通知单》,通知货主或者其代理人作除害、退回或者销毁处理。经除害处理合格的,准予进境。

第十八条 本法第十六条第一款第一项、第二项所称一类、二类动物传染病、寄生虫病的名录和本法第十七条所称植物危险性病、虫、杂草的名录,由国务院农业行政主管部门制定并公布。

第十九条 输入动植物、动植物产品和其他检疫物,经检疫发现有本法第十八条规定的名录之外,对农、林、牧、渔业有严重危害的其他病虫害的,由口岸动植物检疫机关依照国务院农业行政主管部门的规定,通知货主或者其代理人作除害、退回或者销毁处理。经除害处理合格的,准予进境。

第三章 出境检疫

第二十条 货主或者其代理人在动植物、动植物产品和其他检疫物出境前,向口岸动植物检疫机关报检。

出境前需经隔离检疫的动物,在口岸动植物检疫机关指定的隔离场所检疫。

第二十一条 输出动植物、动植物产品和其他检疫物,由口岸动植物检疫机关实施检疫,经检疫合格或者经除害处理合格的,准予出境;海关凭口岸动植物检疫机关签发的检疫证书或者在报关单上加盖的印章验放。检疫不合格又无有效方法作除害处理的,不准出境。

第二十二条 经检疫合格的动植物、动植物产品和其他检疫物,有下列情形之一的,货主或者其代理人应当重新报检:

(一)更改输入国家或者地区,更改后的输入国家和地区又有不同检疫要求的;

(二)改换包装或者原未拼装后来拼装的;

(三)超过检疫规定有效期限的。

第四章 过境检疫

第二十三条 要求运输动物过境的,必须事先商得中国国家动植物检疫机关同意,并按照指定的口岸和路线过境。

装载过境动物的运输工具、装载容器、饲料和铺垫材料,必须符合中国动植物检疫的规定。

第二十四条 运输动植物、动植物产品和其他检疫物过境的,由承运人或者押运人持货运单和输出国家或者地区政府动植物检疫机关出具的检疫证书,在进境时向口岸动植物检疫机关报检,出境口岸不再检疫。

第二十五条 过境的动物经检疫合格的,准予过境;发现有本法第十八条规定的名录所列的动物传染病、寄生虫病的,全群动物不准过境。

过境动物的饲料受病虫害污染的,作除害、不准过境或者销毁处理。

过境的动物的尸体、排泄物、铺垫材料及其他废弃物,必须按照动植物检疫机关的规定处理,不得擅自抛弃。

第二十六条 对过境植物、动植物产品和其他检疫物,口岸动植物检疫机关检查运输工具或者包装,经检疫合格的,准予过境;发现有本法第十八条规定的名录所列的病虫害的,作除害处理或者不准过境。

第二十七条 动植物、动植物产品和其他检疫物过境期间,未经动植物检疫机关批准,不得开拆包装或者卸离运输工具。

第五章 携带、邮寄物检疫

第二十八条 携带、邮寄植物种子、种苗及其他繁殖材料进境的,必须事先提出申请,办理检疫审批手续。

第二十九条 禁止携带、邮寄进境的动植物、动植物产品和其他检疫物的名录,由国务院农业行政主管部门制定并公布。

携带、邮寄前款规定的名录所列的动植物、动植物产品和其他检疫物进境的,作退回或者销毁处理。

第三十条 携带本法第二十九条规定的名录以外

的动植物、动植物产品和其他检疫物进境的，在进境时向海关申报并接受口岸动植物检疫机关检疫。

携带动物进境时，必须持有输出国家或者地区的检疫证书等证件。

第三十一条　邮寄本法第二十九条规定的名录以外的动植物、动植物产品和其他检疫物进境的，由口岸动植物检疫机关在国际邮件互换局实施检疫，必要时可以取回口岸动植物检疫机关检疫；未经检疫不得运递。

第三十二条　邮寄进境的动植物、动植物产品和其他检疫物，经检疫或者除害处理合格后放行；经检疫不合格又无有效方法作除害处理，作退回或者销毁处理，并签发《检疫处理通知单》。

第三十三条　携带、邮寄出境的动植物、动植物产品和其他检疫物，物主有检疫要求的，由口岸动植物检疫机关实施检疫。

第六章　运输工具检疫

第三十四条　来自动植物疫区的船舶、飞机、火车抵达口岸时，由口岸动植物检疫机关实施检疫。发现有本法第十八条规定的名录所列的病虫害的，作不准带离运输工具、除害、封存或者销毁处理。

第三十五条　进境的车辆，由口岸动植物检疫机关作防疫消毒处理。

第三十六条　进出境运输工具上的泔水、动植物性废弃物，依照口岸动植物检疫机关的规定处理，不得擅自抛弃。

第三十七条　装载出境的动植物、动植物产品和其他检疫物的运输工具，应当符合动植物检疫和防疫的规定。

第三十八条　进境供拆船用的废旧船舶，由口岸动植物检疫机关实施检疫，发现有本法第十八条规定的名录所列的病虫害的，作除害处理。

第七章　法律责任

第三十九条　违反本法规定，有下列行为之一的，由口岸动植物检疫机关处以罚款：

(一)未报检或者未依法办理检疫审批手续的；

(二)未经口岸动植物检疫机关许可擅自将进境动植物、动植物产品或者其他检疫物卸离运输工具或者运递的；

(三)擅自调离或者处理在口岸动植物检疫机关指定的隔离场所中隔离检疫的动植物的。

第四十条　报检的动植物、动植物产品或者其他检疫物与实际不符的，由口岸动植物检疫机关处以罚款；已取得检疫单证的，予以吊销。

第四十一条　违反本法规定，擅自开拆过境动植物、动植物产品或者其他检疫物的包装的，擅自将过境动植物、动植物产品或者其他检疫物卸离运输工具的，擅自抛弃过境动物的尸体、排泄物、铺垫材料或者其他废弃物的，由动植物检疫机关处以罚款。

第四十二条　违反本法规定，引起重大动植物疫情的，比照刑法第一百七十八条的规定追究刑事责任。

第四十三条　伪造、变造检疫单证、印章、标志、封识，依照刑法第一百六十七条的规定追究刑事责任。

第四十四条　当事人对动植物检疫机关的处罚决定不服的，可以在接到处罚通知之日起十五日内向作出处罚决定的机关的上一级机关申请复议；当事人也可以在接到处罚通知之日起十五日内直接向人民法院起诉。

复议机关应当在接到复议申请之日起六十日内作出复议决定。当事人对复议决定不服的，可以在接到复议决定之日起十五日内向人民法院起诉。复议机关逾期不作出复议决定的，当事人可以在复议期满之日起十五日内向人民法院起诉。

当事人逾期不申请复议也不向人民法院起诉、又不履行处罚决定的，作出处罚决定的机关可以申请人民法院强制执行。

第四十五条　动植物检疫机关检疫人员滥用职权，徇私舞弊，伪造检疫结果，或者玩忽职守，延误检疫出证，构成犯罪的，依法追究刑事责任；不构成犯罪的，给予行政处分。

第八章　附　　则

第四十六条　本法下列用语的含义：

(一)“动物”是指饲养、野生的活动物，如畜、禽、兽、蛇、龟、虾、蟹、贝、蚕、蜂等；

(二)“动物产品”是指来源于动物未经加工或者虽经加工但仍有可能传播疫病的产品，如生皮张、毛类、肉类、脏器、油脂、动物水产品、奶制品、蛋类、血液、精液、胚胎、骨、蹄、角等；

(三)“植物”是指栽培植物、野生植物及其种子、种苗及其他繁殖材料等；

(四)“植物产品”是指来源于植物未经加工或者虽经加工但仍有可能传播病虫害的产品，如粮食、豆、棉花、油、麻、烟草、籽仁、干果、鲜果、蔬菜、生药材、木材、饲料等；

(五)“其他检疫物”是指动物疫苗、血清、诊断液、动植物性废弃物等。

第四十七条　中华人民共和国缔结或者参加的有关动植物检疫的国际条约与本法有不同规定的，适用该国际条约的规定。但是，中华人民共和国声明保留的条款除外。

第四十八条　口岸动植物检疫机关实施检疫依照规定收费。收费办法由国务院农业行政主管部门会同国务院物价等有关主管部门制定。

第四十九条　国务院根据本法制定实施条例。

第五十条　本法自1992年4月1日起施行。1982年6月4日国务院发布的《中华人民共和国进出口动植物检疫条例》同时废止。

中华人民共和国进出境动植物检疫法实施条例

（1996年12月2日国务院发布）

第一章　总　　则

第一条　根据《中华人民共和国进出境动植物检疫法》（以下简称进出境动植物检疫法）的规定，制定本条例。

第二条　下列各物，依照进出境动植物检疫法和本条例的规定实施检疫：

（一）进境、出境、过境的动植物、动植物产品和其他检疫物；

（二）装载动植物、动植物产品和其他检疫物的装载容器、包装物、铺垫材料；

（三）来自动植物疫区的运输工具；

（四）进境拆解的废旧船舶；

（五）有关法律、行政法规、国际条约规定或者贸易合同约定应当实施进出境动植物检疫的其他货物、物品。

第三条　国务院农业行政主管部门主管全国进出境动植物检疫工作。

中华人民共和国动植物检疫局（以下简称国家动植物检疫局）统一管理全国进出境动植物检疫工作，收集国内外重大动植物疫情，负责国际间进出境动植物检疫的合作与交流。

国家动植物检疫局在对外开放的口岸和进出境动植物检疫业务集中的地点设立的口岸动植物检疫机关，依照进出境动植物检疫法和本条例的规定，实施进出境动植物检疫。

第四条　国（境）外发生重大动植物疫情并可能传入中国时，根据情况采取下列紧急预防措施：

（一）国务院可以对相关边境区域采取控制措施，必要时下令禁止来自动植物疫区的运输工具进境或者封锁有关口岸；

（二）国务院农业行政主管部门可以公布禁止从动植物疫情流行的国家和地区进境的动植物动、植物产品和其他检疫物的名录；

（三）有关口岸动植物检疫机关可以对可能受病虫害污染的本条例第二条所列进境各物采取紧急检疫处理措施；

（四）受动植物疫情地区的地方人民政府可以立即组织有关部门制定并实施应急方案，同时向上级人民政府和国家动植物检疫局报告。

邮电、运输部门对重大动植物疫情报告和送检材料应当优先传送。

第五条　享有外交、领事特权与豁免的外国机构和人员公用或者自用的动植物、动植物产品和其他检疫物进境，应当依照进出境动植物检疫法和本条例的规定实施检疫；口岸动植物检疫机关查验时，应当遵守有关法律的规定。

第六条　海关依法配合口岸动植物检疫机关，对进出境动植物、动植物产品和其他检疫物实行监管。具体办法由国务院农业行政主管部门会同海关总署制定。

第七条　进出境动植物检疫法所称动植物疫区和动植物疫情流行的国家与地区的名录，由国务院农业行政主管部门确定并公布。

第八条　对贯彻执行进出境动植物检疫法和本条例做出显著成绩的单位和个人，给予奖励。

第二章　检疫审批

第九条　输入动物、动物产品和进出境动植物检疫法第五条第一款所列禁止进境物的检疫审批，由国家动植物检疫局或者其授权的口岸动植物检疫机关负责。

输入植物种子、种苗及其他繁殖材料的检疫审批，由植物检疫条例规定的机关负责。

第十条　符合下列条件的，方可办理进境检疫审批手续：

（一）输出国家或者地区无重大动植物疫情；

（二）符合中国有关动植物检疫法律、法规、规章的规定；

（三）符合中国与输出国家或者地区签订的有关双边检疫协定（含检疫协议、备忘录等，下同）。

第十一条　检疫审批手续应当在贸易合同或者协议签订前办妥。

第十二条　携带、邮寄植物种子、种苗及其他繁殖材料进境的，必须事先提出申请，办理检疫审批手续；因特殊情况无法事先办理的，携带人或者邮寄人应当在口岸补办检疫审批手续，经审批机关同意并经检疫合格后方准进境。

第十三条　要求运输动物过境的，货主或者其代理人必须事先向国家动植物检疫局提出书面申请，提交输出国家或者地区政府动植物检疫机关出具的疫情证明、输入国家或者地区政府动植物检疫机关出具的准许该动物进境的证件，并说明拟过境的路线，国家动植物检疫局审查同意后，签发《动物过境许可证》。

第十四条　因科学研究等特殊需要，引进进出境动植物检疫法第五条第一款所列禁止进境物的，办理禁止进境物特许检疫审批手续时，货主、物主或者其代理人必须提交书面申请，说明其数量、用途、引进方式、进境后的防疫措施，并附具有关口岸动植物检疫机关签署的意见。

第十五条 办理进境检疫审批手续后，有下列情况之一的，货主、物主或者其代理人应当重新申请办理检疫审批手续：

(一)变更进境物的品种或者数量的；

(二)变更输出国家或者地区的；

(三)变更进境口岸的；

(四)超过检疫审批有效期的。

第三章 进境检疫

第十六条 进出境动植物检疫法第十一条所称中国法定的检疫要求，是指中国的法律、行政法规和国务院农业行政主管部门规定的动植物检疫要求。

第十七条 国家对向中国输出动植物产品的国外生产、加工、存放单位，实行注册登记制度。具体办法由国务院农业行政主管部门制定。

第十八条 输入动植物、动植物产品和其他检疫物的，货主或者其代理人应当在进境前或者进境时向进境口岸动植物检疫机关报检。属于调离海关监管区检疫的，运达指定地点时，货主或者其代理人应当通知有关口岸动植物检疫机关。属于转关货物的，货主或者其代理人应当在进境时向进境口岸动植物检疫机关申报；到达指运地时，应当向指运地口岸动植物检疫机关报检。

输入种畜禽及其精液、胚胎的，应当在进境前30日报检；输入其他动物的，应当在进境前15日报检；输入植物种子、种苗及其他繁殖材料的，应当在进境前7日报检。

动植物性包装物、铺垫材料进境时，货主或者其代理人应当及时向口岸动植物检疫机关申报；动植物检疫机关可以根据具体情况对申报物实施检疫。

前款所称动植物性包装物、铺垫材料，是指直接用作包装物、铺垫材料的动物产品和植物、植物产品。

第十九条 向口岸动植物检疫机关报检时，应当填写报检单，并提交输出国家或者地区政府动植物检疫机关出具的检疫证书、产地证书和贸易合同、信用证、发票等单证；依法应当办理检疫审批手续的，还应当提交检疫审批单。无输出国家或者地区政府动植物检疫机关出具的有效检疫证书，或者未依法办理检疫审批手续的，口岸动植物检疫机关可以根据具体情况，作退回或者销毁处理。

第二十条 输入的动植物、动植物产品和其他检疫物运达口岸时，检疫人员可以到运输工具上和货物现场实施检疫，核对货、证是否相符，并可以按照规定采取样品。承运人、货主或者其代理人应当向检疫人员提供装载清单和有关资料。

第二十一条 装载动物的运输工具抵达口岸时，上下运输工具或者接近动物的人员，应当接受口岸动植物检疫机关实施的防疫消毒，并执行其采取的其他现场预防措施。

第二十二条 检疫人员应当按照下列规定实施现场检疫：

(一)动物：检查有无疫病的临床症状。发现疑似感染传染病或者已死亡的动物时，在货主或者押运人的配合下查明情况，立即处理。动物的铺垫材料、剩余饲料和排泄物等，由货主或者其代理人在检疫人员的监督下，作除害处理。

(二)动物产品：检查有无腐败变质现象，容器、包装是否完好。符合要求的，允许卸离运输工具。发现散包、容器破裂的，由货主或者其代理人负责整理完好，方可卸离运输工具。根据情况，对运输工具的有关部位及装载动物产品的容器、外表包装、铺垫材料、被污染场地等进行消毒处理。需要实施实验室检疫的，按照规定采取样品。对易滋生植物害虫或者混藏杂草种子的动物产品，同时实施植物检疫。

(三)植物、植物产品：检查货物和包装物有无病虫害，并按照规定采取样品。发现病虫害并有扩散可能时，及时对该批货物、运输工具和装卸现场采取必要的防疫措施。对来自动物传染病疫区或者易带动物传染病和寄生虫病病原体并用作动物饲料的植物产品，同时实施动物检疫。

(四)动植物性包装物、铺垫材料：检查是否携带病虫害、混藏杂草种子、沾带土壤，并按照规定采取样品。

(五)其他检疫物：检查包装是否完好及是否被病虫害污染。发现破损或者被病虫害污染时，作除害处理。

第二十三条 对船舶、火车装运的大宗动植物产品，应当就地分层检查；限于港口、车站的存放条件，不能就地检查的，经口岸动植物检疫机关同意，也可以边卸载边疏运，将动植物产品运往指定的地点存放。在卸货过程中经检疫发现疫情时，应当立即停止卸货，由货主或者其代理人按照口岸动植物检疫机关的要求，对已卸和未卸货物作除害处理，并采取防止疫情扩散的措施；对被病虫害污染的装卸工具和场地，也应当作除害处理。

第二十四条 输入种用大中家畜的，应当在国家动植物检疫局设立的动物隔离检疫场所隔离检疫45日；输入其他动物的，应当在口岸动植物检疫机关指定的动物隔离检疫场所隔离检疫30日。动物隔离检疫场所管理办法，由国务院农业行政主管部门制定。

第二十五条 进境的同一批动植物产品分港卸货时，口岸动植物检疫机关只对本港卸下的货物进行检疫，先期卸货港的口岸动植物检疫机关应当将检疫及处理情况及时通知其他分卸港的口岸动植物检疫机关;需要对外出证的,由卸毕港的口岸动植物检疫机关汇总后统一出具检疫证书。

在分卸港实施检疫中发现疫情并必须进行船上熏蒸、消毒时,由该分卸港的口岸动植物检疫机关统一出具检疫证书,并及时通知其他分卸港的口岸动植物检疫机关。

第二十六条 对输入的动植物、动植物产品和其他检疫物,按照中国的国家标准、行业标准以及国家动植物检疫局的有关规定实施检疫。

第二十七条 输入动植物 动植物产品和其他检疫物,经检疫合格的,由口岸动植物检疫机关在报关单上加盖印章或者签发《检疫放行通知单》;需要调离进境口岸海关监管区检疫的,由进境口岸动植物检疫机关签发《检疫调离通知单》。货主或者其代理人凭口岸动植物检疫机关在报关单上加盖的印章或者签发的《检疫放行通知单》、《检疫调离通知单》办理报关、运递手续。海关对输入的动植物、动植物产品和其他检疫物,凭口岸动植物检疫机关在报关单上加盖的印章或者签发的《检疫放行通知单》、《检疫调离通知单》验放。运输、邮电部门凭单运递,运递期间国内其他检疫机关不再检疫。

第二十八条 输入动植物、动植物产品和其他检疫物,经检疫不合格的,由口岸动植物检疫机关签发《检疫处理通知单》,通知货主或者其代理人在口岸动植物检疫机关的监督和技术指导下,作除害处理;需要对外索赔的,由口岸动植物检疫机关出具检疫证书。

第二十九条 国家动植物检疫局根据检疫需要,并商输出动植物、动植物产品国家或者地区政府有关机关同意,可以派检疫人员进行预检、监装或者产地疫情调查。

第三十条 海关、边防等部门截获的非法进境的动植物、动植物产品和其他检疫物,应当就近交由口岸动植物检疫机关检疫。

第四章 出境检疫

第三十一条 货主或者其代理人依法办理动植物、动植物产品和其他检疫物的出境报检手续时,应当提供贸易合同或者协议。

第三十二条 对输入国要求中国对向其输出的动植物、动植物产品和其他检疫物的生产、加工、存放单位注册登记的,口岸动植物检疫机关可以实行注册登记,并报国家动植物检疫局备案。

第三十三条 输出动物,出境前需经隔离检疫的,在口岸动植物检疫机关指定的隔离场所检疫。输出植物、动植物产品和其他检疫物的,在仓库或者货场实施检疫;根据需要,也可以在生产、加工过程中实施检疫。

待检出境植物、动植物产品和其他检疫物,应当数量齐全、包装完好、堆放整齐、唛头标记明显。

第三十四条 输出动植物、动植物产品和其他检疫物的检疫依据:

(一)输入国家或者地区和中国有关动植物检疫规定;

(二)双边检疫协定;

(三)贸易合同中订明的检疫要求。

第三十五条 经启运地口岸动植物检疫机关检疫合格的动植物、动植物产品和其他检疫物,运达出境口岸时,按照下列规定办理:

(一)动物应当经出境口岸动植物检疫机关临床检疫或者复检;

(二)植物、动植物产品和其他检疫物从启运地随原运输工具出境的,由出境口岸动植物检疫机关验证放行;改换运输工具出境的,换证放行;

(三)植物、动植物产品和其他检疫物到达出境口岸后拼装的,因变更输入国家或者地区而有不同检疫要求的,或者超过规定的检疫有效期的,应当重新报检。

第三十六条 输出动植物、动植物的产品和其他检疫物,经启运地口岸动植物物检疫机关检疫合格的,运往出境口岸时,运输、邮电部门凭启运地口岸动植物检疫机关签发的检疫单证运递,国内其他检疫机关不再检疫。

第五章 过境检疫

第三十七条 运输动植物、动植物产品和其他检疫物过境(含转运,下同)的,承运人或者押运人应当持货运单和输出国家或者地区政府动植物检疫机关出具的证书,向进境口岸动植物检疫机关报检;运输动物过境的,还应当同时提交国家动植物检疫局签发的《动物过境许可证》。

第三十八条 过境动物运达进境口岸时,由进境口岸动植物检疫机关对运输工具、容器的外表进行消毒并对动物进行临床检疫,经检疫合格的,准予过境。进境口岸动植物检疫机关可以派检疫人员监运至出境口岸,出境口岸动植物检疫机关不再检疫。

第三十九条 装载过境植物、动植物产品和其他检疫物的运输工具和包装物、装载容器必须完好。经口岸动植物检疫机关检查,发现运输工具或者包装物、装载容器有可能造成途中散漏的,承运人或者押运人应当按照口岸动植物检疫机关的要求,采取密封措施;无法采取密封措施的,不准过境。

第六章 携带、邮寄物检疫

第四十条 携带、邮寄植物种子、种苗及其他繁殖材料进境,未依法办理检疫审批手续的,由口岸动植物检疫机关作退回或者销毁处理。邮件作退回处理的，由口岸动植物检疫机关在邮件及发递单上批注退回原因；邮件作销毁处理的，由口岸动植物检疫机关签发通知单，通知寄件人。

第四十一条 携带动植物、动植物产品和其他检疫物进境的，进境时必须向海关申报并接受口岸动植物检疫机关检疫。海关应当将申报或者查获的动植物、动植物产品和其他检疫物及时交由口岸动植物检疫机关检疫。未经检疫的，不得携带进境。

第四十二条 口岸动植物检疫机关可以在港口、机场、车站的旅客通道、行李提取处等现场进行检查，对可能携带动植物、动植物产品和其他检疫物而未申报的，可以进行查询并抽检其物品，必要时可以开包(箱)检查。

旅客进出境检查现场应当设立动植物检疫台位和标志。

第四十三条 携带动物进境的，必须持有输出动物的国家或者地区政府动植物检疫机关出具的检疫证书，经检疫合格后放行；携带犬、猫等宠物进境的，还必须持有疫苗接种证书。没有检疫证书、疫苗接种证书的，由口岸动植物检疫机关作限期退回或者没收销毁处理。作限期退回处理的，携带人必须在规定的时间内持口岸动植物检疫机关签发的截留凭证，领取并携带出境；逾期不领取的，作自动放弃处理。

携带植物、动植物产品和其他检疫物进境，经现场检疫合格的，当场放行；需要作实验室检疫或者隔离检疫的，由口岸动植物检疫机关签发截留凭证。截留检疫合格的，携带人持截留凭证向口岸动植物检疫机关领回；逾期不领回的，作自动放弃处理。

禁止携带、邮寄进出境动植物检疫法第二十九条规定的名录所列动植物、动植物产品和其他检疫物进境。

第四十四条 邮寄进境的动植物、动植物产品和其他检疫物，由口岸动植物检疫机关在国际邮件互换局(含国际邮件快递公司及其他经营国际邮件的单位，以下简称邮局)实施检疫。邮局应当提供必要的工作条件。

经现场检疫合格的，由口岸动植物检疫机关加盖检疫放行章，交邮局运递。需要作实验室检疫或者隔离检疫的，口岸动植物检疫机关应当向邮局办理交接手续；检疫合格的，加盖检疫放行章，交邮局运递。

第四十五条 携带、邮寄进境的动植物、动植物产品和其他检疫物，经检疫不合格又无有效方法作除害处理的，作退回或者销毁处理，并签发《检疫处理通知单》交携带人、寄件人。

第七章 运输工具检疫

第四十六条 口岸动植物检疫机关对来自动植物疫区的船舶、飞机、火车，可以登船、登机、登车实施现场检疫。有关运输工具负责人应当接受检疫人员的询问并在询问记录上签字，提供运行日志和装载货物的情况，开启舱室接受检疫。

口岸动植物检疫机关应当对前款运输工具可能隐藏病虫害的餐车、配餐间、厨房、储藏室、食品舱等动植物产品存放、使用场所和泔水、动植物性废弃物的存放场所以及集装箱箱体等区域或者部位，实施检疫；必要时，作防疫消毒处理。

第四十七条 来自动植物疫区的船舶、飞机、火车，经检疫发现有进出境动植物检疫法第十八条规定的名录所列病虫害的，必须作熏蒸、消毒或者其他除害处理。发现有禁止进境的动植物、动植物产品和其他检疫物的，必须作封存或者销毁处理；作封存处理的，在中国境内停留或者运行期间，未经口岸动植物检疫机关许可，不得启封动用。对运输工具上的泔水、动植物性废弃物及其存放场所、容器，应当在口岸动植物检疫机关的监督下作除害处理。

第四十八条 来自动植物疫区的进境车辆，由口岸动植物检疫机关作防疫消毒处理。装载进境动植物、动植物产品和其他检疫物的车辆，经检疫发现病虫害的，连同货物一并作除害处理。装运供应香港、澳门地区的动物的回空车辆，实施整车防疫消毒。

第四十九条 进境拆解的废旧船舶，由口岸动植物检疫机关实施检疫。发现病虫害的，在口岸动植物检疫机关监督下作除害处理。发现有禁止进境的动植物、动植物产品和其他检疫物的，在口岸动植物检疫机关的监督下作销毁处理。

第五十条 来自动植物疫区的进境运输工具经检疫或者经消毒处理合格后，运输工具负责人或者其代理人要求出证的，由口岸动植物检疫机关签发《运输工具检疫证书》或者《运输工具消毒证书》。

第五十一条 进境、过境运输工具在中国境内停留期间，交通员工和其他人员不得将所装载的动植物、动植物产品和其他检疫物带离运输工具；需要带离时，应当向口岸动植物检疫机关报检。

第五十二条 装载动物出境的运输工具，装载前应当在口岸动植物检疫机关监督下进行消毒处理。

装载植物、动植物产品和其他检疫物出境的运输工具，应当符合国家有关动植物防疫和检疫的规定。发现危险性病虫害或者超过规定标准的一般性病虫害的，作除害处理后方可装运。

第八章 检疫监督

第五十三条 国家动植物检疫局和口岸动植物检疫机关对进出境动植物、动植物产品生产、加工、存放过程，实行检疫监督制度。具体办法由国务院农业行政主管部门制定。

第五十四条 进出境动物和植物种子、种苗及其他繁殖材料,需要隔离饲养、隔离种植的在隔离期间,应当接受口岸动植物检疫机关的检疫监督。

第五十五条 从事进出境动植物检疫熏蒸、消毒处理业务的单位和人员,必须经口岸动植物检疫机关考核合格。

口岸动植物检疫机关对熏蒸、消毒工作进行监督、指导,并负责出具熏蒸、消毒证书。

第五十六条 口岸动植物检疫机关可以根据需要,在机场、港口、车站、仓闸、加工厂、农场等生产、加工、存放进出境动植物、动植物产品和其他检疫物的场所实施动植物疫情监测,有关单位应当配合。

未经口岸动植物检疫机关许可,不得移动或者损坏动植物疫情监测器具。

第五十七条 口岸动植物检疫机关根据需要,可以对运载进出境动植物、动植物产品和其他检疫物的运输工具、装载容器加施动植物检疫封识或者标志;未经口岸动植物检疫机关许可,不得开拆或者损毁检疫封识、标志。

动植物检疫封识和标志由国家动植物检疫局统一制发。

第五十八条 进境动植物、动植物产品和其他检疫物,装载动植物、动植物产品和其他检疫物的装载容器、包装物,运往保税区(含保税工厂、保税仓库等)的,在进境口岸依法实施检疫;口岸动植物检疫机关可以根据具体情况实施检疫监督;经加工复运出境的,依照进出境动植物检疫法和本条例有关出境检疫的规定办理。

第九章 法律责任

第五十九条 有下列违法行为之一的,由口岸动植物检疫机关处5 000元以下的罚款:

(一)未报检或者未依法办理检疫审批手续或者未按检疫审批的规定执行的;

(二)报检的动植物、动植物产品和其他检疫物与实际不符的。

有前款第(二)项所列行为,已取得检疫单证的,予以吊销。

第六十条 有下列违法行为之一的,由口岸动植物检疫机关处3 000元以上3万元以下的罚款:

(一)未经口岸动植物检疫机关许可擅自将进境、过境动植物、动植物产品和其他检疫物卸离运输工具或者运递的;

(二)擅自调离或者处理在口岸动植物检疫机关指定的隔离场所中隔离检疫的动植物的;

(三)擅自开拆过境动植物、动植物产品和其他检疫物的包装,或者擅自开拆、损毁动植物检疫封识或者标志的;

(四)擅自抛弃过境动物的尸体、排泄物、铺垫材料或者其他废弃物,或者未按规定处理运输工具上的泔水、动植物性废弃物的。

第六十一条 依照本条例第十七条、第三十二条的规定注册登记的生产、加工、存放动植物、动植物产品和其他检疫物的单位,进出境的上述物品经检疫不合格的,除依照本条例有关规定作退回、销毁或者除害处理外,情节严重的,由口岸动植物检疫机关注销注册登记。

第六十二条 有下列违法行为之一的,依法追究刑事责任;尚不构成犯罪或者犯罪情节显著轻微依法不需要判处刑罚的,由口岸动植物检疫机关处2万元以上5万元以下的罚款:

(一)引起重大动植物疫情的;

(二)伪造、变造动植物检疫单证、印章、标志、封识的。

第六十三条 从事进出境动植物检疫熏蒸、消毒处理业务的单位和人员,不按照规定进行熏蒸和消毒处理的,口岸动植物检疫机关可以视情节取消其熏蒸、消毒资格。

第十章 附 则

第六十四条 进出境动植物检疫法和本条例下列用语的含义:

(一)"植物种了、种苗及其他繁殖材料",是指栽培、野生的可供繁殖的植物全株或者部分,如植株、苗木(含试管苗)、果实、种子、砧木、接穗、插条、叶片、芽体、块根、块茎、鳞茎、球茎、花粉、细胞培养材料等;

(二)"装载容器",是指可以多次使用、易受病虫害污染并用于装载进出境货物的容器,如笼、箱、桶、筐等;

(三)"其他有害生物",是指动物传染病、寄生虫和植物危险性病、虫、杂草以外的各种为害动植物的生物有机体、病原微生物,以及软体类、啮齿类、螨类、多足虫类动物和危险性病虫的中间寄主、媒介生物等;

(四)"检疫证书",是指动植物检疫机关出具的关于动植物、动植物产品和其他检疫物健康或者卫生状况的具有法律效力的文件,如《动物检疫证书》、《植物检疫证书》、《动物健康证书》、《兽医卫生证书》、《熏蒸/消毒证书》等。

第六十五条 对进出境动植物、动植物产品和其他检疫物因实施检疫或者按照规定作熏蒸、消毒、退回、销毁等处理所需费用或者招致的损失,由货主、物主或者其代理人承担。

第六十六条 口岸动植物检疫机关依法实施检疫,需要采取样品时,应当出具采样凭单;验余的样品,货主、物主或者其代理人应当在规定的期限内领回;逾期不领回的,由口岸动植物检疫机关按照规定处理。

第六十七条 贸易性动物产品出境的检疫机关，由国务院根据情况规定。

第六十八条 本条例自1997年1月1日起施行。

生猪屠宰管理条例

（1997年12月19日国务院第238号令发布）

第一条 为了加强生猪屠宰管理，保证生猪产品质量，保障人民群众身体健康，制定本条例。

第二条 国家对生猪实行定点屠宰、集中检疫、统一纳税、分散经营的制度。

第三条 国务院商品流通行政主管部门主管全国生猪屠宰的行业管理工作。县级以上地方人民政府商品流通行政主管部门负责本行政区域内生猪屠宰活动的监督管理。

乡镇屠宰厂(场)生猪屠宰活动的具体管理体制，由省、自治区、直辖市人民政府规定。

第四条 定点屠宰厂(场)的设置规划由省、自治区、直辖市人民政府按照统一规划、合理布局、有利流通、方便群众、便于检疫和管理的原则，结合本地实际情况制定。

第五条 定点屠宰厂(场)由市、县人民政府根据定点屠宰厂(场)的设置规划，组织商品流通行政主管部门和农牧部门以及其他有关部门，依照本条例规定的条件审查、确定，并颁发定点屠宰标志牌。

定点屠宰厂(场)应当将定点屠宰标志牌悬挂于显著位置。

未经定点，任何单位和个人不得屠宰生猪；但是，农村地区个人自宰自食的除外。

第六条 定点屠宰厂(场)的选址，应当远离生活饮用水的地表水源保护区，并不得妨碍或者影响所在地居民生活和公共场所的活动。

第七条 定点屠宰厂(场)应当具备下列条件：

(一)有与屠宰规模相适应，水质符合国家规定标准的水源条件；

(二)有符合国家规定要求的待宰间、屠宰间、急宰间以及生猪屠宰设备和运载工具；

(三)有依法取得健康证明的屠宰技术人员；

(四)有经考核合格的专职或者兼职的肉品品质检验人员；

(五)有必要的检验设备、消毒设施和消毒药品及污染物处理设施；

(六)有生猪及生猪产品无害化处理设施；

(七)有符合动物防疫法规定的防疫条件。

第八条 生猪屠宰的检疫及监督，依照动物防疫法和国务院的有关规定执行。

生猪屠宰的卫生检验及监督，依照食品卫生法的规定执行。

第九条 定点屠宰厂(场)屠宰生猪，应当经生猪产地动物防疫监督机构检疫合格。

第十条 定点屠宰厂(场)屠宰生猪，应当符合国家规定的操作规程和技术要求。

第十一条 定点屠宰厂(场)应当建立严格的肉品品质检验管理制度。肉品品质检验必须与生猪屠宰同步进行，并对肉品品质检验结果及其处理情况进行登记。

经肉品品质检验合格的生猪产品，定点屠宰厂(场)应当加盖肉品品质检验合格验讫印章，放行出厂(场)；经肉品品质检验不合格的生猪产品，应当在肉品品质检验人员的监督下，按照国家有关规定处理。

定点屠宰厂(场)屠宰的生猪产品未经肉品品质检验或者经肉品品质检验不合格的，不得出厂(场)。

第十二条 定点屠宰厂(场)不得对生猪或者生猪产品注水或者注入其他物质。

第十三条 定点屠宰厂(场)对未能及时销售或者及时出厂(场)的生猪产品，应当采取冷冻或者冷藏等必要措施予以储存。

第十四条 从事生猪产品销售、生猪产品加工的单位和个人以及饭店、宾馆、集体伙食单位，销售或者使用的生猪产品应当是定点屠宰厂(场)屠宰的生猪产品。

第十五条 违反本条例规定，未经定点，擅自屠宰生猪的，由市、县人民政府商品流通行政主管部门予以取缔，并由市、县人民政府商品流通行政主管部门会同其他有关部门没收非法屠宰的生猪产品和违法所得，可以并处违法经营额3倍以下的罚款。

第十六条 违反本条例规定，定点屠宰厂(场)对经肉品品质检验不合格的生猪产品未按照国家有关规定处理的，由市、县人民政府商品流通行政主管部门责令限期处理，可以处5万元以下的罚款。

第十七条 违反本条例规定，定点屠宰厂(场)出厂(场)未经肉品品质检验或者经肉品品质检验不合格的生猪产品的，由市、县人民政府商品流通行政主管部门没收生猪产品和违法所得，可以并处违法经营额1倍以下的罚款。

市场销售的生猪产品未经肉品品质检验或者经肉品品质检验不合格的，由卫生行政、工商行政管理等有关部门按照各自的职责分工，对负有责任的生产者、销售者依法给予处罚。

第十八条 违反本条例规定，定点屠宰厂(场)对生猪、生猪产品注水或者注入其他物质的，由市、县人民政府商品流通行政主管部门责令停止屠宰活动，没收注水或者注入其他物质的生猪、生猪产品和违法所得，可以并处违法经营额1倍以上5倍以下的罚款；情节严重的，经市、县人民政府批准，取消定点屠宰厂(场)资格。

市场销售的生猪产品是注水或者注入其他物质的，由卫生行政、工商行政管理等有关部门按照各自的职责分工，对负有责任的生产者、销售者依照前款规定给予处罚。

第十九条 商品流通行政主管部门和其他有关部门的工作人员滥用职权、玩忽职守、徇私舞弊、索贿受贿，构成犯罪的，依法追究刑事责任；尚不构成犯罪的，依法给予行政处分。

第二十条 商品流通行政主管部门的工作人员依照本条例规定对定点屠宰厂（场）进行监督检查时，应当出示检查证件。

第二十一条 牛、羊和省、自治区、直辖市人民政府确定实行定点屠宰的其他动物的屠宰管理办法，由省、自治区、直辖市根据本地区的实际情况，参照本条例规定。

第二十二条 本条例所称生猪产品，是指生猪屠宰后未经加工的胴体、肉、脂、脏器、血液、骨、头、蹄、皮。

第二十三条 本条例施行前设立的屠宰厂（场），符合本条例规定的定点要求和条件的，其定点资格不再重新审查、确定；不符合本条例规定的定点要求和条件的，应当自本条例施行之日起 180 天内达到本条例规定的定点要求和条件，逾期仍达不到的，应当停止屠宰活动，进行整顿或者予以撤销。

第二十四条 本条例自 1998 年 1 月 1 日起施行。

国务院办公厅关于进一步加强生猪等畜禽屠宰检疫管理工作的紧急通知

（国办发明电［1995］38 号）

各省、自治区、直辖市人民政府，国务院各部委、各直属机构：

加强生猪等畜禽屠宰检疫管理，保证肉品质量，防止疾病传播，这是关系到亿万人民群众身体健康，促进畜牧业生产发展的一项重要工作。党中央、国务院对这项工作十分重视，国务院曾发布了《家畜家禽防疫条例》等一系列行政法规和规范性文件。今年 2 月，又下发了《国务院办公厅关于畜禽屠宰管理工作有关问题的通知》。各省、自治区、直辖市人民政府及国务院有关部门也制定了具体措施，加强了对生猪等畜禽定点屠宰、集中检疫的管理工作，取得了一定成效。但是必须同时看到，当前生猪等畜禽屠宰、检疫方面仍存在不少问题：一些城市和地区尚未对上市的生猪实行定点屠宰，私屠滥宰情况仍很严重；有的屠宰场（厂、点）加工和卫生检疫条件十分落后，自宰自检，肉品卫生质量很难保证，病害肉上市情况仍时有发生。对此，必须引起高度重视。为保证人民群众吃上“放心肉”，根据党中央、国务院的指示，现就有关问题紧急通知如下：

一、各省、自治区、直辖市人民政府和国务院有关部门要进一步加强领导，切实搞好生猪等畜禽屠宰检疫管理工作。全国畜禽屠宰加工冷藏业的行业管理由国内贸易部为主会同农业部负责；畜禽屠宰防疫检疫，要严格按照《家畜家禽防疫条例》的规定执行。各级内贸、农牧、卫生、工商行政等部门要在各级人民政府的领导下，从大局出发，分工协作，互相支持，共同做好这项工作。

二、各级人民政府必须坚决执行国务院关于对上市生猪“定点屠宰、集中检疫、统一纳税、分散经营”的规定。县以上地方人民政府要指定一位负责同志，组织协调内贸、农牧、卫生、工商行政、税务等有关部门，认真抓好这项工作。

三、对上市生猪目前尚未实行定点屠宰的地方，要根据统一规划、合理布局、有利流通、促进生产、方便群众、便于检疫和管理的原则，限期确定定点屠宰场（厂、点）。根据当前的实际情况，确定屠宰场（厂、点）应当考虑以下因素：

（一）符合国家或当地人民政府规定的检疫、卫生、环境保护以及屠宰生产技术条件等方面的基本要求；（二）既要充分利用现有国有大中型屠宰企业的先进设备，又要兼顾其他经济成分及中、小企业；（三）既要考虑规模经营，又要与当地的猪源和市场销售情况相适应，场（厂、点）不宜太少，要方便群众，有利于畜牧业生产的发展。已经实行定点屠宰的地方，应当根据定点的原则和条件进行检查。对私自屠宰和不符合条件的屠宰场（厂、点）要坚决取缔。

四、畜禽屠宰检疫是政府的重要监督管理职能，各级农牧部门应依照《家畜家禽防疫条例》的规定认真履行监督管理职责。国有屠宰厂、肉类联合加工厂的畜禽屠宰检疫工作依照条例规定由工厂负责。农牧部门为执行监督检查任务，亦可视情况需要向国有屠宰厂、肉类联合加工厂派驻兽医监督员。对其他屠宰场（厂、点）的检疫监督工作，由农牧部门负责。小型屠宰场不准自宰自检。

五、严格执法。对于违法屠宰和经营的，应依法给予行政处分或者行政处罚；造成损失的，应负责赔偿；触犯刑律的，依法追究刑事责任。

一九九五年十二月二十二日

国务院办公厅关于生猪屠宰检疫管理体制有关问题的通知

（国办发［1996］40 号）

各省、自治区、直辖市人民政府，国务院各部委、各直属机构：

为了加强生猪屠宰检疫管理，在总结实践经验的基础上，按照国务院关于上市生猪实行“定点屠宰、集中检疫、统一纳税、分散经营”的规定，进一步划清政府有关部门主要是农牧、内贸两个部门的职责，做到职责明确，权责一致，各负其责，密切配合，共同做好这项工作，让老百姓吃上“放心肉”，经国务院领导同志同意，现就生猪屠宰检疫管理体制的有关问题通知如下：

一、加强生猪屠宰检疫管理，保证肉品品质，防止生猪疫病传播，是关系人民群众身体健康、促进生猪生产的一件大事，各级人民政府要根据党中央、国务院的指示，切实抓好这项工作。

二、关于生猪定点屠宰问题。定点要按照《国务院办公厅关于进一步加强生猪等畜禽屠宰检疫管理工作的紧急通知》（国办发明电[1995]38号）确定的“统一规划、合理布局、有利流通、促进生产、方便群众、便于检疫和管理”的原则，由省、自治区、直辖市人民政府结合本地实际情况作出设置屠宰场（厂、点）的规划和布局，屠宰场（厂、点）的具体定点由市（包括直辖市、省直辖市、县级市）、县人民政府组织内贸、农牧以及其他有关部门确定。

三、关于生猪检疫问题。生猪检疫是政府行为，生猪屠宰检疫是生猪检疫的重要组成部分，由农牧部门主管生猪检疫工作的监督管理，农牧部门的畜禽防疫监督机构实施对生猪的检疫。考虑到历史及现实情况，对农业部、国内贸易部协商确定范围内的屠宰厂、肉联厂，市、县人民政府在定点时经审查认定符合下列条件并依法取得动物防疫合格证的，由各该屠宰厂或者肉联厂对其屠宰的生猪自行负责检疫，并加盖畜禽防疫监督机构统一使用的和本厂的验讫印章：

（一）有取得农牧部门核发的兽医资格证书并与检疫工作量相适应的检疫人员；

（二）有必要的检疫设施、仪器和设备；

（三）有符合规定的无害化处理设施；

（四）有相应的检疫工作制度、管理制度及其保障措施；

（五）国家规定的其他条件。

畜禽防疫监督机构对上述自行负责检疫的屠宰厂、肉联厂，不得以任何形式收取检疫费用，但应加强对其监督检查，必要时可以派动物防疫员驻厂监督，发现其未按规定实施检疫的，有权责令其停止自检、限期改正并依法予以处罚，逾期不改正的，撤销其自检资格。

除上述自行负责检疫的屠宰厂、肉联厂外，市、县人民政府确定的其他屠宰场（厂、点）不得自检，一律由畜禽防疫监督机构实施检疫，加盖畜禽防疫监督机构统一使用的验讫印章，并按照国家规定的标准收取检疫费用。

四、关于生猪屠宰加工冷藏业的行业管理问题。国内贸易部主管全国的生猪屠宰加工冷藏业的行业管理，负责制订行业发展规划、操作规程、技术要求等，进行宏观指导，并会同农牧、卫生、工商、环保、劳动安全等部门按照职责分工进行监督检查。根据现实情况，县及县以上屠宰厂、肉联厂的屠宰加工冷藏业的行业管理由内贸部门具体负责；县以下乡镇屠宰厂、肉联厂及其他屠宰场（厂、点）的行业管理由农牧部门具体负责，并接受内贸部门依法进行的监督检查。对达不到规定条件的屠宰场（厂、点），要限期整顿，需要取消其经营资格的，要报经确定该屠宰场（厂、点）的市、县人民政府批准。

五、需要明确的几个问题：

（一）要区分屠宰检疫与食品卫生检验。生猪屠宰检疫工作由农牧部门主管，猪肉食品卫生检验工作由卫生部门主管。

（二）要区分屠宰检疫与肉品品质检验。生猪屠宰检疫是政府行为，由畜禽防疫监督机构实施（包括由屠宰厂、肉联厂按照规定实施自检）；肉品品质检验是企业行为，由屠宰厂、肉联厂按照国家有关规定自行实施，并依法接受政府有关部门的监督。

（三）为保证法规、政令的统一，国务院过去发布的有关文件和农业部、国内贸易部下发的有关文件，凡与本通知不一致的，以本通知为准。今后，有关生猪屠宰检疫管理体制问题，一律由国务院法制局负责提出解释意见，报国务院审批同意后下发执行。

一九九六年九月二十八日

兽药管理条例

（1987年5月21日国务院发布）

第一章 总 则

第一条 为加强兽药监督管理，保证兽药质量，有效防治畜禽等动物疾病，促进畜牧业的发展和维护人体健康，特制定本条例。

第二条 兽药的生产、经营和使用，必须保证质量，确保安全有效。

第三条 国务院农牧行政管理机关主管全国的兽药管理工作，县以上农牧行政管理机关主管所辖地区的兽药管理工作。

第四条 凡从事兽药生产、经营和使用者，应当遵守本条例的规定。

第二章 兽药生产企业的管理

第五条 兽药生产企业必须具备下列条件：

（一）具有与所生产的兽药相适应的助理工程师、助理兽医师以上技术职务的技术人员及技术工人；

(二)具有与所生产的兽药相适应的厂房、设施和卫生环境;

(三)具有符合国家劳动安全、卫生标准的设施及条件;

(四)具有质量检验机构和专职检验人员及必要的仪器设备;

(五)非专门生产兽药的企业兼产兽药者,必须有单独的兽药生产区。

第六条 开办兽药生产企业,必须由企业所在地县以上农牧行政管理机关审核同意,经省、自治区、直辖市农牧行政管理机关审核批准,发给《兽药生产许可证》。兽药生产企业持《兽药生产许可证》向当地工商行政管理机关申请登记,经批准后领取《营业执照》。

《兽药生产许可证》应当规定有效期,期满经重新审查合格后发证。

第七条 兽药生产企业必须按照技术规程进行生产,生产记录必须完整、准确,所需的原料、辅料及直接接触兽药的容器和包装材料,必须符合药用要求。

第八条 兽药包装必须贴有标签,注明“兽用”字样,并附有说明书。标签或者说明书上必须注明商标、兽药名称、规格、企业名称、产品批号和批准文号,写明兽药的主要成分、含量、作用、用途、用法、用量、有效期和注意事项等。

第九条 兽药分装必须有完整、准确的分装记录,在包装上注明兽药名称、规格、企业名称、产品批号、批准文号。分装单位和分装批号,并附有说明书。规定有效期的兽约,分装后必须注明有效期。

第十条 兽药出厂前必须经过质量检验,不符合质量标准的不得出厂。

兽药出厂时必须附有产品质量检验合格证,无合格证的,兽药经营企业不得收购,需用者不得购买。

第三章 兽药经营企业的管理

第十一条 兽药经营企业必须具备下列条件:

(一)具有与所经营的兽药相适应的兽药技术人员;

(二)具有与所经营的兽药相适应的营业场所、设备、仓库设施。

第十二条 开办兽药经营企业,必须由企业的上级主管部门审查同意,经县以上农牧行政管理机关批准后,发给《兽药经营许可证》。兽药经营企业持《兽药经营许可证》向当地工商行政管理机关申请登记,经批准后领取《营业执照》。

《兽药经营许可证》应当规定有效期,期满经重新审查合格后发证。

第十三条 收购兽药必须进行质量验收。质量不合格的,不得收购。

第十四条 贮存兽药必须建立和执行仓储保管制度,确保兽药的质量和安全。

第十五条 销售兽药必须保证质量,核对无误,并能正确说明兽药的作用、用途、用法、用量和注意事项。

第十六条 在城乡集市贸易市场经营兽药的,必须持有《兽药经营许可证》和《营业执照》。

第四章 兽医医疗单位的药剂管理

第十七条 兽医医疗单位必须配备与其医疗任务相适应的兽药、兽医技术人员,建立健全兽药管理制度,加强药剂管理。

第十八条 兽医医疗单位配制兽药制剂,必须具有保证制剂质量的设施、检验仪器,并经所在省、自治区、直辖市农牧行政管理机关审查批准,发给《兽药制剂许可证》。

《兽药制剂许可证》应当规定有效期,期满经重新审查合格后发证。

第十九条 兽医医疗单位配制的兽药制剂,必须达到合格标准,方可供本单位临床及其所负责的医疗区域使用,但不得在市场销售。

第二十条 兽医医疗单位购进的兽药,必须执行质量验收制度,不合格的不得使用。

为方便农牧民购买兽药,兽医医疗单位可以兼营兽药零售业务。

第五章 新兽药审批和进出口兽药管理

第二十一条 兽药的标准分国家标准、专业标准和地方标准。

生产已有国家标准、专业标准或者地方标准的兽药,必须经省、自治区、直辖市农牧行政管理机关审核批准,并发给批准文号。

第二十二条 国家鼓励研究、创制新兽药。

研制新兽药,必须向国务院农牧行政管理机关报送研制方法、生产工艺、质量标准、药理、毒理、临床试验报告、对环境影响的报告书及污染防治措施等有关资料和新兽药样品。新兽药经中国兽药监察所进行复核、鉴定,证明安全有效,由国务院农牧行政管理机关审核批准,列为国家标准或者专业标准,发给《新兽药证书》。无《新兽药证书》的,不得列为正式科研成果或者进行技术转让。

第二十三条 研制兽药新制剂,必须向所在省、自治区、直辖市农牧行政管理机关报送新制剂的配方及配制工艺、质量标准、临床试验报告等资料,经省、自治区、直辖市兽药监察所复核、鉴定,证明安全有效,由省、自治区、直辖市农牧行政管理机关审核批准,列为地方标准。

第二十四条 生产新兽药和兽药新制剂,必须经省、自治区、直辖市兽药监察所检验合格,由省、自治区、直辖市农牧行政管理机关批准,发给批准文号。

第二十五条 进口兽药,必须经国务院或者省、自治区、直辖市农牧行政管理机关审查批准,发给《进口兽药许可证》,并经省、自治区、直辖市或者国务院农牧行政管理机关指定的兽药监察所检验合格后,方可进口。

第二十六条 我国首次进口外国企业生产、经营的某种兽药时,出售兽药的外国企业还必须向国务院农牧行政管理机关申请检验、登记,并提供该兽药的质量标准、检验方法、药理和毒理试验结果、临床试验报告、使用说明书等资料和出口国(地区)批准生产或者销售的证明文件,经检验、审查,证明安全有效,发给《进口兽药登记许可证》。

第二十七条 进口、出口兽用麻醉药品和精神药品,必须持有国务院卫生行政部门核发的《进口准许证》、《出口准许证》。

第六章 兽药监督

第二十八条 禁止生产、经营假兽药。有下列情形之一的为假兽药:

(一)以非兽药冒充兽药的;

(二)兽药所含成分的种类、名称与国家标准、专业标准或者地方标准不符合的。

禁止生产、经营有下列情形之一的兽药:

(一)未取得批准文号的;

(二)国务院农牧行政管理机关明文规定禁止使用的。

第二十九条 禁止生产、经营劣兽药。有下列情形之一的兽药为劣兽药:

(一)兽药成分含量与国家标准、专业标准或者地方标准规定不符合的;

(二)超过有效期的;

(三)因变质不能药用的;

(四)因被污染不能药用的;

(五)其他与兽药标准规定不符合,但不属于假兽药的。

第三十条 县以上农技行政管理机关行使兽药监督管理权。

国家和省、自治区、直辖市的兽药监察机构,以及经省、自治区、直辖市人民政府批准设立的城市兽药监察机构,协助农牧行政管理机关,分别负责全国和本辖区的兽药质量监督、检验工作。

第三十一条 各级农牧行政管理机关对已经批准生产的兽药,应当经常组织调查、验证、审评,对疗效不确、不能保证用药安全的,应当撤销其批准文号。被撤销批准文号的兽药,不得继续生产或者经营。

第三十二条 县以上农牧行政管理机关选任兽药监督员。兽药监督员必须由兽药、兽医技术人员担任,凭所在人民政府发给的《兽药监督员证》开展工作。

兽药监督员有权按照本条例规定,对辖区内的兽药生产、经营和使用单位的兽药质量进行监督、检查,必要时可以按照规定抽取样品和索取必需的资料,有关单位不得拒绝和隐瞒。兽药监督员对兽药生产和科研单位提供的技术资料,负有保密义务。

第三十三条 兽药生产企业、经营企业和兽医医疗单位,应当经常检查本单位所生产、经营和使用的兽药质量、疗效和安全性。

兽药使用单位发现兽药中毒事故,必须及时向当地农牧行政管理机关报告。

第三十四条 兽药生产企业和兽药经营企业的兽药检验机构或者人员,受当地兽药监察所的业务指导。

第三十五条 兽用麻醉药品、精神药品、毒性药品和放射性药品等特殊药品,按照国家有关规定进行管理。

第七章 兽药的商标和广告管理

第三十六条 兽药商标应当按照国家商标法规的规定,进行登记注册。

注册商标必须在兽药的包装、标签、说明书上标明,并注明“注册商标”字样或者注册标记。

第三十七条 兽药广告必须经省、自治区、直辖市农牧行政管理机关审查批准。未经批准的,不得刊登、设置、印刷、播放、散发和张贴。

第三十八条 兽药广告的内容必须以国务院农牧行政管理机关或者省、自治区、直辖市农牧行政管理机关批准的说明书为准。

兽用麻醉药品和精神药品,不得进行广告宣传。

第三十九条 外国企业在我国申请办理兽药广告,必须持有国务院农牧行政管理机关核发的《进口兽药登记许可证》,并提供兽药说明书。

第八章 罚 则

第四十条 对生产、经营假兽药或者违反本条例第二十八条第二款规定的,令其停止生产、经营该兽药,没收其药物和非法收入,处以罚款;并可以责令该企业停产、停业整顿或者吊销《兽药生产许可证》、《兽药经营许可证》、《兽药制剂许可证》。

第四十一条 对生产、经营劣兽药的,令其停止生产、经营该兽药,没收其药物和非法收入,可以并处罚款,情节和后果严重的,可以责令该企业停产、停业整顿或者吊销《兽药生产许可证》、《兽药经营许可证》、《兽药制剂许可证》。

第四十二条 未取得《兽药生产许可证》、《兽药经营许可证》、《兽药制剂许可证》,擅自生产、经营兽药或者配制兽药制剂的,责令其停产、停业或者停止配制兽药制剂,没收全部兽药和非法收入,可以并处罚款。

第四十三条 违反本条例关于兽药进口有关规定

的，根据情节轻重，予以警告或者没收该兽药；擅自销售的，没收非法收入、处以罚款。

第四十四条　对生产、经营假、劣兽药或者违反本条例第二十八条第二款规定负有责任的人员，由其所在单位或者上级主管机关予以行政处分；情节和后果严重、依照《中华人民共和国刑法》规定构成犯罪的，由司法机关依法追究刑事责任。

第四十五条　本条例规定的行政处罚，由县以上农牧行政管理机关决定。但是，违反本条例第十六条和第七章规定应当予以行政处罚的；根据本条例第四十三条的规定应当没收非法收入和处以罚款的；在兽药的生产或者经营中违反《工业产品质量责任条例》有关规定，应当没收非法收入和处以罚款的，由工商行政管理机关决定，农牧行政管理机关协助查处。

罚款和没收的非法收入一律上缴国库。没收的假、劣药物以及国家明文规定禁止使用的其他药物，由农牧行政管理机关负责销毁。

第四十六条　当事人不服行政处罚决定的，可以在接到处罚决定通知之日起15天内向人民法院起诉。但是，对农牧行政管理机关作出的兽药控制的决定，当事人必须执行。对处罚决定不履行，期满又不起诉的，由作出行政处罚决定的机关申请人民法院强制执行。

第四十七条　违反本条例规定，造成中毒事故或者对畜禽等动物造成其他危害后果的，致害单位或者个人应当承担赔偿责任。受害的一方可以请求县以上农牧行政管理机关处理。当事人对处理决定不服的，可以在接到通知之日起15天内向人民法院起诉。

受害的一方也可以直接向人民法院起诉。

赔偿的请求，应当从受害一方知道或者应当知道其权利被侵害之日起1年内提出；超过期限的，不予受理。

第九章　附　　则

第四十八条　本条例下列用语的含义是：

（一）畜禽等动物　指家畜、家禽、鱼类、蜜蜂、蚕及其他人工饲养的动物。

（二）兽药　指用于预防、治疗、诊断畜禽等动物疾病，有目的地调节其生理机能并规定作用、用途、用量的物质（含饲料药物添加剂）。包括：

1. 血清、菌（疫）苗、诊断液等生物制品；

2. 兽用的中药材、中成药、化学原料药及其制剂；

3. 抗生素、生化药品、放射性药品。

（三）新兽药　指我国新研制出的兽药原料药品。

（四）兽药新制剂　指用兽药原料药品新研制、加工出的兽药制剂。

第四十九条　本条例的实施细则，由国务院农牧行政管理机关会同国家工商行政管理机关制定。

第五十条　本条例由国务院农牧行政管理机关负责解释。

第五十一条　本条例自1988年1月1日起施行，国务院1980年8月26日批转的《兽药管理暂行条例》同时废止。

兽药管理条例实施细则

（1988年6月30日农业部发布，
1993年7月31日修订，
1998年1月5日根据农业部第28号令修改发布）

第一章　总　　则

第一条　根据《兽药管理条例》第四十九条的规定，制定本细则。

第二条　凡从事兽药生产、经营、使用、研究、宣传、检验、监督管理活动者，都必须遵守本细则的规定。

第三条　国家对兽药生产、经营、进口及医疗单位配制兽药制剂实行许可制度。未经许可，禁止生产、经营、进口兽药及配制兽药制剂。

第二章　兽药生产企业的管理

第四条　兽药生产企业系指专门生产兽药的企业和兼产兽药的企业，包括上述企业的分厂及生产兽药的各种形式的联营企业和中外合资经营企业、中外合作经营企业、外资企业。

第五条　开办生产兽用生物制品的企业，必须由所在省、自治区、直辖市农业（畜牧）厅（局）审查同意，报农业部审核批准。

第六条　新建、扩建、改建的兽药生产企业，必须符合农业部制定的《兽药生产质量管理规范》的规定。

现有兽药生产企业应按照《兽药生产质量管理规范》规定的要求，订出规划，报所在省、自治区、直辖市农业（畜牧）厅（局）审查批准，逐步实施。

第七条　兽药生产企业必须具备能对所生产的兽药进行质量检验的机构和人员，并有相应的仪器和设备。兽药质量检验机构不得附设于企业生产技术机构之内。

第八条　兽药生产企业生产的每个兽药品种，必须按照农牧行政管理机关核定的兽药质量标准和工艺规程进行生产。凡改变生产工艺规程、处方、剂型、用途、用法、用量、规格的，必须按原报批程序向农牧行政管理机关提出申请，经批准后，方可进行生产。

第九条　兽药生产企业必须有完整的生产记录和检验记录，并至少保存三年。

第十条　兽药的标签必须按规定的格式和内容印制。兽药的主要成分系指有药效的成分。凡超过一定时间可能降低药效的兽药，必须注明有效期。

第十一条　兽用麻醉药品、精神药品、毒性药品、放射性药品和外用药品的标签和外包装，必须按统一规定的标志印制。

第十二条　兽药内外包装必须符合保证兽药质量、贮存、运输和使用的要求。凡封签、标签缺损，包装破损的，不准出厂。

第十三条　兽药的封签、标签和包装禁止转让和出售。

第十四条　兽药出厂前必须经过本企业药检机构的检验，符合质量标准的应当在内包装上附有检验合格标志，在包装箱内附有检验合格证。不符合质量标准的，不得出厂。

第三章　兽药经营企业的管理

第十五条　兽药经营企业系指专营兽药的企业和兼营兽药的企业，包括批发、零售公司或商店及经营进出口业务的企业。

第十六条　兽药经营企业内，直接从事兽药采购、保管、销售、调剂、检验业务的，应是药剂士、兽医技术员以上的技术人员。非药学、兽医学技术人员必须经核发《兽药经营许可证》的农牧行政管理机关或其指定的单位，进行兽药经营知识考核合格后，方准从事兽药经营业务活动。

第十七条　兽药经营企业和兽医医疗单位购进兽药，必须进行检查验收。检查验收内容包括：兽药名称、规格、生产企业、生产批号、有效期、检验合格证、批准文号、包装以及外观质量等。

第十八条　兽药经营企业收购、保管、销售兽药，必须建立健全质量检查和入库验收、在库保管、出库验发、销售核对等制度。

第四章　兽医医疗单位的药剂管理

第十九条　兽医医疗单位的兽药制剂室应具有保证制剂质量的设备、环境，有相应的质量检验设备和药检技术人员。

第二十条　兽医医疗单位配制的兽药制剂品种，必须报所在省、自治区、直辖市农业（畜牧）厅（局）备案。

第二十一条　配制兽药制剂要严格执行操作规程、质量检验和卫生制度。每批制剂都必须有详细完整的配制记录和检验记录，经检验合格的，签发合格证，不合格的不准使用。

第五章　《兽药生产许可证》、《兽药经营许可证》、《兽药制剂许可证》的审批程序

第二十二条　开办兽药生产企业，除按照国家规定履行基本建设报批程序以外，必须按下列规定履行报批程序：

（一）由企业或者企业主管部门向企业所在县以上农业（畜牧）厅（局）申报，经审查同意后，送省、自治区、直辖市农业（畜牧）厅（局）审核；

（二）经所在省、自治区、直辖市农业（畜牧）厅（局）审核批准，发给《兽药生产许可证》；

（三）兽药生产企业持《兽药生产许可证》和有关文件、材料，向当地工商行政管理局申请登记，经核准后领取营业执照。

从事兽药生产的中外合资经营企业、中外合作经营企业、外资企业办理《兽药生产许可证》的报批程序，按专项规定执行。

受理审查、审核的农牧行政管理机关应当在收到全部申报材料后的一个月内作出是否同意或批准的决定。

第二十三条　生产兽用生物制品的企业，经农业部批准后，再由企业所在省、自治区、直辖市农业（畜牧）厅（局）发给《兽药生产许可证》。

第二十四条　兽药经营企业按以下规定申请办理《兽药经营许可证》：

（一）省级以上各部门所属的兽药经营企业，由其主管部门审查同意，经所在省、自治区、直辖市农业（畜牧）厅（局）审核批准发给《兽药经营许可证》；

（二）市（地）、县（区）各部门所属的兽药经营企业，由其主管部门审查同意，经所在地同级农业（畜牧）局审核批准发给《兽药经营许可证》；

（三）县以下（包括个体）兽药经营者，经县农业（畜牧）局审核批准发给《兽药经营许可证》；

（四）经营兽药进出口业务的企业，由国务院或所在省、自治区、直辖市对外经济贸易行政管理机关审查批准，经所在省、自治区、直辖市农业（畜牧）厅（局）审核批准发给《兽药经营许可证》。

兽药经营企业或个体兽药经营者持《兽药经营许可证》向当地工商行政管理局申请登记，经核准后领取营业执照。

受理审查、审核的农牧行政管理机关应当在收到全部申报材料后的一个月内作出是否批准的决定。

第二十五条　兽医医疗单位开设兽药商店经营兽药批发零售业务或在城乡集市贸易市场上销售兽药的，必须按规定领取《兽药经营许可证》和营业执照。

第二十六条　兽药零售企业及个体兽药经营者的《兽药经营许可证》在发证机关的辖区内有效。

第二十七条　兽医医疗单位配制兽药制剂必须向所在省、自治区、直辖市农业（畜牧）厅（局）申请，经审查批准后发给《兽药制剂许可证》。

受理审查的农牧行政管理机关应在收到全部申报材料后一个月内作出是否批准的决定。

第二十八条　《兽药生产许可证》的有效期为五年，《兽药经营许可证》、《兽药制剂许可证》的有效期为

三年,自批准之日算起。上述许可证期满后需申领新证的,兽药生产、经营企业和兽医医疗单位应在期满前六个月内,持原证重新申请。重新申请的程序与原申请的程序相同。

第二十九条 《兽药生产许可证》、《兽药经营许可证》、《兽药制剂许可证》按农业部统一制定的格式印制。

第三十条 发证与换发新证的具体管理按"核发《兽药生产许可证》、《兽药经营许可证》、《兽药制剂许可证》管理办法"的规定办理。

第六章 兽药的标准与批准文号

第三十一条 兽药的标准分为:

(一)国家标准:即《中华人民共和国兽药典》、《兽药规范》,由兽药典委员会制定、修订,农业部审批、发布。

(二)专业标准:即《兽药质量标准》,由中国兽药监察所制定、修订,农业部审批、发布。

(三)地方标准:即省、自治区、直辖市《兽药制剂标准》,由省、自治区、直辖市兽药监察所制定,省、自治区、直辖市农业(畜牧)厅(局)审批、发布。

第三十二条 对新兽药实行生产期保护。凡经批准的新兽药,如未得到原研制单位的技术转让,在保护期(含试生产期)内不得移植生产。

第三十三条 第一、二类新兽药经批准后,须进行试生产,试产期为两年。生产企业试生产前,必须向农业部中报,经审核批准后发给试生产批准文号。

第三十四条 兽药生产企业申请批准文号,应向所在省、自治区、直辖市兽药监察所送交检验样品和必要的资料,兽药监察所应当及时提出检验报告送交负责审核的农业(畜牧)厅(局),农业(畜牧)厅(局)应在收到检验报告后的一个月内作出是否发给批准文号的决定。

第三十五条 兽药的批准文号有效期为五年,期满前六个月内,兽药生产企业应向原审批机关办理再注册。停产三年以上的兽药品种,原批准文号作废。

第三十六条 禁止生产、经营、使用无批准文号的兽药。

第七章 新兽药审批

第三十七条 国家鼓励研究、创制新兽药。凡有条件的科研单位、高等院校、兽药生产企业、医疗单位和个人,都可以从事新兽药研制。

第三十八条 农业部设立兽药审评委员会,委员会的成员由科研、管理、生产、教学、医药等方面的专家组成。

兽药审评委员会的职责是:

(一)对新兽药进行审评;

(二)对国外申请注册兽药进行评议;

(三)对已生产的兽药进行再评价。

第三十九条 新兽药、兽药新制剂及兽用新生物制品的审批和具体管理,按《新兽药及兽药新制剂管理办法》、《兽用新生物制品管理办法》的规定办理。

第八章 进出口兽药管理

第四十条 外国企业首次向我国出口的兽药,必须向农业部申请注册,取得《进口兽药登记许可证》。

第四十一条 《进口兽药登记许可证》只对该证载明的兽药品种和生产企业有效。

《进口兽药登记许可证》有效期为五年。如继续在中国销售,应于期满前六个月内向原发证机关申请再注册。

第四十二条 农业部定期公布外国企业已办理注册的兽药品种目录。

第四十三条 对外国企业申请注册的兽药,由农业部指定质量复核单位和临床试验单位负责质量复核试验和临床药效试验。

第四十四条 凡进口已取得《进口兽药登记许可证》的兽药品种,进口单位必须向所在省、自治区、直辖市农业(畜牧)厅(局)申报,经审查批准发给《进口兽药许可证》。

进口菌(疫)苗、诊断液、血清等生物制品,经所在省、自治区、直辖市农业(畜牧)厅(局)审查同意,报农业部审核批准发给《进口兽药许可证》。

第四十五条 少量进口属生产紧急需要并且是自用的以及科学研究、试验中所需要的未取得《进口兽药登记许可证》的兽药品种,进口单位必须向农业部申报,经审查批准发给《进口兽药许可证》。地方所属单位进口须先经省、自治区、直辖市农业(畜牧)厅(局)审核同意。

第四十六条 兽药进口单位应按《进口兽药许可证》规定的品名、规格、数量、日期和生产厂家进口。

第四十七条 对进口兽药实施强制检验。海关凭农业部指定的口岸兽药监察所在"进口货物报关单"上加盖的"已接收报验"的印章验放。

在口岸兽药监察所未出具质量检验报告前,进口兽药不得销售、使用。

第四十八条 出口兽药须符合进口国的质量要求。如对方要求出具政府批准生产的证件或质量检验合格证明,应由出口兽药厂所在省、自治区、直辖市农业(畜牧)厅(局)、兽药监察所提供。

第四十九条 《进口兽药登记许可证》、《进口兽药许可证》的申报、审批程序和具体管理,按《进口兽药管理办法》的规定办理。

第九章 饲料药物添加剂管理

第五十条 凡含有药物的饲料添加剂,均按兽药进行管理。

饲料药物添加剂必须按农业部发布的饲料药物添加剂允许使用品种及标准的规定进行生产、经营和使用。

第五十一条 药品不得直接加入饲料中使用,必须将药物制成预混剂。

预混剂应规定载体、稀释剂和分散剂的品种。生产企业应将配方、生产工艺、质量标准按兽药制剂的申报程序,报省、自治区、直辖市农业(畜牧)厅(局)审查批准发给批准文号后,方准生产。

第五十二条 预混剂有效成分的配方必须在标签上注明。规定停药期的,应当在标签或说明书上注明。

第五十三条 饲料药物添加剂使用的药物,必须符合兽药标准的规定。由两种以上药物制成的饲料添加剂,必须符合药物配伍规定。

第十章 兽药监督

第五十四条 农业部设立中国兽药监察所;省、自治区、直辖市农业(畜牧)厅(局)设立省、自治区、直辖市兽药监察所;根据需要,经省、自治区、直辖市农业(畜牧)厅(局)审查同意,省、自治区、直辖市人民政府批准,计划单列城市、市(地)农业(畜牧)局可设立市(地)兽药监察所。

第五十五条 各级农牧行政管理机关设立的兽药监察所是国家对兽药质量进行监督、检验、鉴定的法定专业技术机构。中国兽药监察所负责兽药质量检验、鉴定的最终裁决。

第五十六条 兽药监督员是在各级农牧行政管理机关领导下代表政府对兽药进行监督、检查的专业执法人员。兽药监督员的名额要与辖区内兽药监督管理工作任务相适应。兽药监督员执行兽药监督任务时,要佩戴"中国兽药监督"的标志并出示《兽药监督员证》。

第五十七条 对已批准生产的兽药,如发现疗效差、毒副反应大或有其他原因危害人畜健康,应及时报农业部,提交兽药审评委员会评价。

第五十八条 兽药广告宣传必须遵守国家广告管理法律、法规和《兽药管理条例》的有关规定。兽药广告的审批及具体管理,按《兽药广告审查办法》及《兽药广告审查标准》办理。

第十一章 罚 则

第五十九条 违反兽药管理规定的行政处罚有警告、责令停产或停业整顿、没收兽药和非法收入、罚款、吊销"许可证"、吊销营业执照。行政处罚由县以上农牧行政管理机关或工商行政管理机关按《兽药管理条例》第四十五条规定的职责范围分别决定,并出具书面处罚通知。

第六十条 违反《兽药管理条例》第二十八条第二款规定的,按假兽药处理。

第六十一条 对生产、销售假兽药的,没收假兽药和非法收入,处以违法所得2~3倍的罚款,但最高不得超过3万元。并可以责令该企业停产、停业整顿或者吊销《兽药生产许可证》、《兽药经营许可证》、《兽药制剂许可证》。

第六十二条 对生产、销售劣兽药的,没收劣兽药和非法收入,并可以处以违法所得1~2倍的罚款,但最高不得超过25 000元。情节和后果严重的,可以责令该企业停产、停业整顿或者吊销《兽药生产许可证》、《兽药经营许可证》、《兽药制剂许可证》。

第六十三条 对未取得《兽药生产许可证》、《兽药经营许可证》、《兽药制剂许可证》生产、经营兽药及配制兽药制剂的,除责令其停产、停业、停止配制制剂外,没收全部兽药和非法收入,并可处以违法所得2~3倍的罚款,但最高不得超过3万元。

第六十四条 查处违反《兽药管理条例》和本细则规定的单位和个人的罚款以及没收的非法收入,按照国家财政部门的有关规定办理。查处案件所需的办案费用,报同级财政部门审核核拨。

第六十五条 兽药监督及检验人员利用职权,勒索财物,徇私舞弊,收受贿赂或者编造检验结果的,根据情节由农牧行政管理机关给予行政处分;情节严重构成犯罪的,送交司法机关依法追究刑事责任。

第十二章 附 则

第六十六条 兽药审批、监督、检验需要收取费用的,交纳单位应按《兽药审批监督检验收费标准》交纳费用。

第六十七条 实施《兽药管理条例》的单项管理办法由农业部制定、发布,并作为本细则的组成部分。

第六十八条 本细则由农业部负责解释。

第六十九条 本细则自发布之日起施行。

兽用生物制品管理办法

(1996年5月28日农业部发布)

第一章 总 则

第一条 为进一步加强兽用生物制品管理工作,根据《兽药管理条例》、《兽药管理条例实施细则》制定本办法。

第二条 凡在我国境内从事研究、生产、经营、使用兽用生物制品的单位和个人必须遵守本办法规定。

第三条 兽用生物制品包括疫(菌)苗、毒素、类毒素、免疫血清、血液制品、诊断抗原、单克隆抗体、微生态制剂等。其中疫(菌)苗、毒素、类毒素为预防用生物制品。

农业部根据需要可以增减预防用生物制品管理的

品种。

第四条　农业部负责全国兽用生物制品的管理工作。县以上农牧行政管理机关负责辖区内兽用生物制品的管理工作。县以上动物防疫机构负责组织辖区内预防用生物制品的订购和供应工作。

第二章　生产管理

第五条　新开办兽用生物制品生产企业(含省以上农业科研、教学单位的生物制品生产车间和三资企业,下同)必须先将所在地的省、自治区、直辖市农牧行政管理机关(以下简称省级农牧行政管理机关)提出的审查意见,报农业部审核同意后方可立项。

经批准的项目均按农业部颁布的《兽药生产质量管理规范》(以下简称 GMP)规定设计和施工。企业建成后由农业部组织有关部门进行联合验收。验收合格的,由省级农牧行政管理机关核发《兽药生产许可证》。

第六条　现有兽用生物制品厂应按照 GMP 要求进行技术改造。

第七条　农业科研、教学单位生产兽用生物制品必须遵守《生物制品生产车间管理办法》的规定,符合《生物制品生产车间管理办法》规定条件的,经农业部批准后,由所在省级农牧行政管理机关发给《兽药生产许可证》;1996 年底前验收达不到《生物制品生产车间管理办法》规定条件的,按本办法第五条办理。

第八条　兽用生物制品生产企业生产的兽用生物制品必须取得产品批准文号。严禁生产无批准文号的兽用生物制品。

第九条　未经农业部批准,未取得生产生物制品的《兽药生产许可证》的单位和个人,不得从事兽用生物制品的生产。

第十条　兽用生物制品生产企业必须严格按兽用生物制品国家标准和农业部颁发的质量标准进行生产和检验。

第十一条　提倡和鼓励研究单位通过有偿转让、有偿服务或技术入股等多种形式与兽用生物制品生产企业联合生产兽用生物制品。

第十二条　用于紧急防疫的兽用生物制品,由农业部安排生产或组织进口。严禁任何部门或单位以"紧急防疫"等名义安排生产或组织进口兽用生物制品。

第三章　经营管理

第十三条　预防用生物制品由县以上动物防疫机构在辖区内组织供应,跨省订购由省级动物防疫机构负责。严禁地(市)、县动物防疫机构及乡镇畜牧兽医站跨省、跨地区订购。

第十四条　兽用生物制品生产企业生产的预防用生物制品必须直供省级动物防疫机构。

大型畜禽饲养场除向所在地动物防疫机构订购预防用生物制品外,也可直接向兽用生物制品生产企业订购本单位自用的预防用生物制品,但必须向当地县以上动物防疫机构申报备案。

第十五条　县以上动物防疫机构负责组织预防用生物制品逐级订购、分发和周转贮存。

第十六条　县以上动物防疫机构对预防用生物制品在购进及使用前必须核查制品的包装质量、生产单位、批准文号、产品生产批号、出厂日期、有效日期、产品出厂检验报告单、进货渠道等,并对产品进行质量检测,质量检测结果应有书面记录。

第十七条　县以上动物防疫机构应具备与供应品种相适应的冷藏条　件。在组织供应预防用生物制品前必须取得《兽药经营许可证》,《兽药经营许可证》由省级农牧行政管理机关核发。

第十八条　经营非预防用生物制品的企业也应具备相应的冷藏条件。经营单位由省级农牧行政管理机关审批和核发《兽药经营许可证》,《兽药经营许可证》应注明经营范围和品种类别。

第四章　新生物制品管理

第十九条　兽用新生物制品的研究、中试及区域试验,必须严格遵守《兽用新生物制品管理办法》的规定。严禁未经试验所在省级农牧行政管理机关批准擅自用"中试产品"名义,进行区域试验。

第二十条　省级农牧行政管理机关批准区域试验时,必须注明试验范围和试验期限,并报农业部备案。区域试验由试验所在地县以上动物防疫机构负责监督实施。

第五章　进出口管理

第二十一条　进口兽用生物制品,必须是已在我国注册登记的产品,并按《进口兽药管理办法》的规定获得农业部发给的《进口兽药许可证》后,方可签订合同,严禁未经农业部批准擅自进口兽用生物制品。

第二十二条　进口兽用生物制品由省级动物防疫机构或省级农牧行政管理机关指定的一家单位统一组织;大型畜禽饲养场也可按规定的程序进口本场自用的兽用生物制品,但必须报省级动物防疫部门备案。

进口兽用生物制品必须按《进口兽药许可证》指定的口岸和数量进货,由接受报验的口岸兽药监察所核对数量并逐瓶粘贴专用标志。专用标志由中国兽药监察所统一制作、发放。

第二十三条　除省级动物防疫机构或省级农牧行政管理机关指定的一家单位外,国内任何单位、外企驻中国办事机构均不得从事进口兽用生物制品的经销活动。

第二十四条　出口兽用生物制品,生产企业必须提出申请,由中国兽药监察所提出意见,经农业部批准后,方可对外签订合同,出口产品。

第六章 使用管理

第二十五条 兽用生物制品的使用必须在兽医人员指导下进行。任何使用单位和个人不准使用、转让和出售失效、变质和过期生物制品。

第二十六条 严禁订购和使用无批准文号的兽用生物制品。

第二十七条 严禁推广未取得《新兽药证书》和批准文号的兽用新生物制品。

第二十八条 兽用生物制品在使用过程中出现产品质量及技术问题,用户应及时向县以上农牧行政管理机关和动物防疫机构报告。

第七章 质量管理

第二十九条 中国兽药监察所负责全国兽用生物制品质量监督工作。县以上兽药监察所负责本辖区的兽用生物制品生产、流通、使用中的质量监督工作。

第三十条 兽用生物制品生产企业应设立质量检验机构,配备必须的检验设备和技术人员,严格按照国家标准从事生产和检验,严禁出售不合格产品。

第三十一条 新开办的农业科研、教学单位的生物制品生产车间和三资企业生产的兽用生物制品,必须将每批产品的样品和质量检验结果报中国兽药监察所,待取得中国兽药监察所的允许销售通知后,方可按本办法第三章的规定销售。

每批产品的样品可以每十五日集中寄送一次。

第三十二条 中国兽药监察所必须在接到质量检验报告7日内,接到样品二个月内签发允许销售通知、销毁通知或待检通知。

第三十三条 对非法生产、经营兽用生物制品的单位和个人,县以上农牧行政管理机关可依照《兽药管理条例》及其《兽药管理条例实施细则》的有关规定予以处罚。

第八章 附　　则

第三十四条 本办法由农业部负责解释。

第三十五条 本办法自1996年10月1日起实施。农业部1994年2月26日发布的《兽用生物制品管理规定》同时废止。凡我部及有关司(局、办)以前发文与本办法内容不一致的,以本办法为准。

进口兽药管理办法

(1998年1月5日农业部发布)

第一章 总　　则

第一条 为加强对进口兽药的监督管理,保证进口兽药的质量和安全有效,根据《兽药管理条例》的规定,特特定本办法。

第二条 农业部主管全国的进口兽药监督管理工作,县级以上地方人民政府畜牧兽医行政管理部门主管本辖区的进口兽药监督管理工作。

第三条 进口兽药必须经口岸兽药监察所(以下简称口岸所)检验合格后,方可在国内销售、分装和使用。

第四条 凡向中华人民共和国销售兽药的外国企业及境内从事进口兽药的进口、分装、经营的企业均必须遵守本办法的规定。

第二章 进口兽药的注册

第五条 国家对进口兽药实行注册管理制度。凡外国企业生产的兽药首次向中华人民共和国销售的,必须申请注册,取得《进口兽药登记许可证》。未经注册的兽药,不准在中华人民共和国境内销售、分装、使用和进行商业性宣传。

第六条 《进口兽药登记许可证》只对载明的兽药品种和生产企业有效。

第七条 注册兽药的申请须由外国企业驻中国办事机构或其在中国境内的代理商提出。申请时须将有关资料一式三份报农业部。

第八条 申请注册的兽药分为以下三类:

第一类 中华人民共和国兽药典、兽药规范和农业部专业标准已收载的;

第二类 中华人民共和国兽药典、兽药规范和农业部专业标准未收载,但国外药典、兽药典、副药典或饲料法规已收载的;

第三类 国外药典、兽药典、副药典或饲料法规未收载,但生产国(地区)政府兽药管理机关已批准在本国(地区)生产和销售的,并符合中华人民共和国有关兽药使用规定的。

对上述三类以外的兽药产品不予受理注册。

第九条 注册兽药应填写"进口兽药申请表"并提交下列资料及物品:

一、生产企业所在国(地区)政府签发的企业注册证书和兽药管理机关批准的生产、销售证明以及企业符合兽药生产质量管理规范(GMP)的证明文件。上述证明必须先在企业所在国公证机关办理公证或由企业所在国外交部(或外交部授权的机构)认证,再经中华人民共和国驻企业所在国(地区)使馆(领事馆)确认。

二、兽药的质量标准及检验方法。

三、产品使用说明书。

四、来源和制造方法、稳定性试验资料。

五、临床试验或区域试验。

六、药理学和药代动力学试验。

七、毒理学和特殊毒性(致癌、致畸、致突变)试验。

八、饲料药物添加剂的饲喂试验和动物繁育试验。

九、残留试验、停药期、残留限量标准及残留监测方法。

十、药物不良反应情况。

十一、抗药性情况及抗生素的耐药菌株试验。

十二、影响环境的试验(对植物毒性、鱼类毒性、昆虫毒性及环境污染)。

十三、兽药样品(附检验报告书)、标准品或化学对照品。

供质量复核试验的样品必须来自三个不同的批号,每个批号的样品数量应是检验用量的三至五倍;标准品或化学对照品应是检验用量的五至十倍。

上述各项资料(除一、十三项外)均需提供中文译本。

第十条 注册第一类兽药的,提交一至七项、第十三项资料及物品。

注册第二类兽药的,提交一至九项、第十三项资料及物品。

注册第三类兽药的,提交一至十三项资料及物品。

第十一条 申请注册兽用生物制品的,除提交一至五项、第十三项资料及物品外,还必须根据制品类别提交以下资料:

(一)制品的原材料(包括菌毒种来源、代次和制备方法)标准。

(二)细胞苗的细胞种来源、代次、传代方法、鉴定方法和标准。

(三)活疫苗的组份、配方、特异性和稳定性试验。

(四)定性试验。

(五)灭活疫苗的灭活剂、佐剂的种类及标准。

(六)诊断液的特异性,敏感性及符合率。

以上资料均需提供中文译本。

第十二条 农业部对申请企业提供的资料进行审查,对符合规定的发给"进口兽药注册申请受理通知书"。

第十三条 申请企业接到农业部的"进口兽药注册申请受理通知书"后,提供兽药样品在中华人民共和国境内进行质量复核试验、动物临床药效试验和必要的安全性试验。

第十四条 申请注册第一类兽药一般不进行临床药效试验。但产品组方、剂型、给药途径、适应症与中华人民共和国兽药典、兽药规范和专业标准不符时,则必须进行临床药效试验。

申请注册第二、三类兽药,必须在中国境内进行临床药效试验。

兽用生物制品根据资料审查情况,由农业部决定是否免做部分临床药效试验。

第十五条 申请企业和承担试验单位根据农业部有关临床试验规定共同拟定试验方案,并报农业部批准后方可进行试验。

第十六条 临床药效试验的动物不得少于以下数目:

(一)预防、治疗药:

大家畜 40头

中家畜 60头

小家畜或家禽 100只(羽)

水生动物 1 000尾(只)

蜜蜂 10箱

蚕 10张

(二)抗寄生虫药:

大家畜 60头

中家畜 100头

小家畜或家禽 300只(羽)

水生动物 3 000尾(只)

蜜蜂 20箱

蚕 20张

(三)饲料药物添加剂:

大家畜 100头

中家畜 200头

小家畜或家禽 500只(羽)

水生动物 5 000尾(只)

蚕 40张

(四)生物制品:

大家畜 200头

中家畜 400头

小家畜或家禽 600只(羽)

水生动物 600尾(只)

[注] 大家畜系指牛、马、骡、驴、骆驼等;

中家畜系指猪、羊、犬、鹿、麝、貂、狐、獭等;

小家畜或家禽系指兔、猫、鸡、鸭、鹅、鸽等。

水生动物系指人工水产养殖的鱼、虾、蟹、甲鱼、贝等。

上述动物数目指使用受试药物的动物数。

第十七条 注册第三类兽药,根据申请企业提交的资料情况,由农业部确定是否进行药理、药代动力学、毒理、特殊毒性和繁育试验。

属于第三类兽药的抗寄生虫药、饲料药物添加剂,农业部根据提交的资料情况,确定是否进行残留试验。

第十八条 注册兽用生物制品的,农业部可以根据不同制品的要求确定安全性等试验项目和内容。

第十九条 第十四、十七、十八条所指的试验均须由农业部指定的单位承担。

第二十条 申请企业持"进口兽药注册申请受理通知书"将兽药样品、标准品或化学对照品送农业部指定的兽药监察所进行质量复核试验。

第二十一条 注册产品在审查期间,农业部应派员到生产企业进行考核,该企业须提供考核所需的条件。未经考核或考核不符合要求的，不批准注册。

第二十二条　农业部根据临床药效试验报告、质量复核试验报告、兽药审评委员会的审评意见、生产厂考核报告进行审核，批准注册的，发给《进口兽药登记许可证》。不批准注册的，书面通知申请企业。

第二十三条　《进口兽药登记许可证》自批准之日起有效期为五年。到期时，注册兽药的企业可申请再注册，但必须在《进口兽药登记许可证》失效前六个月持原证向发证机关提出申请，并填写《进口兽药再注册申请表》，提供生产国（地区）最新批准生产和销售的证明文件、产品说明书和产品质量标准，经审核批准后换证。

第二十四条　在《进口兽药登记许可证》有效期内，如生产企业对该兽药在原材料、配方、检验方法、产品规格等方面有更改时，必须及时向农业部申报，并附技术资料。如更改产品名称、变更生产厂名时，需申请换证。

第二十五条　已取得《进口兽药登记许可证》的兽药向中华人民共和国销售时，其包装上应标志《进口兽药登记许可证》编号、产品中英文名称，并附经批准的中文说明书。

第二十六条　农业部定期发布《进口兽药注册目录》。

第三章　进口兽药的经营、分装

第二十七条　进口少量用于科学研究而尚未注册的兽药，需报农业部批准，核发《进口兽药许可证》。未经批准的，不得擅自进口。对养殖业生产急需、国内尚不能满足供应的未注册兽药产品，由使用单位按进口兽药申报程序报农业部审查批准，发给一次性《进口兽药许可证》，该产品只限自用，不得转让、销售。

第二十八条　取得《进口兽药登记许可证》的外国企业在中国销售其产品时必须在中国境内委托合法的兽药经营企业作为其代理商。其中兽用生物制品只能委托一家总代理商进行销售。

第二十九条　外国企业在办理注册过程中必须向农业部提交代理商的有关资料，提交的资料应包括：

1. 代理商名称、地址、邮政编码、联系电话、传真；

2. 代理商的《营业执照》和《兽药经营许可证》复印件；

3. 外国企业给代理商的委托书；

4. 代理商的概况资料。

第三十条　代理商应具备下列条件：

1. 国内合法的兽药经营企业；

2. 具有经销进口兽药的人员、条件和能力；

3. 具有经销进口兽药的质量保证条件和仓贮条件。

第三十一条　农业部定期公布代理商名单。

第三十二条　对多次经销不合格进口兽药的代理商，农业部可视情节轻重，给予警告、责成原发证机关吊销其《兽药经营许可证》等行政处罚，并会同工商行政管理机关给予相应的经济处罚。

第三十三条　凡需进口兽药者，均必须填写《进口兽药申请表》，报所在省、自治区、直辖市畜牧兽医行政管理部门或农业部。

第三十四条　省、自治区、直辖市畜牧兽医行政管理部门负责核发已取得《进口兽药登记许可证》的化药、抗生素及饲料药物添加剂品种的《进口兽药许可证》。

农业部负责核发已取得《进口兽药登记许可证》的兽用生物制品和符合第二十七条规定的《进口兽药许可证》。

第三十五条　省、自治区、直辖市畜牧兽医行政管理部门和农业部接到“进口兽药申请表”后，对进口单位、兽药品种、进口数量等内容进行审核，批准后发给《进口兽药许可证》。

《进口兽药许可证》有效期为一年，逾期未进口的应重新申请。

《进口兽药许可证》副本应抄送中国兽药监察所和进口口岸兽药监察所，省、自治区、直辖市畜牧兽医行政管理部门核发的《进口兽药许可证》副本还应抄送农业部。

第三十六条　《进口兽药许可证》只对该证载明的兽药名称、生产厂家、规格、数量、有效期限和进口口岸有效。如有变动，需按原程序重新申请换证。

第三十七条　进口兽药者持《进口兽药许可证》通过代理商签订进口合同。合同必须按照《进口兽药许可证》载明的兽药名称、规格、数量、生产厂家、质量标准签订。合同副本（或复印件）需在进货前7日内报送进口口岸兽药监察所。

第三十八条　凡进口兽药检验需要的特殊试剂、标准品或化学对照品，均应在合同中订明由卖方提供。

第三十九条　进口兽药在国内进行产品分装（分装指采购大包装进口兽药直接进行分包装活动）时，国内分装企业必须持有《兽药生产许可证》，并与持有《进口兽药登记许可证》的外国兽药生产企业签订合同或协议，同时应被授权使用其商标。合同或协议的内容必须符合我国有关法律和兽药管理的规定。

第四十条　进口兽药在我国进行分装并在国内销售使用的，由进行分装的兽药生产企业向所在省、自治区、直辖市畜牧兽医行政管理部门提出申请并报送以下有关资料：

1. 中外双方签订的合同或协议和商标使用授权书（副本）；

2. 该兽药的质量标准（原文及中文译本）；

3. 该兽药的使用说明书（原文及中文译本）；

4. 包装、标签样稿；

5. 三批样品及检验报告单。

经检验符合要求并经审核同意的核发分装产品批准文号，分装产品批准文号有效期为三年。

第四十一条　分装后的兽药包装、标签及说明书必须使用中文，也可同时加注外文，并同时标明国外原生产厂家名称、进口兽药登记许可证号及分装厂家名称和分装产品批准文号。其分装产品执行进口兽药质量标准，必须经企业质检部门检验合格后方可出厂。

第四十二条　凡进口的兽药在我国经过必要的制剂加工并在国内销售使用的兽药产品，按照国内兽药审批和新兽药审批的管理规定办理审批手续。

第四章　进口兽药的验收

第四十三条　进口兽药到达口岸后，由收货单位在三天内持《进口兽药许可证》、生产厂检验报告和进口货物报关单到指定的口岸兽药监察所申请报验。

第四十四条　口岸兽药监察所对有关证件审核后，在进口货物报关单上加盖已接受报验的印章和本所印章，或出具已接收报验证明并指定兽药存放地点，封存待检。

报验单位持已加盖印章的报关单或报验证明到海关办理验放手续。

第四十五条　口岸兽药监察所受理报检后，应立即派员到兽药存放点进行核对及抽样、并同时注销《进口兽药许可证》正本。口岸兽药监察所应在受理报验之日起三十日内出具检验报告。本经检验及检验不合格的进口兽药不准销售、作用。兽药生产、经营企业和兽医医疗单位采购进口兽药时应向进口兽药单位索取口岸兽药监察所出具的“进口兽药检验报告书”。

第四十六条　进口兽用生物制品必须经口岸兽药监察所加贴专用标志后，方能销售、使用。其产品抽样按有关规定执行。

第五章　进口兽药监督

第四十七条　农业部发布的《进口兽药质量标准》为进口兽药质量监督的法定标准。凡不符合该标准的进口兽药产品均不得在国内销售和使用。

第四十八条　农业部指定的口岸兽药监察所负责进口兽药的验放和检验。

各级兽药监察所负责本辖区内的进口兽药产品的质量监督检验。

中国兽药监察所负责对口岸兽药监察所的技术指导，负责对有争议的检验结果进行技术仲裁。

第四十九条　对于检验不合格的兽药，由口岸兽药监察所会同省级畜牧兽医行政管理部门进行封存，监督处理。同时将有关情况汇总，上报农业部。

第五十条　各级畜牧兽医行政管理部门对已投放市场的进口兽药，应加强监督管理，对已变质或过期失效的产品，应责令立即停止销售使用。对在临床使用中发生毒副反应的，应立即停止使用，并向农业部报告。

第五十一条　进口兽药单位和使用单位发现进口兽药有质量问题时，应及时与当地畜牧兽医行政管理部门和进口兽药总代理商联系，也可向上一级畜牧兽医行政管理部门反映。总代理商对反映的问题应及时解决，并将结果报告当地畜牧兽医行政管理部门和农业部。

第五十二条　对违反本办法规定的，按《兽药管理条例》的有关规定处理。

第五十三条　申请企业应按有关规定交纳试验、检验和注册费用。

药效试验、饲喂试验、药理试验、毒性试验及残留试验等，根据试验动物、内容和规模确定收费，由承担试验单位和申请单位协商确定。

第六章　附　　则

第五十四条　本办法所称兽药指：用于预防、治疗、诊断畜禽等动物疾病，有目的地调节其生理机能并规定作用用途、用法用量的物质(含饲料药物添加剂)。包括：

1. 血清、菌(疫)苗、诊断液等生物制品；

2. 兽用的中药材、中成药、化学原料及其制剂；

3. 抗生素、生化药品、放射性药品。

第五十五条　本办法由农业部负责解释。

第五十六条　本办法自发布之日起施行，原农业部于1988年7月11日发布的《外国企业在中华人民共和国注册兽药管理办法》和1989年7月10日发布的《进口兽药管理办法》同时废止。

兽药广告审查办法

(1995年4月7日

国家工商行政管理局　农业部发布)

第一条　根据《中华人民共和国广告法》、《兽药管理条例》的有关规定，制定本办法。

第二条　凡利用各种媒介或者形式发布用于预防、治疗、诊断畜禽等动物疾病，有目的地调节其生理机能并规定作用、用途、用法、用量的物质(含饲料药物添加剂)的广告，包括企业产品介绍材料等，均应当按照本办法进行审查。

第三条　兽药广告审查的依据：

(一)《中华人民共和国广告法》；

(二)《兽药管理条例》、国家有关兽药管理的规定及兽药技术标准；

（三）国家有关广告管理的法规及广告监督管理机关规定的广告审查标准。

第四条 国务院农牧行政管理机关和省、自治区、直辖市农牧行政管理机关（以下简称省级农牧行政管理机关），在同级广告监督监督管理机关的监督指导下，对兽药广告进行审查。

第五条 利用重点媒介（见目录）发布的兽药广告，以及保护期内新兽药、境外生产的兽药的广告，需经国务院农牧行政管理机关审查，并取得广告审查批准文号后，方可发布。

其他兽药广告需经生产者所在地的省级农牧行政管理机关审查，并取得广告批准文号后，方可发布。需在异地发布的兽药广告，须持所在地农牧行政管理机关审查的批准文件，经广告发布地的省级农牧行政管理机关换发广告发布地的兽药广告审查批准文号后，方可发布。

第六条 兽药广告审查的申请

（一）申请审查境内生产的兽药的广告，应当填写《兽药广告审查表》，并提交下列证明文件：

1. 生产者的营业执照副本以及其他生产、经营资格的证明文件；

2. 农牧行政管理机关核发的兽药产品批准文号文件；

3. 省级兽药监察所近期（三个月内）出具的产品检验报告单；

4. 经农牧行政管理机关批准、发布的兽药质量标准，产品说明书；

5. 法律、法规规定的及其他确认广告内容真实性的证明文件。

（二）申请审查境外生产的兽药的广告，应当填写《兽药广告审查表》，并提交以下证明文件及相应的中文译本：

1. 申请人及生产者的营业执照副本或者其他生产、经营资格的证明文件；

2.《进口兽药登记许可证》；

3. 该兽药的产品说明书；

4. 境外兽药生产企业办理的兽药广告委托书；

5. 中国法律、法规规定的及其他确认广告内容真实性的证明文件。

提交本条规定的证明文件的复印件，应当由原出证机关签章或者出具所在国（地区）公证机构的公证文件。

第七条 申请兽药广告审查，可以委托中国的兽药经销者或者广告经营者代为办理。

第八条 兽药广告的审查。

（一）初审

兽药广告审查机关对申请人提供的证明文件的真实性、有效性、合法性、完整性和广告制作前文稿的真实性、合法性进行审查，并于受理申请之日起十日内做出初审决定，发给《兽药广告初审决定通知书》。

（二）广告申请人凭初审合格决定，将制作的广告作品送交原广告审查机关，广告审查机关在受理之日起十日内做出终审决定。对终审合格者，签发《兽药广告审查表》及广告审查批准号；对终审不合格者，应当通知广告申请人，并说明理由。

（三）广告申请人可以直接申请终审，广告审查机关应当在受理审查之日起十五日内做出终审决定。

第九条 兽药广告审查机关发出的《兽药广告初审决定通知书》和带有广告审查批准号的《兽药广告审查表》，应当由广告审查机关负责人签字，并加盖兽药广告审批专用章。

兽药广告审查机关应当将带有广告审查批准号的《兽药广告审查表》寄送同级广告监督管理机关备查。

第十条 兽药广告审查批准号的有效期为一年。

《兽药生产许可证》、《兽药经营许可证》的有效期限不足一年的，兽药广告审查批准号的有效期以上述许可证有效期限为准。

第十一条 经审查批准的兽药广告，有下列情况之一的，广告审查机关可以调回复审：

（一）该兽药在使用中发生畜禽死亡，以及造成一定经济损失的；

（二）兽药广告审查依据发生变化的；

（三）兽药产品标准发生变化的；

（四）国务院农牧行政管理机关认为省级农牧行政管理机关的批准决定不妥的；

（五）广告监督管理机关或者发布地省级农牧行政管理机关提出复审建议的；

（六）广告审查机关认为应当调回复审的其他情况；

复审期间，广告停止发布。

第十二条 广告发布地的广告审查机关对生产者所在地的审查机关做出的终审决定持有异议的，应当提请上级广告审查机关进行裁定，并以裁定结论为准。

第十三条 经审查批准的兽药广告，有下列情况之一的，应重新申请审查：

（一）广告审查批准号有效期满的；

（二）广告内容需要改动的；

第十四条 经审查批准的兽药广告，有下列情况之一的，原广告审查机关应当收回《兽药广告审查表》，撤销广告审查批准号：

（一）兽药生产、经营者被吊销《兽药生产许可证》或《兽药经营许可证》的；

（二）兽药产品在使用中发生严重问题而被撤销生产批准文号的；

（三）被国家列为淘汰或者禁止生产、使用的兽药产品的；

(四)兽药广告审查批准号有效期内，经国务院农牧行政管理机关统计兽药抽检不合格次数累计达三批次以上的；

(五)广告复审不合格的；

(六)应当重新申请审查而未申请或者重新审查不合格的；

第十五条 兽药广告审查机关做出撤销广告审查批准号的决定，应当同时寄送同级广告监督管理机关备查。

第十六条 兽药广告经审查批准后，应当将广告审查批准号列为广告内容，同时发布。未注明广告审查批准号或者该批准号已过期、被撤销的兽药广告，广告发布者不得发布。

第十七条 广告发布者发布兽药广告，应当查验(兽药广告审查表)原件或者经原审查机关签章的复印件，并保存一年。

第十八条 对违反本办法规定发布兽药广告的，按照《中华人民共和国广告法》第四十三条和《兽药管理条例》的规定予以处罚。

第十九条 广告审查机关对违反广告审查依据的广告做出审查批准决定，致使违法广告得以发布的，由国家广告监督管理机关向国务院农牧行政管理机关通报情况，按照《中华人民共和国广告法》第四十五条的规定予以处理。

第二十条 本办法自发布之日起施行。

中华人民共和国农业部关于进口饲料添加剂登记的暂行规定

(1988年6月25日农业部发布，根据1997年12月25日农业部第39号令修订)

第一条 办了加强对进口饲料添加剂的管理，保证畜禽、鱼类饲养动物的安全生产，特制定本规定。

第二条 凡用于中华人民共和国境内畜、禽、鱼类生产所进口的饲料添加剂，均属本规定适用范围。

第三条 外国厂商及代理人向中国销售饲料添加剂，必须在中华人民共和国农业部申请登记，未经批准登记的产品不准进口。

第四条 在中国境内，凡使用外国产品商标进行生产和销售的饲料添加剂，应按照本规定办理登记。

第五条 生产和销售的饲料添加剂，应符合安全、有效原则。凡在生产国已被淘汰的饲料添加剂，一律不予登记。

第六条 农业部责成农业部饲料产品质量监测中心负责进口饲料添加剂的产品质量复核、安排饲喂试验和组织产品质量评议，并将结果报农业部审批。获得批准的，由农业部发给产品登记许可证。

第七条 外国厂商及代理人申请饲料添加剂产品登记，应向农业部提供以下资料(一式二份)和样品：

(一)资料

1. 产品名称、主要成分及理化性质；

2. 产品在生产国批准生产、销售的有关证明；

3. 质量指标、检验方法、适用范围和方法、商标、标签及说明书、包装、贮存和期限、注意事项等；

4. 急性、亚急性、慢性毒性资料，必要时报送致癌、致畸、致突变试验等有关资料和试验报告；

5. 饲料添加剂在畜、禽、鱼等体内组织中的残留消解动态和分析方法；

6. 饲喂试验资料及推广应用情况；

7. 产品在其他国家的注册登记资料。

(二)样品

1. 必要时提供该产品相对应的标准品或化学对照品2~5倍。

2. 提供数量，每个品种需三个批号，每批为化验需要量的3~5倍。

第八条 凡未取得生产国注册登记的饲料添加剂在中国境内登记时，必须进行饲喂试验，繁育试验，毒性试验，致癌、致畸、致突变、残留试验和环境毒性试验。试验内容和试验规模，由双方协商确定。所需费用，由外商负责。

新品种饲料添加剂饲喂试验和试验动物数目如下：

大家畜 100头

中家畜 200头

小家畜或家禽 不少于500头(只)

鱼、虾类 不少于500~1 000尾

外国厂商如能提供生产国政府批准的试验报告，则只须在中国进行复核试验。复核试验的动物数目，按上述规定减半。

第九条 凡在生产国已注册登记和销售的饲料添加剂，在中国登记时，其饲喂试验是否进行复核试验，视具体情况而定。

第十条 凡已登记并在我国使用的饲料添加剂，一旦证实对人、畜、禽、鱼类和环境有危害时，立即宣布限用或撤销登记。外国厂商必须赔偿全部经济损失。

第十一条 登记饲料添加剂需交纳登记费和检验费，并填写有关登记表格。表格需用中文和英文两种文字填写。费用一律以美元支付。

收费标准如下：

1. 登记费：一个品种1 000美元；换发登记许可证按原证的50%收费。

2. 检验费：一个品种1 000美元；每增一个剂型或

制剂收200美元;复合制剂六个成分以内1 000美元,每增加一个成分增收100美元。

第十二条 检验及审批单位的有关人员,应为申请登记单位提供的技术资料和样品保密。

第十三条 饲料添加剂产品登记许可证的有效期限为五年。期满后,如需继续在中国境内销售的,应在产品登记许可证期满前六个月内办理登记。若改变剂型和使用范围,应重新登记。

第十四条 未经登记的饲料添加剂,不得在中国的报纸、杂志、广播、电视等宣传媒介上做广告。

第十五条 饲料添加剂登记的审批期限,从提交全部资料及样品之日起一年内办理。

第十六条 未经农业部批准,任何个人或者单位不得擅自接受外国厂商及代理人在中国境内生产和销售饲料添加剂。违者,处以违法所得3倍以下罚款,但最高不超过30 000元;没有违法所得的,处10 000元以下罚款。

第十七条 已经取得登记许可证的进口饲料添加剂到达口岸后,由农业部指定的饲料监测机构,会同海关封存货物。待检验认定合格后,方可销售使用。

第十八条 本规定自公布之日起施行。饲料药物添加剂按《兽药管理条例》进行管理。

第十九条 附则

1. 大家畜系指牛、马、骡、驴、骆驼;中家畜系指猪、羊、犬;小家畜、禽系指兔、鸡、鸭、鹅及经济动物、观赏动物。

2. 一年内办理包括两种情况:

(1)不需进行饲喂试验的三个月内办理。

(2)需进行饲喂试验的一年内办理。

3. 本规定颁布之日前,外国厂商及代理人已在中国生产和销售的饲料添加剂而尚未登记的,须在本规定颁布之日起半年内补办登记手续。逾期不办者,不准继续在中国销售。

中华人民共和国草原法

(1985年6月18日第六届全国人民代表大会
常务委员会第十一次会议通过,同日,
中华人民共和国主席令第二十六号公布)

第一条 为了加强草原的保护、管理、建设和合理利用,保护和改善生态环境,发展现代化畜牧业,促进民族自治地方经济的繁荣,适应社会主义建设和人民生活的需要,根据中华人民共和国宪法,制定本法。

第二条 本法适用于我国境内的一切草原,包括草山、草地。

第三条 国务院农牧业部门主管全国的草原管理工作,县级以上地方人民政府农牧业部门主管本行政区域内的草原管理工作。

第四条 草原属于国家所有,即全民所有,由法律规定属于集体所有的草原除外。

全民所有的草原,可以固定给集体长期使用。全民所有的草原、集体所有的草原和集体长期固定使用的全民所有的草原,可以由集体或者个人承包从事畜牧业生产。

全民所有制单位使用的草原,由县级以上地方人民政府登记造册,核发证书,确认使用权。集体所有的草原和集体长期固定使用的全民所有的草原,由县级人民政府登记造册,核发证书,确认所有权或者使用权。

草原的所有权和使用权受法律保护,任何单位和个人不得侵犯。

第五条 遇有自然灾害等特殊情况,需要临时调剂使用草原的,按照自愿、互利的原则,由双方协商解决;需要跨县临时调剂使用草原的,由有关县级人民政府组织协商解决。

第六条 草原所有权和使用权的争议,由当事人本着互谅互让、有利团结的精神协商解决;协商不成的,由人民政府处理。

全民所有制单位之间、集体所有制单位之间以及全民所有制单位与集体所有制单位之间的草原所有权和使用权的争议,由县级以上人民政府处理。

个人之间、个人与全民所有制单位或者集体所有制单位之间的草原使用权的争议,由乡级或者县级人民政府处理。

当事人对有关人民政府的处理决定不服的,可以在接到通知之日起一个月内,向人民法院起诉。

在草原权属争议解决以前,任何一方不得破坏草原和草原上的设施。

第七条 国家建设征用集体所有的草原,按照《国家建设征用土地条例》的规定办理。

国家建设使用集体长期固定使用的全民所有的草原,参照《国家建设征用土地条例》的规定,给予适当补偿,并妥善安置牧民的生产和生活。

国家建设在民族自治地方征用或者使用草原,应当照顾民族自治地方的利益,作出有利于民族自治地方经济建设的安排。

国家建设临时使用草原,按照《国家建设征用土地条例》的规定办理。使用期满,用地单位应当恢复草原植被。

第八条 地方各级人民政府负责组织本行政区域内的草原资源普查,制定草原畜牧业发展规划并纳入国民经济发展计划,加强草原的保护、建设和合理利用,提高草原的载畜能力。

第九条 国家鼓励草原畜牧业科学研究,提高草原畜牧业的科学技术水平。

国家鼓励在农、林、牧区和城镇种草，促进畜牧业的发展，改善生态环境。

国家保护草原的生态环境，防治污染。

第十条 严格保护草原植被，禁止开垦和破坏。草原使用者进行少量开垦，必须经县级以上地方人民政府批准。已经开垦并造成草原沙化或者严重水土流失的，县级以上地方人民政府应当限期封闭，责令恢复植被，退耕还牧。

第十一条 在草原上割灌木、挖药材，挖野生植物、刮碱土、拉肥土等，必须经草原使用者同意，报乡级或者县级人民政府批准，在指定的范围内进行，并做到随挖随填，保留一部分植物的母株。

禁止在荒漠草原、半荒漠草原和沙化地区砍挖灌木、药材及其他固沙植物。未经县级人民政府批准，不得采集草原上的珍稀野生植物。

第十二条 合理使用草原，防止过量放牧。因过量放牧造成草原沙化、退化、水土流失的，草原使用者应当调整放牧强度，补种牧草，恢复植被。对已经建成的人工草场应当加强管理，合理经营，科学利用，防止退化。

第十三条 地方各级人民政府应当采取措施，防治草原鼠虫害，保护捕食鼠虫的益鸟益兽。

第十四条 地方各级人民政府应当采取措施，防治草原地区牲畜疫病和人畜患疾病。

猎捕草原野生动物，应当严格遵守当地人民政府关于预防疫病流行的有关规定。

第十五条 机动车辆在草原上行驶，应当注意保护草原；有固定公路线的，不得离开固定的公路线行驶。

收购牲畜应当按指定的路线赶运和放牧，不得与牧民争用牧场和水源。

第十六条 加强草原防火工作，贯彻“预防为主，防消结合”的方针，建立防火责任制，制定草原防火制度和公约，规定草原防火期。在草原防火期间，应当采取安全措施，严格管理。发生草原火灾，应当迅速组织群众扑灭，查明火灾原因和损失情况，及时处理。

第十七条 在保护、管理和建设草原、发展草原畜牧业等方面成绩显著的单位或者个人，由各级人民政府给予精神的或者物质的奖励。

第十八条 草原所有权，使用权受到侵犯的，被侵权人可以请求县级以上地方人民政府农牧业部门处理。有关农牧业部门有权责令侵权人停止侵权行为，赔偿损失。被侵权人也可以直接向人民法院起诉。

第十九条 违反本法规定开垦草原的，县级以上地方人民政府农牧业部门有权责令停止开垦，恢复植被；情节严重的，还可以处以罚款。

第二十条 违反本法规定在草原上砍挖固沙植物和其他野生植物或者采土，致使草原植被遭受破坏的，乡级人民政府或者县级人民政府农牧业部门有权制止，并责令恢复植被，赔偿损失；情节严重的，还可以处以罚款。

第二十一条 当事人对有关地方人民政府农牧业部门或者乡级人民政府作出的罚款或者赔偿损失的决定不服的，可以在接到通知之日起一个月内，向人民法院起诉；对有关罚款的决定，期满不起诉又不履行的，有关地方人民政府农牧业部门或者乡级人民政府可以申请人民法院强制执行。

第二十二条 国务院农牧业部门根据本法制定实施细则，报国务院批准后施行。

自治区、省的人民代表大会常务委员会可以根据宪法和本法规定的原则，结合本地方的特点，制定实施细则，报全国人民代表大会常务委员会备案。

第二十三条 本法自1985年10月1日起施行。

草原防火条例

（1993年10月5日国务院发布）

第一章 总 则

第一条 为了加强草原防火工作，积极预防和扑救草原火灾，保障人民生命财产安全，保护草地资源，根据《中华人民共和国草原法》有关规定，制定本条例。

第二条 本条例适用于中华人民共和国境内一切草原（包括草山、草地）的火灾的预防和扑救；但是，林区和城市市区除外。

第三条 草原防火工作实行预防为主、防消结合的方针。

第四条 国务院农牧业部门主管全国草原防火工作。

县级以上地方各级人民政府可以根据实际情况确定草原防火主管部门，主管本行政区域内的草原防火工作。

乡级人民政府负责本行政区域内的草原防火工作。

重点草原防火区的草原防火工作实行有关地方人民政府行政领导负责制和部门、单位领导负责制。

第五条 国家鼓励和支持草原防火的科学研究，推广先进防火技术。

第六条 重点草原防火区的有关地方人民政府及其有关部门，应当组织经常性的草原防火宣传教育活动，提高公民的草原防火意识。

第七条 预防和扑救草原火灾，是公民应尽的义务。

第二章 草原火灾的预防

第八条 地方各级人民政府应当组织划定草原防

火责任区，确定草原防火责任单位，建立草原防火责任制度，并定期进行检查。

重点草原防火区的有关地方人民政府应当加强草原防火工作的组织建设。

第九条 草原上的畜牧企业事业单位、部队、铁路、农场、林场、工矿企业、自然保护区的管理单位及农村集体经济组织等单位，在当地人民政府及其草原防火主管部门的领导下，负责本系统、本单位范围内的草原防火工作。

一切经营、使用草原的单位都应当建立群众扑火队(组)，重点草原防火区还应当组织专业扑火队。

第十条 在行政区域交界处的草原、草原和森林交界地区，有关地方人民政府应当建立防火工作联防制度，商定召集单位，确定联防区域，制定联防措施，检查，监督联防区域的草原防火工作。

第十一条 县级以上地方各级人民政府应当根据本地区的自然条件和草原火灾发生规律，规定草原防火期；在草原防火期内出现高温、干旱、大风等火险天气时，可以划定草原防火管制区，规定草原防火管制期。

草原防火期内，有关地方人民政府草原防火主管部门可以对进入草原的车辆和人员进行防火安全检查。

第十二条 草原防火期内，在草原上禁止野外用火；因特殊情况需要用火的，必须遵守下列规定：

(一)因烧荒、烧茬、烧灰积肥、烧秸秆、烧防火隔离带等，需要生产性用火的，须经县级人民政府或者其授权单位批准。

生产性用火经批准的，用火单位应当确定专人负责，事先开好防火隔离带，准备扑火工具，落实防火措施，严防失火。

(二)在草原上从事牧业或者副业生产的人员，需要生活性用火的，应当在指定的安全地点用火，并采取必要的防火措施，用火后必须彻底熄灭余火。

(三)进入草原防火管制区的人员，必须服从当地县级以上地方人民政府草原防火主管部门或者其授权单位的防火管制。

第十三条 草原防火期内，在草原上作业和通过草原的各种机动车辆，必须安设防火装置，采取有效措施，严防漏火、喷火和机动闸瓦脱落引起火灾。行驶在草原上的旅客列车和公共汽车，司机和乘务人员应当对旅客进行防火安全教育，严防旅客随意丢弃火种。

在野外操作机械设备的人员，必须遵守防火安全操作规程，严防失火。

第十四条 草原防火期内禁止在草原上使用枪械狩猎，需要进行实弹演习、爆破、勘察和施工等活动的，须经省、自治区、直辖市人民政府草原防火主管部门或者其授权单位批准，并落实防火措施，做好灭火准备工作。

第十五条 草原防火期内，部队处置突发性事件和执行其他任务，需要进入草原或者在草原上进行实弹演习、爆破等活动的，应当经其上级主管部门批准，并落实必要的防火措施。

第十六条 草原防火管制期内，严禁在防火管制区内的一切野外用火，对可能引起草原火灾的机械设备和居民生活用火，必须严格管理。

第十七条 重点草原防火区的有关地方人民政府，应当根据当地实际情况，组织有关单位有计划地进行下列草原防火设施建设：

(一)设置火情了望台；

(二)在国界内侧及重要设施、工矿企业、学校和居民点等周围，开设防火隔离带；

(三)配备草原防火交通工具、灭火器械和观察、通信器材等，修筑防火公路，储备必要的防火物资。

进行大面积的草原建设，应当同时制定草原防火设施的建设规划，并组织实施。

第十八条 省、自治区、直辖市人民政府草原防火主管部门应当建立草原防火专用车辆、器材、设备和设施的使用管理制度，并定期检查实施情况。

第十九条 草原防火主管部门和气象机构，应当联合建立草原火险监测制度。各级气象机构应当根据草原防火的实际需要，做好草原火险天气监测预报工作。

第三章 草原火灾的扑救

第二十条 任何单位和个人发现草原火灾，必须立即扑救，并及时向当地人民政府或者草原防火主管部门报告。当地人民政府或者草原防火主管部门接到报告后，必须立即组织当地军民扑救，同时逐级上报省、自治区、直辖市人民政府草原防火主管部门。

省、自治区、直辖市人民政府草原防火主管部门对下列草原火灾，应当立即报告国务院农牧业部门草原防火机构；

(一)国界线附近的草原火灾；

(二)重大、特大草原火灾；

(三)威胁居民点和重要设施的草原火灾；

(四)威胁原始森林的草原火灾；

(五)超过24小时尚未扑灭的草原火灾；

(六)省、自治区、直辖市交界地区危险性大的草原火灾；

(七)需要国家支援扑救的草原火灾。

第二十一条 扑救草原火灾，由当地人民政府或者草原防火主管部门统一组织和指挥。接到扑火命令的单位和个人，必须迅速赶赴指定地点，投入扑救。

扑救草原火灾，不得动员残疾人、孕妇和儿童参加。

第二十二条　扑救草原火灾时，畜牧部门应当做好家畜的转移和疏散；气象机构应当及时做好与火灾有关的气象预报；铁路、交通和民航等部门应当优先提供交通运输工具；邮电部门应当保证通信畅通；民政部门应当妥善安置灾民；公安部门应当及时查处草原火灾案件，加强治安管理；商业、供销、粮食、物资、能源、卫生等部门，应当做好有关物资供应和医疗救护等工作。

第二十三条　草原火灾扑灭后，由有关地方人民政府草原防火主管部门指定的单位对火灾现场进行全面检查，清除余火，并留有足够的人员看守火场，经有关地方人民政府或者草原防火主管部门检查验收合格后，方可撤出看守人员。

第四章　善后工作

第二十四条　草原火灾扑灭后，有关地方人民政府应当组织有关部门及时制定草原改良计划，组织实施补播草籽等技术措施，恢复草场植被，并做好人畜疫病的防治和检疫，防止疫病的发生和传播。

第二十五条　因扑救草原火灾负伤、致残或者牺牲的，国家职工（含国家机关、国有企业事业单位的合同制工人和临时工，下同）由其所在单位按照有关规定承担医疗费用、给予抚恤；非国家职工由火灾肇事单位按照国务院有关主管部门的规定承担医疗费用、给予抚恤，火灾肇事单位确实无力承担的，由有关地方人民政府承担医疗费用、给予抚恤。

对在扑救火灾中牺牲的人员，按照《革命烈士褒扬条例》的规定，应当追认为烈士的，由有关部门按照规定办理。

第二十六条　扑火经费按照下列规定支付：

（一）国家职工参加扑火期间的工资、旅差费，由所在单位支付；

（二）国家职工参加扑火期间的生活补助费，非国家职工参加扑火期间的误工补贴和生活补助费，以及扑火期间所消耗的其他费用，按照省、自治区、直辖市人民政府规定的标准，由火灾肇事单位或者肇事人支付；火因不清的，由起火单位支付；火灾肇事单位、肇事人或者起火单位确实无力支付的部分，由有关地方人民政府支付。

第二十七条　发生草原火灾后，有关地方人民政府或者草原防火主管部门，应当组织或者会同公安等有关部门，对火灾的发生时间、地点、原因、肇事人，受害草原面积、家畜种类和数量、珍稀野生物种的种类和数量、扑救情况、物资消耗、其他经济损失、人员伤亡，以及对生态环境和生产的影响等进行调查，载人档案。

本条例第二十条第二款第（一）项、第（二）项所列的草原火灾，以及烧入居民点、烧毁重要设施或者造成其他重大损失的草原火灾，由省、自治区、直辖市人民政府草原防火主管部门建立专门档案，并报国务院农牧业部门草原防火机构。

第二十八条　发生草原火灾后，有关地方人民政府草原防火主管部门应当按照下列草原火灾的划分标准进行统计：

（一）草原火警：受害草原面积100公顷以下，并且直接经济损失1万元以下的；

（二）一般草原火灾：受害草原面积100公顷以上2 000公顷以下，或者直接经济损失1万元以上5万元以下，或者造成重伤10人以下，或者造成死亡3人以下，或者造成死亡和重伤合计10人以下（其中造成死亡3人以下）的；

（三）重大草原火灾：受害草原面积2 000公顷以上8 000公顷以下、或者直接经济损失5万元以上50万元以下，或者造成重伤10人以上20人以下，或者造成死亡3人以上10人以下，或者造成死亡和重伤合计10人以上20人以下（其中造成死亡3人以上10人以下）的；

（四）特大草原火灾：受害草原面积8 000公顷以上，或者直接经济损失50万元以上，或者造成重伤20人以上，或者造成死亡10人以上，或者造成死亡和重伤合计20人以上（其中造成死亡10人以上）的。

前款所称“以上”含本数，“以下”不含本数。

第二十九条　地方各级人民政府草原防火主管部门，应当按照草原火灾统计报表的要求，进行草原火灾统计，报上一级草原防火主管部门和同级公安部门、统计部门。草原火灾统计报表由国务院农牧业部门会同公安部门制定，报国家统计部门备案。

第五章　奖励与处罚

第三十条　有下列事迹之一的单位和个人，由县级以上人民政府或者其草原防火主管部门给予奖励：

（一）严格执行草原防火法规，预防和扑救措施得力，成绩突出的；

（二）发生草原火灾后，积极组织扑救，或者在扑救草原火灾中起模范带头作用，成绩显著的；

（三）发现草原火灾及时报告，或者及时采取措施扑救，避免造成重大损失的；

（四）发现纵火行为，及时制止或者检举报告的；

（五）在查处草原火灾案件中做出贡献的；

（六）在草原防火科学研究中有发明创造的；

（七）连续从事草原防火工作15年以上，工作有显著成绩的。

第三十一条　有下列第（一）项、第（二）项所列行为之一的，责令纠正，可以给予警告或者处以10元以上50元以下的罚款；有第（三）项、第（四）项、第（五）项所列行为之一的，给予警告，并处以100元以下的罚款；有第（六）项、第（七）项所列行为之一的，可以处以500元以下罚款，造成损失的，应当负赔偿责任：

（一）草原防火期内，擅自进入草原防火管制区的；

（二）草原防火期内，在草原上使用枪械狩猎、吸烟、随意用火，但是未形成火灾危害的；

（三）违反本条例规定使用机动车辆和机械设备，成为火灾隐患的；

（四）有草原火灾隐患，经草原防火主管部门通知仍不清除的；

（五）拒绝或者妨碍草原防火主管部门实施防火检查的；

（六）损毁防火设施设备的；

（七）过失引起草原火灾，尚未造成重大损失的。

对有前款所列行为之一的责任人或者在草原防火工作中有失职行为或者不服从扑火指挥机构指挥的人员，并可以根据情节，由其所在单位或者上级机关给予行政处分；构成犯罪的，依法追究刑事责任。

第三十二条　本条例第三十一条规定的行政处罚，由县级以上人民政府草原防火主管部门或者其授权单位决定。

当事人对行政处罚决定不服的，可以自接到处罚决定通知之日起15日内向作出处罚决定的上一级机关申请复议；对复议决定不服的，可以自接到复议决定之日起15日内向人民法院起诉；当事人也可以直接向人民法院起诉。当事人对行政处罚决定逾期不申请复议也不向人民法院起诉、又不履行的，作出处罚决定的机关可以申请人民法院强制执行。

第六章　附　　则

第三十三条　本条例所称重点草原防火区，由省、自治区、直辖市人民政府根据本地的实际情况划定，报国务院农牧业部门备案。

第三十四条　本条例由国务院农牧业部门负责解释。

第三十五条　省、自治区、直辖市人民政府，可以根据本条例，结合本地实际情况，制定实施办法。

第三十六条　本条例自发布之日起施行。

种畜禽管理条例

（1994年4月15日国务院发布）

第一章　总　　则

第一条　为了加强畜禽品种资源保护、培育和种畜禽生产经营管理，提高种畜禽质量，促进畜牧业发展，制定本条例。

第二条　本条例所称种畜禽，是指种用的家畜家禽，包括家养的猪、牛、羊、马、驴、驼、兔、犬、鸡、鸭、鹅、鸽、鹌鹑等及其卵、精液、胚胎等遗传材料。

第三条　从事畜禽品种资源保护、培育和种畜禽生产、经营的单位和个人，必须遵守本条例；农户自繁自用种畜禽的除外。

第四条　国家鼓励并扶持繁育、推广、使用畜禽良种和培育畜禽新品种。

在畜禽品种资源保护、培育和种畜禽科研、生产中作出显著成绩的，由人民政府或者畜牧行政主管部门给予奖励。

第五条　国务院畜牧行政主管部门主管全国的种畜禽管理工作。县级以上地方人民政府畜牧行政主管部门主管本行政区域内的种畜禽管理工作。

第二章　畜禽品种资源保护

第六条　国家对畜禽品种资源实行分级保护。保护名录和具体办法由国务院畜牧行政主管部门制定。

第七条　国务院畜牧行政主管部门和省、自治区、直辖市人民政府有计划地建立畜禽品种资源保护区（场）、基因库和测定站，对有利用价值的濒危畜禽品种实行特别保护。

第八条　县级以上人民政府对畜禽品种资源的普查、鉴定、保护、培育和利用，给予扶持。

第九条　从国外引进或者向国外输出种畜禽的，依照国家有关规定办理。

第三章　畜禽品种培育和审定

第十条　国务院畜牧行政主管部门和省、自治区、直辖市人民政府畜牧行政主管部门根据畜禽品种资源分布、自然条件和经济状况，制定良种繁育体系规划。

第十一条　建立种畜禽场，应当根据良种繁育体系规划，合理布局。建立地方种畜禽场，必须经省、自治区、直辖市人民政府畜牧行政主管部门批准；建立国家级种畜禽场，必须经省、自治区、直辖市人民政府畜牧行政主管部门审核同意，并报国务院畜牧行政主管部门批准。

第十二条　跨省、自治区、直辖市的畜禽品种的认可与新品种的鉴定命名，必须经国家畜禽品种审定委员会或者其委托的省级畜禽品种审定委员会评审后，报国务院畜牧行政主管部门批准。省、自治区、直辖市内地方畜禽品种的认可与新品种的鉴定命名，必须经省级畜禽品种审定委员会评审后，由省、自治区、直辖市人民政府畜牧行政主管部门批准，并报国务院畜牧行政主管部门备案。

经批准的畜禽品种，由批准单位颁发品种证书，予以公布，并列入国家的或者地方的畜禽品种志。

国家畜禽品种审定委员会和省级畜禽品种审定委员会由畜牧行政主管部门及科研、教学、生产单位的有关专家组成。

第十三条　依照本条例第十二条的规定。经过评审批准的畜禽品种，方可推广。

第十四条　国务院畜牧行政主管部门和省、自治区、直辖市人民政府畜牧行政主管部门或者其委托的单位负责进行畜禽良种登记和生产性能测定。

第四章 种畜禽生产经营

第十五条 生产经营种畜禽的单位和个人，必须向县级以上人民政府畜牧行政主管部门申领《种畜禽生产经营许可证》；工商行政管理机关凭此证依法办理登记注册。

生产经营畜禽冷冻精液、胚胎或者其他遗传材料的，由国务院畜牧行政主管部门或者省、自治区、直辖市人民政府畜牧行政主管部门核发《种畜禽生产经营许可证》。

第十六条 生产经营种畜禽的单位和个人，符合下列条件的，方可发给《种畜禽生产经营许可证》：

(一)符合良种繁育体系规划的布局要求；

(二)所用种畜禽合格、优良，来源符合技术要求，并达到一定数量；

(三)有相应的畜牧兽医技术人员；

(四)有相应的防疫设施；

(五)有相应的育种资料和纪录。

第十七条 国有种畜禽场为事业单位，承担培育和提供良种、保护品种资源、开发新品种和新技术推广的任务，实行独立核算、自主经营，坚持繁育优良畜禽为主，积极开展多种经营的方针。

实行企业化经营，国家不再核拨经费的国有种畜禽场，具备企业法人条件的，经工商行政管理机关核准，为企业法人。

第十八条 生产经营种畜禽的单位和个人，必须按照规定的品种、品系、代别和利用年限从事生产经营；变更生产经营范围的，必须办理变更手续。

第十九条 生产经营种畜禽的单位和个人，必须遵守种畜禽繁育、生产的技术规程，建立生产和育种档案，并依照《家畜家禽防疫条例》及有关兽医卫生规定，建立和实施防疫制度。

第二十条 销售的种畜禽，应当达到种畜禽的国家标准、行业标准或者地方标准，并附有种畜禽场出具的《种畜禽合格证》、种畜系谱。

第二十一条 进行畜禽专业配种(包括人工授精)、孵化的，必须使用从种畜禽场引进并附有《种畜禽合格证》、种畜系谱的种畜禽。

第二十二条 从事畜禽人工授精的人员，取得县级以上人民政府畜牧行政主管部门核发的证书后，方可从事该项工作。

畜禽人工授精人员必须执行操作规程。

第五章 罚 则

第二十三条 有下列行为之一的，由畜牧行政主管部门责令改正，可以没收违法所得，并可以处以违法所得二倍以下的罚款：

(一)未取得《种畜禽生产经营许可证》生产经营种畜禽的；

(二)未按照规定的品种、品系、代别和利用年限生产经营种畜禽的；

(三)推广未依照本条例评审并批准的畜禽品种的；

(四)销售种畜禽未附具《种畜禽合格证》、种畜系谱的。

有前款第(二)项、第(四)项行为之一，情节严重的，可以吊销《种畜禽生产经营许可证》。

第二十四条 销售不符合质量标准的种畜禽的，以次充好、以假充真的，或者有其他违反工商行政管理法规行为的，由工商行政管理机关依法处罚。

第六章 附 则

第二十五条 国务院畜牧行政主管部门根据本条例制定实施细则。

省、自治区、直辖市人民政府可以根据本条例制定实施办法。

第二十六条 本条例由国务院畜牧行政主管部门负责解释。

第二十七条 本条例自1994年7月1日起施行。

种畜禽管理条例实施细则

(1998年1月5日农业部发布)

第一章 总 则

第一条 根据《种畜禽管理条例》(以下简称条例)第二十五条规定，制定本实施细则。

第二条 凡在中华人民共和国境内从事畜禽品种资源保护、新品种培育和种畜禽生产、经营者，必须遵守本实施细则。农户(包括农场职工)自繁自用种畜禽除外。

第三条 种畜禽管理人员在执行公务时，应持证上岗。

第二章 畜禽品种资源保护

第四条 畜禽品种资源实行国家、省(自治区、直辖市)二级保护。国家级畜禽品种资源保护名录由国务院畜牧行政主管部门确定、公布；省级畜禽品种资源保护名录由省级畜牧行政主管部门确定、公布，报国务院畜牧行政主管部门备案。

第五条 国务院畜牧行政主管部门和省级畜牧行政主管部门有计划地建立畜禽品种资源动态监测体系、保种场、保护区、基因库和测定站等。

第六条 保种群禁止开展任何形式杂交。确因育种需要,按管理权限报批,批准后方可进行。

第三章 种畜禽进出口管理

第七条 种畜禽进出口品种名录,由国务院畜牧行政主管部门发布。种畜禽进出口的规划、计划由国务院畜牧行政主管部门制定。

第八条 凡申请进出口种畜禽的单位或个人应填写种畜禽进出口审批表,经省级畜牧行政主管部门审核同意后,报国务院畜牧行政主管部门审批,海关凭审批表办理有关手续。

国家畜禽品种审定委员会根据国务院畜牧行政主管部门的要求对进出口种畜禽进行技术审定或测定。

第四章 禽品种培育和审定

第九条 国务院畜牧行政主管部门负责制定全国良种繁育体系规划。省级畜牧行政主管部门根据国家规划制定本地区相应的规划,包括本品种选育、新品种培育、经济杂交及配套系等良种繁育体系规划,报国务院畜牧行政主管部门备案。

国家鼓励集体和个人培育畜禽新品种。

第十条 畜禽新品种审定实行国家和省两级审定制度。

国家畜禽品种审定委员会进行跨省推广品种以及需由国家审定的品种的审定,并协调指导省级畜禽品种审定工作;

省级畜禽品种审定委员会进行省内畜禽品种的审定。

第十一条 畜禽新品种报审条件

(一)品种主要特性、特征明显,生产性能优良,遗传性状稳定,与其他品种有明显区别;

(二)经中试、区域试验增产效果明显;品质、繁殖率和抗病力等方面有一项或多项突出优良性状;

(三)培育品种数量及畜禽结构达到品种要求标准;

(四)生产性能指标应由畜牧行政主管部门指定的畜禽品种检测机构签署检定意见。

第十二条 畜禽新品种申报材料

(一)报审品种申请书;

(二)育种技术工作报告;

(三)报审品种的声像、画册资料及必要的实物等。

第十三条 畜禽新品种审定程序

申请者根据第十条、第十一条及第十二条规定向国家或省级畜禽品种审定委员会提出申请;品种审定委员会在一个月内决定是否受理,并书面通知申请人,如不予受理,应说明理由。

国家或省级畜禽品种审定委员会受理后于六个月内提出审定意见,如审定通过,报畜牧行政主管部门批准公布。省级批准公布的畜禽品种报国务院畜牧行政主管部门备案。

第十四条 申请者对审定结果如有异议,可向原审定机构申请复审。国家或省级畜禽品种审定委员会应在接到复审申请之日两个月内予以答复。

第十五条 畜禽新品种、品系及配套系一经公布命名,任何单位、组织和个人不得擅自改动其名称;确需更改,由国家或省级畜禽品种审定委员会审议同意后,报同级畜牧行政主管部门批准公布。

第十六条 未经畜牧行政主管部门批准公布的畜禽品种不得经营、推广、报奖和广告。

第十七条 畜禽品种、品系及配套系在生产推广过程中,如发现有不可克服的弱点,由国家或省级畜禽品种审定委员会提出停止生产、推广建议,报同级畜牧行政主管部门批准并予公告。

第五章 种畜禽场管理

第十八条 国有种畜禽场为事业单位。实行企业化经营、国家不再核拨经费的国有种畜禽场,具备法人条件的,经工商行政管理机关核准,为企业法人。

第十九条 种畜禽场以繁育优良畜禽为主,积极开展多种经营,实行自主经营、独立核算。

第二十条 种畜禽场承担保护畜禽品种资源、培育及提供良种、开发新品种和新技术推广的任务。

第二十一条 种畜禽场应采用科学、先进的管理、繁育、饲养技术,有明确的选育目标,必须建立健全完整、系统的档案制度。

第二十二条 种畜禽场的建立和认定,须根据国家良种繁育体系总体规划,实行逐级申报审批制度。

国家重点种畜禽场的建立和认定,由省级人民政府畜牧行政主管部门审核同意,报国务院畜牧行政主管部门批准。

地方种畜禽场由省人民政府畜牧主管部门批准。

第二十三条 国有种畜禽场使用的土地、草原、耕地、水面、生产生活设施、种畜禽和资金等国有资产未经原批准机关同意,任何部门和个人不得挪用、转让、平调和无偿占用。

第六章 种畜禽生产经营

第二十四条 从事种畜禽生产经营的单位和个人必须取得《种畜禽生产经营许可证》(以下简称许可证),凭许可证向当地工商行政管理部门办理注册登记,领取营业执照后,方可营业。

第二十五条 原种(纯系)场、曾祖代场、种公牛站、国家重点种畜禽场和生产经营胚胎或其他遗传材料的单位的许可证,由申请人提出申请,经省级畜牧行政主管部门审核后,报国务院畜牧行政主管部门审批发证。

其他种畜禽场、种畜站的许可证,由省级畜牧行政主管部门审批发证。

单纯从事种畜禽经营和卵孵化的单位和个人的许可证,由县级以上畜牧行政主管部门审批发证。

第二十六条 原种(纯系)场、曾祖代场及国家重点种畜禽场须符合以下条件:

(一)符合良种繁育体系布局要求,饲养对全国或区域性畜牧业生产有较大作用的种畜禽品种和珍贵畜禽品种;

(二)种畜禽必须来源于国家确认的国内外原种;

(三)具有独立的育种场所;完整的引种、育种记录;

(四)具有明确的育种目标和群体规模;

(五)种公畜禽按保种或选育要求不得少于六个家系,系谱清楚;

(六)种畜禽基础群的质量必须符合本品种标准,公畜达到特级或一级,母畜达到一级,且三代系谱清楚;

(七)具有健全的兽医卫生防疫、环境保护措施。

生产经营精液、胚胎或其他遗传材料的单位必须符合上述(一)、(二)、(三)、(六)、(七)项条件。

第二十七条 审查合格者由批准机关核发许可证;并注明品种、品系、代别和有效期。

第二十八条 审批机构对已批准的种畜禽场进行不定期抽检。

第二十九条 销售的种畜禽,须符合本品种标准二级以上(包括二级)等级标准,其中种公畜须达到一级以上(包括一级)等级标准。出售的种畜禽须随带加盖种畜禽生产单位公章的《种畜禽合格证》和种畜禽系谱。

第二十条 各级畜牧技术推广机构应积极做好良种畜禽的推广、种畜禽系谱登记和使用记录。

第七章 附 则

第三十一条 《种畜禽生产经营许可证》由国务院畜牧行政主管部门统一印制,按管理权限核发。

第三十二条 畜牧行政主管部门可以委托所属的畜牧技术推广机构实施行政处罚。

第三十三条 畜禽品种审定和种畜禽生产性能的测定收费,根据国家或地方财政、物价部门的有关规定收取。

第三十四条 本细则由农业部负责解释。

第三十五条 本细则自发布之日起施行。

《种畜禽生产经营许可证》管理办法

第一章 总 则

第一条 根据《种畜禽管理条例》和《种畜禽管理条例实施细则》规定,特制定本办法。

第二条 国务院畜牧行政主管部门根据畜禽良种繁育体系布局认定的国家重点种畜禽场及畜禽原种(纯系)场、曾祖代场、种公牛站,均按本办法办理《种畜禽生产经营许可证》。

第三条 畜禽原种是指经国家及省级畜禽品种审定委员会认定并公布的培育品种(配套系)和地方良种,国务院畜牧行政主管部门批准引进的国外优良畜禽原种(纯系)和曾祖代配套系。

第二章 种畜禽场应具备的基本条件

第四条 基础条件

(一)场址的地势、交通、通讯、能源和防疫隔离条件良好;生产区与生活区和办公区隔离分开;水源充足,洁净无污染。

(二)生产区清洁道和污染道分设;有粪污排放处理设施和场所,符合环保要求。

(三)种畜禽舍布局合理、生产工艺及设备配套齐全。

(四)种牛场和种羊场有足够的放牧场或饲料地。种牛场具有青贮等配套设施。

(五)具有资料档案室、疫病诊断室,配备必要的仪器设备。

第五条 技术力量配备

(一)种畜禽场场长具有中专以上学历或中级以上技术职称。

(二)从事种畜禽育种繁殖、疫病防治、饲养管理、生产经营管理的技术人员具备中专以上相关专业学历。

(三)直接从事种畜禽生产的工人经过专业技术培训,熟练掌握种畜禽生产全过程的基本知识和技能,并取得相应技术岗位证书。

(四)安排资金用于员工的职业技术培训。

第六条 群体规模

一、种畜禽生产群体规模(指单品种数量)

(一)种牛场

1. 肉牛(兼用牛) 一级基础母牛达200头以上;

2. 奶牛 一级基础母牛达800头以上。

(二)种猪场

1. 单品种 一级基础母猪达600头以上;

2. 配套系 一级基础母猪达1000头以上。

(三)种羊场

1. 细毛羊 一级基础母羊达1500只以上;

2. 半细毛羊 一级基础母羊达1000只以上;

3. 绒山羊 一级基础母羊达1000只以上;

4. 肉羊(兼用羊) 一级基础母羊达300只以上;

5. 奶山羊 一级基础母羊达300只以上。

(四)种禽场

1. 配套系原种场 应用品系不少于6个；

2. 曾祖代场 用于生产的品系不少于3个；

3. 每个品系家系数不能少于40个，每个世代中每个纯系的观察母禽数不能少于1 600只(鸭不少于800只)。

(五)种马场 一级基础母马100匹。

(六)种兔场 一级基础母兔500只。

(七)其他种畜禽另定。

二、国家确定保护的畜禽品种群体规模(指单品种规模)

(一)猪 基础母猪100头以上。

(二)牛、马、驴、骆驼 基础母畜50头(匹)以上。

(三)羊 基础母羊达200只以上。

(四)兔 基础母兔达100只以上。

(五)家禽 基础母禽300只以上(其中鹅100只以上)。

(六)其他畜禽另定。

第七条 种畜禽生产

(一)必须制定种畜禽选育计划，包括选育方法、配种制度及性能测定方案等。

(二)各畜禽品种根据育种要求建立核心群。

(三)种公畜不得少于6个血统，且系谱清楚。

(四)保持合理的种群更新率

1. 猪年更新率达25%以上。

2. 鸡年更新率为100%。

3. 鸭、鹅年更新率50%以上。

4. 其他畜禽品种保持15%以上的年更新率。

(五)种畜禽质量必须符合本品种国家标准，暂无国家标准的参照行业标准，既无国家标准又无行业标准的，参照地方标准。国外引进的品种参照供方提供的标准。

(六)要有科学、健全的饲养管理制度，采用先进的饲养工艺，按照营养标准配制日粮，满足不同畜禽品种和生理阶段的营养需要。

第八条 技术资料

(一)要有完整系统的原始记录和统计分析资料。

1. 种牛场要有母牛配种、产犊、犊牛培育、母牛泌乳、体重体尺、外貌鉴定、公牛采精及精液品质、兽医防疫、种牛卡片(肉用牛有各期体重、日增重、饲料报酬)等记录与分析资料。

2. 种猪场要有配种、分娩、生长发育、性能测定、种猪卡片、各家系生产性能和核心群母猪生产性能、后裔测定、兽医防疫等记录与分析资料。

3. 种羊场要有羊羔断奶鉴定、配种、各类羊剪毛(抓绒)量、净毛(绒)率测定、育成羊鉴定、种羊卡片、后裔测定、年度选种选配计划、兽医防疫(肉用羊有各期体重、日增重、饲料报酬)等记录与分析资料。

4. 种禽场要有受精率、孵化率、各期成活率、开产日龄、各期体重、入舍禽(或饲养日)产蛋数、蛋重、各期耗料量、蛋壳颜色、蛋壳强度及蛋白高度、兽医防疫(鸭不需要蛋壳颜色、蛋壳强度及蛋白高度指标；肉鸡、肉鸭有瘦肉率、皮脂率及屠宰指标)等记录与分析资料。

(二)种畜禽要进行良种登记，系谱资料齐全。

(三)各项资料按年度装订成册并存档(如采用无纸记录系统，各项资料应存入计算机软盘)。

第九条 种畜禽保健

(一)有免疫程序、场内防疫和监测制度。

(二)无一、二类烈性传染病和国家规定的其他疫病。

(三)场内设有病畜隔离舍、死畜处理设施。

第十条 经营管理

(一)建立健全生产经营管理制度和岗位责任制。

(二)出场种畜禽有清楚的系谱证、种畜禽合格证和动物检疫合格证。

(三)建立售后服务制度。

第三章 种公牛站应具备的基本条件

第十一条 基础条件

(一)具有种公牛饲养舍、运动场、采精室及细管冻精生产、检测分析、兽医诊断、资料档案等场所和设施，生产区与生活区布局合理、科学。

(二)仪器设备的性能、量程、精度满足生产技术标准要求，其中细管灌封机、精子密度测定仪为必备仪器设备。

第十二条 组织机构和技术力量

(一)单位技术负责人具有中级以上畜牧兽医专业职称，有本专业工作实践经验。

(二)饲养管理、产品质检等各类专业技术人员，具有助理工程师职称以上人员不低于技术人员总数的30%。

(三)产品质量检验人员经相应的岗位培训，考核合格后上岗。

(四)采精、冻精制作人员熟悉操作规范，能正确使用有关仪器设备，并经培训考核后上岗。

第十三条 种公牛群体规模为具有采精种公牛30头以上。

第十四条 技术管理制度和质量体系

(一)有种公牛饲养管理制度、卫生防疫制度、实验室规章制度、各类人员岗位责任制度、技术档案资料管理制度。

(二)仪器设备完好率为100%，仪器设备有档案记录和使用记录。

(三)有公牛采精技术操作规程、冷冻精液制作工艺规程、精液质量检验技术规程。

(四)细管冷冻精液要注明种公牛品种、个体号、冻精日期、生产单位，并有包装、贮存、运输方面的管理规定。

(五)种公牛有三代系谱。乳用公牛有相应的生产性能资料。

(六)冷冻精液质量符合国家标准。

第十五条 环境与保健

(一)实验室、精液操作室内清洁卫生,温度、湿度适宜。

(二)周围环境无影响种公牛健康的污染源。

(三)有场内防疫和监测制度,种公牛无一、二类传染病和国家规定的其他疫病。

第四章 发证程序

第十六条 申请单位向省(自治区、直辖市)畜牧行政主管部门提出申请,并报送以下材料:

(一)申请表;

(二)申报报告(主要内容按本办法的基本条件详细说明);

(三)品种来源。

第十七条 省级畜牧行政主管部门审核同意后,报国务院畜牧行政主管部门核定。国务院畜牧行政主管部门收到申请材料后,15天内决定是否受理,并书面通知省级畜牧行政主管部门。如不予受理,说明理由。受理后60天内组织验收。

第十八条 经验收合格的,30天内由国务院畜牧行政主管部门颁发《种畜禽生产经营许可证》。

第十九条 《种畜禽生产经营许可证》有效期三年,各种畜禽场(站)在《种畜禽生产经营许可证》期满前三个月,依照本办法第十六条、第十七条规定提出申请,更换新证。

第五章 附 则

第二十条 胚胎或其他遗传材料的生产经营许可证管理办法另行制定。

第二十一条 本办法由农业部负责解释。

第二十二条 省、自治区、直辖市所辖范围的《种畜禽生产经营许可证》管理办法参照本办法制定。

第二十三条 本办法自发布之日起施行。

中共中央关于加快农业发展若干问题的决定(节录)

(1979年9月28日中国共产党第十一届中央委员会第三次全体会议通过)

一、统一全党对我国农业问题的认识

……

(六)我们一定要正确地、完整地贯彻执行"农林牧副渔同时并举"和"以粮为纲,全面发展,因地制宜,适当集中"的方针。粮食生产搞得好不好,关系到九亿人民的吃饭问题,关系到备战备荒,一定要抓得很紧。过去我们狠抓粮食生产是对的,但是忽视和损害了经济作物、林业、畜牧业、渔业,没有注意保持生态平衡,这是一个很大的教训。我们一定要把我国优越的自然条件充分利用起来,把各方面的潜力充分挖掘出来,使农林牧副渔各业都有一个大的发展。粮食作物和经济作物,也一定要按照各地区的特点,适当地集中发展。要有计划地逐步改变我国目前农业的结构和人们的食物构成,把只重视粮食种植业、忽视经济作物种植业和林业、牧业、副业、渔业的状况改变过来。

……

二、当前发展农业生产力的二十五项政策和措施

……

(十八)大力发展畜牧业,提高畜牧业在农业中的比重。应特别注意发展牛、羊、兔等食草牲畜。畜牧业不但要看饲养量和存栏量,更重要的是要提高出栏率和出肉率。继续鼓励社员家庭养猪养牛养羊,积极发展集体养猪养牛养牛。积极改良畜种,加强草原和农区草山草坡的建设,兴修水利,改良草种,合理利用草场,实行轮流放牧,提高载畜量。做好牲畜的防疫工作。尽快颁布草原法。要在我国牧区和大中城市郊区,有计划地兴办一批现代化的畜牧场和家禽场,兴办一批现代化的屠宰厂、冷冻厂和畜产品加工厂。

……

国务院批转农业部关于加速发展畜牧业的报告

国发〔1980〕69号

各省、市、自治区人民政府(革命委员会),国务院各部委、各直属机构:

现将农业部《关于加速发展畜牧业的报告》转发你们研究执行。如你们认为需要,可印发至县级农牧单位。

畜牧业是农业中一个十分薄弱的环节,加速发展畜牧业,大力提高畜牧业在农业中的比重,提高肉蛋奶在食物中的比重,是我们的一项重要任务。各地要进一步加强对畜牧业的领导,把畜牧业摆到重要议事日程上,一年抓几次,及时研究解决生产上存在的问题,促进畜牧业的大发展。

一九八〇年三月二十二日

附:农业部关于加速发展畜牧业的报告

国务院:

畜牧业是农业的重要组成部分,又是农业中一个突出的薄弱环节。遵照中央关于加快农业发展的两个文件,调动一切积极因素,充分挖掘自然潜力,加快畜牧业的发展,逐步提高畜牧业在农业中的比重,改变食物构成,减轻粮食压力,增加农牧民收入,为轻纺工业和出口提供更多的畜产品,是我们一项迫切任务。

一、我国畜牧业的现状

建国三十年来,我国畜牧业有一定发展,从一九四九年到一九七八年,全国大牲畜由六千零二万头发展到九千三百八十九万多头,羊由四千二百三十四万只发展到一亿六千九百九十三万只,猪由五千七百七十五万头发展到三亿零一百二十八万头,畜牧业产值由三十四亿元增加到一百九十三亿元,总的来说,畜牧业虽然有发展但速度是缓慢的,曲折也是较大的。三十年来牲畜头数每年递增百分之四点五,其中:一九四九年到一九五七年递增百分之九点四;一九五八年到一九六〇年由于"浮夸风"、"共产风"的错误和自然灾害的影响,牲畜头数下降;一九六一年到一九六六年又回升,每年递增百分之七点七;一九六七年到一九七八年由于林彪、"四人帮"干扰破坏,有时下降,有时徘徊,就是增长也很缓慢,每年仅递增百分之二点五。三中全会以后,畜牧业有了一个新的转折,猪、羊存栏头数有所增加,大牲畜开始回升,肥猪的出栏量、商品量和鲜蛋收购量大幅度增加,多年来市场供应紧张局面有所缓和。一九七九年收购肥猪一亿二千九百万头,比一九七八年同期增加两千多万头,每头活重增加十一点九斤,共计活重增加四十七亿斤。蛋品收购十六点七亿斤,比一九七八年增加五亿斤,牛、羊收购量,比一九七八年同期也有增长,畜牧业对党的路线、方针、政策、反应特别敏感。一年来实践证明,贯彻执行三中全会的路线、方针、政策已经取得了显著效果。所以,继续贯彻执行三中全会所提出的路线、方针、政策,是发展大好形势的根本保证。

我国发展畜牧业的自然资源是丰富的,根据不同地区的特点,大体划分为牧区(包括半农半牧区)、农区、大中城市郊区及工矿区。

从呼伦贝尔盟一直到西藏,这一条属于牧区和半农半牧区,有四十三亿亩草原,面积大,便于大规模经营,但也有高寒、雨量少的特点。大部分地区年降雨量一百到三百毫米,冬季零下三、四十度。由于夏秋是盛草,冬春枯草,牲畜就常常产生"夏饱、秋肥、冬瘦、春死亡"的现象。牧区和半农半牧区有八千多万头牲畜,占我国牲畜总头数的百分之十四,产肉量占百分之五左右。牧区和半农半牧区本是我国最广大的牧业基地,所占牲畜和提供肉量与草原相比是极不相称的。主要是由于牧区牲畜成倍增长而产草量比例失调,草场严重破坏,建设很差,牧区本来不宜种粮,前几年还错误地提出"牧区口粮自给"的口号,盲目开垦草场,使牧区退化的草场达七亿多亩;天然草场产草量减少了三分之一到一半。对牧区和半农半牧区草原认真进行保护、建设、合理利用,不仅可以提供大量的肉、奶、皮、毛,同时对搞好民族团结和巩固国防,都有十分重大的意义。

农区有牲畜四亿八千多万头,占全国牲畜总量的百分之十六,产肉量占百分之九十五左右,给农业提供了大量的有机肥料。农区地处温带、热带和亚热带,气候温和,雨量充沛,无霜期长。北方年降雨量五百到八百毫米,南方八百到一千毫米,也有一千五百到二千毫米的。农区草山草坡十多亿亩,等于五个新西兰,自然条件也不比新西兰差,但至今尚未充分利用。我们不少省、区"七山一水二分田"。农作物秸秆、糠麸、糟粕很多,还可复种、套种、间作青饲料。农区人多劳力充裕,猪、牛、羊、兔、鸡、鸭、鹅、蜂、蚕都适合发展。过去农区只注意了发展养猪,对发展草食牲畜还未引起应有的重视。我们一定要充分认识畜牧业在农区的地位和潜力。只有以粮为纲,全面发展,因地制宜,适当集中,农、林、牧、副、渔五业并举,全国发展畜牧业,才能广开门路,充分利用农区自然资源和发挥劳动力的潜力。

大中城市郊区、工矿区,产奶量占全国的百分之八十左右,这些地区实行以生产蔬菜、水果、肉蛋奶为主的方针,依托城市办饲料工业,发展机械化养牛、养猪、养鸡,就近供应城市工矿区需要。

对不同地区的马、驴、骡、骆驼的饲养,经济价值高的鹿、貂等动物的饲养,以及设置自然保护区,保护珍贵动物,都要合理规划安排。

我国当前畜牧业的形势是好的,但也必须看到畜牧业还是很落后的,牧业产值仅占农业总产值的百分之十三点三,每人平均猪、牛、羊肉十八斤,奶二斤,蛋四斤,大大低于全世界每人平均猪、牛、羊肉五十斤,蛋十二斤,奶二百一十二斤的水平,比一些发达国家相差更远。一些发达国家畜牧业在农业中的比重都在百分之五十以上,肉、蛋、奶在他们食品中占了主要地位,畜牧业在农业中比例越来越大,这不仅是充分利用资源,发展生产的需要,也是人民生活不断改善的需要。

二、实现畜牧业现代化要从三年调整起步

从我国畜牧业的现状和资源情况出发,并借鉴国外经验,在三年调整和"六五"时期发展畜牧业必须有一个符合实际的计划和设想。全国猪、牛、羊肉总产量,在一九七九年的基础上,一九八一年要达到二百零五亿斤,每人平均二十一斤;一九八五年设想达到三百

亿斤左右,每人平均三十斤;禽蛋达到一百亿斤,每人平均十斤;鲜奶达到一百亿斤,每人平均十斤。同时还要积极发展细毛羊、半细毛羊,实现毛纺工业原料的基本自给。那时畜牧业产值预计将达到四百亿元,占农业总产值的百分之二十左右,如果这个设想实现,到一九八五年全国农业构成和人民的食物构成,将发生一个明显的变化。

在三年调整中,要对我国的农牧关系和畜牧业内部的结构,逐步进行一系列的调整,为今后大发展打好基础,为实现畜牧业现代化起好步。

要加快农业的发展,必须要大力提高畜牧业在农业中的比重,没有畜牧业的大发展,我国的农业也是过不了关的。毛主席说,农、林、牧三者互相依赖,缺一不可,要把三者放在同等地位。畜牧业是人类与自然界进行物质交换的重要经济部门,农作物通过光合作用合成的有机物质,人类可以直接利用的只有百分之二十到百分之二十五,其余的人类不能直接利用,而通过饲养牲畜,发展畜牧业,则可以大大提高利用率,转化为供人们直接利用的肉、蛋、奶、皮、毛等畜产品,畜牧业的这种功能是其他任何经济部门所不能代替的。畜牧业还可以生产大量有机肥料,促进农作物增产。我国各地大量的实践证明,凡是畜牧业发达的地方,由于有机肥料多,粮食都比较高产稳产;而农业发达的地方,由于农副产品多,畜牧业也比较发达。

对畜牧业内部的结构,也要从我国实际情况出发,积极进行调整。

(一)着重提高牲畜出栏率和产品量,改变过去单纯追求年底存栏数的观念和考核成绩的标志。目前,世界畜牧业发达的国家,猪的出栏率一般在百分之一百二十以上,每头猪产肉一百五十斤以上,而我国猪的出栏率只有百分之五十三,每头猪出肉不到一百斤。牲畜饲养期过长,势必消耗较多维持饲料,提高牲畜的出栏率和出肉量是大有文章可做的。

(二)提高草食牲畜在畜牧业中的比重。一九七八年肉类产量中,猪肉占百分之九十二点三,羊肉占百分之四,牛肉占百分之三点七。必须强调对猪的生产绝不能有任何忽视,否则,肉食供应即会发生问题。在抓好养猪生产的同时,要大抓牛、羊、兔等草食牲畜。目前世界上畜牧业发达国家都十分重视牛、羊的发展,牛、羊肉的产量占肉类总量的一半以上。实践证明,发展养猪业和发展草食牲畜并不矛盾。因为猪是杂食动物,许多农作物秸秆和草山、草坡的草,猪不能直接利用,而牛、羊、兔等草食牲畜,则可以充分利用这些东西,将其转化为动物蛋白。

(三)改变畜群结构,增加母畜比例,加快畜群周转。目前世界上畜牧业发达国家的畜群结构,繁殖母牛的比例一般占百分之五十左右,繁殖母羊的比例一般占百分之七十左右,而商品肉畜的饲养期又短,畜群周围很快。一般肉牛一岁半屠宰,每头胴体重三百斤左右,羔羊六个月育肥屠宰,每只胴体重三十五斤左右。肉牛的屠宰头数可达牛群三分之一,羊的屠宰只数可达羊群的一半。现在我国的畜群结构,适龄母畜比例,牛只占百分之三十,羊只占百分之四十左右。育肥期在几年以上,体重小、产肉量少。一九七八年羊的屠宰头数只占总数的百分之二十点六,每只出肉二十斤,牛的屠宰头数仅占总头数的百分之六点四,每头出肉仅一百三十七斤。这种不合理的畜群结构要逐步改变,要多留母畜,提高适龄母畜比例,充分利用草的季节优势和幼龄牲畜生长快的优势,缩短育肥期,提高产品率,提倡肉牛一岁半屠宰,羯羊当年育肥,在秋季最肥时宰杀,不能繁殖的牲畜及时淘汰。

(四)随着农业机械化的发展,使役牛逐步向肉乳役兼用方向发展。推广乳肉役兼用的牛种,如黄牛用西门塔尔牛改良,水牛用摩拉、尼里水牛改良。这些种牛改良的后代,母牛可以挤奶,一般年产奶一吨到二吨,公牛可以役用或肉用。

我们调整改革的目的,是为了使畜牧业经济的发展完全符合自然规律和经济规律,用最少的消耗得到最多的畜产品。

三、正确贯彻发展畜牧业的各项政策

继续批判林彪"四人帮"极左路线,落实党的发展畜牧业各项政策,是调动一切积极因素,加快发展畜牧业的关键。

(一)要切实把继续鼓励社员养猪、养牛、养羊、养兔、养禽、养蜂,积极发展集体养猪、养牛、养羊、养兔、养禽、养蜂的政策落到实处。对社员家庭养畜要分配给一定数量的饲料粮,或在有条件的地方分配一些饲料地,对社员养畜向集体投肥作价要合理。粮肥挂钩,纳入生产队当年分配;采取多种措施扶持困难户养牛、养羊;对集体养畜要建立定额管理责任制和超产奖励制度,饲养形式可以多种多样,可以由社队建立专业场、专业队、专业组饲养,也可以由社员包养。社员饲养集体母牛繁殖的小牛,实行比例分成,给社员"一条腿"或"两条腿"。国营畜牧场、种畜场也要贯彻执行多劳多得原则,实行定额管理、岗位责任制和超产奖励的政策。

在牧区,要认真落实社员自留畜政策,允许社员养肉畜、奶畜、乘畜。

(二)各省、区要按照经济区域规划,确定牧业县、半牧业县,这些县向国家提供牲畜和畜产品的任务一律纳入国家计划指标。

要逐步调整牧业县、半牧业县现行粮食征购和供应指标,使牧业为主方针真正得到落实。

(三)开放牲畜市场,活跃牲畜交流。前几年,牲畜交易市场基本关闭,不利于牲畜发展。今后在完成上交征购合同任务之后,允许社员和生产队上市出售和购买牲畜,价格由双方议定,打破省、地、县互相封锁禁运的错误作法,恢复固有的牲畜流转渠道。

(四)取消禁宰牛的政策。过去禁宰牛的规定,在当时的历史条件下是必要的。现在情况已经发生了很大变化,继续维持这些政策不但没有必要,而且将严重阻碍养牛事业的发展。为此,要废除禁宰牛的规定。集体的牛由生产队自行决定,社员私有的牛由社员自行决定。但要注意保护耕畜和适龄母畜。

(五)坚持收购畜产品的奖励政策。多年来,国家坚持实行收购肥猪奖售饲料粮,收购其他牲畜和畜产品奖售物资的办法,这是在两种市场、两种价格并存的情况下,对生产者的一种价格上的补差,它对畜牧业生产有重大作用,绝不能轻易改变。

(六)要正确贯彻执行畜产品的收购价格。一九七九年国家对部分畜产品提高了收购价格,缩小了“剪刀差”,要把提高收购价格的好处,不折不扣地全部给予生产者。

对牛、羊收购用大群估皮断肉的方法很不科学,要按照国务院〔1979〕26号文件规定,“实行逐头过称,分级定价,不许压级压价,不许看群估价”。

四、发展畜牧业的重要措施

(一)继续办好牧业现代化试点和牧业基地

要集中一些财力、物力,认真办好一批牧业现代化试点,用先进的科学技术和经营方式组织畜牧业生产,充分显示现代化畜牧业的优越性,使国外畜牧业现代化经验与我国实践相结合,摸索出在我国条件下搞现代化畜牧业的经验。有了自己的现代化样板,就便于逐步推广。还要根据各地情况,建设若干商品性的牧业基地,使基地畜牧业迅速发展起来。办牧业现代化试点和基础,要发挥中央、省、地、县各级的积极性,大家一齐动手来办。通过现代化试点和基地建设,推动整个畜牧业的逐步现代化。

在办牧业现代化试点和牧业基地的地区,可试办农工商、牧工商联合企业,先办内蒙古后旗、右旗、新疆富蕴、河北围场、黑龙江安达、杜尔伯特、四川若尔盖等七个县旗的牧工商联合企业,对畜产品生产、加工、冷藏、运输、销售体系的建设要统筹规划,合理安排。

要尽快解决牲畜长途赶运掉膘而造成的损失。

(二)建立良种繁育推广体系,做好畜禽品种改良工作

畜禽品种优良与否,生产性能差别很大。良种牛一年半可以长到五、六百斤,良种奶牛年产奶八、九千斤,良种细毛羊年产毛十斤左右,都比现有普通品种产量高得多。我国畜牧业落后,一个重要方面是牲畜品种差,产品率低,要建设现代化畜牧业,大幅度提高畜产品产量,必须在畜禽良种化上下功夫,要象重视农作物良种那样重视畜禽良种,要有计划有步骤地做好推广工作。

要搞好良种场的布局,办好种畜场,繁殖供应大量国内外优良种畜,满足改良品种的需要。要搞好冷冻精液站、配种站的建设,大力推广人工授精技术。逐步把各类畜禽品种育种委员会或育种协会建立起来,把有关产区和种畜场组织起来,进行良种畜禽的选育提高。

(三)充分利用饲草、饲料资源,大搞饲草、饲料建设,是发展畜牧业的物质基础

畜禽是有生命的,吃多少草料转化成多少肉、蛋、奶等畜产品,这是一个物质转化过程,它是有一定规律的。没有足够的营养齐全的草料,要想获得丰富的肉、蛋、奶等畜产品就是一种空想,饲草、饲料建设不仅是基础,而且一定要先行才行。又要马儿好又要马儿不吃草是不行的。

兴建一批稳产高产的人工草场,重点解决冬春缺草问题。自然草场要逐步进行改良,不断增加人工成分。围栏轮牧是保护和合理利用草场的重大措施,要积极推行。内蒙古巴林右旗自然草场亩产干草五十斤,进行灌溉可达到一千斤。围栏补播改良一亩草场需资金二、三十元,投资少、收益大,这是改变牧区靠天养畜状况,避免一遇灾害就大批死亡牲畜的根本途径。

积极兴办牧区水利,要土洋并举,首先要解决人畜饮水和人工草场、牧草种子繁殖基地的水利灌溉问题。要因地制宜地发展草原水利工程设施,地方小型水利应把牧区水利包括在内,列入计划。以牧为主的地区,水利建设也应以牧为主。半农半牧区水利建设也应既注意农,也注意牧。

要大搞饲料生产,开辟新的饲草、饲料来源。农区要采取间作、套种办法增加青饲料生产,要利用沟壑空地因地制宜种植高产优质饲料。集体养畜场要建立饲料基地。半农半牧区和黄土高原,水土流失的地区,要逐步改变广种薄收为少种高产多收,实行退耕还林、还牧,以草养畜,以草保土,以草肥田。飞机播种牧草,投资小,效果好,要逐步扩大飞播面积。要建立和办好牧草种子繁殖基地,繁殖供应草种。要大力推广青贮饲料。在牧区有条件的地方,要积极营造草原防护林、饲用林,以林护草,以草养林,林茂草丰。

全国有各种饼类一百多亿斤,南方还有一亿二千万亩绿肥作物,都是高蛋白的好饲料,除若干经济作物需直接施用饼肥外,其他饼肥、绿肥、农作物秸秆,要逐步作到先喂牲畜后肥田,或肥料沤了沼气后再肥田。做到饲料、肥料和燃料统一安排,综合利用。

要逐步建立饲料工业。生产供应配合饲料,提高饲料利用率。

(四)做好畜禽疫病防治工作

防疫灭病要贯彻“预防为主”的方针,抓主要矛盾,集中力量,把流行面广、危害大的几种疫病限期扑灭下去。在三年调整时期全国范围要基本控制和扑灭猪

瘟、猪丹毒、猪肺疫、鸡新城疫这四大传染病,同时还要重点抓好马传贫、口蹄疫、猪水泡病、布氏杆菌病、耕牛血吸虫病的防治工作。

要办好兽医生物药品厂,保证药品质量。要做好药械供应工作。要解决公社畜牧兽医站人员的工资、口粮和劳保福利等问题,调动他们的积极性,做好基层畜牧兽医工作,要坚持畜病合作防治制度。

(五) 抓好牧业机械化

畜牧业机械化是畜牧业现代化重要的一环。要围绕牧草生产和剪毛,解决围栏、种草、割草、捆草、运草、贮草和剪毛所需的机械,以及畜产品加工、冷冻、储存运输设备等。

城市要解决好饲料加工工业和工厂化养猪、养鸡、养奶牛的成套标准设备,农区重点解决畜牧生产上急需的四大件,即饲料粉碎机、打浆机、铡草机、运料车子。

(六) 加强畜牧和兽医科研教育工作

在畜牧科研方面要对目前的科研布局加以必要的调整,着手筹建南方草原研究所、全国饲料研究所、养牛研究所,进行草山草坡建设、改良饲料和养育奶牛、肉牛的科学研究工作。目前畜牧兽医科研手段落后,要分批分期把全国畜牧和兽医科研单位装备起来。

各省、市、自治区要多办些中等畜牧兽医专业学校,现有的农业院校要办好畜牧、草原、兽医专业,培养大量科技和中兽医人材。

要开办各种训练班,分期分批轮训在职畜牧兽医干部,提高他们的业务技术水平。

总之,要逐步把种畜、良种推广、草种繁殖、饲料加工、疫病防治、药械供应、科学研究、技术培训、牧业机械和畜产品加工、贮存、运输等畜牧工程建成完整的体系,向畜牧业现代化的宏伟目标前进。

加强领导,是发展畜牧业的关键。各地要把畜牧业摆到重要议事日程,及时研究畜牧业生产情况,解决存在的问题,以加速畜牧业的发展。

以上报告如可行,请批转各省、市、自治区。

中华人民共和国农业部(印)

一九八〇年一月十八日

中共中央、国务院转发国家农业委员会《关于积极发展农村多种经营的报告》的通知

(1981年3月30日)

中发(1981)13号

各省、市、自治区党委和人民政府,各大军区、省军区、野战军党委,中央各部委,国家机关各部委,军委各总部、各军兵种党委,各人民团体党组:

中央和国务院同意国家农委《关于积极发展农村多种经营的报告》,现转发给你们,望结合当地实际情况,研究执行。

……

……充分利用目前的各种有利条件,多饲养一些草食禽畜和鱼类,多生产一些食油、蔬菜……

附:国家农业委员会《关于积极发展农村多种经营的报告》(节录)

(1981年3月19日)

……

三、农村开展多种经营的门路广阔

……

畜牧业,牧区草原当然有巨大潜力可挖。须按既定方针,加强草原建设,实行合理放牧,提高生产率。同时应看到全国肉类的百分之九十以上是由农区提供的,不仅猪和家禽基本上在农区,而且食草牲畜也大部分在农区。农区有十亿亩草山草坡,有二亿亩海岸滩涂,有十五亿亩的农作物秸秆、糠麸,自然条件较好,劳动力多,而且农牧可以相互促进,群众迫切要求种植业、畜牧业同时并举。特别农户私人喂养更容易发动。只要政策对头,并不需要很多投资,就可以较快地发展。……目前,我国牛肉、牛奶、牛皮供应都很紧张,如果能将草山草坡充分利用起来,饲养优良畜种,养牛就可成倍增长。南方山区何者宜林,何者宜牧,必须经过调查确定。大部分草山草坡,按土壤条件不宜放牧,应提倡割草圈养,以免破坏草山草坡的植被,造成水土流失。南方草山草坡属酸性土,草质欠佳,有的草牲畜不能吃,需要农业科研部门组织专家研究,找到一条逐步改造这些草山草坡的路子。

……

五、发展多种经营需要进一步解决好的几个问题

……

(三)发展多种经营同粮食生产一样,需要靠科学技术。从种养业上说,首先是要培育和推广优良品种。近几年来,我国良种牲畜培育工作,已初步建立了体系,目前特别需要加强推广工作,扩大效果。……

其次是解决好畜禽和鱼虾的饲料,饵料问题。……今后,应特别加强饲料工业的建设,充分利用各种农牧业副产品,提高饲料利用效率,使我国有限的饲料能生产出更多的产品。

其三,做好动植物保护工作。……需要采取有力措施,尽早控制猪瘟、鸡瘟、牲畜布氏杆菌病、血吸虫病、马传贫、马鼻疽、羊痘、羊疥癣、牛肺疫和口蹄疫等十种对畜禽危害严重的疫病;……

中共中央关于印发《当前农村经济政策的若干问题》的通知（略）

（1983年1月2日）
中发（1983）1号

……

附：当前农村经济政策的若干问题（节录）

（1982年12月31日政治局讨论通过）

……

我国的畜牧业，特别是发展牛羊等草食动物，潜力很大。认为粮食不过关，畜牧业就无从发展的看法是不符合实际的。只要实行科学养畜，办好饲料工业，合理利用饲料资源，并不需要很长的时间，肉、蛋、奶等动物性食品就可能成倍增长。发展畜牧业，实行农林牧结合，反过来又会促进农业。

……

（十）为使决不放松粮食生产、积极发展多种经营的方针落到实处，农、林、牧、副、渔等各业都应根据因地制宜、发挥优势、适当集中的原则，建立一批商品生产基地。这些基地，要有生产品，要有较高的商品率，还要有相应的供销、运输、加工、储藏、技术等的服务体系和能源、交通、邮电、水利等基础设施。大中小商品生产基地，包括小城镇的建设，应事前经过勘察、规划、设计，经主管部门批准，纳入国家或地方基建计划。

生产基地的产品，应尽可能就地综合利用，调出成品或半成品。粮食生产基地，也要利用完成调出任务后剩余的粮食，兴办食品工业和饲料工业，发展畜牧业，以发挥一物多用的经济效益，减少运销耗费。

……

国营农、林、牧、渔场，是国家重要的商品生产基地，应实行经济责任制，农工商综合经营，努力增加商品产量，提高商品质量，做出更大的贡献。

……

中共中央关于一九八四年农村工作的通知（节录）

（1984年1月1日）
中发（1984）1号

……

五

……

（一）继续调整农副产品购销政策。要随着生产的发展和市场供应的改善，继续减少统派购的品种和数量。鲜活产品要尽量放活，要有合理的季节差价、地区差价，以便活价促产，减少腐烂损耗，为保证出口和大城市供应，可以试行建立专门的生产基地或用平价生产资料换购。三类产品和统派购任务外的产品的价格要真正放开，允许国营商业、供销社按合理的进销差率灵活掌握购销价格，以便参与市场竞争和调节。经营中要尽量减少环节，组织产区、销区直线流通。

（二）改善农副产品收购办法。为了引导农民有计划地进行生产，农副产品统派购任务必须落实到生产单位，一定几年不变；大宗的三类产品和其他计划外产品，也要在安排生产之前与农民签订合同。购销合同一经签订，双方都不得任意变更。化肥、柴油等生产资料供应办法，也要认真改进。

……

八

林牧渔业发展不足，商品供应紧张，这种状况必须扭转。要进一步放宽政策，加速对山区、水域、草原的开发。鼓励种草种树，改良草场，实行农林牧相辅发展。鼓励发展水产养殖，保护天然资源，实行养殖捕捞并举。要多方开辟食物来源，改善生态环境，并逐步提高少数民族地区和贫困地区的经济文化水平。

……

牧区畜产品也宜确定收购基数，签订购销合同，任务以外允许议购议销。在有条件的地方，允许羊毛、皮革等工业原料进行“工牧直交”和活畜出境异地育肥。

牧区在落实畜群责任制的同时，应确定草场使用权，实行草场使用管理责任制。鼓励牧民进行牧业基本建设，保护草场，改良草种，提高产草率，保持草畜平衡，提高畜产品商品率。

……

国务院批转国家体改委、商业部、农牧渔业部关于进一步做好农村商品流通工作的报告的通知（节录）

（1984年7月19日）

国务院同意国家体改委、商业部、农牧渔业部《关于进一步做好农村商品流通工作的报告》，现转发给你们，请遵照执行。

……

附:国家经济体制改革委员会、商业部、农牧渔业部关于进一步做好农村商品流通工作的报告(节录)

(1984年6月30日)

……

继续减少统购、派购品种。将商业部系统现行管理的一、二类农副产品由二十一种减为十二种。统购品种仍为粮食(只管稻谷、小麦、玉米)、油脂油料(只管花生、菜籽、棉籽)和棉花(只管等内棉、棉短绒)三种。派购由十八种减为九种,即生猪、黄红麻、苎麻、茶叶(只管边销茶)、牛皮(只管国家屠宰部分)、绵羊毛、毛竹、篙竹、蔬菜(只管大中城市和主要工矿区)。将山羊皮、绵羊皮、羊绒、牛肉、羊肉、鲜蛋、苹果、柑桔、桐油等九个品种放开,自由购销。

……

农副产品计划管理的品种目录由国务院确定,省、自治区、直辖市如需要调整,应报国务院批准。国家规定的统购、派购任务,必须落实到生产单位,一定几年不变,由有关收购部门同生产单位签订购销合同。对统购、派购品种,奖售政策继续执行,具体办法可适当调整;对非统购、派购品种,一律取消奖售。外贸部门收购农副产品的现行办法,也要根据目前存在问题加以改进。

三、改进价格管理办法

要在计划经济为主、市场调节为辅的原则下,调整农副产品价格政策和管理权限。国家对农副产品的价格管理目录,要同国家收购产品分类管理目录一致起来。国家统购、派购的农副产品,凡是计划内的,都要执行计划收购价格。对完成统购、派购任务后的产品和非计划产品,实行议购议销,价格根据市场供求情况,随行就市,有升有降。对国家计划产品,要由有关部门共同商量,合理安排地区差价、品质差价、季节差价,以搞活经营。对于粮食、食油、猪肉等实行价格补贴的商品,要逐步理顺价格,减少财政补贴。对现在实行牛羊肉定量供应的大中城市回民,定量内仍按牌价供应,亏损由国家财政补贴。

……

六、积极发展农副加工业

我国农副产品加工业是一个十分薄弱的环节,食品工业和饲料工业需要进一步开发。随着农村商品生产的发展,为我们发展这项工业提供了越来越多的资金、劳力和原材料,潜力很大。……

……

中共中央、国务院关于进一步活跃农村经济的十项政策(节录)

(1985年1月1日)

中发(1985)1号

……

(一)改革农产品统派购制度

从今年起,除个别品种外,国家不再向农民下达农产品统购派购任务,按照不同情况,分别实行合同定购和市场收购。

……

生猪、水产品和大中城市、工矿区的蔬菜,也要逐步取消派购,自由上市,自由交易,随行就市,按质论价。放开的时间和步骤,由各地自定。放开以后,国营商业要积极经营,参与市场调节。同时,一定要采取切实措施,保障城市消费者的利益。

其他统派购产品,也要分品种、分地区逐步放开。

取消统购派购以后,农产品不再受原来经营分工的限制,实行多渠道直线流通。农产品经营、加工、消费单位都可以直接与农民签订收购合同;农民也可以通过合作组织或建立生产者协会,主动与有关单位协商签订销售合同。

(二)大力帮助农村调整产业结构

要继续贯彻决不放松粮食生产、积极发展多种经营的方针。

今年,国家将以一定的财力物力支持粮棉集中产区发展农产品加工业,调整产业结构。还决定拿出一批粮食,按原统购价(费用按财政体制分担)销售给农村养殖户、国营养殖场、饲料加工厂、食品加工厂等单位,支持发展畜牧业、水产养殖业、林业等产业。困难的地方可以赊销。

在发展畜牧、水产业中,要特别注意扶持养殖专业户、专业村,并在一定区域范围内逐步建立和健全养殖业的良种繁育、饲料供应、疫病防治、产品加工、贮运销售等配套的商品生产服务环节。

……

国务院办公厅转发农牧渔业部关于改进大中城市农牧渔业工作报告的通知

(1985年5月6日)

国办发[1985]39号

经国务院同意,现将农牧渔业部《关于改进大中城市农牧渔业工作的报告》转发给你们,请结合当地情况参照执行。

大中城市的副食品生产和供应工作,牵涉面广,需要由市人民政府统一领导,有关生产、流通以及财经等部门密切配合,通力协作,才能办好。请各大中城市认真抓好这件事,不断新经验,探索适合当地情况、促进城乡经济繁荣的道路。

农牧渔业部关于改进大中城市农牧渔业工作的报告(节录)

(1985年3月16日)

最近,我部召开了大中城市农牧渔业工作会议。会议主要讨论了大中城市农牧渔业发展的方针、规划和措施,交流了农畜水产品放开搞活、促进生产、改善供应的经验。现报告如下:

一、大中城市农牧渔业生产、消费的现状和问题(略)

二、大中城市农牧渔业发展方针、规划和措施

大中城市农牧渔业发展的方针是:服务城市,富裕农民,活跃市场,方便群众。按照因地制宜、发挥优势、讲求效益的原则,发展以优质鲜活农副产品为主的商品生产,改善城市副食品的供应。城市应在资金、技术、人才、信息等方面扶持农村商品经济的发展,做到工农结合,城乡互助,协调发展,共同富裕,建立新型的城乡关系。

初步规划的目标是:45个大中城市(缺拉萨)到1990年副食品人均消费水平达到:肉80斤,奶30斤,禽4只,蛋25斤,水产品38斤,水果40斤,蔬菜365斤,花卉产值30元。由于各个城市经济发展不平衡,消费结构差别也大,各个城市应根据当地的实际情况订出具体的规划目标。

实现上述规划以后,大中城市的肉、奶、禽、蛋、鱼、蔬菜、瓜果、花卉等的生产和供应将得到改善,城市人民的食物构成会发生初步变化。

制订规划的指导思想应是:(1)坚持实事求是,既要考虑消费的需要,又必须考虑我国人民的生活习惯和消费基金增长的可能,使生产发展与消费需求相适应;(2)在发挥本地区优势的原则下,组织地区间的协作,扩大商品交流,不强调样样自给;(3)发展生产要国营、集体、个体一齐上,以集体和专业户为主,国营企业主要为集体和专业户提供服务;(4)生产建设的资金,以集体(包括联合体)和个人筹集为主,地方和国家适当扶持,善于利用银行贷款和外资。

为了实现上述目标,根据各地提供的经验,必须采取一系列有效措施:

(一)调整农村产业结构,形成以服务城市为目标,近、中、远相结合和配套的环状生产布局。为促进畜牧、水产业的发展,在调整种植业生产布局时,要保证必要的饲料、饲草面积。

(二)建设肉、奶、禽、蛋、鱼、菜、果、花商品生产基地,注意发展名、优、特、新产品。建设一批生产、加工、贮运、销售、服务配套的系列化商品基地。要加强横向经济联系,发展城乡之间、地区之间和不同所有制企业之间的协作与联营。充分发挥国营农(牧、渔)工商联合企业的骨干作用。城市还可与产区挂钩,采取牛羊易地育肥的办法,为市场提供鲜肉。

(三)扶持农民发展家庭经营。尤其要重视发展养殖专业户、联合体和专业村。农牧渔业部门要加强指导,帮助他们实行集约化经营,选择最佳规模,实行科学管理,提高经济效益。

(四)大力发展农畜水产品的贮藏、保鲜和加工业,提高产品质量,改进包装装潢。肉类要逐步采取按部位分割安装的方法销售;奶类要发展多品种、多档次的奶制品;水产品要增加鲜活品、冷冻小包装和熟食制品。发展畜产品、水产品的综合利用。

(五)建设好畜、禽、鱼、虾、果、菜、花等良种繁育基地,合理布局,形成种类齐全的良种繁育体系。健全防疫、检疫机构,严格执行国务院发布的《家畜家禽防疫条例》(国发[1985]25号),做好疫病防治工作,发展家畜防疫保险事业。

(六)积极发展饲料工业。抓住粮食较多的大好时机,充分利用饼粕等蛋白质资源,使饲料加工业与养殖业同步发展。用好国家扶持畜牧业和水产养殖业的平价饲料粮,优先保证种畜、种禽、种鱼场的需要。要发挥各方面的积极性,多方面集资,多形式办厂,多渠道经营,发展质优价廉的配合饲料。配合饲料工厂,应大中小结合,以中小型为主,由集体或农民联办为主。国家侧重兴办或与地方联办技术要求高、投资大的合成氨基酸厂、添加剂原料工厂、预混饲料厂和浓缩饲料厂。兴办饲料加工厂所需的原料、材料,要统筹兼顾,合理安排。健全饲料监测机构,加强饲料质量管理工作。

(七)积极发展农畜水产品的加工、冷藏、保鲜、贮运机械和饲养、饲料加工设备,加快技术改造的步伐。对蔬菜、果树、花卉的栽培、收获、加工、保鲜、贮运等机械,也要加紧研制、推广。

(八)提倡城市农牧渔业科研单位、大专院校积极参与生产基地建设或与骨干企业联合组成“科研—生产联合体”,为大中城市的农牧渔业的生产建设服务。

(九)有计划地从国外引进资金、优良品种、先进技术和设备,提高质量,改进包装,提高生产水平。

经济特区、开放城市、开放地区,要按照贸—工—农的要求,调整农村产业结构。

(十)加强对土地的管理。随着城乡建设事业的发展,占用城市郊区土地和水面越来越多。要坚决执行国家有关土地管理的规定,制止乱占滥用耕地和养鱼

水面。

三、加强对大中城市农牧渔来工作的领导

大中城市和经济特区、开放城市、开放地区，都是商品经济最活跃的地区，这两类地区的农业可以说是农村商品经济的两个"龙头"，分别带动和促进当地农村或全国农村商品经济的发展。应该从全国农村商品经济和城乡经济发展的全局出发，把大中城市和开放地区的农牧渔业放在重要位置，加强领导，统筹规划，协调发展。

近两年来，广州、武汉、石家庄、南昌、沈阳等城市改革肉、菜、鱼、禽、蛋的产销体制，逐步放开经营，收到了很好的效果。他们的主要经验是：按照市场需要调整农业生产结构；建设系列化配套的商品基地；调动国营、集体、个人三方面的积极性，协调发展；改革产销体制，农民和农业企业直接进入流通领域；有计划、有步骤地放开，做好调剂余缺和平抑物价的工作。他们的经验，可供其他城市借鉴。

各大中城市农牧渔业部门应在市政府的统一领导下，同有关部门通力协作，密切配合，制订本地的实施方案，加强指导，提供信息，搞好服务，注意解决贯彻执行中的新问题。

以上报告，如无不妥，请批转各地参照执行。

中共中央、国务院关于一九八六年农村工作的部署（节录）

（1986年1月1日）
中发（1986）1号

……

为扶持畜牧业和水产业的发展，应加强商品生产基础设施和草场、远洋渔业设施的建设，建立良种繁育、饲料、防疫、产品加工、贮运、销售等服务体系，逐步形成相对集中的商品生产区。……

……

把农村改革引向深入（节录）

（中共中央政治局1月22日通过）
中发[1987]5号

……

二、继续改革统派购制度，扩大农产品市场

根据发展有计划的商品经济的要求，逐步改革农产品统派购制度，建立并完善农产品市场体系，是农村第二步改革的中心任务。长期实行的农产品统派购制度业已形成一个完整的体系，它不只是承担着产品分配职能，同时也承担着利益分配职能。因此，对不同的农产品分别采取不同的改革方式和步骤，会更有利于改革的顺利发展。

……

肉、禽、蛋、菜等鲜活易腐商品，市场风险较大，尚未放开的品种和地区应当积极准备放开。京、津、沪几个大城市，为了保持市场供应和价格的相对稳定，可以采取逐步放开的办法；同时，抓紧农副产品批发市场建设，发挥国营商业的主导作用，实行多渠道经营，分担生产风险，在批发市场带动下，开拓远郊和外埠蔬菜基地和其他副食品供应基地。

……

国务院批转全国牧区工作会议纪要的通知

（1987年8月13日）
国发[1987]73号

国务院同意《全国牧区工作会议纪要》，现转发给你们，请结合实际情况贯彻执行。

党的十一届三中全会以来，我国牧区认真贯彻党的路线、方针、政策，社会经济面貌有了较大变化。但是，从总体讲，牧区经济，特别是畜牧业还很脆弱，不适应国民经济发展的需求，必须引起高度重视。加强牧区经济建设，对于进一步繁荣牧区经济，增强民族团结，巩固边防，保护生态环境，实现"四化"大业，都具有重大的经济意义和政治意义。

牧区要坚持以畜牧业为主、草业先行、多种经营、全面发展的方针；半农半牧区要把畜牧业摆到突出的地位，发挥牧农结合的优势，多种经营，全面发展。牧草是畜牧业的基础，必须加强管理，合理利用，保护和建设草原，发展草业，逐步做到草畜平衡发展。要继续坚持改革、开放、搞活，稳定和完善生产责任制，大力发展商品生产，扩大商品交换，提高牧民的生活水平，促进社会进步。

牧区各级人民政府要切实加强领导，带领广大干部群众，继续发扬艰苦奋斗的精神，同心同德，团结一致，为搞好牧区建设，争取牧区经济有个较大的发展，把牧区建设成为社会主义现代化的牧业基地而奋斗。

全国牧区工作会议纪要（节录）

（1987年6月11日）

全国牧区工作会议于1987年6月4日至9日在北京召开。内蒙古、新疆、青海、西藏、甘肃、四川、宁夏、黑龙江、吉林、辽宁、河北、山西等省、区及中央、国务院有关部门的负责同志和基层单位的代表共176人出席

了会议。田纪云副总理在会上作了《争取我国牧区经济有个较大的发展》的报告。党和国家领导同志接见了全体代表。会议总结交流了牧区工作经验,讨论了牧区经济工作的指导方针,研究了发展牧区畜牧业的政策和措施。

……现将会议议定的几个问题纪要如下:

一、牧区的经济建设,必须从不同牧区、不同民族的特点出发,与牧区社会的整体进步相结合,有步骤地进行。由于历史、社会和自然条件的原因,我国大部牧区仍未摆脱游牧半游牧的生产方式。毫无疑问,牧区经济的根本出路是由传统畜牧业向现代畜牧业转化,由自给、半自给生产向较大规模的商品生产转化。当前要保护草原,改变掠夺式放牧,逐步引导牧区从自然放牧向集约化方向发展,从单一经营向多种经营发展,从游牧半游牧向定居半定居发展。各级领导部门在制定政策的时候,必须照顾到牧区与其他地区的差异,不要照搬农区的经验和做法。

二、牧区要实行以牧为主、草业先行、多种经营、全面发展的方针。这一方针符合牧区少数民族的习惯和专长,有利于发挥牧区优势,避免劣势,有利于建设牧区,富裕牧民。半农半牧区要把畜牧业放在突出位置,发挥牧农结合的优势,多种经营,全面发展。这样可以利用当地的有利条件,加强同牧区的资源互补和交流,发挥农区与牧区的中介作用和生态保护带作用。

牧区所在的省、区,粮食不能自给的,凡有条件的,应该在提高粮食单产的基础上,逐步提高自给率。西北地区要注意发展旱作农业。为减少远道调粮,应统筹规划,争取做到区域调剂平衡。但切不可再重复垦草种粮的做法。

三、牧草是畜牧业的基础,发展草业是发展畜牧业的前提。必须加强管理,保护草原,建设草原,发展草业。逐步做到以草定畜,增草增畜,平衡发展。要把草原建设纳入国土整治规划和国家农业基本建设规划中去,逐步增加投入,有计划地建设一批围栏草场和人工改良草场。我国草原辽阔,类型多样,要有区别、有选择地进行治理和建设。要全面规划,重点投入,"七五"后3年,力争围栏和改良草场1亿亩,人工种草5000万亩。有关省、区还要根据自己的条件,拟定2000年前围栏、改良草场和人工草场的建设计划。要加强草原水利建设,抓紧解决人畜用水问题。有条件的要注意发展草原林网,实行林草间作。

草原建设要实行国家、集体、群众一起上,特别要鼓励集体和牧民增加投入,建设草场。牧民投资建设的草场,谁建设、谁经营、谁受益,长期不变。牧区要建立育草基金,其资金来源:国家适当增加点投资;牧区的牧业税和羊毛交易税;地方从机动财力拿出一部分资金;从畜产品和草产品经销环节中适当提取一部分资金;有条件的地方还可适当利用一部分外资。牧区育草基金由各省、区管理使用,专款专用,多筹多用,少筹少用。基金实行项目目标管理,有偿使用,加速周转,提高效益,具体提取、管理使用办法,由各省、自治区人民政府根据实际情况制定下达。

为了提高防灾能力,建立打草贮草基地,搞一些抗灾保畜设施的试点。以集体和群众自办为主,发展牧草加工,推广青贮饲料和增加冬贮牧草,缓解饲草不足的矛盾。在有条件的地区,可试行牲畜保险。要建立合理的放牧制度,逐步推广分区轮牧,科学管理草原。要认真执行《草原法》,加强监理,严禁滥开垦、滥挖、滥占等破坏草原的行为,搞好草原防火,保护草原建设设施。积极采用多种方式,进行科学灭鼠和防治病虫害。

四、牧区要稳定和完善"草场公有,承包经营;牲畜作价,户有户养;服务社会化"和"专业承包,包干分配"等多种形式的生产责任制。受到广大牧民欢迎的多种形式的生产责任制,调动了牧民的生产积极性,促进了牧区经济发展,今后应当长期稳定,并在实践中加以完善。

要明确草场管理使用权,防止发生草场纠纷。冬春草场适于承包到户的要承包到户,不适于承包到户的可以承包到联户或自然村。夏秋草场可参照历史情况和牧民放牧习惯,划分放牧范围,建立管护制度。草场承包和划分使用范围,要从实际出发,在牧民所能接受的前提下,有领导地进行。县或乡的经营管理单位也可以统一建设适量的牧草基地,实行统一管理,放牧收费。草场承包以乡为发包方,并签订承包合同,明确发包方与承包方的权利和义务。

发展牧区经济,必须允许多种经济形式和多种经营方式存在。要支持牧户在自愿的基础上发展放牧、销售等互助形式或实行牧工商联营;支持发展饲养种公畜、改良畜和运输、购销、牧草经营等专业户。国营牧场要深入改革,逐步完善责任制。国营种畜场应搞好良种繁育,提倡以场带户,做好服务、示范和科技服务工作。

五、积极开展信息、技术等服务工作。各地要对现有的国营、集体和个体服务机构进行整顿,培训人员,使其充分发挥作用。草原管理站、畜牧兽医站、畜种改良站和经营管理站是直接为牧业生产服务的主要单位,并受政府委托担负牧政管理职能。县级各站要实行统一领导,综合服务,通过改革逐步建成服务中心。乡级站应尽快恢复和健全起来,实行四站合一,组成畜牧工作站。乡级站在整顿、考核、精干队伍的基础上,国家给予一部分事业编制,实行合同聘用制,不足部分可招收合同工和临时工;经费确有困难的,当地财政部门可根据财力情况酌情补助。畜牧工作站必须坚持以服务为宗旨,可以开展与技术服务有关的经营和有偿服务。

在稳定家庭经营基础上,逐步推广联合服务,首先强化乡一级服务组织。在条件具备的地方,应实行家畜品种统一改良，牲畜疫病统一防治，草原建设统一规划。要总结牧民的经验，逐步推广互助放牧、专群放牧、种公畜统一管理等办法，解决混群放牧造成的良种退化问题。

六、树立商品经济观念，讲求经济效益。要改进对牧区的经济考核办法，把发展牲畜与合理利用资源结合起来，把提高总增率与提高商品率结合起来，加快商品周转，增加牧民收入。

要根据不同草场和不同的自然条件，因地制宜地发展畜牧业。合理调整畜群、畜种结构，加快畜群周转，提高良种牲畜和母畜的比重，提高个体产出率。积极推广季节畜牧业，增加当年羔羊出栏，减少牲畜过冬头数。可以利用夏秋草场开展专群强化育肥，积极提倡易地育肥。

"七五"期间，一些条件较好的地区，重点建设一批细毛羊、半细毛羊、肉牛、肉羊、绒山羊、奶牛商品生产基地，实行牧工商一体化经营，同时利用其辐射作用，带动周围地区商品生产的发展。今后新增加的农业基本建设投资，应划出适当比例用于牧区商品基地建设。

要因地制宜开展多种经营，发展以畜产品为原料的加工业，做到统一规划，合理布局，照顾牧民的利益。在互惠互利的基础上，积极发展横向经济联合，引进资金、技术、信息、人才和管理经验。特别注重同国内发达地区的联合，鼓励兄弟省(区、市)到牧区兴办开发性产业。要充分运用牧区地处边疆的条件，发展边境贸易和对外经济技术交流，有关部门应给予积极支持。

七、要疏通流通渠道，逐步完善购销体制，建立市场体系。要允许试办自由购销的畜产品交易市场。提倡工牧直交、工贸直交、工牧联营、牧工商联营，逐步建立多层次、多形式、多渠道、少环节的流通体制。地方工业收购畜产品原料，应当靠经济手段，不要实行封锁和垄断。对暂不具备条件完全放开的极少数品种，可允许在一、两年内实行过渡，办法由各省、区自定。签订畜产品交售合同，应根据实际情况充实经济内容，给牧民一定的优惠。

供销社与农牧民联系密切，具有流通设施等经营手段，要深入改革，端正经营思想，更好地发挥作用。要积极收购畜产品并作好牧区生产、生活资料和民族用品的供应。生产民族用品所需的物资，列入计划，优先安排。

对畜产品收购，要加强市场管理，坚持以质论价，优质优价，劣质低价。羊毛应逐步实行按净毛计价。活畜收购，应积极推广过秤收购，逐步改变"估皮断肉"的做法。要增加商品购销服务网点，加强仓库、车辆、商品检测、计量器具等设施的建设。

国家制定的民族贸易"三项照顾"政策以及利率照顾政策，是保证少数民族地区进行互惠贸易所必需的，是发展商品生产，搞活商品流通，繁荣民族经济，改善少数民族物质文化生活的重要条件，应坚持执行。财政、银行、商业、物价等有关部门应结合新的情况拟定进一步贯彻落实的办法。

八、要加强畜牧科技工作，大力示范、推广行之有效的技术措施和科研成果。主要包括：保护、改良草场技术，草场围栏技术，飞播种草配套技术；牧草育种、草籽繁殖和建立人工草场技术；青贮、氨化、碱化饲料等饲草饲料加工贮藏技术；人工授精、胚胎移植等畜种改良技术；当年羔羊育肥和牛羊易地育肥技术；家畜传染病和内外寄生虫等防治技术；剪毛、乳品加工、打草储草等机械作业技术；羊毛除污、检测等技术；风能、太阳能等能源应用技术；新型棚圈建设技术。

对重大科研项目，有计划地组织好协作攻关。各有关科研部门和大专院校要统一规划，合理分工，紧密合作。要采取多种形式对现有科技人员和业务干部进行轮训，并研究制定相应的政策，稳定和加强科技队伍。

九、切实做好牧区扶贫工作，解决贫困牧民的温饱部门。牧民常年生活在草原，搬迁多，劳动条件差，生活习惯以食肉、奶、酥油、茶等为主，生产、生活消费支出高于农民。因此，要从牧区的实际出发，确定扶贫标准。国家在"七五"期间每年另外拨出5 000万元扶贫专项贴息贷款，集中用于牧区的贫困地区，由国务院贫困地区经济开发领导小组会同有关部门拟定具体使用管理办法。同时，要认真总结多年来牧区扶贫工作经验，积极推广"流动畜群扶贫"或向贫困牧户赊贷母畜等投资少、见效快的做法，首先解决温饱问题，并逐步增强贫困牧户自身发展生产的能力。

十、加强对牧区工作的领导。这是加快经济发展，改变牧区落后面貌的关键。牧区各级人民政府要认真贯彻党中央、国务院对牧区工作的指导方针、政策，对广大干部、群众深入进行坚持四项基本原则和改革、开放、搞活方针的教育；要认真贯彻《民族区域自治法》，进行党的民族政策的教育，促进民族团结和民族进步；要把发展畜牧业放在重要位置，列入重要议程，制定切实可行的发展规划，地方机动财力要确定一定比例用于畜牧业；要积极发展教育、科技、文化、卫生等社会事业；提倡计划生育、优生优育；要用教育、疏导、示范的方法，指导牧民消费，安排好生活，动员各族人民同心同德建设文明、富裕的社会主义新牧区。

乡级组织处在牧区工作的第一线，担负着承上启下、组织领导牧区社会经济发展的重要任务，要切实加强领导。对乡、村干部要进行轮训，提高经营管理水平。要逐步收回牲畜作价款和集体提留款。要建立健全财务管理制度，管好用好各项集体资金。

为了加强和协调牧区经济工作，会议决定由农牧渔业部牵头，国家民委配合，各有关部门给予支持，共同做好调查研究和制定牧区经济发展规划，指导和监督、检查牧区方针、政策的贯彻落实和各项资金的管理使用。牧业比重大的省、区，也要明确和加强牧业工作的主管部门。

中共中央、国务院关于夺取明年农业丰收的决定(节录)

(1988年11月25日)
中发[1988]11号

……

五、积极发展肉、蛋、菜生产，做好副食品供应。要使生猪生产稳定发展，防止出现大的波动。特别是母猪，要保持合理的饲养数量。要千方百计保证供应发展饲养业所需的饲料粮。要建立稳定的蔬菜生产基地，保持足够的蔬菜种植面积，保证城市蔬菜的充分供应。

……

农业部关于印发农村经济工作贯彻《国务院关于当前产业政策要点的决定》实施办法的通知

各省、自治区、直辖市、计划单列市农业、畜牧、水产、农垦、乡镇企业、农机化厅(局)：

为保障"治理经济环境，整顿经济秩序和全面深化改革"方针的顺利贯彻执行，结合农业和农村经济的特点，我们拟定了农村经济工作贯彻《国务院关于当前产业政策要点的决定》实施办法。希望各地结合制定和贯彻"八五"规划，认真按照《国务院关于当前产业政策要点的决定》和本实施办法，做好农村产业政策的调整和落实工作(有关乡镇工业贯彻《国务院关于当前产业政策要点的决定》的意见另发)。

附：农村经济工作贯彻《国务院关于当前产业政策要点的决定》实施办法(节录)

……

三、农村产业发展序列

……

(一)生产领域

1. 重点支持发展的产业、产品

……

(2)畜牧业

瘦肉型猪，肉蛋用禽类，肉兔、皮肉兼用和毛用兔，利用农区秸秆、草山草坡发展肉、乳、皮、毛(绒)用牛羊，乳役兼用牛，畜禽原(良)种的繁殖、饲养。

……

粮食加工及食品生产，植物油料、糖料加工及精炼；棉、麻、丝、毛、棕、皮、茶等初级加工和有条件的深加工，肉、蛋、奶和水产品加工。

……

农牧渔业机械维修，零配件、配套机具和中小农具生产。

饲料加工工业及畜、禽、鱼类全价配合饲料、浓缩饲料、预混合饲料、特种饲料产品生产；饲料添加剂工业及饲料级蛋氨酸、赖氨酸、维生素、药物添加剂和磷酸氢钙等矿物微量元素产品生产；蛋白质饲料资源开发工业及鱼贝蛋白源开发，棉籽饼、菜籽饼脱毒，作物秸秆氨化，豆科牧草、轻工和食品、制药工业废渣废液饲料化利用。

兽医药品和兽用生化药品。

……

2. 限制发展的产品生产与作业

(1)畜牧业

严重超载的草原放牧；影响动物资源再生和生态平衡的捕猎；损坏草原和植被的挖甘草、搂发菜、挖麻黄。

……

(二)基本建设领域

1. 重点支持基本建设的产业、产品

(1)优良动、植物品种的科研、保种、推广、示范、繁育基地建设。

(2)商品粮、棉、油、糖、菜、猪(瘦肉型)、禽、兔、牛、羊、水产品、果品(占耕地的除外)、天然橡胶生产基地建设。

……

(5)农业生产、技术服务体系的建设；农用物资加工、储存、运输、销售设施；农业技术推广体系基础设施；畜禽鱼疫病防治设备、仪器、器械、药品生产设施；饲料添加剂工业、饲料资源开发，饲料工业、饲料加工机械制造；农业机械化配套机具、中小农具的生产维修设施建设。

(6)牧区草原建设：草场围栏，草原生态改良，草种改良。牲畜棚圈和饲草贮存设施建设。

……

(三)技术改造领域

1. 重点支持技术改造的产业和产品

(1)农作物优良种苗、畜禽鱼良种和新品种培育项目及引进。

(2)农牧渔产品及其加工品的新品种开发，提高产品品质的项目，包括贮藏、保鲜、加工技术。

(3)大幅度提高农牧渔产品产量的新技术推广应用;农牧渔生产的机构化作业。

(4)畜禽饲养和水产养殖业中,疫病综合防治技术及手段更新;草地和食草家畜综合配套生产技术;北方地区节能塑料暖棚饲养畜禽综合配套生产技术;兽医生物药品厂、化学药品厂设备的更新改造。

(5)现有饲料加工设备的更新改造;饲料添加剂、微量元素的后处理;配合饲料、青贮饲料、秸秆氨化、棉籽和菜籽饼脱毒利用技术。

……

四、保障政策和组织实施

……

(四)合理调整农村产业结构和地区布局

……

畜牧业:稳定生猪生产,提高出栏率和瘦肉率。对在建的瘦肉型猪生产基地县进行续建和完善;挖掘农区秸秆和草山草坡的饲草潜力,近期牛羊生产的重点要由草原牧区逐步转移到农区,适当控制草原牧区牧畜头数,加快草原建设步伐,防止边建设边破坏和恶化草原生态;大力发展生产周期短、饲料报酬率高的禽兔,增加禽兔肉在肉类总产量中所占的比重。在适宜地区建设肉兔生产基地。

……

饲料工业:在充分发挥现有饲料加工能力的同时,加速发展蛋氨酸、赖氨酸、维生素、磷酸氢钙矿物质微量元素等添加剂工业。大力开发饲料资源,抓紧骨干饲料加工厂的技术改造。

……

国务院关于进一步搞活农产品流通的通知(节录)

(1991年10月28日)

……

一、进一步完善农产品放管结合的购销政策

遵循计划经济与市场调节相结合的原则,国家对农产品流通问题,总的要求是:随着农村商品经济的发展,适当缩小指令性计划管理,完善指导性计划管理,更多地发挥市场机制的作用。

……

食油(油料)、食糖(糖料)、生猪、绵羊毛、黄红麻等产品的购销实行指导性计划,通过规定指导性价格,建立和完善购销合同制,引导生产和流通。为了保证国计民生的需要,国营商业的供销合作社对油、糖、猪肉、绵羊毛、黄红麻,必须保持一定的合同收购量和国家储备量,以稳定市场。

有条件的地方,生猪可以完全放开经营,其决策权归省、自治区、直辖市政府。

……

凡属放开经营的产品,未经国务院批准,不准纳入部门或地方的计划管理。

……

中共中央关于进一步加强农业和农村工作的决定(节录)

(1991年11月29日中国共产党第十三届中央委员会第八次全体会议通过)

……

三、继续调整农村产业结构促进农村经济全面发展

……

(九)确保粮食稳步增长,积极发展多种经营。要警惕和防止放松粮食生产的倾向,始终把粮食生产摆在农业的首位,稳定播种面积,提高单产,提高品质,提高商品率。继续执行各项扶持政策,认真抓好粮、棉、油、肉等商品基地建设。重点扶持商品粮大县,支持它们在保持粮食生产优势的同时,积极发展多种经营和二、三产业,使这些县的经济发展、财政收入和农民收入,在九十年代达到一个新水平。继续抓好菜篮子工程,搞好城市副食品的生产和供应。大力发展畜牧业,抓好品种改良、疫病防治、饲料生产和草地建设,提高畜产品的数量和质量。加快渔业技术改造,发展人工养殖和远洋渔业。

……

国务院关于发展高产优质高效农业的决定(节录)

(1992年9月25日)

……

二、以市场为导向继续调整和不断优化农业生产结构

……

加快林业、畜牧业和水产业的发展,进一步提高这些产业在整个农业中的比重,不断增加动物性食物和木本食物的供给量,改善人们的食物构成,逐步提高全民族的营养水平和健康水平。

在继续加强牧区畜牧业的同时,进一步发展农区畜牧业。充分利用农区的大量秸秆发展养牛、养羊和其他草食动物,通过秸秆过腹还田,增加有机肥料,培育地力,降低成本。在畜牧业的基础上发展加工业,对肉、骨、皮、毛、血等各种主副产品进行综合开发、综合利用,实现多层次增值,为乡镇企业发展开辟新的途径。

不论种植业还是林业、畜牧业和水产业,都要把扩大优质产品的生产放在突出地位,并作为结构调整的重点抓紧抓好。……

九十年代中国食物结构改革与发展纲要(节录)

(1993年2月9日经国务院第220次总理办公会议审议通过)

……

三、实现食物发展目标的若干政策措施

……

(十一)大力发展畜牧食物生产　稳步发展生猪生产,着重提高出栏率和瘦肉率,加速推广优良品种,建立高效生产体系,提高猪肉产量和品质。要加快发展耗粮少、转化率高的畜禽和蛋、奶生产。要充分利用好农村的农作物秸秆,采取青贮和秸秆氨化等有效措施,加快发展肉牛、奶牛和羊等草食性动物生产。要加快牧区畜牧业的发展步伐,搞好草原、草场的改良和开发利用,提高生产能力。要大力增加蛋白质饲料,控制并逐步减少大豆和各种饼粕的出口,促进优质动物性食物生产的发展。到本世纪末,猪肉在肉类中的比重要下降70%以下,禽肉和牛羊肉的比重分别上升到18%和12%以上。

……

国务院关于进一步做好城市副食品工作的通知(节录)

(1990年8月24日)

……

二、坚持行之有效的副食品生产方针

畜牧业生产要坚持分散饲养与专业饲养相结合的方针,在稳定农户家庭饲养的同时,适当发展适度规模的专业饲养。……

三、稳定各项扶持政策

"七五"期间扶持副食品生产和供应的各项政策,"八五"期间稳定不变。地方现行的生猪收购与粮食、化肥、柴油挂钩的政策,菜肥挂钩政策以及菜农的生产资料和口粮供应政策要保持稳定。现行对副食品生产、经营和饲料工业减免税收的优惠政策,要继续执行。国家每年继续拿出30亿公斤"议转平"饲料粮差价款扶持畜禽生产和安排市场。中央和地方继续实行猪肉储备制度。对国营商业企业经营副食品发生的政策性亏损,继续给予必要的补贴。对发展饲料工业所需化肥,中央和地方有关部门要继续安排。

……

十、继续大力发展饲料工业

饲料工业要坚持发展生产和开发资源并重的方针。种植业中要增加饲料作物种植,逐步形成粮食作物、经济作物、饲料作物并存的种植业结构。广泛开辟饲料来源,开发利用好现有的草场草山,对饼粕、绿肥和农作物秸秆进行加工利用;积极利用畜禽屠宰废弃物,加快动物蛋白饲料生产的发展。继续扶持饲料工业的发展,充分发挥现有企业的生产能力,加强企业管理,提高产品质量,发展饲料原料生产,尽快形成完整的饲料工业体系。要积极发展节粮型的畜牧业和水产业,用有限的粮食资源生产尽可能多的畜禽产品和水产品。

……

中共中央关于农业和农村工作若干重大问题的决定(节录)

(1998年10月14日中国共产党第十五届中央委员会第三次全体会议通过)

……

六、依靠科技进步,优化农业和农村经济结构

……随着农业生产和居民消费水平不断提高,要及时把畜牧业放到更加重要的位置,促进种植业和加工业进一步发展。积极发展牧区畜牧业。加快发展农区畜牧业。稳定发展生猪生产,突出发展草食型、节粮型畜禽业。改良畜禽品种,提高饲养技术和疫病防治技术,发展饲料工业。加快发展水产养殖业,稳定近海捕捞,扩大远洋捕捞。

……

(本栏目主编　李亚军)

统 计 资 料

全国畜产品产量增减情况

项　目	单位	1998年	1997年	1998年比1997年	
				增减数	增减%
一、出栏肉猪	万头	50 215.2	46 483.6	3 731.6	8.0
二、出栏肉牛	万头	3 587.2	3 283.9	303.3	9.2
三、出栏肉羊	万只	17 279.6	15 945.6	1 334	8.4
四、出栏家禽	万只	684 378.7	638 853.1	45 525.6	7.1
五、肉类总产量	万吨	5 723.8	5 268.8	455.0	8.6
其中:猪肉	万吨	3 883.7	3 596.3	287.4	8.0
牛肉	万吨	479.9	440.9	39.0	8.8
羊肉	万吨	234.6	212.8	21.8	10.2
六、奶类产量	万吨	744.5	681.1	63.4	9.3
七、羊毛产量	万吨	308 177.0	280 924.0	27 253.0	9.7
1. 山羊毛	万吨	31 417.0	25 865.0	5 552.0	21.5
2. 绵羊毛	万吨	276 760.0	255 059.0	21 701.0	8.5
其中:细羊毛	万吨	115 752.0	116 054.0	-302.0	-0.3
半细羊毛	万吨	60 725.0	55 683.0	5 042.0	9.1
八、蜂蜜产量	万吨	20.7	21.1	-0.4	-1.9
九、禽蛋产量	万吨	2 018.5	1 895.3	123.2	6.5

全国牲畜年末存栏头数增减情况

单位:万头

项　目	1998年	1997年	1998年比1997年	
			增减数	增减%
一、大牲畜总头数	14 803.2	14 541.8	261.4	1.8
1. 牛	12 435.4	12 175.7	259.7	2.1
(1)黄牛	9 332.3	8 844.1	488.2	5.5
(2)水牛	2 266.5	2 254.5	12.0	0.5
2. 马	898.1	891.2	6.9	0.8
3. 驴	955.8	952.8	3.0	0.3
4. 骡	473.9	480.6	-6.7	-1.4
5. 骆驼	33.5	35.0	-1.5	-4.3
二、猪	42 256.3	40 034.8	2 221.5	5.5
三、羊	26 903.5	25 575.7	1 327.8	5.2
1. 山羊	14 168.3	13 480.1	688.2	5.1
2. 绵羊	12 735.2	12 095.6	639.6	5.3

各地区畜禽出栏量

地区	肉猪（万头）	肉牛（万头）	肉羊（万头）	家禽（万只）
全国总计	**50 215.2**	**3 587.2**	**17 279.6**	**684 378.7**
北京	374.8	11.6	80.0	9 219.9
天津	188.2	15.0	74.7	2 445.2
河北	2 902.6	381.1	1 660.2	47 437.2
山西	545.5	50.0	419.4	2 662.3
内蒙古	791.2	129.1	1 797.5	4 128.1
辽宁	1 223.9	148.6	193.8	38 296.2
吉林	1 166.4	234.3	218.9	35 445.6
黑龙江	1 063.1	175.7	205.8	15 325.6
上海	460.0	0.3	58.7	16 124.0
江苏	2 531.2	28.4	1 112.8	48 402.3
浙江	1 271.8	7.2	131.8	13 980.7
安徽	2 239.6	240.5	794.3	39 443.7
福建	1 365.1	20.3	81.2	18 056.1
江西	2 271.1	68.9	55.8	22 548.9
山东	3 123.2	354.9	2 518.9	91 299.0
河南	3 592.9	551.8	2 368.1	37 127.8
湖北	2 492.1	104.2	145.9	32 313.0
湖南	5 467.3	109.0	331.3	25 968.0
广东	2 425.8	27.8	24.4	74 099.1
广西	2 424.5	105.8	133.1	30 627.0
海南	234.7	18.1	53.1	5 260.0
重庆	1 720.1	32.2	131.0	8 968.3
四川	5 589.8	183.5	698.3	44 406.5
贵州	1 073.8	43.9	136.6	2 343.9
云南	1 926.0	104.8	279.8	6 619.1
西藏	12.6	69.6	411.3	
陕西	794.5	51.5	347.8	4 424.9
甘肃	524.0	69.8	434.0	1 952.5
青海	107.8	91.9	415.3	211.1
宁夏	114.2	16.6	128.2	1 454.6
新疆	197.4	140.8	1 837.6	3 788.1

各地区肉类产品产量

单位:万吨

地　区	肉类总产量	猪牛羊肉	猪　肉	牛　肉	羊　肉
全国总计	**5723.8**	**4598.2**	**3883.7**	**479.9**	**234.6**
北　京	44.8	31.2	27.9	2.1	1.2
天　津	21.7	17.6	13.9	2.3	1.4
河　北	376.7	298.9	219.1	58.0	21.8
山　西	61.0	55.8	42.8	6.9	6.2
内蒙古	129.4	117.9	73.3	17.6	27.0
辽　宁	216.6	138.9	112.8	23.4	2.6
吉　林	223.7	148.1	117.2	28.3	2.6
黑龙江	142.7	112.2	83.5	25.7	3.0
上　海	58.6	26.1	25.3	0.1	0.7
江　苏	296.8	210.2	190.8	5.7	13.8
浙　江	104.0	84.5	81.4	0.9	2.2
安　徽	228.0	229.4	183.7	34.3	11.5
福　建	135.2	110.5	107.3	2.0	1.1
江　西	214.7	184.3	176.9	6.7	0.8
山　东	497.9	347.5	266.6	60.1	20.9
河　南	416.6	402.6	297.9	76.7	28.0
湖　北	261.0	218.1	202.9	13.2	2.1
湖　南	422.5	381.8	365.0	11.7	5.1
广　东	297.2	192.8	189.3	3.1	0.5
广　西	250.8	205.6	194.0	9.5	2.1
海　南	31.0	22.5	19.9	1.8	0.8
重　庆	140.1	126.6	121.6	3.5	1.5
四　川	491.8	421.0	390.4	20.0	10.7
贵　州	113.3	106.9	97.6	5.9	3.4
云　南	177.0	166.2	150.5	10.7	5.1
西　藏	14.1	14.1	0.7	7.8	5.6
陕　西	84.6	76.5	64.9	6.5	5.1
甘　肃	55.6	51.6	38.0	6.9	6.8
青　海	20.5	20.1	6.8	6.9	6.4
宁　夏	15.6	13.3	8.2	2.6	2.4
新　疆	75.2	65.3	13.6	19.2	32.5

各地区其他畜产品产量

地　区	奶类（万吨）	牛奶（万吨）	蜂蜜（万吨）	禽蛋（万吨）	山羊毛（吨）	绵羊毛（吨）	细羊毛（吨）	半细羊毛（吨）
全国总计	**744.5**	**662.1**	**20.7**	**2 018.5**	**31 417**	**276 760**	**115 752**	**60 725**
北　京	22.8	22.7	0.2	17.9	224	431		22
天　津	11.7	11.7		22.7		87		87
河　北	65.9	55.8	0.8	319.0	5 850	23 172	4 894	7 754
山　西	32.5	30.1	0.3	37.0	1 600	6 943	1 504	603
内蒙古	67.1	63.8	0.1	21.2	3 381	65 955	37 416	13 954
辽　宁	19.9	18.5	0.5	131.6	858	7 450	3 933	3 359
吉　林	13.4	12.4	0.4	73.1	206	19 220	17 014	1 936
黑龙江	144.5	142.1	0.3	71.2	91	12 921	3 956	8 965
上　海	24.6	24.6		13.4	84	66		13
江　苏	9.1	12.1	1.6	157.1	·	1 116	1 016	54
浙　江	8.0	8.0	5.4	31.7		2194	2 194	
安　徽	3.0	3.0	0.7	94.7	123	198	8	146
福　建	6.7	6.4	0.5	36.7	3			
江　西	4.7	4.7	0.6	33.7	8			
山　东	54.0	27.5	0.8	322.0	7 818	15 615	3 303	8 627
河　南	12.3	7.8	1.5	229.3	3 072	5 855	1 810	2 861
湖　北	4.2	4.2	1.0	121.6	47	76	42	33
湖　南	0.8	0.8	0.5	47.3	17	8		
广　东	7.5	7.0	1.0	29.6				
广　西	1.2	1.2	0.5	16.2				
海　南	0.1	0.1		1.4				
重　庆	4.7	4.7	0.4	24.5		14	14	
四　川	27.3	26.7	2.1	80.4	412	3 760	296	1 131
贵　州	0.6	0.6	0.1	5.8	8	255	32	198
云　南	9.9	9.9	0.6	8.7	94	1 389	209	906
西　藏	19.6	15.6		0.2	1 060	8 291	136	2 633
陕　西	50.6	28.2	0.3	39.9	1 371	4 179	2 844	331
甘　肃	14.1	13.8	0.2	9.5	1 366	15 413	5 481	1 929
青　海	20.5	19.9		1.4	559	15 904	299	4 892
宁　夏	18.2	18.2	0.1	6.5	491	4 100	152	290
新　疆	65.0	60.0	0.2	13.3	2 674	62 147	29 199	

各地区牲畜年末存栏头数(一)

单位:万头、万匹、万只

地区	大牲畜	牛	黄牛	水牛	马
全国总计	14 803.5	12 435.4	9 332.2	2 266.5	898.1
北京	18.6	12.5	7.0		0.9
天津	30.9	18.3	15.7		1.2
河北	936.6	664.5	600.9		49.0
山西	316.8	227.0	216.4		5.6
内蒙古	677.3	375.6	303.0		129.8
辽宁	382.1	209.3	201.9		40.6
吉林	494.8	386.0	379.1		71.7
黑龙江	549.5	456.6	388.1		77.8
上海	6.2	6.2		0.4	
江苏	84.7	70.8	32.3	35.7	0.9
浙江	43.5	43.5	27.0	14.0	
安徽	637.9	627.0	503.4	122.4	2.6
福建	117.2	117.1	75.6	39.4	0.1
江西	391.7	391.7	253.5	136.1	
山东	1 048.6	911.8	898.4	1.2	19.5
河南	1 416.8	1 300.6	1 252.7	42.8	31.9
湖北	442.6	439.0	224.4	201.5	2.1
湖南	493.4	489.0	297.8	184.1	4.0
广东	416.4	416.3	181.6	231.7	0.1
广西	786.3	748.2	327.4	420.0	35.7
海南	127.2	127.2	47.1	80.1	
重庆	152.5	149.2	97.6	50.5	2.0
四川	1 035.2	955.1	766.1	192.8	66.7
贵州	700.2	630.2	412.7	216.9	68.3
云南	957.5	773.2	472.5	295.1	86.4
西藏	559.5	508.6	100.5		36.4
陕西	288.0	239.4	226.4	1.8	1.9
甘肃	545.0	330.1	325.1		25.0
青海	451.7	394.3	384.7		36.9
宁夏	88.0	52.8	46.7		1.1
新疆	606.8	364.3	266.6		100.3

各地区牲畜年末存栏头数(二)

单位:万头、万匹、万只

地区	驴	骡	猪	羊		
					山羊	绵羊
全国总计	955.8	473.9	42 256.3	26 903.5	14 168.5	12 735.2
北京	2.1	3.1	254.5	95.8	45.2	50.6
天津	8.6	2.9	127.2	56.1	18.1	38.1
河北	155.4	67.7	2 332.7	1 924.0	958.4	965.6
山西	39.6	44.6	510.6	1 019.1	463.7	555.4
内蒙古	92.2	66.1	816.1	3 712.9	1 339.8	2 373.1
辽宁	95.2	37.0	1 039.9	318.0	146.3	171.7
吉林	17.1	20.1	855.0	324.1	51.3	272.8
黑龙江	8.9	6.3	958.1	462.8	121.5	341.3
上海			242.8	56.5	45.6	10.9
江苏	11.8	1.3	1 961.9	904.9	860.8	44.1
浙江			1 040.6	207.6	101.2	106.4
安徽	6.6	1.8	1 809.1	671.1	668.3	2.8
福建			1 024.2	91.3	91.3	
江西			1 799.6	72.9	72.9	
山东	98.5	18.9	2 485.9	2 322.0	1 834.6	487.4
河南	55.0	29.4	3 439.7	2 553.1	2 365.1	188.0
湖北	1.1	0.3	1 843.9	144.1	143.1	1.1
湖南	0.3	0.1	3 492.2	336.6	336.1	0.6
广东			1 768.7	28.1	28.1	
广西	0.5	1.9	2 085.2	239.2	239.2	
海南			256.5	72.8	72.8	
重庆	0.2	1.1	1 493.0	129.6	129.3	0.3
四川	7.0	6.6	4 793.9	1 112.2	723.0	389.2
贵州	0.1	1.6	1 593.2	320.5	301.1	19.4
云南	32.9	58.4	2 507.9	801.4	705.0	96.5
西藏	13.3	1.2	21.3	1 670.9	575.2	1 095.7
陕西	33.2	13.5	731.6	692.1	548.2	143.9
甘肃	122.6	65.2	567.1	1 118.6	279.8	838.9
青海	8.7	10.1	113.3	1 638.9	260.1	1 378.8
宁夏	21.8	12.1	121.1	358.9	115.3	243.6
新疆	123.5	2.8	169.8	3 447.4	528.1	2 919.3

(农业部市场与经济信息司供稿)

全国种畜禽场情况(一)

地区	种畜禽场(个) 总数	国家重点种畜禽场	地方种畜禽场	省级种畜禽场	地级种畜禽场	县级种畜禽场	大牲畜 种牛场	种乳牛场	种肉牛场	种水牛场	种牦牛场	种马场	种猪场
全　国	**6 844**	**68**	**6 781**	**490**	**901**	**4 996**	**275**	**130**	**112**	**14**	**9**	**20**	**2 693**
北　京	129	7	122	47	41	43	2	2					49
天　津	27	1	26			26							7
河　北	633	2	631	1	12	498	14	12	1		1	2	152
山　西	147	1	146	2	22	122	7	3	4			2	42
内蒙古	94	2	94		16	78	7	5	2			1	36
辽　宁	49	2	47	1	5	41	2		2			3	32
吉　林	68	3	65	14	12	39	8	3	3			5	28
黑龙江	142	4	138	41	26	71	20	15	5			1	36
上　海	269	6	263	18		38	2	1	1				44
江　苏	363	5	358	18	19	321	10	6	1	3			130
浙　江	182	4	178	34	129	15							44
安　徽	301	4	300	10	20	270	8	8					156
福　建	263	2	261	8	16	239	6	6					176
江　西	279	1	278	44	25	129	7	4	2	1			193
山　东	1 072	3	1 069	153	123	793	66	18	48				276
河　南	154	1	153	1	7	145	6	3					54
湖　北	151	2	149	5	21	123	2	1	1				84
湖　南	179	1	178	6	19	153	12		12				123
广　东	702	2	700	31	277	392	25	8	9	8			304
广　西	198		198	8	13	177	6	2	3	1			134
海　南	89		89		1	88	3		3				22
重　庆	75		75			75	1			1			35
四　川	473	3	470	6	26	438	16	8	6		2		178
贵　州	18	2	16	2	4	10							15
云　南	304	4	300	10	20	270	8	8					156
西　藏													
陕　西	270	2	268	3	18	249	18	8	8			1	110
甘　肃	125		125	9	12	104	10	4	1		5	2	58
青　海	31	2	29	9	1	19	1				1	1	13
宁　夏	6	2	4	4			1	1					
新　疆	51		51	5	16	30	7	4				2	6

全国种畜禽场情况(二)

地区	种畜禽场(个)												
	种羊场	种绵羊场	种细毛羊场	种山羊场	种绒山羊场	种禽场	种蛋鸡场	祖代蛋鸡场	种肉鸡场	祖代肉鸡场	种鸭场	种鹅场	种兔场
全国	580	278	99	301	55	2 571	1 060	92	832	101	491	161	272
北京	14	8		6	6	56	38	8	14	3	4		6
天津	1	1				18	17				1		
河北	71	61	6	10	7	296	198	4	54	2	42	2	70
山西	22	19	1	3	3	59	55	2	4				8
内蒙古	29	23	7	5	3	8	6		2				2
辽宁	9	3	3	6	6	1	1						1
吉林	7	5	5	2	2	16	8	1	7	1		1	2
黑龙江	22	19	14	3	3	57	24	1	30	4	2	1	5
上海	2			2		201	31	10	71	3	84	15	4
江苏	20	2	1	18		183	118	2	43	2	17	5	15
浙江	1	1				96	16	1	47	3	32	1	12
安徽	9	2	2	7		75	34		24	3	13	3	4
福建	5			5		63	11		21	1	29	2	17
江西	14	1		13		50	18	2	14	1	15	3	8
山东	110	40	28	70	10	354	180	50	158	51	15	1	55
河南	16	9	3	7		65	42	4	20	1	3		12
湖北	16	5	2	11		41	13	1	11		7		3
湖南	16			16		26	5		13		3	5	
广东	8			8		346	8		169	11	86	83	15
广西	4			4		53	13		28	6	10	2	
海南	2			2		60			29	2	28	3	2
重庆	14			14		18	7		4		5	2	6
四川	63	14		49		205	54		28	3	95	28	11
贵州	2	1		1		2							
云南	9	2	2	7		75	34		24	3		3	4
西藏													
陕西	43	20	6	23	7	86	80	6	6			1	10
甘肃	23	18	7	5	5	32	29		3				
青海	6	6	2			10	10						
宁夏	4	2	1	2	1	1							
新疆	18	16	9	2	2	18	10		8	1			

全国种畜禽场情况(三)

地区	种蜂场	年末存栏头数(头)						
		大牲畜						种猪场(头)
		种牛场	种乳牛场	种肉牛场	种水牛场	种牦牛场	种马场(匹)	
全国	56	107 489	53 340	17 992	624	24 878	45 962	2 669 872
北京		1 228	1 228					190 368
天津								9 420
河北	3	5 252	2 352	400		2 500	35	120 985
山西	1	277	54	77			121	22 976
内蒙古		3 154	815	2 339			162	13 910
辽宁	1	684	20	664			36	10 111
吉林	2	4 449	1 222	1 415			449	27 256
黑龙江	1	7 320	7 055	265			152	6 887
上海	16	900	800	100				16 408
江苏	3	2 726	2 388	70	268			100 140
浙江	2							133 124
安徽	1	3 163	3 163					114 971
福建		1 569	1 569					356 857
江西	3	10 722	10 332	278	112			130 708
山东	8	4 826	1 555	3 271				202 358
河南	1	1 050	363					124 556
湖北	5	2 070	770	1 300				62 680
湖南	2	3 159		3 159				122 464
广东	2	1 454	1 299	136	19			483 811
广西	1	1 005	20	785	200			154 988
海南		553		553				12 522
重庆	1	25			25			6 730
四川		8 117	1 907	2 812		3 398		47 376
贵州		817						2 299
云南	1	3 163	3 163					114 971
西藏								
陕西	2	1 001	525	357			70	15 649
甘肃		4 160	719	11		3 430	35 723	45 558
青海		15 550				15 550	307	2 875
宁夏		481	481					
新疆		18 614	11 540				8 907	16 914

全国种畜禽场情况(四)

地区	年末存栏头数(只)							
	种羊场	种绵羊场	种细毛羊场	种山羊场	种绒山羊场	种禽场	种蛋鸡场	祖代蛋鸡场
全　国	**1 038 863**	**867 862**	**390 305**	**171 001**	**83 321**	**37 364 293**	**17 150 722**	**1 080 775**
北　京	18 193	14 793		3 400	3 400	2 762 764	1 368 420	195 311
天　津	189	189				189 910	181 210	
河　北	20 561	17 956	6 690	2 605	2 035	2 858 783	2 224 922	37 600
山　西	9 693	1 088	888	8 605	3 784	415 127	396 087	35 578
内蒙古	108 653	86 561	12 844	22 092	14 876	76 540	68 540	
辽　宁	7 494	4 060	4 060	3 434	3 434	70 600	67 600	
吉　林	23 777	22 449	22 449	1 328	1 328	703 050	167 800	10 000
黑龙江	19 712	15 991	12 865	3 721	3 721	391 200	198 520	6 000
上　海	390			390		2 053 600	951 000	407 900
江　苏	3 870	207	137	3 663		1 266 988	743 554	62 118
浙　江	270	270				790 396	172 956	18 000
安　徽	3 022	1 447	1 447	1 575		1 119 300	427 090	
福　建	3 552			3 552		621 247	167 660	
江　西	5 524	97		5 427		945 009	414 160	25 560
山　东	8 661	7 357	1 583	1 304		12 225 472	6 350 100	168 208
河　南	6 768	2 750	345	4 018	40	1 396 000	632 200	37 000
湖　北	6 530	3 967	600	2 563		272 133	121 000	2 500
湖　南	4 459			4 459		193 562	114 056	
广　东	4 816			4 816		4 130 137	255 100	
广　西	2 844			2 844		1 126 340	503 130	
海　南	1 451			1 451		313 725		
重　庆	3 803			3 803		66 025	30 850	
四　川	60 520	32 658		27 862		1 210 448	397 044	
贵　州	1 505	914		591		14 384		
云　南	3 022	1 447	1 447	1 575		1 119 300	427 090	
西　藏								
陕　西	16 687	8 202	3 730	8 485	4 765	414 310	363 810	75 000
甘　肃	50 747	45 632	28 840	5 115	5 115	330 190	279 190	
青　海	193 722	193 722	46 696			41 000	41 000	
宁　夏	10 149	7 130	3 222	3 019	1 519	6 020		
新　疆	438 279	398 975	242 462	39 304	39 304	240 733	86 633	

全国种畜禽场情况(五)

地区	年末存栏头数(只)						能繁母畜头数(头)	
							大牲畜	
	种肉鸡场	祖代肉鸡场	种鸭场	种鹅场	种兔场	种蜂场(群)	种牛场	种乳牛场
全国	**16 700 978**	**1 482 662**	**3 096 477**	**313 261**	**740 371**	**24 814**	**63 704**	**35 258**
北京	1 262 352	204 399	131 992		16 562		1 161	1 161
天津			8 700					
河北	353 980	28 500	256 881	23 000	166 775	280	3 765	1 615
山西	14 040		5 000		37 750	600	118	37
内蒙古	8 000				30 305		2 383	487
辽宁	3 000				300	600	333	18
吉林	534 250	90 000		1 000	11 600	700	2 290	811
黑龙江	188 280	25 000	3 400	1 000	4 800	1 302	7 192	6 982
上海	720 100	39 800	361 300	21 200	3 068	932	660	600
江苏	451 274	43 000	51 660	20 500	56 700	431	572	417
浙江	404 450	14 550	212 060	930	53 707	338		
安徽	614 210	30 000	73 350	4 650	6 840	1 500	2 383	2 383
福建	203 170	5 000	211 780	16 920	9 970		1 474	1 474
江西	427 356	4 000	100 788	2 705	3 583	301	5 181	4 889
山东	5 586 572	325 000	281 800	7 000	240 418	1 704	2 134	1 355
河南	754 800	13 300	9 000		24 110	50	538	227
湖北	45 510		29 505		2 586	2 080	1 180	510
湖南	55 210		12 500	11 796		490	1 585	
广东	3 099 600	190 000	624 460	150 977	44 730	212	1 270	1 135
广西	603 942	353 700	16 268	3 000		94	485	10
海南	241 200	24 200	70 000	2 525	3 010		301	
重庆	2 875		31 500	800	4 391	13 000		
四川	242 769	35 800	531 045	39 590	10 086		4 187	1 341
贵州	14 228		138	18				
云南	614 210	30 000	73 350	4 650	6 840		2 383	2 383
西藏								
陕西	50 500			1 000	2 240	200	473	209
甘肃	51 000						2 259	593
青海							8 857	
宁夏							309	309
新疆	154 100	26 413					10 231	6 312

全国种畜禽场情况(六)

地区	能繁母畜头数(头)							
	大牲畜				种猪场	种羊场(只)	种绵羊场(只)	种细毛羊场(只)
	种肉牛场	种水牛场	种牦牛场	种马场(匹)				
全国	**9 716**	**512**	**13 377**	**16 378**	**555 114**	**619 548**	**517 787**	**230 679**
北京					20 332	9 382	7 162	
天津					2 253	80	80	
河北	150		2 000	24	25 753	15 995	14 417	5 787
山西				119	5 032	5 389	637	557
内蒙古	1 902			52	5 717	66 431	49 674	7 771
辽宁	315			29	4 108	5 045	2 620	2 620
吉林	667			260	8 763	11 375	10 855	10 855
黑龙江	210			69	6 302	17 641	14 181	11 384
上海	60				12 025	310		
江苏	22	133			14 087	2 619	143	85
浙江					19 002	210	210	
安徽					19 069	2 420	1 328	1 328
福建					62 474	1 711		
江西	224	68			27 669	3 642	85	
山东	779				44 082	6 015	5 074	819
河南					19 513	5 006	1 877	242
湖北	670				13 944	4 496	2 622	256
湖南	1 585				30 587	1 312		
广东	120	10			105 127			
广西	475				28 087	1 542		
海南	301	301			3 024	1 035		
重庆					3 341	2 027		
四川	1 985		861		19 489	27 162	13 581	
贵州					859	987	463	
云南					19 069	2 420	1 328	1 328
西藏								
陕西	244			44	8 374	11 208	5 318	2 263
甘肃	7		1 659	11 418	15 568	27 587	25 309	16 047
青海			8 857	177	1 752	110 410	110 410	26 151
宁夏						6 018	4 312	1 600
新疆				4 186	9 712	270 073	246 101	141 586

全国种畜禽场情况(七)

地区	能繁母畜头数(只)		当年出场种畜禽头数(头)						
			大牲畜						
	种山羊场	种绒山羊场	种牛场	种乳牛场	种肉牛场	种水牛场	种牦牛场	种马场	种猪场
全国	**101 761**	**94 808**	**15 856**	**9 175**	**3 194**	**365**	**1 753**	**2 229**	**4 782 054**
北京	2 220	2 220	91	91					129 167
天津									4 059
河北	1 578	1 449	2 275	1 075	200		1 000	15	234 484
山西	4 752	43 428	56	16				36	21 260
内蒙古	16 757	11 530	167	38	129				43 228
辽宁	2 425	2 425	115	18	97			24	20 910
吉林	520	520	608	221	93			150	68 642
黑龙江	3 460	3 460	2 013	1 912	101			8	22 133
上海	310								75 352
江苏	2 476		132		58	74			79 204
浙江									37 064
安徽	1 092		500	500					160 488
福建	1 711		117	117					399 515
江西	3 557		971		822	149			154 352
山东	941		1 092	800	292				437 901
河南	3 129	20	320	164					150 565
湖北	1 874		570	220	350				121 718
湖南	1 312		379		379				243 964
广东			89	46	28				1 065 199
广西	1 542		74		74				753 739
海南	1 035		122		122	122			38 289
重庆	2 027		20			20			14 273
四川	13 581		860	160	320		380		164 170
贵州	524								5 681
云南	1 092		500	500					160 488
西藏									
陕西	5 890	2 800	209	37	126			15	46 288
甘肃	2 278	2 278	652	465	3		184	623	118 659
青海			189				189	80	2 702
宁夏	1 706	706	99	99					
新疆	23 972	23 972	3 636	2 696				1 278	8 560

全国种畜禽场情况(八)

地区	当年出场种畜禽头数(只)							
	种羊场	种绵羊场	种细毛羊场	种山羊场	种绒山羊场	种禽场	种蛋鸡场	祖代蛋鸡场
全　国	**233 157**	**166 897**	**99 055**	**47 989**	**15 122**	**1 301 653 444**	**476 821 559**	**31 784 651**
北　京	17 030	13 560		3 470	3 470	95 986 385	33 692 000	4 628 000
天　津	190	190				3 080 000	3 080 000	
河　北	12 602	12 143	4 723	459	443	115 312 500	110 465 000	3 162 000
山　西	4 273	339	279	3 081	2 731	3 925 815	3 913 815	38 251
内蒙古	10 705	8 413	10 006	3 666	2 265	1 676 100	1 605 000	
辽　宁	3 255	1 680	1 680	1 575	1 575	213 000	213 000	
吉　林	8 529	8 009	8 009	520	520	46 400 000	1 875 000	300 000
黑龙江	8 720	6 916	5 596	1 804	1 804	1 888 000	895 000	137 500
上　海	376			376		52 440 600	21 390 200	10 627 300
江　苏	2 396	130	130	2 266		85 407 194	57 197 006	680 000
浙　江	44	44				24 262 218	2 028 000	550 000
安　徽	1 516	418	418	1 098		29 409 200	10 109 860	
福　建	960			960		28 151 525	6 332 020	
江　西	4 396	25		4 371		43 866 390	28 034 200	1 810 000
山　东	11 329	10 405	5 952	924		489 497 447	126 249 269	7 175 000
河　南	6 311	2 208	430	4 103		30 025 200	18 249 200	2 025 000
湖　北	3 462	982	124	2 480		8 815 068	2 746 000	6 600
湖　南	2 295			2 295		4 734 258	415 006	
广　东	2 156			2 156		13 087 900		
广　西	530			530		45 778 961	6 474 000	
海　南	1 013			1 013		33 052 800		
重　庆	3 553			3 553		1 483 877	990 000	
四　川	22 281	1 658		1 658		90 220 795	15 802 430	
贵　州	876	129		720		94 600		
云　南	1 516	418	418	1 098		29 409 200	10 109 860	
西　藏								
陕　西	5 357	3 356	1 499	2 001	676	15 175 280	11 140 180	645 000
甘　肃	8 954	8 721	6 855	433	433	3 210 350	2 838 370	
青　海	58 900	58 900	28 400			31 543	31 543	
宁　夏	1 433	1 134	200	299	125	91 638		
新　疆	28 199	27 119	24 336	1 080	1 080	4 925 600	945 600	

全国种畜禽场情况(九)

地区	当年出场种畜禽头数(只)					
	种肉鸡场	祖代肉鸡场	种鸭场	种鹅场	种兔场	种蜂场(群)
全国	**706 841 828**	**63 851 815**	**106 082 930**	**10 829 205**	**3 966 672**	**82 786**
北京	58 424 000	7 815 000	3 870 385		36 700	
天津						
河北	4 690 500	420 000	102 000	55 000	337 457	50
山西	12 000				26 470	
内蒙古	71 100				23 525	
辽宁					300	700
吉林	44 480 000	5 000 000		45 000	35 100	
黑龙江	989 000	660 000	2 800	1 200	6 500	
上海	25 267 100	884 790	5 783 300		6 446	141
江苏	27 213 188	810 000	497 300	500 000	391 733	340
浙江	13 206 718	110 625	9 020 000		69 005	1 520
安徽	13 944 500	3 000 000	5 025 140	329 700	15 520	130
福建	14 565 057	100 000	6 809 103	46 780	72 840	
江西	10 077 920	90 000	5 671 180	83 090	34 664	30
山东	352 212 178	16 860 000	10 386 000	650 000	2 523 087	70 385
河南	10 066 000	322 000	1 710 000		80 360	8 000
湖北	3 038 000		1 622 849		13 368	1 420
湖南	3 588 942		650 000	80 310		
广东	12 497 900	10 809 900	1 400 000		52 722	50
广西	37 157 461	7 158 500	2 132 000	15 500		20
海南	26 400 000	1 400 000	6 628 000	24 800	37 500	
重庆	137 524		353 453	2 600	43 210	
四川	26 376 560	4 291 000	39 394 280	8 647 525	121 355	
贵州	94 600					
云南	13 944 500	3 000 000	5 025 140	329 700	15 520	
西藏						
陕西	4 035 100			18 000	23 290	
甘肃	371 980					
青海						
宁夏						
新疆	3 980 000	1 120 000				

全国省地县畜牧局、技术推广系统情况(一)

地区	畜牧局											
	省级局站						地(市)级局站					
	总数(个)	干部职工人数(人)	高级技术职称	中级技术职称	初级技术职称	离退休人员	总数(个)	干部职工人数(人)	高级技术职称	中级技术职称	初级技术职称	离退休人员
全国	30	1 570	141	205	112	832	302	5 655	361	880	582	2 030
北京	1	217	19	32	24	85	7	228	10	54	50	90
天津	1	73				39						
河北	1	61				20	11	617	11	14	18	251
山西	1	32	5	10	5	9	11	170	35	45	30	55
内蒙古	1	66				63	12	238	11	35	26	139
辽宁	1	38	9	10	8	37	14	136	8	26	9	18
吉林	1	33				33	9	166	15	14	12	48
黑龙江	1	97	2	1		81	13	325				258
上海	1	19	1	13	3	5	6	72	2	28	15	26
江苏	1	12	8	1		3	3	18	2	8	3	5
浙江	1	52	11	29	2	20	1	3	3			
安徽	1	28				14	11	156	25	21	19	27
福建	1	13	2	4	5	6	5	16	1	1		2
江西	1	28	7	2	3	6	5	44	10	11	4	11
山东	1	46				14	17	406	17	46	21	88
河南	1	40				21	18	217	21	66	33	84
湖北	1	100	36	14	14	23	16	352	39	91	43	96
湖南	1	50	13	5	5	17	14	489	50	122	89	130
广东	1	14	1	9	4	17	21	553	17	133	114	188
广西	1	41				22	15	160	20	31	10	88
海南	1	8		3		2	2	8			4	1
重庆	1	11	6	4	1	6	3	81	4	5	3	46
四川	1	63				46	21	364	19	44	15	143
贵州	1	11	2	1		5	6	53		5		24
云南	1	28				14	11	156	25	21	19	27
西藏												
陕西	1	15				3	10	95	3	20	22	28
甘肃	1	65	6	13	14	29	14	172	4	17	5	49
青海	1	146	8	23	5	73	8	85	2	2	1	
宁夏	1	46				25	3	8				
新疆	1	117	5	31	19	94	15	267	7	20	17	108

全国省地县畜牧局、技术推广系统情况(二)

地区	畜牧局						畜牧兽医站					
	县(市)级局站						省级局站					
	总数(个)	干部职工人数(人)	高级技术职称	中级技术职称	初级技术职称	离退休人员	总数(个)	干部职工人数(人)	高级技术职称	中级技术职称	初级技术职称	离退休人员
全国	1 998	36 697	1 783	6 639	8 261	10 586	29	1 743	318	465	299	586
北京	5	278	5	26	53	102	1	217	19	32	24	85
天津	12	598	15	34	236	131	1	75	17	11	17	30
河北	170	5 004	134	855	1 063	1 307	1	55	12	13	9	21
山西	115	1 297	56	289	253	277	1	27	9	9	6	3
内蒙古	89	1 209	29	187	182	735	1	70	9	28	15	43
辽宁	74	651	34	121	114	223	1	71	15	17	12	37
吉林	55	654	45	133	117	204	1	65	18	27	20	24
黑龙江	75	1 760	53	411	540	758	1	8	3	2	2	
上海	4	59	1	14	14	25	1	78	10	30	6	13
江苏	34	229	21	72	51	45	1	63	20	21	2	20
浙江												
安徽	25	753	217	177	205	109	1	30	10	7	7	5
福建	5	16	1	1		2						
江西	32	708	45	113	93	150						
山东	139	2 710	205	596	806	658	3	91	23	42	15	34
河南	115	2 728	78	602	505	779	1	25			10	
湖北	75	1 920	143	376	297	621	1	75	25	14	20	11
湖南	123	4 162	131	611	1 205	1 050	1	45	11	11	7	10
广东	121	3 208	35	443	891	963						
广西	95	1 124	93	311	183	347	1	29	5	16	2	3
海南	1	2					1	35	2	9	13	4
重庆	27	680	51	203	306	245	1	25	6	13	2	9
四川	155	2 291	96	508	407	830	1	46	15	15	2	11
贵州	92	823	15	109	111	254	1	34	6	4	2	8
云南	25	753	217	177	205	109	1	30	10	7	7	5
西藏												
陕西	108	678	20	95	157	106	1	143	17	55	28	70
甘肃	84	675	16	57	118	137	2	186	23	47	39	47
青海	39	438	1	6	9	29	1	169	9	25	25	71
宁夏	17	302	17	61	91	87	2	51	24	10	7	22
新疆	87	987	9	51	49	303						

全国省地县畜牧局、技术推广系统情况(三)

地区	畜牧兽医站											
	地(市)级局站						县(市)级局站					
	总数(个)	干部职工人数(人)	高级技术职称	中级技术职称	初级技术职称	离退休人员	总数(个)	干部职工人数(人)	高级技术职称	中级技术职称	初级技术职称	离退休人员
全国	349	7 720	940	2 074	1 799	1 961	2 780	51 075	2 382	12 767	18 249	9 991
北京	9	427	9	98	144	135	7	255	12	42	107	74
天津							12	148	20	34	38	26
河北	12	386	54	120	60	76	171	2 766	88	777	1 016	237
山西	6	71	12	22	12	21	155	1 015	21	264	397	160
内蒙古	13	511	51	119	142	162	96	2 096	77	518	894	883
辽宁	14	309	60	103	50	167	74	1 931	128	377	618	549
吉林	9	220	52	60	59	89	60	2 121	169	417	708	445
黑龙江	12	140	26	38	56	108	75	1 119	57	276	453	339
上海	6	302	16	84	85	65	4	199	9	54	70	39
江苏	13	314	65	72	66	77	97	2 704	263	577	795	631
浙江	11	137	23	51	25	37	82	1 251	93	415	403	345
安徽	17	216	42	61	38	50	108	1 966	133	600	580	262
福建	10	74	17	31	20	27	82	1 131	46	375	463	328
江西	11	148	33	35	23	33	97	1 368	115	379	316	216
山东	27	376	64	108	96	85	205	3 054	258	702	1 466	406
河南	22	574	54	151	97	109	163	4 434	99	702	889	778
湖北	17	297	36	82	80	45	79	1 139	70	281	343	165
湖南	14	194	41	58	46	25	142	1 410	61	413	497	123
广东	8	191	7	54	38	35	53	529	5	99	245	139
广西	15	523	54	119	68	135	119	2 446	95	811	541	499
海南	1	27		6	6	1	64	748	1	41	183	168
重庆	3	15	4	8		3	52	593	42	505	221	99
四川	27	345	55	122	76	85	243	3 494	97	1 073	1 403	586
贵州	6	75	6	22	20	25	82	884	21	247	425	179
云南	17	216	42	61	38	50	108	1 966	133	600	580	262
西藏												
陕西	10	495	38	160	122	89	108	3 897	83	732	2 204	701
甘肃	15	343	31	110	104	63	87	2 256	51	545	734	284
青海	8	252	14	3	78		40	1 102	22	238	368	145
宁夏	1	19	2	9	3	4	26	753	31	174	310	181
新疆	15	523	32	107	147	160	89	2 300	82	499	982	742

全国省地县畜牧局、技术推广系统情况(四)

地区	动物防(检)疫站											
	省级局站						地(市)级局站					
	总数(个)	干部职工人数(人)	高级技术职称	中级技术职称	初级技术职称	离退休人员	总数(个)	干部职工人数(人)	高级技术职称	中级技术职称	初级技术职称	离退休人员
全国	27	840	155	219	182	253	207	3 068	272	809	773	561
北京												
天津	1	76	5	22	22	9						
河北	1	25	5	4	3	3	12	289	21	78	40	34
山西	1	24	8	9	7	11	13	170	28	67	40	27
内蒙古							1	35	6	14	5	6
辽宁							9	177	21	66	58	34
吉林							3	63	11	25	21	14
黑龙江	2	142	46	55	35	86	26	282	36	83	98	119
上海												
江苏							3					
浙江							9	41	2	8	10	4
安徽							6	35	8	9	7	
福建	7	37	7	11	15	9	3	53	4	3	8	
江西	1	68	14	8	5	30	4	28	4	13	5	5
山东	1	19	8	5	2		3	19	5	5	2	2
河南	1	23	9	8	4	3	18	415	32	69	92	131
湖北							15	337	19	65	128	26
湖南	1	20	6	4	3	2	12	155	19	60	25	31
广东	1	22	6	8	4	8	17	208	10	44	61	18
广西	1	59	10	16	13	33	1	19		8	4	7
海南	3	1	6	2	2		2	129		13	23	2
重庆	1	22	6	10	6	6	2	22	4	6	2	9
四川							15	236	12	64	48	37
贵州							6	34	4	11	5	9
云南							6	35	8	9	7	
西藏												
陕西	1						5	18	3	9	1	
甘肃	1	54	8	16	13	10	10	112	4	37	28	24
青海	1	41	1	8	7	14	1	25		8	10	
宁夏	1	15	4	6		2	1	26	1	6	9	2
新疆	1	192	6	27	41	27	4	105	10	29	36	20

全国省地县畜牧局、技术推广系统情况(五)

地　区	动物防(检)疫站						兽医卫生监管所					
	县(市)级局站						省级局站					
	总数(个)	干部职工人数(人)	高级技术职称	中级技术职称	初级技术职称	离退休人员	总数(个)	干部职工人数(人)	高级技术职称	中级技术职称	初级技术职称	离退休人员
全　国	1 496	16 744	459	3 335	5 899	1 331	20	377	94	123	91	126
北　京												
天　津	10	95	4	11	41	9						
河　北	142	1 716	46	402	636	62						
山　西	113	1 145	31	352	420	184						
内蒙古	9	129	2	33	42	21	1	57	20	24	7	60
辽　宁	51	815	38	140	321	76	1	34	12	9	4	15
吉　林	17	435	18	67	211	39	1	96	23	40	30	19
黑龙江	150	1 241	58	294	575	161	1	6				
上　海							1	34	2	10	10	
江　苏	14	140	3	5	59	17	1	4	2	2		
浙　江	62	190	5	54	94	39	1					
安　徽	20	135	6	30	30	10						
福　建	21	155	1	15	49	24	1	5		2	2	3
江　西	36	296	17	44	41	26	1	2		1	1	
山　东	74	571	19	131	309	25	1	8	6	2		
河　南	125	2 488	31	289	591	102	1	17	6	4	5	4
湖　北	80	1 421	42	220	560	60						
湖　南	105	1 291	57	309	476	53	1	15	4	5	2	1
广　东	99	1 056	8	151	405	112	1	22	6	8	4	8
广　西	33	291	12	114	70	33						
海　南	13	217		11	45	2	4	1	6		2	2
重　庆	25	162	9	66	62	18						
四　川	78	716	16	204	240	106						
贵　州	62	188	8	62	68	31	1	34	5	4	2	8
云　南	20	135	6	30	30	10						
西　藏												
陕　西	59	813	7	108	202	51	1					
甘　肃	55	545	2	86	179	13						
青　海	5	83	2	38	26	16						
宁　夏	15	227	8	34	91	15						
新　疆	3	48	3	35	26	16	1	42	2	12	22	6

全国省地县畜牧局、技术推广系统情况(六)

地区	兽医卫生监管所											
	地级局站						县(市)级局站					
	总数(个)	干部职工人数(人)	高级技术职称	中级技术职称	初级技术职称	离退休人员	总数(个)	干部职工人数(人)	高级技术职称	中级技术职称	初级技术职称	离退休人员
全国	160	928	119	323	246	111	1 102	5 418	250	1 595	1 896	336
北京												
天津							3	17	1	5	9	
河北	5	56	1	15	15	2	41	102	9	57	71	4
山西	5	31	2	13	5	3	24	282	12	87	95	23
内蒙古	7	79	16	27	18	12	29	308	10	89	117	66
辽宁	10	179	17	79	52	35	26	230	16	49	88	26
吉林	5	81	10	17	25	6	26	421	12	96	151	42
黑龙江	11	49	11	20	16		68	241	19	102	74	30
上海												
江苏	13	54	10	10	16	15	61	198	22	62	81	12
浙江	5						22	22	2	12	7	2
安徽							15	111	10	24	13	5
福建	9	35	1	7	15	17	63	92	2	47	38	4
江西	3	14	5	6	2	2	47	202	22	60	54	11
山东	12	62	13	20	9	1	140	532	19	151	231	9
河南	4	22	1	9	5		54	417	5	89	109	15
湖北	9	50	8	19	16	2	36	148	6	50	49	1
湖南	5	21	2	11	1		68	294	27	69	95	1
广东	18	68	3	26	21	4	101	430	2	90	177	14
广西	7	8	2	5	1	1	53	236	22	131	54	17
海南							13	85	1	13	43	
重庆							10	59	2	21	20	2
四川	7	21	4	7	8	4	65	448	10	145	144	7
贵州	6	19	1				33	52	1	7	20	7
云南							15	111	10	24	13	5
西藏												
陕西	4	23		12	7		36	179	4	47	80	11
甘肃	8	13	2	4	5		28	58	2	25	34	3
青海												
宁夏	1	2		1		1	3	26		8	3	3
新疆	6	41	10	15	9	6	22	117	2	35	26	16

全国省地县畜牧局、技术推广系统情况(七)

地区	兽药监察所											
	省级局站						地(市)级局站					
	总数(个)	干部职工人数(人)	高级技术职称	中级技术职称	初级技术职称	离退休人员	总数(个)	干部职工人数(人)	高级技术职称	中级技术职称	初级技术职称	离退休人员
全国	30	525	160	174	85	111	69	327	51	120	91	18
北京												
天津	1	27	4	14	4	9						
河北	1	36	5	10	6	6	1	5		2	3	
山西	1	24	8	10	2	4	2	16	8	3	2	
内蒙古	1	16	3	4	5	11	2	20	4	10	5	2
辽宁	1	33	11	6	5	12	7	52	9	17	15	4
吉林	1	46	13	22	11	7	3	23	3	4	14	2
黑龙江	1	32	20	11	1	10	2	15	1	6	8	
上海												
江苏	1	26	5	16	1	4	2					
浙江	1						1					
安徽	1	26	7	4	4	3						
福建	1	9		5	4	6	1	2	1			
江西	1	25	6	8	4	4	1	3		2	1	
山东	1	26	15	5	6	12	8	48	11	15	14	
河南	1	14	8	3	2	3	6	29	4	10	4	
湖北							7	29	5	19	3	1
湖南	1	12	6	2	1	1	5	9	1	7	1	
广东	1	21	4	9	3	3	1	2		1	1	
广西	2	31	10	10	5		3	3	1	1	1	
海南	5	1	6		2	2						
重庆	1	4	1	3	3		1	7		1		1
四川	1	26	12	7		6	2	7		3	3	
贵州	1	20	4	4		1	6	19	1	7	5	3
云南	1	26	7	4	4	3						
西藏												
陕西	1						2	5		2	1	
甘肃							1	5		1	1	3
青海	1	25		8	11	1						
宁夏	1	19	5	9	1	3						
新疆							5	28	2	9	9	2

全国省地县畜牧局、技术推广系统情况(八)

地区	兽药监察所						饲料监察所					
	县(市)级局站						省级局站					
	总数(个)	干部职工人数(人)	高级技术职称	中级技术职称	初级技术职称	离退休人员	总数(个)	干部职工人数(人)	高级技术职称	中级技术职称	初级技术职称	离退休人员
全国	378	1 566	57	434	589	69	16	171	32	53	38	19
北京												
天津	1	4	1	1	2							
河北	18	94	3	27	31							
山西	17	59	4	15	11	2	1					
内蒙古	8	38		14	8	4	1	22	8	12	1	4
辽宁	5	43	1	7	12	4						
吉林	5	48	2	7	36	10						
黑龙江												
上海												
江苏	1	3		1	2		1					
浙江	1						1					
安徽	37	152	12	57	72	11						
福建												
江西	5	20	3	8	3							
山东	52	272	7	59	119	7	1	19	10	5	3	2
河南	46	288	3	49	75	6						
湖北	23	69	3	24	29							
湖南	30	91	3	34	40							
广东							1	21	4	9	3	3
广西	5	25		11	2							
海南	4	10		2	8		6					
重庆	4	28		7	12	3	1	11	2	6	3	6
四川	8	22		9	5							
贵州	53	97	1	29	38	8	1	20	4	4		1
云南	37	152	12	57	72	11						
西藏												
陕西	9	9		7	2		1					
甘肃	6	10	2	2	3							
青海												
宁夏	2	22		3	4							
新疆	1	10		4	3	3	1	78	4	17	28	3

全国省地县畜牧局、技术推广系统情况(九)

地区	饲料监察所											
	地级局站						县(市)级局站					
	总数(个)	干部职工人数(人)	高级技术职称	中级技术职称	初级技术职称	离退休人员	总数(个)	干部职工人数(人)	高级技术职称	中级技术职称	初级技术职称	离退休人员
全国	54	331	21	76	90	45	198	961	16	150	236	96
北京												
天津												
河北	2	18	4	10	1	3	26	107	2	29	40	9
山西	4	28	2	8	4	9	6	19		9	8	2
内蒙古	2	29	1	4	21	2	2	30		1	6	
辽宁	2	15	3	4	5							
吉林												
黑龙江												
上海												
江苏	4											
浙江	1						1					
安徽												
福建												
江西	5	19	4	6	7	1	1	3		1		
山东	5	11	1	4	3		16	55	2	18	20	3
河南	2	6	1	3			16	67		8	15	1
湖北	1	2		1	1		12	43	3	19	14	3
湖南	3	4		2	1		4	3		1	2	
广东	6	143		14	23	27	63	496		28	82	71
广西	2	3		1	1	2	1	2	1	1		
海南							2	5			4	
重庆							2	15	2	2	3	3
四川	4	15	2	6	7		18	78	4	25	26	
贵州	6	19	1	7	5		18	24	1	2	10	2
云南												
西藏												
陕西	3	12	1	2	9		5	11		4	4	1
甘肃	1	3		1	2	1	5	3	1	2	2	1
青海												
宁夏												
新疆	1	4	1	3								

全国省地县畜牧局、技术推广系统情况(十)

地区	家畜繁育改良站											
	省级局站						地(市)级局站					
	总数(个)	干部职工人数(人)	高级技术职称	中级技术职称	初级技术职称	离退休人员	总数(个)	干部职工人数(人)	高级技术职称	中级技术职称	初级技术职称	离退休人员
全　国	31	1 307	150	202	197	399	152	3 028	220	651	536	861
北　京							1	18		2		
天　津												
河　北	1	120	5	5	22	13	4	57	2	12	11	6
山　西	1	25	11	8	6	8	9	204	14	87	42	38
内蒙古	1	77	10	29	11	40	14	513	42	128	91	145
辽　宁	1	76	10	12	6	36	13	99	26	33	18	43
吉　林							6	170	22	44	37	22
黑龙江	1	118	23	28	25	32	13	79	15	28	17	15
上　海							1	4			3	
江　苏							2	78	1	7	14	16
浙　江							2	29	2	8	11	5
安　徽	1	30	5	4	4	5	1	25	2		8	
福　建	2	13	2	5	1	8	8	38	5	16	12	6
江　西	1	54	2	10	8	19	1	1				
山　东	1	26	6	7	5		5	34	5	13	4	3
河　南	1	21	11	3	5	6	12	633	15	42	41	331
湖　北	1	213	10	15	17	87	6	80	7	13	18	5
湖　南	1	20	3	6	3	3	5	50	4	10	16	14
广　东	1	15	3	7	2	6	6	143		14	23	27
广　西	1	55	1	3	13	13	5	124	5	10	25	39
海　南	7	1	10									
重　庆	1	10	1	1	1	2	2	23	6	10	4	9
四　川	1	42	9	10	1	9	13	137	14	53	27	17
贵　州	1	27	7	4	1	13	6	77	1	32	12	20
云　南	1	30	5	4	4	5	1	25	2		8	
西　藏												
陕　西	1	32	1				2	16	2	1	11	2
甘　肃	1	42	3	7	4	11	4	70	7	19	15	13
青　海	1	123	4	15	33	50						
宁　夏	1	48	3	5	4	19						
新　疆	1	89	5	14	21	14	10	301	21	69	68	85

全国省地县畜牧局、技术推广系统情况(十一)

地区	家畜繁育改良站						草原工作站					
	县(市)级局站						省级局站					
	总数(个)	干部职工人数(人)	高级技术职称	中级技术职称	初级技术职称	离退休人员	总数(个)	干部职工人数(人)	高级技术职称	中级技术职称	初级技术职称	离退休人员
全国	1 211	11 892	343	2 370	4 031	2 380	31	918	95	192	207	237
北京	6	140	1	11	30	52						
天津	5	44		10	10	7						
河北	79	450	14	78	195	33	1	5	1	1		
山西	99	689	24	210	250	129	1	27	2	17	6	2
内蒙古	107	1 763	54	347	641	632	2	51	8	10	12	27
辽宁	63	1 186	70	273	362	317	1	14	9	2		9
吉林	33	570	16	88	158	53	1	38	8	14	18	1
黑龙江	69	454	18	125	140	139	1	19	10	6		3
上海												
江苏	61	657	14	65	175	75						
浙江	18	138	1	18	36	50						
安徽	26	247	8	56	51	49						
福建	5	34		5	12		1	3	3			3
江西	14	48	2	17	17	7	1	30	3	2	9	20
山东	68	530	19	100	327	44						
河南	90	835	12	107	209	136	1	18	4	9	4	4
湖北	45	304	15	84	94	31	1	18	6	2	4	4
湖南	37	355	7	49	139	20	1	4	2		2	
广东							1	4	1	2	1	1
广西	46	377	9	81	107	69	2	98	2	17	10	3
海南	19	90		11	22	2	8					
重庆	22	198	10	56	77	11						
四川	102	963	18	248	357	178	1	25	7	10	1	3
贵州	100	915	12	185	375	157	1	12	5	5	1	2
云南	26	247	8	56	51	49						
西藏												
陕西	33	258	2	42	80	35	1					
甘肃	16	137	2	17	36	13	1	127	7	31	27	31
青海	6	55	1	3	14	4	1	203	3	24	50	68
宁夏	7	113	4	11	26	69	1	19	7	7	2	5
新疆	9	95	2	17	40	19	2	203	7	33	60	51

全国省地县畜牧局、技术推广系统情况(十二)

地区	草原工作站											
	地级局站						县(市)级局站					
	总数(个)	干部职工人数(人)	高级技术职称	中级技术职称	初级技术职称	离退休人员	总数(个)	干部职工人数(人)	高级技术职称	中级技术职称	初级技术职称	离退休人员
全国	118	1 654	126	475	427	274	786	8 748	294	1 643	3 192	1 487
北京												
天津												
河北	4	68	8	22	15	16	23	163	2	45	45	7
山西	11	158	9	67	39	22	93	818	20	258	298	115
内蒙古	13	490	38	128	146	89	94	1 649	171	304	702	519
辽宁	7	28	9	7	3	8	25	216	14	48	79	45
吉林	7	87	8	24	23	9	41	545	16	74	151	48
黑龙江	13	65	4	20	25	10	71	364	14	86	152	54
上海												
江苏												
浙江												
安徽												
福建							1	3		2		
江西												
山东	2	16	3	6			12	40		9	20	
河南	2	15		10	4	1	3	9	1	10	1	
湖北							13	58	9	21	16	5
湖南	2	4		1			9	23	4	9	12	
广东												
广西	2	4	1	1	1	1	10	46	2	13	8	9
海南							2	14		1	3	
重庆	3	21	9	5	2	7	16	114	3	55	38	4
四川	8	96	4	35	34	9	67	613	2	113	261	85
贵州	6	49	1	15	10	8	90	524	8	115	228	60
云南												
西藏												
陕西	4	42	9	10	3	4	17	365	4	34	90	40
甘肃	8	99	5	24	30	21	46	467	7	115	145	74
青海							36	650	2	32	132	30
宁夏	2	12	1	6	1	1	16	321	3	62	90	98
新疆	24	400	17	94	91	68	101	1 746	12	237	721	294

全国乡镇畜牧兽医站基本情况(一)

地区	站数(个)	职工人数(人)	在编人数	离退休人员	职称状况(人)	
					高级技术职称	中级技术职称
全国	44 609	345 757	253 353	60 984	985	33 876
北京	225	1 620	1 230	407	15	196
天津	208	1 223	1 056	258	9	77
河北	2 807	11 915	8 778	1 702	45	1 017
山西	1 835	9 547	7 477	1 711	27	1 707
内蒙古	353	2 147	1 963	246	18	493
辽宁	1 242	9 838	8 437	2 413	25	1 365
吉林	926	8 305	7 103	1 789	64	871
黑龙江	1 177	9 184	6 968	1 930	25	1 198
上海	200	1 754	1 246	391		323
江苏	1 962	26 162	17 596	5 609	17	2 275
浙江	1 638	6 408	4 750	1 541	4	154
安徽	1 941	16 228	7 393	1 547	45	948
福建	984	4 132	3 385	531	4	392
江西	1 823	18 707	8 423	2 280		2 985
山东	2 310	17 051	12 014	2 482	281	2 794
河南	2 115	18 305	10 276	4 154	163	1 641
湖北	1 520	31 447	26 837	4 610	78	3 397
湖南	2 436	26 293	21 011	5 262	12	2 731
广东	1 645	13 113	10 035	3 330	5	246
广西	1 335	6 577	5 383	837	35	550
海南	296	1 396	1 210	186		21
重庆	1 578	13 555	11 391	3 693	8	1 221
四川	5 417	41 744	33 531	9 583	18	4 267
贵州	1 506	6 138	5 508	192	1	399
云南	1 941	16 228	7 393	1 547	45	948
西藏						
陕西	2 182	8 736	7 419	1 317	5	387
甘肃	1 526	6 359	4 763	261	4	357
青海	433	1 746	1 703		5	163
宁夏	228	1 215	876	219	1	44
新疆	820	8 684	8 198	956	26	709

全国乡镇畜牧兽医站基本情况(二)

地区	经营情况				全年总收入(万元)	经营服务收入(万元)
	盈余站数(个)	盈余金额(万元)	亏损站数(个)	亏损金额(万元)		
全国	28 643	30 785.26	12 642	13 131.08	318 859.50	128 700.16
北京	135	347.98	90	144.21	2 829.57	1 422.10
天津	165	134.86	43	40.29	5 254.60	1 726.62
河北	2 144	1 447.72	663	279.80	11 474.80	7 092.66
山西	1 240	203.33	595	310.39	3 289.83	449.59
内蒙古	263	136.63	53	39.05	1 165.18	763.16
辽宁	969	1 018.46	273	274.22	12 211.53	5 781.75
吉林	545	433.34	381	780.30	9 857.11	3 389.14
黑龙江	753	1 028.90	424	138.90	6 543.20	3 322.50
上海	63	148.73	137	487.74	3 726.27	1 951.25
江苏	1 441	3 638.73	521	1 106.90	32 407.14	14 125.14
浙江	1 042	2 780.13	598	794.35	11 546.58	5 182.70
安徽	865	928.15	468	371.02	6 727.67	4 213.96
福建	675	335.31	146	57.55	3 150.91	826.19
江西	1 203	1 021.16	382	253.32	9 814.75	3 960.07
山东	1 764	1 994.06	546	768.95	37 380.43	18 581.83
河南	909	828.44	1 206	1 448.07	12 848.18	8 936.70
湖北	1 197	2 096.51	323	771.43	25 061.93	3 695.69
湖南	1 589	1 799.77	847	851.50	17 998.57	8 170.89
广东	1 047	2 354.48	499	514.73	20 134.57	3 060.81
广西	750	525.51	255	199.91	5 600.43	1 185.17
海南	132	108.49	164	181.72	694.94	193.78
重庆	1 160	1 355.99	418	355.25	14 309.22	4 899.45
四川	3 889	3 608.98	1 528	1 408.10	38 305.93	13 811.25
贵州	421	87.61	25	9.30	2 125.74	409.30
云南	865	928.15	468	371.02	6 727.67	4 213.96
西藏						
陕西	1 351	294.98	588	215.56	3 917.58	2 491.54
甘肃	982	340.93	544	199.23	4 097.07	1 758.49
青海	397	21.97	36	11.55	1 318.18	84.75
宁夏	143	43.46	145	109.83	725.77	189.62
新疆	544	792.50	276	636.89	7 614.15	2 810.10

全国草地建设利用基本情况(一)

地 区	全 国(千公顷)								
	草地总面积	已利用草地面积	累计种草保留面积	人工种草	改良草地	飞播牧草	当年新增种草面积	人工种草	改良草地
全 国	269 296.52	168 776.96	11 830.48	4 681.89	4 999.84	843.06	2 386.46	1 344.21	946.48
北 京	113.32	79.74	4.32				0.20		
天 津									
河 北	3 408.98	2 187.40	266.97	77.73	81.63	2.34	20.23	9.45	9.68
山 西	4 248.79	2 289.95	565.55	169.70	184.19	11.01	56.63	25.69	32.68
内蒙古	76 923.70	57 501.80	3 170.81	1 277.86	1 492.38	400.57	1 176.52	675.22	435.24
辽 宁	3 239.30	3 239.30	387.30	130.10	233.30	23.90	59.70	9.40	46.20
吉 林	8 763.27		281.94	114.74	136.65	30.56	61.09	29.89	31.00
黑龙江	4 333.30	4 333.30	608.50	165.80	369.30	73.40	120.70	21.20	96.70
上 海	0.35	0.35	0.35	0.25	0.10		0.05	0.05	
江 苏	200.10	64.84	25.53	3.86	21.55	0.13	1.61	0.77	0.84
浙 江									
安 徽									
福 建	1 313.50	601.12	49.57	28.91	10.40	4.71	1.83	1.11	0.81
江 西	4 442.00	1 403.60	77.34	21.55	14.81	42.13	8.53	3.20	4.70
山 东	1 585.49	851.04	190.81	29.81	33.33	4.30	11.90	7.64	1.84
河 南	3 035.62	1 294.64	104.50	48.80	50.28	5.42	7.33	3.50	3.62
湖 北	6 088.49	2 526.65	62.74	13.37	10.76	38.61	7.71	1.30	2.63
湖 南	5 429.00	3 097.00	202.60	111.30	59.47	8.07	17.21	4.62	8.23
广 东	2 676.00	980.76	23.65	17.95	1.70	4.00	18.27	18.27	
广 西	8 666.70	3 293.40	115.36	29.47	185.80	18.02	38.54	30.17	5.36
海 南	1 614.35	407.59	3.88	1.24	0.56		0.21	0.21	
重 庆	2 483.00	1 089.00	54.00	28.00		3.00	9.00	3.00	
四 川	5 988.34	2 340.56	382.79	350.04	30.89	1.86	40.90	27.73	12.97
贵 州	2 676.00	980.76	23.65	17.95	1.70	4.00	18.27	18.27	
云 南									
西 藏									
陕 西	5 080.00	3 089.03	1 405.75	508.38	234.46	54.08	218.96	167.04	57.16
甘 肃	22 632.86	8 974.48	1 025.07	433.49	262.02	20.53	135.88	97.75	34.90
青 海	36 466.67	31 660.00	1 764.40	729.49	979.87	52.97	174.33	91.58	79.02
宁 夏	2 205.81	1 567.68	213.27	130.74	61.47	4.20	70.20	65.60	3.79
新 疆	55 681.58	34 922.97	819.83	241.36	543.22	35.25	110.66	31.55	79.11

全国草地建设利用基本情况(二)

地　区	全			国(千公顷)					
	飞播牧草	累计草场围栏保留面积	当年新增面积	草种田面积	当年种子产量(万千克)	草地承包面积	有偿使用面积	年内鼠虫害发生面积	鼠害面积
全　国	531.88	8 717.23	837.66	413.25	23 054.65	102 806.13	24 117.95	28 456.07	18 240.67
北　京									
天　津									
河　北		11.87	3.89	2.61	60.20	81.62	72.54	129.05	57.64
山　西		14.18	4.48	2.68	425.50	233.77	77.43	576.88	37.93
内蒙古	66.06	5 284.70	397.93	211.29	1 742.40	51 084.60		8 508.00	5 466.07
辽　宁	4.13	21.50	3.70	1.44	27.40	126.60	48.30	184.10	97.60
吉　林	4.00	309.75	58.25	10.30	230.00			1 220.00	946.00
黑龙江	28.00	599.90	48.70	23.30	180.00	3 006.70	3 006.70	1 524.30	381.00
上　海				0.01	0.07	0.35	0.25		
江　苏		0.04		0.08	3.02	0.24	0.22		
浙　江									
安　徽									
福　建				21.70	27.48	2.42	1.61	21.65	14.10
江　西		13.31	7.31	9.97	52.12	11.84			
山　东		11.43	1.46	10.20	49.10	33.31	32.91		
河　南	0.20	1.22		8.81	1 108.40	55.96	20.60	23.55	11.18
湖　北	3.78	19.30	0.63	1.12	25.08	30.17	16.16		
湖　南	406.50	13.56	0.02	13.03	51.37	64.46	29.73	77.97	34.24
广　东		0.70		0.15	0.64	220.00	18.27	6.00	5.50
广　西	3.00	16.67	6.50	0.70	42.10	87.80	59.30	40.35	40.30
海　南		2.90	0.10	0.01	0.50	1.49	1.49	3.40	
重　庆		1.50		6.00	17.00	69.00	44.00		
四　川	0.20	4.64	0.95	24.55	16 954.25	12.00	9.50		
贵　州		0.70		0.15	0.64	220.00	18.27	6.00	5.50
云　南									
西　藏									
陕　西	9.77	84.70	16.00	25.98	759.64	352.48	337.61	290.03	221.21
甘　肃	1.21	251.82	33.50	7.16	955.96	955.83	940.20	2 727.75	2 107.18
青　海	3.73	1 527.13	194.71	3.30	259.09	21 666.67		9 547.33	7 584.00
宁　夏	1.30	20.81	1.71	27.50	53.50	383.05	180.20	460.95	287.75
新　疆		504.90	57.82	1.21	29.19	24 105.77	19 202.66	3 108.76	943.47

全国草地建设利用基本情况(三)

地区	全国(千公顷)					
	年内灭鼠面积	生物防治面积	年内治虫面积	生物防治面积	当年草原火灾受害面积	当年打贮草总量(吨)
全国	5 757.55	2 205.04	2 065.67	350.00	221 098.16	45 978 919.78
北京						
天津						
河北	9.17		51.15		0.27	1 205 145.00
山西	47.80	11.05	24.85	25.38	3.24	1 690 220.70
内蒙古	1 265.53		545.07		258.76	12 191 477.00
辽宁	66.50	7.07	29.10	13.07	0.12	516 022.00
吉林	521.00	314.00	250.00	150.00	5.48	55 136.00
黑龙江	98.00		150.10		0.20	1 500 000.00
上海	0.35	0.15	0.35			41 281.00
江苏			0.02			91 650.00
浙江						
安徽						
福建	3.20	0.64	0.25	0.05		9 106 619.00
江西						
山东						
河南	5.89	0.09	20.55			4 207 470.00
湖北						
湖南	28.50	0.50	6.40		0.05	653 420.00
广东					220 784.00	
广西	0.28	0.03				20 050.00
海南	4.50		5.00	5.00		
重庆						368 599.00
四川						2 817 524.00
贵州						220 784.00
云南						
西藏						
陕西	75.00	22.45	59.46	27.45	0.62	2 479 436.50
甘肃	514.68	308.78	426.50	4.01	0.10	687 774.88
青海	2 861.82	1 524.35	154.65	38.67	0.62	262 036.70
宁夏	104.27	6.50	5.20	1.00	0.50	24 782.00
新疆	151.06	9.43	337.02	85.37	44.20	7 839 492.00

全国草地建设利用基本情况(四)

地区	266个牧区及半牧区县(千公顷)									
	草地总面积	已利用草原面积	累计种草保留面积	人工种草	改良草地	飞播牧草	当年新增种草面积	人工种草	改良草地	飞播牧草
全　国	**165 141.77**	**132 475.28**	**5 402.97**	**1 967.47**	**2 779.34**	**547.32**	**1 302.50**	**494.39**	**731.31**	**76.80**
北　京										
天　津										
河　北	1 524.16	1 159.03	229.71	126.41	80.95	22.35	48.76	30.93	13.83	4.00
山　西	34.70	34.00	10.00	8.00	2.00		1.34	1.34		
内蒙古	70 971.98	54 377.72	2 233.09	738.14	1 130.63	364.32	723.53	301.65	357.15	64.73
辽　宁	337.70	337.70	157.78	58.62	70.45	28.71	9.82	3.05	5.50	1.27
吉　林										
黑龙江	1 866.70	1 866.70	402.40	155.70	173.30	73.40	120.70	21.20	96.70	2.80
上　海										
江　苏										
浙　江										
安　徽										
福　建										
江　西										
山　东										
河　南										
湖　北										
湖　南										
广　东										
广　西										
海　南										
重　庆										
四　川	16 192.90	13 719.16	273.18	71.20	193.59		117.05	17.68	99.37	
贵　州										
云　南										
西　藏										
陕　西										
甘　肃	14 182.61	10 597.17	405.38	121.57	175.90	7.46	37.65	24.39	12.99	0.27
青　海	29 800.00	25 822.80	1 058.76	529.57	513.06	16.13	144.95	67.29	73.93	3.73
宁　夏	1 204.34	1 090.64	112.60	18.47	94.13		26.56	9.23	17.33	
新　疆	29 026.68	23 470.36	520.07	139.79	345.33	34.95	72.14	17.63	54.51	

全国草地建设利用基本情况(五)

地区	266个牧区及半牧区县(千公顷)							
	累计草场围栏保留面积	当年新增面积	草种田面积	当年种子产量(万千克)	草地承包面积	有偿使用面积	年内鼠虫害发生面积	鼠害面积
全国	8 316.61	770.52	197.17	1 626.93	103 052.30	29 126.25	23 616.57	17 480.72
北京								
天津								
河北	90.83	5.37	7.80	14.50	934.90	584.53	1 240.65	384.93
山西			0.03	5.00			0.75	0.25
内蒙古	5 119.14	392.38	145.66	62.20	49 422.93		7 169.71	6 482.93
辽宁	12.60	3.00	0.23	6.07	54.53	44.00	91.96	55.33
吉林								
黑龙江	599.90	48.70	13.30	100.00	1 609.30	1 609.30	813.30	213.30
上海								
江苏								
浙江								
安徽								
福建								
江西								
山东								
河南								
湖北								
湖南								
广东								
广西								
海南								
重庆								
四川	469.32	100.74	24.71	551.20	10 430.23	9 470.59	3 276.31	2 412.61
贵州								
云南								
西藏								
陕西								
甘肃	245.00	30.00	2.92	619.00	916.30	873.20	2 262.56	1 715.46
青海	1 411.91	142.59	1.61	245.76	21 645.15		5 851.73	5 218.14
宁夏	20.86	1.80	0.06	1.00	304.66		333.34	253.33
新疆	347.05	45.94	0.85	22.20	17 734.30	16 544.63	2 576.26	744.44

全国草地建设利用基本情况(六)

地区	266个牧区及半牧区县(千公顷)								
	年内灭鼠面积	生物防治面积	年内治虫面积	生物防治面积	当年打贮草总量(吨)	累计有效打井数(个)	当年打井数(个)	井灌面积	牲畜永久性棚圈(平方米)
全　国	**3 721.24**	**1 979.00**	**1 606.31**	**168.92**	**18 954 170.54**	**104 293**	**20 022**	**501 145.93**	**117 790 088**
北　京									
天　津									
河　北	269.63	38.87	242.16	29.60	2 011 620.00	4			1 205 145
山　西			0.50	0.45	500.00			0.01	
内蒙古	1 105.90		429.17		10 027 061.00	54 422	7 896	182.70	72 806 725
辽　宁	45.67		4.33	1.00	212 070.00	4	3	14 400.00	6 450 000
吉　林									
黑龙江	54.70		90.00		650 000.00				
上　海									
江　苏									
浙　江									
安　徽									
福　建									
江　西									
山　东									
河　南									
湖　北									
湖　南									
广　东									
广　西									
海　南									
重　庆									
四　川	138.67	122.03	38.82	21.99	1 139 171.00	8			10 402 720
贵　州									
云　南									
西　藏									
陕　西									
甘　肃	466.08	284.87	407.16	3.00	277 832.88	1 345	50	486 500.50	13 572 000
青　海	1 568.45	1 524.35	146.97	38.67	254 378.20	691	85	0.13	3 765 600
宁　夏	10.23	3.53			349 705.00	44 906	11 666		3 290 000
新　疆	61.91	5.35	247.20	74.21	4 031 832.46	2 913	322	62.59	6 297 898

全国牧区县畜牧生产情况(一)

地区	基本情况						畜产品产量及出栏情况			
	牧区县(个)	牧业人口数(万人)	人均收入(元/人)	牧业收入(元/人)	牧户数(户)	定居牧户(户)	肉类总产量(吨)	牛肉(吨)	羊肉(吨)	猪肉(吨)
全国	**22**	**521.61**	**13 837.01**	**5 286.65**	**1 101 300**	**978 263**	**804 132.29**	**255 126.70**	**295 504.31**	**178 093.97**
北京										
天津										
河北										
山西										
内蒙古		190.37	2 516.00		436 700	414 900	26.57	6.20	14.83	37 100.00
辽宁										
吉林		23.30	2 100.00	850.00	51 000	51 000	25 209.00	10 235.00	1 897.00	8 970.00
黑龙江		134.40	1 801.90	1 009.70	316 367	316 367	157 282.00	27 811.00	6 095.00	94 066.00
上海										
江苏										
浙江										
安徽										
福建										
江西										
山东										
河南										
湖北										
湖南										
广东										
广西										
海南										
重庆										
四川		21.68	1 037.00	605.00	58 381	51 847	45 693.00	37 011.00	6 500.00	2 164.00
贵州										
云南										
西藏										
陕西										
甘肃		23.45	1 694.30	1 427.27	44 405	35 458	34 871.59	17 316.80	14 006.71	3 748.57
青海		73.60	1 172.85	1 224.52	93 245	63 049	112 704.70	56 206.90	52 014.60	3 224.40
宁夏		12.50	2 154.96	170.16	26 277		6 055	33.00	2 167.00	2 780.00
新疆	22	42.31	1 360.00		74 925	45 642	156 617.00	44 513.00	64 524.00	26 041.00

全国牧区县畜牧生产情况(二)

地区	畜产品产量及出栏情况							
	奶产量（吨）	毛产量（吨）	山羊毛产量（吨）	绵羊毛产量（吨）	细羊毛产量（吨）	半细羊毛产量（吨）	山羊绒产量（吨）	牛皮产量（万张）
全国	1 026 344.43	72 625.83	3 090.51	66 412.06	23 695.12	10 802.24	2 775.73	227.24
北京								
天津								
河北								
山西								
内蒙古	278 000.00	30 598.00	1 573.00	29 025.00	10 362.00	7 280.00	2 216.00	47.31
辽宁								
吉林	4 800.00	1 540.00		1 540.00	1 540.00			6.80
黑龙江	345 547.00	3 348.00		3 348.00	3 012.00	336.00	4.48	22.40
上海								
江苏								
浙江								
安徽								
福建								
江西								
山东								
河南								
湖北								
湖南								
广东								
广西								
海南								
重庆								
四川	115 514.00	2 422.00	134.00	1 054.00	2.00	209.00	38.00	42.45
贵州								
云南								
西藏								
陕西								
甘肃	56 039.73	4 046.23	204.21	3 795.76	2 445.22	142.44	76.97	12.23
青海	12 136.70	10 710.60	299.30	10 417.30	112.90	2 744.80	172.90	62.66
宁夏	866.00	653.00	36.00	617.00			40.00	0.02
新疆	213 441.00	19 308.00	844.00	16 615.00	6 221.00	90.00	227.38	33.37

全国牧区县畜牧生产情况(三)

地区	畜产品产量及出栏情况					畜禽饲养情况			
	羊皮产量(万张)	牛出栏(头)	出栏率(%)	羊出栏(只)	出栏率(%)	大牲畜年末存栏头数(头)	牛(头)	能繁殖的母牛(头)	当年成活犊牛(头)
全国	1 738.40	2 549 021.90	244.47	18 849 222	274.92	11 772 398	10 158 286	3 331 076	2 524 807
北京									
天津									
河北									
山西									
内蒙古	963.04	487 100.00	87.32	9 659 500	52.45	1 792 700	1 216 900	587 000	377 200
辽宁									
吉林	12.65	89 000.00	49.40	165 000	36.70	146 758	91 000	51 000	34 000
黑龙江	31.40	265 027.00		453 315		720 481	509 249	235 400	96 141
上海									
江苏									
浙江									
安徽									
福建									
江西									
山东									
河南									
湖北									
湖南									
广东									
广西									
海南									
重庆									
四川	34.37	427 248.00	15.73	335 198	21.43	2 986 478	2 762 902	1 158 368	618 400
贵州									
云南									
西藏									
陕西									
甘肃	60.90	198 725.00	25.17	834 726	31.97	963 453	854 585	368 139	209 687
青海	276.16	747 800.00	20.75	3 398 600	33.47	3 472 700	3 609 100	352 700	799 100
宁夏	29.60	21.90	16.10	296 000	56.90	28 930	1 364	1 072	89
新疆	330.28	334 100.00	30	3 706 883	42.00	1 660 898	1 113 186	577 397	390 190

全国牧区县畜牧生产情况(四)

地区	畜禽饲养情况							
	牦牛(头)	绵羊年末存栏(只)	能繁殖的母羊(只)	当年生存栏羔羊(只)	细羊毛及其改良羊(只)	半细羊毛及其改良羊(只)	山羊年末存栏(只)	绒山羊年末存栏(只)
全国	6 144 060	36 093 863	20 276 459	13 419 762	12 510 048	5 813 882	12 636 463	4 996 704
北京								
天津								
河北								
山西								
内蒙古		12 294 900	7 523 900	6 829 200	4 448 800	4 103 900	7 059 100	3 726 000
辽宁								
吉林		253 020	231 000	113 670	253 020		31 000	
黑龙江		898 046	509 973	285 024	807 920	90 126	141 589	22 773
上海								
江苏								
浙江								
安徽								
福建								
江西								
山东								
河南								
湖北								
湖南								
广东								
广西								
海南								
重庆								
四川	2 401 684	1 266 718	570 865	117 356	124 812	5 246	1 047 700	
贵州								
云南								
西藏								
陕西								
甘肃	626 367	2 090 595	965 758	691 624	787 988	58 310	474 091	330 675
青海	3 081 246	11 681 700	5 626 700	3 692 200	4 150 000	1 535 700	2 217 900	320 000
宁夏		317 820	22 314	101 327			203 184	80 000
新疆	34 763	7 291 064	4 825 949	1 589 361	1 937 508	20 600	1 461 899	517 256

全国牧区县畜牧生产情况(五)

地区	畜产品出售情况						
	肉类总产量(吨)	牛肉(吨)	羊肉(吨)	猪肉(吨)	奶产量(吨)	羊毛总产量(吨)	羊绒总产量(吨)
全国	**623 151.81**	**204 260.24**	**228 885.62**	**144 415.33**	**694 623.64**	**59 257.63**	**529.51**
北京							
天津							
河北							
山西							
内蒙古	213 276.00	54 114.00	120 473.00	20 728.00	135 886.00	26 737.00	
辽宁							
吉林	18 775.00	10 235.00	1 840.00	6 700.00	4 500.00	1 540.00	
黑龙江	137 472.00	26 711.00	4 845.00	90 053.00	320 101.00	3 348.00	4.48
上海							
江苏							
浙江							
安徽							
福建							
江西							
山东							
河南							
湖北							
湖南							
广东							
广西							
海南							
重庆							
四川	31 700.00	26 688.00	4 545.00	458.00	31 442.00	594.00	28.00
贵州							
云南							
西藏							
陕西							
甘肃	32 663.74	16 167.74	11 706.82	3 491.33	24 597.63	3 073.03	73.53
青海	84 926.27	40 762.50	41 472.00	945.00	36 641.01	10 489.60	172.90
宁夏	4 159.00	30.00	2 877.00	1 252.00	779.00	626.00	40.00
新疆	100 179.80	29 552.00	41 126.80	20 788.00	140 677.00	12 850.00	210.60

全国半牧区县畜牧生产情况(一)

地区	基本情况					畜产品产量及出栏情况			
	牧业人口数(万人)	人均收入(元/人)	牧业收入(元/人)	牧户数(户)	定居牧户(户)	肉类总产量(吨)	牛肉(吨)	羊肉(吨)	猪肉(吨)
全国	1 124.20	15 470.63	4 694.44	1 440 685.30	1 312 780.30	1 830 551.92	294 050.25	200 561.97	1 111 528.96
北京									
天津									
河北	88.82	1 581.00	795.00	241 875.00	241 875.00	165 806.00	48 053.00	15 001.00	89 340.00
山西	9.08	3 409.00	700.00	22 691.00	18 153.00	6 017.00	504.00	1 800.00	3 515.00
内蒙古	483.74					373 900.00	61 500.00	53 900.00	229 800.00
辽宁	147.00	2 004.20	772.00	450 000.00	450 000.00	194 090.00	21 564.00	6 682.00	146 062.00
吉林						402 846.00	45 021.00	24 116.00	249 719.00
黑龙江	126.30	1 911.40	967.10	282 964.00	282 964.00	146 592.00	27 261.00	4 318.00	79 480.00
上海									
江苏									
浙江									
安徽									
福建									
江西									
山东									
河南									
湖北									
湖南									
广东									
广西									
海南									
重庆									
四川	89.84	1 092.03	453.13	193 991.00	188 456.00	307 294.00	43 225.00	25 459.00	220 733.00
贵州									
云南									
西藏									
陕西									
甘肃	96.77	1 431.98	468.77	145 395.30	105 446.30	104 174.92	11 326.75	16 790.57	68 198.26
青海	28.66	1 115.65	353.35	5 896.00	4 256.00	10 581.00	3 798.50	4 234.40	2 463.70
宁夏	31.60	1 505.37	185.09	60 877.00		10 161.00	4 028.00	4 170.00	1 643.00
新疆	22.39	1 420.00		36 996.00	21 630.00	109 090.00	27 769.00	44 091.00	20 575.00

全国半牧区县畜牧生产情况(二)

地　区	畜产品产量及出栏情况								
	奶产量（吨）	毛产量（吨）	山羊毛产量（吨）	绵羊毛产量（吨）	细羊毛产量（吨）	半细羊毛产量（吨）	山羊绒产量（吨）	牛皮产量（万张）	羊皮产量（万张）
全　国	574 008.50	60 265.39	3 529.30	55 983.69	41 674.04	5 853.57	1 547.07	164.67	1 122.66
北　京									
天　津									
河　北	49 847.00	3 596.00	487.00	3 109.00	3 049.00		75.00	12.60	62.40
山　西	101.00	180.00	2.00	178.00	7.00	26.00	2.00	0.06	10.00
内蒙古	94 700	17 387.00	1 177.00	16 210.00	13 892.00	1 601.00	1 029.00	37.60	378.75
辽　宁	4 986.00	3 004.40	331.43	2 672.97	2 245.13	427.84	2.37	7.37	45.02
吉　林	10 945.00	14 324.00	79.00	14 245.00	14 245.00		11.06	28.57	140.39
黑龙江	221 182.00	2 608.10		2 608.10	1 878.10	730.00	3.95	8.40	19.80
上　海									
江　苏									
浙　江									
安　徽									
福　建									
江　西									
山　东									
河　南									
湖　北									
湖　南									
广　东									
广　西									
海　南									
重　庆									
四　川	71 813.00	3 442.00	260.00	2 584.00	288.00	1 052.00	1.00	35.05	137.04
贵　州									
云　南									
西　藏									
陕　西									
甘　肃	14 966.50	3 517.11	353.79	3 163.92	791.31	933.43	139.80	10.32	71.21
青　海	15 150.00	1 331.70	88.00	1 243.70	0.50	543.30	28.50	5.28	28.16
宁　夏		1 083.00	72.00	1 011.00	221.00		42.00	3.18	35.90
新　疆	90 318.00	9 792.08	679.08	8 958.00	5 057.00	540.00	212.39	16.24	193.99

全国半牧区县畜牧生产情况(三)

地区	畜产品产量及出栏情况				畜禽饲养情况			
	牛出栏(头)	出栏率(%)	羊出栏(只)	出栏率(%)	大牲畜年末存栏头数(头)	牛(头)	能繁殖的母牛(头)	当年成活犊牛(头)
全国	2 426 693	356.89	30 005 221	436.61	8 242 000	4 706 826	2 165 932	1 291 546
北京								
天津								
河北	301 034	61.00	1 113 857	91.00	557 925	523 515	280 325	143 587
山西	4 037	13.50	121 803	37.80	35 858	25 916	5 477	3 819
内蒙古	596 000	35.27	4 672 300	51.61	2 750 700	1 552 600	688 700	445 900
辽宁	104 373	51.44	484 698	39.09	591 891	165 906	85 344	40 406
吉林	490 763	69.80	1 926 113	62.37	1 021 193	594 864	293 246	151 284
黑龙江	184 133		300 735		672 151	496 892	252 845	129 235
上海								
江苏								
浙江								
安徽								
福建								
江西								
山东								
河南								
湖北								
湖南								
广东								
广西								
海南								
重庆								
四川	357 341	12.58	13 892 286					
贵州								
云南								
西藏								
陕西								
甘肃	99 951	19.44	1 053 899	39.90	907 150	494 753	175 793	127 279
青海	56 400	22.96	3 530 000	34.91	689 800	237 200	101 300	50 100
宁夏	31 800	33.90	359 393	37.93	135 334	69 721	24 471	16 518
新疆	200 861	37.00	2 550 137	42.00	879 998	545 459	258 431	183 418

全国半牧区县畜牧生产情况(四)

地区	畜禽饲养情况							
	牦牛(头)	绵羊年末存栏(只)	能繁殖的母羊(只)	当年生存栏羔羊(只)	细羊毛及其改良羊(只)	半细羊毛及其改良羊(只)	山羊年末存栏(只)	绒山羊年末存栏(只)
全国	351 322	17 005 100	10 251 427	6 136 149	6 553 998	4 680 300	7 861 009	4 720 210
北京								
天津								
河北	2 500	892 396	655 497	236 000	857 300		339 769	237 151
山西		177 815	142 126		8 780	21 000	22 380	15 170
内蒙古		4 743 000	2 740 400	2 302 400	775 800	3 658 900	3 885 500	2 954 700
辽宁		679 274	501 395	245 953	331 969	73 409	55 195	7 907
吉林		2 515 542	1 618 097	1 273 725	2 515 542		145 851	9 007
黑龙江		653 906	315 161	164 119	435 970	217 936	153 840	13 730
上海								
江苏								
浙江								
安徽								
福建								
江西								
山东								
河南								
湖北								
湖南								
广东								
广西								
海南								
重庆								
四川								
贵州								
云南								
西藏								
陕西								
甘肃	97 368	1 869 435	984 190	614 819	170 005	235 704	872 292	351 300
青海	216 754	873 200	434 500	289 500		322 600	157 300	80 000
宁夏		564 451	371 686	226 082	63 289		222 527	69 471
新疆	34 700	4 036 081	2 488 375	783 551	1 395 343	150 751	2 006 355	981 774

全国半牧区县畜牧生产情况(五)

地区	畜产品出售情况						
	肉类总产量(吨)	牛肉(吨)	羊肉(吨)	猪肉(吨)	奶产量(吨)	羊毛总产量(吨)	羊绒总产量(吨)
全国	1 136 695.41	206 575.75	140 110.88	597 495.48	373 720.55	64 475.52	461.94
北京							
天津							
河北	113 648.00	34 970.00	12 495.00	61 111.00	43 659.00	3 507.00	73.00
山西	3 797.00	4 047.00	1 465.00	1 757.00	95.00	172.00	2.00
内蒙古	245 585.00	48 894.00	43 356.00	120 984.00	44 330.00	16 242.00	
辽宁	140 271.00	14 970.00	6 268.00	105 668.00	4 899.00	2 697.07	2.37
吉林	306 305.00	38 573.00	19 965.00	182 722.00	9 544.00	13 902.00	11.11
黑龙江	128 128.00	26 183.00	3 432.00	76 089.00	204 894.00	2 608.00	3.95
上海							
江苏							
浙江							
安徽							
福建							
江西							
山东							
河南							
湖北							
湖南							
广东							
广西							
海南							
重庆							
四川							
贵州							
云南							
西藏							
陕西							
甘肃	67 843.28	9 351.40	12 885.20	28 991.73	13 837.38	2 285.04	91.08
青海	14 813.40	3 232.50	4 776.00	1 065.00	4 545.00	13 635.00	28.50
宁夏	35 484.00	5 272.00	4 316.00	2 584.00		1 002.00	42.00
新疆	80 820.73	21 082.85	31 152.68	16 523.75	47 917.17	8 425.41	207.93

全国生猪规模饲养情况(一)

地区	年出栏数50~90头		年出栏数100~499头		年出栏数500~2 999头	
	场(户)数	年出栏数(万头)	场(户)数	年出栏数(万头)	场(户)数	年出栏数(万头)
全国	697 930	4 586.22	156 325	3 213.37	16 069	1 733.37
北京	7 044	49.81	3 359	57.00	577	80.72
天津	6 837	66.40	4 891	80.38	122	9.87
河北	39 012	280.27	10 051	205.80	680	65.13
山西	19 358	97.37	1 760	33.80	194	16.07
内蒙古	6 214	54.62	1 150	29.78	93	12.55
辽宁	48 199	285.06	10 083	130.44	472	52.50
吉林	54 370	322.79	9 776	148.37	564	79.64
黑龙江	37 741	236.40	6 095	105.87	492	47.09
上海	3 217	25.75	1 730	40.17	461	65.47
江苏	21 004	153.67	6 974	172.95	823	89.54
浙江	14 985	112.35	9 294	194.62	1 356	120.36
安徽	21 370	163.96	2 200	62.38	315	33.00
福建	7 172	51.73	4 304	100.85	1 043	111.05
江西	29 178	13.641 6	5 124	136.02	906	105.16
山东	48 430	346.62	10 029	217.34	1 315	142.01
河南	43 614	285.25	9 727	204.56	1 178	122.44
湖北	33 330	217.52	3 959	108.22	443	39.39
湖南	137 543	967.67	30 849	423.34	1 848	142.32
广东	35 072	247.12	12 559	349.45	1 636	211.50
广西	21 292	151.00	3 814	165.00	652	66.64
海南	839	5.63	299	11.38	25	2.90
重庆	4 130	26.57	690	11.19	37	3.22
四川	9 469	72.19	1 765	47.93	139	22.93
贵州	3 680	25.83	315	5.70	29	3.02
云南	21 370	163.96	2 200	62.38	315	33.00
西藏						
陕西	6 250	45.88	1 034	23.11	65	7.36
甘肃	12 223	84.36	1 085	26.12	145	14.89
青海	4	0.04	1	0.02	7	0.89
宁夏	2 190	15.49	615	41.52	65	24.01
新疆	2 793	17.27	593	17.68	72	8.70

全国生猪规模饲养情况(二)

地区	年出栏数3 000～9 999头		年出栏数1万～5万头		年出栏数5万头以上	
	场(户)数	年出栏数(万头)	场(户)数	年出栏数(万头)	场(户)数	年出栏数(万头)
全国	**2 468**	**1 187.29**	**614**	**853.97**	**11**	**73.73**
北京	203	85.82	93	93.27	1	5.01
天津	8	4.33	2	2.46		
河北	90	44.97	10	20.10	2	13.00
山西	8	4.16				
内蒙古	5	2.75	1	1.10		
辽宁	62	27.62	18	28.59		
吉林	86	31.90	11	11.95		
黑龙江	32	14.97	6	8.13		
上海	214	116.30	64	97.14		
江苏	68	34.18	13	17.47		
浙江	164	88.65	37	57.87	1	5.80
安徽	31	16.19	7	8.88	1	6.40
福建	173	84.46	33	43.68	1	10.00
江西	120	58.39	24	35.22		
山东	133	66.53	39	63.42	1	5.00
河南	219	109.64	52	86.73		
湖北	59	31.59	25	36.34		
湖南	219	72.45	30	39.24		
广东	302	169.84	111	152.88	3	22.12
广西	168	69.16	23	30.30		
海南	22	13.08	5	6.72		
重庆	2	0.65				
四川	10	5.44				
贵州	2	0.88				
云南	31	16.19	7	8.88	1	6.40
西藏						
陕西	2	1.53	2	2.30		
甘肃	15	6.07	1	1.30		
青海	1	0.61				
宁夏	2	1.08				
新疆	17	7.86				

全国商品蛋鸡规模饲养情况(一)

地区	年存栏数500~1999只场(户)数	年存栏数(万只)	鸡蛋产量(万吨)	年存栏数2000~9999只场(户)数	年存栏数(万只)	鸡蛋产量(万吨)
全国	500 781	46 190.43	1 203.22	83 726	27 667.11	730.09
北京	921	139.79	1.89	185	66.78	0.72
天津	4 621	374.60	10.92	1 735	662.03	15.91
河北	148 280	14 807.12	116.47	24 035	8 679.74	63.71
山西	24 823	1 493.04	22.40	1 918	561.17	8.40
内蒙古	5 770	233.61	6.47	787	127.56	2.85
辽宁	29 815	2 498.70	31.36	9 921	2 509.59	34.02
吉林	13 730	1 237.73	112.56	2 512	940.27	58.81
黑龙江	18 167	1 685.80	23.32	2 476	833.36	11.75
上海	95	10.78	0.21	36	17.57	0.24
江苏	25 060	2 588.75	26.36	3 257	1 319.40	12.12
浙江	3 375	296.42	3.53	587	163.81	2.10
安徽	9 109	585.28	7.53	1 420	387.65	5.38
福建	671	54.87	0.86	409	170.66	2.74
江西	4 998	629.84	5.89	770	250.55	2.93
山东	107 249	10 378.03	102.44	17 550	5 308.87	52.54
河南	55 540	5 231.33	55.90	9 134	3 179.17	30.92
湖北	2 823	233.12	2.10	715	252.34	2.50
湖南	5 132	408.26	59.20	565	124.21	17.88
广东	101	14.12	0.34	72	30.42	6.43
广西	847	47.67	0.59	101	26.91	0.34
海南	37	3.80	0.06	4	2.40	0.04
重庆	1 398	214.84	1.89	198	437.59	0.85
四川	4 281	456.00	4.98	1 352	448.49	5.34
贵州	74	17.63	0.10	4	0.04	6.00
云南	9 109	585.28	7.53	1 420	387.65	5.38
西藏						
陕西	12 913	1 053.15	11.05	1 103	310.84	3.34
甘肃	6 863	445.48	4.93	440	126.94	1.39
青海	375	45.00	0.91	76	51.31	0.20
宁夏	2 565	226.75	579.43	382	105.63	373.45
新疆	2 039	193.64	2.00	562	184.16	1.81

全国商品蛋鸡规模饲养情况(二)

地区	年存栏数1万~4.9万只场(户)数	年存栏数(万只)	鸡蛋产量(万吨)	年存栏数5万~9.9万只场(户)数	年存栏数(万只)	鸡蛋产量(万吨)
全　国	**4 998**	**8 092.83**	**123.82**	**250**	**1 546.22**	**80.06**
北　京	128	310.44	3.77	46	257.50	3.19
天　津	129	238.01	9.56	7	51.80	19.16
河　北	612	1 005.86	9.93	25	157.90	1.73
山　西	160	275.10	4.10	4	20.20	0.30
内蒙古	26	34.55	0.47	1	7.00	0.04
辽　宁	594	771.03	9.47	10	67.60	0.83
吉　林	138	276.14	16.63	6	32.80	42.11
黑龙江	205	303.30	4.24	5	31.10	0.39
上　海	80	190.98	2.40	7	45.49	0.48
江　苏	230	351.52	3.35	19	116.80	0.90
浙　江	45	78.62	0.82	4	25.82	0.27
安　徽	49	86.70	1.08	8	48.50	0.61
福　建	118	211.85	3.06	10	65.50	0.90
江　西	36	62.73	0.67	2	10.52	0.12
山　东	1 070	1 763.10	18.41	29	176.70	1.97
河　南	844	1 252.34	13.93	34	230.53	2.58
湖　北	78	114.24	1.25	6	35.62	0.30
湖　南	36	60.16	11.57	6	36.71	2.66
广　东	34	86.23	1.61	6	27.70	0.39
广　西	12	15.90	0.19			
海　南	1	1.50	0.02	1	8.00	0.11
重　庆	7	9.25	0.82			
四　川	88	119.37	1.49	2	15.93	0.20
贵　州	8	0.10				
云　南	49	86.70	1.08	8	48.50	0.61
西　藏						
陕　西	55	85.87	0.68	1	7.60	0.09
甘　肃	31	45.67	0.52			
青　海	4	8.50	0.01	2	15.00	0.02
宁　夏	10	13.07	0.13			
新　疆	121	234.00	2.56	1	5.40	0.10

全国商品蛋鸡规模饲养情况(三)

地区	年存栏数10万~50万只场(户)数	年存栏数(万只)	鸡蛋产量(万吨)	年存栏数50万只以上场(户)数	年存栏数(万只)	鸡蛋产量(万吨)
全国	82	1 331.84	17.57	3	233.00	3.13
北京	7	85.30	2.33			
天津	1	14.00	0.20			
河北	6	114.10	1.09			
山西	1	10.00	0.15			
内蒙古						
辽宁	4	75.00	1.13	2	154.00	2.00
吉林	3	39.00	0.45			
黑龙江	1	11.00	0.12			
上海	4	59.99	0.78			
江苏	3	52.58	0.50			
浙江						
安徽	4	48.34	0.71			
福建	1	10.00	0.17			
江西	1	12.00	0.13			
山东	12	185.09	2.02			
河南	17	342.70	4.37			
湖北	2	35.00	0.36			
湖南	1	18.50	0.80			
广东	5	87.00	0.82	1	79.00	1.13
广西	1	25.00	0.22			
海南	2	31.40	0.32			
重庆						
四川	1	13.40	0.15			
贵州						
云南	4	48.34	0.71			
西藏						
陕西						
甘肃						
青海	1	14.10	0.05			
宁夏						
新疆						

全国商品肉鸡规模饲养情况(一)

地区	年存栏数2000~1万只场(户)数	年出栏数(万只)	年存栏数1万~4.9万只场(户)数	年出栏数(万只)	年存栏数5万~9.9万只场(户)数	年出栏数(万只)
全国	**287 488**	**191 131.40**	**37 420**	**78 613.10**	**2 679**	**19 742.60**
北京	2 229	1 259.70	1 040	1 342.30	22	122.00
天津	641	310.39	320	511.57	3	15.61
河北	20 795	8 791.11	2 209	3 532.50	157	994.85
山西	259	118.93	59	62.60	3	28.90
内蒙古	2 290	1 022.57	139	346.20	13	74.00
辽宁	30 017	15 166.51	4 574	6 620.31	109	624.00
吉林	20 009	10 400.07	4 779	7 706.01	78	406.20
黑龙江	5 597	1 932.54	913	1 605.00	197	1 327.00
上海	2 288	1 371.06	383	867.22	59	341.48
江苏	9 677	4 365.66	1 406	2 432.71	63	389.80
浙江	5 446	2 415.69	871	1 534.72	10	71.25
安徽	9 156	4 158.34	1 002	1 694.71	46	298.10
福建	2 444	1 263.74	266	593.44	14	95.91
江西	652	8 867.00	503	697.08	54	28.82
山东	87 277	43 563.28	8 577	16 623.30	336	2 116.08
河南	15 176	5 624.38	1 265	2 543.14	116	1 128.83
湖北	2 329	1 703.68	437	898.58	46	265.20
湖南	14 541	3 928.13	722	785.43	51	283.02
广东	27 414	12 748.01	4 558	11 158.00	1 127	7 770.59
广西	11 357	4 166.86	1 209	2 005.80	80	492.96
海南	3 732	1 758.38	582	852.66	9	58.60
重庆	445	50 009.00	63	11 576.00	5	2 290.00
四川	1 192	517.88	168	296.46	12	82.90
贵州	283	102.00	10	13.75	1	8.00
云南	9 156	4 158.34	1 002	1 694.71	46	298.10
西藏						
陕西	334	146.88	38	77.35	5	35.00
甘肃	362	126.81	16	18.35		
青海	12	2.93				
宁夏	751	366.55	69	140.70	5	31.40
新疆	1 627	764.98	240	382.50	12	64.00

全国商品肉鸡规模饲养情况(二)

地区	年存栏数10万~49.9万只场(户)数	年出栏数(万只)	年存栏数50万~99.9万只场(户)数	年出栏数(万只)	年存栏数100万只以上场(户)数	年出栏数(万只)
全国	709	18 739.20	123	8 050.94	70	13 271.92
北京	4	45.00	34	1 850.00	13	1 303.00
天津	3	55.00				
河北	17	341.80				
山西	1	27.00				
内蒙古	1	12.00				
辽宁	27	513.10	4	215.57		
吉林	15	203.00	1	99.00		
黑龙江	32	457.60				
上海	41	812.15	7	501.25	36	5 669.92
江苏	27	496.09	11	751.14	1	1 000.00
浙江	6	109.18				
安徽	18	255.30	4	269.00	4	831.00
福建	7	116.50			3	922.00
江西	6	77.00				
山东	146	3 116.69	29	2 261.65	5	1 765.00
河南	42	883.80	11	604.90		
湖北	8	152.42	2	121.50		
湖南	11	158.20	1	51.40		
广东	232	4 330.48	13	946.00	4	950.00
广西	15	258.16	2	110.53		
海南	2	24.00				
重庆	3	5 587.00				
四川	6	108.16				
贵州	1	18.00				
云南	18	255.30	4	269.00	4	831.00
西藏						
陕西	4	56.00				
甘肃						
青海						
宁夏	1	20.00				
新疆	15	250.27				

(农业部畜牧兽医局供稿)

(本栏目主编　刘桂珍)

科 技 教 育

1998年畜牧业科技教育工作在改革中进一步发展，科学研究、技术推广、体系建设及农民培训均取得可喜成绩。

【国家"九五"科技攻关项目成绩突出】 国家"九五"科技攻关项目"主要畜禽规模化养殖及产业化研究与开发"、"草地畜牧业综合发展技术"、"新型饲料及产业化技术研究与开发"和"畜禽重大疫病防治技术研究"已经执行3年，总体进展顺利，完成了年度任务。一大批研究成果在试验区和辐射区组装应用，明显提高了畜牧业生产水平。

"主要畜禽规模化养殖及产业化技术研究与开发"项目成效显著。湖北瘦肉型猪试验示范区出栏商品猪30.84万头，出栏率达181%，猪胴体瘦肉率63.2%，100千克体重日龄177天，全群饲料利用率3.77%。上海蛋鸡试验区50万羽蛋鸡，产蛋量达到16.13千克/羽，料蛋比2.58:1，蛋鸡死亡率降至16.8%，创直接经济效益近700万元；辐射区400万羽蛋鸡，产蛋量达到14.92千克/羽，料蛋比降至2.69:1，死亡率降到4.5%。河北等三省肉牛试验区共出栏肉牛8.58万头，平均日增重超过1.3千克，辐射区出栏149.3万头，新增直接经济效益4 900万元。

"草地畜牧业综合发展技术"项目成绩突出。分布在10个省的8个草地畜牧业综合发展技术研究区，重点对退化草地补播改良技术、高产优质饲草料基地建植管理技术、草畜季节配套技术、家畜杂交改良优势利用技术、草产品生产技术、草地畜牧业产业化技术、牧草育种技术等关键技术进行了攻关研究，使改良草地、人工草地、饲料地的产草量均较攻关前提高50%～100%。共建成草地畜牧业综合发展核心试验区3 235公顷，推广示范区20 765公顷，超额完成了本年度的经济指标，整个项目超额完成了前3年的攻关目标。

"新型饲料及产业化技术研究与开发"项目经济效益十分显著。项目共建立相关试验基地53个，生产基地55个，建成中试生产线17条、示范点2个。预混料配方技术及产业化工程技术等在全国范围内得到了大规模推广应用，并拥有较高的市场占有率。据统计，创经济效益1.08亿元。在饲料资源深度开发及产业化技术研究中，探索了秸秆新处理方法3种，实用青贮工艺技术4套，显著提高了秸秆饲料的营养价值。研究出秸秆规模化生产工艺2套，研制成功新型秸秆加工设备2种，为我国粗饲料生产的产业化奠定了基础。

"畜禽重大疫病防治技术研究"课题完成了预定计划，部分取得了突破性进展。建立了猪瘟等11种主要畜禽疫病的快速诊断、监测和弱强毒鉴别方法，初步建立了针对多种药物残留的快速敏感的检测方法。对一些常见多发病的预防和治疗进行了大量的探索性研究，提出了针对猪瘟、新城疫、布鲁氏菌病、奶牛乳房炎等病的疫苗预防、治疗和综合防治措施，为最终有效控制这些常见病和多发病奠定了重要基础。如对猪瘟兔化弱度疫苗与野毒的免疫保护相关性及猪瘟净化技术的研究结果，提出猪瘟净化应采取全方位措施，使部分猪场在1年内基本控制了猪瘟，取得了明显的经济效益和社会效益。初步研制出猪呼吸道病等10类14种疾病的新型疫苗和17种治疗药物。

【国家推广计划——"丰收计划"实施效益显著】 "丰收计划"是目前唯一的、大型的政府农业技术推广计划。从1987年开始，至今已实施13年。通过实施"丰收计划"，对先进实用技术进行组装配套并推广，使科技与生产密切结合，促进了科技成果的转化，大幅度提高了畜牧业生产水平，产生了较大的经济效益和社会效益。

1998年度结题的"丰收计划"项目为"良种牛及配套增产技术"、"羔羊生产配套技术"、"猪优良品种及配套集约化增产技术"、"家禽优良品种及配套集约化增产技术"。项目在20个省(区)实施，计划推广总规模1 474.1万头(只)，实际完成规模2 456.45万头(只)，新增总产肉13 908.92千克，新增总产值84 702.34万元，新增纯收益60 402.7万元。国家投入780万元，地方配套拨款1 510万元，地方配套贷款10 205.6万元，农民集资投入40 372.4万元；农用物资投入农用薄膜

21.8吨,饲料1 398.95万吨;技术人员也给予大量投入,其中高级技术人员246人,中级技术人员1 111人,初级技术人员2 980人,农民技术员9 222人,另外还对139.21万人次进行了技术培训,印发技术资料181.86万份。

通过项目的实施,肉牛个体产肉量提高5%~10%,每头增产牛肉20千克以上;奶牛单产提高5%~10%;羔羊个体产肉量提高5%~10%;猪个体产肉量提高5%~10%,料肉比下降5%~10%,死亡率下降3%;蛋鸡单产提高1千克,料蛋比下降2%,死亡率降低4%;肉鸡个体重2.2千克,料肉比下降4%~7%。

1998年执行项目有"良种猪及配套集约化增产技术"、"良种肉牛及增产配套技术"、"羔羊生产配套增产技术"、"良种肉鸡、蛋鸡及集约化增产配套技术"和"草畜规模开发综合配套技术"。项目在26个省(区)实施,计划推广规模2 520万头(只),实际完成2 691.93万头(只),新增总产肉11 707.84千克,新增总产值61 084.67万元;新增纯收益38 401.53万元。国家投入715万元,地方配套拨款1 104万元,地方贷款7 268.93万元,农民集资投入14 527.1万元;农用物资投入农用薄膜15吨,饲料165.81万吨;技术人员中投入高级人员191人,中级人员791人,初级人员1 746人,农民技术员10 414人,技术培训68.5万人次,印发技术资料76.03万份。

"丰收计划"项目的实施,不仅使项目本身获得直接的经济效益,而且在全行业起到了导向和示范作用,带动了畜牧业技术推广工作。"丰收计划"项目在实施中,一般每个项目都把规模养殖场、养殖大户、专业村、专业乡作为技术推广的典型来抓,典型带路,抓点促面,带动周围群众推广实用技术,真正做到了实施一个项目,培养一批典型,带动一方经济,造福一方人民。广西壮族自治区实施的"羔羊生产配套技术"丰收计划项目,充分利用地区优势,以部级丰收计划项目为契机,以省级丰收计划项目为纽带,以县级丰收计划项目为基础,在全区实施"百万山羊配套饲养技术"工程。。大化县以推广"羔羊生产综合配套技术"为契机,成立了"山羊公司",推行公司+农户的生产模式,公司与农户签定养羊合同,农户向公司贷款,技术由公司负责,生产资料由公司提供,农户将山羊交公司销售。目前在老区养羊业已经成为脱贫致富的支柱产业。

注重宣传,开展多种形式的技术培训。在"丰收计划"实施过程中,各项目承担单位从当地实际出发,充分利用广播电视、报刊杂志等形式,因地制宜地开展多种形式的技术培训,对重大技术成果应用和取得的成绩进行报道宣传,在社会上造成影响,引起广大农民对技术推广的重视,在项目区营造一个学科学、用科学、重视科学的良好氛围,加速了先进技术在全国大范围、大面积的应用。"丰收计划"培养了大批农民技术骨干,提高了科学养殖水平。湖北省承担的"猪优良品种及配套集约化增产技术"项目,组织培训90余次,培训人数达12.60万人次。采取先培训、后饲养,发展一户,成功一户。项目区专业场、户出栏肉猪每头平均重106.11千克,比项目实施前提高9.31千克,出栏商品猪69.55万头,净增重4 146.55万千克。

产学研结合,技术措施到位,项目技术含量明显提高。在推广常规技术的同时,注重先进技术和关键技术的示范推广。许多项目实施区积极与科研、教学结对,而推广部门作为成熟应用技术的桥梁,共同建立一个集生产、科研、教学、推广为一体的项目实施示范区,发挥各自优势,实现技术力量集成。湖北省在项目实施中聘请华中农业大学、省畜禽育种中心等单位专家教授参与技术指导,解决项目实施中的技术难点问题。两年来累计投入科技人员达1 195人次。

带动了地方资金的投入。据不完全统计,1998年全国共落实省级"丰收计划"经费1 914万元,地方贷款达7 268.93万元。各地除用好"丰收计划"专项资金外,还积极争取各方面资金渠道的投入。湖南省承担的"瘦肉型猪规范化饲养配套技术推广"项目,国家下达项目经费30万元,地方配套960万元,农民集资1 180万元。项目实施区县还制定相关的优惠政策。嘉禾、湘潭县把屠宰税的60%用于发展生产,双峰县规定引进一头良种猪由县、乡两级分别补贴200元;项目区无偿提供饲料10吨,对年出栏肉猪30头以上的专业户,每头由乡镇给予适当奖励。嘉禾县对养殖专业户实行"三优先"(贷款、建栏用地与用材)的政策。各省项目区在争取多渠道筹集资金的同时,还加强了对丰收计划资金的管理和审计,做到专款专用,使资金发挥最大效益。

加强领导,强化政府行为。"丰收计划"项目实施涉及面广,技术性强,政府行为十分重要。项目承担省大多成立了"丰收计划"领导小组,由省畜牧局长挂帅,负责项目领导工作。承担项目县市在实施"丰收计划"的过程中,大多成立了以市长或分管县长为组长,由畜牧、财政等单位负责人参加的领导小组,把"丰收计划"的实施工作由部门行为变为政府行为,确保项目的顺利实施。

【畜牧兽医技术推广体系不断完善】 农业技术推广体系是农业社会化服务体系和国家对农业支持保护体系的重要组成部分,是实施科教兴农战略的重要基础。经过几十年的努力,我国已初步形成了比较健全的畜牧业技术推广体系,畜牧业技术推广事业有了长足发展。各级畜牧业技术推广机构在农业技术引进、试验示范和推广应用,开展技术培训及咨询,提高广大农牧民素质,推动农业和农村经济发展等方面,发挥了不可替代的作用。

截至1998年底,全国已建立乡级以上畜牧兽医技术推广机构56 575个,其中省级机构203个,地级机构1 298个,县级机构8 824个,乡级机构46 249个。畜牧兽医技术推广机构包括畜牧兽医站、畜禽品种改良站、畜禽疫病防检站、饲草饲料站、草原工作站、技术推广站、经营管理站及畜牧兽医技术服务中心等。在乡级以上的机构中,畜牧兽医站4 5160个,占机构总数的78.7%,畜禽品种改良站2 998个,占机构总数的5.3%,兽医防检站2 012个,占机构总数的3.6%,技术推广站、经营管理站、畜牧兽医技术服务中心等5 158个,占机构总数的9.1%。

截至1998年底,全国拥有畜牧兽医技术推广人员109万人,其中省级8 909人,地市级20 535人,县级108 509人,乡级345 128人,村级良种繁殖改良、防疫人员60万人。在109万人中,技术人员总数347 276人,其中省级5 005人,地级12 445人,县级66 755人,乡级263 071人。省、地、县、乡技术推广机构中技术人员结构为:高级技术职务34 033人,占技术人员总数9.8%;中级技术职务98 626人,占技术人员总数28.4%;初级以下技术职务214 617人,占技术人员总数61.6%。

截止1998年,全国已建立乡镇畜牧兽医总站46 249个,除少数地区不需要建站外,基本实现每个乡镇都有畜牧兽医站。有30 524个乡镇站被定为全额或差额拨款单位,占机构总数的66%,比“三定”前提高了59个百分点。1996年以来,通过加大“三定”工作力度,使乡镇畜牧兽医站长期以来未列入财政预算的局面得到根本扭转,同时管理体制渐趋理顺。现已有34 800个乡镇畜牧兽医站实行“条块结合、双重领导、以条为主”的管理体制,占机构总数的75%。“三定”工作的开展,稳定了基层畜牧兽医技术推广机构,保证了技术推广工作的正常开展。

【基础设施建设初步得到改善】 为加强各级畜牧兽医技术推广机构的基础设施建设,改善推广服务手段,自1983年开始,农业部利用基本建设资金支持地方建设畜牧兽医技术服务中心,不仅使地方畜牧兽医技术推广机构的办公条件得到改善,而且装备了必要的仪器设备,技术推广手段有所加强,疫病监控和防制能力有所提高。截至1998年,由中央支持建设的省、地、县畜牧兽医技术服务中心423个。同时,利用世界银行贷款在全国建立省、地、县、乡四级畜牧兽医技术服务中心391个。其中省级中心9个,地级中心18个,县级中心56个,乡级中心308个。

推广机构的不断完善和推广队伍的加强,有力地促进了科技推广和畜禽疫病防治工作。多年来,尤其是“九五”期间,一大批畜牧兽医科技成果得到推广和应用,畜禽改良技术、秸秆微贮氨化、机械化养鸡技术、塑膜暖棚饲养畜禽技术、配合饲料应用技术等取得了突破性进展。目前,猪瘟、马传染性贫血等几十种对畜牧业生产危害严重的传染病得到了有效控制。各级畜牧兽医技术推广机构利用自身技术优势,技物结合,开展产前、产中、产后服务,极大地促进了畜牧业的发展。

【绿色证书制度得到广泛实施】 绿色证书制度是以农民为对象,按照岗位规范,培养其科技文化知识与技能的培训制度。这项制度的实施,对于提高我国亿万农民科技文化素质、落实科教兴国和可持续发展、推动农业和农村经济持续健康具有重要意义。

从1990年起,这项制度开始实施。到目前为止,除西藏自治区外,其余省(区、市)都已实施绿色证书制度。农业部把绿色证书制度作为一项系统工程来组织实施,取得了显著成效,受到社会各界的充分肯定。各省(自治区、直辖市)亦十分重视,初步形成了“政府统筹、部门协作、社会参与”的发展格局,为绿色证书的建立和实施积累了经验。全国目前已有1 600多个县实施此项制度,参加培训人员达到99.5万人,其中取得证书的达18.5万人。1998年培训209 350人,获证达86 922人。绿色证书的实施,为农牧民提供了接受职业教育的良好机会,使农牧民掌握了先进的生产技术,提高了农牧民的科学文化素质。绿色证书党员成为农村技术推广的骨干力量。

(全国畜牧兽医总站 刘 琳)

科技成果

北京市

1949—1978年近30年间,北京市畜牧兽医科技成果甚少。自1978年改革开放以来至1998年,随着现代化规模畜禽场的建设,畜牧兽医科学技术在北京市受到极大重视和普遍推广,20年时间取得科技成果近200百项,其中获国家级奖励项目8项,农业(农垦)部奖励项目近30项,重大科技成果奖1项,获北京市奖励项目百余项。填补了国内畜牧兽医行业的多项空白。

1. 养鸡科技成果。1975年以来,国有、集体大型现代化规模养鸡场的建立和发展,促进了北京市养鸡行业先进科学技术的引进、消化、研究、开发与应用,带动了良种繁殖、兽医防疫、饲料营养、环境控制、生产管理等现代化配套技术的发展,取得了一系列科技成果。《现代化密闭饲养蛋鸡生产体系的成套技术研究》1978年获全国科学大会奖;《现代化蛋鸡生产体系的建立与良种蛋鸡的推广》1985年获国家级科技进步二等奖。《“京白”系列新高产蛋鸡配套系的育成及配套技术的研究与应用》,“八五”期间获北京市科技进步一等奖。

该项目在原白鸡9个纯系的选育基础上，又新培育出纯系10个，共计19个纯系。从中筛选出“京白”系列新的高产蛋鸡配套系良种4个。新育成的4个高产配套系，经测定72周产蛋数为300～326.4枚，总蛋重17.7～18.92千克，比选育前的288枚和17千克水平有了显著提高，生产成绩居国内领先，并超过了同期测定的国外引进的优秀鸡种水平。在育种上采用“先选后留”与“先留后选”相结合的二次选择新方法及合成系育种方法，并将DNA指纹新技术最先研究和运用到育种生产实际中。在原始数据收集上，研究应用掌上电脑+条形码技术，使得育种工作的效率大为提高，误差大为减少。

《肉仔鸡笼养技术与设备的推广》1991年获北京市农技推广二等奖。

2. 养猪科技成果。1982年，《北京黑猪选育》获农牧渔业部技术改进一等奖。1987年以来，现代化规模养猪的兴起促进了养猪科学技术的迅速发展。规模养猪一改千百年来季节性生产的传统生产方式为常年产仔、常年生产、均衡上市的现代化养猪生产工艺，实行工厂化饲养，人工控制环境，实现了生猪生产的革命。《北方大城市郊区发展现代化养猪实现瘦肉猪的均衡生产配套技术》，1990年获农业部科技进步三等奖。《北京郊区现代化养猪技术的开发研究与应用》，1994年获北京市星火科技一等奖，该项目使规模养猪生产水平有很大提高。《瘦肉猪新品系‘北京花猪Ⅱ系’选育研究》1994年获北京市科技进步一等奖；《中国瘦肉猪母本新品系（DVI号系）选育及配套研究》1995年获北京市科技进步一等奖。

3. 奶牛科技成果。奶牛获省、部级以上科技成果和科技进步奖20项。其中《优质奶牛冷冻精液人工授精技术》，1979年获国家科技成果奖、国家科技推广奖、全国科学大会奖；《北京黑白花奶牛主要数量性状遗传参数的估测》，1982年获农垦部科技成果三等奖。《奶牛综合配套新技术推广》1992年获国家级星火科技一等奖。采用最佳线性无偏预测法动物模型来准确估计公、母牛的育种值，进行奶牛良种选育。从469头公牛中评定最佳种公牛10头，选育核心母牛7 640头，其产奶成年当量在9 298～10 369千克。这些种公牛及核心母牛群作为北京市黑白花奶牛良种的遗传基础，其选育方法步入了国际先进行列。

4. 北京鸭通过多年选育，由单一的脂肪型向瘦肉型发展，1978年以来，共获省、部级以上奖近10项。其中《北京鸭快速育肥》1979年获北京市科技进步三等奖；《北京鸭双桥Ⅰ系选育》1981年获农业部科技成果二等奖，1985年获国家科技进步三等奖；《改革北京鸭饲养工艺提高北京鸭瘦肉率》1987年获北京市科技进步三等奖。

5. 兽医防疫科技成果。全市获部、市级兽医防疫科研成果、科技进步奖100多项。其中“鸡传染性鼻炎和新城疫二联油佐剂灭活苗的研究及推广应用”等项目填补了国内空白。

（祝立青）

河 北 省

1. 科研安排。根据河北省畜牧业生产发展的实际需要及生产上存在的技术关键问题，1998年河北省畜牧局对全省的畜牧科研项目进行了安排。全年共安排科研项目25项，其中新上11项，结转14项，主要涉及牛羊新品种培育、新兽药研制、畜禽科学饲养、特种养殖等四个方面。各项目进展顺利，尤其是规模养鸡场痛风病的中西医综合防治，推进肉鸡产业化发展模式研究，鸡传染性喉气管炎防治技术研究，提高河北细毛羊双羔率试验，山鸡规模化养殖综合配套技术研究，中草药对鸡免疫与应激反应影响研究，鸡包涵体肝炎引起鸡生殖和免疫功能抑制机理及防治研究，肉仔鸡非特异性免疫药物研究，鸡新城疫、减蛋综合征、传染性法氏囊炎三联油乳剂灭活苗的研制与应用，平原农区梅花鹿综合配套技术研究等10个项目均按期完成科研任务。1998年承担了河北省科委9个研究课题，其中应用研究项目6项，即小尾寒羊饲养经济效益及产品综合加工研究、秸秆规模化综合处理技术研究、肉牛日粮配方库及蛋白补充料的研究、优化牛舍设计研究、肉牛中草药饲料添加剂的研究、肉牛营养性埋植剂的研究；河北省自然科学基金项目1项，即小尾寒羊常年发情机理研究；河北省校技术合作基金计划项目1项，即獭兔生产综合配套技术研究。在安排好1998年科技项目的同时，积极组织申报1999年度省、部级科技项目。共编报项目14项，其中农业部“丰收计划”项目——瘦肉型猪推广1项；农业部高新技术项目库入库项目3项，即河北省畜牧兽医研究所的冀合白猪繁育体系建设、河北省畜牧兽医站的木聚糖酶和β-葡聚糖复合制剂的研制开发以及河北省草业中心的黑龙港流域“中苜一号”耐盐苜蓿产业化开发。向河北省科委申报科研项目10项，即太行山区主要兽用中草药资源开发应用研究、优质肉犬高效饲养与加工技术研究、绒山羊绒肉双向生产方式的研究、鸡传染性法氏囊毒力基因缺乏型毒株的构建及免疫原理的研究、鸡流感多价灭活乳剂疫苗的研究、绵羊肉用新类型生产模式研究、制备牛黄生物新技术的研究、河北西门塔尔牛的培育与利用、木聚糖酶和β－葡聚糖复合制剂的研制与开发、利用新闻媒体加强畜牧科技推广的探讨研究。

2. 成果管理。1998年河北省畜牧局共评出科技进步奖受奖项目15项，其中一等奖7项，即豌豆蛋白粉在蛋鸡生产中的应用（张家口农业专科学校）、河北省饲料微量元素含量及分布规律的研究（河北农业大学)、肉仔鸡新城疫、传染性法氏囊炎、传染性支气管炎免疫程序的研究(秦皇岛市兽医站)、塑料大棚规模化饲养蛋种鸡配套技术的研究与应用(石家庄市华牧集团种禽场)、肉鸭及配套生产技术推广(沧州市畜牧站、任丘市畜牧局)、动物血针机理研究(河北省畜牧兽医研究所)、夏洛来肉羊杂交改良试验示范(张家口市畜牧站)。二等奖6项,即中药"双花散"的研制及治疗猪湿疹性皮炎应用技术研究(唐山市兽医站),杂交二、三代绒山羊横交及其选育提高技术研究(承德市畜牧站),葡萄残渣在养鸡生产上的应用(张家口农业专科学校)、鸡大肠杆菌药效学的研究(河北省畜牧兽医研究所)、《饲草与饲料》(河北省畜牧兽医站)、《动物卫生监督与检查》(河北省动物检疫站)。三等奖2项,即畜牧小区养殖模式示范与推广(丰南市畜牧局)、主要农作物秸秆饲用转化开发(藁城市畜牧局)。在搞好省局级科技成果评奖的同时,积极推荐科技项目参加省、部级奖励的评审,"豌豆蛋白粉在蛋鸡生产中的应用"项目获河北省科技进步奖三等奖,"良种肉鸭及配套生产技术推广"项目获农业部"丰收奖"三等奖。在抓好科技成果评奖和报奖的同时,积极组织专家对科技项目进行鉴定验收,共鉴定验收项目4个,即肉鸡无鱼粉全价饲料及配套技术、肉牛增产技术,母猪、仔猪预混料添加剂的研究及动物血针作用机理研究等。由于加强了科技成果的鉴定评审等管理工作,充分调动了广大科技人员的积极性,为科学技术向生产领域的转移奠定了良好的基础。

(河北省畜牧局供稿)

内蒙古自治区

内蒙古自治区畜牧业科研与技术开发工作,坚持以经济建设为中心,以提高畜牧业生产力,解决生产中存在的量大面广的问题为目标,重点围绕畜禽、牧草良种选育、重大病虫害综合防治和经营管理等方面,组织科技攻关或重点研究,仅"八五"期间,全区畜牧业科研院所共取得科研成果95项,获得国家、自治区和盟市各级各类奖的成果达110项次。

在畜牧业基础性研究和应用研究方面,取得了重大突破,有的已经接近或达到国际先进水平。牛羊体外授精的研究成功、试管牛、羊的问世,均处于国际领先地位。家畜胚胎移植技术的发展,为畜牧业种源建设开拓了一条新路。现在,我区牛、羊胚胎分别占全国市场的80%和85%。在畜牧业应用研究方面,例如防灾抗灾综合措施的研究和应用,使自然灾害频繁发生的草原畜牧业基本上摆脱了灾害的威胁,为结束几千年来游牧经济的历史提供了配套技术。兽医战线多联疫苗、口服疫苗和气雾免疫方法的研究及应用亦有较大创新,在防治上起到明显的效果。动物营养领域的研究成果,为全面改进饲草饲料的开发提供了科学基础。

在畜牧业技术开发方面,集中优势力量,已在畜牧业发展有重大影响的关键性技术领域取得显著成效。近几年,在区域性综合发展上,实施了百万肉牛开发、北方肉羊产业技术开发、百万肉鸡工程配套技术开发等,均取得明显的经济效益和社会效益。在新饲料资源技术开发上,实施了农副产品"三秆四化"和青贮技术的开发,大大提高了作物秸秆的利用率和转化率。在牧区建设草原,提高抗灾能力上,实施了以水为主的水、草、林、机、料配套的家庭小草库伦技术的开发,把家庭生活和生产建设结合在一起,充分调动了家庭经营者的积极性,成为稳定发展畜牧业的重要举措之一,不仅在全区得到推广,而且发展到全国牧区。在生态保护上,实施了利用飞机播种牧草开发沙地草场,成苗率达到60%~70%,覆盖度提高30%~50%,收到良好的生态效益。在家畜新品种的选育上,进一步实施了优质高产细毛羊开发、良种牛及其杂交优势利用技术、良种蛋鸡综合推广技术,在畜牧业生产上发挥了巨大的作用。肥羔生产、牛羊育肥、毛绒生产技术的开发,使畜产品产量的增幅大大超过牲畜头数的增长。

(呼　格)

山　东　省

1998年,山东省新上重大科技攻关项目68项,投入科研经费795万元。1998年省良种产业化工程继续加大了良种培育和推广力度,肉牛、瘦肉猪、肉羊和家畜胚胎移植上分别增加投资150万元、250万元、200万元和150万元,使良种工程累计投资达到3 400万元,进一步加快了山东省畜禽良种产业化进程。此外,山东省承担的国家"九五"重中之重科技攻关项目"肉牛规模化养殖及产业化技术研究与开发"已取得了阶段性成果,并产生了良好的经济效益和社会效益。1998年全省共申报省科技奖励34项,其中有1项获一等奖,3项获二等奖,12项获三等奖。

(山东省畜牧局供稿)

河　南　省

1998年共筛选申报科技成果五项,其中《良种肉牛及配套饲养技术》获农业部全国农牧渔业丰收奖一等奖,该项目围绕增产、增收、增效的目的,通过服务设施投入,加强县、乡、村三级技术培训,大力推广良种肉牛、冷精配种、秸秆青贮氨化、肉牛快速育肥、疫病防治等20多项实用技术,形成了一整套适合河南养牛业生产条件的技术体系及配套措施。该项目在河南省五县组织实施并辐射全省。实践证明,这一系列政策措施、技术路线符合河南省省情,对全国广大农区以及其他类似地区均具有普遍示范意义。

河南省获奖项目一览表

项目名称	第一完成单位	第一完成人	获奖名称及等级
良种肉牛及配套饲养技术	河南省畜牧兽医技术服务中心	史孝孔	全国农牧渔业丰收奖一等奖
控制全省农村畜禽疫病组装配套技术的研究应用	河南省畜牧局	王东安	河南省农牧业科技进步奖一等奖
家畜魏氏梭菌病原与防治技术研究	河南省兽医防治站	侯安祖	河南省农牧业科技进步奖二等奖
长货架期软包装系列液态乳品工艺技术研究与开发	河南省郑州种畜场	靳连增	河南省农牧业科技进步奖二等奖
兽药新制剂“杀菌净”的研制与推广应用	河南省郑州兽药厂	郭书明	河南省农牧业科技进步奖三等奖

（河南省畜牧局供稿）

甘 肃 省

1998年，甘肃省畜牧科技单位坚持横向联合，坚持面向农牧民，以畜禽良种及其杂优系选育，猪瘟、牛肺疫和羊传染性脓疱病等危害严重的疫病综合防治研究，以及草原主要害鼠害虫控制研究为重点，全面、系统地研究和解决畜牧业经济建设的技术难题，取得了丰硕成果。

全年共受理评审评奖各类成果23项，有13项获省部级科技奖励，其中农业部科技进步二等奖1项，科技进步奖和丰收奖三等奖3项；甘肃省科技进步二等奖4项、三等奖5项。这些科技成果的推广应用，累计实现直接经济效益7000多万元。

年内完成并通过技术鉴定的成果近40项。成果内容主要包括“羊传染性脓疱病基因苗基础研究”、“猪瘟疫苗株与流行野毒保护性抗原基因差异”、“荒漠草原白刺夜蛾防治研究”、“我国草地分类新系统及其计算机检索”等。通过这些项目的实施，累计挽回经济损失8000多万元，实现直接经济效益2000多万元。

1. 羊传染性脓疱病基因苗基础研究。由甘肃省畜牧兽医研究所主持完成，系统开展了该病毒DNA酶切图谱构成、重组克隆、重组表达和免疫原性测定等研究，独创出核酸回收技术，达到国际先进水平，为基因苗研制奠定了基础。

2. 猪瘟疫苗株与流行野毒保护的抗原基因差异分析。由中国农业科学院兰州兽医研究所主持完成，重点通过甘肃猪瘟流行野毒的调查、采集，系统地开展了猪瘟疫苗毒与流行野毒基因、蛋白氨基酸序列等分子水平的测定分析，确认甘肃猪瘟流行野毒的多基因型，达到国际先进水平，揭示了每年猪瘟接种免疫效果不甚理想的原因。

3. 荒漠草原白刺夜蛾防治研究。由甘肃省草原总站主持完成，针对1995年甘肃省荒漠草原大面积暴发白刺夜蛾危害而全面开展该虫生物学、生态学研究，筛选了最佳防治药物及其防治剂量，探索了该虫发生发展规律，并进行了大面积化学防控，达到国内领先水平，挽回损失1000多万元。

4. 我国草地分类新系统及其计算机检索。由甘肃农业大学主持完成，通过系统总结分析当今世界草原分类研究成果，提出了新的分类系统，建立了分类检索图和数据库，提出了草地分类系统及其软件，推进了草原分类学研究，达到国际领先水平。

（孟文学　于　轩）

青 海 省

1998年，全省有9项畜牧业科技项目获得省、部级科技进步奖：《牦牛复壮综合技术研究》获省科技进步二等奖；《奶牛降酮药物的研究》、《青海山羊原绒资源开发》和《荒漠猫繁殖技术研究》获省科技进步三等奖《海南州农发基金农业综合开发项目区草场、牲畜基本情况调查》、《青海省草地资源卫星遥感动态监测系统研究》、《高原地区肉鸡能量、氮和氨基酸代谢率测定及其方法的研究》和《猪传染性腹泻、猪病毒性腹泻混合感染的快速诊断》获省科技进步四等奖；《利用优良种畜提高牛羊肉产量系列技术开发》获1998年全国农牧渔业丰收计划三等奖。

《牦牛复壮综合技术研究》是青海省“八五”攻关课题，通过对野生牦牛种质特性机理的研究导入野牦牛优良种质，从而提高牦牛生产性能，探索出了一条结合青藏高原畜牧业生产环境和生产体制的牦牛复壮有效途径。项目执行期，制作出售野牦牛和1/2野牦牛冻精颗粒23万粒，获得经济效益185万元。

通过对各类野牦牛及牦牛血液蛋白质遗传多态性的研究，显示出野、家牦牛之间种质差异较小。至1998年已获得各类野血牦牛3500余头，生长发育及繁殖成活均显著高于牦牛。

《青海山羊原绒资源开发》通过项目4年的实施，绒山羊改良面辐射到全省六州（地）的17个县（市），绒山羊改良羊存栏总数达到35万只。项目累计育成绒山羊改良羊23.5万只,选留培育公羊3 813只,改良羊平均产绒量0.34千克,比原当地山羊绒产量提高0.13千克。4年羊绒总产量增加3.1万千克,增加产值627.7万元。

《荒漠猫繁殖技术研究》,荒漠猫属国家二级保护的珍稀动物,自然界生存数量日趋减少,国家列为濒危物种。课题组根据荒漠猫的自然生态、生活习性等,采用圈舍内模拟野外自然环境、人工选种配种等方法,历时10年,在人工饲养条件下进行繁殖获得成功。

(胡中青)

新疆维吾尔自治区

自1978年全国科学大会和党的十一届三中全会以来,新疆畜牧科研和科技推广取得了一大批重大成果,在促进畜牧业的发展,增加畜产品产量,满足各族人民生活改善和国民经济发展对畜产品的需求方面发挥了积极作用。据统计,自1978年全国科学大会以来,新疆获得省、部级以上优秀成果奖的畜牧科研和科技推广成果达280项。其中:畜牧106项、兽医96项、草原62项、畜牧经济16项(不包括生产建设兵团和新疆军区)。按成果等级,获全国科学大会奖5项,获国家科技进步奖一等奖2项,自治区科学大会奖32项,自治区和农业部(农牧渔业部)科技成果奖、技术改进奖、科技进步奖一等奖10项,自治区级和部级二等奖34项,国家农委、科委科技推广奖2项。其中新疆细毛羊的培育和提高,曾作为建国以来全国农林牧业10项重大成果之一(畜牧、兽医各1项),在1978年全国科学大会上展示,受到全国各界人士的关注,获得很高的荣誉;中国美利奴羊(新疆型)与全国其他3个类型的育成,亦获得国家科技进步奖一等奖。

(唐 萌)

1998年新疆畜牧科学院完成验收鉴定的项目共有6项,其中"巴音布鲁克草原人工草地示范基地建设"获得自治区科技进步三等奖。"六百万只羊肉毛绒优质高产工程"的4个子项目全部通过验收,该项目3年累计新增产羊肉10 254吨,细羊毛2 357吨,半粗羊毛2 057吨,山羊绒116吨,总产值达3.1亿元,纯收入1.3亿元,按项目区人口424万人计算。人均产值78元,新增纯收入32元。

"新疆绒山羊高绒量品系建系研究"项目培育出品系羊3 533头,成年公羊抓绒量达840克,周岁公母羊抓绒量也都在380克以上。该品系的育成为新疆北疆地区绒山羊的发展奠定了基础。"北疆百万只绒山羊技术开发推广"项目覆盖4个地区共26个县市,4年来改良配种276万头次,核心群平均抓绒量约300克,87万只改良群平均抓绒量218克,新增经济效益4 400万元。

"新疆瘦肉型猪新品种的培育及杂交配套"项目历时5年,经4~5个世代选育出4个瘦肉型白猪品系,平均初产10.68头(窝),经产12.8头(窝),日增重681.25克,达90千克日龄174.5天,料重比3.35:1,胴体瘦肉率为59.54%,5年内育种场新增产值5 035万元,新增纯收益3 481万元,直接年经济效益435万元,这项成果已在全疆各地推广应用。

"新疆牧民定居与饲料地建设方案研究"是一项软科学研究,在国内外发表学术论文13篇,出版了一本45万字的研究报告,建立了新疆牧民定居与饲料地建设数据库。

(古丽扎尔)

技 术 推 广

北 京 市

1949—1975年北京市畜牧业技术推广项目少,普及面小。1975年,市有关领导考察法国畜牧业以后,随着"文化大革命"的结束和改革开放的到来,现代化畜牧业技术在北京得到迅速推广。20多年来,广大畜牧科技工作者坚持科研与生产相结合,科技与经济相结合,研究推广不同畜禽配套技术,百余个科技成果与科技进步奖项在大群生产上得到推广,提高了全市畜牧业的现代化水平。

1. 养猪技术推广情况。北京市养猪技术的改进和提高经历了不同的发展阶段。

70年代以前,北京市养猪基本采用以本地土种、深坑土圈、泔水下脚等原始传统饲养方法,技术含量很少。

1970—1977年,研究推广猪的人工授精技术,开展猪的杂交优势利用(主要是中国南、北方猪的杂交),推广仔猪原圈培育、母猪一产育肥、干粉料潮拌料等饲养技术,兴办半机械化养猪场,使京郊养猪业上了一个台阶,科技含量达到20%左右。

1984—1985年,北京市畜牧局与法国合作开展北京黑猪和法国大白猪在京郊的繁育、生长、杂交试验,获得成功。1986年开始由农业部主持、北京市承担的"瘦肉猪生产系列工程"项目,为现代化规模养猪奠定了基础,提供了经验。

1987年以来,大力发展规模饲养,全面推广现代化养猪配套技术,使生猪生产从品种、设施设备、饲料饲养、遗传育种、兽医防疫、生产管理等方面基本实现现代化,科技含量提高到60%以上。据1991年228个规模猪场资料统计,40 829头成年母猪,年均每头母猪产仔2.03窝,产活仔20.0头,提供商品猪15.7头;商品猪全程平均饲养期175.6天,体重达到90.1千克,育肥期料肉比3.47:1。1992年10月至1993年10月全市规模猪场14.37万头母猪,平均每头母猪年产仔1.91窝、产活仔18.1头、提供断奶仔猪16.5头、产商品猪15.3头,创大群生产高产水平。农垦系统研究推广"规模化养猪母猪发情控制技术”,母猪年均产仔由1.85窝提高到2.31窝;产活仔数由窝均9.49头提高到10.66头;母猪年生产幼猪提高37.1%;生产周期由199.8天缩短到157.39天;断奶后发情天数平均为5.77天,发情控制率达到93.3%以上。1998年国营农场系统24个规模猪场5 040.6头(月平均)成年母猪,平均每头成年母猪年均提供商品猪16.93头,居国内大群生产领先水平。北京市各时间段养猪生产水平见下表:

不同年代北京市养猪生产水平比较表

时间段	1951—1960年	1961—1970年	1971—1980年	1981—1990年	1991—1998年	1998年	1998年与1971—1980年相比
生猪出栏率(%)	55.11	53.81	70.61	124.82	146.37	155.50	高84.9个百分点
每头母猪提供肉猪(头)	5	5	6.80	13.56	15.11	16.07	增加9.27头
全程育肥期(天)	480~720	480~720	360~500	360	160~180	150~180	缩短200多天
商品猪个体重(千克)	50	64.10	76.92	98.95	99.45	102.47	增加25.55千克
每头母猪提供猪肉(千克)	150	190	340	880	1 030	1 200	增加860千克
良种猪利用率(%)	0	0	30	80	100	100	增加70个百分点
瘦肉型猪比例(%)	0	0	0	20	80	100	提高100个百分点

注:1951—1960年、1961—1970年除出栏率外,均为评估数;各时间段育肥期均为评估数。

2. 现代化养鸡配套技术推广情况。蛋鸡科技推广与规模蛋鸡生产发展同步,从传统家庭散养鸡一步跨入现代化养鸡行列。现代化养鸡配套技术主要包括:选用世界著名优良蛋鸡品种,工厂化密闭式饲养环境,自动化工艺设备,全进全出的饲养方式,规范化的免疫程序,饲喂全价配合饲料、微机管理等。近几年,推广“可利用氨基酸含量指标配制蛋鸡平衡日粮技术”、“组装式钢架双层塑料膜结构鸡舍”、鸡舍纵向通风工艺技术等,使大群生产水平达到或接近国际水平。华都集团系统1998年承担的国家“九.五”攻关项目“北京市蛋鸡规模化养殖及产业化技术研究与开发”课题试验区,入舍蛋鸡每只单产达到15.89千克,比1995年提高了1.41千克,料蛋比为2.55:1,千克蛋耗料比1995年下降了0.23千克;全程存活率79.07%,比1995年提高了18.96个百分点。

3. 肉鸡科技推广。北京市肉鸡生产始于1965年。初始发展即实现了良种化和配合饲料饲养等。生产总量从解放初期的一无所有,发展到1998年7 000多万只,在满足内销的基础上,出口量达1.59万吨,约折合肉鸡近1 000万只,创汇3 000万美元。

4. 推广奶牛配套技术。从良种选育、青粗饲料的开发、饲养工艺的改革、繁殖技术配套管理、兽医综合保健技术等方面,进行全面研究和应用实施。本市奶牛单产居全国最好水平。

5. 兽医防疫技术,适应现代化规模饲养发展需要,全面推广综合防治措施,开展各项常规、疑难病症防治研究,不断推广、应用新技术、新成果,保证了本市畜牧业的正常、顺利发展。

(祝立清　苏雪梅)

河　北　省

针对全省畜牧业的生产实际,共安排推广项目9项,其中新上4项,结转5项。重点推广了冀合白猪新品种及饲养技术,良种肉鸡生产综合配套技术,冬季塑料暖棚饲养畜禽综合配套技术,良种肉牛及饲养管理技术,饲用复合酶制剂、鸡粪再生饲料和膨化日粮在蛋鸡生产中的应用,浅褐壳蛋鸡新配套系冬牧70黑麦草等。1998年共推广冀合白猪200多万头,良种肉牛冻精40万粒,良种肉鸡6 000多万只。河北省畜牧局还承担了河北省科委重点推广项目——冀合白猪推广项目;农业部“丰收计划”项目;肉牛增产技术推广和奥赛克蛋鸡及良种蛋鸡配套增产技术推广;农业部“科技兴农计划”项目良种猪区域化推广。1998年向农业部申报1999年推广项目两项:奶牛产业化开发和“中苜一号”苜蓿推广。

(河北省畜牧局供稿)

内蒙古自治区

内蒙古自治区在畜牧业先进技术推广方面,坚持以市场为导向,以发展高产、优质、高效畜牧业和增加市场有效供给为目标,对现有畜牧业先进技术进行组装配套,加大了以丰收计划为龙头的畜牧业适用增产技术的推广力度。近年来重点推广猪、牛、羊、奶牛蛋鸡模式化饲养技术和配套草库伦建设技术,促进了畜牧业基础建设的加强,提高了畜禽个体生产能力和畜牧业生产的整体效益。

目前,在家畜改良上,全区良种、改良种畜达到3 046.62万头(只),占牲畜总头数的69.39%,全年改配大小畜1 639.67万头(只),推广良种和改良种猪603万头,其中猪"四良四改"380万头,推广良种鸡3 560万只,成功地培育了24个畜禽优良新品种和品种群,为全国之首。在基础建设上,草原建设总规模突破了200万公顷,牧区90%以上的牧户实现了定居轮牧,90%以上的畜群实现了棚圈化。在疫病防治上,主要疫病的防治密度达到90%以上,牲畜传染病死亡率已控制在0.2%左右,基本控制在"有疫不流行,有病不成灾"的正常范围内。

(呼 格)

黑 龙 江 省

1998年,黑龙江省畜牧业技术推广工作,在省委、省政府的领导下,按照市场经济规律,克服了畜产品价格较低、市场不景气的不利因素,坚持走产业化效益型之路,使全年的技术推广工作取得了较好成绩,截止到年末,推广猪的直线育肥技术615万头,肉牛集中育肥技术82.4万头,奶牛提高群体单产综合技术29.5万头,羊的毛肉增产综合技术89.5万只,蛋肉鸡高产综合技术9 100万只,培训人员达30万人,其中"绿色证书"培训1.5万人,推广青贮玉米20亿千克,推广微贮和三化处理100多万吨,改良建设草原10多万公顷,其中封区育草5.74万公顷,人工种草1.867万公顷,浅翻轻耙2.35万公顷,治碱0.693万公顷。推广良种大鹅饲养技术300万只,推广二元、三元杂交猪200万头、推广秸秆养牛新技术250万头,推广肉羊开发新技术40万只,推广全价配合饲料养畜禽技术36.4万只,以及其他畜禽技术等。1998年的技术推广工作可概括为如下几点:

一是生产成果的科技含量明显增加,科学技术是第一生产力已被广大干部群众所认识,科技贡献率已上升到46%,猪、鸡、奶牛、肉牛、羊应用先进技术的覆盖面分别达到了80%、85%、40%、30%、20%以上,推广的数量也有明显增加。

二是畜牧业的技术推广工作在巩固完善五项综合技术推广的同时,向高产优质高效畜禽品种配套综合技术推广发展。

三是畜牧技术推广已由传统的一家一户变大户、专业户和规模饲养为载体,使科技真正发挥了效应,黑龙江省的畜牧业生产正向质量效益型迈进。

四是全省各地兴起科学养畜禽热。全省85%的养畜禽专业户都有一个明白人。

全省技术推广工作所以出现这样好的局面,主要得益于以下几方面工作:

1. 狠抓规模经营,为畜牧科技推广提供载体。1997年以来,我们根据畜牧规模经营出现的多元发展,多渠道筹措资金,多种经济并存,采取分类指导、区域推进的方法,加大了街区场户的建设力度,逐步形成了猪的高产、奶牛的高产、羊毛肉增产、蛋肉鸡的高产、肉牛集中育肥等示范区向周围辐射的新格局。

2. 抓流通促发展,最大限度地释放科技的贡献潜能。1997年以来,我们把流通放在了推广工作主要位置来抓,全省共建起各类畜禽及其产品交易市场、批发市场900多处,农民协会也在不断涌现。

3. 抓基础建设,为新技术推广积攒后劲。1998年伊始,我们就把畜牧业的基础建设摆上了位置,着重抓了畜禽品种繁育基础建设,引进莱茵鹅、原种猪、种牛、种羊等,此外还抓了草原饲料基础建设、疫病防治基础建设等。

4. 强化服务体系建设,为技术推广创造了良好的保证条件。目前,全省已形成了上下贯通的服务网络。69个地市县建立了畜牧技术服务中心,1 100多个乡镇建起了畜牧兽医技术服务站,6 000多个村建起了畜牧兽医技术服务室,为养畜户的产前、产中、产后提供了较好的服务。

(黑龙江省畜牧局供稿)

安 徽 省

安徽省推广实用养殖科技,注重方法和形式,讲究实效。一是通过农牧渔业计划、星火计划、良种工程、畜牧业进位工程、黄牛牵动性项目等形式,将科学饲养实用技术组装配套,以项目实施为动力和依托,保证项目技术措施的落实到位;二是抓好基地建设。在兴建瘦肉型商品猪基地、山羊板皮基地、秸秆示范养牛、养羊基地、水禽基地和城市菜篮子工程建设中,抓好先进实用技术的应用,以基地带科技,以科技促基地,保证规模化集约化生产的科技高水平;三是搞好科技推广、示范。因地制宜搞好各类养殖的特色养殖小区、科技示范园(区)建设,将先进的科技强力注入,以点带面,发挥示范带动作用。现已建成省级示范园区3个,地市级50多个,县级600多个;四是狠抓技术培训,一方面动员畜牧科技人员入村到户,帮学扶教,承包结对,责任到人,推广农民看得见、摸得着、学得会的实用技术;另一方面加强技术推广队伍自身的素质教育和知识更新,锻炼出一支能切实为农民服务、指导生产的生力军;五是建立激励机制,调动科技人员的积极性,鼓励科技人员下乡宣传科技、推广科技、开展承包,推进畜牧技术商品化。

省政府1997(14)号文件明确规定,对于下乡承包、创办实业的科技人员,其身份、工资、级别可在原单位保留3~5年,并实行"双挂钩",即职称评定晋级与技术推广的实绩挂钩,个人奖金与实体效益挂钩,个人可以按税后纯利的10%提成,上不封顶;科技人员到县以下(不含县)生产一线从事技术推广工作满一年以上,并取得显著成绩的,可一次性领取一年的上浮本人一档职务工资的岗位津贴等。通过这些技术推广措施,加快了全省畜牧业科技水平步伐,农民科学养殖意识和水平大大提高,一大批实用技术得以大面积大范围推广应用,使生产在新的水平上不断提高发展。同时,科研、教学和推广部门紧密配合,取得了一大批科研、推广成果。自八十年代以来,安徽省畜牧业科技获奖成果就达211项,其中国家发明奖1项,省、部级科技进步奖、星火奖92项,农业部丰收奖23项,省丰收奖、厅级科技奖95项。

(汤　洋)

山东省

为使畜牧业科技成果尽快转化为现实生产力,山东省实施了"畜牧科技推广年"活动,制定并下发了以十大畜牧实用科学技术为主的科技推广计划,开展了形式多样的畜牧兽医科技推广活动。1998年省财政共投入畜牧科技推广经费240万元,在原来每年100万元畜牧技术推广经费的基础上,省财政拿出专项资金,设立了"科技成果下乡"、"综合开发科技启动"、"科技下乡双十工程"等项目,有力地促进了山东省畜牧科技成果的转化和生产水平的提高。

(山东省畜牧局供稿)

河南省

1998年,河南省畜牧系统的技术推广工作主要包括以下几项:一是根据我省国民经济中长期发展规划和我省畜牧业科技发展的总体要求,围绕到2000年肉类生产能力达到600万吨和畜牧业可持续发展目标,突出重点,组织申报了《动物检疫新技术推广》、《鸡病综合防治新技术推广》、《猪病综合防治新技术推广》、《引进推广青贮设备及相关技术》、《牛细管冻精人工授精技术推广》、《猪人工授精技术推广》等6项畜牧业重点开发技术推广项目。二是组织实施了《引进加拿大瘦肉型种猪——大约克、杜洛克》"948"项目,该项目农业部拨付资金20万美元,从加拿大引进高质量的大约克种猪70头、杜洛克种猪30头及饲养管理和育种等先进技术。猪舍土建面积8 400平方米已于1998年11月全部完成,到1999年3月将完成产仔栏、保育栏、妊娠栏及保暖降温、饲料供应等设备的安装。待种猪引进后,将进行封闭式饲养和零世代繁育,为全省提供高质量的种猪。1998年继续组织申报了1999年度农业部"948"项目二个。三是组织实施了《西门塔尔杂交牛及配套新技术推广应用》农业部丰收计划,该项目投入资金40万元,其中农业部投入资金25万元,其中拨款15万元,省级配套15万元。项目实施地按照依托优势挖潜力,把握重点抓关键,树立样板搞辐射,强化责任重落实的科技推广思路,积极开展工作,巩固完善乡村人工授精网点36个,推广应用西门塔尔牛细管冻精配种技术1.5万头,下乡村科技宣讲20次,提高了项目影响力,深受农户欢迎。四是建立了《河南省畜牧业丰收计划项目库》,完成建库项目31个。五是组织申报1999年度农业部《农业科技产业化项目库》,完成项目库建设6个。六是组织申报1999年度农业部丰收计划项目五个。

(河南省畜牧局供稿)

重庆市

为充分发挥科技作为第一生产力的作用,重庆市各级党政领导和畜牧部门十分重视畜牧技术推广工作。畜牧科技推广工作共设立6个类别,包括市科委主持的科技进步项目和星火计划,市农委主持的农业先导项目和市农业局主持的部、市级丰收计划,市农业科技进步项目和部跨越计划等。近十年来,重庆市重点推广了商品瘦肉猪生产配套技术、秸秆氨化养牛配套技术、奶牛增产综合技术、良种山羊配套饲养技术、农户规模养鸡配套技术、良种水禽增产配套技术、肉兔生产配套技术和畜禽疫病综合防治技术等。特别是丰收计划项目实施最广泛,1990—1998年,全市共实施部级丰收计划8项,市级丰收计划43项,并取得了较为显著的社会和经济效益。仅实施丰收计划,全市共新增肉类17 113万千克,新增鲜蛋302.5万千克,新增鲜奶1 826万千克,新增效益达114 171万元。由于科学技术推动了生产的发展,近年来我市畜产品总量大大增加,品种齐全,价格平稳,为保障供给、稳定社会作出了贡献。

(重庆市农业局供稿)

甘肃省

1998年,甘肃省畜牧科技推广工作紧紧围绕规模养殖工程、畜禽良种工程、暖棚工程、草业工程、饲料资源开发工程和无规定疫病区建设等重点工程建设,以部省列丰收计划为重点,以良种畜禽推广为核心,全面推广了肉牛肉羊杂交生产及肥育技术、疫病综合防治技术及秸秆加工利用技术等多项实用技术,实现扣棚养畜超1 000万头(只),全省牛、羊、猪、鸡等主畜禽的良种比例达到40%、50%、60%和80%,牛、羊、猪个体产肉量分别达到130千克、17千克和70千克。

1998年完成的农业部农牧渔业丰收计划项目和省级技术推广项目共10项,推广内容主要包括肉牛、肉羊育肥及配套技术、良种畜禽和塑料暖棚养殖技术等,累计实现总产值2亿多元。

(孟文学　于　轩)

青海省

1998年,青海省主要推广应用的畜牧业科学技术有:

《牦牛犊肉增产配套技术》,采取犊牛全哺乳、早期补饲、冷季暖棚舍饲和6月龄出栏等综合配套技术,使犊牛死亡率由过去的8%~10%,下降到3%~5%,授配率提高到34%。该技术以大通种牛场为基地,已向附近的海北州3县辐射。1998年屠宰6月龄犊牛4 000余头,新增产值100多万元。

《黑土型退化草地植被恢复技术的研究》,在果洛州达日县实施。筛选出青海444和巴燕3号燕麦为当地建立一年生人工草地首选良种,该技术将为青海省黑土型退化草场综合治理提供行之有效的技术措施。

《稀土在高寒地区畜牧业中的应用示范》,筛选出适合本省畜禽饲用的稀土最佳剂型、剂量,示范推广畜禽3万余头(只)。新增产值60万元。

《C型肉毒素灭鼠技术推广》。1998年,在全省的部分毗邻省区推广面积达113万公顷。C型肉毒素是一种高效、无二次中毒、无环境污染的新型生物毒素灭鼠剂,系采用现代生物技术制造的C型肉毒梭菌毒素,作为杀鼠剂在国内外尚属首创。通过大面积推广应用,灭鼠效果达95%以上,进一步验证了该灭鼠剂对不同地区、不同鼠类的灭治效果。该项目新增产值2 800万元。

(胡中青)

体系建设

北京市

新中国成立后,经过五十年的发展,北京已建成完善的市、区(县)、乡(镇)三级畜牧兽医防疫体系。全市共有市、区(县)、乡三级畜牧兽医站266个,从业人员2 000多人,其中专业技术人员1 500人。畜牧兽医体系担负着我市动物防疫、检疫、监督工作。多年来,坚持“防重于治”的方针,特别是1997年以来,贯彻《中华人民共和国动物防疫法》,坚持防疫、检疫、监督相结合,促进了北京市畜牧业的顺利发展。1998年,我市对13种动物传染病实施了强制免疫,平均免疫密度达95%以上,其中猪瘟免疫密度达99.65%,新城疫等5种鸡的传染病免疫密度达100%;“无规定动物疫病区”建设立项工作年内基本完成。畜牧业技术推广与疫病防治体系的建设,促进了畜牧业现代化科学技术与管理水平的提高,强化了畜牧业的保障功能。

1. 体系建设情况。

(1)市级畜牧兽医体系。市级畜牧兽医机构的建立与现状:1949年成立12人“兽医防疫队”,1951年建立畜禽配种站,1956年成立北京市兽医院,1962年成立北京市畜牧兽医站(“文革”期间曾一度撤消),1971年恢复并定名为北京市畜牧兽医工作站。1993年2月经市政府批准,北京市畜牧兽医工作站更名成立为北京市畜牧兽医总站。目前,市级畜牧兽医体系包括:市畜牧兽医总站、市兽医卫生监督检验所、市兽药监察所、市饲料监察所、市兽医实验诊断所、市动物检疫站和药械服务部、生药厂等机构(单位),共有职工192人,其中高级职称11人,中级职称73人。

市畜牧兽医总站主要职能:主管或参与北京市畜牧兽医方针、政策、法规的制定、贯彻和实施;对区(县)畜牧兽医站进行业务指导、监督和管理;对全市兽医兽药、饲料生产与经营进行监督和质检;同时担负着全市畜牧兽医科学技术的研究、培训、推广等工作。

(2)区(县)畜牧兽医机构。1952—1953年,北京市7个近郊区相继成立了兽疫防治站,1952—1954年,远郊区(当时,除延庆县外,其他县均属于通州专区)纷纷建立县级兽医站。此后,区(县)畜牧兽医机构几经沉浮。十一届三中全会以后,适应畜牧业迅速发展,区(县)畜牧兽医结构逐渐完善。到1998年底,区(县)级畜牧兽医站14个,从业人员484人。

(3)乡(镇)畜牧兽医机构。解放初期,北京市只有一些个体民间兽医。防疫工作需要时,临时将民间兽医组织起来搞防疫拉大网。1955—1956年农业合作化以后,才正式将民间兽医组织起来,在各县(区)成立了基层兽医联合诊所。到1958年底,随着人民公社的建立,普遍成立公社(乡、镇级)畜牧兽医站。到1998年底,全市“三定”乡(镇)畜牧兽医机构245个。

各级畜牧兽医体系情况见下表:

北京市1998年畜牧兽医体系情况表

畜牧兽医防疫体系	机构小计	职工总数	文化构成						专业技术职称现状			
			小计	大本	大专	中专	高中	初中	小计	高级	中级	初级
合计	266	1 851	962	76	58	828	222	394	918	32	324	562
市畜牧兽医体系	7	192							125	11	73	41
区(县)畜牧兽医站	14	484	336	71	39	226	46	82	280	16	95	169
乡(镇)畜牧兽医站	245	1 175	626	5	19	602	176	312	513	5	156	352

注:乡(镇)畜牧兽医站为“三定”数,实际职工总数为1 354人。

2. 队伍建设。1986年,市政府农办转发了京政农12号文件,要求畜牧兽医防疫系统理顺县、乡双重领导,实现“三权归县”统一管理,标志着北京的畜牧兽医体系建设进入了新阶段。到1989年底,全市14个区县中,9个远郊区县全部实现了“三权归县”,其余5区县加强了管理。在实现了管理机构改革后,立即开展了思想、组织、财务、人员编制、工资和劳保整顿工作,并制定了一系列管理制度。

1997年初,按照农业部有关文件精神,顺利完成了我市“三定”工作(即定性、定编、定员)。乡级两站定性为国家事业单位,人员纳入国家编制,进一步落实了经费问题。“三定”工作的完成使我市的畜牧兽医体系建设更加完善,解决了四十多年来许多历史遗留问题,全市的畜牧兽医事业也得到了空前的发展。

(张毅良)

河北省

在实施科技项目过程中,河北省畜牧局自始自终坚持“产学研”相结合,积极组织河北省畜牧兽医研究所、河北省畜牧兽医站及有关院校的技术人员参加科研项目的实施,使新成果、新技术直接送到基层和广大农牧民手中,及时解决生产中出现的问题。同时下大力量对基层三站进行整顿建设,使基层队伍日趋稳定,业务素质和技术水平不断提高,使科研和推广相接轨,技术服务体系不断完善,综合服务能力普遍增强。截止1998年全省共设各级畜牧兽医研究所12个,畜牧兽医站3 595个,家畜改良站307个,草原站28个;全省畜牧兽医技术人员20 035人,其中省级110人,市级987人,县级3 695人,乡级15 243人,其中推广研究员23人,高级畜牧兽医师540人,中级职称2 700多人,中级以下1 500多人,其中80%以上具备高中以上学历。这支队伍已经成为河北省畜牧新技术、新成果传播的载体,是技术研究推广的主力军,科研推广体系的健全为搞好先进、实用技术的研究与推广打下了坚实的基础。

(河北省畜牧局供稿)

内蒙古自治区

改革开放和市场经济的不断深入,强化了科技兴牧战略,使我区畜牧业科技体系进一步发展和完善。目前,全区已基本建成畜牧业五大科技支撑体系,即畜牧科研体系、科技推广体系、科技服务体系、专业教育体系、群众性的科技普及网络体系。全区拥有畜牧兽医科研院所15所,高等院校两所,畜牧和农牧中专16所;旗县以上草原、家畜改良、兽医工作站286处,专业技术人员12 000多人。近年来,建立健全了自治区、盟市、旗县、苏木乡镇四级科技推广、服务网络。群众性畜牧科技普及以苏木乡镇综合服务站为核心,以嘎查村农牧民技术员为补充,正在逐步形成网络体系。

在畜牧业社会化服务体系建设方面,以科技培训、示范、推广服务为主要内容的多种形式社会化服务网络已基本形成。目前,全区已建起旗县服务中心45个,苏木乡镇畜牧兽医技术推广机构1 588个,初步形成了以旗县服务中心为龙头,苏木乡镇综合服务站为纽带,村嘎查、科技示范户为基础的服务网络。这些服务体系有效地加强了良种繁育、生产资料供给、科技推广、疫病防治、畜产品加工运销等产前、产中、产后各环节的全方位综合服务能力,密切了科技与经济的联系,增强畜牧业生产的活力。

(呼 格)

黑龙江省

黑龙江省地处祖国北部边陲,土地辽阔,自然资源丰富,全省共有在册耕地866.67万公顷,草原433.33万公顷,年产粮食300多亿千克,各类干草、秸秆250亿千克,发展畜牧业的资源潜力十分巨大。改革开放以来,省委、省政府对发展我省畜牧业十分重视,把畜牧业作为发展农村经济的一大支柱产业来抓,特别是1995年省委、省政府确定了走产业化道路,建畜牧业大省的战略决策,加快了畜牧业发展的步伐。1998年,省委、省政府又确立了科教兴省的目标,成立了科技领导小组,加大了对科技的投入,又为黑龙江省畜牧业的发展注入了新的活力。按照上述指导思想,各级党委和政府对畜牧科技推广体系建设极为重视,把其作为加快畜牧业发展的重要保证措施,给予极大的关怀和支持,使畜牧技术推广体系建设工作取得了较好的效果。

1. 畜牧科技推广体系建设情况。从1984年开始,按照农业部的部署,我们重点抓了以省、地(市)、县技术服务中心建设为骨干,以乡镇畜牧兽医综合服务站为基础的畜牧技术推广体系建设。为了适应畜牧业快速发展的需要,1993年,我们又利用世界银行贷款筹建了省级畜牧技术服务中心,并于1996年投入使用。到目前为止,已经建成省中心1处,地市中心9处,县(市)级中心66处,同时建立乡镇畜牧兽医综合服务站1 177个,占全省乡镇总数的97.2%,80%的村还建立了畜牧兽医技术服务室,全省形成了上下贯通的畜牧技术推广体系,担负着全省畜牧技术的推广工作,为保证全省畜牧业的发展起到了重要作用。

我们在畜牧技术推广机构的建设上,首先把重点放在中央投资建设的17个省、市、县技术中心上,并对其加强领导,经常督促检查,及时总结技术中心建设的经验,并在全省加以推广。通过它们的典型示范作用,采取滚雪球的办法,使黑龙江省技术中心建设数量越来越多,质量越来越高,在具体运作上我们主要抓了以下几方面的工作：

(1)抓组织机构建设。1985 年以来，我们曾提出"精减行政，加强事业，发展企业"的口号进行畜牧系统的体制改革，在这一改革中，我们又把技术服务中心建设作为改革的重点。核心是解决进编定人的问题。目前，全省 73 个县市级中心都是经同级政府编委下文，正式批准列为国家事业单位，各级中心的主任都由同级行政人事部门正式任命。地市级中心都按副处级，县(市)级中心都按副科级进行管理。

(2)抓规范化管理。中心建成以后，首先我们重点解决中心和畜牧局的关系问题，明确畜牧局作为行政机构，主要任务是贯彻发展畜牧业的方针、政策和法规，制订发展畜牧业的规划，协调各部门的关系，实行宏观调控，为政府发展畜牧业当好参谋。畜牧技术服务中心，是由原来的畜牧站、家畜繁育站、草原站、防疫站、检疫站、兽医院等五站一院组成，行政上隶属畜牧局领导，人员上由畜牧局安排，经济上独立核算。其次，明确中心的工作任务。确定中心的主要任务是搞好技术推广、技术服务、技术培训、信息传递，同时负责管理和指导乡镇畜牧综合站的工作。第三，在中心和乡镇站内部都制定严格的规章制度和岗位责任制，实行目标管理，按照完成任务的情况对职工进行奖惩，从而进一步强化了工作职能。

(3)狠抓基础设施建设。经过十多年的努力，全省畜牧技术中心基本上都新建或改建了中心楼，扩大和完善了各类化验室、资料室、电教室，装备了培训场所，30%的中心增添了微机设备，多数中心可以开展电化教学。各中心的仪器设备基本完备，各乡镇站都有自己独立的办公地点，许多中心和乡镇站还结合本地的实际情况和技术推广的需要兴办了畜禽饲养示范场、种畜禽供应场、饲料加工厂、动物保健品商店、技术咨询指导站、畜产品加工厂等一系列经济实体，这些经济实体既起到了推广示范作用，又增加了经济收入，对推广经费的不足起到了一定的弥补作用。

(4)多方筹集资金。1991 年以来，我们千方百计多渠道筹集资金，加快技术推广体系的建设，主动与各有关部门沟通，共同研究中心建设中存在的问题，以取得地方领导的重视和财政部门的支持。几年来，省财政一直把技术服务中心列入财政计划，每年拨款 300 万元左右。同时，各级地方财政也积极配套，到目前为止，省内各级财政部门为技术推广体系投资 5 000 万元左右。近几年中央财政还为黑龙江省技术体系建设投资 100 多万元。1993 年以来，我们积极抓住世界银行贷款的机遇，为技术推广体系建设争取资金和物资方面的支持，累积利用世界银行贷款 550 万元。此外，世界银行还为一部分县、乡的中心和站配套了通讯设备、运输工具和仪器设备。

2."三定"工作情况。按照农业部的统一布置和要求，黑龙江省畜牧局成立"三定"工作领导小组，并责成专人主抓"三定"工作。我们及时转发农业部的有关文件，为解决"三定"工作的难点和重点，我局与省编委、省财政厅联合下发了《关于落实乡镇畜牧兽医综合服务站"三定"工作的通知》，使此项工作的开展有了依据。为加大"三定"工作的力度，我局又专门召开了各地、市、县畜牧局长参加的会议，对"三定"工作进行了具体部署，进一步促进了"三定"工作的开展。

一是把"三定"工作完成好坏，同投资和先进市、县评比挂钩，并实行一票否决制，极大促进了各地工作开展。二是组成由局长带队的 5 个工作组，分片包干对全省各地"三定"工作的情况进行督促检查。三是提高各级领导对"三定"工作的认识，并作为黑龙江省畜牧工作的重中之重。四是及时解决"三定"的出现各种情况和问题，对有关的来信来访及时答复和解释。五是严格对进编人员进行考核，把住进人关。

以上工作的开展，保证了"三定"工作顺利完成。目前，全省乡镇畜牧综合站定编 6 502 人，占应定编数的 99.3%，定员 6 178 人，已核定在编人员工资的站 1 101个，已有 63 个县市基本完成"三定"工作，占市、县总数的 94%。

3. 畜牧技术推广机构建设的经验和体会。

(1)加大了科技推广的力度。由过去推广单项技术到现在推广组装配套综合技术，是黑龙江省畜牧业技术推广发展史上的新跨跃。几年来，各级畜牧技术推广机构的技术人员统一协作，互相配合，通过包片蹲点，搞科技示范来推广组装配套的综合技术，从 1990 年开始，黑龙江省集中推广了五项综合技术，都取得了明显效果，推动了"两高一优"畜牧业的发展。通过推广瘦肉型猪直线育肥综合技术，解决了黑龙江省一年只养一茬猪的问题，实现了一年出两茬猪，瘦肉率明显提高。全省牛猪实现自给有余，由生猪调入省变为生猪输出省；通过推广奶牛提高群体单产技术，使奶牛单产提高0.3～0.5 吨；通过推广肉蛋鸡高产综合技术，使蛋鸡年产蛋在 230 枚以上，肉鸡饲养周期缩短到 50 天左右；通过推广羊的毛肉增产综合技术，使羔羊年育肥出栏重增加 5 千克；通过推广肉牛集中育肥综合技术，使肉牛出栏量猛增，一般日增重在 1.5 千克左右，育肥 2～3 个月，可盈利 200～300 元。各级畜牧技术推广机构在推广五项综合技术、发展高产优质、高效畜牧业上做出了重要的贡献。

(2)提高了畜牧队伍的技术素质。发展畜牧业生产要靠科学技术，推广科学技术要培养人才。这已是各级领导和政府的共识。几年来，各级畜牧技术推广机构都把培训基层畜牧技术人员和养畜户，提高他们的技术素质作为自身的一项重要工作来抓，基本上形成了省地中心培训市县级畜牧干部，市县中心培训乡村畜牧技术人员，县乡培训养畜户的培训体制。通过多层次、多类型的技术培训，提高了全省畜牧生产从业人员的素质。省技术服务中心多次举办兽医卫生管理培训班、家畜人工授精员学习班、种畜禽监督员培训班等，各地市级中心，每年都结合推广五项综合技术对县乡技术人员进行专题培训，组织专家讲课，省局在培训费上给予扶持，帮助解决培训经费不足的问题。各县充分利用黑龙江省冬闲期长的特点，普遍开展了"科普之冬"、"科普大集"的活动，一些地方还结合"绿色证书"的培训，举办各类农民培训班，把科学技术送到千家万户，实现了每个养畜禽专业户都有一个技术明白人。

(3)保证了全省畜牧业的发展。畜牧科技的推广和应用，有利地推动了黑龙江省畜牧支柱产业的建设和畜牧产业化的发展。到1998年末，全省各类养畜禽专业户已达53.0万户，各类牧场1.0万个，牧业生产小区1 518个，形成了区域化的发展格局。全省畜禽数量和畜产品产量大幅度增加，1998年末，全省黄牛及肉牛存栏382.0万头；生猪存栏984.1万头；奶牛存栏65.0万头；山绵羊存栏466.9万只；家禽存栏1.2亿只，出栏牛182.2万头，出栏羊208.7万只；出栏猪1 080万头；出栏禽1.57亿只；全年肉类总产量138.4万吨；鲜奶产量144.3万吨；禽蛋产量72.8万吨。

(黑龙江省畜牧局供稿)

安徽省

安徽省基层畜牧兽医组织建设始于50年代初期，改革开放以来，经历了6次大的转折，1981年前后，全省1.4万名基层兽医转为大集体身份，其户口由农村转为城镇；90年代以来，在计划经济向市场经济转轨中，有些地方要求畜牧兽医事业单位增收创收，限期断奶，减少事业费拨款；1992年全省开展撤区并乡，重新组建乡镇政府及基层服务体系，乡镇畜牧兽医站人财物"三权"下放乡镇管理；1993年初，全面清理农民负担过重问题，不少地方把畜禽防疫承包收费划为加重农民负担，予以停止；1993年7月国家农业"两法"颁布实施后，1994年省人大制定颁布了《安徽省实施〈农业技术推广法〉办法》，从而使技术推广工作有法可依，步入法制化轨道，脱钩断奶等现象得到遏制，乡镇站建设逐步加强；1996年全省开展乡镇站"三权"收回和定性、定编、定员工作。

目前，上下相连、队伍稳定、多层次的服务网络初步形成，省、地(市)、县、乡普遍建立了畜牧兽医技术推广单位，有的还建立了家畜改良站、兽医防检站、兽药监察所等。1998年底，省级推广机构5个，87人；地、市级24个，397人；县(市级)123个，2 841人；乡镇级1 948个，其中全额拨款1 353个，差额拨款595个，"三权"归县1 918个，在编人员6 085人。1983年以来，中央还与安徽省联合兴建了畜牧兽医技术推广服务中心9个，其中1987年以来建立7个；地方自建17个。为了解决基层人员老有所养的问题，芜湖、安庆等12个地市开展统筹养老，参加人数4 300多人，占应统筹人数的28%，其类型主要有：参加社会养老保险，由保险公司承保；由县畜牧部门牵头，成立基金会；财政定额补贴。各级畜牧部门还围绕畜牧业生产，发挥网络、技术、政策三大优势，积极兴办实体，参与产业化，1997年11月，全省畜牧兽医服务产业化会议之后，以公司加农户，场站加农户为主要形式的服务产业化不断涌现。80年代开始，安徽省在国内首家引进德国祖代罗曼褐壳蛋鸡，并先后引进西门塔尔、利木辛、夏洛来肉牛，荷斯坦奶牛，考力代羊，德国长毛兔，长白、大约克夏、杜洛克猪等国外优良品种，改良地方品种，逐步建立健全安徽省畜禽良种繁育体系。1998年底，全省共有祖代种鸡场2个，父母代鸡场36个；一级种猪场3个，种猪扩繁场58个；种公牛站4个，种羊场2个，种鹅场4个，种鸭场13个，种兔场4个。有县级以上改良站点43个，乡镇级改良站点2 700多个。

(潘　鑫)

山东省

从1989年省政府批准成立山东省畜牧局，截止1998年，全省17个市(地)相继都成立了畜牧局，118个县(市、区)设有独立的正科级畜牧局，乡(镇)都建有畜牧兽医技术推广机构，形成了省、地、县、乡四级畜牧业管理、执法体系和技术推广网络，宏观调控、依法治牧和服务职能日益加强。全省畜牧行业有专业技术人员17 992人，其中：教授20人，研究员(推广研究员)51人，副教授55人，副研究员39人，高级讲师45人，高级畜牧(兽医)师908人，占专业技术人员的5.8%，中级技术职务4 296人，占专业技术人员的23.8%，具有初级专业技术职务的12 578人；具有博士学位的18人，硕士学位的80人，本科学历的1 528人，专科学历的1 821人，中专学历的10 595人；省级技术推广机构有

优秀大学生裴立静的规模养猪场

专业人员 218 人，市地有 2 012 人，县有 5 235 人，乡镇有 9 864 人；2 人被授予国家级有突出贡献的中青年专家，7 人享受政府特殊津贴，5 人授予省级专业技术拔尖人才。涌现了王春傲、沈志强、徐淑玉等一批国内外知名的专家学者。目前全省农民专业技术人员 4 457 人，其中高级技师 198 人，技师 1 015 人，助理技师 1 887 人，技术员 1 357 人，从事畜牧业的劳力、半劳力 1 000 万人。全省有高等院校 2 所（山东农业大学、莱阳农学院），中等畜牧兽医学校 1 所（山东省畜牧兽医学校），12 个中等农业学校设有畜牧兽医专业。科研机构 2 个（山东省畜牧兽医研究所、山东省家禽研究所）。坚持国家、集体、企业、个人出资相结合的原则，多方筹措资金，不断加大对畜牧兽医人才队伍建设的投入力度，改善他们的工作和生活条件，稳定畜牧兽医人才队伍。制定优惠政策，积极鼓励专业技术人员到基层、到生产一线、到贫困地区进行技术服务、技术承包、科技推广。建立起流动、开放、竞争的用人机制，大力培养和造就有创造精神、素质高、年富力强的优秀中青年科技人才。目前，全省基本建立起一支数量上能满足需要，质量上能掌握现代化科学技术和经营管理知识，专业配套，结构合理的专业技术人才队伍。

（山东省畜牧局供稿）

河　南　省

1. 畜禽良种繁育推广体系建设得以加强。我省畜禽良种繁育体系建设以地方畜禽品种和引进品种为基础，按照“布局适当、结构合理、层次分明、积极推进”的原则，初步形成了与畜牧业发展相适应的体系框架：(1)建立了省级重点种畜禽场、良种育种中心和种公牛站；(2)建立了一批畜禽良种繁育场，全省现有种畜禽场近 300 个，这些种畜禽场已成为我省畜禽良种繁育体系的主体，有效地承担起了畜禽良种的繁育和供种任务；(3)建设了一批县、乡畜禽改良站(点)，健全了配套技术推广网络。据不完全统计，全省有各类配种站点 2688 个，从事畜禽品种改良及技术推广服务人员近万人，基本满足了按畜禽品种改良规划进行大规模品种改良的要求。

2. 畜禽防疫体系取得显著成效。多年来，我省坚持“预防为主”的方针，采取以免疫为主的综合性防制措施，大力推广实行“畜禽防疫双轨目标管理责任制”，开展以猪鸡为主的防疫技术承包，加强基础设施建设，动物防疫、检疫、监督体系日趋完善，形成了省、市(地)、县、乡四级防治网络。消灭了牛肺疫、马鼻疽，稳定控制了马传染性贫血、牛气肿疽、牛出血性败血症，控制了炭疽、猪丹毒、猪肺疫、布鲁氏菌病、羊痘等。猪、鸡、大家畜病死率分别控制在 5%、10%、1%以内，均达到了农业部规定的动物防疫控制目标，取得了有病不流行、有疫不成灾的成绩，保障了畜牧业的健康发展。

（河南省畜牧局供稿）

重　庆　市

1. 概述。畜牧兽医体系是确保畜牧业持续发展的重要支撑，担负着宣传贯彻执行党和国家发展畜牧业生产的方针、政策、法律、法规；防制畜禽疫病；推广畜禽良种、优质饲料、饲草、饲养管理等科学技术；普及畜牧兽医技术知识等重任。党的十一届三中全会以来，在各级党政的领导下，通过认真贯彻落实《中华人民共和国农业技术推广法》和《重庆市实施〈中华人民共和国农业技术推广法〉办法》，使我市的畜牧兽医体系在改革开放中日趋完善、技术力量不断增强、设备设施更加健全、服务手段不断提高和执法能力日益增强，为全市畜牧业的快速发展作出了重要贡献。

2. 市级畜牧兽医体系。重庆市于 1997 年设立直辖市后，在市农业局内设有畜牧处、兽医处、饲料办、奶业办等畜牧兽医行政管理机构和兽医防疫站、动物卫生检疫站、畜禽品种改良站、饲料饲草工作站等 4 个事业单位。市级站中，有畜牧兽医技术人员 74 人，其中硕士研究生 4 人，大学本科文化程度 35 人，大专文化程度 2 人，中专文化程度 26 人。有农业技术推广研究员 2 人，高级畜牧师和高级兽医师 23 人，畜牧师、兽医师 34 人。

(1)市兽医防疫站。内设防疫科、基层站管理科、财务科、诊断室、办公室等机构。全站有职工 36 人，其中技术人员 26 人，技术人员中：硕士生 2 人，本科学历 12 人，专科学历 3 人，中专学历 9 人。有农业技术推广研究员 1 人，高级兽医师 8 人，兽医师 13 人。

(2)市动物卫生检疫站。下设监督科、检验科、检疫科、办公室、财务科等机构，共有职工 32 人，其中技术人员 22 人，技术人员中：本科学历 14 人，专科学历 3 人，中专学历 7 人，有农业技术推广研究员 1 人，有高级兽医师 9 人，兽医师 8 人，助理兽医师 3 人。

(3)市畜禽品种改良站。下设办公室、财会室、业务室等机构。有职工 13 人，其中技术人员 11 人，技术人员中，硕士生 2 人，本科学历 2 人，专科学历 1 人，中专学历 6 人；有高级畜牧师 1 人，畜牧师 9 人。

(4)市饲草饲料工作站。有职工 20 人，其中技术人员 15 人，技术人员中：本科学历 7 人，专科学历 4 人，中专学历 4 人；有高级畜牧师 5 人，畜牧师 4 人。

3. 区县(市)级畜牧兽医体系。全市现辖 2 个地级开发区和 42 个区市县。有县级畜牧兽医技术人员 845 人，本科学历 182 人，专科学历 224 人，中专学历 439 人。有农业技术推广研究员 3 人，高级师 54 人，中级师 351 人，助理师 190 人，技术员 250 人。我市区市县畜牧兽医体系有如下几种类型：

(1)防疫、检疫、品种改良、饲草饲料等体系合为一体。设置畜牧兽医站，共有渝中、江北、渝北、南岸、沙平坝、九龙坡、大渡口、北碚、巴南、万盛、双桥等11个近郊区。

(2)防检合设。有17个区市县设置兽医防疫检疫站。

(3)防检分设。有27个区县分设兽医防疫站和动物卫生检疫站。

(4)全市有33个区县设置了畜禽品种改良站。

(5)全市有26个区市县设置了饲草饲料工作站。

区市县畜牧兽医人员中，从事动物防检疫工作的有475人，从事畜禽品种改良工作的有230人，从事饲料饲草工作的有150人。

4. 乡镇级畜牧兽医体系。全市现有乡镇畜牧兽医站1 580个(含110个中心站)，有职工12 085人，其中本科学历41人，占0.34%，专科学历478人，占3.96%，中专学历1 930人；占15.97%，中专以下7 963人，占79.73%。有高级职称8人，中级职称1 062人，助理师3 355人，技术员3 003人。乡镇站中从事动物防疫工作的有6 300人，从事检疫工作的有4 600人，从事品种改良工作的有1 100人，无专门从事饲草饲料工作人员。全市20 647个行政村，村村有一名防疫员。全市基层站1998年总收入13 659.3万元，总盈余1 773.7万元，站平均办有经济实体1.3个。

5. 工作概况。近年来，主要抓了如下工作：

(1)深入宣传贯彻落实《动物防疫法》和《种畜禽管理条例》等法律法规，奠定依法治牧基础。全市各地充分运用各种形式和多种途径深入宣传贯彻《动物防疫法》和《种畜禽管理条例》，使法律精神家喻户晓，深入人心。据不完全统计，全市书写各类宣传标语5万余条，开办专栏、板报10 000多期(处)，累计开展广播宣传4.2万多小时，出动宣传车800车次，法律培训9.5万多人次，印发各种宣传资料40余万份，开展法律咨询160多万人次。

(2)大力推行畜禽防疫双轨目标管理责任制，建立防疫新秩序。全市各地大力推行畜禽防疫双轨目标管理责任制，把防疫工作由部门行为向政府行为转变，层层鉴定目标管理责任书，严格考核，促进了动物防疫工作的进一步深入。据统计，全市42个区市县有80%的乡镇实行了双轨目标管理责任制，逐步建立起了政府加强领导，职能部门严格管理，相关部门密切配合，广大群众积极参与的统一、高效、协调的防疫新秩序。

(3)夯实基础，做好农村基层防疫工作。各地认真按照《动物防疫法》的有关规定，积极作好动物疫病的免疫工作。全市年免疫猪瘟3 250多万头，猪肺疫1 810多万头，猪丹毒1 239.8万头，仔猪副伤寒200多万头，鸡新城疫1 875.7万只，鸭瘟190多万只，兔二联苗370多万只，牛出血性败血症65万头，牛炭疽2.8万头。狂犬苗6万多只。此外，还认真做好了鸡马立克氏病、禽霍乱、鸡传染性支气管炎、牛气肿疽、鸡痘、鸡法氏囊等病的免疫工作。同时扎实抓好畜禽圈舍消毒与驱虫工作。消毒畜禽圈含1 250多万间次，消毒面达97.3%，猪、牛、羊驱虫面93.3%。发放生猪免疫证1 500多万份。并认真落实《"九五"动物防检疫目标管理考核办法》，抓好检查考核工作。据交叉检查结果，全市生猪免疫密度达99.7%，牛出败免疫密度90%，羊三联苗免疫密度92.5%，鸡新城疫免疫密度91%，鸭瘟免疫密度85%，兔瘟免疫密度86.45%。生猪死亡率2.5%，禽总死亡率6%，牛羊总死亡率0.8%。

(4)落实"四到位"，认真抓好检疫和监督工作，确保吃上放心肉。通过全面实施动物检疫"四到位"，使全市屠宰检疫规范施检，产地检疫全面展开；仪器装备逐步配套，"两员"队伍全面整训；持证上路设站检查，内查外堵检疫把关；更换"新证"平稳过渡，监督执法查处有力；人员素质不断提高，执法形象越来越好。据统计，全市年检疫生猪1 200多万头，产地检疫率达87%。屠宰检疫生猪450余万头，检疫肉品31万吨，屠宰检疫率为100%，其中产地检疫出病猪为2.4万头，屠宰检疫出病害肉385.2吨，无害化处理达100%，全市有产地检疫报检点830多个，有20多个区市县650多个乡镇实行了生猪户口制。全市经市公安交管局核发"公路检查证"300多个，动检路牌90多个，停车指示牌110多个。市政府批准设立了22个检疫监督检查站，检查生猪40.1万头，检查各类车辆2.51万辆(次)，消毒车辆1.15万辆(次)，查出病害猪500余头，检查出证物不符的1 5451头。开展炭疽皮张检测1.2万张。为确保城乡居民吃上放心肉作出了重要贡献。

(5)抓好业务培训，提高队伍素质。分别举办了县级诊断室技术人员、兽医卫生检疫员、动物防疫监督员、乡镇财会人员、饲料质量监测、兽药监督、人工授精技术员、生物药品管理人员、无规定学历人员晋职考前培训等培训班140多期，培训人员5 000余人次，提高了队伍的业务素质。

(6)强化兽用生物制品管理，健全疫苗冷链体系。全市认真贯彻农业部6号令，做到统一计划，统一订购，统一供应，理顺了供应关系，规范了生产经营秩序，及时严格查处南岸、沙平坝、荣昌等地违反6号令的单位和个人。在市财政局的支持下，市兽医站增购了一台疫苗冷藏运输车，荣昌等5县购置了小型活动冰库，650个乡镇分别购置了一台疫苗冷藏冰箱，从而使我市的冷链体系更加健全。

(7)建立和完善畜禽良种繁育体系，提高良种化程度，推动畜牧业向高产、优质、高效方向发展。全市现有人工授精站1 210个，人工授精员1 730个，饲养良种公猪5 127头(合格2 279头),年配种282.78万胎次,饲养种公牛1 218头,有牛配种站300个,年改良2.4万胎次,饲养良种公羊37 805只。通过开展畜禽品种资源调查与保护、畜禽良种繁育体系建设规划和种畜禽场建设、狠抓种畜禽管理等工作,按照稳猪求质,突破草食牲畜,积极发展小家禽畜的基本思路,有力地推动了全市品种改良工作的向前发展,取得了显著成绩。主要表现在:一是主要畜禽出栏量呈增长趋势,其中优质产品比重明显增加,全市出栏生猪1 780万头,优质肉猪占35%。出栏牛35万头,羊131万只,家禽1.3亿只,兔730万只。二是优良畜禽品种比重得到提高。仅1998年全市引进推广良种猪1 879头,牛13 128头,羊8 624只,家禽5.3万只,兔1.85万只。猪、牛、羊、家禽、兔的良种覆盖率分别达到93%、25%、40%、70%、60%。优良种猪情期受胎率达到88.2%,杂交改良面达到95.15%。三是种畜禽管理工作取得丰硕成果。继国务院《种畜禽管理条例》和农业部《种畜禽管理条例实施细则》之后,我市又出台了《重庆市种畜禽管理实施办法》及配套性法规文件,先后对种畜禽场验收换发证37个,种公猪鉴定发证1 800个,发证面达80%,在部分区市县开展了种母猪普查登记。四是顺利完成了农业部对我市国家重点种畜场的审查验收,使重庆市种畜场正式列入国家级重点种畜禽场行列,成为全国17个国家级外种猪场之一。

(8)积极开发饲料资源,加强工业饲料质量监测。在各级党委政府和主管部门的领导下,经全市广大畜牧兽医人员的艰苦努力,使我市畜牧业取得了令人欣慰的成绩,猪、牛、羊、兔全面发展,连续20年稳步增长,1998年全市出栏生猪1 780万头,牛35万头,羊131万只,家禽1.3亿只,肉类总产量达145万吨,居全国第13位,与1998年相比翻了两番,牧业产值达90亿元,占农业总产值的比重达41%,畜牧业在农民人均收入中占到40%。

(重庆市农业局供稿)

甘 肃 省

改革开放20年来,甘肃省畜牧兽医科技服务体系不断发展壮大,已形成自上而下、覆盖全省、完整统一的科技服务网络。各级畜牧兽医技术服务机构由1981年的153个发展到1998年的1 821个,其中省级6个、地(市)级47个、县(市)级243个、乡镇级1 526个。从业人员由3 119人增加到10 016人,增长了2.2倍,其中高级职称161人、中级职称1 446人、初级职称2 560人。

1998年全省乡站"三定"工作基本完成。一是机构设置基本完成。省编委核定拟建乡站1 515个,已建1 526个。二是定性、定编基本落实。全省定编8 523人,有13个地(州、市)、79个县(市、区)发文确定1 271个乡站为全民事业单位,定编8 099人。三是人员补充逐步到位。省上下达招聘指标3 571名,占原计划应聘4 687人的76.2%,现有在编职工4 218人,编外职工2 400人。四是双重管理体制逐步理顺。全省1 526个乡站中,以县为主管理的1 281个,以乡为主管理的245个。五是列入财政预算逐步到位。明文列入预算并核定了在编人员工资标准的乡站达到1 271个,其中县列894个、乡列377个;全额拨款237个,差额拨款1 034个。

(孟文学 于 轩)

青 海 省

截至1998年,青海省省已建成畜牧兽医服务中心33个,其中州级3个,县级30个;畜牧兽医服务站共487个,其中省站3个,州地市站9个,县站47具,乡镇站428个。形成了比较完善的省、州(地、市)、县、乡四级畜牧兽医草原科技推广体系。全省已建成草原工作站、草业综合服务站、打贮草站和草原监理站等草原服务机构102个,其中:草原工作站44个,草原监理站37个,抗灾打贮草站15个,草业综合服务站6个。各级畜牧兽医站和草原服务机构积极探索新形势下开展综合办站的新路子,逐步从单项服务向多项服务、生产全过程服务转变。目前全省开展综合办站的畜牧三站(畜牧兽医站、草原站、经管站)有43个。

(胡中青)

新疆维吾尔自治区

1978年8月,新疆农科院畜牧兽医研究所分设为畜牧科研所和兽医研究所,同时自治区畜牧厅成立草原研究所。到1979年,三个所的职工已发展到149人。1982年6月,在上述三研究所基础上成立了新疆畜牧科学院,当时有职工210人,其中科研业务人员131人。内设畜牧、兽医、草原、科技情报4个研究所。1998年又增设饲料科学研究所,目前全院职工410人。其中专业技术人员304人,高级专业科研人员已达97人(正高18人),中级专业科研人员118人,初级专业科研人员49人。

在科研机构和科研队伍不断充实的同时,科研技术装备和科研手段也得到不断改善。目前除5个研究所拥有一批国内外先进水平的仪器设备外,还先后建成新疆家畜生物工程实验中心和绵羊育种研究中心。前者已拥有牛羊胚胎移植、胚胎分割等仪器设备,后者则是澳大利亚政府援助的大型科研项目,拥有当今世界绵羊育种各项先进仪器设备,总价值达240多万澳元,并协助在澳培训高级科研人员30多人次。

新疆地州畜牧科研机构有4个,阿勒泰地区畜牧研究所成立于1976年6月,昌吉回族自治州、巴音郭楞蒙古自治州畜牧研究所先后于1984年5月和10月成立,1985年5月,伊犁哈萨克自治州畜牧研究所成立。到1985年底,上述4个研究所拥有职工59人,

1998年末增加到139人。此外,在阿克苏地区还设有绒山羊研究中心,开展绒山羊的专项研究。

在自治区科研体系建设的同时,新疆畜牧科技推广体系亦不断得到加强与完善。1978年底,自治区、地(州)、县(市)、乡(镇)四级畜牧、兽医、草原站共有715个,拥有职工5 986人。1998年,全区四级站增加到1 165个,职工总数达到12 905人。其中技术人员8 764人,占职工总数的67.9%。至此,全疆自治区、地(州)、县(市)、乡(镇)四级畜禽繁育改良、兽医防治、草原保护与建设的技术服务网已经基本完善。

(唐 萌)

典型经验介绍

天 津 市

改革开放以来,天津市畜牧科技事业有了全面发展,在促进畜牧业科技进步,发展生产方面起到了十分重要的作用,目前,全市蛋鸡、生猪的主要生产技术指标位居全国二、三名,商品瘦肉猪的瘦肉率达以上,平均日增重700克以上,生猪出栏率达成89%,蛋鸡平均单产14千克以上。猪、鸡的良种覆盖率达98%以上。禽病的诊断及防制能力、畜禽防疫和检疫能力均属上乘。据测算,近期年来科技进步对天津市畜牧业经济增长的贡献率已由“六五”期间的35%提高到61.8%。天津市畜牧科技事业的发展主要表现在以下几个方面:

【构建了科技创新体系的基本框架】 十一届三中全会以来,天津市加强了对畜牧业科技设施的建设,建成了动物生物制品、动物营养、家畜 繁殖为重点学科或优势技术的市畜牧兽医研究所,3个设有畜牧兽医专业的农业院校,兼有禽病防治技术研究与技术推广、培训功能的禽病诊断培训中心,以及宁河原种猪场为代表的一批科技产业型企业。与此同时拥有了一支专业、学科基本配套、具有一定研究、推广、教学水平较高的科技队伍,现有高中级科研人员名,专业教师31名,博士(含在读)6名,硕士生6名。基本具备能够支撑全市畜牧科技和畜牧经济可持续发展的创新能力,使全市知识创新、技术创新的综合能力达到国内同待业先进水平。

【技术推广体系日臻完善】 市、县、乡三级技术推广机构(畜牧兽医站、中心及动物检疫站)235个,有技术推广人员工357名,中级以上人员名,占22.77%。民办科技服务组织蓬勃发展,已有农民科技协会、研究会及示范户近千个,460名农民技术人员评定了技术职称,近万名饲养专业户获得了绿色证书,成为畜牧业实用技术示范推广的生力军,形成一个以国家畜牧兽医技术推广机构为主体,农业院校、科研单位、广大农民积极参加,牧、科、教三结合的科技推广体系。

1994年以来,农业部组织实施的乡畜牧兽医站“三定”工作,进一步稳定了基层推广机构。乡镇基层站凭借政府赋予的业务职能,在市场经济的大潮中,不断更新观念,努力拼搏,经济实力不断增强,充满了生机与活力。

【科教兴牧成效显著】 1980年以来,以各级各类科技项目为载体,围绕畜牧业发展中的关键技术问题,以畜禽优良品种引进、选育及综合配套技术、饲草饲料营养及粗饲料加工技术、主要畜禽疫病综合防制技术、动物检疫检验技术、科学饲养工艺及管理技术为重点,组织重点研究攻关、科技开发、示范与推广等,均取得了一批具有国内领先或先进水平的科技成果,有的成果(含阶段性成果)填补了国际或国内空白。据不完全统计,截止1998年底,全市组织实施各类科技项目136项,其中国家、部级项目16项,获得部、市级奖励66项,其中市畜牧局组织的科技项目55项,国家、部级项目13项,分别占全市实施畜牧兽医类项目总数的40.4%和81.3%。目前已完成32项,获部、市级科技成果奖励29项,其中一等奖3项,二等奖13项,三等奖13项。这些项目中,研究类占25%,其成果具有鲜明的地方特色,转化率高达100%;推广类占75%,及时将国内外最新技术引进应用到畜牧业生产中,转化为巨大的社会、经济、生态效益,将全市的科技推广工作提高到一个崭新阶段;先后两次获得市科委科技成果推广优秀奖二等奖。在推进畜牧业标准化建设方面,以其系列化和数量优势,在全市农业标准化工作中名列前茅。先后组织实施了标准化项目23项,修订、制定、颁发地方标准和企业产品标准化项。承担完成的国家级畜牧业标准化示范区项目以90.9分的优异成绩通过了国家验收。

近年来开展的国外智力引进工作,收到显著效果。全市通过农业部及市智力引进办先后从丹麦、荷兰、美国、以色列、加拿大、韩国、英国、法国及日本等国引进智力,对技术人员进行培训,并率先从加拿大引进先进检测仪器,在肉品卫生质量检测工作中推广应用,大大提高了肉品卫生质量检测的速度和准确性,为市政府“放心肉”工程发挥了保驾护航的关键作用。此外,还从英国、法国、丹麦、澳大利亚等国引进了优良种畜禽20多个品种。

畜牧业成人教育作为提高全市畜牧业专业技术人员、管理人员及生产人员基本素质的重要渠道,历来受到各级领导和群众的高度重视,并且发挥了不可估量的作用。20年来,通过采取岗位培训、学历教育、继续教育等多种形式,为一大批优秀科研骨干、学科带头人、推广人才、农民技术人才的成长创造了条件。与各类推广项目结合，年培训 3 000～6 000 人次，近两年 10 万人次参加了各种类型的培训班。智力投入明显地提高了各类人员的知识水平，市政府育才工程启动后，市级推广部门已培养了两名博士生；基层乡站与年代相比，大专以上学历提高 6.98 个百分点，中专（高中）学历提高 34.3 个百分点。全市畜牧业成人教育、培训工作，专业技术人员继续教育工作连续数年被评为市级先进单位并受到表彰。

（天津市畜牧局供稿）

建立激励机制　促进科技转化

——天水市秦城区畜牧部门积极探索技术有偿服务新路子

甘肃省天水市秦城区针对养殖技术市场需求越来越大的形势，大胆创新，从转变服务职能入手，鼓励技术进入市场，从 1994 年技术人员蹲点办场、开展科技承包试点开始，到目前已发展成为科技与场（户）“联姻”，风险共担、利益均沾的共同体，初步探索出了畜牧技术入股有偿服务的新路子。有偿服务，不仅促进了畜牧实用技术的推广应用，壮大了自身，改善了服务条件，而且促进了畜牧业生产的持续发展。1998 年全区肉、蛋、奶产量分别达到 1.63 万吨、5960 吨、788 吨，比 1994 年分别增长 130.3%、185.7%和 8%。全区畜牧业总产值达到 1.89 亿元，比 1994 年增长 1.1 倍；农民人均牧业收入达到 345.8 元，比 1994 年增长 88%，占农民人均收入的 1/3。他们的主要做法是：

1. 转变服务职能，使科技转化为生产力。为了使技术优势转化为经济优势，实行了目标管理责任制。每年区政府与各乡政府、农牧部门签订双轨目标管理责任书。区畜牧兽医站、动检站在技术人员中推行了技术承包责任制，组织区、乡站 146 名技术人员对全区 22 个乡的 38 个规模养殖示范村和 20 个重点养殖场进行技术承包。技术人员在一线开展技术培训、咨询服务，取得了良好的效果。

1995 年，区委、区政府为了贯彻落实省政府《关于加快发展畜牧业的决定》精神，建立了“特色创新工作法”，技术人员纷纷下基层，蹲点包村，包户办场。当时驻区 84802 部队第一次建场养猪，因技术管理不善，30 多头种猪几乎“全军覆没”，畜牧部门主动与部队联系，由部队出资建场，区畜牧兽医站派出一名畜牧师负责猪场的设计、引种及技术服务，新建成 7 幢、84 间的第一座工厂化养猪场，为部队培训军地两用人才 300 多人，帮助指导办起了 7 个连队养猪场，养猪 720 头；鸡场 1 个，养鸡 15 000 只，创收万余元，成为全区科学养殖和军民共建“菜篮子”的典型，这也是该区开展技术创新取得成功的一个良好开端。4 年来，该区大胆鼓励技术进入市场，提倡技术人员蹲点办场，以技术入股的形式广泛开展技术有偿服务，走出了一条科技兴牧的新路子，有力地促进了全区规模养殖的发展。

1998 年全区各类规模养殖户达到 8 768 户，饲养畜禽 32.1 万头（只），比上年增长 23.3%和19.8%；兴办家庭养殖场 103 个，饲养畜禽 3.58 万头（只），养殖龙头企业 6 个，饲养畜禽 12.03 万头（只）；肉狗、银狐、甲鱼、鹌鹑、乌骨鸡、梅花鹿等特种养殖场 10 个。畜牧业生产呈现出“八畜兴旺”，多元化发展的新格局。

2. 与养殖场（户）“联姻”，互惠互利共同发展。怎样使农户与科技人员结成风雨同舟，利益共享的经营共同体？秦城区在这方面进行了有益的探索。几年前，在农村养殖大户高薪聘请技术员作“参谋”的苗头出现时，区农牧局作为政府的职能部门，因势利导，大胆决策，积极推进技术与养殖场专业户“联姻”，即以区农牧局、区乡畜牧兽医站的技术力量，按场、户饲养畜禽多少，每个技术人员承担一个或几个村、场、户养殖的技术指导，具体包括圈舍设计、良种引进、繁育、育肥、防检疫、提供饲料配方和饲养管理等技术服务。作为与场、户联建养殖场的股份，并逐年加大技术入股份额，开展技术与场、户结成利益共同体的有偿服务。将畜牧技术以股份的形式长期固定下来，使技术发挥更大的效益。

具体做法是：农技员与单位签订责任书，与场、户签订合同，或自已创办养殖场、服务性实体，单位工资照发、津贴暂扣，收益分配形式不拘一格，由双方约定，或发效益工资，或年终一次性兑现奖罚，农技员则向局（站）上缴一定数量的管理费，取得的成绩作为职称晋升的依据。有偿服务，极大地调动了科技人员和农户“联姻”的积极性。全区 7 个畜牧业开发小区中的养鸡场和养猪场以及 20 个养殖专业村，都有局里常年派驻技术入股的科技当家人。区畜牧站 23 名技术人员，以有偿服务的形式为 210 个养殖场、户、村，提供技术服务和药械供应，开展技术承包的人员占全站在岗人员的 70%。目前已发展千只以上养鸡、百头以上养猪龙头企业 35 个，饲养畜禽 18.6 万头只。兴旺种畜禽有限公司 1998 年鸡饲养量达到4.4万只，现存栏 3.4 万只，其中良种种鸡 1 万套，年孵化出售良种雏鸡 120 万只，总收入 501 万元，纯收入 178 万元。同时，辐射带动天水、陇南、定西等 6 个地市 15 县区养殖户1 100多户，为各养殖场提供各类兴旺系列浓缩、全价配合饲料 3 万吨，并连续两年被区委、区政府命名为特色创新企业和规模养殖企业，取得了较好的经济和社会效益。汪川乡河南村有规模养猪示范村 49 户，1998 年养猪 980 头，产值达 98 万元。在区、乡畜牧站技术人员的指导下，由于实行良种良法喂养，充分利用粉渣、配（混）合饲料，大大降低了饲养成本，人均牧业收入 510 元，牧业产值占全村农业总产值198万元的49%。区畜牧站兽医师何艇，1996年与单位签订合同，作为正大集团驻天水的总代理，常年为养殖户提供良种、饲料、兽药等全方位的服务，每年向养殖户提供正大系列饲料1 000多吨，为单位创收上万元，他本人因此也获得丰厚的回报。同时，技术有偿服务收入增加，为改善了服务设施、增强服务功能创造了条件。

3. 技术有偿服务，使乡站扭亏为盈。由于种种原因，前些年不少乡站处于人去站空，“线断网破”的境地。为了改变这种状况，他们切实加强乡站人员的思想、组织建设，完善管理制度，开展创建“明星”、“达标”乡站活动。落实了乡站“三定”工作，在招聘50名乡站畜牧兽医技术干部的同时，稳妥改革经营机制，积极实行技术有偿承包。制定了“统一管理、分散经营、责任到人、区管乡用”的经营管理办法，使乡(镇)畜牧兽医站出现了新的生机，改变了前些年“线断、网破、人散”的被动局面。区、乡、村三级服务体系基本健全。各乡(镇)畜牧站为加强对基层的综合服务，增加了改良配种、饲料代销、兽药供应、肥猪屠宰、皮毛及中药材收购等项目，向养殖户提供种源、饲料、防疫、配种技术指导及产品销售等配套服务，综合办站取得很大成效。1998年，他们对畜禽防疫大胆改革，实行程序免疫，推广有偿防疫，统收统防制度，仅此一项年收入20万元。除去疫苗、消毒器械成本和防疫员工资外，尚盈利5万多元。乡畜牧兽医站，站站有盈余，盈余17.2万元。汪川乡兽医站开展改良畜种、畜禽防疫、兽药经销、饲料加工、技术承包等有偿服务，年收入突破万元，服务实力进一步增强，率先建起了二层办公楼，乡站面貌焕然一新，各项工作在全区名列前茅。

4. 技术入股，养殖场(户)管理水平不断提高。推进技术入股、有偿服务的新机制，彻底改变了服务与生产“两张皮”的现象。技术人员的责、权、利分明，从浮在面上沉到了点上，与养殖场(户)结成了风险共担，利益均沾的共同体。技术人员有了用武之地，各种新技术直接应用于生产，经营规模、管理水平不断提高。既提高了畜牧业科技含量，增加了养殖场(户)收入，丰富了“菜篮子”，又使科技人员的劳动价值得以实现，调动了他们为经济建设服务的积极性。银达养殖场是秦城区集良种猪繁育、蛋鸡饲养、甲鱼养殖、蘑菇栽培、饲料及面粉加工于一体的综合性规模养殖场，他们派驻得力技术力量，技术入股，从技术和经营管理等方面齐抓共管，取得了显著成效。1998年饲养长白、大约克、甘白等良种种猪100头，年繁育推广瘦肉型猪1 500多头，饲养蛋鸡1.0万只，建起密闭式日光玻璃温室甲鱼池一幢，养甲鱼800余尾，年产香菇上万千克，加工饲料10万千克，成为全区规模养殖的龙头企业。天水首家良种肉犬繁育场，1998年7月份建场初期，由于技术不过关，死亡严重，他们派驻两名中级技术人员指导，控制了疫病的蔓延，目前存栏肉种犬200多只，并在饲料配制、疫病防治、科学管理等方面驻场服务，取得了显著成效。

(甘肃省畜牧局供稿)

畜牧兽医绿色证书典型介绍

吉林省长岭县已累计培训农牧民4 000多人，其中50%获得“绿色证书”。在获得“绿色证书”人员中，村级兽医员、良种繁殖改良员占30%，村干部占46%，专业户占30%，培养了一大批有文化、懂技术、善经营、会管理的致富能人。该县前进乡“绿证”学员带头养鸡，起到示范作用，全乡13个村都办起了蛋鸡场。1995年引进蛋鸡6万只，当年获利20万元。在“绿证”学员的带动下，1997年全乡蛋鸡饲养户达206多户，饲养良种蛋鸡15万只，当年获利50余万元。同时还以服务体系为依托，成立了科技服务公司，建立了饲料加工厂、禽蛋回收站，制定并落实了“产前四帮、产中三包、产后一保”的责任制度(即帮建舍、帮配料、帮贷款、帮引雏、包防疫、包治疗、包技术指导、包产品销售)，促进了畜牧养殖产、加、销一体化。

重庆市大足县龙岗镇80年代实施的蛋鸡工程，由于缺乏饲养和防疫技术，鸡死亡率超过49%，经济效益呈负增长，影响养鸡生产积极性。1995年，龙岗镇、付龙镇开展了养鸡“绿证”培训，使学员掌握了从育雏到产蛋各个环节的养鸡技术。1996年农户的雏鸡成活率达到93.8%，育成率达96.7%，蛋鸡的死淘率控制在7.8%以下。每只蛋鸡平均盈利20元以上，取得了显著的经济效益。龙岗镇红星村“绿证”学员李金生，1995年参加了县里组织养鸡“绿证”培训，养鸡技术有了很大提高，当年饲养的800套父母代种鸡盈利2万多元。1997年种鸡饲养达4 000多套，承担了全县50万蛋鸡工程供种的主要任务，先后为农户提供优良种鸡苗50多万只。在他的带动下，有93户农民成了规模养鸡户，饲养蛋鸡18万只，年收入高达200余万元。

黑龙江省安达市中本镇养鸡专业户姜思超，在“绿证”培训中着重学习雏鸡饲养技术和鸡病防治技术，并与实践相结合，饲养水平提高很快。在雏鸡饲养阶段，除按时搞好防疫外，在饮料中拌入预防鸡白痢、缺矽等病的药物，使雏鸡的的成活率在90%左右，平均每只鸡年产蛋220~250枚，每只蛋鸡获纯利达20~25元，年收入在5万元以上。

湖南省宁乡县共培训“绿证”学员2 128人，占全县农业人口的0.2%，获得“绿证”人数1 568人，其中368人成为村干部，573人参与畜牧业社会化服务体系建设，342人成为养殖业技术推广的专业户和示范户，84%的“绿证”学员能一户带三户，发挥示范作用。全县实施“绿证”后，农民纯收入增加 1 026 元，上升 79%。

（全国畜牧兽医总站供稿）

青海省

1.80年代初，开始探索在发展高寒畜牧业中引进塑膜暖棚饲养技术。经小试和中试，至大面积推广，目前青海东部农区猪禽大户基本实现暖棚化，已成为农民饲养猪禽必不可少的重要设施。在牧区的推广，使牧民从暖棚舍养羊技术中得到显著的经济收益。据统计，1998 年，全省暖棚养猪占到养猪数的 82%，从棚内养猪增加产肉量和缩短饲养期、节省饲料两项计算，全省养猪业每年增加经济效益 8 722 余万元。青海省海北藏族自治州，采用暖棚养羊技术，占绵羊总数的 50%以上。从增加绵羊体重、提高繁殖成活率、减少死亡、增加产毛量各项计算，全州养羊新增经济效益 2 810 余万元。

2. 瘦肉型猪饲养技术推广。青海省互助、民和等 6 个养猪大县，通过优良瘦肉型猪与本地猪的杂交改良，产生二元或三元瘦肉型商品猪，采用科学饲料配方和饲喂方法、实行计划免疫、适时出栏、冷季暖棚等综合配套技术，获得饲料报酬高、饲养周期短、出栏率高、瘦肉多、经济效益好的效果。每年的纯收益达 5 470 余万元。

（胡中青）

教育培训

北京市

1. 成人教育情况。改革开放以来，北京市畜牧行业成人教育走上正轨。主要教育培训基地有：北京农学院、北京市农业学校、北京市畜牧学校、各区（县）农业职高等。中国农业大学（原北京农业大学）、农业广播学校等，为北京市在职（在岗）人员提高畜牧科学技术素质作出了贡献。

2. 绿色证书实施情况。90 年代初，北京市郊区部分县区开展了绿色证书培训活动，并在部分岗位试行凭绿色证书上岗制度。特别在国务院发布《关于积极实行农科教结合推动农村经济发展的通知》中提出“要逐步建立和完善农民技术员职称制度和农民技术资格证书制度”后，市委在 1992 年 1 号文件《中共北京市委贯彻〈中共中央关于进一步加强农业和农村工作的决定〉的意见》中也提出了“改革农村用工制度，逐步实行农业凭‘绿色证书’上岗”的要求。据此，市政府农办、市科委等联合制定印发了《关于印发〈在北京市郊区实行“绿色证书”制度的意见〉的通知》，同时，分别成立了市、县领导小组和办公室。按照要求，市畜牧局制定了畜牧兽医绿色证书培训教学大纲、考试考核方法及实施方案，并按年度计划开始了全面组织资格考试和考核工作。1990—1998 年，全市畜牧兽医行业累计培训 81 195 人。“绿色证书”培训人数 9 970 人，其中获取证书人数 4 805 人。绿色证书制度的实施，极大的调动了畜牧行业从业人员学科学、用科学的积极性，加快了畜牧兽医科技知识的普及和应用，取得了良好的社会效益和经济效益。

全市自 1997 年开展农民技术职称评审以来，670 个农民有了畜牧兽医技术职称。其中高级畜牧、兽医师 18 人，中级畜牧、兽医师 153 人，助理畜牧、兽医师 271 人，技术员 228 人。

（李全录）

河北省

本着“实际、实用、实效”的原则，普遍开展技术培训工作。1998 年全省各地共举办各类初级技术培训班 2 800 多期（次），培训各类技术人员和农民群众 63 万人（次）。具体做法是：

（1）充分利用“科技大集”向农民宣传、传授畜牧养殖技术。1998 年全省各级畜牧部门共搞集日宣传 80 余次，发放“养殖技术资料”、“明白纸”50 多万份。受到广大农民的欢迎。

（2）充分利用电视、广播讲授养殖知识。1998 年 10 月，河北省畜牧局与河北省妇联、河北省广播电台联合举办了《百千万农家女百项致富新技术知识竞赛》活动，受训人数达 7 万余人，极大地提高了广大农村妇女的养殖技术水平。

（3）结合“绿色证书工程”举办各类畜牧养殖技术培训班，手把手传播畜牧养殖技术。重点讲授疫病防治、饲养管理等知识，深受广大群众的欢迎。1998 年全年仅唐山丰南市就有 3 000 多人次受训，75 名畜牧业技术人员获得绿色证书资格。

通过宣传、教育、培训，使广大农民了解了畜牧科技，增强了投资养殖业的信心，调动了广大农民依靠科技发展畜牧业的积极性，促进了河北省畜牧业的发展和技术进步。

（河北省畜牧局供稿）

内蒙古自治区

教育培训是提高畜牧业科技含量的一项重要工作。多年来，内蒙古自治区以畜牧业“丰收计划”项目和适用技术为中心内容，按照“统一规划，分级实施，分头负责，各有侧重”的原则，采取现场指导、录像片教学、以会代训、专题讲座、集中授课等灵活多样的形式广泛开展科技培训，全年培训农牧民在 69 万人次以上。与此同时，全面开展了“绿色证书工程”，培训畜牧兽医“绿色证书”学员 22 984 人，其中已获得“绿色证书”的村级畜牧兽医人员 5 132 人，畜牧业的专业户和示范户 7 434 人。这些获证学员在畜牧业生产中崭露头角，成为科技兴牧的带头人。

（呼 格）

山 东 省

1998 年，山东省共有全日制畜牧兽医专业在校生 6 843 人，其中硕士研究生 37 人，本科生 1 485 人，专科生 241 人，中专生 5 080 人；招收函授生 785 人，其中研究生进修班 50 人，本科生 115 人，专科生 230 人，中专生 390 人；招收业余本科生 150 人，专科生 1 420 人；有 1 250 人参加高等教育畜牧兽医专业自学考试；举办各类培训班 57 期，培训人员 15 600 余人，其中农民参加培训 10 000 余人次，获得“绿色证书”的 2 300 人。教育培训体制改革初见成效，全省已经建立起以山东农业大学、莱阳农学院等高等教育为龙头，以中等专业教育和职业技术教育为龙身的教育培训体系。适当调整招生结构，直接招收农村从事畜牧生产的高、初中毕业生，毕业后回原地工作。在全国率先开办了畜牧、兽医专业高等教育自学考试，逐步推行高等职业教育、职业技能培训和“绿色证书”工程，提高了广大从业者的素质，确保了畜牧业持续健康发展。

（山东省畜牧局供稿）

河 南 省

1998 年，河南省畜牧系统的教育培训工作主要有如下四项：

1. 认真贯彻落实高级知识分子政策，为他们创造良好的工作学习条件。1999 年共审查、推荐河南省优秀专家 12 人，享受政府特殊津贴 1 人，河南省跨世纪学术和技术带头人 1 人，农业技术推广研究员 4 人。李玉兰、朱广祥、崔增田、赵永庆四同志获农业技术推广研究员职务。

2. 大力表彰基层科技人员，激励广大科技人员工作积极性。1998 年审查、推荐淇县畜牧兽医技术服务中心王清彬同志申报中华农业科教奖神内基金农技推广奖，推荐内乡县农民秦英琳同志申报农户奖，二同志均获奖励。推荐确山县畜牧局李振清同志申报全国“绿色证书”先进个人。

3. 技术培训。1998 年组织全省动检技工及局所属单位畜牧兽医技工技术培训，共培训 1 170 人，编制了培训教材，组织了考试、评卷工作，经省人事厅审批发放了技工等级证书。同时，我省畜牧系统开展了多种形式的技术培训，提高了干部职工业务素质和理论水平，提高了处理实际问题的能力。

4. 加强科技队伍建设。1998 年各级畜牧兽医部门吸收了一批大中专院校毕业生，充实了一线科技推广队伍。全省畜牧系统国有单位各类专业技术人员达到 8 179 人，其中技术推广部门 6 339 人，县、乡两级达到 5 870 人，与 1997 年相比，均有不同程度增加。全省畜牧系统具有高级职称人员 358 人（其中正高级 8 人），中级职称人员 2 750 人，其中县、乡两级技术推广部门具有中、高级职称人员 2 303 人。还有部分干部职工在做好业务工作的同时，认真学习专业知识，通过函授、自学考试等多种形式，获得一定的学历资格和专业技术任职资格。全省畜牧系统国有单位具有本科以上学历人员达到 957 人，大专学历 3 623 人，中专以下学历人员 3 599 人。

（河南省畜牧局供稿）

甘 肃 省

甘肃省始终注重畜牧兽医科技人员的继续教育，不断提高科技人员的素质。以短期培训为主，脱产学习和自学、函授相结合的方式，重点对省、地、县畜牧、兽医、草原技术推广单位的中青年技术骨干，按原有技术、学历水平，分层次进行培训提高。1978—1988 年，全省畜牧系统有 19 476 人次接受了继续教育，其中参加高级研修班 219 人，中级研修班 475 人，实用技术培训 18 782 人。1998 年，有 181 人次接受了继续教育，其中参加高级研修班 4 人，中级研修班 18 人，实用技术培训 159 人。通过培训，使的专业知识和技能得到补充、更新、拓宽和加深，从而更好地适应现代畜牧业的需要。

领导干部的岗位培训主要是以县以上主管畜牧兽医工作的领导干部为对象，在较高文化层次上进行的培训，学习内容主要为畜牧业现代化管理、科学决策、经济学原理、现代科学知识等。1978—1998 年，全省畜牧系统县以上领导干部有 2 291 人次参加了培训，其中地厅级 58 人，县处级 101 人，县局级 2 132 人。1998 年，有 124 人次参加培训，其中地厅级 7 人，县处级 36 人，县局级 81 人。

在畜牧成人学历教育方面，自 1978 年以来，依托省内外高、中等畜牧兽医教学单位，遵循按需施教、学用结合的原则，使 310 多人受到了高等学历教育、1 000 多人受到了中等学历教育。1998 年，有 90 名科技人员参加了在甘肃省畜牧学校开设的职工中专班。

【“绿色证书”工程实施情况】 1998 年，甘肃省的畜牧兽医“绿色证书”工作在试点的基础上已在全省 78 个县（市）的 1 248 个乡镇实施，分别占全省总县数和总乡镇数的 90.69% 和 81.46%。在各级行政、业务部门的高度重视和密切配合下，全省共培训畜牧兽医专业“绿证”学员 14 000 多人，获证者 8 317 人。1978 年以来，全省共培训畜牧兽医“绿证”学员 19 582 人，持证人数达 12 862 人。

（孟文学 于 轩）

青 海 省

1. 专业教育。1998 年高等专业院校毕业 167 人，其中畜牧专业本科 30 人，兽医专业本科 28 人，草原专业本科 29 人，食品卫生检验专科 40 人，饲料工程专科 40 人；在校学生 755 人，教职工 190 人。1998 年中等专业学校毕业 235 人，其中畜牧兽医专业 101 人，兽医专业 36 人，畜牧业经济管理专业 65 人，草原专业 33 人；在校学生 1 264 人，教职工 198 人。

2. 成人教育。1998 年成人大专毕业 28 人。在校专科学生 48 人，职校学生 178 人。成人中专毕业 69 人，职业中专毕业 44 人。这些学员大部分来源于牧区六州的第一线的牧民子女，一小部分来源于海东各县的农民子弟。

3. 技术培训。主要从 3 个方面进行：一是选派部分管理干部、技术骨干、送国内外考察、研修培训，或邀请专家来省讲学，研讨畜牧业重大问题；二是专业技术和管理人员培训；三是农牧民实用技术培训。1998 年，高中级人员培训 110 人，专业技术培训 1 000 人(次)，实用技术培训 10.5 万人(次)，科普宣传、咨询服务等培训 14.7 万人(次)。

1998 年，在海西州格尔木市、乌兰县，海北州刚察县，海南州的共和、同德共 5 县市举办畜牧兽医“绿色证书”培训班 12 期，培训农牧民学员 1 100 人。

(赵月德)

新疆维吾尔自治区

1998年新疆畜牧系统各部门开展了多层次的干部技术培训，共举办各专业培训班16个，计划培训3 591人，实际培训3 541人(见表)。

1998 年新疆畜牧系统培训人员表

培训内容	招收人员		培训内容	招收人员	
	计划培训人数	实际培训人数		计划培训人数	实际培训人数
畜牧局长岗位培训	240	240	饲料兽药、检验监督培训	400	400
畜牧师岗位培训	40	10	科技示范区技术人员培训	167	167
畜牧饲养技术管理班	40	20	水产品检疫	200	200
卫生检疫专业	40	40	定点屠宰检疫学习班	80	80
畜牧兽医专科班	80	80	动物疫病监督(兵团)	720	720
乡一级畜牧技术骨干培训	355	355	检疫执法业务人员培训	500	500
饲养班	35	35	草原监理人员培训	360	360
液氮班	38	38	电脑培训	296	296
合计	3 591	3 541			

(唐 萌)

(本栏目主编 刘 琳)

饲 草 饲 料

改革开放以来，我国大力发展工业饲料生产，加快粗饲料的开发利用步伐，积极推广农闲田种草养畜技术，有效地提高了饲草饲料的产量和质量，推动了畜牧业的持续稳定发展，为满足市场供应，提高人民生活水平做出了重要贡献。1998年我国饲草饲料生产继续保持较高的增长水平，产量进一步提高，产品结构日趋合理，保证了畜牧业生产的正常进行。

【工业饲料生产】 我国饲料工业是从十一届三中全会以后逐步发展起来的，特别是国务院颁布的《1984—2000年全国饲料工业发展纲要(试行草案)》，制定了国家饲料工业的发展目标、方针、政策措施，推动了全国饲料工业的迅速发展，经过近20年的努力，基本建成了较为完整的饲料工业体系。

1998年，全国饲料加工企业12 435个，其中时产5吨(含5吨)以上的企业1 792个，形成年双班生产能力10 301万吨。配混合饲料产量6 599万吨，比上年增长4.8%，其中配合饲料产量5 573万吨、浓缩饲料887万吨，添加剂预混料138万吨。在配合饲料总产量中，猪料约占42.0%，禽料约占47.8%，鱼虾及其他料约占10.2%，饲料工业总产值856.8亿元(按1990年不变价计)，饲料企业从业人员约47.7万人。

【粗饲料生产】

1. 秸秆利用状况。1998年，全国青贮饲料已突破1亿吨，达1.1亿吨，比上年增长13.6%；氨化秸秆4 512.7万吨，增长22.5%；秸秆处理利用率升至13.6%。秸秆饲用总量(青贮饲料、氨化秸秆和直接饲喂的秸秆)2亿吨，折算约合饲料用粮(按“燕麦饲料单位”计算)5 000多万吨。到1998年底，国家批准秸秆养畜示范县271个，目前实际保留268个，其中养牛示范县212个，养羊示范县56个；全国有122个示范县已陆续通过省、部和国家级验收。

2. 商品草生产状况。按牧草品种统计，1998年我国种植多年生牧草51种，年末累计保留面积695.75万公顷，其中当年新增115.7万公顷，生产紫花苜蓿、沙打旺、白三叶等商品草约110万吨。种植一年生牧草443.33万公顷，比上年增加12.5%。另外，1998年我国青饲料种植面积也有了较大增长，丰富了我国的商品草市场。商品草的生产和流通对提高牧草质量和畜牧业生产水平，解决地区间的料畜供应问题和提高种草的经济、社会和生态效益均起到了十分重要的作用。

【农闲田利用】 我国有丰富的可利用农闲田资源，其中，南方有可利用冬闲田1 073.33万公顷，黄淮海地区有333.33万公顷冬闲棉田，北方干旱区有666.66万公顷左右夏秋闲田，我国还有666.66万公顷果园隙地。这些共约2 666.66万公顷左右的农闲田资源为我国饲草饲料生产提供了广阔的空间，蕴藏着巨大的开发潜力。全国除新疆、青海、内蒙古、辽宁、黑龙江、西藏、北京、天津、上海等省地外，其他省、区、市均有一定数量的农闲田资源。近些年来，这些省、区、市均已不同程度地开展了农闲田的开发利用工作。

1998年我国利用农闲田种植饲用大麦、光叶紫花苕等各类牧草230.61万公顷，比上年增长10.8%。其中冬闲田、夏秋闲田、果园隙地、四边地种草面积分别为102.93万公顷、36.41万公顷、14.87万公顷、75.49万公顷，分别比上年增加4.66万公顷、-6.06万公顷、0.41万公顷、13.25万公顷；种植紫云英绿肥作物250.4万公顷，种植粮食、蔬菜等作物45万公顷，分别比上年减少5.66万公顷、18.6万公顷。利用农闲田种草养畜，1998年可增加3 500万~4 000万个绵羊单位的生产能力，对发展农区草食性畜生产，缓解天然草场压力，促进农民增产增收发挥了积极的作用。

(全国畜牧兽医总站 员旭疆)

工业饲料生产

北 京 市

北京市的饲料工业起步于1975年，伴随规模畜禽场的建设迅速发展。目前已形成较为完整的饲料工业体系，其中包括饲料加工工业、饲料原料工业、饲料添加剂工业、饲料机械制造工业、饲料经营贸易企业和饲料科研机构。截止到1998年全市有饲料加工企业200多家,拥有固定资产2亿多元,年生产加工能力为250万吨,年综合产值20多亿元。饲料销售网点近千个,遍布城镇乡村。

全市饲料行业由北京市饲料办公室和北京市饲料工业协会实行统筹、管理、协调、指导和服务。1977年市政府批准成立了北京市饲料研究所,并创办了《饲料研究》杂志。

1976年市政府批准在区(县)和公社两级相继建立饲料公司和饲料站,饲料机构从上到下逐步健全,并在每个区(县)筹建1座混合饲料加工厂普及推广混合饲料,从而改变了长期喂单一料的落后状况。

1984年国务院转发了《1984—2000年全国饲料工业发展纲要(试行草案)》,市政府为此专门发出通知,将饲料工业列为重点项目,在贷款、税收等发面给予优惠。

1979年南苑、东沙配合饲料厂相继建成投产。1980年,全市有大中型饲料厂10座,小型加工点60余处,加工能力达28万吨。1990年底,全市饲料加工企业发展到136家,年双班生产能力达160万吨。1992年,生产配合饲料220万吨,占全国的6%,全市配、混饲料比重达95%,其中颗料饲料产量30万吨。1998年,全市200多家饲料加工企业,其中年产万吨以上的26家,5 000~10 000吨的52家,5 000吨以下的58家。

改革开放后,北京的饲料工业在引进新技术,引进外资,引进先进的企业管理方法,不断提高饲料工业的现代化水平等方面有了新的进展。粮食局合资企业——北京正大饲料有限公司、市畜牧局所属宏达饲料厂、中旺添加剂厂、水产系统北京友谊饲料发展有限公司等,其设备均为国际80年代先进水平,对我市饲料工业的发展起到了一定的推动作用。

配合饲料的应用使畜禽饲料报酬大大提高,"七五"期间,生产配、混料共646万吨,配合料占467万吨,按配合料可节粮39%、混合料可节粮20%计算,5年内节粮176万吨,相当北京市一年粮食总产量的72%。为合理利用饲料资源,提高饲料质量,降低饲料成本,广大科技工作者通过大量科研试验,挖掘非常规蛋白饲料(如棉籽饼、菜籽饼)等,开发出多项有效新技术,在生产中应用推广,获得了显著经济效益。北京市畜牧局和北京农业大学畜牧营养教授共同主持的"以可利用氨基酸指标配制蛋鸡平衡日粮的研究应用"获得成功,在1992年第19届世界家禽学会上发表,被收录在大会论文集中,1993年初获北京市科技进步一等奖。

20多年来饲料原料和添加剂的发展也很迅速。目前,生产包括多维素、骨粉、血粉、羽毛粉、肉骨粉、氯化胆碱、磷酸氢钙、矿物质添加剂等各类企业共38家,年产各类原料、添加剂等10余万吨。

饲料机械制造业达到一定水平。1979年全国第一座自行设计,自行制造,实现自动控制、时产10吨级的北京市南苑配合饲料厂建成投产。1982年4月全国第一套ST-3型配合饲料加工成套设备由北京市饲料公司研制成功,并通过商业部部级鉴定,向全市、全国推广。目前,除了各种时产1吨的单机外,从时产1.5~10吨的较大型加工设备及配套微机自控系统,从工艺设计、制造到安装都可以承担,产品已遍及全国。

(云　鹏)

河　北　省

1. 工业饲料生产概况。1998年,河北省饲料工业克服了养殖业效益下降、饲料产品需求不旺等困难,取得了进一步的发展。全省建成时产1吨以上(含1吨)的饲料生产企业787家,其中时产5吨以上(含5吨)的生产企业104家,分别比1997年增加19家和12家,大型企业比中小型企业增长速度快。年末双班生产能力780万吨,比1997年增加20万吨,增幅2.6%。全省饲料产品总量581.9万吨,比1997年增加19.7万吨,增长3.2%;其中配合饲料502.5万吨、浓缩饲料64.3万吨、添加剂预混料15.11万吨。饲料加工业总产值达81亿元(现行价),完成销售收入73.9亿元,利税总额1.9亿元,分别比1997年增长4.2亿元、1.7亿元和0.11亿元,增幅5.5%、2.4%和5.6%。饲料产品总产量在全国的位次仍保持第二位。饲料产品质量不断提高,结构日趋合理,科技含量明显提高,饲料企业向着大型化、规模化方向发展。全省共有饲料添加剂(不包括磷酸氢钙)生产及分装企业102家,各种饲料添加剂总产量6.4万吨(其中氯化胆碱1.75万吨,其他4.67万吨),分别比1997年增加6家和0.8万吨,完成工业总产值3.3亿元。全省共有饲料原料(磷酸氢钙算作原料)生产企业209家,产品总产量为32.7万吨(其中磷酸氢钙7.3万吨,鱼粉7万吨,骨粉、肉骨粉5.2万吨,其他原料近13.2万吨),分别比1997年增加11家和1.8万吨。全省共有饲料机械制造专业和兼业厂家20多家,其中能生产成套饲料机械的骨干企业3家,共生产饲料机械322台(套)。产品结构趋于合理。在配合料中,猪料占111.8万吨,蛋禽料290.5万吨,肉禽料78.6万吨,鱼虾料16.6万吨,其他料4.9万吨,所占比重分别为22.3%、57.8%、15.6%、3.3%和1%。猪料比重略有下降,蛋禽料比重略上升,符合河北养殖业的特点。

在饲料工业机构设置和法制建设上取得了突出成绩,加入先进省市的行列。现已完成了省、市、县三级的机构建设,法律、法规不断完善,《河北省饲料管理条例》已列入河北省"九五"立法规划。初步形成了以饲料加工工业为主体，饲料添加剂工业、饲料原料工业、饲料机械制造工业、饲料科研、技术推广及质量监测相互配套的具有河北省特点的饲料工业体系。河北省正由饲料工业大省向强省迈进。

2. 主要工作。

(1)进一步加强饲料质量监督与管理。根据河北省政府(1995)151号令等有关法律、文件的授权及省政府确定的饲料工业办公室的职责，1998年继续对饲料生产企业实行准产证管理，对经销单位实行准销证管理，对饲料添加剂及预混料实行产品批准文号管理，并且对批准文号发放工作明显加大了力度。通过宣传，企业提高了认识，积极申请报批，全年共为25个饲料添加剂及预混料生产厂家办理批准文号44个。初步理顺了饲料添加剂行业，为河北省饲料添加剂健康、稳定发展打下了良好的基础。

(2)大力研制开发秸秆生物饲料。为广辟饲料资源，河北省饲料工业办公室会同有关科研单位及大专院校联合研制开发秸秆生物饲料。1998年进一步扩大试验范围，在河北省6市19县进行了大面积示范。通过大量调研，向河北省财政厅申报了专题，省财政给予了较大投入，加大了对秸秆生物饲料开发的支持力度。

(3)加强科技推广，推动新产品开发。为了加强对饲料原料资源、饲料添加剂及先进技术的开发和推广，提高科技含量，提高饲料工业整体水平，河北省饲料工业办公室积极组织编报了河北省1998年全国农牧渔业丰收计划申报项目——《猪用复合添加剂预混料推广应用》，已列入982001号全国农牧渔业丰收计划，国家在资金上给予了支持。并于1998年上半年组织编报了河北省新产品开发项目两个，即河北金盾饲料有限公司的强化优质鱼粉新产品开发项目和石家庄市饲料研究所的畜禽用复合添加剂预混料产品开发项目，已批准立项，并得到了资金支持。

(4)扩大宣传，实施名牌战略。为了加大对饲料行业的宣传力度，为企业办实事，河北省饲料工业办公室在资金紧张、人手困难的情况下，办起了行业内部月刊《河北饲料》，全年共发行12期，扩大了信息交流，加强了企业之间的联系。同时组织编写了《河北省饲料行业名录》。为扩大优质饲料产品的知名度，实施名牌战略，开展了河北省饲料工业协会推荐产品活动，同河北省人民广播电台“农村天地”部联合开展了“河北省名优饲料工业产品展播活动”，宣传河北省的重点饲料企业及其名优饲料产品。在1998年9月河北省政府举办的创名牌活动中，5个饲料企业的6个产品荣获了省级名牌产品荣誉称号。

(5)完善饲料质量监测和职工培训机构的建设。国家劳动部于1998年1月6日正式批准河北省建立饲料工业职业技能鉴定站，并颁发了标牌。根据鉴定站的职能要求，河北省饲料工业办公室做了大量前期准备工作，一是建立、健全组织机构并制订完善的管理制度；二是取得有关单位的支持与配合，在具备鉴定条件的河北省饲料监察所、河北省畜牧兽医服务中心、石家庄市无极饲料机械厂、石家庄市海天计算机工程公司设立培训与考核点；三是开展饲料行业技能鉴定考评员资格认证工作。同时承办了全国饲料工业行业特有工种职业技能鉴定首期考评员资格认证培训班。来自全国10个省、自治区、直辖市的117名同志参加了培训。河北省有39人被定为国家级考评员，国家饲料行业领导及各省(区、市)代表对河北饲料行业管理工作给予了高度评价，扩大了河北省饲料工业在全国的影响。

(6)充分发挥行业协会作用，搞好协调与服务工作。河北省饲料工业协会成立后，充分发挥了桥梁纽带作用。通过开展培训、研讨等各项活动，促进了企业间的交流，同时树立了形象，扩大了影响，1998年8月召开了协会理事大会，10月份和有关协会共同举办了'98河北省畜禽、饲料、兽药交易大会。协会经营部本着“围绕服务办实体，办好实体促服务”的原则，从全行业的角度出发，帮助企业宣传、经销优质饲料产品，调剂各种饲料原料供应，提供信息，全方位地为企业搞好服务，同时为增强自身实力做了准备。

(河北省畜牧局供稿)

安徽省

安徽省饲料粮资源丰富，正常年景下粮食产量位居全国第五、六位，1997年全省粮食产量2 800万吨，人均占有450.8千克，高于全国平均水平；1998年粮食因灾减产，全省产量仍达2 590万吨，人均占有418.8千克，扣除种子粮1%，工业用粮6%，损耗1%，口粮45.5%，仍有42.5%可以利用。同时，省内非常规饲料资源丰富(各种牧草、农作物秸秆、藤蔓、树叶、轻工、食品工业的废渣等)，潜力很大。

安徽饲料工业起步较晚，1982年起步，仅在一些米厂附设了饲料车间生产粗制饲料，年生产混合饲料1.14万吨；1983年省委、省政府作出《关于加快发展饲料工业的决定》，推动了饲料工业发展，80年代中期以来，进入快速发展阶段。特别是1995年以来，省政府将省饲料工业行业管理职能机构，由原来隶属于省粮食局划转省农业厅，设立省饲料工业办公室，挂靠省畜牧局，随后各地相继设立饲料管理机构；1998年4月，《安徽省饲料工业管理办法》颁布，同年7月1日正式施行，全省饲料产品开始实施批准文号管理，同时，省里成立了饲料标准化委员会，强化饲料标准和标签管理，从而使饲料行业管理步入规范化，全省初步形成了由饲料原料工业、饲料添加剂工业、饲料加工工业，以及饲料科研、教育、培训、质量监督、检测等构成的饲料工业体系。1998年底,全省建立地市级饲料管理机构10个,县级30个;全省饲料工业产值达20.06亿元(按1990年不变价计),30.74亿元(现价),饲料生产企业233个,配合饲料年双班生产能力238.32万吨,饲料产品产量153.63万吨,其中配合饲料14.38万吨,浓缩饲料8.37万吨,添加剂预混料1.01万吨,在大力发展饲料工业的同时,积极开发利用非常规饲料资源,包括农作物秸秆青贮氨化、沸石粉、膨润土、松针粉、糟粕利用等。

(潘　鑫)

山　东　省

山东的饲料工业经过十几年的发展,从无到有,初步建成了包括饲料原料工业、饲料加工工业、饲料加工机械、饲料添加剂工业以及饲料科技教育事业在内的饲料工业体系。1998年,山东饲料工业,围绕着畜牧业的持续发展,在克服诸多不利因素的情况下,仍保持较好的发展态势。饲料产量持续增长,产品结构进一步优化,产品质量和科技含量明显提高,效益情况较好。工业饲料产量创历史最高水平。全省饲料加工企业达1 557家,年末双班生产能力达1 240万吨,产品产量达677万吨,比上年增长150万吨。产品品种多样化,结构趋向合理。配合饲料一统天下的格局正在被打破。生产的品种由鸡猪配合饲料为主,发展成为鸡猪、鸭鱼虾、牛羊兔等10多个系列、50多个品种,初步形成了添加剂、预混料、浓缩料、配合饲料、混合饲料相互配套的系列化格局。1998年,配合饲料稳定发展,而浓缩料、预混料成倍增长。配合饲料达548万吨,比上年增长18.1%,浓缩料达97万吨,比上年增长1.4倍,预混料达33万吨,比上年增长91.8%。从品种看,除肉禽料略有下降外,猪料、蛋禽料、鱼虾料及其他饲料均有大幅度增长。产品质量和科技含量进一步提高。近几年,随着畜牧业的发展,山东省饲料工业进入高速发展时期,市场竞争日趋激烈。重视产品质量,增强竞争能力,已成为绝大部分企业的共识,企业普遍加大了产品质量管理的力度。1998年,农业部安排的饲料产品统检,全省抽查50家企业,合格率100%。与此同时,企业注重科技投入,加大了高品质饲料的生产和新产品开发力度。生物工程、饲料酶制剂、微生态制剂等高新技术开始应用。棉籽饼脱毒、利用畜产品废弃物进行开发蛋白饲料,已经投入生产。饲料添加剂原料维生素B_3、泛酸钙、氯化胆碱、甜菜碱、磷酸氢钙、酶制剂、菌制剂等在省内已建厂生产。企业的经济效益有所提高。

1998年,由于受持续不断的亚洲金融危机以及国内消费不旺的影响,养殖业和畜产品市场受到前所未有的冲击,养殖业效益下滑,畜产品价格低迷,这种状况一度影响了饲料工业的发展。但饲料企业按市场规律办事,及时调整结构,加强管理,降低成本,更加注重质量,努力开拓市场。从总体看,山东省饲料工业运行态势良好。

据统计,1998年饲料工业总产值达148亿元,实现销售收入109亿元,利税总额6亿元,均比上年有所提高。集团化规模化经营优势逐渐显现。随着饲料市场竞争的加剧,饲料企业深化改革,调整战略,采取兼并、联合、股份制以及产供销、科工贸一体化形式,扩大规模,其集团化竞争优势逐渐显现。象六和集团、诸城外贸集团、山东凤祥集团、聊城嘉明实业公司、山东冠宇集团、济南浓缩饲料厂等大的集团和骨干企业,无论是生产规模,还是经济效益,都处于优势地位,其产品占有市场很大份额,盈利均达1 000万元以上。企业体制更加多样化,国有企业比重下降,集体、私营和三资企业渐居主导地位。特别是私营企业和三资企业为山东的饲料工业注入了活力。1998年,私营企业由上年的600多家增加到1 000多家,三资企业达30多家。以六和、康大、壮大、金牌、潍坊中基饲料公司等为代表的一大批私营和三资企业,形成加工、销售、服务一条龙,产生了巨大的经济效益和社会效益。

依据1998年修订后的《山东省饲料工业管理暂行办法》,全省普遍开展了以整顿生产秩序,提高饲料产品质量为核心的执法检查工作,对饲料企业的生产条件和质量水平进行了把关。省里重点对饲料添加剂及添加剂预混料进行管理和规范,市地重点抓配合饲料、浓缩饲料生产经营管理工作。省市地采取各种形式举办培训班,帮助企业培训人才,提高了企业的法规意识、质量意识和科技意识。饲料产品标准、标签管理工作也得到相应加强。

(山东省畜牧局供稿)

河　南　省

1. 饲料粮资源。

(1)种植业情况。1998年全省粮食总产量3 945万吨,比上年增长1.3%,创历史最好水平。其中,小麦产量2 073.53万吨,减产12.6%;稻谷产量369.68万吨,增长7.8%;玉米产量1 079.33万吨,增长35.7%;经济作物产量有增有减。全年棉花产量72.84万吨,比上年减少7.8%;油料产量302万吨,比上年增长9.2%。

(2)养殖业情况。1998年全省大牲畜存栏1 416.84万头。牛存栏1 300.61万头,出栏1 103.64万头;猪存栏3 439.66万头,出栏3 592.88万头;羊存栏2 553.11万只,出栏2 368.08万只;家禽存栏37 738.89万只,出栏36 454.82亿只;家兔存栏1 716.41万只,出栏1 639.99万只。全省肉类总产量461.6万吨,比1997年增长14.5%。

(3)饲料粮平衡计算。河南省是一个粮食大省,

1998年的粮食总产量占全国粮食总产量的7.6%，列全国第三位；棉花和油料则居第二位，产量分别为72.84万吨和302万吨，分别占全国的16%和13.4%。1998年，全省可提供各种饲料用粮(包括小麦、稻谷、玉米、高粱、大豆、甘薯和糠麸等)，合计约2 115万吨，而猪、禽、大牲畜饲料总消耗量约为1 500万吨，粗饲料(玉米秸、麦秸、花生秧、甘薯秧等)合计约4 288万吨，各种反刍动物、食草动物实际消耗约1 900万吨。1998年全省饲料总产量422.8万吨，饲料入户率约30%，推广配合饲料技术尚有很大潜力可挖。

2. 饲料工业生产。近年来，按照国务院颁布的《1984—2000年全国饲料工业发展纲要》(试行草案)，参照农业部机构设置情况和加强饲料工业发展的有关精神，河南省做了大量工作，切实推动了全省饲料工业的发展。

(1)组织机构建设。1993年1月7日，河南省人民政府以豫政文[1993]9号成立了以李成玉副省长为组长的河南省饲料工业领导小组并下设办公室，办公室设在省畜牧局，河南省畜牧局局长任办公室主任。1995年10月，省畜牧局在机构改革中成立了饲料工业处，对外挂河南省饲料工业办公室牌子，使河南省饲料工业从机构、人员上真正落到了实处，正式开展了饲料工业的管理工作。

(2)法制建设。经过河南省饲料工业办公室和有关方面的不懈努力，做了大量前期调查研究和听取意见工作，征求了省直13个厅局和全省17个市地以及8个大型饲料企业意见后，经省法制局最后审定，提交省政府常务会议讨论通过。《河南省饲料管理办法》于1997年1月9日以马忠臣省长第32号省政府令发布施行。该《办法》全面系统地对全省饲料工业的生产、经营、使用、监测化验、管理等多方面进行了规定，为全省饲料工业管理提供了较为充分的法律依据，全面规范了全省饲料市场，同时也使河南省的饲料工业管理走在了其他省市的前列。

(3)饲料生产发展概况。河南省饲料工业经过8年的努力，取得了很大的发展，饲料总产量由"八五"初期1990年的165万吨(其中配合饲料83万吨，浓缩饲料4 000吨，添加剂预混料2 000吨)增加到1998年的422.8万吨，其中配合饲料284.5万吨，浓缩饲料126.8万吨，添加剂预混料11.5万吨，分别比1990年提高了156%、243%、316倍和56.5倍。浓缩饲料、添加剂预混料的大幅增长，标志着河南省饲料工业正逐步向高科技、低消耗、高效益、低污染的方向发展。

随着养殖业结构的调整，饲料工业产品结构也随之发生了变化，首先是配合饲料中的产品结构发生了重大变化。1991年猪料48万吨，蛋禽料26万吨，肉禽料20万吨，比重分别为50%、27%和20.8%。1998年猪料127万吨，占44.6%；蛋禽料99.7万吨，占35%；肉禽料41.2万吨，占14.5%；鱼虾料13.3万吨，占4.7%；其他饲料3.3万吨，占1.2%。其次是浓缩饲料和添加剂预混合饲料比例大幅度增加，从侧面反映了河南省饲料工业技术推广工作对满足农村、农民需要和全省经济发展所做出的重大贡献。

河南省饲料工业的发展具有以下特点：

1. 饲料原料和添加剂工业发展迅速。目前，全省饲料原料加工企业已由1995年的41家发展到142家，增长了246%，添加剂工业由原来的2家发展到13家，增长了55%。产品品种由单一的骨粉、肉骨粉发展到生产酶制剂、酸化剂、防霉剂及羽毛粉、皮革蛋白粉、饲料酵母、麦饭石、沸石粉、磷酸氯钙、饲料调味剂等，产量也有较大发展，饲料原料产量1998年达到13万吨，而1991年时仅能生产骨粉、肉骨粉，且产量只有2 000吨。

2. 新型规模化企业不断涌现。近些年来，全省的饲料加工企业数量迅速增加。1991年有大中小型企业272个，到1998年发展到553个，其中时产5吨以上配合饲料加工企业由19家发展到95家。在对外交流和技术合作、引进外资和利用外资方面都有了很大突破，仅泰国正大集团在河南省就有6家，四川希望集团有4家，另外还有北京大北农、深圳康达尔集团、四川通威集团等都在各地设有分公司或联营厂。中外合资企业由1990年的1家发展到现在的18家、外商独资企业2家。企业在向大型化、集团化发展，一些企业通过合作、兼并或合资等形式逐渐形成集生产、养殖、加工、销售为一体的产业集团。如潢川亚美集团、华英集团等在产品规模、管理水平、经济实力等方面都具有较大的优势，成为饲料工业发展的中坚力量。

3. 行业标准化及质量监测体系建设得到加强。河南省现有具备检验资格的省级饲料产品质量监督检查站4所，负责本省内的饲料产品质量监测和检验工作。为加强全省饲料产品质量监测化验工作，协助省技术监督部门督促企业不断提高产品质量，打击非法生产和销售伪劣产品的违法行为，确保生产厂家和消费者的合法权益，近些年配合省技术监督局对部分产品进行统一监督检查，并将结果通过报纸公布于众，起到了很好的监督作用。

据统计，1994年河南省饲料产品的合格率仅为40%左右。到1998全省18个市地统检结果表明，配合饲料平均合格率为92%，浓缩饲料合格率达到76.4%，且大、中型企业的合格率更高，分别为85%和83%。

4. 基本形成了科研、教学、生产、检验、监督、管理等较完整的工业体系。河南省现有3所大专院校开设了动物营养和饲料加工专业，4所省级饲料质量监督检验机构。另外，信阳、平顶山等4个地市也相应设立了地市级的饲料质检部门。针对全省高素质饲料技术人才缺乏的状况，我们将饲料技术人员培训当作重要工作来抓，举办了多次新技术交流培训活动，全省已有12人获得国家级职业技能鉴定考评员资格，下一步将进行全省更大范围的职业技能培训工作，以期能在全省逐步建立起科学、规范、客观、公正和具有相当水平的职业技能鉴定机制。

5. 行业协会职能进一步增强。河南省饲料工业协会于1996年10月成立，目前已发展团体会员270多家，在省饲料工业主管部门的领导下，引导饲料企业实施"两个根本性转变"，"搞好两个服务"，当好"一个参谋"，不断探索新的历史条件下协会工作的特点、方法和工作思路，开展各种调查研究和行业内、行业间的组织协调工作，认真贯彻科技兴饲的方针，采取多种形式，积极推进行业技术进步，如创办刊物、举办新技术交流会等，都收到了良好的效果，获得企业的一致好评，既增加了协会的凝聚力，又提高了全省饲料工业行业的经营管理水平，加快了新技术、新产品的推广和转化，提高了行业的整体水平。为河南省饲料工业的健康发展做了应有的贡献。

6. 科技信息事业不断发展。科技和信息是企业进步的重要手段和保证。全省认真贯彻科技兴饲的方针，采取多种形式推进行业技术进步。首先于1996年6月创办了《河南饲料》内部刊物，大力宣传新技术、新产品，促进科技新成果的传播，宣传国家政策和兄弟省市的先进管理经验，宣传河南饲料工业，加强行业管理，团结各会员单位起到了积极的作用。同时面向实际，聘请国内外一些著名的专家教授，开展科技培训和新技术交流的活动，组团参加了各类大型交易会、培训班和交流会。积极参与"中国饲料工业协会推荐产品"活动，已有3个产品荣获"中国饲料工业协会推荐产品"的称号。与省电视台共同举办了《河南省饲料工业漫谈》专题节目，与河南农村报报社联合举办"河南省饲料产品展示"活动等，对宣传河南省饲料工业发展，推动企业依法文明生产起到了一定作用。其次是完善了信息服务手段，与中国饲料工业协会信息中心联网，全面了解国内外饲料行业信息，为行业决策、管理提供了充分依据。

（河南省畜牧局供稿）

广 东 省

1998年，广东省饲料工业保持稳定发展态势，全省饲料加工年单班生产能力达574.3万吨，比上年度增长8.3%；工业饲料总产量为681.1万吨，现行价总产值达156亿元，占全国饲料总产量的1/8，继续保持多年来在全国饲料工业中的领先地位。

1. 消除禽流感影响，积极拓展新市场。年初香港禽流感风波给广东省养鸡业严重打击，并拉动了养猪业和水产养殖业的下滑，一季度全省鸡饲料减幅30%。政府部门和有关科研专家积极引导，帮助饲养场克服困难、恢复生产，指导饲料生产企业寻求应变措施，扩大市场，到山区和边远地区办新的销售网点。从二季度起饲料产量逐步回升，不少企业在稳定省内销售的同时，加大省外市场拓展力度，1998年广东销往省外饲料达73.8万吨，占饲料销售量的10%以上。

2. 饲料产品结构进一步优化。1998年广东省饲料工业生产的猪料、水产料生产继续保持稳定增长的良好势头，产量达164.1万吨和47万吨，分别比上年增长11.0%和14.6%，其中虾料增幅达51.9%。家禽料、猪料、水产料分别占饲料总产量的63.1%、24.1%和6.9%，饲料产品结构更趋于合理。

3. 饲料产品质量保持较高水平。在销售市场疲软、竞争激烈的情况下，大部分饲料企业更加重视产品质量。据国家和省有关部门1998年的统检抽检结果显示，配合饲料合格率高于90%，添加剂产品合格率为88.1%，均高于往年水平。

4. 规模经营进一步发展。据统计，1998年广东省饲料加工企业238家，产量在万吨以上的有105家，所生产的饲料占全省总产量91.6%，其中产量在5万吨以上的企业有41家，产量占全省的69.5%。不少饲料生产企业不但办种养场、肉类加工厂，还办畜禽批发市场和科研所，一体化经营规模不断扩大。

5. 推进企业改革，壮大企业实力。更多的饲料企业深化改革，搞活机制。有条件的企业抓住有利时机，积极向外扩张，采取承包、兼并等多种形式发展规模经营，扩大新的发展空间。惠州阅粮饲料厂等通过股份制改造，搞活了机制，产量和效益均有显著的提高。广东恒昌实业股份九江饲料厂继前两年承包了原南海平洲饲料厂后，又成功兼并了濒临破产的原三水联合饲料厂，使其重现生机。深圳康达尔集团饲料公司、新会粮油饲料工业公司、湛江广东恒兴集团有限公司等加快向省外扩展的步伐，在江西、湖南、贵州、海南等省新办饲料厂，使企业自身实力不断壮大。湛江广东恒兴集团有限公司在海南的饲料产量近10万吨，占该省饲料总产量的1/3。

6. 促进科技进步，做好交流服务。全省饲料行业开展质量月活动，对26家质检机构进行定级评审，其中14家被评为优秀；为规范添加剂市场，对全省58家饲料添加剂生产企业的67个产品进行了统检；继续开展质量评优活动，有2个产品评为省优，47家企业的194个产品评为质量信得过产品。省饲料工业协会采取多种形式，做好交流服务工作，举办培训班4期、技术研讨会17次，参加人员达3 500多人次。省饲料办和协会主办的公开发行刊物《广东饲料》杂志被评为广东省优秀科技期刊。按照中国饲料工业协会的统一部署，成立了广东省饲料工业职业技能鉴定站，确定了培训考核点，在全省各地开展了职业技能鉴定宣传贯彻活动。

（梁晓生）

重 庆 市

重庆市饲料工业70年代末期开始起步就受到市政府的重视，先后出台了重府发[1985]20号《市政府关于发展饲料工业几个问题的意见》，重府函[1986]24号《关于同意成立重庆市饲料工业办公室的批复》，重府发[1990]138号《关于加速发展饲料工业的通知》和市人民政府令[1990]15号《重庆市饲料工业管理暂行办法》。重庆市饲料工业办公室编制5人，挂靠在市农委，由市农委代管。1997年，重庆市机构改革，4月，重庆市饲料工业办公室划归重庆市农业局领导。

重庆市饲料工业在市委、市政府的领导下，在上级饲料办公室的指导下，贯彻执行党和政府发展饲料工业的方针政策，研究制订了我市发展饲料工业"七五"、"八五"、"九五"发展规划，协调各系统的饲料生产，搞好服务和产品质量监督，及时解决饲料工业发展中存在的问题，使全市饲料工业发生了显著变化，上了一个新的台阶。表现在：

1. 我市饲料产量逐年上升。1998年全市饲料工业产量达到72.3万吨，"八五"和"九五"期间四次突破70万吨大关，8年平均产量63.5万吨，比"七五"期平均年产41.5万吨，高出22万吨，增长了34.6%。

2. 饲料企业规模扩大。"七五"期末企业平均年单班生产能力2 090万吨，全市只有一个万吨级饲料企业。到了"八五"期，积极引进外资同本地饲料企业合资，先后建立了重庆正大有限公司、双桥正大有限公司、江津正大有限公司、重庆彼得汉预混饲料有限公司，大力改造国有企业，如四川畜牧学院饲料总厂、重庆市养猪科学研究院饲料总厂等；发展民营企业，组建了重庆希望饲料有限公司、重庆通威饲料有限公司和重庆隆生饲料有限公司。到1998年底，全市万吨级饲料企业发展到31个，企业年单班生产能力4 010吨，比"七五"期末企业平均规模增长91.8%。

3. 产品质量逐年提高。为了加强行业管理，市政府于1990年12月29日发布了《重庆市饲料工业管理暂行办法》，从1991年2月1日开始实施。对生产配合饲料、浓缩饲料、饲料原料产品的企业实行准产证制度，对饲料加工企业质保体系及饲料产品合格的发给准产证，不合格的限期整改，仍不达标的，勒令停业整顿，强化了饲料产品质量的监督管理。"七五"期末产品质量定期监督检验合格率为35.5%。

1998年产品质量定期监督检验合格率为90.65%，比"七五"期末提高55.15个百分点。同时加强市场的商品管理，每年委托重庆市饲料质量监督检验站对部分市场的商品饲料进行抽检，对不合格的商品饲料，饲料工业办公室配合各级技术监督部门进行查处。

4. 饲料种类和品种增多。"八五"以前主要生产育肥猪粉状配混合饲料，现在饲料产品种类和品种大大增加，猪饲料系列包括乳猪、仔猪、育肥猪饲料，蛋鸡饲料系列包括产蛋后备期、产蛋前期、高峰期、后期饲料，肉鸡饲料系列包括前、中、后期饲料，鱼饲料系列包括鲤鱼、草鱼、鲫鱼、池塘鱼、江河鱼饲料，奶牛精料补充料和兔、鸭、鹅、宠物等饲料发展也很快，颗粒饲料占了配合饲料总量的90%以上，基本上消灭了混合饲料。添加剂工业也得到较快的发展。从根本上改变了"七五"期间产品较单一，不生产商品颗粒饲料及添加剂的落后状况。

5. 饲料流通体系发展较快，组建了市场、运输和销售网络。饲料加工企业都建立了销售队伍和销售点，销售与养殖技术结合，向农户讲授科学养殖技术、开拓市场。根据105个企业的调查，其销售网点达14 000多个。同时，对11个区县（市）调查结果显示，饲料销售较集中的市场有240多个，销售户达5 700多户，其中个体占88.7%，年销售饲料90万吨左右，其中荣昌县城是饲料最大的市场，工商登记的经销户就有500多户，每年销售饲料30多万吨以上，由主要卖饲料原料逐步向农户卖全价配合饲料发展。

6. 饲料工业全面推向市场，饲料行业形成竞争势态。实施"八五"规划，我市调整了饲料工业发展"以小型为主"转变为"坚持发展中大型企业，限制混合饲料生产"的指导思想，加之市场经济体制的推动，以及"正大"、"希望"、"通威"、"隆生"饲料企业的来渝，使企业观念大转变，商品意识和竞争意识增强，促进了一批饲料企业进行技术改造和上规模、上档次、上水平。企业间比设备、比技术、比质量的竞争越来越激烈。

目前，重庆市饲料工业继续深化企业经济体制改革，进一步调整产业结构，使我市饲料企业向企业规模化、产品系列化、管理规范化方向发展，积极开拓农村市场，充分发挥大中型骨干企业的作用，培养技术人才、提高技术水平，为养殖业发展提供优质的饲料产品，丰富"菜篮子"工程，不断满足城乡人民日益增长的物质生活需要。

（重庆市农业局供稿）

四 川 省

四川饲料工业起步于70年代末，按照大、中、小型相结合，以中小型为主的建设原则，鼓励和支持国家、集体、个人和外商来川投资发展饲料企业，经过20多年的发展，已初具规模，基本形成了适应四川省情的以饲料加工工业为主体，饲料原料工业、饲料添加剂工业、饲料机械工业、饲料质量监测、饲料科研与技术推广相应发展的饲料工业体系。1998年全省共有饲料行业企业938个，其中饲料加工企业796个，饲料原料企业115个，饲料添加剂企业20个，饲料机械制造企业7个;全省饲料工业系统现有职工38 077人,其中工程技术人员4 158人,管理人员5 111人;在技术、管理人员中,大专以上文化程度的占47.5%。1998年饲料加工企业年末双班生产能力750万吨,饲料加工总产量384万吨,其中,浓缩饲料21万吨,添加剂预混料12万吨,饲料级磷酸氢钙产量达34.9万吨,饲料加工业产值103亿元(现价),饲料加工业产品销售收入88亿元,实现利税3.2亿元。

1. 饲料加工工业。四川饲料加工工业发展经历了三个明显阶段。1979—1983年处于起步阶段,全省建成饲料厂40个,形成生产能力20万吨;1983—1989年为全面发展阶段,产量每年以10%~30%的速度增长,到1989年全省饲料企业达2 692个,其中万吨级企业40个,年末双班生产能力195万吨。1990年后,四川省饲料工业进入巩固提高阶段,通过对小型饲料厂进行分期分批的技术改造和市场竞争,淘汰了一批产品质量低、技术落后的小厂,逐步形成了以一批大型骨干企业为龙头,中、小型企业共同发展的局面。1998年,全省已有配合饲料加工企业358个,浓缩饲料企业318个,添加剂预混料企业120个。其中年产万吨以上的企业10个,年产5万吨以上的企业15个,年产10万吨以上的企业5个。

2. 饲料原料工业。四川饲料原料工业滞后于饲料加工业的发展,供需矛盾十分突出。1998年,全省年产玉米659万吨。主要产于丘陵地带和盆周山区,除少量用于口粮,大部分由农户自储喂猪。养殖业相对发达的盆地中部、川西平原所需玉米,主要从省外调进,年购进量在150万吨左右。

甘薯是四川省重要的能量饲料,主产于丘陵和盆周山区,受加工困难等因素的影响,绝大部分作为冬季农村养猪的催肥饲料直接鲜喂,目前没有开发成工业饲料原料。

动物蛋白饲料方面,四川有数量不多的蚕蛹,每年均需从省外购进或从国外进口所需鱼粉。植物性蛋白饲料中,菜籽饼粕、棉籽饼粕、花生饼全年产量约103万吨,部分菜籽饼粕调出省外,所需大豆饼粕主要从省外购进。四川尚可充分开发的蛋白饲料资源有屠宰下脚料,年产35万吨左右,其中加工成产品的不足5万吨。此外,酿酒、制药、制糖过程中产生废糟、废皮也有一定开发潜力,目前多数以鲜湿糟饲喂畜禽,仅有10%被开发作为饲料工业原料。

3. 饲料添加剂工业。

(1)氨基酸　全省赖氨酸年需5 000吨以上,目前四川化工总厂与日本味之素公司合资兴建了年产能力1万吨的赖氨酸企业。蛋氨酸年需500吨,全部靠进口。

(2)饲用维生素　四川医药行业虽然能生产一定量的单一维生素,但由于生产技术和设备落后,规模小,成本高,无法与国外产品竞争。省内饲料行业普遍使用进口多维产品,或进口维生素纯品经加工制作的维生素预混料产品。

(3)磷酸氢钙、微量元素　四川磷矿资源丰富,饲料级磷酸氢钙的生产能力目前已达45万吨,成为我国饲料级磷酸氢钙的主要生产基地;1998年实际生产34.9万吨,大部分销往全国各地。微量元素产品在四川基本都能生产。其他促生长的药物添加剂,如抗生素等有一些生产,防霉剂、抗氧化剂亦有生产,但品种不多,产量不高。

4. 饲料机械工业。四川饲料机械工业与饲料加工工业基本同步,经过20年的发展,已基本形成既有专业制造厂,又有兼营制造厂,既能制造饲料加工业所需的大部分主机、单机,又能制造成套的饲料机械工业体系。

5. 教育、科研。四川农业大学、西南民族学院、四川省畜牧科学研究院、四川省粮油科研所、四川省粮食学校等科研院校是培养畜牧、动物营养、饲料加工、高中级专业人才的教学和科研单位。随着饲料工业的发展,四川在吸取国外研究成果的同时,广泛开展了动物营养需要,饲料工业基本理论与应用,饲料资源开发,饲料配方筛选,饲料加工技术等方面的研究工作,对四川饲料工业的发展,作出了不可磨灭的贡献。据不完全统计,饲料科研成果获部省级奖励的达40余项。其中,《中国饲料成分及营养价值》获国家二等奖;《四川猪营养需要》获省政府一等奖。这些科技成果在生产实践中的应用,对四川饲料工业的发展产生了极大的推动作用。

6. 行业管理和质量监测。四川省畜牧食品局主管全省饲料工业行业,内设饲料工业处,增挂四川省饲料工业办公室牌子,各地、市、县都成立饲料工业办公室。经省级产品质量监督管理部门授权认证的省级饲料专业质检站3个,其中,四川省饲料工作总站经农业部授权认证为农业部饲料质量监督检验测试中心(成都)。地市级授权认证的饲料专业质检站5个,加上各级产品质量监督检验所的监测,初步形成了四川饲料质量监测体系。

(四川省畜牧食品局供稿)

青　海　省

青海省饲料加工业起步于1980年前后,生产规模及产量都很小,产品多为猪、鸡、牛的混合饲料。经过近20年的发展,青海省工业饲料生产已从原来附属粮油加工的副业地位,发展成为社会经济中一个不可缺少的新兴行业。一大批跨行业、跨部门兴办的饲料厂、饲料加工车间及个体饲料加工点迅速崛起。1998年底,全省有饲料加工企业(每小时加工能力在1吨以上)45个,全年单班生产能力达15.34万吨,其中年生产能力达万吨以上的企业有丁香集团新禾工贸公司等5家。1998年，全省生产工业饲料9.8万吨；有饲料原料生产企业7个，1998年生产骨粉、肉骨粉、磷酸氢钙等产品1.2万吨。1998年，饲料工业产值7 989万元（按1990年不变价格计算），占全省农业生产总值的2.46%，占全省畜牧业产值的5.38%。

近年来，饲料产品结构得到改善，质量不断提高，原来占据主市场的混合饲料已逐渐由全价配合饲料所取代，质量高，效果好，价格合理的工业饲料，已被广大养殖户所接受。工业饲料，主要用于养猪业（约占产量的60%），次为奶牛、养禽业（约占30%），再次为用于牛羊育肥及抗灾保畜（约占10%），随着青海省养殖业及草地畜牧业的发展，对各类工业饲料的需求量将不断增大，饲料工业潜力很大。

（王大明）

新疆维吾尔自治区

新疆饲料工业起步于80年代初。通过认真贯彻落实《1984—2000年全国饲料工业发展纲要（试行方案）》，在各级领导关心支持下，各有关部门的共同努力下，经过饲料工业战线广大职工的艰苦奋斗，饲料加工工业已取得了较大成就，并建成一批具有现代化经营、管理和装备水平的骨干企业。至1998年自治区已有饲料加工企业344家，年双班生产能力达197.6万吨。其中：时产5吨以上配混合饲料加工企业17家，1吨以上配混合饲料加工企业316家，浓缩料加工企业2家，预混料加工企业9家。还有一些小型添加剂预混料生产企业活跃在市场经济中。各部门还有许多饲料加工点在养殖生产中发挥着重要作用。1998年自治区生产各类饲料87.14万吨，比上年增加5.1万吨，增长6.22%。其中：配混合饲料84.45万吨，浓缩饲料2.13万吨，添加剂预混料0.56万吨，分别比上年增长5.38%、46.9%和27.27%。18个骨粉、肉骨粉生产企业产量1 574吨。1998年全自治区饲料工业总产值16.47亿元，饲料企业年末职工人数3 891人。此外，还有一些原料企业生产部分膨润土、沸石等矿物添加剂原料。

1998年自治区饲料产品持续增长，主要是猪、禽产品的大幅度增长所拉动，饲料工业的增长幅度要比猪禽增长幅度慢，饲料工业发展和养殖业发展速度还不相适应。1998年全自治区家禽存栏2 858.89万只，比上年增长4.26%，年内出栏3 788.06万只，比上年增长15.29%，禽肉产量5.74万吨，比上年增长7.89%，禽蛋产量13.34万吨，比上年增长9.7%。

1998年自治区饲料产品的价格高于全国平均水平，主要大型饲料企业保持了较好的盈利状况。同时，行业内呈现出向大型企业集中的趋势，主要大型企业正大、泰昆、天康、希望等企业处于快速扩张之中，正向集团化方向发展。

1998年自治区饲料产品质量监督检验站对全区饲料生产企业定期监督检验48个批次，合格46个，合格率达95.8%；市场监督检验20个批次，合格8个，合格率仅有40%；考核发证8个批次，合格7个，合格率达87.5%，仲裁的1个批次合格，合同、委托检验401个批次。

为了加强新疆饲料工业技术水平，根据新机改办字[1997]65号文件，1998年9月组建了新疆畜牧科学院饲料研究所，设编制23名，实行差额预算管理。

在饲料工业的发展中，科学技术发挥了重要的作用，饲料科研已积累了一些成熟并在推广利用的成果。1989年绵羊育肥新技术获自治区科技进步三等奖。1991年参加的全国配合饲料资源调查研究获商业部一等奖，国家计委、科委、财政部“七五”科技攻关重大成果奖；CHGXY250循环移动式谷物烘干机组获国际发明展铜奖，全国发明展银奖，获自治区科技进步二等奖；中国美利奴羊饲养标准获农业部科技进步二等奖。1992年高湿玉米发酵工艺及设备的应用研究获自治区科技进步三等奖；中国西北、东北地区反刍动物矿物营养研究获自治区科技进步四等奖。1993年预制装配式溜管获全国专利技术展金奖；新疆优良牧草骆驼刺开发获自治区科技进步四等奖。1994年矿物质添加剂的研制获自治区科技进步三等奖。1995年ZPLC装配式料仓获国内贸易部科技进步四等奖。结合自治区牲畜以草食家畜为主的特点，为加快饲料科技的普及率，充分利用各地的饲料资源，研制了17个不同营养水平的牛羊饲料配方供养殖户使用，提高了牛羊配混合饲料的入户率。

（刘君健）

粗饲料开发

北　京　市

1. 秸秆资源及利用状况。全市作物秸秆总量300万吨，其中玉米190万吨，小麦100万吨，其他10万吨。按收获率80%计算，可利用总量为240万吨。目前，秸秆主要流向：①直接还田198.5万吨，占可利用总量的82.7%，其中玉米秸115万吨，小麦秸80万吨，其他3.5万吨；②处理饲用秸秆17万吨，占可利用总量7%，其中玉米秸15万吨，小麦秸2万吨。编织利用秸秆3.5万吨，占可利用总量1.47%，主要是稻秸和麦秸；③未利用和焚烧秸秆21万吨，占可利用总量8.83%。

2. 秸秆养畜过腹还田情况。80年代青贮玉米秸大量用于奶牛生产。90年代氨化麦秸开始用于肉牛饲养。1990年在通县开展秸秆氨化试点，年内建成氨化炉27座（704立方米），建青贮氨化池112个（4 526立方米），引起农业部重视，当年在通县举办了全国秸秆氨化学习班，推动了我市秸秆养畜过腹还田工作。1994年，全市秸秆饲用率达到13%（其中处理饲用率7.6%），比1989年增加10个百分点，出栏肉牛12万头，达到历史最高水平，累计建成年出栏500头以上的规模肉牛场53个。1995年以来，受国内外牛肉市场影响，肉牛出口减少，肉牛生产有所下降，秸秆饲用量也随之降低。1997年出栏肉牛10万头比1994年下降17%，秸秆处理饲用量17万吨比1994年下降6%。近几年，在上级有关部门的支持下，加大了畜牧业结构调整步伐，工作重点向草食家畜倾斜。

①将开发利用秸秆资源发展草食家畜作为畜牧业重点。北京市畜牧业“九五”规划提出，平原区把配合秸秆饲料加工发展肉牛生产和舍饲养羊作为畜牧业工作重点，山区把搞好秸秆饲料加工，进行冬春补饲，发展山、绵羊生产作为畜牧业工作重点。

②以示范项目建设为重点，扩大秸秆养畜过腹还田面积。1996年顺义县被列为国家级秸秆养牛示范县，同时，该县肉牛生产被市政府列为全市九大农业产业化项目。几年来，在开发利用秸秆资源，发展节粮型畜牧业上取得一定成果。1998年存栏牛3.02万头，出栏5.5万头，分别比立项当年增长97%和67%。新增牛肉产量4 049吨，比立项前增长66%。秸秆回收5.86万吨，是项目前的10倍，其中青贮玉米秸3.5万吨，氨化秸秆2.35万吨，成为京郊养牛第一县。项目期间，秸秆养牛基础设施得到明显加强。先后购入秸秆收集加工机58台（套），建永久性青贮氨化池11个，总容积7 560立方米。新建、扩建年出栏2 000头以上肉牛场5座。1998年拟申报昌平和密云两个小尾寒羊基础好的县为国家级秸秆养羊示范县。

3. 推广秸秆收集、处理新技术。在秸秆利用方面重点抓秸秆收集、加工和利用。针对北京收获、播种时间间隔短的特点，引进捡拾打捆机械，在麦收紧张季节收集麦秸取得试点经验。秸秆处理方法除青贮和氨化外，近几年还推广了秸秆微贮、揉碎、饼块饲料加工等技术。延庆县引进玉米秸秆收集打捆和深加工机械，组建了八达岭秸秆饲料有限责任公司，现拥有资产350万元，下设5个分厂，已形成集秸秆饲料研究、生产加工、推广普及为一体的粗饲料企业。目前年生产能力13 000吨，并在逐步扩大生产规模。产品包括经微生物处理的草捆和含有添加剂的草饼。其产品可用于肉牛、奶牛、山绵羊等多种草食动物，有着广阔的市场，取得了良好地经济效益，也为我市充分利用秸秆资源，改变山、绵羊饲养方式，增加草食家畜饲养量提供了条件。

（云　鹏）

河　北　省

1. 青饲料生产。从长远看，河北省畜牧业要实现大发展面临着饲草饲料不足和草地生态环境恶化等问题，1998年河北省结合种植业结构调整，从保护草地生态环境、扩大饲草总量、增加畜牧业可持续发展能力出发，逐步增加青饲料作物种植面积。在河北省北部坝上高原，结合生态农业建设，在保证人均0.066公顷水浇地0.133公顷旱作稳产田的情况下，积极组织退耕还牧。利用退耕地种植一年生的饲用植物如饲料玉米、燕麦、黑麦和春箭筈豌豆等，从而使坝上牲畜冬春饲草不足的问题得以解决，增加了坝上抗御自然灾害的能力。并且由实验、示范到推广，逐步扩大种植面积，取得了显著效益。1998年坝上青饲料作物种植面积达6.67万公顷，每公顷产青体达30吨以上，是人工草地产出的5倍。在平原农区玉米主产区，积极推广“农大高油115”玉米、“中原单32号”杂交玉米等粮草兼用型新品种，1998年共推广1.33万公顷，种植“冬牧70”黑麦1.33万公顷。

2. 商品草生产。随着畜牧业的快速发展和国内、国际对草产品的需求及草产品应用领域的延伸，河北省从90年代初开始商品草生产，走出了一条集生产、加工、销售与于一体的草产品开发经营之路，牧草种植已由过去的千家万户到公司加基地，基地连农户规模经营。1998年全省建成商品草基地0.2万公顷，生产商品草3 700吨，其中苜蓿2 100吨、沙打旺1 600吨，产值410万元。苜蓿草产业经过十几年的发展，涌现出一批经营苜蓿草产品的公司或经济实体，如河北省冀州市加拿大外商独资的埃洛草产品公司和南皮县的埃洛分公司；武邑县的草粉加工厂；东光县的草业公司等。这些公司一方面收购商品苜蓿加工销售，一方面扶持农户种植苜蓿发展自己的商品草生产基地。同时畜牧、农业、供销等部门和一部分有经济能力的大户开始承包连片的低产田或盐碱荒地种植苜蓿发展商品草生产，初步形成了以草产品加工促销售、以购销促进苜蓿种植的公司加基地、基地连农户的产业化发展雏形。

3. 秸秆利用。河北省是农业大省，年产各种可饲用的农作物秸秆3 000多万吨。为了提高草食畜的饲养水平，加大秸秆资源的开发力度，河北从1986年开始在全省范围内推广秸秆青贮、氨化。1986年全省青贮只有31.5万吨（鲜重），氨化0.12万吨，秸秆处理利用率为0.42%。1998年全省青贮800万吨（鲜重），氨化230万吨，微贮秸秆89万吨，秸秆处理利用率达到了20%左右。13年来累计制作青贮饲料4 171万吨（鲜重），氨化秸秆1 271万吨，秸秆微贮209万吨，秸秆开发利用的方式已从开始时仅仅青贮、氨化、微贮、制作秸秆颗粒饲料、秸秆压块饲料等方面。如果按5.5千克青贮饲料或4千克氨化（微贮）秸秆相当于1千克玉米的营养价值来计算，1998年全省青贮、氨化、微贮饲料相当于节约饲料粮225.2万吨。

（河北省畜牧局供稿）

黑龙江省

1998年,黑龙江省秸秆养畜工作取得长足进步。年末统计,全省氨化、微贮秸秆374万吨,青贮秸秆230万吨,秸秆利用率达到20.13%,比上年提高7个百分点。全省国家级秸秆养畜示范县达到14个。在推广秸秆养畜工作中,我们重点抓了示范县建设,做到示范县出典型、出技术、出经验、出政策、出成果,从而带动了全省工作开展,拟以示范县为基地,建立沿滨州线、哈黑线、滨绥线的两条肉牛带和一条奶牛带,都已基本成型。黑龙江省各示范县1998年合计青贮秸秆190万吨,氨化、微贮秸秆202万吨,秸秆利用率为38.6%,比全省平均水平高出近一倍。各示范县经受了洪涝灾害的考验,牛羊生产完成了国家下达的指标。牛存栏225万头,出栏牛127万头,比去年同期增长7%,牛肉产量19万吨;羊存栏13万只,出栏羊7万只,羊肉产量0.1万吨。1998年畜产品市场疲软,牛、羊肉,乳制品都存在"卖难"境况,再加上嫩江、松花江流域发生特大洪水,草原大部分淹没,饲草饲料缺乏,畜舍倒塌许多,多重压力致使牛、羊存栏大幅下滑,经过多年努力建立起来的畜牧业基础设施受到损害。在大灾之前,各级畜牧部门积极为各地政府当参谋,大力推广秸秆加工利用技术,大搞秸秆养畜,取得良好效果。大灾之后,省政府将秸秆养畜技术列为科技救灾实用技术之一,各地把过水秸秆及时抢收回来,及时青贮起来。省财政投入200万元扶持秸秆养畜,购置秸秆加工机械。各地、市、县等筹集资金850万元,使黑龙江省新增秸秆切碎机揉搓机达到5 714台,新建青贮窖、氨化池1.4万个。1998年冬季,全省各地掀起秸秆加工利用的高潮,保证了灾区的牛羊安全越冬。群众高兴地说:"用秸秆代草,使我们保住了铁杆庄稼。"

1. 抓好示范县项目建设,带动全省秸秆养畜工作的开展。自1992年以来,黑龙江省有14个县(市)被列为国家级秸秆养畜示范县,已有7个县通过了国家验收。宾县于1997年获全国秸秆养牛十佳示范县光荣称号,安达市、青冈县于1998年通过了国家级验收,安达市秸秆养畜工作获得了验收小组的一致好评,项目各项指标均超额完成了设计任务指标,被推荐为秸秆养牛续建项目。抓好项目资金管理,1998年中旬,我们汇同省审计厅对海伦、穆棱、大庆、绥化、林口5个市县进行了项目资金审计,认为多数市县项目进展较好,项目资金使用合理。各示范县基本集中连片,都是产粮大县,秸秆较多,牛羊较多,我们组织示范县互相参观学习,效果很好,发挥了示范和辐射作用。

2. 抓宣传、提高认识,扩大影响。1998年夏秋以来,我们组织专业干部,在《黑龙江省科技报》上宣传秸秆养畜科学意义和发展潜力,引起本省科技界的关注,一致认为秸秆养畜是当前抗灾保畜的主要措施,也是畜牧业今后可持续发展的重要保证。在《黑龙江省农村报》上面向广大农牧民,传授秸秆青贮、微贮、氨化技术的操作方法和注意事项,包括怎样建窖,怎样放氨,怎样复活微贮菌等具体细节,使农民看了就会,会了就能操作。洪水过后在安达市召开了"大搞秸秆饲料,抗灾保畜"现场会,各地、市、县畜牧局长、草原站长及新闻单位、4个机械厂家共计120人参加了会议,李海林副局长做了《加大秸秆资源开发力度,保证大灾之后畜牧业持续稳定发展》的重要讲话,安达、宾县、富裕等8个市县做了抗灾保畜典型发言,还请乌鲁木齐海星农业技术应用推广服务中心宋虹晓经理讲了微贮饲料原理和制作方法,请省牧业机械研究所工程师齐德山讲了牧业机械的使用与保养。这次会议之后,各地、市、县分别迅速召开现场会,贯彻这次会议精神。富裕县水灾比较严重,县委书记田继山亲自主持本县有县五大班子、各乡、镇党委书记、乡长、畜牧站长参加的现场会,并做了重要讲话,这是规模最高推广力度最大的县级现场会,田书记讲:"抓秸秆饲料是当前一项紧迫的政治工作,因为不抓秸秆饲料,饲草就不够,奶牛就要大量减少,后果是乳品厂停产,工人下岗,县财政税收减少,农民收入也减少,生活更加困难,所以不能把抓秸秆饲料视为一桩小事,而要当作牵一发而动全身的大事来抓。"县财政在资金困难的情况下拿出30万元,对购买机械的农户和建青贮窖的农户进行补助,极大地促进了农牧民的秸秆养畜积极性,各乡、镇、村也对用秸秆饲料养畜的农户进行了不同程度的帮助和倾斜。1998年全县新增切碎机、揉搓机200多台,建成贮量达200吨的青贮窖43座,小型青贮窖、氨化池1 650座。

3. 抓基础设施建设。搞秸秆饲料离不开青贮窖、氨化池、切碎机、揉搓机、微贮菌、青贮玉米种子等基础设施,我们重点抓了青贮窖和机械,根据养畜数量决定窖的容积和形式。1998年末全省建成青贮窖、氨化池共计7.4万座,81万立方米总容积。在切碎机械方面,针对早期的切碎机和中期的切揉机分别存在某些缺陷的状况,1997年我们与省牧研究所联合开发出9Z920-40型分轴切揉机,使加工出的饲料均匀、细腻,便于加工利用,使秸秆饲料的采食率提高11%,消化率提高5%。1998年末全省各种切碎机、揉搓机保有量达1.7万台,日单班加工秸秆饲料能力15万吨。

4. 抓秸秆资源深度开发利用。黑龙江省现有牛、羊存栏折合4 000万个羊单位,1年需粗饲料2 800万吨,而全省草原产草总量只有700万吨,秸秆饲料对发展草食家畜起到决定性作用。为开发利用好秸秆资源,1998年初汇同省测绘局编制出《黑龙江省秸秆饲料分布图》,摸清了全省秸秆资源品种、产量、分布情况,为进一步深度开发打下坚实基础。

(黑龙江草原饲料中心实验站供稿)

安 徽 省

1. 青饲料生产。青饲料是安徽一宗巨大的饲料资源,种类多、数量大。这类饲料水分含量大、营养价值高(特别是紫云英、聚合草、苎麻叶风干物中的粗蛋白质含量均达20%左右,同时还富含维生素),粗纤维含量低,质嫩,适口性好。历来是畜禽,特别是中小动物的重要饲料。全省青饲料鲜草产量为1 629.59万吨,折合干物质114.07万吨,其中紫云英505.6万吨、水生饲料904.80万吨,叶菜类181.00万吨(其中苦荬菜90.33万吨、甘蓝25.5万吨)、青贮饲料38.18万吨。这类饲料的利用状况,因品种而异,悬殊甚大。紫云英主要作绿肥,用作饲料约26.3万吨,占总产量的5%;水生饲料约有60%被废弃或作肥料;叶菜类用作饲料的比例较高,约占40%。利用的方式大多以鲜草直接饲喂,也有部分经青贮或晒干粉碎加工后使用。

加大青绿饲料的利用步伐,除用于放牧或直接饲喂外,一是加大青贮推广工作;二是用于生产配合饲料的原料,这类饲料虽然养分浓度较低、粗纤维含量较高,但只要收割适时,加工方法得当,仍可以作为配合饲料的部分原料,它对生产草食动物的配合饲料(尤其是抗灾过冬饲料)和建立节粮型的饲料工业具有极其重要的意义。

2. 商品草开发。苜蓿堪称牧草之王,是多种家畜喜食的优质蛋白质饲料和能量饲料。苜蓿具有很强的固氮能力,是实施农业三元结构调整,发展可持续农业的饲料作物。但由于种种原因,苜蓿在安徽的种植面积不大。近几年,一些地方领导部门纷纷提出发展苜蓿生产的总体规划,相当一些具有经济实力的公司或企业投资发展苜蓿草生产,农民种植的积极性空前提高,国外一些企业也加入苜蓿商品草发展行列,在世纪之交拉开了苜蓿商品草生产的序幕,前景广阔诱人。安徽省苜蓿商品草生产方向:建立与国内外市场经济接轨的规模化苜蓿生产与产品加工基地,实现苜蓿生产的商品化和产业化。具体是:①苜蓿良种繁育体系建立;②生产配套技术和规程;③苜蓿收获、产品干燥、加工贮藏工艺和加工配套机具生产;④叶蛋白提取工艺及生产技术。目标:年生产苜蓿干草10万吨,叶蛋白投入工厂化生产质量达到国内同类产品水平。

(何源俊)

3. 秸秆利用。安徽农作物种类齐全,麦、稻、玉米、大豆、花生、高粱、薯类、油菜、棉花等秸秆皮壳等副产品丰富。每年粮食、花生、豆类等秸秆达2 700万吨,目前利用30%。这些农作物秸秆,历来是全省草食家畜的主要饲草。淮北地区以麦秆为主,淮河以南地区以稻草为主,也有晒干粉碎后作为猪饲料,特别是油菜、大豆、花生的秸壳。从80年代初开始,推广青贮和秸秆氨化技术,但由于认识和资金方面的问题,推广进度缓慢,1991年以前,年处理秸秆利用率不足2%,1978—1991年共氨化24万吨,青贮530万吨。

自1992年起,安徽省加大了推广秸秆处理利用技术的力度。1998年底,全省先后有蒙城、利辛、临泉、涡阳、砀山、亳州、阜阳、固镇、太和、灵璧、萧县、宿州、颍上、濉溪、泗县、怀远等16个县(市)被列为国家级秸秆养畜示范县,国家、省、县三级财政累计投资3 160万元,处理秸秆数量逐年提高,全省年秸秆总产量2 400万~3 100万吨,1998年氨化270万吨、青贮810万吨。1992—1998年,累计氨化秸秆1 032.1万吨,节约饲料粮412万吨,青贮4 284.2万吨,节约粮食649万吨,两项合计节约粮食1 061万吨;秸秆过腹还田,农牧结合,实现良性循环。阜阳市成为全国第一养牛大区,由于成功地推广秸秆处理利用技术,大力发展养牛,牛粪还田,土壤有机质由1%上升到1.39%,粮食产量由1990年的502.7万吨迅速提高到1993年的600万吨,3年增产19.4%。开发利用秸秆资源,发展草食畜生产,带动了相关产业的发展。萧县是秸秆养羊示范县,青龙皮毛市场一跃成为全国四大皮毛市场之一,市场年交易额1.24亿元。利用处理秸秆使养牛、养羊收入明显增加,灵璧县1998年比项目前的1996年新增养牛收入8 984万元,3年累计新增纯收入2.3亿元。

推广工作主要特点表现在:加强领导,项目县成立由有关部门成员参加的领导小组,协调各有关部门之间的工作;严格资金管理,专业技术部门选择示范点,领导组审批,财政部门负责发放资金,审计部门监督资金使用;扩大宣传,狠抓技术推广,技术人员驻点指导青贮和氨化技术;把处理秸秆、降低饲养成本作为实施科技养牛示范工程的重要内容。

(江守海)

4. 农副产品利用。全省各类作物秸秆及秕壳总产量为2 894.38万吨。其中稻草1 070.25万吨(占总产36.98%)、麦秸789.67万吨(占总量27.28%)、油菜秸及秕壳172.92万吨(占5.97%)、大豆秸及秕壳141.12万吨、玉米秸及玉米芯120.18万吨、花生秸及壳20.83万吨、高粱秸22.76万吨、甘薯藤497.81万吨、苎麻叶31.64万吨,以及其他秸秆27.20万吨。

目前这些秸秆的用途比较广泛,除用作草食家畜的主要饲草外,也可晒干粉碎作为猪饲料,特别是大豆软壳和花生秸壳、甘薯藤。各类秸秆用作饲料的总数为1 412.76万吨。但在配合饲料工业中尚未利用此类饲料,其余秸秆用作燃料、造纸原料或废弃。此类产品的利用有的应推广青贮(如玉米秸)、氨化;有的必须改进加工调制技术,生产为配合饲料(主要是草食家畜)。

(安徽省农业厅畜牧局供稿)

河 南 省

河南省粗饲料开发主要包括秸秆饲料利用、农区种草等内容。河南省是一个农业大省，常年约产各种农作物秸秆4 200万吨，其中以小麦秸居多，约2 100万吨，其他次之，如玉米秸1 150万吨、稻草355万吨、甘薯秧340万吨、花生秧255万吨。目前全省秸秆利用的基本情况是：约30%用作饲料；15%用作肥料直接还田；约2%～3%作为工业原料；约35%用作燃料，17%～18%未被利用。

河南省农民历来就有利用秸秆作饲料饲养牛、羊等草食家畜的传统习惯，但由于秸秆固有的特性，使其利用率很低。目前麦秸氨化技术、玉米秸青贮技术已成为河南省为提高秸秆饲料营养价值而大力倡导推广的两项主导技术。截止1998年底，全省共累计建永久性青贮氨化池310万立方米，添置不同类型的铡草机械1.2万台，累积完成青贮饲料6 009.2万吨，氨化秸秆2 000.8万吨，两项合计相当于节约粮食1 501.7万吨，秸秆的处理利用率达21.15%，秸秆的饲用率提高到30%左右。

1998年，全省青贮数量达1 258万吨，氨化秸秆574万吨。青贮氨化技术不断发展，方式也愈来愈多元化。从青贮原料上，由最初的玉米秆、甘薯秧，发展到花生秧、树叶、各种牧草以及稻草等。在青贮方式上，各地因地制宜，从原先的窖贮发展到青贮壕、青贮袋等。目前，我们已引入先进的青贮打包技术，并开始试点工作。氨化技术也有很大发展，由先前的主要以尿素为氨源进行氨化，发展到液氨、碳氨、氨水等多种氨源。氨化方式也发展到堆垛氨化、氨化池氨化、塑料袋氨化等多种形式。据统计，从1984—1998年，由于全省秸秆青贮和氨化节约的饲料粮，其直接经济效益达178亿多元。

抓好秸秆开发，加强政府的领导和各部门的协调是起动青贮氨化技术推广工作的关键，必要的扶持措施及有关优惠政策是推动青贮氨化工作开展的“催化剂”，科技服务、发展规模饲养是持续青贮氨化工作的重要条件，以点带面、典型引路是推广青贮氨化技术的重要方法。

河南省天然草地约443.3公顷，约占总土地面积的27%，草地以自然植被为主，生产力较低。从80年代初开始，全省开始着手进行草地建设，取得了较大成绩：第一，摸清了在全省不同生态地域适宜推广的当家牧草品种约20多种，如紫花苜蓿、沙打旺、小冠花、多年生黑麦草、鸡脚草、无芒雀麦、红三叶、白三叶等；第二，截止1998年底，全省共建人工草地8.06万公顷，飞播草地3.445万公顷，改良草地3.74万公顷，平均产草量为天然草地的13.5倍；第三，通过种草养畜以及种草—养鱼—养鸭—养猪立体养殖的试点，探讨了大面积种植及农区粮草套种、棉草套种、果草间作、农牧结合等模式的可行性，取得了积极成果；第四，通过种草养畜培养了一批人才，也使一部分农民尝到了甜头。1998年，全省共完成人工种草0.36万公顷，飞播牧草0.213万公顷。目前，全省推广的主要牧草及饲料作物包括紫花苜蓿、沙打旺、冬牧70黑麦、多年生黑麦草、红三叶、白三叶、苏丹草、西引2号大麦、饲料玉米、紫粒苋、紫云英等。1998年，河南省成功地进行了鲁梅克斯菠菜引种栽培试验，初步展现了鲁梅克斯菠菜的良好推广前景。

（河南省畜牧局供稿）

重 庆 市

1. 青饲料生产。全市普遍种植的青饲料主要种类有：胡豆苗、牛皮菜、白菜、籽粒苋、饲用萝卜、紫云英、饲用玉米、蕉藕等。饲用玉米、饲用萝卜、蕉藕主要在武隆、城口、涪陵、天城等区、县，籽粒苋主要在江津、合川、长寿等县(市)，牛皮菜、胡豆苗种植很广泛。全市种植面积10万公顷以上，青料产量70吨以上。

2. 商品草开发。全年调制商品干草6.5万吨，其中禾本科多年生黑麦草4 000吨，其余为豆科草、红三叶草。除巫山县调出红三叶商品干草4万余吨外，余下部分主要用于本市饲料生产。

3. 秸秆利用。①1998年氨化秸秆29.46万吨，较上年增长13%，以玉米秸秆、稻草为主。其中彭水、酉阳两个“全国秸秆养牛示范县”氨化处理秸秆8.23万吨，占全市总量的27.9%，比上年增长240%。②青贮秸秆65.74万吨，比上年增长8.8%，以青玉米秸、甘薯藤、稻草为主。其中彭水、酉阳二县为18.52万吨，比上年增长23.5%，占全市总量的28.2%。

4. 农副产品利用。农副产品是全市养殖业最主要的青料来源，用作饲料的总量在350万吨以上。主要有各类蔬菜脚叶、稻草、甘薯藤、瓜类藤叶、青玉米秸、胡豆秸，以及花生、榨菜、蕉藕等经济作物的藤叶。大部分用作猪饲料，稻草、青玉料秸秆等用于饲养牛羊，少部分也作鸡、兔、鱼的饲料。

（重庆市农业局供稿）

四 川 省

四川是农业大省，农村改革后，农业耕作方式的变化，科技的推广，粮食产量大幅度提高，并丰年有余，为畜牧业的发展提供了充裕的饲料粮。1998年，粮食总产量3 626.3万吨。除去口粮、工业用粮、种子用粮及损耗外，尚有原粮1 529万吨可作饲用。全省糠麸总产量约372万吨，其中可作饲料的糠麸约230万吨。各种糟渣等工业副产品饲料约38万吨，油料产量156万吨，可作饲用的饼粕103万吨，全省1998年肉类总产量577万吨，可有动物屠宰下脚料35万吨。综合起来，全省每年可利用的动植物饲料资源约1 935万吨左右。

四川农村素有充分利用气候和土地，大搞增间套作青绿饲料的传统，近两年农牧区又大搞人工种草，发展草业，为畜牧业发展增加饲料。因此，四川青粗饲料丰富，全省每年青绿饲料产量约3 200万吨左右、农副秸秆4 000万吨左右。1998年四川处理利用秸秆910万吨，其中氨化秸秆180万吨、青贮秸秆730万吨。

（四川省畜牧食品局供稿）

新疆维吾尔自治区

新疆不仅是全国主要牧区之一，也是重要的粮、棉、油生产基地，每年有近1 000万吨的各类秸秆可开发利用。1986年通过采用各种方法积极宣传，在全疆大面积开始推广青贮和氨化技术，1989年"秸秆氨化技术消化、吸收与推广"和"青贮饲料技术推广"分别获自治区科技进步三、四等奖。微贮技术我区于1991年引进，通过消化、吸收和创新于1994年通过自治区鉴定，开始在全区推广，1995年国家科委以国科发成字[1995]340号文作为全国"九五"重点推广项目之一。

1998年，自治区（不含生产建设兵团，下同）秸秆青贮全年生产360.42万吨，比上年增长36.09%。秸秆氨化全年生产8.19万吨。秸秆微贮全年生产24.74万吨。青贮、氨化、微贮等秸秆加工调制总量393.35万吨，相当节约粮食65.59万吨，直接经济效益达23 601万元。此外，还有酒糟、甜菜渣等农副产品鲜贮53.6万吨。全区饲草（牧草、秸秆）铡短、粉碎757.3万吨，比上年增长83.25%，比长草整喂减少损失浪费151.4万吨。全区拥有铡草机、揉草机、多功能粉碎机等机具56 411台，其中新购各类机具9 925台。全区地县两级共举办"三贮一化"培训班、现场会150次，参加人数8 300多人。

为了加快农区畜牧业发展，自治区党委和人民政府以新党发[1988]18号文件发出《关于发展农区畜牧业若干问题的意见》，对草料加工和农区养畜给了一定的优惠政策，农区畜牧业有了较大的发展。针对农区饲养规模小、经济效益低、商品率低等问题，自治区人民政府再次以新政发[1993]112号文件发出了《关于加快发展农区畜牧业的决定》。1996年国务院正式颁布《1996—2000年全国秸秆养畜过腹还田项目发展纲要》，使秸秆养畜工作得到了快速发展。为了做好秸秆养畜项目，先后制定了《自治区秸秆养畜示范县操作程序》、《自治区秸秆养畜示范县建设的方法、步骤及实施细则》。到1998年底，全区已立项建设的秸秆养畜示范县12个，其中，由农业部和国家农业综合开发办批准立项的国家级秸秆养牛（羊）示范县7个；由自治区农业综合开发办和畜牧厅批准立项的有5个自治区级秸秆养畜示范县。国家级示范县建设期为3年，自治区级视资金到位情况另行制定。

1998年12个秸秆养畜示范县（市）牲畜存栏796.94万头（只），比上年增长11.03%（上年为11县数，下同）。其中存栏牛78.97万头，增长2%；存栏羊647.5万只，增长12.07%。年内牲畜出栏412.95万头（只），增长32.47%。其中：出栏牛32.98万头，增长27.88%；出栏羊378.73万只，增长21.49%。肉类总产15.38万吨，增长24.23%。其中：牛肉4.69万吨，增长27.1%；羊肉6.31万吨，增长9.55%。秸秆加工调制总量133.25万吨。12个县（市）肉产总量占全区23.38%，其中牛肉占25.67%，羊肉占21.26%。秸秆加工调制总量占33.88%。

（刘君健）

农闲田利用

河　北　省

河北省共有冬闲田266.67多万公顷，果园隙地、田边地66.67万公顷。为使这一资源变废为宝，1989年起河北省开始引种"冬牧70"黑麦，把盐碱荒地开发和冬闲田种草养畜同建设畜牧强省、调整种植结构统一起来，采取了重点突出、以点带面的开发措施。重点加强了棉田开发，1998年河北省畜牧局把引导农民利用棉田的冬闲之季种植冬牧70黑麦作为一项基础工作来抓。10月种植到翌年4月收获，每公顷产鲜草45吨以上，每公顷收入可达4 500～5 250元，在不影响棉花生产的同时，增加了棉田效益，充分利用了光热资源，提高了耕地复种指数，仅牧草一项增加农民收入6亿～7亿元。用其饲喂奶牛，日喂鲜草10.6千克，日多产奶2.5千克，每头牛日增加效益4.15元，月增收124.5元；喂肉牛日喂10千克鲜草，可增重0.5千克，日增收3元，每月可增加收入90元。另外，种植冬牧70黑麦可有效解决牲畜早春青饲料缺乏的问题，可以青代粮，节省大量饲料粮，对提高畜牧业质量、绿化农田冬季裸地、涵养水源、净化环境也起着巨大作用。1998年，省畜牧局召开了冬闲田种草养畜现场会，把冬闲田种草列为重点推广项目，要求利用4年时间累计推广6.67万公顷。为把此项工作落到实处，省财政1998年投入资金200万元，全省共开发利用冬闲田1.34万公顷，农民增收6 000万元。

（安徽省农业厅畜牧局供稿）

安　徽　省

全省冬闲田资源16.67万公顷，开发潜力320万个黄牛单位，目前利用面积0.134万余公顷，占总面积的0.5%；果园隙地面积6.67万公顷，目前果园种草养畜主要集中在萧县水果产区，推广面积0.173万公顷，栽培草种主要是紫花苜蓿；田边地遍布全省，面积102.56万公顷，草层不高，多以中、低草组成，植被盖度50%～90%，平均每公顷产鲜草20 790千克，载畜量215.160

个黄牛单位,目前全省约70%以上牛、羊多放牧在这类闲地上。

冬闲田资源开发主要技术:多花黑麦草、冬牧七〇等优良牧草栽培技术、青贮加工技术、畜禽养殖技术。开发目标:到2000年开发利用13.34万公顷,生产鲜草5 000千克以上,养殖150万个黄牛单位,重点推广地区:淮北平原区0.67万公顷、江淮丘陵区70万吨、沿江平原区4.67万公顷、皖西大别山区1.34万公顷、皖南山区2万公顷,在上述区域内的30个县(市)实施,平均每县0.34万~0.67万公顷,使他们在富民增收、增加畜产品产量和质量、改善生态环境等方面均做出成绩、发挥示范作用。

(何源俊)

重 庆 市

1998年全市利用农闲田种植牧草和饲料作物2.5万余公顷,主要品种有一年生黑麦草、籽粒苋、紫云英、燕麦、饲用大麦、白三叶、饲用萝卜、聚合草等。其中冬闲田0.73万公顷,夏秋闲田0.3万公顷,果园隙地0.53万公顷,四边地0.73万公顷,休闲地0.13万公顷。冬闲田主要种植一年生黑麦草、饲用大麦、紫云英、燕麦、密胡豆;夏秋闲田主要种植籽粒苋、白三叶、聚合草、一年生黑麦草;果园隙地主要种植一年生黑麦草、饲用萝卜、籽粒苋、燕麦、饲用大麦;四边地和休闲地主要种植一年生黑麦草、燕麦、白三叶、籽粒苋、苏丹草、饲用萝卜和饲用大麦,除一年生黑麦草各地都种植较多外,籽粒苋、紫云英主要在江津、合川、永川、长寿等县(市)种植,燕麦、白三叶、饲用萝卜、饲用大麦等主要在黔江、城口、涪陵等区县种植。另外冬牧70黑麦草、墨西哥玉米、紫花苜蓿、串叶松香草、光叶紫花苕等品种也有少量种植。

(重庆市农业局供稿)

(本栏目主编 员旭江)

草　业

1998年全国草地建设又向前迈出了一大步，种草、围栏面积大幅度上升，各项任务均超计划完成。

据不完全统计，1998年新增种草总面积突破400万公顷，达414.14万公顷，其中人工种草250.11万公顷，改良草地150.1万公顷，飞播牧草13.93万公顷。年围栏面积达333.33万公顷以上。

1998年，国家加大了对草地建设的投资力度，仅牧区开发示范工程暨南方草山草坡开发示范工程一项就投资1.6亿元，分别在56个牧区县和21个南方草山草坡大县实施了示范项目，其资金投入和建设规模都是少有的。通过近一年的建设，各项目已不同程度地初见成效，三大效益明显。

1998年草地建设与保护工作有3个突出特点：一是建设投入增加，中央投资超3亿元，地方配套投入近8亿元；二是地方和群众草地建设与保护的积极性空前高涨，群众自筹资金近5亿元；三是建设规模大，集中连片，社会化服务水平明显提高，产业化进程态势良好。

然而，在取得成绩的同时，也还存在不容忽视的问题：

1. 牧草种子供不应求，种子流通市场混乱，质量普遍较差。随着农牧民种草养畜积极性的增高，种草面积大大增加，牧草种子显得尤为紧缺。若全国每年新增种草306.66万公顷，每公顷平均用种30千克，每年约需牧草种子8万吨，而目前全国每年仅生产牧草种子4万吨左右，从国外进口牧草种子超过5 000吨，牧草种子供应远远达不到草地建设的需要，市场上牧草种子十分紧俏。牧草种子生产与经营亟待整顿和理顺管理。

2. 在草地建设的同时，对草地的保护利用不够，造成重建设轻保护，建设的多保留的少的局面。近几年，全国每年新增种草200万公顷以上，而每年种草保留面积仅增加66.66万公顷左右，除自然退化、沙化因素造成草地面积减少外，人为破坏、保护利用不力也是不可忽视的因素。

3. 信息不畅。各省（区）对草地建设进展情况反映不及时、不全面，以致草地主管部门不能及时、全面、正确地了解全国的草地建设情况，发现草地建设中存在的问题。

（农业部畜牧兽医局　全国畜牧兽医总站）

北　京　市

【天然草地的开发利用】 1980年第一次农业资源调查初步查明，北京市有天然草地394 816公顷，占全市总土地面积的24.07%。其中山地草甸14 073公顷，山地灌草丛草地342 176公顷。草地可利用面积为336 310公顷，平均鲜草产量每公顷4 590千克，平均载畜能力为0.8公顷。按全国天然草地五等八级评价标准，本市草地属三等五级，其中三等草地占77.6%，天然草地总体质量属中等，五级草地占50.4%。平均鲜草产量每公顷7 590千克，草地生产力水平居中上等。

1990年对全市草地资源进行了数据更新。经一年多时间，在上次普查基础上，对全市草地进行了详查，取得了更加详实的结果。

1. 草地面积变化情况。与1980年调查数据比较，全市天然草地面积减少到26.1万公顷，可利用面积减少到22.5万公顷，平均每年减少0.95万公顷，主要原因是绿化造林、果品生产、农田开发、土木工程等占地。

2. 饲用植物资源概况。北京市天然草地主要植物分属58科。170属，共287种。其中饲用植物182种，分属35科，112属，占所收集到植物种类的65%。草地植物中饲用植物比重见下表：

类别	科数	占科（%）	属数	占属（%）	种数	占种（%）
草地植物	58	100.00	170	100.00	287	100.00
饲用植物	35	60.34	112	65.88	182	65.47

3. 天然草地开发利用情况。北京市草地资源开发利用程度极不平衡。有天然草地的7个山区县中，平谷、密云两县超载，密云稍重；昌平和怀柔两县潜力很大；房山和延庆两县基本平衡；门头沟区潜力较大。

【人工草地建设】 人工种草情况。50年代有12个国营农场曾种过苜蓿。大面积人工种草始于80年代。1980年8月在农业部的支持下，选择在密云县北部山区进行飞播沙打旺和草木樨试验，以后改在平原的沙荒地试验。经过两三年的探索，在永定河大兴县北藏村和房山区的葫芦垡乡两段河滩沙地上种植沙打旺成功。1983年建成了延庆县官厅水库淹没区400公顷、房山县葫芦垡333.3公顷、大兴县北藏村200公顷的成片草场。为了配合种草的发展，市政府制定了有关扶持政策；市畜牧局的牧草种子站改为牧草技术推广站，加强了对郊区种草的技术指导和服务。

1990年以后，市政府对人工种草的扶持政策取消，大面积种草基本停止。1997年以来，随土地政策进一步落实和社会游资的注入以及种植业结构调整，部分区县出现了承包土地发展商品草生产经营者。现在保留的草场和仍在继续种草的地区，都是有一定养殖需要牧草供应的地方。北京郊区历年飞播和人工种草情况如下表：

年度	播种总量	人工种草	飞机播种	年度	播种总量	人工种草	飞机播种
1980	0.05		0.05	1981	0.19	0.07	0.12
1982	0.20	0.11	0.09	1983	0.64	0.45	0.19
1984	0.55	0.48	0.07	1985	0.11	0.07	0.04
1986	0.04	0.04		1987	0.26	0.26	
1988	0.34	0.31	0.03	1989	0.34	0.31	0.03
1990	0.29	0.29		1998	0.05	0.05	

北京市种植的人工牧草品种主要有：沙打旺、草木樨、小冠花、苜蓿等，表现最好的是沙打旺。种植沙打旺对有效增加土壤中的腐殖质、提高草地的产量和质量、增加植被覆盖度、降低地表温度、促进水土保持、改良北京地区的生态环境，均有良好的作用。

（云　鹏）

内蒙古自治区

内蒙古是以草原畜牧业为主体的边疆少数民族地区，草原既是畜牧业发展的重要物质基础，又是草原上各族人民赖以生存和发展的环境。草原保护和建设对发展畜牧业以及牧区社会经济的可持续发展，乃至维护我国北疆的生态屏障都有着十分重要的意义和作用。

回顾多年来的草原保护和建设，内蒙古自治区一直坚持"全面规划，加强保护，合理利用，重点建设"的草原工作方针；坚持"因地制宜，分类指导，各有侧重，注重实效"的建设原则；在落实草原所有权、使用权和承包责任制的基础上，坚持科技兴牧兴草，大力推广科技适应技术，在草原保护和建设上取得了显著的成就，积累了丰富的经验。主要表现在：一是在工作中，加大了对草原建设财力、物力、政策、法律、技术的支持和保证，自治区实施防灾基地建设、牧区示范开发工程等重大建设项目，也把草原建设列为主要内容，充分发挥了带头和示范作用。二是在实践中突出体现了草原建设与养畜的结合，总的要求是在规模上，不刻意求大、求多，要求小、求精；在建设形式上，要以户为主，与家庭经营紧密结合。三是在草原管理体制上，不断深化牧区改革，全面落实以承包到户为主要内容的责任制。四是草原法制不断加强，逐步走向依法保护和建设草原的轨道。

内蒙古自治区草原建设主要分为天然草原改良培育和人工草地建设。

【天然草地的改良培育】 天然草原的改良培育主要包括草库伦建设、草地改良和飞播牧草。

1. 草库伦建设。草库伦是内蒙古对天然草原围栏、封育的特称，意思为草圈子，50年代由伊克昭盟乌审旗乌审召苏木广大牧民群众在保护、培育和建设草原的实践中创建了草库伦，这是内蒙古最早采用的草地围栏封育的措施。当时的草库伦是用篱笆、围墙、挖沟将退化、沙化草地一块块围起来，并禁牧，是一种单一的封育，但效果很好，封育后植被恢复快，优质牧草种类和数量增加，产草量大幅度提高，既能打草，又能冬春放牧。60年代初期，内蒙古草原建设中普遍推行了草库伦，经过几十年的发展，目前内蒙古的草库伦形式多样，种类丰富；从建设的材料分有刺丝围栏、网围栏、电围栏、石墙围栏、沟围栏、生物围栏等；从利用方式分有打草库伦、放牧库伦、打草兼放牧库伦，以草料为主多种经营综合型库伦等；从建设内容分有封育库伦、轮牧库伦、饲料地库伦，水、草、林、机、料五配套草库伦等；从经营管理分有家庭库伦、联户经营库伦、生产单位经营库伦。在草库伦的发展建设中，始终坚持以户、专业户或联户为主，以水为主，以配套为主，即"三为主"，和"自建、自管、自用"的原则，切实加强了组织领导，搞好科技服务，草原、水利、林业、农机等部门密切配合，有效地缩短了配套周期，做到建一处，配套一处，成功一处，见效一处。80年代中期以来，内蒙古把水、草、林、机、料五配套草库伦建设作为牧区建设的主攻方向，并常抓不懈。在牧区，一户牧民围建一处2.67～4公顷的五配套草库伦，种植0.33～0.67公顷饲料地，1.33～2公顷优质高产牧草，加之蔬菜、果树等经济种植，不仅饲草料自给有余，而且丰富了生活，为畜牧业稳定发展提供了保障。1994年以来，在赤峰市、兴安盟、锡林郭勒盟、伊克昭盟、巴彦淖尔盟和乌兰察布盟六个盟市推广了高效益规范化配套草库伦建设技术。1998年已建成高效益规范化配套草库伦1万多处，共计3.33多万公顷，项目区不仅突出了以水为中心，水、草、林、机、料、渠、路、田及塑料暖棚、青贮窖、饲草料加工厂点等综合配套建设，而且着重推广了草、料、经(经济作物)，草、灌、乔多元种植结构，间、混、套、复立体种植、模式化栽培技术，牛羊猪禽模式化饲养技术等等，使资源的开发建设与保护利用、种草与养畜紧密结合起来，实现了草原建设规范化、饲草料加工科学化、牲畜饲养模式化，提高种草养畜整体经营效益，达到了增草增畜、提高质量、提高效益的目的。截止1998年底，内蒙古草地围栏保有面积550.4万公顷(1990年为323.59万公顷，1986年为188.06万公顷)，全区拥有五配套草库伦9万多处，共计24万公顷。

2. 草地改良。草地改良是对天然草地采取一定的农业技术措施，调节和改善草地生态环境中土、水、肥、气、垫和植被等自然因素，促进牧草生长，提高草地生产力的一种方法。内蒙古的草地改良是指在原有植被和土壤条件下，采取各种人工措施恢复和提高草地生产力。主要办法有封育、封育+补播、补播、浅耕翻、浅耕翻+补播、轻重耙松土、草地灌溉和草地施肥等。截止1998年底，内蒙古草地改良保有面积为145.9万公顷。浅耕翻改良技术适用于以根茎性禾草为主的退化草甸草原、典型草原。退化的羊草草原浅耕翻改良后能维持羊草良好的生长速度达4~7年。退化的羊草草甸草原采用的"浅翻、耙、化、播、管"配套改良技术，第二年起羊草密度逐年增加，羊草高产期6~7年，浅翻后根系总量比原来增加1.6倍，羊草高度增加，产草量提高6倍多，一般每公顷产干草2.1~3.3吨。松土、补播适用于以丛生禾草为主的草场，松土配之以补播、施肥、灌溉效果更好。在同类型的草场，封育与其他改良相比，浅耕翻改良增产35%~164.5%，松土增产37.2%~103.0%，松土补播+施肥、灌溉增产58.4%~392.0%。

3. 飞播牧草。飞播牧草是一项现代化的草原建设，它既可改良退化、沙化草场，又可在沙区建立高产的人工草地。飞播牧草的成功和推广，是草原建设上的一大突破。改革开放之初，中央非常关怀草原飞播牧草事业，邓小平同志曾亲自作过批示："空军要担负飞播牧草任务，不只搞一、二年，要搞二十年，一年不是播一次，而是播几次"，这大大推动了飞播事业的发展。自1978年以来，内蒙古陆续在干旱、沙漠地区开展飞播牧草的试验，获得成功，而后进入大面积推广，从退化的干草原，到毛乌素、库布齐、腾格里、科尔沁、乌兰布和等沙漠沙地都大面积进行了飞播。收到了投资少、见效快、效益高的显著成果，开拓了一条改造沙漠、建设草原之路。1979—1983年，在乌审旗毛乌素沙漠中心区，飞播羊柴、草木樨等2.75万公顷，使植被盖度由原来的10%提高到30%~40%。1981—1984年，在阿拉善左旗腾格里沙漠东缘，飞播籽蒿、沙拐枣6.67万公顷，使原来已全部沙化、植被盖度不到1%的播区，飞播当年盖度达到4.6%，第二年为8.7%，第三年为17%。1982年在兰州参加国际治沙会议的多国专家参观了该旗的飞播区，给予了高度赞扬，赞誉这是飞播史上的重大突破，冲破了年降雨量150毫米以下不能飞播的禁区。90年代以来，赤峰市在科尔沁沙地每年以2万多公顷的速度飞播牧草，使流动和半流动沙丘变为固定、半固定沙丘，飞播的沙打旺、羊柴、沙蒿成为沙漠绿洲主要植物种群。截止1998年，内蒙古飞播牧草历年累计面积73.33万公顷，保有面积近40万公顷。飞播后的草地，不仅生态条件得到明显的改善，草原沙化和退化得到治理，而且播区已成为固定的打草场和草籽基地，几个流动沙地播区沙丘基本固定或半固定。

【人工草地建设】 人工草地(包括饲料地)建设是开发利用草地资源，发展草地畜牧业的重要措施，也是畜牧业发展水平的一个标志。内蒙古自然条件恶劣，草地生产力低，草原退化日益加剧，要保证草地畜牧业稳定、优质、健康发展，加强人工草地和饲草料基地建设十分重要和紧迫。自治区对人工草地和饲料地建设非常重视。1971年10月自治区党委提出"种植优良牧草和饲料，建立稳产高产的饲草料基地"。1981年自治区党委、政府作出《关于大力种树种草决定》。"八五"时期，自治区畜牧厅明确提出"畜均1亩优质稳产改良草场和1分保灌饲料地"的建设指标，并列入发展规划。20多年来，内蒙古从牧草和饲料作物的种子生产抓起，对牧草和饲料作物种子一是引进扩繁、推广，二是筛选、驯化栽培、繁育、推广，三是建立健全牧草种子推广繁育体系。不仅改变了内蒙古牧草品种单一和短缺状况，培育出草原1号草原2号杂花苜蓿、农牧1号羊草、农牧老芒麦、蒙农红豆草、蒙旱苦卖草、乌拉特1号典壳苏丹草、内饲5号甜菜及敖汉苜蓿、羊柴、柠条等数十个新品种和地方品种，而且牧草种子生产由单一转为多元化，生产能力和供种能力有了较大的提高，目前具有年提供700万千克以上的供种能力。牧草种子生产的发展，为草原建设提供了强有力的物质保证，人工种草由原来调入种子，到目前满足建设需要而大量调出种子。种源和供种能力的提高，极大地促进了人工草地的发展。

改革开放20年来，随着观念的转变，认识的提高，以人工草地建设为主要内容的草原建设得到全社会的重视和关注，以草为主、建设养畜、以草定畜、草畜平衡的思想更加深入人心，农牧民把草原建设和发展草业变成了自觉行动，人工草地建设逐步向广度和深度发展。从建设内容上有多年生人工草地、一年生人工草地、饲料地、灌丛草场。在分布上由开始以农区、半农半牧区为主转为全区农区、半农半牧区、牧区普遍发展；在种植上，由以荒山、荒坡种草为主转为退耕种草、草田轮作、沙地种草、盐碱地种草、草库伦内种草；在种植形式上由散种、旱作粗放管理转为集中连片、旱作与灌溉种植、精细管理；在品种配置上，由品种单一转为品种多元化，种类有一年生牧草、多年生牧草、半灌木和灌木，播种方式有单播、混播及草灌乔结合。截止1998年，内蒙古人工草地保有面积266万公顷，其中多年生人工草地111.53万公顷，饲用灌木147.8万公顷。年种草规模73.33万公顷以上，种植饲料33.33万公顷左右。多年生人工草地以旱作为主，平均每公顷产干草2.25吨以上。灌丛草场多建设在水土流失地区和风蚀沙区严重的地区，1980年以来，在伊盟、乌盟、赤峰等地推广灌丛草场建设13.33多万公顷，建设后植被盖度由5%～30%提高到50%～90%，饲草产量平均每公顷达3.51～6.6吨，比建设前提高7～14倍；赤峰喀喇沁旗山区草灌乔综合治理，草山草坡土壤侵蚀指数降低50%，地表径流减少58%，泥沙输出量减少90%。

内蒙古的草原保护和建设在党的方针、政策指引下，有了长足的发展，草原建设总规模“六五”时期年均73.33万公顷，“七五”时期106.67万公顷，“八五”时期160万公顷，“九五”时期每年近200万公顷，每5年上一个台阶。伊克昭盟、赤峰市、乌兰察布盟、哲里木盟年建设规模在23.33万公顷以上，这些地区草原建设发展快，畜牧业发展才较为稳定，发展才快。人工草地建设保有面积在6.67多万公顷以上的旗县有10余个。就全区而言，每年由天然草场改良和人工草地建设提供的打贮草在40亿千克以上。纵观内蒙古草原改良和人工草地建设，尚且存在地区间发展不平衡、建设质量差、管理粗放、效益低等问题，但建设的热潮方兴未艾，建设的规模、质量和效益也在逐步提高，只要加大建设力度，内蒙古的草地建设一定会上一个新的台阶。

（吴宝山）

山 东 省

【草地建设】 近年来，随着草地有偿承包责任制的落实，山东省通过推广根瘤菌、高产优质牧草种植等综合配套技术，草地建设发展较快。1998年全省完成草地面积16.08万公顷，其中，人工草地12.21万公顷．改良草地3.87万公顷；牧草种子田0.33万公顷；有偿承包草地100万公顷，占全省草地面积的55%。草地开发区现有家庭牧场512个，存养肉牛4.6万头，肉羊8.9万只，兔20万只；出栏肉牛7万头，肉羊40万只，肉兔5万只，生产苜蓿草等产品4万多吨。

【粗饲料开发】 1998年全省农作物秸秆产量8 000多万吨，在政策促动、科技推动、利益驱动下，大力推广农作物秸秆的青贮氨化、微贮技术，实行过腹还田。全省完成青贮氨化微贮饲料3 700万吨，其中青贮饲料达到2 500万吨、氨化饲料1 100万吨、微贮饲料100万吨。全省秸秆养畜示范县完成青贮氨化饲料1 212万吨，占全省的33%。

（山东省畜牧局供稿）

四 川 省

【牧区草场开发】 四川牧区是全国五大牧区之一，地处青藏高原东南缘的横断山地区，包括甘孜、阿坝、凉山三个少数民族自治州的48个县，幅员面积30万平方千米，有天然草地1 633万公顷，可利用草地1 413多万公顷，其中甘孜、阿坝、凉山分别拥有可利用草地826.67万公顷、386.67万公顷、193.33万公顷，草地资源十分丰富，发展畜牧业的条件得天独厚。从1994年起，四川逐步开展草场有偿承包责任制工作，到1998年底，共承包到户或联户草场面积1 081.3万公顷，占可利用草地面积的76.5%。其中：甘孜州承包草场659.27万公顷，占可利用草场面积的80.1%；阿坝州承包草场322.27万公顷，占可利用草场面积的83.3%；凉山州承包草场99.6万公顷，占可利用草场面积的51.5%。在草场承包基础上，加大了草地开发力度，开展了牧区社会综合建设试点、牧区开发示范工程、牧区抗灾保畜基地、草原防火体系、人工种草及草地改良、草地鼠虫害治理等项目建设，在项目的示范和辐射带动下，广大农牧民保护、建设和合理利用草场的积极性明显提高。截止1998年底，四川牧区共建成围栏改良草地47.79万公顷、人工草场14.67万公顷、牧草种子基地0.33万公顷，分别比1990年增加2.4倍、3.9倍和2.3倍。人工草地、改良草地产草量平均每公顷产量达52.5吨和4.5吨，分别增加22.5吨/公顷和1.5吨/公顷以上，牧区年增产鲜草40亿千克以上。通过草地建设，草地植被得到逐步恢复，有效遏制了草地退化和沙化，使草地生态环境明显改善。为有效改变牧民群众长期沿袭的“逐水草而居”、靠天养畜的传统游牧生产生活方式，从根本上打破牲畜“夏饱、秋肥、冬瘦、春死”的恶性循环，加快牧民脱贫致富奔小康的步伐，促进牧区经济发展、社会进步和民族团结，从1995年开始，四川牧区开展了以“人有定居住房、畜有越冬棚圈、草地有围栏、冬春有贮草”为主要建设内容的“人草畜”三配套建设。截止1998年底，共建成三配套牧户3.96万户，占应建户总数7.1万户的55.8%，建成围栏改良草地13.2万公顷、人工草地1.32万公顷，牧民定居住房316.8万平方米、牲畜越冬棚圈396万平方米。开展“人草畜”三配套建设，为进一步开发利用草地，提高草地生产水平奠定了良好的基础。在抓草地开发的同时,加强了草地服务体系建设。四川已形成了以草原站为主体的省、州、县三级草原技术推广服务机构和以草原监理站为主体的草地保护、监理机构,锻炼和培养了一大批懂技术懂管理的科技干部。到1998年底,四川牧区共有草原站52个、草原监理站51个,各类草原技术干部260人,形成了自上而下的草地建设服务体系,为加强草业管理,开展草地建设,提高草地生产水平发挥了极其重要的作用。服务体系的建立,生产条件的改善,草地质量和牧草产量的提高,有效缓解了草畜矛盾,提高了畜牧业生产水平。1998年牧区牧业产值25亿元,占农业总产值的41.3%,各类牲畜年末存栏1 739.22万头(只、匹),出栏548.72万头(只、匹),肉、奶、毛产量分别达到35.3万吨、18.42万吨、4 177吨;牲畜总增率、出栏率、商品率分别达到21.86%、32.27%和28.95%,分别比1990年提高13.3、6.5和6.1个百分点。

【人工种草】 四川坚持"因地制宜、分类指导、注重实效、稳步发展"的种草指导思想,从80年代开始,积极探索种草路子,先后采用飞播、轮作、间作、套作,在牧区、半农半牧区、农区大力推行种草,主要推广的优质牧草品种有一年生黑麦草、光叶紫花苕、苏丹草和紫云英,经过全省草业战线干部、科技人员的共同努力,取得了显著的成绩,为畜牧业提供了大量的物质,推动了畜牧业内部结构的调整,促进了全省畜牧业持续稳定发展。四川累计建设人工草地104.4万公顷(当年新增种植2.67万公顷),其中粮草轮作30万公顷;累计飞播牧草6.83万公顷(当年新增飞播0.63万公顷),飞播有苗面积达96%,成苗面积达93%。累计建成牧草种子基地0.67万公顷,当年生产牧草种子700吨。建成草粉加工厂(点)600个,生产各类草产品5万吨。

(四川省畜牧食品局供稿)

甘　肃　省

改革开放以来,甘肃草业建设认真贯彻"立草为业"的方针,始终坚持以市场为导向,效益为中心,科技为手段,全面推行草畜承包责任制,加强基础设施建设,不断强化依法治草、依法建草、依法兴草,使草业建设取得显著成效,确保了畜牧业连续获得17个丰收年。

【畜草承包有突破性进展】 甘肃在全面推行了"牲畜归户,私有私养,自主经营,长期不变"生产经营责任制的基础上,始终把草地承包工作作为关系深化牧区改革的一件大事来抓,纳入目标管理,实行量化考核。80年代初,认真落实了"草地公有,承包经营"的草地承包责任制,到1988年全省牧业县和半牧业县的草地基本上承包到户、联户或自然村,其中10个牧业县承包草地占可利用草地的83%。针对草地承包普遍存在的不彻底和不完善等问题,真正实现草地经营中责、权、利和用、管、建有机结合,1990年后全省又着力组织推行以"承包到户,长期不变,有偿使用"为主的第二轮草地承包,到1998年底10个牧业县已完成草地到户承包972万公顷,占全省草地总面积的20.2%。半牧业县和农区的大部分草地实行了承包经营或拍卖、转让等,逐步建立了草地使用经营新机制。

【基础设施建设得到强化】 近年甘肃重点组织实施了防灾保畜育草基地、绒山羊基地、骆驼基地和牧区开发示范工程等项目,在牧区已建成或改建种畜场12个、饲料加工厂(点)504个,建立地县畜牧中心及地县乡畜牧兽医站180个、草原站24个,拥有科技人员980名,2/3的牲畜有棚圈和药浴池,全省新增人工草地23万公顷,围栏草地30万公顷,累计草地建设保留面积达165万公顷,其中人工种草95万公顷,改良草地30万公顷,飞播牧草6万公顷,围栏草地36万公顷。实行鼠虫害普查和监测预报相结合,药物防治、人工捕捉与生物防治相结合,治虫灭鼠和围栏补播相结合,重点危害区防治和集中连片防治相结合,年草原鼠虫害防治面积30万公顷,其中生物防治面积达15万公顷。在牧区组织推行了夏河县经验,在天祝等9个县建成了2万公顷防灾保畜育草基地,直接效益达1亿元。建立了安西极旱荒漠国家级草地自然保护区,保护面积80公顷,建成150公顷戈壁植物园和7个野生动植物管理站,初步建成了荒漠戈壁良性草地生态系统试点。在牧区大力发展了草地围栏化、牧民生活定居化、牲畜棚舍暖棚化、饲草料生产基地化、牲畜良种化、疫病防治科学化为内容的"六化"家庭牧场建设,先后已建立起"六化"家庭牧场示范户1.69万户。全省85%的牧民实现了定居,其中肃南县牧民全部实现了定居,告别了逐水草而居的游牧历史。有7个县实现了小康目标。

【依法治草步入正轨】 自1985年《草原法》颁布实施以来,甘肃始终把贯彻《草原法》列入重要议事日程,1989年省人大颁布了《甘肃省实施草原法细则》,甘南州等牧区州县相继制定了草原管理办法、条例等法规;全省已建成各级草原监理站(所)37个,草原防火机构43个,强化了执法手段,及时调解草原纠纷,查处违法案件,遏制了乱垦滥挖草原现象的发生,使甘肃草原的保护、管理、建设、利用进入了一个新的历史阶段。

【产业结构实现了合理调整】 采取免征牧业税、口粮差价补贴等政策措施,对天祝、环县等牧业县或半农半牧业县部分乡村5万户、25万农牧民实行了退农还牧工作,约18万公顷耕地还草还牧。在农区全面推行了粮食作物、经济作物、饲料作物三元种植结构,饲草料种植面积近10年扩大了60%,单位面积饲草(料)产量提高了35%~280%。在光、热、水、土等条件比较优越的地区实行了复套种植饲草,每年全省饲草复套种植面积达10万公顷,既为畜牧业发展提供了饲草,又使种植业肥田增产增收。立草为业,进行饲草料综合加工利用,全省每年加工草粉、草块、草颗粒等草产品150万吨左右。结合甘肃畜牧业的发展特点和市场需求前景,畜牧业的发展重点向草食畜转变,注重了畜种改良、选育提高、良种畜推广和畜群结构的调整。

【牧草种子生产和人工种草取得长足发展】 甘肃具有发展草产业得天独厚的区位优势和资源优势,近年先后在庆阳、镇原等20多个县(市)建起了紫花苜蓿、红豆草、草木樨等品种的牧草种子繁育基地2 000公顷,年产牧草种子100多万千克,初步形成了以甘肃省牧草种子公司为中心,地县牧工商和牧草种子购销站、草原站为依托的供销体系,年经销量达800万千克左右。目前已在生产中广泛应用并经国家牧草品种审定委员会审定登记注册的品种有10多个。80年代中期,甘肃认真响应中央"种草种树,发展畜牧"的伟大号召,在全省范围内开展了人工种草、留床面积以年20万~30万公顷的速度递增,到1998年保留面积达95万公顷。

(闫万贵)

青 海 省

【天然草地】 青海省天然草地面积辽阔,居全国第4位,总面积3 644.94万公顷,有可利用草地面积3 161.03万公顷,其中:冬春草场面积占可利用草场面积的50.18%;夏秋草场面积占可利用草场面积的49.82%。草地类型主要由高寒草甸类、高寒干草原类、山地干草原类和荒漠类等草地类型构成,其中草甸草场分布最广,面积最大,占可利用面积的68%,是构成天然草场的主体,组成草群的优势种植物主要有莎草科嵩草属的高山嵩草、矮生嵩草、线叶嵩草、嵩草等以及禾本科的垂穗披碱草、垂穗鹅观草、波伐早熟禾、早熟禾等。平均每公顷产鲜草2.96吨。全省各类草场平均每公顷产青草量为2.09吨。

【牧草种子生产】 1998年青海省牧草种子繁殖地面积为3 333.33公顷,生产各类牧草种子250多万千克。品种以一年生黄燕麦、巴燕三号、加拿大燕麦和丹麦444等燕麦品种为主;多年生牧草主要有垂穗披碱草和老芒麦等品种。

【人工种草和草地改良】 1998年全省人工种草7.1万公顷,其中:一年生牧草6.27万公顷,多年生牧草0.46万公顷;飞机播种牧草0.37万公顷。1998年,改良草场7.4万公顷,建成围栏草地19.47万公顷,牲畜暖棚61.6万平方米。

改革开放初期,全省每年用于草原建设的投资为1 000万元左右,以国家投资为主,占总投资的70%左右,集体和群众自筹为辅,随着《中华人民共和国草原法》的颁布实施和草场承包责任制的不断深入发展,极大地调动了牧民群众投资搞建设的积极性。"九五"期间全省草地建设是历史上规模最大、投资最多的时期。改革开放20年来,人工草地、围栏草场和牲畜棚圈分别是改革开放初期的2.63倍、5.56倍和19.4倍。1998年,全省累计建成人工饲料基地85.23万公顷,围栏草场193.58万公顷,改良草场97.99万公顷,牲畜棚舍286.80万平方米。1998年草原建设投资1.8亿元,其中国家投资8 644万元,群众自筹9 538万元。

(王贵林)

【草地承包责任制】 青海省牧区1984年开始实行"草场公有、承包经营、牲畜作价、户有户养"的草畜双承包生产责任制。1993年省人民政府颁布了《青海省草原承包办法》,经过几年的发展、完善,以"一包四定五统一"为基本形式的草场分户承包经营生产责任制,作为牧区的一项基本制度逐步稳定下来。"一包"是指:草场承包固定到户;"四定"是指:以草原面积和质量定载畜量、定生产指标、定草场使用费、定各项提留;"五统一"是指:统一生产计划指导和提供产前产后服务,统一规划建设草场和管理使用公共设施,统一进行畜种改良和疫病防治,统一组织防灾抗灾,统一提成、管理和使用公共积累。

草场长期有偿分户承包责任制的落实,解决了多年来草场"吃大锅饭"的问题,调动了牧民群众的生产积极性,推动了草原"四配套"建设,加快了草原建设和草地畜牧业发展,加速了牧区的社会进步和经济发展。

截止1998年底,全省已实施草原承包的有27个县(市),163个乡(镇),689个村,2 027个生产合作社,69 178户牧民。总承包面积为2 166.17万公顷,占全省可利用草原面积的68.52%。其中冬春草场1 376.58万公顷,占牧区冬春可利用草原面积的90.03%;夏秋草场789.59万公顷,占牧区夏秋可利用草场面积的54.37%。已发放草原使用证32 066户。

(杨豫海)

【牧区防灾基地建设】 青海省南部牧区平均海拔4 000米以上。全区土地面积3 429万公顷,占全省土地总面积的47.54%,其中:有可利用草地面积2 082万公顷，占全省可利用草地面积的 62.25%。1998 年底，全区共存栏各类牲畜 676.42 万头只，占全省草食牲畜存栏总数的 32.4%。总人口 40.5 万人，其中牧业人口 32 万人，牧业户 5.9 万户，牧业户数占全省总牧户数的 61%。因受严酷的自然条件的制约，畜牧业生产始终难以摆脱"四低一高"(牲畜繁殖成活率、总增率、出栏率、商品率低，成畜死亡率高)的被动局面。目前，全区 14 个县中有 7 个县是国定贫困县。1998 年国定贫困县牧民人均收入不足 800 元，是全省最贫困的地区之一。

为提高青南牧区畜牧业生产水平，"八五"以来，根据中共青海省委、省人民政府稳定发展青南畜牧业的战略决策，决定在该区开展实施以户为单位的草地围栏、牲畜棚圈、人工饲草基地和牧民定居点"四配套"的防灾基地"温饱工程"建设项目。项目要求每个牧户建设规模一般为：围栏草场 3.2 公顷，牲畜棚舍 60 平方米，人工种草 0.7 公顷，建设牧民定居房屋 50 平方米。在中央财政的大力扶持下，防灾基地建设项目在 1990 年试点的基础上，1991 年开始大规模实施，每年以 1 000～1 500 户速度推进，至"八五"期末，全区共建设"四配套"户 6 244 户，累计建成围栏草场 20.8 万公顷，畜棚 37.5 万平方米，一年生人工饲草基地 0.21 万公顷，青南十四县牧民定居户数比例达 45%。1996 年，贯彻全国扶贫工作会议精神，把青南牧区"温饱工程"——防灾基地建设项目列为全省三大扶贫工作之一，加大了投资力度和建设规模。"四配套"建设户数每年增至 6 000 户，建设规模也较原计划有增加。

截止 1998 年底，该区累计共建成"四配套"牧户 22 644 户，占到牧户总数的 39.6%，累计建成围栏草场 48.15 万公顷、牲畜暖棚 135.9 万平方米、一年生人工饲草基地 0.755 万公顷。

（熊进宁）

【饲草料贮备项目计划】 1998 年 8 月，中共青海省委、省人民政府决定开展实施青海南部牧区牲畜越冬饲草料贮备项目计划。该项目确定近、中、远期目标。近期目标用 3 年时间使多灾易灾的玉树、移多、治多、杂多、曲麻莱、玛沁、玛多、达日、甘德 9 县 30 个乡实现每头牲畜平均贮备 9 千克颗粒饲料；中期目标用 5 年时间，在青南全区 14 县实现畜均具有 9 千克的饲料贮备。

项目近期实施方案，计划投资 6 257.2 万元，其中牧民自筹 4 840.2 万元，国家投资 1 417 万元。国家投资部分主要用于周转金、饲料运费补贴和项目管理费。截止 1999 年元月底，果洛、玉树两州共调运饲料 5 231 吨，完成计划任务的 96.87%。投资 1 164.02 万元，其中国家投资 461 万元，群众自筹 703.02 万元。玉树州调运饲料 3 629 吨，完成计划任务的 95.55%。果洛州调运饲料 1 602 吨，完成计划任务 100%。

【灭鼠治虫】 青海草场鼠虫危害较为严重。据调查全省鼠害发生面积为 758.4 万公顷，危害面积 659.2 万公顷；虫害发生面积为 196.36 万公顷，危害面积 85.77 万公顷。灭鼠治虫工作从 50 年开始起步，60—70 年代曾进行大面积防治，取得了很大成效。改革开放后，逐步改进防治技术，加强鼠虫害测报体系建设，使灭鼠治虫工作逐步走上了科学规范的管理轨道。二十年来，全省累计治理草原鼠害 1 472.21 万公顷(其中生物药剂灭治 751.44 万公顷)；治理虫害 194.85 万公顷(其中生物药剂灭虫 20.65 万公顷)。同时，建成了由海西、海南、黄南、祁连、铁卜加、果洛、玉树 7 个测报站和省测报中心组成的鼠虫害测报体系，完善了测报制度；筛选出灭效高、成本低、使用方便、无二次中毒的生物灭鼠剂——C 型肉毒梭菌毒素。

1998 年全省共治理鼠虫危害草场 167.05 万公顷，其中灭鼠 152.41 万公顷，灭虫 14.62 万公顷。共投入防治经费 867.66 万元，其中农业部 440 万元，省财政 289.7 万元，集体和个人自筹 137.96 万元。

【草原防火】 截止 1998 年底，已成立省、州(地)、县(市)三级草原防火指挥部 38 个，草原扑火队伍 1 267 个，有防火通讯电台 43 部，数传终端机 42 台，发电机 3 台，防火指挥车 32 辆，三轮摩托车 22 辆，对讲机 101 部，灭火器 385 台套。建成了"青海省草原防火数传通讯网络"和"青海省草原防火指挥培训中心"，实现了省、州(地)、县(市)三级草原防火指挥通讯微机联网，防火期 24 小时通讯畅通。

1998 年，全省共发生草原火灾 14 起，其中：草原火警 13 起，一般草原火灾 1 起，过火面积 616.76 公顷，烧毁草原牧草 23.28 万千克，烧死羊 40 只，直接经济损失 13.28 万元，参加扑火使用 1 329 个工日。

（杨豫海）

新疆维吾尔自治区

【天然草地】 新疆是我国重要牧区之一，天然草地毛面积 5 725.88 万公顷，可利用面积 4 800.68 万公顷，居全国第三位。草地在新疆国土资源中占有很大比例，约为 34.4%，占农、林、牧用地的 86.9%，是已垦农地的 15 倍，林地的 18 倍，而且分布于盆地到高山雪线之间，经营面积大，对生态环境的影响最为广泛深刻。

新疆地处欧亚大陆腹地，"三山(阿勒泰、天山、昆仑山)夹两盆(塔里木盆地、准噶尔盆地)"构成了新疆地貌的基本轮廓，封闭的地理环境，阻隔了平原对周围海洋湿润气流的吸收，并改变了大气环境形势，极大地强化了新疆荒漠气候的大陆度，草地类型多为荒漠、半荒漠草地，其面积达2 686.79万公顷，可利用面积2 047.10万公顷，占全疆天然草地和可利用草地面积的46.9%和42.6%。另一方面，境内既有高山、丘陵、盆地、谷地，又有平原绿洲、戈壁和沙漠，庞大山系在对大气环流产生巨大作用，强化平原内陆干旱气流的同时，给盆地供应丰沛的冰雪融水和雨水径流以及大量的洪积、堆积物质，且以其巨大山体的高差悬殊、内外差异、南北有别和东西不同，形成了复杂多样的生态环境，使新疆不仅有独特而得到充分发育的荒漠草地，而且几乎孕育了北温带范围内所有的草地类型，在全国18个草地类型中新疆就有11个，同时根据大地形、土壤基质和植被分异又划分了25个亚类、131组、687型。新疆草地从海拔－154米的吐鲁番盆地到海拔6 000米的昆仑山都有分布，其中巴音布鲁克草原、巩乃斯草原、巴里坤草原闻名世界。水平分布的平原草地类型，面积约占草地总面积的42%，垂直分布的山地草地类型，约占草地总面积的58%，因此从草地的丰富程度上讲新疆堪称全国第一。

新疆草地大部分质量较好，属于一、二等的优良草地占全区草地约36%，属于三等的中等草地约占30%，属于四、五等的低劣草地约34%。物种资源十分丰富，据统计，草地上生长的高等植物有108科、687属、3 270种，可作为牲畜饲用的天然野生牧草达2 930种，其中分布数量大、饲用价值高的优良牧草382种。草地上野生药用植物也非常丰富，有2 014种，目前用于医药的收购品种达125种，主要有甘草、麻黄、大芸、柴胡、贝母、紫草等。从利用角度看，新疆既有放牧草地，又有割草地和刈牧兼用草地，同时根据气候、地形、水文、植被等条件和利用习惯，将全区的草地划分为夏牧场、夏秋场、冬牧场、冬春场、春秋场、冬春秋场、全年草场等几种形式，适合不同季节利用，各具特色的季节牧场组成了一个轮换放牧的利用体系，为畜牧业的发展提供了优越的生态环境条件和物质条件。新疆能有多种优良畜种的育成与存在，如新疆细毛羊、中国美利奴羊(新疆型)、阿勒泰羊、和田半粗毛羊、新疆羔皮羊、新疆绒山羊、伊犁马、伊吾马、新疆牦牛等，是与新疆拥有辽阔、优美、丰富多彩的草地分不开的。

【草地建设】 1998年，新疆维吾尔自治区完成草原建设10.65万公顷，其中人工种草3.68万公顷，改良草地6.97万公顷。新增定居牧民8 780户，新建牲畜棚圈33 763座，其中塑料暖圈28 161座。

在国家专项资金支持下，从1995年开始到1998年已开展了四批牧区开发示范工程草原建设，大大加快全疆草地建设和改良步伐，加速了牧民定居的进程。1998年，自治区完成了第一批牧区开发示范工程项目验收工作，昭苏、布尔津、裕民、奇台、巴里坤5个县的牧区开发示范工程项目经过三年建设已全部竣工，共开发草料地12 507公顷，已种植7 504公顷，改良草地9 760公顷，建立牧草种子基地380公顷，定居牧户312户。修建各类渠系447.77千米，各类水利建筑物305座，机井84眼，架设高压输电线路79.2千米，饮水管道1.179千米，修路68.83千米。引进种畜1 850头，建立配种站及人工授精点109座，药浴池13处，青贮窖276座，全部通过自治区级验收。

1998年，第二批牧区开发示范工程项目也已基本接近尾声，新源县、哈巴河县、吉木萨尔县、和静县、民丰县和和田地区畜牧处六个项目共新建人工草料地3 320.4公顷，改良草地7866公顷，优良牧草种子基地161.33公顷，定居牧民1 108户。修建各类渠系166.92千米，各类水利建筑物248座，新打机井8眼，架设高压输电线路20.9千米，新修道路15.5千米。引进各类种畜563头，新建配种站及人工授精点17处，药浴池6处，乡级兽医站4座。各项工作正在完善配套，迎接自治区级验收。

1998年，第三批牧区开发示范工程项目建设进展顺利，富蕴县、福海县、特克斯县、额敏县、温泉县、木垒县、阿克陶县已完成投资1 177.77万元(含贷款，不含牧民自筹及投工投劳)，共新建人工草料基地2 360公顷，改良草地2 700公顷，围栏草地1 200公顷，建立牧草种子基地46.67公顷，定居牧民497户。兴建各类渠系166.03千米，各类水利建筑物121座，打井21眼，扬水站3座，铺设引水管道13.7千米，架设高压输电线路41.8千米，修路9.2千米，植树91.67公顷。引进种畜753头，建立配种站及人工授精点34座，药浴池6处，乡级兽医站3个。利用“科技兴牧”、“科技之冬”、“科技之夏”等活动培训农牧民6 145人次。各项工程量均已过半。

1998年，第四批牧区开发示范工程项目确定，共有8个新项目、3个续建项目。新建项目是吉木乃县、青河县、精河县、尉犁县、哈密白石头牧场、皮山县、昌吉市、拜城县，续建项目是新源县、裕民县和和静县，已做好了项目前期各项准备工作。

【草地责任制】 截止1998年底，全疆依法落实草地分户承包责任制，已承包草场面积3 866.7万公顷，除运河有争议的草场及无水缺水草场外，占应承包草场面积的93.5%，占全区可利用草场面积的80.6%，落实承包草场的牧户11万余户，占全疆牧户总数的70%以上。博尔塔拉、巴音郭楞、克孜勒苏、阿勒泰、喀什、和田6个地州已完成工作，并通过验收，吐鲁、哈密两个地区已完成工作，等待验收，伊犁、塔城、昌吉、乌鲁木齐、阿克苏5个地州(市)工作接近尾声。

【草地保护】 1998年，新疆自治区各级草原监理站(所)共依法查处违法开垦、违法占用等各类破坏草原案件733起，受破坏草原面积8.07万公顷，处理草场纠纷8起，挽回经济损失6 000多万元。查处了一批大案，其中包括达坂城镇政府违法开垦可可巴斯陶草场案、奇台县塔塔尔乡开垦草场案、南山种羊场草场被占用案等。调查了德隆、泛洋、新农发、新绿洲等十几家非农公司开发草场未履行开垦草场审批手续案件，督促其依法补办审批、使用许可证手续，落实了草原补偿费。

认真做好气象卫星监测草原火情热点的接收处理工作，1998年累计接收火情热点106个，经查实属生产性用火68起，草原火灾38起，其中火警17起，一般火灾19起，重大火灾2起，草原受害面积5 172公顷，经济损失155万元。

【牧草种子】 新疆牧草种子资源丰富，同时又是栽培牧草历史悠久的地区之一，培育出许多优良牧草品种，如"新牧一号"、"奇台苏丹草"等。70年代后期，新疆牧草种子生产曾经辉煌，但进入80年代后期，由于生产体制等方面原因，牧草种子生产严重滑坡，新疆牧草种子生产用种多由外省调入。

1998年，农业部牧草种子质量监督检验测试中心(乌鲁木齐)完成了各类牧草种子室内检验28个样品，代表批量420吨；查处了新疆种子公司从阿图什市种子公司调入经销的5吨大叶苜蓿种子，没收非法所得1 350元，罚款16 222.5元，对责任人罚款2 000元。举办了4期牧草种子质量监督员培训班，共培训43人，并为参加培训的人员核发了行政执法证。

【草原虫鼠害发生与防治】 1998年，新疆草原虫鼠害普遍发生，尤其是北疆地区为近十年来最为严重的发生年份。据统计：1998年全疆草原虫害发生面积169.62万公顷，严重发生面积67.94万公顷；鼠害发生面积305.8万公顷，严重发生面积75.43万公顷。

1998年，草原虫害主要发生在北疆沿天山一带。东起巴里坤盆地、哈密盆地、昌吉州，西至赛里木湖边缘，塔城、阿勒泰等地。巴音布鲁克草原和阿克苏、喀什等地也有不同程度的蝗害发生。

1998年新疆草原鼠害主要发生在阿勒泰地区青河县、富蕴县、昌吉州北沙窝及哈密的伊吾县等地。1998年灾情发生后，引起了中央、自治区的高度重视。为保证全疆畜牧业生产的稳定发展，把鼠虫灾害控制在不足危害的水平，自治区治蝗灭鼠指挥部做出了积极的努力，先后共调用6架农用飞机，作业飞行600小时，调用农药169.51吨，大型喷雾器44台，督促、落实各地自筹经费50 628多万元，共使用大小汽车、拖拉机331辆(台次)，畜力车928辆，各类喷雾器械620台，使用人工26万工日，顺利完成了1998年新疆草地治虫灭鼠生产防治工作。完成草地治蝗49.82万公顷，其中飞机治蝗10.1万公顷，地面机械人工化学防治20.95万公顷，椋鸟控制蝗害18.67万公顷，牧鸡治蝗0.12万公顷(生物防治面积24.78万公顷，生防比例49.7%)；灭鼠67.1万公顷，其中生物毒素灭鼠26.67万公顷，化学防治22.2万公顷，鹰墩鹰架控制鼠害面积17.18万公顷，综合治理鼠害0.39万公顷，灭鼠生防比例占65.3%。

(熊　玲)

(本栏目主编　李维薇)

畜 禽 良 种

种畜禽生产是畜牧业发展的根本和基础，也是发展优质、高产、高效现代化畜牧业的关键。改革开放以来，我国种畜禽生产领先发展，种畜禽场结构得到逐步调整，分布日趋合理；种畜禽场的数量、规模也在迅速扩大；种畜禽质量有了一定的提高；经济效益和社会效益日益显著。据统计，1998 年全国共有各类种畜禽场 3 300 多个，共计存栏种畜禽 3 200 多万头（只、套）。其中：种禽场 1 990 多个，存栏种禽 3 150 多万只，种猪场 550 多个，存栏成年种猪 13.5 万头、种牛场（站）150 多个，存栏成年种牛 3.6 万头、种羊场 210 多个，存栏成年种羊 35.9 万只，其他种畜和综合种畜禽场 400 多个。近年来，我国种畜禽生产水平提高较快，1997 年底，全国存栏能繁母猪 3 400 多万头，平均每头能繁母猪提供商品猪 16 头；存栏祖代种鸡 190 多万套（祖代蛋鸡 61 万套，祖代肉鸡 133 万套），平均每只种鸡分别提供父母代母雏 80 只和 70 只；存栏采精种公牛 1 125 头，平均每头种公牛生产冻精 1 万剂。这些种畜禽场，承担着国家育种、保种和供种三大任务，为我国畜牧业 20 多年来持续稳定地增长，为繁荣市场，保障供给，为改善和提高人民生活水平作出了极其重要的贡献。

【种畜禽场现状】 目前，从全国种畜禽场结构情况看，种畜禽场建设已初具规模，品种区域已基本形成，初步构成了我国种畜禽育、繁、推三配套的良繁体系。畜禽良种化有了很大的提高，其中：猪良种覆盖率为 90%；肉牛为 30%；奶牛为 60%；羊为 55%；蛋鸡为 70%；肉鸡基本实现良种化；种畜禽国产化率达到 50%。

1. 种禽场。据统计，全国共有种禽场 1995 个，占种畜禽场总数的 60%。其中：种鸡场 1 760 个，存栏种鸡 2 920 多万只、种鸭场 212 个，存栏种鸭 140 多万只、种鹅场 17 个，存栏种鹅 5 万多只、特禽场 124 个，存栏特种禽 80 多万只。饲养的品种为 77 个，其中：种鸡品种（含地方品种）41 个；（蛋鸡品种 20 个、肉鸡品种 21 个）；种鸭、种鹅品种 27（种鸭品种 18 个、种鹅品种 9 个）个；特禽品种 9 个。

表 1　全国种禽场生产情况统计表

地区	总计		种鸡场（个）						种鸭场		种鹅场		特种禽场	
	种禽场数量	存栏种禽（只）	小计（个）	存栏种鸡（只）	蛋鸡场		肉鸡场		场数（个）	存栏种鸭（只）	场数（个）	存栏种鹅（只）	场数（个）	存栏种禽（只）
					场数（个）	存栏种鸡（只）	场数（个）	存栏种鸡（只）						
全　国	**1 995**	**31 566 252**	**1 760**	**29 282 011**	**931**	**9 740 879**	**829**	**19 541 132**	**212**	**1 413 958**	**17**	**52 203**	**124**	**818 080**
北　京	66	2 007 900	59	1 890 700	41	1 007 000	18	883 700	3	93 000			6	24 200
天　津	18	352 600	17	346 600	16	302 600	1	44 000	1	6 000				
河　北	47	762 300	47	762 300	37	629 300	10	133 000						
山　西	160	1 178 430	158	1 165 200	138	682 000	20	483 200	1	2 500			3	10 730
内蒙古	21	417 000	21	417 000	14	169 000	7	248 000						
辽　宁	112	998 736	111	980 436	66	476 322	45	504 114	3	7 900	2	2 400	2	8 000
吉　林	48	1 171 000	48	1 171 000	33	202 000	15	969 000						
黑龙江	73	1 426 100	88	1 424 300	35	521 000	53	903 300	1	1 800				

（续）

地区	总计		种鸡场(个)						种鸭场		种鹅场		特种禽场	
	种禽场数量	存栏种禽（只）	小计（个）	存栏种鸡（只）	蛋鸡场		肉鸡场		场数(个)	存栏种鸭（只）	场数(个)	存栏种鹅（只）	场数(个)	存栏种禽（只）
					场数(个)	存栏种鸡（只）	场数(个)	存栏种鸡（只）						
上　海	172	2 612 290	108	2 225 300	28	327 200	80	1 898 100	59	259 800	1	15 000	18	112 190
江　苏	106	1 239 043	81	959 558	38	393 839	43	565 719	11	49 403	6	15 073	29	215 009
浙　江	82	710 519	51	459 190	15	56 800	36	402 390	21	205 525	1	1 080	9	4 4724
安　徽	41	703 900	32	656 500	16	152 500	16	504 000	7	42 000			2	5 400
福　建	61	649 650	40	501 000	9	96 000	31	405 000	20	85 600	2	2 150	3	60 900
江　西	18	178 115	15	152 095	4	41 770	11	110 325	5	24 520	1	1 500		
山　东	405	8 921 648	391	8 605 688	207	2 164 288	184	6 441 400	12	219 960			4	96 000
河　南	156	1 938 506	143	1 906 350	112	1 108 150	31	798 200	3	11 900			12	20 256
湖　北	48	553 400	38	474 000	19	168 000	19	306 000	4	42 000	1	3 000	7	34 400
湖　南	10	67 700	10	67 700	4	16 700	6	51 000						
广　东	83	2 685 850	69	2 345 940	3	76 080	66	2 269 860	10	196 650	2	9 000	11	134 260
广　西	40	725 300	40	714 700	1	11 000	39	703 700	3	10 600				
海　南	63	245 050	30	184 750	0	0	30	184 750	35	60 300				
重　庆	15	105 640	7	50 500	4	29 000	3	21 500	3	37 900	1	3 000	12	14 240
四　川	18	165 500	14	144 000	13	139 000	1	5 000	5	21 500				
贵　州	25	66 550	27	61 550	3	16 500	24	45 050	1	2 000			1	3 000
云　南	19	223 850	18	221 250	7	135 670	11	85 580	1	2 600				
西　藏	2	4 900	2	4 400	2	4 400	0	0	1	500				
陕　西	49	876 770	56	832 500	47	576 000	9	256 500	2	30 000			3	14 270
甘　肃	7	212 204	8	212 204	5	99 960	3	112 244						
青　海														
宁　夏	13	129 801	11	109 300	6	59 800	5	49 500					2	20 501
新　疆	17	236 000	20	236 000	8	79 000	12	157 000						

注：1. 种鸡场、种鸭场、种鹅场及种特禽场数量相加大于种禽场总计数，其原因是个别场饲养 2 个以上的禽种，在总计数中按一个场统计，后边又按不同禽种分别作了统计。

2. 将我国地方鸡种全部划入肉鸡范围作了统计。

据统计，全国共有蛋鸡种鸡场 931 个，存栏种鸡 974 万多只。其中：祖代场 63 个，存栏种鸡 61 万多只；父母代场 865 个，存栏种鸡 900 多万只。主要生产推广的有京白、海兰、海赛克斯、罗曼、迪卡、伊莉莎等品种。

表 2　全国蛋鸡种鸡场生产情况统计表

地区	场数(个)	存栏种鸡（只）	原种曾祖代场(个)	存栏种鸡（只）	祖代场(个)	存栏种鸡（只）	父母代场(个)	存栏种鸡（只）	品　　种
全　国	931	9 740 879	3	69 000	63	613 965	865	9 057 914	

（续）

地区	场数（个）	存栏种鸡（只）	原种曾祖代场（个）	存栏种鸡（只）	祖代场（个）	存栏种鸡（只）	父母代场（个）	存栏种鸡（只）	品种
北京	41	1 007 000	1	40 000	7	76 000	33	891 000	京白 京红 京粉 海兰褐 亚康 海赛克斯 罗曼 迪卡褐 伊莉莎褐 伊莉莎粉 伊莎 黄金褐 宝万斯
天津	16	302 600			2	26 400	14	276 200	伊莎 海兰白 海赛褐 京白 海兰褐 海赛白 尼克红
河北	37	629 300			2	34 000	35	595 300	宝万斯 尼克系列 海兰褐 迪卡 京白 海赛 海兰白 伊莎 雅康
山西	138	682 000			3	22 000	135	660 000	海赛白 海兰白 海兰褐 尼克红 罗曼 海赛褐 迪卡 伊莎
内蒙古	14	169 000			1	3 000	13	166 000	迪卡 罗曼 海赛克斯 海兰褐
辽宁	66	476 322			1	14 925	65	461 397	海赛克斯 黄金褐 海兰 伊莎 罗曼 星杂579 尼克红 京白 迪卡
吉林	33	202 000			1	5 500	32	196 500	海兰褐 罗曼 尼克 黄金褐 宝万斯 海兰白 伊莎
黑龙江	35	521 000			2	6 000	33	515 000	尼克红 海兰褐 罗曼白 海赛克斯 黄金褐 伊莎 海兰白 罗曼褐 金彗星 京白 尼克
上海	28	327 200	2	29 000	8	88 500	18	209 700	伊莉莎褐 伊莉莎白 海兰 罗曼
江苏	38	393 839			4	41 600	34	352 239	伊莎 罗曼 迪卡 海赛克斯
浙江	15	56 800			2	15 240	13	41 560	伊莎 罗曼 黄金褐
安徽	16	152 500			1	10 000	15	142 500	罗曼 迪卡 京红
福建	9	96 000					9	96 000	海兰 罗曼 伊莎
江西	4	41 770					4	41 770	罗曼 伊莎 海兰
山东	207	2 164 288			10	108 800	197	2 055 488	海兰 罗曼 伊莎白 尼克红 黄金褐 京白 伊莉莎 尼拉褐 伊莎褐 海赛克斯 海兰白
河南	112	1 108 150			6	46 000	106	1 062 150	伊莉莎褐 黄金褐 罗曼白 罗曼褐 海赛克斯 伊莉莎白 伊莎 亚发褐
湖北	19	168 000			1	5 000	18	163 000	罗曼 伊莎 海兰褐 伊莉莎 海兰
湖南	4	16 700			1	3 600	3	13 100	伊莎 迪卡
广东	3	76 080			1	10 000	2	66 080	海兰褐 科宝
广西	1	11 000					1	11 000	海兰 伊莎
海南									
重庆	4	29 000					4	29 000	伊莉莎褐 罗曼 京白
四川	13	139 000			1	5 000	12	134 000	罗曼 伊莎 海兰
贵州	3	16 500					3	16 500	罗曼褐
云南	7	135 670			1	35 000	6	100 670	罗曼褐 伊莎 海兰 伊莉莎 亚发 海赛 罗曼白
西藏	2	4 400			2	4 400			培育蛋鸡
陕西	47	576 000			6	53 000	41	523 000	亚发 海赛褐 海赛白 罗曼褐 罗曼白 海兰褐 尼克红 海兰 金彗星

（续）

地区	场数(个)	存栏种鸡(只)	原种曾祖代场(个)	存栏种鸡(只)	祖代场(个)	存栏种鸡(只)	父母代场(个)	存栏种鸡(只)	品种
									伊莎 宝万斯 科宝
甘肃	5	99 960					5	99 960	迪卡 亚发 罗曼 海赛克斯
青海									
宁夏	6	59 800					6	59 800	海赛克斯 海兰
新疆	8	79 000					8	79 000	黄金褐 伊莎 北京红鸡 海兰 罗曼

据统计，全国共有肉鸡种鸡场829个，共存栏肉鸡种鸡1 950多万只。其中：祖代场50个，存栏种鸡130多万只；父母代场634个，存栏种鸡1 670多万只。主要生产推广的有爱拔益加、艾维茵、三黄鸡、乌骨鸡、安卡红等品种。

表3 全国肉鸡种鸡场生产情况统计表

地区	场数(个)	存栏种鸡(只)	原种曾祖代场(个)	存栏种鸡(只)	祖代场(个)	存栏种鸡(只)	父母代场(个)	存栏种鸡(只)	品种
全国	**829**	**19 541 132**	**145**	**1 425 520**	**50**	**1 333 515**	**634**	**16 782 097**	
北京	18	883 700	4	150 200	3	540 000	11	193 500	北京油鸡 爱拔益加 艾维茵 印地安河 乌骨鸡
天津	1	44 000					1	44 000	爱拔益加 艾维茵
河北	10	133 000			1	30 000	9	103 000	艾维茵 爱拔益加
山西	204	483 200					20	483 200	三黄鸡 艾维茵 印地安河 爱拔益加
内蒙古	7	248 000			2	42 000	5	206 000	爱拔益加 艾维茵 哈伯德
辽宁	45	504 114	2	4 000	1	9 000	42	491 114	艾维茵 爱拔益加 大骨鸡
吉林	15	969 000			2	68 000	13	901 000	艾维茵 爱拔益加
黑龙江	53	903 300			4	30 500	49	872 800	爱拔益加 艾维茵 安卡2000 哈伯德
上海	80	1 898 100	13	77 700	11	144 800	56	1 675 600	安卡红 爱拔益加 艾维茵 红宝 浦东鸡 乌骨鸡 三黄鸡 麻花鸡 尼拉赫康 隐性白羽肉鸡
江苏	43	565 719	4	18 970	3	37 000	36	509 749	爱拔益加 艾维茵 麻花鸡 黄羽肉鸡 狼山鸡 如皋鸡 彼德逊
浙江	36	02 390			3	21 490	33	380 900	昂纳克－40 三黄鸡 白羽乌骨鸡 AA 红宝 澳州黑 黑康 艾维茵
安徽	16	504 000	1	5 000	1	20 000	14	479 000	爱拔益加 三黄鸡 昂纳克－40 艾维茵 罗曼肉鸡
福建	31	405 000	25	208 000			6	197 000	康达尔黄鸡 艾维茵 乌骨鸡 安卡红 地方鸡

（续）

地　区	场数(个)	存栏种鸡(只)	原种曾祖代场(个)	存栏种鸡(只)	祖代场(个)	存栏种鸡(只)	父母代场(个)	存栏种鸡(只)	品　　种
江　西	11	110 325	7	80 500	1	125	3	29 700	三黄鸡　艾维茵　崇仁麻鸡　白耳黄鸡　余干乌黑鸡　黑羽绿壳蛋鸡　泰和乌骨鸡　隐性白羽肉鸡
山　东	184	6 441 400	2	30 000	5	216 400	177	6 195 000	艾维茵　爱拔益加　尼拉褐　哈伯德安卡　乌骨鸡
河　南	31	798 200	7	219 500	1	8 000	23	570 700	艾维茵　乌骨鸡　三黄鸡　地方鸡　石歧杂　尼拉赫康　地方麻鸡　康达尔黄鸡　爱拔益加　哈伯德
湖　北	19	306 000	5	39 000			14	267 000	艾维茵　爱拔益加　三黄鸡　地方鸡　白羽乌鸡
湖　南	6	51 000	3	12 000			3	39 000	艾维茵　培育品种
广　东	66	2 269 860	1	3 600	8	138 200	57	2 128 060	康达尔黄鸡　石歧杂　三黄鸡　艾维茵　爱拔益加　地方麻鸡　隐性白鸡
广　西	39	703 700	36	471 700			3	232 000	地方鸡　三黄鸡　爱拔益加　艾维茵　霞烟鸡　麻鸡
海　南	30	184 750	12	41 300	1	4 000	17	139 450	文昌鸡　三黄鸡　麻花鸡　地方鸡　隐性白鸡
重　庆	3	21 500	1	1 000			2	20 500	乌骨鸡　艾维茵
四　川	1	5 000			1	5 000			艾维茵
贵　州	24	45 050	20	39 050			4	6 000	艾维茵　乌骨鸡　三黄鸡　爱拔益加　矮小型黑羽乌骨鸡
云　南	11	85 580	1	4 000	1	15 000	9	66 580	红宝　良凤花鸡　茶花鸡　乌骨鸡　爱拔益加　狄高
西　藏									
陕　西	9	256 500	1	20 000	1	4 000	7	232 500	艾维茵　海波罗　泰和乌骨鸡
甘　肃	3	112 244					3	112 244	艾维茵
青　海									
宁　夏	5	49 500					5	49 500	爱拔益加　艾维茵
新　疆	12	157 000					12	157 000	艾维茵

注：1. 肉鸡场包括引进肉鸡品种场和地方良种鸡场。

2. 有些培育鸡种其品种有待正式审定，鉴于其生产数量较多，在统计中作为一个品种对待。

据统计，全国共有种鸭场 212 个，存栏种鸭 140 多万只，主要饲养有北京鸭、樱桃谷鸭、金定鸭、绍鸭、地方麻鸭等；种鹅种 17 个，存栏种鹅 5 多万只。主要饲养品种有豁鹅、太湖鹅、狮头鹅等品种。

表 4　全国种鸭、种鹅场生产情况统计表

地　区	种鸭场			种鹅场		
	场数(个)	存栏种鸭(只)	品　　种	场数(个)	存栏种鹅(只)	品　　种
全　国	212	1 413 958		17	52 203	

（续）

地区	种鸭场 场数(个)	存栏种鸭(只)	品种	种鹅场 场数(个)	存栏种鹅(只)	品种
北京	3	93 000	北京鸭			
天津	1	6 000	樱桃谷鸭			
河北						
山西	1	2 500				
内蒙古						
辽宁	3	7 900	樱桃谷鸭　金定鸭	2	2 400	豁鹅
吉林						
黑龙江	1	1 800	金定鸭			
上海	59	259 800	樱桃谷鸭　绍鸭	1	15 000	隆昌鹅
江苏	11	49 403	樱桃谷鸭　康佳鸭　高邮鸭	6	15 073	太湖鹅　隆昌鹅　太湖白鹅
浙江	21	205 525	白番鸭　番鸭　绍鸭　樱桃谷鸭　西湖野鸭	1	1 080	浙东白鹅
安徽	7	42 000	樱桃谷鸭			
福建	20	85 600	白番鸭　枫叶鸭　连城白鸭　樱桃谷鸭　麻鸭　巴巴里鸭	2	2 150	灰鹅
江西	5	24 520	番鸭　樱桃谷鸭　山麻鸭　北京鸭	1	1 500	兴国灰鹅
山东	12	219 960	樱桃谷鸭　巴巴里鸭			
河南	3	11 900	樱桃谷鸭　淮南麻鸭			
湖北	4	42 000	樱桃谷鸭　丽佳鸭　东风野鸭	1	3 000	种鹅
湖南						
广东	10	196 650	樱桃谷鸭　枫叶鸭	2	9 000	狮头鹅　乌鬃鹅
广西	3	10 600	樱桃谷鸭　巴巴里鸭			
海南	35	60 300	樱桃谷鸭　地方鸭　金定鸭　丽佳鸭			
重庆	3	37 900	天府肉鸭　樱桃谷鸭　奥白星肉鸭　丽佳鸭　番鸭　麻鸭　狄高鸭	1	3 000	重庆白鹅
四川	5	21 500	奥白星肉鸭　天府肉鸭　樱桃谷鸭			
贵州	1	2 000	天府肉鸭			
云南	1	2 600	天府肉鸭			
西藏	1	500	培育种鸭			
陕西	2	30 000	蛋用鸭			

注：有些培育的鸭、鹅种其品种有待正式审定，鉴于其生产数量较多，在统计中暂作为一个品种对待。

据统计，截止 1998 年底，全国共有特种禽养殖场 124 个，共存栏特种种禽 81 万多只。其中：鸵鸟场 21 个，存栏种鸟 4 000 多只；孔雀场 3 个，存栏种雀 1 万多只；种鸽场 55 个，存栏种鸽 59 万多只；火鸡场 3 个，存栏种火鸡 2 000 只；鹌鹑场 3 个，存栏种鹌鹑 4 万多只；雉鸡场 4 个，存栏种雉鸡 12 000 多只；野鸭场 9 个，存栏种野鸭 4 万多只；山鸡场 21 个，存栏种山鸡 8 万多只；鹧鸪场 5 个，存栏种鹧鸪 23 000 多只。

表5 全国特种禽场生产情况统计表

地区	场数（个）	存栏种禽（只）	鸵鸟场		孔雀场		鸽场		火鸡场		鹌鹑场		雉鸡场		野鸭场		山鸡场		鹧鸪场	
			场数（个）	存栏种鸟（只）	场数（个）	存栏种孔雀（只）	场数（个）	存栏种鸽（只）	场数（个）	存栏种火鸡（只）	场数（个）	存栏种鹌鹑（只）	场数（个）	存栏种雉鸡（只）	场数（个）	存栏种鸭（只）	场数（个）	存栏种山鸡（只）	场数（个）	存栏种鹧鸪（只）
全国	**124**	**818 080**	**21**	**4 138**	**3**	**10 280**	**55**	**598 596**	**3**	**1 998**	**3**	**42 353**	**4**	**12 400**	**9**	**41 700**	**21**	**83 115**	**5**	**23 500**
北京	6	24 200	2	1 200	1	10 000	2	12 000	1	1 000										
山西	3	10 730	1	30			2	10 700												
辽宁	2	8 000									1	6 000	1	2 000						
上海	18	112 190	4	290			5	68 400							6	38 700	3	4 800		
江苏	29	215 009	3	355			19	167 886	1	900	1	1 6353					5	29 515		
浙江	9	44 724	1	226			6	42 900	1	98					1	1 500				
安徽	2	5 400											2	5 400						
福建	3	60 900					1	50 000									1	3 400	1	7 500
山东	4	96 000					4	96 000												
河南	12	20 256	4	306			6	13 450									2	6 500		
湖北	7	34 400	3	900			1	3 000			1	20 000					2	10 500		
广东	11	134 260					5	98 860					1	5 000			3	16 400	2	14 000
重庆	12	14 240	1	160	2	280	1	1 300							2	1 500	4	9 000	2	2 000
贵州	1	3 000															1	3 000		
陕西	3	14 270	1	170			2	14 100												
宁夏	2	20 501	1	501			1	20 000												

2. 种猪场。据统计，全国共有种猪场550个，占种畜禽场总数的17%。存栏成年种猪134751头，其中：种公猪占8.5%，母猪占91.5%。共饲养107个品种，其中引进品种12个、培育品种25个、我国地方品种为70个。在550个种猪场中，存栏成年种猪200头以下的有360个场，占种猪场总数的65%；200～500头有127个场，占种猪场总数的23%；500～1 000头有50个场，占总数的9%；1 000头以上的有13个场，占总数的3%。

表6 全国种猪场种猪基本情况

地区	种猪场（个）	成年种猪存栏数量（头）		饲养种猪品种数量（头）				品种名称
		母猪	公猪	总数	引进	培育	地方	
全国	**550**	**123 290**	**11 461**	**107**	**12**	**25**	**70**	
北京	17	11 263	655	6	4	2		长白猪 大约克猪 迪卡猪 北京黑猪 北京花猪
天津	8	997	134	4	4			长白猪 大约克猪 杜洛克猪 斯格猪
河北	14	2 023	229	8	5	1	2	长白猪 大约克猪 杜洛克猪 迪卡猪 汉普夏猪 深县黑猪 冀合白猪
山西	9	1 679	312	6	3	2	1	长白猪 大约克猪 杜洛克猪 山西黑猪 太原花猪 马身猪
内蒙古	21	2 912	253	8	3	4	1	长白猪 迪卡猪 北京黑猪 苏白猪 内蒙白

（续）

地区	种猪场(个)	成年种猪存栏数量(头)		饲养种猪品种数量(头)				品种名称
		母猪	公猪	总数	引进	培育	地方	
								猪 河套猪 乌兰哈达
辽宁	32	4 642	995	11	5	2	4	长白猪 大约克猪 杜洛克猪 苏白猪 克米猪 民猪 丹东黑 梅山 新金猪 复州黑猪
吉林	11	1 777	451	6	4	1	1	长白猪 大约克猪 杜洛克猪 汉普夏猪 梅山猪 吉林黑猪
黑龙江	37	6 302	585	8	4	2	2	长白猪 大约克猪 杜洛克猪 迪卡猪 哈白猪 三江白猪 东北民猪 梅山猪
上海	13	6 251	1 102	7	4	1	2	长白猪 大约克猪 杜洛克猪 皮特兰猪 上海白猪 梅山 乌头猪
江苏	19	2 266	156	10		1	9	新淮猪 二花脸猪 梅山猪
浙江	10	2 274	175	7	3		4	长白猪 大约克猪 杜洛克猪 嘉兴黑猪 庆元黑猪 金华猪 碧湖猪
安徽	6	616	195	5	1	1	3	大约克猪 杨山黑猪 江淮黑猪 皖南花猪 安庆白猪
福建	4	940	106	4	3		1	长白猪 大约克猪 杜洛克猪 太湖猪
江西	40	4 832	438	22	4	2	16	赣南花猪 赣西乌猪 赣中花猪 赣东黑 万安猪 杭猪 乐平花 猪 玉山黑猪 东乡花猪 湖北白猪 长白猪 大约克猪 杜洛克 猪 赣州白猪 南昌白 滨湖黑猪
山东	14	2 825	221	10	5	1	4	长白猪 大约克猪 杜洛克猪 汉普夏猪 皮特兰猪 昌维白猪 大蒲莲猪 里叉黑 沂蒙黑 莱芜猪
河南	28	9 369	587	6	5		1	长白猪 大约克猪 杜洛克猪 迪卡猪 淮南猪
湖北	69	12 072	749	14	6	1	7	长白猪 大约克猪 杜洛克猪 迪卡猪 湖北白猪 通城猪 荣昌猪 清平猪 太湖猪 监利猪 阳新猪 鄂西黑猪
湖南	60	10 054	602	9	4	1	4	长白猪 大约克猪 杜洛克猪 迪卡猪 湘白猪 大围子猪 沙子岭猪 同厢猪 桃园黑猪
广东	32	25 491	1 674	6	5		1	长白猪 大约克猪 杜洛克猪 施格猪 皮特兰猪 蓝塘猪
广西	27	3 931	466	5	3		2	长白猪 大约克猪 杜洛克猪 陆川猪 香猪
海南	6	2 167	177	6	3		3	长白猪 杜洛克猪 迪卡猪 临高猪 内江猪 陆川猪
四川	23	3 046	370	7	3		4	大约克猪 长白猪 杜洛克猪 成华猪 内江猪 雅南猪 荣昌猪
贵州	9	1 204	229	6	2		4	大约克猪 苏白猪 香猪 关岭猪 黔北黑猪 荣昌猪
云南	10	1 419	222	9	4		5	长白猪 大约克 杜洛克 巴克夏猪 荣昌猪 小耳猪 大河猪 撒坝猪 凉陆田猪
陕西	16	1 215	141	8	2	3	3	长白猪 大约克 汉白猪 黑河猪 北京黑猪 关中黑猪 汉中白猪 八眉猪
宁夏	1	60	11	3	3			长白猪 大约克猪 杜洛克猪
新疆	14	1 663	226	7	4	3		长白猪 大约克猪 汉普夏猪 斯格猪 新疆黑猪 新疆白猪 伊里白猪

表7 全国种猪场规模分类情况

地区	成年种猪存栏数（头）	种猪场数（个）	1 000头以上（个）	1 000～500头（个）	500～200头（个）	200头以下（个）
全国	134 751	550	13	50	127	360
北京	11 918	17	2	9	5	1
天津	1 131	8			3	5
河北	2 252	14			5	9
山西	1 991	9		1	1	7
内蒙古	3 165	21			5	16
辽宁	5 637	32		3	5	24
吉林	2 228	11			5	6
黑龙江	6 887	37		3	8	26
上海	7 353	13	1	3	6	3
江苏	2 422	19			2	17
浙江	2 449	10		1	4	5
安徽	811	6			1	5
福建	1 046	4			2	2
江西	5 270	40			5	35
山东	3 046	14		1	5	8
河南	9 956	28	1	7	10	10
湖北	12 821	69	1	5	8	55
湖南	10 656	60	1	3	16	40
广东	27 165	32	7	12	6	7
广西	4 397	27			8	19
海南	2 344	6		1	4	1
重庆						
四川	3 416	23			5	18
贵州	1 433	9		1		8
云南	1 641	10			5	5
陕西	1 356	16				16
甘肃						
青海						
宁夏	71	1				1
新疆	1 889	14			3	11

3. 种牛场。据统计，截止1998年底，全国共有种牛场（含冻精站、改良站）159个，占种畜禽场总数的5%。其中：种牛场80个，种公牛站（含冻精站、改良站）为79个。存栏种牛37 857头，其中：能繁种母牛为32 059头，公牛为5 798头。种牛场共饲养37个品种，其中：地方品种16个，占品种总数的43%；培育品种4个，占品种总数的11%；引进品种17个，占品种总数的46%。

在全国的种牛场中，饲养的品种主要包括中国荷斯坦、西门塔尔、夏洛来、南阳牛、晋南牛、秦川牛、延边牛、利木赞、短角、海福特、安格斯、天祝白牦牛和中国牦牛等品种。

表8 全国种牛场基本情况

项目 地区	种牛场(站)数量(个)	成年种畜存栏数量(头)			品种名称
		合计	公	母	
全国	159	37 857	5 798	32 059	
北京	2	1 056	106	950	荷斯坦 西门塔尔
天津	1	11	11		荷斯坦 西门塔尔
河北	11	49	49		荷斯坦 西门塔尔 夏洛来
山西	2	27	27		荷斯坦 西门塔尔 夏洛来 利木赞 皮埃蒙特 晋南黄牛
内蒙古	15	3 442	351	3 091	荷斯坦 西门塔尔 夏洛来 利木赞 安格斯 海福特 丹麦红牛 草原红牛 三河牛
辽宁	9	299	128	171	荷斯坦 西门塔尔 夏洛来 利木赞 皮埃蒙特 复州黄牛
吉林	10	1 284	342	942	西门塔尔 夏洛来 利木赞 短角牛 草原红牛 延边牛 朝鲜黄牛
黑龙江	20	7 320	128	7 192	荷斯坦 西门塔尔 夏洛来 利木赞
上海	1	18	18		荷斯坦
江苏	3	112	35	77	荷斯坦 西门塔尔 夏洛来 抗旱王 海子水牛 秦川牛
浙江	4	279	28	251	荷斯坦 温岭高峰牛 上海水牛
安徽	4	569	37	532	荷斯坦 西门塔尔 夏洛来 利木赞 秦川牛
福建	2	325	5	320	荷斯坦
江西	2	1 901	23	1 878	荷斯坦 西门塔尔
山东	9	360	160	200	荷斯坦 西门塔尔 利木赞 安格斯 海福特 鲁西黄牛 渤海黑牛
河南	8	820	375	445	西门塔尔 夏洛来 西德黄牛 丹麦红牛 皮埃蒙特 利木赞 南阳黄牛 郏县红牛 信阳水牛
湖北	3	1 223	420	803	西门塔尔 抗旱王 海福特 尼里-拉菲水牛
湖南	7	430	84	346	荷斯坦 西门塔尔 夏洛来 安格斯 短角牛 西本杂 湘西黄牛 滨湖水牛 尼里-拉菲水牛 摩拉水牛
广东	2	56	10	46	尼里-拉菲水牛 摩拉水牛 荷斯坦 南德文
广西	4	235	39	196	尼里-拉菲水牛 摩拉水牛 摩拉杂 沙西瓦
海南	2	168	11	157	高峰牛 辛地红牛
重庆	1	7	7		荷斯坦 西门塔尔
四川	5	1 245	100	1 145	荷斯坦 西门塔尔 蒙贝利亚 麦洼牦牛 涪陵水牛
贵州	2	10	6	4	西门塔尔 摩拉水牛 秦川牛
云南	3	107	47	60	荷斯坦 西门塔尔 摩拉水牛 文山黄牛
西藏	3	179	110	69	荷斯坦 西门塔尔 牦牛
陕西	6	358	89	269	荷斯坦 西门塔尔 利木赞 短角牛 秦川牛 西镇牛
甘肃	5	962	39	923	荷斯坦 西门塔尔 利木赞 秦川牛 早胜牛 天祝白牦牛
青海	2	10 010	2 010	8 000	荷斯坦 西门塔尔 牦牛
宁夏	2	78	18	60	荷斯坦 西门塔尔 利木赞 短角牛
新疆	9	4 917	985	3 932	荷斯坦 西门塔尔 夏洛来 蒙贝利亚 新疆褐牛

在全国种牛场中,奶牛场有57个,存栏种牛13 361头;黄牛场有28个,存栏种牛1 916头;肉牛(兼用牛)93个,存栏种牛10 941头;水牛场有16个,存栏种牛753头;牦牛场4个,存栏种牛10 886头。

表9 全国种牛场(站)品种分类情况

项目 / 地区	奶牛		黄牛		肉牛(兼用牛)		水牛		牦牛	
	场数(个)	存栏(头)	场数(个)	存栏(头)	场数(个)	存栏(头)	场数(个)	存栏(头)	场数(个)	存栏(头)
全国	**57**	**13 361**	**28**	**1 916**	**93**	**10 947**	**16**	**753**	**4**	**10 886**
北京	2	1 050			1	6				
天津	1	11								
河北	1	1			10	48				
山西	1	7	1	3	2	17				
内蒙古	3	70			13	3 372				
辽宁	1	6	2	102	7	191				
吉林			2	256	8	1 028				
黑龙江	17	7 055			5	265				
上海	1	18								
江苏	2	8	1	4	1	20	1	80		
浙江	3	273	1	2			1	4		
安徽	1	393	1	150	2	26				
福建	2	325								
江西	1	1 893			1	8				
山东	1	3	3	225	6	132				
河南			5	522	6	223	1	75		
湖北					3	1 218	1	5		
湖南	1	3	2	101	2	21	4	305		
广东	1	51	1	3			1	2		
广西							4	235		
海南			1	101	1	67				
重庆	1	5			1	2				
四川	3	155			3	212	1	45	1	833
贵州			1	8	1	1	1	1		
云南	2	24	1	75	2	7	1	1		
西藏	1	2			2	139			1	38
陕西	2	28	5	326	1	4				
甘肃	2	869	2	41	2	37			1	15
青海	1	4			1	6			1	10 000
宁夏	2	66			1	12				
新疆	4	1 042			9	3 875				

注:肉牛(兼用牛)指引进肉牛(兼用牛)品种和培育品种牛。

在79个种公牛站中,采精种公牛10头以下的有42个站,占种公牛站总数的53%;10~30头有27个站,占34%;30头以上有10个站,占13%。

表10 全国种公牛站(冻精、改良站)采精公牛规模分类情况

项目 地区	种公牛站数量(个)	采精公牛数量(头)	平均存栏数量(头)	成年采精公牛存栏规模分类		
				10头以下	10~40头	40头以上
全　国	**79**	**1 255**	**16**	**42**	**27**	**10**
北　京	1	56	56			1
天　津	1	11	11		1	
河　北	11	49	4	10	1	
山　西	2	27	14	1	1	
内蒙古	6	106	18	2	3	1
辽　宁	7	113	16	4	2	1
吉　林	5	74	15	1	4	
黑龙江	2	99	50		1	1
上　海	1	18	18		1	
江　苏	2	32	16	1	1	
浙　江	3	24	8	2	1	
安　徽	2	26	13		2	
福　建	1	5	5	1		
江　西	1	8	8	1		
山　东	6	135	23	4	1	1
河　南	5	160	32	1	3	1
湖　北	2	20	10	1	1	
湖　南	2	26	13	1	1	
广　东	2	10	5	2		
广　西	1	14	14		1	
重　庆	1	7	7	1		
四　川	2	30	15	1	1	
贵　州	1	2	2	1		
云　南	2	32	16		2	
西　藏	2	43	22	1	1	
陕　西	2	38	19		2	
甘　肃	2	27	14		2	
青　海	1	10	10		1	
宁　夏	1	18	18		1	
新　疆	2	35	18	1	1	

在80个种牛场中,存栏100头以下的成年种牛有35个场,占种牛场总数的44%;100~500头规模的有32个场,占40%;500头以上有13个场,占16%。

表11 全国种公牛站规模统计情况

项目 地区	存栏数(头)	平均数(头)	种牛场数量(个)	100头以下	100~500头	500头以上
全　国	**36 355**	**45**	**80**	**35**	**32**	**13**

（续）

项目 地区	存栏数（头）	平均数（头）	种牛场数量（个）	100头以下	100～500头	500头以上
北京	1 000	1 000	1			1
内蒙古	3 245	361	9	3	5	1
辽宁	186	93	2	1	1	
吉林	1 205	241	5	2	2	1
黑龙江	7 221	401	18	7	9	2
江苏	80	80	1	1		
浙江	255	255	1		1	
安徽	543	272	2		2	
福建	320	320	1		1	
江西	1 893	1 893	1			1
山东	225	225	3	2	1	
河南	575	192	3	2	1	
湖北	1 200	1 200	1			1
湖南	404	81	5	3	2	
广西	221	74	3	2	1	
海南	168	84	2	1	1	
四川	1 215	405	3	1	1	1
贵州	8	8	1	1		
云南	75	75	1	1		
西藏	136	136	1		1	
陕西	320	80	4	3	1	
甘肃	918	360	3	2		1
青海	10 000	10 000	1			1
宁夏	60	60	1	1		
新疆	4 882	697	7	2	2	3

4．种羊场。据统计，全国共有种羊场211个，占种畜禽场总数的7%。存栏成年种羊359 875只，其中：种公羊占15%；种母羊占85%。主要饲养的品种有：中国细毛羊、绒山羊、东北细毛羊、乌珠穆沁羊、内蒙古细毛羊、长江三角洲白山羊、新疆细毛羊、小尾寒羊等品种。

表12 全国种羊场基本情况

项目 地区	种羊场数量（个）	成年种羊存栏数量（只）			品种名称
		合计	公	母	
全国	**211**	**359 875**	**53 572**	**306 303**	
北京	5	2 020	220	1 800	绒山羊 考力代羊 小尾寒羊
河北	8	3 473	185	3 288	辽宁绒山羊 河北细毛羊
山西	4	3 093	409	2 684	辽宁绒山羊 黎城大青山羊 澳洲美利奴羊 陵川半细毛羊 安格拉山羊
内蒙古	40	93 282	13 938	79 344	兴安细毛羊 内蒙古白绒山羊 小尾寒羊 邦德羊澳美型 鄂细毛羊 新疆细毛羊 辽宁绒山羊 澳洲美利奴羊 乌兰察布细毛羊 呼伦贝尔细毛羊

（续）

项目 地区	种羊场数量(个)	成年种羊存栏数量(只) 合计	公	母	品种名称
					中国美利奴羊　内蒙古细毛羊　乌珠穆沁羊　林肯羊　德国美利奴羊　莎力斯克羊　敖汉细毛羊　茨盖羊　安格拉山羊　内蒙古半细毛羊　科尔沁细毛羊　卡拉库尔羊
辽　宁	10	11 042	1 503	9 539	辽宁绒山羊　小尾寒羊　东北细毛羊　夏洛来羊　东北半细毛羊　无角美利奴羊
吉　林	16	22 132	2 003	20 129	东北细毛羊　中国美利奴羊　澳洲美利奴羊　斯达夫洛波羊　阿斯卡尼羊　新疆细毛羊　长江三角洲白山羊　考力代羊　辽宁绒山羊
黑龙江	23	19 712	2 071	17 641	东北细毛羊　夏洛来羊　萨福克羊　无角道赛特羊　德克萨尔羊　德国肉用美利奴羊　中国美利奴羊　东北半细毛羊　考力代羊　土根堡羊　萨能奶山羊　辽宁绒山羊　新疆细毛羊
江　苏	8	1 591	135	1 456	徐淮山羊　湖羊　长江三角洲白山羊　萨能奶山羊　林肯羊　波尔山羊　中国美利奴羊
浙　江	2	332	18	314	湖羊　圭山山羊
安　徽	1	530	30	500	考力代羊
江　西	2	357	21	336	广丰山羊　罗姆尼羊
山　东	8	1 410	140	1270	劳山奶山羊　考力代羊　新疆细毛羊　小尾寒羊　萨能奶山羊　波尔华斯羊　夏洛来羊　济宁青山羊
河　南	7	2 054	110	1 944	夏洛来羊　小尾寒羊　安格拉山羊　萨能奶山羊
湖　北	12	7 544	586	6 958	马头山羊　东北细毛羊　美利奴羊　罗姆尼羊　宜昌白山羊　南江黄羊
湖　南	7	7 277	2 147	5 130	南江黄羊　黑山羊　中国美利奴羊　罗姆尼羊　新疆细毛羊　马头山羊
海　南	2	827	48	779	四川麻羊　海南黑山羊
四　川	8	6 195	446	5 749	细毛羊　茨盖羊　安格拉山羊　成都麻羊　南江黄羊
贵　州	1	369	41	328	贵州半细毛羊　考力代羊
云　南	1	879	28	851	考尔木型细毛羊
陕　西	10	6 433	995	5438	白绒山羊　萨能奶山羊　陕北细毛羊　萨福克羊　滩羊　波尔山羊
甘　肃	14	24 204	1 426	22 778	考力代羊　新疆细毛羊　卡拉库尔羊　甘肃高山细毛羊　边区莱斯特羊　滩羊　辽宁绒山羊　邦德羊　小尾寒羊
青　海	4	25 501	3 014	22 487	高原毛肉兼用半细毛羊　茨盖羊　新疆细毛羊　青海细毛羊
宁　夏	5	12 905	2 079	10 826	新疆细毛羊　绒山羊　滩羊　细毛羊　中卫山羊
新疆、兵团	13	106 713	21 979	84 734	中国美利奴羊　新疆细毛羊　边区莱斯特羊　哈萨克羊　夏洛来羊　中国美利奴羊新疆军垦型

种羊场的品种结构为：细毛羊场有 81 个，存栏种羊 210 319 只，占存栏种羊总数的 58%；半细毛羊场 29 个，存栏种羊 42 300 只，占存栏种羊总数的 12%；绵羊场为 28 个，存栏种羊 47 394 只，占存栏种羊总种羊总数的 13%；绒山羊场为 33 个，存栏种羊 38 524 只，占存栏种羊总数的 11%；山羊场为 40 个，存栏种羊 21 338 只，占存栏种羊总数的 6%。

表 13 全国种羊场种羊品种分类情况

项目 地区	细毛羊		半细毛羊		绵羊		绒山羊		山羊	
	场数（个）	存栏（只）	场数（个）	存栏（只）	场数（个）	存栏（只）	场数（个）	存栏（只）	场数（个）	存栏（只）
全国	**81**	**210 319**	**29**	**42 300**	**28**	**47 394**	**33**	**38 524**	**40**	**21 338**
北京			1	530	1	320	3	1 170		
天津										
河北	4	2 954					3	519		
山西	1	735					4	1 130	2	1 228
内蒙古	19	57 064	5	12 085	5	4 549	1	19 384	1	200
辽宁	2	3 250	2	260	1	118	10	7 414		
吉林	9	19 816	3	1 106			5	1 010	1	200
黑龙江	11	10 919	6	4 116	2	741	3	3 721	1	215
上海										
江苏	1	305	1	165	1	400			5	721
浙江					1	280			1	52
安徽			1	530						
福建										
江西			1	126					1	231
山东	2	160	1	170	2	500			3	580
河南					5	1 593			2	461
湖北	2	872	3	2 340					7	4 332
湖南	2	4 202	1	298					5	3 075
广东										
广西										
海南									2	827
重庆										
四川	1	3 000	2	536					5	2 659
贵州			1	369						
云南	1	879								
西藏										
陕西	3	3 268			2	670	2	1 938	3	557
甘肃	8	20 047			5	3 519	1	638		
青海	2	5 534	4	19 967						
宁夏	2	2 085			1	3 220	1	1 600	1	6 000
新疆.兵团	11	75 229			2	31 484				

在全国 211 个种羊场中，存栏成年母羊为 200 只以下的有 51 个场，占总数的 24%；100～200 只的有 94 个场，占种羊场总数的 45%；1 000～3 000 只的有 32 个场，占 15%；3 000 只以上有 34 个场，占 16%。

表 14　全国种羊场规模分类情况

项目 地区	成年存栏数（只）	平均每场存栏数量（只）	种羊场数量（个）	200 只以下	200～1 000 只	1 000～3 000 只	3 000 只以上
全　国	**359 875**	**1 706**	**211**	**51**	**94**	**32**	**34**
北　京	2 020	404	5	1	4		
河　北	3 473	434	8	4	3	1	
山　西	3 093	773	4	4			
内蒙古	93 282	2 332	40	4	13	14	9
辽　宁	11 042	1 104	10	5	1	1	3
吉　林	22 132	1 383	16	6	4	2	4
黑龙江	19 712	857	23	20	2	1	
江　苏	1 591	200	8	4	4		
浙　江	332	166	2	1	1		
安　徽	530	530	1	1			
江　西	357	179	2	1	1		
山　东	1 410	176	8	5	3		
河　南	2 054	293	7	2	5		
湖　北	7 544	629	12	3	7	1	1
湖　南	7 277	1 040	7	3	2	1	1
海　南	827	414	2	2			
贵　州	369	369	1	1			
四　川	6 195	774	8	4	1	3	
云　南	879	879	1	1			
陕　西	6 433	643	10	3	5	2	
宁　夏	12 905	2 581	5	1	2	2	
甘　肃	24 204	1 729	14	2	8	2	2
青　海	25 501	6 375	4	1	3		
新疆.兵团	106 713	8 209	13	3	2	8	

【种畜禽场验收考核情况】　1998 年 1 月，农业部部长刘江签发了第 32 号部令，颁布施行(种畜禽管理条例实施细则)。该条例共分 7 章 35 条，其内容有总则、畜禽品种资源保护、种畜禽进出口管理、畜禽品种培育和审定、种畜禽场管理、种畜禽生产经营和附则共 7 项。同年，11 月部长陈耀邦又签发了农业部 4 号令(种畜禽生产经营许可证〔管理办法〕)，该办法共分 5 章 24 条。其内容为：总则、种畜禽场应具备的基本条件、种公牛站应具备的基本条件、发证程序和附则。

根据农业部 32 号、4 号部长令，以及农业部畜牧局下发关于加强种畜禽生产经营管理工作的通知，全国畜牧兽医总站受农业部畜牧兽医局的委托，在全国开展了种畜禽场的验收工作。此次验收工作共进行了 65 天，先后组织中央、地方畜牧兽医主管部门、畜牧兽医技术推广机构、畜牧研究所、农业院校等专家近 700 名。共完成 89 个种畜禽(站)的现场验收工作，共计汇编种猪场、种禽场、种羊场、种牛场、其他种畜场和种公牛站验收资料四册，截止 1998 年底完成下发种畜禽生产经营许可证 2 万份。同时，完成了全国种畜禽生产经营许可证管理软件的制作和全国畜牧行政主管部门负责种畜禽管理工作人员的培训工作。

通过验收考核，对合格的种畜禽场，农业部发布了公告。共计公布种畜禽共 89 个，其中：种猪场 21 个、种牛场 8 个、种羊场 14 个、种兔场 2 个、种禽场 5 个、种鸭场 3 个、种蜂场 1 个、种公牛站 35 个。

【畜禽品种资源保护】　近几年来，我国政府对畜禽品种资源保护，增加了扶持力度，每年对畜禽品种资源保护经费有所上升，截止 1998 年底，国家共投入畜禽品种资源保护经费达 1 285 万元，共保护畜禽品种资源

61个，其中：猪品种资源17个(含3个引进品种)、家禽品种资源15个(含1个引进品种)、牛、骆驼品种资源8个、羊品种资源8个(含2个引进品种)、马品种资源3个(含1个引进品种)、蜜蜂品种资源10个。

1995—1998年国家保护的地方猪品种

品　种	保　种　单　位	年度
东北民猪	黑龙江省兰西县种猪场	1995
五指山猪	中国农科院畜牧研究所	1996
兰塘猪	广东省板岭原种猪场	1995
版纳微型猪	云南省西双版纳种猪场	1995
清平猪	湖北省当阳市种猪场	1995
桃源黑猪	湖南省桃源县畜禽原种场	1996
梅山猪	上海市嘉定区种猪场	1996
金华猪	浙江省金华种猪场	1997
小梅山猪	江苏省太仓市种猪场	1997
二花脸猪	江苏省锡山市种猪场	1998
成华猪	四川省成华种猪场	1998
黔北黑猪	贵州省畜禽改良站	1998
沙子岭猪	湖南省湘潭市家畜育种站	1998
八眉猪	陕西省畜牧兽医总站	1998

1995—1998年国家保护的地方家禽品种

品　种	保　种　单　位	年度
绍鸭	浙江省绍鸭原种场	1995
金定鸭	福建省石狮金定鸭原种场	1995
北京油鸡	北京市畜牧兽医研究所	1996
东乡黑鸡	江西省东乡县种鸡场	1995
茶花鸡	云南省西双版纳畜牧兽医站	1995
文昌鸡	海南省文昌鸡纯种繁育场	1997
仙居鸡	江苏家禽研究所(共计15个品种)	1995
狼山鸡	江苏家禽研究所(共计15个品种)	1996
固始鸡	江苏家禽研究所(共计15个品种)	1997
泰和乌骨鸡	江苏家禽研究所(共计15个品种)	1996
萧山鸡	江苏家禽研究所(共计15个品种)	1997
长乐鹅	福建省长乐灰鹅种鹅场	1998

1995—1998年国家保护的地方羊品种

品　种	保　种　单　位	年度
绒山羊	西藏阿里日土县白绒山羊原种场	1995
滩羊	宁夏盐池滩羊选育场	1995
湖羊	浙江省畜牧兽医站	1996
湖羊	江苏省吴县东山保护区	1996
黑山羊	湖北省麻城市畜牧局	1997
绒山羊	辽宁省绒山羊原种场	1997
绒山羊	内蒙古区品种改良站	1998
雷州山羊	广东省畜禽品种改良站	1998

1995—1998年国家保护的地方牛、骆驼品种

品　种	保　种　单　位	年度
大额牛	云南省畜禽品种改良站	1995
天祝牦牛	甘肃省天祝县畜牧局	1995
秦川牛	陕西省农业厅畜牧局	1996
晋南牛	山西省运城家畜改良站	1998
南阳牛	河南省畜禽品种改良站	1998
复州牛	大连市瓦房店复州牛原种场	1998
牦牛	青海省大通牦牛场	1998
阿拉善双峰驼	内蒙古区品种改良站	1997

1995—1998年国家保护的地方马品种

品　种	保　种　单　位	年度
阿拉伯马	中国种畜进出口公司(赠王光英)	1996
矮马	云南省畜牧研究所	1995
伊犁马	新疆区伊犁种马场	1998

1995—1998年国家保护的地方蜜蜂品种

品　种	保　种　单　位	年度
意大利蜂	中国农科院养蜂研究所	1995
卡蜂	中国农科院养蜂研究所	1996
高加索蜂	中国农科院养蜂研究所	1995
东北黑蜂	中国农科院养蜂研究所	1996
新疆黑蜂	中国农科院养蜂研究所	1995
华北蜜蜂	中国农科院养蜂研究所	1996
喀尔巴阡蜂	中国农科院养蜂研究所	1996
阿坝蜂等	中国农科院养蜂研究所	1995
10个蜜蜂品种	吉林省养蜂研究所	1997

自国家畜禽品种审定委员会成立以来，结合(种畜

禽管理条例实施细则)的出台,我国正式开展了畜禽品种的审定工作,首次由国家畜禽品种审定委员会,审定通过了7个畜禽新品种,其中猪品种5个、家禽和羊品种各1个。

审定通过的畜禽新品种

品　种	培　育　单　位	审定通过
南江黄羊	四川省南江县畜牧局	1998年
康达尔黄鸡	深圳康达尔(集团)有限公司	1998年
南昌白猪	江西省畜牧兽医局	1998年
光明猪配套系	深圳光明畜牧合营有限公司	1998年
深农猪配套系	深圳市农牧实业公司	1998年
军牧1号白猪	中国人民解放军农牧大学	1998年
苏太猪	苏州市太湖猪育种中心	1998年

(全国畜牧兽医总站种畜禽管理处供稿)

北　京　市

新中国成立前,北京市种畜禽场建设近乎空白。新中国成立后,特别是从70年代中后期开始,全市畜禽良种繁育体系建设得到空前发展,逐步建立起蛋鸡良种繁育体系、猪良种繁育体系、奶牛良种繁育体系、肉鸡良种繁育体系、北京鸭良种繁育体系、羊良种繁育体系等。

【良种繁育体系建设】

1. 猪良种繁育体系。截止到1994年,经市政府立项投资建设的种猪场27个,种猪测定站1座,共饲养成年母猪1.8万头,年测定种猪能力2 500头。其中,有原种猪场6个,饲养核心群纯种猪1 800头,饲养祖代种猪3 000头;有祖代种猪场19个,饲养祖代种猪1.32万头,全市饲养祖代种猪头数1.62万头。饲养品种主要有大白、长白、杜洛克、迪卡、皮特兰等,年提供祖代种猪1.44万头、父母代种猪7万头。

1996年以来,市政府投资1 400万元,陆续从丹麦、英国、加拿大、比利时、法国等引进优良纯种猪500头,品种为丹系大白、丹系长白、加系杜洛克、英系大白、法系大白、比系皮特兰、比系长白等。与引种工作相配套,华都肉食品公司、顺义小店畜禽良种场、昌平县种猪场在政府支持下,新建大白猪、长白猪原种场3座,饲养规模各300头成年母猪,1998年基本达到满负荷生产。1998年底,全市种猪场有49个,共饲养不同品种各代次种猪2万多头,年提供种猪13万头。目前,全市饲养成年母猪23.7万头,良种覆盖率100%。各品种种猪生产性能见下表:

品种(品系)	指标					
	大白猪	长白猪	杜洛克	皮特兰	迪卡AB系	迪卡CD系
窝均产仔(头)	11	10.5	9	8	8.5	10.5
日增重(克)	750~900	750~850	750以上	750以上	830	830
料重比(千克)	2.5~3.1:1	2.5~3.2:1	2.8:1	3:1	2.8:1	3.0:1
瘦肉率(%)	62以上	63以上	64以上	70以上	60	59

2. 蛋鸡良种繁育体系。1992年,全市验收合格的蛋用种鸡场46个。其中,原种场3个,饲养规模17万只;祖代鸡场6个,饲养规模7.3万只;父母代鸡场37个,饲养规模70万只。主要品种有京白、京红、海兰、伊沙、新红、海赛、罗曼、迪卡等,年供雏能力3 500~4 000万只。1996年,北京华都集团有限责任公司投资在大兴县新建1座原种鸡场,饲养规模3万只,品种为宝万斯。1998年底,全市有蛋用种鸡场38个,饲养种鸡规模110万只,年内提供种雏3 000多万只。目前,全市蛋鸡饲养量约1 200万只,良种覆盖率100%。每只蛋鸡年产蛋13千克以上,料蛋比2.8~3.1:1。

3. 北京鸭良种繁育体系。北京鸭饲养始于明代(公元15世纪)。作为驰名世界的肉用水禽,品种形成已有近400年的历史。本市自1960年开展北京鸭育种,目前有国家级种鸭场1座,饲养原种1.2万只;市级祖代种鸭场3座,饲养种鸭规模为0.5万只。1980年北京鸭被列入国家重点选育推广的水禽品种。全市年出栏北京鸭1 000多万只,良种覆盖率100%。北京鸭生产性能:7周龄活重达到3.3千克,料重比2.8:1。种鸭年产蛋210~220枚。

4. 奶牛良种繁育体系。北京市建有以奶牛育种中心和种公牛站为龙头的良种繁育体系,饲养种公牛70头、种母牛800头,年提供优质乳用公牛精液100多万粒,除供应本市成乳牛配种使用,还大量销往外地市场。本市奶牛良种覆盖率100%。生产性能:一个生产周期产奶9 200千克。

5. 肉鸡良种繁育体系。北京市肉鸡良种繁育体系建设始于80年代初期，目前主要有两大繁育基地：华都肉鸡联营公司、北京家禽育种有限公司，饲养品种为爱拔益加(AA)肉鸡、艾维茵肉鸡。有艾维茵曾祖代鸡场1座，饲养种鸡12万只，年提供祖代种鸡50万套；有祖代场2个，饲养种鸡规模：AA肉鸡9万只、艾维茵肉鸡20万只，年提供父母代种鸡600万套；有父母代种鸡场8个，饲养AA肉鸡13.2万只、艾维茵肉鸡46万只，年提供商品雏鸡7 000多万只。

各品种肉鸡生产性能如下：

	体　重(千克)	料重比
爱拔益加	6周龄2.03	1.74:1
艾维茵	45日龄1.9	1.9:1

目前，北京市年出栏肉鸡7 000多万只，良种覆盖率100%。

6. 羊良种繁育体系。全市有种羊场13个，饲养种羊4 000只，主要品种有绒山羊、小尾寒羊、无角多赛特、萨福克。种羊生产性能如下：小尾寒羊．剪毛量：年剪毛两次，公羊产毛2.7～4.5千克，母羊1.8～2.5千克；产肉性能：屠宰率50.6%，净肉率平均39.21%；繁殖性能：产羔率为177.6～261%。绒山羊．抓绒量：成年公羊一次抓绒量0.45～0.49千克，成年母羊0.41～0.42千克；产肉性能：成年公羊宰前体重48千克、屠宰率50.91%，净肉率36.31%；成年母羊宰前体重42千克、屠宰率53.19%，净肉率34.2%；繁殖性能：产羔率118.3%。无角多赛特．成年公羊体重可达100～120千克、母羊体重60～80千克，产毛量2～3千克，产羔率140%～160%。与小尾寒羊杂交效果显著。萨福克．成年公羊体重可达114～136千克、母羊体重60～90千克，产毛量2.5～3千克，产羔率140%。

【种畜禽场验收与发证】 北京市种畜禽场验收工作自1998年11月开始，第一批申报种猪场52个、种禽场54个、种羊场13个，1999年底将完成首批种畜禽场验收发证工作。种畜禽场验收分两步走。首先接受由农业部组织的国家级种畜禽场的验收；然后，组织有关专家对市、区(县)级种畜禽场进行验收。首验结果：北京养猪育种中心(迪卡配套系曾祖代、杜洛克猪原种)、北京市顺义区畜禽良种场(大约克猪原种)、北京奶牛育种中心良种场(荷斯坦牛原种)、北京市奶牛研究所种公牛站(荷斯坦、西门塔尔牛冷冻精液)、北京华都集团有限责任公司良种基地(华都京白、京红、京粉蛋鸡纯系、曾祖代)、北京家禽育种有限公司(艾维茵肉鸡纯系、曾祖代)、北京南口北京鸭育种中心(北京鸭原种)7个场，通过验收并取得国家级《种畜禽生产经营许可证》。

(李全录)

天　津　市

种猪方面，形成了以原种场、扩繁场、生产场为基本框架的三级种猪繁育体系。目前，已建有原种猪场2座，即天津市宁河原种猪场和天津市武清原种猪场，基础母猪存栏规模达1 700头，现存栏1 100头。经过近几年的发展，两场已经打下了坚实的基础，种猪质量和供种能力有了很大提高，为天津乃至全国瘦肉型猪生产发挥了很大作用。在全国养猪界已经形成一定影响，种猪生产在全国名列前茅。其中，宁河原种猪场是1993年农业部命名的国家级重点原种猪场，1994年全国养猪协会评定的全国最佳养猪企业，是国内一流的丹系长白猪选育场，特别是1998年以来，实施了国家良种工程项目——天津市宁河原种猪场种猪良种工程建设，总投资1 600万元，建成了设施设备较为先进的核心群选育场，并正在组织引进世界一流的三大品种——丹系长白、英系大约克、美国杜洛克，整体步入新的发展阶段，进一步巩固了在全国种猪行业的领先地位。武清原种猪场是国内较好的大约克猪选育场，新建了较为先进的种猪分娩育仔舍，经农业部初步认定，该场已具备较为坚实的基础，近两年内有望确定为国家级原种猪场。该场饲养管理科学精细，种猪质量优良，销往全国26个省、市和自治区。全市建有市级扩繁场7座，即天津市畜牧兽医研究所种猪场、宝坻县种猪场、天津警备区青光农场种猪场、蓟县第一种猪场、蓟县第二种猪场、天津市宁河县独立种猪场和总参兵种部天津农场种猪场，基础母猪存栏规模2 000头，现存栏910头。特别是宁河独立村种猪场目前正在组织引进较为先进的配套系——达兰种猪，为进一步提高天津市种猪质量奠定了基础，整体上实现了与世界一流品种接轨，在国内具有比较明显的品种优势。全市现有母猪生产场3 000多个，能繁母猪存栏10多万头，年可提供商品仔猪160万头以上，基本保证了本市商品猪生产的需要。

良种禽方面，建有祖代蛋种鸡场1座，存栏2万只；父母代场35座，存栏51万只。主要饲养品种有依莎褐、海赛褐、海兰白、京白等国内外优良品种；建有祖代肉种鸡场1座，存栏2万套，父母代肉种鸡场2座，主要饲养品种有AA和艾维因；建有父母代种鸭场4座，存栏3.2万只，饲养了良种樱桃谷鸭。

良种牛方面，1990年实施了日本政府援助项目，建成了设施设备国内一流的奶牛育种中心。该中心引进现代化育种手段，大力推行现代化育种技术，在国内同行业中具有明显的技术设备和人才优势。该中心现正承担市科委重点课题。某些技术如胚胎移植、生产能力测定、血型分析、细管精液、饲料分析、繁殖疾病防治等在国内处于领先水平，为面向华北乃至全国建设先进的良种牛工程奠定了基础。该中心引进了优良黑白花奶牛及胚胎和西门塔尔等国际优良肉牛品种血液,并通过陆续配套完善的一批县、乡改良站改良本地牛。

良种羊方面,建成了东丽区种羊场,饲养了小尾寒羊,并开展了优良品种间杂交试验。

(天津市畜牧局供稿)

河　北　省

【畜禽良种】 改革开放以来,河北省一直把畜禽良种工作作为一项主要的工程来抓,已取得初步成效。全省畜禽良种繁育体系框架基本形成,建成了一批国家级、省级重点种畜禽场和一大批畜禽良种繁育场,品种改良及技术推广网络不断完善,种畜禽管理工作开始步入法制化管理轨道,这些都为河北省畜牧业的发展奠定了基础。

【畜禽良种现状】 1998 年,全省共有各类种畜禽场 633 个,其中国家级重点种畜禽场 1 个,地方种畜禽场 632 个,年末各类种畜禽存栏 17 万头(只),当年出场种畜禽 1.16 亿头(只)。全省共有种牛场 14 个,种猪场 152 个,种羊场 71 个,种禽场 296 个,种兔场 70 个,种马场 2 个,种蜂场 3 个。全省包括国有、集体、个人在内的家畜改良配种站点共 2.08 万个,拥有各类种畜 4.02 万头。

1. 种猪场。河北省共有省级重点原种猪场 4 个,即河北玉田种猪场、河北省原种猪场、河北斯格种猪场和河北冀合白猪种猪场。目前共存栏成年公猪 53 头,母猪 886 头。存栏基础母猪百头以上的纯种扩繁场 51 个,共存栏成年公猪 551 头,母猪 13 888 头;基础母猪存栏百头以下的纯种扩繁场 98 个,存栏成年公猪 301 头,母猪 6 574 头。存栏基础母猪百头以上的二元母猪繁殖场 188 个,存栏成年公猪 1 893 头,母猪 36 533 头;存栏基础母猪百头以下的二元母猪繁殖场 385 个,存栏成年公猪 1 078 头,母猪 14 195 头。主要品种有长白、大约克、汉普夏、杜洛克;配套系猪种有冀合白猪、迪卡猪和斯格猪。河北省猪的良种覆盖率为 92%。

2. 鸡的良种繁育体系初步建成。截止 1998 年,河北省共有千只以上种鸡场 202 个,较大规模的有石家庄祖代蛋种鸡场和省示范种鸡场。其中祖代蛋种鸡场 4 个,存栏祖代蛋鸡 3.76 万套,年可提供父母代蛋种鸡 316 万只;父母代蛋种鸡场 162 个,存栏父母代蛋种鸡 185 万套,年可提供商品代雏鸡 16 650 万只。祖代肉种鸡场 2 个,存栏祖代肉种鸡 2.85 万套,年可提供父母代肉种鸡 420 万套;父母代肉种鸡场 34 个,存栏父母代肉种鸡 45.6 万套,年可提供商品代雏鸡 3 654.4 万只。蛋鸡的主要品种有海兰褐、尼克、伊萨、宝万斯、939;肉鸡的主要品种有艾维茵和 AA。河北省鸡的良种覆盖率为 92%。

3. 种公牛站。河北省有 1 个种牛站,即:河北省畜牧良种服务中心种牛站,饲养种公牛 120 头,主要品种有夏洛来、西门达尔、利木赞、海福特、短角、荷斯坦,年生产冷冻精液 130 万粒。近年来,河北省重点抓了黄牛改良工作,全省共建市级黄牛改良工作站 6 个,县、乡、村各级黄牛配种改良站(点)1 710 个,年配种改良黄牛 83 万头,占配种总头数的 46.8%。黄牛改良工作的开展,不但增加了肉牛的出栏量,还提高了肉牛品质。目前河北省牛的良种覆盖率达到 75%。

4. 种羊场情况。河北省共有种羊场 71 个,存栏种羊 2.06 万只,其中能繁母羊 1.60 万只,年可提高种羊 1.26 万只。主要品种有小尾寒羊、夏洛来羊、河北奶山羊、辽宁绒山羊、承德无角山羊和波尔山羊。年可提供种羊 2 万余只。河北省羊的良种覆盖率为 63%。

5. 种兔场情况。河北省共有肉种兔场 70 个,存栏基础母兔 5.96 万只,年可提供种兔 33.75 万只。兔的主要品种有新西兰、加利福尼亚、塞北、虎皮黄、比利时、哈白、獭兔等。河北省兔的良种覆盖率为 78%。

【主要工作】

1. 加强良种繁育体系建设。1998 年河北省畜牧局将良种引进和良种繁育体系建设作为一项重点工作来抓。河北省政府下发了"关于依靠科技进步,推进黄牛改良工作进程"的通知,加快了劣质公牛的去势,有力地推动了全省黄牛改良所需液氮运输车 6 部,液氮罐 215 支,显微镜 100 台,分发到 6 个市级液氮站和 211 个黄牛配种改良站(点);调拨各种冷冻精液 35 万粒、种羊 150 多只、种猪 300 多头,分发到各级种羊场和种猪场;从加拿大、美国引进种牛 100 多头;从国外引进祖代种鸡 2.3 万只、樱桃谷种鸭 3 500 只、种蓝狐 1 500余只、羊驼 300 多只、山羊胚胎 1 000 枚。通过引进良种,完善良种繁育体系,河北省畜禽良种覆盖率有了进一步提高。

2. 做好畜牧业执法工作。认真贯彻国务院《种畜禽管理条例》、农业部《种畜禽管理条例》实施细则及《河北省种畜禽管理条例》的有关规定,对种畜禽场(站)实行许可证管理,坚决取缔低劣种畜禽场(站),严厉打击假冒伪劣种畜禽的生产经营活动。1998 年全省共对 1 000 多个各类种畜禽场进行了检查验收和发证工作,有力地净化了河北省种畜禽市场,保护了养殖户的切身利益。

3. 加强对畜禽品种资源的保护。地方畜禽品种中,有着独特的遗传资源,具有宝贵的育种价值。据调查,河北省目前主要的地方品种有:定县猪、深县猪、民猪、涿县猪、芦白猪、柴鸡、坝上长尾鸡、河北鹅、冀南黄牛、河北细毛羊、虎皮黄兔、塞北兔、大耳黄兔等。在市场经济条件下,人们追求高生产率、高经济价值,忽略了对地方品种优良遗传基因的利用。各级政府应加大投资力度,加强对地方品种资源的保护及利用,使这些宝贵资源发挥作用。

(河北省畜牧局供稿)

内蒙古自治区

【良种覆盖率】 全区的家畜改良事业起步于五十年代。1958 年以前,全区只有少量的良种、改良种牲畜,仅占牲畜数量的 1.8%。经过多年的发展,特别是改革开放以来,全区畜牧业迅速发展,连续 14 年获得大丰收,家畜品种改良事业突飞猛进,良种、改良种牲畜数量大幅度增加。1996 年,自治区党委、政府提出了“双增双提”可持续发展战略,1997 年又作出了《关于推进牲畜“种子工程”的决定》,1998 年在全区范围年全面实施牲畜“种子工程”,把提高牲畜质量,提高畜牧业经济效益列入了各级党委、政府的重要议事日程。牲畜“种子工程”建设是通过加强种源基地建设、良种推广体系建设和种畜禽质量监测体系建设,引进国内外优良畜禽品种,大力推广胚胎移植、人工授精等高新技术,提高我区家畜家禽品种质量,从而实现“到 2000 年牛、羊实现良种化配种,良种和改良种比重达到 70%以上,提高牲畜个体产出率”的奋斗目标。这项工程经过一年多的实施,在全区范围内已经全面启动,并已卓见成效。1998 年末,全区牲畜存栏 5 206.24 万头(只),其中良种牲畜存栏 1 040.06 万头(只),良种畜比重达到 23.69%;改良种牲畜存栏 2 006.56 万头(只),改良种比重达到 45.70%;全区良种、改良种牲畜比重达到了 69.39%,比 1997 年增加了 4.8 个百分点。其中:我区绵羊良、改畜达到 1 897.40 万只,比重达到了 79.96%;牛良、改畜数量达到 224.19 万头,比重达到 59.67%;生猪和家禽基本实现了改良化。

【种畜禽场建设】 内蒙古自治区的种畜事业起步于 50 年代,自治区优良畜禽品种的种源主要集中分布于全区的各个种畜场。因此种畜场在我区畜牧业中占有非常重要的战略地位。现全区拥有国有种畜禽场 94 处,其中综合种畜场 11 个,种牛场 7 个,种马场 1 个,种羊场 29 个,种猪场 36 个,种禽场 8 个,种兔场 2 个。其中国家级种畜场 8 个,自治区级种畜场 24 个。技术人员 1 402 人,有初级职称的 1 028 人,中级职称的 213 人,高级职称的有 14 人。草场面积 54.486 万公顷,粮食播种面积 2.194 万公顷,粮食总产 45 908 吨。1998 年末全区国有种畜场大牲畜存栏 3 266 头,可繁殖母畜 2 414 头,当年出场种畜 167 头,其中良种及改良种乳牛存栏 815 头,可繁殖母牛 487 头,当年出场种牛 38 头。猪存栏 13 910 头,可繁殖母猪 5 717 头,当年出场种猪 43 228 头。羊存栏 95 279 只,其中可繁殖母羊 58 511 只,当年处出场种羊 10 705 只。鸡存栏 76 540 只,当年出场雏鸡 1 676 100 只。

【种畜禽场验收与发证】 根据国务院《种畜禽管理条例》及其《实施细则》、《内蒙古自治区种畜禽管理条例》的规定,自治区畜牧厅对全区的种畜禽场进行了整顿、验收、发证工作,并把此项工作作为一项长期的日常工作来抓。1998 年底全区共拥有 94 个种畜禽场,取得《种畜禽生产经营许可证》的种畜禽场共有 79 个,其中通过国家农业部验收并发放《种畜禽生产经营许可证》种畜禽场有 8 个;通过自治区验收并发放《种畜禽生产经营许可证》的种畜禽场有 71 个。

【品种资源保护】 内蒙古自治区家畜家禽品种资源丰富,全区各族人民在长期畜牧业生产的实践中,积累了丰富的养畜经验,并培育出了一大批适合当地条件而又生产性能良好、遗传性能稳定的家畜家禽品种,这些品种是发展畜牧业的重要物质财富,他们不但是自治区畜牧业的支柱,而且对我国畜牧业的发展和某些优良品种的形成有过重要的贡献,乃至对其他国家一些优良品种的形成也有过一定的影响。目前,全区符合品种要求的家畜品种共有 95 个,根据其来源和形成过程大体可分为三类。其中地方品种 12 个,培育品种 24 个,引入品种 59 个。我区的优良品种种源主要分布在全区的各个种畜禽场,并都有各自的原种场或种畜扩繁场作为本品种选育提高或纯繁育种的基地,以确保各个品种优良性状基因的提纯复壮、保存、推广和利用。近些年,由于受社会主义市场经济和自然条件的影响,全区的阿拉善双峰驼、内蒙古白绒山羊和茨盖羊等品种,出现了数量下降,生产性能降低,畜产品质量降低等现象,保种成为当务之急。其中阿拉善双峰驼、内蒙古白绒山羊已被列入国家畜禽品种资源保护计划,并已立项实施。

【肉牛冷冻精液生产与推广】 冷冻精液新技术在 10 年实验、推广的基础上,已经得到全面普及应用,并已进入规范化、标准化阶段。全区已建立起家畜冷冻精液站 3 处,年生产牛的冷冻精液 120 万粒(支),液氮 20 万立升,牛的冷冻精液已销售到全国 12 个省市和自治区。1991—1997 年全区累计生产肉牛冷冻精液 380 多万粒(支),区内推广 280 多万粒(支)。1998 年,全区完成牛改良配种 125.25 万头,其中肉牛冷冻精液配种 50 多万头。

(新耀欣)

黑 龙 江 省

1998 年畜禽良种推广工作,在过去畜禽良种工程建设的基础上，继续采取引入良种、选育提高、杂交改良等措施，使畜禽良种覆盖率有了明显提高：生猪生产中大量引入长白、大约克、杜洛克等良种猪，实行二元杂交，并逐步向三元杂交方向发展。全省良种猪覆盖率达90%以上。

蛋鸡生产主要引入尼克红、罗曼、海兰、海塞克斯、伊萨等祖代、父母代配套系；肉鸡生产主要引入AA、艾维茵、安卡2000等祖代配套系，使全省规模养鸡场良种覆盖率达100%；鹅、鸭生产引进了来茵鹅、麻鸭等良种，良种覆盖率达30%以上。

奶牛主要引进荷斯坦良种公牛，全省实行统一冷冻精液配种，良种覆盖率达95%以上；肉牛主要引入西门塔尔、夏洛来、利木赞等优良种公牛，全省实行统一冷冻精液配种，良种覆盖率达60%以上。

羊主要引进澳大利亚美利奴种公羊，德国肉用美利奴、特克赛尔、无角道赛特、萨福克、夏洛来等种羊进行纯繁、杂交改良，良种覆盖率达90%以上。

【种畜禽生产性能有较大提高】 种猪窝产仔10.2～12.5头，窝活9.1～12头，出栏日龄150～180天，出栏体重90.5～110千克，瘦肉率60%～63%（哈白猪60%，民猪48%），料重比2.66～3.5:1。奶牛平均个体产奶5.5～7.3吨，乳脂率3.5%～3.6%，成年母牛体重600～750千克；肉牛出栏日龄18个月，宰前体重580～650千克，胴体重390～420千克。细毛羊平均个体年产污毛6.5千克，细度64支纱，长度9.5厘米，成年体重公羊80千克，母羊50千克；半细毛羊平均个体年产污毛5.8千克，细度56～58支纱，长度9～15厘米，成年体重公羊70千克，母羊48.8千克；肉羊屠宰日龄5个月，宰前重40～45千克，胴体重18～22千克。蛋鸡年产合格蛋200～250枚，入孵蛋鸡孵化率83%～91.3%，种蛋受精率94%～95%，育成率93%～98%，开产日龄130～160天，料蛋比2.44～2.78:1；肉鸡年产合格种蛋135～200枚，入孵蛋孵化率81.88%，种蛋受精率90%～95%，育成率94～98%，屠体重2.2～2.3千克，出栏日龄51～56天，出栏活重2.45～2.6千克，全净膛重1.95～2千克，开产日龄160～180天，耗料比2.2～2.8:1。

【种畜禽场建设】 种畜禽场是推广良种的基础，随着市场经济发展，种畜禽场不断增加。1998年由原来的109处发展到149处，饲养各类基础母畜由2.8万头发展到3.3万头，种禽由12.5万套发展到140万套。其中种猪场40处，饲养基础母猪9 612头，品种有长白、大约克、杜洛克、哈白、三江白、民猪等优良品种；种羊场21处，基础母羊17 362只，有东北细毛羊、半细毛羊、德国肉用美利奴、特克塞尔、无角道赛特、萨福尔、夏洛来等纯种肉羊；种牛场15处，基础母牛6 071头，品种有荷斯坦、西门塔尔、利木赞、夏洛来、短角牛等优良品种；种禽场73处，饲养种鸡140万套，品种有AA、艾维茵、安卡2000、尼克红、罗曼、海兰、伊萨、海赛克斯等优良品种。此外还有少量的种马场、种兔场和种犬场等。

【品种资源保护】 主要是东北民猪，具有繁殖率高，母性强、抗寒性强，屠宰率、瘦肉率高于其他地方猪种以及杂交效果好等特点，现有基础母猪25万头（含二元、三元杂种），其中纯种4万头。全省采取动态保护办法，即加强选育，完善特性，经过四个世代的选种选育和提纯，已达国家一级品种标准。主要采取两种保护方式，一是确立国家级保护场一处，省级保护场三处；二是在几个重点产区建立了品种资源保护利用委员会，颁布了《黑龙江省种畜禽管理条例》，依法保护民猪品种资源，培养管理人才，并组织科研院校开展民猪的研究工作。除东北民猪外，还对东北细毛羊、半细毛羊、哈白猪、三江白猪、鄂伦春马、黑河马、麻鸭、白鹅、雁鹅、哈白兔等进行了保护、开发和利用。在种畜禽管理上实行种畜禽生产经营许可证制度，规定《许可证》由省局统一印制，统一种畜禽场验收标准，分级验收、分级发放。到目前已验收种畜禽场186家，孵化场371家，家畜人工授精站2 200个，核发《许可证》1 784个，分别占验收总数的80.1%、77.9%、61.2%；对验收不符合标准的场、站，责令限期整顿，不许出种，并向全省通报。

（黑龙江省畜牧局种畜处）

上　海　市

改革开放20年来，上海的畜牧业发展迅速，取得巨大成绩，连续8年稳定增长，1998年产值达到87.27亿元，按不变价格计算，比1990年增长50%，畜牧业产值占农业总产值的42.4%。全市猪、禽、蛋和鲜奶自给率分别达到50%、70%和90%，畜产品产量增加，质量提高，为丰富城乡居民“菜篮子”发挥了重要作用。全市畜牧业20年快速发展的实践证明，良种在畜牧业增产中所起的巨大作用，是任何其他因素都无法取代的。经过几十年的努力，上海的畜禽良种繁育体系框架已基本形成。建立了一批国家级、市级的重点种畜禽场和育种中心，建设了一大批畜禽良种繁育场，地方畜禽种质资源得到了有效保护和开发，种畜禽管理工作基本步入法制化轨道。郊区规模化养猪场基本实现了三元杂交瘦肉猪生产；郊区良种蛋鸡、肉鸡覆盖率达到100%，良种肉鸭覆盖率达到92.6%；良种奶牛覆盖率达到60%以上。

【良种猪繁育体系】 上海现有原种猪场（市级场）12

个，其中国家级的原种猪场1个，并已全部通过验收合格，其中饲养外来品种种公猪317头，种母猪3 032头，占全市一级场生产母猪的61.5%，上海白猪及地方种猪1 901头，占38.5%。二级扩繁场22个。基本形成了“宝塔型”的良种繁育推广体系。上海郊区瘦肉型猪生产起步很早，但发展速度比一些省市慢，1995年全市仅上市50万头，占总出栏11%。经市政府同意，1996年起郊区实施了以地方品种为主的三元杂交瘦肉型商品猪(二外一土杂交)繁育体系建设项目。三年来，市、县(区)财政共同投资8 000多万元，其中市财政投资5 400万元，改扩建种猪舍60 799平方米，培育更新二元杂交生猪母猪15万头，增加了一个代次的二元杂交后备母猪和生产母猪，累计出栏三元杂交瘦肉型商品猪700多万头，胴体瘦肉率由原来的46%提高到55%以上。实施三元杂交瘦肉型商品猪繁育体系建设以来，郊区养猪业累计增加产值6.6亿元，农民增加收入近4亿元。

【种奶牛繁育体系】 1973年，成立了市种公牛站，至1993年成立了上海市奶牛育种中心，该中心1998年成为“中国-欧盟奶业和食品加工技术和商务合作项目”冷冻精液招标项目的国内第一中标者。近20年来，本市采取积极引进国外优良种质和地方培育相结合的办法，先后从美国、加拿大、德国、日本、英国、荷兰和丹麦等奶业发达国家引进了优良种质，目前存栏种公牛44头，年生产冷冻精液49万支，每年为本市和全国31个省市自治区的150万头奶牛提供纯种荷斯坦奶牛冷冻精液36万份，对推动上海和全国奶牛品种改良发挥了积极作用。1998年上海郊区成乳牛年平均单产首次达到6 778千克，有4个场单产突破8 000千克，最高的达到8 351千克，使上海奶业生产处于全国的领先水平。

【家禽良种繁育体系】 上海的家禽良种繁育体系具有级别高、品种优、生产水平高、推广面大的特点。本市现有156个种禽场，其中国家认定的曾祖代种禽场有3家，占全国曾祖代场的50%；177个孵化场，常年可供250万～330万套种禽，年出雏2.4亿只。这些年来，上海依靠大江、华申、华青等10大种禽生产龙头企业支撑，规范管理，增加科技含量，形成了我国蛋鸡、黄羽肉鸡、白羽肉鸡的完整繁育体系。罗曼蛋鸡占全国蛋鸡总量的33%；伊利莎为国内自育的第一套优良蛋鸡品种，已形成白、褐、粉三个系列；安卡红是国内唯一的曾祖代红羽肉鸡；连续12年每年引进的红宝是目前全国唯一的祖代红宝鸡，适合多种黄羽肉鸡生产配套组合。上海已被农业部确定为除北京以外的全国种禽育种供种基地，其中80%的种禽销往全国各地。

（曹海平）

江　苏　省

江苏省畜禽良种的引进和推广工作起步比较早，特别是改革开放以来，得到了较快发展，畜禽良种繁育体系已初具规模。

【畜禽良种的推广普及】

1. 牛。建国以来，江苏省先后引进了荷斯坦奶牛、爱尔夏和娟姗牛等奶牛品种，至今大部分通过纯繁，也通过与黄牛杂交，成为今日奶牛业的基础。奶牛的良种覆盖率达85%。60年代又引进了海福特、西门塔尔、抗旱王、夏洛来等肉牛品种与摩拉和尼里水牛品种。通过杂交生产兼用肉牛和乳肉兼用牛，但限于饲养条件和经济效益的关系发展较慢，黄牛、水牛的良种普及率为35%。

2. 猪。建国以来，江苏省从国内、外引进了约克夏、巴克夏、汉普夏、波中猪、苏白、克米洛夫、大约克夏、长白、杜洛克等品种，这些品种的引入对开展杂种优势的利用，80—90年代以二元杂交商品猪生产为主，90年代后期开展三元杂交商品猪发挥了较大的作用；但另一方面，由于滥行杂交，部分地方良种猪被杂种猪代替，以至丧失了地方品种的特点。因此，最近几年在注重本省地方品种资源保护的同时，积极地引进了一批世界著名的瘦肉型猪种，如丹系长白、英系大约克、杜洛克、皮特三和PIC配套系等，并利用猪统一供精技术有计划地开展杂交利用。猪的良种覆盖率达90%。

3. 羊。50年代初江苏省引进了斯达夫洛普、高加索、阿斯卡尼等绵羊品种，60年代从国内外引进了苏联和德国美利奴细毛羊品种，与徐州地区的小尾寒羊生产细毛杂种羊；60年代、70年代江苏省又引进了罗姆尼、玛许和林肯羊等细毛羊品种，在我省的滨海、海门种羊场饲养，从新疆等地引进的卡拉库尔羔皮羊放在盱眙县种畜场饲养、试验。全省面上没有组织推广。70—80年代江苏省从外省引进了萨能奶山羊、努比山羊、牛腿山羊；90年代中、后期从国外直接引进了世界著名的肉用山羊品种波尔山羊，利用外来品种通过人工授精技术的推广，大面积开展肉用山羊的杂交改良工作。全省山、绵羊的良种覆盖率达40%。

4. 家禽。建国以来，先后引进了来航、洛岛红、芦花、新汉、澳洲黑等；60年代以后陆续引进了白洛克、科尼什等肉用鸡品种，引进了红育、S220、星杂288、罗斯、希塞斯等；最近几年又从国外直接引进了AA、彼德逊、爱维茵等肉鸡和罗曼、伊莎蛋鸡；水禽主要引进了瘤头鸭、卡基·康贝尔鸭、樱桃谷鸭和狄高鸭等进行扩繁供种，有计划组织全省推广。目前，全省家禽的良种覆盖率52%，其中鹅、鸭的良种覆盖率达85%以上。

【种畜禽的生产性能】

1. 猪。

(1)国外引进原种猪生产性能。

①丹系长白经产母猪产活仔12头,25~90千克育肥,日增重930克,料重比2.5:1,活体背膘厚0.9厘米,瘦肉率65%。

②英系大约克经产母猪产活仔11.8头,25~90千克育肥日增重880克,料重比2.6:1,活体背膘厚0.8厘米,瘦肉率68%。

③美系杜洛克经产母猪产活仔11头,25~90千克育肥,日增重900克,料重比2.8:1,活体背膘厚1厘米,瘦肉率65%以上。

(2)扩繁场和生产场国外引进猪的生产性能。长白、大约克、杜洛克等经产母猪平均产活仔11头,25~90千克平均育肥日增重750~850克,料重比2.9~3.1:1,瘦肉率达66%。

(3)地方品种猪。①原始品种,经产母猪产活仔13.5~14.0头,25~90千克育肥日增重450克,料重比为4.5:1,屠宰率70%,瘦肉率45%左右。②育成新品种、新品系:经产母猪产活仔11.8头,25~90千克育肥日增重620克,料重比3.18~3.20:1,胴体瘦肉率54%~56%。

2. 家禽。

(1)蛋鸡年产蛋15千克,料蛋比2.5~.7:1;肉鸡49日龄体重达2.31千克,料重比2.1:1。

(2)白羽肉鸭42日龄体重达2.6~2.9千克,料重比2.5~2.8:1。

(3)高邮鸭以放牧为主,年产蛋量14.5千克,料蛋比2.3~2.5:1。

【种畜禽场建设】 建国初期,江苏省建立了泰兴种猪场、淮阴种猪场、东海种马场、盱眙种畜场等省级种畜禽场。70年代以来,江苏省建设了一大批种畜禽场,形成了全省畜禽良种繁育体系的基本框架和良种畜禽繁育供种基地。

1. 猪。全省已建立起以国有种猪场为龙头,县家畜改良站为网络,专业大户及规模猪场为基地的生猪良种繁育体系。现有国家级重点猪场3个:太仓市种猪场、锡山市种猪场和苏州市太湖猪育种中心;省级种猪场14个:常熟市畜禽良种场、昆山市种猪场、金坛市种猪场、溧阳市种猪汤、江苏常州康乐农牧有限公司瘦肉型猪原种场、通州市种畜场、泰兴种猪场、姜堰市种猪汤、淮阴县种猪场、句容农校小梅山猪育种中心、淮阴江淮种猪场、徐州鲜禾养猪有限公司、大丰市种猪场、南京金象集团种猪场等共饲养地方品种猪、国外瘦肉型种猪及二元母猪13 185头。县级种猪场34个,乡级种猪场100多个。他们的主要任务是良种猪的扩繁和生产二元母猪提供全社会。

2. 禽。全省现有蛋鸡祖代场2个,肉鸡祖代场4个,常年饲养伊莎、罗曼蛋鸡祖代种鸡1.2万套,AA、爱维茵、彼德逊等肉鸡祖代种鸡435万套。饲养500套以上蛋鸡、肉鸡父母代场583个,饲养父母代蛋鸡180万套,肉鸡120万套,年繁殖商品代肉鸡20亿只左右,商品代蛋鸡1.0亿只左右。地方品种,如高邮鸭、太湖鹅、狼山鸡等保种场9个,保存地方品种禽3万只。为了适应市场需要,特种家禽发展迅速。近几年来,引进了美国王鸽、七彩山鸡、法国鹌鹑、南非鸵鸟等已建立特种禽种禽场10多个,基本满足了生产需要。

3. 牛。50—60年代建立了盱眙、东台、射阳3个种牛场,主要承担山区水牛和海子水牛的保种、选育任务。70年代又在徐州市的铜山县、宿迁市的泗洪县建立了2个种牛场,主要是承担徐州黄牛的饲养、选育任务。为了有计划地推广良种又在徐州市建立了种公牛站,主要饲养夏洛来、西门塔尔、抗旱王等肉用、肉乳兼用牛公牛30头,年生产冻精50粒左右;南京种公牛站饲养国外引进的荷斯坦种公牛10头,年生产细管冻精6万头份。

4. 羊。建国以后,先后建立了具有一定规模的铜山县、海门市、雎宁县、锡山市等4个种羊汤,主要承担德、苏美利奴细毛羊、长江三角洲山羊(海门山羊)、徐淮山羊、林肯肉毛兼用羊、萨能奶山羊的纯繁供种任务。目前,饲养地方白山羊600多头,萨能山羊300多头,美利奴绵羊320头。90年代末又在溧水、徐州、宿迁、南京等地新建了4个波尔山羊原种场,现饲养纯种波尔山羊能繁母羊450头;建立了2个湖羊原种场,和一个饲养湖羊300多只的保护区。

5. 兔。70年代中德合作项目建立了全省第一个省级种兔场,饲养西德长毛兔等能繁母兔800多只;又新建了新沂市、邳州市2个省级重点肉兔种兔场,以及新沂城岗、涟水前进、洪泽岔河和江都天鹅等4个县级种兔场。

【畜禽资源保护】 江苏地方畜禽品种形成和发展的历史悠久,品种资源丰富。这些地方优良畜禽品种在现代科学技术的配合下,发挥了重要的作用。

1. 猪。本省的地方品种猪属华北型和江海型。苏北最早出现的猪种是淮猪,苏南则是大花脸猪。这两个猪种的相互杂交选育和本身的发展逐渐形成了本省现有的5个主要地方品种猪,即太湖猪、淮猪、姜曲海猪、东串猪和70年代培育成的新淮猪。保种情况如下:

(1)太湖猪。小梅山猪由太仓市种猪场、句容农校小梅山猪育种中心饲养能繁母猪200多头;中梅山猪由昆山市种猪场饲养能繁母猪120多头;二花脸猪由锡山市种猪场和常熟市畜禽良种场、武进市种猪场等三个场个场饲养280多头;米猪由金坛市种猪场饲养能繁母猪120头。以上几个类群保种选育和开发利用情况比较好,特别是小梅山猪已逐步选育成近交母系,为生产二、三元商品猪发挥了较大作用。横泾、枫泾猪由吴县市和吴江市种猪场饲养能繁母猪近200头。

(2)淮猪。由赣榆县及东海县两个县级种猪场饲养能繁母猪近200头,保种和选育的情况相对较差。其中山猪(红灯笼)、灶猪分别由溧阳市种猪场和大丰市种猪场饲养能繁母猪200多头。

(3)姜曲海猪。由姜堰市种猪场和海安县种畜场两个场承担并饲养能繁母猪200头。姜堰市种猪场已经开始培育新姜曲海瘦肉型品系。

(4)东串猪。由通州市种畜场承担并饲养能繁母猪120头。

(5)新淮猪。由淮阴县种猪场承担并饲养能繁母猪80头。

2. 家禽。

(1)狼山鸡。由如东县种禽场承担保种任务,现饲养种鸡60只,因经济效益原因,工作难以为继。

(2)中型黄鸡。由如皋市畜牧兽医站种鸡场承担保种任务,现饲养种鸡1 800只。

(3)鹿苑鸡。原由张家港市种禽场保种,后因经济原因迁至江苏省家禽研究所保种,现保存种鸡80只。

(4)高邮鸭。由高邮市种鸭场承担保种任务,现饲养种鸭核心群4 800多只,现有30个家系,开发利用情况较好。

(5)太湖鹅。由苏州市食品公司种鹅场和无锡市种禽场承担,现饲养太湖白鹅300多只。为了提高太湖鹅的利用价值,扬州大学农学院与扬州市多管局联合在高邮、仪征等地进行培育新太湖鹅的工作,目前已进行2世代选育。

3. 牛。

(1)海子水牛。由东台市和射阳县种牛场承担,饲养海子水牛能繁母牛60头。

(2)山区水牛。由盱眙县种牛场承担保种任务,现饲养种牛120头。

4. 羊。

(1)湖羊。由吴县东山镇湖羊保护区承担,现有核心群母羊200多只,总饲养量达1.8万只。

(2)海门山羊。由海门市种羊场承担,现饲养海门山羊能繁母羊600只。

(3)徐淮山羊。由睢宁县种羊场承担,现饲养徐淮白山羊能繁母羊300多只。

综上所述,江苏省地方畜禽品种的保种因资金没有保证,保种、选育工作难以正常开展。

【种畜禽场的验收与发证】 江苏省根据国务院《种畜禽管理条例》、农业部《种畜禽管理实施细则》和《〈种畜禽生产经营许可证〉管理办法》,按照有关程序审批了维维等8个种畜禽场的建场报告,省级核发《种畜禽生产经营许可证》35份,市、县两级核发《种畜禽生产经营许可证》1 300多份。

【肉牛冻精生产与推广】 徐州市家畜良种站是专业生产、研究和推广以肉牛为主的冷冻精液站,自1975年建站以来,已累计生产和推广牛冷冻精液1 000多万头份,冻精覆盖全国7省150多个县(市)。在1992、1994年农业部组织的牛冻精质量抽检中,合格率为100%,被农业部授予"推荐产品"称号。目前,该站现有种公牛24头,其中夏洛来13头,抗旱王1头,秦川牛2头,西门塔尔8头。种公牛的年龄结构,育成夏洛来种公牛11头(全部由加拿大进口),8周岁以上种公牛9头,最大年龄为抗旱王已达11周岁,夏洛来1头已达10周岁。该站的公牛数量偏少,质量一般,年龄结构不尽合理,必须尽快加以调整。计划近期从国内调剂后备西门塔尔种公牛6头,淘汰夏洛来、抗旱王各1头、秦川牛2头。

1995年以来,由于养肉牛的效益不明显,江苏省黄牛改良的数量逐年减少,加上豫、鲁、皖肉牛良种繁育中心的扩建,徐州周边地区的供精数量由1994年的78万头份,下降到1998年的38万头份。

江苏省为了进一步加大牛品种改良的工作力度,1997年投入80万元在黄牛主产区宿迁、连云港、淮阴三市建立了冷冻精液中转站,配套了贮氮罐、贮精罐和输精设备。在徐州、宿迁、连云港、淮阴4市的14个重点县124个重点乡、镇建立了规范化的输精站。如连云港市除省拨款外,市财政配套10万元,已安装了液氮机、贮氮罐等一整套设备,冻精中转站已正常运作。

(钱鹤良)

江　西　省

【种畜禽场建设情况】 江西省在1998年建设了一批有一定规模的种畜禽场,供种能力逐步提高。全省现有各类种畜禽场273个、种畜禽专业户(含孵坊)1 500余户、种公牛站1个、家畜改良站(即人工授精站830多个。种畜禽场存栏(笼)种牛3 000头、种羊3 000只、种猪1.5万头、种禽20万套,每年可向社会供应种畜15万头、种禽和禽苗3 000万羽。这些种畜禽场已经成为全省畜禽良种繁育体系的主体,承担着保种、育种和供种任务。江西省各类种畜禽场已初步形成了原种场—扩繁场—商品场(户)的繁育体系框架。根据全省畜牧业生产区域情况和现有种畜禽场的情况,江西省畜牧兽医局制定了江西省畜禽良种繁育体系建设规划,将全省划分为4个片区,每个片区布局5~8个省级重点扩繁场,在政策和资金上给予扶持,使各重点场壮大经济实力、提高选育水平,保证向社会供应高质量高代次种畜禽。各地县也结合全省畜禽良种繁育体系规划和本地区实际情况,制定了本区域的规划布局,重点建设了一大批二级扩繁场、家畜改良站和孵化场(坊),做到分级管理、层层抓实,提高了全省畜禽良种的覆盖率。

【畜禽良种覆盖率】 随着全省畜禽良种繁育体系的不断健全与完善,畜禽良种覆盖率有了明显提高。生猪方面全省从60年代开始杂交利用,80年代加大了引进良种的推广力度。目前全省外来良种公猪覆盖率已达95%,基本实现了生猪生产的二元杂交,并逐步向三元杂交方向发展,三元杂交猪(包括纯三元和普三元)约占出栏猪的35%,有些商品场已开始逐步实行配套系生产。肉牛方面从70年代开始耕牛改良,现在改良方向已从耕作役用型转向商品肉用型,杂交方式也从二元杂交向三元杂交或级进杂交方向发展。目前全省有可繁母牛180万头,年改良15万头次。其他畜禽品种如优质三黄鸡、乌鸡、麻鸡已占养鸡生产的50%以上,深受广东、福建、上海等沿海大中城市的欢迎;水禽良种覆盖率达60%以上;山羊良种覆盖率达40%左右;在城郊基本普及了外来良种蛋鸡,并建立起了大小不等的禽蛋批发市场,基本可以满足城镇居民对鲜蛋的需求。

【畜禽品种资源保护】 品种的多样性是建立和完善畜禽良种繁育体系的基础。为适应畜牧业生产快速增长的需要,全省先后引进了30多个国内外品种,有大约克、长白、杜洛克种猪,西门塔尔、夏洛来、荷斯坦种牛,成都麻羊、南江黄羊、波尔山羊、小尾寒羊种羊,日本大耳兔、新西兰大白兔、獭兔、长毛兔种兔,伊莎、罗曼、海兰、艾维茵、以色列隐性白羽肉鸡种鸡,山麻鸭、绍鸭、樱桃谷鸭、北京鸭种鸭等。除了这些引进品种外,全省具有较丰富的地方畜禽品种资源库,地方畜禽品种保存较为完整。现保存了33个地方畜禽品种,其中猪7个,鸡4个,鸭3个,鹅4个,牛5个,羊2个,兔2个,蜂1个。为了给品种资源保护提供依据,全省开展了一系列种质测定和研究,包括分子遗传学、生理生化、免疫学及肉质测定。目前全省建立了15个品种资源重点保护场,其中猪7个、禽8个。全省在进行地方品种资源保护的同时,还加大了开发利用的力度,并取得了一定成效。如地方品种猪,通过与外来品种杂交生产二元杂交母猪向社会推广,用其生产的普三元商品肉猪因肉质好、瘦肉率适中,在广东、福建中小城镇受到普遍欢迎;泰和乌骨鸡、东乡黑羽绿壳蛋鸡、余干黑羽乌鸡、万载康乐黄鸡、崇仁麻鸡、赣南三黄鸡、兴国灰鹅等地方家禽,因具有肉质鲜美和保健功效等特点,成为市场畅销产品。全省还利用地方品种培育了赣州白猪、南昌白猪两个品种,并开发了乌鸡白凤丸、景德板鸡等30多个系列加工产品。为了加强地方品种资源的保护和开发利用,各部门都加大了投资力度,如省财政每年拨付畜禽品种保护专项经费,省科委先后将7个地方家禽品种的选育列入一级科研课题,通过科学系统的选育,生产性能大大提高;各地还利用屠宰税返还资金支持畜禽品种资源保护及开发利用工作。

【肉牛冻精生产与推广】 肉牛生产主要就是抓牛品种改良,而牛品种改良最成熟的技术就是推广冷冻精液配种。江西是农业大省,粮食、作物秸秆和“三草”资源比较丰富,全省年产各种秸秆1 700多万吨,拥有草山、草坡、草洲面积380多万公顷,其中667公顷以上的连片草场272块,还有大量棉籽及菜籽粕、糖酒糟等加工副产品,养牛业条件非常优越。1998年尽管全省遭受了特大洪涝灾害,但全省牛品种改良工作仍在稳步推进。主要表现在:

1. 牛品种改良冷冻精液配种数持续增长。全省建有种公牛站1座,存栏种公牛31头,其中肉用种公牛18头,年产冻精16余万粒。1998年全省完成黄牛冷冻精液配种数9.06万头,比1997年增长6%,新增杂交小牛4.3万头。

2. 肉牛品种改良基础设施建设进一步加强。各地根据肉牛生产发展的需要,不断增加资金投入,在完善已有冷冻精液配种设施的同时,新增了一大批肉牛品种改良冷冻精液配种点。目前,全省肉牛品种改良站(点)已达360多个,覆盖母牛群50万头,占全省能繁母牛的30%。

3. 肉牛生产已初步形成区域化格局。按照全省“以赣中肉牛带为重点,带动赣北、赣南肉牛带发展”的战略布局,对以吉安地区、新余市为中心的赣中肉牛带进行重点建设,已取得初步成果。

4. 规模养牛已在肉牛生产重点县兴起。各地发展了一大批养牛专业户和肉牛育肥场。1998年全省有出栏10头以上的肉牛生产专业户878户,出栏100头以上的肉牛生产专业场15个,出栏500头以上的养牛场6个,规模养殖肉牛的数量在5万头以上。

【种畜禽场验收与发证】 种畜禽场的验收和《种畜禽生产经营许可证》的发放以及管理是种畜禽管理工作的重要环节,也是维护种畜禽生产秩序,保护农民利益的重要手段。这在1991年8月省人大颁布的《江西省种畜种禽管理条例》、1994年4月国务院颁布的《种畜禽管理条例》、1998年1月农业部颁布的《种畜禽管理条例实施细则》中都有明确规定。江西省农业厅在做好条例和细则贯彻落实的同时,还制定了配套的规章、办法,如种畜禽场复核验收办法、新建种畜禽场审批办法等。为了将验收与发证这项工作抓紧抓实,全省采取了分级管理的办法,即省里负责省级原种场和一级扩繁场的验收发证，地市负责二级扩繁场的验收发证，县区负责种畜禽生产经营户(含种公猪配种户)、种蛋孵化场(坊)及家畜改良站的发证。验收发证做到发前实地察看审核、发后每年监督检查、三年复核验收。目前已向种畜禽场发放许可证270份，向种畜禽专业户(含种公猪配种户、孵坊)发放许可证2万多份。

【种畜禽的生产性能水平】 全省每年更换的种畜禽，除自繁自留外，其余绝大部分来源于各类种畜禽场。全省通过实施各类种畜禽场生产标准化、技术规范化，提高选育和生产水平，保留并不断提高原品种的生产性能。目前，全省多数畜禽品种制订了品种标准，省技术监督部门已发布了23个畜禽品种地方标准，各种畜禽场严格按照畜禽品种标准的规定进行选种和推广，并对出场的种畜禽配备"三证"，即种畜禽合格证、动物检疫合格证和种畜禽系谱卡(证)，做到不合格、不达标准的种畜禽不出场，以保证出场种畜禽的质量。同时，省畜牧兽医局还统一制订了种猪场、种鸡场、种鸭场、种鹅场、种牛场、种羊场、种兔场生产技术规范及相关的选育规程，组织各场予以实施，并每年召开一次种畜禽场技术员会议，检查生产技术规范落实情况，汇总生产性能进展情况，进行有关育种培训。通过以上措施的实行，目前，全省各类种畜禽生产性能都已达到或超过品种标准要求，如大约克夏猪平均产仔10.5头，在中上等营养水平条件下，肥育期日增重650克左右，料肉比3.1∶1；其中江西省于1997年从加拿大引进的双肌臀大约克夏猪，经过1年多的适应，现平均产仔达11.02头，肥育期平均日增重858克，料肉比2.81∶1，平均瘦肉率66.38%；长白猪平均产仔10,12头，在中上等营养水平条件下，肥育期平均日增重650克左右，料肉比3.1∶1；杜洛克猪平均产仔9头，在中上等营养水平条件下，肥育期平均日增重700克左右，料肉比3∶1。种畜禽生产性能的不断提高为全省畜牧业快速、持续、健康发展打下了扎实的基础。

(江西省畜牧局供稿)

山 东 省

山东省畜牧业历史悠久，受生物—地理—气候和人工选育的影响，形成了极为丰富的家畜、家禽品种资源。改革开放以来，全省畜禽品种改良工作蓬勃发展。以畜禽良种为基础，面向畜牧发展需要，逐步扩大种畜禽生产规模，突出重点，强化薄弱环节，努力塑造种畜禽育、繁、推、用新机制，经过近二十多年的努力，全省畜禽良种体系建设已初具雏形，初步形成了原种场—祖代(扩繁)场—父母代场—商品场的四级制种体系在畜种的杂交改良、地方畜禽品种的选育、新品种(系)的培育与推广以及繁殖新技术等方面都有显著进展。

1. 种畜禽场基本情况。1997年，全省对全省现有种畜禽场进行了一次摸底调查，调查显示全省现有原种猪场9个，饲养种猪2 342头；种猪扩繁场57个，饲养种猪2.5万头；祖代种禽场21个，饲养种禽46.8万套(其中肉种鸡场7个，种鸡31.34万套父母代种鸡场444个，饲养种鸡744万套(其中肉种鸡场188个，饲养种鸡621万套)；种兔场80个，饲养种兔8万只；利木赞、西门塔尔肉牛纯繁场2处，鲁西黄牛纯繁场一处；莱芜猪、波尔山羊纯繁场2处。同时，广大饲养者面向市场需求，对地方品种也进行了选育提高，品种质量明显改善。以此为依托，全省建立了各类畜禽改良站点2 700多个，大面积开展畜禽品种的杂交改良和优良品种的推广工作。

2. 畜禽的杂交改良与杂种优势的利用。1998年，根据实际情况，全省制定了《山东省畜禽良种繁育体系建设规划》，对猪、禽、牛、羊、兔分别明确了杂交改良和选育提高方向。70年代以前，全省种畜禽生产只停留在保种、提纯复壮阶段，畜牧生产基本上都是利用地方品种。从70年代末诸城外贸直接从美国引进爱拔益加肉种鸡，建立起亚洲最大的祖代种鸡场开始，全省开始大量引进国外畜禽良种，用以改良地方畜禽品种。1998年共计从国外引进畜禽良种14个，各类种畜禽13.2万套(头、只)。1987至1998年间，先后投资7亿元从国外引进了利木赞肉牛、夏洛来绵羊、考利代绵羊、波尔山羊、依普吕肉兔、海兰蛋鸡等优良品种，组织实施了省"三〇"工程肉牛、瘦肉猪、肉羊、禽和兔的良种产业化工程。

3. 畜禽新品种的培育与审定。根据国民经济的发展和人民生活的需要，在引进国外优良畜禽品种和杂交改良的基础上，利用全省丰富的畜禽品种资源，根据生产需要，培育推广了许多经济价值较高的新品种(系)。1998年4月，省畜牧局组织成立了山东省畜禽品种审定委员会，下设禽、猪、牛、羊、兔五个专业委员会，专职负责我省畜禽新品种的培育和审定工作。今年1月，在省畜禽品种审定委员会第二次会议上，委会对已通过各专业组初审并提名的畜禽新品种进行了审定，有以下10个新品种(系)通过审定并由省畜牧局颁发品种证书：鲁南泰山长毛兔、鲁南蒙阴长毛兔、鲁南薛城长毛兔、鲁西茌平长毛兔、鲁东烟系长毛兔、鲁东珍珠长毛兔、鲁南泰山肉兔、文登奶山羊、烟台黑猪瘦肉系、胜利白猪。

4. 地方畜禽品种的保护与开发劳动人民在长期的生产活动中，精心选择、培育出了丰富多彩的畜禽品种。这些各具特色的畜禽品种资源，是极其宝贵的"基因库"。自1994年4月15日国务院颁布《种畜禽管理条例》以来，全省优良地方畜禽品种的保护提到了一个重要议事日程。1997年，省局组织力量开展了濒危畜禽品种资源的调查。年初，在摸底调查的基础上，省畜牧局又组织有关专家对鲁西黄牛、渤海黑牛、蒙山牛、大蒲莲猪、沂蒙黑猪、济宁百日鸡、微山麻鸭、济宁青山羊、崂山奶山羊等31个地方畜禽品种进行了论证并给予认可,从中选出了鲁西黄牛、德州驴、小尾寒羊、洼地绵羊、寿光鸡、五龙鹅、莱芜猪、沂蒙黑猪等19个极具保存价值的品种,制定了山东省地方畜禽品种保护名录和《山东省地方畜禽品种保护开发利用方案》,针对不同的畜种,以活体、冷冻精液、胚胎的保存方式,通过划定保种区,建立保种场、基因库,对有利用价值的畜禽品种进行了合理的保护、开发、利用。至此,地方畜禽品种保护开发利用进入了科学选育的新阶段。

(山东省畜牧局供稿)

河　南　省

【畜禽良种覆盖率】 河南省非常重视良种畜禽的保种和优良品种的引进、地方品种的改良工作。一方面加速对地方优良品种和引进品种的选育提高、新品系培育及良种推广工作,另一方面先后引进了大量的优良种畜禽。特别是1997年底,省委省政府又明确提出"要把畜牧业'种子工程'作为推进畜牧业产业化经营的重要措施来抓,每年拿出500万元用于省级种子工程建设"等一系列政策措施。1998年畜禽良种覆盖率明显提高,全省黄牛存栏1 300.61万头,其中引进的夏洛来牛、西门塔尔牛、皮尔蒙特牛、利木赞牛、德国黄牛及其杂交后代、中心产区的南阳黄牛、郏县红牛良种牛存栏共455.21万头,良种覆盖率为35%;生猪存栏3 439.6万头,其中杜洛克猪、长白猪、大约克猪、汉普夏猪及其杂交后代、斯格及PIC配套系等良种猪存栏共2 781.4万头,良种普及率为81%;家禽存栏37 738万只,其中良种禽存栏27 461.9万只,良种覆盖率为73%;山绵羊存栏2 368.1万只,其中夏洛来羊、多(陶)塞特羊、萨福克羊、波尔山羊、安哥拉山羊及其杂交后代、中心产区的槐山羊及小尾寒羊等良种羊存栏1 328万只,良种覆盖率为52%。

【种畜禽生产水平】 河南省地处中原,气候温和,适合各种畜禽的生长发育,经过多年来的选育改良,种畜禽生产性能得到了极大提高,同时,河南省饲料资源丰富,使畜禽的生产潜力得以充分发挥。

1. 牛。

(1)地方品种。河南省有南阳黄牛、郏县红牛等。繁殖率67%~85%,犊牛出生重30~35千克,6月龄断奶体重达130千克,育肥牛1.5岁体重达441千克,屠宰率61%。种公牛年均可产冻精2.52万粒(支),可配种1.2万头。母牛受配率90%,准胎率90%,犊牛成活率98%。

(2)引进品种。河南引进肉牛品种有夏洛来、西门塔尔、利木赞、德国黄牛等。这些引进品种在河南都表现出良好的生产性能,母牛初产年龄26月龄,繁殖率80%左右,犊牛出生重40~50千克,6月龄断奶体重达220千克。种公牛平均年产冻精1.98万粒(支),可配种9 000头。母牛受配率94%,准胎率93%,犊牛成活率98%。

2. 奶牛。河南省奶牛平均产犊年龄为28个月,平均年产鲜奶5 000千克以上,乳脂率3.5%。母牛繁殖率80%。

3. 猪。

(1)地方品种。河南省地方品种猪有淮南猪、南阳黑猪等。性成熟比较早,4~5月龄即可配种繁殖,经产猪平均产仔11~13.5头,仔猪2月龄体重8~10千克,9月龄体重90千克,料重比3.8:1,屠宰率69.37%,背膘厚3.5厘米,瘦肉率45%。

(2)引进品种。引进品种有长白、大约克、杜洛克、迪卡杂交系、PIC杂交系等。一般7~8月龄配种,初产仔猪8~10头/胎,经产猪为10~12头。30日龄断奶体重7千克,6月龄体重达95千克,饲料报酬3.2:1,平均被膘厚2.2厘米,平均瘦肉率60%。

4. 鸡。

(1)地方鸡。河南省地方品种主要有固始鸡、正阳三黄鸡、卢氏鸡等。开产日龄180天,产蛋160枚/年,蛋重50克/枚,平均料蛋比3.5:1。

(2)引进蛋鸡。开产日龄18周,入舍母鸡产蛋260枚,蛋重60克/枚,平均料蛋比2.3:1。受精率95%,孵化率95%。

(3)引进肉鸡。开产日龄180天,产蛋150枚/年,平均料蛋比2.8:1。料肉比1.9:1,7周龄体重达2千克以上。

5. 鸭。

(1)地方蛋鸭。开产日龄120天,产蛋180~240枚/年,蛋重55克/枚,蛋料比2.8:1。

(2)引进蛋鸭。开产日龄120天,500日龄产蛋300枚左右,蛋重55克/枚。蛋料比2.5:1。

(3)引进肉鸭。7周体重达3千克以上,耗料比2.6:1。

6. 绵羊。

(1)小尾寒羊。初配年龄6个月,每胎2~3羔,每年两胎或2年3胎,产羔率270%~280%。。6月龄体重41千克,屠宰率45%。周岁公羊一次剪毛量3.22千克。

7. 山羊。

(1)槐山羊。槐山羊是一个悠久的优良山羊品种,尤其是板皮品质优良,在国际上负有盛名。初配年龄4~5月龄,每胎产羔2~3只,母羊1年2胎或2年3胎,繁殖率238%。7~10月龄平均体重17千克,屠宰率48.7%。该羊皮革抗张强度2.54千克/平方毫米,伸长率31%,收缩温度114℃,三氧化二铬4.5%。

(2)河南奶山羊。初配年龄7~8月龄,每胎1~2羔,1年1胎,产羔率165%~190%,年产奶量800千克。

【种畜禽场建设情况】 党的十一届三中全会以来,特别是1984年以来,各级财政相继投入了大量资金,加强了河南省畜禽良种繁育体系建设,使得全省种畜禽场建设得到了较快发展,到1998年底为止,全省已建有一个纯种肉牛繁育中心,存栏种牛140头;南阳市良种黄牛繁育场,存栏牛200头;一个原种猪场,存栏基础母猪500头;6个一级良种猪繁育场,存栏基础母猪2 500头;99个二级良种猪繁育场,存栏基础母猪35 000头;10个祖代鸡场,存栏种鸡60 000套,420个父母代鸡场,存栏种鸡350万套;一级种羊场5个,存栏种羊1 500只,二级羊场65个,存栏种羊20 000只。此外还先后建起了一批不同品种、不同代次的小型良种水禽、种兔、种蜂、种鸽场等,使供种能力有了较大提高,从而为推动畜牧业快速、健康发展奠定了良好的基础。

【畜禽品种资源保护】 河南省是一个畜牧业大省,畜禽品种资源丰富,仅入编全国及河南省畜禽品种志的地方良种就有30多个。近年来,地方良种的资源保护已引起了上上下下的高度重视,通过活体保种、胚胎移植、冷冻精液保存、本品种选育、新品种(品系)培育等技术手段,既考虑到目前市场经济发展需求,又考虑到畜牧业可持续发展的需要,分期分批地对地方良种加以保护和利用。

1998年下半年,河南省根据全国畜牧兽医总站的部署,对全省畜禽品种资源进行了补充调查,摸清了家底。南阳牛是我国著名的五大地方良种黄牛之一,是我国畜禽品种资源中极其宝贵的基因库,有着重要的保种价值。全国畜牧兽医总站畜禽牧草种质资源保存利用中心于1997年7月在北京召开了有关省牛、羊品种资源胚胎和精液的冷冻保存工作会议,南阳牛被列入全国首批重点保种的四大地方良种之一,由南阳市黄牛良种繁育场和南阳市种公牛站具体实施,1998年上交总站南阳牛一级可用胚胎120枚、冷冻精液1 500份,圆满完成了任务。河南省在畜禽品种种质资源调查的基础上,重新划定了保种区:以南阳牛育种中心为一级保种区,在育种中心选定6头种公牛、在市种公牛站选定14头种公牛建立种公牛基因库,在育种中心核心母牛群中选定30头繁殖母牛作为种子母牛基因库。以南阳黄牛良种繁育场7个分场和邓州市、新野县、宛城区、唐河县、方城县的30个乡为二级保种区,筛选登记母牛5 000头。南阳牛育种中心淘汰老龄、生产能力低的南阳母牛6头,增补青壮年南阳母牛33头,使核心种母牛群的品种结构、年龄结构更趋合理,总头数达178头;南阳市种公牛站补充特一级种公牛3头,使南阳牛种公牛头数达到24头;同时建立了省级南阳牛胚胎和冷冻精液基因库。南阳黄牛良种繁育场经过20多年本品种选育,培育出了4号(胸粗系)、28号(体长系)两个品系,在此基础上,又提出了导入德国黄牛培育南阳牛肉用新品系育种方案,并利用国家"948"项目资金,引进德国黄牛50头(公20头,母30头),现在该项目正在顺利实施。

郏县红牛是我国八大地方优良品种之一,主要产于平顶山市的郏县、鲁山、宝丰等3个县。1997年,平顶山市畜牧局制订了郏县红牛保种选育利用计划,计划以鲁山红牛场为依托,建立郏县红牛种质资源库,3~5年内基本牛群发展到80~100头,每年向国家提供一定数量的良种红牛。其次划定选育区,对牛群进行良种登记,划分等级,在宝丰、郏县汝河流域和鲁山县东部建立郏县红牛优良种牛核心群50个,采取以群选群育为主的群众性育种模式,加强本品种选育。第三,增加许昌市种公牛站郏县红牛的数量、提高质量,完善中心产区冷冻精液配种体系建设,确保郏县红牛保种选育工作高质量、高标准进行。

固始鸡是我国肉蛋兼用型优良地方品种,随着全国"土鸡"热潮的不断涌现,有目的地进行固始鸡的保种选育和开发利用工作,源源不断地向社会提供优质的固始鸡纯种或新品系已成为信阳地区养鸡业的当务之急。为此,省畜牧局组织召开了"信阳地区固始鸡选育及开发利用研究项目建议书"专家研讨会,建议建立信阳地区固始鸡选育核心育种场(祖代场),饲养规模达3万~5万套,选择固始、商城、潢川、光山、罗山等几个基础较好的县建立配套二级繁育场(父母代场),饲养数量达25万~30万套,源源不断地向社会提供优质商品鸡苗、种蛋,带动广大农村专业场(户),建立规模养殖基地,实现优良固始鸡占该类鸡的70%以上。通过开发利用,促进固始鸡的保种。

淮南猪的中心产区在淮河上游以南的固始、商城、罗山、新县等县,具有繁殖率高、产仔数多、适应性强、耐粗饲、肉质浓香等优良特性。近年来,河南省对淮南猪进行了小群闭锁的群体继代选育,取得了阶段性成果。今后的任务是,在做好淮南猪保种的同时,进行综合开发利用,计划以固始淮南猪场为基地导入杜洛克猪血统,利用先进的选种育种技术,培育出一个增重快、瘦肉率高、耐粗饲的新品系,瘦肉率在56%以上,初产母猪窝产仔在10头以上,经产母猪窝产仔猪达12头以上,190日龄体重达90千克。

河南小尾寒羊和伏牛白山羊在多年本品种选育的基础上,制订了省级品种标准,已上报省技术监督局。槐山羊也重新划定了保种区,有计划地进行本品种选育,提纯复壮。

【河南省种畜禽场验收发证情况】 近几年来,河南省各级畜牧行政主管部门认真贯彻执行《种畜禽管理条例》、《种畜禽管理条例实施细则》以及《河南省〈种畜禽管理条例〉实施办法》,对全省种畜禽生产经营依法实施行政管理,使全省种畜禽管理工作步入了法制化管理轨道。截止1998年底,对全省种畜禽场共检查验收发证301个。其中一级牛场2个,二级牛场1个;一级种猪场6个,二级种猪场99个;一级种羊场2个,二级种羊场7个;一级种兔场2个,二级种兔场15个;祖代种禽场8个,父母代种禽场134个;特禽场15个;特种动物场4个;大型专业孵化厂5个。

【河南省肉牛冻精生产与推广】 河南省重视肉牛供种和冷冻精液配种体系建设,积极引进国外优良品种,推广肉牛冷冻精液配种技术,取得了显著成绩。河南省建立了完善的纯种肉牛繁育和肉牛冻精推广体系,1998年采精种公牛存栏220头,其中夏洛来65头,西门塔尔48头,利木赞17头,德国黄牛29头,皮埃蒙特4头,南阳牛57头;存栏纯种母牛151头,其中夏洛来45头,西门塔尔58头,德国黄牛35头,利木赞13头,年提供纯繁肉牛能力达到100多头。1998年河南省冻精产量已达到410万支(粒),其中细管冻精产量80万支,占总产量的19.5%,液氮生产能力达到50万升。河南省纯种肉牛中心、洛阳白马寺种公牛站、许昌市家畜改良站、南阳市公牛站于1998年11月顺利通过农业部检查验收小组的验收。全省121个县级站、1 138个乡级站、3 444个村级肉牛冷冻精液配种网点全面开展肉牛冷配工作,1998年全省肉牛冷冻精液配种298万头,其中细管冻精配种52万头,占配种总数的17.4%。为了落实农业部"九五"期间重点推广肉牛细管冻精配种技术的要求,河南省建设了20多个肉牛细管冻精推广示范县,举办肉牛细管冻精技术培训班90多期,培训配种技术员4 000多人次。

(河南省畜牧局供稿)

广 东 省

改革开放以前,广东的畜禽良种基本是地方畜禽品种。猪品种有大花白猪、蓝塘猪、广东小耳花猪、粤东黑猪等;家禽品种有三黄胡须鸡、清远麻鸡、杏花鸡、中山沙栏鸡、阳山鸡、怀乡鸡、狮头鹅、清远乌鬃鹅、阳江鹅、马岗鹅、中山麻鸭、松香黄鸭、汕头白沙鸭、连山麻鸭等;牛品种有雷琼黄牛、广东黑白花奶牛等;羊品种有雷州山羊。这些地方畜禽品种具有适应性强、耐粗饲、肉质优等优良特性,但也存在着生长速度慢,饲养周期长,饲料报酬低,鹅、鸡繁殖力低,肉猪胴体瘦肉率低等缺点。改革开放前,畜禽良种生产处于地方品种的保种、提纯复壮、纯繁使用;同时,当时的畜牧业生产为分散的自给和半自给的小农经济模式,生产水平极低,对畜禽良种的要求不高,原有地方品种基本适应当时的家庭式的传统饲养方式。改革开放以后,生产力得到最大的解放,经济发展迅猛,商品意识逐步加强,畜牧业生产转向商品生产。原有地方品种已不适应畜牧业商品生产发展的需要。

为加快良种化进程,在继续搞好地方品种选育提高和开发利用的同时,积极寻求引进国际上现成的高产专门化畜禽良种,直接用于畜牧业生产和改良地方品种。引进的猪种有杜洛克、长白、大白、斯格、皮特兰等1万多头;家禽品种有AA鸡、艾维茵鸡、科宝鸡、红布罗鸡、安康红鸡、隐性白鸡、海兰蛋鸡、枫叶鸭、樱桃谷鸭、狄高鸭、海格鸭、大利鸭、巴巴利鸭等550多万套;牛种有摩拉、尼里、南德文、黑白花奶牛等5 000多头;波尔山羊500多只。

通过引进、改良、繁殖、推广,全省现已建立原种猪场12个、原种鸡场1个、种猪扩繁场45个、祖代种禽场15个、父母代种禽场14个、种牛场5个、种羊场2个、种兔场6个,已初步形成了畜禽良种繁育体系。种畜禽选育种以市场为导向,朝着生产、改良、选育繁育、经营一体化的方向发展,许多畜禽良种场集品种改良、选育繁育、商品生产为一体,增强了畜禽良种场的活力和竞争力。如我省的12个原种猪场、原种猪生产占猪群20%比例,父母代猪生产占30%,商品猪生产占50%。90年代以来,畜禽良种生产已进入了市场经济轨道,优质优价的实施大大地推动了选育种工作,畜禽良种场不仅抓母系、父系的培育,而且通过配套测定选用最佳配套组合,提高了畜禽良种的数量、质量和效益。在种猪方面,现有长白、大白、杜洛克、斯格、皮特兰等品种。长白猪有美、英、加、丹等7个品系,在原种、种猪扩繁场中,存栏种猪6 000多头,年生产能力6万多头;大白猪有美、英、加、台等5个品系,存栏种猪4 000多头,年生产能力4万多头;杜洛克有美、英、加、匈、台等4个品系,存栏种猪3 000多头,年生产能力2万多头;斯格有父系、母系,存栏经产母猪2 000多头,年生产能力1.5万多头。统计显示,1998年与1992年对比,长白猪生长到90千克体重,平均日龄165天,减少20天,日增重720克,增加166克,料肉比2.9:1,减少耗料0.4,母猪产活仔数9.7头/胎,增加1.04头/胎,瘦肉率64.5%,提高4.2%;大白猪生长到90千克,平均日龄170天,减少11天,日增重732克,增加158克,料肉比2.8:1,减少耗料0.3,母猪产活仔数10.54头/胎,增加0.96头/胎,瘦肉率63.2%,提高3%。

在种禽方面,除原有地方家禽品种外,育成的家禽配套系有882黄鸡、江村黄鸡、墟岗黄鸡、佛山黄鸡、新广黄鸡、康达尔黄鸡、新兴黄鸡、岭南黄鸡、粤黄鸡、仙湖鸭、三水白鸭、深圳改良王鸽、白卡奴鸽、泰深鸽等,这些品系及商品配套系各具特色,现存栏种禽800多万套,年产苗约9亿多只。黄羽肉用种鸡周期产蛋量在160枚以上，提高约60枚，黄羽商品肉鸡肉料比平均为1:2.8，减少耗料0.7。肉鸭肉料比也降为1:2.7以下，饲养期缩短为42天，减少14天。近几年来，全省通过引进南德文良种牛，推广人工授精技术，输配母牛达3万多头，产杂交肉牛1万多头，犊牛初生重提高1倍多，生产速度增加约50%。

畜禽良种繁育体系建设的发展，大大地提高了全省畜禽良种的覆盖率。猪良种覆盖率已达95%，其中，纯外猪种配套的商品肉猪占猪群的15%，外种血缘公猪与本地母猪级进杂交的三元杂商品肉猪占猪群的25%，外种公猪与本地母猪杂交生产的二元杂商品猪占猪群的55%，纯本地品种生产的商品猪仅占猪群的5%。优质黄羽肉鸡的良种覆盖率达85%，肉鸭良种覆盖率达80%，牛的良种覆盖率约12%，羊的良种覆盖率约4%，兔的良种覆盖率约70%。为了促进畜禽良种繁育体系建设的健康发展，1991年全省依照《广东省种畜禽管理暂行规定》，开展了全省种畜禽生产经营企业的验收发证工作，组织了种畜禽专家验收小组，举办验收工作学习班，统一标准和做法。通过一年多的努力，全省验收种畜禽场187家，合格的171家颁发了《种畜禽生产经营许可证》，不合格的限期整顿，重新验收。通过验收对全省种畜禽品种、代次、分布、来源及产销情况有了全面了解，促进种畜禽正常生产和企业按章经营，指导品种选育、引进新品种、建立和完善良种繁育体系，提高质量和生产水平都起到了积极作用。为了贯彻国务院《种畜禽管理条例》，1995年我们又开展种畜禽生产经营企业的复查、验收工作，同时实行分级管理。省负责原种、祖代、一级种畜禽场的验收发证；地级市负责父母代及二级种畜禽场的验收发证；县负责种公畜配种、种禽蛋孵化、种畜禽经营单位的验收发证。全省通过复查或验收合格的种畜禽场210家，农村种公猪1 680多头。1998年，全省对种畜禽生产经营企业又进行了复验。此外全省还按照分级管理的原则，开展相应的种畜禽场、种公畜配种站、种禽蛋孵化坊的筹建报批工作。通过办场(站、坊)审批，促进了种畜禽场建设按规划有计划地进行，以推动良种繁育体系建设的逐步完善。

（郑　洪）

重　庆　市

由于各级党政的重视和支持，对畜牧业中畜禽良种繁育体系建设这一基础性工作加大了投入力度，特别是近几年来，由于畜牧业产业结构调整，种子工程的启动实施，以及国务院《种畜禽管理条例》的颁布，对推动重庆市畜禽良种繁育体系建设和品种改良工作起到了重要作用，并取得了显著成绩。1998年，全市的工作又有新的起色。

【畜禽良种推广】

1. 主要畜禽出栏量呈增长趋势，其中优质产品比重明显增加，生猪出栏达1 780万头，其中优质瘦肉猪比重占出栏总数的35%。出栏牛35万头，羊131万只，家禽13 000万只，兔730万只。

2. 优良畜禽品种比重得到提高。仅1998年全市引进推广良种猪1 879头，牛13 128头(颗)，羊8 624只，家禽5.3万只，兔1.85万只。猪、牛、羊、家禽、兔的良种覆盖率分别达到93%、25%、40%、70%和60%。优良种猪情期受胎率达到88.2%，杂交改良面达到95.15%。

3. 种畜禽管理取得了阶段性成果。继国务院《种畜禽管理条例》和农业部《种畜禽管理条例实施细则》颁布实施后，市政府又出台了《重庆市种畜禽管理实施办法》及配套性法规文件。先后对种畜禽场验收换发证37个，种公猪鉴定发证1 800个，发证面达80%，在部分区(市)县开展了种母猪普查登记。

4. 顺利完成了农业部对全市国家重点种畜场的审查验收，重庆市种畜场已正式由农业部颁发种畜禽生产经营许可证。

【畜禽品种资源调查与保护】 为摸清直辖后全市畜禽品种资源的家底，对品种资源进行合理的保护、培育、开发和利用，促进全市畜牧业持续稳定发展，在全国畜牧兽医总站的统一部署和对我市的大力支持下，由重庆市畜禽品种改良站牵头，各区(市)县品种改良部门参加，对全市畜禽品种资源进行了调查研究，并形成了《重庆市畜禽品种资源调查总结报告》(畜禽品种资源动态信息调查)、《重庆市黑山羊调查报告》等资料。通过调查，清楚地认识到，全市有丰富的畜禽品种资源，为畜牧业发展起到了重要作用，但由于种种原因，还有一部分地方品种如涪陵水牛、白山羊、黑山羊、白鹅等未得到充分的保护和开发利用。在调查的基础上，调查组提出了四项合理化建议。目前，荣昌猪已列为国家三大地方猪种之一。

全市采取的有效保护措施包括：①建立了荣昌猪保种场和保种基地。重庆市种猪场是荣昌猪的纯繁保种场，也是国内唯一一个荣昌猪资源场。在荣昌县，划定了荣昌猪保种乡(镇)，在保种基地内，禁止开展任何形式的杂交。②成立重庆市养猪科学研究院，专门研究荣昌猪。在老荣昌猪基础上，已培育出新荣昌猪Ⅰ系，适应了目前市场的需求。③国家和市政府对荣昌猪投入了专门的保种和研究经费，以保证保护培育工作的正常进行。

【畜禽良种繁育体系建设规划和种畜禽场建设】 开展畜禽良种繁育体系建设规划，是保护畜禽品种资源，提高畜禽个体生产能力的重要措施。在市计委、市农业局的支持下，开展了猪、牛、羊、兔、禽良种繁育体系建设规划研究工作，对全市种畜禽场建设和布局起到了重要作用。

1. 种猪。通过多年积累和发展，形成了较为健全的体系。具体分为父系和母系场。父系以国家重点种畜禽场——重庆市种畜场为主，饲养英系约克、长白外种规模 928 头。母系以重庆市种猪场、重庆市养猪科学研究院为主，培育提供荣昌猪、新荣昌猪Ⅰ系，目前两个场规模达 1 200 头。通过《重庆市新荣昌猪Ⅰ系二级扩繁场建设》良种工程项目，各区（市）县建立了新荣昌猪Ⅰ系二级扩繁场，向本区（市）县提供合格的新荣昌猪Ⅰ系母猪。同时，永川、秀山、丰都、北碚、沙坪坝等区（市）县建立了外种猪扩繁场，以生产供应外种猪（包括纯种和母猪）。全市合川云门山种猪场还同英国 PIC 种猪改良公司合作，饲养有 2 000 头规模的 PIC 配套系（祖代）。

2. 种牛。建设了一个市级种公牛站。该站有先进的细管冷冻精液生产设备。饲养有奶用、肉用种公牛共 17 头，累计生产供应细管冷冻精液 280 多万份，为全市近郊奶牛业和三峡库区肉牛业发展起到了重要作用。全市黄牛 70% 以上集中在三峡库区所属的区（市）县，黄牛改良有直配、冷冻精液配种、鲜配三种方式。冷冻精液配种工作以黔江开发区的彭水、黔江等开展较好，其他区县由于条件、资金限制，黄牛改良以直配为主。

在山羊方面，云阳、酉阳、武隆、万州、巴南、江津、合川等区（市）县分别建立了种羊场。饲养有本地羊如白山羊、黑山羊、板角山羊和外来品种如南江黄羊、波尔山羊、努比羊等品种，由于本地山羊一般体型偏小，生长速度慢，多用外来品种加以改良，以提高其生产性能。

3. 种兔。有肉兔和长毛兔两类场。在铜梁、江津、永川、巴南、九龙坡、涪陵、万州等分别建有规模不等的肉兔种场，饲养有新西兰白兔、加利福尼亚兔、齐卡配套系兔、布列塔尼亚兔、比利时兔等优良肉兔品种。在石柱、丰都、万州、五桥、开县等分建有长毛兔种场，饲养有德系长毛兔和粗毛型长毛兔等良种。

4. 种禽。近几年，由于市场冲击，加上企业自身原因，全市国有种鸡场如重庆市种畜场种鸡场、华渝种鸡场、市家禽养殖场、市农垦肉鸡场等纷纷关门停产。而以股份制和私营形式组建的种鸡场正在兴起。如重庆荣达公司与中国农业大学合作，在长寿县建起了一个祖代蛋鸡场，引进饲养矮小型蛋鸡。祖代鸭场、原种鹅场正在筹建之中；特禽业如乌骨鸡种场、七彩山鸡种场、肉鸽场等有所发展。总之，在种畜禽场建设方面，全市与沿海先进地区相比有较大差距，远不适应现代畜牧业发展的需要。

【种畜禽管理】 自 1994 年国务院颁布《种畜禽管理条例》以来，重庆市各级品种改良（畜牧）部门抓住机遇，大力开展了《条例》的宣传贯彻工作，使全市种畜禽管理向规范化、法制化管理轨道迈进。重庆市种畜禽管理工作主要集中在以下几个方面：

1. 市及各区（市）县品种改良部门把《条例》、《细则》的宣传贯彻作为品种改良工作的重点，从宣传、培训、争取领导重视、沟通部门协作、具体执法、制定出台配套政策或办法等方面狠下功夫，切实加大了工作力度，使各种畜禽场和种畜禽生产经营户做到知法守法，接受规范管理。

2. 组织开展了种公猪和种畜禽场的普查验收和鉴定颁证工作。在全市统一布置下，各区（市）县对辖区内的种公猪、专业孵房、人工授精站（点）和种畜禽场进行全面认真的普查鉴定工作，并按种畜禽管理法规和规章的规定程序及要求进行了严格的审查、验收和颁证，全市共普查种公猪 4 648 头，淘汰种公猪 1 632 头，给合格种公猪颁发许可证 1 800 个，发放《人工授精员合格证》812 个，审查种畜禽场 30 个，给年审或新验收合格的 25 个场颁发了许可证。

3. 组织巴南、垫江、丰都、永川、江津等 12 个区（市）县，对种母猪进行了普查登记和发证试点管理。为全市开展种母猪管理积累了经验，提供了样板。

4. 配合法规部门并经市政府常委会议审议通过了《重庆市种畜禽管理实施办法》，使《条例》、《细则》的贯彻落实更具有可操作性。

5. 加强了畜禽引种管理，先后出台了重农畜发［1998］55 号和重品改［1998］13 号两个重申进一步加强畜禽引种管理的专门性文件，建立了引种工作逐级申报分级审批制度，并对有关事项作了明确规定和要求。

（重庆市农业局供稿）

四 川 省

四川省年生产各类良种种畜约 3.8 万头，主要是引进品种及新培育品种，用于纯繁与杂交改良，提高本品种生产性能。引进外种猪主要有长白、大约克、杜洛克 3 个品种，用于与地方品种的二元或三元杂交，少数饲养水平较好的地方已开始推广杜长约或杜约长组合的外种三元杂交猪。新培育的川白Ⅰ系、新荣Ⅰ系作配套母系，产仔数高，瘦肉率接近本地猪三元杂交水平，但比三杂模式减少了一个品种及一道制种程序，较受各地欢迎。地方品种内江猪、成华猪、雅南猪主要为纯繁保种生产，也为社会提供少量种源。全省肉猪杂交改良面达 86%，其中三元杂交占 25%，基本实现了母猪本地化、公猪外来良种化、肉猪杂交商品化的三化格局。

肉牛生产主要采用西门塔尔兼用牛杂交改良，少数区域推广利木赞、安格斯、夏洛来及秦川牛改良。水牛改良用摩拉牛,数量很少。年改良配种牛约2.5万头,产杂交牛1.5万头。

四川南江南羊是经过30多年定向培育成功的目前全国肉用性能最好的山羊新品种,全省各地都在引种改良。同时,引进世界上较好的波尔山羊改良本地品种,杂交优势明显。年生产良种及改良羊100多万只,杂交改良覆盖面达20%,极大地促进了养羊生产的快速发展和生产水平的提高。

禽的良种化程度较高。蛋鸡品种主要有罗曼、依莎、海兰等,肉鸡品种基本上使用AA、安纳克、红宝品种。水禽主要是鸭,天府肉鸭的培育成功并推广后,出现了许多适度规模集约化饲养。种鸭规模一般在1 000~5 000只,商品鸭年出栏多的达10万只。年出栏良种禽约1.3亿只,占29.6%。

兔受市场需求的拉动,快速增长。全省兔品种基本采用加利福尼亚、新西兰、比利时、日本大耳白兔等,商品肉兔几乎是改良兔或杂交兔。全省年出栏良种肉兔1 950万只,占出栏数的40%。长毛兔及獭兔也有一定的发展,尤其是獭兔,由于繁育体系的建立、完善及加工的一体化带动,发展很快,已有种兔约2万只。

【种畜禽生产性能水平】 四川种畜禽生产性能总体居国内中等水平,在西南、西北地区处于较好水平,部分优良品种居领先水平。种猪地方品种主要有内江猪、成华猪、雅南猪、荣昌猪、盆周山地猪、藏猪等7个,具有抗逆性、耐粗性强等重要特点。繁殖力中等,产仔数每窝平均10头左右,生长速度慢,瘦肉率不高,近些年种猪质量有所下降。新培育的新荣Ⅰ系、川白Ⅰ系母本产仔数多,达每窝平均12~13头,瘦肉率高,达到49%~54%,日增重有显著提高,主要生产性能显著优于其他地方品种。引进的优良瘦肉型外种猪有长白、约克、杜洛克等品种,经过多年不断的选种育种,并引进新血缘改良,生产性能得到显著提高,一般日增重达800克,瘦肉率62%,窝产11~12头。中加内江瘦肉型猪繁育总场的建成,为省内外提供了大量的优良种猪。

种牛有宣汉黄牛、三江黄牛、峨边花牛、川南山地黄牛及德昌水牛,体形中等,主要作役用,一般老残后方屠宰作食用,近年也有青年牛育肥作肉用。地方上本地品种多作母本开展杂交优势利用,生产役肉兼用牛。荷斯坦奶牛主要饲养在大中城市郊区,是主要的奶源品种。年均产奶6 500~7 000千克。九龙牦牛、麦洼牦牛主要分布在高原藏族区,遗传性能较为稳定,体格大,肉用性能好,毛绒产量较高。九龙牦牛成年公牛593千克、母牛314千克;麦洼牦牛成年公牛413千克、母牛221千克。德国引进的西门塔尔牛通过20年的风土驯化及选育,作乳肉兼用,每年每头平均产奶达6 400千克。该品种作黄牛、牦牛杂交改良父本,肉役兼用,杂交优势显著,是四川目前的主要推广组合。

山羊藏羊分布在民族高原区,是粗毛羊中的一个地方原始品种,耐寒耐粗,适应性强,有3个类型,即高原型体型大,山谷型体型小,山地型体型中。利用细毛羊品种通过多年的改良、选育及扩繁,初步育成了适合四川民族牧区的半细毛羊品种,产毛量及毛质均有大幅度提高。四川铜羊、古蔺马羊、建昌黑山羊、川东白山羊是主要的板皮羊品种,享有盛誉,但产肉性能不高。牧区藏山羊除提供肉、皮产品外,还有一定的产绒性能。四川育成的南江黄羊,8月龄肉羊屠宰重22.7千克,屠宰率47.6%,周岁肉羊体重可达34千克,且肉质好,繁殖性能较强。

地方禽种一般产肉、产蛋性能低。丝毛鸡是一种稀有品种,羽毛柔软呈丝状,具有观赏价值。旧院黑鸡产绿壳蛋,壳硬,有一定的育种价值。四川白鹅年产蛋70余枚,蛋重、大,是一个很好的地方品种。高产的蛋鸡、肉鸡品种都是从国外引进的品种,普遍采取集约化、规模化饲养,年产蛋约240枚、15千克,较好地满足了大中城市的供给需求。

【种禽禽场建设】 四川畜牧系统建设、管理的种畜禽场截止1998年共有29个,其中种猪场10个、种牛场2个、种羊场8个、种鸡场1个、综合性场及其他场8个。饲养长白、约克、杜洛克等外种猪3 000余头、地方种猪300头、西门塔尔牛380头、波尔山羊200只、南江黄羊5 000只,四川省原种猪场、四川省阳坪种牛场、乐山市种畜场、绵阳市种畜场被列为国家级重点场。随着生产的不断发展,许多部门及个体介入种畜禽生产,初步统计全省新建有规模的种畜禽场约200余个,其中猪场60个、种羊场20个、种鸡场50个、种鸭场30个、种鹅场1个,种畜禽生产保证了全省畜牧业生产发展的需要。

【畜禽品种资源保护】 随着畜禽生产杂交改良技术的大面积推广,生产性能差的品种受到了严重的影响和威胁,种畜户不愿纯繁,商品生产者不愿养纯种,出现倒退现象。近年来,四川非常重视畜禽工程资源保护工作,省财政每年拨出专项资金用于地方畜禽保种,同时,省政府责成四川省畜禽繁育改良总站负责抓好此项工作,对优良地方品种及具有独特经济价值的品种制定了保护方案。主要内容是:加强宣传,让全社会关心、保护优良地方畜种;纯繁区禁止引入外种或杂交改良;有条件的畜种建立纯繁场;根据社会发展实行动态保种、定向选种、选优去劣;引导开展加工流通,促进产品增值,实现"以产促保,以保促选"的方针。目前,已开展资源保护的品种有内江猪、成华猪、雅南猪、荣昌猪、旧院黑鸡、峨眉黑鸡、山地乌骨鸡、建昌鸭、四川白鹅、四川白兔、成都麻羊、南江黄羊等12个重要地方畜禽品种,这些畜种都建有专门的饲养场,由当地畜牧主管部门负责管理。内江猪、成华猪不仅保证了基本群体,且瘦肉率及日增重都有所提高,增加了群体整齐性。旧院黑鸡建立封闭纯繁区。四川白鹅建立了保种场。成都麻羊在农户建立了纯繁选育核心群。川南乌骨鸡在兴文县不仅建立了核心群种鸡场,且建立了一座屠宰加工厂,形成了种鸡场、饲养户、屠宰加工一条龙生产。

【种畜禽场检查验收与发证】 四川于1989年开始实施种禽场、种猪场注册登记。四川省人民政府颁布了《种畜禽管理试行办法》,规范种畜禽生产,为将种畜禽管理纳入法制轨道奠定了基础。国家《种畜禽条例》及其《细则》颁布之后,四川统一进行技术培训和部署安排,按照农业部要求,1998年对种畜禽场进行了集中性检查验收。申请验收的场204个,经审核验收146个,合格场108个。其中猪场17个,牛场4个,羊场13个,鸡场38个,鸭场21个,鹅场1个,兔场10个,鸽场1个,鸵鸟场1个,发放了生产许可证。乐山市种畜场、绵阳市种畜场、四川省冷冻精液中心站通过了农业部验收颁证。人工授精站、种禽孵房制定了相应标准,由各县组织申报、验收。种公畜合格证及人工授精站合格证由县畜牧行政主管部门考核审检,现已颁证3 000余份。

【肉牛冷冻精液生产推广】 四川现有牛冷冻精液生产站1个,即四川省冷冻精液中心站。由于全省牛品种改良工作进展缓慢,冷冻精液产品供大于求,目前除省站保持正常生产外,其余站基本停产,主要是开展冷冻精液贮、销业务。四川省冷冻精液中心站作为国家级重点站,生产的冷冻精液质量优良。现存栏种公牛44头,其中西门塔尔33头,蒙贝利亚2头,摩拉牛4头,利木赞2头,荷斯坦3头。年生产冷冻精液20万粒。除供本省外,外销新疆、西藏等20余个省。

(四川省畜牧食品局供稿)

甘　肃　省

【良种工程为商品畜牧业发展强筋壮骨】 牧业增产,农民增收是畜牧业得以稳定发展的一个永恒主题。如何实现畜牧业既增产又增收,关键是要充分利用资源配置,提高产品率,提高产品质量。而产前狠抓良种,建设良种畜禽基地则是一条充分利用品种资源达到增产增收增效的最佳捷径。自改革开放以来,良种作为畜牧业科技含量中的第一增长因子和特殊商品日益被生产者看好,把良种建设作为振兴畜牧业经济的前沿工程,纷纷投资发展良种,从而使甘肃省良种生产这一新兴产业不断孕育、壮大、提高,为商品畜牧业腾飞强筋壮骨。1998年甘肃省猪、鸡、牛、羊良种化程度分别达到59%、79%、46%和54%,从而为全省畜牧业连续17个丰收年奠定了坚实的基础。

1. 良种生产迅速发展。新中国成立以来,以良种繁育体系建设为主体的省、地、县种畜禽场得到了长足发展,为全省畜牧业持续增产起到了巨大作用。甘肃省畜禽良种繁育体系建设可分为四个阶段,即解放前建成了兰州奶牛繁殖场、永昌种羊场;50—70年代建成了以甘肃省岷山种畜场、甘肃省皇城绵羊育种试验场、甘肃省家畜繁育中心、兰州家畜冷冻精液站为代表的40多个种畜禽场(站);70—90年代建成了以兰州鸡场、兰州华陇家禽育种公司、兰州猪场及酒泉、天水、金昌种鸡场等40多个种畜禽场;90年代以后,种畜禽场建设速度明显加快,以临泽新华养猪企业(集团)公司的成立为引线,全省相继建成万头以上仔猪扩繁场、父母代种鸡场40多个,而且从建设上引用新设备、新工艺,在布局上更加科学、合理,产业化龙头带动作用更趋明显,种畜禽场与改良站、孵化点共同构成了良种繁育体系的基本骨架,从而支撑着商品畜牧业的发展。通过多年努力,1998年全省已形成了以125个国家、省、地、县级种畜禽场为龙头,2 373个改良站、孵化场(点)为依托,生产者为载体的良种繁育体系。种畜禽场按畜种分:种牛场10个、种马场2个、种猪场58个、种羊场23个、种鸡场32个,比改革开放初期种畜禽场数量增加2倍,特别是进入90年代以后,猪、鸡良种培育与引进日益频繁,扩繁任务加重,都有力地拓展了良种事业的发展。

2. 良种供应能力增强。种畜禽场建设,较改革开放初期相比,无论从规模、设备、技术、管理方面,还是经济实力方面都有了进一步的提高。良种畜禽场是优良品种培育和推广基地,是畜牧科技成果转化的关键环节,是拯救和保护畜禽品种资源的基因库。据不完全统计,全省种畜禽场从业人员达到5 600人,其中科技人员700多人,拥有草场、饲料地20多万公顷,拥有固定资产35 000万元,年生产周转资金13 600万元,从而成为全省畜禽制种和供种的主体。1998年全省存栏各类种畜达25个品种,共13.92万头(只),当年提供适龄种畜12.95万头(只),存栏父母代良种鸡品种8个,年存栏达到33.10万套,当年提供种雏、种蛋3 000万只(枚),从而保证了省内畜牧业生产80%以上的良种需要。因此,良种畜禽场的建立与发展,不仅撑起了全省良种事业一片蓝天,而且为良种推广积累了丰富的经验。在良种营销方面积极推行"龙头+基地"、"公司+农户"以及"良种、良舍、良料、良医、良法"五到位的技术推广工作,使得良种推广与生产紧密结合,更大地发挥种畜禽场的经济与技术优势。

3. 新品种培育成绩斐然。甘肃省从1950—1980年,经过三代科技人员的艰辛努力,以新疆细毛羊与高加索细毛羊为父本,以本地蒙古羊、西藏土种羊为母本,成功地培育出了适宜高寒山地生活的细毛新品种,填补了国内空白。该品种1980年被甘肃省人民政府正式命名为"甘肃高山细毛羊",并开始了大规模的良种推广,相继扩散到省内以及8个周边省区,共向社会提供优质种羊12万余只,创造社会效益1.2亿元。该品种已被列入1997年版《世界畜禽品种志》。70—90年代,甘肃省又先后育成了甘肃白猪、甘肃黑猪、中国荷斯坦奶牛-甘肃类群、山丹马等新品种。进入90年代以后,各科研单位更加重视并把品种(品系、配套系)培育列入科技选项重点,同时得到甘肃省科委支持,列入省科技攻关项目。其中在"八五"期间完成的甘肃白猪A、B、C品系培育已通过鉴定,"中国美利奴高山型新类群"培育、"陇东白绒山羊"培育等一批育种项目正在进行。由此大大加强了品种培育力度,加快了全省畜牧产业化进程。

4. 良种利用技术进展迅速。畜禽品种的引进与消化有力地促进了畜牧业经济快速增长。改革开放以来,利用国外畜禽品种发展商品畜牧业生产是一条捷径。地方品种的保护、拯救与外来种的引进、繁殖共同构成了甘肃省丰富的畜禽品种资源基因库。据《甘肃省品种志》记载,全省共有各类畜禽品种75个,其中外来品种45个,省内培育品种和地方品种30个,依畜种分,马3个、牛10个、驴3个、羊23个、猪9个、鸡15个、兔8个、蜂2个、鹿2个。为了尽快提高全省畜牧业生产水平,利用肉牛终端父本利木辛、皮埃蒙特,积极推进肉牛三元杂交生产优质牛肉,使18月龄肉牛活重达到400千克以上;利用澳洲美利奴、德国美利奴、夏洛来等优秀基因,生产66支以上优质细毛和6月龄体重达到35千克优质羊肉;利用杜洛克、长白、大约克和甘肃白猪A、B、C品系及其配套系进行三元杂交,生产瘦肉率在55%以上的商品肉猪100万头;迪卡等6个蛋鸡品种和艾维茵肉鸡的引进更为家禽业锦上添花,一举成为全省技术密集型产业之一。更为可喜的是,省列良种工程建设开始启动,其中牛胚胎移植项目已开始在省内实施,这一高新技术的引进必将为促进全省良种化进程写下光辉的一页。

良种事业是改革开放以来的新兴产业,它将伴随着商品畜牧业的发展而发展,但必须清楚地看到,甘肃省良种畜禽生产还存在"空白、断档、脱节"等实质问题,尤其是高代次的原种、曾祖代、祖代生产空白,长期制约着良种事业的发展。

(万占全)

青　海　省

【良种繁育体系】 1998年,青海省共有畜禽良种场(站)30个,其中省级良种场7个,州(地区)、县良种场23个,构成了全省畜禽良种繁育体系。省级种畜场是全省良种繁育体系的主体,承担全省主要良种畜禽的保种和供种任务。其中三角城、湖东、英德尔、河卡4个种羊场有可利用草场面积9.27万公顷,在职职工1 709人,饲养各类牲畜12.51万头(只),年生产总值886.25万元;种牛场1个,在职职工333人,饲养各类牲畜2.67万头(只),年生产总值640万元;华青禽蛋公司、大通塔尔鸡场等10个地方种鸡场,1998年共推广良种鸡165万只,13个地方种猪场,饲养种猪2 103头,提供良种猪5 040头。

【良种推广应用】 1998年,全省开展杂交改良,投入优良种公畜5 292头(只),其中优良细毛、半细毛公羊3 600只,种猪1 190头,绒山羊502只,全省设绵羊人工授精站66处,授配母羊7.46万只;黄牛改良授精站116处,改良黄牛4.38万头;猪改良授精站39处,授配母猪5.58万头;全年改良绒山羊20.15万只。全省年末存栏细毛及改良羊达到15.44万只,半细毛及改良羊达到218.98万只,良种乳牛9.5万头,瘦肉型猪47万头。

(孔庆秀　杨毅青)

【种畜场改革】 青海省有隶属省畜牧厅管理的种畜场6个,牧草良种繁殖场1个,为事业性质,实行企业管理。总人口1.34万人,在职职工4 100余人,离退休职工1 800人;土地总面积22.91万公顷,可利用草场17.2万公顷(其中围栏草场4万公顷),有耕地1.6万公顷(其中水浇地2 800公顷)。1998年初,存栏各类牲畜20.05万头(只),其中羊17.29万只,牛2.59万头,马0.11万匹,鹿379头,生产母畜占47.45%。资产合计13 204万元。1998年农牧业总产值7 378.17万元,实现利润203万元。

近年来,各种畜场积极开展多种形势的农牧业生产承包责任制,调动了职工的生产积极性,促进了生产的发展,为全省农牧区提供了大量优良种畜和优良牧草种子。1998年,各种畜场改革取得了新的成就,主要表现在以下几个方面:

1. 精简机构。按照精简、统一、效能的原则,开展了机构精简,6个场的机关科室由原来37个减少为21个,减少43.2%,科室人员由原来的383人减少为178人,减少53.5%。对落聘人员采取转岗、待岗、退养等方式,妥善地解决了他们的工作和生活问题。

2. 改革产权制度:1998年7个种畜场作价归户的资产总额共计1 717.61万元,占全部资产总额的13%。作价归户的资产主要有职工住房、羊舍、牲畜、农牧机具、交通运输车辆和其他设施。通过评估将部分国有资产出售给职工个人,使种畜场实现了资产的多种所有制形式。

3. 改革经营方式。改变了以往单一的承包经营形式，分别采取了承包经营、租赁经营和划拨生活田(工资田)等形式。除需要统一经营的以外，所有经济畜种和第三产业全部作价给职工个人经营，职工给场上交一定税费。

4. 改革分配制度。种畜场在劳动工资分配制度上实行岗位等级工资和计件工资制。本着干什么活、拿什么钱，干多少活拿多少钱的原则。在职职工的现行工资，只作为档案工资保留，不作为发放标准，克服了分配上的大锅饭和平均主义。

5. 改革养老保险制度。种畜场所有职工不论采取何种经营方式，都纳入了养老保险，按规定上缴养老基金，解决了职工老有所养问题。

(李榆林　刘俊德)

新疆维吾尔自治区

【育种繁育体系建设】

1.1998 年 5 月新疆维吾尔自治区在新源县召开了全疆细毛羊工作会议。会议的中心议题是进一步贯彻落实自治区畜牧业工作会议精神，分析细毛羊业滑坡的原因并研究制定扭转滑坡局面的措施，明确今后细毛羊业发展的方向和任务。

参加会议的有细毛羊主产区地州的主管领导和畜牧局长，细毛羊种羊场领导以及生产建设兵团农业局领导，国家农业部畜牧兽医司、全国畜牧兽医总站也应邀派代表参加了会议。

自治区政府副主席熊辉银就细毛羊业和畜牧业发展作了书面发言，自治区畜牧厅和新疆畜牧科学院的专家作了专题发言，与会代表讨论通过了《关于遏制细毛羊业滑坡，促进细毛羊业发展的意见》，后经自治区人民政府同意，由畜牧厅下发各地贯彻执行。会议期间，代表们现场观摩了国家重点种畜场——巩乃斯种羊场培育的细毛羊种羊及机械剪毛、分级整理、检验打包等现代化管理技术，会议还对坚持细毛羊发展方向，并取得突出成绩的霍城、塔城、温泉、昌吉、焉耆、拜城等县(市)及巩乃斯种羊场 7 个先进集体和 23 个先进个人进行了表彰奖励。

会议确定：从 1998 年开始到 2005 年为新疆细毛羊业的恢复、发展时期，细毛羊数量由现在的 900 万只恢复发展到 1 200 万只以上，细羊毛产量由 3 万吨增加到 5 万吨。同时努力提高羊毛的综合品质，全面推广羊毛现代化管理技术，提高自治区细毛羊的市场竞争力和经济效益。1998 年 10 月，畜牧厅联合科研、生产、技术推广部门组建了新疆优质细羊毛生产者协会，为生产出新疆的名牌细羊毛及推进细羊毛产业化产品打下了基础。

2.1998 年，自治区畜禽繁育改良总站由国家投资 80 万元，自治区配套 120 万元进行了国家级种公牛站建设项目，引进法国产塑料细管冻精分装机一台，每小时产量达 8 000 ~ 12 000 支，加上原有的一台细管分装机，每小时可生产细管冻精 14 000 ~ 20 000 支，改变了自治区细管冻精紧缺现状。引进优秀后备种公牛 12 头，种公牛饲养规模达到 51 头，通过了农业部颁发“种畜禽生产经营许可证”前的考核验收。1998 年，全站完成冻精 60.1 万支，其中细管 54.6 万支，颗粒 5.49 万粒，生产液氮 59 949 升。

3.1998 年，农业部批准巩乃斯种羊场进行国家重点羊场建设项目，国家投资已全部到位，草料地和棚圈等基本建设已经完成，现正联系从澳大利亚引进优秀种公羊。

【育种推广应用】

1. 经国家“948”办公室批准，我区从美国和新西兰分别引进褐牛和安格斯牛的种公牛、胚胎及精液。

2.1998 年，全自治区完成黄牛品种改良配种 101 万头，其中冻精配种 40.99 万头，常温人工授精 9.4 万头，牵引配种 50.61 万头；完成绵羊改良 900 万只，其中人工授精 260 万只；完成山羊改良 210 万只，其中人工授精 55 万只。并在且末县、阿勒泰市、察布查尔县开展黄牛胚胎移植工作。全区引进和调剂种公绵羊 2 000头，种公山羊 1 500 头，种公牛 400 头，从内地引进肉种鸡 17.86 万套，蛋种鸡 5.43 万套，种蛋 14.63 万枚，商品蛋 27.87 万枚，种猪 700 头。1998 年，自治区根据国务院《种畜禽管理条例》，制定下发了“新疆维吾尔自治区种畜禽生产经营许可证”管理办法。

3.1998 年，新疆育成并命名了 2 个绒山羊新品种，它们是新疆博格达绒山羊和新疆南疆绒山羊。博格达绒山羊种羊的数量已达 6.70 万只，其中特一级占 57.4%(其中含野血类型 5.16 万只，占 77%)，成年公母羊、周岁公母羊个体平均抓绒量 642.5 克、404 克、381.8 克、345.3 克，成年公羊绒长 7.64 厘米，成年母羊 6.73 厘米，绒细度 15 ~ 23 微米。具有遗传性稳定，外貌特征一致，具有产绒量高，绒纤维细，耐粗饲粗放，适应性强等特点；南疆绒山羊符合品种要求的已达 7.61 万只，其中特一级绒山羊占 60.8%，新品种羊体型外貌一致，遗传性稳定，产绒量高，成年公母羊、周岁公母羊个体平均抓绒量分别为 593.4 克、287 克、269 克、248.5 克，各类型羊绒纤维自然长度达 47.2 毫米以上，绒细度 15.27 微米以下。两品种均符合国家羊品种审定标准的要求。

4.1998 年，新疆 600 万只羊肉毛绒优质高产工程经 1995—1998 年 4 年的建设实施，已全面完成，通过项目验收。项目主要是通过《二百万只肉羊杂交改良及增产配套技术的推广》和《二百万只中美羊(新疆型)繁育改良体系》、《新疆百万只绒山羊杂交改良及山羊绒生产加工体系》、《和田百万只半粗毛羊杂交改良种繁育育体系》建立，达到提高肉羊、新疆细毛羊、绒山羊、半粗毛羊生产性能的目的。到1998年底，200万只肉羊产肉量由14千克提高到18千克；200万优质细毛羊个体污毛产量由3.5千克提高到4.0千克；100万只绒山羊个体产绒量由130克提高到170克，细度16.5微米以下；100万只和田羊个体产毛量由1.4千克提高到2.0千克，体重增加5千克，600万只肉、毛、绒工程的实施，3年共新增产值31 645.20万元，新增纯收益12 951.50万元。

（方光新）

（本栏目主编　徐桂芳）

天津市种禽公司

公司大门

该公司（原天津市祖代种鸡场）是天津市"菜篮子工程"重点项目之一，由市政府投资兴建的国有企业，隶属于天津市畜牧局。

公司祖代种鸡场分别建于1988年和1993年，占地15.33公顷。公司每年从法国伊沙公司直接引进优良祖代蛋种鸡20 000套，可生产父母代种雏100多万羽。1998年开始，公司又引进樱桃谷父母代肉种鸭20 000套，现已形成每年可向社会提供商品肉鸭雏300万只的生产能力。

公司院内一景

公司还建有孵化场、饲料加工厂、兽医室、技术咨询服务部等部门，技术力量雄厚、设备先进，实行密闭式卫生防疫控制和科学管理，确保种雏生产质量，并可提供良好的售后技术服务。

该公司的产品行销天津、北京、河北、河南、山东、山西、陕西、内蒙古、湖北、浙江、江苏、安徽、辽宁、吉林、黑龙江以及云南等省区市，并出口到缅甸、蒙古等国。建场十多年来，种禽公司累计已向社会提供优质蛋鸡父母代种雏560多万套，种蛋230多万枚，产生了良好的经济效益和社会效益，为天津市和全国家禽业的发展，为丰富老百姓的"菜篮子"做出了重要贡献，也荣获了多项荣誉称号。

获奖奖杯

孵化厅

快慢羽鉴别

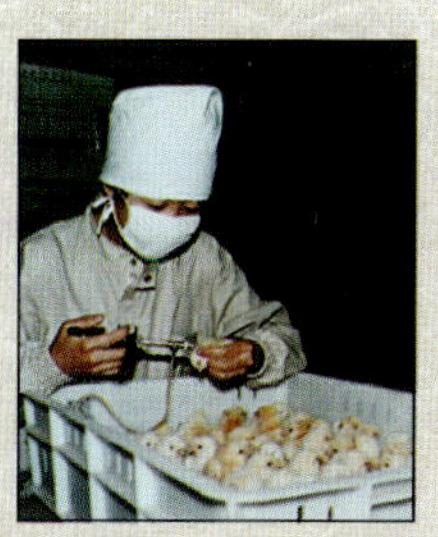

注射马立克氏病疫苗

饲养区

天津市动物检疫站

天津市动物检疫站是对全市农贸市场和16个公路动物检疫站及12个区县动物检疫站进行业务管理的机构，对于保证全市人民吃上“放心肉”，促进畜牧业健康发展具有重要作用。该站设有办公室、调研室、化验室、郊县科、运检科、市场科、开发区管理科和3个执法中队，16个公路检疫站。现有干部职工76人，其中专业技术人员70人，占总数的95.6%；中专以上学历的占72%；具有高级职称的6人，占12%；中级职称30人，占46%。

召开创建文明窗口大会

该站依靠先进的技术和设备，在保证完成各种检验、化验任务的同时，不断向基层推广新技术，如“猪旋毛虫病及猪囊虫病快速检验技术”、“便携式微量法检测肉品新鲜度技术”、“MA30红外水分测定仪检测注水肉新技术”及“DTEK免疫棒快速鉴别技术”，还制定了天津市《注水鲜肉鉴别方法与判定规划地方标准》，为各区、县提供了有力的技术保障。

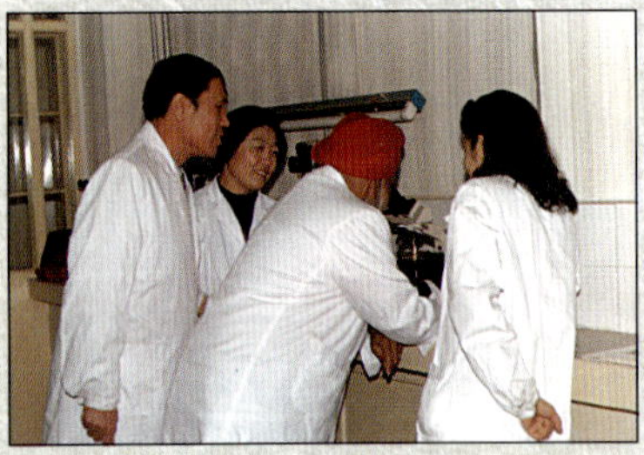

请外国专家讲授检疫新技术

为落实天津市委、市政府实施的“放心肉”工程，检疫执法人员昼夜上岗执勤，克服了多种困难。仅1998年查验运输畜禽的车辆69 140台，畜禽总量达1 078.1万头(只)；共查出和处理检疫不合格肉类及病害肉114.8吨；屠宰检疫率达到100%；共查处违反动物防疫法规的案件593起，行政罚款55 820元，强化了动物检疫工作，保证了城乡居民吃上“放心肉”。

监督员查验胴体验讫戳

平时，该站注重加强对执法人员的管理工作，制定了一系列切实可行的规章制度，如《工作人员职业道德规范》、《天津市公路动物防疫监督检查站文明执法规定和管理规定》、《天津市猪肉批发市场检疫人员工作守则》等，规范了执法的全过程，使执法人员做到着装整齐、仪表端庄、文明执法、热情服务，因而受到好评。

运载畜禽及产品车辆的消毒

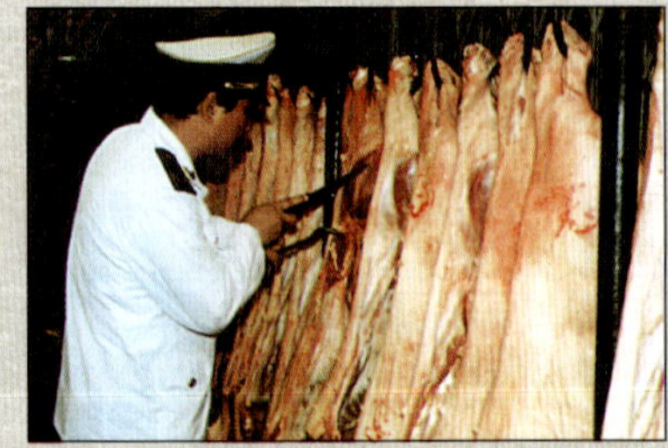

监督员查验上市肉品

天津市畜牧兽医站

专家指导实习生

天津市畜牧兽医站是全市兽医防疫、科技推广工作的主要领导机构。天津市禽病诊断中心是中国与澳大利亚合作建立，中方负责基本建设，澳方提供化验设备，并负责培训技术人员。中方建成3 391平方米的实验楼，澳方提供了价值10万澳元的化验设备。从1998年3月起，与天津市畜牧兽医站合并为禽病诊断中心。“中心”的主要任务是禽疑难病症的化验诊断，兽医技术培训，新技术示范、推广，技术咨询及承担国内最新畜牧兽医方面的科研课题。该站（禽病诊断培训中心）现有专业技术人员45人，其中中专以上学历40人，占技术人员总数的88.9%；具有中级以上职称的32人，占技术人员总数的71.1%。下设病毒室、细菌室、病理室、畜牧兽医科、疫苗管理中心、兽药服务部、办公室和财务科。

实行微机管理，站领导办公现代化

化验楼

该站始终贯彻“预防为主”的方针，狠抓综合防制，近几年保持了全市畜禽疫病形势的稳定。对猪瘟、鸡新城疫推行强化免疫接种，免疫密度保持在95%以上，实现1998年全年无大疫。对马鼻疽的防制通过农业部考核验收，达到国家规定的消灭标准。根据《动物防疫法》对重大动物疫病实行计划免疫制度和实施强制免疫的规定，在全市推行动物免疫登记卡制度，有效地提高了天津市动物防疫灭病水平。

1998年，该站（中心）承担并完成了多个课题和推广项目，获得部、市的多个奖项。

操作电子显微镜

蓬勃发展的河北畜牧业

改革开放以来，河北省畜牧业连续20年稳步健康发展，已由家庭副业发展成为农村经济的一大支柱产业。1998年全省肉类产量404万吨、禽蛋产量319万吨、鲜奶产量66万吨，分别比1978年增长13.5倍、126.6倍和26.5倍。全省畜牧业产值548亿元，占农林牧渔业总产值的36.4%，比1978年提高了27.3个百分点。目前全省主要畜牧生产指标均进入全国前5位，其中禽蛋产量和人均鸡蛋占有量居第1位，饲料产量居第2位，兔出栏、牛出栏和牛肉产量居第3位，牛奶产量居第4位，肉类总产量居第5位。全省活牛出口连续14年数量、质量、创汇额和效益居全国第一；鸡蛋占全国总产的1/6，远销国内20多个省、自治区、直辖市；生猪年供京津700多万头，牛羊肉占领京津一半以上市场；奶制品覆盖全国市场。河北已成为全国闻名的畜牧大省，省委、省政府在河北省畜牧业跨世纪发展的宏伟目标中明确提出：到2005年，全省畜牧业产值占农林牧渔业总产值的比重将达到50%以上，把畜牧业建成大农业中的第一主导产业，实现由畜牧大省向畜牧强省的跨越。

展望新世纪，河北畜牧业将进一步加快发展速度，重点抓好“12345”发展思路的落实，即明确一个目标——建设畜牧强省；实现两个确保——确保增产增收，确保争先进位；突出三个到位——项目资金到位、技术人才到位、市场经济体制及运行机制到位；实施四大工程——畜禽良种工程、畜禽保护工程、饲草饲料及秸秆资源开发工程、畜牧产业化工程；强化五项措施——抓好区域化布局、壮大龙头企业、强力开拓畜产品市场、积极推进科技进步、加强畜牧业法制建设。

河北省畜牧局局长　郭　泰

省委书记叶连松在郭泰局长陪同下视察省畜牧良种服务中心

省长钮茂生、省委副书记赵金铎在郭泰局长陪同下视察省示范种鸡场

省种牛站从美国、加拿大引进的世界一流种牛

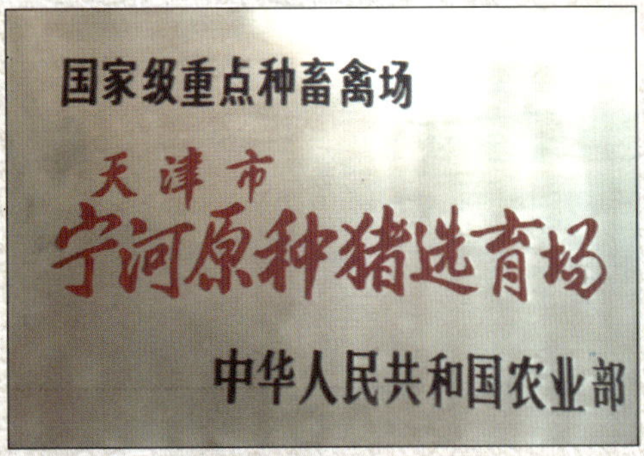

天津市宁河原种猪场

天津市宁河原种猪场始建于1978年，占地133.33公顷。经过十几年的艰苦创业，企业规模不断壮大，固定资产是建场初期的60倍，达7 600万元。场内建有基础母猪群600头的丹系长白猪原种选育场、600头的基础群种猪扩繁场和400头基础群天津白猪母本选育场各一座，全年可提供优质种猪2.6万头。1998年，该场投资1 600万元，新建一座现代化水平较高的600头丹系长白猪原种基础核心群选育场，投产后，提供优质种猪达3.6万头。建有年产1万吨现代化饲料厂和集科研、商贸、技术服务为一体的天河牧业大厦，安装了闭路电视监控和计算机育种管理系统，开发了渔池、稻田、果园和人工草场，形成了以原种猪为主体，农、林、牧、渔、工、商贸一体化的综合性生态农场，实现了经济效益、社会效益和生态效益同步增长。多年来，宁河原种猪场成功地培育出适合我国生长条件的瘦肉型优质原种猪——“天河牌”丹系长白猪。该猪种群体整齐、生长发育快、饲料报酬高、胴体品质好。经专家鉴定，各项技术指标均达到国内领先水平，并推广到全国28个省、自治区、直辖市，为天津市乃至全国猪种改良和菜篮子工程做出了突出贡献。

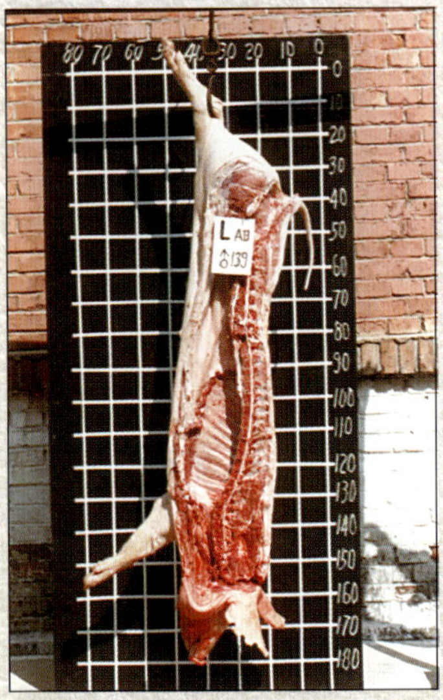
屠宰后的胴体

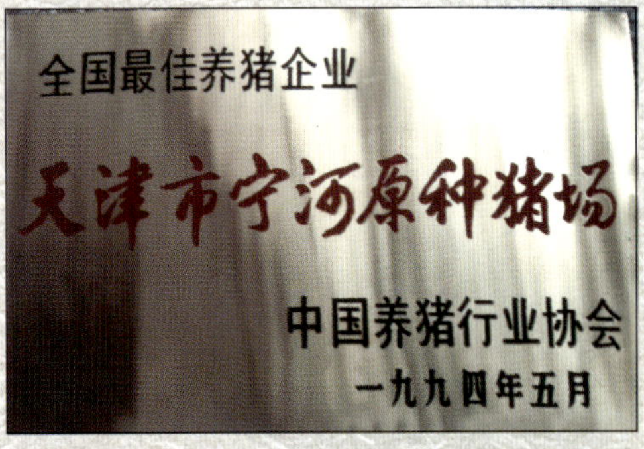

猪舍监控系统

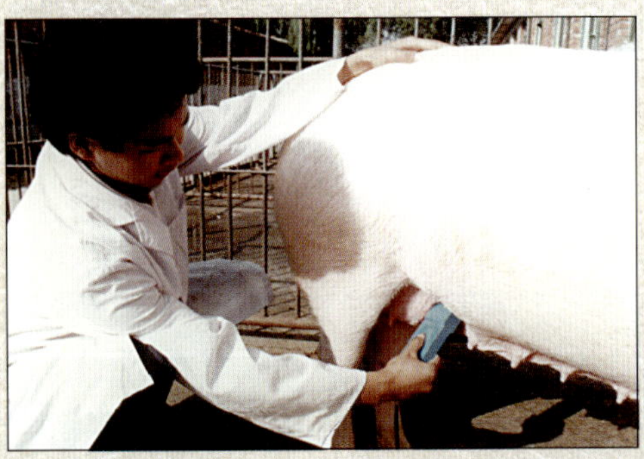
妊娠诊断

随着产业结构的调整，该场已与山东、河北、四川及津郊建立了松散型养猪产业化联合体，进一步带动和促进瘦肉型猪推广，并着手组建生猪产业集团，利用该场自营进出口权，规范运作，多元开发，不断开拓国内外市场，加快发展。

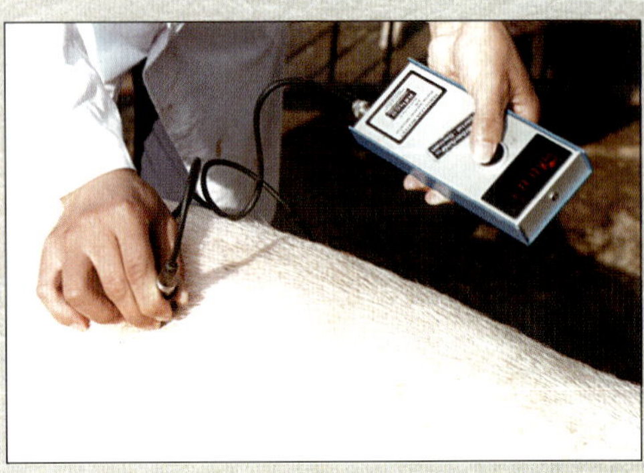
活体测膘

山西省太谷县

山西省太谷县1993年创建“四统二分”规模养殖小区发展模式后，畜牧业出现了大飞跃。1997年成为全国瘦肉猪基地县，被农业部确立为全国100个“畜牧兽医科技示范县”之一，被财政部以“三元杂交瘦肉猪项目”确立为全国100个“财政支持农业科技应用示范试点县”之一。1998年底，畜牧业收入占到农业总收入的48.8%，农民人均畜牧业纯收入达600多元。太谷县畜牧中心于1993年被评为全省劳动模范单位，1997年被评为农业部表彰的优秀中心。

省地领导在太谷畜牧中心视察
右2为山西省委书记田成平，右3为晋中地委书记申维辰，右5为晋中行署专员马友，右4为太谷县委书记闫根生，右1为太谷县畜牧中心主任赵明川

财政部示范县项目　太谷种猪场按
工厂化养猪技术设计，年生产杜洛克、长大种猪5 000头

太谷县“四统二分”规模养鸡小区一角

财政部示范县项目——太谷畜牧市场，主要经营兽药、饲料、添加剂、畜禽产品等，立足太谷，面向全省

地　址：太谷县畜牧服务中心
邮　编：030800
电　话：0354-6251099

上海金晖
家畜遗传开发有限公司

上海金晖家畜遗传开发有限公司是国内首家从澳大利亚引进公母配套的南德温种牛群，并从法国卡苏公司引进先进的冻精制作设备和管理方法，专业从事纯种繁育冻精生产和胚胎移植，现已被中国扶贫基金会列为南德温牛育种基地。

公司现有种牛107头，年生产能力可达100余万支细管冻精。产品已销往新疆、内蒙古、吉林、河北、山东、安徽等11个省、自治区、直辖市，深受广大用户欢迎。

对南德温牛的评价

南德温牛是在英国育成的一个品种，其祖先来自欧洲大陆。在19世纪初期，南德温牛已成为英国德温郡和康沃尔郡的重要牛种。其母牛产奶多、奶质好；其公牛体格健壮、性温驯，有良好的役用性能。后来育种工作的重点转向肉用。南德温牛成为英国体型最大的肉牛品种，创造了英国成年公牛体重的最高纪录——1 678千克，成年母牛体重710千克。南德温牛被毛呈红色和深棕色，体躯结构匀称，肌肉丰满，四肢强健。由于南德温牛生长快，饲料转化率高，能达到很大的体重而不沉积过多的脂肪，肌肉呈明显的大理石状，肉质鲜美，因而从原产地推广到英国其他各地和许多国家。澳大利亚也成立了南德温牛协会，对该品种进行了系统选育工作，提高了生产性能和抗逆性。南德温牛引入我国后，在辽宁台安地区的黄牛改良中已有良好的表现。此外，安徽、河南、河北、内蒙古、山东、山西、天津等地也已开始推广利用该品种。该品种值得进一步推广利用。

中国农业科学院　农业部有关专家

种公牛P70澳注册号26425

种母牛T26

种公牛P15澳注册号26456

后备种公牛

立足上海
辐射华东
面向新蒙
服务全国

您的机遇　不同凡响的价值
您的决策　无以伦比的效益

公司地址：上海市燎原农场内
邮　　编：201408
电　　话：021-57110026
传　　真：021-57110092
总 经 理：夏伟铭

公司大门

丹系长白公猪

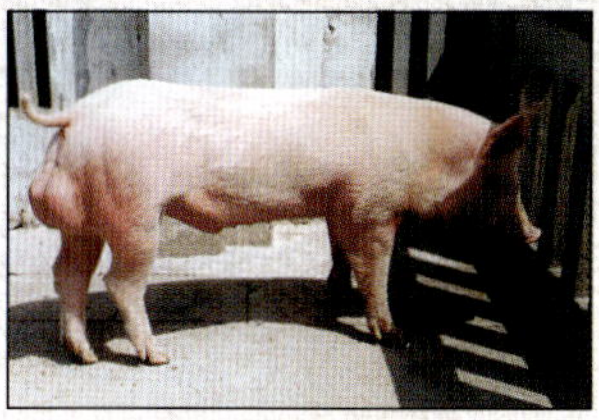

英系大约克夏公猪

美系杜洛克公猪

江苏中东集团常州市康乐农牧有限公司

常州市康乐农牧有限公司创办于1995年3月，公司地址设在武进市湖良种繁育场西站，占地面积15.33公顷，总投资已达5 000万元，建有猪舍35 000平方米，建有办公生活等配套附房面积7 000平方米。公司下属企业有江苏常州瘦肉型猪原种场1个，现有生产母猪3 500头，品种均为国外品种，即长白、大约克夏、杜洛克，年出栏各种合格种猪2万头。另有2万吨饲料加工厂1个，成套养猪设备设计制造厂1个，生物有机肥工厂1座，是全省起点高、规模大、科技含量和管理水平比较高的一个现代化大型畜牧企业，也是全省30家贸、工、农一体化重点龙头企业之一。

地　址：江苏省常州市西郊　湖良种繁育场西站
邮　编：213149
电　话：0579-6361116

江苏省昆山市种猪场

昆山种猪场外景

种猪场办公楼

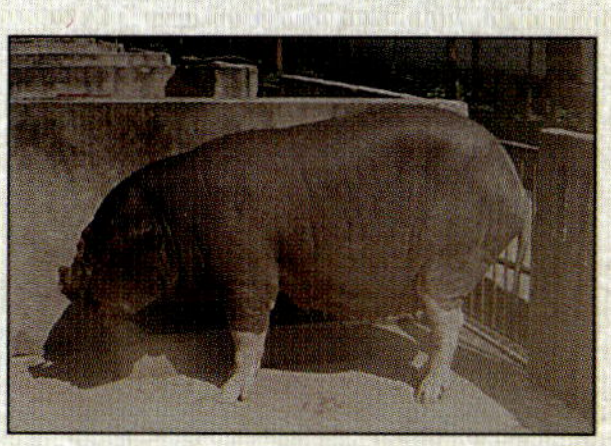

扬山生产母猪

昆山种猪场的猪舍

该场建于1974年，系江苏省重点种畜场，常年存栏种猪800余头，饲养当今世界著名优秀地方品种——扬山猪；此外还有大约克夏、新太湖猪，年提供种猪能力达万头。本场系科研、生产为一体的国有大型种猪场，技术力量雄厚，致力于种猪的选育、人工授精、防疫卫生、新技术开发应用等技术研究，并不断取得成功，先后获国家、省、市级科技成果23项，在国内外享有较高声誉。所产种猪销往全国21个省、自治区、直辖市。扬山猪还出口到法国、匈牙利、日本、美国等国。常年可提供扬山、大约克夏、新太湖猪及大×梅、大×新太等商品生产用杂交种猪。

该场竭诚欢迎与国内外同仁合作，竭尽全力为客户提供全面优质的服务，为畜牧业发展做出应有的贡献。

地　址：昆山市正仪东侧
邮　编：215347
电　话：0520-7891143

江苏省国营常熟畜禽良种场

场区一角

该场是地方良种二花脸猪和大约克夏、杜洛克、长白种猪原种场，下设常熟饲料添加剂预混料厂和常熟市畜牧研究所等。先后被评为太湖猪一级育种场、全国最佳种猪企业等。常年可供各纯种及长×大、大×二等F_1代杂种后备种猪及畜禽渔饲料添加剂预混料和浓缩料。

双肌臀大约克公猪

常熟饲料添加剂预混料厂

地　址：江苏省常熟市虞山南路52号
电　话：0520-2779281

山东诸城市对外贸易集团公司

公司总部

山东诸城市对外贸易集团公司是一个拥有25亿元资产、1.6万名职工的综合性企业集团，国家大型（一）企业；是全国农业产业化、贸工农一体化试点企业。肉鸡是公司的主导产品之一，现已形成年产父母代种鸡200万套、商品代雏鸡6 000万只、饲料50万吨、加工冻鸡10万吨、分割鸡出口4万吨的规模，是全国最大的肉鸡出口生产基地之一。除肉鸡外，公司的生产经营还扩展到兔、猪、牛、鸭等的屠宰领域。近年来，党和国家领导人江泽民、李鹏、朱镕基、李岚清、温家宝等先后到公司视察，对公司走贸工农一体化的发展道路，促进畜牧业发展的做法给予了充分肯定。

肉鸡加工流水线

赵大川场长报告四十年的发展与业绩

应用PCR技术检测猪氟烷基因

杭州市种猪试验场是国内最早引进、培育长白猪的场，历时三十五年，为农业部确定的“全国重点种畜禽场”。

该场拥有能同时测定千头种猪的测定站和B型超声波、PCR仪及肉质测定仪器，是国内最早应用计算机进行选育和生产管理的场。从“七五”到“九五”持续参加国家攻关课题“中国瘦肉猪新品系选育及配套研究”，获得农业部科技进步一等奖。所培育的大观山长白猪十三万头推广至除台湾省外的全国各地，连续荣获“中华精品”、“第三届全国农业博览会名牌产品”和“浙江农业名牌产品”。

该场近年连续实施兼并将种猪发展至1500头基础群，年产2.6万头的规模，并又从丹麦、英国、美国引入长白、大白、杜洛克种猪，为进一步发展奠定了基础。

杭州市种猪试验场

地址：杭州市郊长命桥　总场长：赵大川　电话：(0571)8545053 8545060
邮编：311115　联系人：程伟文　传真：(0571)8541858

浙江省江山市

江山市是浙江省畜牧强县之一，1998年畜牧业产值27 069万元（按1990年不变价计算），占农林牧渔业总产值的38.96%。现已形成生猪、白鹅、白毛乌骨鸡和养蜂为特色的畜牧发展格局。该市是全省18个瘦肉型商品猪基地县（市）之一，1998全市饲养生猪69.54万头，出栏37.30万头；江山白鹅和江山白毛乌骨鸡列为江山市农业开发重点项目之一，1998年饲养量分别达到431万羽和150万羽。其中种草养鹅从1997年开始被财政部列为财政支持农业科技成果应用示范县，"江山白鹅"产品标准已被列为省级地方标准，"江山白鹅市场"是目前国内较大的白鹅交易市场之一，1998年成交量达299万羽，该市已被农业部命名为"中国白鹅之乡"。江山白毛乌骨鸡是优良的地方良种家禽，作为国内稀有药用珍禽之一享誉国内外；江山养蜂生产已连续7年居全国养蜂大县（市）之首，1998年养蜂20.5万箱，各项生产技术指标均居全国前列。

浙江省江山市畜牧兽医工作站
地　　址：浙江省江山市江城北路30号
邮政编码：324100
电　　话：0570-4017942
站　　长：郎静

浙江东立实业总公司

总公司办公大楼

浙江东立实业总公司座落在德清县城关镇东郊，是全国饲料工业行业百强企业，浙江省农业厅定点兽药、饲料添加剂生产单位。公司占地3万多平方米，拥有资产5 000多万元，员工300余名，现有大中专文化程度以上技术人员100多人。公司1998年产值近亿元。公司主导产品太湖3号复合饲料添加剂占全国饲料添加剂销量10%以上，曾获“全国十大名牌饲料”、“农业部推荐产品”等殊荣。复合饲料酸化剂——乳香酸填补国内空白并获国家专利，销售量居国内同行首位。公司二十余种常规兽药产品产销量均名列浙江省前茅。

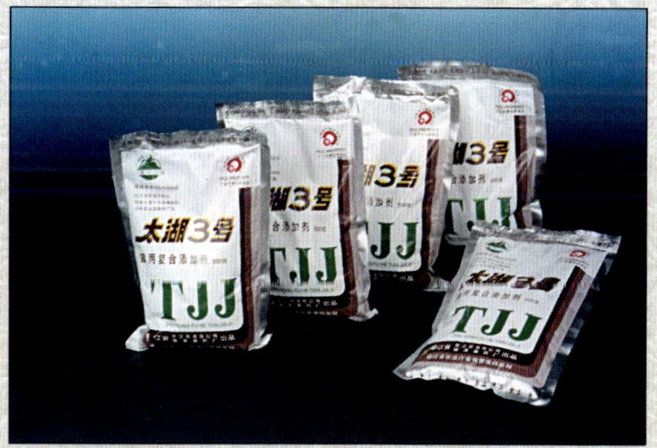

太湖3号猪用复合添加剂

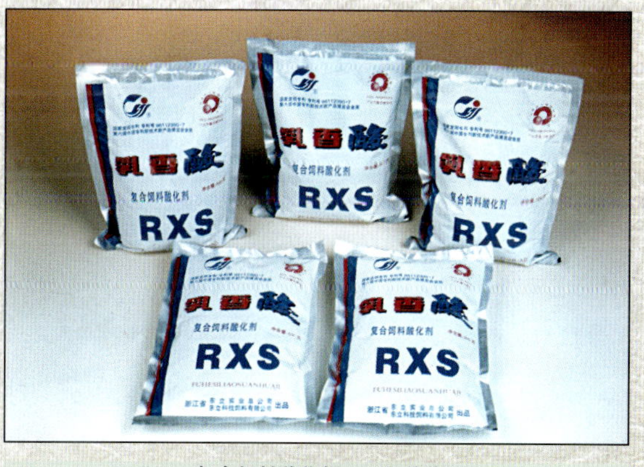

复合饲料酸化剂——乳香酸

公司地址：浙江德清城关镇东郊
电话总机：0572-8423666　8424824
传　　真：0572-8425045
邮　　编：313216

浙江欣欣饲料股份有限公司

欣欣公司办公大楼外景

浙江欣欣饲料股份有限公司是按现代企业制度规范操作的、由国家控股的股份公司，是浙江省饲料行业龙头企业，全国饲料百强企业，年综合生产能力达36万吨，1996—1998年连续平均年产销量居全省第一。公司生产的欣欣牌系列饲料1997年被省政府评为“浙江名牌”，欣欣牌商标于1998年被认定为浙江省“著名商标”。公司始终坚持“生产高质量、多样化的饲料产品，保证用户的利益，为振兴民族而不懈努力”的质量方针，贯彻执行ISO9002质量标准，并于1998年一次性通过CSA的审核认证。

公司下属以良种繁育为主的省二级种猪场

年单班生产6万吨级饲料车间

厂区码头全景

地　址：嘉兴市新丰镇
邮　编：314005
电　话：0573-3022118-8888

浙江新昌国邦兽药厂

浙江新昌国邦兽药厂始建于1987年，原为浙江新昌制药厂饲料添加剂分厂，主营兽药原料、医药化工、各种兽药制剂等。下属三个分厂和一个现代农业园，总资产达8 500万元，1999年销售收入1.8亿元，利税1 500万元。

该厂科研技术人员占职工总数的42%，主导产品50%VE粉、恩诺沙星、氟哌酸、地克珠利（扑球）、酒石酸北里霉素等畅销国内外市场，正在开发的丹诺沙星等5种国家级新药也即将面市。

“九五”期间，计划投入1.5亿元兴建科研中心、现代农业园和实施全厂GMP达标管理，逐步形成一个面向农业的多种产业并举的现代企业集团。

建设中的国邦农业园

年产1 500吨的恩诺沙星车间

法定代表人：邱家军
地　　址：浙江新昌城关镇江北路冷湖
邮　　编：312500
电　　话：0575-6126551 6126558

RONGYAO CHEMICAL
KANGDA ANIMAL HEALTH CO., LTD.

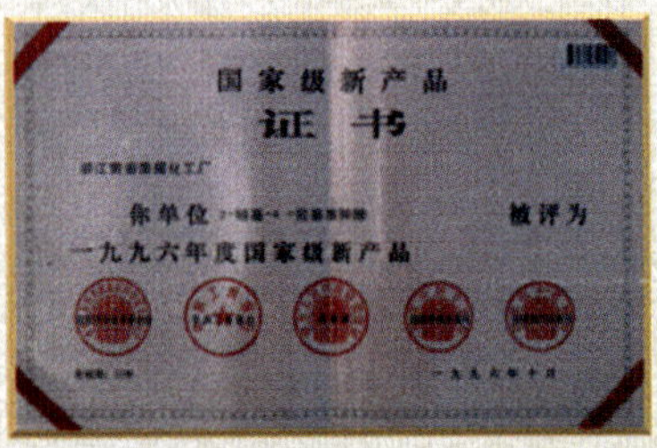

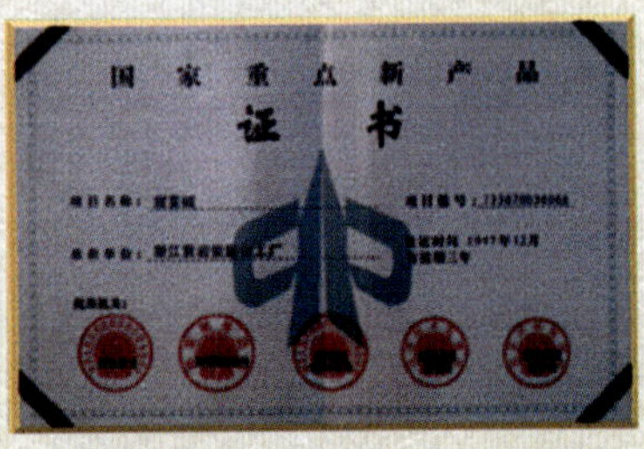

浙江黄岩康达动物保健品有限公司、浙江黄岩荣耀化工厂，系浙江省农业厅批准定点的兽药原料药及其制剂专业生产厂。本厂座落在黄岩城关王西化工区内，公用工程设施齐全，化工技术力量雄厚，测试设备先进，具有较强的新产品开发能力和较好的化工企业管理水平。主要产品有：阿散酸、球痢灵、洛克沙生、甜菜碱、大蒜素、硝基苯胂酸、吡啶甲酸铬、吡啶甲酸铬预混剂(有机铬-1，有机铬-2)、Vc-2-三聚磷酸酯等均已形成规模生产，年生产能力总量可达1 000多吨。

本厂始终致力科技领先，不断开发新产品，依靠实践与理论结合，生产与研究归一的方针，做到一边生产，一边科研，已成功地开发了十多个高新技术产品，其中阿散酸被评为1995年度国家新产品，并在第二届中国农业博览会上获得“银质奖”，1998年4月荣获浙江市场名优兽药产品。洛克沙生被评为1996年度国家级新产品。球痢灵于1998年4月荣获浙江市场名优兽药产品。甜菜碱被评为1997年度国家级新产品。硝基苯胂酸于1996年6月通过美国FDA验收，产品远销美国，其质量赢得国内外用户的一致好评。本厂1997年荣获浙江省最佳经济效益工业企业、浙江省专用化学品制造业最大工业企业称号，1998年荣获浙江市场十佳兽药企业称号。

浙江黄岩康达动物保健品有限公司

厂　址：浙江黄岩城关镇王西路193号　邮　编：318020　电　话：0576-4112427　4214573
传　真：0576-4118297　总经理兼厂长：徐仁达　手　机：13806593368
开户行：建行浙江台州市黄岩区支行　账　号：26346417　E-mail: hyryhg@ppp.tzptt.zj.cn
网　址：http://www.chinaveterdrugs.com　http://www.chinafeedadditives.com

安徽养猪第一大县——霍邱县

乡办猪场一角

霍邱县地处皖西，是粮食大县，畜牧业强县。近年来，县委、县政府立足资源优势，采取行政引导、政策激励、科技推动等措施，大力实施畜牧业进位工程，大力发展以生猪生产为主体的畜牧业，形成了小规模、大群体的生产格局，走出了区域化布局、专业化生产、社会化服务、企业化管理、一体化经营的产业化发展道路。1995—1997年，连续3年荣获全省畜牧生产十强县第一名。1998年生猪饲养量196.4万头，人均1.2头，其中三元杂交猪占30%以上，全县生猪饲养大户近万户，饲养小区300多个，10万头以上的养猪大乡10个，初步形成了"引种、育种、繁殖、推广应用"相配套的生猪生产繁育体系。在县畜牧局组织下，各级畜牧部门积极转变职能，成立购销公司，架通消费市场与生产基地之间的桥梁。全县家禽饲养量2 663万只，山羊饲养量31.7万只，大牲畜饲养量16万头（只），规模饲养比重达30%；猪禽良种普及率分别达95%和90%；肉蛋总产20万吨，畜牧业总产值17.5亿元，占农林牧渔业总产值的45.3%，全县人均畜牧业收入800元以上。"富民强县，畜牧上前"已成为全县人民的共识。

家庭养猪已成为农户主要收入来源

正在外销的瘦肉型商品猪

地方良种皖西白鹅年饲养量500万只

霍邱县畜牧局局长：陈文斌
邮编：237400
电话：0564-6020016

蓬勃发展的安徽畜牧业

改革开放以来，在安徽省委、省政府的领导下，安徽畜牧业全面快速发展，主要畜产品产量持续稳定增长，产业结构不断调整优化，区域化布局、专业化生产、一体化经营、社会化服务的畜牧产业化蓬勃兴起。特别是1996年以来，省政府决定实施畜牧业进位工程，采取一系列措施，扶持生产，提高质量，开拓市场，搞活流通，评比表彰，激励先进，畜牧业发展势头更加强劲。1998年，全省畜牧业产值193亿元，占农林牧渔业总产值的30.7%，较1978年提高17个百分点；肉类总产量288万吨，禽蛋94.7万吨，

省农业厅郑之宽厅长（右）视察黄牛生产

省政府召开全省实施畜牧业进位工程表彰大会

省农业厅韩先聪副厅长（中）视察生猪生产

省农业厅畜牧局领导谋划畜牧业发展宏伟蓝图

省农业厅纪检组组长詹福稳视察人工种草工作

奶类3.1万吨，分别比1978年增长6倍、9倍和2倍。畜牧业已经成为大农业中最有潜力、富有活力、充满希望的支柱产业，成为农民增收、农村致富的重要来源。

通过几十年建设，全省畜牧业机构健全，队伍稳定，基础设施有所加强，技术力

量不断加强。省农业厅畜牧局（省饲料工业办公室）主管全省畜牧业及饲料生产、良种繁育、技术推广、行政执法、动物疫病防治等，行政编制14名，内设畜牧、兽医药政、信息、饲草饲料、办公室等5个科室；下设

县级畜牧兽医技术服务中心大楼

规模养鸭场一角

执法人员检查兽药市场

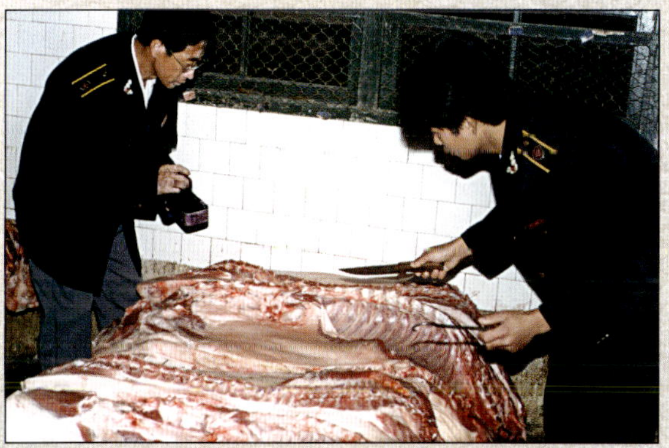

依法检疫，保证质量

省畜牧技术推广总站、省动物防疫监督所、省兽医工作站（省动物血防站）、省兽药饲料监察所、省畜禽品种改良站、省肉种鸡场等事业单位，编制142名，现有技术人员98人，其中正高级职称2人，副高级23人，中级25人。全省建立地市级畜牧局4个，县级畜牧局13个，设立各级畜牧兽医站（中心）2 072个，兽医卫生监督所44个，兽药监察所3个，全省基层技术推广人员8 020人，其中乡镇畜牧兽医站实行以条为主的管理体制，定性、定编、定员基本落实。

回顾过去，硕果累累，展望未来，任重道远，全省畜牧系统广大职工正以饱满的热情，加倍努力，积极工作，迎接21世纪的到来。

安徽省畜牧局局长宣依群

地　址：安徽省合肥市美菱大道421号
邮　编：230001
电　话：0551-2656898
传　真：0551-2675442

安徽省畜禽品种改良站亳州波尔山羊原种场

安徽省畜禽品种改良站亳州波尔山羊原种场是由安徽省畜牧局、亳州市政府合资筹建的省级繁育中心。该中心位于亳州市大杨镇，距市中心25千米，紧邻604国道，位置优越，交通便利。该场是全省首家专业研究波尔山羊纯繁性能及杂交优势，并向社会提供纯种波尔山羊及冻精颗粒的纯种繁育场，现拥有固定资产200万元，流动资金60万

安徽省畜禽品种改良站亳州波尔山羊纯种繁育场场景

纯繁场一角

纯种波尔山羊种公羊

纯繁出的羊羔

元，计划饲养纯种波尔山羊300多只，有牧草地近6.6公顷。1998年11月，从南非引进纯种波尔山羊28只，目前已达70多只，并开始向市场供应纯种公母羊和冻精颗粒，通过改良已产生杂交一代山羊近10万只。该场技术力量雄厚，拥有饲养管理人员10名，其中高级职称6名，中级职称4名。该场以良种推广、科技服务为宗旨，视客户为上帝，视信誉为生命，在提供纯种波尔山羊冻精颗粒及杂交一代山羊的同时，免费提供饲养管理技术、培养技术人员，愿与全国畜牧界同仁一道，为我国养羊业的发展做出贡献。

场　长：支道友
地　址：亳州市大杨镇
邮　编：236800
电　话：0558-5010476，5528064
传　真：0558-5523971

安徽畜牧业第一大市——阜阳市

阜阳是一个农业大市，也是畜牧业大市。改革开放以来，全市畜牧业持续稳定增长，结构调整初见成效，产业化经营蓬勃发展，特别是黄牛、山羊、长毛兔等草食家畜发展势头强劲，形成了以蒙城、涡阳、利辛为中心的黄牛“金三角”，以颍上、阜南及原阜阳县为中心的长毛兔“银三角”，以及与之相配套的良种、饲料、兽药、加工、流通、市场和科技服务体系。1998年全市畜牧业产值占农林牧渔业总产值的比重达35%，人均肉蛋占有量达72.5千克，畜牧业已经成为农村经济的支柱产业，“致富奔小康，畜牧挑大梁”成为阜阳人民的共识。

为强化行业管理，1997年6月，市畜牧管理站改为畜牧管理局，内设畜牧科、检疫科、兽医药政科、药械供应科及综合服务部，现有职工65人。

安徽省阜阳市黄牛改良中心

安徽金种子集团黄牛育肥场

安徽省蒙城县柳林镇省级黄牛大市场

安徽兽药龙头企业——富迪牧业公司

安徽省天柱山兽药厂

安徽省动物保健品协会副会长
安徽省天柱山兽药厂厂长 严梅根

- 中国动物保健品协会会员单位
- 安徽省重合同守信用企业

安徽省天柱山兽药厂位于国家级风景名胜区——天柱山脚下，是全省兽药生产重点企业，中国动物保健品协会会员单位，省级《重合同守信用企业》、市级《十强民营科技企业》。自创建以来，在各级领导的支持下，弘扬“抗争逆境，挑战自我”的企业精神，锐意改革创新，以科技兴厂，走质量效益型发展的路子。厂新产品开发研究所相继开发研制了奥力欣、奥克宁、奥克希林、奥林达等高技术含量新产品6个，已列入课题正在研究的5个。尤其是新兽药奥力欣，为纯中药制剂，疗效显著，市场前景广阔，已成为企业重要的经济增长点。1998年，“天兽”品牌荣获安徽省著名商标称号，系列产品畅销省内外。热忱欢迎广大同仁惠顾指导，馈赠良策，精诚合作。

天兽品牌
兽药名牌

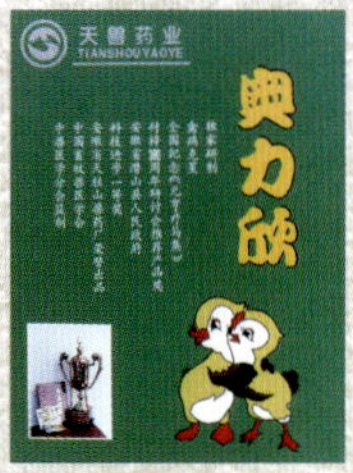

厂址：安徽省潜山县城太平路10号 电话：0556-8926275 8921934 邮编：246300 传真：0556-8921934

潍坊六旺药业有限公司

工厂厂景

潍坊六旺药业有限公司系山东省畜牧局批准的兽药、饲料添加剂生产重点企业，创建于1987年，现有员工300余人，其中高级职称3人，中初级职称90人。公司占地面积28 600平方米，建筑面积9 500平方米，拥有固定资产2 000万元，流动资金1 000万元。现有片剂车间、粉针车间、水针车间、饲料添加剂车间、氯化胆碱车间、中兽药车间和饲料车间7个生产车间，配套先进生产设备86台（套），化验仪器齐全，检验手段先进。主要生产6种剂型的兽药、饲料添加剂等100个品种，产品畅销山东省各级兽医站、牧工商公司及河北、辽宁、黑龙江、天津、内蒙古等二十几个省、自治区、直辖市。1997年，经农业部批准生产国家级新兽药1%盐酸洛美沙星注射液、2%恩诺沙星可溶性粉，经山东省畜牧局批准生产省级新中兽药禽喘王口服液和禽喘消冲剂，1998年经山东省畜牧局批准生产省级新中兽药六旺菌净冲剂和克球灵冲剂。1998年创产值4 000万元，利税300万元。

禽喘消冲剂：主治家禽喉炎、支气管炎

该公司从1995年开始至今一直被潍坊市委、市政府评为“市级文明单位”，被山东省畜牧局评为“双文明单位”，被山东省农业银行评为“AAA级信用企业”，被潍坊市工商局评为“重合同、守信用”企业。V_{B1}粉被农业部评为“推荐产品”，强力霉素预混剂和禽病灵口服液被中国动物保健品协会评为“推荐产品”。

公司董事长兼总经理刘玉文先生携公司全体员工向广大畜牧界同仁致意，并热情欢迎有志之士加盟“潍坊六旺药业”，携手奋进，为企业发展、振兴畜牧业，再创辉煌。

克球灵冲剂：球虫病的克星，无残留的突破

公司地址：山东省潍坊市坊子区恒安街109号
销售电话：0536-7661636
传真电话：0536-7661830
电　　挂：1180
邮　　编：261200

六旺菌净冲剂：纯中药冲剂，大肠杆菌病的克星

山东省莒南县兴牧兽药有限公司

公司总经理：王其兆

本公司始建于1975年，是山东省首批兽药生产定点厂，现有员工260名，各类专业技术人员80余名，占地面积15 000平方米，拥有固定资产1 000万元，年产值3 000万元，年创利税350万元，经济效益在全国300家重点企业中名列前茅。现有6个车间，自动化生产线4条，其中完全按GMP标准设计的2条，具有国际先进的化验和分析仪器。已生产水针、粉针、片剂、预混剂等六大系列80多个品种，特别是庆大、卡那霉素注射液等产品畅销不衰，最新研制的跨世纪新兽药康王、重泻消注射液深受用户青睐。产品畅销国内十多个省、自治区、直辖市。公司地处城区，西靠临沂，东临日照，距石臼、岚山开放港口几十千米，兖石铁路横穿城区，公路交通四通八达。

总经理王其兆携全体员工热诚欢迎与国内外客商开展广泛的业务合作，共同发展，共创繁荣。

水针剂生产灌封工序

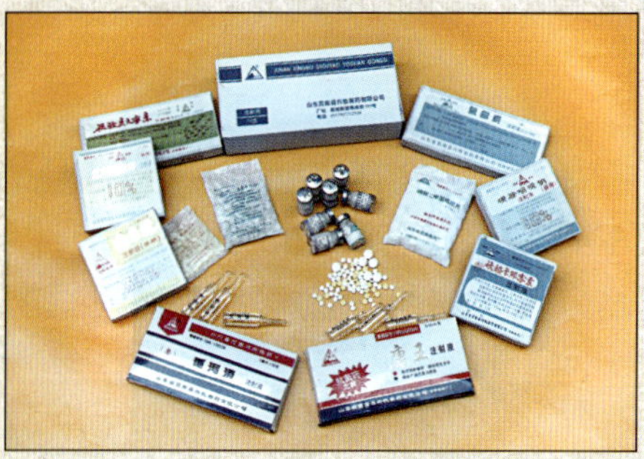
部分产品

公司外景

抗生素生产线

完备的质量检测手段

地　址：山东省莒南县新建路389号
邮　编：276600
电　话：0539-7212538

改革开放的广东畜牧业

改革开放以来，广东省认真贯彻落实党和政府的各项方针政策，把畜牧业生产作为发展农村经济、增加农民收入的有效途径来抓，使广东畜牧业取得空前迅速的发展，成为全国畜产品生产大省之一。各类畜产品产量、畜牧业产值连续20年创历史最高水平，成为新中国成立以来最好的发展时期，从生产到流通各个领域都发生了一系列深刻的变化。畜产品产量大幅度增加，牧业生产结构得到优化，经济地位显著提高，饲料、良种、畜禽保护三大体系建设得到加强；畜牧业正向规模化、集约化、专业化、产业化方向发展。

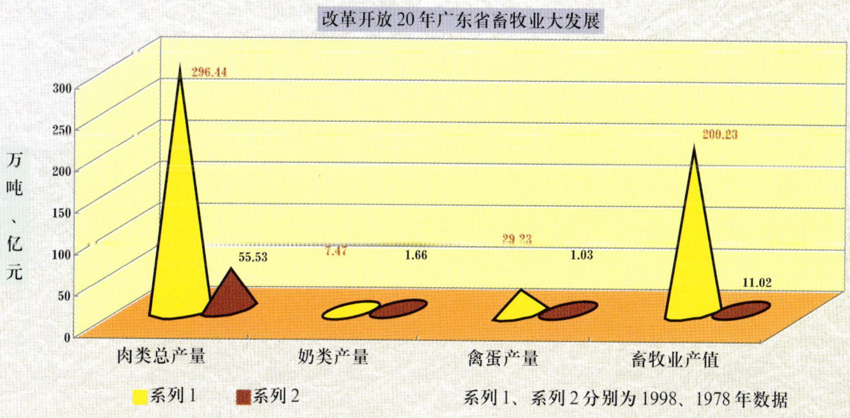

系列1、系列2分别为1998、1978年数据

上图：1998年12月中共中央政治局委员、省委书记李长春（二排右），省委常委、副省长欧广源（二排左）视察湛江秸秆养牛示范场。

下图：1998年12月广东省农业厅厅长司徒绍（中）、副厅长谢悦新（左一）为获得全省种猪测定成绩前三名畜主颁奖。

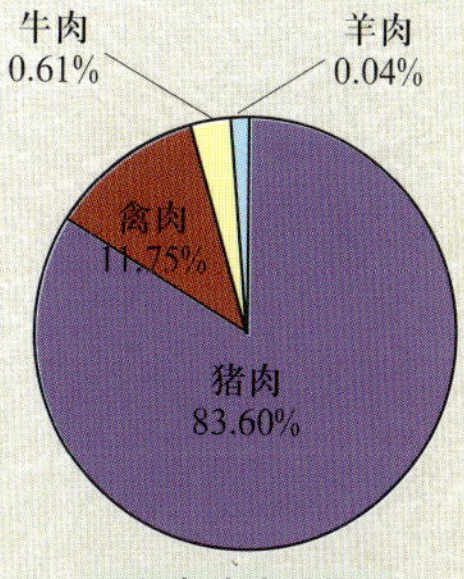

1978年肉类结构图

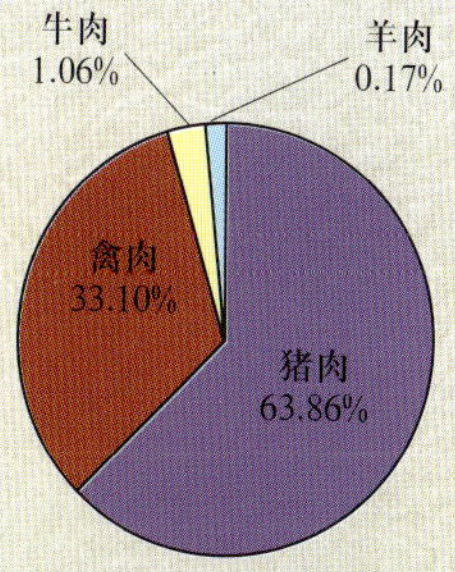

1998年肉类结构图

广东省农业厅信息网网址：
http://www.agri.gnet.gd.cn
广东省农业厅畜牧办 E-MAIL：
txmb_01@agri.gnet.gd.cn

广东省种猪测定中心简介

每年二期的种猪展销会

广东省种猪测定中心是广东省农业厅属下的事业单位，也是广东省养猪行业协会的服务机构。本中心在农业部、省政府部门的支持和有关企、事业单位及热心养猪事业的海内外朋友的大力资助下，于1996年1月建成并投入使用。她是我国首个以市场经济为导向的良种猪繁育体系重要组成部分。现在，她既是一个开展种猪测定、评优、良种登记、指导种猪选育的机构，又是一个优良种猪、生产设备、添加剂和药械的展销场所，还是一个养猪生产、管理、技术和信息的交流中心。

通讯地址：广州市先烈东路135号（510500）
电　　话：020－8771 4483
传　　真：020－8770 6562
E－MAIL：GDPIA@public.guangzhou.gd.cn

拍卖会现场

种猪测定

广东省板岭原种猪场

国家级重点种畜场

中共中央政治局委员、广东省委书记李长春（左一）等在李炳坤场长陪同下视察广东省板岭原种猪场

该场建于1981年，是经农业部验收的国家级重点种畜场，是中国杜洛克、中国长白猪育种协作组成员单位，广东省良种繁育体系中的原种猪场。现存栏纯种母猪1 500头，品种有杜洛克、长白、大约克夏，还承担广东地方良种猪——蓝塘和大花白的保种任务。近两年参加广东省种猪测定中心测定评比，共获得三项冠军和四项亚军，其中杜洛克公猪日增重1 034克，长白923克，大约克夏832克，每年可提供优质种猪7 000头，产品遍布内地和香港特区。

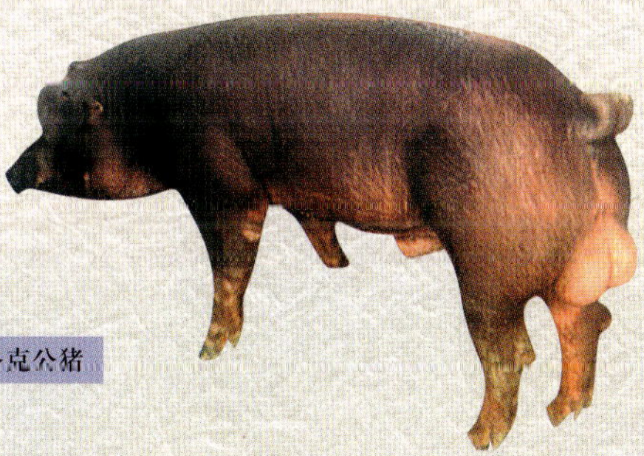

杜洛克公猪

大约克夏公猪

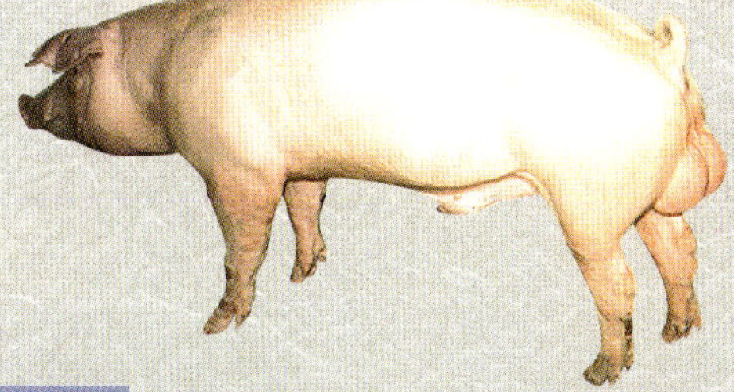

长白公猪

地　址：广东省东莞市篁村区　　邮　编：523716
电　话：0769-2298587
联系人：李炳坤　何各安
　　　　王敬军　吴同山

广东省湛江市畜牧业联合公司

广东省湛江市畜牧业联合公司是省政府批准的首批20家“广东省农业龙头企业”之一。

公司集种养加、产供销及旅游观光牧业于一体。属下有金牛公司、金鹿公司、第一兽药厂、肉牛屠宰厂、种鹿场和种牛场等12个企业。

李长春书记、欧广源副省长视察湛江市畜牧业联合公司

近年来，该公司加快了草食动物的发展步伐，建起了湛江十万头优质商品肉牛基地，大力生产肥牛肉和梅花鹿产品。公司的“金帆”牌牛肉系列和“驯鹿”牌鹿酒系列产品深受各地客户的欢迎。

热诚欢迎国内外人士前来携手合作，共图发展。

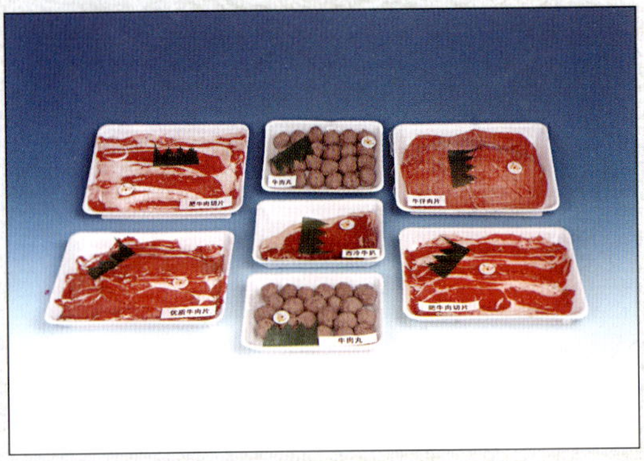

“金帆”牌牛肉系列产品

“驯鹿”牌鹿酒系列产品

梅花鹿养殖场

总经理：洪光
地　址：广东省湛江市赤坎跃进路9号
电　话：0759-3310440 3333973
传　真：0759-3311413

广东省海康兽药厂

政治局委员、原广东省委书记谢非（左一）到厂视察
高新技术产品研制开发情况时，与厂长庞永中（右一）亲切交谈

广东省海康兽药厂是一家科技型企业，先后研制开发的有国家级二类新兽药恩诺沙星、地克珠利、沙拉沙星和三类新兽药乳酸环丙沙星、氧氟沙星片。1999年，公司被科技部授予“重点高新技术企业”称号。该厂生产的“牧童牌”系列兽药以质优著称，是我国名牌兽药之一。该厂在雷州、北京、广州设有兽药研究所，还在全国39个大中城市设有直销兽药配送中心。综合实力在我国兽药生产企业中名列前茅。

国家特殊津贴荣获者、广东省突出贡献（兽医）专家
庞永中在做新兽药研究

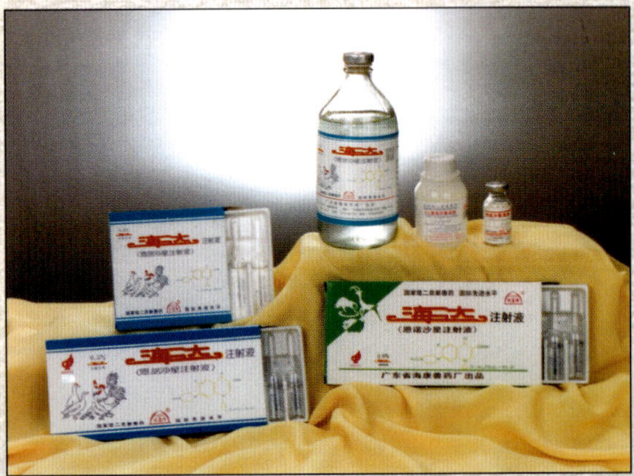

名牌产品：“海达”注射液

地　址：雷州市府前门03号
邮　编：524200
电　话：0759-8800174

兰州正大有限公司

饲料加工车间主楼

兰州正大有限公司是甘肃省畜牧局与泰国正大集团合作兴办的现代化农牧企业。公司1991年成立，1993年8月正式开业。先后建成年产18万吨的大型饲料厂和年产900万羽优质肉鸡苗的肉种鸡场两大实体。公司销售额由1993年的3 500万元增长到1998年的2.25亿元，年均增长近45%，1998年实现利润1 860万元。

兰州正大引进先进的设备，一流的技术，以优良的产品质量、优质的全方位服务赢得了市场，为甘肃及西北地区养殖产业的发展做出了积极贡献。公司先后被行业、省、市授予“全国用户满意工程先进单位”、“甘肃省优秀外商投资企业”、“兰州市十强‘三资’企业”等荣誉，公司“陇大牌”饲料被省政府评为“甘肃名牌产品”。

公司邀请荷兰专家传授现代养殖技术

正大产品：优质艾维茵肉鸡苗（上）
正大产品：陇大牌饲料（下）

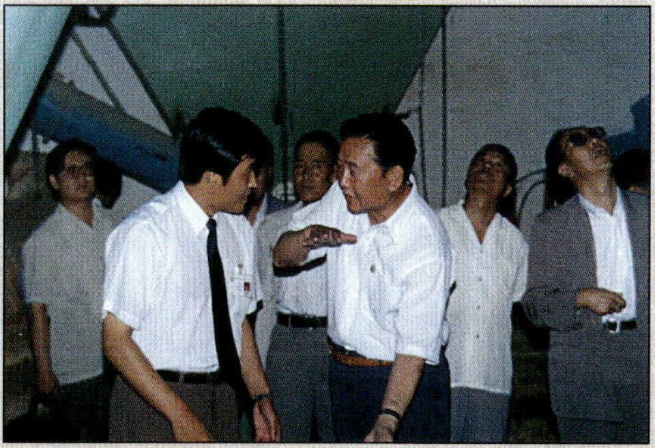

甘肃省委书记孙英来公司视察指导

地　址：甘肃省兰州市皋兰县县城
邮　编：730200
电　话：0931-5750910

宁波南方野生动物养殖有限公司

国家科学技术委员会“星火计划”证书

宁波南方野生动物养殖有限公司是国内独特驯养野生动物的公司。公司利用象山洋面上的天然岛屿，专门生产经营野猪、野鸭、野鸡、天鹅等野生动物。公司现有固定资产 1 125 万元，放养面积 353.33 公顷，在 11 座海岛进行野猪的放养。目前野猪存栏已达 6 000 头。

该公司野猪驯养已列入国家科委1998年“星火计划”项目。野猪肉以其肉质脆嫩，味道鲜美，野味浓厚，营养丰富而深受专家和市民的推崇。专家测定“野猪肉”具有蛋白质含量高，胆固醇含量低，内含17种人体所必需的氨基酸,其亚油酸含量高出家猪2倍。而且海岛养殖的野猪已完全具备了绿色生态食品的功能。

特种野猪母猪与仔猪

该公司现有高级技术人员7人，兽医师5人，养殖技术人员30人。公司以拼搏、奋进为宗旨，不断扩大养殖规模，2000年将以1万头野猪面市。

特种野猪的商品猪

农业部、林业部有关领导和医学专家，农业大学教授的结论是“野猪作为保健食品的开发，对人类是一大贡献，既利于人类的营养和健康，也利于我国的生态环境”。

地　址：浙江省宁波象山县丹城镇天安路杨家桥
邮　编：315711
电　话：0574-5790315　5790120

产 业 化 经 营

畜牧业产业化经营呈快速发展态势

近年来,我国畜牧业产业化经营不断发展和提高,特别是1998年,更是蓬勃发展的一年,突出表现在五个方面。

【产业化经营的组织形式呈多样化】 从各地实践看,畜牧业产业化经营主要有以下组织形式:一是加工流通企业带动型。其特点是企业与农户或养殖基地以契约方式结成紧密的利益共同体。企业对农户、基地给予相应扶持,提供全程服务。农户或基地按合同规定向企业交售畜产品,由企业加工后出售。吉林省柳河县凯帝公司,在企业濒临倒闭的情况下,靠产业化创出新路,经过几年的努力,形成了较大规模的生猪屠宰加工和肉食品深加工能力,带动6个县市1 600多个规模养殖农户;湖北省通城县牧工商公司,组织年外销生猪15万头,带动了全县养猪业的发展。二是市场带动型。即以专业市场为依托,以合同形式或联合体形式等将农民纳入市场体系,实现产加销一体化经营。青岛市七级镇生猪批发市场,年交易65万头生猪,有力地促进了当地的畜牧业发展。三是服务组织带动型。主要以畜牧兽医站、专业协会等各种服务组织为依托,把分散的农户带进市场。江西省崇仁县以县乡畜牧兽医站等单位组成麻鸡实业公司,联结农户8 000多户,饲养麻鸡1 000多万羽,年产值2.5亿元,农户从中获利3 000多万元。榆树市弓棚镇畜牧站,为农户提供产供销全程服务,年销肉蛋1.4万余吨,人均牧业收入1 500元。四是主导产业带动型。主要是立足当地资源,发展特色产业和产品。以一体化形式,组织产业群、产业链,形成区域性主导产业和拳头产品,带动区域经济发展。徐州市实施了“西部以牛羊为主,东部以猪兔为主,市郊以禽蛋奶牛为主”的发展战略,区域布局不断优化,初步形成了具有特色的主导产业。

【龙头企业迅速发展】 龙头企业内联千家万户,外联国内外市场,具有引导生产、深化加工、开拓市场、搞好服务的综合功能,是发展畜牧业产业化经营的关键环节。近几年来,全国畜牧业龙头企业的发展数量由少到多,发展规模由小到大,发展水平逐渐提高,极大地推进了畜牧业产业化经营。甘肃省目前具有带动能力的畜牧业龙头企业超过100个,辐射全省的企业占65%,跨省辐射的占30%,有5%的企业进入国际市场。龙头企业以购销合同等方式,直接联系专业户近7万户。辽宁省有77家龙头企业,其中100万只以上肉禽加工厂64个,1万头以上肉牛加工厂4个,10万头以上肉猪加工厂8个,蛋粉加工企业1个。山西省山阴县,选择了发展潜力大、带动力强、科技含量高的山阴城奶粉厂作为龙头企业,依靠科技,实施名牌战略,内抓管理,外拓市场,生产规模迅速扩大,带动农户养牛2万多头。河南省淇县以“兴业”和“永达”两个公司为龙头,带动了该县肉鸡和瘦肉猪生产的快速发展,使该县1998年畜牧业产值达到6.0亿元,畜牧业占农业总产值的比重达到65.5%。

【基地建设呈上升趋势,规模养殖发展迅速】 生产基地是畜牧业产业化经营的基础,是龙头企业得以发展的依托和条件。各地根据实际情况,围绕产品建基地、突出特色建基地,连片开发建基地。按照统一规划、合理布局、相对集中、优质高效的原则,发展专业化经营,建立了一批高起点、高标准的原料生产基地,形成各具特色的产业开发带。长春市集中财力物力,因地制宜重点规划建设了七大畜禽商品生产基地,即瘦肉型猪基地、肉牛基地、肉鸡蛋鸡基地、肉鹅基地和梅花鹿基地等,带动规模饲养户14万多户。基地年出栏瘦肉型猪约占全市出栏瘦肉型猪的70%,肉牛近90%,蛋鸡存栏约占40%。甘肃省畜产品商品总量的50%来自畜禽商品基地。

与此同时,各地适度规模养殖也出现迅猛发展的势头。湖北省1998年养猪专业户发展到10.8万户,同比增加4万户,增长60%;年出栏1 000头以上的猪场达到272个,同比增长31%。山东省诸城市1998年肉鸡规模饲养场达8 000余处，规模饲养场提供的禽肉产量占全市禽肉总产量的60%，出口创汇5.9亿元，占整个农产品出口的98%。

【市场培育和开拓有较大进展】 畜产品迅速畅通地进入流通领域并实现其价值，是产业化经营的最终环节。各地在重要畜产品产地或集散地兴建了一批畜产品专业批发市场，在大力发展各类运销实体的同时，不断开拓市场空间，提高畜产品市场占有率。辽宁省以扩大畜禽及其产品外销为重点，着力加强大型交易市场和销售队伍的建设，1998年新建和续建大型畜禽及其产品批发市场100多个，交易市场2 600个，累计发展经纪人1万余名，对搞活流通、引导农民进入市场，发挥了重要作用。甘肃省已发展肉类批发市场700个，活畜批发市场664个，各类专业批发市场29个。江西丰城市禽蛋批发市场，组成专业营销队伍，与6 500个农户鉴定购销合同，帮助农民销售禽蛋产品，年交易额1亿多元，禽蛋远销10多个省市。江苏省盐城市现有各类农畜产品专业协会350个，生产合作社190个，农民合作经济组织2 300多个，参与产业化经营的社区性集体经济组织1 630多个，农民经纪人达到12万人，为形成开放、统一、竞争、有序的畜产品市场体系奠定了坚实基础。

【利益分配机制不断完善】 各地在实施畜牧业产业化经营过程中，不断探索和完善龙头企业与基地、农户的利益分配关系，使畜牧业产前、产中、产后各环节紧密联结，逐步形成企业、基地、农户相互促进、联动发展的一体化生产经营体系，促进了畜牧业产业化经营的健康快速发展。其利益联结机制主要有三种形式：一是契约机制，即通过企业与农户或基地签订产销合同，确定畜产品的交售数量、质量和价格，并通过预付定金、贴息贷款、赊销种苗和饲料等形式，结成利益共同体。二是股份合作制，主要是龙头企业与基地农户通过资金、土地、技术、设备、劳力等入股，进行风险共担、利益均沾的股份合作经营。三是实行风险补偿机制，企业建立风险保障基金，在农民遭受不可抗力以外的风险时给予补贴。此外，还在良种、饲料供应、疫病防治和技术推广等方面进行了系列化服务。河北省安平县京安猪场与全县36个养猪场、20多个养猪专业村、800多个养猪专业户建立了不同形式的利益分配关系，推动了全县生猪产业化经营的快速发展。江苏高邮鸭集团与近百个养鸭大户签订了合同，实行"六统两分一扶持"，即统一供种苗，统一饲料配方，统一收购产品，统一技术指导、防疫灭病和保险；分户饲养管理和经营核算；对养鸭合同户适当给予资金扶持，使全县畜牧业产业化经营不断向纵深发展。

（全国畜牧兽医总站　王金文）

安平县京安猪场实现与农户的利益联结

河北省安平县京安猪场充分发挥龙头作用，多渠道探索与农户的利益联结机制，先后与全县36个规模养猪场、20多个养猪专业村、800多个养猪专业户建立起了不同形式的利益联结机制。不仅推动了全县生猪产业化经营的发展，又最大限度地带动农民实现了致富增收。

这些利益联结模式主要有三种：一是分场型。即由京安猪场直接投入部分资金或种猪、饲料等帮助建立分场，对分场生产过程中需要的种猪、饲料、药品，京安猪场实行记账式管理，并负责人员培训、技术服务和商品猪销售，分场财务独立核算。1997年5月，京安猪场拿出40万元扶持谷左村建起了第一个分场，共为其输送种猪300多头，饲料100多吨，使谷左分场很快取得效益，到11月底已出栏生猪5 000头，1998年可望达到出栏1万头的规模。目前，京安猪场已建立分场3个。二是合同型。即通过与农户签订产销一体化合同，由京安猪场向养殖户以半价赊销种猪，并对每头商品猪预付50元销售合同，养殖户负责仔猪繁育、育肥后交京安猪场包销，京安猪场对合同户按保护价收购。其间由京安猪场统一提供饲料和技术防疫服务，建立起以销售为纽带的利益联结体。全县共有8个猪场与京安签订了合同，辐射带动养殖户200多个。三是寄养型。即由京安猪场免费提供仔猪，实行寄养，仔猪育成后猪场负责回收并给予寄养户一定的报酬，建立起以仔猪为纽带的松散联合体。目前，全县已有120多个养殖户与京安猪场建立起了寄养关系，年出栏生猪达2万头。

京安猪场紧紧把握仔猪供应、技术服务、市场销售三个关键环节。通过上述三种联结方式，使龙头与农户、农户与市场有效联结，形成利益均享、风险共担的利益共同体，收到了良好的效果。一是京安猪场在扩大同农户的联结带动其发展的过程中，本身也得到了发展壮大。京安猪场可以放心将生猪饲养下放给各联系户，自己集中精力在种猪繁育、饲料加工、扩大销售上下功夫。目前投资600万元的三期扩建即祖代猪场项目已建成并投入使用，达到生产规模后，年产祖代种猪1 400头，父母代种猪2 000头。四期工程也正在建设中（与比利时合资，引进世界领先水平的配套系核心群项目）。目前，京安猪场已发展成为一个拥有固定资产800万元，每年出栏生猪12万头，向社会提供优质种猪1.5万头，屠宰加工15万头，集产、加、销于一体的大型综合养殖场，其影响辐射到了周边市县。目前，已有饶阳、武邑、鹿泉等6市县及山东等地20多个猪场与京安猪场建立了各种联系。京安猪场已成为跨市、跨省的全国知名的龙头企业。二是生猪产业化经营水平进一步提高。全县生猪养殖在全国普遍不景气的情况下保持了持续发展。新增万头以上猪场4个,百头以上养殖大户2 000多个,养猪专业村10个。实现存栏30万头,年出栏40万头的规模。三是促进了粮食的转化,农民实现了增收。通过对比发现,凡与京安猪场建立联系,以京安猪场为销售渠道的猪场和养殖户,每千克生猪多收入2元人民币左右。全县每年通过京安猪场销售生猪15万头,农民仅此一项可增收4 000多万元。全县每年实现粮食转化4万吨,占全县粮食产量25.6%。四是生猪品种进一步优化。京安猪场对各养殖户输出的种猪、仔猪均为优质瘦肉型猪,在瘦肉率、肉料比上均强于脂肪猪。近两年来,京安猪场共向社会输送优质种猪3万头,进一步优化了全县生猪品种,全县优质瘦肉型猪达到90%以上。

(河北省畜牧局供稿)

产业化经营之路越走越宽

【介休市实施肉鸽产业化】 介休市积极调整畜牧业生产结构,把养鸽业作为全市畜牧业的重头戏来抓,并确定了实施贸工牧一体化的开发战略,由市农牧局牵头,依托介休环飞乳鸽制品厂组建了"介休环飞乳鸽开发有限公司"。公司以开发"环飞"牌乳鸽系列食品的加工厂为龙头,引进美国落地王鸽、泰国银王鸽等优良种鸽,建立种鸽繁育基地,采取公司加农户的形式大规模发展养鸽。由龙头企业向农户提供种鸽、饲料和技术服务。公司与购种户签订回收合同,并特别注意制定保护价回收产品。这样只要农户精心管理,养一对鸽的年纯效益均在70元以上。结成了与农户利益共享、风险共担的经济共同体,形成了龙头企业—基地—农户一条龙,生产、加工、销售一体化的稳定的经营体系,从而推进了全市肉鸽产业化进程。

【交城县玄中童子鸡开发有限公司】 交城县玄中童子鸡开发有限公司是交城县畜牧局自身创办的直属企业,主要产品是利用蛋鸡小公雏,经科学饲养5~6周龄后,屠宰加工制成各种规格的童子鸡系列软包装罐头,年设计生产能力为60万只。1997年,该公司以市场为导向,以基地农户为依托,坚持走贸工牧一体化、产加销一条龙、农科教相结合的产业化道路,内抓管理,外抓营销,取得了良好的经济效益和社会效益。年加工销售童子鸡20万只,完成产值200万元,实现利润24万元。产品在竞争激烈的肉制品市场站稳了脚根,占据了一席之地,并荣获山西省优质畜产品评销会金奖,全国第三届农业博览会推荐名牌产品,展示了良好的发展前景,为推动全县畜牧产业化,带动群众致富,开辟了一条新路。

【山阴县大力发展奶牛乳品业,实施畜牧产业化经营】

1997年,县委、县政府把奶牛业为主的畜牧业作为全县发展农村经济、农民致富达小康的一项战略措施,立足资源优势,大力培植奶牛主导产业,加快龙头企业和奶牛基地建设,健全社会化服务体系,加大宏观调控力度,基本形成了具有山阴特色的玉米种植—奶牛养殖—乳品加工产业链,走出了一条市场牵"龙头"、"龙头"带基地、基地连农户、贸工农一体化、产加销一条龙的畜牧产业化发展路子。

在畜牧产业建设中,山阴县抓住畜牧产业化的核心环节,加快龙头企业的建设。坚持"谁有能力谁牵头,不拘一格选龙头"的原则,选择了发展潜力大、带动能力强、科技含量高的乡镇企业——山阴城奶粉厂作为龙头企业。实施名牌战略,内抓管理,外拓市场,依靠科技,不断技改,企业规模逐年扩大。1997年已具有加工奶粉7 000吨、冰淇淋5 000吨、处理鲜奶7.2万吨的生产能力。可带动农户养奶牛2万头,成为全国十大乳制品企业之一。山阴县还注重处理龙头企业和农民的利益关系,将龙头企业和农民结成紧密的利益共同体。坚持做到"粮价再高也绝不能让奶农少挣钱,乳品再积压也绝不能让奶农倒鲜奶"。1997年,奶粉厂拿出100万元资金,无息资助农民购买奶牛饲草料和防病免疫;投资20万元购置鲜奶测试分析仪,建设奶源收购标准化体系;引进股份制,以每股3 000元吸纳24家养牛大户为股东,厂家与奶农真正结成了利益共同体。

生产基地是畜牧产业化的基础。1997年,该县强化奶源基地建设,坚持走区域化布局、专业化生产、集约化经营的路子,着力提高奶牛业的增值能力和比较效益。一是实施"玉米战略",建立饲草饲料基地,为奶牛提供充足饲草料;二是突出适度规模养殖,壮大奶牛基地。1997年,山阴县奶牛饲养达到1万头以上的乡镇1个,3 000头以上的乡镇3个,2 000头以上的乡镇2个,1 000头以上的乡镇3个。三是提出了实施"双五万"工程,建设乳制品系列开发基地。即到1998年底,奶牛养殖达到5万头,系列乳制品生产达5万吨。

1997年,山阴县依靠科技,有组织、有领导、有计划地开展了一系列全方位、全过程的社会化服务活动。健全了20个乡镇兽医站,设置了58个配种点,28个鲜奶收购点,初步形成了以县畜牧局为中心、乡村兽医站为依托、示范户为补充的畜禽服务体系。兴办奶牛协会,开展全方位综合服务。采取联办、股份等多种形式,兴办专业性、社区性服务协会、实体9个,为畜禽繁育、人员培训、防疫治病、信息传递、产品销售提供一体化、全程化服务。

加强领导,加大宏观调控力度,是推进畜牧产业化的关键所在。首先成立了山阴县奶牛乳品协调发展领导组,把畜牧业发展和农民增收作为考核各级领导班子政绩的一项重要内容。其次加大宏观调控力度,保持了奶牛乳品业的健康发展。

1997年,山阴县对县域经济发展进行了深层次研究,经县委九届八次全委会通过。进一步确立了奶牛乳品业的地位,将以玉米为主的种植业、以奶牛为主的养殖业和以乳品加工为主的加工业作为全县六大支柱产业之三,高举乳品加工龙头,大力扶持适度规模经营,加快"双五万"工程实施步伐,依托产业化,沿着玉米—奶牛—乳品这条产业链,带领千家万户"骑着奶牛闯市场,抱上奶壶达小康"。

【山西永艾食品有限公司】 永艾食品有限公司是山西省畜牧产业化示范县——平定县的龙头企业,是平定县首家以肉制品为主的食品加工企业。该公司于1992年10月创建,引进了九十年代国外先进生产设备和工艺技术,充分利用当地充足的玉米和瘦肉型猪等资源,主要生产三文治系列产品。到1997年,公司拥有固定资产1 200万元,总资产2 000万元。年消化生猪5万头,每年为国内外市场提供优质肉制品2 000吨,品种达30余种,拥有各类肉制食品3 000吨生产线,年产值3 520万元,年税金212.2万元,年利润493.68万元,出口创汇达140万元。该公司是山西省首家肉制食品出口创汇企业,并填补了山西省熟肉制品出口的空白。随着永艾公司的发展壮大,有力地促进了当地养殖业的快速发展,充分显示出龙头的带动作用,其经济和社会效益正在对平定及周边地区畜牧产业化的发展起着深远的影响。

【实施养牛产业化战略,壮大自身经济实力】 和顺县畜牧局根据当地牧坡广阔、牧草丰富、发展养牛得天独厚和已形成的西门塔尔牛繁殖体系的优势,确定了以贸工牧一体化,产供销一条龙、龙头带基地、基地连农户、整体推进养牛业,全面实施了产业化的战略目标。1997年,为了适应养牛产业化要求的发展,该县围绕全县"兴支柱、树强项、抓特色、举龙头、促养牛"的发展思路,不断强化畜牧系统的内部改革,转变职能,强化服务。充分发挥县牧工商联合总公司的龙头作用,以服务农民为主体,把总公司办成了集管理、服务、经营于一体的综合服务机构。以服务促发展,以发展壮大自身服务实力为宗旨,实施了公司+基地+农户的模式,成为全省养牛产业化示范县之一。主要体现在:

一是牛的饲养总量增加。1997年,全县牛的饲养量达到91 280头,户均2.95头,其中出栏商品牛20 280头,户均0.66头,养牛收入已达3 650万元。

二是规模养牛步伐加快,已形成小群体、大规模的发展态势,1997年全县已发展50头以上牛场38个,新增21个;发展养牛小区15个,发展人均饲养头牛村104个。

三是市场开发实现了新突破。肉牛远销全国11个省、市128个外贸公司、屠宰厂。1997年以来和顺县购买肉牛的客商达687人次,肉牛价格比上年稳定上升。

四是品种质量显著提高。西门塔尔牛已形成繁殖体系。1997年,全县母牛"冷配"已达15 764头,比上年增长43.8%。四代、五代牛已达到了75 580头,占牛群总量的82.8%。

五是养牛产业化的链条不断延长。从农业上看,它是秸秆加工的"发酵机",每年可通过牛过腹还田的秸秆达6万吨;从资源利用上看,它是一部"收获机",把资源变成了经济;从市场上看,牛是"媒介",与北京窦店村等十多个市场建立了商品关系,这些转变都是以牛为"媒"。

六是养牛产业化的发展壮大了自身经济实力。1997年全系统创收达到102万元,比上年增加28万元。

【高平市积极推进生猪产业化进程】 高平市是山西省商品瘦肉型猪基地。1997年,该市根据生猪生产中出现的新情况,适应社会主义市场经济的新要求,积极推进生猪产业化步伐,初步形成了贸工牧一体化、产加销一条龙的产业化格局,从而推动了全市农村经济的更快发展。其主要做法是:

1. 立足实际,瞄准市场,确立生猪产业化发展战略。通过调查研究,制定了全市生猪产业化发展战略,即通过扩大生产规模,完善服务体系,推广普及科学技术,培育龙头企业,走出一条贸工牧一体化,产加销一条龙的产业化发展路子。

2. 积极培育龙头企业。在实施生猪产业化战略过程中,高平市始终扭住龙头企业建设不放松,狠抓了市肉联厂的改造和扩建。在充分调研论证的基础上,选择了具有国内领先水平,填补省内空白的"肉类速冻方便食品生产线"。由"利乐拉伐公司"和"中国肉类食品综合研究中心"提供技术、配方,生产以猪肉为主要原料的主食类、菜肴类、点心类速冻方便食品。

3. 加强基地建设。突出抓了扩大规模、优化服务、提高科技含量三个重要环节。

(1)大力发展规模养猪,积极引导养猪业向工厂化迈进,促进生猪生产方式由粗放型经营向集约化经营的转变。为此还出台了一系列优惠政策,即优先规划场地,优先提供贷款,优先供水供电,优先提供信息,优先技术服务,优先销售。

(2)以改善基础设施为突破口,加强服务体系网络化建设。一是建立了良种繁育体系。先后建成了设计规模为存栏基础母猪100头,出栏育肥猪1 000头的市二级种猪场,改扩建了市供精总站,装备了12个乡镇输精点,基本形成了以市种猪场、供精总站供种供精为主导,以乡镇输精点人工输配和边远山区良种本交相结合的猪种改良服务网络。年人工输配母猪达到1.6万头(次)以上,优配率达到了70%以上,良种覆盖面达到了80%以上。二是疫病防治体系。建成了以市防检站为中心,以基层兽医站为主体,常年开展畜禽免疫和市场检疫检验相结合的防疫治病服务网络。三是饲料供应体系。形成了以饲料销售供应点为基础,国家、集体、个体互补,粮食、畜牧、供销多渠道经营,市、乡、村多层次销售饲料的服务网络。服务网络的形成和服务功能的不断强化,有效地促进了生猪生产的健康发展。

(3)推广了瘦肉型猪杂交改良及配套饲养管理技术、程序化免疫、仔猪早期补料、优质配合饲料、生饲干喂、冬季暖棚饲养等先进实用技术,普及率达到了70%以上,有效地提高了全市养猪业的科技含量和科学饲养水平。

4. 不断开拓销售市场。一是进一步理顺了产销体制。将拥有固定资产700万元的市食品公司划归畜牧局管理,实现了生猪产销一体化经营。二是充分发挥国营主渠道作用,采取"巩固老关系、广交新客户、多渠道销售"的办法,扩大市场销售。三是积极鼓励和引导广大农民进入流通领域,参与流通。1997年,全市生猪经销户发展到280户,年购销生猪7万头以上,为缓解全市生猪卖难起到了积极作用。

(山西省农业厅畜牧局供稿)

龙头带基地,基地连农户 加快产业化进程

为加快传统畜牧业向规模化、集约化和现代化畜牧业转变,辽宁省积极探索发展畜牧业产业化经营之路,围绕生猪、蛋鸡、肉鸡、肉牛四大主导品种,着力加强龙头、基地、市场和社会化服务体系建设,全省龙头带基地、基地连农户的产业化经营方式已具雏形。龙头企业迅速崛起。全省年屠宰加工百万只以上肉禽加工厂64个,万头以上肉牛加工厂4个,10万头以上肉猪加工厂8个,蛋粉加工企业1个。在这77家龙头企业中,年产值超亿元的有16个,年利税4.4亿元。

名牌产品开发初见成效。西丰肥牛王系列产品,其质量和口味达到国内较高水平,并已经得到沈阳、大连、长春等地的大酒店认可,高档牛肉、优质牛肉片供不应求;大连市蛋粉加工厂,自1997年3月份投产以来,日加工鲜蛋10吨,蛋粉已在全国享有较高信誉,市场销售看好;大成鲜鸡销往国内外,年利润千万元以上。

基地建设取得新进展。1998年,各级财政投入资金1 500多万元,新上国家秸秆养牛示范县1个,续建省级肉牛开发县、国家秸秆养牛示范县24个;新上全国商品瘦肉猪基地2个,续建28个。在基地建设过程中,坚持高起点、高标准的原则,重点抓了专业乡、专业村、专业户、规模饲养场和畜牧小区建设。专业户队伍进一步壮大,成为全省畜牧业的主力军。随着全省农村专业化水平发展,畜禽散养户逐步减少,以专业户为代表,实行小规模、大群体的专业化经营发展迅速,比重不断增加。据调查,黑山县畜牧专业户达2.4万户,占全县饲养户数的50%。据不完全统计,全省畜牧专业户40余万个,肉、蛋、奶产量占全省43.9%。村外畜牧小区蓬勃兴起,在部分地区已成为当地的主要饲养方式。海城市八里镇,建成畜牧小区26个,养猪2.3万头,养鸡99万只,均超过该镇饲养总量的50%。沈阳市建成畜牧小区80多个,其中外商、非农部门和城市下岗职工兴建12处,引进外资近亿元,吸纳非农部门资金1.5亿元。畜牧小区的发展不仅促进了规模经营,净化了环境,而且已成为引进外资、吸纳非农部门资金和安排下岗职工的重要措施。大力发展专业乡、专业村,形成多乡一业、多村一品的区域性规模优势,已在各级政府和广大饲养者中形成共识,成为全省畜牧业的主要发展趋势。沈阳市拿出10万元奖励资金开展了专业乡、专业村达标竞赛活动,已建成年出栏5万头以上的养猪专业乡15个,年出栏万头以上的养猪专业村20个;年出栏肉鸡百万只以上的肉鸡专业乡25个;存栏蛋鸡20万只以上蛋鸡专业乡10个。全市生猪的70%、肉鸡的80%、鸡蛋的70%由专业乡提供。大型现代畜牧场出现发展势头。据不完全统计,全省万头以上猪场31个,万只以上鸡场千余个。集团化经营开始起步。大连韩伟蛋鸡集团、沈阳北鹏肉鸡集团、台湾大成集团、泰国正大集团等民营和三资企业集团的年产值均在2亿元左右。

市场体系建设进一步完善。1998年,全省以扩大畜禽及其产品省外销售为重点,着力加强了大型交易市场和销售队伍建设。新建和续建大型畜禽及其产品批发市场100多个,交易市场2 600多个,以及发展经纪人1 000多名,累计达1万余名。对搞活畜产品流通,促进省外销售,发挥了重要作用。全省畜产品省外销售呈现四大发展趋势:一是省外销量大幅增长。1998年末,全省有200万头生猪、40万吨禽蛋、22万吨鸡肉、40万头肉牛销往省外,销售额约80亿元。二是由个体分散经营转向公司式集约经营。北宁市将全市100多个畜产品经营大户组织起来,成立畜产品经营公司,每个成员发给经纪人证书,有组织地将畜产品销往省外。该市正安镇生猪批发市场,在经纪人的组织下,日销生猪千余头。三是由自由贸易转向契约贸易。清原县草市镇成立了以个体户朱爱民、郭福成为龙头

户的购销联合体，与10余个大中城市的客商签订了长期供应合同，年销售肉牛万余头。海城市南台镇与广州客商签订了鲜蛋长期购销合同，每两日有一车皮鲜蛋销往广州。四是由局部周边地区向腹地挺进。过去辽宁省畜产品省外销售局限于辽西、辽北等周边地区，近年来出现了向沈阳、鞍山、辽阳等中部地区延伸的整体挺进之势。据不完全统计，沈阳市生猪省外销售量达5万余头。

（辽宁省畜牧局供稿）

畜牧业的根本出路在于产业化

畜牧业作为国民经济的一个基础产业部门，应该是产加销衔接紧密的一个整体，具有相对完整的产业链。但是，在计划经济体制下，畜牧业基本没有摆脱小农经济的生产方式，按照计划价格，对畜产品实行统购统销制度。畜牧业仅仅作为初级畜产品的生产部门，为城市居民提供消费品，为加工部门提供原材料，畜牧业产前、产后环节与生产环节严重脱离，并被分别归属于不同的行政管理部门。这就造成了畜牧业产业链的残缺和把整个产业过程被人为分割开来实行管理的局面。

在市场经济条件下，从畜牧业内部来看，当前存在着两大突出矛盾：一个是千家万户的小生产与千变万化的大市场之间的矛盾。千家万户的分散经营，由于存在着生产选择的盲目性，经营方式的封闭性和商品交换的滞后性，很难与激烈竞争、千变万化的大市场相适应。二是生产企业比较效益低，与加工、流通企业比较效益高的矛盾，正如人们经常所说的，养猪一年不如杀猪一天，一瓶牛奶不抵一瓶汽水，使畜牧业在整个市场竞争中处于不利地位。因此，畜牧业如果不改变传统的产业组织状态，不仅自身很难迅速发展，而且很难与第二产业、第三产业相互协调，势必影响整个经济的发展。这一切都在呼唤着一种符合社会主义市场经济要求的，能够整体推进畜牧业和畜牧经济改革和发展的形式，畜牧产业化经营战略就这样应运而生。畜牧业产业化经营是农民进入市场的主要方式和主要依托。是整体推进畜牧经济工作的最终落脚点。

所谓畜牧业产业化，就是从农村经济体制和经济发展的实际出发，按照市场经济的规则，通过将畜牧业的产前、产中、产后诸环节联结整合为一个完整的产业系统，把一家一户的分散经营组织起来，围绕主导产业和拳头产品，通过市场牵龙头、龙头带基地、基地连农户的办法，建立种养加、产供销、贸工牧、牧科教一体化的龙型生产体系，使其具备生产专业化、布局区域化、经营一体化、服务社会化、管理企业化的特征。简而言之，就是以基地化生产为基础，以加工企业为龙头，以一体化经营为核心，以社会化服务为保证，以科技进步为动力，使这五者紧密结合为一个有机整体，构成产业化的基本内涵。

由于各地情况不同，畜牧业产业化的具体方式和途径应该是多种多样的，就黑龙江省而言，从近几年各地的发展情况看，有两种基本的类型：一是龙头企业+农户。主要是以实力较强的加工企业为龙头，上以优质产品开拓省内外市场，下以利益联结机制、服务机制与生产基地、农户紧密衔接，形成龙型生产体系。如黑龙江省呼兰市与泰国正大集团联营，兴建了现代化水平的肉种鸡场、孵化厂、饲料厂、屠宰加工厂等配套企业。通过服务与合同机制，与周边市县养鸡基地农户联结起来。1997年饲养加工肉鸡2 500万只，产品销往日本、韩国等市场。双城的雀巢公司、哈尔滨的森永公司、讷河的大兴公司都属于这种类型。二是专业市场+农户。主要是通过分散各地的专业批发交易市场和大中城市的消费市场，带起了一批生产基地，通过基地的中介服务组织、小型加工企业和贩运队伍，将基地的产品源源不断地运往市场销售，形成产销一条龙体系。如黑龙江省肇东市昌五镇羽绒大市场，年经销羽绒5 000多吨，经销额近亿元，并建起了羽绒加工厂，带动了周边市县养鹅业的发展。仅肇东、肇源两县大鹅饲养量就达到500多万只，成为黑龙江省养鹅的重点产区。巴彦县西集镇建起了一处规模较大的肉牛交易市场，辐射到周围十几个市县，带起了全镇31个养牛专业村屯。全镇牛饲养量达到2万多头，是建市场前的4倍。

从黑龙江省实际出发，发展畜牧业产业化要注意解决好以下几个问题。

1. 要树立一个正确的指导原则。一要树立因地制宜，择优发展的思想，认清自己的经济优势，确定主导产业，抓住一、二个拳头产品，集中力量搞上去，然后再逐步扩展。二要树立认清现状、分类指导的思想。已经具备产业化雏形的，要在完善机制、扩大规模上下功夫；形成一体化产业链的，要在提高水平、向外辐射上下功夫；生产基地、加工企业单摆浮搁的，要在促进联合、理顺机制上下功夫；畜牧业基础比较薄弱的，要在挖潜发展上下功夫。三要树立协调利益、促进联合的思想。很多市县畜牧业生产企业和加工企业都有一定的基础，要通过改革，打破行业界限，把相关部门组织起来，形成产业化的运行机制，实现资源的合理配置。四要树立大小结合，滚动发展的思想。在构造产业化上，宜大则大，宜小则小；宜乡则乡，宜县则县，逐步由小到大，打破地域界限，形成适度规模、较高水平的产业化发展格局。

2. 发展畜牧业产业化的核心是增强龙头企业的活力。从现阶段分析，狭小经营规模的农户难以成为真正含义的市场主体。能组织农产品进入市场，形成规模，创立品牌，并不断适应市场需求变化的，是具有市场开拓能力的龙头企业。加工企业上连市场，下连基地。千家万户的小生产要想打入千变万化的大市场，必须通过加工企业这个桥梁和纽带，特别是在当前畜产品市场日趋饱和，消费结构不断变化的情况下，畜牧业的发展越来越离不开加工业的推动。只有加工企业真正活起来，加工链条不断延伸，畜牧业产业化才能形成。选择龙头企业要确立两条标准，一是必须具有很强的市场开拓能力。龙头企业存在的最大价值就在于较之农户、一般服务组织、各种中介组织具有更强的发现市场、开拓市场和占领市场的能力。如果龙头企业自身没有较强的市场开拓能力、信息把握能力、资金融通能力和技术创新能力，没有高技术含量的工艺流程生产出来的产品，没有高知名度的品牌，那么就很难发挥龙头作用。二是龙头企业必须具有一定的规模和实力。规模大、实力强，则市场的竞争力就强，就能够形成稳定的供销渠道，对基地生产的反哺能力和牵动能力也强，产业化链条的发展就比较稳定。否则，一遇市场风险，龙头企业自身利益难保，产业化链条就容易断裂。那么，按照黑龙江省各地的实际，怎样扶持和发展龙头企业呢？笔者认为首先要打破部门、行业、所有制界限，按照谁有本事谁牵头，谁牵头扶持谁的原则，对畜牧业相关企业的资产实行优化组合，在现有基础上发展一批龙头企业。其次，要在畜牧业生产集中区，按照产业区划的要求，集中资金，建设新的高起点、高标准、适度规模的畜产品精深加工项目。三是走合资联营、改造之路，实现强强联合、强弱联合，组建企业集团，扩大龙头企业的规模。增加龙头企业的实力，提高产品知名度和市场竞争力，使其具备开拓市场、占领市场的能力。

3. 产业化的关键是开拓市场。畜牧业产业化经营是在社会主义市场经济条件下产生的，它要得到长足稳定的发展，必须面对市场，适应市场的需求。消费引导生产，有什么样的消费结构就能形成什么样的生产结构。近年来，畜产品市场供需关系发生了很大变化，即从过去的供给小于需求，变成了供需基本平衡，市场需求对生产经营活动的导向作用越来越强，过去那种生产什么卖什么，生产多少卖多少的情况已经一去不复返了。同时，还要看到市场的多样性和多层次性，既有国内市场，又有国外市场，既有大中城市市场，又有城镇乡村市场，既有现实的近期的市场，又有潜在的远期的市场。因此，搞畜牧业产业化经营，必须面对复杂的、千变万化的市场。牢固树立市场意识，认真研究市场，收集大量的市场信息，分析市场需求与价格动态，及时做出正确的市场判断，把既有市场潜力、又有地方比较优势的产业和产品作为产业化开发的主导产业和产品，这样才能确保畜牧业经济产业化的健康发展。

4. 产业化的基础是提高基地建设水平。结合黑龙江省实际，生产基地建设要达到以下标准：一是要围绕龙头企业和专业市场，在继续鼓励千家万户普养的同时，引导其向专业户、养殖场和养殖小区发展。通过大小规模并举，多种经济成分并重，多种经营形式结合的办法，逐步形成一乡一业、一村一品，或多乡一业、多村一品的区域化生产格局，提高基地的规模化、商品化程度和畜产品的批量供给能力。二是要把专业生产同科教兴牧、社会化服务紧密地融合在一起，最大限度地采用先进技术，实现对传统畜牧业的根本性改造，以增强生产基地的畜产品供给能力、市场竞争能力和抵御风险能力，不断提高畜牧业集约化经营水平。三是要在生产基地建设的同时，积极探索龙头企业、专业市场与生产基地的最佳结合形式和组织形式，推进产业化的形成和发展。

5. 产业化的成败是搞好利益连接机制。产业化的内涵是产加销一体化，实质则是三者利益的一体化。没有利益的驱动，产业链条就必然脱节。分析全省畜牧业产业化典型事例，其连接形式大体可分为两种类型：一种是紧密型的，形成了风险共担，利益均沾的利益机制；另一种是松散型的，即产加销三者仅停留在板块对接上，仍处于一般的买卖关系，没有合同契约约束，严格来讲这种形式不能算作产业化的组织类型。从各地的实践看，在完善产业化的利益联结机制上，主要是坚持三条原则，处理好三个关系。一是坚持以保护农民的积极性出发，本着欲先取之，必先与之，让利于民的原则，处理好企业与农民的关系。二是坚持谁建基地，谁提供服务，就为谁提供畜产品的原则，处理好企业之间的关系。三是坚持分工协作，有偿服务的原则，处理好企业与服务组织之间的关系，要以这三者为基础，结成利益共同体。在产业化的利益联结机制上，主要提倡以下三种基本形式：一是提倡契约机制。通过企业与农户签订产销合同，确定畜产品的交售数量、质量和价格，并通过预付定金、贴息贷款、赊销种苗、饲料等形式，结成利益共同体，扶持农民发展生产。二是提倡股份合作机制。引导和鼓励龙头企业同基地农户通过资金、土地、技术、设备、劳力等入股，进行股份合作经营和集团化经营。三是实行风险补偿机制。企业要建立风险保障基金，在农民遭遇自然风险和市场风险时给予补贴，以解除农民的后顾之忧。判断一个主导产业是否实行产业化经营，或一个企业是否是农业产业化经营的龙头企业，最重要的判断标准可以概括为三条：一是生产、加工、销售诸环节是否以某种稳定的经济关系有机结合为一体化经营。二是生产、加工、销售诸环节在一体化经营中是否真正形成互相促进的利益共同体。三是农民在一体化经营中所得到的利益是否超过了在自然散在经营中所得到的利益。如果生产、加工、销售之间仍然是过去那种买断关系，无任何机制和制度约束，农民从中得不到什么实惠，那么就不能认定这个主导产业是产业化经营，不能认定这个企业是产业化经营的龙头企业。

6. 要积极探索适应畜牧业产业化的组织领导体系。产业化本身就是一种社会化大生产，贸工牧、产加销之间必须紧密衔接，形成一体。目前，我们各地所实施的畜牧业产业化经营，多是在经济体系上进行的改革，把产加销相关部门结合在一起。而在领导体制上仍然是按产业分工进行管理，这无疑给产业化运行带来了一定的难度。因此，要加快产业化的步伐，就要求我们在领导体制上也要改变过去那种党政副职分工主管，畜牧业部门具体负责，行业之间自成体系的传统做法。在这方面，一些地方进行了大胆探索。在不打乱党政领导按一、二、三产业分工，不改变职能机构设置的情况下，试行领导纵向抓产业的方法，由党政领导挂帅，成立相应的产业化领导组织，以畜牧业部门为依托，把相关部门、乡村和龙头企业组织到一起，进行统筹规划和综合协调，并引入责任激励机制，从龙头一直抓到龙身、龙尾，有效地解决了城乡分割和行业隔离问题，推动了畜牧业产业化经营的健康运行。

（李海林）

强化龙头 建设基地
不断提高奶牛产业化经营水平

近年来，双城市按照省委、省政府提出的建设农业强省的要求，结合本地实际，全面实施农业产业化经营战略。在加快农业强市建设中，不断加快畜牧业强市建设步伐，已经形成了大玉米—大奶牛—大乳品为标志的农业产业化经营模式，实现了种、养、加的良性循环，极大地提高了农村经济的质量和效益，以饲养奶牛和鸡、猪三大强项产业已初具规模。1998年末，全市奶牛存栏7.6万头，比上年增长7.1%，其中成母牛3.8万头，产鲜奶17.5万吨；创产值3.1亿元，占牧业总产值的42.5%；全市畜牧业人均收入达到1 240元，占农民人均收入的46.4%，其中养奶牛人均收入530元，占农民人均收入的42.7%。雀巢公司上缴税金7 300万元，占市财政收入的36%。

双城市围绕奶牛生产，建设大龙头，发育大基地，形成大产业，促进大发展的主要做法是：

一、反弹琵琶，建设龙头，增强奶牛业的拉动能力

龙头企业是外连国内外市场，内连千家万户的载体，是实施畜牧业产业化的核心。龙头企业的层次和水平，决定着主导产业发展的质量和效益。建成一个龙头企业，就可以形成一个产业链条，带动一项主导产业，拉动一地经济发展，加快一方百姓致富。为此，一直坚持反弹琵琶，逆向思维的方略，先找市场，后定产业，先建龙头，后建基地。把大上龙头企业，推进农业产业化作为加快发展畜牧业生产的战略重点。

中瑞合资的雀巢公司是1986年引进的乳制品加工龙头企业。一期建设投资6 900万人民币，于1990年6月竣工投产，日加工鲜奶能力达150吨。随着奶牛业的发展和市场需求的不断增长，公司原有生产能力无法满足要求。为此，股东双方就扩建事宜达成协议，于1992年9月签署了新的扩建合同和章程。扩建项目总投资2.5亿元人民币，于1995年11月竣工投产，日加工鲜奶能力增加到530吨，奶源由原来的10个乡镇扩展到全市27个乡镇。根据奶牛业不断发展的新形势，要求企业必须继续增加鲜奶接收能力。为此，公司又投资2亿元人民币，对生产线的标准化、蒸发器、干燥器进行了一系列改造，使日处理能力由30吨猛增到1 050吨，产品种类由10个增加到20个，主要品种有力多精婴儿奶粉、即溶奶粉、营养麦片、纯米粉、纯麦粉等。与此同时，对农村奶站进行了新的扩建，安装了制冷设备。并将厂内两台燃煤热风炉改造成燃油热风炉，安装了污水处理设备，在发展生产的同时，环保方面也迈出了可喜的一步，使企业成为全国500强之一。

龙头企业的发展壮大，增加了对奶牛生产的拉动效应。一期建厂、二期扩建和三期改造工程的完成，带动了双城市奶牛业连登三个新台阶。1991年末，全市奶牛发展到2.2万头，比1990年增加30%。龙头企业扩建后，到1995年末，全市奶牛存栏达到5.2万头，比1990年增长2倍多。随着三期改造工程的竣工投产，龙头企业的加工能力不断提高，与奶牛业实现同步发展。1998年上半年，全市奶牛存栏已达8万头。奶牛业发展的实践充分证明，发展畜牧业生产，必须先建龙头企业，没有龙头企业的拉动，就不能实现畜牧业生产的大发展。

二、依靠科技，建设基地，提高奶牛业的经济效益

在当今市场经济的新形势下，没有规模，就没有市场，没有规模，就没有效益。而规模经营只有同科学技术结合起来，才能获得较好的经济效益。近几年来，双城市把推广科学技术和建设生产基地有机地结合起来，并作为加速实现增长方式根本转变的主要措施来抓，使科技含量和基地生产水平都有明显提高。

一方面，提高奶牛单产，增加科技含量。在推进奶牛产业化的进程中，充分发挥科技的主导作用，加快科技兴牧的进程。一是提高生产者的科技素质。每年都采取科技培训、科技讲座、科普大集、科技示范、科技拉练等多种形式，千方百计提高领导者和生产者的科技素质，使奶牛户精通技术，学会管理。二是大力推广奶牛高产技术模式。全市普遍推广了“良种冷冻精液配种、配合饲料、科学防病、暖舍饲养”的高产技术

模式。在品种改良上，全市实行统一供精，人工冷冻精液配种；在饲料利用上，推广奶牛浓缩料和秸秆青贮、盐化技术。全市浓缩料的普及应用面已达50%以上，玉米秸秆盐化技术的入户率已达80%以上。在防疫灭病上，全面开展了奶牛结核、布鲁氏菌病和乳房炎检疫，进一步净化了奶牛群。三是放活科技人员。积极组织科技人员进入畜牧业生产的主战场，充分发挥科技人员在生产中的作用。市乡村共有近千名科技人员同奶牛生产基地村、户、场建立了长期业务联系，帮助解决生产中的技术问题。养牛户素质和科学技术水平的提高，为养牛业生产注入了新的活力。1998年，全市奶牛平均单产达到4.6吨，其中超5吨的有3万多头。

另一方面，扩大生产规模，建设生产基地。为了加快奶牛业的发展，着力在促进集约经营、规模发展上下功夫。努力建设高科技、大规模的生产基地，为龙头企业建好第一车间。坚持走规模生产，专业经营的路子，大力发展专业户、街、村及专业乡镇。通过典型示范，产生一户带四邻，四邻带全村的联动效应，进而形成了成线、连片规模推进的态势。目前，全市奶牛专业户已发展到1.7万多户，养牛4.5万头，规模经营比重达到56%。已建成奶牛生产专业村168个，专业乡镇11个，分别占全市村、乡总数的43%和40%。同时，采取资金扶持、效益吸引的办法，鼓励农户不断增加对奶牛生产的投人，扩大生产规模。全市涌现出一批奶牛生产的万头乡镇、千头村、百头户。五家镇奶牛存栏达1.02万头，户均养牛2头。跃进乡育仁村共有274户，1 132人，全村奶牛已发展到1 129头，人均1头奶牛。联兴乡安家村养牛大户韩世柏，饲养奶牛107头。

科技进步和生产基地的形成，产生了很好的经济效益和社会效益。一是为企业提供了充足的奶源，增加了农民收入和市财政收入。目前，雀巢公司每天收购鲜奶500多吨，农民可获奶资80多万元。公司自1992年以来，累计已向市财政缴纳税金2.3亿元。二是推进了粮食过腹转化。一头牛一年需精饲料2 500千克，1998年全市奶牛过腹转化粮食1.9亿千克，占粮食总产的11.5%，增值2.7亿元。公正乡有利村是一个仅有144户的小屯，有118户养奶牛，存栏580头。1998年该村过腹转化粮食100万千克，增值140万元，人均增收1 840元。三是吸纳了农村剩余劳力。全市专、兼职从事奶牛生产的达4万多人，占农村劳力总数的25%，成为提供就业门路的重要途径。四是促进了生态农业发展。粮食的大量过腹转化，不仅致富了农民，解决了农民卖粮难的问题，而且反哺了农业。我市充分发挥粮食多、秸秆多的资源优势，坚持粮牧结合，走以粮带牧，以牧养地之路。推行秸秆过腹还田，增加了土壤有机质含量，形成了种养业的良性循环，促进了生态农业的发展，使粮食持续稳定增产。去年，全市粮豆薯总产达16.51亿千克。

三、利益联结，全程服务，保证奶牛业的健康发展

近年来，双城市始终把寻求龙头企业与基地、农户的利益连接点作为实施奶牛产业化的关键，不断加强政府的宏观调控，根据市场的变化，调节企业与农户利益关系，促进奶牛产业的发展。

一是拉紧利益纽带。龙头企业与农民利益关系最直接、最敏感，只有建立科学合理的利益关系，充分调动农户养牛的积极性，龙头企业才不致陷入无米之炊的困境；也只有龙头企业发展了，养牛户才能真正得到实惠，二者相辅相成，缺一不可。在推进奶牛业产业化的过程中，吸取某些农副产品加工企业压价格、打白条，挫伤农民生产积极性，导致企业关停破产的沉痛教训，坚持按经济规律办事，搞好宏观调控。利用价格杠杆，正确调解龙头企业和农户的利益关系，引导企业让利于民，培植和建设好第一车间。根据不同时期生产中出现的新问题、新矛盾，及时掌握供求关系和成本变化等经济参数。自1994年以来，与龙头企业多次协调，先后9次调整奶价，由1994年初的每千克0.78元调整到1.68元，达到省内最高价，仅此一项全市农民养奶牛就比原来增收达2亿元。同时坚持敞开收奶，解决了卖奶难的问题。前几年雀巢公司一直实行凭证限量收奶，新养牛户没证，奶送不出去，老养牛户多产的奶也卖不出去，只好低价卖给个体收奶户，利益严重流失，挫伤了群众养牛积极性，全市曾一度出现奶牛滑坡。针对这种情况，经多次与雀巢公司和雀巢总部洽谈协调，拉紧企业与农户间的利益纽带，在企业与农民利益关系上形成了共识，实行鲜奶敞开收购政策，抑制了奶牛滑坡，巩固和壮大了奶牛群。通过利益关系的调整，使农户与企业形成了互为依托、互相促进的利益共同体。

二是拉紧服务纽带。首先建立健全了市、乡、村三级服务体系。市有畜牧服务中心，乡有畜牧综合服务站，村有畜牧服务室，并且有9个乡镇48个村成立了奶牛生产者协会，在科技、良种、资金、产品销售等方面开展自我服务。全市还建立了110个配种站（点）和391个村级防治室，做到奶牛配种和防疫、治疗不出村。为方便奶户送奶，近两年，乡镇和村自筹资金2 000多万元，修筑了140条沙石路，共计350多千米。其次是促使龙头企业为基地和农户提供优质服务。雀巢公司在全市27个乡镇建了57个收奶站，配备39台鲜奶运输槽车，奶户全部实现了就近交奶。公司每月出动专车携现款分别到奶站兑现奶资。系列化的社会服务，既保障了基地和农户的生产需要，又为龙头企业的不断壮大奠定了坚实的基础。

（黑龙江省双城市畜牧局供稿）

实施畜牧业百项一体化工程 加速推进畜牧业产业化进程

江苏省是一个典型的南方农区省份，经过建国50年的发展，畜牧业已经成为农业和农村经济的重要产业之一，畜牧业产值占农业总产值的30%左右，生猪、山羊、家禽的发展在全国处于前列。实施畜牧业产业化经营是推进畜牧业再上新台阶的重要举措，也是农业产业化经营的一个突破口。几年来，江苏省按照农业部和省委、省政府的总体要求，通过实施畜牧业百项一体化工程，全面推进了畜牧业产业化经营工作的开展，使全省畜牧业逐步进入高效、持续发展的快车道。

【总体考虑】 改革开放以来，江苏省畜牧业面临的形势发生了许多显著变化，供求矛盾已经从过去的产品紧缺型转变为总量饱和、部分结构紧缺；生产方式已从过去单一千家万户小生产型逐渐向规模化、集约化方向转变；组织形式正由产中向产前、产后延伸；消费结构正由单一初级产品向深加工、熟制品等多元化结构转变。这些变化，对全省畜牧业工作提出了新的要求，需要从农业和农村经济的全局出发，来研究和解决畜牧业发展过程中的四个深层次的问题：一是如何解决畜产品加工、流通和增值这一当前面临的突出问题；二是如何通过畜牧业产业链的延伸来拉动地方经济的发展；三是如何通过特色区域和特色项目的建设来带动全省畜牧业工作的开展；四是如何打破行业界限，加速畜牧产业形成。为此，省农林厅在组织广泛调查论证的基础上，提出在全省农牧系统实施畜牧业百项一体化工程，其总体要求是：县级抓好1～2个能体现本地区畜牧业产业优势的项目，并形成对地方经济有影响的产业带；市级抓好1～2个畜产品加工和外向型项目，带动地方经济的发展；省级重点抓好10个对全省畜牧业发展和产业化进程具有重大影响的突破性、示范性项目。通过工程的实施，在农民和市场之间架百座金桥。

【推进阶段】

第一阶段为调研发动阶段。1996年8月常州会议提出意向，10月江都会议宣传发动，各市、县进行调研和上报项目，随后省农业厅畜牧兽医局组织3个专题调查组，历时数月对各级上报的193个项目逐一进行核查论证，筛选出其中的103个项目，由省政府办公厅、省计经委与省农林厅联合汇编成《畜牧业百项一体化工程汇编》，并于1997年3月印发各地。为配合宣传发动工作，专门摄制了专题片《江苏畜牧业产业化千里行》，比较翔实地反映了江苏省畜牧业的发展区域和龙头企业发展现状，并被中央电视台二台选播。

第二阶段是实施启动阶段。1997年4月，省政府在徐州召开全省畜牧工作会议，标志着工程项目的全面启动。随后，省农林厅专门成立"江苏省畜牧业百项一体化工程办公室"，创刊《江苏省畜牧业百项一体化工程专辑》，研究确定了畜牧业的十大发展区域及区域发展规划，开展了畜牧业结构调整、农村合作经济及农民经纪人在畜牧业产业化经营中的作用、工程项目龙头企业实施情况等专题调查，跟踪报道了一批发展势头较好的龙头企业。大部分项目进入实质性启动，有1/3的龙头企业得到较快发展，辐射带动作用进一步加强。

第三阶段为全力推进阶段。省委、省政府召开全省农业产业化经营工作会议，对畜牧业百强一体化工程作了充分肯定，并要求大力组织实施。1997年12月，省政府在无锡召开了全省畜牧业产业化经营工作会议，在总结一年多实施经验的基础上，提出要在全省建设江南、淮南、淮北三条高效特色畜牧产业带。陈焕友书记在省委九届八次全委扩大会议上要求加速实施，省政府办公厅转发了省农林厅的实施意见。省农林厅成立了专门的领导小组，实行专线负责制，认真组织、督察和指导3条产业带中十大畜牧业产业化群体建设。要求各地深刻认识畜牧业百项一体化工程的战略作用，将建设特色区域、发展重点龙头企业、研究和采用有效的运行机制作为全力推进工程实施工作的重点，将百项一体化工程适时推进到三条高效特色畜牧产业带建设上来。

【做法体会】

1．提出切合实际的规划。围绕着畜牧业十大发展区域和特色产业建设，打破部门框框和所有制界限，制定了一个切合实际、简明扼要的规划，这就是《畜牧业百项一体化工程汇编》。一个县要真正实施好一个产业化项目，对各级来说要求不算高，压力也不小。真正实现了这个规划，就能在农民与市场之间架起百座金桥，也就能整体推动全省畜牧业的发展。一个县一个产业，一个县一个特色，全省畜牧业就会呈现蓬勃发展的局面。两年多的实践证明，这个规划是可行的，是切合江苏省畜牧业发展实际的，也是得到各级政府和各有关部门认可和支持的。

2．采取有效办法全力推进。为了推动畜牧业百项一体化工程的实施，采取了3条措施：一是成立班子，即畜牧业百强一体化工程办公室，专门负责工程项目的实施，有关产业化问题的宣传、调研和协调工作；二是出简报，即《畜牧业百强一体化工程专辑》，对工程的实施进程、经验和存在问题等作全方位的追踪报道；三是成立协会，即"江苏省畜牧业产业化协会"，旨在通过成立协会来打破行业界限和部门分割，加强联合，理顺产业化各环节的关系，促进畜牧业产业化经营工作的开展。作为生产管理部门，需要改变观念，跳出畜牧抓畜牧，跳出生产抓生产，也需要在工作方法上作相应的调整，找准工程项目实施的切入点：一是在工作方式上，注重舆论推动，对在产业化实施过程中涌现的典型，我们通过专辑及时进行追踪报道，并将《专辑》通过政府、业务、龙头企业、省直机关和新闻单位四个渠道下发，增加了宣传力度，增强了政府和社会各界对工程实施的了解和支持信心。至1998年底，共编发65期，被省内外报刊杂志录用100多次；二是在投入方式上，实施以奖代补政策。从1997年开始，我们将省财政和部司安排的各类专项资金，尽可能地向产业化项目倾斜，并实行集中投入、项目管理、以奖代补政策，将经费的下达单位、下达理由和建设目标，以文件形式向系统公开，增加透明度，增加竞争性。两年来先后对1/3的项目予以资金扶持；三是在考核方法上，我们将产业化项目的实施情况纳入系统目标管理，改变原来单纯以数量指标为主的考核方法，增加对主导特色产业的形成、龙头企业的发展和对农民的带动辐射作用、促进畜产品流通的一些有效做法等考核内容。

3. 根据项目进度，通过调查研究，不断提出一些富有生命力的导向性意见。一是在生产形式上，提出专业大户是当前农村发展多种经营生产的重要载体之一，提倡以专业户适度规模养殖为主体，走小规模大群体的发展道路。如东海县推行的生猪生产小区就是一种有效的生产组织形式；二是在流通渠道上，提出农民经纪人是目前畜产品流通的生力军，也是众多产业化项目的重要龙头，呼吁政府重视，鼓励大力发展农民合作经济组织；三是在龙头企业建设方面，提出要将创名牌产品作为龙头企业占领市场制高点的突破口，如南京的“雨润”、“桂花鸭”、“湖熟板鸭”、高邮的“红太阳”等。四是在联结形式上，积极鼓励与农民结成多种形式的利益共同体，如南京奶业集团公司、丹阳市柳盈肉禽有限公司、高邮鸭集团等的做法，及时进行总结和推广；五是在社会化服务上，着重在畜禽良种基地的布局、畜禽改良体系的完善和疫病防治、监测体系的建设上进行了系统规划，力争通过3~5年的建设，逐步形成与产业化建设相配套的社会服务保障体系。

【工作成效】 目前三条产业带的建设已在全省各地全面展开，并且表现出良好的发展势头，有力地推动了畜牧业产业化经营向纵深发展。一是基地优势充分体现。苏南良好的科技优势和规模优势使得苏南规模养猪迅速发展，规模养猪的比例近50%。全省已经建设商品瘦肉猪基地县38个，年出栏商品猪占全省的60%以上。全省已经建设秸秆养畜示范县(区)38个，示范县(区)的牛、羊肉产量占全省的80%和55%。东台、盐都等10个禽蛋生产大县占全省禽蛋产量的50%。二是龙头带动作用加强。南京雨润肉食品公司年加工各类肉食品4万吨，成为华东地区最大的熟食品加工龙头企业，带动了宁郊及连云港东海等地养猪业的发展。南京奶业集团公司的乳品销售半径已延伸至300千米以上，成为江苏奶业发展的核心，跻身全国奶类行业前五强。南京桂花鸭集团公司已在国内和海外开设19家分公司、16座加工厂、300家连锁店，年加工销售各类鸭制品1 000万只，带动了南京、镇江、新洋农场、黄海农场等地肉鸭饲养业的发展；高邮鸭集团依托资源优势带动里下河地区水禽业的发展，鸭业成为该市农业的三大支柱产业之一。徐州市波尔山羊繁育中心、省家禽科学研究所、淮阴江淮农业发展有限公司、常州中东集团、江苏尚湖集团等龙头企业正在发挥着越来越重要的影响作用。三是市场流通新格局正在形成。各类专业协会、合作经济组织、农民经纪人正逐步成为市场流通新的主体，据盐城市统计，该市现有各类农产品专业协会350个，生产合作社190个，入社社员6万余人，农民合作经济组织2 300多个，参与产业化经营的社区性集体经济组织1 630多个，全市农民经纪人已达12万人，1998年上半年农民从农业产业化经营中新增收入5亿多元。盐城市先后出台了经纪人管理暂行意见，射阳县建立了经纪人事务所和经纪人服务公司。高邮市提出了合作社的“四有六自”运行规范。东台许河的兔毛市场、如皋吴窑的山羊市场、如东江海桥的苗猪交易市场、东海的山左口大牲畜交易市场等一大批专业市场成为畜产品流通的重要阵地。四是特色商品尽显风流。因规模优势和产品优势，近年来在买方市场下，一些地区的畜产品显示了良好的特色优势，成为当地畜牧业产业化的一个窗口。如锡山的鹌鹑、东台的乳猪、淮阴的肉鸽、沛县的肉狗、滨海的乌骨鸡、如皋的黄鸡、如东的苗猪、海安的蛋鸡等。

（江苏省农林厅畜牧兽医局供稿）

产业化经营为行业发展注入新的活力

随着农村经济体制改革的深入，多种形式的畜牧业产业化经营得到迅速发展，加快了畜牧业由单纯依靠行政管理向行政、市场、法律综合管理转变，由传统落后的生产方式向现代化生产转变，由计划经济向市场经济转变，为畜牧业生产增添了生机和活力。到目前为止，江西省畜牧业产业化经营已涌现出许多好典型。全省畜牧业产业化组织总数376个，其中龙头带动型组织118个，中介组织带动型186个，专业市场带动型72个。拥有固定资产30 842万元，职工4 626人，带动农户248 810户，总产值279 084万元，销售总额477 128万元，利税12 748.3万元，创汇2 292万美元。

养猪牛羊476.6万头，养禽43.5万羽，养兔300万只，养珍禽400多万羽，农户通过企业、中间组织和专业市场带动而获纯收入58 592.3万元。

1. 龙头企业加农户。如景德镇板鸡实业公司，通过合同与农户形成紧密型的利益关系，实行生产统一调度、科技统一指导、饲料统一供应、疫病统一防治、产品统一购销，在管理上实行分户经营、分户核算、分户还贷。该企业联结农户6 400万户。饲养景黄鸡达到1 300万羽，年加工板鸡1 000万只，产值20 020万元，利税1 417万元，农民从中获利26 00多万元。丰城凤凰禽业集团，通过这种组织形式，联结农户8 350户，饲养肉鸭920万羽，年加工肉鸭900多万羽，产值3 240万元，利税464万元，农民从中获利1 000万元。

2. 中介组织加农户。

(1)由政府出面组织的中介组织。如东乡县生猪产销集团公司，是由县委、县政府出面组织，通过行政、经济、法律等手段，把县畜牧水产局、乡镇畜牧兽医站、种猪场等有关单位组合在一起，与3 000多户养猪专业户结成产销关系，构成一个风险共担、利益共沾的经济利益共同体，为养猪户提供全程服务，促进了该县生猪生产的迅猛发展。去年至今在生猪市场疲软的情况下，仍保持了较好的发展势头。该公司年运销生猪30万头，销售额21 000万元，利税2 400万元，农民从中获利900万元。又如崇仁县也采取这种形式组建了崇仁县麻鸡实业公司，一方面开发麻鸡系列产品，另一方面在沿海市场开辟了许多活销窗口。联结农户8 000多户，饲养麻鸡1 000多万羽，年产值25 600万元，农民从中获利3 000多万元。

(2)由群众自发组织的中介组织。如会昌县鹧鸪开发公司，是一个以“知识能人”为主组建的群众性联合实体。它以科技为支柱，融科、农、贸为一体，以公司为“龙头”，以养鹧鸪大户为骨干，面向基层，辐射千家万户，实行产、供、销系列化全程服务。它联结5 000多户农民，饲养鹧鸪400万羽，销售额3 500万元，创利税150万元，农民从中获利500多万元。同时还带动了周围农户走上了养鹧鸪致富的道路。属于这一类型的还有进贤县温圳镇的养鸡协会、星子县隘口镇的养鸡协会，它们联结农户2 000多户，并对农户从供种苗到销售实行系列化服务。

3. 专业市场带农户。如丰城市禽蛋批发市场，组成了一支专业营销队伍，由营销人员直接跟农户签订购销经济合同，以合同为纽带，帮助农户销售畜产品。该市场带动了6 500户养鸭专业户，饲养肉鸭800万羽，蛋鸭250万羽，年交易额1.076亿元，鸭蛋销往10多个省市区。类似还有进贤县温圳镇鸡蛋批发市场、南昌县小兰禽蛋市场和信丰县的牛市场等。

（江西省畜牧局供稿）

实施肉鸡产业化经营，规模饲养效益高

近几年来，山东省诸城市在发展畜牧业生产中，从抓龙头企业建设入手，积极探索畜牧业产业化经营的路子，促进了了全市畜牧业生产持续快速发展。在全面实施产业化经营战略中，重点抓了肉鸡产业化经营。1998年，在肉鸡市场形势严峻的情况下，通过实施五“统一”管理和建立完善的三大体系，使肉鸡饲养规模不断扩大。1998年，全市发展肉鸡规模饲养场8 000余处，出栏肉鸡8 080万只，规模饲养场提供的产品占畜产品总量的60%以上，畜禽产品出口创汇5.9亿元，占农产品出口值的98%。肉鸡生产的快速发展，增加了龙头企业的活力和农民收入，带动了全市畜牧业的发展。1998年，全市肉蛋奶总产量达到33.7万吨，畜牧业收入43.5亿元，分别比1997年增长13.9%和7.8%。在实施肉鸡产业化经营过程中，重点抓了以下几方面的工作：

1. 实施五“统一”管理，为肉鸡规模饲养提供全方位服务。

一是建立良种繁育体系，为规模养殖场统一供雏。诸城市肉鸡生产龙头企业从美国AA公司引进爱拔益加祖代种鸡，建设祖代种鸡场1处，存养祖代种鸡4万套，有父母代鸡场5处，孵化场4处，每年可生产商品代鸡9 000万只。根据本公司生产计划和全市规模养鸡场情况，建立微机管理系统，按计划统一发放商品鸡雏，饲养户按计划入雏饲养，各公司冷藏厂按入雏数量进行收购。

二是建立饲料生产体系，实行统一供料。外贸公司、大成公司、饲料公司三个龙头企业，先后从荷兰、意大利等国家引进六条饲料生产线，时产全价颗粒饲料40吨，年产可达50万吨以上，并成立各自的饲料研究所，建立了饲料配方试验基地，先后研究开发了二十多种优质、廉价的全价饲料配方。根据养鸡公司提供的肉鸡生产计划，按照肉鸡不同时期的能量需要，按照入雏数量、标准发给规模养鸡户饲料，严禁养鸡户私自配料和乱加添加剂。

三是建立疫病防疫体系，对规模养鸡场实行统一防疫。全市6个肉鸡种鸡场和8 000余个规模养鸡户分布在27处乡镇、800多个村。因此，建立一套完整的疫病防治体系，对保证规模养鸡场和现代化肉鸡生产显得十分重要。为了抓好这项工作，畜牧部门制订了比较科学的防疫计划，各乡镇兽医站按要求到规模养鸡场进行技术指导、疫病防治和信息服务。三家龙头企业也分别抽出200余名技术人员常年派驻全市各乡镇及周边县市，在畜牧部门的指导下，按照防疫程序进

行肉鸡防疫工作，并积极开展技术指导、上门服务，建立了饲养情况登记卡和用药记录，杜绝了乱用疫苗、乱用违禁药物的发生。

四是确保肉鸡产品质量，对规模饲养场实行统一供兽药。为满足国内外市场对肉鸡产品质量的要求，加强兽医管理，并使龙头企业更好地向规模养鸡场提供优质服务，经主管部门同意，成立了专门的药品服务部，各自属鸡场和公司签订合同的规模养鸡场，都必须到公司下设的兽药服务部购药，药品实行赊销，宰杀时统一结算，这样可以有效地控制出口肉鸡禁用药的发生，确保了肉鸡产品出口。

五是解除规模养鸡户后顾之忧，肉鸡实行统一宰杀。饲养周期结束后，各肉鸡龙头企业按照生产计划与规模养鸡户签订的合同，调动运输车辆，在当地畜牧部门出具检疫合格证和车辆消毒证后，运至指定冷藏厂，实行统一宰杀。经过几年的实践证明，实行五"统一"的管理模式，行之有效，深受广大规模养鸡户的欢迎，同样龙头企业也得到了发展。

2. 建立和完善三大体系，努力开拓市场。

(1)管理体系。肉鸡生产作为诸城十二大主导产业的首位，引起市里的主要领导和分管市长的重视，他们经常组织畜牧、外贸、粮食等单位召开座谈会和协调会，采用经济合同方式，对规模养鸡场实行契约化管理。各龙头企业与规模养鸡场及乡镇政府、村签订养鸡产销合同。为解决规模养鸡户在饲养过程中遇到的实际问题，肉鸡生产龙头企业制定了一系列优惠措施，如为了保证养鸡户的利润，制订保护价；为了对外均衡供货，在炎热的夏天和寒冷的冬天给养鸡户一定数量的补贴，以调动养鸡户的积极性。另外，各龙头企业为了提高管理水平，都建立了微机管理系统和成立司法办公室，解决日常肉鸡生产中遇到的具体问题和办理合同公证手续，使肉鸡管理逐渐走向法制轨道。

(2)加工冷储调运体系。目前，全市有肉鸡屠宰加工厂4处，全部按照欧盟要求和食品加工出口卫生检疫标准建立，班宰鸡能力达到20万只，月加工鸡肉串能力300吨，熟食制品能力为月产200吨，速冻能力为月360吨，冷储库1.5万吨，运输车辆100余部，总载重近700个吨位。这样可以解决规模养鸡户的后顾之忧，使整个体系生产的禽肉杀得了、存得下、运得出。

(3)销售体系。在肉鸡产品的销售面临严峻的形势下，诸城市肉鸡生产龙头企业，适时调整市场开拓战略，采取多元化市场格局，全力开拓市场。在保持与老客户的良好关系外，又在日本市场上建立了10个商社竞销格局和开拓了新加坡、罗马尼亚等十几个国家和地区的市场。在出口形势严峻的情况下，1998年全市仍出口冻鸡3.2万吨，比1997年增长了1.6%。另外还在国内设立4个办事处，76个自销点，内销人员达到330余名。1998年内销冻品8.95万吨，实现销售收入5.75亿元，分别比97年增长27.6%和20.1%。多元化市场格局的形成，为规模养鸡找到了出路，保证了一条龙生产的顺利进行。

3. 领导重视，措施得力，确保肉鸡规模饲养持续发展。肉鸡生产作为诸城市畜牧业生产的主导产业，市委、市政府十分重视肉鸡规模饲养的发展，市里多次召开会议，研究和落实肉鸡生产发展计划，制订措施，以促进规模养鸡的发展。首先，市里成立由市委书记任组长的肉鸡生产领导小组，各乡镇成立了相应的领导班子，村里由村主任专抓肉鸡生产，并层层建立了岗位责任制，把大力发展肉鸡生产纳入各级干部实绩考核内容，根据发展情况，落实奖惩措施。其二，市里重点抓了肉鸡龙头企业建设，发挥龙头企业具有引导生产、开拓市场、深化加工和提供服务的综合功能，充分发挥各自的优势，大力扩大肉鸡生产规模。在龙头企业的带动下，1998年全市共发展畜牧小区400余处，规模养鸡场8 000余户。实践说明，建起一个龙头，就能带动一片基地、兴起一个产业。其三，加大畜牧执法力度，搞好技术服务，确保肉鸡产品质量。为了抓好肉鸡生产规模的发展，诸城市畜牧局成立了以主要负责同志任组长的防疫领导小组，建立健全了畜禽防疫网络。按照《中华人民共和国动物防疫法》的规定，积极做好肉鸡防疫和检疫工作。做好肉鸡生产新技术、新成果的推广和应用。其四，抓好政策落实，调动各个层次的积极性。为了大力发展规模养鸡，市里从农发基金中拿出一块作为畜牧专项基金，主要用于畜禽良种引进、新技术推广、规模建设等，并对肉鸡生产先进单位和规模饲养户给予一定奖励。乡镇年交售150万只鸡以上，奖现金1万元，300万只以上的奖励现金3万元；村年交售50万只以上的奖现金5 000元；户年交售3万只以上的奖现金2 000元。

(山东省畜牧局供稿)

发挥优势，加速传统产业的改造

山东发展养蜂业历史悠久。全省共有22.13万公顷的刺槐林和全国少有的丘陵荆条、平原枣树资源，得天独厚的气候和蜜源条件，为发展养蜂业创造了充裕的物质基础。自1994年成立山东省蜂业协会以来，山东蜂业生产日益规范化，良种引进、科学育王、科学养殖等技术得到普及。共举办养蜂培训班12期，培训养蜂人员千余名，山东省蜂王定点供应单位——山东省实验种蜂场，蜂王销售面遍及全国30个省、自治区，共推广种蜂45 000余只。

目前，山东省共有蜂蜜生产出口基地9家，实行产供销、贸工农一体化经营，产业化养蜂。1998年全省蜂群存栏40万群,年产蜂蜜2 500吨,加上每年的客蜂拥入,全省蜂蜜总产量约为5 000吨,产值6 000万元;年产蜂王浆300吨,产值6 000万元;花粉300吨,产值900万元;蜂胶、蜂蜡各120吨,产值2 280万元。全省实现利税5 000万元。年出口浓缩蜜3 000余吨,利税300万元。仅刺槐蜜产量就占全国的1/4,山东省蜂业走在了全国的最前列。

(山东省畜牧局供稿)

因势利导　区别对待 加快产业化经营步伐

在各级政府的重视和支持下,近十年来,河南省畜牧业持续、快速、健康发展,各项主要生产指标稳步增长,畜牧业产值占农业总产值的比重不断上升,作为农林牧渔四大产业中发展最快的产业,畜牧业已开始向规模化经营方向发展,并逐渐步入了产业化发展的轨道,成为全省农村经济一个新的增长点和当前农业和农村经济发展的重要支柱产业。特别是1997年省委、省政府组织召开了畜牧业产业化经营工作会议,制定下发了豫发[1997]19号文件,有力地促进了全省畜牧业产业化的发展。

1. 各地在发展畜牧产业化经营的实践中,探索出多种有效的模式和类型。

(1)龙头企业带动型。即以实力雄厚的饲养、加工、冷藏、运销企业为龙头,通过与农户签订产销合同、提供配套服务等方法,与农户结成松散或紧密的经济共同体,形成龙头带动基地、基地联结农户的一体化生产经营格局。如豫北淇县的"兴业"、"永达"两个公司,它们在全县实施的三大养殖工程中充分发挥了龙头带动作用。其中的"肉鸡工程"由两大龙头企业牵头,采取"合作投资、承包经营、固定回报、让利于民"的措施,对村建或场户联建的肉鸡场实行反租承包经营,即建场方按龙头企业设计要求,选择水、电、路等条件适合的场地,自已投资兴建年出栏10万只以上规模的商品肉鸡场。由龙头企业投入流动资金、技术、人员,选派场长,建场方选派一名副场长,实行承包经营,承包期5~7年,建场方在不承担任何风险的情况下,绝对保证其建场投资金额的年回报率达30%~40%。在"瘦肉型猪工程"中,兴业公司为养殖场提供"五统一"服务,即统一设计厂房、统一赊销种猪、统一赊销饲料、统一提供技术、统一回收成猪。在"蛋鸡工程"中,两大龙头企业提供良种、饲料。龙头企业的带动作用推动了该县畜牧业的发展。1998年该县畜牧业产值达到6.0亿元(按1990年不变价计),占农业总产值的比重达65.6%,全县人均肉类、蛋类和畜牧业产值综合指标连续8年居全省首位。

(2)专业合作型。即以合作社、农民协会或具有某一专长的生产者或经营者之间开展技术交流、信息传递、资金融通、销售服务等合作,形成规模,联手入市,实现一体化经营。如卫辉市张武店养鸡生产合作社,就是以种鸡场、孵化场、青年鸡场、饲料厂和贸易公司为主,辐射带动了20个场和3 000多个农户共同成立养鸡合作社。合作社方负责生产过程中的一体化服务,承担经营中的风险;专业户承担生产中的风险。合作社的建立,发挥了技术优势,集中了有限资金,拓宽了信息渠道,实现了小生产与大市场的有机结合,形成一只航空母舰,在鸡蛋价格低廉的情况下,仍能站稳市场。合作社作为市场竞争主体已初步显示出优势。

(3)市场牵动型。即通过建立和完善各种畜产品市场,架起生产与销售之间的桥梁,以市场牵动、辐射周围区域的专业化生产和产加销一体化经营。如唐河县发展黄牛产业的作法就是典型范例。他们为把唐河黄牛产业迅速纳入国内外大市场,并抢占制高点,首先投资260万元,新建、改建县内黄牛交易市场近40个,形成了市场带农户、城市连农村的网络格局,并为外地客商提供食宿、牲畜喂养和储运服务。其次,规范市场管理,提高服务质量。第三,广拓外部市场。他们借助各种机会,扩大影响,开拓国内外市场。市场的形成,销售渠道的畅通,促进了唐河县黄牛业的发展。据统计,1998年全县黄牛饲养量达到63.09万头,黄牛饲养量、肉类总产量均居全省第一。

(4)服务联结型。即通过县、乡畜牧兽医站和各类中介组织向农户提供单项或综合性服务,将分散经营的农户及产加销各经营环节有机联结起来,实行规模化、一体化经营。如商丘县发展畜牧业就狠抓了各项服务载体的建设。具体体现为:①建立健全了服务组织;②加强了良种繁育体系建设;③加强畜禽疫病防治体系建设,重点推行畜禽防疫双轨目标管理责任制和畜禽防疫承包,保证了畜禽防疫密度和质量;④加强技术培训;⑤建设了畜牧兽医服务中心。该中心融防、检、配、治,技术试验、示范、推广,疫病化验、监测多种功能于一体,提高了畜牧业综合服务功能。县、乡各级机构服务能力的增强,解除了广大养殖场户的后顾之忧,解决了许多他们无法或无力解决的生产、销售问题。

(5)政府策动型。由政府或社区性合作经济组织出面,通过组织、协调和服务组建龙头企业,用一种或几种产业链条,把分散经营的农户联成一个有机整体。如郏县县委、县政府1994年组建的具有法人资格的牧工贸集团总公司。

2. 各地在畜牧产业化经营过程中,积累了一些可行的经验。首先各级政府加强宏观调控,提供政策扶持。河南省淇县、潢川等地发展畜牧产业化经营的实践充分证明,政府在畜牧产业化经营中是应当而且完全能够发挥重要作用的，尤其是在当前畜牧产业化经营的初级阶段，政府对龙头企业的扶持，将产生长期的效果，因而可以说畜牧业发展程度与政府的重视程度呈正相关。

其次充分发挥资源优势，大力培育和发展主导产业。汤阴县采取有力措施，大力发展肉鸡生产，使养鸡业成为该县畜牧产业化经营的主导产业；潢川县依托资源优势，大力发展养鸭生产，养鸭业也已成为该县畜牧产业化经营的主导产业。

第三，着力兴建"龙头"。淇县县委、县政府制定了一系列优惠政策和奖励措施，引导各生产要素向畜牧业流动，着力培育畜牧龙头企业，形成了豫北兴业、永达公司等龙头，带动了全县肉鸡、蛋鸡和瘦肉型猪的发展。畜牧业生产综合排序连续8年居全省各县首位。

第四，抓好社会化服务体系建设，建好一批畜产品生产基地。西平县在推进畜牧业产业化经营过程中，十分注重加强服务体系建设。近几年，该县以县牧工商公司为龙头，联结县、乡、村各级服务组织，大力开展畜禽良种、饲料供应、疫病防治、畜产品流通等服务项目，为县畜牧业生产提供产前、产中、产后服务，有力地推动了该县畜牧业产业化经营的发展。同时，处理好各方面的利益关系，建立和完善畜牧产业化经营运行机制，促其健康发展。

（河南省畜牧局供稿）

湖北省生猪产业化发展对策研究

湖北是全国重要的商品猪生产基地，养猪业是湖北省农村经济的支柱产业之一。1997年，全省出栏生猪3 479.83万头，猪肉产量282.54万吨，分别位居全国第五和第四位；养猪业产值达268.46亿元（按现价计），占全省畜牧业产值的70%。随着社会主义市场经济体制的建立和人民生活水平的不断提高，湖北省养猪业面临着两大主要矛盾：一是农民千家万户小规模分散饲养与社会化大市场的矛盾；二是生产与加工、销售脱节，产业链被分割的矛盾。这两大矛盾严重制约着湖北省养猪业的发展。各地的实践证明，按产业化来组织生产是突破制约的有效途径。本文根据湖北省生猪产业化发展的实际及畜牧业"九五"计划和2010年发展规划，对生猪产业化的现状、潜力、目标、布局和措施进行研究，以期推动我省生猪产业化向纵深发展。

一、湖北省生猪产业化发展现状

湖北省生猪产业化始于80年代后期和90年代初期，是在产加销、贸工牧一体化经营的基础上，适应社会主义市场经济体制而逐步发展起来的。它是生产力进一步发展和经济体制不断改革的产物。回顾湖北省生猪产业化发展的历程，可分为两个阶段，第一阶段，1985—1992年，养猪生产力水平大幅度提高，生猪流通体制进一步改革，取消生猪派购，放开经营，各地努力发展"高产优质高效"养猪业，完善社会化服务体系，相继出现了一批"公司＋农户"、"以站带户"、"贸工牧、产加销一体化"的经营实体，养猪产业一体化经营初露端倪。第二阶段：1992年至今。随着社会主义市场经济体制的建立，养猪业作为湖北省农村的主导产业，得到了各级政府和社会各界的高度重视，全省明确了养猪大县、大乡（镇）的建设规划和措施，建成了一大批商品瘦肉型猪生产基地，兴办了一批龙头企业、专业市场、中介服务组织和种猪科工贸经营实体。这些表明我省生猪产业化已进入由点到面、整体推进的关键时期。目前呈现出以下五个特点：

1. 一大批龙头企业正在崛起。据不完全统计，全省共建立生猪产业化龙头企业100多个，固定资产总值100多亿元，职工4万人，带动农户192.9万户。1997年总产值达30亿元，实现利税3.68亿元。其中21个商品瘦肉型猪基地县（市）建有龙头企业56个。如公安县湖北五丰肉类食品有限公司，年屠宰生猪40万头，生产的主产品分割肉直销香港五丰行，还与莫斯科肉类食品有限公司签订了年供肥膘肉4 000吨、板油1 040吨的合同，年销售收入可达3.98亿元，其中外销3.08亿元，创汇3 730万美元，带动了23个养猪专业村和10个千头养猪场的生产。湖北大派食品有限公司、咸丰县乳猪加工厂生产的宣恩火腿和咸丰乳猪畅销俄罗斯、新加坡、香港和沿海地区。于1997年12月8日成立的湖北畜牧集团，以湖北牧人畜牧集团有限公司为核心，由55家成员单位组成，拥有固定资产13.78亿元。其中生猪生产、流通、加工企业和组织30家，其经营范围涵盖良种种猪繁育供应、商品猪生产、销售、加工以及饲料生产等领域。

2. 规模经营发展迅速，区域化经济初步形成。目前全省养猪专业户发展到10.78万户，同比增加4万户，增长60%；年出栏1 000头以上的猪场发展到272个，同比增加65个，增长31%。且数量和规模均呈扩大趋势，一些地方还在陆续新建集约化猪场。有9个县（市）年出栏生猪过百万头，20多个乡镇年出栏肉猪过10万头；已建商品瘦肉猪基地23个。形成了长江流域和鄂中北两大生猪主产区，许多县（市）养猪业已成为当地农村经济的主导产业。

3. 组织形式呈现多样化。湖北省生猪产业化组织形式多样，概括起来主要有以下六种：①"加工企业加农户"。如公安县湖北五丰肉类食品有限公司是以生猪屠宰为龙头的生猪产业化企业，通过合同，外联国内外市场，内接养猪专业户和专业场，形成产加销一体化生产格局。②"流通企业加农户"。如通城县牧工商公司，采取"公司＋农户"的经营模式，组织年外销生猪15万头，带动了全县养猪业的发展。③"乡镇畜牧兽医站加农户”。如恩施市龙凤坝畜牧兽医站以站带户，向农户提供良种、饲料、疫病防治、饲养技术和产品流通服务。④“种猪场和生猪商品生产企业加农户”。如京山县种畜场采取“场+农户”的经营模式，向农户提供良种仔猪、优质饲料和饲养技术，带动农户养猪。⑤“专业市场加农户”。如仙桃市毛嘴仔猪交易市场年交易仔猪80万头，通过市场联基地、带农户，使仙桃市成为全省乃至全国的仔猪生产基地和集散地。⑥“企业集团加农户”。属一体化的高级形式，其特点是以商品基地为基础，以加工为依托，以综合服务为保障，以经济利益为纽带，使生产、加工、销售、储运各环节形成紧密型的企业集团，具有较强的经济实力和市场竞争能力。如钟祥鄂丰实业集团有限责任公司、湖北农腾实业(集团)公司和湖北畜牧集团。

4. 产业化的内部运行机制趋于成熟。龙头、基地、农户之间的关系由过去松散、无约束的无序状态，逐渐发展成为利益共享、风险共担的利益共同体，并以合同和契约形式固定下来，形成了合理的利益分配机制，有效地保护了农民的利益，调动了农民发展养猪业的积极性。如安陆龙腾实业公司按照“公司+基地+农户”的模式运作，与养猪户签订“三供(良种、饲料、技术)一回收(回收肉猪)的合同，带动农户9.5万户。

5. 社会化服务体系逐步健全。在技术服务体系方面，全省有畜牧兽医技术服务组织1 800多个，种猪种畜场76个，生猪人工授精站1 217个，畜牧兽医技术人员3万多人。形成了以乡(镇)畜牧兽医站为基础，县级畜牧部门为骨干，省、地、县、乡(镇)相联络的技术服务和管理网络。在市场服务体系方面，全省共建有畜牧综合市场1 263个，生猪市场844个，年交易生猪达1 083万头，成交额达50亿元左右。形成了以专业市场和交易市场为网点，个体运销户为主体，国有大型运销企业为龙头的生猪流通服务体系。

总之，湖北省生猪产业化有了一定的发展，龙头企业逐步发展壮大，运行机制逐步完善，服务体系逐步健全，区域化、专业化生产格局初步形成。同时，也要看到，湖北省生猪产业化起步较迟，如何推进生猪产业化经营还是一个新课题，还存在产业化规模不大，投入不足，进展不快，科技含量不高，发展不平衡，不少县市缺乏带动力强、辐射范围广的大龙头等问题。这些问题在一定程度上制约了生猪产业化的全面实施和整体推进。

二、生猪产业化发展的潜力、目标和布局

1. 发展潜力。湖北省是粮食大省，也是畜牧业资源大省。大力发展养猪业，推进产业化经营，条件好、资源丰富、潜力大。概括起来是“四有”：

一有资源利用潜力。①饲料资源丰富。全省每年有1 000万吨粮食、125万吨饼粕可用作饲料原料。②品种资源优良。有通城猪、清平猪、鄂西黑猪等地方优良猪种；有从国外引进的大白、长白、杜洛克等外来瘦肉猪良种和配套系种猪；还有选育成的湖北白猪。③劳动力资源丰富。一大批劳动力已从种植业中转移出来，为养猪业的发展提供了劳动力资源，同时生猪产业化的发展为农村剩余劳动力提供了就业机会。

二有科技开发潜力。集中表现在种、料、防、养四个方面。完善生猪良种繁育推广体系，改变以“一外一内”两元杂交猪为主的现状，大力推广长大地“两外一内”和杜长大“三外”三元杂交猪。将三元杂交猪的比重由目前的40%提高到80%，就可以多生产三元杂交猪1 500万头以上，新增产值3亿元以上。大力生产和推广乳猪料、仔猪料、浓缩料，将浓缩饲料的使用率由目前的10%提高到50%，可将生猪饲料报酬提高20%。有效地防止生猪疫病，把死亡率控制在最低限度，全省每年可减少数亿元的经济损失。将种、料、防三个方面的技术组装配套运用，大面积做到优良种、优质料、综合防、科学养，全省生猪生产水平可大幅度提高。

三有商品输出潜力。1997年湖北省人均占有猪肉48千克，比全国平均水平高15千克。按照国务院颁发的《九十年代中国食物结构改革与发展纲要》的指标，结合抽样调查的实际消费量测算，全省每年可净调出肉猪1 000多万头，价值在80亿元以上。1997年净销往省外国外生猪600多万头，还有400多万头的输出潜力。把这个潜力挖掘出来，将产品优势变为商品优势，对全省国民经济的健康发展无疑将产生巨大影响。

四有加工增值潜力。多年来湖北省外销的生猪大多以鲜活为主，加工增值的很少，加工业发展滞后是制约湖北省养猪业发展的瓶颈。突破了这一瓶颈，养猪业将是另一番天地。生猪全身都是宝，与其他畜产品相比，易实现深加工、精加工和高附加值。猪肉、内脏、皮张及其附产品的精深加工可成倍甚至几十倍地增值。

2. 发展目标。总体目标是以市场为导向，以科技进步为动力，以经济效益为中心，发挥区域优势，优化资源配置；通过培育龙头企业，建立商品基地，完善服务体系，实现生猪生产专业化、布局区域化、经营一体化、管理企业化、服务社会化；使生猪生产健康协调发展，农民、企业和财政收入有较大幅度增加。

具体目标：①生猪发展目标。2000年全省出栏肉猪4 000万头，猪肉产量达到320万吨；2010年出栏肉猪5 000万头，猪肉产量达到432万吨。②基地建设目标。建成商品瘦肉型猪基地县(市)30～35个，基地县(市)肉猪出栏量占全省出栏总量的比重达到80%以上。③龙头企业发展目标。建立省级龙头企业1～2个、地市级龙头企业3～5个和一定数量的县市级龙头

企业。其中省级龙头企业的产值达到10亿元以上，利税达到亿元以上。④一体化目标。通过合同和契约使生猪饲养者、加工者与购销者紧密结合成风险共担、利益共享的共同体，真正形成"市场牵龙头、龙头带基地、基地联农户"的格局。进入一体化的农户占总农户的比重达到60%以上。⑤加工增值目标。养猪业产值与生猪产品加工业产值之比达到1:4。⑥商品率目标。生猪的商品率由目前的72%提高到80%以上。⑦科技进步目标。生猪生产发展的科技贡献率达到60%以上；生猪加工产品的科技含量达到80%以上。

3. 建设布局。

(1)生猪商品生产基地布局。建立长江流域和鄂北两大生猪生产区，长江流域包括枝江、当阳、宜昌、枝城、兴山、秭归、嘉鱼、赤壁、孝南、应城、浠水、蕲春、团风、武穴、黄梅和潜江、仙桃、天门、荆州市郊、黄石、武汉市。"九五"末生猪出栏达到2 000万头；发展养猪专业户10万户，千头以上规模猪场150个。鄂北包括孝昌、大悟、广水、安陆、随州市、荆门市和襄樊市。"九五"末期出栏生猪达1250万头；发展养猪专业户6万户，千头以上规模猪场100个。在已建成的23个商品瘦肉型猪基地县(市)基础上，再新建7～12个商品瘦肉型猪基地县(市)。

(2)龙头企业布局。由湖北畜牧集团作为项目法人，在武汉市建设一座年屠宰加工1 100万头生猪的省级龙头加工企业；在荆州和襄樊各建一个地市级龙头企业；每个商品瘦肉型猪基地县(市)建一个县(市)级龙头企业。

(3)市场建设布局。在武汉市建一个大型生猪期货交易市场；在两大生猪生产区各建一个生猪及猪肉批发交易市场；改造和扩建仙桃毛嘴仔猪批发交易市场；建立与国际国内相联的畜牧信息互联网络。

三、主要措施

1. 真抓实干，建好龙头。一是把培植龙头企业作为生猪产业化发展的重中之重，实行国家、集体、个体、独资、合资、合作一起上，谁有能力谁牵头，不拘一格选龙头。二是建立新机制。用股份制和股份合作制改造、新建跨地区、跨行业、跨所有制的大型龙头企业集团。建立"公司＋基地＋农户"的企业运行机制和合理的利益分配制度，注重保护农民的利益。建立现代企业制度，加强企业内部管理，实现增产节支增效。三是开发利用高新技术。用高新技术来武装龙头企业，采用一流设备，引进一流技术，聘用一流人才，开发一流产品，努力提高产品的科技含量和市场竞争力。四是强化企业市场营销，使产品打入国际市场，辐射国内市场，占领省内市场。

2. 发展规模经营，建立商品生产基地。按照区域化布局的要求，在巩固发展老基地的同时，继续开展商品瘦肉型猪基地项目建设。大力推广通城的专业户养猪模式、襄阳村办猪场模式和天门的出口猪场模式，培植养猪大县、大乡、大村、大户，逐步建成以千家万户为基础、养猪专业户为主体、规模化猪场为重点，批量大、质量高的生猪商品生产基地。

3. 制定落实政策，优化发展环境。坚持生猪放开经营政策，落实生猪屠宰税返还政策；建立省级生猪风险基金；对生猪产业化项目列出专项资金，重点给予支持；对龙头企业要在项目申报、工商登记、土地征用、税收等方面实行政策上的优惠和倾斜。鼓励畜牧兽医科技人员深入产业化建设第一线，参与重大项目的实施，进行技术开发、技术承包，兴办各种科研、生产联合体和科技型龙头企业；鼓励、支持农民联合起来，直接参与生猪产业化经营。

4. 健全服务体系，搞好配套服务。

(1)生猪良种繁育服务体系。建立以地方良种猪原种场和外来良种猪原种场为塔尖，各级祖代场、父母代场为塔基的"塔式"繁育体系；全面贯彻落实《种畜禽管理条例》及配套法规，规范种猪生产和经营，实施"良种工程"，向社会提供良种种猪，推广普及生猪人工授精技术，快速扩大良种普及面。

(2)饲料生产供应服务体系。在鄂州大康饲料厂等15个饲料厂兴办利用糙米生产配合饲料的试点；狠抓浓缩料、预混料和饲料添加剂生产，集中资金搞好钟祥市磷酸氢钙厂、武汉市酶制剂厂等项目的新建；组织畜牧部门与社会各个饲料企业联合，大力推广乳猪料、仔猪料和浓缩料，提高浓缩饲料人户率。

(3)疫病防治服务体系。认真贯彻《动物防疫法》，依法防疫检疫，实施"放心肉"工程；按区域布局建立11个畜禽疫病监测中心，及时提供疫情信息；制定科学的免疫程序，搞好猪瘟、仔猪副伤寒、伪狂犬病等疫病的防治，为养猪户保驾护航，让农民放心养猪。

(4)畜牧技术推广服务体系。充分发挥畜牧兽医技术服务部门覆盖面广、技术力量强的优势，大力开展技术培训，推广养猪"三优"技术，重点向养猪专业户提供配套的技术服务。

(5)畜产品流通服务体系。建立畜产品市场信息服务网络，研究生猪市场供求、市场行情变化规律，及时向生产者提供供求信息和价格信息；组织畜牧部门参与生猪产加销一体化经营，鼓励扶持他们争当产业化龙头。

(毛池贵　方　羽　丁山河)

专业户把甘肃畜牧业引向产业化

改革开放以来，在党的十一届三中全会精神指引下，具有悠久历史的甘肃畜牧业焕发出勃勃生机，牧业生产力得到前所未有的大解放，千家万户适度规模养殖大发展,把传统畜牧业推向了专业化生产的新阶段,实现了由家庭副业向支柱产业的跨越。全省畜牧业持续快速发展,肉、蛋、奶产量由1978年的9.6万吨、1万吨、2万吨分别增加到1998年的75万吨、16.9万吨、13.2万吨,年均保持两位数增长速度,牧业产值占农业总产值的比重由15.8%提高到30%,提高了14.2个百分点,农牧民人均牧业纯收入由15元增至380元,增长了24.33倍。1998年与1997年相比,全省肉、蛋、奶产量分别增长2.7%、3.0%、14.8%,农牧民人均牧业纯收入增长了15.2%,占全省农民人均纯收入1 393元的27.3%。

甘肃的畜禽饲养专业户如雨后春笋,遍布陇原大地。其主要特点:

一是专业饲养的农户由少到多,大幅度增加。从改革开放初期第一个饲养专业户的出现,到1988年历经10年,发展到4.4万多户,从1988年至1997年的10年间,增至38万户,出现了跳跃式的发展,而且是从城郊起步,逐渐发展到交通便利、经济比较富裕的产粮区,再波及到产粮较少、经济比较贫困的山区,现已覆盖全省各地。至1998年,全省各类饲养专业户已发展到42万户,其中养牛专业户6.7万户,养猪专业户10.8万户,养羊专业户14.1万户,养鸡专业户6万多户。

二是饲养规模由小到大,效益普遍显著。全省饲养专业户一般户均养牛10头、养羊50只、养猪20头、养禽300只左右,随着养殖经验的积累和科技的进步,养畜几百头、上千头,养禽几千只、甚至上万只,规模越来越大,年收入过万元的已很普遍,有的户达几十万、上百万,在农村先富了起来。

三是饲养的门类由单一趋于齐全。专业户由蛋鸡生产起步,逐步发展到养奶牛、肉牛、养猪、养羊、养兔、养蜂及特种畜禽,多业俱全。既有饲养单一畜种的,也有多种畜禽并举养殖的。随着饲养专业户的不断壮大,带动了相关产业的发展。全省自发产生了3万多户屠宰、加工、运销专业户,从事畜禽贩运和产品加工的农牧民有12万多人。他们活跃在城乡之间,架起了千家万户生产者与大市场的桥梁,在搞活畜产品流通、保证市场供应、促进生产等方面起到了积极作用。

四是由粗放的传统饲养转向规范化的科学养殖。近10年来,大多数专业户一改传统的饲养管理方式,聘请有关专家、教授当顾问,饲养选择优良品种、采用配混合饲料、修建标准化畜禽舍,按照先进的饲养方法、规范化的防疫程序进行科学养殖。目前,在饲养专业户中应用暖棚环控饲养、钢床养猪、自动饮水、机械清粪、程控自动孵化等先进技术的已屡见不鲜。由于专业户的科技示范,极大地带动了广大农村科技的进步。42万多个饲养专业户,虽然只占全省总农户的8.6%,但他们为社会提供的肉、蛋、奶商品量占总量的35%以上。

20年来,全省饲养专业户上规模、上档次集中连片地快速发展,已形成了2 000多个专业村、专业乡及养殖小区,进而形成了一乡一业、一村一品的畜牧区域性规模经营,出现了330多家产前、产中、产后一体化运行、公司加农户的工厂化养殖集团,从而促进了甘肃畜牧业产业化经营的步伐。

(常武奇)

股份经营建龙头　场户联动兴支柱

——酒泉天河生态养殖有限责任公司发展纪实

甘肃省酒泉市天河生态养殖有限责任公司是由银达乡企业公司、银达村委会、朱文林等农民群众入股兴办的股份合作制企业。1995年8月份开始筹建,1996年初部分建成投产,当年完成产值350万元,销售收入163万元,实现纯利润15万元,股东分红13.5万元。经过三年多边建设、边生产,目前已累计完成投资300余万元,形成了年产商品鸡8万只,孵化雏鸡60万只,向市场提供鲜蛋60万千克、鲜鱼5万千克,为社会提供种蛋100万枚、优质配合饲料3 000吨,年实现产值1 000万元、收入700万元、利税58万元的生产能力。企业在畜牧产业化经营上进行了较为成功的探索和实践,走出了一条具有特色的发展路子。

他们的主要经验是:

1. 因地制宜,发挥优势,实现资源的优化配置。该公司之所以能在较短的时间里取得良好的经济效益和社会效益,一个重要的原因就在于充分利用和发挥了本地已经形成和潜在的优势。首先,公司地处城郊,每年都要向城市提供大量的肉禽蛋奶和蔬菜等副食品,是酒泉及周边地区重要的“菜篮子”基地之一,具有较好的市场条件。其次,改革开放以来公司所在的银达乡养殖业发展比较快,规模养鸡起步早。再次,公司所在的银达乡农副产品资源丰富,滩涂、水面资源多,具有规模养殖的资源优势。公司充分利用了20余公顷闲置多年的湖滩,节约了耕地,节省了建场费用。还充分利用了当地粮多、饲料充足的优势,实现了各种资源的优化配置。

2. 股份合作,生产先行,是办好企业的关键。实行股份合作经营,按现代企业制度办企业是天河公司走向成功的又一个重要原因。股份合作经营,最大的优点就在于积聚资金快、建设工期短、生产效率高、民主管理和监督发挥好、职工生产积极性高。在建设一开始,就坚持入股自愿、股权平等、利益共享、风险共担的原则,吸纳股东18个,股金总额达183万元。做到统筹规划、合理布局,先建生产设施、购置生产设备,企业运转后再修办公室,把有限的资金用在刀刃上。同时,公司一开始就按照《公司法》的规定和现代企业制度的要求建章立制，操作运行，既解决了资金不足的问题，又将企业纳入了规范化管理的轨道。企业筹建之初，组建了由1名副乡长任董事长，朱文林任副董事长、乡企公司经理、银达村党支部书记和1名副主任任董事的董事会，具体负责资金的筹措和建场工作。企业建成投产后，为使企业放开手脚经营、减少行政干预，乡领导主动退出了董事会，并本着先运行，后规范的原则，帮助企业制定了《天河生态养殖有限责任公司章程》和财务、生产、技术、股金管理等13项配套制度。根据公司章程，重新选举产生了公司董事会和企业领导班子，由朱文林担任公司董事长兼总经理，对企业内部生产经营、人事安排、资金使用、工资分配、奖励办法等全权处理。使公司形成了资金自筹、人员自选、财务自理、分配自定、经营自主、盈亏自负的"六自"格局，走上了科学管理、规范运营的发展路子。

3. 生态养殖、综合经营，走"公司+农户"一体化经营的路子，是办好企业的有效途径。即先养鸡，然后把加工的鸡粪作为猪饲料，再把猪粪发酵生成蛆喂鱼，最后用池水浇地，形成一个良性循环的生物链，降低养殖成本，提高市场竞争能力。经过三年多的建设，现已建成年饲养商品蛋鸡8万只的密闭式机械化管理鸡舍15栋，共6000平方米；1座年孵化雏鸡60万只的孵化厅，共250平方米；开挖鱼池10公顷，投放鱼苗90万尾，可年生产鲜鱼5万千克。投放的鱼苗通过利用鸡粪直接入池喂养和将鸡粪发酵生蛆喂养，也取得了成功，其生长速度明显快于其他散养鱼池的鱼。1998年，又新上年产仔猪5000头、育肥猪3000头的生产线各一条，修建1座太阳能发酵房，并在鸡粪发酵中使用了日本EM技术，仅此一项每年就可节约饲料20万千克。发展畜牧养殖企业量大利薄，市场冲击大。要想企业兴旺，只有联动发展，形成规模效益。天河公司在创办时，即以"一流的设施、一流的管理、联动全乡发展"为宗旨，内联千家万户搞辐射，外接周边大市场抓销售，把一家一户的小农养殖和社会化商品生产大市场紧密联系起来，确立以公司为龙头、千家万户为基础、加快产加销一体化发展的思路。注重引导千家万户，尤其是养殖专业大户扩大规模，提高养殖质量，为他们提供种鸡、种蛋，传授科学管理和喂养方法。公司运转一年多来，先后无偿为全乡9个村投放雏鸡4.5万只、价值3万多元，还为农户提供优质雏鸡30万只，为泉湖、果园、怀茂、临水等乡镇提供技术服务100多次，以及提供种蛋、鱼苗和代销鸡蛋等服务。由于公司龙头作用的发挥和服务功能的增强，带动了全乡鸡产业的发展。全乡鸡饲养量由1995年16万只发展到1998年的40万只，万只鸡场增加到4户，千只以上的达到30户，百只以上的达到23户，为形成产业优势、集团化发展、规模化效益奠定了基础。在抓好养鸡、养鱼，向农户提供雏鸡，半育成鸡等项服务的同时，公司还不断拓宽经营渠道，走综合经营、全面发展的路子。投资建成了1座600平方米的配合饲料加工厂，可年产配合饲料3000吨，既满足了公司需要，又为周边农户提供了服务。

4. 技术先行，科学管理，开拓市场，是办好企业的根本。公司在投产运行中，把科技兴企作为根本措施，大力引进先进实用技术，不断提高科技在养殖生产中的含量。一是重点推广应用了良种鸡、猪、鱼及其综合配套饲养，塑料暖棚饲养畜禽，笼养鸡，网上育雏，全自动孵化，全价配合饲料及其配套加工调制，良种鸡、猪、鱼培育繁殖，畜禽疫病防检疫和池塘高产养鱼等10多项先进实用技术，缩短了饲养周期，加快了出栏，提高了商品率，增加了收入。蛋鸡全自动孵化育雏成活率达到90%，成鸡产蛋期保持在12个月以上，个体产蛋达到249枚，蛋鸡个体纯收入最高的达15元。二是生态养殖大大降低了生产成本，三年来全公司节省饲料10多万千克，节约支出20多万元。公司自投产以来，始终把占领市场、抓好销售作为企业生存和发展的关键措施来抓，本着让利不让市场的原则，积极扩大本地市场占有份额，坚持向外拓展，抢占外地市场。公司采取送货上门和让利销售的办法，先后与嘉峪关、玉门、敦煌、10号和14号基地等70多个单位和个人建立了稳定的销售关系，并在新疆哈密市天马市场、道北市场建立了两个销售门市部，还准备在哈密市三道北建立一个销售点，把产品打入哈密煤矿。同时，为了稳固地占领吐哈油田销售市场，1996年6月，公司与哈密市养鸡大户牛建义共同投资100万元，在当地办起了一个分场。目前已饲养蛋鸡2万只，成为哈密地区养殖水平最高、规模最大的养鸡场之一。公司通过制定并实施成功的市场营销战略，主动出击，占领市场，以销促产，在1998年全国性蛋鸡价格走低的情况下，仍然实现了产销两旺，不但本公司生产的蛋鸡没有积压，卖了好价钱，月销售收入在20万元以上，还帮助本乡和其他乡镇养鸡户销售了不少产品。

目前，公司全体员工正在发扬"艰苦创业、自强不息、科学管理、敢干争先"的天河精神，筹划二期、三期工程建设，齐心协力以求走出一条具有"天河"特色的牧工商、产加销一体化的路子。

（甘肃省畜牧局供稿）

兴"牛经济"　走致富路
——平凉市牛产业开发的做法

甘肃省平凉市为推动农村经济快速发展，提高农民收入水平，因地制宜，确立了牛产业开发的农村经济发展战略，提出了"54321"发展计划，即积极培育五大畜产品专业市场，建成四大区域性养殖业生产基地，抓好龙头企业创建、科技推广、服务体系建设三项突破性工作，努力开发黄牛系列产品，闯出一条产加销综合开发的产业化经营路子。

市委、市政府为了充分发挥平凉市畜产品"旱码头"的作用，突出牛产品的优势地位，以科技为动力，坚持养加贸综合开发的思路，顺应市场需求，狠抓规模养殖，积极兴办龙头企业，完善市场体系建设，广开流通渠道，使全市牛产业呈现出强劲的发展势头。截至1998年，全市黄牛存栏达到11.35万头，出栏4.82万头，分别比上年增长15.46%和53.02%。建成千头肉牛场4个，百头养牛场8个，万头养牛乡4个，千头养牛村20个，涌现出10头以上养牛大户512户。建成活畜、屠宰、肉类、皮毛等畜产品五大专业市场33处，其中功能配套齐全的有8处。初步建成以南部山区为主的年繁育量达1.64万头的黄牛繁殖基地；以北部塬区为主的年育肥量达5.5万头的黄牛育肥基地和以城郊区为主的年屠宰量达15万头的黄牛贩运、屠宰、销售基地。建成年加工皮张20万标张的平凉市福利制革厂和牛仔皮鞋厂以及吞吐量达300吨的清真冷库1处。全市牧业总收入达到1.43亿元，比上年增长5.36%，其中养牛收入9 003万元，增长7.21%，占牧业总收入的63%。在牛产业开发上，他们的主要措施是：

1. 加强组织领导，加大行政推动力度。市委、市政府把以牛为主的畜牧产业开发放在了农村支柱产业的首位，成立了由市主要领导和分管领导任正、副总指挥的肉牛养加贸综合开发指挥部，在畜产局设立了牛产业开发办公室。同时，与有关部门、各乡镇签订了目标责任书，对产业开发中的重点项目、重点示范村和突破性工作，实行县、乡、业务部门领导分工承包，技术人员负责实施的行政技术双轨承包责任制。各乡镇也成立了由党政领导为主的牛产业领导小组，制定了本乡牛产业年度实施计划，确定了自己的发展目标和重点。市政府为加强养殖基地建设，先后为每个千头牛场解决资金10万元，百头牛场解决5万元；为加快泾滩畜产品一条街建设，先后召开6次协调会，两次现场办公会，协调建设资金400多万元；为解决销售不畅问题，把平凉牛肉打出去，市委、市政府主持举办了'98平凉市首届"牛交会"。

2. 树立典型，整体推动。全市各级各部门坚持把培育典型，引导农户发展规模养殖、兴办龙头企业，作为推进牛产业全面发展的突破口和重点，以公司带农户，推动了全市牛产业的发展。市畜产局引进了香港科立集团公司研制的"反刍动物超级浓缩饲料"生产技术；柳湖乡牵头筹建了牛羊肉批零一条街、现代化屠宰生产线、真冷库等加工销售场。各乡镇也都根据本乡实际，把发展规模养殖放到重要位置，定措施，抓落实，以点带面；扶持养殖大户发展规模经营，带动了牛产业的发展。全市已建成养、加、销示范点68个，辐射带动农户1 218户。

3. 注重科技推广。市乡畜牧主管部门加强了科技推广和服务工作，加强兽医站的管理。技术人员深入乡村，包片包点，推广应用黄牛改良、暖棚养畜、秸秆青贮氨化、快速育肥、疫病防治、产品贮藏、加工等实用技术，指导养牛户向科学要效益。1998年，畜产局系统抽调70多人，防疫畜禽120万头(只、次)，冷冻精液配种改良黄牛6 019头，青贮饲草5.5万吨，氨化秸秆2.8万吨，暖棚养畜9.6万个羊单位，推广应用全价配合饲料1 380吨，育肥肉牛8 800头，实现增值30多万元，农民依靠科技人均净增收200元以上。

4. 加大宣传力度，广泛招商引资。围绕牛产业开发，各部门、各乡镇充分利用新闻媒体，发布信息，多层次进行宣传，营造了牛产业参与大商贸、大流通、走向大市场的浓厚氛围，建立了一批稳定的伙伴，增强了牛产业的发展后劲。'98平凉市首届牛交会暨旅游商贸会，吸引了宁夏、内蒙、陕西、江苏、浙江、河南、山东、山西等14个省市(区)的4 000多名客商参会，直销肉牛1.15万头，牛肉3 000多吨，经销额达到7 375.9万元；签订涉及养殖、加工、经销等内容的合作项目13个，引资2 100万元，同时与美国客商签订了开发平凉0.666万公顷天然草场、发展绿色食品的项目，引资3 000万美元。

5. 完善流通体系，拓宽产品销路。市、乡两级政府及业务部门把流通领域的建设，作为促进牛产业发展的关键环节来抓，找市场，寻销路，积极加强市场体系建设，支持和引导农户搞贩运，建市场促流通，以流通促发展。市筹资400多万元，柳湖乡、泾滩村筹集470多万元，投资改扩建了泾滩畜产品一条街，建成了集肉牛交易、待宰、屠宰、肉加工、冷藏储运、血粉加工、生活服务、产品展销于一体的专业市场，日均交易牛260头，年交易量20万头，年交易额上亿元，创利税110多万元。牛产品销往新疆、内蒙等10个省区20多个大中城市，并远销香港、俄罗斯等国家和地区。各乡镇也加强流通渠道的疏通，积极寻找销路。白庙乡政府干部多次到省内外大中城市寻找牛产品销售市场，与河南春都、双汇集团签订了2 000吨供货合同，在兰州小西湖开辟了牛肉销售场点。由于加强了流通领域的建设，大力培育和发展了一批贩运大军，拓宽了畜产品流通渠道，较好地解决了群众卖难的问题。促进了牛产业的进一步发展。

6. 制定扶持政策，促进产业发展。市、乡两级围绕扶持规模养殖，创办龙头企业，组建经销组织等环节，制定出台了退耕种草养牛、免征公粮交纳代金、划拨圈棚用地、倾斜资金扶持、对开发工作有突出贡献的人员给予重奖等八项政策。这些政策的出台，充分调动了社会各界发展牛产业的积极性，广大农户发展牛产业的热情高涨，万人从业，千人经销。龙头企业不断完善和提高，示范带动作用进一步增强，全市牛产业阔步迈上产业化之路。

（甘肃省畜牧局供稿）

实施猪产业开发战略 推进畜牧产业化经营

——临泽县猪产业开发的几点做法

甘肃省临泽县各级党委政府把以养猪为主的产业化经营作为振兴临泽经济的突破口来抓，通过两年的艰苦奋斗，全县猪产业综合开发初步形成了种、养、加一条龙，牧、工、商一体化的畜牧产业化新格局。同时，养猪业的迅速发展架起了传统农业向现代化农业转变的桥梁，培植了农村经济新的增长点。截至 1998 年底，全县已建成 3 万头种猪场 1 个，万头仔猪繁育场 6 个，千头猪育肥场 23 个，养猪专业村 20 个，规模养猪户 2 300 户。其中：饲养 30～50 头的 1 866 户，51～100 头的 434 户。累计建成暖棚猪舍 35 210 间。1998 年，全县生猪饲养量达到 26.6 万头，出栏 16.5 万头，分别比 1996 年增加 2.8 万头和 3.0 万头，增长 11.8% 和 22.2%，出栏率达到 160.2%，比 1996 年提高了 4.6 个百分点。在实施猪产业开发方面，他们的主要做法是：

1. 建立健全机构，加强组织领导。为使全县以养猪为主的畜牧业发展跃上一个新的台阶，县成立了猪产业开发指挥部，由县委书记任总指挥，四大班子有关领导任副总指挥，县直有关部门及各乡主要领导任指挥的专门机构，指挥部承担决策、监督检查和协调服务三大职能。指挥部下设办公室，从有关单位抽调 15 名同志，组成了日常工作班子，各乡也相应地成立了猪产业开发领导小组，由乡党政主要领导任组长，乡属有关站所负责人为成员，并确定一名副乡长主抓具体业务，领导小组具体负责各乡猪产业开发的实施工作。办公室内设项目部、技术部、规划建设部、市场信息部和综合办公室五个职能机构，并明确各个部门的业务范围和工作职责，各负其责。做到了机构健全，分工明确，责任到人。

2. 制定发展规划，明确任务目标。按照县委、县政府关于猪产业开发的总体思路，在充分调查研究和听取各方面意见的基础上，制定了《临泽县猪产业综合开发规划（1997—2002 年）》，以县委文件正式下发施行，规划分年度、分乡、分部门明确了 6 年主要生产建设指标任务，确立了总的奋斗目标，即：通过全县上下共同努力，到 2002 年存栏适龄母猪 6.2 万头以上，繁育仔猪 100 万头，年出栏肉猪 60 万头，出栏种猪、商品仔猪 40 万头，年屠宰加工生猪 40 万头，使全县养猪产值突破 18 亿元，实现利税 2.6 亿元，全县农民人均养猪业纯收入达到 1 000 元以上。同时，规划还提出了主要建设项目和实施措施。各乡按照县的规划精神和下达的任务指标，结合各自实际制定了相应的发展规划，分村分单位下达了目标任务。

3. 深入宣传发动，强化舆论引导。县委、县政府多次召开专题会议研究部署产业开发工作，并利用各种会议进行大力宣传动员，县电视台、广播站还开辟了专题栏目，对产业开发的规划、目标任务、实用技术推广和先进典型进行经常性报道。产业开发办公室创办了《猪产业开发动态》，就工作进展、生产经验和先进典型等内容进行及时反映。各乡村利用各种会议、广播、电视、电影、黑板报专栏等多种形式，不失时机地大力宣传，多方式宣传，多层次灌输、多角度渗透，使猪产业开发这一决策做到了家喻户晓。全县上下形成了共识，为实施猪产业开发战略创造了良好的外部环境。

4. 推广高新技术，提高科技含量。在生产管理活动中，他们大力推广先进实用技术。在引进高新技术方面，积极与省内外大专院校、科研院所攀亲结缘，以科技为媒介，走教学科研同生产实践相结合的路子，积极推广应用甘肃农业大学刘孟洲教授主持的“八五”、“九五”项目研究所取得的成果。在新华猪产业集团公司龙头企业建设过程中，立足高起点建场，高科技组装，高素质育人，高要求管理，高效益发展的思路。在生产过程中坚持品种品系配套化、设施设备适用化、配合饲料系列化、兽医卫生程序化、饲养管理科学化的原则，并认真组织贯彻到生产的各个环节，以科研促生产，以生产保科研，全方位促进科技成果向生产力转化。与此同时，充分利用科普之冬、科技下乡、基层组织建设、党群教育以及各类学习班、现场会、学术交流等活动的机会，把龙头企业在生产过程中积累的一系列成功经验和科研成果，以及养猪生产上的“白色革命”和“双推五改”实用技术推广到了全县各乡村及广大农户。通过产业开发项目的实施，使全县养猪生产的科技普及率达到 90% 以上。

5. 坚持三个到位，狠抓工作落实。

（1）优惠政策到位。他们除用足用活中央、省、地优惠政策外，县委、县政府在建设用地、饲草料用地、生产资金、赊销物资、良种供应、减免土地使用费、补助义务工、劳动计累工以及征收牧业税、屠宰税等方面制定了优惠政策和奖励措施。各乡镇、各部门也制定了一些相应的优惠政策。充分调动了群众发展养猪生产的积极性。

（2）扶持资金到位。在建设资金筹措方面，他们坚持“自筹为主、扶持为辅”的原则，采取国家投一点、集体补一点、银行贷一点、个人筹一点的办法，多渠道、多层次筹措资金，有效地解决了建设资金不足的问题。一是对重点建设项目争取国家、省地有关部门列项支持，项目资金做到了专户储存、专款专用。二是银行、信用社、财政等部门积极支持发展养猪生产，优先提供贷款。据统计，猪产业开发实施两年来，金融部门发放养猪生产贷款总计达3 000多万元。三是积极推行股份合作制，鼓励干部群众投资、投物、投劳。全县以集资入股、投工投劳、提供实物等方式筹集物资折合人民币共计2 100多万元用于猪产业开发。

(3)科技服务到位。县乡两级畜牧部门和县猪产业开发办公室紧密配合，每年抽调专业技术人员深入基层抓试验、示范和推广工作，为养殖企业、规模养殖大户提供产前、产中、产后全程服务，不断培植高效典型，推动了全县养猪生产的大发展。

（甘肃省畜牧局供稿）

流通活　产业兴

——临洮县组织贩运畜产品的做法

甘肃省临洮县紧紧围绕畜牧支柱产业开发，以加强商品基地建设为先导，从培育和发展专业大户入手，采取政策驱动、典型带动、科技推动和市场拉动等行之有效的措施，走“小规模、大群体”的路子，狠抓畜产品营销，加快了畜牧产业化进程，发展畜禽养殖大户12 298户，养殖专业村24个。全县建成5个畜产品专业市场，有购销公司和贩运大户200多户，拥有300多辆运输车，年运销肉1.4万吨，鲜蛋4 032吨，营销额达6 000多万元。畜产品流通贩运的兴起，有力地推动了畜牧业的发展。1998年，肉类产量达2.05万吨，猪、鸡、牛、羊分别出栏23.47万头、126.08万只、3136头、6.03万只，全年牧业产值1.2亿元。他们的主要做法是：

1. 党政重视，政策扶持。近年来，临洮县确立了以发展规模养殖为突破口，拓展流通，推进畜牧产业化经营，实现农业大县向农业强县转变的经济发展战略。各级领导高度重视，抓畜牧业生产，抓畜产品流通，在税收、金融、土地使用等方面给予优惠和倾斜，大力支持规模养殖，鼓励农民以各种自办、自管、自受益的畜产品服务组织为依托，联户跨省搞贩运，积极引导农民改变小打小闹的生产经营模式，走基地化生产、大联合经营的致富路子，培养出一支闯大市场、搞大流通的运销队伍。

2. 建设市场，搞活流通。临洮县畜牧、税务、金融、城建、工商等部门相互协调配合，齐抓共管，积极参与建设市场、培育市场、开拓市场，先后扩建了衙下、洮阳、新添、站滩、窑店等5个畜产品专业市场，并以此为龙头，带动了商品基地和养殖专业户、村、乡的发展。衙下乡通过扩建衙下集贸交易市场，年仔猪交易达10万多头，吸引了各方客商。贩运户还将生猪、猪肉、仔猪、鸡蛋等畜产品运销到兰州、青海、内蒙、西藏等地，形成了生猪生产营销一体化的新格局，促进了全乡养猪业上台阶、增效益。衙下乡年存栏生猪1.8万头，出栏1.6万头，仅养猪一项户均纯收入就达320元。

3. 联户运销，拓宽市场。玉井乡杨家台村李家庄社在运销户李景春的带动下，贩运营销户发展到20多户，拥有汽车5辆，与西坪、洮阳、玉井、八里铺、衙下等乡镇的上百家养殖户有业务联系，向西藏运销鸡蛋、猪肉、肉鸡、鸽子等产品，全年拉运60余车，仅运销鸡蛋一项即达40万千克，营销额达360万元，纯收入达14万元。县粮食局10个粮管所兴办了猪鸡饲养场，与农民联合组成运销车队，定期向拉萨贩运生猪，并在拉萨市设立经营门店，1998年运销生猪8 000多头。真正达到了“流通活、产业兴”的效果。

（甘肃省畜牧局供稿）

发挥龙头作用　带动全行业发展

1998年，大连市抓龙头企业，发展产业化经营取得明显成效。甘井子区营城子镇镜港企业集团，引进加拿大先进设备，投资9 800万元，兴建的蛋粉加工厂，产品为蛋白粉、蛋黄粉和溶菌酶，年可加工鲜蛋3万吨。瓦房店市炮台镇台湾大成公司兴建的肉鸡屠宰加工厂，总投资5 000万美元，年屠宰加工肉鸡2 400万只，已正式投产运作，产品全部出口。大连础明实业发展公司猪场引进德国先进设备，投资3 800万元，兴建一处猪肉深加工生产线。加工厂正式投产后，年单班加工生猪5万头，主要产品是猪肉分割小包装和火腿肉、香肠等高档熟肉制品。这三大龙头企业对大连市的蛋鸡、肉鸡、生猪三大产业正发挥着越来越大的带动作用。

（大连市农业局供稿）

（本栏目主编　王金文）

商品基地建设

畜牧业商品生产基地

——畜牧业经济的主体

为了保证大中城市肉、奶、蛋等畜产品的均衡供应，并尽可能多地生产可供工业原料和出口创汇的优质畜产品，国家从1983年开始拨出专项资金6.15亿元与地方共同投资建设了各类畜禽生产基地1 144个，其中商品猪基地490个，商品牛基地300个(含秸秆养牛示范县)，商品羊基地251个(含秸秆养羊示范县)，禽、兔、蜂及其他特种畜产品基地103个。通过这些畜禽商品基地的示范、试点以及向优质化、集约化和产业化方向的发展，促使了畜牧业经济增长方式发生了历史性转变，极大地提高了畜牧业综合生产能力，促进了我国畜牧业持续快速发展，畜产品产量大幅度增长，根本扭转了长期以来市场短缺的局面，肉、蛋产量位居世界第一，人均占有量超过了世界平均水平。畜牧业产值占农业总产值的比重大幅度上升，已由农村家庭副业发展成为农业、农村经济的支柱产业。畜牧业商品生产基地的建设，不仅满足了人民对畜产品的消费需求，而且为农民致富、财政增收、社会稳定等作出了重大贡献。这充分显示了商品生产基地建设在畜牧业经济中的主体地位。

【丰富了"菜篮子"，满足了市场需要】 据1997年对仅占全国总县数16%的462个商品瘦肉型猪基地建设情况统计表明，这462个商品瘦肉型猪基地生猪出栏量和猪肉产量分别达到22 482.9万头和1 620.66万吨，分别占全国总量的45.6%和43.2%。基地县外调生猪10 145.44万头，折合猪肉771.74万吨，按每个城市居民年占有猪肉35千克计算，可满足2.2亿人、近60%的全国城镇人口的猪肉消费需求，而1985年基地外调生猪量，仅能满足2 800多万人口的消费，占当时全国城镇人口的13.6%；从1992年开始建设的268个秸秆养畜示范县，虽只占全国总县数的10%，但生产的牛肉却占全国总产量的40%左右。此外，商品羊、禽、兔、蜂及其他特种畜产品商品基地也在稳定肉、蛋、奶供应，提供毛、绒、皮等工业原料，增加出口创汇等方面发挥了重要作用。

【科技含量增加，畜禽生产水平和产品质量显著提高】 在商品生产基地建设中，注重推广品种、饲料、饲养、设备工艺等方面的先进科学技术和管理经验，基地县畜禽生产水平不断提高，所提供的畜产品质量不断改善，与发达国家的差距不断缩小。以商品猪基地为例，1997年462个商品猪基地县的生猪出栏率从1985年的96.4%提高到139.2%，提高近43个百分点，且比1997年全国平均水平高出近20个百分点。湖南、山东、江苏省的商品瘦肉型猪基地的生猪出栏率分别达到181%、155.2%和151.2%，接近发达国家的养猪水平；同时，由于生猪杂交改良的普及，基地县生产出大量的二元杂交猪和三元杂交猪，大大提高了猪肉品质。如1998年广东省20个商品瘦肉型猪基地县商品瘦肉型猪覆盖面达82%，比全省的40%高出42个百分点。基地县商品瘦肉型猪瘦肉率达60%，比基地建设前高出10个百分点以上。1998年基地县瘦肉型猪价比全省平均价格高50元/头，仅此一项，可使基地县农民增收2.4亿元。

【增加了农民收入，促进了农村经济的发展】 畜牧业商品生产基地建设对当地农民增收和经济发展的促进作用，使畜牧业在不少地方成为农村经济新的增长点、农民增收致富的重要途径和新的税收来源。如江西省1998年37个商品瘦肉型猪基地和6个秸秆养畜示范县提供的产值91亿元(按1990年不变价计)，占农业总产值的31.8%。其中生猪产值88亿元，比基地建设前增加33亿元，为国家创税5.6元；肉牛产值3.2亿元，比基地建设前增加2.5亿元，为国家创税1亿元。同时还为社会解决了230万个剩余劳动力的就业。

畜牧业商品生产基地建设经验：

1. 加强畜牧业商品基地建设的领导和指导。商品生产基地涉及面广，是一个系统工程，其政策性强，社会性强，工作难度大，需要各方面的共同支持和紧密配合。在实施过程中,各基地县都组建了以县领导和各有关部门领导参加的领导小组和由畜牧部门技术人员组成的技术小组。领导小组进行宏观决策和负责制定总体规划,落实配套资金,制定相应政策措施,及时解决工作中存在的问题;技术小组负责制定实施方案和技术性措施,具体负责组织实施基地建设。

2. 强化基础设施建设。商品基地建设要加强畜牧业基础设施建设,狠抓良种繁育体系、饲料加工体系、防疫灭病体系、产后服务加工体系建设,为基地建设和广大饲养户提供优良品种、饲料、技术支持和销售加工服务,彻底改变畜牧业基本生产条件,增强畜牧业发展后劲。

3. 大力推广科学养畜,提高基地生产水平。基地县结合"丰收计划"、"星火计划"等推广项目的实施,因地制宜地推广了科学配套技术,不断增加了畜禽品种、饲料、兽药、产品加工等环节的科技含量,提高了畜禽生产水平、畜产品质量和畜牧业生产的经济效益。

4. 强化管理。一是认真做好基地建设规划,做到布局合理、集中连片;二是严格按照计划任务进行建设并按照资金使用的有关规定用好用活资金,同时加强审计,切实发挥资金的效益;三是强化监督,对项目进行定期和不定期检查,及时发现和解决项目执行中存在的问题,项目建成后要按有关要求进行验收,并管理好国有资产。

5. 积极培植加工流通等龙头企业,大力推进产业化进程。加工流通企业是畜牧产业化的龙头,这个龙头企业不仅是解决小生产与大市场矛盾的有效途径之一,而且也是连接农户专业化规模经营和分散经营与市场的桥梁,是保证其稳定发展的基础。基地县要通过对现有龙头企业的技术改造,使之扩大生产、扩大规模或者利用各种形式发展龙头企业,以把生产、加工、销售有机结合在一起,实现产加销一体化、贸工牧一条龙,走产业化发展之道路,并注重开发品种多样、食用方便、卫生安全及具有特色风味的畜产品,以满足不同消费需求。

(全国畜牧兽医总站　张明富)

基地建设是行业发展的先锋

北京市畜牧业生产基地建设是和首都特殊地位紧密相连的。根据1000多万常住和流动人口生活需要和首都政治影响需要,历届政府都以满足和丰富市场、振兴郊区富裕农民、保证首都安定团结的政治局面为宗旨,发挥不同区(县)的地域优势,完善畜牧业生产基地建设,努力提高畜禽产品的自给力水平。

【商品猪生产基地建设】 1954年提出,"养猪积肥,增加首都肉食"。1964年提出"把养猪生产当做政治任务来抓"。1987年,针对1981—1986年,养猪生产出现的连续4年徘徊、2年下降,猪肉供求再度紧张的局面,市政府提出,"通过适度规模经营,用3~5年时间解决北京市民吃肉问题"。到1992年以平原产粮区为主的商品猪基地基本建成,在满足市民对猪肉质量需求的基础上,基本满足数量需要。

北京市养猪生产基地情况

单位:头、%

区县	1978年		1990年		1995年		1998年	
	商品猪	占全市	商品猪	占全市	商品猪	占全市	商品猪	占全市
全市	1 836 228	100.00	2 728 786	100.00	3 669 085	100.00	4 078 519	100.00
朝阳	110 352	6.01	177 534	6.51	295 973	8.07	304 147	7.46
昌平	139 673	7.61	214 427	7.86	251 465	6.85	273 996	6.72
顺义	324 270	17.66	536 095	19.65	962 732	26.24	1 199 115	29.40
通州	219 710	11.97	370 681	13.58	383 671	10.46	394 745	9.68
大兴	179 209	9.76	232 610	8.52	311 137	8.48	357 803	8.77
房山	145 340	7.92	242 416	8.88	215 326	5.87	276 430	6.78
平谷	168 725	9.19	204 642	7.50	304 032	8.29	228 547	5.60
密云	126 478	6.89	218 778	8.02	261 295	7.12	304 893	7.48
小计	1 413 757	76.99	2 197 183	80.52	2 985 631	81.37	3 339 676	81.88

【蛋鸡生产基地建设】 1974年3月,首次召开全市养鸡工作会议,农、商两家一起研讨解决鸡蛋供应多年存在的严重紧缺问题,要求各县(区)委把养鸡工作列入议事日程,提出74年末达到农业人口人均1.5只鸡。1978年,一批全民所有制蛋鸡场相继建成投产。1982年,市农林办、财贸办联合发出《北京市菜田养鸡工作会议纪要》,把蛋鸡生产基地建设推向高潮。京郊蛋鸡饲养量直线上升,1994年产蛋鸡存栏创历史最高点,年末存栏发展到2 580万只,鸡蛋产量从1975年的5 585吨发展到1994年的329 342吨。近几年,随着畜牧业结构调整,以全民、集体规模蛋鸡场为主的蛋鸡生产基地发生变化,而山区农民家庭养鸡竞争优势逐渐明显。

北京市蛋鸡生产基地情况

单位:万千克、%

区县	1978年		1990年		1995年		1998年	
	商品蛋	占全市	产蛋量	占全市	产蛋量	占全市	产蛋量	占全市
全市	1 356.5	100.00	25 773.5	100.00	2 7913.9	100.00	17 586.1	100.00
朝阳		0.00	1 843.3	7.15	1 656.3	5.93	151.9	0.86
昌平		0.00	2 122.4	8.23	2 173.2	7.79	1 295.8	7.37
顺义		0.00	3 055.2	11.85	2 731.5	9.79	2 241.7	12.75
通州		0.00	2 473.8	9.60	1 854.5	6.64	1 394.9	7.93
大兴		0.00	3 938.7	15.28	4 473.0	16.02	2 862.1	16.27
房山		0.00	1 166.9	4.53	1 502.3	5.38	1 262.2	7.18
平谷		0.00	3 104.4	12.04	4 248.3	15.22	2 806.3	15.96
怀柔		0.00	1 231.0	4.78	1 811.8	6.49	804.2	4.57
密云		0.00	1 497.3	5.81	1 971.1	7.06	1 610.1	9.16
小计		0.00	20 433.0	79.28	22 422.0	80.33	14 429.2	82.05

【肉鸡生产基地建设】 肉鸡从以出口为主发展到以内销为主,数量发展很快。目前主要以大发、华都两个肉鸡联合企业为龙头的产业化形式,平稳发展。1998年,全市肉鸡出栏比1965年增长46倍,比1978年增长40倍。出口量比1965年增长近6倍,比1978年增长近5倍。内销量相当于1965年总产量的40倍,相当于1978年的30多倍。

北京市肉鸡生产基地情况

单位:只、万只、%

区县	1978年		1990年		1995年		1998年	
	商品鸡	占全市	商品鸡	占全市	商品鸡	占全市	商品鸡	占全市
全市	1 621 783	100.00	2 167.7	100.00	4 842.0	100.00	6 924.9	100.00
昌平	83 324	5.14	560.2	25.84	479.6	9.90	932.5	13.47
顺义	597 887	36.87	617.3	28.48	2 465.2	50.91	3 580.1	51.70
通州	52 971	3.27	51.6	2.38	252.0	5.20	358.4	5.18
平谷	251 652	15.52	214.5	9.90	427.7	8.83	246.7	3.56
怀柔	87 489	5.39	234.3	10.81	332.2	6.86	175.0	2.53
密云	434 167	26.77	294.9	13.60	486.4	10.05	698.6	10.09
小计	1 507 490	92.95	1 972.8	91.01	4 443.1	91.76	5 991.3	86.52

【奶牛生产基地建设】 北京市的奶牛生产在中央领导同志的关怀下,以农垦国有国营奶牛场为龙头不断发展,奶牛饲养量由解放初期的1500头发展到6万多头,其中成乳牛存栏达到3.59万头;鲜奶总产从解放初期1952年的3 820吨发展到1998年的22.7万吨。鲜奶供应由严重紧缺发展到100%自给。

北京市奶牛生产基地情况

单位:吨、%

区县	1978年		1990年		1995年		1998年	
	产奶量	占全市	产奶量	占全市	产奶量	占全市	产奶量	占全市
全市	54 192	100.00	217 216	100.00	206 009	100.00	227 073	100.00
朝阳	14 349	26.48	46 754	21.52	34 566	16.78	7 498	3.30
海淀	8 223	15.17	20 491	9.43	16 001	7.77	14 016	6.17
昌平	11 417	21.07	43 063	19.82	41 938	20.36	38 340	16.88
通州	842	1.55	16 042	7.39	22 461	10.90	34 108	14.98
大兴	13 003	23.99	48 573	22.36	43 115	20.93	46 273	20.38
房山	3 210	5.92	12 996	5.98	11 162	5.42	14 151	6.23
怀柔	0	0.00	2 861	1.32	5 828	2.83	11 558	5.09
延庆	878.5	1.62	11 988	5.52	1 642	0.80	17 437	7.68
小计	51 922.5	95.81	202 768	93.35	176 713	85.78	183 381	80.76

【北京鸭、肉鸭生产基地建设】 北京鸭基地基本上是以潮白河水系(顺义)、玉泉山水系(海淀)、莲花池水系(丰台)、永定河水系(大兴)、运河水系(通州)、小汤山水系(昌平)等发展的。目前正向以农场局金星鸭中心、北京市顺义前鲁养鸭场为龙头的产业化方向发展。1998年,顺义区肉鸭出栏量占全市的50%以上 。

北京鸭(肉鸭)生产基地情况

单位:只、万只、%

区县	1978年		1990年		1995年		1998年	
	商品鸭	占全市	商品鸭	占全市	商品鸭	占全市	商品鸭	占全市
全市	2 627 459	100.00	615.7	100.00	975.5	100.00	1 331.3	100.00
朝阳	223 364	8.50	16.1	2.61	16.2	1.66	4.4	0.33
丰台	538 349	20.49	65.4	10.62	114.9	11.78	28.6	2.15
海淀	518 204	19.72	105.3	17.10	71.2	7.30	38.3	2.88
昌平	185 615	7.06	25.5	4.14	36.9	3.78	56.3	4.23
顺义	172 223	6.55	213.6	34.69	357.6	36.66	787.5	59.15
通州	197 444	7.51	15.4	2.50	8.8	0.90	60.9	4.57
大兴	531 802	20.24	144.3	23.44	238.1	24.41	195.8	14.71
小计	2 367 001	90.09	585.6	95.11	843.7	86.49	1 171.8	88.02

【肉牛、羊基地建设】 除农业部确定的顺义养牛示范县外,肉牛产区主要有:通州区、平谷县、怀柔县、房山区等。肉牛生产形式主要有:异地育肥、奶公牛犊育肥、肉牛良种杂交等。

经过50年发展,养羊从以山区传统放牧粗放饲养为主,发展为以平原放牧与补饲为主,饲养的品种从以本地羊(如体形小、屠宰率低的本地山羊)为主发展为以引进良种羊为主。目前,北京市羊基地主要有:房山、门头沟区为主的绒山羊基地;大兴、顺义、通州为主的绵羊肉羊基地。

北京市养羊生产基地情况

单位:只、%

区县	1978年		1990年		1995年		1998年	
	出栏羊	占全市	出栏羊	占全市	出栏羊	占全市	出栏羊	占全市
全市	58 794	100.00	587 856	100.00	712 563	100.00	856 242	100.00
门头沟	9 269	15.77	24 825	4.22	15 052	2.11	34 870	4.07
昌平	6 194	10.54	28 019	4.77	30 435	4.27	52 675	6.15
顺义	524	0.89	65 994	11.23	122 584	17.20	160 380	18.73
通州	58	0.10	98 425	16.74	133 377	18.72	101 547	11.86
大兴	550	0.94	110 806	18.85	153 883	21.60	158 416	18.50
房山	9 721	16.53	105 317	17.92	89 573	12.57	140 121	16.36
平谷	2 153	3.66	55 791	9.49	83 812	11.76	63 903	7.46
怀柔	8 186	13.92	14 511	2.47	18 248	2.56	29 084	3.40
密云	9 585	16.30	35 013	5.96	40 579	5.69	69 540	8.12
延庆	11 099	18.88	27 773	4.72	10 799	1.52	23 053	2.69
小计	46 240	78.65	538 701	91.64	687 543	96.49	810 536	94.66

(苏雪梅)

獭兔养殖基地——邯郸临漳

河北省邯郸市临漳县是全国闻名的獭兔养殖基地,从1987年底即开始养殖獭兔,但直到1996年底饲养量不过90万只。最近两年发展极为迅速,1998年全县獭兔饲养量突破300万只,比1996年增长了3倍多。1997年12月全国家兔育种委员会在临漳召开年会,一致确认临漳县为全国獭兔育种试验基地。纵观临漳县獭兔产业的发展,主要有以下四点经验:

1. 抓典型,搞试点,是调动群众养獭兔积极性的行之有效的措施。1995年初临漳县组织科技人员在临漳镇东前坊表村搞起了獭兔养殖试点,选了三户农民作为示范户,饲养了3组9只优种獭兔,精心传授技术,跟踪服务。3个月后繁殖到64只,全部成活,当年收入4 000元。农民收到效益,养殖热情高涨起来。短时间内全县出现了许多养兔专业村,起到了抓一点、带一批的轰动效应。

2. 领导抓,力度大,是确保獭兔养殖业健康发展的关键。在全县范围内大规模发展獭兔养殖业是一项社会性很强的系统工程,运用常规的工作方法往往不能取得理想的工作效果。临漳县从四方面切实加大了领导力度。一是建组织,行政推动。先后成立了领导小组和獭兔产业指挥部,县委书记和县长担任指挥,具体组织协调獭兔产业的项目、市场建设。獭兔养殖协会负责协调獭兔养殖的产前、产中、产后各项服务工作。1998年新一届领导班子将獭兔产业确定为全县工作重心,组建了獭兔管理办公室和獭兔研究所,加大力度,强力推进。二是定政策,利益推动。围绕獭兔养殖,县委、县政府制定了〔1996〕33号、〔1997〕10号、〔1998〕11号等文件,从资金、土地、电力、财税、工商等多方面制定了优惠政策。养殖场用地全部按农业用地对待,县獭兔服务中心与农户签订了"代养合同"和"保护价收购合同",推动群众养獭兔。每年都有全县獭兔赛兔会,对兔王和状元兔大张旗鼓地予以表彰。三是严责任,奖惩促动。将獭兔饲养量、兔场建设和专业村建设细化成若干具体指标,层层分解,落实到基层。各级领导分包乡镇及示范户,县直单位必须新建一个存栏1 000只以上的规模养兔场。四是上项目,外力促动。1998年獭兔项目办公室申报了投资2.5亿元的"临漳县獭兔产业化项目",包括兔皮深加工、屠宰分割生产线、熟肉制品、原种场建设等子项目。

3. 建龙头,抓市场,保证了基地规模不断扩大,销售渠道畅通。截止1998年临漳县已投资上千万元对县肉联厂、皮革厂等企业进行了技术改造,并新上了皮毛加工厂、红烧玉兔厂、兔笼厂等龙头企业。龙头与农户结成松散型的利益共同体,对签订合同的养殖户实行保护价收购。县里成立了兔业服务中心,在全县设立了十多个收购网点,统一组织獭兔的回收与外调。临漳县的獭兔龙头企业目前已与外省十多个县市建立了稳定的购销关系,系列产品供不应求。

4. 抓品种,搞改良;抓技术,严管理,是确保獭兔养殖业健康发展的基础。獭兔属高密度繁殖动物,繁殖快,退化也快。临漳县采取三条措施狠抓兔种,一是集中繁育种兔,投资25万元兴建了良种獭兔繁育场,下设10个分场。二是注重品种改良,先后引进优种獭兔4 000组,与原有种兔进行杂交提纯。三是规范育种行为,对系谱清楚、管理规范、符合条件的大型兔场核发许可证,对乱"炒种"的行为进行严厉查处。在管理上坚持以科技为先导,重视技术培训,聘请全国养兔专家常年担任技术顾问。严把"三个关口",一是饲料关,二是防疫灭病关,三是兽药销售关,从饲料和药源上有效地防止病害的发生。

临漳县在畜禽养殖方面以獭兔产业为突破口,带动了全行业的兴旺和发展,目前基地和畜牧园区建设蒸蒸日上,临漳县正以崭新的面貌面向未来。

(河北省畜牧局供稿)

基地建设带动了行业发展

"六五"以前,辽宁畜牧业生产基地规划区在比较贫困的阜新、朝阳和辽北、辽东的部分落后地区,畜牧业成为这些地区农民的重要生产项目。但由于这些地区社会、经济、技术以及自然条件较差,生产发展缓慢,基础作用不明显。"六五"末期,我们根据全省畜牧业区域规划,资源优势和市场需求,进行了基础建设布局的调整,即在巩固辽西牛羊生产基地的同时,大力发展辽宁北部、中部和南部瘦肉型猪商品生产基地。到1998年底,全省共建成瘦肉型猪商品生产基地县24个,在建的瘦肉型猪基地县6个,商品牛基地县25个,大中城市郊区肉蛋奶基地14个。这些基地已表现出明显效果,发挥了商品量大、市场应变能力强的优势和特点,成为名副其实的商品货源基地。1998年,全省30个瘦肉型猪生产基地出栏猪864.1万头,占全省出栏猪总数的70.6%。瘦肉型商品猪平均胴体瘦肉率达到53%~54%,比基地建设前提高6~7个百分点;阜新、彰武两个细毛羊基地县,存栏绵羊42万只,比基地建设前增加6.5万只,提高18.3%;绵羊平均个体产毛量7.0千克,增加2.0千克,提高62.5%。两县羊毛总产量250万千克,占全省总产量的33.6%,比基地建设前增加35.8万千克,提高2.8倍;羊绒总产量14万千克,占全省总产量的45.3%;平均个体产绒量0.28千克,增加0.04千克,提高16.6%。大中城市郊区以繁荣经济、服务城市为目的,充分利用经济、技术、地域以及资金、市场优势,积极发展肉蛋奶生产,形成了具有很强商品生产能力的大中城市郊区肉蛋奶生产基地。自1985实施"菜篮子工程"以来,大中城市郊区肉蛋奶基地建设更加受到各市政府的重视,特别是沈阳、大连、抚顺、本溪等市,积极采取措施,加强领导,增加投入,推动了基地的更快发展。14个大中城市郊区、近郊县生产的肉蛋总量占全省总产量的份额,肉类约55%,蛋类约95%以上。"六五"以来,在全省肉蛋奶总量增长量中约有85%产自大中城市郊区生产基地。如沈阳市肉类自给水平由基地建设前的35%,提高到1998年的85%,蛋类由50%达到自给有余,而且每年约有5.0万吨禽蛋销往外市,奶类由严重供应不足达到自给有余。

(辽宁省畜牧局供稿)

商品基地建设意义深远

安徽省畜禽商品基地建设始于80年代初,大致可划分为三个阶段。第一阶段为1984—1990年,主要是依靠资源优势,政府号召发动,大力发展生产,增加畜产品供应。同时积极引进良种,开展品种改良,提高生产水平。此阶段的基地建设很大程度上起着示范、试点作用,尤其是对良种和实用配套技术的推广起到了重要作用。第二阶段为1991—1995年,商品基地建设在加快发展数量、提高产量的同时,注重了良种繁育、疫病防治和饲料加工服务体系的建设,尤其是配合菜篮子工程建设,畜产品良种化、规模化、区域化发展有了一定的进展。第三阶段为1996年至今,随着畜产品买方市场的逐步形成,畜禽商品基地突出表现为向优质化、集约化和产业化方向发展。基地内建成了一大批畜牧业科技示范园区,系列化高产技术组装配套应用于生产,产前、产中、产后一条龙,贸工牧、产供销一体化,"公司+农户"的基地建设模式成为新的亮点。

自1985年以来,中央、省和地(市、县)共投资1.7亿元建设各类畜禽商品基地54个,其中中央投资5 828万元,省级投资2 778万元,地方配套7 440万元。建设商品猪基地32个,商品牛基地17个,羊基地3个,水禽基地2个(以地区为单位)。1998年新建瘦肉猪基地2个，新建秸秆养牛基地2个，养羊基地1个(表1)。

畜禽商品基地的建设带动了全省畜牧业生产水平的大幅度提高。对推动科技进步、保障市场供应、增加农民收入，繁荣农村经济起到了重要作用。具体表现在四个方面(详见表2至表4)。一是数量大幅增长。1997年全省猪肉产量181.3万吨，较1984年增加126.7万吨，其中32个商品猪基地县净增88.7万吨，占70%。

表1 安徽省畜禽商品基地投资情况统计表

单位：万元、个

项目	商品猪基地	牛	羊	水禽
数量	32	17	3	2
总投资	10 486	3 400	560	2 600
其中：中央	2 848	1 700	280	1 000
省级	1 138	900	140	600
地方	5 800	800	140	700

表2 商品基地建设前后生产情况比较表

单位：万头、万只、万吨、%

项目	商品猪				水禽		
	存栏	出栏	猪肉产量	占全省份额(%)	存栏	出栏	肉蛋产量
1984年(建基地前)	633.3	422.5	32.04	58.7	1 456	1 279	3.34
1997年	1 105.4	1 680.9	120.7	66.6	2 068	3 631	13.8
绝对增长	472.1	1 258.4	88.7	7.9	612	2 352	10.46
相对增长(%)	74.5	297.8	276.8	13.5	42	183.9	313.2

表3 商品基地建设前后外调情况比较表

单位：万头、万吨、%

项目	商品猪			水禽	
	外调商品猪	占基地出栏总数	占全省份额	水禽肉蛋外调	占基地总产量
1984年(建基地前)	187.6	44.4%	53.6%	2.22	66.5%
1997年	1 018.5	60.6%	67.9%	11.4	82.6%
绝对增长	830.9	16.2	14.3	9.18	16.1
相对增长	442.9%			413.5%	

二是质量显著提高。随着科学饲养技术的推广、普及，生猪生产水平和产品质量明显提高。全省平均生猪出栏率由73.1%提高到131.8%，生猪死亡率由15%下降为5%，生猪杂交改良从无到有，达到65%，而基地县更是分别达到171.5%、3.5%和78.9%。此外，1997年基地县三元杂交瘦肉猪达302万头，占全省的86.30%。三是市场供应充足，提高了人们生活质量。1997年全省人均猪肉占有36千克，在人口增加1 200

表4 商品基地建设前后生产水平比较表

单位：%、千克

项目	商品猪			水禽		
	生猪出栏率	瘦肉猪比重(二、三元杂交)	生猪死亡率	平均单位个体肉蛋产量	良种化比重	水禽死亡率
1984年(建基地前)	75.5	2.8	12.7		24.5	28
1997年	171.5	78.9	3.5		87.6	6.5
绝对数	96	76.1	-9.2		63.1	-21.5

万的情况下，较1984净增23.4千克，城乡居民消费水平稳步提高，市场肉蛋货足价稳。四是增加了农民收入，富裕了地方财政。1996年全省农村户均出售肉猪1.36头，约可获利100~200元。全省仅屠宰税一项就增加财政收入近2亿元。而年出栏百万头猪的定远县，1997年农民人均养猪纯收入400多元，养猪业的财政收入占县财政收入的10%。

回顾过去，安徽省在畜禽商品基地建设中主要采取了以下措施：

1. 加强领导，落实政策。省政府非常重视畜牧业生产，多次出台稳定扶持生产的文件，制订了一系列扶持、优惠政策措施，建立生产发展基金，制订年度建设指标，落实生产技术指标，签订责任书，以确保建设资金落到实处，发挥效益。各地都成立了主管县(市)长挂帅，畜牧、财政、计委、粮食、农行等部门参加的基地建设小组，负责指导协调和解决问题。业务部门成立技术班子，制定具体实施方案，确保建设目标的完成。

2. 多方筹集和合理使用建设资金。在资金投入上坚持以地方投资为主，国家扶持为辅，生产者投入为主体的原则，在搞好地方配套的同时，积极挖掘财源，从开发农业、以工代赈、扶贫项目、菜篮子工程等资金中争取投资，用于基地和配套项目建设。国家投入的资金主要用于良种繁育体系、技术推广、疫病防治、饲料加工、服务体系方面的建设，其中重点用于良种繁育体系的建立健全,优先解决种群结构调整和基础设施方面的问题,确保使用效益。

3. 大力推广科学养畜,提高基地生产水平。基地县结合"丰收计划"、星火计划等推广项目的实施,因地制宜推广科学配套技术,新建扩建一大批良种场,引进外来良种,推广配合饲料、快速育肥、圈舍改造、疫病综合防治技术等,提高饲养效益,降低发病率。

4. 搞好服务体系,加强实用技术培训。各地狠抓良种繁育体系、饲料加工体系、防疫灭病体系、产后服务加工体系建设,为基地建设和广大饲养户提供优良品种、饲料、技术支持和销售加工服务,并结合基层乡镇站"三定"工作,充实人工授精员、防疫员,建立并强化三级防疫网和人工授精网。各地采取了各种形式,举办培训班,召开现场会,印发宣传资料,利用农村广播、电视、录像宣传,并组织专业技术人员开展技术承包,组织技术扶贫、技术攻关,重点培植专业户,典型示范引路。

5. 积极发展规模养殖,加快产业化发展步伐。先后在基地县召开全省商品瘦肉猪基地建设工作会、全省规模养猪现场会和规模饲养现场会,推广规模化养殖经验、措施。安徽省还重视产业化发展和市场建设,专门召开畜牧业产业化会和市场研讨会,提出了产业化发展方向,扶持龙头,联合千家万户,挤占市场,以销促产,大力建设批发交易市场。

6. 健全基地管理制度,开展评比奖惩。加强基地建设资金管理,认真检查验收。开展经常性县内自查和省级抽查,表彰先进,扣减未完成建设目标的县市基地投资,并作为其他项目投资的参考依据,将商品基地管理纳入正常工作轨道。

(钱东方)

加强领导　强化管理
加快基地建设步伐

十多年来,在国家有关部、委的大力支持下,江西省畜产品商品基地建设有了长足发展。到1998年,建有国家商品瘦肉型猪基地37个,国家级秸秆氨化养牛示范县(市)6个。通过基地建设,推动了江西畜牧业发展。

【发展阶段】 江西省养猪历史悠久,但多属脂肪型猪种,仅为解决城乡人民吃肉和农作物有机肥料的需求,往往只偏重于数量发展。进入80年代,随着人民生活水平的提高,国内市场的瘦猪肉供不应求,肥猪肉过剩积压。国家于1984、1985年两年搞商品瘦肉型猪基地试点,取得成功,江西省从1986年正式承担国家商品瘦肉型猪基地建设任务。1986—1998年每年建2~5个基地,到1998年共建商品瘦肉型猪基地37个。

秸秆氨化养牛示范县(市)建设,从1994年开始到1997年每年建设1个,1998年建设2个。

【建设成效】

1. 投资与建设情况。自商品基地建设以来,建设总投资14 620万元,其中中央投资1 939万元;建设国家商品瘦肉型猪基地37个,其中1998年3个;国家级秸秆氨化养牛示范县(市)6个,其中1998年2个。

2. 效益。

①生产情况。

商品瘦肉型猪基地:1998年出栏生猪1 110万头,占全省出栏数的48.9%,比基地建设初净增800万头,增长258%;存栏740万头,占全省存栏数的41.1%,比基地建设初期净增444万头,增长150%;提供猪肉85.8万吨,占全省猪肉总量的56%,比基地建设初期净增62.4万吨,增长266.7%。

国家级秸秆氨化养牛示范县(市):1998年出栏肉牛21万头,占全部出栏数的31.8%,比基地建设初期净增5万头,增长31.2%;存栏60.09万头,占全省存栏数的14.6%,比基地建设初期净增长6万头,增长11%;提供牛肉2.3万吨,占全省牛肉总量的35.9%,比基地建设初期净增0.6万吨,增长35.2%。

②外调情况。1998年商品瘦肉型猪基地提供商品猪888万头,占全省商品猪总量的74.0%,比基地建设初期净增760万头,增长693.8%;外调555万头,占全省外调总数的68.5%,比基地建设初期净增500万头,增长909.1%。

1998年国家级秸秆氨化养牛示范县(市)提供商品肉牛22.02万头,占全省商品牛总量的33.06%,比基地建设初期净增4.8万头,增长7.2%;外调9.6万头,占全省肉牛外调总数的35.5%,比基地建设初期净增3.8万头,增长39.5%。

③生产水平。1998年生猪出栏率为120.8%,个体产肉量为78千克,良种率35.8%,每头能繁母猪年提供出栏肉猪20头,生猪商品率为80%,分别比基地建设初期提高了40.3个百分点,38千克、32个百分点、6.82头和38.7个百分点。

肉牛出栏率为17.9%,个体产肉量为120千克,改良率为12%,肉牛商品率为60%,分别比基地建设初基提高了8个百分点,24千克、7个百分点和20个百分点。

④经济、社会效益。到1998年,37个商品瘦肉型猪基地和6个国家级秸秆氨化养牛示范县(市)提供的产值90.64亿元(按1990年不变价),占农业总产值的31.8%。其中生猪产值87.49亿元,比基地建设前增加32.6亿元,为国家创税5.55亿元;肉牛产值3.15亿元,比基地建设前增2.50亿元,创税1.00亿元。同时

为社会解决了230万个剩余劳动力的就业。

【基础设施】 到1998年底，新建、扩建种猪场50个，新建生猪、牛品种改良站160个，乡镇母猪扩繁场200个，新建氨化池9万个，总体积达45万立方米。

【具体措施】

1. 加强领导。各基地县都成立了由党委或政府主要领导挂帅，有关部门负责同志为成员的项目领导小组，并将其列入了各级政府的主要议事日程，做到主要领导亲自抓、分管领导具体抓，有关部门协同抓，专业干部专门抓，有的县(市)还把商品猪、肉牛生产任务列入乡镇年度工作综合考评内容，做到项目到乡，责任到人，形成“万斤担子千人挑”的局面。

2. 强化管理。一是认真做好商品瘦肉型猪基地和国家级秸秆氨化养牛示范县(市)建设规划，做到布局合理、集中连片；二是严格合同管理。项目下达后，项目县按照国家有关要求，拟定实施方案，省里进行审核后，将项目建设任务、指标等纳入合同内容，由省畜牧兽医局和项目县(市)农牧部门签订合同，以此作为项目检查、验收时的依据；三是加强监督。依项目建设进度，组织有关人员定期和不定期对项目进行检查，及时发现和解决项目建设中存在的问题。建设期满后，根据有关项目管理办法，按自检、地(市)初检、省里验收的程序进行项目监督。对未完成合同规定指标的基地县(市)，取消其国家基地县(市)资格，并通报全省；四是加强资金管理。建立项目资金审计制度，省畜牧兽医局与省财政厅一起定期对项目资金进行审计，控制资金的截留、挪用，切实发挥资金的应有效益。

3. 加大投入。省地(市)、县(市)都对商品瘦肉型猪基地和国家级秸秆氨化养牛示范县(市)项目建设很重视，省财政作为重点项目予以支持，每笔均按1:1的项目配套资金足额拨付，地(市)、县(市)也都相应拿出了专项资金对项目给予支持。另外，以项目建设为契机，大力调动农民投资的积极性。

4. 加强畜牧业的科研、推广和应用工作。科技进步直接决定着畜牧业的生产水平和经济效益，为此，推广畜牧业科技成果和普及生产实用技术成为一项重要工作。一是加强了应用技术的研究与开发，积极选择和引导畜牧业现代高新技术，不断增加畜禽品种、饲料、兽药、产品加工等环节的科技含量，提高了畜牧业生产的经济效益；二是进一步加大畜禽良种推广力度。在引进推广外来良种公猪的同时，还大力推广优质二元杂交母猪和南昌白猪母猪，提高了商品猪的良种比重。肉牛上大力推广西门塔尔冷冻精液，大搞人工授精，使肉牛良种率明显提高；三是全面普及低成本高效益养猪技术。大面积改进农村传统饲养方式，优化饲料配方，推广低价节能猪舍，发展立体综合养殖，降低养殖成本；四是开展送科技下乡活动，培训农民技术员。同时，还围绕良种和重点实用技术，广泛建立畜牧业科技示范户、示范点和示范区。

5. 搞活流通，开拓市场。当前面临着沿海畜产品市场疲软，价格持续下跌，生猪生产一度出现萎缩的困境。各地把这种市场压力变为自我开拓市场的动力，组织人员到沿海联系市场，达成各种形式的产销协议，努力拓宽外销渠道。在省内积极发展民间流通组织，大力扶持个体贩运户，培育运销联合体。1998年全省外销生猪860万头，比上年增加2.6%，消除了江西省生猪滑坡的苗头。如上高县运销大户发展到104户，车辆251部，单位和个人在广东、福建、上海等地建立了十多个销售窗口，全年外调生猪35万头。

(江西省畜牧局供稿)

基地建设成效巨大

1998年山东省共建立各类商品基地县、示范县23个，总投资1 260万元。其中，瘦肉猪基地县6个，投资120万元；商品猪基地7个，投资230万元；秸秆养畜示范县7个，投资860万元；牧草基地建设项目3个，投资50万元。建设项目中，国家级基地17个，投资1 000万元，省级基地6个，省财政投资和匹配资金260万元。到1998年，全省共建设各类畜牧业商品基地220多个，生产的畜产品占到全省畜产品总量的70%。

【特种养殖情况】 近年来，山东省特种经济动物养殖有了快速发展，饲养品种众多，主要有：肉用类，包括肉用犬、鸵鸟、孔雀、山鸡、肉鸽、鹌鹑、鹿等；毛皮类包括：獭兔、狐狸、貂、貉、獭狸等。据1998年不完全统计，全省现饲养肉狗30多万只、鸵鸟3 000多只、孔雀4 000多只、山鸡1多万只、肉鸽100万多只、鹌鹑1 200多万只、鹿7 000多只、狐狸(主要是蓝狐和银狐)70多万只、貂30多万只、貉2万多只、獭狸6 000多只。特种养殖产品的消费目前以国内为主，出口量较少。山东特种养殖具有以下特点：①参与特种养殖的企业来自各行各业、多种经济成分。②特种养殖由于投资少见效快，越来越受到注重。③居民对食品和高档毛皮消费的需求不断变化，对特种养殖不断提出新的要求。④特种养殖已逐渐形成良种、饲料、饲养、加工一条龙生产。

(山东省畜牧局供稿)

建设瘦肉型猪基地 带动规模养猪发展

新泰市地处泰沂山区鲁中腹地，总面积1 945.6平方千米，耕地面积7.06万公顷，总人口131.9万人，其中农业人口102万人。辖27个乡镇办事处，912个行政村。我市是1988年经国家批准建设的商品瘦肉型猪基地县(市)，1991年经省农业厅验收合格，并获山东省"金猪杯"畜牧业贡献奖。

【瘦肉型猪基地建设成效】

1.基地投资情况。我市瘦肉型猪基地建设投资，第一批中央和省提供30万元，泰安市配套7万元，我市配套13万元；第二批省10万元，地、市配套各5万元。各乡镇政府和承担任务的养猪户也积极配套投入，到1997年基地验收时，市、乡镇、村、户共投入基地建设的资金达2000万元；到1998年达1.48亿元。其中1998年投资3000万元。

2.规模饲养情况。在瘦肉型猪基地建设上，我市把规模饲养放在突出位置来抓，大力发展各种形式的规模饲养场区和专业大户。1998年，全市养猪小区发展到66个，规模猪场1282个，其中万头猪场6处，养猪专业村99个，养猪专业大户1.5万个，全市规模养猪量占社会饲养总量的比重达65%以上。

3.效益情况。商品瘦肉型猪基地的建设，极大地提高了养猪的经济效益，带动了我市规模养猪的全面发展，生猪饲养总量迅速膨胀。

(1)生产情况。1998年全市生猪存栏57万头，出栏101万头，分别比基地建设前的1987年增加18.4万头和62.5万头，增长48%和162%，其中母猪存栏由2.9万头增加到7.2万头，增长148%；猪肉总产量由1987年的2.7万吨增加到7.1万吨，增长2.6倍；

(2)提供商品量。商品率由1987年的30%增加到90%，增长60个百分点；外调生猪由10.5万头增加到50万头，增长5倍。

(3)生产水平。出栏率由不足100%提高到156%，增长56个百分点；瘦肉率由不足38%提高到56%以上，增长18个百分点；良种覆盖率由不足10%提高到98%，增长9倍，其中三元杂交猪达到44%；养猪产值达到7.1亿元，占畜牧业总产值的64%，养猪业成为我市畜牧业的主导产业。1998年尽管养猪生产滑坡，但由于抗风险能力增强，养猪生产仍出现"二稳一高一突破"的新局面，即规模养猪基本稳定，母猪存养基本稳定，良种科技含量大大提高，生猪出栏突破百万大关。以猪肉为主的肉类总产量已列入"全国肉类生产百强县"行列，被山东省政府评为"畜牧生产先进县"。

(4)经济社会效益。1998年全市生猪生产共增加经济社会效益4.17亿元，其中：①与基地建设前的1987年相比，多出栏猪56万头，每头按600元计算(现价)，共增加效益3.36亿元。②按二元杂交猪每头比本地肥猪多增效益50元，每头三元杂交猪比当地肥猪多增效益60元计算，1998年出栏二元杂交猪54万头，三元猪47万头，共增效益5520万元。③优质瘦肉型仔猪市场价格比土种仔猪每头增加20元，1998年产仔猪144万头，按80%上市115.2万头计算，增加效益2304万元。④实行人工授精，节约公猪饲养费用100万元。⑤由于提高了生猪防疫密度，可减少死亡1.8万头，每头按百元计算，年减少损失180万元。

【基地建设的做法】

1.加强基地基础建设，健全良种繁育推广体系。加强基础设施建设，是基地建设的重要内容，而健全良种猪繁育体系是基地建设的中心环节。

(1)淘劣换优，实现公猪良种化。在开展大约克与莱芜母猪二元杂交的基础上，引进长白公猪，更新父本，开展三元杂交猪生产。1998年引进长白公猪120头，全市良种公猪达到400头，实现公猪良种化，公猪良种率达到100%。

(2)建立良种猪繁育场和良种母猪扩繁村，开展规模经营。选育良种母本，是提高商品瘦肉型猪经济效益的基础，也是健全良种繁育推广体系的重要一环。我市本着"市、乡、村三级办场，市乡村户四级养猪"的原则，积极发展规模经营。在新汶办事处孙村建立良种猪场，总投资1100万元，建猪舍500间，其中楼房式猪舍5栋，400间，包括母猪高床网上产仔舍，幼猪网上培育舍，后备公、母猪舍，育肥猪舍等，饲养基础母猪500头，年饲养量1万头，提供良种猪4000头；在西周镇公岭庄建良种猪繁育场，总投资150万元，建封闭型双列式猪舍10栋，120间，饲养基础母猪120头，进行Ⅱ系制种，年饲养量2500头，为商品规模猪场提供父母本良种；在石莱镇建"新莱特"猪繁育场，总投资200万元，建猪舍300间，饲养基础母猪150头，进行Ⅰ系制种，年饲养量3000头，为社会饲养商品猪提供父母本良种。乡镇建立良种母猪扩繁场30处，饲养基础母猪1500头，提供良种母猪1.2万头。发展高繁母猪专业村56个，饲养基础母猪3.2万头，年提供商品猪64万头。

(3)建立健全瘦肉型猪配种站。按照市、乡建立瘦肉型猪配种站，村、户建立配种点的总体规划，目前已建立瘦肉型猪配种站28处，配种点128个，其中开展人工授精的配种站12处，输精点35处，年人工授精母猪2.2万头，占配种总数的30%。为加速商品瘦肉型猪生产，在全市积极开展配种技术承包，采取"四统一"的方法，即统一印制合同，统一收费标准，统一技术要求，统一签订合同，合理分布良种公猪，充分发挥良种作用。对种公猪实行一卡(种畜登记卡)，一图(配种站、点分布图)，一簿(配种登记簿)"三个一"的管理办法，加强种猪管理，鉴定发证后，亮证挂牌经营，形成市、乡、村、户四级配种网络。

2. 完善配套服务，促进基地建设的发展。

(1)大力推广配合饲料，实行良种良法配套系生产。建立健全以市畜牧生产服务站为龙头，乡镇兽医站为骨干，村销售点为基础的配合饲料供应体系。1998年，市、乡、村三级饲料销售网点发展到151处，推广应用猪全价饲料8 000吨，浓缩饲料500吨，预混料300吨，提高了商品瘦肉型猪的经济效益。

(2)加强生猪免疫注射，提高生猪社会防疫密度。建立健全了以市兽医工作站为中心的市、乡、村三级疫病防治网络，坚持预防为主，推行防疫技术承包，做到程序防疫与平时补防相结合，使生猪社会防疫密度达到95%以上，有效地控制疫情发生，保护生猪生产。

【具体措施】

1. 搞好商品瘦肉型猪基地建设规划。为进一步巩固瘦肉型猪基地建设成果，发挥各地资源优势，加快产业化进程，1998年我市重新规划了商品瘦肉型猪基地。该基地以石莱为重点，共辐射21个乡镇办事处，633个村庄，22.9万个农户。

基地乡镇的要求是：基地乡镇要逐步实现半数以上的行政村成为养猪专业村，专业村中半数以上的农户成为养猪专业户，乡镇农业总产值一半以上来自养猪产值，养猪科技含量处于全市领先水平。

2. 实施"十百千"工程。发展规模饲养，实行专业经营，是扩大养猪规模的重要手段。市政府决定，每年每个乡镇至少要完成"12340"目标任务，即每个乡镇新发展1个养猪区，2个规模饲养场，3个养猪专业村，40个养猪专业大户。市政府从中筛选10个小区、100个场、1 000个专业大户作为精品工程，重点指导管理。各级各有关部门坚持"引导、帮促、服务"的方针，在场地、资金、技术等方面为规模饲养发展提供服务，促进饲养场区和专业村户的发展。

3. 提高瘦肉型猪基地的科技含量。建设瘦肉型猪基地，发展规模经营，必须加大科技投入，走"两高一优"的路子。重点抓好五个方面：一是实施"种子工程"，抓好公猪良种化和母猪高繁化，推广三元杂交，提高优质瘦肉型猪的良种率和出栏率。二是大力推广应用畜牧兽医新技术、新成果，重点推广快速育肥、配合饲料应用，仔猪早期断奶、补料、补铁技术，生猪的程序防疫及疾病防治等技术，并实行良种良法配套系生产，实现养猪业的高产、优质、高效。三是对规模猪场、养猪户进行技术培训，以提高其接受和吸纳先进实用技术的能力，提高科学养殖水平。四是在龙头加工企业更新设备、扩大生产规模的同时，靠技术革新、开发新产品、创名牌来增强产品的市场占有率。

4. 注重加工流通，促进产业化进程。畜产品商品化是畜牧产业化的前提，而实现畜产品的商品化最重要的是加工与流通，加工流通企业是畜牧产业化发展的龙头。我市在加工企业建设方面，一是加强对现有加工龙头企业的技术改造，使之扩大生产，扩大规模；二是注重开发新产品；三是利用各种形式发展加工企业。

流通是产业经营的命脉，市场是产品流通的重要载体。在市场建设中，我市坚持"内强外拓"的方针，对内：一是建设生猪批发市场，完善服务功能，提高市场容量，扩大带动辐射面。二是发展多渠道、多形式、多成分、少环节的购销服务组织，拓宽流通渠道，强化流通载体，促进产品流通。1998年全市各类购销服务组织达到80多个。对外：一是加强舆论宣传，提高我市瘦肉型猪的知名度；二是积极参加各类农(畜)产品展销会，不失时机地推销自己的产品；三是积极开拓外部市场，加大瘦肉型猪的外向型销售。

5. 加强领导，搞好协调服务。

(1)成立瘦肉型猪基地建设领导机构。市、乡两级分别建立了基地领导小组，制定了《新泰市瘦肉型猪基地建设规划方案》，并实行岗位责任制度、经济指标制度和奖励惩罚制度，责任到人，分级负责，层层落实，季度考核，年终总评，奖优罚劣，政策兑现。

(2)开展"十佳评选"活动。1998年，以市政府的名义在全市范围内开展了"十佳评选"活动，对各乡镇建设的养猪小区、规模饲养场、养猪专业村、专业大户、专业市场、加工企业等按照完成的项目计分排名次，予以表彰奖励，促进了瘦肉型猪基地的建设和规模养猪的发展。

(3)制定优惠政策。各级在基地建设上制定了一系列优惠政策，特别是市政府将养猪用地与种植业用地一样对待的政策，促进了规模饲养场区和专业村户的发展。

【存在的问题及建议】 我市的商品瘦肉型猪基地建设虽然取得了较大成绩，但是基地建设需要完善，瘦肉型良种猪亟待提高，猪产品加工、储运能力弱，专业市场少，档次低，带动辐射能力差。为此，我市已申报"优质瘦肉型猪基地"项目，建议批复实施，实现瘦肉型猪基地的优质、高产、高效，加快规模养猪产业化进程。

(山东省新泰市畜牧局供稿)

分类指导　稳步前进

——河南省畜牧业商品基地建设成果介绍

【商品瘦肉型猪基地建设】 自1986年以来，河南省在农业部、财政部的大力支持和地方各级政府的重视下，共建设商品瘦肉猪基地县50个，其中中央和地方联建25个，地方自建25个。50个基地共计投资2 075万元，其中，中央投资790万元，省级配套1 285万元。

1998年,中央投资50万元,地方配套70万元,共计120万元,建设基地5个,其中新建2个,续建3个。

多年来,在基地建设工作中,河南省以建立健全猪的良种繁育体系和疫病防治体系为主,一手抓品种改良和科学饲养,一手抓规模经营和产品流通,商品猪基地建设取得了显著成效。商品猪数量、质量和生产水平明显提高,不仅丰富了城乡居民的菜篮子,在保障供给、稳定物价、增加农民收入等方面发挥了重要作用,而且有力地带动了饲料工业、食品加工业、兽药工业、皮革工业以及冷藏业、运销业等相关产业的迅速发展。尤其是近几年来,由于产业化经营的发展,使以养猪业为主的畜牧业成为河南省农村经济一个新的增长点和整个农业产业化的突破口。

到1998年,基地出栏生猪达到1 988.76万头,占全省出栏猪的55.4%,存栏1 819.35万头,占全省总存栏的52.9%;基地猪肉产量163.96万吨,占全省猪肉总产量的55.0%,即占全省42%的县(市),三项指标都超过全省的一半。基地县平均猪肉产量3.27万吨,比基地建设初1986年的0.65万吨增加2.62万吨,增长4倍多;生猪平均出栏率133.2%,比建设初的59%提高了74个百分点,比全省平均水平高出10个百分点;瘦肉型猪改良面平均90%,比建设初的57%提高33个百分点。

由于基地建设的拉动,全省生猪生产得到了迅速发展。十几年来,全省生猪出栏量由建设前(1985年,下同)的785.9万头,增加到1998年的3 592.9万头,增加2 807万头,增长3.58倍;生猪存栏由1 621.7万头增加到3 439.7万头,增加1 818万头,增长1.12倍;猪肉产量由61.08万吨增加到297.9万吨,增加236.8万吨,增长3.9倍。

同时,基地建设还带动了全省生猪品种改良工作,使生产水平得到大幅度提高。生猪改良面由20%提高到1998年的81%,提高60个百分点。存栏猪每头平均产肉由1985年的37.7千克提高到101.6千克;生猪出栏率达到123%,比建设初的56%提高67个百分点。

回顾河南省商品瘦肉猪基地建设历程,主要经验有以下几个方面:1. 领导重视,真正把发展畜牧业作为农村经济一个新的增长点和支柱产业来抓,把生猪生产作为保证菜篮子的主要内容紧抓不放,制定了政策措施,创造了宽松环境。"八五"期间,省政府为促进畜牧业发展,召开了四次畜牧业工作会议,1992年在鹤壁召开了河南省畜牧养殖经验交流会,1993年在周口召开了河南省畜牧工作会议,1994年在郑州召开了河南省商品瘦肉型猪基地建设工作会议,在淇县的河南省畜牧规模经营座谈会上省政府还下达了《关于实施〈河南省畜牧业发展十年规划〉的决定》。1997年省委、省政府又联合召开了河南省畜牧产业化经营工作会议,会上,省委、省政府又联合下发了《关于推进产业化经营,进一步加快畜牧业发展的意见》和《关于表彰畜牧产业化经营先进单位的决定》。

2. 建立组织,加强领导,实行目标管理。各级政府对商品猪基地建设都十分重视,在基地建设任务下达后,各县及时成立了由政府牵头的基地建设领导小组,保证基地建设的顺利进行。

3. 建立健全社会化服务体系,强化服务功能。主要搞好良种繁育、疫病防治、饲料工业及市场流通四大体系建设。

4. 加强基地建设的管理,充分发挥投资效益。河南省为了确保资金的使用效果,从基地申报开始就严格把关;资金下达后,制定资金使用原则和使用范围,同时建立约束机制,把基地建设纳入合同化管理轨道。在基地建设过程中,强化监督审计和检查验收。由于制度健全,措施得力,有力地促进了全省商品瘦肉猪基地建设的发展,同时也促进了全省养猪业的快速发展。

在基地建设中,也存在一些问题。一是猪的人工授精推广面小;二是投资规模小,许多建设项目还不配套,服务体系建设还不健全;三是畜产品精深加工体系非常薄弱,调控措施不力;四是瘦肉猪品种多是外来品种,许多地方优良品种猪的资源开发利用不够。

根据河南省的实际情况,今后一个时期发展养猪业的指导思想是:以市场为导向,以科技为动力,以经济效益为中心,以实现两个根本性转变为目标,充分开发合理利用饲料资源和品种资源,大力发展适度规模经营,多层次、多模式地积极推进贸工牧一体化经营的畜牧产业化进程,大上产品精深加工,延长产业链条,提高畜产品附加值和综合效益,建设一批规模较大、水平较高的养猪基地,实现养猪业的持续、快速、稳定发展。

【商品牛、羊基地建设】 河南省是全国秸秆养畜重点省区之一,1992—1998年,全省共有8批35个县(其中7个为养羊示范县)成为国家级秸秆养畜(牛、羊)示范县,并建立了2个国家级示范区。其中已通过农业部和国家农业综合开发办公室组织验收的示范县13个,在建的示范县18个,1998年新批准的示范县4个。项目实际总投资达22 388.66万元,其中中央投资3 500万元,地方配套3 550万元,农行贷款591.1万元,群众自筹资金13 607.86万元,其他资金259.2万元。项目实施几年来取得了累累硕果。

1. 促进养牛业高速发展,改善了人民的肉食结构。项目开展以来,河南省养牛业持续增长。1998年底存栏牛发展到1 300.61万头,比项目建设前的1991年增加400多万头;出栏牛551.84万头,是项目建设前的2.6倍;产牛肉76.71万吨,是项目建设前的3.16

倍。周口地区的淮阳县项目开展5年,人均牛肉由5.17千克增至19.7千克,增长了3.8倍,牛肉在肉类中的比重也由20%增至34%。

2.节约大量饲料用粮,为缓解粮食供求矛盾做出了贡献。1998年全省秸秆青贮1258万吨,比项目建设前增加5.68倍;由于秸秆养畜(主要是牛羊)节约了大量饲料用粮,转而用于养猪、养禽,促进了本省畜牧业的全面发展。1998年,全省氨化秸秆574吨,增长17.7倍,上述两项年节粮353.17万吨。

3.走出了一条"以农养牧,以牧促农,农牧结合,持续发展"的路子。据淮阳、太康、商丘、扶沟、商水、汝州等6个秸秆养牛示范县调查,由于实施秸秆过腹还田,3年提供厩肥2380万吨,相当于45.4万吨硫铵,21万吨过磷酸钙和157万吨硫酸钾的肥效,节约化肥开支33亿元。周口、南阳、商丘、驻马店等4个地区是河南省秸秆养牛集中区,其粮食增产速度均高于全省平均水平。发展秸秆养牛,形成牛多—肥多—粮多—草(秸秆)多、农牧结合良性循环的局面。

4.带动了二、三产业发展,增加了城乡就业和地方财政收入。据河南省20个国家级示范县统计,1997年秸秆养羊户人均纯收入1794.98元,比不养羊户人均高116.9元;养牛户人均纯收入2283.8元,比不养牛农民高279.8元;已通过国家验收的6个示范县,项目实施3年存栏牛增加68万头,增值13.6亿元;出栏牛增加40.1万头,增收12.83亿元。两项合计26.43亿元,为总投入的18倍。秸秆养畜促进了牛羊等草食家畜大发展,也带动了屠宰、肉类加工、皮革加工、骨(血)加工以及活畜和加工产品运销等二、三产业的发展,为城乡居民提供了新的就业机会,也增加了地方财政收入。

5.推动了科技进步和专业化格局的形成。秸秆养畜示范项目的实施,极大地推动了科技进步,同时也加快了县、乡、村三级技术服务体系的建设步伐,还提高了农民科学养畜的积极性。仅在20个国家级示范县就培训农民技术骨干95.5万人次,使广大农户提高了科技养畜的水平。

6.减轻了环境污染。近年来,由于焚烧秸秆而引起空气污染,影响工业生产、交通安全和人民健康,各地新闻媒介屡有报道。能否真正禁烧的关键在于利用。秸秆养畜的发展,给秸秆变废为宝并且保护环境开辟了一条新路。

(河南省畜牧局供稿)

积极稳妥　扎实前进

改革开放以来,广东省畜牧业商品基地建设主要实施了商品瘦肉型猪基地建设和秸秆养牛项目示范基地建设。

广东省在农业部的支持下,于1984年开始实施商品瘦肉型猪基地建设。十五年来,广东按照农业部和财政部的要求,认真做好每年的商品瘦肉型猪基地申报项目的论证、筛选和联合上报工作,并按要求对中央下达广东的商品瘦肉型猪基地项目的配套资金、场地、生产规模、建设内容、资金使用方案、建设进度等进行检查、督促落实,保证了项目的顺利实施,达到了要求,收到了显著的成效。十几年来,农业部共安排广东建设商品瘦肉型猪基地项目共20个,总投入资金18573万元,其中中央投入补助资金670万元,地方财政和项目承担单位自筹配套资金投入17903万元。通过实施商品瘦肉型猪基地项目的建设,不仅使基地县生猪生产得以迅速发展,而且对促进全省的生猪品种改良、提高瘦肉率、出栏率和增加社会有效供应起了重要的示范作用。据统计,1998年全省商品瘦肉型猪基地县年末生猪存栏、出栏、猪肉产量分别达到287.86万头、480.0万头和31.21万吨,分别占全省总量的16.20%、19.9%和16.5%;基地县生猪出栏率达173%,比全省出栏率147%高出26个百分点。目前,基地县深圳宝安区、顺德的生猪出栏率分别达到201.5%、218.3%,已接近发达国家的养猪生产水平;基地县外调商品猪总计达130多万头,自给率达137%,远高于全省55%的生猪自给率;基地县商品瘦肉型猪覆盖面达82%,比全省的40%高出42个百分点。基地县商品瘦肉型猪瘦肉率达60%以上,比基地建设前高出10个百分点以上。1998年基地县瘦肉型猪价比全省平均价格高50元/头,仅此一项,可使基地县农民增收24000万元。

广东秸秆氨化养牛项目基地建设则是从1991开始办点示范,随后1993年徐闻县被列为国家级秸秆养牛示范县,继之遂溪、雷州、廉江、吴川、五华、曲江等县(市)也先后成为国家级秸秆养牛示范县,1995年10月联合国粮农组织"第二届利用当地资源发展畜牧业生产国际会议"在湛江举行,湛江的经验得到了充分的肯定,1996年湛江被批准为示范区。1996年3月省政府在湛江市召开了"全省利用当地资源发展畜牧业工作会议",部署发展秸秆养牛工作,湛江会议后,在各级政府的支持下,全省掀起了养牛热潮,几年来全省先后建立了7个国家级秸秆养牛示范县和30个省级秸秆养牛示范县(点),国家和省累计投入资金1500多万元。

通过实施秸秆养牛示范县的建设,给广东省畜牧业生产注入了新的活力与生机。一是有效地促进了广东养牛生产的发展,使秸秆养牛成为畜牧业持续发展的新增长点。1998年与1997年相比,全省存栏牛424.1万头,增长15.4%;出栏肉牛27.68万头,增长18.3%;产牛肉3万吨,增长7.9%。二是带动了养牛业的规模经营,并向产业化生产方向发展。1998年新建成的2296个示范户,每户当年平均养牛38头,出栏肉牛12.5头。三是增加了农民收入,促进了农村经济的发展,1998年新建成示范户人均养牛纯收入达1 377元,占当年纯收入3 705元的37%。四是促进了农业生产,秸秆通过"过腹还田",改良了土壤,提高了地力,促进了农业生产丰收。五是推动了牛的品种改良,提高养牛效益。仅湛江市1998年推广南德温优良品种肉牛改良本地黄牛产下的杂交牛就达6 000多头。

【做法与经验】

1. 加强领导,积极争取各级政府的重视和支持,增加投入。国家和省安排的项目资金,仅是基地建设的补助性资金,基地建设所需的大部分资金尚需地方政府、项目承担单位及群众的配套投入。如阳春市1995年被列为瘦肉型猪基地县后,项目承建单位畜牧水产局成立了领导班子,经常将工作计划、所取得的工作成绩及生猪生产动态、发展前景等及时向政府汇报,引起了政府对生产基地建设的充分重视:一是由政府投入配套资金250多万元建成了一个万头规模的种猪场,二是每年拨出专项资金40万元用于生猪品种改良工作。由于地方政府的重视和支持,增加了投入,有效地促进了基地县的建设。

2. 充分发挥典型场点的示范作用,带动生产成片。在基地县建设中,树立好先进典型的生产场、点的示范作用,激发农户生产积极性。如全省推广的阳西县氨化、种草、品种改良、规模养牛、育肥、屠宰一条龙服务取得良好社会经济效益的先进经验。

3. 制订扶持政策,调动广大农户发展生产的积极性。如曲江县制订的杂交牛保护价收购政策、规模饲养的奖励政策等,有效地调动了养牛户的积极性。

4. 积极推广先进科技,向科技要效益。如在品种改良方面,生猪以推广杜大长三元杂交配套技术、牛以推广南德温牛改良本地黄牛技术为主。

【问题与建议】 广东省的基地建设虽然取得一定成绩,但在发展过程中也暴露出一些问题。如瘦肉型猪基地建设项目的筛选未能与广东畜牧业发展规划和种猪良种繁育体系建设很好结合,重点不突出,同时基地项目多数是基建设施投入比较大,回收期比较长,显得项目补助资金不足。此外,项目资金到位迟,影响了项目建设进度;秸秆养牛示范基地建设主要存在发展不平衡,目前主要集中在湛江、韶关、梅州等市,地区之间差距较大,同时部分示范县存在领导不重视、配套资金不落实、品种改良工作跟不上、项目验收后不巩固提高、没有起示范推广作用。

为进一步搞好商品基地建设,提出如下建议:

1. 商品瘦肉型猪基地建设首先应当与猪良种繁育体系建设紧密配合,重点安排支持已有种猪场的县,提高种猪质量,推动农村生猪品种改良工作,提高商品猪质量;其次要增加项目补助资金份额。每个项目中央补助资金一直维持在20万~30万元,与建设一个基地所需的资金相差甚远,很难发挥其应有的作用,建议每个入选项目的补助经费增至50万~80万元;再次是补助款要及时到位,保证项目建设按期完成。

2. 秸秆养牛示范基地的建设首先要进一步提高认识,加大宣传力度,把秸秆养畜的技术、好处传遍千家万户。其次要加强领导,狠抓队伍、政策措施、资金和服务四落实;再次要积极推广湛江、韶关、阳西成功的经验,办好示范场,推进肉牛生产产业化经营;第四要巩固、完善和提高现有示范县,使其真正能发挥示范作用,同时,继续努力建好办好新示范点。

(张永发)

总结经验　迎接发展新阶段

畜牧业商品基地建设是在专业户养殖群体逐步形成,良种生产、饲料工业等畜牧业生产条件相对提高的情况下,为发展畜产品"短缺型经济"而采取的有计划、有重点、分步骤、分层次的、大规模经济发展战略,旨在一定区域内集中扶持发展商品生产专业群体,提高专业户养殖综合水平,实现技术组装配套,使之单一农户向规模经营转变,形成一乡一业,一村一品,集中连片的商品生产形式,解决计划经济向市场经济过渡时期单一农户无法解决或解决不好的组织化管理、市场连接、技术升级等重大问题,从而促使甘肃省畜牧业生产不断提高并形成稳固的商品生产基地。

【商品基地发展阶段】 甘肃省畜牧业商品基地始建于1981年,经历起步发展和巩固提高两个阶段。

1. 起步发展阶段(1981—1990)。1981年甘肃省人民政府甘政发233号文确定,建设甘肃省第一个中型现代化养鸡场——兰州鸡场,存栏蛋鸡15万只,其中后备鸡5万只,年向兰州提供鲜蛋1 300吨,鸡肉150吨。为配合兰州市"菜篮子"工程建设,于同年建成日处理鲜奶30吨(消毒奶18吨、酸奶2吨、奶粉10吨)的兰州乳品厂,扩建了兰州奶牛繁殖总场,达到年存栏奶牛1 500头的生产规模。为全面加强兰州市场蛋(兰州鸡场)。奶产品(乳品厂、奶牛场)的组织化管理与销售,成立了甘肃省第一个畜牧业商品生产基地——兰州禽蛋奶基地及其金城蛋奶公司。

1982年为促进全省养鸡生产水平,配套建设了35个养鸡重点县和48个县级孵化中心。

1984年甘肃省畜牧厅以甘牧字(1994)192号和(1995) 15号文分别批复建设了灵台县、华亭县、泾川、平凉、崇信县(市),并定名为关山肉牛基地,建设规模为牛饲养量38万头,户均2头,年出栏肉牛8万头。

1984年省畜牧厅甘牧字311号文批复建设河西细

毛羊基地，分别在6县(肃南、天祝、永昌、武威、民勤、山丹)3场(省皇城羊场、天祝羊场、永昌羊汤)实施，期末甘肃高山细毛羊达到15万只，增加同质和基本同质细毛羊50万只。

1985年省计委、省两西甘计农(外)252号文批复在庆阳地区宁县、镇原、合水、正宁、西峰5县(市)建设董志派肉牛基地，饲养肉牛20万头，年提供商品牛5万头。

1985年省计委甘计农390号文批复建设日处理鲜奶15吨的临夏州乳品厂和临夏市、临夏县、康乐、广河、积石山奶源基地和肉牛基地，统称临夏奶肉牛基地。

1987年省计委、省两西甘计农440号文批复建设肃北、阿克塞、环县3县绒山羊基地，达到绒山羊存栏46万只，产绒152吨。

1987年由农业部确定，国家、省、地联合投资建设了武威瘦肉型猪基地。

1988年省畜牧厅甘牧字062号文批复建设陇南优质蜂产品基地，分别在徽县、成县、两当县3县实施，建设规模达到2.1万箱，生产蜂蜜343吨。

1988年省畜牧厅甘牧字190号文批复建设阿克塞骆驼基地，双峰驼存栏达到4 592头，驼毛产量18.35吨。

1989年省计委甘计农513号文批复建设张掖、临泽、高台奶肉牛基地，期末基地内奶肉牛和改良牛达15万头，年产奶2万吨，产肉2 000吨。

1990年省计委365号、省两西75号文批复建设酒泉、金塔、张掖、民乐、永昌、武威、民勤、西和、徽县9县(市)瘦肉型商品猪生产基地。项目区内期末达到存栏生猪118万头，出栏110万头，其中瘦肉型猪55万头，提供商品猪84万头。

2. 巩固提高阶段(1991—1998)。1991年农业部及地方配套投资建设张掖市瘦肉型商品猪基地。

1992年国家农业综合开发办公室、农业部及甘肃省农业综合开发办公室、甘肃省畜牧局联合批复建设张掖市国家级秸秆养牛示范县，建设期限3年。

1993年农业部及地方配套投资建设敦煌市瘦肉型商品猪基地。

1995年国家农业综合开发办公室、农业部及甘肃省农业综合开发办公室、甘肃省畜牧局联合批复建设武威市国家级秸秆养牛示范县，建设期限3年。

1995年农业部及地方配套投资建设金塔县瘦肉型商品猪基地。

1996年农业部、省、地县配套投资建设民勤县瘦肉型商品猪基地。

1997年国家农业综合开发办公室、农业部及甘肃省农业综合开发办公室、甘肃省畜牧局联合批复建设酒泉市国家级秸秆养牛示范县，建设期限3年。

1997年农业部、省、地县配套投资建设榆中县瘦肉型商品猪基地。

1998年国家农业综合开发办公室、农业部及甘肃省农业综合开发办公室、甘肃省畜牧局联合批复建设灵台县国家级秸秆养牛示范县，建设期限3年。

1998年甘肃省计委、甘肃省畜牧局等投资兴建灵台县、泾川县、平凉市、宁县、镇原县、张家川县、清水县、高台县8县(市)为甘肃省秸秆养牛、养羊示范县。

1998年农业部、省、地县配套投资建设宁县瘦肉型商品猪基地。

1999年国家农业综合开发办公室、农业部及甘肃省农业综合开发办公室、甘肃省畜牧局联合批复建设临夏县国家级秸秆养羊示范县，建设期限3年。

【商品基地建设成效】

1. 投资与建设情况。甘肃从增加畜产品产量出发，在1981年到1998年间，共计建成8大类12个畜牧业商品基地，取得了令人瞩目的成就。兰州禽蛋奶基地总投资8 770万元，关山肉牛基地总投资135万元；河西细毛羊生产基地总投资250万元；董志塬肉牛基地投资97万元；临夏奶肉牛基地472万元；绒山羊基地投资350万元，省9个瘦肉型猪基地县建设总投资394万元，骆驼基地总投资171万元；陇南蜂产品基地总投资30万元；张临高奶肉牛基地450万元；国家级瘦肉型商品猪基地建设总投资265万元，其中财政专项205万元，国家级秸秆养牛(羊)示范县建设总投资840万元，其中国家投资420万元；省级秸秆养牛(羊)示范县建设总投资100万元。

自1981年到1998年17年间累计总投资12 324万元，其中国家投资625万元。

1998年建设灵台县国家级秸秆养牛示范县，建设期限3年，总投资200万元，其中国家100万元，省配套30万元，县配套70万元。1998年农业部、省、地县配套投资建设宁县瘦肉型商品猪基地，国家投资25万元。1999年国家批复建设临夏县国家级秸秆养羊示范县，建设期限3年，总投资200万元，其中国家100万元，省配套30万元，州县配套70万元。

2. 效益。1998年，兰州禽蛋奶基地中国荷斯但奶牛存栏7 465头，禽存栏190.2卫万只，鲜奶24 490.2吨，禽蛋14 165.3吨，分别占全省的30%、4.72%、18。59%、8.4%。基地内蛋鸡良种化程度达到95%以上，高出全省蛋鸡良种率16个百分点，蛋鸡个体产量达到13千克，比全省平均产蛋高出3千克，中国荷斯坦奶牛单产4 124千克，比全省荷斯坦奶牛平均单产3 191千克高出933千克。

1998年，关山肉牛基地、董志源肉牛基地、临夏奶肉牛基地、张临高奶肉牛基地共计17个县(市)存栏牛106. 14万头，其中奶牛及改良奶牛5.73万头，出栏肉牛37.95万头,牛肉产量4.64万吨,牛奶产量量1.58万吨,分别占全省的26.76%、17.61%、39.54%、41.55%、12.02%。基地内各种杂种牛(西门塔尔、秦川牛、利木辛等为父本)达到65万头,良种化程度提高到61%,比全省牛平均良种率高15个百分点,个体产肉达到122千克,比全省平均牛个体产肉116千克高出6千克。

1998年,国家级瘦肉型商品猪基地7县(市),甘肃省级瘦肉型猪基地9个县(市),除重复建设县(市)外,共计在12个县(市)实施,存栏猪166.9万头,出栏肉猪169.73万头,猪肉产量达到12.99万吨,分别占全省的23.3%、24.09%、24.81%。基地内出栏二元、三元杂交瘦肉型猪119万头,生猪良种化程度达到70%以上,高出全省生猪平均良种率11个百分点,出栏猪个体平均产肉76千克,比全省出栏猪平均产肉74千克高出2千克,但基地内年生猪出栏为2栏,比全省平均1.5栏高出0.5栏。

1998年,国家级秸秆养牛示范县建设在4县(市)实施,牛存栏47.06万头,出栏肉牛11.59万头,牛肉产量1.48万吨。分别占全省的11.86%、12.07%、13.26%。示范县内牛良种化程度达到62%,比全省牛平均良种率提高16个百分点,个体单产达到127千克,比全省平均牛个体产肉116千克提高11千克。

3. 商品基地建设的基础设施情况。国家、省基地(示范县)建设资金主要投放于良种体系、技术装备和龙头项目建设上,17年间先后建成种鸡场6座,饲料厂18座,种猪场2座,乳品厂4座、肉类加工厂(冷库)2座,改扩建种猪场8处、种羊场5处、种牛场1处、种鸡场10处,乳品厂4处,购置秸秆切碎机、揉碎机1 000余台,液氮运输车等一批设备,完善了一批液氮站、冻精站、统一供精站、输精点和饲料加工点。在建设期间,专业村、专业户得到极大的发展,比1981年增长10余倍,而且技术水平、管理水平、专业生产水平都有了极大的提高。在此期间,装备了一批地县畜牧中心(站)、牧工商公司的技术、营销、服务手段,使全省服务体系建设得到了不同程度的配套完善,社会化大生产得到了有效提高,为进一步推进畜牧业商品基地的组合升级创造了有利条件。

【建设经验及存在问题】

1. 建设经验。

(1)依靠发展文柱产业,变革生产方式,建立畜牧业商品基地。甘肃省各级部门从国情、省情出发,在调整生产结构,不断完善以家庭生产经营为主的生产责任制中,扶持千家万户养畜的同时,兴办龙头企业,因地制宜地重点引导发展专业户、家庭牧场等专业化规模经营,在有条件的地方发展工厂化生产,推进不同形式的经营模式,使畜牧业生产方式发生重大变革。

(2)加强畜牧业商品基地建设指导。在商品基地建设中始终坚持五个转变。即由耗粮型畜牧业向节粮型畜牧业转变;由城郊畜牧业向城郊、农区、牧区并重转变,由数量型经济向质量型经济转变;由单一抓养畜向种养加销一条龙转变;由农本型产品畜牧业向商品畜牧业转变。

(3)制定和落实畜牧业发展政策。省人民政府作出了《关于加快发展畜牧业的决定》,把畜牧业发展作为衡量各级政府工作实绩的一项重要指标,纳入目标管理。发展方向上确定坚持小畜禽起步,草食畜先行的原则,在经营上支持农区、牧区、城郊并举,个体、集体、国有、私营、股份制五个轮子一起转;在种植业结构调整中提倡粮食作物—经济作物—饲料作物三元结构;在投入上坚持农牧民是畜牧业投入的主体,国家对畜牧业投入要逐步增加。

(4)两种生产经营模式典型介绍。

一是公司加农户。临泽新华养猪企业集团充分发挥集体、个体多方积极性,通过股份制和公司加农户建立畜牧业经济统分结合的双层经营机制,实行"六统一,一分散"(统一供应仔猪、统一供饲料、统一防疫、统一收购、统一屠宰加工、统一销售,分户饲养),辐射带动周临村社发展10个千头猪场、112个百头猪场,年生产瘦肉型商品猪12万头。自1993年"新华模式"的建立,到1998年,全省已发展到31个万头仔猪扩繁场,对于推动全省商品畜牧业发展起到重要的作用。

二是松散的产加销"联姻"。在基地建设中,各级十分重视发挥畜牧、商业、外贸、乡镇企业等部门的优势,注重部门配合,加强互相协作,有效实现生产要素的合时组合。关山肉牛基地重视产品经销厂、清真冷库、食品加工、牧工商公司、黄牛经销公司、饲料厂、畜牧站、养殖场(户)等部门之间的密切合作,并与1 000多个母牛繁殖户、1 000多个肉牛育肥户、7个牛羊屠宰专业村、300多个屠宰专业户建设起互作伙伴,使关山肉牛基地年经销饲料3万吨、出栏活牛15万头,屠宰加工牛肉近万吨,仅灵台县1989—1993年间出口活牛2 340头,冻牛肉3 000吨,创汇700万美元。

2. 存在问题。在商品基地建设中,尽管坚持立草为业,合理开发利用饲草料资源1建立健全畜禽良种繁育体系,提高良种化程度,增强加工流通基础,促进畜牧业向深层次延伸,注重培养人才,加快科技进步等多种有利措施,但仍存在着深层次的矛盾。一是畜牧业数量型经济向质量型经济转变之间的矛盾。近年来,随着畜产品数量的快速增长,加速了买方市场的形成。但在建设方向上,仍注重数量型经济增长,重复建设是最集中的表现。二是畜牧业发展与市场建设滞后的矛盾。畜产品市场及营销户多,但基础设拖薄弱,交易规则不完备,联手压价、哄抬物价者多,市场功能没有得到发挥。三是畜牧业发展与管理体制不顺,宏观调控不力的矛盾。农牧部门管生产,粮食部门管饲料,食品部门管肉蛋奶流通和格局始终没有打破,把一个完整的畜产品生产、加工、流通割裂开来,给生产者、经营者、消费者造成不同程度的影响。因此,今后畜牧业商品基地建设要在“质量、成本”上下功夫,要在提高升级上下功夫,要在科技增产上下功夫,不断强化基地建设水平。

(万占全)

充分发挥行业发展骨干的作用

1998年,青海省有多个商品基地正在建设,具体如下:

1. 环湖及柴达木地区牛羊肉、半细毛、山羊绒商品基地。总面积3 577万公顷,其中可利用草地1 093.33万公顷。目前存栏牲畜648.57万头(只),预计每年可提供牛肉14 240.6吨,羊肉28 222.6吨,半细毛2 638吨,山羊绒150.3吨,每年可创产值3亿多元。

2. 青南地区牛羊肉、牦牛绒、西宁毛商品基地。总面积3 516万公顷,其中可利用草地1 886.67万公顷。存栏牲畜749.72万头(只)。预计每年可提供牛肉41 752.3吨,羊肉23 431.4吨,西宁毛4 247.6吨,牦牛毛绒1 427.1吨,每年可创产值近4亿元。

3. 东部农区肉、蛋、奶商品基地。总面积290万公顷,其中耕地41.57万公顷,可利用草地173.33万公顷。存栏草食牲畜367.16万头(只),猪107.26万头,鸡308.1万羽,预计每年可提供牛肉16 543.7吨,羊肉14 450.6吨,猪肉64 027.5吨,牛奶75 403吨,禽蛋11 918.53吨,每年可创产值6亿多元。

4. 国有种羊场和东部农区细毛商品基地。目前存栏细毛羊15.44万只,每年产细羊毛402.2吨。

5. 瘦肉型猪商品基地。在农业部支持下,1998年已完成互助、平安、乐都、湟中、湟源5县的瘦肉型商品猪基地建设,在建的有尚有大通县。共存栏猪87.28万头,每年可出栏猪78.25万头,提供猪肉48 087.8吨。

(孔庆秀　杨毅青)

发挥西部优势　搞好基地建设

【秸秆养牛、羊示范项目建设】 1992年农业部和国家农业综合开发办实施秸秆养牛、养羊示范项目,项目建设期3年。新疆维吾尔自治区秸秆养畜示范项目启动于1994年,到1998年底,自治区已有伊宁、莎车、霍城3个国家级秸秆养牛示范县,托克逊、额敏、拜城、昌吉市4个国家级秸秆养羊示范县(市),呼图壁、奇台、和田、洛浦、库车5个自治区级秸秆养畜示范县。1998年12个秸秆养畜示范县(市)牲畜存栏796.94万头(只),比上年增长11.03%。其中存栏牛78.97万头,增长2%;存栏羊647.5万只,增长12.07%。年内牲畜出栏412.95万头(只),增长32.47%。其中出栏牛32.98万头,增长27.88%;出栏羊378.73万只,增长21.49%。肉类总产15.38万吨,增长24.23%。其中牛肉4.69万吨,增长27.1%;羊肉6.31万吨,增长9.55%。秸秆加工调制总量133.25万吨。12个县(市)肉总产量占全区23.38%,其中牛肉占25.67%,羊肉占21.26%。秸秆加工调制总量占33.88%。

项目实施期间,主要做了以下几方面工作:

1.1994年伊宁县列为我区第一个国家级秸秆养牛示范县后,在取得经验的基础上,又会同自治区开发办、财政、农行一起提出扩大项目建设范围,1995年自治区级秸秆养畜示范县开始实施。又与自治区妇联、共青团工委联合下发了“关于广泛动员和组织农牧区妇女、青年大力开展秸秆养殖业的意见”,使这项工作得到了全社会的理解和支持,并形成了一定的声势。

2. 积极筹措项目建设资金,保证项目顺利实施。秸秆养畜项目的投资特点是以生产者投入为主体。国家级示范县的投资规模大都在2 000~3 000万元,而国家投资一般为200万元,其中:中央与地方投资比例为1:1,有偿与无偿比例为6:4。中央、自治区、地、县的项目资金主要用在农民办不了的带有服务性的项目上,如配种站点的建设、各种仪器购置和技术推广等。宣传、动员农民自筹资金是项目建设的重要内容。各示范项目县充分注意了这点,通过积极的工作,确保了项目建设资金的到位,保证了项目的顺利实施。

3. 狠抓项目的管理,使之形成科学化、规范化。为了规范秸秆养畜示范项目建设的申报和实施,先后制定了《自治区秸秆养畜示范县项目管理暂行办法》、《自治区秸秆养畜示范县操作程序》等一系列管理文件,形成了一套较完整的管理和运作方式。在抓管理的同时,重视各示范县项目领导小组的组织建设,并把组织领导延伸到乡、镇、村,目标任务落实到户,实行“三长负责制”,形成齐抓共管的局面。

4. 突出建设重点,狠抓以“棚圈建设、品种改良、秸秆加工、饲养管理”四位一体的建设内容。秸秆养畜项目是一项集棚圈建设、品种改良、秸秆加工、饲养管理、畜产品深加工和市场营销为一体的综合项目。因此,我们从这些关键环节入手,要求各示范县率先实现“长草短喂”,改变秸秆不加工饲喂的旧习惯。为提高饲喂水平,聘请有关专家根据现阶段农牧民饲养水平和饲草料资源情况,研制了17个不同营养水平的牛羊饲料配方,在全区推广。突出对旧棚圈的改造工作,到目前各示范县已改造旧式棚圈8万余座。同时,要求各示范县抓好品种改良工作,在伊宁、莎车等县大力推广“细管冻精”等新技术,使示范县牲畜品种改良工作有了较大改观。在畜产品流通方面鼓励各行各业参与流通,组织个体商贩与示范户签订购销合同,帮助他们贩运销售“架子畜”和育肥牛羊，这些都收到了较好的经济效益和社会效益。

【商品牛基地】 1986年伊宁、新源、特克斯、塔城、额敏、乌苏、阿勒泰、布尔津、哈巴河、和静10县被农业部列为商品牛基地，经过4年的建设，10县达到了基地县建设的要求。1990年在全国商品牛羊生产基地的检查、评比工作会议上，伊宁县、阿勒泰市被评为商品牛先进县。1990年阿勒泰市可繁殖母牛4.3万头，占存栏的46.6%；杂交牛存栏6.18万头，占牛存栏的67%；母牛繁殖成活率62.8%，商品牛出栏率20%，牛肉产量1 500吨。伊宁县可繁殖母牛4.63万头，占存栏的42.16%；杂交牛存栏6.81万头，占牛存栏的66%；母牛繁殖成活率71.27%，商品牛出栏率22.6%，牛肉产量2 976吨。

自1994年我区伊宁被列为国家级秸秆养牛示范县后，至1998年我区已有3个国家级秸秆养牛示范县，其中伊宁、莎车两县建设3年期已满，已通过国家验收，霍城县尚在建设之中。1998年3个秸秆养牛示范县青贮饲料达35.31万吨，完成计划的91.19%，秸秆氨化(微贮)12.78万吨，完成计划的98.31%，秸秆处理利用率达30.84%，比计划少1.69个百分点。年末存栏43.77万头，完成计划的102.77%；年内出栏牛16.16万头，完成计划的97.94%，出栏率为38.83%，比计划少0.82百分点；年产牛肉2.48万吨，完成计划的105.53%；户均养牛3.26头，完成计划的103.49%。3个养牛县占全区总县数的3.53%，存栏数占全区的12.01%，出栏牛占全区的11.48%，牛肉产量占全区的12.87%。

秸秆养牛示范项目建设取得了可喜的成绩，以伊宁县为例，主要畜牧业生产指标在全自治区都处于领先水平。伊宁国家级秸秆养牛示范县于1994年立项，项目投资总规模为3 150.2万元，其中国家、自治区各投资100万元，其余为信贷资金和农民自筹。项目建设累计新建棚圈39.7万平方米，新建青贮氨化池6.9万立方米，新购进各类饲草加工机械709台。建设期末的1996年与立项前的1993年相比，牲畜存栏由70.34万头增加到78.1万头，增长11.03%，其中存栏牛14.28万头，增长25.3%；牲畜出栏由26.19万头增加到35.7万头，增长36.3%，其中出栏牛5.15万头，增长38.44%；肉食总产量由0.895 7万吨增加到1.67万吨，增长86.5%，其中牛肉产量0.772 5万吨，增长73.2%；青贮氨化秸秆16.9万吨，增长350.7%；畜牧业总产值由1.3亿元增加到1.63亿元，增长25.4%；农牧民人均纯收入由748元增加到1 408元，增长88.24%。项目3年累计完成青贮氨化秸秆39.25万吨，相当于6.45万吨的营养价值，同时还提供了351万吨的厩肥，氮含量1.35万吨，相当于2.94万吨的尿素含氮量。据1996年抽样调查，全县土壤有机质含量由1983年的1.2%上升到1.4%；玉米产量1996年比立项前增加7.12万吨，增长55.2%。项目实施后，农村发展了2 028个养牛示范户，全县转移到养牛业的农业劳动力达5 400多人，并形成了一批以畜产品、饲料加工的骨干企业，吸纳劳动力560人。伊宁县秸秆养牛示范项目1995年荣获国家“十佳”养牛示范县的光荣称号。

【商品羊基地】 1986—1987年，新源、尼勒克、伊宁、塔城、额敏、霍城、乌苏、拜城、温泉、昌吉10县被农业部列为商品羊基地，经过4年的建设，10县达到了基地县建设的要求。到1988年农业部和自治区累计投入基地建设资金640万元，主要用于购置和推广优良种羊，修建配种站、棚圈，增加绵羊人工授精器材及草原改良和建设。1988年10个养羊基地县绵羊存栏335.03万只，比初建成时的1986年增长6.8%。其中细毛羊240万只，增长10.6%；绵羊人工授精率80%以上。10个基地的细毛及改良毛总产6 827.5吨，占全区产量的20%，个体产毛量达3.85千克，基地县平均净毛率52.7%，个体平均净毛量2千克。1988年10个基地县共出售商品毛6 200吨，商品率达到90%，比1986年增加1 500多吨，为农牧民增加收入2 100多万元，国家增加羊毛产品税210万元。1990年在全国商品牛羊生产基地的检查、评比工作会议上，新源、霍城、拜城、塔城被评为养羊先进县。

自1996年我区托克逊县被列为国家级秸秆养羊示范县以来，至1998年我区已有国家级秸秆养羊县4个，托克逊县3年建设期已满，额敏县、拜城县和昌吉市尚在建设之中。4个秸秆养羊示范县青贮饲料达20.01万吨，完成计划的132.5%，秸秆氨化(微贮)4.63万吨，完成计划的74.68%，秸秆处理利用率达28.24%，比计划多0.17个百分点。年末存栏羊180.47万头，完成计划的100.96%；年内出栏羊101.6万头，完成计划的95.62%，出栏率为58.24%，比计划少4.88百分点；年产羊肉1.83万吨，完成计划的95.81%；户均养羊20.86头，完成计划的98.86%。4个养羊县占全区总县数的4.71%，存栏数占全区的5.23%，出栏羊占全区5.53%，羊肉产量占全区的6.21%。

(刘君健)

【牧业防灾基地建设】 新疆易灾牧区有30个牧业易灾县，从1988—2000年，我们利用国家财政部包干安排的抗灾保畜补助费，在这30个易灾县分期分批实施了四轮畜牧业防灾建设项目，已经取得显著成绩，大大提高了畜牧业抵御自然灾害的能力，1998年，根据国家财政部、农业部关于投资相对集中，项目安排范围适当压缩的要求，共安排特克斯、青河、福海、木垒、巴里坤、拜城、阿合奇、民丰等8个县的畜牧业防灾建设项目，总投入资金2450万元，其中国家投入550万元，自治区配套500万元，其余由地、县、乡和牧民个人自筹。防灾项目的主要建设内容是新建饲草料基地0.59万公顷，围栏改良草地7万亩，新建棚圈1221座，挖井30眼，购买铡草机71台，新定居牧民716户。建设任务通过签订合同的方式分解落实到各易灾县和建设地点。据调查了解，资金落实情况较好，县、乡和牧民建设积极性很高，从夏天开始施工，入冬以前全部完成建设任务，有效地抵御冬春各种自然灾害的侵袭，把牲畜因灾死亡率降低到存栏数的2%以下。

（斯拉吉丁）

（本栏目主编　张明富）

规　模　经　营

上规模　增效益
适应市场经济的需要

北京市自1974年成立"机械化养猪场、养鸡场筹建领导小组"开始，在中央领导直接关怀下，在农林部、一机部、商业部、在京大专院校支持下，市畜牧、农林、机械、农机、仪表、粮食、财政、物资等部门和中央、市属畜牧兽医研究机构和有关部门共同协作，到1992年底，共建成规模畜禽场2 000多个，形成了首都稳定的副食品生产基地，市场供求很快得到改善，当年年底放开畜产品市场。

【国有规模畜禽场的建设】　在老一辈国家领导人关怀下，1957年10月建立的西山农场养鸡场(龙泉寺家禽场)，是本市保存下来建场最早的养鸡场，也是全国最早的种鸡场。该场1959年养鸡存栏8万余只，1974年存栏来航、澳洲黑、新汉县、芦花、洛岛红、澳品顿等品种鸡约1万只。1973年，中央和市政府提出在北京搞几个大型养鸡场。1976—1980年，东沙原种鸡场、实验猪场、红星鸡场、峪口鸡场、种鹌鹑场、水貂场等大型国有机械化畜禽场相继建成投产，带动了现代化规模饲养业的发展，并逐步发展为龙头企业，促进了生猪、奶牛、蛋鸡、肉鸡、肉鸭等产业化体系发展，形成了稳定的生产基地。1998年，国有畜禽龙头企业主要有：华都集团、农工商总公司、大发畜产公司、鲲鹏集团等。

【集体规模畜禽场的建设】　从1975年4月发展集体养鸡开始，在1976年兴建半机械化养鸡场、养猪场试点的基础上，1977年市革委会决定，在郊区有条件的社队普遍兴建半机械化养鸡场、养猪场。到1978年底，建成半机械化母猪舍1175栋，饲养母猪规模4.16万头；建成半机械化育肥猪舍627栋，生产规模32.28万头；1977—1980年，建成半机械化蛋鸡场137个，饲养产蛋鸡规模96.7万只。1981年至1983年，发展菜田养鸡200万只。1984年城镇居民人均占有鸡蛋16.5千克，达到欧洲中等水平，实现基本自给。

【现代化规模畜禽场建设】　为解决猪肉供应缺口大的问题，1987年下半年开始发展现代化规模养猪，到1992年底，共新建、改建规模猪场1 034个，饲养成年母猪规模15万头。年内规模猪场出栏生猪200万头，占全市年出栏总量的53%，相当于1987年全民、集体出栏猪32.6万头的6倍多。

1989年6月，全国最大的集体现代化规模蛋鸡场朝阳区兴华鸡场(34万只)建成满负荷投产；1989年10月全国最大的全民所有制现代化规模蛋鸡场峪口鸡场(50万只)扩建竣工满负荷投产。80年代末90年代初，大批国有、集体规模鸡场进行了技术改造，提高了现代化水平。

经过20年努力，1995年末，规模畜禽场达到2 126个。年末有规模猪场918个、蛋鸡场612个、肉鸡场300个、鸭场82个、奶牛场164个、肉牛场50个。1995年，规模畜禽场产品产量占全市总量的比重依次为：牛奶占88%，生猪占70%，鸡蛋占66%，肉鸡占49%，肉牛占20%。

1998年，有年产1 500头以上规模猪场880个，成年母猪总规模22万头，年生产能力300多万头，其中万头以上规模140个；有万只以上规模蛋鸡场223个，蛋鸡总规模888万只；年出栏5万只以上的规模肉鸡场73个，年生产能力4 000万只，其中百万只以上规模肉鸡场13个。1998年，规模猪场出栏生猪260万头，占全市总量的69%；规模鸡场产蛋6.35万吨，占全市总量的36%；5万只以上规模肉鸡场出栏肉鸡3770万只，占全市总量的54%。国有、集体奶牛场75个，产奶18.41万吨，产量占全市的81%。年出栏500头的规模肉牛场23个，产量占全市的10%。

规模畜禽场为现代化畜牧兽医技术提供了良好的实验基地。经过20多年的研究、实验、总结和完善，形成了现代化规模畜禽场配套技术，从传统饲养中实现了脱胎换骨的转变。不但促进了北京市畜牧业的发展，也为兄弟省市提供了经验。规模鸡场、规模奶牛场自动化、良种化、大群生产水平等方面居于全国最好水平。规模猪场陆续从传统的深坑土圈、半敞开式水泥圈,发展为工厂化舍内饲养,实现了全年均衡产仔、均衡生产商品猪,喂料、饮水、清粪等主要工序自动化,主要生产杜大长、杜长大等优良瘦肉型品种猪。

北京市规模畜禽场发展情况表

(个、万头、万只、吨)

年度	合计	规模猪场			规模鸡场		规模肉鸡场		规模鸭场		规模肉牛场	
		个数	规模	出栏	个数	规模	个数	规模	个数	规模	个数	规模
1990	2 519	988	13.81	105.00	815	1 200	372	500	71	400		
1992	2 423	1 034	14.95	200.56	819	1 300	264	600	73	400		
1995	2 126	918	21.63	261.08	612	1 200	300	1 000	82	500	50	2.5
1998	3 038	880	22.06	261.15	223	888	1 113	5 000	724	3 000	23	1.2

与规模畜禽场同步配套发展的,还有饲料加工业、畜牧工程设计、畜牧机械制造、兽医生物药品、畜禽产品加工业、餐饮业等。

十一届三中全会后,市政府在京郊集体畜禽场积极推行和建立岗位生产责任制,促进了畜牧业经济的发展。从 1979 年 4 月 1 日起,对经济上独立、领导健全、有责任制的半机械化猪、鸡场,采取按出售的商品供应饲料等优惠措施,使集体畜禽场迅速扭亏为盈。1997 年下半年以来,适应市场经济的发展,规模畜禽场打破 20 年以公有制为主的格局,全面实施转制。1998 年,全民、集体经营比例由 90%下降为 10%,个体经营比例由 10%上升为 90%。

集体畜禽场经营变化情况

年度	畜禽场、群数	建责任制场	盈亏金额(万元)	盈亏场比重(%)	经营管理形式
1978			－1 845		
1979	猪鸡场 21 389	10 439		48.8	岗位生产责任制
1980	猪鸡场 21 151	15 391	172	72.4	岗位生产责任制
1981			841	75.5	专业承包联产计酬
1982	18 336	15 613	1 664		专业承包联产计酬
1984			5 512		联产计酬
1987					规模经营规范化管理
1998					多种形式个体经营为主

(苏雪梅)

积极引导,逐步实现规模经营

形成专业化生产基地,是畜牧业与市场接轨的有效途径之一。内蒙古自治区在组织和引导适度规模经营过程中,大体经历了三个阶段:

第一阶段:积极引导发展专业户、重点户。在家庭经营的基础上,解决畜种、畜群"小而全"的问题,实行适度的规模经营,促进畜牧业生产的专业化、社会化。截止 1998 年,全区从事饲养业的各类专业户 13.42 万户,其中:大饲养户 24 645 户、养羊户 60 430 户、养禽户 9 858 户、养兔户 8 641 户。

第二阶段:鼓励发展"一场三户"(家庭牧场、畜牧业专业户、农牧结合户、科技示范户),在牧区发展家庭牧场,在农区发展专业户和农牧结合户,在全区发展科技示范户。截止 1998 年,全区"一场三户"已发展到 55 万户,占农牧户总数的 15.82%。目前,各类经营大户在生产技术、经营以及机械化、半机械化作业方面有了长足进展,生产规模和经营效益不断提高。1998 年,仅专业户出栏肉猪 953 077 头(只),菜牛、菜羊 47.64 万头(只),家禽 1 192.98 万只;肉、奶、蛋、毛分别达到 12 615.54万千克、15 350.07 万千克、4 027.68 万千克和

1 194.61万千克;畜产品商品收入14.94亿元。

第三阶段:试行经营实体与专业户联合,1989年,在国家农业部畜牧兽医司和自治区统筹安排下,在海拉尔市哈克乡进行了实体加牧户试点,组成了牧工商服务公司和肉牛育肥专业户相结合的新型经济联合体。几年内,联合体发展65个专业户,一般每户可年育肥出栏牛50~80头,纯收入5 000~8 000元,有的超过万元。牧工商公司也通过积累扩大了服务规模,建成了肉牛转运站、冷冻厂、乳品厂和门市部等服务设施。进入90年代,在市场经济的推动下,以企业加基地、公司加牧户、生产加服务、收购加销售的贸工牧一条龙的"四加一"基本模式,把加工企业与千家万户按合理的利益机制联结在一起,结成利益共同体,既保证了家庭经营的稳定性,又实现了规模经营,促使各类畜产品基地形成了产业化格局,截止1998年,畜产品基地已带动了全区150多家毛绒纺织、200多家皮革加工、70多家乳品加工等企业的发展。

发展规模经营,必须从当地的资源条件、市场需求和管理水平出发,内蒙古自治区在围绕规模经营发展问题上,采取综合措施,加快规模经营的发展。

一是注重在"一场三户"的基础上,大力发展专业户(场)、养殖小区、专业村、专业乡(苏木)以及商品基地,形成集中连片的区域规模经营格局。截止1998年,仅农区养牛10头以上规模户达到46 178户,存栏牛109.42万头,占农区存栏的34.68%;养猪20头以上的规模户达到51 725户,存栏猪365.12万头,占农区存栏的32.50%;养羊100只以上的规模户达到42 703户,存栏羊753.72万只,占农区存栏的30.35%;养鸡1 000只以上规模户达到6 635户,存栏鸡1 628.39万只,占农区鸡存栏的37.29%。

二是注重规模经营的科技手段,结合专业户、专业村、专业小区建设,搞好种源基地建设,积极引进适应性强,适合当地发展规模的优良种畜禽,采用人工授精、冷冻精液配种、胚胎移植等适用技术,加速畜群良种化进程。1998年全区推广良种猪571.89万头,其中"四良四改"模式化饲养372.05万头;推广良种鸡3 522.65万只,其中模式化饲养1 152.88万只;肉牛模式化育肥44.23万头,肉羊模式化育肥596.01万只;奶牛模式化饲养8.58万头。

三是注重国家、集体、个人一齐上,并积极扩大外引内联,广泛吸引外资,建立合资企业,或采取股份制的办法共同发展。赤峰市兴发集团依靠当地丰富的玉米资源,以"市场牵龙头、公司连基地、基地带农户"的模式,大力发展肉鸡养殖业,食品加工业已形成集种养加、贸工牧一体的外向型企业集团,建有规模化养鸡小区50余处,年饲养加工肉鸡达1 500万只,饲养加工10万头猪,生产配合饲料9万吨等一系列产品。产品已销往国内16个省区,并出口到日本、德国、法国、俄罗斯、阿拉伯等国家和地区,年出口创汇达3 000余万元。

四是注重建立畜产品专业批发市场,以规模经营占领市场,以市场求得生存发展,全区各地普遍建立起一批活羊、活猪、禽蛋、牛肉、羊肉、猪肉、皮毛等专业批发市场,促进了地域生产优势、专业商品优势的形成。

五是注重因地制宜、因势利导,循序渐进,典型引路,整体推进。在牧区推行"家庭牧场+服务体系"的适度规模经营模式,即家庭牧场标准达到配套设施齐全、牲畜改良程度高、畜群周转速度快,在具备稳定、高产、优质、低耗的基础上,强化社会化服务,使家庭牧场在种源、技术、饲草料、物资、经销、管理各方面配套,达到规模化经营,在农区、半农半牧区,加快粮食、秸秆转化,推广易地育肥,大力发展肉牛、肉羊育肥农牧结合户、专业村、示范区,形成优质肉牛、肉羊的商品基地。

六是注重规模经营的政策倾斜。对规模经营采取优先提供贷款、物资、技术服务,优先解决饲养场地(草场)、建筑材料,优先收购畜产品。同时,加强对农牧民的政策引导,引导农牧民按照市场需求,组织生产适销对路的畜产品,提高畜牧业综合效益;引导农牧民分工、分业,组织自己的营销队伍,发展联户经营和专业小区,使农牧民有序地进入市场;引导农牧民合理调整生产结构,强化商品意识,提高畜禽出栏率和商品率,实现增产增收增效;引导农牧民向畜牧业生产建设投入,形成多层次、多渠道的投资机制。

(巴特尔)

分步实施　不断迈进

改革开放以来,尤其是90年代以来,辽宁省畜牧业规模经营迅速发展,目前已基本实现由传统分散饲养向规模科学饲养,由自给半自给向商品经济,由家庭副业向独立产业转变。1998年末,全省年出栏猪30头以上的户(场)约15万个,年出栏猪551万头,占全省商品猪总量的45%,其中千头以上的猪场200多户,万头以上猪场31个;千只以上鸡场9.8万个,万只以上鸡场708个,规模养鸡占养鸡总量的70%以上;年出栏牛10头以上户(场)5.1万个,出栏牛64万头,占全省出栏牛总数的43%。

辽宁省规模经营大体可分为两个阶段:第一,起步阶段。从80年代中期到90年代初期,此时辽宁省畜产品相对短缺,市场需求旺,政府和一些企事业单位,为解决市场和本单位的畜产品供应问题,相继投资兴建了一批规模饲养场。这些场一般规模较大,设备较先进,较具代表性的有沈阳市养鸡场、沈阳马三家机械化养猪场、辽河油田养猪场等。对全省规模饲养发展起到了较好的带动作用。同时,随着农村经济体制改革逐步深入,调动了农民生产积极性,农村家庭适度规模饲养也相继发展起来。畜牧业生产由国家、集体为主向农民自主经营、自我发展为主转变。第二,快速发展阶段。进入90年代,随着社会主义市场经济体制的逐步确立,以及辽宁省市场、饲料资源、地域、交通等优势逐渐显现,全省畜牧业规模经营步入快速发展轨道。一是饲养专业户、大中型饲养场不断涌现,规模不断扩大。出现一批在全国具一定知名度的大场、大户,如大连市韩伟养鸡场,蛋鸡饲养量达100万只,成为全国"鸡王"。二是一批饲养专业乡和饲养小区兴起,形成了集中连片的饲养区域。如海城市的南台镇、黑山县的胡家乡、凌海市的巧鸟乡等,年饲养蛋鸡都在300万~400万只,农民人均收入中一半以上来自于养鸡业。铁岭市沿102国道形成的肉鸡饲养带,肉鸡年出栏近1600万只,占全市肉鸡出栏量的80%以上。

畜牧业饲养小区的出现标志着辽宁省规模经营进入了一个新水平。饲养小区就是国家、集体规划出一片土地,统一设计、统一建设、统一服务,分户承包经营。建设饲养小区不仅解决了庭院饲养规模难以扩大,污染生活环境的问题,而且有利于采用科学技术,提高集约化水平,有利于技术服务,有利于示范和推广,有利于带动相关产业发展。据不完全统计,到1998年全省畜牧小区已达100多个。

此阶段一个显著特点是,非农部门、城市个体工商户纷纷投资畜牧业。据不完全统计,近十年来,非农资金投入达2亿多元,兴建具一定规模的饲养场近百家。

规模经营的发展,给辽宁省畜牧业带来历史性飞跃。主要表现:

一是辽宁省畜产品市场供求发生了根本性变化。由主要畜产品调入省一跃变为调出省。规模经营兴起和扩大促进了辽宁省畜牧业的飞速发展。自改革开放以来,畜产品产量年均递增14%。1992年,全省畜产品全面实现自给,从1993年开始,每年有相当一部分畜禽及产品出省。1998年全省调出生猪200万头,禽蛋39万吨,禽肉25万吨,活牛39万头,辽宁省已成为全国新的畜产品生产基地。1998年,人均占有肉类52.1千克、蛋31.7千克、奶4.8千克,分别比1985年提高2.1倍、2.8倍和71%。

二是带动了相关产业的发展。规模经营发展带动了全省饲料加工、畜产品加工、牧机设备制造等各业发展。特别是饲料加工业已成为辽宁省经济发展的一个新的增长点。据统计,到1998年末,全省饲料生产加工企业461家,其中时产5吨以上企业93家;年双班生产能力达到518万吨,生产配混合饲料400万吨;产值40亿元,比1985年均有成倍增长。全省现有年屠宰万只以上肉禽加工企业65个,万头以上肉牛屠宰加工企业4个,10万头以上肉猪屠宰加工企业8个。这些企业大多具有规模大、科技含量高、外向型和市场竞争力强的特点,较好地起到了龙头作用。

三是生产水平明显提高。辽宁省的规模养猪生产水平已达到中等发达国家水平,蛋鸡、肉鸡饲养已接近发达国家水平。全省规模养猪料重比平均3.5:1,比1985年降低0.5个单位;蛋鸡料蛋比2.4:1,降低0.6个单位;肉鸡料重比2.2:1,降低0.3个单位。

(程　彬)

规模养殖求发展　依托科技增效益

定远县地处皖东丘陵,国土面积2998平方千米,其中耕地10.33万公顷,总人口87万,其中农业人口75万。国民经济以农牧业收入为主。1997年全县粮食总产81万吨,油料6万吨,生猪饲养量166万头,家禽饲养量1600万只,大家畜饲养量14万头,羊饲养量30万只。农民人均纯收入2061元。

1987年,定远县被农业部批准为商品瘦肉型猪基地,1988年续建。11年来,我们在充分利用定远猪品种资源的基础上,立足县情,在"适度规模"上做文章,走小规模、大群体的发展路子,实现了生产总量的快速增长;依靠科技,在"科学饲养"上下功夫,不断增加科技投入,实现了养殖效益的显著提高,生猪生产突飞猛进,发展迅速,形势喜人。1997年全县生猪饲养量达166万头,其中出栏108万头(均列全省前茅),分别较1987年增长186%和85%。人工授精、早期补料、全价饲料、直线育肥、适时出栏等实用科技推广率达90%以上,良种覆盖率达98%,生猪出栏率达193%,科技贡献率由36%提高到51%。社会和经济效益突出,农民人均养猪纯收入达600元,全年养猪业为县财政提供收入达1400万元。

1. 因地制宜,适度规模,稳步发展。发展规模饲养就意味着增加投入,而我县是农业大县,农业经济基础较为薄弱,发展养殖业仍以千家万户的散养为主,如何发展规模饲养?我们经过认真分析,决定根据现有条件,发展适度规模饲养,不是一味求大,而是宜大则大,宜小则小,立体推进,全面发展。

一是立足千家万户,发展家庭规模饲养。我们首先是向广大农民宣传规模饲养的意义和好处,利用典型事例给他们算明白帐,积极引导他们在力所能及的条件下,不断扩大生产规模,然后帮助他们扩建简易猪舍,推荐可行的生产模式(一般以户养2~3头母猪,自繁自育为主,年饲养量控制在20~100头),使他们没有增加过多投入(资金和劳力),不需要高新管理技术的情况下,取得了可观的效益,充分调动了千家万户的养殖积极性,挖掘了千家万户的生产潜力。家庭规模养殖蓬勃兴起,并逐渐培育了一大批养猪专业户和专业村、队,全县年出栏猪20头的农户达17000户(其中40头以上达7500户,100头以上的266户),占总农户数的10%,养猪总量达51.8万头,占全县总饲养量的

31.2%。藕塘镇藕塘村350户、1 891人，1997年全年饲养生猪4.3万头、出栏2.8万头，人均养猪23.2头、出栏14.6头，人均养猪纯收入2 000元以上。家庭规模养猪极大地推动了全县养猪业的发展，相当一部分农民从此走上了小康之路。

二是鼓励乡、村办企业，兴办中小型猪场。近年来，我县部分乡、村办企业由于技术管理落后，适应市场能力脆弱等原因，发展滞后，步履维艰，大面积的厂房和土地等被闲置和荒废。县委、县政府及时号召他们利用各自优势发展养猪事业，并出台一定的优惠政策。但鉴于他们缺乏办场经验和技术，一般以100～500头规模为宜，最多不超过1 000头，在业务部门的指导下，全县先后建起百头以上的养猪场172个（其中千头猪场14个），全年养猪总量达6.8万头，占饲养总量的4.1%，养猪业成为许多乡、村办企业的重要补充产业，甚至成为主导产业，也为他们的发展带来了生机和活力。

三是积极创造条件，创办养殖龙头。为了进一步加快规模养殖发展，我们充分利用粮食部门农副产品和饲料资源丰富，具有多年办场经验等优势，集中资金分别在岱山乡和程桥乡建起了2个万头猪场，1997年实现生猪饲养量2.6万头、出栏1.5万头，为周边农民提供良种母猪1 800头、杂交仔猪5 400头，起到了很好的示范带动作用。我们还从淮南引资1 200万元，在范岗乡兴建年出栏3万头的综合养殖场，现存栏生猪3 600头，预计1999年可实现生猪饲养量2万头以上。万头猪场的逐步兴起和壮大把我县规模养猪的水平提高到一个新档次。我县规模养猪的发展，逐步形成由低、中、高良性梯级结构，各显其能、各尽其职，共同推进全县生猪生产的快速发展。

2. 推广科技，提高水平，增加效益。科技是生产的动力，科技是发展的根本。自瘦肉型猪基地建设以来，我们始终把推广科技摆在首要位置，从良种、饲料、饲养、防疫等诸多方面努力增加科技投入，提高水平，增加效益，促进发展。

一是加速品种改良，提高良种覆盖率。基地建设前我们即开始了定远猪的杂交试验，筛选最佳杂交组合。基地建设后，我们尽量压缩非生产性开支，狠抓基础设施建设，建立健全“三群一网”的良种繁育体系，使“三化”养猪在我县得以迅速推广，1990年良种覆盖率即达90%以上，1992年以来一直稳定在95%以上，居全省领先地位，使我县生猪生产实现了一次质的飞跃。近年来，二元杂交已越来越难以适应市场需求，我们又在二元杂交的基础上，及时开展了三元杂交的示范推广，1998年三元杂交猪饲养量可达30万头以上，占饲养量的20%，2000年可达80%以上。

二是大力推广配合饲料技术。1991年初，我们即在省内率先引入全价颗粒饲料，为全县养猪业带来了一次“革命”。随着推广数量的逐年上升，生猪出栏频率明显加快，疾病明显减少，饲养效益显著增加。1997年全县共推广各类配合饲料30万吨，其中全价颗粒饲料12万吨，名列全省第一，仅此一项每年为养猪户增加收入约5 000万元以上。与此同时，我们还注重推广饲料配方技术，努力提高农民自配饲料水平，大大降低了生产成本（约1/3），加快了养猪业的发展。

三是坚持并不断完善畜禽防疫承包。我县自1984年开展畜禽防疫承包以来，坚持不懈并不断改进，实行春、秋两季突击防疫和常年补防相结合，建立畜禽分户档案，以耳号作为防疫标记，把生猪死亡率由80年代初的10%以上降至1%左右。几十年来累计为农民挽回经济损失2亿元以上。

四是全面推广直线育肥、暖圈养猪、仔猪补铁补硒、环境控制等科学养猪实用技术，彻底改变传统落后的饲养习惯和方式，全面提高整体饲养水平，提高科技贡献率。

（安徽定远县畜牧兽医总站　杨献华）

走协调发展之路

畜牧业适合于家庭经营，但随着经济发展，人们环境意识的增强，养畜户日趋减少，而人民对肉类的消费仍处在与日俱增的发展阶段，畜牧业生产必须走规模经营的路子。城郊早有国有、集体大规模饲养场。之后，在农村经济改革和经济体制改革的两次浪潮冲击下，农村也出现了大批个体饲养大户，规模都在百头（羽）、千头（羽）、万头（羽）。到1998年止，江西省拥有出栏50头以上的养猪户3.84万户，比上年增长2.67%；年出栏1 000头以上的养猪户234户，比上年增长20.62%；运销专业户2 930户，比上年增长42.23%；月养家禽500羽以上的专业户3.6万户，比上年增长5.4%。

【规模经营的类型】 根据所有制性质、资源、资金等条件，全省可划分为以下几种类型：

1. 以牧业为主，集约经营的家庭牧场。这一类型的特点是业主具有一定的技术水平，善于经营管理，有较强的市场意识，且具备资金条件，家庭经济主要来源于畜牧业，能为社会提供质量较好的畜产品。

2. 以农牧结合，兼顾牧业的经营模式。这一类型的特点是主要发展种植业或水产业，牧业为之提供肥料等，走农牧结合的路子。其家庭主要经济来源于种植业或水产业。比如猪沼果种养模式，猪粪作为沼气原料，沼渣用来肥果，实行农业的良性循环，具有投资少、效益高的特点。

3. 少量的国有、集体或个体办的集约化、现代化畜禽场。这些场一般饲养规模都在万头、万羽以上。

多以外贸出口为主，生产水平很高。

【规模经营的作用】 规模经营户是接受新科技、开拓新市场的领头雁，也是奔向小康的带路人。通过规模经营户的典型辐射，带动了周边群众发展畜牧业，所以它对畜牧业的发展具有十分重要的作用。

1. 能稳定牧业发展。1998 年全省肉类、蛋类、奶类产量分别为 213.82 万吨、37.11 万吨、4.73 万吨，分别比上年增长 2.73%、9.26% 和 33.99%，其他畜牧业生产指标都有一定程度的增长，其中生猪出栏 2 271.05万头，比上年增长 4.66%，外销生猪 810.42 万头，比上年增长 2.30%，牛出栏 68.91 万头，比上年增长3.36%，家畜出笼 22 549 万羽，比上年增长 6.57%。

2. 加速科技普及。近几年，随着规模户不断涌现，科技普及率也不断提高。1998 年生猪出栏率 120.5%，比上年提高 2.0 个百分点；良种公猪覆盖率 95%，比上年提高 3.0 个百分点；三元杂交猪比重为 35.8%，比上年提高 4.0 个百分点；家禽良种覆盖率 59.5%，比上年提高 3.5 个百分点；肉牛改良 11.5 万头，比上年提高 34.7 个百分点。育肥猪的饲料转化率由 1997 年的 3.15:1 提高到 3.1:1。

3. 提高了经济效益。1998 年全省畜牧生产值 124.3 亿元（不变价）、230.0 亿元（可变价），分别比 1997 年增长 1.50% 和 3.14%，其中畜牧业产值占农业总产值的比重（现价）由 1997 年的 32.6% 上升为 35.0%，增加 32.4 个百分点。

【发展规模经营应注意的问题】

1. 要坚持因地制宜，不搞一刀切，不急于求成。根据不同生产水平、经济水平、资源条件，因势利导，适时、适地、适度地发展规模经营。

2. 要提倡立体综合开发、综合经营，使种植业、养殖业、加工业协调发展，互为促进，既降低费用，又增加收入，还减少市场风险。

3. 要尊重农民意愿，考虑农民的承受能力，不搞统一模式，完全由农民自己选择。

（江西省畜牧局供稿）

循序渐进　稳步发展

在河南省委、省政府的正确领导下，由于各级党委、政府对畜牧业的高度重视，各有关部门的大力支持，近几年来，不仅广大农民养畜积极性持续高涨，也出现了各行各业投资畜牧的热潮，使河南省畜牧业生产持续快速发展，特别是规模养殖发展迅速。

80 年代中期以前，河南省畜牧业仅仅是附属于农业的一项副业，畜牧业产值在 20 亿元以下，在农业总产值中的比重一直在 10% 以下徘徊。

随着农村改革深化，农副产品日益丰裕，城乡人民生活水平不断提高，畜牧业有了较为丰厚的物质基础和广阔的需求市场，发展速度逐步加快。“六五”以来，全省畜牧业大体经历了三个阶段，即“六五”到“七五”时期以畜牧专业户、重点户的大量涌现为特征，商品生产正式起步；“八五”时期以养殖场户的扩大为特征，规模经济迅速发展；“九五”以来，以产加销一条龙、贸工牧一体化为特征的产业化经营初具雏形。

“八五”以来，为促进畜牧业的健康发展，省政府召开了四次畜牧业工作会议，在 1995 年养殖业形势严峻的情况下，分别在开封和淇县召开了“规模养猪座谈会”和“河南省畜牧规模经营座谈会”，对畜牧业规模经营起到了推动作用。由于规模养殖的兴起和发展，河南省畜牧业发展势头强劲，畜牧业产值在农业产值中的比重已是“三分天下有其一”，畜牧业已由原来依附于农业的一项家庭副业，壮大为农村经济中举足轻重的支柱产业。尤其是畜牧业规模生产及产业化经营的发展，使畜牧业成为河南省农村经济一个新的增长点和整个农业产业化的突破口。

到 1998 年，全省规模养殖场户达 20.45 万户。其中年出栏商品猪 50 头以上的专业场户达 5.5 万个，共出栏生猪 808.6 万头，占全省出栏猪的 23%，其中年出栏 3 000 头以上猪场 271 个，万头以上猪场 52 个。年出栏肉鸡 2 000 只以上的场户 1.66 万个，共出栏肉鸡 10 785 万只，其中年出栏 5 万只以上肉鸡场 169 个。年存栏 500 只以上蛋鸡场户 6.55 万个，其中万只以上蛋鸡场 861 个。肉牛饲养专业场户 4 万个，养羊专业场户 2.5 万个。来自规模养殖的肉、蛋、奶类产量占全省总产量的比重分别达到 22.5%、45.8% 和 28.0%。规模养殖的迅速发展，促使肉、蛋产量急剧增加。同时，由于规模养殖有利于先进技术的推广，使得全省畜牧业生产水平和畜产品质量有较大提高。1998 年，生猪出栏率达到 123%，比 1990 年提高 53 个百分点，山羊、绵羊出栏率 102%，提高 47 个百分点。家禽存栏每只平均产蛋由 1990 年的 3.1 千克提高到 6.3 千克，牛存栏每头平均产肉由 22.9 千克提高到 59.1 千克，猪存栏每头平均产肉由 58.0 千克提高到 101.6 千克，科技进步在畜牧业发展中的贡献率已达 40% 以上。全省猪、牛、羊、禽的改良面分别达到 81%、35%、52% 和 72.8%。产品质量的提高，使畜产品销售突破了省区界限，河南畜产品在全国大中城市的市场占有率明显提高，且深受当地居民的欢迎。

（河南省畜牧局供稿）

高起点　讲规模　出效益

被誉为广东“龙型”农业企业的大型黄羽肉用种鸡育种生产基地——广东佛山新广畜牧发展有限公司，

隶属于佛山市石湾区农村经济发展局，是在原有的佛山市菜篮子工程——佛山市郊禽蛋厂的基础上于1993年初成立。公司在短短的几年里，致力于高起点和规模化经营生产，现已发展成为一个规模较大，以育种与种鸡生产相结合的大型养鸡企业，年总产值达1.2亿元人民币左右。

公司现饲养存栏种鸡45.8万套，其中育种场存栏种鸡1.6万只(含家系群及扩繁群)，祖代种鸡6.2万套，父母代种鸡38万套，年产新广祖代种鸡20万套，父母代种鸡180万套，商品代肉鸡苗4 500万羽，形成一个完整的以育种为龙头的规模化经营的新广黄鸡生产繁育体系。

几年来公司在有关科研单位的关怀指导下，采用家系育种技术，经过多个世代选育，现已育成有A、B、C、D、E、F等6个品系，取用三系及四系配套生产配套系，已在社会中推广应用的有快大型新广黄(麻)鸡K99和中速型K90两个配套系，品种具有生长速度快、饲料报酬高、抗病力强、肉质好、性成熟早、体型美观等特点，受到外省及港澳地区广大客户的喜爱和好评。产品销售河南、新疆、湖南、湖北、云南、四川、贵州、江西、浙江、安徽、江苏、上海、福建、海南、广西、广东和香港特区等17个省、区、市和地区，社会效益及企业经济效益显著。

公司的高速发展，得益于规模经营，其经验主要有以下几条：

1. 设施与管理措施配套。

(1)生产场地环境条件：公司的种鸡育种、生产基地坐落在山青水秀、地理环境优越、远离村庄、自然防疫条件好，无污染的佛山高明市杨梅镇。地处林木山区，总占地近133.33公顷。

(2)整体配套布局：公司设有黄羽肉用种鸡育种场1个，祖代种鸡场1个，父母代种鸡场2个，种蛋孵化厂3个，饲料厂1个，以及配套有近20公顷的果场1个，有20多公顷的鱼塘饲养优质鱼。场与场之间有天然隔离带，形成防疫屏蔽。公司总建筑面积近7万平方米，总投资为4 800万元人民币。

(3)养鸡设施、设备配套：公司45万多套种鸡全部实行全期笼养，人工授精，配套密封式进口乳头饮水系统，除育种场外，所有鸡舍全部采用密闭式设计，水帘降温，纵向通风设施。

全公司配套的3个种蛋孵化厂，共有大型巷道式全自动先进孵化机26套，箱体式全自动先进孵化机54台，年孵化种蛋能力达6 000万枚，公司配套有饲料加工厂，年生产加工能力为3万吨全价配合饲料。

(4)防疫消毒监测设施：公司生产区门口设有总消毒间，所有车辆、人员经消毒方能进入，每个生产场均设有更衣消毒室，每幢鸡舍设有消毒池和洗手消毒盆。公司设有兽医室，配套有ND检验和细菌检测设备，并配套有死禽高温处理间。

(5)公司技术力量配套：全公司员工总人数260人，其中技术人员42人，占总人数的16%，其中硕士研究生一人，本科生6人，大专生15人，中专生20人。另外，生产工人中有60%是农校畜牧兽医毕业生，生产工人上岗前需经为期1个月的试用培训，培训内容包括公司的发展情况和各项制度、纪律、要求的学习、职业技能培训和跟班实践等，不合格的不予留用。公司还常年聘请华南农业大学的兽医及育种专家担任技术顾问，指导工作。

2. 将种鸡品种、生产性能及其质量视为企业生命。公司现向社会推广使用的有新广黄(麻)鸡K99和K90两个配套系，祖代及父母代种鸡具有遗传性稳定、一致性较好、产蛋性能稳定的特点，种鸡按24周入栏母鸡数计算，至66周龄每只母鸡产蛋数不少于175枚，产苗数135羽以上，蛋料比为200～220克一枚蛋(笼养)。配套系商品肉鸡K99为四系配套，K90为三系配套，具有生长速度快、饲料报酬高、抗病力强、肉质好、体型美观及一致性好等特点，饲养60天，K99平均体重达到1.5千克，K90达到1.3千克，料肉比2.25:1。母鸡饲养至90日龄，K99体重达到2.2千克，K90达到1.85千克，料肉比2.8:1。此外，商品肉鸡还具有体圆、胸肌丰满、腿肌发达、肉质好、屠宰率高的特点。

公司几年来坚持对纯系鸡、祖代鸡及父母代父系公鸡实行沙门氏菌净化工作，淘汰阳性鸡只而达到净化的目的，每年近5 000万羽鸡苗销往全国17个省市和香港特区，深受客户的喜爱和欢迎。

3. 狠抓生产技术、成本管理，努力提高效益。公司几年来坚持严格规范的各项制度和各项生产技术措施。包括有公共卫生防疫制度和生产技术工作规程以及经营管理措施，实行严格的劳动管理制度，坚持“精兵简政”的管理架构和生产技术、成本承包制度，生产管理技术人员及生产工人的收入与生产水平、生产成本挂钩，使公司的生产水平显著提高，包括产蛋率及受精率的提高，种鸡死淘率显著下降，使公司的生产成本显著下降，公司的活力和竞争力、效益显著提高。

经过几年的艰苦奋斗，公司发展已成为以优质黄羽肉鸡育种基地和种鸡生产基地为主的科研、生产、饲料加工相配套，集科研、示范、生产、加工、销售于一体，具有相当规模的“三大效益”比较好的“龙型”企业及外向型的“三高”示范农业综合基地。

几年来，公司生产销售祖代种鸡20.86万套，按每套祖代种鸡生产55套父母代计算，可生产父母代种鸡1 147万套，按每套父母代种鸡生产135只商品肉鸡苗计算，可间接生产肉鸡苗15.5亿只。公司直接销售父母代鸡苗474万套，直接及间接生产肉鸡苗6.4亿只，两项合计生产肉鸡苗21.9亿只，按每只肉鸡饲养至1.5千克上市计，共产鸡肉328.5万吨，按每饲养一只肉鸡获利1元计算，为农民增加21.9亿元纯收入，社会效益显著。这也是公司对几年来各级政府和社会各界以及广大养鸡同行的关怀和大力支持的回报。

（广东省农业厅畜牧办公室供稿）

规模经营是企业发展壮大的必由之路

广州市江村家禽企业发展公司是一个包含多种经济成份的村办集体企业，是闻名全国的“江高体系”的龙头单位。公司坚持“创专业化模式，走产业化道路，靠良种化拓展”的发展方向，从1975年9月办场时只有6名饲养员、800平方米竹棚鸡舍、饲养9000只肉鸡的鸡场发展成为广州市主要鲜活商品和优质家禽种苗出口的生产基地之一，是国家商检局认可的商品生产出口企业。

现公司属下有16个独资、合资、合作形式的企业，拥有固定资产8000多万元，员工700多名。其中有年产120万套父母代和3000万羽优质黄鸡苗的江村黄鸡祖代场和父母代场，3个现代化孵化厂，年产32万套优质祖代种鸡苗的金江原种场，年产18万吨的颗粒饲料厂，年产1000吨江丰牌复合维生素系列的饲料浓缩剂厂，年产1000吨饲料级硫酸铜的硫酸铜厂；还有年出口60万只江村黄羽肉鸡的机械化鸡场，1个动物营养研究所和1个科学实验中心以及一支配备40多台汽车的运输车队。已初步形成了从育种、孵化、饲养、饲料、饲料添加剂到科学实验等多层次的家禽生产经营体系，成为集产、供、销、科、贸、工、农为一体的农业产业化企业。近十年来，公司各项经济指标均以十位数速度递增，年销售收入达5亿元以上，并先后荣获了广州市科技进步一等奖、广东省科技成果三等奖、全国优秀家禽企业和全国文明乡镇企业等称号。

1. 提供多种形式服务，龙头企业带动千家万户。80年代初期，农村家庭联产承包责任制的推行和农副产品市场的开放，调动了农户饲养家禽的积极性，但由于市场发育不成熟，农户缺乏销售渠道，产品价格波动大，以及农户饲养技术不过关等原因，许多农户都遭受损失、挫折。当时，公司就凭借自身生产技术和销售的优势，尝试“以场带户”的养鸡商品生产，开展多种形式的服务。在向农户提供种苗的同时，公司技术人员免费为农户提供防疫、饲养技术，帮助解决资金周转和成品销售的困难。公司每年召集农户召开3～4次会议，通报疫病的预测情况及防治措施，介绍世界最新饲养技术和药物。对经营户在经营过程中出现资金周转困难的，公司给予赊销鸡苗和饲料的优惠，仅这一项常年占用公司流动资金就达1000多万元。由于系列服务适应了农户的需求，“以场带户”数量越来越多，达130多户，带动覆盖面除本区7个镇外，还辐射到邻近的从化、花都、南海、深圳、东莞等市，产生了相当大的社会效益。由公司带动的专业户年出栏肉鸡450万只，产值1.4亿多元，利润1000多万元。在带动户中超200万元年产值的有10多户，100～200万元年产值的有20多户，最大的带动户已发展到年产值超1000万元，通过大户又带动更多养鸡户的发展，从而走上致富之路。我们这种“以场带户”、“公司加农户”的发展模式，1989年被《人民日报》誉为“江高模式”。

“江高模式”极大地促进了当地“三高”农业的发展。白云区的家禽饲养业发展迅速，如火如荼，1997年家禽产量为6500多万头，为全省之冠，产值占全区农业产值约40%以上，成为白云区农业的重要支柱。“江高模式”在各级政府的推动下，已在畜牧水产养殖、水果、蔬菜等行业中开花结果。

2. 以现代企业经营形式，实行集约化、系列化开发。公司以社会主义市场经济为导向，从90年代初，以现代企业经营方式，采取独资、合资、合作、股份制等办法，引入国有、集体、个人及境外资本，实行集约化、系列化的综合开发，着重加强为家禽饲养服务的配套项目建设。

1991年下半年，公司与广州粮油食品进出口公司、广东省农科院等单位分别以资金、技术入股，投资400万元兴建了江丰饲料厂；1995年再次共同投资2000万元兴建粤江丰饲料厂；1997年下半年进行粤江丰饲料厂的第二期扩建工程，投资1800多万元再上一条时产15吨的现代化生产线，使饲料生产从原来年产3万吨的生产能力提高到年产18万吨颗粒饲料，由原来名不经传的小企业发展为广东省大型饲料骨干企业之一。

饲料蛋白原料是广东省短缺资源，饲料用维生素基本依靠进口，饲料添加剂国产化是禽畜饲养发展的重要课题。1992年公司与合作单位共同投资350万元兴建饲料添加剂厂，开发出“八五”国家星火计划成果6107菜籽脱毒剂和饲料用多种维生素系列添加剂，以国产代替进口，仅此一项每年可节约外汇200多万美元。江丰牌多维系列产品在市场中受到广大用户的欢迎，并先后荣获第二届全国农业博览会银牌，第三届全国农业博览会名牌产品和国家科技金奖等。

1992年合作兴建江村黄羽肉鸡机械化鸡场，年出口活鸡60万只，每年为国家创汇300多万美元。1995年合作兴建年产1000吨饲料级硫酸铜厂。

公司还在全国多个省、市、地区开设了分公司、联营公司和联络处。在香港、北京、上海等大城市，通过饲养、销售，以提高江村黄鸡的知名度和经济效益；在贵阳、乌鲁木齐、兰州、银川、呼和浩特等地，主要通过办肉鸡饲养分场，扩大公司业务，同时在资金、技术上支持当地经济发展。

3. 依靠科技进步，培育优良品种，创立优质名牌 公司在艰苦创业和发展壮大的历程中，始终把科技视为第一生产力。公司与广东省农科院畜牧研究所等科研单位建立了长期合作关系，为科研单位提供试验场地和其他科研条件，采取科技入股等形式，把企业和科研单位结合起来，共同走科研与经济互相促进、共同发展的路子。同时十分重视招纳和培养人才，近年来，公司已招收了大、中专毕业生和研究生 100 多名，他们中有畜牧兽医、动物营养、生物化学、饲料加工、计算机应用、会计和企业管理等各类专业人才，还聘请了全国各地知名的专家为技术顾问。从而形成了一支数量较多、专业门类较齐全、层次结构较合理的专业人才队伍，为公司适应市场竞争，提供了有力保证。

在白羽快大型鸡方兴未艾时，公司已意识到随着群众生活水平的提高，这一鸡种将逐渐不适应群众的饮食要求，因而自 1985 年开始，已着手进行优质黄鸡的选育研究工作。先后投入了 250 万元兴建了动物营养研究所、科学实验中心、黄鸡家系育种中心等，从创立优质名牌出发，开展新型鸡种繁殖研究工作，对传统黄鸡品种进行改良。从香港引进良种黄鸡，与本地黄鸡经过杂交、选育，培育出了毛色纯黄、鸡味浓、肉质细嫩、生长快、抗病力强的新黄鸡品种——江村黄鸡。江村黄鸡的各项生产性能均达到国内先进水平，得到了国家经贸部、生产单位和科研单位的认可，成为公司的拳头产品。“江村黄鸡的选育研究”荣获了广州市科技进步一等奖、广东省科技成果三等奖，江村黄鸡获得了国家科技金奖，被第三届全国农业博览会评为名牌产品等。

针对我国黄羽优质鸡原种场空白的状况，把握机遇，于 1996 年 4 月与国际著名的家禽育种专家荷夫曼(Hoffmann)博士合作，投资 1 500 万元创建了优质鸡原种场。从法国引进了隐性白羽原种鸡和矮小型黄羽原种鸡各 2 000 羽。目前，原种场第一期工程已完成，隐性白羽原种鸡 2 000 羽于 1996 年 9 月已引进到原种场饲养，生长情况良好，各项生产性能和技术指标均达到外籍专家提供的指标要求，并已进入产蛋高峰期；矮小型黄羽原种鸡也于 1997 年 4 月引进到原种场饲养。这两个品种经过繁育、扩群后，每年可为国内外育种公司提供隐性白羽祖代和矮小型黄鸡祖代种鸡 32 万套。原种场的建立，可为江村黄鸡提供优良的育种素材，为不同地区的客户提供不同品系配套的品种，既提高了江村黄鸡的市场竞争力，又填补了我国黄羽优质鸡原种场方面的空白，为国家节约了大量引种外汇，为中国黄鸡将来走向世界作出了应有贡献。

粤江丰牌饲料，也是公司科技人员多年实践、试验的科研成果，是适合广东气候条件、饲养方式的高水平颗粒饲料。使用该系列饲料饲养的 AA 鸡，40 日龄体重可达或超过 2 千克，肉料比为 1:1.9～2；饲养黄鸡 90～100 日龄体重可达 1.9～2 千克，肉料比为 1:3，成活率均在 95%以上。该饲料系列产品荣获 1995 年第二届中国农业博览会优质产品奖和广东省饲料工业质量信得过产品称号。

4. 加强沿海与中西部的横向合作，大力发展两地经济。为了贯彻执行农业部提出的沿海地区应积极加强与中西部地区的横向合作，促进两地区经济发展的号召。我公司根据自有优势，制定了“北繁南养”的战略计划，其具体做法是将公司的拳头产品——江村黄鸡的父母代种鸡发往中西部地区饲养，产蛋后，把种蛋运回广州孵化、饲养。这一计划可以解决中西部地区饲料原料供求、运输问题，一方面大大地活跃当地农村的经济，就地解决农民的粮食销售出路问题，以及劳动者就业问题；同时，充分利用闲置的栏舍、场地，带动当地农民脱贫致富；另一方面大大地降低了广州等城市鸡苗的生产成本，提高产品的市场竞争能力。

在 1997 年，公司重点抓紧、抓好“北繁南养”计划的贯彻、实施工作，由山西省农业厅牵头，我公司先后与山西省以工代赈办公室、山西省菜篮子工程实业公司、山西瑞立高科技示范养殖场、河南省大禹饲料有限公司等签订了投放种鸡合同，1998 年共投放 40 万套。为了尽快扶持这项工程上马，我公司主动让利 120 万元，附加三项优惠条件：①回收种蛋实行最低保护价，免除种蛋受市场价格影响的后顾之忧；②每套种鸡苗优惠 3.00 元；③种鸡苗款预付 30%，剩下 70%货款，在种鸡生蛋之后以蛋抵消。由于对方要求增加种鸡的投放量，我公司相应要增加设备，按我公司现有的孵化设备能力，远远不能满足需要，需新增 6 000 万枚种蛋的孵化能力。因此，除继续搞好原有孵化厂的生产外，公司投资了 1 300 多万元另外新建一间大型的现代化孵化厂，采用最新、最先进技术的巷道式孵化机，配置运蛋冷藏专用车辆，以确保种蛋的孵化质量。

一系列的工作得到了国家、省、市各有关部门和社会各界、同行的高度评价和赞扬，公司总经理谭钜添先后被评为全国劳动模范、全国和广东省“五一”劳动奖章获得者、广东省优秀乡镇企业家、广州市优秀农民企业家、广州市“八五”期间“三高”农业突出贡献人员、全国“八五”星火计划先进工作者、荣获广州市白云区科技创业一等奖，并多次被评为白云区、江高镇优秀共产党员、市优秀思想政治工作者等，还被中国家禽业协会高级专家咨询中心任命为中国家禽高科技联合体委员会副主任委员和广东省饲料工业协会副秘书长、广东省家禽业协会常务理事等社会职务。

（广东省农业厅畜牧办公室供稿）

（本栏目主编　陈伟生）

兽 医 工 作

1998年,是我国兽医工作不平凡的一年。一方面,广大兽医工作者经历了特大洪涝灾害的严峻考验,向祖国和人民递交了一份满意的答卷;另一方面,《中华人民共和国动物防疫法》自1月1日开始实施,为兽医工作全面实施法制化管理提供了保障。一年来,兽医工作进一步完善,体制日渐科学,地位日益突出。在保护我国畜牧业生产发展,保护人民身体健康,促进农民增产增收等方面发挥了重要作用。

【各地认真贯彻落实《动物防疫法》】 《动物防疫法》的贯彻实施是我国兽医工作中的一件大事,它体现了党和国家对动物防疫工作的高度重视。1998年,是贯彻执行《动物防疫法》的第1年,各地采取了有效措施,做了大量的工作。概括起来主要包括以下几个方面:一是抓宣传。各地不但积极主动向各级政府和有关部门汇报,争取他们对动物防疫工作的理解和支持,同时开展了形式多样的宣传活动,如组织宣传月、张贴标语、组织不同形式的知识竞赛等,充分发挥新闻媒介的作用,广泛对社会进行宣传,赢得了社会各方面的理解和支持,为《动物防疫法》的实施创造了良好的外部条件;二是抓培训。通过举办专题讲座、培训班等形式进行培训,全面提高执法人员的素质,包括政治素质、法律素质和专业技术素质,以满足对执法人员的要求;三是抓配套法规的起草工作。一些省依据《动物防疫法》的规定,积极组织起草本省(区、市)的配套法规,如四川、湖北、山西、辽宁等地;四是抓执法机构建设。如四川省依法率先组建了四川省动物防疫监督总站,山东省明确了省畜牧兽医总站为动物防疫监督机构,明确了执法主体,为促进《动物防疫法》的贯彻落实打下了基础。

【动物防疫目标管理工作稳步向前推进】 自1997年全国畜牧兽医站长会议以来,各地按照会议关于树立一个宗旨,把握四个重点,加强四项建设,实行一大制度的工作思路与要求,纷纷把目标管理责任制纳入日程。1998年4月,全国畜牧兽医总站根据农业部畜牧兽医局农牧医发[1996]155号文件精神,制定下发了《"九五"动物防检疫工作目标》,其中包括十大考核指标,即重点疫病的免疫率、畜禽死亡率、重点疫病防制规划的达标率、检疫工作到位率、工作报告到位率、预防用生物制品的订购与供应工作到位率、人员素质达标率、仪器设备达标率等。每项都制定了年度指标和"九五"期间的指标。为配合各项指标的落实,下发了《"九五"动物检疫工作"四到位"实施方案》、《动物防检疫机构实验室设备要求》、《动物防检疫工作目标管理考核办法》、《关于加强疫情报告的通知》、《动物防疫工作报告制度》等几个配套文件。

目标管理责任制的全面实施,对于彻底改变过去上级对下级工作上要求泛泛、检查督促泛泛、处理问题泛泛的做法起到了前所未有的作用,各地动物防疫监督机构之间,出现了比、学、赶、超的工作局面。

【无规定动物疫病区建设项目开始启动】 为确保畜牧业持续、稳定、健康发展,逐步与国际接轨,针对动物疫病流行状况,农业部提出了建设无规定动物疫病区的方案。其核心是对危害严重的动物疫病实行区域化管理,即在一定区域内集中财力、物力,加强动物防疫基础设施建设,采取行政、法律、经济、技术等综合手段,有目标、有计划、有重点地扑灭动物疫病,降低动物的发病率和死亡率,增加动物及动物产品的出口创汇能力。1998年,无规定动物疫病区建设项目分别在天津、河北、河南、山东、吉林、辽宁、福建、湖北、湖南、四川等10个省的部分县开始建设。该项目是建国以来国家在兽医方面投资最大的一次,表明了国家对兽医工作的重视与支持。

【动物防疫各项工作进展显著】

1. 重点病的防制工作进展较大。1998年,我国南方发生了历史上罕见的洪涝灾害,广大兽医人员发扬伟大的抗洪精神,采取综合性的防治措施,取得了大灾之年无大疫的重大成就。1998年,我国牲畜因病死亡率与1997年持平。主要动物疫病如布鲁氏菌病、马传染性贫血、马鼻疽、血吸虫病等的防制工作取得了明显进展,各地按照规划,有计划、有步骤、有标准地进行,取得了一定成绩。

布鲁氏菌病。截止到1998年底,全国共有446个县达到控制区标准,699个县达到稳定控制区标准。

马传染性贫血。1998年增加了5个新的防制达标县,2个达标省。截止到1998年底,全国共有7个省达到稳定控制区标准。

马鼻疽。1998年增加了170个新的防制达标县,4个达标省。截止到1998年底,全国共有9省达到消灭标准。

日本血吸虫病。由于1998年我国特大洪涝灾害的影响,日本血吸虫病在局部地区有所上升,但由于各地及时采取措施,并未出现大面积的暴发流行。

2. 动物检疫"四到位"得到逐步落实。

产地检疫到位。全国有16个省(自治区、直辖市)较全面地开展了产地检疫,河北、内蒙古、山西、江西、湖南、湖北、河南、重庆、辽宁、黑龙江、吉林、浙江、四川等省(区、市)开展较好,一些地方已逐步摸索出适合各地情况的工作方法,如河北省,摸索出了本省的6种产地检疫模式。

屠宰检疫到位。屠宰检疫工作在全国普遍展开,全国的屠宰场有95%以上由动物监督机构负责检疫。北京、天津、内蒙古、河北、江西、福建、湖北、重庆、四川、广东、辽宁、黑龙江、吉林等省(市、区)的屠宰检疫工作已得到很好落实。

人员素质到位。一年来,各地认真抓了检疫队伍的培训工作,其中25个省(区、市)进行了全面、深入、系统、扎实的培训。相当一部分省组织了考试,做到统一出卷、统一阅卷、统一打分、统一标准、统一答案。还有一部分省举行了检疫大比武,如江苏等地,对执法队伍素质的提高起到了重要作用。

仪器设备到位。全国多数省(区、市)在仪器设备装备方面进展迅速。不少省争取省财政投资,对各级动物防疫监督机构的实验室进行装备。辽宁、河北、四川、吉林、山东、湖北、河南、重庆等省市在这方面的工作突破很大。

3. 免疫工作更加全面、深入。同以往相比,1998年的畜禽免疫率普遍提高,大部分省的猪瘟免疫率为90%~95%,有的达到100%;鸡新城疫的免疫率提高幅度较大,达到80%以上的省有北京、河南、湖北、福建、江西、湖南、辽宁、黑龙江、吉林、山东、安徽等省市。此外,免疫的种类有所增加。特别是禽病的免疫种类增加较多。

4. 预防用生物制品的订购与供应工作进展较好。1998年,各地在贯彻6号部令方面取得较大进展。以前工作较好的省份,取得了更好的成绩,如河北、辽宁、内蒙古等省区。其他一些省也逐步赶了上来,如四川、重庆、上海、湖南、湖北等省市。同过去相比,体制进一步理顺,具体表现在:一是内部管理逐渐规范,规章制度逐步健全。各省都不同程度地抓紧了整章建制工作,不少省出台了一系列配套的规章制度,包括疫苗出入库、运输和使用等,为工作的有序开展提供了保障。二是疫苗的订购数量和订购品种大幅度上升。三是政府重视程度提高。一些省有意识地加大投入,如河北省增加投入100多万元。四是一些省在制定规章制度等方面加大了工作力度,辽宁省颁布了地方法规、河北省人民政府颁布政府令,内蒙古自治区人民政府下发规范性文件,对6号令的贯彻落实工作起到了极大的推动作用。五是疫苗的质量和防疫效果有了明显提高,群众基本满意。六是与动物防疫监督机构和预防用生物制品生产厂家之间的关系进一步融洽。

总体来看,由于实现了法制化管理,我国的兽医工作取得了很大的成绩。但面临的困难、问题仍然很多,基础差、经费少、法律法规不尽完善、管理功能不尽健全等问题仍未能得到很好的解决。动物疫病仍是制约畜牧业生产发展,尤其是动物产品出口的重要因素。加强这方面的工作,不仅是农业部门,也是各级政府和有关部门共同重视、关心的问题。

(全国畜牧兽医总站　宋俊霞　李长友)

北　京　市

北京市的动物检疫和监督工作始于1985年。随着规模畜禽场的建立,郊区形成了较为稳定的畜产品供应基地。为适应市场经济的发展,1992年底,市政府决定放开畜产品价格。全市的动物检疫和监督体系也日趋完善。以《中华人民共和国动物防疫法》为中心,以执行《北京市家畜家禽检疫条例》为主线,在广泛宣传的基础上,不断完善动物检疫、监督体系和疫病诊断监测网络体系建设,加强畜禽生产销售各环节防疫、检疫和监督,依法对产地、屠宰、加工、运输、市场等进行检疫、监督,对促进北京市畜牧业的健康发展和保证市民吃"放心肉"做出了应有的贡献。

1998年,全市共检疫活畜禽8 034.4万头(只),检出病害畜禽19 359头(只);检疫畜禽产品352 223.6吨,检出病害肉114.33吨。其中,公路检疫监督站检验活畜禽1 730.9万头(只),补检267.06万头(只),检出病害畜禽4 676头(只);检验畜禽产品17 309 018吨,补检10 858.7吨,检出病害16.05吨。

【机构建设情况】　1985年,国务院《家畜家禽防疫条例》颁布后,本市检疫监督工作日益得到重视,陆续建立健全了各级动物检疫监督机构。截止到1998年底,全市有市、区(县)两级兽医卫生监督检验所15个,动物检疫站15个,城区动物卫生检疫监督站4个,公路兽医卫生检疫监督站36个,航空港检疫监督站1个,此外,郊区县各乡也分别设有乡级检疫机构。

1. 北京市兽医卫生监督检验所。依据北京市编委(1992)京编事字218号文件精神,市兽医卫生监督检验所于1992年11月20日成立。其主要职责有5项:①对辖区内生产、屠宰、加工、贮藏、运输、购销畜禽及其产品的单位和个人遵守与执行兽医卫生法规规章的情况进行监督检查;②负责本市有关兽医卫生证、章、标志的审批、发放和管理;③负责畜禽屠宰厂(点)工程在兽医卫生要求方面的审批和验收;④纠正和制止违反检疫法律、法规的行为,依法实施兽医卫生行政处罚,对兽医卫生技术争议进行鉴定;⑤其他兽医卫生监督管理事务。

2. 北京市动物检疫站和北京铁路兽医检疫站。北京市动物检疫站和北京铁路兽医检疫站设有铁检科、城郊科、航空科等职能部门,负责全市范围内铁路运输动物及其产品的检疫监督管理工作。包括8条铁路线、27个货站和7个派驻站点;同时负责全市五千吨以上级国有大型冷库仓储产品和全市市级以上种畜禽场和屠宰厂的检疫监督管理工作。

3. 首都机场兽医卫生检疫监督站。首都机场兽医卫生检疫监督站是北京市动物检疫站的派出机构之一。市政府(1992)批准1994年5月建立,对经航空运输的动物及产品进行检疫监督管理,完善了我市市级检疫机构的整体布局。

4. 郊区(县)检疫和监督机构。根据市政府有关规定,经区县编委(办)批准建立的郊区(县)动物检疫站和兽医卫生监督所,均设在本区(县)畜牧兽医工作(总)站,实行三块牌子,一套人马,经费随站。郊区(县)动物检疫站和兽医卫生监督所受同级行政主管部门领导和市动物检疫站和兽医卫生监督所的业务指导。

5. 公路兽医卫生检疫监督站。全市现有36个公路兽医卫生检疫监督站分两批正式成立,依据市政府办公厅(1992)厅秘字第67号和1992年12月根据市政府办公厅(1992)厅秘字第80号文件要求,分两批成立。其职责为对由公路进出我市的畜禽及其产品进行检疫监督。6年来,公路兽医卫生检疫监督站对畜禽及其产品检疫监督起到了屏障作用。公路兽医卫生检疫监督站分布见上页表。

区县	站数	站别						
朝阳区	1	分钟寺						
门头沟	3	杜家庄	大村	雁翅				
顺义区	2	大孙各庄	北务					
通州区	5	宋庄南	宋庄北	觅子店	西集	侉店		
大兴县	4	凤河营	南各庄	榆垡	安定			
房山区	7	琉璃河	京石	长沟	东营	窑上	南召	长操
平谷县	3	南独乐河	大旺务	马坊				
怀柔县	2	汤河口	长哨营					
密云县	4	番字牌	古北口	新城子	大城子			
延庆县	5	张山营	白河堡	红旗甸	康庄	花盆		

【法制建设情况】 随着动物检疫监督工作的不断深入,本市有关法律法规逐步完善。现行动物防疫法规和规范性文件主要有:

1.《北京市家畜家禽检疫条例》。1994年10月19日北京市人大常委会讨论通过,1997年10月15日北京市人大十届常委会40次会议修正。

2.《北京市兽医卫生行政办案工作程序(试行)》。1995年3月15日北京市畜牧兽医总站京牧医站[1995]12号文件印发。

3.《北京市畜禽产品检疫标志使用办法》。依据《中华人民共和国动物防疫法》、《中华人民共和国食品卫生法》、《北京市家畜家禽检疫条例》,1997年9月17日市政府农办京政农发(1997)051号文件发布。

4.《北京市动物防检疫工作考核办法》、《北京市动物产地检疫和屠宰检疫管理办法》和《北京市动物检疫员管理办法》,1998年9月18日北京市兽医卫生监督检验所京动监[1998]17号文件印发。

【执法队伍建设情况】

1. 兽医卫生检疫监督执法人员审批程序。由本人书面申请或由当地兽医卫生监督机构提名,出具相应的学历证明(或复印件)报同级农牧行政主管部门审查后,择优推荐,经市兽医卫生监督检验所考试考核,合格者,分别发给检疫员证、监督员证。

2. 兽医卫生检疫监督队伍的整顿。根据《中华人民共和国动物防疫法》的规定,我市于1998年底对全市动物检疫员和监督员进行了全面的审核和换证工作。经过市监督对上报材料的认真审核,共审批换发证件1 233人,其中检疫员1 017人、监督员116人。据统计,1 233名检疫监督员中,大专以上学历的有271人,占22%;中专以上学历的有921人,占74.7%;初中学历的有41人,占3.3%。初中学历的人员基本上都是从事兽医工作多年的老兽医工作者,虽然未达到要求的学历水平,但考虑其工作经验及实际从事的岗位情况,仍予换发了证件。

【动物卫生证章标志使用情况】

1. 检疫证明。我市使用的检疫证明共6种:①动物产地检疫合格证明;②出县境动物检疫合格证明;③动物产品检疫合格证明;④出县境动物产品检疫合格证明;⑤动物及动物产品运载工具消毒证明;⑥动物免疫证。

2. 检疫标志。为有效保证市民吃上放心肉,我市于1998年起在全市范围内推行动物产品检疫标志。

3. 检疫印章。根据农业部的统一要求,我市要求各屠宰企业统一使用了针刺式验讫印章,为定点屠宰企业的规范化管理打下了基础。

4. 执法文书。目前，我市使用的兽医卫生执法文书，共16种，分别为：抽样取证凭证，证据登记保存清单，鉴定意见书，强制执行申请书，案件移送函，询问笔录，勘验检查笔录，行政处罚立案审批表，行政处罚（当场）决定书，行政处罚结案报告，行政处理（罚）决定书，行政处罚听证会通知书，行政处罚听证会报告书，违法行为处理通知书，处罚文书送达回证，案件处理意见书等。

5."放心肉"提示牌。我市畜牧行政管理部门和工商行政管理部门联合发出《关于在集贸市场、超市、门店张贴"放心肉"提示牌的通知》，"放心肉"提示牌在全市范围内广为使用。

由于不断完善动物检疫和监督体系建设，制定和贯彻有关法律法规，坚持防疫、检疫、监督相结合，有效地控制了本市动物疫病的发生与流行，防止了不合格产品的上市。1998年，全市未发生大的畜禽疫病和食用畜禽产品中毒案例，畜牧业生产发展顺利，且实现了市政府对市民吃上"放心肉"的承诺。

（方　芳）

天　津　市

近年来，天津市始终把动物防疫和监督工作放在整个动物防疫工作的重要位置，认真贯彻落实国家有关法律法规，狠抓法制建设，全面强化依法管理；努力推进机构体系建设和队伍建设，建立一支过硬的管理队伍；建立和落实目标管理责任制，深入开展产地、屠宰检疫和各环节防疫监督，不断推动工作上新台阶，全市动物检疫和防疫监督工作取得了可喜的进步，为促进畜牧业生产发展和保障人民群众身体健康作出了巨大贡献。

【法制建设得到加强】 把法制建设放在推进防疫和监督事业全面发展的战略地位，常抓不懈。1992年，根据肉类市场放开后肉类检疫工作的形势需要，制发了《天津市肉品卫生检疫及监督管理暂行规定》。1994年，为强化屠宰检疫和生猪屠宰管理，制发了《天津市家畜家禽屠宰及其产品监督管理暂行规定》。以这两个政府规章为基础，1996年，市人大常委会颁布了《天津市家畜家禽检疫条例》。为使这些法规、规章更具可操作性，市畜牧局制订了《天津市生猪定点屠宰汤（厂、点）兽医卫生条件试行标准》等一系列规范性文件和内部管理制度，从而初步构建了动物防疫和监督管理法规制度体系，使动物防疫和监督管理有法可依、有章可循。

在此同肘，全市十分重视做好法律法规的宣传工作，坚持每年在春节、五一、国庆等重大节日前后组织开展全市性大规模的宣传活动，各级动物防疫监督机构组织人员走向街头、深入村户、集市及重点单位，采取发放宣传材料、张贴宣传通告、播放录音录像、开展法律与技术咨询等多种形式，面问社会、面向各级领导、面问重点单位，广泛宣传动物防疫和监督法律法规，使之不断深入人心。特别是1998年，配合《动物防疫法》的实施，在全市组织开展了声势浩大的宣传月和咨询日活动，通过在新闻媒体广泛组织新闻宣传、印制发放宣传资料等形式，在全社会引起了很大反响，有力地促进了《动物防疫法》的落实，全市动物防疫和监督管理工作已初步形成良好的法制化管理局面。

【体系逐年健全完善，队伍素质不断提高】 为奠定全市动物防疫和监督管理工作组织基础，全市十分注意抓好机构体系建设。在各级政府的大力支持下，全市成立了市、区县和乡镇三级动物检疫站，市和区县成立了兽医卫生监督检验所。1996年，经市政府批准，在市区成立了兽医卫生督察大队和三个执法中队，建立了市病害动物产品化制站，形成了完善的管理组织架构。积极争取多方投入，不断充实提高防疫和监督工作基础设施，特别是1992年，市政府投入1 000万元用于充实各级防检疫机构设施设备，对科学地开展动物防疫和监督起到了重要作用。目前市和12个区县均建立了化验室并配备了监督执法工具，显微镜、应急灯、检疫箱等屠宰检疫用具达到了每位检疫员人手一套。市动物检疫站化验室经技术监督部门审定，于1997年取得了《计量认证合格证书》，在肉类检疫和品质鉴定方面达到了较高的水平。

在此同时，着眼于建设一支过硬的检疫和监督队伍，全市在队伍培训与管理上狠下功夫，坚持逐年有计划分层次大力开展队伍培训与教育，狠抓队伍素质的提高。自1995年以来，全市通过举办各种类型培训班，共培训人员5 000余人次，平均每个检疫员和监督员每年接受培训一次以上。1998年，结合《动物防疫法》的实施，在全市组织开展了争创"天津市动物检疫检验技术标兵"大赛活动，整个活动共进行预赛决赛80余场，700余名检疫员参加了比赛。这项比赛活动在全市掀起了争作"检疫技术标兵"的技术练兵比武高潮，有力地促进了检疫员队伍业务技术能力的提高，在全市反响强烈。目前，全市动物防疫监督员发展到130余名，动物检疫员发展到790余名，并在政治思想、文化水平、业务技术、法制观念、管理能力等各方面较以前都有了很大提高，使全市动物防疫和监督管理工作有了坚实的依托和保障。

【产地、屠宰检疫工作扎实开展】 为切实保障畜牧生产发展和人民群众吃上"放心肉"，坚持把检疫工作重点向产地和屠宰环节转移，努力推动检疫工作向规范化、制度化方向发展。

在产地检疫工作方面，一是突出抓了检疫员岗位责任制。各区县将产地检疫工作的目标和任务细化、量化，将有关指标层层分解落实到检疫员，并将目标责任落实情况与年度考核奖惩挂钩。二是自1998年，根据农业部关于实施动物防疫工作目标管理的要求，在原有工作基础上，制订了全市检疫工作目标管理规划和具体考核办法，进一步细化和量化产地检疫工作目标与责任，在全市全面推行产地检疫工作目标管理。三是积极探索产地检疫工作新机制，结合全市推行动物免疫登记卡制度，在宝坻、蓟县试行动物售前报检制度，规定各饲养场、户在动物出栏前持动物免疫登记卡向动物防疫监督机构报检，努力推进防疫工作的开展。

在屠宰检疫工作方面，自1992年以来，在全市大力推行了以生猪为主的定点屠宰、集中检疫工作，通过狠抓定点屠宰场(厂、点)的建设与整顿，先后压缩、取缔分散屠宰点2 300多个，建成具备一定屠宰规模的定点屠宰场(厂、点)350多个，基本上理顺了全市生猪屠宰秩序。在此基础上，狠抓屠宰检疫，对各定点屠宰场(厂、点)都派驻或指定检疫员，定人定岗，入户检疫，并全面推行屠宰检疫设施、检疫人员、检疫制度"三落实"和规范化检疫操作，严把屠宰检疫关，确保屠宰的动物头头检疫、只只检验，不使病害肉上市销售。与此同时，立足于不断提高全市检疫工作技术水平，几年来，市动物检疫站先后组织开展了《便携式微量法检测肉品新鲜度技术》等多项技术的开发与推广，其中《猪旋毛虫、猪囊虫病快速检验技术》获得了天津市科技进步二等奖。1998年，邀请加拿大食品检疫局专家，举办了"动物检疫学术报告会"，这些工作在促进全市检疫技术整体提高方面发挥了很好作用。据统计，自1993年以来，全市共检疫活畜禽4 813万余头(只)，检出病害畜禽47万余头(只)；检疫畜禽产品90多万吨，检出病害动物产品212吨。目前，我市畜禽定点屠宰检疫率已达到100%，畜禽产地检疫率也逐年提高，其中，宝坻、蓟县等畜牧大县产地检疫率已达到95%以上，使上市畜禽及肉类卫生质量有了可靠保障，人民群众吃到了"放心肉"。

【动物防疫监督事业全面发展】 几年来，全市上下切实强化依法检疫、依法管理的思想，把防疫监督工作视为整个动物防疫工作的生命线，全力抓好。一是全面推行行政执法责任制，强化动物防疫监督工作机制。按照市委、市政府的要求，制订工作规范，完善管理制度，将动物防疫监督工作按照法律法规规定，逐级、逐部门分解到人，做到人人肩上有任务，个个肩上有责任。二是点面结合，整体推动，狠抓饲养、屠宰、运输、市场等环节的动物防疫监督检查。对动物饲养场户和屠宰单位，指派监督人员实行定期不定期巡回检查，既监督生产经营者按规定落实防疫、接受检疫，又监督检疫人员依法实施检疫。对市场环节，安排监督人员定期深入市场检查，坚持每年在春节、五一、国庆等重要节日组织开展市场肉类防疫质量大检查活动。同时，自1997年来，为确保市区人民吃上放心肉，在市区三大猪肉批发交易市场派驻了监督检查组，常年坚持对批发交易的猪肉实施复检换证。对运输环节，经市政府批准，在全市主要交通公路设立了16个公路动物防疫监督检查站；在机场和火车站派驻动物防疫监督检查组，依法对进出本市的动物、动物产品实施防疫监督检查。三是执法如山，严厉查处各种违反动物防疫法律法规的行为，坚决打击抗拒防疫、逃避检疫和生产、经营病害肉类的非法活动。据不完全统计，自1992年来，全市共立案查处违反动物防疫法律法规的各类案件3 067起，对一些重大案情，通过新闻媒体向社会曝光，有力震慑了违法犯罪，维护了动物防疫工作秩序，促进了动物防疫法律法规的落实。

(天津市畜牧局供稿)

河 北 省

【动物疫病防治情况】 1998年继续重点抓了危害较大的猪瘟、鸡新城疫、布鲁氏菌病、马传染性贫血、马鼻疽的防制。通过加大对《动物防疫法》的宣传贯彻力度，推行"防疫双轨目标管理责任制"，加强防疫队伍和基础设施建设，强化以免疫为基础的综合防制措施，猪瘟、鸡新城疫防疫密度分别为95.9%和94.7%，实现了全省全年无大疫的奋斗目标。据11个市的调查，猪的死亡率为2.2%；蛋鸡的死亡率为4.3%；肉鸡的死亡率为1.7%；牛的死亡率为0.6%；羊的死亡率为1.9%；马属牲畜的死亡率为0.23%；兔的死亡率为5%，畜禽疫病防制工作进展迅速。

【动物检疫情况】 1998年，继续狠抓了产地检疫工作。进一步总结完善、推广了产地检疫的6种模式，即结合猪的预防注射和仔猪劁骟搞好产地检疫；依托屠宰场点搞产地检疫；通过建立养殖档案搞产地检疫；平原县市利用村级助理防疫员搞产地检疫；山区县利用山沟特点搞产地检疫，封锁一条沟，管好一大片；通过向畜禽收购者提供服务跟踪开展产地检疫。这6种产地检疫模式体现了防检结合的工作思路，推动了河北省动物检疫工作的开展，得到了全国畜牧兽医总站的肯定。1998年，全省开展产地检疫率达到100%，规模养殖畜禽产地检疫率达100%，畜禽产地检疫率达90%以上。1998年全省共检疫活畜2 097万头(只)、活禽6 471.7万只、肉类60.43万吨，检疫病死畜禽89 227头(只)，病害肉424吨，消毒车辆102 349辆次，处理违反《动物防疫法》的案件476起。

【动物防疫监督】 1998年,通过建立和完善兽医有关配套法规,强化兽医执法人员培训,规范兽医执法队伍的行为,组织兽医卫生执法大检查,查处违法违纪行为,选择典型案件曝光等措施,进一步强化了执法管理。1998年度全省兽医卫生执法没有出现违法违纪问题,特别是在治理公路"三乱"上,取得了明显成效。

【完善动物防疫法规,坚持依法治疫】 1998年是《动物防疫法》颁布实施的第一年,河北省畜牧部门广泛深入地作了宣传,利用会议、电台、电视台、报纸、标语、宣传车、大鼓队等多种形式,自上而下掀起了宣传热潮。组织起草的《河北省动物免疫管理办法》、《河北省兽用预防用生物制品管理办法》两个地方法规已经省政府审议同意发布施行,进一步完善了河北省兽医法规。

【基层站建设情况】 按照省政府和农业部的有关规定,继续采取上找(领导)、横联(多次与河北省编委、财政厅等有关部门联系)、下促(深入市县督促)的方法,努力促进基层站"三定"工作的落实,收到了较好的效果。经过全省上下的共同努力,全省11个市、167个县(市)政府及编委都下发了"三定"文件,确定了编制,人员已基本到位,部分县(市、区)还解决了经费。乡镇畜牧兽医站"双学"和分级考核达标工作也取得了明显成绩。通过开展分级达标和"双学"示范县活动,有力地促进了乡镇畜牧兽医站建设,调动了乡镇兽医人员的积极性,强化了乡(镇)站的社会地位。使乡(镇)畜牧兽医站更加稳定,服务功能进一步完善。

【生猪定点屠宰检疫工作】 按照国务院(1996)40号文件的规定,对符合国家规定实行自检的屠宰厂、肉联厂全部加强了屠宰检疫监督管理,对不符合自检条件的屠宰场、肉联厂全部实施了到点检疫。全省屠宰检疫率达到100%,检出的病害动物及产品的无害化处理率达100%。同时在全省范围内鼓励实施"放心肉"工程,以市政府名义向社会公开承诺:凡经动物防疫监督机构检疫的肉无病害,使全省人民吃上了"放心肉"。

【兽药监督管理情况】 以贯彻落实河北省政府159号令和农业部6号令总揽药政管理工作,通过换发《兽药生产企业许可证》、《兽药经营企业许可证》、《兽用生物制品供应许可证》,进一步强化兽药生产源头管理;通过组织开展兽药打假活动,强化兽药经营环节的管理;1998年度换发《兽药生产企业许可证》166份,《兽药经营企业许可证》693份,组织抽检兽药样品212批,超额完成全年任务指标6%。抽检出的假劣兽药都按有关规定进行了处理。加大了药政管理力度,有力地打击了制售假劣兽药的活动,净化了兽药市场。

【兽药企业基本生产情况】 1998年河北省的兽药生产单位共计156个,比1986年增长14.6倍;产值12亿,比1986年增长23倍;兽药品种600个,比1986年增长9.7倍;经营单位640个,比1986年增长57倍;营业额15亿元,比1986年增长149倍。

【调查研究,总结推广典型经验】 在调查研究过程中,系统总结了"唐山经验":如丰润县动检规范化管理,乐亭县的防检结合,遵化县的基层站建设,迁西县的双轨目标管理责任制等经验,并将这些经验组装配套,在唐山市召开现场会,向全省推广,有力地推动了兽医工作的开展。

(河北省畜牧局供稿)

内蒙古自治区

1998年,全区进一步贯彻实施《动物防疫法》,全面深入开展动物防疫、监督等各项工作,特别是加强重点疫病的防制,提高免疫密度,确保大灾之后无大疫,保证了畜牧业稳定健康发展。全区免疫牲畜8 567.47万头,免疫家禽6 750.44万只,驱治内外寄生虫病6 968.46万头(只)。产地检疫728.12万头(只);屠宰检疫生猪269.49万头。全区牲畜死亡率控制在1.85%,比上年下降0.44个百分点。

【重点动物疫病的防制工作成效显著】 马鼻疽防治成果已达到国家规定的消灭标准。羊痘防治,做好预防注射,保持了疫情的平稳。布鲁氏菌病防治,全区94个疫区旗县中,达到控制标准的79个,占84%,其中达到稳定控制标准的58个,占61.7%,分别超过国家要求指标14%和16.7%。马传染性贫血防治,继续实施"检、免、处"的综合防制措施,32个疫区旗县中,9个旗县达到控制标准,12个旗县达到了稳定控制标准。猪瘟、鸡新城疫、羊疥癣的发病率分别控制在0.05%、0.5%和0.1%以内。

完成上述工作所采取的几项主要措施:一是通过深入学习、宣传、贯彻落实《动物防疫法》,提高广大人民群众对防疫工作重要性的认识,使防疫工作更加深入、全面开展。二是积极推行动物防疫双轨目标责任制,切实调动基层防疫人员积极性,确保防疫质量。三是继续贯彻实施《内蒙古自治区畜禽疫病分级管理实施方案》,保证各地防疫资金的足额匹配到位,确保预防用生物制品的按时、足额订购和供应。四是加大兽医卫生行政执法检查和违法违章案件的查处力度,做到有法必依,执法必严。同时,加强法制建设,制定一些地方性法规,进一步规范动物防疫行政执法行为,做到有章可循,有法可依。五是全区各级畜牧兽医行政管理部门要从加强执法队伍培训,提高执法人员政策水平、业务素质、法制观念和管理能力入手，广泛开展岗位练兵和业务培训、考试、考核工作的同时，进一步健全和完善三级培训网络，做到各有侧重，分级负责，重点突出，从而保证动物防疫各项工作的顺利完成。

（包玉山）

上 海 市

上海市兽医卫生监督管理所经市编委沪编［1998］120号文批准于1998年7月1日正式成立，为独立建制的事业单位，其前身为上海市兽医卫生监督检验所（成立于1992年7月，系与市畜牧兽医站“两块牌子、一套班子”），现有人员编制35人，设有证照管理科、稽查一至四大队和办公室。各区县于1992—1993年全面成立了兽医卫生监督所。目前全市有兽医卫生检疫员近千人，监督员100多人。

市所的主要工作职责为：依据国家及地方法律、法规，按照全市动物防疫监督工作规划和要求，具体实施动物疫病的监测、监督；行使《动物防疫法》等法律、法规、规章规定的行政处罚和行政措施决定权；按照国家标准和国务院畜牧兽医行政管理部门规定的行业标准、检疫管理办法和检疫对象，依法对动物产品实施检疫管理；依法对动物饲养场、屠宰场、肉类联合加工厂等进行监督检查；对动物、动物产品的运输依法进行检查；对动物检疫员、动物防疫监督员等进行培训、考核和管理；对区、县兽医卫生监督所的工作进行指导和检查。

【加强产地检疫工作】 对于畜牧业生产危害比较严重的畜禽疫病，全面开展了免疫注射，畜禽的产地检疫开展面达到了100%。近年来，兽医工作重点已转向种畜禽场、大中型饲养场、规模场的疫病监测和抗体检测等实验室工作上。奶牛布鲁氏菌病的防制已达到国家稳定控制区标准，基本达到马传染性贫血、马鼻疽消灭标准，本市已连续14年家畜未发现血吸虫病。

【加强生猪的屠宰监督管理】 按照市政府的定点屠宰整治规划，对全市的屠宰场进行了清理整顿，本市的生猪屠宰场已由原来的400多个减少到52个（包括3个国营肉联厂、12个屠宰中心和37个分点）。1998年开展打击私宰活动近百次，取缔非法私宰点30多个，对检疫员队伍实施了应知、应会考核，经资格认可后持证上岗，统一使用农业部规定的检疫证、章，除国营肉联厂由于历史原因和客观原因进行自检外，其他屠宰场都由农牧部门以区县为单位派驻检疫员实施屠宰检疫，在全国的定点屠宰大检查中得到了好评。在市所的监督下，屠宰场与辖区兽医检疫部门签订了责任书，做到了职责明确，责任到人。

【强化运输环节的监督检查】

1. 从1988年起，兽医部门派员参加公安检查站，开展了对过境动物及其产品的监督检查工作。1992年公安部撤销公安检查站之后，根据《上海市人民政府关于在出入本市市境道口设置交通运政检查站的通知》（沪府发［1992］35号），设立了6个“动检组”，参加交通运政检查站的联合检查，通过验证查物等措施，使装载畜禽及其产品入境车辆的检疫证明持证率从原来的40%上升到90%以上。1997年经市政府批准，另外新建了10个动物检疫监督换证组。1998年16个市境公路道口共检查装载动物及其产品的车辆22196辆。

市境道口实行统一领导，双重管理，以条为主，条块结合的管理模式，对现有人员和新增人员均实行聘用制，制订、实施了目标管理百分考核制度。

《市境道口兽医卫生监督管理规定》明确：(1)检查人员须持证上岗；(2)在主要道口设置检查站，其他通道采用巡查方式；(3)工作任务是查证验物、消毒、登记、补检和处理病死动物及其产品；(4)检查托运人或承运人出示的有关证明，做到公正、公开、文明执法。

2. 为了加强铁路运输环节的监督，1995年，市畜牧局、铁路上海分局联合组建了市铁路兽医卫生检疫站，按规定对到达、发送的动物及其产品进行检查。

【积极实施“准运证”管理制度】 我市畜禽及其肉食品50%以上从外省调入，为贯彻执行市政府办公厅［1998］18号文的精神，按照管理关口前移、产销联手的要求，对本市和外省市的有关生产、经营单位进行宣传，统一思想，为确保进沪活畜禽及其产品的安全，1998年7月召开了全国部分省市兽医卫生工作恳谈会，8月召开了第一次联络员会议，9月举行了新闻发布会，并于10月起正式实施活猪和肉类进沪准运证管理制度，为及时总结、交流工作情况，12月又召开了第三次联席会议，并且组织有关专家赴产地对供应上海肉品的屠宰场进行实地调查，为保障外来活猪和肉品的卫生、安全做好了基础工作。

目前准运证已在江苏、浙江、河南、山东、安徽、江西、四川等省实施，得到了外省市有关部门和单位的大力支持。

【抓好队伍建设】

1. 为提高行政执法人员的政治思想、业务技术素质和管理水平，1998年举办了《动物防疫法》学习班，357人参加了全市性的培训和考核。

2. 对全市从事生猪屠宰等检疫检验工作的人员进行了应知应会考核，共有375人参加，合格人数为268人，合格率为71.5%。

3. 对23个肉类批发市场的196名检疫人员进行了培训；与工商、卫生部门配合，对全市425名食品卫生管理员进行了业务知识培训和考核。

【明确岗位职责，推行公开办事制度】　根据各科室、部门的工作分工，制订、实施了工作程序和规范，对于申办证照等内容，包括收费标准等，全部上墙公布，并设立了投诉电话，接受社会的监督和举报。

【重视和加强兽医卫生法制建设】　近年来制订、实施的地方性规章和规定有：上海市人民政府关于发布《上海市家畜家禽防疫管理规定》的通知（沪府发[1997]18号）、《上海市家畜屠宰管理规定》（市人民政府令[1997]第46号）、上海市人民政府办公厅转发市商委等五部门《关于加强本市肉类市场监督管理加大对私屠滥宰打击力度意见的通知》（沪府办[1998]18号）、《关于印发〈上海市肉类批发市场肉品检验工作规定（试行）〉的通知》（沪农委[97]第185号）、《关于印发〈上海市畜禽屠宰检疫工作规定（试行）〉的通知》（沪农委[97]第186号）、《关于加强本市肉类检疫监督管理的通告》（沪农委[98]43号）、《关于印发〈上海市动物及动物产品准运证管理办法〉的通知》（沪农委[98]第188号）。

（许伟琦　瞿建平）

山　东　省

【启动无规定动物疫病区项目】　为贯彻落实《动物防疫法》，参考国际动物流行病组织（OIE）和畜产品进口国对重点动物疫病控制的有关规定，国家投资建设无规定动物疫病区。山东省共投入2 800万元，首批在烟台、青岛、潍坊、临沂、日照、淄博、东营、枣庄8个市、24县（市、区）实施动物疫病防制区域化管理。计划到2002年，建立起比较完备的的动物疫情诊断测报体系、动物疫病预防体系、重大动物疫病控制体系、动物保护监督体系，形成稳定的动物疫病控制区，有计划、有重点、有目标地扑灭国家计划控制的规定动物疫病，降低动物的发病率和死亡率。为切实搞好无规定动物疫病区建设，山东省成立了以陈延明副省长为组长的项目协调领导小组，制定了实施方案。省政府于1998年11月23日在昌邑市召开了项目启动会，对项目的实施进行了部署和安排。各项目区也都成立了领导小组，各县落实了人、财、物三权归县，理顺了县乡间管理体制，按照1:1配套落实资金。各项建设工作目前正在各地全面展开。

（山东省畜牧局供稿）

河　南　省

【动物疫病防制】　近年来，河南省认真宣传贯彻执行《动物防疫法》，坚持"预防为主"的方针和"分类指导"的原则，以控制猪瘟、鸡新城疫、禽霍乱、布鲁氏菌病、马传染性贫血等病为重点，大力推广"畜禽防疫双轨目标管理责任制"和畜禽疫病防制新技术，加强畜禽疫病防制基础设施建设，认真开展动物疫病的防治工作，猪、鸡防疫密度常年分别保持在95%和90%以上，猪、鸡、牛的病死率分别控制在4%、10%和1%以下。截止1998年底，有效地控制了牛气肿疽、牛出血性败血症、炭疽、猪丹毒、猪肺疫、马传染性贫血、布鲁氏菌病和羊痘等疫病，消灭了马鼻疽、牛肺疫。

大力推广先进实用的科学技术，并获得多项科技成果。1991年"狂犬病免疫学诊断方法和应用研究"获河南省科技进步二等奖；1992年"单克隆抗体酶联斑点技术在马传染性贫血防制工作中的大面积推广应用"获河南省科技进步三等奖；1993年"河南省黄牛'猝死症'病原学鉴定及防治研究"获河南省科技进步三等奖；1994年"河南省牛、羊寄生蠕虫防治推广试验研究"获河南省科技进步三等奖；1996年"河南消灭牛肺疫防制技术研究与应用"获河南省科技进步二等奖；1997年"河南省消灭马鼻疽防制技术研究与应用"获河南省科技进步二等奖；1998年"家畜魏氏梭菌病病原与防治技术研究"获河南省科技进步二等奖。

1994年河南省达到了消灭牛肺疫标准。牛肺疫于1956—1964年曾在河南省流行，经采取封锁、隔离、检疫、扑杀处理病牛、严格消毒、免疫注射牛肺疫兔化弱毒疫苗等措施，有效地控制了牛肺疫疫情。1994年5—6月，农业部消灭牛肺疫考核验收组，按照消灭牛肺疫标准，对河南省牛肺疫防制效果进行了考核验收，认为河南省已经达到消灭牛肺疫标准，并以农业部局农（牧防）字[1994]第88号文件宣布"河南省已达到消灭牛肺疫标准"。

1996年河南省达到了消灭马鼻疽标准。1958—1996年，河南省采用行政、经济、技术的手段，采取"检疫、隔离、消毒、治疗、处理病畜、培育健康幼驹"等综合性防制措施，有效地控制和扑灭了马鼻疽。1992—1995年河南省99个马鼻疽疫区县按照农业部颁发的《马鼻疽防制效果考核标准及验收办法》进行了自查，认为已达到消灭马鼻疽标准。1996年10月20—28日，经农业部消灭马鼻疽防制效果考核验收组考核验收，达到了"消灭马鼻疽标准"。同年11月农业部以农牧函[1996]28号文向全国宣布"河南省消灭了马鼻疽"。

有效控制了家畜魏氏梭菌病的大面积流行。1985年河南省周口地区淮阳县发生一种以突然死亡、全身实质器官及消化道出血为主要特征的疫病，人们称为家畜"猝死症"。1988年后该疫情逐年上升，1993年有27个县、2 242个村、发生病牛9.4万头，死亡牛9.2万头；发病羊2.1万只，死亡羊1.98万只；发病猪7.9万头,死亡猪6.1万头。1994年疫情更为严重,全省有13个市(地)、75个县、6 200个村,发病家畜19.59万头(只)、死亡18.52万头(只),造成巨大的经济损失。该病一年四季均可发生,但春末秋初,气候突变多发,流行形式呈散发或地方性流行,并有一定的区域性。通过深入重点疫区县对发病畜种、性别、年龄、季节、膘情、临床症状、发病范围、发病数、死亡数、病因等流行特点进行详细调查,并在12个市(地)、24个县、53个乡收集124头病死畜病料,经细菌分离培养、病原菌鉴定、毒素测定、血清学定型、病毒分离、毒物检查,免疫预防试验等,确诊牛、猪、羊"猝死症"主要病原为A型魏氏梭菌肠毒血症,并提出四条诊断标准:一是心、肝、脾、肾等脏器涂片,革兰氏染色、镜检,可见到数量较多的魏氏梭菌;二是"泡沫肝"试验阳性;三是含铁牛乳培养试验可形成"暴烈发酵"现象;四是肠毒素检查阳性。在确诊该病为A型魏氏梭菌的基础上,试制多价魏氏梭菌灭活疫苗并大面积推广应用,1997年有效地控制了该病的大面积流行。

马传染性贫血防制达到稳定控制标准。通过采取免疫、检疫、扑杀病畜、消毒等综合性防制措施,有效地控制了马传染性贫血疫情的暴发流行。1998年,经血清学抽检全部阴性。

(河南省畜牧局供稿)

重 庆 市

【动物检疫工作】

1. 检疫管理体制沿革。第一阶段为1955年以前,我市按照国务院(1955)国秘习字157号《关于统一领导屠宰场及厂内卫生和兽医工作的规定》,生猪屠宰检疫管理由卫生部门负责。

第二阶段1955—1985年,屠宰检疫由卫生部门移交给商业食品部门管理。但为了加强运输检疫工作,1974年四川省政府(革委会)川革发(74)23号文,全省设立十大牲畜运输检疫站,重庆为当时十大检疫站之一。1980年川府发(1980)153号文,出台了《关于畜禽及其产品运输检疫实施办法》,因此,凡在我市运输的畜禽及其产品(包括商业食品部门)都由我市运输检疫站负责检疫,并出具全省统一的检疫证明。

第三阶段1985—1995年,国务院《家畜家禽防疫条例》颁布以后,全市的动物检疫管理由农牧部门负责,商业食品"两厂"的自检问题,由市农牧渔业局会同第二商业局组成审查考核小组,共同审查,于后,市农牧渔业局受市政府委托于1988年10月10日批准并公告了商业食品26个肉联厂有自检权,但兽医卫生监督管理由农牧部门负责。

第四阶段1996—1998年,国办发(1996)40号文件下发以后,特别是《动物防疫法》颁布以来,我市切实加强了动物产地检疫和屠宰检疫工作,同时为进一步理顺检疫管理体制做了大量的工作。

(1)掌握情况,积极开展调查研究。随着市场经济的建立,国有食品"两厂"的生产,经营状况已经发生了根本性的变化,停产、破产、租赁、承包的现象十分普遍,个别厂家甚至也有改变国有性质,实行拍卖或股份合作,成为非公有制经济的肉联厂、屠宰厂。经调查,1997年全市55个国有"两厂",其中破产的5个,停产的23个,租赁承包8个,转向3个,基本能生产16个,占总数29%。调查表明,名义上有自检权的国有"两厂"已经不符合《动物防疫法》和当前国家有关的法律法规。

(2)积极汇报,争取政府支持。针对当前我市国有"两厂"的现状,如果再允许其有自检权,显然是不适应,也是与国家的现行法律法规相悖的。对此,市农牧部门在调查研究的基础上,认真分析,研究问题,制定办法,积极向市政府汇报,争取市政府的重视和支持。

(3)统一思想,进一步明确我市动物检疫管理体制。经市政府与农牧、商业等有关部门研究协调后,于1998年7月就重庆市整个动物检疫管理体制及有关问题作出了明确的规定,并下发了《关于进一步加强生猪屠宰检疫管理工作的通知》(渝办发[1998]107号)。主要精神:一是进一步明确了农牧部门的管理地位。"我市各级农牧行政部门是生猪屠宰检疫管理的主管部门和行政执法主体,具体组织实施生猪屠宰检疫管理工作"。二是明确了屠宰检疫的对象和范围。"各级农牧部门所属动物防疫监督机构对所有的定点屠宰厂(场)、点均要派驻动物检疫员,依法对屠宰厂(场)、点屠宰的生猪进行检疫"。三是对现有国有"两厂"的自检问题作出了明确的条件和范围限制。"市农牧行政主管部门要依法和按照国务院规定的条件做好对国有'两厂'自检资格的审查认定工作"。文件又明确规定:"国有屠宰厂、肉联厂不能超越自检范围,不能对租赁、承包、兼并、股份、合伙、代宰代储经营的生猪自行负责检疫"。"未按规定实施检疫或超越自检范围的,由动物防疫监督机构责成限期改正,并依法进行处罚,逾期不改正,撤销自检资格"。此外,文件还对调动猪肉的测毒工作做出了明确规定。

与此同时,我市认真贯彻《动物防疫法》和国务院《生猪屠宰管理条例》,严格区分政府行为的屠宰检疫与企业行为的肉品品质检验。市政府以渝府发[1998]91号文专门印发了《关于实行生猪定点屠宰和加强生猪流通管理的通告》,该文第三条规定:"出厂(场)的合格猪肉必须加盖农牧部门动物检疫合格印章和屠宰企业肉品品质检验合格印章。并由农牧部门出具合格检疫证明",市政府文件更进一步明确了动物检疫的政府性和法律性。

目前,按照市政府渝办发[1998]107号和市政府渝府发91号文件的规定,我市进一步理顺了动物检疫特别是生猪屠宰检疫管理的体制,各项检疫工作开展正常,包括商业食品部门开设的定点屠宰场,均由农牧部门检疫。

2. 切实加强检疫队伍建设,积极推行检疫队伍专职化。改革开放以来,特别是《动物防疫法》颁布以来,我市狠抓了检疫队伍建设,加强了清理整顿和培训工作。1998年市级培训共6期,培训县级和重点乡镇站长共700多人,42个区县市共举办检疫人员培训班150多期,培训人数达5 000多人。全市在培训的基础上进行了严格的清理整顿工作,1996—1998年全市清理不合格检疫员380余人,清除出检疫队伍的有65人,调整出检疫队伍的520多人,充实为检疫员的达1 100多人。目前,我市检疫员队伍经培训和整顿,重新核发检疫员证的共4 800多人。

与此同时,我市积极推行检疫队伍专职化,也就是建立检疫专职队伍。1994年,我市的合川、荣昌、江津等区县率先成立专职检疫队伍,逐步探索我市动物检疫工作走队伍专职、以检促防、防检结合的动物疫病防制的路子。经过多年的实践,1998年底,又有铜梁、南川、永川、涪陵等18个区县市成立专职检疫队伍。实践证明,专职检疫队伍的建立,不仅符合自身行为法律性、政府行为性、社会公益性等特点,并且有利于检疫工作的深入开展。

3. 狠抓检疫仪器设备建设。近几年来,我市采取积极有效的措施,狠抓各级检疫仪器设备设施建设,一是市农业局下发文件,制定规划,提出要求。规定县级要配精密仪器14件(台),一般仪器32件(台),乡镇检疫工具达到7件。二是多渠道筹集资金。采取本单位为主,财政支持,各级检疫平衡调剂费补贴一点的办法,1995年至1998年,全市新增乡级专用检疫工具2 500多套,定点屠宰肉品检疫箱230台,显微镜210台。县级检疫仪器设备新增投资达360多万元,市级检疫仪器设备增投资80多万元,确保了检疫工作的正常开展。

4. 坚定不移地推行"两大"检疫的转移。运输检疫向产地检疫转移,市场检疫向屠宰检疫转移,始终是我市近几年来在检疫工作的重点。在屠宰检疫上我们狠抓了四方面的工作:①抓规范。我市制定了《重庆市屠宰检疫规范》,全市抓了2个市级和50个县级屠宰检疫示范场。②抓制度。我市统一印制了"检疫员岗位职责、防疫消毒、无害化处理和屠宰检疫程序"四项制度,并坚持派员驻场,昼夜值班。③抓形象。全市要求屠宰检疫人员着装上岗,照片上墙,各屠宰场的检疫员将姓名、职务、职称、编号以及大幅彩照装铝合金镜框,悬挂上墙,自觉接受群众监督。④抓技术。屠宰检疫人员除常规培训外,市检疫站还规定各屠宰场检疫员要派1~2名检疫人员到市检疫站检验科,跟班在实验室操作实习1周,以尽快提高屠宰检疫人员的技术水平。总之,在屠宰检疫上,我们始终坚持有宰必检,随到随检,程序施检,决不漏检的原则。二是在产地检疫上,全市积极推行"乐山经验"。自1997年以来,我市实行了"两制一点"产地检疫模式,即生猪户口制、调运换证制和产地检疫报检点,加强了产地检疫工作。市农业局对此专门下发了《关于切实加强动物产地检疫工作的通知》(重农畜发[1998]7号)。

1998年,全市产地检疫生猪1 200万头(检出病猪2.4万头),全市产地检疫开展面达95%,全市共设报检点800多个,有20多个区县市内850多乡镇实行生猪户口制。1998年全市生猪屠宰检疫762万头,检疫肉品34万吨,屠宰检疫率100%。屠宰检疫出病害肉330吨,全部进行了无害化处理,上市肉品合格率达99%以上。

(重庆市农业局供稿)

青 海 省

【体系构成】 1998年,全省各级动物疫病防制机构共507处。设有兽医卫生监督检验所26个,其中:省所1个,州(地、市)所7个,县(市)所18外;畜牧兽医站481个,其中:省站1个,州(地、市)站8个,县(市)站39个,乡(镇)站433个。共有职工2 855人,其中:省有123人,州(地、市)有277人,县(市)有909人,乡(镇)有1 546人。全省有民间兽医技术人员3 390人,农牧户家庭防疫员13 263人。

【疫病防治】 1998年,全省共防治各种畜禽6 163.6万头(只)次。其中,免疫注射各种疫苗4 044.61万头(只)次,驱治牲畜内寄生虫1 083.1万头(只),药浴、淋浴羊808.38万只。对重点动物疫病的防治,全面完成了制定的目标管理任务。

羊痘病防治,共免疫接种疫苗758.92万只,平均防疫密度为81.2%。今年发生羊痘病的地区进一步减少,有疫情的县、乡、村分别比上年减少了6个、17个和19个。

畜间布鲁氏菌病防治,共免疫牛、羊141.35万头(只)。对9个县进行了布鲁氏菌病疫情监测,共检疫牛6 314头,羊21 046只,分别检出阳性为41头和58只,阳性率分别为0.65%和0.28%。菌检结果全部为阴性。至此,全省各州县和国有省属种畜场的布鲁氏菌病防治效果,均达到国家规定的"控制区"标准。

猪瘟、鸡新城疫防治共实施免疫接种分别为182.7万头次和412.44万只次,免疫密度分别达到94.88%和84.2%。

牛皮蝇病防治,已连续开展17年,经1998年两次考核,幼虫的平均感染率和感染强度分别控制在15.31%和1.16个。

继续巩固了马鼻疽、牛肺疫和马传染性贫血病的防治成果,开展定点监测,结果全部为阴性。

1998年全省共发生15种动物疫病,发病牲畜9 982头(只),死亡962头,致死率为11.2%;发生范围涉及35个县(次),61个乡镇,91个村。与上年相比疫点、疫区和发病、死亡数量都有所降低。

1998年畜疫防治双轨目标管理责任制建设又取得新进展。继海北、玉树州之后,海东地区和海南州建立起畜疫防治双轨制管理制度,按照管理办法和考核工作程序逐级进行了落实,签订了目标责任书。

【动物检疫】 1998年,加强了动物及其产品检疫工作,着重抓了产地和屠宰检疫两个环节。全省所有县都开展了产地检疫,进行产地检疫的乡(镇)也增加到了243个,占全省乡(镇)数的51%。定点屠宰场已有105个,其中:国家肉联厂43个,集体、个体屠宰场62个。全年共完成活畜禽检疫138.28万头(只),检疫肉类3.8万吨,分别比去年增加了22.24万头(只)和0.31万吨。检出染疫动物及其产品分别为2 313头(只)和382.6吨;检疫、消毒各类绒、毛0.46万吨,皮张66.96万张,骨角0.32万吨,消毒车辆3.3万辆。

【动物防疫监督】 认真贯彻《动物防疫法》,全省围绕市场监督,加强落实防疫工作。1998年共换发、年审《动物防疫合格证》3 288份,对不合格的进行了注销。全省现有活畜市场95个,肉类市场183个,开展监督检验的分别占市场总数的83%和95%。1998年处理违法案件182起,罚款1.6万元,取缔非法屠宰场、点7个,打击了违法行为,保护了消费者的合法权益。

在农业部的大力支持下,省级兽医卫生监督所建设项目开始启动;动物疫情测报系统项目进展顺利,海晏动物疫情测报站已投入疫情监测工作,德令哈疫情测报站正在建设中,玉树动物疫情测报站项目建设协议书已签订完毕。

对动物检疫员队伍进行了清理整顿,撤销和调换了不适合从事执法工作的人员。有904名年轻兽医人员参加了全省统一的检疫员闭卷考试,有771人取得资格。

(许海抚　杨发录)

新疆维吾尔自治区

【疫病预防】 1998年,新疆各级动物防疫监督机构,认真贯彻"预防为主"的方针,开展了春、秋两季防疫,主要防治人畜共患传染病和对畜牧业生产造成重大经济损失的疫病,重点开展了马传染性贫血、布鲁氏杆菌病、牛结核、羊痘、羊疥癣病等疫病的防治工作,全疆完成防疫、检疫、驱虫、药浴、治疗达1.63亿头(次),未发生大的急烈性传染病,只有个别地方散发羊痘、牛出败、炭疽、羊疥癣、猪瘟、鸡瘟等疫病,经采取综合性防制措施并得到了控制。

1. 防治布鲁氏菌病。重点开展了畜间幼畜免疫和布鲁氏菌病监测工作。1998年共免疫幼畜424.4万头(只),其中S19号菌苗免疫犊牛44.5万头,M5号菌苗免疫羔羊379.9万只。布鲁氏菌检疫牛、绵山羊、猪等14.86万头(只),平均检出率为0.39%。检疫猪510头,驼30峰,均未检出病畜。监测羊粗糙型布鲁氏菌病1 152只,检出病畜20只,检出率为1.7%。

对喀什和伊犁地区21个县畜间布鲁氏杆菌病防治效果进行考核,经查阅历史资料,现场抽检,按部颁标准,伊犁地区的8个县(市),喀什地区10个县(市)达到畜间布鲁氏菌病防治效果,达到稳定控制区标准。

2. 马传染性贫血病。全疆有6个地(州)的20个县(市)和1个国家级种畜场开展了马传染性贫血病的检疫净化工作,共检疫各类马属动物22 138匹,检出阳性48匹,平均阳性率为0.22%,这次检疫出阳性病马的有11个县(市),其中:喀什地区8个县(市)检出阳性36匹,巴音郭楞州3个县(市)检出阳性12匹,为净化传染源,各地检出的传贫阳性马和同居马驹进行了全部扑杀处理。

3. 马鼻疽监测。1996年经农业部专家组对新疆马鼻疽进行考核验收,达到了消灭区标准。为了巩固马鼻疽防制工作成果,各地(州)对本辖区内的马属动物进行马鼻疽抽检工作,自治区29个县(市)共抽检马属动物8 750匹,未发现鼻疽阳性病畜。

4. 牛结核监测。阿勒泰、伊犁、塔城、阿克苏等10个地(州)市的37个县(市)、2个国家级种牛场进行了牛结核监测工作,共检疫各类牛30 166头,检出阳性牛404头,阳性率为1.3%。

5. 禽流感监测。根据农业部[1998]2号文件,对新疆17个祖代种禽场和父母代种禽场进行了禽流感疫情监测工作,抽检血清4 430份,经检验在种畜场中有2个血清型的弱禽流感病毒株存在。

6. 寄生虫防治。1998年继续开展驱虫、药浴工作,内寄生虫病的防治重点是胃肠道蠕虫、线虫,外寄生虫病的防治重点是疥癣。全疆驱除体内外寄生虫7 965头(次),其中体内驱虫4 188.9万头(次),药浴3 776.1万头(次)。

【检疫与监督】

1. 宣传贯彻《动物防疫法》。开展规监督执法,对重点地(州)、市的屠宰、市场、冷库、仓储、加工等环节的动物防疫情况进行监督检查。先后对乌鲁木齐市、吐鲁番、阿勒泰、昌吉地(州)的8个县(市)进行屠宰检疫监督检查14次。纠正违反《动物防疫法》的行为21

起，查办违法违章案件5起，受理行政复议案件2起，协调处理兽医卫生监督管辖纠纷案1起。在办案过程中，根据行政处罚应遵循的公开、公正和教育相结合的原则，建立并完善了动物防疫监督行政处理、处罚告知制度，严格按照行政处罚和复议办案程序操作，结案率高，社会效果明显。

2. 运输检疫监督。1998年自治区所辖乌鲁木齐、哈密、库尔勒、奎屯四个铁路兽医检疫站共检疫监督进出疆动物及动物产品3 000车次，其中：检疫活畜禽0.56万头次，种蛋82万枚，蜜蜂0.8万箱，冷冻肉品2.6万吨，冷冻水产品1.7万吨，消毒羊毛935.6吨，皮8 700张，其他动物产品1万吨。

3. 屠宰检疫。自治区牲畜定点屠宰检疫各类动物247.7万头(只)。

4. 动物防疫证章订购与发放管理。自治区畜牧厅用维汉两种文字印制动物防疫证章，订购各类动物检疫、免疫证明135万份，屠宰检疫验讫印章200枚，动物防疫合格证30 000份，印刷维汉文兽医卫生行政执法文书9 400本。发放各类动物检疫证明403 700份，各类标志10 499套(枚)，屠宰检疫验讫印章120枚，各种培训教材17 000本，讲议9 800份。

5. 举办动物防疫监督员和检疫员培训班。全疆组织动物防疫监督员培训班7期，参加的各民族学员992员。培训期间，学员进行了闭卷考试和审核，合格者结业时由畜牧厅统一颁发了“行政执法证”、“监督员上岗证”和“结业证书”。组织检疫员上岗培训班8期，参加学员1 102名，培训期间，学员进行了闭卷考试和审核，合格的，结业时由畜牧厅统一颁发了“定点屠宰检疫员上岗证”和“结业证书”。

(周自富)

(本栏目主编　李长友)

兽药及器械

《兽药管理条例》实施十余年来,我国兽药行业得到了快速发展,兽药生产年产值已达156亿元以上,兽药品种、产量基本能够满足市场需求,兽药在动物疫病防治和提高畜产品产量方面发挥着越来越大的作用,并且有效地促进了畜牧业的发展。

为进一步规范我国兽药管理工作,适应新形势下对兽药产品质量和产品科技含量提出的更高要求,结合目前兽药市场存在的主要问题,1998年度农业部制定发布了兽药管理规章和规范性文件,并组织开展了有关工作。

【加强兽药法制化、规范化管理工作】

一是修订发布了《兽药管理条例实施细则》,保证了兽药管理法规与《行政处罚法》的一致性。

二是修订发布了《进口兽药管理办法》,进一步完善了进口兽药管理制度、要求和规定,理顺了进口兽药工作程序,保证了进口兽药的安全有效。

三是发布了《兽药批准文号管理规定》,兽药产品批准文号是兽药产品的法律许可凭证,同时核发兽药产品批准文号工作是各级兽药管理部门管理兽药生产活动的必要手段,通过规范兽药批准文号管理工作,加强了对兽药生产企业和对兽药产品的监督管理工作。

四是针对当前兽药名称管理无序和命名混乱状态,农业部发布了《关于加强兽药名称管理的通知》,在清理整顿不符合要求的兽药名称的同时,制订了兽药名称命名原则以及规定,以而强化了兽药监督管理和兽药质量标准管理工作。

【积极做好救灾用兽药产品调拨和质量监督管理工作】 根据《国务院办公厅关于切实做好灾区救灾防病工作的紧急通知》精神,农业部畜牧兽医局组织了救灾用兽药产品的调配工作,先后多次向灾区调拨了价值766余万元的兽药产品。为保证救灾用兽药产品质量,农业部发布了《关于加强救灾用兽药产品质量监督检查的紧急通知》,保证了灾后动物疫病防治的需要。

【加强兽药质量监督管理工作】 我国兽药管理行业起步较晚,大多数兽药生产企业规模较小,其生产条件、生产水平均有待提高,还有部分兽药生产企业法制观念淡薄,不能严格执行兽药管理法规的要求,从而导致了兽药质量不高,假劣兽药泛滥的现象。为加大兽药"打假"工作力度,严厉查处违法案件,保证兽药质量,1998年发布了两期全国兽药抽检不合格产品的通报,并下达了全国兽药产品抽检任务计划和重点抽检品种目录,以此加强对兽药生产、经营企业的管理和监督检查,加强兽药产品抽检数量和频率,并对生产假劣兽药的厂家进行处理,同时在多种宣传媒体上公开曝光。全国兽药产品抽检和查处违法案件工作的开展,有效地遏制了假劣兽药的泛滥,保证了兽药质量。

【全面开展兽药残留检测工作】 随着畜牧业的发展和兽药应用技术的普及,畜产品中兽药残留问题日益突出,直接影响到人体健康,所以引起各国政府的高度重视。早在1991年,国务院就发文明确农业部负责制定畜产品中兽药残留检验方法和残留限量标准。为保证国务院通知精神的贯彻实施,促进畜产品出口,振兴畜牧业,农业部在已制订了47种兽药残留限量标准及组织制订多种兽药残留检验方法的基础上,发布了《关于开展兽药残留检测工作的通知》,要求各地兽药监察所建立残留实验室,全面开展兽药残留检测工作,推动我国兽药残留管理工作的发展和完善。

通过组织、开展上述工作,使我国兽药管理工作日趋科学、规范,兽药产品质量状况逐步好转,兽药残留监控工作得到全面实施,为今后兽药管理工作打下了坚实的基础,促进了兽药行业的健康发展和整体水平的提高。

(农业部畜牧兽医局药政处　耿玉亭)

河　北　省

【机构设置情况】 河北省畜牧局兽医处负责全省兽药生产、经营和使用情况的管理工作。河北省兽药监察所负责全省兽药的检验和鉴定工作,有职工35人,其中技术人员30人,中级技术职称10人,高级技术职称

7人,药品和化工专业5人,其余技术人员为畜牧、兽医专业。内设业务办公室、行政办公室、生测室、仪器室、化药检验室、饲料药物添加剂检验室。全省有兽药监督员1 000名,具体负责兽药的监督管理及查处伪劣兽药工作。全省现有兽药生产企业150家,生产品种600多个,年产值12亿元,已初步形成抗生素、中草药、氯化胆碱等品种或剂型的生产基础;有兽药经营企业700余家,年营业额在15亿元以上。

【兽药管理工作】 1998年河北省兽药管理主要开展了以下几项工作:

1. 深入开展《兽药管理条例》及有关法律、法规的学习宣传活动。河北省全省各地充分利用广播、电视等新闻媒体,大力宣传兽药管理的法律、法规,使生产者依法生产,经营者依法经营,保证养殖户用上合格的兽药。河北省畜牧局专门召开了三次兽药生产企业负责人参加的兽药管理培训班,提高兽药生产企业领导的法律意识。

2. 坚持对兽药生产企业实行年检制度。年检主要内容一是兽药批准文号的使用和管理情况;二是生产企业化验室条件,包括试验仪器设备是否能够满足本厂生产品种的检验需要,化验员是否持证上岗、操作是否规范、记录是否完整、检验后是否留样;三是生产环境和生产设备是否符合规范要求,能否保证产品质量;四是各种规章制度是否建立,生产和检验记录是否健全;五是企业是否对员工经常进行岗位和技能培训。按照上述内容对全省70多个中小兽药生产企业进行了检查,使企业对生产环境进行改进,完善了生产设备,更新了化验仪器,加快了企业的GMP进程,同时7家企业被列为限期整顿对象,有4家企业在整顿后仍旧达不到要求,被吊销了"兽药生产许可证"和兽药批号,净化了兽药生产秩序。

3. 继续开展兽药抽检活动,查处、清理伪劣兽药,严厉打击违法生产、经营活动。1998年河北省畜牧局共对8个市的85个兽药经营单位抽检样品212批次,检验有结果的185批次,其中符合标准的86批次,抽检合格率为46.4%。从抽检结果分析看,主要存在以下问题:一是外省生产企业的产品抽检合格率偏低,仅为34%;二是单纯治疗性兽药合格率低,为35.9%;三是抽检不合格项目中属含量不合格比例高,为90%。对抽检不合格的企业进行通报批评,并要求各地对有关企业进行查处。

4. 开展对流通领域内兽药的查处工作。除经常对所辖范围内的兽药经营企业进行检查外,河北省兽药执法大队在1998年11月分成3组,对全省11个市、20个县的68个兽药经营企业进行突击检查。检查的主要内容,一是有无兽药经营许可证,各种规章制度是否健全;二是经营场所是否规范、卫生,有无兽医兽药技术人员;三是有无经营假劣兽药行为,有无超范围经营生物制品现象。通过检查,取缔个别无证经营兽药的门市,销毁了查处的全部伪劣兽药,没收了超范围经营的兽用生物制品,极大地打击了出售伪劣兽药的不法分子。

(河北省畜牧局供稿)

辽 宁 省

几年来,辽宁省在兽药的生产、经营、使用等环节,抓住兽药产品质量这个核心,依法开展管理工作,取得了明显效果,为保护畜牧业的发展起到了积极作用,由于政府与业务部门的共同努力,全省的兽药管理工作居全国前列。

【兽药生产企业规模适度,平稳发展】 90年代初,辽宁省仅有兽药生产企业四十余家,其生产规模和品种适应不了畜牧业发展的需求,到"八五"末期和进入"九五"以来,随着经济的发展,辽宁省兽药业也不断发展壮大。到1998年,已有兽药生产企业110余家,产值近2亿元,分布在全省各地;生产的品种有水针、粉针、散剂、片剂和预混剂,品种比较齐全,结构合理,企业规模适度,科技含量高,品种开发紧紧围绕市场需求,其产品已占领全国市场。辽宁振兴兽药厂,不断加强对企业的管理,加大了科技的投入,扩大生产规模,紧跟市场,开发对路产品,每年研制新产品十余个,产品已销往全国29个省区,现已达到年产值3 000万元,利税400万元,成为辽宁省兽药生产企业的排头兵。省医药工业研究院动物药品厂,以科研为后盾,产品开发居领先水平,狠抓产品质量,产品合格率连年达到100%,誉满全国,几年来效益不断提高,已成为后起之秀。

【兽药经营企业方兴未艾,承担责任市场的能力】 为了加强对兽药经营企业的管理,1998年,辽宁省提出了"控制批发、放宽零售、合理布局、责任市场"的十六字方针,在规范兽药市场上起到了有效作用。首先从规范兽药批发单位入手,根据兽药的需求,本着既保证供应,又有秩序发展,确定了市、县各设一个批发单位,较大的市还可以适当放宽的原则。全省设立兽药批发单位近百余家。在零售单位的设立上,本着合理布局、方便农户饲养畜禽、方便用药的原则,使全省兽药零售单位发展到2 000余家。为了保证兽药供应单位做到合法经营,对基本条件严格控制,并经常性地开展法制教育,取缔无证经营,打击非法销售活动,近几年取缔无证经营500余家,稳定了兽药经营秩序。规范了兽用预防用生物制品的管理,根据农业部第六号令的要求,各级动物防疫机构,负责本辖区的兽用预防用生物制品的供应工作,核发了兽用生物制品经营许可证,解决了兽用生物制品经营混乱问题，保证了动物防疫有计划实施。

【加强队伍建设，建立健全兽药监察体系】 兽药管理的主体是各级农牧行政机关，兽药的质量检验由兽药监察所负责。根据兽药管理条例的规定，省、市要设立兽药监察机构，承担辖区内的兽药质量管理工作。省兽药饲料监察所自1979年组建以来，现已成为全省兽药质量检测的重要力量，先后通过了省和国家计量认证，1996年还通过了农业部省级兽药监察所的质量认证。市级兽药监察机构不断完善，在省市各级政府重视下，全省14个市都组建了兽药监察站(所)，并全部通过省政府批准，成为辖区内兽药质量检测的法定单位。

辽宁省兽药监督员队伍不断壮大提高。全省有兽药监督员300余名，分布在全省各地。为使这支队伍的素质不断提高，辽宁省加强了法制培训工作，实行全省统一培训考试，合格发证，持证上岗。300余名兽药监督员都取得了上岗合格证，成为全省兽药战线一支生力军。纵观全省，以各级农牧行政管理机关为主体，省市兽药监察机构为网络，兽药监督员和检查员为基础的兽药管理体系已基本形成。

【假劣兽药案件查处取得阶段性进展，人为制售假劣的势头得到有效控制】 自1993年辽宁省提出兽药打假以来，全省以查处假劣兽药案件为重点的兽药打假活动不断深入，依法治药已成共识，各市均成立了兽药打假工作领导小组，有的由政府牵头，主管市长挂帅，多部门配合，有的专门成立了兽药执法大队，据近4年统计，全省查处假劣兽药案件519起，没收假劣药货值数千万元，罚款百万余元，有力地扼制了人为制售假劣兽药的势头，稳定了兽药生产及正常的经营秩序。在案件查处过程中，以查处大案要案为突破口，省局与省所配合，查处了两起影响较大的案件，在全省震动较大，有利地打击了在兽用生物制品生产和供应中的非法行为。

【落实先检后售制度，提高兽药产品质量】 辽宁省在1990年起就制定了有关兽药销售前先行检验，合格后再销售的作法，规定了青霉素、安痛定、安乃近、安钠咖、磺胺嘧啶钠等五大类常用品种的先检后售制度。这项制度实施以来，收到了明显的效果，据统计1998年，全省这几大品种的产品质量合格率比“八五”期间提高24~50个百分点，由于狠抓质量管理，全省兽药生产、经营总的合格率也有较大提高。全省兽药生产企业1998年的产品合格率为74.2%，流通领域兽药产品合格率为55.4%，分别比1993年提高26个百分点和12个百分点。

【兽药科研，新品种开发取得可喜成果】 辽宁省大力开展兽药科研，新品种开发和地方标准制定工作。到1998年，已取得科研成果6项，其中获省政府科技进步二等奖2项，三等奖2项，开发新兽药地方品种数十个。开展加药饲料检测方法研究32项，其中19项列为部级标准，其技术水平达到了国际同等水平，添补了国内检测的空白。

【兽药管理的法制建设不断完善】 1998年9月30日，针对兽药经营和使用中的一些问题，经省人大常委会第四次会议讨论，通过了《辽宁省兽药管理条例》，这个《条例》自1999年1月1日起实施，使全省兽药管理工作又向法制化管理迈进了一步，对提高兽药的质量起到了保障作用。

(孙永祥)

稳定发展的江苏兽药业

江苏既是畜牧、水产大省，又是兽药发展强省。多年来，江苏各级农牧部门坚持兽药产业与兽药管理两手一起抓的方针，狠抓兽药管理，加快产业发展，保障了江苏乃至全国的畜禽、水产等养殖业的健康发展。

全省兽药产业的发展概况

江苏省兽药生产起始于70年代，至1980年，全省兽药生产企业为50多家，至80年代后期，特别是《兽药管理条例》颁布实施后，兽药生产步入了快速发展的轨道，兽药生产企业由1987年的108家，发展到1998年的223家，兽药生产年产值由1987年的1.5亿元提高到1998年的10.8亿元，十年翻两番多，年平均增长速度超过20%以上。在加快发展速度的同时，兽药企业及产品结构也逐步优化，全省223家兽药生产企业中，畜禽药厂115家，鱼药和蚕药厂分别为13家和25家，饲料添加剂及浓缩料厂70家。全省在稳步发展畜禽药品生产企业的同时，大力开拓鱼药、饲料添加剂生产企业，基本形成了大兽药的发展格局；兽药品种、结构逐步优化，全省兽药品种由1987年的199个增加到1998年的500多个，其中新产品251个，已占50%；新产品中一类新药1个，二、三类新药25个，四、五类新药225个，新产品创造的产值和利税分别占全省总额的35%和40%以上。全省兽药生产企业通过兼并、联合、入股等改制方式，实施了资产重组，进一步提高了企业的运行质量，扩大了企业规模，增强了竞争实力。全省现有年产值超千万元企业26家。这些企业的年生产销售总额已占全省总值的70%左右，其中生产、经营额超亿元的企业有2家，初步奠定了规模企业在兽药产业发展中的主导地位。经过十多年的快速发展，江苏省已初步形成了国内一个重要的兽药大市场，全省兽药需求量约为12亿元,年兽药经营额达10亿元左右,徐州、海安、盐城、南京等地的兽药经营额均逾亿元,并涌现出省牧工商公司、南通牧工商公司等一批规模较大、辐射较广的兽药经营龙头企业。

全省兽药管理的基本现状

江苏省兽药管理工作起步较早。省农林厅在1978年建立了省兽药监察所,开展兽药检测、监督及管理工作,重点对兽药生产企业进行清理整顿,并在全国率先实行了兽药生产许可证制度。随着兽药生产经营的日益发展,管理要求的不断提高,特别是1987年颁布实施《兽药管理条例》后,省农林厅根据药政、药检分开的原则,于1988年在省农林厅畜牧局内增设了药政科,专门从事兽药管理日常事务。市、县级兽药监督管理工作,主要由各市、县多管(农林、林牧渔业)局承担,南京、铜山、邳州等市、县还增设了兽药管理科室或机构,大部分市、县兽药管理的日常事务由畜牧兽医站或兽医卫生监督所代表农牧部门完成。全省现有各级畜牧兽医、水产、蚕桑等类别的兽药监督员550人,有关市、县的乡、镇还配备了500多名兽药检查员,协助兽药行政管理部门开展工作。为加强新兽药的审批管理,省农林厅在1992年批准成立了省新兽药审评小组,并于1996年在省新兽药审评小组的基础上,组织成立了江苏省新兽药审评委员会,内设畜禽药、水产药、蚕药等审评小组,进一步规范了全省新兽药审评审批工作。

江苏省兽药监察检测机构,除省兽药监察所外,未增设市、县级兽药监察所,着重抓好省级所的建设。10年来共调整和培养了检验、研究人员10多人,其中大部分来自中国药科大学本科毕业生,现有从事检验、研究工作的推广研究员1人、副高级职称4人、中级职称6人、助工1人,为适应检验工作的需要,省兽药监察所投入180多万元,增设高效液相、红外、紫外、荧光、薄层分析仪等精密仪器设备。同时,还为省内外兽药生产、经营、监督单位培训各类检验人员达1 500多人次,承担产品报批、新产品质量复核、市场抽检10 000多批次。全省已初步形成以各级农牧部门为主体,水产、蚕桑等部门配合的监督管理网络。

1998年的主要工作

1. 制订发展战略,加快兽药产业发展。畜牧、水产等养殖业的快速增长带动了兽药业的发展,使兽药的生产步人了稳定发展的轨道。为了进一步加快兽药产业发展,提高全省兽药生产、经营水平及市场竞争能力,全省制订了“关于加快发展全省兽药产业的意见”。确立了以市场为导向,科技效益为中心,联合为纽带,实施新品、名牌和集团化发展战略的指导思想;提出了发展兽药产业的总体目标:通过10~12年的努力,实施“1159”工程,即至2010年,重点发展10个以上年销售额超亿元的生产企业(集团),着力培育10个以上年经营额超亿元的经营实体,加快建设和改造50个符合GMP标准的兽药生产企业(车间),培育一批质量优秀的名牌企业和名牌产品,进一步提高江苏省产品的市场占有率及产品质量抽检合格率,力争在全省使本省产品占有率由40%提高到60%,抽检合格率由65%提高到90%以上。引导企业转换机制,提高科技含量,寻求新的经济增长方式;鼓励企业扩大规模,实现强强联合、强弱兼并,向集约化方向发展,努力把江苏建设成为兽药强省。

2. 开展市场整顿,净化兽药市场。在推动兽药行业发展的同时,加强兽药市场监督检查,严厉打击各类制假售劣行为。1998年5—7月全省开展了一次兽药市场的清理整顿活动,省农林厅下发了《关于开展兽药市场整顿检查活动的通知》,各市、县农牧部门积极配合、认真贯彻,重点取缔无证经营和超范围经营,全面清查假劣兽药,全省共检查经营使用单位2 829家,取缔无证经营户599家,查处各类违章案件780起,查处假劣兽药686个品种,货值180.144万元,累计罚没款709 778万元。为了造大打假声势,还在全省兽药管理工作会议期间集中部分假劣兽药进行现场销毁。通过本次活动,进一步扩大了兽药管理的社会影响,净化了兽药市场,增强了全社会的兽药质量管理意识。

3. 强化队伍建设,提高监督服务水平。1998年,各地继续加强兽药监督队伍建设,全省共增配了49名兽药监督员,充实了监督力量,各市、县逐步建立了一个以农牧部门为执法主体,水产、丝绸、工商等部门协助的联合执法体系。根据行政处罚及兽药管理的要求,开展了兽药行政执法的培训工作,全省共举办省、市级各类培训班15期,培训兽药监督及兽药行政执法人员约450人次。省农林厅在苏州举办了省级兽药监督员培训班,邀请省高级人民法院、省法制局的领导、专家作了行政处罚法、行政诉讼法等专题讲座,同时宣传学习了《兽药管理条例》及兽药管理规章、各项要求及各类兽药许可审批程序;讲解了对兽药生产、经营企业实施质量监督检查要点;研讨了市场检查、案件查处等兽药管理中存在问题及解决办法;布置了1999年兽药生产和经营许可证的换证验收办法等。

9月份,省农林厅召开了全省兽药管理工作会议。本着既管又帮、监督与服务相结合的原则,率先向社会公开作出了“五项承诺”,即产品报检、案件查处、企业审批、文号审批、新药审评等五项时效承诺,为企业提供优质高效的服务;为进一步规范兽药监督管理人员的执法行为,严肃法纪,要求全省各级药政管理部门严格遵守“十个不准”的行为准则,确保执法的公正性。

4. 加强企业管理,提高生产、经营管理水平。为切实做好1999年全省兽药生产、经营许可证的验收换发工作,提高全省兽药生产、经营企业的硬件设施和软件管理水平,根据《兽药管理条例》及实施细则等有关规定,制订了"江苏省核(换)发《兽药生产许可证》和《兽药经营许可证》验收细则",以进一步提高和完善兽药生产、经营许可证的核发条件,规范生产、经营行为。下半年,又根据"验收细则"的精神,制定了"江苏省核(换)发《兽药生产许可证》、《兽药经营许可证》考核验收办法",印发至各市、县多管局。本次《兽药生产许可证》的验收细则及考核办法是参照兽药 GMP 的有关要求制定的,注重软件管理,为提高全省兽药生产企业的管理水平,力争在 2005 年全面实施 GMP 打下基础。

开展兽药质量优秀生产企业的认定工作,通过质量抽检、综合评定确认表彰了江苏动物药品厂、扬中市兽药厂、江苏泰州丰达动物药品厂等十佳质量优秀的生产企业。同时对质量优秀和规模较大的生产企业采取政策倾斜,制订有关帮扶措施,并尽可能缩短各项审批时间。这项工作的开展在兽药行业中引起较大反响,营造了一种抓质量、创名牌的良好氛围,对全省的兽药管理工作起到了推动作用。

(江苏省农业厅畜牧局供稿)

山 东 省

【兽药生产】 1998 年,全省兽药生产企业已发展到 260 多家,完成工业总产值 13 亿元,实现利税 1.3 亿元,产值、利税均比《兽药管理条例》颁布时的 1987 年增加了 26 倍。其中齐鲁、明发、六旺、诸城、神威、鲁西华菱、济宁等骨干兽药企业主导地位日益突出,年销售额都已超过 5 000 万元,有的近亿元。兽药经营也日趋活跃,基本上形成了以各级畜牧兽医部门为主渠道的兽药流通格局。全省兽药经营供应网点达 3 000 多个,年经营额近 30 亿元,均占到全国的十分之一。以省牧工商兽药饲料公司为代表,通过总代理和总经销的经营方式,涌现出了一大批经营量大、辐射面广、产品质量有保障、经济效益好的兽药销售龙头,较好地满足了畜牧业健康发展的需要。

【兽药执法】 1998 年,山东省为加强兽药管理,制定出台了《山东省兽药管理工作规范》,不少市地也出台了"兽药管理办法"等地方规章,为依法制药提供了法律依据。自 1997 年以来,山东省每年都要举行一次声势浩大的"齐鲁兽药质量行活动",突击抽检,打假治劣。为彻底整顿兽药市场,省和各市(地)都设立了投诉电话,1998 年 5 月又开展了为期 1 周的'98 齐鲁兽药质量行活动。据统计,全年共查处兽药违法案件 1 000 多起,处理假劣兽药 1 300 多种,销毁兽药货值 300 多万元。查处了一批大案要案,如潍坊、德州两市挖出了三个不法分子制假生产窝点。结合贯彻农业部 6 号令,查处了普康禽病研究所非法生产的"禽减蛋综合征疫苗"案,没收非法疫苗货值 5 万多元,罚款 3 万元。

(山东省畜牧局供稿)

青 海 省

【兽药生产】 1998 年,青海省有兽药生产企业 5 家,其中,兽医生物制品厂 1 家,兽药厂 1 家,饲料药物添加剂厂 3 家。共有职工 391 人,其中,技术人员 92 人,中级职称以上人员 23 人。生产的兽用化学药品和饲料药物添加剂产品共有 10 种,年生产总值 257.74 万元,销售额 254.32 万元,实现利税 13.22 万元。生产兽用生物制品的主要品种有牛巴氏杆菌灭活疫苗、绵羊痘活疫苗、羊梭菌疫多联干粉苗、无荚膜炭疽芽胞苗、肉毒梭菌灭活苗等 17 种,8 376.5 万毫升(头份);生产总值 234 万元;销售额 231 万元,上缴国家税收 14.3 万元。

【兽药经营】 兽药经营已形成以各级畜牧兽医业务部门为主,个体经营为辅的经营网络。1998 年,共有兽药经营单位 517 家,其中各级畜牧兽医站从事兽药经营的 480 家,占 92.84%,个体兽药经营户 37 家,占 7.16%;兽药批发单位 53 家,零售单位 461 家。全省兽药年销售额约 1 000 万元,其中省级批发单位的销售额为 414 万元,比上年增加 6.7%;实现利税 42.4 万元,比上年增加 0.6%。全省供应兽用生物制品 35 个品种,9 515 万毫升。

【兽药饲料监察】 青海省饲料兽药监察所,承担全省饲料、兽药的质量监督、检验和技术仲裁等工作。该所有职工 24 人,其中专业技术人员 19 人,中级以上职称的 11 人,有固定资产 78 万元,有原子分光光度计等主要仪器设备 11 台(件)。能承担兽用化学药品、抗生素、中药及饲料兽药添加剂的检验工作。

1998 年,该所对西宁、海东、海南、海北 4 个州、地、市的 46 个兽药生产、经营、使用单位的 55 个兽药品种的质量进行了抽检。共抽检 129 批次,合格 87 批,合格率为 67.4%,比上年下降了 0.9 个百分点。其中化学药品 88 批次,合格率为 67.0%;抗生素 28 批次,合格率为 67.9%;中药 13 批次,合格率为 69.2%。查出无批准文号的假药 7 批,检出不合格兽药 42 批次,其中含有效成分为标示量 50%以下的兽药 12 批次。

1998 年换发了 26 个兽药品种的批准文号,举办全省兽药监督员培训班,47 名学员取得了结业证书和执法资格,审核发放"兽药经营许可证"5 份,取缔非法经营 6 户;为加强兽用生物制品的供应管理,扩改建县乡畜牧兽医站,地下冷藏室 11 座,面积 575 平方米,配备冰箱 4 台,部分县、乡配备了防疫车、注射围栏等设备。

(许海抚 杨发录)

新疆维吾尔自治区

【兽药生产】

1. 生物制品。新疆生物药品厂是新疆为发展畜牧业生产提供兽用生物药品的唯一生产单位，能生产兽用各种疫(菌)苗21种，共有以下几大类产品：

(1)菌苗类。无毒炭疽芽胞苗、羊链球菌氢氧化铝菌苗、羔羊大肠杆菌病菌苗、冻干布氏杆菌羊型5号菌苗、仔猪副伤寒冻干弱毒苗、干燥猪肺疫弱毒菌苗、牛肺疫弱毒冻干苗、气肿疽明矾菌苗、羊梭菌三联四防氢氧化铝菌苗、羊四防干粉菌苗、气肿疽牛出败二联干粉苗。

(2)疫苗类。绵羊痘弱毒冻干苗，鸡新城疫Ⅰ系、Ⅱ系冻干苗及口蹄疫A、O型双价苗。

(3)血清类。魏氏梭苗A、B、C、D型定型血清，抗羔羊痢疾血清。

新疆每年生产兽用生物药品近13 000万毫升(头份)，基本上保证了兽医防疫工作的需要。

2. 兽用化学药品。近年来，全疆需要兽用化学药品达1.5亿元。自治区内兽药生产企业只能生产兽用化学药品需要量的40%左右，兽用化学药品需要量近70%左右依靠区外兽药生产企业供应。

1998年，对全疆兽药生产企业进行了一次全面清理整顿，保留了26家兽药生产企业，这些兽药生产企业中除刚投产的新疆西农动物药品有限责任公司规模较大外，其余的兽药生产企业(或车间)规模还不大，生产兽用化学药品的品种还不多，产品的产量低。生产的化学药品类有：丙硫苯咪唑片，复方磺胺五甲氧嘧啶粉、片，复方敌菌净片、粉，痢特灵片，氯苯胍片，土霉素片，吡喹酮片，蛋禽用多种维生素，喹乙醇粉、片，兽用维生素A、D，土霉素粉，氯霉素粉，维生素E粉，氯吡醇，卡那霉素注射液，安痛定注射液，30%安乃近注射液，复方氨基比啉注射液，痢菌净注射液，10%磺胺嘧啶钠注射液等60余种。

3. 中草药。新疆中草药资源非常丰富，有高山生雪莲，低山生麻黄草，河谷生马兰，沙滩生红柳，平原生锁阳、肉丛蓉，水边生苦荬，吐鲁番产索索葡萄，伊宁产藁本，还有独特草药一枝蒿、松萝、阿魏等。80年代以来，各地畜牧兽医部门，对本区域内生长的中草药进行调查，收集药用植物360多株。

【兽药法规及执法】 1998年新疆兽医药政部门贯彻执行《兽药管理条例》规定的许可证制度和对流通领域兽药质量监督。

1. "兽药生产许可证"、"兽药制剂许可证"、"兽药经营许可证"以及兽药批准文号的核发工作。根据农业部制定的兽药生产质量管理规范即兽药GMP的要求，对历年来已取得《兽药生产许可证》的48家兽药生产企业，通过现场检查和兽药抽样检验，经畜牧厅审核，其中22家兽药生产企业不具备兽药生产条件，吊销了"兽药生产许可证"并注销了兽药产品的"批准文号"。对保留的26家兽药生产企业，在生产条件工艺、质量保证等环节上存在重大缺陷的，提出了整改要求，限期改进。

2. 开展兽药监督检验，规范兽药市场。1998年完成各类兽药监督检验826批次，合格583批次，合格率70.6%。委托检验兽药108批次，合格80批次，合格率74.1%。报换兽药批准文号检验兽药374批，合格326批，合格率87.2%。接受外省(区)销售申报兽药检验586批次，合格393批次，合格率67.1%。

3. 自治区共查处生产经销假劣兽药案件54起，涉及区内外兽药生产企业33家，没收各类假劣兽药50批次，共53个品种，2 000箱，总货值70万元。其中最大的销售假螨净案，总货值20万元。

4. 在乌鲁木齐市召开了兽药打假现场会，将收缴的2 000箱假劣兽药在东山垃圾场当众销毁，并通过区、市两级电视台、报刊、新闻媒体广为宣传。

5. 1998年举办了地(州)、市级兽药监督员和兽药经销、从业人员上岗培训班两期，参加人员共450人。

(周自富)

宁 波 市

近年来，不少兽药生产者和经销商唯利是图，置国家法律法规于不顾，多层次、多渠道经销假劣和违禁兽药，特别是含有β-兴奋剂系列产品如瘦肉灵、瘦肉精、瘦肉多、安宝等，坑害生产者和消费者利益，严重威胁着人体健康。为严厉打击非法生产、销售违禁兽药，净化兽药市场，宁波市加大了兽药市场的监管力度，严肃查处了一批违禁兽药，确保了供港猪的安全出运和市民食肉安全。

1. 进一步广泛宣传《兽药管理条例》。自1998年香港卫生署公布香港市民食用内地供港猪内脏(含β-兴奋剂残留)发生中毒报道后，引起了宁波市有关部门的高度重视。宁波市农业局兽药监督管理部门及时召开了专题会议，学习有关文件，按农业部农牧发[1997]3号和市农业局甬农[1997]32号《关于严禁非法使用违禁兽药的紧急通知》精神，明确规定诸如影响生殖的激素、催眠镇静药、肾上腺素能药和瘦肉灵等β-兴奋剂系列产品属伪劣、假药产品，严禁制售和非法使用，各地充分利用广播、电视、报纸、黑板报、印发小册子等形式，深入县、乡、村大张旗鼓地宣传《兽药管理条例》，并把会议精神落实到畜牧生产经营中。

2. 加大对基地牧场使用违禁兽药的查处力度。"瘦肉多"等β-兴奋剂系列饲料添加剂产品，既可提高肉猪瘦肉率，又可使肉色增红，对猪场具有很大的诱惑力，而且不法兽药经销商直接向宁波市的畜牧场和兽药经营单位进行兜售，个别牧场受经济利益的驱动，在兽药监督管理部门三令五申禁止使用“瘦肉多”等β－兴奋剂系列产品的情况下，轻信有关兽药推销人员的片面介绍，仍继续使用“瘦肉多”等违禁兽药，以至1998年8月某基地牧场被宁波动植物检疫局从健康猪只尿样中检测到β－兴奋剂，直接威胁着宁波市供港猪出口和市民身体健康。对此，宁波市政府和有关部门十分重视，副市长郭正伟专门作了批示，宁波市农业局会同宁波市财贸办公室联合下发《关于进一步加强兽药市场管理的通知》，决定加大对基地牧场使用违禁兽药的查处力度，并委托宁波动植物检疫局从每个受检场随机采集3～5头健康猪只的尿样进行β－兴奋剂残留量的检测。截止1998年底，全市共抽查出栏2000头以上的规模猪场21个和2个定点屠宰中心的82头份肉猪尿样，检测结果有3个猪场的9个尿样呈阳性，按规定对3个阳性场作出以下处罚：

(1)封场两个月，经跟踪检测，确认无β－兴奋剂残留方可出栏。

(2)以此为鉴，通报全市。

(3)责成单位负责人作出深刻的书面检查，保证此类事件不再发生。

(4)取消市级商品猪基地牧场资格和基地牧场一切优惠待遇。

3. 堵住违禁兽药生产源头和销售渠道。禁止使用β－兴奋剂之类的药物和添加剂的关键在于查根源、堵源头。因此，农业兽药管理监督部门对畜牧生产单位、饲料添加剂生产经营企业和个人进行了全面检查，对非法生产、经营和使用的单位和个人，根据兽药管理法规予以查处，坚决取缔非法制售违禁兽药及添加剂。1998年，共查处违禁兽药4000千克。特别在调查某牧场时发现，该场由于应用了象山飞利浓缩饲料厂生产的1%添加剂而引起猪只尿样呈阳性，对此，宁波市农业局组织力量对象山飞利浓缩饲料厂进行调查、采样和取证，按《兽药管理条例》有关规定，依法专项立案，责成该厂立即停止生产、封存产品等候处理，并抽样送检，经宁波动植物检疫局和上海市兽药饲料监察所检测，结果该厂生产的1%添加剂样品均为阳性。为从严从快打击非法生产、销售伪劣假药及饲料添加剂的违法行为，根据《兽药管理条例》及其实施细则的有关规定，决定销毁非法生产产品，责成写出书面检查，通报全市，并罚款4.8万元。有力地打击了非法生产和制售假劣兽药者，堵住了违禁兽药生产源头和销售渠道，确保了畜禽用药安全有效和人民身体健康，促进了我市兽药经营的健康发展。

（孙泽祥）

（本栏目主编　耿玉亭）

国际经济技术活动

改革开放以来，农业对外交流日益加强，行业在对外交流合作方面发展尤为迅速，一大批国外援助、优惠贷款、合资项目得已兴建，同时还引进了世界上大部分的优良畜禽品种、畜牧业生产与管理技术，并采取派出去、请进来的办法，人才交流日益频繁，对我国畜牧业的现代化建设产生了积极影响。

【广泛建立技术交流合作关系】 随着改革开放的不断深入，对外合作交流迅速发展，渠道增加，范围拓宽，合作形式不断丰富。在这样的大环境中，畜牧业受益很大。外资引进迅速增加，经济科技合作和贸易往来不断扩大，取得令人鼓舞的成就，为促进我国畜牧业持续发展发挥了重要的作用。通过交流互访，先后与澳大利亚、美国、日本、荷兰、丹麦、加拿大、罗马尼亚、德国、瑞士、意大利、泰国、匈牙利、芬兰、印度、印度尼西亚、瑞典、奥地利、伊拉克、法国、埃及及拉美等约36个国家建立了不同形式的联系；同时与国际机构在动物针灸麻醉、家禽病学、动物病毒分子学、实验动物、基因工程实验技术、养蜂业、山羊食品加工、博览会、交易会等领域共同组织举办国际性会议15次。此外，还与国际农业发展基金会、联合国开发计划署、亚洲开发银行、世界银行及欧洲联盟建立了经济合作关系。这为我国开展长期、稳定的畜牧业国际交流与合作创造了良好的条件，为引进外资、引进国外先进技术和管理经验、开发和扩大畜牧产品进出口贸易奠定了基础。

【引进国外技术与资金，合作建设项目】 截止1998年底，开展各种形式的合作项目39个，包括改良草山草坡发展畜牧业项目5个；接受国际无偿援助，开发建设我国的草地资源、发展奶生产、加工项目，建立畜禽、牧草良种生产场及促进贸易项目21个。其中多边援助项目有FAO内蒙古翁牛特旗肉牛示范场、动物资源保护项目，世界粮食计划署乳品援助项目，欧共体援助的奶类发展二、三期项目及亚洲开发银行畜牧技术援助和水牛开发等7个。双边无偿援助项目主要有德国、澳大利亚、日本、瑞典、加拿大等国在牧草示范、牛羊改良、奶制品加工、良种繁育等领域的合作项目达14个；接受国际优惠贷款，保护和合理利用我国天然资源，积极建设人工草场，提高产草量、载畜量和经济效益方面的畜牧业综合发展项目共5个；与港商和外商合资，建立集约化现代猪场、肉鸭场、肉鸡场、肉品加工厂、牛屠宰加工厂、外向型出口企业、饲料加工厂、大规模肉鸡生产企业、皮革加工企业以及轻工部门或地方与国外合作兴办的多种项目8个。

近年来，外国投资项目在发生变化，外商直接投资项目减少，逐渐趋向于上层次、上规模方向发展，项目多以优惠贷款方式，典型项目有：由农业部牵头的第一个利用外国政府贷款打捆项目即澳大利亚政府贷款牧草种子发展项目，中国—欧共体水牛开发项目等。

通过对外交流与合作，在引进资金的同时，使我国畜牧行业学到了先进的生产方法、管理经验和科学技术，加速了我国畜牧业的现代化进程，同时为今后的进一步合作与交流积累了不少经验。相信在新的世纪，我国畜牧业的对外合作前景会更好，中国畜牧业在国际舞台上将更加有所作为。

（全国畜牧兽医总站　刘淑霞）

重点建设项目

【利用澳大利亚政府贷款牧草种子发展项目生效执行】 利用澳大利亚政府贷款牧草种子发展项目是农业部牵头组织的第一个利用外国政府贷款的打捆项目。该项目于1995年9月提出，经3年的前期准备，澳大利亚出口信贷保险公司于1998年2月和中方进出口银行签署了贷款协议，项目单位于1998年3月和进出口银行签署了转贷协议，自此，项目正式生效执行。

项目总投资1 000万美元，其中500万美元为无息贷款，11年还款期。该项目包括内蒙古赤峰红城林牧股份合作有限公司优质牧草种籽及草产品开发、山东省无棣县黄河三角洲草业集团鲁北牧草基地与草产品开发、山西省草原工作站运城地区黄牛场草坪种籽和苜蓿草产品开发及全国畜牧兽医总站北京克劳沃草业技术开发中心牧草良种和草坪开发4个子项目。

项目建设宗旨:引进良种和先进技术,加强我国部分牧草基地和草坪基地的良种繁育及生产加工能力,增加社会供给;示范推广优质牧草和草坪草种植,促进我国草地和草坪建设,改善牧区和城市生态环境;带动牧区农牧民加快脱贫致富,形成"项目基地-农牧民"的生产发展模式。

项目建设目标:项目建成为具有良好社会效益、生态效益、经济效益的牧草和草坪草种子生产基地,逐步扩大在国内的示范推广作用。

项目实施的前两年为建设期,其间引进牧草良种,进行引种试验和生产。在投产后逐步繁育和推广选育出适于本地区的牧草良种和草坪草种子,增加对国内的供给量。为使项目产生更广泛的辐射作用,在项目基地通过良种繁育和生产实际,每年对基地所在地区的农牧民进行生产技术培训,促使大面积推广良种和大幅度提高牧草产量。项目产品主要有:苜蓿草种子、苏丹草种子、草坪草种子、草皮、草粉和干草等产品。项目产品生产主要满足本地区和国内的需求,但在项目建成后,应在提高良种繁育、种子清选加工质量的基础上,开发新品种和进一步进行草业生产一体化建设和草产品综合开发利用,逐步开拓国际市场。

牧草种子发展项目具有良好的开发前景。一是根据我国畜牧业发展"九五"计划和2010年远景目标规划,畜牧生产的持续发展对优质牧草的需求将会越来越大;二是因为我国草原三化严重、城市绿化水平低、水土流失严重,发展优质牧草种植和草坪草生产是今后10~15年我国改善生态环境工程的重要内容和有效措施。

(唐治韶)

【世界银行贷款中国农业支持服务项目(畜牧部分)】 世界银行贷款中国农业支持服务项目实施于1993年,贷款总额8370特别提款权(相当于1.15亿美元),其中畜牧部分约4 000万美元。该项目畜牧部分的受益人为9个省、市(自治区),分别是黑龙江、吉林、河北、北京、河南、湖南、上海、四川、广西和4个国家级项目单位:全国畜牧兽医总站、中国兽医生物制品和药品监察所、国家饲料质量检测中心和南京SPF厂。

1. 项目目标。

(1)畜牧实地服务:加强直接提供给农民的服务,其中包括畜牧生产服务和兽医服务,加强畜牧兽医服务中心,并通过改善设施,提供设备和培训,加强对农户提供技术推广和品种改良服务。

(2)畜牧业支持服务:投资建设国家畜牧兽医服务中心,在南京建设一个无特定病源疫苗禽蛋(SPF)生产单位,在中国农业科学院建设一个国家级动植物遗传资源库,在中国农业大学建设一个国家诊断标准实验室并附设兽医流行病学和图书资料单位。

2. 项目内容。

(1)国家级单位。首先完成畜牧技术服务机构与畜牧行业行政管理部门的脱钩,建立全国畜牧兽医总站,并在其下建立禽产品质量监督检验测试中心、畜牧器械质量监督检验测试中心、兽医诊断中心、畜禽牧草种质资源保存利用中心、声像中心和信息中心等一批国家级实验室和服务。中国兽医生物制品和药品监察所、国家饲料质量检测中心和南京SPF厂也需按照项目设计完成建设内容。

(2)省级单位。9个省级项目单位都需建立省级畜牧兽医服务中心、兽药质量检测中心、饲料质量控制实验室等畜牧服务机构,部分省还需建立声像室以针对各级畜牧技术人员开展技术推广服务。在地、县级,项目建设内容主要是建立畜牧服务中心和适合各地具体情况的小规模实验室,乡一级的项目内容只是建立乡级畜牧服务中心,以直接对农民进行大量的技术推广服务。

农业支持服务项目实施到1998年,大部分项目建设内容都已完成,项目将从建设期转入运行期。世界银行将于2000年对该项目进行竣工验收,中央项目办的工作重点也将围绕项目竣工报告的准备而进行,同时将尽快完成项目未完成的部分。

(唐治韶)

【世界银行贷款中国肉牛发展项目】 本项目旨在通过利用世界银行贷款1亿美元及相应的国内配套资金,加强中原肉牛带的建设,提高肉牛生产及流通效率,利用低价值的秸秆等农作物副产品生产高价值的肉牛产品,增加肉牛产品有效供给;通过肉牛生产及相关活动,增加农户收入,并以此为契机,优化项目区产业结构,带动项目区经济发展。

项目地点确定在中原肉牛带的河北、山西、河南和安徽省。

1. 项目建设的主要内容和主要技术措施。项目分布在上述4省的16个地市的74个县。项目内容总体包括5大部分:

(1)肉牛养殖。共计扶持肉牛养殖农户150 018户,扶持肉牛育肥场168个。

养牛户的饲养规模一般为2~3头。可采用不同模式,如2头母牛、3头母牛、1头母牛加2头架子牛、2头架子牛和2头育肥牛等。安徽还拟发展每批出栏10头育肥牛的专业户1 179户。养牛户的投资主要用于购牛、建牛舍(每头牛平均3~5平方米)、修秸秆氨化池、购铡刀等。

育肥场的规模为每批出栏100~500头,主要投资于建牛舍、仓库、青贮氨化窖,购买架子牛、精饲料、拖拉机、铡草机、地磅、水泵等。

(2)品种改良及支持服务体系。完善(或扩建)省级育种中心(品种改良站、服务站)4个,地市级品种改良中心(技术服务站)5个,县级畜牧兽医站(品种改良站)94个,乡级品种改良站(畜牧兽医站)442个,村级人工授精点365个。

改良站的投资主要用于购置液氮车、液氮罐、输精器材,改善、扩建牛舍、犊牛舍和采精场。

畜牧兽医站的投资主要用于购置化验、诊疗设备、防检疫用工具车和摩托车,改善化验、诊疗实验室。

(3)活牛交易市场。建立(地)县级中心市场19个,乡镇交易市场97个。

交易市场的投资主要用于购置活牛计量称重设备,建暂养牛舍、交易结算辅助设施等。

(4)加工体系。建立饲料加工厂2个,肉牛屠宰厂(3万头/年)1个和牛肉深加工厂3个。

两个饲料厂中,一个为年产1 000吨的预混饲料厂,一个为年产20 000吨的肉牛全价饲料厂。

肉牛屠宰场的年屠宰能力为30 000头/年。3个牛肉深加工厂的年加工能力总计为21 500吨。

(5)项目管理机构建设。项目管理投资主要是培训和通信设备、计算机购置等。

此项目将主要运用如下技术措施:

(1)适量引进国外优良品种,完善肉牛良种繁育体系,推广使用冷冻精液人工授精技术,选育改良地方品种。

(2)采用秸秆氨化等技术,提高肉牛营养与饲养管理水平。

(3)加强引导,建立和完善合理的生产组织方式。

(4)完善畜牧兽医技术推广服务体系,强化服务与监测功能,搞好牲畜防疫和检疫。

(5)完善市场体系,尤其是加快活牛流通与周转。

(6)引进国外先进屠宰加工设备与技术,开展肉牛深加工,积极引导消费。

2. 项目投资。项目投资总额为18.39亿元人民币。其中建设投资为15.3亿元,流动资金为1.48亿元,此两项之和构成项目基本投资,总额为16.78亿元;世界银行贷款承诺费为0.09亿元,建设期利息1.52亿元,承诺费和建设期利息之和为1.61亿元。

在项目基本投资中,按省划分:河北为4.33亿元,安徽4.65亿元,河南4.15亿元,山西3.65亿元。

按项目类别划分,农户及育肥场肉牛养殖是本项目的主体部分,其投资额为12.25亿元,占总投资的73.0%。育种及支持服务体系部分1.48亿元,占总投资的8.8%。活牛交易市场部分1 500万元,占总投资的0.9%。加工部分2.26亿元,占总投资的13.5%。项目管理体系部分6 406万元,占总投资的3.8%。

世界银行贷款1亿美元,主要用途为农户和育肥场购牛、设备采购和培训。其中,购牛用款59 156.39千美元,设备及物资采购用款16 637.32千美元,土建为22 075.36千美元,考察、培训考察及专家咨询费用为2 342.66千美元。世界银行贷款分省分类用途详见下表:

单位:千美元

项目 \ 地区	河南	山西	河北	安徽	合计
购牛	11 923.90	14 042.89	19 000.00	14 189.60	59 156.39
设备	3 814.90	5 048.62	3 574.00	4 199.80	16 637.32
土建	7 727.20	2 202.16	3 230.00	8 916.00	22 075.36
培训考察及咨询	581.10	870.76	196.00	694.80	2 342.66
合计	24 047.10	22 164.43	26 000.00	28 000.20	100 211.73

3. 资金筹措及世界银行贷款分配。项目基本投资16.78亿元,拟申请世界银行贷款1亿美元,折合人民币8.3亿元(按1美元折合8.3元人民币计算)。据国家计委、财政部与四个项目省协商,安徽、河北、河南、山西四省的世界银行贷款额分别为2 800万、2 600万、2 400万和2 200万美元。国内配套资金8.48亿元,国内配套资金与世界银行贷款比例基本为1:1。国内配套资金由各项目单位自行解决。来源有三部分,一为国内银行贷款,总额为3.12亿;二为当地财政扶持,总额为9 600万元;三为企业及项目农户自有资金,总额为4.40亿元。具体资金筹措情况见下页表。

企业及农户自有资金和财政配套视为资本金投入,本项目中资本金投入总额为5.36亿元人民币,占项目基本投资额的31.94%。

承诺费和建设期利息之和为1.61亿元,由建设单

单位:百万元人民币

项目 / 地区	世界银行贷款	国内银行贷款	省市县财政配套	企业及农户自有资金	总计
河北	215.8	86.0	8.2	123.0	433.0
安徽	232.4	42.3	22.1	168.2	465.0
河南	199.2	75.8	5.6	135.0	415.0
山西	182.6	107.9	61.2	13.3	365.0
合计	830.0	312.0	96.5	439.5	1 678.0

位和农户自筹。

本项目贷款拟采用财政转贷方式。世界银行给中国政府的贷款条件为:贷款期20年,含宽限期5年,利率为世界银行浮动利率。财政部转贷各省的条件与世界银行条件相同。最终用户获得的世界银行贷款的利率基本与同期国内商业银行贷款利率持平。

4. 项目建设期限。项目预计建设期3年,1998年开始项目建设,2001年全部建成。

5. 项目产出和经济效益。项目建成后,每年可新增能繁母牛16万头,犊牛12.7万头,架子牛15.8万头,育肥牛24.4万头。年生产肉牛添加剂预混料1 000吨,肉牛精料平衡料20 000吨。年屠宰肉牛30 000头,生产中高档牛肉1 900吨,普通分割肉3 700吨。年加工软包装即食牛肉10 500吨,西式肉牛火腿(三文治)11 000吨。

整个项目建成后,达产年份每年可新增产值23.90亿元,实现利税5.12亿元。投资利税率为27.84%。静态投资回收期为3.59年。

6. 贷款偿还。贷款由贷款省的各级财政部门统一协调,由用款企业按贷款协议和转贷协议的年度还款计划按期偿还。

7. 项目组织管理。此项目由农业部牵头组织和协调,4个项目省进行项目准备和实施。农业部成立世界银行贷款肉牛发展项目领导小组,负责协调项目准备和实施的有关重大事项,成员由农业部综合计划司、畜牧兽医司、国际合作司和对外经济合作中心的领导组成,农业部一名副部长任组长,外经中心一名主任任副组长。农业部对外经济合作中心畜牧项目处作为本项目的中央办公室,具体协调各项目区的活动和对内、对外联系。各省、市、县成立由各级领导和有关部门负责人组成的项目领导小组和项目办公室,负责本项目区的项目领导、组织和管理工作,各项目区具有法人资格的企、事业单位以及农户承贷贷款,具体实施。

贷款通过财政渠道转贷,这有利于加强地方政府及财政部门对贷款偿还的责任感,保证贷款及时偿还,提高政府对行业发展的调控能力,还可以减少不必要的环节,减轻项目单位的负担,使项目更有效益。

(农业部外经中心畜牧项目处)

【中国-欧盟奶业和食品加工业的技术及商务合作项目】 中国-欧盟奶业和食品加工业的技术及商务合作项目(ALA/CHN/95/17)是欧洲联盟援助我国的最大农业项目。该项目于1996年5月由中国对外经济贸易部和欧洲共同体签署实施。项目执行期为4.5年,截止日期为2001年。项目总投资额为6 000万欧元,其中欧盟提供赠款3 000万欧元,中方投入的配套资金折合为3 000万欧元。

四川省成都市、山东省青岛市、江西省南昌市、辽宁省大连市、黑龙江省畜牧局和农垦局、新疆维吾尔自治区乌鲁木齐市、甘肃省河西走廊、河北省石家庄市、山东省济南市、河南省郑州市和贵州省等为项目地区。

该项目是1988—1994"中国-欧盟20城市奶类发展项目"(ALA/87/11)和1995年1月开始并于1996年结束的过渡期项目的延续。

其总体目标有三项:

(1)支持经济改革进程,把国有奶业企业转化成面向市场能够生存的企业;

(2)促进建立乡镇奶农合作组织,特别是支持为个体奶农服务的兽医服务和其他技术机构;

(3)促进中欧奶业和相关食品加工部门的商务公司和工业公司之间的联系,以便鼓励相互间的商业合作,并有助于这些部门的增长与发展。

项目主要组成部分包括:

(1)奶农合作组织及服务。项目对个体农民成立奶农合作组织提供援助和咨询,对综合性服务站的建立和管理给予帮助。建立或改进项目地区对个体奶农的支持服务,即兽医服务、人工授精服务和合作社性质的收奶站的服务。

(2)支持个体农民。在建立奶农合作组织时要有提高牛奶质量的计划。这项计划将从牛奶的生产到销售、消费者利益的保护、原奶的保质、生产增值产品等各个阶段全面得以落实。

奶农及其合作组织将在改进牛奶生产方面接受技术支持(例如购买奶牛、建牛舍、买设备和开发种植饲料的地区等方面)。

(3)经济改革和销售。项目支持乳品企业的改造和经济改革,以帮助企业适应市场经济的挑战而成为有效益和高效率的企业。

项目旨在提高牛奶公司经理在市场经济中的经营能力,尤其是在财务计划、人力资源开发、商业会计、销售、市场和分发等活动能力。项目将支持在目前没有液态奶供应的城镇地区建立牛奶分发系统。

(4)环境保护和加工设备。项目将重点投资于改善环境的环保措施。具体项目包括就地清洗设备,质量监测,废气、废水治理和能源节约。在没有足够的加工设施的地区,在考虑环境保护的前提下有选择地提供一些技术和财政支持以改造乳品加工设施。

(5)商务合作。商务合作是此项目重要的组成部分。商务合作的主要工作任务包括:选择具有与中国发展战略和具有成功实力的欧洲奶业和农产品行业的厂家之间的合作;向中国有潜力的企业展示本行业的欧洲厂家的能力。

(6)经济改革研究。通过与中国及欧盟的大学和农业机构的合作研究,以支持对企业改革和奶业经济的研究。这种研究将提供有价值的背景分析、数据和信息,支持经济上可行的奶业发展,促进欧盟-中国的经济合作。

(7)组织国内外的培训。通过实施专门的培训计划来对项目区技术人员进行技术培训和教育,主要内容包括商业管理和市场农场经济、畜牧、牛奶质量控制、乳品加工、环保和奶农合作组织与管理组织等。

欧盟在整个项目期间,提供447个人月的欧盟技术援助。这些人月将用于企业改革、建立奶农合作组织和经济改革。涉及的具体领域将包括会计和财务管理、销售、环境、保护、畜牧、乳品加工和牛奶质量、商务工作的协调、拟写项目的建议、资料及文件的准备以及合资项目活动的准备等。

(刘晓辉)

【中国-欧盟水牛开发项目】 欧盟-中国水牛开发项目协议书于1996年5月7日在北京签字。该项目的目标是:扶持项目地区个体农民从事水牛饲养,通过推广水牛育种计划,进一步发掘水牛的肉用、役用和奶用的潜力,取得经验后向全国推广。

项目执行期为6年(1996—2002)。援助方式采取现金援助(报账制)与技术援助相结合的方式,参加项目地区有广东省南海、汕头两市,云南省德宏傣族自治州和广西壮族自治区的水牛研究所和品种改良站。项目总金额为511.2万欧元,其中欧盟资金为278.7欧元,中方资金232.5万欧元。

项目主要内容:在云南省,采用人工授精方法改良当地品种的水牛,同时探索水牛奶奶用方面的经验;在广东省,利用水牛奶搞乳制品的开发;在广西壮族自治区,进行水牛的品种改良,并为云南、广东提供种畜和水牛精液。

至目前为止,1997—2002年水牛开发项目建设的总体报告以及欧盟、中方配套资金的投资计划均已完成。

(刘晓辉)

进出口情况

【1998年种畜禽引进情况】

1. 种牛。1998年共审批引进种牛855头,其中荷斯坦牛523头,其他肉用牛332头。在肉用牛品种中,引进数量较多的品种有夏洛来牛88头,西门塔尔牛84头,德国黄牛51头,占引进数量的67.2%。引进种牛的地区是河北、河南、山东、内蒙古、山西等省区。这些种牛主要来自加拿大和美国。

2. 种猪。1998年共审批引进种猪5 349头,其中长白猪1 680头,约克夏猪2 058头,杜洛克猪805头,配套系种猪806头。引进种猪以长白猪、约克夏和杜洛克为主,占引进总量的84.9%。引进种猪的地区是北京、天津、山东、河北、湖南等省市,种猪主要来自丹麦、英国、加拿大和美国等。

3. 种羊。1998年共审批引进种羊4 413只,其中山羊3 583只,绵羊830只。引进的山羊全部是波尔山羊,占引进总量的81.2%。绵羊中细毛羊400只,肉用绵羊430只。引进种山羊的地区是山东、江苏、河北等省市,引进种绵羊的地区是新疆、内蒙古两个自治区。种羊主要来自南非、澳大利亚和新西兰。

4. 种禽。1998年共审批引进种禽115.7万只,其中种鸡102.46万只(祖代肉鸡39.25万套,祖代蛋鸡15.7万套),种鸭、种鹅13.24万只。引进的祖代肉鸡中,爱拔益加的数量最多,约285万套,占肉鸡引进总量的72.5%。蛋种鸡中,数量较多的是海兰4.5万套,海赛克斯3.1万套,分别占蛋鸡引进总量的28.7%和19.7%。种鸭主要是樱桃谷鸭,约9.74万只,种鹅为朗德鹅,约3.17万只。引进种鸡的主要是北京、山东、江苏、河南、山西等省市。

5. 其他。1998年引进英纯血马686匹,犬150只,獭兔800只,新西兰大白兔300只。遗传物质中,动物胚胎622枚,牛冻精2 100份。

(王俊勋)

【饲料原料、产品及饲料添加剂进出口情况】

1. 大宗饲料原料进出口情况。1990—1998年,我国谷物平均净进口量只有315万吨,不足我国粮食总产量的1%。进口谷物仅仅用于品种调剂。

1990—1998年中国谷物进出口情况

单位:万吨

年份	谷物出口量	谷物进口量	净进口量
1990	373.45	1 368.85	995.40
1991	895.00	1 341.89	446.89

（续）

年份	谷物出口量	谷物进口量	净进口量
1992	1 140.37	1 151.40	11.03
1993	1 305.67	729.49	-576.18
1994	1 083.93	913.20	-170.73
1995	41.80	2 027.01	1 985.21
1996	57.81	1 075.98	1 018.17
1997	780.66	406.60	-374.06
1998	889.00	388.00	-501.00
年均	729.74	1 044.71	314.97

2. 饲料产品进出口情况。1990年以来，我国饲料工业已达相当水平，并开始参与国际竞争。1998年我国出口饲料19.36万吨，出口金额5 997万美元，分别比1990年增长63.8%和133.3%；1991—1998年8年累计出口饲料150.1万吨，创汇3.7亿美元。1998年进口饲料13.52万吨、进口金额2 230万美元，分别比1990年增长200%和-40%；1991—1998年累计进口饲料39.5万吨，进口货值2.9亿元。我国出口饲料的附加值逐步增高，进口附加值有所降低，我国饲料的出口竞争能力增强。

1990—1998年饲料进出口数量及金额

年份	进口数量（万吨）	进口金额（万美元）	出口数量（万吨）	出口金额（万美元）
1990	4.50	3 700	11.82	2 570
1991	4.93	4 233	12.47	3 026
1992	3.53	3 149	16.68	4 370
1993	3.15	3 208	19.99	4 835
1994	3.30	1 179	20.59	3 985

（续）

年份	进口数量（万吨）	进口金额（万美元）	出口数量（万吨）	出口金额（万美元）
1995	5.36	2 200	18.03	3 854
1996	9.16	7 174	20.17	4 788
1997	10.91	5 912	22.76	6 183
1998	13.52	2 230	19.36	5 997

3. 饲料添加剂产品进出口情况。1990—1998年的8年间，我国进口饲料添加剂从1.54万吨增加到4.92万吨，增长219.5%，而进口金额仅从3 433万美元增加到3 907万美元，增长13.8%；出口饲料从0.97万吨增加到2.52万吨，增长158.8%，出口金额从930万美元增加到5 015万美元，增长439.2%。从这组数字可以看出，进口的饲料添加剂产品附加值逐年降低，出口产品却逐年增高，表明我国出口产品的科技含量在不断增高，饲料添加剂出口竞争力逐年增强。

1990—1998年饲料添加剂进出口数量及金额

年份	进口数量（万吨）	进口金额（万美元）	出口数量（万吨）	出口金额（万美元）
1990	1.54	3 433	0.97	930
1991	3.50	6 707	1.07	1 193
1992	3.41	5 732	0.96	1 292
1993	3.56	4 976	0.98	1 171
1994	4.52	5 115	1.55	1 664
1995	5.35	6 255	2.00	2 812
1996	5.73	5 140	3.21	2 928
1997	7.06	4 341	3.56	5 146
1998	4.92	3 907	2.52	5 015

（杨振海）

1998年12月中国主要畜产品出口统计

出口值单位：千美元

商品名称	12月		1—12月		去年1—12月累计		累计比去年同期（±%）	
	数量	金额	数量	金额	数量	金额	数量	金额
活猪（种猪除外）（万头）	22	27 445	219	288 659	227	299 156	-3.3	-3.5
活家禽（万只）	900	19 459	4 262	95 698	5 268	113 575	-19.1	-15.7
鲜冻牛肉（万吨）		4 515	4	72 655	3	53 861	36.7	34.9

出口值单位:千美元(续)

商品名称	12月		1—12月		去年1—12月累计		累计比去年同期(±%)	
	数量	金额	数量	金额	数量	金额	数量	金额
鲜冻猪肉(万吨)		6 079	10	180 819	10	194 720	1.5	-7.1
冻鸡(吨)	33 779	58 037	274 443	460 170	296 867	557 204	-7.6	-17.4
鲜冻兔肉(吨)	991	1 773	15 029	26 599	29 225	63 813	-48.6	-58.3
鲜蛋(百万个)	83	2 629	578	18 751	733	25 270	-21.2	-25.8
天然蜂蜜(吨)	12 428	11 997	78 678	83 074	48 217	65 376	63.2	27.1
猪肉罐头(吨)	6 180	5 029	52 983	59 143	37 146	65 574	-10.1	-9.8
肠衣(吨)	4 895	34 271	42 778	333 957	46 613	363 399	-8.2	-8.1
羽毛羽绒(吨)	3 256	20 776	30 232	170 741	20 845	186 632	45.0	-8.5
山羊绒(吨)	202	9 228	1 683	87 250	2 059	137 871	-18.3	-36.7
兔毛(吨)	329	3 608	2 808	40 443	4 029	81 406	-30.3	-50.3
蛋品乳品		9 109		78 367				-10.7
生皮生毛皮		2 290		25 306				-40.4

1998年12月中国主要畜牧相关产品进口统计

进口值单位:千美元

商品名称	12月		1—12月		去年1—12月累计		累计比去年同期(±%)	
	数量	金额	数量	金额	数量	金额	数量	金额
饲用鱼粉(吨)	27 491	21 498	416 188	311 677	985 234	628 188	-57.8	-50.4
配合饲料(吨)	105 940	19 962	183 456	61 215	109 087	59 121	-68.2	3.5
羊毛(含毛条)(吨)	28 904	90 941	168 606	602 997	207 203	789 450	-18.6	-23.6
肉及肉制品		21 831		148 469				-5.5
乳品及蛋品		12 806		86 231				31.4
生皮生毛皮		37 788		400 396				-1.1

注:以上进出口数据根据国家海关总署提供信息整理。

(全国畜牧兽医总站交流信息处)

各地发展动态

内蒙古自治区

1998年,内蒙古畜牧业经济技术国际合作与交流活动,在自治区党委、政府提出的畜牧业“双增双提”(增草增畜,提高质量,提高效益)战略指引下,紧紧围绕“种子工程”,积极做好优良种畜的引进和先进技术的培训工作,强化对现有项目的监管力度,主动认真做好智力引进,使整体工作呈现出积极发展的良好局面。

以加速良种改良、提高种畜质量为核心的畜牧业“种子工程”,是贯彻执行自治区党委、政府提出的“双增双提”畜牧业发展战略方针的重要举措,是内蒙古畜牧业生产建设的中心工作。今年4月,我区组织全区家畜胚胎移植工程培训团,赴加拿大进行了为期1个月的技术培训与业务考察,主要内容是肉牛的胚胎移植、饲养管理和疫病防治。同时对加拿大的草原建设、保护和开发利用进行了考察，取得良好效果。同年，引进良种肉牛胚胎 1 200 枚，引进澳大利亚超细型细毛羊 200 只。

澳大利亚无偿援助的草原保护项目在我区兴安盟的建设 1998 年进入第二年，落实草牧场“双权一制”面积 1.33 万公顷，引进试种三叶草等优良牧草品种 23 个，围栏草场 82 万平方米，引进良种公羊 40 只、公牛 10 头、公猪 40 头，在项目区开展畜种改良。为了激发群众养羊积极性，在项目区举行了赛羊会，200 多只良种羊参赛，围观群众 5 000 余人，在兴安盟地区产生了较大影响。

由内蒙古、山西、山东和农业部共同承建的澳大利亚政府贷款“牧草种子开发项目”1998 年启动。3 月份在北京正式签约，6 月份开始人员培训。

国外智力引进工作 1998 年有新进展，组织了由自治区和重点盟市草原部门负责同志参加的“草原保护建设培训团”，赴加拿大进行了为期 28 天的考察培训，选派技术人员赴以色列、日本学习奶牛饲养、遗传工程等先进科学技术。聘请美国谷物协会专家来我区讲学，接待了美国、澳大利亚、日本等国的畜牧业考察团和有关公司的代表，为今后开展双边技术合作奠定了良好的基础。

（魏云章）

新疆维吾尔自治区

【对外贸易】 改革开放以来，特别是最近十年来，新疆畜牧业与国外的交往迅速增加，对外贸易技术交流及经济合作有了很大的发展。

1989 年 10 月，自治区畜牧厅首次与原苏联哈萨克斯坦加盟共和国和吉尔吉斯斯坦加盟共和国互换种畜取得成功。双方在互派专家挑选和检疫的基础上，1 251头（匹、只）优良种马、牛、羊通过霍尔果斯和吐尔尕特两个边境陆路口岸，用易货贸易的方式进行了交换，改变了新疆长期以来只能用外汇进口种畜的做法。

同年，畜牧厅又自筹资金从澳大利亚引进了肉用多赛特羊 154 只（其中公羊 19 只、母羊 135 只），萨福克羊 139 只（其中公羊 11 只、母羊 128 只）。

1995 年 8 月 15 日，畜牧厅通过伊尔克什坦口岸从吉尔吉斯斯坦引进阿莱种羊 663 只。

1991 年、1992 年两年向独联体国家出口活畜达 30 多万头（只）。近年来，每年与哈萨克斯坦等国的进出口额在 40 万～50 万美元左右，1998 年为 110 万美元，主要出口畜产品、兽医药械、日用品、粮油加工机械，进口化肥、羊毛、牛羊皮、钢材、木材、打井设备等。

【技术交流与经济合作】 在畜牧业领域里的对外技术交流与经济合作的发展过程中产生了一批较好的项目，如 2817 项目，国际小母牛基金会（HPI）援助项目，畜牧厅在澳在利亚的合资牧场项目，中—澳绵羊研究项目，联合国开发计划署援助我区畜牧业教育（伊犁牧校）项目，欧共体援助新疆奶业项目，世界银行贷款项目，引智出国培训和研修等项目。

1. 国际小奶牛基金会（HPI）援助项目。1990 年 5 月 HPI 第四届亚太工作会议批准了该援助项目，地点选在吐鲁番市，分肉羊和奶牛两部分，分别援款 2.9 万和 3 万美元，合计 5.9 万美元。项目执行期为两年（1991 年 1 月－1992 年 12 月），项目按期顺利实施完后，又利用回收的援助款重新安排新的受援者。

2. 畜牧厅在澳大利亚的合资牧场。1990 年 7 月我厅通过在直属企业牧工商联合企业公司，对外投资与澳大利亚胜利国际有限公司合资购买蒙牧沃利夫牧场，合资期限 15 年，总投资 146 万澳元，中方占 80%股份（116.8 万澳元），牧场位于新南威尔士州瓦格瓦格市娜然达拉镇境内，总面积 2 116 公顷，饲养美利奴羊 3 730只（其中母羊 1 400 只）、安哥拉山羊 250 只，牧场已于 1991 年 1 月开始运作。

3. 中澳绵羊研究项目。澳大利亚国际发展援助局提供无偿援助金 644.36 万澳元，中方配套资金人民币 1 200 万元的绵羊研究项目，1991 年 7 月由两国政府签字生效，执行单位为新疆畜牧科学院，执行期为 5 年，已圆满完成。

4. 联合国开发计划署援助我区畜牧业款项目。国际无偿援助项目，受援单位为伊犁畜牧学校，援款 40 万美元，自治区配套 200 万元人民币，用以改善教学条件，计算机软件和师资培训等。项目执行期 5 年，1992 年开始实施，已于 1997 年完成。

5. 出国培训、研修项目。近年来，我厅通过国家外专局批准，组团派出 18 批、56 人次到荷兰、澳大利亚、新西兰、英国、美国、法国、加拿大、丹麦等国家进行畜牧、兽医、草原、畜产品加工、现代化牧场经济管理等方面的学习培训，每批培训时间分别为 28～90 天。

派出研修生自 80 年代中期开始，据不完全统计共派出 14 批、108 人次，分别到日本、澳大利亚、新西兰、哈萨克斯坦、吉尔吉斯斯坦等国研修。接受单位如日本北海道国际农业交流协会酪农协会，哈萨克斯坦国立农大畜牧兽医学校、澳大利亚国际农业交流协会等，研修时间 6 个月至 3 年不等。

（新疆维吾尔自治区畜牧厅外经处）

（本栏目主编　刘淑霞）

环　境　保　护

发展生产　重视环境保护

随着山东省畜牧业的快速发展，畜牧环保工作已经受到各级政府的重视，畜牧养殖场、畜产品加工厂等的污物无害化处理和综合利用，已列入各有关部门和生产企业的重要议事日程，该项技术的研究已被列为山东省重大科研攻关项目，取得了明显的成果，从养殖场的规划布局、畜舍设计、饲养管理、污物处理、环境净化和综合利用等方面采取综合措施，在部分规模化养牛、养猪、养鸡场试验研究的基础上，已通过示范逐步在生产中推广。特别是在利用动物粪尿生产有机肥料、养殖双孢菇，利用畜产品屠宰加工副产品生产饲料添加剂、医用生物粘合剂等方面，取得了重大成果，在生产中推广应用产生了较好的经济效益和社会效益。

（山东省畜牧局供稿）

民进广州市委建议开发畜牧养殖场污水资源

广州畜牧业的发展，使畜产废水越排越多，但目前畜牧业废水的处理率还不到5%，对农业生态环境和水体环境已构成日益严重的破坏。最近，民进广州市委经过专项调查后指出，将畜牧养殖场污水处理与生态农业相结合，可起到生态效益和经济效益兼收的效果。

目前，畜牧业废弃物主要是畜禽排放的固体性粪便和冲栏污水，其中以养猪污水所占比重最大。据市农业环境监测站进行的多点监测，广州市全年排放的畜牧养殖场污水中流失的有机养分总量达4.3万吨，流失的氮、磷、钾总量相当于4.7万吨化肥。与三级水质标准比较，畜牧养殖场污水的综合污染指数高达47.4。其中，化学耗氧量超标55倍，悬浮物超标28倍，氨氮物超标14倍。

这样高浓度的废水，治理现状却令人堪虞。具有废水处理设施的畜牧场只有20%左右，其余80%畜牧场的养殖污水未经有效净化处理便直接排放。在具备污水处理设施的畜牧场中，不少是利用水塘进行沉淀和生化处理，但因为运转费用高，处理效率低，处理设备处于休息状态。

据了解，由于畜牧养殖场污水的污染物主要是有机物，治理难度也比工业废水容易，而且治理这种污水并非只是"赔钱"的事。经过调查，民进广州市委建议，开发畜牧养殖场污水资源，利用厌氧消化污水处理技术发展沼气，提供生产和生活用能源，并开发沼液养鱼、种果、种菜、培养花卉等技术，使污水治理与良性循环的生态农业相结合。据悉，采用此种方法治污的广州市良种猪场，不但工程建设投资小，运行管理费用低，净化效果好，而且日产沼气200多立方米，可"意外"收获一笔财富。

民进还建议，对布点不合理、污染严重的畜牧场，应按有关程序坚决关闭；没有污水治理设施、不搞环境影响评价的养殖项目，农业部门和环保部门不应审批。

（巫　伟　张嘉平）

（罗建民摘自《南方日报》）

专　题　文　章

优化资源配置
建立新型畜牧产业

为适应市场经济新形势，京郊畜牧业应以优化资源配置，提高资源使用效率，促进社会、经济、生态效益的协调统一为目的，逐步实现"以家庭经营为主体，三环分布、中心辐射、周边扩散"的格局。实现这一目标的重点任务在于畜牧业结构调整。

首先是所有制结构的调整。所有制结构调整的核心是增加农民收入，发展农村经济。在国有、集体规模畜禽场重组转制的基础上，继续引导，鼓励农户投资，使农户真正成为畜牧业的投资主体、经营主体和市场主体。在此基础上，引导、推动农民建立自己的畜牧经济合作组织，把分散的小规模生产引向集中的规模化经营，逐步建成符合现代企业制度的畜牧产业集团，向产业化经营发展。

其次是畜牧业生产布局的调整。由于历史原因，北京近郊区建有相当一部分规模畜禽场。随着城市建设发展，近郊区畜禽场土地使用效价低、环境污染、不利于防疫等问题表现突出。本着资源配置最优化原则，对畜牧业生产布局进行调整，将近郊区较大规模的畜牧业企业和项目有计划地向中、远郊转移，按不同地域功能把京郊建设为三个畜牧业经济发展带：第一带为城近郊区，包括4个近郊区及其他区县的小城镇周围，主要建设有利于环保的，以观赏为特色的旅游观光型养殖业和畜产品交易市场；第二带为远郊平原区，包括大兴、通州、顺义和房山、昌平、平谷的平原部分，以规模化商品畜牧业和畜产品加工业为主；第三带为远郊山区，包括门头沟、延庆、怀柔、密云和房山、昌平、平谷的山区部分，以草食家畜为主，并在适宜乡镇接纳由平原转移出来的部分规模养殖项目。

第三是畜牧业技术结构调整。改变近郊发达远郊落后的不平衡局面，使畜牧生产技术逐步向远郊辐射，重点是改变山区传统落后的养殖方式，提高科学技术在山区养殖业中的贡献率。技术辐射过程中，要注重畜禽良种结构的调整，加速草食家畜良种化进程，并相机增加特种养殖，依照"适度、批量、多品种"的原则，继续引进市场前景好、经济效益高、农民易饲养的名、优、特、新、稀类动物，丰富饲养品种。要注重畜牧业纵向结构的调整。在同一品种内，通过提高良种普及率，改善饲养工艺，搞好畜产品深加工等手段，提高产品质量和档次，增加上市产品的花色品种，增加绿色食品生产比例。要注重畜牧业生产技术结构调整。因大批现代化规模畜禽场在本市的建立，使畜牧业集约化生产技术得到迅速发展，并且倾向于生猪、蛋鸡、肉鸡等主要畜种，从设施建设、良种繁育、饲料生产、饲养工艺、经营管理、疫病防治到产品加工，积累了一整套技术，培育了大批技术人员。但随着近年来畜禽品种逐渐增多，家庭养殖迅速发展，适合于家庭养殖和特种养殖的成套技术顿显缺乏，必须及时调整技术结构，普及特种养殖和适合于家庭养殖的适用技术。

第四是投资区域调整。突破行政区划界线，充分利用外省劳动力、土地、饲料资源丰富、价格低廉的特点，发挥我市畜牧业技术、资本优势，有计划地将某些成本差较大的生产项目向周边地区扩散，实现畜牧业商品性生产向外梯度转移，在周边省区建立畜牧业商品生产基地，走出首都，发展首都。

畜牧业结构调整与种植业结构调整应协同进行，改变种植业粮、经二元结构，推广粮食作物、经济作物、饲料作物(牧草)三元结构，有利于种养结合，有利于现代化农业体系的建立和资源的永续利用。

实现"以家庭经营为主体，三环分布、中心辐射、周边扩散"的格局，在步骤上应分为两个阶段。第一阶段通过政策引导，调动农户发展养殖业的积极性，扩大农户投资和经营比例，确立其主体地位。通过结构调整，使生产布局、畜种结构、产品结构、技术结构趋于合理。第二阶段通过对家庭养殖的规范，对规模畜禽场实行标准化管理，整体上完成由传统型向现代型转变，由初级产品向高新产品转变，由污染型向环保型转变，建成高产、优质、高效的畜牧业生产体系。

（云鹏撰稿）

（此文发表于1999年1月《中国畜牧水产报》有删改）

养猪业走向市场初探

市场经济是人类社会发展的客观产物，是通过市场机制为基础实现资源配置的一种经济形式。它通过自身的供求机制、价格机制、竞争机制和利益机制等推动社会经济大体均衡运行。养猪业走向市场是历史的必然。贯彻执行党的十五大三中全会《中共中央关于农业和农村若干重大问题的决定》，稳定发展生猪生产，使我国养猪业在市场经济条件下发挥各种机制的作用，实现供求总量平衡和最佳资源配置，保证养猪业可持续增长，应着重做好以下几方面的工作：

1. 以市场为导向，发展生猪生产。根据消费层次的不同，调整养猪业品种、质量结构，生产适销对路的产品，创造名优品牌，满足不同地区不同消费层次对猪肉及其制品的不同需要，使生猪资源得到有效配置，促进行业延伸，促进生产与消费，以获得最佳社会经济效益。

2. 保持适度产量与存量，人为控制上市量。生猪产量通常指适繁母猪年出栏肉猪头数或胴体产肉量。存量则有3层含意。一是指生猪常年平均存栏量；二是指商品猪库存；三是保持较适宜的年出栏与存栏比，正常比例为150%～200%。

出栏商品猪是否越多越好？多大比例为宜？笔者认为，生猪出栏量应以不同消费季节的市场猪肉消费量来确定，在全面预测的基础上，人为控制生产，相对均衡上市，避免出现买、卖猪难。具体做法，首先生产者应根据市场实际需要，发展规模养猪，保持一定市场份额，左右市场。流通和屠宰加工部门则应建立商品猪供应基地，保持较为稳定的货源，最终实现生产者与流通加工部门的横向联合或一体化，利益与风险共担，做到相互制约、相互促进，以销定产。这里既有预测、决策问题，也有营销问题。其次，无论市场繁荣或疲软，供求弹性程度如何，都应保持一定量的优良适繁种猪存栏，以保存生产基础，必要时由国家财政给予扶持。

关于商品库存，也不是越多越好。这是因为生猪存放时间有一定期限，其次库存猪肉需要一定费用，再是存放量要根据市场需要，所以商品猪库存量应保持适度，并经常更新。

3. 加强经营管理，提高养猪业效益。随着科学技术的迅猛发展和社会需求的不断进步，我国养猪业得到迅速发展，但其效益并未与生产同步，经常处于不稳定状态，制约了养猪生产。养猪业的效益包括宏观社会效益和微观主体的生产效益。要提高两个效益，就要坚持宏观管理与微观搞活相结合。宏观管理主要由政府、财政、畜牧、税务、物价、工商等部门共同操作调控，微观管理主要是提高微观主体生产者的经营管理水平。

从微观效益上，主要是提高生产与经营效益。提高生产效益主要通过增加科技含量和提高生产管理水平，提高生产率和饲料转化率；提高经营效益则主要是按经济规律办事，选择最佳生产销售时机，采用最佳营销方式，注意每个生产环节与流通环节的节俭以获得最好的投入产出比，扩大用户和市场。同时在提高主产品效益的基础上，综合经营，产销结合，实现养猪综合效益。

4. 加大转制力度，促进公平竞争。国家对公有、私有制主体应一视同仁，即统一政策、统一扶持，为促进多种经济成分与经营形式的公平竞争创造条件，促进不同养猪主体在社会主义市场经济条件下共同发展。规模猪场转制，一要彻底解放思想，全面转制；二要规范操作，防止国有、集体资产流失。

5. 发展生态养猪，开发城郊旅游。随着养猪规模的扩大，猪粪便的无害化处理和综合利用已成为目前养猪业的重大课题。环保部门与畜牧部门应共同加大无害化研究和推广力度，使养猪业在自身发展满足社会需要的同时，形成无污染、无公害的生态畜牧业。大城市近郊有条件的规模猪场可集养猪、种菜、林果、旅游专线为一体，开发周末旅游资源，不但使城区居民周末在自采自摘自养中得到美的享受，调节身心，并可购回新鲜无害的蔬菜、水果和肉食。生态养猪是养猪业得以持续发展的必要途径。

6. 与国际市场接轨，参与全球大流通。发展养猪要高瞻远瞩，立足本国，瞄准世界。这是早晚都要解决的问题。我国劳动力资源丰富，饲养商品猪和加工肉食品出口具有成本优势；我国猪种在繁殖能力、肉质及其适口性、耐粗饲、适应性等方面具有独到的优势，是珍贵的遗传资源。保持和输出本国优良种猪的基因和引进杂交利用同等重要，切不可顾此失彼，把本国品种丧失殆尽。要充分利用各项有利条件，为养猪业参与全球流通创造机会，增强中国养猪业的活力，造福人民，乃中国特色社会主义市场经济的需要。要通过名牌战略，实现养猪产业化和相关行业共同发展的多元化增长，促进养猪国际化。

（苏雪梅撰稿，发表于1999年1月《中国养猪行业协会通讯》）

畜牧业在天津经济发展中的地位和作用

天津市畜牧局局长　王安邦

中央在十五届三中全会通过的《关于农业和农村工作若干重大问题的决定》中指出，“随着农业生产和居民消费水平的不断提高，要及时把畜牧业放到更加重要的位置”。因此，研究和探讨畜牧业在天津经济发展中的地位和作用，对于我们正确制定今后畜牧业发展战略，促进天津农业乃至整个国民经济跨世纪宏伟目标的实现都具有重要意义。

一、畜牧业的地位和作用

畜牧业是农业以及国民经济中重要的产业部门。畜牧业占农业经济的比重是衡量一个国家农业发达程度的重要标志之一。在发达国家，畜牧业占农业经济的比重一般均在50%以上，例如，法国57%，英国70%，丹麦、新西兰达到90%。就目前我市来讲，尽管畜牧业所占比重还比较低，但仍是农业经济的重要支柱产业。经过改革开放近20年的发展，畜牧业在农业、农村以及整个国民经济中的地位和作用已经发生了显著的变化。

1. 保障城乡畜产品有效供给，维护社会稳定。随着人民生活水平的不断提高，肉、蛋、奶在人们食品消费中的比重越来越高，畜产品成为城乡居民日常生活不可缺少的必需品，成为稳定市场物价、稳定社会的重要因素。目前，我市禽蛋人均占有量已经远远超过世界平均水平，接近发达国家水平，实现了自给有余，近40%还要销往全国各地；肉类自给水平不断上升；奶类产品供应也大大改善。充足的畜产品，丰富了市场，稳定了物价，为抑制通货膨胀、维护社会稳定做出了贡献。

2. 推进农业现代化进程，巩固农业的基础地位。畜牧业家庭经营具有其他农业家庭经营所不具备的有利条件，即畜牧业家庭经营扩大到适度规模，较少受家庭土地面积限制。一般农业发展主要依靠集约化，而畜牧业则可以依靠规模化。正是这一优势，使畜牧业在农业第一次飞跃中就显示出巨大推动作用，其在农业中所占的比重也大大提高，同时，由于畜牧业在专业化、社会化方面的巨大潜力，必将成为农业第二次飞跃的先行者，成为推进农业现代化进程的主要力量。如果畜牧业产值在农业中所占比重达到发达国家水平的话，畜牧业对于农业、农村经济乃至对整个国民经济的支持作用将更加巨大，农业的基础地位将更加巩固。

3. 富裕农民，吸纳农村剩余劳动力。随着农村改革的逐步深入以及农业生产水平的提高，畜牧业已经成为农民致富的有效途径，成为农村剩余劳动力的重要出路。据统计，1997年我市农民家庭经营新增纯收入来自畜牧业的占31.68%，仅次于运输业34.65%，大大高于种植业。同时，畜牧业的发展，特别是规模养殖的增加，大大缓解了农村剩余劳动力的就业压力。随着畜牧业产业链的延伸和发展，也带动了饲料、食品、轻纺、皮革、机械制造等相关工业和服务业的发展，为城乡就业以及农村经济的发展开辟广阔的空间。正是因为畜牧业在解决当前农民增收与就业两大课题方面具有明显优势，各地纷纷把畜牧业作为支柱产业予以扶持，作为农村经济新的增长点予以培育。

4. 农牧结合，推动种植业的发展。发展畜牧业是实现农业可持续发展的重要途径。畜牧业不仅转化了大量粮食，支撑了粮食生产，而且还充分利用农副产品，转化生产出大量畜产品，同时还为种植业提供了有机肥，种养结合，农牧互补，提高了农业的综合效益，促进了种植业的丰产、丰收。发展畜牧业还有利于种植业结构优化和效益提高，促进饲料与饲草生产的发展壮大，对推动种植业逐步由“粮一经”二元结构向高效合理的“粮—饲—经”三元结构转变具有重要作用。

二、畜牧业发展存在的问题和制约因素

改革开放近20年来，我市畜牧业取得令人瞩目的进步，畜牧业的地位得到进一步加强。但是随着经济的发展和改革不断深化，我市畜牧业发展所面临的社会、经济大环境已经发生了深刻变化。主要体现在：一是畜牧业大流通、大市场的格局已经形成，我市畜牧业概念已不再是也不可能是封闭的、自给自足的畜牧业经济，而是要面向国内、国际两个市场，参与国内、国际竞争。二是近几年来，国内许多农业大省畜牧业发展很快，畜产品产量快速增加，尤其是近几年来东北三省粮食就地转化，已经成为我国畜牧业发展新区，周边河北、山东也发展为畜牧业大省，给我市畜产品销售带来很大压力。

在新的形势下，我市畜牧业面临着优势与劣势同在，困难与机遇并存的局面。总体上看，我市畜牧业已经建成较为稳定的畜牧业商品基地以及相配套的支撑服务体系，生产的规模化程度和科技水平较高，特别是在人才、信息、资金等方面具有一定优势。与此同时，也存在一些问题和制约发展的因素，主要表现在：一是就国民经济整体发展而言，畜牧业的基础地位有待于进一步巩固和提高。由于历史原因，天津农业发展严重滞后于整个国民经济的发展，突出表现在对农业及畜牧业的投入相对较低。与北京、上海等城市相比，天津虽然在农业资源上占有优势，但农业及畜牧业经济规模、发展速度和效益均落后于京沪，且差距还在逐渐拉大。天津农业及畜牧业的状况与天津的大都市地位很不相称。二是产业化程度比较低。我市畜牧业产业化建设虽然取得一定成效，但还存在发展慢、规模小、辐射范围不大等问题。特别是现有的部分“龙头”企业，自身经营困难，带动功能差，作用发挥不理想，需要进一步扶持和培育。三是产业结构不合理，精深加工滞后。与北京、上海等大城市畜牧业相比，我市畜牧业底子薄，畜牧业的主体仍以畜禽养殖为主，向社会提供的大部分还是初级产品，精深加工能力差，产品附加值少，效益低。四是畜牧业生产成本较高。由于在劳动

力、用地、用水、用电等方面价格较高,我市畜牧业生产成本高于周边地区,畜产品在价格竞争中处于不利地位。五是我市种畜禽场大部分建于80年代,基础相对薄弱,加上各级投入不足,目前设备设施严重老化、陈旧,生产企业无力更新,只能勉强维持,严重影响了生产水平的提高。六是存在小生产与大市场的矛盾,生产者科学把握市场的能力差,生产很大程度上存在着盲目性。

三、今后十至十五年畜牧业发展的主要任务

今后10~15年是我国居民消费水平由温饱型向小康型转变的关键时期。从全国形势看,随着国民经济的发展和人民生活水平的不断提高以及人口增长,对畜产品的消费需求将保持调整增长的趋势。我市农村虽然已经基本实现了小康,但是从畜产品有效供给看,肉类有近50%需要调入,优质、高档畜产品的供给需求依然很大,广大农村居民对畜产品的需求增长将随收入水平的提高而提高。因此,今后畜牧业仍面临繁重的发展任务。要完成我市畜牧业发展的"九五"计划和2010年远景规划,今后畜牧工作的重点必须围绕"一个转变",实现"四个方面的新突破"。

"一个转变"即由目前的城郊型畜牧业向都市型畜牧业转变。都市型畜牧业是特殊形态的畜牧业,也是城郊畜牧业发展的高级形态,其基本的涵义可以概括为:在高度城市化的大都市及市郊的农业区,依托都市的市场、资金、技术、信息优势,按照都市的需求,建设融生产性、生态性、生活性于一体的现代化畜牧业系统,它具有高度产业化、科技化、外向化、企业化的特性。建设与天津经济、社会地位相适应的都市型畜牧业是天津畜牧业发展的必然趋势,是推动我市畜牧业基本实现现代化的新的发展战略。

"四个新突破":一是在畜牧业产业化上要有新突破。畜牧业产业化是一个宏观性的概念,但是长期以来许多人认为产业化就是"产供销一条龙,贸工牧一体化"或"公司+农户",这是对产业化的狭隘理解。上述产业化的微观形式,从本质上讲,仅仅是一个农工商综合企业,农户是企业的一个生产车间,企业与农户之间没有形成长期的、稳定的、持久的联接机制,一旦市场出现波动,它与农户的联接极易发生断裂,使农民利益受损,生产受到影响。这是由企业自身追求利润的性质决定的。从国内和国外产业化的成功经验来看,畜牧业产业化作为一项复杂的系统工程,应当由两个最基本的要素构成,一是要有健全的农民组织体,二是要有完善的社会化服务体系。在政府部门和专业协会的帮助、指导下,让农民建立自己的经济组织和技术组织,向农民提供全方位的社会化服务,实现农户与企业、商业、市场的对接,从而把"小生产"纳入"大市场"的体系。从根本上保障和维护农民利益,是当前畜牧业实现产业化的关键。因此,今后畜牧业产业化建设的重点应当是建立起一个完善的以农民组织体系为载体的社会化服务体系,使畜牧业产业化水平有一个大的飞跃。

二是在良种方面要有新突破。良种是现代化畜牧业发展的基础,也是畜牧业高科技的主要载体和高效畜牧业的重要组成部分。国内外畜牧业生产实践和科学试验证明,在影响畜禽生产效率五大因素,即畜禽的良种化及其繁育利用体系、营养与饲料加工体系、饲养管理设备及工艺体系、疫病防治体系、畜产品加工和流通体系中,畜禽良种是提高生产水平的基础和关键环节。畜禽良种,特别是种猪良种是我市畜牧业优势产业,品种质量在全国处于领先地位,今后要在继续保持原有优势的基础上进一步向国际先进水平迈进,同时在肉牛、肉羊、肉鸡等畜禽良种方面也要实现新突破。

三是在科技方面要有新突破。科技进步对畜牧业的发展作出了重大贡献,特别是以畜禽良种及配套饲养技术为重点的一大批重大科技成果的推广和利用,对畜牧业增产增收起到关键性作用。我市畜牧科技水平虽然在全国领先,但与发达国家相比,与市场经济发展对畜牧业的要求相比,还相对滞后。因此,今后科技工作的重点,一是对生产发展作用显著的重大科技要有所突破,二是提高科技成果转化率。

四是在疫病防治方面要有新突破。随着规模化集约化生产的发展,因畜禽疫病造成的直接损失以及疫病防治费用大大增加,同时疫病也是我国畜产品出口受阻的重要原因。近几年来,畜产品的安全质量问题日益成为人们关注的热点,各城市都把"放心肉"工程放在重要位置,作为一项民心工程来抓。因此,加强动物疫病防治,提高畜产品卫生质量的重要意义是不言而喻的,必须给予足够的重视。天津市目前已被国家确定为全国"无规定动物疫病区"建设首批试点省市之一,该项目的实施必将使我市的动物疫病防治水平迈上新台阶,有力地促进畜牧业整体水平的提高。

四、促进畜牧业发展措施

1. 制订和完善畜牧业保护和支持政策。目前,畜牧业还是一个弱质产业,自身积累机制相对缺乏,对市场风险和自然风险的抵御能力相对较弱,需要政府给予一定的扶持和保护。要通过加强宏观调控,制订优惠政策,帮助畜牧业提高抵御风险的能力;通过改善外部环境,建立和维护有利于畜牧业发展的经济活动秩序;运用法律,保护、促进生产和市场稳定。

(1)将畜牧业以及相关的内、外贸易纳入天津产业发展总体战略,给予足够重视,使之成为我市农村经济重要的增长点。

(2)进一步加大对畜牧业的投入力度。在生产流通方面,建立生产基金、风险基金和储备金制度,保证生产稳定发展;在种畜禽、产业化等重点建设方面,制订相对稳定的资金投入和扶持政策,增强畜牧业发展后劲;对畜牧企业的用电、用地、用水给予优惠,特别是用电应当按农业用电对待,减轻企业负担。

(3)健全完善必要的法律保障体系,促进畜牧业健康稳定发展。

2. 全面推进畜牧业产业化进程。我市畜牧业产业化建设将重点抓好以下四个方面的工作:

一是继续坚持家庭养殖为主,促进社会化服务体系的建立和完善。我市畜牧业是以农户为主的规模化养殖发展起来的,实践证明这是一种适合天津实际的生产经营方式,在很长时间内,还应当坚持和发展。目前,专业户在我市猪、鸡生产中比重已达到80%以上,出现了一批专业村、专业乡,形成"小规模、大群体"的生产格局,同时也带动了供种、饲料、设备、防疫、加工等一系列相关服务体系的发展。在此基础上,要继续引导和鼓励有条件的地方开展"规范化养殖小区"建设,一方面便于新技术推广、疫病和环境污染的控制以及整体规模效益的获得;另一方面通过"规范化养殖小区"建设进一步促进社会化服务体系的完善,推动产业化经营的发展。

二是继续抓好"龙头"企业建设。在现阶段,没有组织、分散经营的农民还难以成为真正的市场主体,只有通过具有一定规模和市场开拓能力的龙头企业,才能适应不断变化的市场需求,所以,建设好龙头企业仍是目前畜牧业产业化的关键。一是要对已有的龙头企业进行帮助和指导,增强企业活力,重点在深加工和提高产品附加值上下功夫,使企业不断上档次、上水平;二是打破部门、行业、所有制界限,发展一批新的龙头企业。

三是帮助农民建立畜产品营销合作组织。目前,畜产品市场正由卖方市场向买方市场转变,市场营销是关键,因此建立农民组织体系首先要培育营销组织。已往农户的畜产品由商贩、企业收购,农民常常处于一种不利的经济地位,产品供不应求价格上升时,利润却被商业、加工环节截取;供大于求价格下跌时,各方竞相压价保护自身利益,农民往往要承担大部分亏损。建立农民营销合作组织,既可以解决生产、加工、销售及服务各环节脱节的问题,也降低了成本,使农民能从生产、加工、流通各环节分得利益。政府部门在这方面可以给予政策支持和资金扶持,要帮助农民建立起自己的营销组织,真正适应市场经济。

四是培育市场。天津北方生猪批发交易市场的建成,对带动我市养猪生产发展,提高整体养猪效益发挥了很好的作用,是我市市场体系建设的一个成功范例,目前该市场已向有关部门申请,争取成为国家级重点市场。今后要进一步把这一经验推广普及。同时,对已建成的市场要继续增加功能,扩大辐射范围,向更高层次发展。

3. 继续加强畜禽良种繁育体系建设。在种猪良种方面,总的发展思路是:依托两个原种猪场,建立起体系配套、质量保证、管理科学、效益最佳的种猪繁育体系,实现种公猪世界名种化、母猪良种化、商品猪杂交化、管理集团化。具体抓好五项工作:一是集中力量进一步完善提高宁河、武清两个原种猪场,下力量抓好5座市级重点扩繁场,指导区县管理好母猪生产场。其中,宁河原种猪场在扩大生产规模的同时,积极拓宽经营范围;武清原种猪场充分发挥现有的基础设施和技术、管理、市场优势,扩大规模,强化管理,努力向国家级原种场迈进。二是继续加强品种的引进、培育和推广,在选育、推广丹系长白、约克、杜洛克三个品种前提下,根据种猪发展趋势和实际需要,及时引进其他优良品种或配套系,进一步优化品种结构。三是根据市场需求,研究推广切实可行的商品猪生产杂交方式,有计划地发展优质二元母猪生产,在条件成熟的地区开展"三洋(杜×长×大)"优质三元杂交方式。四是加强相配套的技术服务体系建设,在有条件的地区因地制宜开展人工授精,加快优良品种的推广力度。五是强化行政支持系统,依法强化管理,为良种繁育体系建设创造良好外部环境。

在家禽良种方面,一是严格执行年度验收制度,进一步提高全市种禽场生产管理水平;二是落实市政府扶持政策,通过扶优扶强和组建种鸡生产联合体等措施,调整生产结构,保持适度规模,在保证生产需要的同时,提高种禽企业整体实力。

在良种牛方面,按照量力而行、分步实施的原则,以蓟、宝、武三县为重点,逐步在全市配套完善肉牛良种繁育体系,引进西门塔尔、夏洛来、皮埃蒙特等国际优良品种血液,改良本地黄牛,进一步加快我市黄牛改良步伐。

在其他畜禽良种方面,也要积极创造条件,努力开发具有天津特色的优良品种。

4. 实施科技兴牧,实现畜牧业可持续发展。今后几年我市畜牧科技工作将主要围绕以下四个环节进行:(1)从品种和饲养过程入手,培育高质量的品种,使猪鸡良种覆盖率达到100%。牛、羊良种覆盖率达到90%以上;(2)从改进生产条件入手,推广普及高效节能配套设施、技术,提高规模化生产水平,改善饲养管理工艺,加强环境保护功能;(3)从提高产品品质入手,增加优质产品和开发新产品,提高经济效益;(4)从疫病防治入手,使规模化饲养畜禽死淘率下降30%,减少疫病带来的损失,保护人体健康。

1998—2002年我市将重点推广八项技术:(1)良种良禽及配套饲养技术;(2)羔羊育肥技术;(3)肉兔综合

配套饲养技术;(4)鸡大肠杆菌综合防治技术;(5)良种猪及规模化饲养配套技术;(6)肉牛品种改良及高效育肥技术;(7)冬闲地种草饲养畜禽技术;(8)重大畜禽疫病综合防治技术。

5. 加强畜禽疫病防治,保证畜牧业健康发展。一是要深入开展对《动物防疫法》的学习、宣传和贯彻落实工作。要大力宣传兽医工作的重要性,提高兽医工作的社会地位,加强兽医队伍建设。同时,要强化立法,进一步完善动物防疫法制体系。

二是以实施“无规定动物疫病区”建设为契机,进一步理顺机构,健全和完善动物保护体系,加强基础设施建设,逐步建立起完善的动物疫病检疫检测诊断体系、疫情测报体系、防疫监督体系、兽药饲料检测体系和生物冷链体系,建立高效、科学的防疫管理机制。

三是切实强化动物防、检疫工作手段。(1)抓好动物免疫卡制度的落实,加强计划免疫,提高常发疫病免疫密度和免疫效果;(2)加强动物疫情测报,实现防疫工作决策科学化和疫情管理现代化;(3)进一步强化重点疫病和规定疫病的综合防治;(4)强化和规范产地检疫和屠宰检疫工作,提高定点屠宰水平;(5)加强新技术的推广应用,提高防疫水平。

四是深入开展动物防疫监督工作。动物防疫监督工作要向深层次、全方位发展。(1)突出抓好饲养屠宰环节各项防、检疫制度落实情况的监督检查;(2)严密实施对流通环节的动物及动物产品防疫质量的监督检查;(3)建立和完善防疫质量监测和认证体系,推行防疫质量认证制度;(4)严厉打击抗拒防疫、逃避检疫以及非法经营行为,维护动物防疫工作的秩序。

河北省推进畜牧产业化对策研究

河北省畜牧局局长 郭 泰

改革开放以来,河北省畜牧业持续快速发展,已由传统的、自给的、粗放的农村副业发展成为全省农业和农村经济中最富活力和最具有潜力的第一主导产业。1997年河北省畜牧业产值占大农业产值的比重达到36.4%;肉、蛋、奶、饲料产量等主要畜牧生产指标在全国分别排名第5、第2、第5和第2位,其中蛋鸡及人均鸡蛋占有量全国第一,肉牛饲养量突破一千万头大关,肉牛出栏、牛肉总量占全国第3位,河北已跨入全国畜牧大省行列,正在向强省跨越。

(一)

随着改革的不断深入和生产的持续发展,一些深层次的矛盾逐步显露出来。主要有以下几方面:一是千家万户的小生产与千变万化大市场的矛盾;二是人们消费需求的多元化与畜产品品种单一、质量档次低的矛盾;三是农户的分散经营和追求规模效益的矛盾;四是生产的集约化、社会化与部门分割、条块分割的矛盾;五是一家一户的分散经营与推广科技,实现畜牧业现代化的矛盾等。目前一些地方开始出现的暂时性、结构性畜产品“卖难”,以及生产中存在的“增产不增收”、“高产难高效”等诸多问题都是这些矛盾的具体体现。这些矛盾已经成为今后制约我省畜牧业持续发展的重要因素。

在探索解决这些基本矛盾的过程中,农村广大干部群众创造了产业化这种新方式。它的基本特点是:按照现代化大生产的要求,以市场为导向,以经济效益为中心,以骨干企业为龙头,以千家万户为基础,以合作制为纽带,对一个地区的主导产业实行区域化布局、专业化生产、一体化经营、社会化服务、企业化管理、把贸工农、产加销、农科教紧密结合起来,形成一条龙生产经营体制。实践证明,大力发展畜牧产业化经营有利于提高农民的组织化程度,实现千家万户小生产与千变万化大市场的有效连接,提高畜牧业市场化程度,促进畜牧业向集约化、专业化、现代化转变;有利于完善双层经营体制,把分散的小规模生产与健全的社会化服务结合起来,在不改变家庭经营格局的基础上实现规模经营和规模效益,满足农民盼致富要服务的强烈愿望;有利于农村改革与发展的整体推进和一、二、三产业的协调发展,把畜产品生产与加工、运销联结起来,进一步解放和发展农村生产力,提高畜牧业综合效益;有利于科技成果的推广应用,把传统的生产方式与现代科学技术融合起来,促进畜产品的深加工和多次增值,实现畜牧业的持续、快速增产增效。因此,推进畜牧产业化是解决当前我省畜牧业发展中所面临的一系列深层次矛盾的根本途径,是全面振兴农村经济、确保广大农村如期实现小康的可靠保证。江泽民总书记指出,这种经营体制是推进农业两个根本性转变的有效途径,也是逐步实现农村改革和发展第二次飞跃的重要形式,应当积极引导和大力扶持,稳步推进。

根据省委、省政府制定的《河北省农业”增、转、化”工作方案》和“百龙腾飞”规划,结合我省畜牧业生产实际,我们确立了畜牧产业化工作的指导思想是:以市场为导向,以科技为依托,以效益为中心,以增产增收为目的,调整畜禽结构,狠抓加工流通,完善服务体系,加快两个转变,扩基地、壮龙头、创名牌,逐步形成区域化布局、专业化生产、企业化管理、一体化经营、社会化服务的格局,加速我省畜牧产业化经营进程。1997年河北省在充分调研的基础上谋划实施了畜牧产业化“231工程”。具体内容是省局直接抓肉牛和乳制品两个产业化工程,到2000年2个省级产业化集团年销售收入分别达到15亿元;各市负责组建30个市级产业化工程,到2000年各产业化项目销售收入分别达到5亿元;全省各县(市)畜牧主管局负责组建1个产业化项目,到2000年每个县(市)级产业化工程年销售收入分别达到8 000万元以上。

(二)

推进畜牧产业化的关键是把千家万户的分散生产与千变万化的大市场有机衔接起来。根据各地的实践经验,发展产业化经营,开拓市场是前提,组建龙头是关键,抓好基地是基础,建立共同利益机制是核心,完善社会化服务体系是保证。在工作中必须紧紧抓住这五个关键环节。

一是大力开拓市场,完善销售网络。产品只有进入市场才能实现其自身价值,因此,市场建设是实现畜牧产业化的关键环节。产业化就是要以市场为导向,按市场需求组织生产。在确定主导产业、生产主导产品、兴建"龙头"企业、延伸产业链条过程中,都必须面向市场。靠开拓市场为畜牧产业化提供广阔的舞台,使畜牧产业化形成为市场而生产、为销售而生产的良性循环。当前我国畜产品市场供求形势总体上已经由过去的短缺经济、卖方市场进入到初步买方市场的阶段。近年来养殖户效益下降,这说明要适应买方市场的新形势,必须加强管理,调整产品结构,加大市场开拓力度。开拓市场是企业经营的中心环节,也是企业经营的战略重点。一要面向国内市场。近年来,我省畜牧市场建设有了长足的进展。到1997年底,全省拥有较大规模的活畜交易市场1 521个,年交易额109.23亿元,畜产品交易市场541个,年交易额106.6亿元,这些市场在畜牧业发展中发挥着举足轻重的作用。今后,各级畜牧主管部门要继续协助政府及有关方面抓好畜禽及其产品交易市场建设,促使其进一步完善、提高。二是要进一步占领京津市场,巩固南方禽蛋市场。据测算,京津肉蛋市场除其自产部分外,我省占有很大份额,但我们决不可掉以轻心,盲目乐观,要继续采取措施,提高产品质量、完善服务手段,加以巩固。我省50%以上的禽蛋销往南方,涉及全国11个省、市和40多个城市。我们要继续稳定购销关系,疏通流通渠道,完善各种服务,进一步提高市场占有率。三要积极开拓国际市场,目前,我省畜产品出口对象,欧盟以兔肉、野味为主,中东以牛羊肉为主,香港以活牛为主,东南亚以肉鸡、香猪、鹿茸为主。各地要因地制宜,调整结构,提高产品质量,大力开拓市场,努力增加出口。四要认真研究市场,加强对市场走势的分析预测,及时向农民提供准确的信息,引导他们面向市场,调整结构,发展生产。总之,要适应市场抓调整,瞄准市场强特色,开拓市场搞流通,面向餐桌求发展。

二是壮大龙头企业,增强辐射能力。龙头企业具有开拓市场、引导生产、深化加工、配套服务的综合功能。龙头企业的功能和实力直接影响产业化经营的规模和成效。因此,抓好龙头建设是实施畜牧产业化的关键。发展龙头企业要坚持大(规模大、带动面大)、高(技术水平高、附加值高)、外(外向型)、新(新产品)、多(多种所有制、多种组织形式)的原则,采取原有企业改造、扩建,小型企业联合以及新建等办法,建立起基础雄厚、辐射面广、带动能力强的畜产品加工、销售、科技开发等"龙头"企业。通过政策扶持、资金倾斜等办法,促进其加快发展,增强带动力和辐射力。帮助他们协调好与农户的关系,使其尽快形成风险共担、利益共享的经济共同体。要抓好各类服务组织建设,重点抓好养牛、养羊、养猪、养兔、特养、家禽、饲料、动物保健品八大协会建设,充分发挥协会的桥梁和纽带作用,使之真正成为推动产业化经营的有效载体或龙头企业。积极鼓励和引导城市工商企业、外资企业和乡镇企业进入畜牧业,努力把其中合适的大型企业培育成畜牧产业化经营的龙头。

三是抓好基地建设,扩大养殖规模。各地要按照"围绕龙头,突出特色,连片开发"的总体思路,抓好基地建设。基地建设要突出专业化水平高,生产规模大,连接能力强的三个特点,从本地实际出发,充分考虑原有基础、产业结构和产业布局,充分发挥资源、地缘、资金、技术、人才等优势,扬长避短,选择对整个区域经济及相关产业拉力作用大,总体效益好,特色明显的主导产业,集中力量搞突破,尽快形成区域经济和特色经济优势。1980年以来,我省在畜禽生产基地建设方面取得了长足的进展,先后建成各类基地107个。这些基地在满足市场供应,提高我省畜牧业规模化程度方面发挥了积极作用。但是,我省多数基地规模小、标准低,与产业化要求还有相当的距离。各地要继续予以大力扶持,尽快完善提高。"九五"末使我省各类畜禽产品生产基地的猪、牛、羊、鸡的饲养量分别占到全省总量的70%、80%、65%和80%。

四是建立共同利益机制,保障农民生产积极性。畜牧产业化关键在于农民真正得利。近几年,各地都在积极推进畜牧产业化经营,特别是党的十五大以后,热情更加高涨。在这种情况下,对畜牧产业化经营的目的更要有清楚的认识,更要注意引导,使之朝着正确的方向健康发展。实行产加销一体化经营,目的是使农民不仅获得生产环节的收益,而且能够享受产品加工流通环节的利润,从而更快地富裕起来。畜牧产业化经营能否正常发展,主要取决于加工、流通企业与农民的关系,其中起决定作用的是利益关系。如果农民的利益只是体现在生产环节,加工、流通环节的利润与农民无关,农民就不会把加工、流通企业当作自己的企业,加工、流通企业的发展也就缺乏可靠的支持力量。农民与企业分享加工、流通环节的利润,实际上就是扶持原料生产,培育稳定的原料供给基地。畜牧产业化经营的一个主要目的就在于改变农民单纯作为原料提供者的地位。大量的事例说明,只要农民能够分享加工、流通环节的利润,就可以从根本上解决养殖效益的问题。要想使农民真正得利,关键是要建立合理的利益机制。合作制是解决这个问题的有效途径,也是世界发达国家解决畜牧业发展问题普遍采用的做法。合作制的基本原则是资产社员共同所有,管理社员共同参与,收益社员共享,从而确保社员利益能够得到充分的反映和体现。今后,要大力提倡合作制,鼓励农民在稳定家庭经营的基础上,联合起来搞农产品加工流通。如果畜产品加工、流通企业不与农民结成经济利益共同体,企业和农民只是单纯的产品买断关系,那么双方的利益总是处于对立的状态,势必造成农民想贵卖,企业想贱买。结果往往是价高畅销的时候,农民违背合同,不卖给企业,企业急需的原料得不到保证,而价低滞销的时候,农民把原料都卖给企业,企业又难以承受。这种不稳定的关系容易引发剧烈的矛盾和冲突。所以只有那些在利益关系上与农民紧紧相联,同生死,共患难的企业才算得起龙头企业。

五是健全服务网络,完善社会化服务体系。乡(镇)畜牧兽医站是畜牧社会化服务体系的重要依托力量,同时也是服务网络中的一个薄弱环节。各级政府及畜牧主管部门要重视和加强乡(镇)畜牧兽医站建设,把基层站"三定"工作真正落到实处。改善其工作和生活条件,有计划地开展技术培训,提高人员素质,不断增强乡(镇)站的凝集力,按照产业化的要求,完善服务功能。要根据今后畜禽及其产品生产加工规模逐步加大,科技含量日益提高的发展趋势,有计划、有重点地改变现有服务简单、粗放的现状,逐步完善服务功能与手段,尽快填补信息服务、加工技术、产品开发等方面服务的缺口和不足。

(三)

推进畜牧产业化经营应注意把握好以下问题:

一是充分认识畜牧产业化工作的艰巨性和复杂性。搞产业化切忌"刮风",犯急性病。在工作中,有的同志把产业化看得过于简单,恨不得"一个早上"或建起一个龙头企业就可以使畜牧业彻头彻尾的"化"起来,这种认识上的误区必须加以纠正。当前河北省畜牧产业化取得了一定进展,形成了十几个具有一定实力和带动力的龙头企业,但决不能盲目乐观。必须清醒地看到,目前龙头企业的数量还不够多,实力还不够强,带动力还不够大。特别是所谓的"产业化"还很不规范,企业与农户的联系还缺乏生机和凝聚力,有的还仅仅是买断关系,没有真正形成风险共担、利益共享的经济共同体。需要我们做大量艰苦细致的工作去加以引导、规范,使之不断地提高、完善。

二是坚持自愿互利的原则,同时要防止一哄而起,搞低水平的重复建设。尽可能在较大范围内,一般要在全省范围内,依据市场需求,按照经济区域,对畜牧生产基地和龙头企业进行统一规划,合理布局。绝不能按行政区域每个县都搞多少个基地,都搞多少条龙。龙头企业要在市场发育中形成,利用现有的多种经济成份培育和发展龙头企业,谁愿意并能够当龙头就扶持谁。政府的责任主要是搞好规划和规范管理,不能搞"拉郎配"。龙头企业要按市场需求确定生产、加工的规模,不要盲目扩大生产。龙头企业要注意采用先进的科学技术和设备,大力提高科技含量和产品质量。要鼓励龙头企业跨地区经营,通过股份制、合作制等途径实现联合,组建具有较大规模的企业集团,实现生产要素的优化组合。在产业化运行过程中,要注意协调、处理好各方面的利益关系,防止利益分配不合理。

三是要打破地区、部门和所有制界限,因地制宜,多种形式,分类指导。从目前看,河北省畜牧产业化组织方式主要有六种模式:①龙头企业带动型。以实力较强的企业为"龙头",与畜产品生产基地和农户结成紧密的产、加、销一体化生产体系。主要联结方式是通过签订契约规定双方责权利。②市场牵动型。以专业市场、中心市场等为依托,与农民形成产加销一体化生产经营。③企业集团型。以畜产品生产为基地,以加工、销售企业为主体,以综合技术服务为保障,把生产、加工、销售、科研和生产资料供应等环节统一纳入经营体内,成为比较紧密的企业集团。④主导产业带动型。从利用当地资源和开发特色产品入手,以庭院经济为突破口,多种经济起步,发展一乡一品、一村一业,逐步扩大经营规模,提高产品档次,形成产业群、产业链。④科技带动型。依托科技部门及其经济实体,依靠其技术优势,为农民和企业提供服务,形成科工贸一体化。⑤中介组织带动型。以社区合作组织或供销合作社、乡村经济技术服务实体为依托,吸收生产及相关环节的场户参加,组成专业合作社或养殖协会,向养殖户提供全方位服务,帮助他们稳步进入市场。以上六种模式各有特点,分别适应于不同的经济发展水平和不同地区。我们要进一步加快畜牧产业化进程,实现种、养、加协调发展。

关于畜牧产业化的理论分析与实践思考

山西省农业厅厅长　李茂岚

一、什么是畜牧产业化?

畜牧业是生产动物性产品的基础产业,也是前连种植业后连加工业的中轴产业。它是农村经济整体当中的一个重要组成部分,是国民经济中的一个重要产业部门。

畜牧产品的供给状况是一个国家、一个民族消费水平、生活水平的重要标志，是世界各国衡量农业发达程度综合指标中的一个重要内容。畜牧产业化就是由动物性产品(或畜禽产品)转变为商品的过程。畜牧产业化在模式的选择上，一般有以下几种：

一是以批发市场为龙头的市场带动型。这种模式是批发市场按零售商(场)需要组织商品，基地按批发市场需要组织农户生产。此种类型最适宜鲜活动物产品的经营。二是以加工、冷藏、运销为龙头的龙头企业带动型。这种模式主要是围绕一项产业或产品、实行生产、加工、销售的一体化经营。这种模式的龙头一般要选择在屠宰加工这条生产线上。前连千家万户，后连国内外市场，是比较理想的贸工农一体化、产供销一条龙的“公司+农户”的利益共同体，其产业链也比较长，比较齐全，比较完整。三是以当地资源最丰富的一项主导产业为主的主导产业带动型。这种模式主要是从“一村一品”，“一乡一业”入手，逐步发展为“多村一品”，“数乡一业”，从而形成区域性主导产业。各地可根据自己的资源优势、传统习惯、交通状况、市场需求，或以猪、或以牛、或以羊、或以蛋鸡、肉鸡、或以特种动物为主导产业选择龙头企业的部位，形成规模后按产业化的要求组织发展。四是科技生产合作经营型。这种形式主要是指以科技为龙头，使科研单位与生产企业形成互利互惠的实体，以提高产品科技含量为核心，加速产业化开发步伐。

以上四种形式难以概全，也不一定独立存在。随着某种产业链条的延伸与拉长，可能某一大规模的龙头企业全部具备，到那时，产业化的程度就会越来越高，企业效益就会越来越大，农民受益就会越来越多。从而走出一条资源有优势，市场有活力，龙头有后劲，基地有规模的畜牧产业化的广阔道路。

二、农业产业化与畜牧产业化的关系以及畜牧产业化在农业产业化中的地位与作用

综上所述，我们粗略地了解了农业产业化与畜牧产业化的基本概念。现在，我们再来分析两者的关系以及畜牧产业化在农业产业化中的地位与作用。大家知道，狭义的农业与畜牧业或者叫种植业与养殖业是农村经济中的两大支柱产业，两个同属第一产业。而畜牧业生产又是以第一性植物生产为基础的第二性生产；第二性生产的数量与质量，发展速度的快与慢，经营规模的大与小，既受第一性生产的制约，又反过来促进或制约第一性生产，两者是互相促进，又互相制约的辩证关系。因此，我们可以说，农业产业化是畜牧产业化的基础，畜牧产业化是农业产业化的先导；农业产业化的发展，需要畜牧产业化的牵动，畜牧产业化的发展又可有力地推动农业产业化的进步；畜牧产业化因其自成体系、周期较短、效益较高、便于实施，因而成为实现农业产业化中的一个最佳、最快的切入点。

从产业的功能来说，畜牧业又是一个专业化功能特别强的龙头产业，它的产业链可以延伸得很长，可以促进和带动许多相关产业，并大大地拓宽城乡的就业门路。如饲料工业的发展可以刺激粮食生产与渔业生产的发展；牲畜皮毛的生产又可以带动皮革工业、毛纺工业与羽绒加工业的发展；畜禽的肉食往往是宴宾的佳肴，同时又可以带动食品工业的发展；有些特种动物又是医药的必备原料，当然也带动了医药工业的发展；畜牧产品在加工同时也促进了畜牧机械工业的发展等等。从以上分析我们可以看到，对畜牧业这种产业化进行自觉地、主动地、积极地开发，就它本身来说，从生产、交换、加工、销售以及相关企业的每个环节，都可以成为龙头企业。它在实现整个农业产业化中的地位与作用，可以说是举足轻重、事涉关键，牵一产业而动摇全局，顺利时可以促进农业产业化的发展，受挫时可以使农业产业化陷于停滞。只要我们从理论与实践的结合上，从认识的提高到实际的重视上统一起来，就能冲破恶性循环的怪圈，使农畜两大产业形成良性循环而齐头并进。

三、实施畜牧产业化的保障体系建设

在一定的区域范围内由点到面推行与实施畜牧产业化战略，是一篇大文章。只要上下各级齐心协力，同舟共济，就能做好这篇大文章，就能成就这番大事业。为此提出如下保障体系建设，供大家研究。

1. 政府行为保障。因为畜牧产业化的推进与实现是一个宏大的社会工程，从总的任务来说，是一种政府行为，非职能技术部门独立所能完成；当然，不能否认职能技术部门在这里担当着极为重要的角色，起着十分重要的作用。各地畜牧产业化能不能“破题”，是否“起步”，搞得好与不好，既是衡量政府行为的一个标准，也是对那些后进者的一种鞭策。为此各县以上都要成立畜牧产业化领导组，由分管畜牧的政府领导担任组长，也可象有些省那样党政一把手担任组长，吸收畜牧、计财、乡镇企业、科委、农行、农发行、工商行、信用社、税务、工商、粮食、供销等有关部门参加。下设畜牧产业化办公室。其办公室可常设畜牧部门。畜牧部门是实施畜牧产业化的具体承担者，必须全力以赴，这就要求我们畜牧部门的班子必须是团结战斗、有奉献精神的。各级畜牧部门要洞悉本区域内各项产业化的发展情况，按照产业化的要求，根据主导产业向政府或领导组提出可行性建议。政府或领导组应及时研究和决策他们的意见，并亲自带领他们进行产业化开发。在产业化开发工作中不断研究新情况、解决新问题，涉及哪个部门出现“梗阻”现象，共同协调排除，相互配合，形成合力，为产业化的建设开“一路绿灯”。加强组织领导，强化政府行为，是畜牧产业化能否成功，以及速度快慢的关键。

2. 资金扶持保障。实施畜牧产业化以及建设龙头企业,需要大笔资金。必须大动脑筋,广开财路。要加强县级政府的拨款扶持和省级财政周转金及事业费的支持;利用银行贷款,甚至世界银行贷款,联合国扶持项目贷款,应成为财源引进的主渠道;与外商合资或允许外商独资,"借鸡生蛋"是一条重要途径;充分挖掘过去经商、务工、搞建筑的"大户",改行经营畜牧业龙头企业,这部分人在全国各地已有"先觉"先行者,应积极扶持;还有利用股份制及股份合作制的新机制,吸收闲散资金。

3. 优惠政策保障。根据各地已经制定的优惠政策,有以下几条值得肯定。

①在资金扶持上。计划、财政、金融部门在项目立项和资金扶持方面要优先考虑畜牧产业化开发和龙头企业的建设。特别对上级拨款所需配套资金必须保证,并按时足额到位,专款专用。

②在税收政策上。对新建和扩建的龙头企业和加工项目,除享受国家新办企业税收优惠政策外,三到五年内采取财政返还地方税收的办法,以用于自身积累和发展。

③在土地利用上。凡属龙头企业建设占地、基地农户养殖场用地、养殖大户所需饲料地等,均可视为农业建设用地,不属非农业建设占地,各地应明确以政策优惠。

④在建筑材料上。凡涉及龙头企业基本建设和基地农户养殖场建设所需砖瓦灰石及三大材料,均应给予明确的优惠。

⑤在"四荒"的拍卖上。凡用于养畜业而承包草场的,实行"谁治理谁受益",长期不变的政策。

⑥在专项基金的建设上。可设立畜牧产业化专项基金,以稳定地扶持畜牧产业化的建设。

4. 服务体系保障。凡是确定为省、地、县示范县的,必须首先保证乡镇畜牧兽医站"三定"工作按质按量按规定如期完成,并由县到乡到村到龙头企业,建立起一套技术完备、功能齐全、设施先进、服务到位的优质服务体系。从职能的发挥上,技术的服务上,疫病的防制上,畜禽的改良上,信息的提供上,全方位服务于产业化建设和龙头企业的需要。特别在疫病的防制上,切不可掉以轻心,一定要认真做好疫病的预防和控制工作,确保畜禽的健康发展。

5. 科技进步保障。畜牧产业化的开发与建设同传统畜牧业的重大区别之一,就是科技进步。不管是哪一业为主的产业化开发与龙头企业建设,从良种选育、饲料营养、疫病防制、企业管理、加工生产线的组装、市场信息的传递、储存与筛选,都应尽量努力提高其科技含量,并不断增加依靠科技进步在增产增值中所占的份额。每一项产业化开发,每一个龙头企业的建设,同时也就是科技进步的典范与样板。

总结经验　加快发展
努力实现内蒙古畜牧业
的第三次飞跃

内蒙古畜牧厅厅长　于铁夫

党的十五届三中全会和内蒙古自治区党委六届七次全委会,全面总结了十一届三中全会以来农村改革的成就和经验,明确提出了农业和农村工作跨世纪的发展目标和基本方针,是指导我区畜牧业发展的纲领性文件。为把党的十五届三中全会和自治区党委六届七次全会精神落到实处,我们要认真总结党的十一届三中全会以来畜牧业改革和发展的经验,加大工作力度,进一步开创畜牧业工作的新局面。

(一)

改革开放的20年,是内蒙古畜牧业高速发展的20年,也是不断取得突破和超越的20年。在这20年里,我区在全国率先提出并全面实施了草畜双承包责任制、草原"双权一制",牧区经济的改革在全国牧区起到了带头和示范作用;家畜改良、草原建设规模位居全国各省区之首;绵羊毛、细羊毛、山羊绒等畜产品产量处全国领先地位;大牲畜和羊饲养量居全国前列,牧民人均收入居全国五大牧区之首。1998年与1978年相比,畜牧业主要生产指标和经济指标都有大幅度提高:

——牲畜饲养量成倍增长。全区牲畜总头数达到7 387.2万头(只),是1978年4 166万头(只)牲畜的1.8倍;

——畜群结构进一步优化。大牲畜和羊的良种改良种数量达到4 127.1万头(只),是1978年1 034.8万头(只)的4倍,比重由1978年的29.1%提高到66.6%,提高了37个百分点;

——畜产品产量大幅度增加。肉类总产量达到125.08万吨,是1978年20.89万吨的6倍;鲜奶总产达到62.4万吨,是1978年7.24万吨的8.6倍;毛绒产量达到7.47万吨,是1978年3.55万吨的2倍;

——畜群周转明显加快。出栏大牲畜和羊达到2 206.5万头(只),是1978年出栏593.6万头(只)的3.7倍,出栏率达到36.7%,比1978年的15.4%提高了21个百分点。

——经济效益显著提高。畜牧业产值达到98.5亿元(按1990年不变价计),是1978年25.6亿元的3.8倍,畜牧业产值占农业总产值的比重由1978年的25.7%提高到36%,提高10个百分点;牧业增加值达到107亿元,为全区国内生产总值的1/10。牧民人均收入达到2 344元,比农民人均收入1 704元高出640元,与1978年的188元相比,提高2 156元,提高

11.5倍。

目前,内蒙古皮毛绒的总量供给和农牧业人口人均产量都居全国领先地位,农牧业人口人均肉蛋奶产出高于全国平均水平,其中肉高出8.3千克,除满足区内市场外,每年可向区外提供200万头牛羊和百万头生猪。改革开放20年来,内蒙古向国家提供各种牲畜1.9亿头(只),绵羊毛100多万吨、山羊绒4.2万吨、牛皮940万张、绵山羊皮1.6亿张、鲜奶450万吨,商品总价值达1 060亿元。畜产品及其加工制品的出口额占到全区出口总额的37%,其中有5种产品(无毛绒、羊绒制品、冻牛肉、活羊、地毯)的出口创汇额达到千万美元以上。畜牧业的发展,促进了国家和自治区以畜产品为原料的轻工业的发展,并成为我区出口创汇的重要产业。同时,也为农牧民脱贫致富达小康,改善城乡居民的膳食结构,提高人民生活水平做出了重大贡献。

经过多年的努力,我区畜牧业已具备了稳定生产100万吨肉、6万吨羊毛、4 000吨羊绒、60万吨鲜奶、稳定总增2 000万头(只)以上牲畜的综合生产能力。全区畜牧业已经初步摆脱了靠天养畜,大灾大减产,小灾小减产的不稳定局面,实现了建设养畜、持续稳定发展。经营方式正在由传统的粗放经营向集约化、现代化的方向转变,经济增长方式也正在由过去的数量扩张型向质量效益型转变。

(二)

内蒙古畜牧业之所以取得如此巨大的成就,最基本的经验主要有三点。

一是坚持改革,不断解放和发展生产力。

党的十一届三中全会以后,自治区党委、政府按照中央农村改革的总体部署,结合我区实际,在全国牧区率先推行了草场公有、承包经营、牲畜作价、户有户养的"草畜双承包"生产责任制,把人畜草、责权利有机地统一起来,首先解决了人吃牲畜大锅饭的问题,有效地激发了牧民的生产积极性,促进了畜牧业生产的快速发展,形成了改革开放以来,我区畜牧业发展的第一次飞跃。为进一步解决畜牧业生产领域各生产要素中存在着的深层次问题,自治区党委、政府在总结"草畜双承包"经验的基础上,又在全国牧区率先推行了以草原承包到户为重点的"双权一制"(即草原所有权、使用权及承包制度),实现了"用管护"、"责权利"的统一,从根本上解决了牲畜吃草场"大锅饭"的问题,进一步理顺了草牧场利用、保护和建设,生产和发展的关系,使全区畜牧业进入了第二个快速发展阶段,形成了第二次飞跃。从"草畜双承包"到"双权一制"的落实,是畜牧业经济体制上的两次重大变革。通过这两次变革,形成了初步适应牧区特点的社会主义初级阶段的畜牧业经济管理体制,极大地调动了广大农牧民的生产和建设的积极性,实现了畜牧业两次历史性的跨越。

二是坚持走建设养畜道路,积极开展以改善生产条件和生态条件为中心的基础建设。

内蒙古生态环境脆弱、十年九灾、草原沙化退化严重。面对这严峻的客观现实,我们坚定不移地狠抓了以草原建设为中心的畜牧业基础建设。在建设形式上,根据牧区的实际情况,重点提出并加强了以水为中心、水草林机料配套的家庭草库伦建设。1987年以来,以主动防灾为目的,以改善畜牧业基本生产条件为内容,在全区38个易灾旗县大规模地开展了"畜牧业防灾基地"建设,接着又先后开展了"农业综合开发草原建设"和"牧区开发示范工程"等项目建设,取得了显著的成效,奠定了畜牧业发展的基础。全区草原建设总规模由"五五"期末的26.67万公顷发展到"六五"期末的73.33万公顷,并由"七五"期末106.67万公顷发展到"八五"期末的133.33万公顷。1997年,全区草原建设总规模达到200.93万公顷,配套草库伦达到8 370处,牧区打井8 031眼,可灌溉饲草料地1.408万公顷,牧区和沙区造林22.13万公顷。全区牲畜平均冬春贮草达150千克、贮料15千克,90%以上的牲畜实现了棚圈化,90%以上的牧民实现了定居。

由被动抗灾为主动防灾,由靠天养畜为建设养畜,是在总结以往沉痛的历史教训、寻求畜牧业发展过程中探索出的一条新路,是促进生产力发展的关键之举。它在内蒙古草原畜牧业经营方式上是第一个重要转折,也是内蒙古畜牧业由粗放型向集约型过渡的一个重要标志,为畜牧业持续、稳定、健康的发展打下了坚实的物质基础。

三是坚持科技兴牧战略,提高畜牧业的整体生产水平。

党的十一届三中全会以后,自治区党委、政府采取了一系列推动科技发展的措施,实施了科技兴区战略,有效地提高了畜牧业科技含量。在工作中,我们坚持解决生产中存在的量大面广的问题,重点围绕畜禽和牧草良种选育、繁殖改良、病虫害防治、人工草地、经营管理等开发研究,并组装配套推广了一批适用增产技术,突出推广了猪、牛、羊、奶牛、蛋鸡模式化饲养技术和配套草库伦建设技术,牧草和农作物秸秆"二贮三化"技术等。在畜牧业社会化服务体系建设方面,以科技培训、示范、推广服务为主要内容,建立了以旗县服务中心为龙头,苏木乡镇综合服务站为纽带,村嘎查、科技示范户为基础的服务网络,有效地加强了良种繁育、生产资料供给、科技推广、疫病防治、畜产品加工、运销等产前、产中、产后各环节的全方位综合服务能力,并以"丰收计划"和适用增产技术为中心内容,多渠道、多层次、多形式向农牧民传授技术。全区每年培训农牧民在40万人次以上。全力推进科技兴牧，提高了畜牧业整体水平。与1978年相比，我们的牲畜数量仅提高了1.8倍，但我们的肉、奶、毛绒却分别提高了5倍、7.6倍和1倍，这充分说明了科技发挥的作用。目前，我区已成功地培育了24个家畜优良新品种和品种群，全区良种、改良种畜已占牲畜总头数的66.6%，胚胎移植技术、反刍动物营养研究、白绒山羊选育等居全国领先水平。畜牧业科技含量由"七五"期末的33.7%上升到38%，科技成果的转化率由"七五"期末的37%上升到42%。

（三）

改革开放20年来，内蒙古畜牧业尽管取得了长足的发展，但很大程度上是靠外延的数量扩张而取得的；虽然我们的草原建设总规模每年已突破200万公顷，但建设速度仍然赶不上沙化、退化的速度，草畜矛盾仍十分突出，生态环境恶化。虽然我们的良种改良牲畜比重已达到66.6%，但多数为低代改良，牧畜个体生产性能仍有很大的潜力可挖。对此，自治区党委在深入调查研究的基础上，提出了"增草、增畜，提高质量，提高效益"的畜牧业可持续发展战略。其基本内涵就是通过大规模的草原建设，增草增畜，在发展中实现草畜平衡的良性循环；通过大力推广优良品种、先进饲养管理和经营技术，不断提高牲畜的质量和畜牧业的经济效益，实现可持续发展。

"双增双提"发展战略的提出和实施，从理论和实践上解决了我区畜牧业发展过程中的困惑，理顺了加快发展和资源制约的关系，解决了如何持续、健康、快速发展的问题，可以说"双增双提"战略的实施，在我区畜牧业的发展上，又迈出了新的实质性的一步，是草原畜牧业在经营方式上的第二个重要转折，必将形成内蒙古畜牧业发展史上的第三次飞跃。当前和今后一段时间要突出抓好三件大事。

第一，以完善草原"双权一制"为重点，稳定党在牧区的基本政策。

深化牧区经济体制改革的目标是建立以草原承包经营为基础，以畜牧业社会化服务体系、畜产品市场体系和国家对畜牧业的支持保护体系为支撑，适应发展社会主义市场经济要求的畜牧业经济体制。所以，深化改革的任务十分繁重，它关系到牧区稳定和调动广大农牧民积极性的问题。因此，必须长期坚持下去。当前，首要的是落实好草原"双权一制"的工作。承包到户还不彻底的地区，要查缺补漏，严格按照自治区的有关规定，把工作做深做细，要把使用、管理、保护、建设草原的责权利完全彻底地交给牧民。二是建立合理有序的草原流转制度和畜草平衡等制度，优化资源配置，促进草原、资金、技术、劳动力等生产要素的合理流动和优化组合。三是加强基层组织对草原承包到户的管理职责。强化村务公开和民主监督，维护政策的连续稳定，充分调动牧民生产、建设的积极性。四是以家庭牧场和市场体系建设为重点，加速建设牧区社会主义市场经济体制。中心是大力发展规模较大、设施配套齐全、牲畜良种化程度高、畜群周转速度快的集约型、标准化家庭牧场；加强市场体系建设，拓宽畜产品流通渠道，搞好社会化综合服务，促进商品畜牧业的发展。

第二，以"双增"为前提，进一步加快以草原建设为中心的基础建设步伐。

我区草原面积占国土总面积的76.6%，草原不仅是畜牧业发展的重要物质基础，而且是全区生态环境的主体。搞好草原建设，无论是当前还是今后都是内蒙古社会、经济发展中的一项重要工作。要把增草和畜牧业基础建设作为保护生态和建设养畜的基础，加大建设力度，提高建设水平。"九五"期间，要确保草原建设总规模保持在200万公顷以上，力争达到畜均0.066公顷打草场，畜均0.0066公顷有灌溉条件的饲料地。在具体工作中要从各地实际出发，以户为主，以水为主，大力发展人工半人工草场、高标准规范化配套草库伦和各具特色的饲草料生产基地，积极发展饲草料加工业，扩大饲料来源，提高饲草料加工生产能力。要以重大建设项目为龙头，充分发挥畜牧业防灾基地、农业综合开发草原建设项目和牧区开发示范工程等骨干项目的示范作用，扩大建设规模，提高建设质量，带动畜牧业基础建设水平全面提高。同时，要把草原作为畜牧业最基本的生产资料保护好、利用好，坚决打击滥垦、滥挖等破坏草原的行为。做到依法管理、科学利用，实现生态效益与经济效益的有机统一。

第三，全力推进牲畜"种子工程"建设，促进畜牧业向质量效益型转变。

党的十五届三中全会强调"必须把农业科技作为整个科技工作的重点"、"推进农业科技革命，……使我国农业科技和生产力实现质的飞跃"。加快"双增双提"战略实施的步伐靠什么？最重要的是要靠科学技术，最现实的是要走良种化的路子。为此，自治区党委、政府作出决定，在全区范围内全面实施牲畜"种子工程"建设，是具有重要意义的。可以说，实施牲畜"种子工程"是内蒙古畜牧业实行"两个转变"，实现"两个提高"的号角，是全面推动畜牧业生产技术改造的科技革命。目的是以种源基地建设、科技推广和服务体系建设、培训农牧民为重点，改善畜牧业的产前、产中、产后服务，优化饲养管理，扩大适用增产技术的覆盖面，全面推进科技兴牧。首先是建立健全种畜、草种良种繁育体系，通过引种、选育、胚胎移植等技术手段，努力提高种源基地的生产能力和供种能力。到2000年，基本实现牛、羊良种配种。二是要以各级改良、草原、兽医防制机构为中心,建立起自上而下、各有侧重的多层次服务网络,形成种源技术、信息、物资、市场、管理等配套的社会化服务,为畜牧业提供全方位有效服务。三是加大适用技术的推广力度,以国家和自治区两级“丰收计划”项目为龙头,组装、配套增产技术,扩大科技覆盖面,力争使我区畜牧业科技含量有较大幅度的提高;四是加强农牧民的科技培训,要组织大批科技人员下基层包项目、包培训,做好示范,把科学技术送到千家万户。

认真落实畜牧业“三项政策”

于铁夫

内蒙古自治区畜牧业正在由传统粗放型向集约化、现代化方向转变,由畜牧业大区向畜牧业强区方向转变。在这一过程中,摆在我们面前的最大任务,就是在确保畜牧业稳定发展的同时,尽快转变草原建设速度赶不上退化速度,使草原生态环境得到有效的保护和改善,促进畜牧业步入可持续发展的轨道。为了实现这个任务。就必须认真落实“草场承包责任制”、“双增双提”和“种子工程”三项政策。

稳定党在农村的基本政策,深化畜牧业改革的重点就是要落实好草原的“双权一制”,而“双权一制”的核心就是“草场承包责任制”,虽然这项工作在我区开展已经近十年了,但从目前的情况看落实的还不够彻底。实行“草场承包责任制”的关键,就是要把草牧场落实到户,草牧场不到户,就不能有效调动广大农牧民建设草原、保护草原、合理利用草原的积极性。只有把草牧场落实到户问题解决好,才能解决今后畜牧业持续稳定发展的问题。只有把草场到户的问题解决好,才能在此基础上实行草牧场流转制,实现生产要素的优化组合。只有把草场到户问题解决好,才能从根本上解决滥垦、滥挖和超载过牧等问题。

这些年来,由于人口不断增长,农牧民求富心切,加之牧区二、三产业发展比较缓慢,因而多养牲畜就成了人们维持生计和增加财富的最直接途径。其结果是超载过牧,草场退化日趋严重,草原生态进一步恶化。在这种情况下,我们既不能置农牧民的生存和发展需要于不顾,简单地采取控制或压缩牲畜数量的办法,又不能置草原生态环境的恶化于不顾,让牲畜数量无限制的膨胀。解决这个矛盾的唯一办法,就是要走“双增双提”的发展道路,在不断增加饲草供给能力的基础上,实现草畜的动态平衡。

“双增双提”的基础是增草,而增草只能靠加强草原建设。我们要继续坚持“全面规划,合理利用,重点建设,加强保护”草原建设十六字方针,增强忧患意识,在把草原建设作为草原畜牧业生存的第一需要来对待。我区草原就这么大,而牲畜又在不断增加,草场超载、沙化、退化现象十分严重。当务之急,就是在增草上下功夫,做文章,把饲草料的总量搞上去,并实施科学的合理利用。只有这样,才能在保证畜牧业稳定发展的同时,有效防止草原的退化,恢复和建立草原良好的生态环境,实现草原资源的永续利用。

我区从50年代末开展大规模的畜种改良,经过四十多年的不懈努力,全区60%以上的牲畜得到了改良,并培育出了24个畜禽新品种和品种群,在全国的家畜改良工作中走在了前列。但同日益提高的市场需求相比,同世界先进水平相比,差距还很大,集中表现在良种牲畜比例低、畜禽个体生产性能低、经济效益低和市场竞争能力低。因此,全面实施牧畜“种子工程”,用尽可能少的牲畜生产出尽可能多的高质量的畜产品,既是畜牧业实现两个根本性转变的必然选择,也是缓解草畜矛盾,减轻草场压力,最大限度的挖掘畜牧业的增产潜力,提高畜牧业经济效益,加快农牧民脱贫致富达小康的必然选择。可以说,实施畜牧业“种子工程”是继“草畜双承包”和草牧场“双权一制”之后,我区畜牧业的又一次深刻变革。

畜牧业“种子工程”是一项跨世纪的宏大工程,绝不能把它等同于一般的家畜改良工作。必须从战略的高度,统筹规划、合理安排,有组织、有计划、有步骤地加以实施。要突出做好种源基地、推广体系和质量监测体系等基础性工作,同时要充分调动社会各方面的积极因素,建立广泛的社会协作,为“种子工程”的顺利实施提供良好的社会环境。

发展中的辽宁畜牧业

辽宁省畜牧局

一、辉煌的业绩

建国前,由于战乱频繁,社会动荡,辽宁省畜牧业基础十分薄弱,科技含量很低,生产水平极为落后。1949年,全省(包括辽东、辽西两省)大牲畜存栏只有188.2万头,猪存栏仅为210.4万头。畜产品少得可怜,年人均占有肉类只有3千克,蛋类1.5千克,奶类0.02千克。建国以来,经过50年的建设和发展,特别是近20年的改革和开放,辽宁畜牧业发生了历史性巨变。

1. 畜牧业产值高速增长,畜牧业由传统家庭副业上升为支柱产业。建国前辽宁省畜牧业产值1亿元,占农业总产值比重为9.9%。1998年畜牧业产值提高到189.7亿元,占农业总产值的比重提高到32.4%。畜牧业已成为大农业的重要组成部分和农民致富的主导产业。

2. 主要畜产品实现自给有余,辽宁跨入全国畜牧主产省行列。1998年,辽宁省肉类总产量216.6万吨,人均占有量51.9千克,居全国第5位,达到世界平均水平;蛋类总产量131.6万吨,人均占有量31.7千克,居全国第四位,达到世界发达国家水平。畜产品除满足省内供应外,还大量销往省外。1998年,全省入关生猪200万头,鲜蛋39万吨,禽肉25万吨,活牛39万头,肉类出口21万吨。全省畜禽及其产品省外销售份额已经达到四分之一,成为我国畜产品新的重要供给基地。

3. 龙头与基地建设成就显著,产业化格局基本形成,建国以来,特别是党的十一届三中全会以来,辽宁省相继建设大中型畜产品加工企业76个,其中肉牛加工厂64个,肉禽加工厂4个,肉猪加工厂7个,蛋粉加工企业1个;建设畜牧业商品基地71个,其中瘦肉猪基地28个,肉牛基地24个;建设万头猪场31个,万只鸡场708个,畜牧专业户40余万个;建设大型专业批发市场100多个,中小型交易市场2 600多个。初步形成了市场带龙头,龙头带基地的产业化格局。全省35%肉牛,45%生猪,70%的蛋鸡,100%的肉鸡走上了区域化布局、专业化生产、一体化经营的轨道。

4. 科教兴牧力度不断加大,畜牧业生产水平大幅度提高。建国以来,辽宁省取得重大科技成果百余项,并在生产实践中得到广泛应用,特别是良种、良舍、良法、良料等项配套技术的推广与普及使全省畜牧业生产水平明显提高。建国前,生猪出栏率不到50%,1997年发展到128.4%,结束了一年养猪半年长的历史。饲养场户的饲料转化率,生猪达到1:3.5,蛋鸡达到1:2.8,肉鸡达到1:2.2。全省畜牧业科技贡献份额已达到50%。

5. 畜牧法制建设取得长足进展,行业管理步入依法治牧轨道。十一届三中全会以来,国家和地方相继发布畜牧兽医法律、法规、行政规章等50余部,行业管理基本实现了有法可依。1998年,全省畜牧系统查处违法案件3 000余起,对制止杂种作种、制售假药、贩运病害肉等不法行为发挥了重要作用。

6. 畜牧行业自身建设不断加强,服务水平明显提高。省、市、县、乡四级层层建立了畜牧技术推广体系、品种改良体系、防病灭病体系、畜禽及其产品检疫体系、执法监督体系,对保障畜牧业持续稳定健康发展,发挥了突出作用。

二、奋进的历程

辽宁畜牧业50年,是艰苦创业的50年,也是曲折发展的50年。50年畜牧业发展历程大致可以划分为三个阶段:

第一阶段:1949—1952年。国民经济处于恢复时期,畜牧业发展较快。1952年与1949年相比,大牲畜存栏增长94.4%,生猪存栏增长42%,羊存栏增长68.5%。

第二阶段:1953—1977年。这一阶段历经了"合作化"、"大跃进"和"文化大革命"运动。受"左"的思想影响,发展畜牧业受到种种限制。农户只许小量饲养部分中小家畜,不许饲养大牲畜,关闭了牲畜交易市场,实行统购统销。农民生产积极性受到严重挫伤,畜牧业生产长期处于徘徊不前和缓慢发展状态。这一阶段辽宁畜产品严重短缺。全省肉蛋自给水平不足50%,奶类只能供应老弱病残,肉蛋奶长期实行凭票供应,每年不得不用钢材等稀有物资南下入关换取肉蛋等短缺物资,素有"东北虎"之称。

第三阶段:1978年至现在。1978年党的十一届三中全会以后,随着以家庭联产承包责任制为主的农村经济体制改革的不断深入,辽宁畜牧业开始由计划经济向社会主义市场经济过渡,畜牧业生产步入全面振兴阶段。这一阶段可大体划分为三个时期:

1. 放宽搞活时期。(1978—1982年)这一时期的畜牧业经济仍以计划经济为主体,但对个体经济采取了一系列放宽搞活政策。1978年党的十一届三中全会明确提出:"社员自留地、家庭副业和集市贸易是社会主义经济的必要的补充部分,任何人不得干涉"。1981年党的十一届六中全会通过的《关于建国以来党的若干历史问题的决议》中,把个体经济作为适合中国现阶段的生产资料所有制结构的一个组成部分。结合辽宁实际,1979年辽宁省取消了禁养和限养政策,实行国家集体个人一起上,积极鼓励农户家庭饲养业。1981年又制定了允许个人从事力所能及的"手提、肩扛、自行车驮"的农副产品贩运政策,同年又提出了发展两户(专业户、重点户),并在资金、信贷、物资、技术等方面给予重点扶持。这些政策规定,调动了农民生产积极性,使全省畜牧业生产迅速恢复和发展。到1982年,全省主要畜产品产量已经恢复到历史最好水平。

2. 双轨制时期(1983—1989年)。从1983年开始,辽宁省重点对畜产品流通体制进行了改革,逐步开放市场,放开价格,实行多渠道经营。但受畜产品短缺的限制,流通体制改革具有明显的双轨制特点。1983年取消鲜蛋派购;1984年取消菜牛、菜羊统购;1985年放开猪肉价格,但仍执行指令性收购计划,1988年改为合同订购。1989年,全省畜禽及其产品全面实行放开经营。放开经营后,使畜产品价格迅速上升,调动了生产者经营者积极性,生产发展很快,到1989年,全省肉蛋奶等主要畜产品已实现基本自给。

3. 结构调整时期(1990年至现在)。进入90年代以来,我省主要畜产品已实现自给有余,并大量销往关内和国外,结束了畜产品长期短缺的历史。畜产品总量不足的矛盾已不再是主要矛盾,全省畜牧工作重点由追求量的增长转向质的提高，向高产优质高效方向发展，确立了稳定猪鸡生产，大力发展草食畜禽，深化畜牧业生产结构调整的发展方针，并取得明显成效。到1998年，全省牛羊禽肉占肉类比重由1978年的5%，提高到40%。但随着生产的发展，畜产品加工短腿，产品档次低市场体系建设滞后，产、加、销各环节之间相互脱节的矛盾日益突出。对此，在“八五”末期，辽宁省又适时提出了积极发展畜牧产品加工与流通，大力推进产业化进程的新思路，把工作重心转移到产业化建设上来。据不完全统计，1995年以来，辽宁省多渠道筹集资金新建继建畜产品加工企业36个，总投资达20多亿元。

三、崭新的未来

建国以来，辽宁畜牧业经济发生了根本性转变，但与发达国家相比差距仍然很大。主要表现在：一是畜产品加工滞后，产品档次低，竞争能力差；二是产销脱节问题仍然比较突出，产业化经营机制有待进一步完善；三是科技体系基础设施建设滞后，服务水平较低。四是宏观调控能力弱。这些问题有的是历史遗留问题，有的则是新旧体制转换中出现的问题。从根本上说，解决这些问题必须通过深化改革来实现。

1. 摆正位置。经过50年的发展，辽宁畜牧业已经成为农村经济的支柱产业，也是今后大农业中最具发展潜力的产业。辽宁省地处东北玉米带和豆粕主产区，东北地区豆粕占全国50%，玉米占全国40%，饲料资源极为丰富。国家已经明确提出要把东北建成全国新的重要的畜产品供给基地。辽宁省应抓住机遇，发挥优势，用5—10年时间再上一个新台阶，把辽宁建成全国畜牧强省。

2. 加强宏观调控。近年来畜牧业生产波动较大，重复建设问题，污染问题，布局不合理问题比较突出。其主要原因是政府宏观调控力度不够。今后应进一步研究和完善经济、法律和行政调控手段，保障生产健康发展。

3. 大力推进产业化进程。要积极推行大公司大集团战略，进一步加强龙头企业、商品基地、规模饲养、市场体系、社会化服务体系的建设，完善一体化经营机制，正确处理各环节利益主体之间的利益分配机制，推动辽宁畜牧业向现代化方向发展。

4. 加大结构调整力度。要进一步调整饲料生产体系，大力推广粮食作物—经济作物—饲料作物三元结构，不断增加饲料作物比重。要进一步加大牛羊鹅等草食畜禽的发展力度，大力发展节粮型畜牧业。要加大草地资源的保护与建设，把草地牧业提高到一个新水平。要充分发挥饲料主产区的优势，积极发展商品瘦肉猪、高产蛋鸡、优质肉鸡和小肥牛等优质畜禽生产，提高市场竞争力。

吉林省畜牧业扩大对外开放前景广阔

吉林省牧业管理局　彭志国

近几年来，位于东北“黄金玉米带”中部的吉林省，在市场经济的推动下，资源优势迅速转变为产业优势，畜牧业发展突飞猛进，不仅彻底扭转了长期以来肉类供不应求的局面，而且开始进入大量外销阶段，成为新崛起的畜牧业生产基地。畜牧业快速发展，畜产品迅速增加，为畜牧业扩大开放奠定了坚实的基础，也对畜牧业扩大开放提出了更高要求。

一、吉林省畜牧业扩大对外开放势在必行

扩大对外开放是畜牧业走向市场经济的客观要求，也是畜牧业发展到一定阶段的必然选择。从当前和长远看，吉林省畜牧业扩大开放势在必行。

一是加快发展的需要。吉林省是农业大省，粮食人均占有量超过800千克，饲料资源十分丰富，发展畜牧业资源优势得天独厚。畜牧业作为上连种植业下连加工业的中轴产业，不仅是粮食转化的主要途径，也是财政增收和农民致富的重要增长源，必须加快发展。同时，国家对吉林省畜牧业也寄予厚望。早在1989年，农业部就提出把吉林省由“粮仓”变为“肉库”的设想。1991年，李鹏总理指出：“吉林省的鸡和猪都发展起来了，今后还要利用丰富的玉米资源把养牛业发展起来。”从吉林省的现状看，畜牧业发展与种植业和加工业的要求还不适应，今后必须进一步加快发展步伐。加快发展需要扩大开放，招商引资。

二是拓宽市场的需要。吉林省畜牧业已经从供不应求进入产大于销阶段，从计划经济体制走向市场经济体制，市场成为生产发展的主要风险和制约因素，拓宽畜产品市场空间成为当务之急。国内市场特别是京、津、沪等大城市虽有一定潜力，可以作为一个开拓方向，但这些地方也在发展畜牧业，搞“菜篮子工程”，其他一些省也在竞争这些市场，空间有限。而国际市场特别是吉林省周边的俄罗斯、日本、韩国等国家市场有广阔的开拓前景。但是，开拓这些国家市场，必须提高畜牧业生产水平，使畜产品适应这些市场需求。因此，开拓市场需要扩大开放，与国际市场接轨。

三是建设畜牧业大省的需要。吉林省为了加快畜牧业发展步伐，确立了建立畜牧业大省的宏伟目标，并把发展外向型畜牧业作为建设畜牧业大省的指导思想和重要内容之一。建设畜牧业大省不仅涉及数量的增长，同时在产品质量和发展水平上也要有较大的提高。具体规划目标是，到2000年，畜产品出口要占商品量的20%，到2008年要达到40%。届时，吉林省畜牧业将发展成为具有主导性的外向型产业，跨区域性、国际

性集约化经营,综合水平在全国居领先地位。吉林省也将成为在国际上具有重要影响的畜产品出口省,资源优势全面转化为经济优势。实现这一目标,需要扩大开放。

四是走向世界的需要。我国加入世界贸易组织即所谓“入世”,已经纳入日程,势在必然。“入世”后,将有利于包括吉林省在内的我国畜产品走向世界,进入国际市场。但是,与发达国家相比,吉林省畜牧业基础设施薄弱,综合生产能力不高,尽管有相对资源优势,却面临着发达国家低成本、高质量畜产品的竞争压力。届时,不仅吉林省畜产品出口更加困难,甚至国外畜产品大量涌入,挤占国内市场。为了提高吉林省畜产品在国际市场上的竞争能力和地位,更多地走向世界,需要进一步扩大开放,通过引进资金、技术以及国外企业参与发展,促进吉林省畜牧业由粗放型向集约型、由数量型向效益型转变。

二、吉林省畜牧业扩大对外开放条件优越

近几年来,吉林省始终把畜牧业作为农村经济的重要产业,加大发展力度,畜牧业全面迅速发展,为扩大开放奠定了坚实基础,创造了优越条件。

1. 畜产品数量丰富。吉林省不仅畜产品齐全,而且数量丰富。从种类看,猪、牛、羊、马、骡、驴、鹿、鸡、鸭、鹅均有,开发潜力很大。从数量看,1996年,全省猪饲养量发展到1 916.6万头,比1990年增长106.7%;牛发展到668.3万头,增长200.6%;羊发展到584.3万只,增长97.1%;家禽发展到4.0亿只,增长284.6%。肉类总产量184.5万吨,比1990年增长256.2%,蛋类总产量56.5万吨,增长224%。种类齐全、数量丰富的畜产品资源和广阔的合作开发前景,对国外有很大的吸引力。

2. 畜产品质量较高。为了不断提高畜产品的质量,吉林省坚持不懈地开展畜禽品种改良工作,引进国内外优良品种,改良本地品种,二元杂交和三元杂交猪及杂交改良牛已占相当大的比重,商品生产的肉、蛋鸡全部实现了良种化。在普及良种的基础上,大力推广配套技术,积极推进规模经营,全面提高了畜产品质量。全省有三分之一的生猪、四分之一的育肥牛和几乎百分之百的商品肉、蛋鸡采用了配套饲养技术。采用配套技术、实行科学饲养的规模饲养户(场)达到42.5万个。特别是大力开展畜禽防疫工作,坚持推行“双轨目标管理责任制”,有效地控制了畜禽疫病的发生与传播,确保了畜产品的兽医卫生质量。

3. 区位优势比较明显。吉林省位于东北中部,处于东北亚经济区的中心地带,与俄罗斯、韩国、日本等国距离较近,交通方便。特别是与俄罗斯既有铁路相联,又有内河相通。这些国家都是肉类进口国,每年进口肉类数量巨大。1996年,俄罗斯进口猪、牛肉85万吨;日本进口猪、牛肉165万吨,禽肉50多万吨;韩国进口牛肉23万吨。由于这些国家劳动力、饲料价格高,发展畜牧业难度大,今后肉类进口数量还将进一步增加。开拓这些国家畜产品市场,或与这些国家合作开发畜产品,吉林省不仅有着无可比拟的资源优势,而且有着得天独厚的区位优势。

4. 对外开放形成共识。吉林省基本上属于内陆省份,长期以来处于封闭状态。但是,随着市场经济的发展和改革开放的深入,对外开放意识不断增强,上上下下充分认识到,加快经济发展必须扩大对外开放。吉林省在经济发展中实施了开发开放、出口带动战略,积极支持扩大开放,特别是把依托资源优势、扩大畜牧业对外开放作为重要内容。1996年6月,省委书记张德江在一份关于对俄出口肉类情况的报告上批示:“请省政府研究如何进一步重视和扩大对俄出口肉类工作。此报告很好,所提建议请政府有关部门重视。”省长王云坤批示:“很好。请哲洙同志和外经贸厅认真研究,扩大出口,并把眼界放宽些。”省、市、县在扩大开放、招商引资中,也都提出了许多畜牧业开发项目。最近,四平市招商引资百项工程开工仪式就是在公主岭市120万头生猪综合加工基地项目现场召开的。目前,扩大开放,招商引资,已经成为吉林省经济发展的热点,为吉林省畜牧业扩大开放创造了良好的环境和条件。

三、吉林省畜牧业对外开放取得成效

畜牧业扩大对外开放,就是要瞄准国际市场,遵循国际惯例,开展国际合作,全面提高畜牧业整体水平和竞争能力。在这方面,吉林省采取了一系列有效措施,迈出了可喜步伐,取得了明显成效。

第一,针对开放要求,不断提高畜产品质量。在激烈竞争的国际市场上,畜产品质量不仅与效益直接相关,而且是稳固占有市场并不断扩大市场份额的根本保证。畜牧业开放,无论是合作生产还是产品出口,都要求高质量。在吉林省较早中外合资兴建的德大有限公司,是较大规模的肉鸡生产加工企业。在初建时,他们就在设备上采用国际先进水平,在设计上按照国际标准,在生产上饲养国际最好品种。目前,生产120多种高质量鸡肉产品,销往20多个国家,供不应求。从全省看,肉鸡饲养的主要指标基本上都达到了国际先进水平。为了提高育肥牛的质量,吉林省多次从国外引进优良品种牛,开展冷冻精液人工配种。1996年,建成了具有国内一流水平的省肉用种牛繁育中心,一次从加拿大引进西门达尔、夏洛来、利木赞三个品系种牛168头,并实行统一供种供精。在普及良种的基础上,大力推广配套技术,积极推进规模经营,畜产品质量得到全面提高,出口深受欢迎。特别是俄罗斯客商对吉

林省猪、牛肉质量给予高度评价,多次表示要增加进口。

第二,针对开放要求,努力加大畜禽疫病防治力度。为了保护本国人民身体健康和畜牧业生产安全,世界各国对畜产品兽医卫生要求日益严格,在畜产品贸易与国际合作中,对许多疫病都有明确的限制。为了保证畜牧业扩大对外开放,吉林省提出了坚持发展与保护并重的方针,把畜禽防疫工作作为一件大事来抓,在继续推行“双轨目标责任制”、降低畜禽疫病死亡率的基础上,建立了完整的兽医工作系统和严密的疫病防制措施,有效地控制了畜禽疫病的发生。1997年,吉林省开始实施“无特定疫病区工程”,消灭或控制国际上特殊要求的畜禽疫病,为畜牧业扩大对外开放扫清障碍。

第三,针对开放要求,大力发展畜产品加工业。吉林省畜牧业发展较快,但畜产品加工业相对滞后,既制约了畜产品市场的开拓,也影响了畜牧业的开放。为了改变这种生产与加工不相适应的状况,近几年来,吉林省在改造老企业的同时,大力发展高水平、高起点的畜产品加工业。获准在俄罗斯注册的7家肉类生产加工企业积极开展对俄肉类出口,1996年,对俄出口猪、牛肉7000吨,比1995年翻了一番。仅中俄合资的吉斯肉类有限公司就向俄出口冻猪、牛肉2600吨。德大公司在年生产加工肉鸡能力达到5000万只的基础上,正在前郭、长春建立分公司,将使生产加工能力翻一番。全部引进国际先进设备的德惠肉牛公司的屠宰厂,年可屠宰加工肉牛10万头,已于今年6月正式投产运营。年屠宰加工万头、可生产达到国际高档肥牛肉技术指标的盛工肉牛开发有限公司,产品面向伊斯兰国家的双龙清真屠宰加工厂正在紧张建设中。公主岭60万头猪屠宰加工、长岭50万只羊屠宰加工、农安百万只鹅屠宰加工、扶余50万只兔屠宰加工等一大批现代化畜产品加工企业也正在按规划蓝图走到松辽平原的黑土地上。

第四,针对开放需求,积极推进畜牧业走上产业化的轨道,使畜产品有组织的生产和交易,进一步提高了畜产品在国际市场上的竞争能力。畜牧业产业化,既是畜牧业经济发展的客观要求,也是扩大开放的必然结果。1996年,吉林省明确提出畜牧业要按产业化布局和发展,专题召开了全省畜牧业产业化工作会议,成立了畜牧业产业化领导小组,制定了旨在推进产业化发展的政策。目前,以公主岭市、凯帝公司为代表的优质瘦肉型猪产业化已经形成;以德大公司、华龙集团为代表的肉鸡产业化已经处于国内领先水平,并且在进一步完善扩大。按产业化要求设计的优质肉牛系列开发项目,建设4个龙头企业,按辐射半径,涵盖23个县,产加销配套,正在紧张运作。今年,吉林省又在全省抓了以龙头企业牵动的100个牧业产业化经济区建设,进一步扩大开放,加快产业化进程。

吉林省的畜牧业,在对外扩大开放中不断得到发展和壮大。但她还蕴藏着巨大的能量和潜力,必将在中国乃至世界畜牧业发展的民族之林中,放射出更加绚丽的光彩,取得更加灿烂的辉煌!

(本文发表于全国畜牧业经济研究会编,
中国农业科技出版社1998年8月
出版的《畜牧业产业化问题研究》一书)

黑龙江省生猪市场供求关系分析与展望

改革开放以来,随着国民经济的迅速发展,特别是实行生猪全面放开经营,黑龙江省生猪生产得到了持续、快速的发展。到1990年,全省猪肉实现了自给,结束了猪肉靠调拨的历史,使全省生猪产销发生了根本性变化,由猪肉销区转变为产区。1997年,全省生猪市场行情好,饲料成本低,生猪生产呈现出多年来少有的大发展势头,全省各地普遍形成养猪热。1997年末,全省生猪饲养量达到2677万头,出栏猪1377.7万头,分别比上年增长7.9%和14.9%,全省生猪出栏率达到107.5%。

1998年生猪产销基本形势

1998年上半年,黑龙江省生猪产销行情发生了显著变化,表现为生猪收购价狂跌,仔猪销售价猛降,整个生猪市场势态低迷。而进入8月份以来,生猪收购价格和仔猪销售价格出现了强劲反弹。据市场调查,4月份生猪收购价全省平均5.60元/千克,仔猪销售价平均6.00元/千克,8月份生猪收购价平均7.60元/千克,仔猪销售价平均9.50元/千克,与4月份相比分别上涨35.7%和58.3%。从生猪生产上看,黑龙江省努力克服畜产品市场疲软、饲料价格上涨和养殖效益下降等不利因素,生猪生产继续保持稳定、持续发展的态势。据省统计局统计,截止6月末,生猪存栏1216.8万头,比去年同期增长2.4%,虽然生猪存栏保持了较低的发展速度,但是,生猪出栏增幅较大,生猪出栏651.7万头,增长10.6%。由于出栏量增大,所以,猪肉产量继续增加,猪肉产量51.1万吨,增长8.6%。

影响生猪市场波动的主要问题:

一是去年底生猪产大于销带来的滞后影响。从1997年12月中旬开始,生猪收购价格便一路下滑,主要是粮食价格低迷,饲料价格低,农民养猪成本减少,生猪市场价格偏高,猪粮比价高达1:8,大大超过了1:5.5的正常水平。因此,仔猪价格一路攀高,农民大量留母,生猪存栏增加,而春节后生猪需求量锐减,销售不畅,造成生猪压栏待宰量增加,产大于销的矛盾更加突出。

二是生猪购销的全国大市场与一家一户饲养生猪的小生产的矛盾，即生猪生产以千家万户分散饲养为主，缺少必要的计划调节、正确的信息引导和统一的购销服务，生产存在着极大的自发性和盲目性，极易造成生猪产销和供求不平衡。生猪生产一直在猪少价高，利大一起上；猪多价低，利微一起下的大起大落的恶性循环中徘徊。虽然市场需求的变化和生猪价格的高低可以对生猪生产起到一定的调节作用，但作用的程度和时间不同步。市场价格的波动，只能给养猪户带来一个价格信号，即增加或减少饲养量，但在短时间内生猪市场供应总量是不可能明显增多或减少，它反过来又影响和加剧着价格高低的波动。在由猪肉长期产不足销变为自给有余，猪肉销区逐步向产区转变的过程中，全国大市场的供求关系直接影响着黑龙江省生猪市场的产销变化。

三是生产发展与加工滞后的矛盾。黑龙江省肉类加工业发展滞后，加工规模小，成本高，总体上难以适应生猪生产快速发展的需要。目前，生猪生产已比改革开放前翻了一番多，但由于过去长期产不足销，多数肉类加工厂停留在只加工白条肉，满足当地市场供应的水平上，极少考虑外销或深加工后外销的问题，突出表现为企业商品意识淡薄，产品竞争乏力，市场占有率低，加之加工规模小，技术水平低，名牌产品少，远远没有发挥出对养猪业应有的拉动作用，与生猪生产的迅速发展形成了强烈反差。

四是饲养成本上升，养猪效益下降。年初以来，全省的生猪、仔猪价格持续下跌，一直在低价位徘徊，而饲料价格却越涨越高，玉米从年初的0.96元/千克上升到1.20元/千克。6月份，猪粮比价降到1:4.5，远远低于正常的猪粮比价1:5.5水平，致使生猪饲养场(户)都在亏损中运行，无利可图。由于生猪生产较长时间在低价位运行，严重影响了生产者的积极性，出现了淘杀母猪、仔猪补栏减少的现象，许多地方养猪户出现空栏。

但是进入8月份以后，全省各地生猪、仔猪及猪肉价格均有大幅度回升，养猪生产又开始升温。主要有以下几个原因。

一是上半年仔猪价格降至最低点，即6.00元/千克，并连续6个多月在低价位上徘徊，仔猪市场交易清淡，养猪户补栏量明显减少。在仔猪市场持续低迷的同时，不少地区又出现了宰杀母猪的现象。这势必影响下半年的生猪市场。因此，下半年猪价反弹是必然的。

二是今年我国南方、北方大面积发生洪涝灾害，粮食生产受到了不同程度的破坏，农民售粮谨慎。加上5月份国家实行了“敞开收购、顺价销售”的粮食流通政策，对粮食价格产生了明显的拉动作用，导致饲料价格上扬，养猪成本进一步加大。成本的增加，一方面有可能促使猪价全面上升，另一方面也有可能进一步减少猪源，加大供求矛盾，为价格回升提供可能。

三是上半年生猪市场低价位徘徊，致使养猪场(户)大幅度调整生产计划，关闭或缩小规模，保持生猪生产与市场需求的供求平衡关系，但由于洪涝灾害的破坏，生猪生产受到严重冲击，使刚刚建立起来新的供求关系又被打破；而面临全国生猪大市场需求的迅速变化，从生猪自身发展的周期性变化规律看，经过春节过后一段时间的调整，以预示8月份以后生猪货源匮乏，而生猪生长周期一般为6个月左右，必将使生猪价格有一个大幅度反弹。

1998年后几个月的发展趋势是：随着生猪、猪肉价格的回升，生猪生产将走出低谷，形成新一轮发展的态势。1998年全省生猪存栏仍达到1300万头，与上年持平；全年生猪出栏达到1490万头，增长8%。猪粮比价维持在1:5.5左右，市场供求问题基本保持平衡态势。

1999年生猪产销趋势

根据当前生猪市场产销形势的分析，1999年生猪生产继续呈现低速增长态势，上半年生猪存栏将有一定比例的增长幅度，基本达到5%，下半年出栏将达到高峰期，预计生猪出栏增长达10%左右。主要原因：一是针对连续20个月的养猪热，黑龙江省已密切注视生猪生产和市场动态，加强信息服务，正确引导生产经营，先后多次通过会议和牧业信息的形式发出了提醒有关部门和广大农户养猪适当降温的预警通知，帮助分析形势，并预测养猪热有可能导致新一轮的生产过剩，起到了一定警示作用，避免和减少了养猪生产的损失，保存了经济实力。二是生猪生产出现低潮后，我们又多次召开会议，下发通知，建议各地从菜篮子风险基金中拿出部分资金，保护种猪场，保护母猪，保护养猪专业户(场)，稳定了生猪生产的基础。三是在抓好猪肉产品加工、推进生猪产业化、启动内需的同时，注意发挥金锣集团、金都集团等生猪加工、流通企业的作用。金锣集团二期工程上马，年屠宰生猪能力由原来的50万头提高到200万头；哈尔滨肉联集团通过改造扩建，肉制品生产能力由2500吨提高到6000吨；绥芬河市投资1100万元，建成了年加工生猪15万头能力的对俄出口企业，并与俄方签订了2.4万吨的出口合同。龙头企业强化，极大地发挥出拉动生猪生产快速发展的作用。四是，湖北、湖南等生猪主产省，今年遭受严重洪涝灾害，生猪生产受到较大程度的破坏，产销关系将随全国大市场需求的变化而改变，黑龙江省生猪产销关系面临较大的发展机遇。

人汛以来，嫩江、松花江流域发生了百年不遇的特大洪水，目前，我们将工作重点迅速转移到抗灾自救、恢复生产、重建家园上来。采取得力措施，坚持控制住动物疫病的发生和流行，千方百计解决饲草饲料短缺，采取多种办法，修复或新建畜舍，解决安全越冬等问题。面对抗灾保畜、迅速恢复畜牧业生产，并通过发展畜牧业为灾区生产自救，重建家园。1999年是黑龙江省生猪市场建立新型产销关系的关键时期，我们要继续把养猪业作为全省畜牧业的重要工作来抓，坚持"反弹琵琶，倒过来抓"的指导方针，按照"抓市场、上加工、带产业、促养殖"的工作思路，采取切实措施，推动生猪产业化的发展，加快畜牧业大省的建设步伐。

一是建立生猪产业化运行机制。除抓好现有肉食加工企业建设外，还要加大生猪流通力度，抓好中介组织、农民贩运队伍、合作经营组织向省外销售，重点抓好28个瘦肉型猪生产基地县的生猪外销工作，全年向省外销猪200万头，并进一步开拓俄罗斯等国外市场。二是抓好各级种猪场建设。进一步完善三级繁育体系，重点抓好原种猪场，不断引种更新，强化内部管理，出好种、多出种。对于二级扩繁场和三级商品场，增加扩繁数量，保证三元杂交商品仔猪的供应，商品场、户抓好生猪直线育肥。各级政府从资金、物质、场地、设备等方面对种猪场给予扶持。

三是强化综合服务功能。建立健全省地县三级服务网络，对农民提供技术、信息、市场行情等服务，在饲养、饲料、防疫等方面做好产前、产中、产后的系列化服务，解决产、加、销各环节中出现的问题。

四是发展适度规模的专业经营。根据市场需求状况、农民的经济承受能力以及场地、劳力、饲料和人员素质等条件的限制，我们确定专业户以一次人栏30~50头为起始规模，以便于采用生猪直线育肥综合技术，并获得较好的规模效益；同时，在市场波动过程中，又能及时顺应市场变化，降低风险，要求农民在生产上精心饲养、钻研技术、降低成本、增加收入上下功夫。在抓专业户经营的同时，进一步鼓励采取独资、合资、股份等形式兴办一批专业猪场，引导农户向养猪一条街、养猪小区发展，形成一村一品、一乡一业新的专业化、区域化生产格局。

五是发挥养猪协会的作用。协会要充分发挥桥梁和纽带作用，帮助会员和会员单位解决生猪生产中存在的技术、经营、管理、流通等方面的问题。协会要抓好生猪直线育肥综合技术的培训，编写技术资料，定期举办培训班，组织交流经验。协会要协助政府帮助养猪场、户及时沟通生产、市场、技术等方面的信息，提高养猪业的技术水平和组织化程度，推动生猪生产的健康发展。

（王存国）

早餐吃什么　牛奶加鸡蛋

——推进中国人的早餐革命

江苏省农林厅副厅长　刘立人

"民以食为天"。一日三餐吃的质量，吃的标准，吃的是否卫生，营养是否全面，是衡量一个家庭、一个地区乃至一个国家的经济发展水平、人民生活素质和饮食文明程度的重要指标。我们搞社会主义革命，抓经济建设的重要目的之一，就是要提高人民生活水平，增强人民身体素质。中国的经济发展了，人民生活水平提高了，理应要讲究吃的质量，力求吃得科学，吃得有营养。在日常生活中，有相当一部分居民根据经济情况，完全有条件吃得好一点，但其早餐吃得简单，吃得不科学、不合理，营养水平较低，根本原因是其对早餐作用缺乏正确的认识。审视传统的饮食习惯，必须全力提倡科学合理的膳食结构，从早餐抓起，来一次中国人的早餐革命。

一、中国人应正视早餐

俗话说，"一年之计在于春，一日之计在于晨"。当东方露白、红日升起的时候，人们必须拥有充沛的精力去迎接新一天工作的挑战，去完成新一天繁重的工作。充沛的精力源于早餐。常言道"早餐要吃好，中餐要吃饱，晚餐要吃少"，其中就包含了这个道理。只有摄人科学合理、营养全面、足量的早餐，才能为新一天的工作打下坚实的物质基础，储备充裕的能量。有人说得好，王军霞跑世界冠军，靠早晨两碗稀饭是不行的，绝对要靠牛奶加鸡蛋类食品。

让人民群众生活得好，一直是人类孜孜以求的目标，也是社会一切政治、经济、文化等活动的根本出发点，我们反对的是大吃大喝，铺张浪费，但要提倡饮食科学，饮食卫生，以提高全民族的健康水平。随着经济的不断发展，人们的生活水平和生活质量得到显著的改善，人们的膳食结构发生了翻天覆地的变化，可喜可贺。但欣喜之余，我们不难发现，我们的膳食结构依然很不合理，尤其是早餐，以南京人为例，绝大部分南京人的早餐是"泡饭"加小菜，所谓"泡饭"就是昨天晚上剩的饭加上开水。我是外地人，刚到南京时，非常不习惯，天长日久，也就被入乡随俗了。这样的早餐，充其量是碳水化合物，只能暂时填饱一下肚子。而大多数发达国家和发展中国家，人们的早餐多为牛奶加鸡蛋或面包。通过比较，不难发现，我们的早餐内容和质量与国外的牛奶加鸡蛋相距甚远，与科学的营养要求相距甚远。

二、中国人的早餐是在"穷"与"忙"中度过的

漫长的人类历史，就是一部求生存、求温饱、求幸

福的历史。摆脱贫穷，过上幸福富裕的生活，只有在具备较高物质文明和精神文明的今天才能得以实现。解放前后，由于战争的重创，经济落后，生活贫穷，根本谈不上吃好这个问题，即使是在60年代，由于连续3年的自然灾害，吃饭问题成为当时社会的头等大事，能有个“穷”早餐也是个奢望，哪还能讲究个“吃”。只有到了十一届三中全会以后，社会经济得到迅速发展，城乡居民生活普遍提高，温饱问题才得到解决。

进入90年代，人们在经济上有条件吃饱、吃好了，然而，城市中绝大多数的双职工家庭因忙于工作，早晨的时间十分匆忙而宝贵，既要忙上班，又要忙买菜，还要忙送小孩上学，有人称之为“战斗的早晨”，早餐自然被简单的“泡饭”所替代，牛奶的饮用少得十分可怜。据统计，世界平均人均奶占有量是102千克，发达国家是300多千克，发展中国家是30多千克，中国6.6千克，我省仅为1.5千克。

一句话，多年来中国人的早餐是在“穷”与“忙”中度过的。因此，现行早餐必须来一次脱胎换骨的革命。

三、早餐吃什么，牛奶加鸡蛋

随着社会经济的发展，人民生活水平的提高，城乡居民的消费观念理应由“填饱肚子”转为吃营养、吃风味，改善膳食结构，提高人体健康素质。营养专家指出，在我国，尤其是身体发育较快的中小学生，营养失衡现象十分严重，一方面缺钙、缺铁、缺锌，营养不良人数居高不下，另一方面肥胖儿童的比例迅速增加，应大力推广营养早餐，纠正偏食习惯，普及营养知识。

目前，我国食品在品种、数量、方便化程度等方面满足不了人们的需求，大部分主、辅食品仍靠大米、面粉的家庭自行制作。绝大多数人未能得到真正的营养餐供应，真正的营养早餐应当是牛奶加鸡蛋类。

“牛奶哺育了一个新的生命”。牛奶，其营养成分、营养物质最为全面，易于被人体所吸收，且含有提高人体免疫力的多种抗体，成为当今人类完美无缺的饮用品，而倍受营养学家的青睐和推崇，是幼小生命和老年人不可缺少的营养物品，更是人类早餐的最佳选择。

“一只鸡蛋可以孕育一个新的生命”。鸡蛋，是一个幼小生命的起源，富含生命所需的一切营养成份和活性物质，同样也是人类早餐的最佳选择。当前，科学工作者通过在饲料中添加多种营养成份，而生产出了多种功能鸡蛋，如碘蛋、锌蛋类，以进一步增强保健功能。在此，我们要大声疾呼，推进中国人的早餐革命，添加牛奶和鸡蛋。

从“牛奶哺育一个新的生命”和“鸡蛋孕育一个新的生命”角度去审视，那么，所有人造的一切营养物品都应该拜倒在牛奶加鸡蛋这个石榴裙下。

四、由早餐革命引发的深层思考

推进早餐革命，不仅能大大改善城乡居民膳食结构，提高全民族的身体素质，“强壮一个民族”；而且还能解决或缓解当前经济生活中存在的许多突出矛盾。

首先是粮食转化问题。这几年由于农业科技的大量应用，加之风调雨顺，粮食生产连年丰收，社会上一度出现农民卖粮难问题。其实，当前的粮食多，只不过是一种表象，如果大力推行中国人的早餐革命，将农民生产出的粮食，就地转化为营养丰富的畜产品供应市场，所谓当前粮食多的问题，也就迎刃而解了，因为不论是牛奶，还是鸡蛋，都需要粮食转化。一只鸡蛋要150克左右的粮食转化，一瓶牛奶两只鸡蛋需要300克以上的粮食才能转化。这样，居民间接的耗粮水平将大大增加，生产与消费将得到同步增长。

其次是解决部分下岗人员的再就业问题。如果中国人的早餐从泡饭加咸菜类推进到牛奶加鸡蛋类，那将为整个社会拓展多么宽广的就业空间，那将需要大批的劳动者去从事畜牧业的养殖、流通、加工，其加工又包括食品加工业、饲料工业、皮革工业以及医药工业，这些工业无论是发展中国家，还是发达国家都是一些支柱性产业，那也必将带动以畜产品为主导产品的一系列服务行业的发展。因此，早餐革命必将能解决更多的下岗职工、待业青年再就业问题。

第三，启动消费。征求了很多资深学者的意见，认为推进中国人早餐革命的时机已经成熟。自十一届三中全会以来，由于党的政策英明正确，农副产品开始从卖方市场转向买方市场，农副产品得到较大较快的发展；再者，中国人的生活水平已开始从温饱走向小康与现代化，理应更好的注意饮食的结构、营养与卫生；另外，牛奶与鸡蛋的价格较低，一瓶矿泉水需要几元钱，而一瓶牛奶价格1元左右，鸡蛋价格每斤3元左右，完全能被普通市民所接受。还有，牛奶和鸡蛋不仅具有营养、科学、卫生的特性，更是一种方便食品，完全适应现代快节奏的生活需要。启动消费才能更好地推动生产，发展农村经济，帮助农民致富奔小康。

第四，提高中华民族的身体素质。由于早餐水平的提高，极大地提高了全民族的身体素质，将更好地提高工作效益，促进生产，推动经济的发展，使之步入良性循环。日本人提出的“一杯牛奶强壮一个民族”、印度掀起的“白色风暴”，可能深层次的道理也在于此。

让我们共同呼吁，共同参与，共同推进中国人的早餐来一次全新的革命，增加牛奶和鸡蛋，从娃娃开始，从现在开始，从城市开始。

让我们共同喊响一个口号：“推进早餐革命，强壮中华民族”。

衷心地希望，美丽而古老的南京能成为推进“中国人早餐革命”的发源地。

（《经济参考报》1998年5月6日）

山区经济的又一新的增长点

——关于东至县、宁国市发展畜牧业的调查

安徽省农业厅副厅长 韩先聪

在山区,林茶果杂一直是农民收入的主要来源。然而,近年来受市场竞争性、需求选择性和区位制约性的影响,山区农民赖以增收的传统优势正受到严峻考验。因而在我省山区,出现了农民收入增幅低于平原区的困惑。可是在东至、宁国的许多地方,以发展畜牧业为突破口,牵动农村经济的全面发展,为农民增收、实力增强开辟了一片新天地,成为当地经济发展的又一新的增长点。

数字是最有力的诠释

东至县在近两年里面向市场、立足县情,认准了狠抓畜牧业这条路子,1996年饲养生猪50.44万头,大牲畜近5万头、家禽546万只,畜牧业产值4.44亿元,为1990年的4.21倍,比上年增长36.25%,占农业总产值38.9%;1997年,生猪、家禽及牛、羊、兔等均以两位数增长,预计全年农民家庭经营性收入将有50%来自畜牧业。宁国市由于把畜牧业摆上了位置,1996年出栏生猪13.1万头,家禽212.4万只,发展各类养殖大户1 196个,去年农民人均牧业收入达到690元,成为农民增收的重要来源。

两县(市)畜牧养殖业的发展裂变出三大效应:一是转化增值效应。东至县仅养猪、禽、牛三项,去年消耗饲料粮8.3万吨,作物及草场秸秆37万吨(折合粮食约1.76万吨),产出肉蛋3.5万吨,产值4.2亿元,是其原料的两倍;二是辐射带动效应。养殖业发展催生出一批龙头企业,龙头企业壮大带动了千家万户饲养,以养麻黄鸡为特色的宁国五星养殖公司,现已拥有1.5万套父母代种鸡、13个养殖基地,年出栏100多万只商品鸡销售到沪、杭、宜兴一带,今年又着手实施科技兴乡工程,带动百步龙乡从养鸡到生产进而加工流通,全面发展;三是市场开拓效应。过去,山区的农产品除了林茶果杂以外,基本上是自产自销,成不了批量,占了不了市场。如今,随着畜禽养殖规模的扩大,加快了山区人流、物流、信息流的形成。东至县仅两浓板鸭厂去年销往沪、宁及本省各地的肉鸭就达160多万只,直接使300多个农户脱贫致富,并带动了当地运输业、加工业的发展。

关键是抓住了要害

两县(市)畜牧业何以快速发展,惠及农民呢?关键是地方政府抓住了几个重点环节。以比较效益启动养殖业的快速起步。山区耕地少,荒坡多,发展粮食生产潜力有限,发展林茶周期长,见效慢。一个农户在有限的土地上增收1 000千克粮食或100千克茶叶,与多饲养出栏2头猪、100只禽相比,前者投入多、风险大、效益低,后者投入少、见效快,避灾保险,十分稳当。基于这个事实,东至县的各级领导向农民反复宣传,积极引导,重点培植示范户、专业村,走由户变村,由村变乡,规模连片的路子,促进全县畜牧业快速起步,全面发展。到1996年底,全县生猪饲养量10头以上的3 102户,20头以上的1 500户;养牛3头以上的2 464户,10头以上的90户,最多的户养牛98头;养肉禽2 000只以上的818户,养种禽500只以上的120户。

以灵活机制调动各方力量参与投入畜牧业。着重是采取优惠政策鼓励和帮助有实力、有条件的经营实体进入畜牧业,使之成为龙头并带动千家万户的小规模饲养。在东至县,一方面采取优先贷款、以奖代补的办法,鼓励个体和私营大户扩场经营,带动周边农民参与养殖。如东流镇的魏氏禽业公司,去年孵化鸭、鸡苗48万只,与农民签订了购销合同,带动15个乡1 300户养禽,不仅本公司销售收入、纯利分别达253万元、45万元以上,而且使养禽户户均增收2 000元以上。去年县委、县政府表彰了15家不同类型的个体和私营大户,并颁发荣誉证书和奖金。另一方面通过资产重组或租赁转让的办法,鼓励有条件的行业和部门参与办场、搞加工。该县粮食部门、食品公司和加工企业、乡村服务组织等共兴办种畜禽养殖场16处,既为农民供应种苗、回收成品畜禽,又自养、自宰、自销,促进畜禽产品的高效增值。由于这些生产经营实体投入自愿、经营自主、盈亏自负、风险自担,因而机制灵活,市场竞争力强,经济效益高,是畜牧业发展中最活跃的生产力。

以有效服务促动畜牧业健康发展。在技术服务上,东至县建立健全了乡镇畜牧兽医服务体系,做到县有服务中心,乡镇建立服务站,村村选派畜牧兽医技术员,形成了县、乡、村三级服务网络。并在全县畜牧兽医人员中实施"12345"工程,即:每个畜牧兽医技干做好一个村的防疫承包,生猪防疫密度达95以上;做好良种和全价饲料两项技术推广工作;联系扶持三个不同类型的专业户;做好动物检疫、血防、科技宣传、疫情监测通报等四项工作;按时报告50户畜牧生产的定点调查统计工作;并实行季度考核,半年初评、年终总评,以促进各项技术措施落实到位,在产前、产后的供销服务上,放开政策,鼓励集体、个人进入流通领域,以销促产,减少中转环节,从而形成了比较稳固的市场,使畜牧业得以健康发展。

以政府行为催动畜牧业的持续发展。东至县成立了畜牧业生产领导小组,以双轨目标责任管理方式强化各项措施的落实,即县政府将"九五"和年度目标下达乡镇直至行政村,并制定考核奖励办法,年终兑现;

县农牧主管部门围绕各乡镇目标任务，制定技术服务、品种改良等各项保障措施，并量化到畜牧兽医站和每一位技术人员，年终考核，奖优罚劣。为营造畜牧业发展大环境，县政府制定了一系列激励政策，包括提取部分屠宰税、建立畜牧业发展基金等用于畜牧基地的以奖代补、体系建设、技术培训和有功人员的表彰奖励，从而把畜牧业变为全社会关注的热点和重点产业。

成功之后的启示

两县(市)畜牧业的快速发展，致富了农民，活跃了经济，加快了山区农业结构调整步伐，同时也给我们带来了有益的启示。

1. 山区发展畜牧业有路，在我省山区农民基本温饱之后，农民急切盼望的是增加货币收入；山区经济发展的重点是加快资源高效转化或者说加快丰富的植物资源向动物资源的转化，提高附加值，二者的结合点恰好是畜牧业。在皖南山区，0.066公顷坡耕地所生产的饲料可发展0.6头牛或4.3只羊或1.25头猪，增值150~200元，既增加了农民收入，又提高了土地产出率。我省两大山区大约有40万公顷坡耕地和冬闲田，目前利用率仅5%，如提高到80%，即可增加270万头牛或562.5万头猪，这既是山区农民的现实选择，也是山区发展的潜力所在。同时随着畜牧业的规模扩大。还可以促进山区加工流通业的发展，一举多得。

2. 着重是找准现实的市场。畜牧业发展的前提一是资源，二是销路。可以说山区畜牧业的外销市场顺畅扩大之时，才是其真正发展振兴之日。宁国市养鸡能人毛传平，就是在经历了第11次市场摔打之后，独立自主地开辟了省内外稳定的市场之后迅速壮大起来的。如今以毛氏三兄弟为龙头的联合体，带动了四邻八舍100多户农民养肉鸡，年出栏100多万只，在去年以来的肉鸡市场波动之中，不仅没萎缩而且发展，今年总产值可达到3 000万元。

3. 龙头带动、全程服务、连片发展更为重要。山区非同平原，同样的一个产业在平原区可以迅速扩大铺开，而在山区由于受交通、信息的阻碍，往往步履维艰。东至、宁国的养禽养猪之所在本县分布不均，主要是有的地方连片发展，再由龙头带动，让农民间接地走向市场。反之，零零星星，只能是自给自足，形不成规模，打不开市场，摆脱不了小农经济束缚，山区资源优势难以转化为经济优势。

4. 推广科技要抓住要点，除了疫病防治、品种改良常规的任务之外，山区的科技推广，在组织形式上要像东至那样，乡镇领导和技术人员搞双轨承包，由技术人员抓落实；在工作方法上着重抓规模大户、饲养小区的疫病防治、品种改良；在科学饲养上，要以推广配合饲料为突破口，提高报酬率。针对山区运输不便，能量饲料丰富而蛋白质饲料不足的问题，重点推广浓缩料，既方便农民，又充分利用当地资源，更大大提高植物秸秆的转化率，走出山区畜牧业发展的低成本高效益的新路子。

(注：原文在《农民日报》、《安徽畜牧兽医》杂志上发表)

瞄准市场 强化特色
大力发展餐桌子经济

——关于广德县、宁国市调整优化农业结构的调查与思考

安徽省农业厅副厅长 韩先聪
安徽省农业厅畜牧局 潘 鑫

眼下，主要农产品的供给已经基本满足，总体而言由卖方转到了买方市场，卖难、增产不增收、不增效矛盾愈益突出。可是在广德、宁国的许多地方，充分利用国土资源，合理利用自然资源，优先利用区位资源，大力发展特色农业，让农民瞄准餐桌子种地，取得了显著成效，让人看了耳目一新。

近年来，在广德、宁国，市场领先于生产已经成为人们的共识，按照选准优势，把握重点，突出特色，集中连片，规模发展的原则，在大幅度提高粮食单产，稳定总产的前提下，放手发展经济作物，初步形成了具有山区特色的农业产业新格局。一是区域特色明显。广德县地处苏浙皖三省交界，与沪、宁、杭等城市毗邻，交通便利，区位优越，县里抓住这个得天独厚的优势，瞄准城市餐桌子，发展蔬菜和养殖业，以鲜活产品直接进入附近的苏、锡、常和杭州、上海大市场，其肉鸡几乎垄断周边市场，左右市价，仅和威集团一家每年就可提供500多万只，今年县里又与上海市蔬菜公司联合开发高山刀豆，产品供不应求。二是结构特色鲜明。宁国市在大农业中，突出发展畜牧业，在种植业内部，稳粮油、扩瓜菜、抓林茶、重特产。广德县确立优质粮油、畜禽养殖、高山蔬菜、竹业四大主导产业，进行重点开发。三是品种特色显著。宁国市1997年种植优质水稻1.066万公顷，占水稻总面积的94%，名优茶产值占茶叶产值52.4%，三元杂交猪占20%以上。广德县优质水稻占74%，水产特种养殖14.67万公顷，引进蔬菜18个品种，653.33多公顷，高山刀豆20多公顷，引进山羊5万多只。

特色经济产生了特有的效益：一是促进了农业增产，农民增收，提高了农村购买力，带动农村市场繁荣。1997年广德县农业总产值达4.49亿元(不变价)，农民人均收入达2 595元，分别比上年增长6%和6.8%，其中人均牧业收入657元，1998年农民人均现金收入可达2 800元以上，目前全县农副产品加工、运输红红火火，农村市场繁荣。二是促进了山区资源的合理配置与开发利用。广德县利用草山草坡、竹林养山羊，山上种蔬菜，鲜活产品进市场；宁国发展洋葱、笋干都是成

功之举。三是领先一步，抢占市场，提高了市场份额。宁国市五星养殖公司适应市场需求，从外地引进麻黄鸡，先后几次扩大规模，仍然供不应求，广德广乐公司三元杂交猪畅销沪、浙、皖三省市场，远近闻名，广阔的市场为山区农民提供了良好的机遇。

广德、宁国两县(市)发展特色农业的路子清楚，措施有力，活力很强。首先，突出重点起步。山区耕地少，发展粮食生产潜力有限，发展工业投资多，风险大。立足现有资源，发展有广阔前景、较高回报率的特色农业，是最现实的选择。基于这一实际，广德县提出农业三年赶超周边地区的目标，围绕市场确定重点产业和重点项目，进行重点开发。该县拥有 13.33 公顷以上草场 79 块、共计 1.586 万公顷，中小水库 84 座，县里提出大力发展成本低、适应性强、周期短、效益好的养殖业。其次，抓住关键着力。在项目的选择上，优中选优，重中选重，因地制宜，科学筛选，把科技含量高、产品市场稳定、投资效益可靠的项目，作为基地的主体项目，采取工业区抓点、连线、成片开发措施，严格立项、评估、论证，实行规范化管理。宁国市选择五星养殖公司的麻黄鸡，惠农公司创汇蔬菜，太阳禽业公司的肉鸭生产作为重点项目，政策优惠，重点扶持，资金倾斜，惠农公司加工的洋葱、笋干远销日本，成为全市创汇农业的骨干企业。第三，实行重点突破。一是政府推动。广德县成立农业三年赶超周边县领导组，由县长挂帅，各业务单位一把手负责制，建立责任制，协调解决资金投入，做好农民投工投劳，每个具体项目又建立了领导、专家双挂钩的责任制，年度有计划，年终考核制，按奖惩办法兑现，为营造特色农业发展创造外部环境。县政府制定了一系列激励政策，包括建立发展基金，对基地、大户实行资金、税费优惠，重奖科技人员等，从而把特色农业变为全社会关注的热点产业。二是大户牵动。一方面注重典型示范，鼓励能人带头，连片养殖，发展地心业户，形成专业村，走"一村一品"、"几村一品"的路子。另一方面，积极发展私营经济，引导成立股份制企业、有限责任公司、专业技术协会等，形成优势，增强抵御市场能力。广德县和威集团由 20 多个股东组成，鸡苗、饲养、防疫、销售全方位拓展，公司加农户经营，带动周边农户饲养肉鸡 200 多万只，有效地解决了过去那种千家万户养，鸡贩上市场，难以把握、控制的市场问题。三是利益驱动。农民最关注的就是实实在在的效益，投资少、收益快、赚钱多的项目自然是他们现实的选择。为此，广德县各级领导反复宣传，积极引导，政府搭台，群众唱戏，1998 年与上海市蔬菜公司合作开发高山蔬菜，每公顷地收入比种粮提高 5 倍多，去年县里推广间作套种，提出多种种植模式，让农民自己选择，每公顷田可增收 30 000 多元。四是辐射带动。发展特色农业需要一定的技术，多年来山区农民靠山吃山，对知识格外渴求，搞好示范是被农民接受的好形式。广德县以"两技栽培"、"油菜高产攻关"、"三千田建设"为重点，推广 10 项实用技术，每项都建立示范点，让农民看得见，摸得着，跟着学，照样干。目前全县建起了 7 个高科技农业示范园，直接带动 4 万农户 12 万人，仅此一项人均收入增加 300 元。宁国五星养殖公司实行鸡苗、饲料集中供应，分散饲养，统一销售，带动周边农户发展养鸡，农户只养不愁卖，赚钱有保证，从而纷纷办起了养鸡场。

广德、宁国两县(市)瞄准周边市场，发展餐桌子经济，为山区经济注入了活力，成为南方山区农业结构调整的成功典范，也给人们许多启示。

1. 靠山吃山是山区农业结构调整的基础。山区地多，然而，山区又有着自己的独到之处，那就是自然资源丰富，人疏地广。要使居住在农村的 90% 农民尽快富裕，必须大力调整千百年传统的农业结构，而调整结构必须靠山吃山，发挥优势，这就要扬长避短，突出特色。比如，有的农特产品生产历史悠久，得天独厚，只要瞄准市场，奋力突破，形成规模，就能变资源优势为经济优势，变产品优势为商品优势，不断增强经济实力。广德、宁国之所以选择畜牧业作为突破口，主要是当地饲料资源丰富，农民饲养猪禽，不需购买多少饲料，采用家庭农副产品，适当补充精料，就可自配全价料，成本大大降低。

2. 找准市场结合点，是提高农业经济效益的关键。在买方市场情况下，无论是一个企业、一个产品、一个农户，他们的生产经营活动都必须以市场为导向去决定取舍张弛，市场需要什么就生产经营什么，以销定产，才能避免盲目性，减少风险，广德广乐公司生产的三元杂交猪、宁国五星公司麻黄鸡在今年整个生猪、肉鸡市场价格低迷，饲养户普遍亏损的情况下，仍然十分走俏，只赚不亏，关键是适销对路。

3. 强化科技，高点起步是保持活力的重中之重。随着人们生活水平提高，餐桌不断丰富，对餐桌产品提出了新的要求，无公害蔬菜、无疫病肉禽品、无药残大米等等，愈益受到市场青睐。要占领市场，增产增收，就要勇敢地面对竞争，在策略上、科技含量上高人一筹，和威集团发展到拥有遍布皖、浙、苏三省的 25 个鸡场，达到左右市价、垄断市场的程度，出奇制胜在科技，由于公司肉鸡生产料肉比可达 2:1，饲养成本大大降低，而且由于饲料品质好，肉鸡外观美，每千克还可比其他同品种鸡多卖 0.2 元，从而实现了多次增效。

4. 多成份并存，多形式发展，是搞活经济的催化剂。当前农村特别是山区的生产力水平不平衡，经济条件、生产基础和劳动者素质也存在着较大差异，因而必须适应这种不平衡，多效驱动。在发展形式上，要采取龙头带动、大户连动、示范园(区)辐射，多头并举，优势互补；在经济成份上，以适应生产力发展，促进生产要素优化组合为手段，大力发展私营、个体经济，推广股份合作。广德县在板栗生产具有一定基础的条件下，政府牵头，组建农民板栗专业技术协会，400多户农户自愿入股，扩大了产销规模，解决了一家一户办不到的问题，市场竞争力显著增强，不失为成功之举。

（原文在《安徽日报》、《安徽畜牧兽医》杂志上发表）

安徽省1998年生猪产销形势分析

安徽省农业厅畜牧局副局长　钱东方

（一）

今年以来，受粮食价格上涨、畜产品下跌的影响，畜牧业出现了空前的低迷。养猪业经历了去年的"高热"，由于母猪饲养量超常增加，形成了市场行情滑坡、饲养效益下降、农民观望等待、生产惯性发展的反常现象。据调查：自3月下旬开始，生猪价格急剧下跌，6—7月份跌至谷低，普通二元杂交仔猪价格仅为4.00元/千克，活猪4.80元/千克，分别为去年全年均价的28.4%和54.4%；同时，玉米、稻谷、麸皮等养猪主要饲料原料价格上涨，涨幅在10%～30%。农民每养一头肉猪由去年获到200多元变成今年亏损60多元，母猪养殖户就更为悲惨。但据统计部门半年报来看，生猪生产仍呈发展态势，截止6月低，全省存栏生猪1 791万头，同比增长9.9%，其中能繁母猪143万头，增长20.5%，出栏肉猪1 123万头，增长17.4%。出现这种反常现象的主要原因有：

1. 母猪存栏太多。持续近20个月的养猪高效期，刺激了生产者的积极性，留养母猪过多，比例失调，造成仔猪市场供大于求。按我省目前存栏母猪数量至少多了30万头。此外，由于地方各级政府对农民增收和结构调整的重视，发展养猪既能增加收益，又能加快粮食转化和解决劳动力就业，自然成为各地农村工作的重点。加大投资、引资和融资力度，新建、扩建规模猪场，特别是粮食、商业、乡镇企业等行业利用自身优势，纷纷上马养猪场，仅此一项我省至少增加出栏肉猪100万头以上。可以说市场供给相对过剩。

2. 猪肉消费平淡，外销势头受阻，加重了产销不平衡的矛盾。由于经济大环境的不景气，城市下岗职工增多、住房制度改革的实施等一定程度影响了城市居民消费水平的进一步提高；消费潜力巨大的农村也由于农民急需资金用于生产投入，猪肉自食水平也长期停滞在较低水平。加上去年广东、上海、浙江、福建等经济发达地区的城郊型养猪也有高水平的发展，加重了今年销区的消化任务。因此，生猪主产区省份的肉猪外销受阻，加重了局部地区的"卖猪难"，形成了母猪多、仔猪贱、肉猪销不掉的艰难局面。

3. 农村养殖能手的"逆向思维"，大大减缓了养猪生产的滑坡。经历了若干次周期性的养猪波动，锻炼了一大批农村养猪能人，他们懂技术、会管理、善经营，在常规年景时维持一定的规模正常生产，而在低谷时期，根据判断找准时机，并租赁、承包场房，扩大生产，以较低的成本投入获取较高的效益。这种现象在我省农村专业大户和畜牧、粮食部门办的养猪场中较为多见。加上千家万户养猪的观望心理和大量生产母猪的惯性，使得生猪生产在总量上仍呈惯性发展的势头。

总之，生猪价格出现回落，生产发展速度减缓是市场调节的必然结果。业内人士早有预料，生产经营者也具备了一定的承受能力，特别是地方政府改变了以往以对养猪"抓少不问多"的态度，今年为稳定生猪生产、保护生产者和消费者利益，省政府专门下发了《关于搞好当前生猪生产的通知》，制定了六项操作性强的调控措施，对全省生猪生产健康发展和形势稳定起到了决定性作用。

（二）

今年入春以来，我省气候明显异常，先后发生多种自然灾害，灾情重为历史同期罕见。特别是6月中旬，进入汛期后，又多次遭受强暴雨袭击，造成山洪暴发、底水充足、外洪内涝，沿江江南五地市受灾尤为严重，虽直接冲走（死亡）的生猪仅10万余头，但受内涝地区的农民在长江大堤险情完全解除之前，仍担心发生意外，纷纷出售生猪换钱，且暂不补栏。长江中上游生猪产区也因大水，一定程度上影响了生猪的生产和外运。在这种情况下，我省近期生猪调运明显增多，猪价也出现回升。据调查，从8月初猪价开始反弹，8月下旬皖北活猪均价6.20元/千克、仔猪也5.8元/千克，皖南地区还要高点，基本上达到了最低保本价。分析原因有三：一是省内地区间北南调剂，减轻了皖北地区大猪出栏的压力；二是天气炎热，长途贩运不便，加上路途因水灾不畅，为我省生猪增加外销沪、杭、苏州、无锡、温州等地提供了更多的机会；三是上半年农民抛售过多、过快，相对补栏较少、偏迟，目前大、中猪猪源也相对偏紧所致。

从总体上看，由于我省生产区集中的沿淮淮北地区，因此受灾严重的沿江江南将不会对全省生猪生产大局造成影响。相反，待水情退回，将有利于灾区生猪良种的推广和结构的优化，一定程度上可减轻全省养猪危机。

（三）

根据调查分析，尽管近期猪价出现回升，但从仔猪价仍低于活猪这一情况来看，生猪生产仍处非正常时期，特别是农村淘汰劣杂母猪速度不快，势必会影响下半年的生产稳定。我们预测下半年我省养猪将会在调整内部结构中慢速发展。母猪更新、淘汰和三元杂交猪比重加大将是调整的重点。养猪生产将呈现出农村户均养猪水平下降、规模养猪比重增加的两大特点。养猪效益可维持在保本微利的水平上。全年出栏肉猪约在2 000万～2 100万头，增幅10%左右，全省养猪业肯定增产但难以增收。

（原文在《安徽科技报》、《安徽畜牧兽医》杂志上发表）

科技兴牧：从加工业突破

安徽省农业厅畜牧局　潘　鑫
《安徽日报》记者　汝　鸣

畜产品加工业是整个畜牧产业举足轻重的重要组成部分，是我省农业和农村经济新的增长点。大力发展畜产品加工是实现我省畜牧业争先进位的关键性措施。我省畜产品加工业基础薄弱，已成为制约畜牧业发展的瓶颈，因此，科技兴牧应从加工业寻求突破。

我省畜产品加工业相对滞后的主要原因之一是加工企业普遍规模小、缺乏大型龙头企业，整体加工能力弱，造成生产加工结构失衡。世界上发达国家畜牧业产值与畜产品加工产值之比为1:5，我国为5:1，我省差距更大。近年来，邻省河南冒出三大火腿肠生产厂家，年消化生猪1 500万头，相当于该省生猪出栏量的一半以上，同时还年加工肉牛100多万头，肉鸡8 000多万只，强有力的牵动了河南畜牧业的迅速发展，其中牛猪出栏从1990年起以年平均15%的速度递增。而我省尽管同类加工企业数量不少，但没有一家能望其项背。1996年全省出栏猪1 898万头，牛230万头，禽2.8亿只，羊720万只，而现有各类屠宰加工骨干企业年加工生产能力仅为400万头猪、60万头牛、4 000万只禽、300万只羊，深加工能力更弱，肉食品深加工比例不到产量的百分之一。比例如此失衡，加工业对畜牧业的牵动力就可想而知了。

我省畜产品加工企业规模偏小的主要原因，是加工企业技术水平低，设备落后，产品科技含量和附加值低，缺乏叫得响的名牌产品，因而市场竞争能力差，企业自然就缺乏自我发展的生机和活力。在皮革、奶类、羽绒加工等方面，也不同程度地存在着产品层次低的问题。不少地方不是从大处着眼，集中有限的人、财、物力，优化组合，上一、二个高科技的畜产品加工大项目，而是片面追求加工企业的小而全、原料就地加工、肥水不外流、吃干榨尽，结果造成许多低水平的重复建设，大部分企业产品还停留在粗加工阶段，打不进外地市场，只能搞“窝里斗”。

当然，畜产品加工企业的规模与先进科学技术又是相辅相成的，较大的规模往往又是先进的科学技术的载体。当前，要想尽快解决我省畜产品加工滞后、制约畜牧业进位的问题，首先必须以市场为导向，大力引进国内同行业、甚至世界同行业先进的科学技术，集中力量培植几个大型畜产品加工龙头企业。同时，要加大改革力度，对现有中、小型加工企业，通过产权制度改革，组团造舰，大力进行技术改造，赶超国内甚至世界同行业先进水平，尽快创立几个在全国叫得响的畜牧业加工产品的名牌。还要积极鼓励和引导大中型工商企业进入畜产品加工领域，充当龙头，采取联产、联营、股份合作、合同契约等形式，与农户建成风险共担、利润均沾的利益共同体，带动我省畜牧业的迅速发展。

（原文已在《安徽日报》、《安徽畜牧兽医》杂志上发表）

新形势下畜牧业农民增收的探讨

黄峰岩　刘　亮

（一）

畜牧业经过“八五”期间的快速发展，开始进入产业内部的调整时期，目前已处于调整的关键阶段。这个阶段主要表现是生产发展缓慢、市场波动频繁、产销矛盾突出。这些问题和困难的出现并逐步加深，严重影响了畜牧业经济的发展，成为阻碍农民畜牧业增收的主要因素。

从江西省实际分析，影响农民畜牧业增收的问题和困难主要表现在如下几个方面：一是畜产品卖难、畜产品连续多年丰收后，长期短缺的格局已有了根本性的变化，大宗畜产品已进入较为充裕阶段，已由卖方市场转为买方市场。由于对这种变化缺乏充分的准备和足够的应对措施，导致市场波动，生产大起大落，增加了畜牧业收入的不稳定性。二是畜产品加工业落后，增值能力低。全省过去虽建有一批肉类加工厂，但基本上都因技术落后、或管理不善，陷于闲置状态或转为他用。目前有一定实力的畜产品加工企业仅数家，其余大多加工厂产品技术含量低，在市场上缺乏竞争力。因此，加工转化能力低，农民畜产品销售方式单一，不能获得加工增值部分利润。三是畜产品结构趋同。农民畜牧业纯收入中，养猪占86%，家禽占12%，牛羊等只占2%左右。趋同的结构与市场需求多样性不相适应，造成相同的产品卖难，独具特色的产品则供不应求。四是缺乏有效的保护机制。大宗农产品中，畜产品生产经营所承担的税费项目最多，缴纳的税费最高，而乱收费、乱加码的现象比较严重。即使是养殖亏损也照收不误，农民的利益得不到有效的保护，加重了农民的负担，挫伤了农民的积极性。除上述因素之外，还有规模化程度低，资金投入不足、基础设施薄弱等也影响农民畜牧业的增收。这些问题是长期以来积淀形成的，是计划经济向市场经济过渡过程中的必然产物，正确分析并加以解决将为推进畜牧业市场经济向纵深发展创造有利条件。

（二）

依靠科学技术增收。江西畜牧业生产和农民增收有着巨大的潜力和面临着新的发展机遇。如何将巨大的发展潜力转化为现实的生产成果，这要求在指导畜牧业实际工作中要有新的观念和新的思路。当前我省畜牧业的整体科技水平和科技对农民增收的贡献率比较低。未来畜牧业经济增长要实现由数量型向质量型、效益型转变，必须依靠科技进步提高畜禽生产性能、研究开发饲料兽药新品种、不断改进疫病防治手段等等，达到降低畜禽养殖成本，改善畜禽产品质量，提高资源利用率，实现农民增产增收。

依靠规模经营增收。规模养殖集资金、技术、劳力于一体，专业化程度高，技术先进，产品成批量，能获得较好规模效益。目前全省千家万户饲养仍占绝对比重，规模养殖户数量少，规模生产的畜产品不到全省总量的30%。发展规模经营是市场经济的客观要求，也是今后畜牧业增收的必然选择。

依靠结构调整增收。当前畜产品卖难，很大程度上是由结构性过剩造成的。因此，从资源特点、产业优势出发，调整畜牧业产业结构和产品结构，可培育畜牧业收入新的增长点。如崇仁县在农业结构调整中，盯住市场，大打麻鸡王牌，使之成为该县农村经济的重要支柱，麻鸡一项年产值近3亿元，农民人均从中获纯收入300元。

依靠二、三产业增收。我省畜产品输出以鲜活等初级产品为主，市场风险大，大力兴办二、三产业，使一、二、三产业协调发展，农民不仅在第一产业中有稳定的收益，而且还可从二、三产业中获得较好的利润。而实现一、二、三产业的协调发展最有效途径，就是推进畜牧业产业化经营，发展畜产品加工企业、民间畜产品运销组织、畜产品批发市场和各种行业协会、合作社等中介组织，架起生产与市场的桥梁，引导农民进入市场，并按市场要求从事生产活动。如景德板鸡公司的板鸡加工为龙头，建立原料生产基地，联系6 000多户养鸡专业户，签订合同保护价收购，平均每户年收入5 000元以上，并且还带动了广丰、宁都的养鸡业的发展。又如金牛集团，以乳品加工为龙头，以厂带户，发展奶牛养殖户430多户，饲养奶牛7 000头，平均每户收入1.5万～2万元，高的3万多元，而且这种收入很稳定。

依靠产业互补增收。通过农牧结合、牧渔结合、牧果结合等形式，开展立体养殖、综合利用，实现产业互补，提高种养副产品的利用效率，增加种养整体经济效益。如赣南地区推广猪沼果生态农业模式，猪粪生沼、沼渣肥果，果园种草养猪、沼液喂猪，节省了果园化肥用量，改良了水果的品质，增加了农村能源，降低了饲养成本，每头猪的纯收入增加35～50元。

（三）

当前，畜牧业已处于结构调整的关键时期，农民畜牧业增收遇到一些新情况、新问题，要求政府和业务部门遵照市场经济的客观规律，尊重农民的意愿，转变思想观念和工作方式，以农民的利益为重，为农民增收创造有利条件，营造一个宽松的客观环境。

一是贯彻落实党在农村一系列方针政策，调动和保护农民的积极性。各地应根据畜牧业发展需要，提供相应的法律保障和政策扶持，特别是畜牧业利益滑坡时，应采取必要的保护措施。

二是加强畜牧业的科研、推广和应用工作。必须高度重视推广畜牧业科技成果和普及生产实用技术，加强应用技术的研究与开发，积极选择和引导畜牧现代高新技术，不断增加畜禽品种、饲料兽药、产品加工等环节的科技含量，提高畜牧业生产的经济效益。

三是进一步搞活畜产品流通，完善畜产品市场体系。鼓励单位、个人积极参与畜产品流通，打破行业垄断和地方保护主义，取消一切阻碍流通的关卡。商业、供销等系统要转变经营机制，把搞活畜产品流通作为主要任务，更好地为农民服务。立足畜产品基地、交通枢纽建立区域性或全国性的畜产品集散基地和批发市场，积极探索产销直挂、连锁经营、配送中心等流通方式，大力发展畜产品民间流通组织，提高农民进入市场的组织化程度。加强畜产品市场体系建设。健全市场法规、规范市场行为，维护市场秩序。

四是培植龙头企业，推进产业化经营。发展畜牧业产业化经营，关键是培育具有开拓能力、能进行畜产品深加工、为农民提供服务和吸纳千家万户参加的“龙头企业”。要引导“龙头企业”同农民形成合理的利益关系，通过法规、合同加以保护，让农民得到实惠，实现共同发展。乡镇企业要抓住结构调整的契机，加强对外合作，引进技术、人才、资金，发展农产品加工业，实现品牌战略，开拓国内外市场。

五是调整畜牧业内部结构，培育新的经济增长点。要从实际出发，因地制宜，充分发挥资源优势和产业特色，坚持与市场需求相结合的原则，围绕市场和加工作文章，形成适销对路的生产结构，努力提高我省优质畜产品的比重和牛羊禽特的比重。生猪要推广优良品种，提高瘦肉率和出栏率，家禽发展专门化蛋鸡和地方良种肉禽为主，开发利用草山草坡、作物秸秆、藤蔓青料及农副产品下脚料，大力发展牛羊禽兔。瞄准市场，正确引导，通过产业化经营来开发特种养殖。通过调整和优化畜牧业结构，提高畜产品的科技含量和适应市场的能力，实现通过市场来合理配置畜牧业资源，达到产销协调发展，生产和收入稳步增长的目的。

饲养方式要与现实生产力水平相适应

从单一的饲养技术角度分，江西省的畜禽饲养方式大致有三种：一是传统的饲养方式，以粗料、水潲、粗放管理为特征，饲养周期长，饲养规模受限制，是一种落后的饲养方式，是低下的生产力水平的产物。目前存在的家庭副业式的养几头猪、几只禽即属于此种方式。二是传统和现代相结合的饲养方式，在传统的饲养方式的基础上注入了许多现代科技因素，如选择良种、使用添加剂、预混料、配合饲料、动物保健品等，并改传统的熟喂为生喂，改放养为圈养，畜禽饲养周期缩短，畜禽生产性能和劳动力效率有较大提高。但这种方式青粗料在日粮占有较大比重，而且普遍停留在手工劳作，标准化、集约化程度还比较低，适合农村适度规模养殖。三是现代饲养方式，是一种先进的，技术密集型的饲养方式，采取优良品种，运用牧业机构，使用全价配合饲料，严格按照畜禽营养需要、饲料养标准，实行工厂化养殖。其栏舍设计、杂交组合、日粮配方、饲养管理和进场出场等都有严格的技术操作规范，这种方式适合高品质畜产品生产和工厂化养殖场。

畜牧业饲养方式是受经济发展水平、收入水平、人口状况、科技水平、自然地理条件和出口等影响，在各个国家或一个国家内各个不同地区有不同的选择，关键是由当时当地的经济条件和社会条件来决定。江西省畜牧业生产力水平与发达国家比较，还有较大差距，需要学习外国先进经验，对传统技术进行科学改造。但是受国情和省情的制约，又不能照搬发达国家模式，推广普及高投入、高产出的现代饲养方式。山东和东三省等依托粮食（玉米）优势，近几年畜牧业取得迅猛增长。四川缺粮，却成为全国养猪第一省，走的是用玉米、红薯等杂粮和青贮饲料养猪的路子。江西虽是产粮（水稻）大省，但缺少丰富的优质的饲料用粮（玉米）。要振兴江西畜牧业，选择何种饲养方式显得尤为重要。

从江西的省情出发，应选择传统与现代相结合的饲养方式，特别要注意以下几种形式：一是推广低成本养殖。就是运用优良品种，充分利用各种饲料资源，按一定的比例精、青、粗搭配，采取科学管理手段和疫病综合防治技术来饲养畜禽。它优越于传统饲养方式，而且比现代饲养方式更符合目前我省的自然条件和经济发展水平，非常适合我省千家万户和适度规模养殖。当然，推广这种模式，也不排斥全价配合饲料饲养的现代饲养方式，对于大规模生产和出口生产基地，应提倡全价配合饲料饲养。目前，应将低成本养殖技术“傻瓜”化，形成模式化操作，便于农民掌握实施。二是推广秸秆氨化养牛养羊。目前，江西的饼粕只利用了1/3，粗饲料资源利用不到1/4，如果继续推行秸秆氨化养牛养羊，在不需要增加粮食的情况下，即能满足对饲料的需求，增加畜产品总量。秸秆氨化养牛要与耕牛改良和肉牛育肥技术相互配套。三是推广立体养殖。渔牧结合、果牧结合、猪沼果结合等立体养殖，在全省方兴未艾，取得了显著的经济、社会和生态效益，为未来解决环境污染和可持续发展提供了典型范例。今后，对上述立体养殖要认真加以提炼和总结，在全社会大力推行。

（江西省畜牧兽医局　刘　亮）

贯彻十五届三中全会精神 促进畜牧业持续健康发展

福建省农业厅厅长　吴建华

一、肯定成绩，认真总结畜牧业发展的基本经验

1998年是我国改革开放20周年。一年来，通过全省上下的共同努力，我省畜牧工作取得了很大成绩。特别是经受住了闽江流域百年不遇的特大洪涝灾害，不仅确保了大灾之后无大疫，而且保持了畜牧业持续、稳定、健康发展的好势头。全省肉、蛋、奶产量分别比上年增长8.2%、6.9%、10.5%，从而分别由20年前的23.6万吨、3.6万吨、0.9万吨增长到135.2万吨、36.7万吨、6.7万吨。畜牧业产值已达200亿元，超过林业产值，直逼水产业产值，占农业总产值的比重也比20年前提高了11.1人百分点，达到了21.6%。我省畜牧业已成为农村经济最具活力的增长点，成为农民脱贫致富奔小康的有效途径。

从行业管理方面看，一个突出的特点就是法制工作切实得到了加强。如，及时出台了《福建省人民政府关于省际边境动植物检疫工作的批复》等一系列规范性文件；加强执法队伍的建设，健全和完善动物防疫监督机构，建立起一支种畜禽监督执法队伍；加大执法力度。去年全省共出动兽药监督员2 079人次，检查兽药经营单位1 334家，没收假劣兽药货值68.4万；强化检疫工作，把动物检疫推向产地，并把好动物产品检疫关，一年来共检出染疫动物12.2万头（只、羽），检出病害肉类2.8万吨，查出违反动物防疫法案件1 284起，对违法单位和个人给予了相应的行政处罚，为畜牧业的发展提供了强有力的保障。

到1998年，我省畜牧业已经实现了20年的持续稳定增长。认真总结其中的基本经验，是非常重要和必要的，必将对今后的发展产生积极而深远的影响。从全省来看，可以得出五条基本经验：一是坚持深化改革，尊重市场规律，引入市场机制，提高资源配置效率；二是依靠科技兴牧，大力推广先进生产技术和管理模式，发展集约化经营，提高科技对畜牧业增长的贡献率；三是实行依法治牧，完善法制建设，规范市场行为，

提高依法行政水平；四是创新经营体制，大力发展产业化经营，提高畜牧业总体经济效益；五是突出区域特点，坚持走福建特色的发展道路，提高畜牧业发展水平。

二、认清形势，把畜牧业放在农业的重要位置

十五届三中全会的《决定》中明确提出，要及时把畜牧业放到更加重要的位置，并用了111个字来阐述畜牧业，这是中央重要文件上从来没有的。温家宝副总理在中央农村工作会议上，就畜牧业生产说了很长的一段话，强调指出，调整农村产业结构，畜牧业是重中之重，发展畜牧业是个大问题，是一篇大文章，尤其在粮食主产区要大力发展畜牧业，把粮食主产区同时建成畜牧业主产区，从而大幅度增加农民收入，缓解卖粮问题。我们要从这个战略的高度充分认识发展畜牧业的重要性和紧迫性，增加对发展畜牧业的使命感和责任感，真正把畜牧业放在农业重要位置来抓。

从当前来看，农民增收是中央提出的今年农业和农村工作的一个重点，畜牧业在确保畜产品的有效供给，满足城乡人民对畜产品数量和质量需求日益扩大的同时，必须在提高效益、增加农民收入方面发挥更大的作用。从长远看，中央要求东部有条件的地区率先基本实现农业现代化，我省已将建设现代农业列为农业跨世纪发展的一项重要任务，省委、省政府在去年下发了《现代农业发展规划纲要》。没有畜牧业的现代化，就没有整个农业的现代化。畜牧业有条件、也应该在建设现代农业方面作出更大的贡献。

然而随着畜牧业的发展，一些新问题也不断出现，并成为畜牧业今后持续发展的主要障碍。这些问题主要有：一是资源短缺。我省是缺粮省，粮食自给率仅为70%左右，年净调入量达400多万吨，实际上主要是调入饲料粮，其中玉米每年要调入200万吨以上，大豆、豆粕、麦麸等饲料原料每年也要外调几十万吨。二是动物疫病对畜牧业发展制约作用越来越明显。我省猪的死亡率为7.3%，鸡死亡率为18%，每年因疫病造成直接经济损失达7亿多元。我省畜产品出口的数量占总产量不到2%，主要原因是疫病和畜禽品种质量等原因造成产品质量不符合要求。三是环境污染。我省年出栏50头以上的商品猪场已达1.27万个，出栏肉猪401.8万多头，万头以上猪场也超过80个，而一个万头猪场年排污量在3万吨以上，如果处理不好，对周围环境的土壤、水资源、空气和作物造成严重的污染。四是结构不合理。1998年耗粮型的猪肉产量仍占肉类总量的79.4%，而草食型畜禽肉产量仅占肉类总量的3.3%，远低于全国平均9%的水平。五是信息服务滞后。目前普遍存在信息量不足，准确性不高，信息反馈和传播慢，加上农民对市场信息重视不够，选择生产什么，往往是凭经验，而畜牧业仍是千家万户分散饲养为主，容易一哄而上，造成产品结构性、地区性和季节性的过剩，价格波动很大。六是市场作用没有得到充分发挥。市场价格形成机制不够完善，研究和开拓市场力度不够。七是执法工作有待加强。执法手段还比较薄弱，执法力度不够，队伍素质有待于提高，工作缺乏规范化、程序化，光收费不检疫等违法现象时有发生。

三、狠抓扎实，提高畜牧兽医工作水平

（一）提高产业发展质量，推动畜牧业生产走效益型的发展路子。市场规律的作用是不以人们的意志为转移的，各地要根据市场供求的变化，将主要精力转移到提高内涵生产水平，提高经济效益上来。畜牧业主管部门的同志要适当淡化产量的概念，提高工作指导水平，及时提供市场信息，通过增加科技投入，加强技术培训，推广新技术和优良品种，使农民能够适应市场变化，适时调整畜牧业品种结构。这些年来的经验告诉我们，不管市场如何变化，总是存在一些生产和消费热点。如去年的河田鸡、连城白鸭火爆福州城，产品供不应求，主要是由于这些品种适应了消费者转达向追求质优味美的消费趋势。南平发展奶业，市场需求量大，质量好，效益也很好。要通过我们的服务来引导农民养殖有市场、有效益的品种，提高畜牧业的经济效益。

我省畜牧业产业结构调整应以市场为导向，促进科技进步和产业升级为主要目标的内涵调整。具体是要以稳定生猪存栏，提高生猪出栏率，加快优质“二元杂交”母猪生产，增加适应市场需求的优良“三元杂交”和配套系猪的生产比重；家禽要以水禽为发展重点，禽蛋要在稳定生产的同时，控制发展规模，提高生产水平，讲求经济效益，力避大起大落，并加快名特优新的黄羽肉鸡、肉鸭的发展；因地制宜，因势利导促进兔、鹅、羊、牛等草食型畜禽及特种经济动物养殖发展，并在其饲养过程中，尤其是在种、草、料等重要环节全面推行综合配套的先进技术；在大中城市郊区，开展和推广奶牛产业化试点建设，形成龙头企业+基地+农户的奶业发展格局。通过产业结构的调整与优化，不断提高畜产品的质量，增强畜产品的市场竞争力。

（二）进一步推进畜牧业产业化。畜牧业产业化是畜牧业现代化的必然趋势和客观过程，有其自然的发展规律。畜牧业产业化要走在农业产业化的前列，并以市场为导向，以科技为依托，以效益为中心，以增收为目的，重点扶持科技力量强、经济规模大和开拓市场能力强的龙头企业，带动千家万户进行大市场、大流通，促进“龙头”企业与养殖户结成可靠的利益共同体，使养殖户不仅在生产环节受益，而且能够分享产品加工、流通环节的利润，改变养殖户为单纯原料提供者，龙头企业为单纯加工企业或独立经济实体的局面。各

级畜牧主管部门要做好宣传引导、总结典型、推广经验，促进畜牧业产业化沿着健康的轨道发展。

（三）实施科技兴牧战略。科技进步是畜牧业发展的根本动力。进一步推广普及实用技术，建立和完善职业技能鉴定机构，抓好畜牧兽医技能培训和鉴定工作，提高畜牧工作者和饲养者的科技素质；要加强与生产、教学、科研单位的协作，面向生产，突出重点，联合攻关，争取在现代集约化饲养、疫病综合防治技术方面取得突破，并着力提高科技成果转化率，促进畜牧业经济增长方式的转变，不断提高科技对畜牧业增长的贡献率；强化基层科技推广网络建设，稳定畜牧兽医基层队伍，解决目前仍然存在的人员在编不在岗、编制被挤占、经费无保证、工作和生活条件较差的局面；有组织地引导和增大畜牧兽医部门科技人员采取科技承包等多种形式，扶持本地畜牧业及相关产业的发展，并通过有偿服务，壮大自身实力，提高素质，增加综合服务能力。

（四）贯彻落实畜牧兽医各项法律法规，强化依法治牧。实现依法治牧，严格执法监督是法律赋予各级畜牧兽医行政管理部门的重要职责，也是一项长期工作。要贯彻《动物防疫法》，切实加强产地检疫、屠宰检疫和流通环节的监督管理工作。实施动物保护工程，加强畜禽重大疫病防治，降低畜禽死亡率，提高畜产品质量，确保人民群众吃上“放心肉”，并进一步建立健全省、地（市）、县动物疫病诊断和疫情监测体系、动物防疫及监督管理体系、四级冷链体系，实现动物疫病诊断、防治、检疫、监督管理制度化、规范化、科学化；进一步健全兽药药政管理和兽药质量监察两大体系，加大查处假劣兽药力度，不断提高兽药质量；贯彻《种畜禽管理条例》及其实施细则，严格实行建场审批和种畜禽生产经营许可制度，规范种畜禽生产经营和国外引进种畜禽的制度。

（五）发展生态畜牧业，实现可持续发展。保护和改善生态环境，实现可持续发展，是我国经济社会发展的总体战略。确保畜牧业可持续发展是实现这个总体目标的重要组成部分。畜牧业发展是硬道理，但保护生态环境，保持可持续发展也是硬道理，决不能以破坏资源环境为代价，换取眼前的利益和短期的增长。目前，国际上已开始对集约化养猪进行限制，也就是说，不是规模越大越好。规模大，污染程度就大，疫病就更难以控制，一般认为一万头的规模猪场较为合适。因此，在大中城市郊区及人群稠密地区要及时把畜禽养殖的环保工作提上日程，特别是规模化养殖场的建设要设有配套的污染治理措施，这方面的工作厦门市、福州市已先走一步。最近省政府已制定“福建省生态农业建设规划纲要”，各地要认真实施。同时，要严格控制畜禽产品中的有害物质残留，依法加强对兽药、饲料添加剂生产、使用的管理和监督，提高畜产品卫生质量，增强畜禽产品在国际市场中的竞争能力。此外，还要努力开辟饲草饲料资源，缓解我省人畜争粮的局面。我省饲料用粮的数量已占到我省粮食总产量的30%以上，今后还将逐渐扩大。为此，除了开辟农作物秸秆饲料资源外，还应大力综合开发我省丰富的草山草坡饲草资源，发展种草养畜生产，提高草食动物产品的比例。这样既可减轻对饲料的需求压力，又可优化畜牧业内部结构。种植业生产结构要由传统的“粮食——经济作物”二元结构逐步向“粮食—经济作物—饲料”三元结构转变，建立高产优质的饲料粮生产基地。

（六）积极开拓市场，强化畜牧业市场体系和信息体系建设。坚持畜产品多渠道经营，培育和发展各种中介组织，鼓励各类专业协会、生产合作组织、技术服务组织、流通合作组织参与畜产品市场建设。不仅要开发农村市场，而且要拓展省外市场、国外市场，改变以往仅重视抓生产、忽视抓市场的状况。在信息体系方面，要加强对畜牧业经济运行状况的掌握和监测，密切注视生产中出现的新情况、新问题，把握畜牧业市场走势，加强形势分析，及时做出判断和预测，为政府决策提供科学依据，正确引导生产者组织生产。

湖南省种畜禽法制化管理

实践表明，推广良种畜禽、开展种畜禽法制化管理是推动畜牧业向高产、优质、高效方向发展的最有效措施。为了尽快改变种畜禽法制化管理相对滞后的现状，1998年初，湖南省农业厅党组决定把种畜禽法制化管理列为全厅当年的二十件大事之一重点实施。湖南省畜牧局举全局之力，精心规划、合理安排，使湖南省种畜禽管理全面步入法制化管理轨道。

1. 抓好学习宣传，普及种畜禽管理法规。省局编印了种畜禽管理法规资料汇编5000余份，发至地县畜牧局及乡镇、种畜禽生产经营企业。7月份在全省开展了种畜禽法制化管理宣传月活动，全省共编印发放宣传材料7万余份，出动宣传车500余台次，举办各类宣传活动2500多场次，还利用电视、广播、报刊等新闻媒体进行宣传，《条例》内容日渐深入人心，专项普法取得了阶段性成果。

2. 完善法规规章配套。省局依据《条例》赋予的权力，结合我省实际，制定下发了《关于加强全省种畜禽生产、经营、监督管理的通知》、《湖南省种畜禽生产经营许可证、种畜禽合格证管理办法》、《湖南省建办种畜禽场审批办法》、《湖南省种猪场验收暂行标准》、《湖南省种禽场验收暂行标准》、《湖南省孵化场验收暂行标准》、《湖南省种牛场验收暂行标准》、《湖南省种羊场验收暂行办法》、《湖南省人工授精站验收暂行标准》、《种猪评定标准》、《湖南省种畜禽广告管理办法》等十几个种畜禽管理规范性文件，为《条例》贯彻的操作性、准确性提供了保障。

3. 建立健全执法机构和执法队伍。以各级畜牧部门的畜牧站为主体,上下贯通的省、地、县三级种畜禽管理执法机构体系已基本完善,明确了职能,确定了专人。省局举办了四期地县种畜禽执法监督员培训班,实行考核发证,持证上岗,全省共有300多人成为合格的种畜禽执法监督员。各地县也层层组织了培训,参训人数达1 100人次。

4. 对种畜禽生产经营企业及个人实施许可证制度。《种畜禽生产经营许可证》、《种畜禽合格证》的发放与管理是种畜禽管理工作的核心内容。规范了《许可证》的发证、使用制度:一是《种畜禽生产经营许可证》由农业部统一印制,《种畜禽合格证》由省畜牧局统一印制;二是实行省、地、县三级畜牧部门分级管理制度,明确了各级的管理权限和范围;三是执行全省统一的验收标准;四是统一规定了许可证的使用期限和年检制度;五是规范了收费标准。按照以上"五个统一"的规定,省地县三级畜牧行政主管部门按照各自的验收范围,统一行动,对全省种畜禽场、孵化场、家畜人工授精站(点)、种公畜配种户进行了全面的检查验收。其中省种畜禽场验收组验收的100个种畜禽场中,84家合格,16家被限期整改或延迟验收,验收合格种猪12 500头,种鸡15.65万套,强制淘汰不合格种猪1 400余头。各地县共验收孵化场300家、家畜配种站1 100个,核发许可证1 300个。这次验收对全省的种畜禽生产经营单位震动很大,为确保通过验收,全省100家种畜禽场共从不同渠道投入资金2 300多万元,进行了技术改造、种猪扩群、更新,共新增猪舍面积3.4万平方米,配套建筑面积3 000平方米,调进、更换优质种猪0.72万头。全省良种猪繁育体系的生产规模、技术含量、产品质量由此跃上了一个台阶。

5. 做好社会种畜禽监督管理。娄底、郴州等5个地市以党委、政府文件形式要求下属县区抓好社会种猪普查和调优汰劣工作,并从经费上给予了保证。据不完全统计,全省共淘汰劣种公猪8 200余头,更新良种公猪1万余头,淘汰劣种母猪40多万头。同时加大了对制售劣质种猪的打击力度。省局调处种猪纠纷40余起,涉及种猪3 000余头,金额200余万元。

1998年,是湖南省建国以来第一次系统、全面地开展种畜禽法制化管理,一年来,通过对生产、经营、使用等环节全方位地加强法制化管理,取得了显著成效:全省畜禽良种推广力度加大,三元杂交猪比重、禽的良种覆盖率均比1997年提高7个百分点以上,牛羊良种化程度也有明显提高;种畜禽场建设跃上一个新的台阶;一度较为混乱的种畜禽市场得到有效整顿。这些成果将对促进湖南畜牧业的持续发展将发挥重要作用。

(孙立荣)

谈广西畜牧业结构调整

一、广西畜牧业发展和结构现状

自1978年以来,广西畜牧业生产持续增长,特别是"八.五"期间进入了高速增长的时期,取得了令人瞩目的成就,进入"九.五"头两年,仍然表现出较强的发展势头。据有关部门统计,到1997年,全区肉类总产量达到325.52万吨,其中:猪肉299.94万吨,牛肉11.78万吨,羊肉2.02万吨,禽肉61.57万吨;禽蛋产量16.83万吨。人均占有肉类70.26千克、禽蛋3.63千克。经过十多年的发展,广西的畜牧业生产已步入全国十强之列,1996年,全区肉类总产量居全国第9位,人均占有肉类居第3位,高于全国平均水平15.13千克;生猪存栏量和出栏量居全国第5位、第6位,猪肉产量居第6位;牛存栏、出栏量居全国第4位和第10位,其中水牛存栏居第一位;禽存栏和出栏量居全国第8位和第6位,鸡肉产量居第7位。人均牧业产值1996年居全国第五位。广西已成为畜禽肉类产品调出省区,1997年调出肉猪778.27万头,牛22.12万头,羊30.06万只,家禽11343.63万羽。

在畜牧业发展的同时,畜牧业产业结构也逐步改善,节粮型畜禽产品比重加大。"八.五"期间,牛、羊、禽、兔等节粮型畜禽的出栏数和产肉量的递增速度明显高于猪出栏数和产肉量的递增速度,分别高出3.91和4.9、4.08和7.02、6.28和9.53、26.36和37.63个百分点。在肉类结构中,猪肉所占的比重由1990年的83.72%下降到1995年的78.22%,1997年继续下降到76.78%;牛羊肉的比重由1990年的3.2%上升到1995年的3.69%,1997年上升到4.24%;禽肉比重也由1990年13.05%上升到1995年的18.02%,1997年达到18.91%。但与世界和全国畜牧结构相比,仍有很大的差距,猪肉比重比世界水平高出38个百分点,比全国水平高出10个百分点;牛、羊肉比重比世界水平低出26个百分点,比全国水平低8.5个百分点;禽肉比重比世界水平低8.7个百分点,与全国基本持平,其他肉类比重则分别低1.7和0.8个百分点。根据上述资料,说明广西畜牧业结构仍以耗粮型养猪业为主,而节粮型畜禽产品比重较少,这样的畜牧业结构,与广西缺粮的实际情况很不适应,必须进行调整。

二、广西畜牧业产业结构调整战略

1. 结构调整的方针。今后广西畜牧业产业结构调整的方针应当是:以市场经济为导向,以资源条件为基础,以科技进步为手段,在稳定发展生猪生产的同时,大力发展草食畜禽,鼓励发展经济动物和地方名特优畜禽品种,创出具有地方特色的优质品牌产品,建立优质、高产、高效、持续发展的畜牧业体系,为下世纪的人们生活提供优质、丰富的生态型畜牧产品。

2. 结构调整的重点和目标。根据结构调整的方针,确定各类主要产品调整的重点和目标:

生猪:以提高品种质量为核心,重点发展瘦肉型猪生产,同时研究开发具有地方品种风味、瘦肉率又较高的品种组合,以适应不同市场的需求。要大力发展香猪生产,创立广西香猪的名牌产品。

牛、羊:要大力发展牛、羊饲养基地,以区外市场和出口市场为目标,加强牛、羊的品种改良,引进优良品种与选育提高本地品种相结合。要提高牛羊的生产性能,加强科学饲养技术的推广,建立南方草地畜牧业示范基地,开创石山地区生态良性循环的山羊生产模式。重点发展肉用黄牛、山羊和奶用水牛品种,开发亚热带奶用黄牛品种。

禽:稳定肉鸡生产,重点发展优质三黄鸡、麻鸡等地方名特优品种;大力发展鹅、肉鸭、蛋鸭等水禽生产,重点抓好良种繁育基地建设,扩大养殖规模,走产业化发展道路。

其他多种经济动物:按照市场规律,鼓励发展兔、鸵鸟、鹿、肉鸽、海狸等经济动物和野生动物的饲养,满足多样化的市场需要。

根据广西畜牧业"九五"计划和2010年发展规划,广西畜牧产业结构调整的各阶段目标,猪、牛、羊、禽及其他肉类比重,2000年分别为74.5、4.5、0.8、20和0.2,到2005年分别达到72、5.5、1.2、21、0.3,2010年达到68.5、7.2、22、0.5。

三、实现结构调整目标的对策

1. 加强畜牧业良种繁育体系及技术推广体系的建设。这是一项必须由政府扶持的基础性工作。要建立自治区级原种猪场,牛、羊的良种核心繁育场,以及地方名特优畜禽品种的保种和繁育场;完善畜牧技术推广机构的基础建设,强化良种和技术推广工作。

2. 建立较完善的、有效的资金投入机制。资金可以根据投入对象分为基础建设资金和生产开发性资金。前者的来源主要是财政资金,可建立"畜牧业发展扶持金(基金)",主要用于基础设施建设和应用基础研究,完善畜牧业三大基本体系的建设和支持高新科技成果的应用研究。后者的来源主要是金融和投资机构的信贷资金,主要用于生产开发性项目,加大信贷资金投入畜牧业生产的比重,推进畜牧业产业化的发展。

3. 加快畜牧产品后续产业发展的速度,应把畜产品加工业作为我区轻工业和食品工业发展的重点,延伸产业链条,提高产品的附加值。

4. 注意大农业内部各子产业之间的有机结合,推广生态农业生产模式,生产适应21世纪市场需求的优质、健康食品。

5. 优化畜牧业生产的组织方式,完善产业化经营。在实行"公司+(基地+)农业户"的产业化经营方式的同时,还应当推广"服务实体+农户"的方式,培育科技与经济、市场与生产的中介实体和科技、信息载体。

(广西壮族自治区畜牧局　刘德健　蒿梦先)

——原文刊登在《广西农村经济》1999年第1期

加强兽药经营管理的意见

兽药是保证畜牧业健康发展,并关系到人民群众身体健康的特殊商品。改革开放以来,随着畜牧业的迅速发展,兽药经营作为一个新的行业已有长足的发展。在建立社会主义市场经济及开放搞活的形势下,兽药经营也面临着一些新的问题,而如何加强兽药管理、理顺流通渠道、保证兽药质量,以促进畜牧业的进一步发展,维护消费者的利益也日益重要起来。笔者根据桂林地区兽药经营市场及管理现状,就如何加强兽药管理浅谈如下。

兽药经营市场现状剖析

目前,桂林地区兽药经营企业(店)已发展到1 244个,比1989年的517个增加了一倍多,兽药店遍布县、乡(镇)、村,他们为畜牧水产养殖业健康发展发挥了积极的作用。但由于宏观管理不够完善,微观管理配套跟不上,兽药经营市场比较混乱。

1. 经营人员素质低。全地区兽药经营人员共有1 615人,其中有兽医或药学专业中专以上文化程度的仅182人,占11.3%;高中文化913人,占56.5%;初中以下文化程度的520人,占32.2%。从专业水平来看,经营者的素质普遍偏低,与《兽药管理条例实施细则》对兽药经营者应具有的条件之规定存在较大差距。

2. 批发机构泛滥。按照桂牧字(1987)88号文件的规定,二级兽药批发站由自治区畜牧局审核发证,三级批发站由地、市畜牧(农牧)局审核发证,报自治区畜牧局备案。然而,仍有少数兽药批发企业未按此规定办理有关手续。据调查有50%以上的兽药零售企业不同程度地从事批发业务,造成兽药批发企业泛滥的局面,这些批发企业均不具备与其经营兽药品种、规模相适应的化验室,缺乏应有的化验人员,无法做到购入药品时进行质量验收,因而不能保证批发销售产品的质量。

3. 假劣兽药充斥市场。自治区兽药监察所1996年兽药产品质量抽检结果表明,在市场抽检的55个样品中,合格率仅43.6%,不合格产品占一半多,其中劣质兽药26个样品,占47.3%;假兽药5个样品,占9%。1996年9月桂林地区对6个县94个兽药店进行检查,查处假、劣、伪、冒兽药达163个品种次,涉及47个兽

药店。近年来,桂林地区市场上假、劣兽药主要有以下几种情况:

(1)兽药批准文号方面。①无批准文号,主要是家禽用生物制品和以"预混料"、"浓缩饲料精"等形式销售的饲料药物添加剂;②批准文号超过5年有效期;③使用已被取消的批准文号;④假批准文号。

(2)兽药包装方面。无生产日期和有效期;说明书夸大产品的作用和用途,与药政机关核准的内容不一致;以别名代替产品合法名称。

(3)产品质量方面。有效成分低;兽药成分与标准不符。

(4)其他。①使用微量元素原料随便组方配药销售。②人用药转为兽用药。③以其他产品冒充进口药,如以麦乳精下脚料冒充日本进口赖氨酸等。

4. 经营中的不正当竞争比较严重。主要表现以下三个方面:⑴一些兽药经营者为了牟取暴利与生产企业相勾结,进行所谓"以价定产,以质定价"的交易,经营者以低于正常生产成本的价格从厂家采购兽药,生产厂家非法生产低劣产品,使质量低劣的兽药冲入市场。⑵一些产品的宣传或说明违反广告法的规定,使用不科学的表示功效的断言或者保证,夸大产品的作用,以吸引消费者,使群众受骗上当。⑶以给"回扣"或物质奖励的形式促销。这些经营方式严重地扰乱了兽药市场秩序,损害了群众及生产、经营合格产品企业的利益。

兽药经营监督管理中存在的问题

自国务院发布《兽药管理条例》以来,随着兽药管理配套法规的不断出台,兽药管理工作逐步纳入了法制管理的轨道。但在兽药经营监督管理中还存在一些亟待解决的问题。

1. 兽药管理机构不完善,监督手段落后。桂林地区及各县畜牧部门均配备有兽药监督员,但没有设立专门管理机构,监督人员少。目前全地区在岗监督员仅34人,且多是兼职,负责多种业务,工作量大,不利于开展经常性兽药执法管理。另一方面由于没有设立兽药监察所,兽药质量监督主要靠兽药监督员对包装、说明、批准文号、失效期以及是否变质等表观项目进行检查,地、县级兽药药政管理部门无法对其质量优劣进行定性。在兽药经营企业数量多、分布广、兽药品种多而每批次品种数量少这一情况下,完全靠自治区兽药监督所监督检验,不便于市场兽药质量管理。从抽检、送检自治区兽药监察所至得到检验报告单,需要较长时间,而在此期间,被检产品全部或大部分已被销售、使用,药品的抽检也因此而失去了真实意义。

2. 对兽药经营者的培训、考核不规范。由于缺乏对经营者培训的统一教材和大纲,无考试、考核标准,同时没有建立培训制度,因而,各县培训水平不一致,对经营者的要求不规范,造成经营者素质低、法制观念淡漠,识别假、劣、伪、冒兽药能力差。

3. 经费缺乏。兽药管理工作缺乏专项经费,而财政拨给的畜牧兽医行政和事业经费又不足,影响了兽药监督管理工作的开展。

4. 兽药监督员素质不高。没有经过与兽药管理相关的系统的法律知识培训,执法水平有待提高。

加强兽药经营市场管理的几点建议

分析本地区兽药经营市场情况以及在兽药管理中存在的问题,笔者认为,为使本地区的兽药管理与兽药市场发展相适应,必须进一步完善管理机构,扩大监督管理队伍,理顺流通渠道,整顿经营市场,提高经营者的素质,加大打击假、劣兽药力度,具体措施如下。

1. 加强兽药管理队伍建设,完善管理机构。这是兽药市场法制化管理的基础,为此,第一,地区应设立兽药监察所,以便对辖区内兽药质量监督、检验和技术仲裁工作,便于抽检兽药产品,确保生产与流通领域兽药质量。第二,地、县要配备一定数量的专职兽药监督员,逐步设立兽药管理专门机构。第三,加强对兽药监督员的法律、法规和兽药知识培训,提高兽药管理队伍的执法水平和业务能力。第四,加强兽药经营企业的整顿和审核发证工作,完善对经营企业的管理制度,提高经营企业硬件条件。

2. 整顿批发企业,发挥畜牧系统兽药经营主渠道作用。从本地区兽药经营企业成分来看,其他系统和集体企业97个,占经营企业总数的7.9%,个体企业1 127个,占92.1%,而畜牧系统所属兽药经营企业仅111个,占9%,比重偏低,这种状况不利于发挥畜牧部门主渠道作用。批发企业担负着把生产产品向零售企业转移的任务,起着引导生产、引导流通和引导消费的市场导向作用,是产品完成流通过程的中枢,是实现兽药商品价值和使用价值的桥梁。加强对兽药批发企业的整顿和管理,是保证流通领域兽药质量的关键。因此,应从整顿批发企业着手,强化流通管理,充分利用畜牧系统的有利条件,发挥其在流通领域的主渠道作用。第一,地、县畜牧部门应分别设立二、三级兽药批发站,乡(镇)兽医站设立县批发站代理批发点,建立批发体系,完善批发企业管理制度,既要有利于管理,又要充分发挥市场规律的作用。第二,要本着"批发从严"的原则,把好批发企业审批这一关。兽药不仅是可以保护畜禽健康,也是可以危害人畜生命安全的特殊商品,因此,个体企业不得从事兽药批发业务。第三,兽药批发企业必须设立质量检验机构,配备必要的检验仪器、设备和检验人员。检验人员应取得自治区畜牧局核发的"检验员证"。批发企业在销售每批兽药前应自行检验或委托兽药监察所检验,以确保销售的兽药产品质量。第四,建立兽药经销登记制度,外省、外地区兽药进入广西或地、市辖区市场，应象外省那样，先到自治区畜牧局或地、市药政机关办理登记手续，以便监督管理。

3. 完善兽用生物制品专供体系，实现生物制品法制化、秩序化管理。省、地、县各级防疫机构应成立兽用生物制品供应部门，配备相应的冷藏设备，坚持“一省、一地(市)、一县、一证”的原则，建立专供体系。县以上动物防疫机构在辖区内逐级组织订购、贮存和供应生物制品，地(市)、县防疫机构和乡(镇)畜牧兽医站不得跨省、跨地区或越级订购。其他任何单位和个人不得经销兽用生物制品。

4. 建立培训制度，提高经营者素质。按《兽药管理条例实施细则》第十六条规定，非药学、兽医学技术人员必须经过核发《兽药经营许可证》的农牧行政机关或指定的单位进行兽药经营知识考核，合格后方可从事兽药经营。因此，自治区畜牧局应组织编写兽药经营者必备的“兽药经营知识”教材，制定统一的考核、考试标准，以便各级农牧行政机关在发放“兽药经营许可证”前的培训考核时有章可循。同时，应定期对经营者进行培训，实现培训制度化、规范化和科学化管理，提高经营者的素质，提高遵守法规的自觉性，提高识别假劣兽药的能力，更好地为畜牧生产服务。

5. 强化兽药管理，加大打假力度。兽药管理是执法行为，必须大力宣传和贯彻执行《兽药管理条例》及配套法规和政策，加强对兽药生产和经营的管理；在查处违法案例时必须以事实为依据，以法律为准绳；对查出的假劣兽药应坚决予以取缔，并给予当事人以重罚，对多次违章经营的企业，应吊销其兽药经营许可证；对抽检不合格的产品，应追踪抽检，连续三次抽检同一产品不同批次样品不合格，应取消其产品批准文号。只有强化管理，加大打击假劣兽药力度，严惩违法分子，才能维护兽药经营市场秩序，保护生产者、经营者和消费者的利益，保证畜牧水产业健康发展和人民群众的生命安全。

(广西壮族自治区畜牧局　华朝斌)

——原文刊登在《广西畜牧兽医》1998 年第 2 期

当前畜牧业产业化的现状和思考

四川省畜牧食品局局长　屈坤宁

加快产业化进程，把四川建成畜牧业强省是省委、省政府根据四川农牧业的客观优势和畜牧业发展的现实作出的正确决策。在省政府文件发出一年之际，我们用两个多月的时间深入全省 19 个市地州和有关县的农村、企业，对畜牧业产业化发展的现状进行了比较全面的调查，并与基层的同志共同商讨，针对当前畜牧业产业化发展中的一些实际问题，研究了下一步的工作重点和措施。现将这次调查情况总结如下。

一、畜牧业产业化的基本情况

自省政府发出《关于加快畜牧产业化把我省建成畜牧业强省的通知》(川府发[1997]28 号)以来，全省各地十分重视，分别召开会议，发出文件，结合本地实际制定规划，并启动了一批龙头企业带动型、专业市场带动型、专业场站带动型、专业协会带动型、专业村社带动型、专业大户带动型的产业化典型。1. 龙头企业带动型。据对我省畜牧业产业化 40 个龙头企业调查，共拥有固定资产 5.1 亿元，职工人数 4 615 人，1996 年实现产值 2 亿多元，创利税 6 592 万元。从企业性质看，有国有、民营、集体或股份制企业，后两者占大多数。龙头企业自身效益的好坏是关系能否带动农户形成产业化的关键。因此效益较好的龙头企业带的农户较多、效果也较好。从畜禽品种看，小家禽易于规模化、专业化、区域化发展，在产业化进程中，短平快的特征突出，所以典型也较多一些。我省加工龙头企业带农户的突出典型有：

(1)肉鸭业：邛崃肉鸭联合公司是一家集养殖、加工、销售于一体的国有企业，有大型种鸭场、商品鸭场、肉鸭屠宰加工厂，年屠宰鸭 200 多万只，产品已销到日本、欧共体，打开了外销局面，联系了 100 多户专业养鸭户。养鸭户规模大的年出栏 10 多万只，一般规模在年出栏 1 万只左右。养鸭户与公司是合同关系，公司对合同户实行鸭苗、饲料、防疫、收购等统一管理，保证了合同户农民的收益。郫县格全食品发展有限公司是一家台商独资企业，年屠宰加工肉鸭 300 多万只，除搞分割肉以外还搞熟食品，产品主销日本市场，该公司与温江雄峤肉鸭公司、郫县德源、团结种鸭场和几家规模化商品肉鸭场及 100 多户专业养鸭户签订购销合同，也实行统一防疫和收购的管理办法。南充园通公司是川北一家集养殖、加工、销售于一体的民营企业。建有种鸭场、商品肉鸭场、肉鸭加工厂、饲料厂、有机肥料厂、蚕药厂，分割鸭、白条鸭、板鸭、啤酒鸭已销售香港、韩国市场，带动上百户养鸭户，促进贫困地区脱贫致富。此外，还有郫县的施鸭子、永晶食品厂等都是通过肉鸭加工带动了一定区域的养鸭专业户发展。

(2)肉鸡业：华蓥市渝华实业开发公司是集肉种鸡场、商品肉鸡场和年加工肉鸡制品 5 千吨肉鸡加工厂的民营股份制企业，充分利用军工企业搬迁后的场地，仅花少量投资就立即收益，产品已进入重庆市，在周围带动了 300 多农户，养鸡 100 万只以上。双流广华公司有商品肉鸡养殖场、饲料加工厂、肥料加工厂，肉鸡加工厂，年加工 150 万只肉鸡，属民营企业，产品已进入省内市场、成都快餐店，带动 146 个肉鸡专业户。兴文县川南山地乌骨鸡开发有限责任公司是县畜牧局直接兴办的企业，有种鸡场、食品加工厂，年生产乌骨鸡系列产品 600 吨，带动商品乌骨鸡养殖户 3 000 户，成为兴文县山区农民脱贫致富的重要门路。普格豪吉集团公司主要生产豪吉鸡精，目前产品已畅销全国，带动发展养鸡专业户100多户，成为凉山彝族地区骨干产业化项目。

(3)肉猪加工业：仁寿县由省牧工商公司与县畜牧局联办的川仁肉联厂、南部县畜牧局在日本凯尔事务局援助下办的"凯利食品加工厂"，通过统一优良种猪、统一科学饲养、统一防疫的"三统一"和保证收购、保证优价、保证资金的"三保证"等服务方式，与养猪户建立了较密切、较稳定的产销关系，扶持了近千户农户发展母猪及高瘦肉率的商品肉猪生产。此外，还有郫县清水河肉类加工集团、希望集团肉食品加工厂、自贡市黄市肉类加工厂，南充市高坪万家熟食品厂等企业，也带动一批农户逐步向产业化方向迈进。

(4)牛羊肉加工业：自贡市富顺县环宇食品有限公司是股份制产业化龙头企业，建立种羊场，带动种羊专业户103户。凉山州会理县攀西建昌集团加工厂年屠宰加工山羊4.25万只，带动养羊户1.2万多户。宁南三益食品有限责任公司有年屠宰加工牛羊3万头综合加工厂。新都的星澳肉牛企业公司有一个可圈养1千头肉牛的育肥场和年屠宰万头规模的肉牛屠宰加工厂，目前日屠宰加工优质肉牛35头，牛肉深加工制品以红孩儿品牌进入省内外市场。中江县飞亚牛业公司和兴隆牛业公司，以"公司+农户"的形式开展肉牛、肉羊养殖、育肥、屠宰和加工联营，公司在市场收购仔牛、羊，以合同形式发给农户代养，一年后再收回育肥、屠宰、加工、销售，带动132户农户，现养肉牛400多头、肉羊1 700多只。

(5)牛奶加工业：阳坪种牛场奶制品公司，场内饲养种牛及奶牛800余头，有日处理20吨鲜奶的乳制品加工厂，生产的阳坪奶粉获农业部颁发"绿色食品证书"，在洪雅带动发展400余户奶牛专业户，饲养奶牛1 500头。达川地区宣汉县云蒙山合作牧场乳品厂是宣汉县畜牧局与红原奶粉厂联合办的企业，有日处理20吨鲜奶的乳制品加工厂，通过合作牧场发展560余户奶牛专业户，饲养西门塔尔杂交奶牛3 600多头，是促进山区农民脱贫致富的一个好典型。

2. 专业市场带动型。农业产业化为卖而生产，建立、培育专业市场十分重要。隆昌县禽苗专业市场是在专业协会的组织下，因陋就简地建立的市场，现年交易鸭苗、鹅苗达9 000万只，其中本县自产的4 000万只，外地来经销的5 000万只，年成交额2亿元左右，市场带动了一批孵抱专业户和一批养雏专业户、水禽专业户，促进了水禽的发展。温江县西南禽蛋贸易市场每天交易禽蛋30多吨，年成交量1万吨，禽蛋运输到云、贵、川。在该市场附近的农友家禽研究所，办三个种鸡场，养种鸡2万多套，商品蛋鸡1万多只。自办一个2万吨的饲料厂，还有一个孵化场，年提供种鸡苗150万羽，带动养鸡专业户300多户，全县饲养蛋鸡200万只，成为具有特色的商品蛋鸡专业生产区域。

3. 专业场站带动型。一批科技含量高的良种繁育场带动农户发展养殖业。绵英种鸭有限公司饲养樱桃谷鸭祖代、父母代种鸭近2万只，是我国三大樱桃谷种鸭场中最大的一个。该公司鸭苗占领全国市场，在川内带动养鸭专业户600余户。内江种鸡场饲养父母代种鸡3万套，孵化时年提供鸡苗200万羽，以场带户，发展600多户，饲养蛋鸡140万羽，每户平均获利3万余元。自贡市富民综合养殖场是民营股份制养殖企业，目前饲养种猪1 000多头，是我省生产规模最大的种猪场，该场已带动年出栏1千头以上肉猪的猪场8个，年出栏500～1 000头肉猪的猪场15个。自贡市畜源农牧有限公司有种鸭4千多只、种猪200余头，带动农户300余户，其中年出栏万只肉鸭的30户、千只的190户，扶持贫困户45户。乐至县基层畜牧兽医站带动农户发展山羊已达40万只；通过推广高床圈饲养技术，养羊户家里建立规范化的羊圈，一般饲养七、八只种羊，年产羊20～30只，收入少则几千元，多则上万元。

4. 专业协会带动型。改革开放以来，全省农村各种专业协会应运而生，已成为农科教、产供销相结合的纽带和桥梁，在产业化进程中也发挥了积极的作用。仁寿县团结乡养羊专业协会采取股份制形式，向农户传授技术，并开辟销路，把农户和市场联结起来，扩大了养羊规模，全乡养羊人均收入359元。泸县喻寺良种猪生产技术协会按市场经济规律办事，组成信息服务网络，成为联结农户和客户的中介组织，并做好流通环节的服务工作，保证了商品仔猪的质量，年销售的仔猪25万头，运销云南、贵州等10多个省、区，受到客户的欢迎。隆昌县家禽技术服务协会现已成为西南雏鸡、雏鹅生产、交易基地。

5. 专业村、社带动型。通过农业综合开发和扶贫开发，各地出现了一批专业村社，集中成片，形成基地。华蓥市水口村是生猪生产示范村。村里有4个酿酒厂、1个面粉加工厂，充分利用酒糟等副产物发展养猪，年出栏肉猪5千多头，人平4头多，牧业收入已占农户总收入的65.8%。雅安草坝镇全镇3 931户农户，从事水禽产业化农户2 635户，占全镇农户的67%，全镇出栏商品肉鸭100多万只，该产业全镇人平纯收入达1 350余元，占农民纯收入的60%。

6. 专业大户带动型。现在农村专业大户较之80年代已具有更高的水平，不仅自身具有较大的规模，而且对周围农户有很好的示范和带动作用。调查中，我们看到专业大户带农户在畜牧产业化的起步阶段作用非常明显。简阳獭兔专业大户卿什过去只养几百、一千多只种兔，现已扩大到4个场5千多只，在基地乡还设有獭兔技术服务站5个，带动310户獭兔专业户，饲养獭兔3万多只,并与农户签订了商品獭兔购销合同,组建了简阳富民獭兔开发公司,形成獭兔养殖、加工、销售产业化的企业。南充市顺庆区专业大户金鹰养殖场养蛋、肉鸡1万余只、猪70多头,每年为附近农民提供脱温肉鸡苗19万只,带动140户养殖户,然后回收肉鸡,分割加工销售。自贡沿滩镇飞跃村十组万忠良年出栏天府商品肉鸭10万只、商品猪67头,获纯利润6万多元,还帮助带动附近十多户农户成为养鸭专业户。宜宾长宁县三元乡双龙村养鸭大户李建春有10多年养鸭经历,1995年从四川农业大学引进天府肉鸭种鸭2千多只,运用人工授精技术提高了授精率、成活率、孵抱率,现已带动了182户723人养鸭,全乡鸭收入达67万元。这些事例说明,专业大户搞好了,可以带动一个村甚至一个乡的发展,并逐步通过股份合作,联合经营形成产业化。

根据调查,这批产业化典型,既适应了我省当前畜牧业生产的客观实际,又符合社会主义市场经济规律的要求,它们通过丰富多样的产业化经营形式,带动了分散的农户生产走向社会化大市场,促进了科技成果向生产力转化,推进了区域性主导产业和产品的开发,取得了较好的经济效益和社会效益。据调查,40个产业化组织共带动农户32 185户,从事产业化经营的农户人均收入达2 000多元。因此,畜牧业产业化经营的确是农民增收的主要途径。畜牧业易于规模养殖、易于产业化经营,选择畜牧业作为农业产业化的突破口,无疑是正确的。

二、畜牧业产业化存在的问题

虽然各地畜牧业产业化经营方面有了一批好典型,但从总体上看产业化程度仍然较低,小生产与大市场的矛盾还相当突出,畜牧业产业化经营还面临不少问题:

1. 畜牧业生产仍然是传统方式,以农户分散饲养为主,产业化经营的水平和产品质量都受到影响。因此,畜牧业生产规模化养殖、区域化布局是加快产业化进程的基础。务必加以重视,才能使传统畜牧业过渡到现代化畜牧业。

2. 畜牧业龙头加工企业规模还比较小,实力比较弱,效益比较差,加之内部机制不完善,带动能力较差。40个龙头加工企业,上亿元产值的只有1个,利税上100万的只有9个,大多数企业带动农户仅在500户以下,而且在企业内部管理上问题也不少。

3. 利益机制不完善,企业与农民的利益链很脆弱,产业化最终利益的分配中,加工和流通受益过多,特别是企业与农户的契约经营还很不完善,风险共担的机制还没有真正建立起来,合同约束力弱,合同兑现差,企业与农户在一定程度上连产不连利,连体不连心。

4. 畜产品市场发展不健全,市场管理机制不完善,科技信息和产品信息缺乏有效管理和利用,造成生产、加工的盲目性和不稳定,时而出现“卖难、买难、产品压库”现象。

5. 各地对畜牧产业化缺乏统一规划,合理布局,缺乏足够资金投入。实施畜牧业产业化,离不开资金投入和政策扶持。要建立和完善以农户投入为主体,国家投入为导向,信贷、外资和社会投入为补充的投资体系。同时要制订优惠政策以加快推进畜牧业产业化进程。

三、加快我省畜牧业产业化进程的几点意见

1. 畜牧业产业化必须明确目标、落实任务。江泽民同志在十五大报告中明确指出:“坚持把农业放在经济工作的首位。大力推进科教兴农,积极发展农业产业化经营、推进农业向商品化、专业化、现代化转变”。这就是农业和畜牧业发展的方向。

我省畜牧业产业化的总体思路是:坚持以市场为导向、科技为依托,提高经济效益、增加农民收入为中心,实行区域化布局、专业化生产、社会化服务、企业化管理,采取多种形式与农户联合、走贸工牧一体化的路子,促进畜牧业两个根本性转变,实现持续、快速、健康发展。

主要目标任务是:牧业产值年递增8%左右,到2000年,牧业产值达到400亿元,力争占全省农业总产值的50%左右;农牧民年增纯收入占总增收的三分之一以上;非猪畜牧业产值占牧业总产值40%以上;加大科技含量,科技贡献率力争达60%;产品深加工有较大突破,外销猪肉中,深加工制品和分割肉达到50%以上;重点抓好培植龙头企业工程、生猪良繁工程、节粮畜禽工程、牧区综合开发工程;进一步完善、健全良种繁育、疫病防制、饲料生产和市场流通体系建设;加快我省传统畜牧业向现代化畜牧业的转化,力争我省畜牧业发展与国际尽快接轨,进一步深化改革,扩大开放,转换机制,开拓国内外市场,加快畜牧业产业化进程。

2. 畜牧业产业化必须立足市场、选准产品。畜牧业产业化是为适应社会主义市场经济运行规律而形成的一种生产经营方式,规划、实施任何一个产业化工程,首先必须立足市场。无论我们有什么资源、什么优势,都必须分析市场需求。只有适应市场需要的产品才可能变成商品,才可能实现价值,才可能形成效益。否则就只会造成资源和人财物的浪费。就全省畜牧业产品的市场需求趋势来看,一是要调整结构,即稳定生猪数量,提高猪肉质量,深化产品加工,在保持和发展川猪优势的基础上,注意加快禽兔和牛羊的发展。二是拓宽市场,即既要立足省内市场,更要千方百计地努力开拓国内国际市场。四川畜牧业发展的市场在外、

机遇在外、潜力在外。四川每年的畜禽及产品有1/3要销到省外。由于台湾生猪发生口蹄疫、西欧发生严重猪瘟,国际市场对猪肉需求量大于供应量。我们的分割肉销售沿海,外销俄罗斯,远销西欧,每外延一步,效益均可提高20%左右。所以,我们必须加强疫病防治体系建设,把四川腹心地区建成为无特定病源区域,达到欧盟注册标准,为四川的畜牧产品出口开辟一个大通道。这是我省畜牧业保持持续、稳定、健康发展的关键。可以说既是当务之急,又是百年大计。我们务必把这项工作认真、扎实地抓出成效。各地在上具体项目时,必须认真做好具体市场的调查和预测,绝不能泛泛而谈国际、国内市场需求如何?我省畜产品要全面走向国际市场,特别是获得欧盟注册不仅要付出很大努力,同时需要相当一段时间。国内市场竞争亦很激烈,并非单凭主观热情就能占领,一定要客观地实事求是地找准市场,选好产品。

3. 畜牧产业化必须形成规模、注重效益。效益是市场经济,也是社会主义市场经济的第一原则。在社会主义市场经济条件下实施畜牧产业化,在项目的立项、实施和投产、运营整个过程中都必须讲求经济效益,不能盲目追风,搞一哄而起。畜牧产业化项目,只有龙头企业有效益,农户才有可能得实惠。畜牧产业化项目的效益从何而来呢?调查中,我们看到一要向适度规模要效益,对不同项目,不同产品都要结合实际,确定适度规模,求得最佳规模效益,既不能因循守旧,也不能贪大求全;二要向科学技术要效益,科学技术是第一生产力,在实施畜牧产业化过程中要高度重视项目的科技含量,要注重畜牧业实用技术和新技术的推广应用,促进科学技术向生产力转化;三要向经营管理要效益,要培养和启用一批懂经济、会管理、善经营、有事业心的人才,通过强化经营管理,降低成本、提高效益。

4. 畜牧业产业化必须依靠科技、重视推广。实践证明,凡是科技含量高的项目,产品质量就高,市场占有率就高,抗风险能力就强,效益就一定好。对畜牧产业化重点项目,要有相应畜牧兽医科技力量作保障,并将科技保障纳入项目设计、实施和验收的全过程。从品种改良、饲养方式、疫病防制、饲料供给等方面,推广一些行之有效的畜牧兽医实用技术,提高畜牧业生产水平;组织科研单位、大专院校对重点项目和对畜牧业产业化有重大影响的关键性技术进行集中攻关,不断提高畜禽产品的科技含量。

5. 畜牧业产业化必须带动农户、增加收入。能否促进生产发展,增加农民收入,加快农村奔小康步伐是畜牧业产业化项目成功与否的标志。在项目立项前就必须把带动农户、促进农民增收作为设计论证的重要内容。在项目实施过程中,特别是作为各级政府部门要密切关注农民增收的情况。最为关键的是要帮助解决好龙头企业和农户的关系,要把资源开发、基地建设和带动农户结合起来。不论是龙头企业带农户、专业市场带农户、专业场站带农户、专业村社带农户、专业协会带农户、专业大户带农户,不论是采用统付定金、提供贷款、赊购仔畜、种苗和饲料,给予价格保护,提供技术服务等什么形式,都要与所带农户结成不同形式的利益共同体。通过龙头企业衔接生产、加工、流通,既要带领农户走向市场,帮助承担市场风险;又要盈亏相连、风险共担,真正做到兴一个产业,带一批农户。

6. 畜牧业产业化要有新机制,不能走老路。实施畜牧业产业化,要不分所有制,不管隶属关系,只要是有市场、有效益的项目,就应统一纳入规划,做好服务指导,促进发展。对新建项目,要采取股份合作等形式合理配置资源、优化组织生产要素,形成最佳经营模式。对在建项目和老企业要采取承包、租赁、兼并、拍卖等形式实现资产重组、机制转换。畜牧业产业化企业绝对不可重走国有企业的旧机制老路,否则将重蹈覆辙。

扶持私营规模养殖
促进畜牧业快速发展

云南省玉溪市人民政府

1998年,玉溪市的畜牧业生产取得了可喜的成绩。全年全市出栏肥猪115.2万头,比上年增加4.7万头,肥猪出栏率达到106.6%,比上年增加6.5个百分点;大牲畜出栏7.5万头,比上年增加1.1万头,增长16.9%;家禽出栏510.6万只,比上年增加82.3万只,增长19.2%;肉蛋奶总产量12.1万吨,比上年增加8 600吨,增长7.7%,全市人均占有量达61.3千克,比上年增加3.6千克,按农业人口算,人均占有量达73.1千克,比上年增加5千克。

1998年全市畜牧业产值达12.7亿元(现价),比上年增加1.2亿元,增长10.6%,畜牧业产值占农业总产值的32.4%。1998年底,全市共有非公有制适度规模养殖大户9 859户,其中年出栏肥猪10头以上的场(户)6 783户;出栏肉牛5头以上的场(户)1 901户;出栏菜羊20只以上的716户;出栏肉鸡200只以上的119户;出栏肉鸭500只以上的128户,饲养蛋鸡200只以上的212户。畜牧业已成为我市农民增收的重要产业。我市畜牧业能够持续快速发展,主要做了以下几方面的工作。

一、切实加强对畜牧业工作的领导

原地委、行署和市委、市政府在认真调查研究的基础上,一致认为:畜牧业是一个带动面广、产业链长、户户会养、人人能干的产业,应当作为弥补烤烟减收、增加农民收入的首选产业，并以文件的形式明确提出，要把畜牧业培植成为超过粮食、烤烟的农村经济中第一大产业来抓。在决定市、县(区)都成立畜牧局后，各县(区)以极快的速度在年初相继成立了畜牧局，并从有关部门和乡镇抽调人员充实到畜牧部门，从组织机构上保证了畜牧业生产的发展。在此基础上，市委、市政府以及各县(区)政府根据产业发展的要求，制定政策，增加了投入，加大对畜牧业扶持力度。1998年市级财政投入畜牧业资金达1 419万元，比上年增长97%。同时，市政府以及各县(区)政府都建立了科技联产双向承包责任制，通过实行行政和科技双向联产承包责任制，把畜牧业的生产指标、科技指标纳入县(区)、乡、村行政干部和科技人员的年终考核内容，对成绩突出的先进单位、先进个人和养畜大户进行表彰奖励。由于领导重视、组织落实、经费落实、措施落实，促进了全市畜牧业的发展。

二、把扶持个体规模养殖作为畜牧业快速发展的重点工作来抓

我市畜牧业的发展，山区、坝区存在一定差距，从养殖模式看，既有现代化饲养方式，但更多的则是传统的饲养方式。从出栏肥猪的情况来看，有的县(区)出栏率高达180%多，有的县只有80%左右，有的农户2~3年才出栏一次肥猪。针对这些实际情况，市委、市政府确定了因地制宜、分类指导原则。

坝区县和山区县的发达乡镇，充分发挥经济发达、靠近消费市场的优势，以规模养殖为重点，以提高防疫密度为突破口，以获取较大的效益为目的，努力降低饲养成本，增强市场竞争力。积极鼓励企业事业单位和个体私营业主以及有条件的农户，创办上规模上档次的畜禽养殖场。对畜牧业发展到一定程度的村、社，通过技术投入和少量资金投入，引导其发展成为专业村、专业社。如红塔区政府出台政策鼓励有一定资金的个体老板和企业事业单位创办规模养殖场。全区1998年出栏肥猪200头以上的大户共有123户，比上年增加39户。其中出栏千头以上的39户，万头以上的有2户；饲养肉鸭万只以上的有2户，千只以上的有40户。全区各种养殖大户达到376户。这些大户为红塔区提供了半数以上的畜禽产品，仅生猪一项，大户提供的肥猪就占全区上市量的40%。规模养殖已成为红塔区畜牧业发展的主体。华宁县建筑老板赵庆祥创办的综合养殖经营中心，从单一的种植柑桔发展成为猪、牛、羊综合养殖，形成养、种结合的经济实体，现有资产达500多万元，1998年出售仔猪2 167头、肥猪139头、肉牛177头、肉羊315只，出售柑橘362吨，总收入155万元，纯利35万元，交国家税费6.4万元，取得了较好的经济、社会、生态效益。通海县杨广镇的杨启光利用铸造加工积累的资金，创办养猪场，县畜牧局为他提供优良的DLY三元杂交商品仔猪，经过科学饲养，半年出栏一次，1998年为社会提供商品肥猪2 000余头，他育出的肥猪，瘦肉率高，很受消费者欢迎，每千克活猪价高于本地猪1元。江川县畜牧局针对农户有饲养母猪的习惯，由畜牧局建立种猪场、保育中转站进行探索、试验、示范，形成了一套完整的江川仔猪培育技术，推广到农户。大庄乡的小河边村，全村97户，养猪户87户，有仔猪保育设备426套(卫生厩、自动饮水器、保温箱)，1998年保育出售商品仔猪28 500头，产值763.8万元，比上年增加336万元，获利52.68万元，人均畜牧业收入1 768元。1998年全县有160户大户从事仔猪培育，全年共生产、培育仔猪50多万头，销售到全省的8个地州市60多个县。这些大户年培育销售 猪占了全县生产量的80%，解决了群众养母猪的后顾之忧，为江川仔猪产业化的发展闯出了一条路子。

新平县根据本县山多草场宽的实际，积极鼓励市县直机关单位到新平创办养殖场，单位办的养殖场达67个，养牛羊专业户达1047户，其中养牛大户646户，户均养牛26.7头，户均出栏肉牛11.9头；养羊大户401户，户均养羊52.5只，户均出栏肉羊30只。养牛羊大户只占全县农户总数的2%，而出栏肉牛占了全县肉牛出栏数的50.4%，出栏肉羊占了47.3%。我市的畜牧业生产，通过抓规模养殖，使养畜的科技含量有了很大提高，培养了一大批有养殖技术、有营销技能的专业人才，达到了出效益、出经验、出人才的目的。

在山区县的欠发达地区，提倡以改厩关养为重点，熟改生喂为突破口，加大科技推广力度，提高出栏率、商品率。山区自然条件差、交通不便、经济落后、群众整体素质不高，但地域宽、粗粮及青绿饲料多，资源丰富，发展畜牧业潜力大。为把发展畜牧业和扶贫开发结合起来，市委、市政府从市直机关抽派100多名科技干部到经济欠发达乡镇蹲点扶贫，在资金、项目等方面给予倾斜。实施畜牧扶贫工程示范项目，市级重点抓好10个商品猪、5个商品牛羊综合示范区和畜牧扶贫示范户，带动山区农村发展适度规模养殖，收到了明显成效。如红塔区的洛河乡，是一个典型的山区民族乡，多年沿袭用传统养畜方式，“养猪为过年，养鸡为点盐巴钱”的思想较为突出，在市、区畜牧部门的指导帮助下，实行技物配套，推广以熟改生喂为重点的养猪八改技术，通过几年的努力，有效地促进了生猪生产的快速发展，1998年全乡出栏肥猪10 300头，人均出栏1.18头，其中：规模养猪户29户，出栏肥猪1 845头，占全乡出栏数的17.9%。肥猪出栏率达到194.55%，比推广前的1993年增加了129.5个百分点，仅养猪一项就实现收入840.5万元，人均养猪收入达959元，超过全市的平均水平，在全市的山区乡镇居领先水平，为山区发展畜牧业经济起到了示范带头作用，收到了较好的经

济、社会、生态效益。

三、明确职责，强化服务

畜牧业是一项以农户饲养为主的产业，点多面广，战线长。政府方方面面都包下来，难于做到，只有明确政府职责，做好政府该做的事，才能起到事半功倍的作用。我市各级政府主要抓四个方面的工作：

1. 狠抓科技推广。首先抓种：种是畜牧业发展的基础。一是各县(区)每年都根据自己的实际，提出引种计划，由市级协助引种；二是建立自己的原种基地和繁育基地，现已建成通海、红塔区、江川三个县级种猪场，各县(区)还建立了三高母猪繁育基地；三是广泛推广猪人工授精技术和冻精改良技术；四是做好选留良种和调种换种。猪人工授精技术在坝区普遍被农户所接受，不但兽医人员会操作，相当一部分农户也掌握了这门技术，1998年全市人工授精14万窝。以江川为代表的滇玉猪的培育，采取分户饲养母猪、全县统一供精、大户集中培育的方法，保证了江川商品仔猪的质量，使滇玉商品仔猪迅速发展到50万头的规模，成为目前最受欢迎的商品仔猪。通海、红塔区高床饲养母猪技术开始进入农户，高质量的LY杂交母猪的培育步伐加快。牛冷冻精液改良技术逐步被群众所接受，全市建立了21个冷冻精液改良点，为加快牛的品种改良奠定了基础。第二是抓防疫：防疫是畜牧业发展的关键。各级政府结合畜牧业发展的需要，加大《动物防疫法》的宣传力度。生猪上主要抓好计划免疫、两突两补，提高防疫密度。每年市县畜牧局都抽调大批人员下去搞防疫工作。1998年全市生猪防疫密度达到93.5%，死亡率控制在1.11%。与此同时，加强市场检疫和兽药管理监督工作，严防病害畜禽、病害肉及伪劣兽药上市。全市69个活畜市场和100个鲜肉市场全部开展检疫，发现疫情及时开展大规模防堵。1998年为防止疫情传入我市，全市从畜牧、公安、工商等部门抽调了1 100多人进行长期设卡防堵，有效地保护了养殖户的生产积极性，促进了畜牧业的健康发展。第三是抓好技术培训，提高劳动者素质：一是对各级畜牧科技人员进行新技术培训，不断更新知识，提高业务技术水平；二是抓好基地县农户的技术培训，要求培训面90%以上；三是抓科技示范户和养殖大户的培训，通过他们示范新技术，扩大辐射面，带动千家万户发展。全市年培训农户达40万人次以上。除培训养殖户以外，1998年还注重培训贩运户、销售户和屠宰户，使他们既懂得基本的畜禽疫病知识和基本的检疫方法，同时又能守法经营，树立良好的职业道德。第四是抓好管理，降低饲养成本，提高市场竞争力：我市各县(区)通过基地县建设总结了一些成功的经验在面上推广。如通过商品猪基地建设，由市局统一制作青贮袋，推广青贮料喂猪，全市青贮料推广达到28.5万吨。各县根据自己的实际统一设计卫生厩，推广饮水器、补饲槽，饲养母猪推广高床和仔猪保温箱。通过这些技术的推广，大大降低了饲养成本，促进了养猪业的快速发展。通过商品牛羊基地建设，市县畜牧科技人员到点指导农户改厩关养，建设氨化池，推广熟改生喂。峨山县双江镇1998年熟改生喂4 927头，占饲养总量的90%，每头猪年减少50元柴火钱，全镇全年共降低25万元养猪成本，提高了畜禽产品的市场竞争力。第五是抓好科技服务：县乡畜牧科技人员长年坚持为群众打防疫针、看病，指导群众建设青贮池、氨化池，教群众制作青贮料、氨化料，为群众安装饮水器，安装母猪高床。如通海县海东村兽医员刘丽对全村的母猪了如指掌，哪家的母猪哪天配种、哪天产仔都记得清清楚楚，群众需要随叫随到，深受群众的欢迎。新平县新化乡兽医站长热爱本职工作，长年为群众服务，深受群众的信任，乡镇换届时，被群众推选为副乡长。部分兽医人员被养殖大户聘为技术顾问。有的乡镇还与养殖户签订服务合同，对养殖大户提供防疫、驱虫、阉割、消毒、治疗等多项服务，解决了养殖户的后顾之忧，促进了生产的发展。

2. 加强畜禽基地建设，发展规模养殖。办好畜禽基地和科学养畜综合示范区是我市畜牧业快速发展的成功经验，是实现畜牧业现代化的必由之路。我市通过拨款、贷款、引进外资和自筹等多种渠道，建设了一批上档次的畜禽基地和示范区。全市八县一区相继有5个县(区)被省列为商品 猪基地县，4个县被列为商品牛羊基地县进行建设。通过基地县的建设，基础设施得到加强，体系建设逐步完善，促进了规模养殖，提高了畜牧业科技含量，提高了出栏率、商品率和经济效益。

3. 制定优惠政策扶持发展。为加快畜牧业的发展步伐，除省定扶持政策外，市、县、乡都出台了一系列扶持畜牧业发展的优惠政策。如屠宰税全额返还发展畜牧业的政策；省列项目市财政按1:1配套的政策；鼓励科学养殖、规模养殖的政策；对行政和科技人员双向联产承包的奖励政策；交售肥猪奖励及对乡、村兽医人员报酬实行补助的政策等。扶持政策的实施，调动了广大农户发展畜牧生产的积极性，带动了规模养殖，促进了畜牧业的快速发展。如：贫困地区充分利用在贫困山区进行科学养殖、规模养殖给予奖励的政策引导农民发展规模养殖，1998年全市108个贫困村(办)猪、牛、羊等各种养殖大户达1 709户。红塔区规模养殖大户充分利用计划内交售肥猪给予奖励的政策，年初与政府签订交售合同，每年得到上百万的奖励。如滇溪养殖场1998年出栏肥猪9 600多头，盈利10多万元，上交了16万元的管理费后，全场微亏，由于与政府签订交售合同，1998年得到了9.9万元的奖励，保证了生产的正常运行。新平县杨武镇的七公里村，利用畜牧生产用地统一规划优先安排的政策，全村32户，有27户在村旁统一建盖了畜厩和氨化池，政府既没有出一分钱，又促进了村容村貌的改变和畜牧业的发展。

4. 研究市场，狠抓流通。从我市的实际情况看，仔猪生产潜力很大，肥猪自给有余，牛、羊产品供不应求。根据这个实际，把发展高品质的瘦肉型猪作为肥猪生产的发展方向。在山区把提高牛、羊出栏率作为重点，扩大仔猪的生产与销售。与此同时，各县（区）政府协调商业、供销、工商等部门狠抓流通。全市建成69个活畜市场和46个生猪定点屠宰场，各县食品公司每年与养殖大户签订收购合同，发放养殖周转金。全市有4 000多人从事畜禽的收购、屠宰、加工与销售。江川县有800多人150多辆车从事仔猪的培育和销售，江川县政府从发展仔猪的需要出发，立项建设大型仔猪交易批发市场。新平县戛洒镇拨出1.5万元帮助树都社建设牛厩、氨化池、屠宰场，33户两年屠宰销售肉牛1 874头、外销803头，每户宰杀销售57头肉牛。该县建兴乡个体贩运户杨军山多年从事肉羊收购销售，月均销售200只，从中获得较好的经济效益，促进了当地养羊业的发展。

让畜牧业挑起陕西省农民增收的大梁

陕西省农业厅副厅长 王 锋

一、陕西省农民收入现状的分析

改革开放以来，陕西省农民年均纯收入大幅度增加，生活水平显著提高。全省农民人均纯收入由1978年的134元增加到1998年的1 406元，增长9.5倍。但是，从80年代中、后期起，陕西省农民人均纯收入增长幅度减缓，在全国的位次不断后移，已经成为影响陕西省农业乃至整个国民经济发展的制约因素。其具体表现：一是与全国平均水平差距拉大。1978年，陕西省农民人均纯收入134元，比全国平均水平多0.4元，在全国列第12位，处于中上水平；到1997年，全国农民人均纯收入为2 090元，陕西省为1 285元，仅相当于全国的61.5%，在全国大陆31个省市区中排第29位，仅高于甘肃省和西藏。二是农民人均收入中现金收入比重小。1997年陕西省农民人均现金收入为1 007.32元，全国平均为2 249.5元，比陕西省多942.18元。三是与沿海经济发达省市相差悬殊。1997年，陕西省农民人均纯收入仅及上海的1/4，广东的1/3，山东的1/2。四是与毗邻省份相比也明显滞后。1990年陕西省农民人均纯收入为459元，在西北五省区中排名第二，1997年排为倒数第二位；1990年与陕西省毗邻的河南、山西、四川三个省农民人均纯收入分别为482元、559元、505元，仅分别高出陕西省5、21.8、10个百分点；到1997年，上述三省依序达到了1 734、1 738、1 681元，分别高出陕西省的34.9、35.3、30.8个百分点。五是与城镇居民人均收入差距进一步拉大。1990年陕西省农民人均纯收入相当于城镇居民收入的46.2%；1997年仅为40%，7年间下降了6.2个百分点。六是不同地区农民收入差距急剧拉大，收入最高的西安市碑林区高出收入最低的米脂县12倍以上。七是农民人均纯收入与小康目标值差距很大。陕西省2000年要实现小康目标，确定农民人均收入标值为1 870元，当前农民人均收入距此尚差585元，从今年起，每年增长13.3%才能达标。而近三年年均仅增长10%，时间十分紧迫，任务异常艰巨。

分析陕西省农民人均纯收入偏低且增长缓慢的原因，主要有以下五个方面：

1. 农业劳动生产率低。1996年陕西省从事第一产业的劳动力劳均生产粮食14 615千克、棉花37.22千克、油料449千克、肉类905千克、奶类499千克，除奶类高于全国平均水平外，粮棉油肉分别相当于全国平均水平的78.5%、24%、55%和41.5%。每个农村劳动力平均创造的农村经济总收入全国为17 260元，而陕西省只有7 881元，仅相当于全国的45%。

2. 农村集体经济薄弱，农民收入来源单一。陕西省农村集体经济实力不强，向农民提供的收入较少，农民收入主要来源于家庭经营。据农经统计资料，1997年陕西省农民家庭经营收入占总收入的69.6%；农民从乡镇企业和村组集体经营获得的收入分别占农村经济总收入的13.5%和16.9%，两项合计为31.4%，而全国为43%，高出陕西省11.6个百分点。

3. 二、三产业相对滞后，农民收入增长乏力。1997年全省农村一二三产业收入分别占总收入的比例为30.3%、50.6%和19.2%，全国为24.5%、55.8%和19.7%。陕西省第一产业占总收入的比例比全国平均水平高5.8个百分点，而二三产业分别比全国低5.2和0.5个百分点，特别是与江苏、广东、浙江等沿海发达地区相比差异更大。

4. 陕西省大农业内部结构调整步伐缓慢，畜牧业至今仍然是一条“短腿”。1997年全国农村第一产业收入中，种植业比重为56%，比1978年下降了24个百分点；而牧业的比重上升到31.5%，较1978年上升了16.5个百分点。同年，陕西省农村第一产业中，种植业比重占69%高于全国13个百分点，与1978年相比仅下降5%，而牧业收入的比重仅上升到21.1%，较全国上升比例低10.4个百分点。1997年陕西省牧业总产值占农业总产值的比重和增长速度均在全国排名第22位；1997年全国农民人均牧业收入为662元，陕西省为273元，仅相当于全国的41%。

5. 陕西省农民收入中以种植业为主和以粮食收

入为主的格局尚未得到根本扭转。1978年与1997年相比，全国粮食作物、经济作物和其他作物播种面积的比例由80.4%、9.6%、10.0%调整为73.3%、14.2%、12.5%。陕西省在同时期内则由85.4%、8.0%、6.6%调整为84.6%、9.8%、6.6%。陕西省粮食作物比重较全国高11.3个百分点，经济作物和其他作物则分别较全国低4.4和5.9个百分点。

二、大力发展畜牧业，是实现陕西省农业增产、农民增收较为可靠的有效选择

在坚持决不放松粮食生产的前提下，优先发展畜牧业，实行产业化经营，把畜牧业在大农业和整个农村经济中这条"短腿"拉长，促进畜牧业走上高产、优质、高效的路子，大幅度提高畜牧业在农民增收中的贡献份额，对实现陕西省农业增产、农民增收的目标任务，既有客观的必要性，也有现实的可能性。

——陕西省畜牧业已形成了一个相对独立的产业，在农村经济中的地位日益突出。1997年，全省肉类总产量89.2万吨，奶类总产量51.6万吨，禽蛋总产量46万吨，羊毛产量5 571吨，分别比1978年增长5.3倍、10.3倍、24.3倍和1.2倍，畜牧业总产值由1978年的4.15亿元提高到1997年的120亿元，占农业总产值的比重由11.44%提高到26.2%。截止目前，全省已建成各类畜牧业商品基地55个，为发展生产、稳定市场，提高产品质量起到了积极作用。畜牧业在增加农民收入、丰富城乡居民的"菜篮子"、为种植业发展提供大量有机肥和畜力，以及带动饲料工业发展和增加出口创汇等方面，都发挥了其他产业不可替代的作用。

——陕西省畜牧业发展的潜力大，增收的潜力也大。陕西省畜牧业与全国平均水平相比，还有很大差距。但差距就是潜力，就是新的增长点。首先，陕西省饲草饲料资源充裕。全省有400多万公顷草场、1 200多万吨农作物秸秆，目前利用率均不到30%，还有400多万吨秋杂粮需要转化。如将秸秆利用率提高到60%，就可养牛600万头以上，而目前全省养牛仅有303万头。其次，陕西省有丰富的畜禽良种资源，秦川肉牛驰名中外，是生产优质高档牛肉的"国之魂宝"；关中奶山羊繁殖快、耐粗饲、产奶量高；瘦肉型猪、高产蛋鸡已占到50%和90%以上。第三，陕西省发展畜禽产品加工业的空间很大。目前畜产品加工数量少、层次低，禽蛋加工几乎为零，60%的牛羊奶、80%的肉类仍以原料初级品销售。进一步挖掘加工增值的潜力，将会促进全省农村经济发展，给农民带来更多收入。

——畜牧业投入产出比高，比较效益好，是增加农民收入特别是现金收入的主要来源。按陕西省目前的农业生产水平计算，粮食生产的投入产出比为1:0.8～1.2，而畜禽饲料的投产比为1:1.2～1.5；同样投入一元钱，畜牧业较粮食生产的投资回报率要高出0.2～0.7元人民币。同时，畜产品商品率高于粮食生产一倍以上，销售后能直接而且较多地提高农民的现金收入。

——陕西省畜牧业发展有广阔的市场前景，可持续增加农民收入。其一，省内市场需求量大。当前全省人均占有肉类25千克，仅相当于全国人均的一半，在全国排名倒数第二位；人均奶蛋分别达到14.5千克和12.89千克，分别排全国第9位和第12位，虽然实现了低水平的消费需求，但远远赶不上明显的需求增长趋势。其次，国内外畜产品市场进一步看好。据权威部门预测，当前和今后一个时期，京津沪三大城市肉食的35%需要从外地调入，广东、广西、海南、福建等华南沿海经济发达地区国内外流动人口激增，肉食消费量将呈猛增之势，内蒙古、新疆、青海、西藏、河南、贵州等省区也需要部分调入。日本、俄罗斯和东南亚的畜产品市场也大有潜力可挖。

——畜牧业能实现粮食转换增值，提高农业综合生产能力和整体效益，改变当前粮食增产而增收少的状况。按陕西省目前的饲养水平，用3千克玉米作精饲料，可分别生产1千克猪肉、牛肉或禽蛋或6千克牛奶。按市场常年平均价格计算，3千克玉米最高售价为3.6元，而转换成肉、蛋、奶，其售价分别为12元、14元、6元、8元，扣除饲养的各类成本，1千克玉米净增值为0.16～2元，如果将全省每年270万吨玉米的80%用于畜禽养殖，可新增43亿元的纯收入，仅此一项，全省农民人均纯收入可增加158元。

——发展畜牧业可以充分利用农村的剩余劳动力，并带动相关乡镇企业的发展，直接和间接地增加农民收入。食品工业、毛纺工业、皮革工业等都是以畜产品为原料，饲料工业则是以畜牧业为供应对象。随着畜牧业生产集约化程度的提高，还能带动乡镇企业中的畜牧机械工业的发展。

——从长远和整体看，发展畜牧业有利于培肥地力，改良土壤，促进农牧结合，改善生态环境，实现可持续发展战略。据理论分析和实际调查，1头牛可供应0.13公顷地的施肥量，1头猪或1只羊可供应0.066公顷地的施肥量。据千阳县种羊场试验，在无灌溉条件的同等地块上，施用羊粪每公顷产小麦达4 500～6 000千克，比施用化肥的高出1 500千克。目前影响陕西省果品质量的一个重要因素是果园土壤有机质含量低，只有0.68%。据日本国果园土壤调查，要生产优质果品，果园土壤的有机质必须达到2.3%以上。这个问题的最终解决还是要靠畜牧业。同时，畜牧业除了能把种植业提供的粮食转化为人类所需的肉、蛋、奶等优质动物食品外，还可以充分利用农作物秸秆等农业副产品，降低农产品成本，提高经济效益。

三、把畜牧业放到更加重要的位置，不断提高畜牧业在农民增收中的贡献份额

围绕确保畜产品的有效供给和农民增收两大目标，我认为应采取以下对策和措施，促使畜牧业有一个更大的发展。

1. 理清思路，明确奋斗目标。必须坚持以市场需求为导向，以经济效益为中心，以畜牧业增产、农民增收和实现农村小康为目标，发挥资源和技术两大优势，走产业化经营的路子，以基地建设和规模经营为基础，以龙头企业建设为突破口，逐步形成市场牵龙头，龙头带基地，基地连农户，产供销一条龙、贸工农一体化的产业化经营格局，努力实现向畜牧业大省和强省的跨越。到2000年，全省牧业产值达到90亿元，占农业总产值的30%以上，农民人均牧业收入300元；到2010年全省牧业产值达到140亿元，占农业总产值的40%，农民人均牧业收入占到人均纯收入的40%以上。

2. 稳定完善政策，扶持畜牧业发展。要在长期稳定以家庭承包经营为基础、统分结合的双层经营体制的前提下，结合土地“二轮承包”的实施，按照“坚持集体所有权，稳定农户承包权、放活生产经营权”和“谁投入、谁管理、谁受益”的原则，通过承包、拍卖、租赁等多种形式，把所有的集体草原、草山、草坡的经营权落实到农户手中，并坚持50~70年不变，并允许草地使用权按照自愿有偿的原则依法进行流转，使农民真正吃上“定心丸”，以形成稳定的经营预期。要鼓励农民采用股份合作制形式兴办畜产品加工、流通企业，发展以劳动联合和技术联合为主的畜牧业合作组织，要在积极发展公有制经济的同时，鼓励和引导农村个体、私营等非公有制经济向畜牧业投资，发展跨所有制、跨地区的多种形式的联合与合作，兴办“龙头企业”，形成合理的利益关系，促进畜牧业发展。要拓宽资金渠道，除中央和地方原有投资外，要面向社会，争取外资，积极吸收行业外资金和零散资金，逐步形成国家、集体、个人三者相结合的投资体系。

3. 优化结构，突出重点。一是优化种植业生产结构，要由过去传统的粮食作物和经济作物的二元结构向粮食作物、经济作物和饲料作物的三元结构发展，提高土地资源利用率和畜牧业所需饲料、饲草的总体供给水平和转化效率。二是要调整畜牧业内部生产结构，在稳定生猪生产，提高猪肉产量和质量的前提下，大力发展草食家畜和节粮畜牧业。重点抓好秦川肉牛和肉羊、奶畜三大主导产业，改变多年来猪禽牛羊全面发展、“满天星星没月亮”的状况，提高畜产品的市场竞争能力；三是大力推广良种、配合饲料和畜禽的现代化综合配套饲养技术，提高生产技术水平。

4. 积极发展草地畜牧业，加快发展农区畜牧业。陕西省现有草地开发利用率很低，要结合种草灭荒，在提高草地畜牧业的科技素质和经营管理水平上下功夫，加强草地建设和草场管理，坚持草畜同步发展，保证农民收入持续增加。在广大农区，要充分利用农作物秸秆等农业废弃物，搞好秸秆青贮氨化，大力发展牛羊等草食节粮畜牧业。

5. 以市场为导向，以高产优质高效为核心组织畜牧业生产。一是广泛推行良种化，坚持省内培育与省外国外引进并重的方针，加快畜禽品种的改良步伐；二是提高畜产品质量，努力实现产品质量由低质型向高质型转变；三是要加强畜产品多层次、大幅度增值，提高市场竞争能力和经济效益；四是在积极鼓励千家万户饲养畜禽的基础上，有条件的地方要大力发展规模饲养，加快畜牧业养殖小区建设；五是发展创汇畜牧业，除常规畜产品外，还要发展特种畜禽，培养牧业“小型巨人”，开展易货贸易，努力实现高创汇、高效益、高收入。

6. 建立畜禽无特定疫病区，为出口创汇打好基础。这是畜产品参与世界贸易的先决条件，也是畜牧业持续发展和人民身体健康的保证。要认真贯彻《动物防疫法》，建立健全畜禽防疫检疫和监测监督体系，坚持把全省畜禽病死率控制在特定标准以下。在畜牧业集约化水平较高的地市、县区，先行建立无规定疫病的净化区，确保无特定疫病的发生，形成畜产品出口商品基地。

7. 依靠科技进步，提高畜牧业总体水平。在加强基础研究和高新技术研究、开发的基础上，将重点放在应用研究上。加快新成果的转化，选择一批技术成熟、市场前景广阔、农民能够接受和经济效益好的重要科技成果进行推广，不断提高科技对畜牧业增长的贡献率。加强县乡村牧业技术推广体系建设和农民的技术培训，扶持农民专业技术协会等专业服务组织，开展产前、产中、产后一体化服务。

8. 继续深化流通体制改革，加速产供销一体化进程。要积极培育和发展畜产品市场体系，打破地区封锁和部门分割，根据生产和市场需要，兴办畜产品交易市场、批发市场。要支持和鼓励国营、集体、个体所有制企业和个体户参与畜产品流通，对有条件的畜牧业产销一体化经营实体或集团，可以授予进出口权，直接参与国际市场竞争。

（原载1998年12月《陕西工作交流》、《陕西经济研究》）

强化畜牧业是跨世纪农业和农村经济发展的必然选择

宁夏回族自治区畜牧局副局长　樊金明

改革开放以来，宁夏回族自治区畜牧业以前所未有的速度向前发展：1997年肉蛋奶总量达3.9亿千克，

人均占有量75.5千克,达到全国平均水平;其中鲜奶的人均占有量达36.6千克,是全国平均水平的5倍多。畜牧业的长足发展使传统的农牧业结构发生了根本性改变,畜牧业不再扮演“副业”角色,而成为大农业中“三分天下有其一”的支柱产业,挑起了繁荣农村经济、增加农民收入、支持城乡居民消费需求由温饱型向小康型转变的大梁。预计今年肉蛋奶总量将突破4亿千克,畜牧业年增长率达到9%,其产值占农业总产值的比重达33%,为全区实现8%的经济增长目标贡献一个百分点。

发展畜牧业是建立生态农业、持续农业的基础

1.生态农业、持续农业是现代农业发展的方向。农业可持续发展的根本目的:一是持续地增加产量,确保食物安全;二是持续地提高农民收益,消除贫困;三是持续合理地利用资源,改善和保护生态环境,在满足当代人生存需要的同时,又不至于破坏后代人赖以生存的资源基础。20世纪以来,随着农用工业的发展,化肥、农药的大量使用,对提高农产品产量起到了显著的作用。但由此造成的土壤板结、生态环境恶化等问题使农业发展的“可持续性”面临严峻的挑战。据美国世界观察研究所报告,世界粮食产量在1950—1984年间每年增长3%,而1984年以来,粮食增长率下降到1%。我国1986年开始也出现了化肥增产率锐减、粮食增长缓慢的情况。世界与我国粮食生产的实践表明:即使增加化肥施用量也不能大大提高粮食产量。如果我们继续大量使用化肥,走“无机农业”之路,势必造成农业难以持续发展的结果。因此,必须大力发展畜牧业,增加有机肥料投入,走“有机农业”之路。这样不仅有利于土壤团粒结构的生成,增强土壤调节水、肥、气、热的功能;同时还可以有效补充种植业以农产品的形式,每年从土壤中摄取的大量氮、磷、钾及各种微量元素,提高农田生态系统转化率,创造一个良好的作物生长的土壤环境。

2. 从生态学的观点看,大力发展畜牧业可以使有机物的能流、物流高效化。自然界的绿色植物人能够直接利用的不到30%,其余70%包括牧草、农作物秸秆和树叶等恰恰都是牛羊等畜禽的饲料。可作为饲草的植物目前有三种用途:一是作燃料,二是作肥料,三是作饲料。作燃料除利用一部分热能外,蛋白质等营养物质全部浪费;作肥料则能量通过生物发酵过程全部流失;用作饲料不仅有机物能量得到转化,蛋白质、微量元素也得到充分利用。通过牛、羊等家畜合成人体必需的营养物质,其营养价值远高于植物营养物。另一方 面家畜可以把植物有机物中能量和物质的一部分转化成优质的有机肥料,作物生长所需的各种元素,基本上都可以从家畜粪肥中获得。如果只重视初级植物生产,而不重视高级动物生产对植物的转化作用,不大力发展畜牧业就会造成物质能量的极大浪费。肥料是植物的粮食、植物是动物的粮食、动物是人类的食物,农业生态系统网络式结构愈复杂,则系统自我调节能力越强,生产效能就越高。

3. 大力发展畜牧业可实现土肥平衡、用地和养地相统一。我区耕地的利用现状是重用轻养,70年代以前化肥用量很少,耕地的土肥平衡主要靠粪肥维持;80年代以来,化肥用量逐年增加,土肥平衡靠化肥和粪肥共同维持;90年代随着广大农村生产、生活方式的变革,积造农家肥在许多乡村已逐渐淡化,土肥平衡更多地依赖化肥,以至于每公顷耕地的化肥用量达到300千克,灌区达到750千克。而由于化肥结构不合理,氮、磷、钾比例失调,施肥方式落后,化肥有效率仅为50%左右。由于大量的牛为农田提供了丰富的有机肥,荷兰、丹麦两国每公顷耕地化肥使用量比我国少140~170千克;秸秆养牛起步较早的河南周口地区土壤有机质含量由1.08%提高到1.32%,10多年来周口地区粮食增长幅度比全国平均水平高出2倍多。科学研究和农业发达国家的实践证明,有机肥和无机肥配合使用是保持土壤营养平衡、地力经久不衰的有效途径。法国农业化肥和有机肥施用量各占一半,其他发达国家也在实施“绿色食品”工程,增加有机肥的施用量。北京窦店、河北廊坊、山东菏泽等地大搞秸秆养牛过腹还田,发展无公害农业(不施化肥、农药)出口日本。畜牧业的大发展使2002年我区牛、羊、猪、鸡的饲养量将分别达到100、560、250、3 000万头(只),有机肥的产量可达到5 000万吨,相当于硫酸铵100万吨、过磷酸钙55万吨、硫酸钾35万吨。从而改变土肥平衡依靠化肥使用量不断扩张来维持的局面。

4. 畜牧业是生态农业的重要环节,特别是发展草地生态农业在我区更具有十分重要的意义。宁南山区农业长期受干旱和低温等因素的困扰和,处于低而不稳的状态,如果逐步退耕还牧,把耕地变成青刈草地可换回数倍的营养物质和经济效益。小麦每公顷产量4 500千克,折合蛋白质450千克、淀粉3 150千克,改种苜蓿和红豆草可获鲜草75 000千克,生产蛋白质2 700千克,无氮营养物12 810千克,且苜蓿、红豆草的抗旱能力是小麦的3~7倍,2公顷苜蓿养15头牛每年可获利15 000~22 500元,是正常年份种麦的2~3倍,而投入则不到种小麦的10%。种苜蓿3年每公顷可固氮435千克,相当于975千克尿素,肥效维持3年。此外,灌区尚有200多万公顷盐碱地、沙荒地,土壤有机质含量在0.5%~0.8%,这样的土地一般农作物不能正常生长,但经过人工种草、生物治理后则大不一样。发达国家如英、法、美、荷兰、加拿大、澳大利亚等国均通过种植豆科牧草,发展草食家畜,实行粮草轮作,进行国土改良,提高土地生产力。这种草地3~5年后

改作麦田，种3年小麦后再改种牧草。美国仅经过50年粮草轮作即改变了以吃粮为主的局面，目前草地农耕面积达0.62亿公顷。发达国家的实践表明，种草养畜是人类在更高层次上开发自然资源的一个过程。退耕还牧早在80年代中期就被确定为山区农业建设的指导方针，但由于连年干旱，温饱问题一直困扰着人们而收效甚微，现在我们应该抓住农业丰收、温饱问题基本解决的机遇进行耕作制度改革，逐步建立草地生态农业示范区，引导农民走种草—养牛养羊—赚钱—买粮和草多—牛多羊多—粪多—粮多的草地生态农业道路。

强化畜牧业是农业产业结构合理化高级化的内在要求

长期以来，为了解决人民的温饱问题，我区种植业一直沿袭着传统的粮食和经济作物二元种植结构。对畜牧业所需的饲料粮则是根据粮食生产的品种，在保证口粮供应的前提下，把剩余中的一部分用作饲料。随着畜牧业的发展，粮食的利用和消费方式发生了很大变化，饲料用粮比例越来越大。1997年，我区饲料粮的实际消耗量已占粮食总量的20%以上。人均口粮的消费则因动物性食品消费的增加，从80年代末期开始呈逐年下降趋势。但是我区种植业结构并未随之做出相应的调整。纵然套种玉米和地膜玉米已相当普及，但玉米仍是作为粮食而不作饲料种植。作为饲料和作为粮食种植的玉米，不仅品种选择不同，而且使用方式也不同。国外饲料玉米每公顷产量已达15吨以上，蛋白质含量是普通玉米的2~3倍，我国的“津饲51”玉米每公顷产量也在12吨以上，而我区玉米每公顷产量只有6.75吨左右。就使用方式而言，玉米青贮利用的营养效价也是黄熟利用的2~3倍，北京、河北、山东等地都在大力推广玉米青贮利用技术，既利于大田机械化作业，提高了工效，又减少了生产环节，降低了饲料成本。

畜牧业的发展不仅要求种植业提供数量较多的饲料，而且需要结构合理、生物量大、粗蛋白含量高的优质饲料。由于我区玉米首先是作为粮食种植，而不是按照畜禽的生理特点采用专门的饲料品种生产的，产量低、品质差、成本高，往往造成很大的浪费。假若70%的玉米改为每公顷产量12吨以上的饲料玉米，在不增加播种面积的情况下就可以增加玉米产量8.5亿千克。因此，大力发展畜牧业，按照畜牧业生产的自然规律调整种植结构，把粮食、饲料和经济作物合理配置，从耕作制度、数量安排、品种选择等方面变“粮食—经济”作物的二元种植为“粮食—饲料（牧草）—经济”作物的三元种植，使粮、饲、经三者的比例达到5:3:2，实行粮、饲分流，建立专门的饲草料生产体系。这样，针对市场、针对需求，生产出的口粮是优质口粮，饲料是优质饲料，经济效益大大增加，从而满足农牧业生产的双重需要。

我区粮食已自给有余，特别是灌区人均粮食占有量已达1000千克以上。在温饱问题基本解决的前提下，增加粮食生产实际上就是增加饲料生产。饲料的增加必然会带来畜产品的增加。农业发达国家饲料粮一般占粮食总产量的60%~70%，北欧国家达80%。因而这些国家人均肉蛋奶占有量达到250~300千克。研究表明，粮食经过精细加工后增值20%~30%，通过饲养畜禽转化成肉蛋奶和皮毛绒可增值80%~120%，而畜产品再经过深加工可增值300%~500%。由此可见，畜牧业也是实现粮食多层次转化增值、发展高价值农业的重要途径。

强化畜牧业是实现我区经济社会发展战略目标的必然选择

我区经济发展经过20年的努力，目前已越过了温饱线，实现了第一步战略目标；第二步是到2000年山区脱贫、达小康；第三是21世纪中叶达到中等发达地区水平。而要实现后两步目标，一是农村经济要有较大发展，农民收入要有较大提高，二是温饱问题解决以后，要改善城乡居民的食物结构，变“吃粮为主”为“粮肉果结合”，畜牧业则是唯一能够肩负起这一双重使命的产业。国务院在《90年代中国食物结构改革与发展纲要》中提出：2000年要达到人均肉类30千克、蛋类15千克、奶类8千克，以改善我国人民的营养状况和提高人民的体质。我区人均占有肉蛋奶的总量虽已达到全国平均75.5千克的水平，但远低于世界人均146千克的水平。说明畜牧业所提供的动物蛋白还不能满足人民的营养需要。目前，畜产品供大于求只反映出供给大于“有购买力”的需求，而不是大于人们的“营养”需求。随着农村经济发展，广大农民收入大幅度提高，畜产品的需求量将会成倍增长。适应这一社会经济发展的产业出路就在于大力发展畜牧业。

当今世界，畜产品供给状况是现代物质文明的重要内容，是一个民族消费水平、健康水平的具体体现，畜牧业发达程度的高低已成为衡量一个国家农业现代化的重要标志。发达国家的发达无不与畜牧业的发达直接相关，如英国、法国、美国、加拿大等国家畜牧业产值占农业总产值的比重都在60%以上，丹麦达90%以上，因畜牧业的发展而带动起来相关产业已成为国民经济的重要支柱，其产值远远大于畜牧业本身。印度是一个缺粮国家，人均占有粮食只有我国的一半，但他们大力发展畜牧业，在全国推行“白色革命”，养牛业获得了很大发展，牛的饲养量是我国的3倍，牛奶产量是我国的12倍。荷兰从人多地少的国情出发，利用周边国家粮食资源丰富和交通便利的优势，廉价进口粮食，减少大田谷物生产，将有限的耕地资源用于种草养牛，发展畜牧和花卉、蔬菜等高价值产业，畜牧业产值占农业总产值的比重达80%以上。近些年来，我国山东、河南、河北、安徽等省强化畜牧业，一跃成为畜牧业大省，带动了农村经济的快速发展。在迈向21世纪的进程中，他们又提出了由农业大省向畜牧业强省迈进的计划。我区具有发展特区畜牧业和农区畜牧业的双重优势，发展畜牧业的潜力和前景都十分广阔，应借鉴发达国家和地区的先进经验，加快发展适合我区民族特点和资源特点的节粮型畜牧业，大力实施"兴牧强区工程"，促进农业和农村经济的持续发展。

大力发展畜牧业产业化，加快农业优势区向畜牧业强区的转变

当前，包括畜牧业在内的整个大农业已进入到以追求高产向追求高产、优质、高效并重的新阶段，农业产业化已成为农业和农村经济工作的主旋律。而畜牧业又是发展农业产业化的突破口，是大农业中可以、而且有条件率先实现产业化经营的产业。为此，自治区党委政府把肉奶产业和皮毛绒产业纳入未来5年农业产业化发展重点支持的六大产业群之中。我们要以此为契机，坚持以市场为导向，以效益为核心，以科技为支撑，以繁荣农村经济增加农民收入为目的，优化配置农业资源和各种生产要素，对肉奶产业和皮毛绒产业进行区域化布局、专业化生产、集约化经营，最终形成以加工企业或市场为龙头，龙头带基地，基地联农户的牧工商、产加销一体化经营格局，提高畜牧业的整体素质，使我区由传统的农业优势区变为畜牧业强区。

1. 大力培育具有市场开拓能力、能进行畜产品深度加工、为农民提供服务的龙头企业，增强辐射带动功能。要把龙头企业作为发展产业化的关键环节来抓，在发展方向上重点扶持大(大规模)、高(高科技)、外(外向型)、强(辐射带动作用强)企业，改变目前我区畜产品加工企业小型、分散、弱质的状况。把发展畜牧业产业化与实施名牌战略结合起来，充分发挥大中型企业的辐射带动作用。以夏进乳品饲料公司为龙头，开发"夏进"乳品系列；以圣雪绒国际企业集团公司为龙头，开发"圣雪绒"羊绒系列；以天天食品集团公司为依托，盘活泾河清真肉联厂有形和无形资产，开发"泾河"清真牛肉系列；以石嘴山肉联厂为龙头，开发高档清真牛羊肉系列。坚持上一个企业，创一个"品牌"，开发一个"系列"，实行由粗到精，从主产品到副产品，从正品到下脚料的深度加工和综合利用。

2. 抓好畜牧业生产基地建设，发展集约化、规模化的商品生产，为畜牧业产业化经营奠定坚实的基础。商品基地是龙头企业的依托，也是发展产业化的基础，只有改变畜牧业生产规模小、门类杂、经营分散的状况，建立较为稳定的生产基地，才能保证畜产品的均衡供应，提高市场占有率。在横的方面，我们要按照确立主导产业和区域化布局的原则，积极争取财政、信贷等渠道对畜牧业的支持力度，引导社会闲散资金、农业开发资金和农民自有资金向养殖业投入，巩固和扩大卫宁青瘦肉型猪基地、盐同灵及贺兰山东麓绒山羊基地、六盘山商品牛基地、灌区秸秆养畜示范区、吴忠及银川地区奶牛带的建设。在纵的方面，重点发展专业乡、村、户，走一户带多户，多户成一村，一村带多村，多村成一现代化养殖小区的路子，促进基地优化升级满足产业化发展的需要。

3. 健全市场网络，搞活畜产品流通，尽快形成我区开放、统一、竞争、有序的畜牧产品市场体系。产业化经营的实质就是实现市场化的一个过程。因此，在发展产业化经营的过程中，要从我区畜牧业生产发展快而流通滞后的实际出发，坚持抓生产先抓流通，抓流通先抓市场，依靠市场引导促进生产发展。一是加快市场建设，形成多元化的市场结构，重点加强平罗宝丰——惠农礼和牛羊活畜市场，泾源县黄牛专业市场，同心皮毛流通试验区，吴忠畜产品市场，中宁县生猪、中卫宣和镇禽蛋集散地，灵武崇兴—涝河桥、银川纳家户—南关寺和西吉兴隆—单家集清真牛、羊肉批发市场的"软件"和"硬件"投入，使其形成长期、稳定、广阔的销售网络。二是大力培育牧工商经济联合体及农民专业协会、运销合作社等各类中介组织，进一步拓宽宁夏畜产品"东进"、"西出"通道，帮助农民进入市场、驾驭市场。

4.实施科教兴牧战略，提高科技含量。要重点推广畜禽良种化、暖棚养畜、秸秆饲料开发利用、草地改良及草地牧业综合开发、配合饲料及高效饲料添加剂饲用、畜禽保健及疫病控制等促进畜牧业向产业化发展的综合技术。加快通过胚胎生物工程技术引进国外优良牛种改良我区黄牛和中低产奶牛的步伐；加快实施动物"保护工程"和"动物营养工程"，努力提高配合饲料入户率；建立无特定疫病区和集约化、专业化、规范化的现代化养殖小区。此外，适应畜牧业产业化的要求，我们还要积极引进畜产品加工的先进设备和工艺技术，以大专院校和科研院所为依托不断研制新产品，强化产品开发队伍建设，在产品的加工、质检、包装、贮藏、运输、营销等各个环节采用高新技术。

建设发达型现代基础产业 推动青岛市跨世纪改革与发展

青岛市畜牧局局长　姜秀华

世界发达国家经验表明，以种植业为主的农业经济向农牧结合、以牧为主的农业经济转变是现代农业发展的必然趋势，畜牧业现代化是农业现代化和国民经济现代化的重要标志。我们要充分发挥畜牧业在实

现农产品转化增值、促进种植业、带动加工业的重要作用,争取将青岛市的畜牧业建成发达型的基础产业,为率先基本实现现代化作出更大的贡献。

我市畜牧业跨世纪的奋斗目标是:到2000年,畜牧业在农业经济中的比重提高到32%,产业化经营水平、科技创新水平、动物保护水平和对外开放水平居全省领先地位,整体素质明显提高;到2003年,畜牧业在农业经济中的比重提高到35%,产业化经营体系、社会化服务体系、科技创新体系、支持保护体系、畜产品市场体系更加完善,基本形成高科技含量、高附加值、高市场占有率、高外向度和经济效益、生态效益相统一、具有较强吸纳能力和辐射能力的现代化畜牧业框架;到2010年,畜牧业在农业经济中的比重提高到45%左右,建成高科技、外向型、较为发达的现代基础产业,力争提前基本实现现代化。

确保实现我市畜牧业跨世纪发展目标,要进一步理清思路,突出抓好几个战略重点。

总体思路:以党的十五届三中全会精神为指针,以率先基本实现畜牧业现代化为目标,以提高畜牧业生产力为中心,紧紧围绕增加畜产品有效供给、丰富城乡菜篮子、增加农民收入、促进县域经济发展,强化机遇意识、率先意识,不断完善和提高畜牧业社会化服务体系、畜产品市场体系、畜牧业支持保护体系、畜牧业科技创新体系和畜牧业产业化经营体系,尽快把我市畜牧业建成高科技、外向型、发达型的现代基础产业,在全省率先基本实现现代化。根据这个指导思想,在畜牧业改革与发展上,应把握如下原则:(1)坚持多种所有制经济共同发展,积极探索一切能够促进畜牧业生产力发展的组织形式和经营方式;(2)坚持市场取向,调整、优化畜牧业产业结构和品种结构;(3)坚持对外开放,面向国内外两个市场,努力发展开放型畜牧业;(4)坚持产加销相互促进、协调发展,积极推进畜牧业产业化经营;(5)坚持依靠科技进步,加快增长方式转变;(6)坚持发展与保护并重,加强畜牧业保护体系建设;(7)坚持可持续发展战略,合理利用资源,改善畜牧业生态环境。

突出抓好七个战略重点:

(一)产业化经营体系。坚持产业化经营与龙头企业发展相结合、与区域经济开发相结合、与完善社会化服务体系相结合、与开拓市场相结合,突破部门、区域和所有制的限制,积极发展跨行业、跨区域、跨所有制的多种形式的联合与合作,大力推广龙头企业带动型、主导产业带动型、专业市场带动型、服务组织带动型、专业场站带动型、专业大户带动型等多种形式的畜牧业产业化经营模式,加快发展各具特色的龙型经济,进一步完善产加销有机结合、相互促进的产业化经营体系。重点抓好三个环节:一是突出龙头企业和“精品工程”建设,三年内培育扶持10个年销售收入过亿元的畜产品加工龙头企业,并形成几个年销售收入过5亿元的骨干畜产品加工企业。积极实施精品畜牧业发展战略,在规模养殖、加工、流通、良种工程、生态畜牧业等领域,每年抓出几个在全省、全国有一定影响的科技含量高、产品质量优、设施水平先进、具有样板和示范作用的精品畜牧业工程,提高畜牧业产业化的水平和层次。二是进一步发展有竞争力的主导产业,以市场和资源为导向,合理规划布局,避免区域性主导产业趋同,充分发挥国家畜牧业基地建设项目和龙头企业的带动作用,尽快建成具有规模优势和区域特色的有竞争力的六大区域化商品基地:以平度为中心的肉牛基地,以莱西为中心的奶牛基地,以胶州为中心的瘦肉型猪基地,以即墨为中心的肉鸡基地,以胶南为中心的肉羊基地,以城阳为中心的近郊蛋鸡基地。大力支持畜牧业个体私营经济发展,引导鼓励工商企业投资畜牧业,使专业化、规模化生产成为畜牧业生产新的经营主体,提高畜牧业基地化水平。三是进一步完善产业化运行机制,鼓励和引导龙头企业采取契约制、合同制、会员制、股份制等形式,与农户结成利益共同体,帮助农民抵御市场风险,实现共同发展,提高畜牧业经济效益和市场化程度。

(二)产业结构调整体系。畜产品买方市场的形成,既给传统畜牧业的发展带来严峻的挑战,也为畜牧业深层次产业结构挑战带来了机遇。要以市场为导向,以科技为先导,立足资源优势,加快畜牧业产业结构调整,增强市场竞争能力,提高畜牧业经济的质量和效益,向结构调整要速度、要效益、要后劲。一是稳步发展猪、鸡生产,积极拓展名、特、优品种,大力发展牛、羊、兔等食草节粮畜禽,显著提高牛羊兔肉在肉类总产中的比重,提高奶类产量,使畜牧业持续发展与资源结构相适应。二是大力发展高产优质高效新品种,压缩那些质量差、市场狭窄的品种和产品,加快发展优质高产肉牛、肉羊、奶牛、奶羊、肉鸡、肉兔、肉鸭、瘦肉型猪,努力提高畜产品质量,大力发展低药物残留、无公害畜产品和保健畜产品,创造新的市场需求,使畜牧业与新一轮“菜篮子”工程需求相适应。三是围绕主导产业,大力发展畜产品深加工,突破养殖环节的局限,反弹琵琶,把畜产品加工和流通放到重要位置,向畜产品深度加工和综合利用进军,逐步改变我市畜禽产品产后加工程度不高的状况,促进畜牧业产加销良性循环。四是突出特色竞争,根据市场需求,大力发展特色畜牧业,形成更多的一乡一品、一村一品,培育一批适应市场需求的“小而专、小而精、小而特”区域化畜牧业经济带。五是积极推动生态畜牧业发展。重点在大型养殖场、加工厂抓点示范,引导并培育一批充分利用资源、保护生态环境、无污染、高效益的畜牧项目,逐步淘汰污染重、效益低的养殖、加工项目,促进畜牧业可持续发展。

(三)科技创新体系。畜牧业的根本出路在科技，加快我市畜牧业由粗放型向集约型转变，实现畜牧业生产力质的飞跃，必须大力推进新的畜牧业科技革命，逐步建立起畜牧业科技创新体系。重点抓好四个工程：一是"良种工程"。加强种畜禽生产的宏观引导和管理，建立多种经济成分并存、经营机制灵活的良种繁育推广体系，鼓励支持有实力的龙头企业建设高科技、现代化的良种繁育推广项目，逐步实现品种优质化。坚持引进、改良和选育并重的原则，树立品牌意识，加快里岔黑猪、崂山奶山羊、琅琊鸡等地方优良畜禽品种的选育提高和产业化开发。二是现代科技"推广工程"。大力普及常规技术，突出抓好三元杂交瘦肉型猪生产、肉牛肉羊规模化养殖配套技术等畜禽现代集约化养殖技术推广，把先进技术组装配套，发展精细畜牧业。稳步发展饲料作物，使种植业逐步向粮食作物—经济作物—饲料作物三元结构转变。三是农民科技"培训工程"。广泛开展农民科技培训，每年重点培育千名村级科学养殖示范户，两年内在畜牧专业村普遍建立科技示范户，形成覆盖全市的农民科技示范网络，提高广大农民接受和应用新技术的能力，促使科技成果更快更好地转化为现实生产力。四是"科技创新工程"。坚持自主研究与引进技术相结合，积极探索高新技术成果产业化，力争在较短的时间内，在胚胎移植、基因工程等生物工程领域有突破性进展，不断增强畜牧业科技革命的活力和后劲。

(四)畜产品出口创汇体系。把对外开放，发展外向型经济放在更加突出的位置，坚持对外开放与对内开放紧密结合，进一步发展全方位、多层次、宽领域的畜牧业对外开放，使我市畜牧业利用外资、出口创汇等在全省保持领先地位，把外向型畜牧业培育成为我市畜牧业向更高水平发展的重要增长点。一是着眼于全面开放，坚持积极、合理、有效的原则，以市场引项目、以资源引技术、以存量引增量、以生产项目引进加工项目，在目前比较薄弱但发展潜力大、市场前景好的重点领域突破，三年内争取引进外资建设高科技、现代化肉牛、肉羊加工龙头企业，加快我市肉牛、肉羊、肉兔等草食畜禽的产业化开发，培植新的优势产业。二是充分发挥个体私营经济的灵活机制，鼓励他们大胆利用外资，发展高起点、规模化、外向型的工厂化养殖、现代化加工项目，使之成为我市外向型畜牧业新的增长点。三是巩固发展现有畜牧业外资项目，鼓励引导他们延伸投资领域，扩大投资规模，搞好上游配套产品和下游再加工产品的配套建设，通过安商富商，实现以商招商。四是努力扩大畜产品出口创汇。积极实施名牌战略，瞄准国际市场，发挥资源优势，大力提高传统产业和产品的档次和质量，努力发展名牌产业、名牌产品，增强国内外市场竞争力，千方百计扩大畜产品出口创汇。近期着重抓好向日本出口活牛项目，争取在短时间内有较大突破。

(五)畜产品市场体系。努力开拓市场，进一步搞活畜产品流通，是解决畜产品"卖难"和增产不增收问题，为畜牧业发展提供良好市场环境的迫切需要。一是进一步培育带动区域经济发展的龙头市场。合理规划布局，充分利用现有畜产品专业市场，正确引导扶持，发展一批区域性或辐射全国的大型畜产品专业批发市场，重点培育一批年交易额过亿元的"名牌市场"。二是大力发展连接市场与农户的各具特色的流通组织，如运销合作社、运销协会等，大力发展规模化屠宰专业村、运销专业户，带动更多的农民联合起来进入流通领域，多渠道开拓畜产品市场。三是搞好畜产品产销信息服务，尽快建立起准确、高效的市场信息服务体系，引导企业和农户以市场为导向组织生产和运销，大力发展适销对路产品，提高畜产品市场占有率。

(六)社会化服务体系。现代化畜牧业必须有发达的社会化服务来支撑，要多渠道增加投入，逐步建立起上下贯通、协调发展、互为补充的畜牧业社会化服务体系。一是不断加强乡镇畜牧兽医站建设，到2000年，把全市140多个乡镇站建成基础设施完善、机构队伍稳定、服务功能健全、自我发展能力较强的畜牧业社会化服务载体。二是大力发展专业协会、研究会等多种形式的农民服务组织和经济合作组织，为农民提供产前、产中、产后服务，走科技、生产、加工、销售一体化的路子，力争用几年的时间，在畜牧业基地乡镇普遍建立起各具特色的农民自我服务体系。三是鼓励引导龙头企业延伸产业链，走公司加农户的路子，积极开展为农户发展商品生产的社会化服务，使之成为畜牧业社会化服务体系的重要补充。四是用改革的思路发展畜牧业社会化服务产业，引导各类服务组织拓宽服务领域，为农民提供信息、技术指导、加工运销等产前、产中、产后的系列化服务，逐步实现服务组织网络化、服务内容专业化、系列化，提高畜牧业社会化服务的层次和水平。

(七)支持保护体系。以实施全国无规定动物疫病区建设项目为突破口，启动我市动物保护工程。1999—2002年，在五市实施国家无规定动物疫病区建设项目，对国家规定的19种重点动物疫病实行区域化管理，在全市建立起比较完备的动物疫情诊断测报体系、动物疫病预防体系、重大动物疫病控制体系、动物保护监督体系，到2001年重点疫病达到国家规定的控制标准，畜禽疫病管理基本与国际接轨，防治技术接近或达到先进国家水平，把我市建成稳定的国家无规定动物疫病区，保护畜牧业健康发展、保障人民身体健康、为开拓国内外市场建立"绿色通道"，树立我市对外开放的良好的国际形象。

(此文收入青岛市跨世纪战略研讨会论文集)

以规模要效益,以科技求进步,走农业可持续发展之路

深圳市农牧实业公司发展启示录

在改革开放的大潮中,在市场经济条件下,要加快农业发展,提高经济效益,不仅要增加农业投入,更要转变农业的增长方式,走高产、高质、高效、低耗(三高一低)及农业可持续发展的路子,致力解决投入产出率低、资源利用率低,劳动生产率低等固疾。向规模经济要效益,向结构优化要效益,向技术进步要效益,向科学管理要效益,在国企改革不断深入的今天,深圳市农牧实业公司走的农业可持续发展之路,无疑是国有农业企业寻求不断发展壮大的一种借鉴。

一、深圳市农牧实业公司的发展历程及现况

深圳市农牧实业公司创立于1984年,公司经济规模发展概况见表1。

表1 公司经济规模发展概况

单位:万元

	1984年(公司创立)	1992年(公司改制为市属级企业)	1997年(公司改制为员工内部持股企业)	1998年(公司现况)
总资产	50	5 222	13 085	15 970
净资产	50	1 816	4 382	4 674
总产值	100	4 974	7 972	10 085
净利润		161	705	838

如今,作为深圳市重点的"菜篮子"企业之一的深圳市农牧实业公司,其经营范围已涉及到畜牧、水产、林果、饲料、粮油等生产、加工与销售及进出口贸易,其产业结构则以现代化的农、牧、渔等第一产业为基础,而以饲料工业、观光农业为支柱,以商贸业为补充。提供的主要产品有种猪、肉猪、饲料、有机复合肥料、水产品、水果和苗木等。详细情况见表2。

养猪业无疑是深圳市农牧实业公司最主要的产业,公司在发展现代化养猪的同时,还填补了几项历史空白。

1. 率全国"洋种猪"出口的先河,培育的种猪不仅批量出口香港,更以其质优价廉而战胜台湾、欧美等地的竞争对手,稳占香港40%的种猪市场份额。

2. 改写了我国原种猪场由国家投资的事业体制的历史,成为首家由企业承办的国家级重点原种猪场。

表2 公司产业结构及产品结构概况

农牧业	深圳市坪山农业园(深圳市种猪场)	位于深圳市龙岗区的坪山农业园占地200公顷,投资3 500万元。现已建成国家级重点种畜场——深圳市种猪场,年产种猪1万头,肉猪2万头;建成以"中华鳖繁养基地"为主的特种水产养殖基地13.33公顷,建成以荔枝、龙眼、芒果、红江橙等名优果树为主的"岭南百果园"和以中草药园、花卉、苗木为主的"中华百草园"	种猪(D、L、Y纯种及长大二元杂)是公司出口创汇的拳头产品,深圳市种猪场是我国首家批量出口种猪的国家级种猪场,出口量占香港40%的市场份额
	绿美特农业园	位于惠东白花镇的绿美特农业园占地近666公顷,其中自有用地333.33公顷,投资1.2亿元,现已建成年产10万头生猪的集约化猪场、200公顷林果场和近66.66公顷水产场为主的现代化综合性"三高"农业示范基地,并辅以农副产品深加工项目	肉猪是公司的主要产品,主要供应深圳和香港市场,常以质量优良在香港市场中名列售价及良比的前茅;作为深圳市"菜篮子"产品之一,肉猪占全市最大肉联厂——清水河肉联厂近10%的市场份额
饲料工业		公司拥有大型现代化饲料厂一座,年产颗粒料8万吨;中型饲料厂二座,年产饲料3万吨	以超早期断奶乳猪料、浓缩精料等为代表的猪系列饲料,不仅在国内占有相当市场,在香港市场亦有一席之地,为出口创汇的又一拳头产品

（续）

商贸业	进出口贸易依托香港、面向远洋，主要侧重于饲料、粮油、添加剂、兽药、纺织品、皮革制品、化工产品和农副产品等
旅游业	公司正结合农牧业基地大力发展观光农业

3. 形成了全国规模最大、配套最完善的"原种猪—父母代种猪—商品猪"的杂交配套繁育体系及我国自行培育的第一个猪三元杂交配套系——深农猪配套系。

4. 于1995年开创了种猪拍卖市场的先河，成功的进行了种猪拍卖制的有益尝试，并于1996年由广东省种猪测定中心统一测定和组织的种猪拍卖会上勇夺测定成绩第一名和全场拍卖价第一名。

二、深圳市农牧实业公司成功发展的一些启示

深圳市农牧实业公司坚持"发挥优势，以养猪为龙头"的发展战略，从一个总资产仅50万元的小型企业，发展到现在拥有一个年产种猪1万头，肉猪2万头的国家级重点原种猪场、一个年产10万头生猪的商品场及年产饲料10万吨的饲料厂的总资产1.75亿元的多产业并举的现代农业企业，利润逐年上升，在发展现代化养猪的同时还填补了几项历史空白，其发展无疑是成功的。实际上，公司成功发展的历史，正是探索国有农业企业如何生存和健康发展的历史，其中总结出的许多经营管理上的经验，可给当今国有农业企业的改革提供一些思路和参考。

1. 发展规模农业，向规模经济求效益。俗话说："麻雀虽小，五脏俱全"。产业规模越小，往往资源浪费越严重，产品成本越高，市场竞争力越弱，这是市场经济条件下的自然规律。作为农业既与其他产业一样必须承受市场风险，又受自然灾害的威胁，自然环境的支配和生命生理因素的制约，属于投资大、周期长、风险高、效益微的产业，因此，在实现粗放型农业向集约型农业转变的同时，发展规模农业，向规模经济求效益便尤为重要。以养猪为例，一个万头猪场与一个三万头猪场相比，其土地资源、水资源浪费更多，水、电、路、污水的处理，饲料加工厂等配套设备、设施以及管理人员的利用率就更低，因而其产品成本就必然更高。深圳市农牧实业公司下属的绿美特农业园养猪项目，就是按年产10万头的生产能力来规划和建设的，其成功的运作无时不体现出规模经济的效益所在。同样，公司的林果场和鱼塘都可作为规模经营的范例。正因为如此，农牧公司才能够在人力资源增加不多的情况下实现生产规模和经营规模的成倍扩张。

2. 发展立体农业和生态农业，向优化产业结构求效益。所谓立体农业，就是变单一农业为多层次、多功能、多元化农业；生态农业的范畴，则指充分利用生物的自生与共生的原理，致力于既有助于生态平衡和环境保护，又有多业并举，多业共存，相得益彰的方向发展。立体农业与生态农业，在深圳市农牧实业公司发展和建设两大农业园的实践中，得到了淋漓尽致的体现。生态农业中，我们最主要的特点是：改变规模养猪，猪粪水往往会破坏生态，危害环境，我们充分利用自然条件，种果造林，养鱼，并通过生物厌氧制肥等一系列措施既治理了污染又化废为宝，反过来促进了农业的发展，生产了肥料，形成一个现代大规模的农业良性循环生态圈。由于将农林牧副渔业都置于农业发展的总环境中，走上了农业良性循环圈的道路，因而不失为农业可持续发展的好路子。

坪山农业园和绿美特农业园的整体规划，正是围绕大力发展立体农业、生态农业做文章，一业为主，多业并举，种、养、加工、流通共同发展。一业为主，就是以第一产业为基础，以养猪为龙头，结合养鱼、养禽等饲养业，带动林果业的发展，饲养业作为短线投资，投入大见效快；林果业作为长线投资，投入少，长线效益显著。两者互为依托，充分发挥以短养长，长短结合，相得益彰的综合效益。多业并举，就是依托第一产业的发展，带动加工业包括饲料厂、屠宰场、肉制品厂、果蔬加工厂等第二产业的蓬勃发展，进而孕育农副产品交易市场的诞生，达到以工补农，以贸促农的目的。

与此同时，深圳市农牧实业公司在产业结构的设置上，紧紧围绕市场供求为中心，务求向优化产业结构求效益。如养殖业选择"菜篮子"缺口大，社会效益显著，同时投入技术含量高，个体经济单独发展较难，且经济效益相对比较平衡的养猪业为主；种植业则突出大规模生产的优势，重点发展适宜加工，贮存并有广阔市场潜力的笋竹、青梅、橄榄等品种，加工业则重点为自产品深加工服务。

3. 在企业内部设立研究所，向技术进步要效益。农业要发展，离不开"科技化"。实施"科技兴农"战略，把农业发展转移到依靠科技进步和提高农业工作者素质的轨道上来，努力提高科技在农业增长中的贡献份额，是未来农业的根本出路。深圳市农牧实业公司紧紧把握"科技兴农"这一时代脉搏，为增强公司的科技和发展后劲，提高市场竞争力，结合公司主导产业在1996年12月成立了"现代养猪与农业生态研究所"，其主要任务有：根据生产与发展的需要，组织课题的设置、科研攻关、总结、成果上报、鉴定及有关生产经济信息情报的组织、发布；对外研讨交流，信息交换，吸收消化国内外新技术，新成果；制定、总结生产与管理技术措施，新技术的推广以及下达试验计划。研究所设立于公司内部，生产中的问题能及时反馈到研究所攻关解决，研究成果也可以及时运用到生产实践中去。

在企业内部设立研究所的同时，公司还大力加大科技投入，把科研投资制度化，确保了科研活动的顺利进行。公司每年从公司的纯利中提取5%，从科研成果转化为生产力后所取得效益中提取10%作为科研基金，列入公司的年度经济预算。正因为公司注重科技投入，公司才得以在98年度从法国引入了目前世界上最先进的ACEMA-64自动计料系统用于种猪测定。在人才建设方面，坚持引进人才与内部培训提高双轨并进，建立内部职称评聘机制，在技术问题上，放手发挥有真才实学的专家的作用，并注意培养年青科技人员，支持他们的学业等。通过实施"科技兴农"的战略部署，使农牧公司初步实现了向质量求效益的战略转变，并在科研成果上得以丰厚的回报。

(1)"深圳集约化养猪场粪便和冲洗水的沼气发酵综合处理系统的生产试验"课题于1991年2月5日通过国家农业部科技司的鉴定，并于1992年荣获农业部科技进步三等奖。

(2)"杂优猪繁育体系培育与建立"课题于1996年1月21日通过深圳市科技局的鉴定，并于1997年荣获深圳市科技进步二等奖。

(3)"深农猪配套系"于1998年8月通过了国家畜禽品种专业委员会猪品种委员会的审定，并于9月通过了深圳市科技局的鉴定。

4. 探索、推广传统小农经济与现代农业相结合的有中国特色的以户为单位的管理体系，向科学管理要效益。管理也是生产力，向管理要效益，是近年来提出的观点，也是市场经济的产物。从计划经济体制下的"大锅饭"、"铁饭碗"发展到"岗位责任制"、"联产计酬"、"计件工资"、"计时工资"等改革方案，无疑是一种进步，但长期以来，不管哪种方式，由于受传统小农意识狭隘思想的束缚和"三个和尚无水喝"的民族劣根性的制约，都存在一定的局限性，这就对在新的形势下对管理形式提出了新的课题，多年来，深圳市农牧实业公司用邓小平同志的"摸着石头过河"和"敢闯"精神来武装头脑，大胆探索，总结出"传统小农经济与现代农业相结合的有中国特色的以户为单位的管理体系"。这套管理体系不仅适合养猪、养鸡、养鱼等养殖业和种果、种菜、种花等种植业，如略加变通、调整，更适合于建筑业等行业，具有广泛的推广意义。下面仅就在养猪业上的应用作一系列说明：

养猪场按以户为单位的管理模式进行设计，以360头母猪的生产规模为一生产单元(户、生产线)，由一户人承包生产管理，包括养猪、配种、防疫、防病、卫生、生产调度等整个生产流程的全部工作，制定、推广联产计酬方案(具体方案另订)。户主必须具有中专(畜牧兽医专业)文化程度以上，他既是场长，又是防疫员、配种员。其他成员由户主挑选，由其家庭成员组成都可以，但其劳动定额必须满负荷，人员配置绝对不得超编。如生产技术指标不达标时，则该户便失去承包生产的资格，自动下岗。

在管理体制上，深圳市农牧实业公司为充分调动全体员工的积极性和主动性，于1996年下半年内部试行了"内部员工持股"改革，将公司利益与员工利益直接挂钩。并于1997年获深圳市体改办正式批准和确认，从而由市属国有企业改制成了"内部员工持股"的有限责任公司，员工持股30%。

(本栏目主编　宋中山)

大　事　记

◦ 1998年1月1日《中华人民共和国动物防疫法》正式施行。这部法律是经八届全国人大常务委员会第二十六次会议通过，江泽民主席签署主席令颁布的。它从动物疫病的预防、控制和扑灭、动物检疫以及动物防疫监督等方面对我国动物防疫工作作了全面规定。这部法律的颁布施行标志着我国动物防疫工作从此迈入了法制化管理的新阶段，对于促进动物防疫活动规范化管理、全面提高动物防疫工作水平，保护和发展畜牧业生产、保护人体健康、繁荣农村经济具有重要意义。

◦ 1月5日，农业部部长刘江签署第32号部令，发布施行《种畜禽管理条例实施细则》。该细则规定，各级畜牧技术推广机构应积极做好良种畜禽的推广、种畜禽系谱登记和使用记录；畜牧行政主管部门可以委托所属的畜牧技术推广机构实施行政处罚。

◦ 1月6日，农业部部长刘江签署第41号部令，对加强禽流感疫情监测、毒型鉴定和疫情处理做出了规定。

◦ 3月2日，农业部草原防火指挥部发出农草防[1998]1号《关于进一步加强草原防火工作的通知》，全面部署草原防火工作。通知要求各省、自治区草原防火指挥部加强对草原防火工作的领导，加强对野外火源的管理工作，把各项防火措施落到实处，避免人畜伤亡事故，减少草原火灾造成的损失。

◦ 4月19日，内蒙古自治区呼伦贝尔盟陈巴尔虎旗发生特大草原火灾，温家宝副总理给农业部打电话询问情况，并指示"采取果断措施，坚决扑灭。"

◦ 5月6日，农业部发出农牧函[1998]8号《关于调整农业部草原防火指挥部组成人员的通知》，农业部副部长齐景发兼任农业部草原防火指挥部总指挥，副总指挥及指挥部成员由农业部各有关司局领导兼任。

◦ 9月8—16日，农业部草原防火指挥部在内蒙古锡林郭勒盟召开全国草原防火工作会议，农业部畜牧兽医局局长、草原防火指挥部副总指挥贾幼陵、全国畜牧兽医工作总站站长徐定人先后主持会议，农业部副部长、草原防火指挥部总指挥齐景发和内蒙古自治区副主席郝益东分别做了重要讲话，农业部畜牧兽医局副局长、草原防火指挥部副总指挥韩高举做会议总结报告。会议总结了"八五"以来草原防火工作的经验，研究部署今后草原防火工作。

◦ 国务院颁布关于农业部职能配置、内设机构和人员编制方案，明确规定动物检疫工作由农业部负责，这对于理顺动物检疫管理体制，解决多年来存在的国有屠宰厂和肉类联合加工厂自己负责检疫问题具有重要意义。一年来，各地农牧部门积极争取主动，做了大量协调工作，较好地解决了"两厂"自检问题，一些地方完全收回了"两厂"检疫管理权，逐步形成了农牧部门主管屠宰检疫的工作体制，促进了全国动物检疫工作的健康发展。

◦ 我国长江流域，嫩江松花江流域遭受了历史上罕见的洪涝灾害，给畜牧业造成的损失十分惨重，据不完全统计，黑龙江、内蒙古、吉林、湖北、湖南、江西、四川、福建、安徽、广西等10个省区因遭受洪灾死亡牲畜300.6万头；受灾畜牧场站3524个；被淹1.52亿亩；直接经济损失215.2亿元。按照农业部的总体部署，农业部畜牧兽医局采取了一系列措施：一是及时报告灾情并部署防灾工作，8月中旬向重点灾区发出了关于搞好汛期防疫工作的明传电报。二是组织调查组分赴长江、嫩江流域洪涝灾区，对灾区畜牧业情况进行调查，掌握第一手材料。三是帮助灾区解决实际困难，开展以防病保畜为中心的抗灾工作，紧急调往灾区近1000万元的疫苗和消毒药品，这些药品对灾区的疫病控制发挥了重要作用；下拨5000吨氨化膜原料指标，用于重灾区的棚舍搭建和秸秆青贮、氨化；积极争取财政部等有关部门的支持，灾后防疫补助款得到部分落实；畜牧业生产项目对灾区予以倾斜；协助灾区调剂种畜种禽等。

◦ 国家启动了动物保护工程，计划用5年左右的时间建立健全动物疫病预防、监督、技术支持和物质保障，以及重大动物疫病控制体系，在全国形成高度信息化、现代化、法制化的动物保护体系和运行机制，增强对动物疫病的快速预防、监测、控制、扑灭的综合能力，确保畜牧业持续、稳定、健康发展。1998年的建设范围涉及中央和省级动物疫病诊断室、兽医生物制品生产、省级动物防疫监督体系、无规定动物疫病区以及畜禽产品卫生质量检测、诊断液制备、兽医菌(毒)种保藏等动物防疫技术和物资储备建设项目，投入资金包括中央转贷地方债券、财政拨款和地方配套累计达5亿元人民币左右。

(农业部畜牧兽医局
全国畜牧兽医总站)

北　京　市

◦ 1997年4月，市政府批准成立北京市畜牧管理办公室，这是北京市自1970年成立畜牧办公室，1977年9月成立畜牧水产局，1978年7月成立畜牧局，1983年5月畜牧局与牧工商总公司实行"一套人马，两块牌子"以来畜牧管理机构的重大改革。

◦ 1998年上半年，对规模畜禽养殖场

转制工作进行总结。截止到1998年6月底,全市90%以上的规模猪、鸡场完成了转制。转制主要形式:股份制、拍卖、租赁、承包等。通过转制,使规模畜禽场形成了多种经济成分共存,多种经营形式共同发展的局面。农民家庭经营规模猪、鸡场比例从10%提高到90%,共减员2 500人,每年可节省工资1 000万元以上。

- 北京市各级政府,以兴郊富民为主线,结合水利富民、设施农业、生态农业等工程,鼓励农民投资,发展家庭养殖。1998年新发展养殖专业户8万户。年内农民自筹家庭养殖资金12亿元,占家庭养殖总投资15.14亿元的79.3%,农民真正成了养殖业投资主体和经营主体。到1998年底,全市专业养殖户累计发展到10万户,全年畜牧养殖纯收入6.4亿元。

- 北京市华都集团、农工商总公司等发挥国有畜禽企业科技优势,在资产重组转制的基础上,确定新的发展战略,从富民兴企出发,本着服务于农民、让利于农民的原则,以良种为中心,建立公司加农户的新型产业化组织,共发展各类养殖户5 000多个。国有畜禽企业为农户提供产前、产中、产后全方位服务,与农户联姻,形成紧密的经济联合体,对完善企业自身建设和实施富民工程起到示范作用。

- 1998年,依据农业部《种畜禽管理条例》,市畜牧管理办公室起草了《北京市种畜禽管理办法》,加强了对种畜禽规范化、法制化管理,有7个种畜禽场通过国家级种畜禽场验收。北京市畜牧兽医总站与有关部门密切配合,加强畜禽生产销售各环节的防疫、检疫和监督,1998年对检疫合格的畜禽产品实行了检疫标志管理。

- 北京市畜牧兽医总站利用世界银行贷款建造的畜牧兽医技术服务中心竣工并投入运行。该中心总建筑面积5 000平方米,年培训能力为5 000人次。

- 实施农业部"绿色证书"工程,按市政府统一部署,市畜牧管理办公室对610名农民技术人员进行职称审核评定,167人获得中、高级畜牧兽医技术职称。

- 在引进杜洛克、皮特兰等优良品种猪基础上,1998年从法国引进大白、长白原种猪123头,从加拿大引进奶牛胚胎100枚,还引进了波尔山羊等其他一些优良畜禽品种,促进了良种繁育体系建设,增加了畜牧业的科技含量。

- 1998年末,市政府提出,优化资源配置,调整北京市畜牧业结构,2010年率先在全国实现北京市畜牧业现代化。主要指标达到:规模生产占畜禽产品总量的70%以上,科技贡献率60%以上,畜牧业产值占农业总产值的55%以上。

- 畜牧业产业化的发展和畜牧业管理机构的变革及经济体制、经营形式的变化,使民间畜牧行业组织、技术服务组织等应运而生,在带领农民闯市场等方面起到越来越重要的作用。

(苏雪梅)

天 津 市

- 2月9日市畜牧局召开六个区县畜牧兽医部门负责人会议,研究制订有关公路动物防疫监督工作各项管理制度,部署市政府批准的16个交通、公路、公安检查站的公路动物防疫监督检查工作。

- 市畜牧局在春节期间组织部署了全市动物、动物产品防疫监督大检查活动。据统计,全市共检查各类屠宰点、集贸市场、加工单位、市场摊位1 500多个,检查肉类2 794吨。其中检查出病害肉0.35吨,未经检疫的肉类0.24吨,检疫证、章不全的肉类176.24吨。取缔26户无《兽医卫生合格证》的经营户,对2家不符合防疫法规的单位予以停业整顿。

- 3月10日,市畜牧局在天津宾馆召开了"天津市畜牧工作会议",这是1998年天津市畜牧工作的一次盛会。会议总结了1997年全市畜牧工作,并对1998年畜牧工作进行了安排部署,提出了全面推进畜牧业向产业化方向迈进的奋斗目标。

- 9月16日,"EM生物技术示范"项目顺利通过现场验收。周之杭先生任专家组组长,验收会充分肯定EM生物技术在畜禽生产中的"抗病、促生长、防蝇及除臭"作用。

- 4月,由中国农业大学陈清明教授任顾问,天津武清原种猪场从美国引进一批杜洛克种猪25头。

- 上半年,天津市实施了首批国家良种工程项目——"天津宁河原种猪场种猪良种工程项目",总投资1 600万元,建成了基础母猪存栏600头的现代化核心群选育场一座,并组织引进世界一流的三大品种——丹系长白、英系大约克、美国杜洛克。

- 为推进畜牧兽医法制工作,提高畜牧兽医整体执法水平,实施依法兴牧,依法治医,依法治药,市畜牧局于5月6日召开了天津市畜牧系统首次法制工作会议。会上,畜牧局党委书记王安邦同志作了重要讲话,对我市畜牧法制工作提出了新的要求。会议还对三个文明执法单位和六位文明执法工作者进行了表彰,颁发了奖旗和荣誉证书。

- 依据《动物防疫法》的有关规定,经市政府批准,我市将逐步对生猪、家禽等实施免疫登记卡制度管理。5月29日,市畜牧局召开会议,对此项工作进行了部署。会议决定,实施动物免疫登记卡工作,于6月份开始先行在蓟县、宝坻试点,10月份后在全市推行,市畜牧局党委书记王安邦同志作了动员讲话,局领导傅润亭、曹德振同志就有关工作进行了部署。

- 7月16日—19日,农业部消灭马鼻疽考核验收组一行5人来津对我市进行了马鼻疽防制效果考核验收,听取了市畜牧局的工作汇报,审查了我市历年来马鼻疽防制和检疫材料,抽查了100匹马属动物,全部为阳性。考核验收组认为,我市对控制和消灭马鼻疽工作非常重视,行政和技术措施有力,各种材料齐全,数据详实,已达到消灭马鼻疽标准,通过验收。

- "无规定动物疫病区"建设是以有效控制动物疫病发生,提高动物产品卫生质量,促进动物产品出口创汇,保护畜牧业健康发展和人体健康为宗旨的国家农业重点建设项目,经农业部、国家发展计划委员会共同研究,8月份,已初步确定在全国十个省市先行试点,天津市被列为试点省市之一。

- 9月22日—23日,国家质量技术监督局标准司一行9人考核验收专家组,对天津市"瘦肉型标准化示范区"项目进行考核验收,验收组深入5个示范场,听取了项目组的工作汇报,查阅有关资料,经讨论,以90.9分的优良成绩通过了验收。

- 9月27日,天津市畜牧局承担的"肉品卫生质量检验新技术推广"项目,通过市级验收。该项目将国内外90年代先进水平的肉品卫生质量监测技术组装配套,综合应用于放心肉工程中,提高了腐败变质肉、注水肉,假冒伪劣肉的检出率和工作效率。

• 12月11日,天津市首次召开了天津市种畜禽管理工作会议。此次会议,是我市认真落实全国种畜禽管理工作会议精神,宣传贯彻《种畜禽管理条例》及《种畜禽管理条例实施细则》的一次重要会议。会议对种畜禽工作先进集体、先进个人和种畜禽生产经营守法先进单位进行了表彰,畜牧局党委书记、局长王安邦同志作了题为"依法管理、狠抓落实、促进我市种畜禽管理工作再上新水平"的重要讲话,此次会议标志着我市的种畜禽管理工作已纳入法制化管理。

• 1998年下半年,天津市认真贯彻国务院《种畜禽管理条例实施细则》,制订了"天津市种畜禽管理若干规定",包括种畜禽建场审批、验收标准、生产规范等。

(天津市畜牧局供稿)

河北省

• 1月8日,经国家劳动部、农业部确认的河北省畜牧、饲料行业特有工种职业技能鉴定站分别在河北省畜牧良种服务中心、河北省畜牧科技学校和河北省饲料工业协会建立。

• 1月10日,张北、尚义、康保、万全等地发生6.2级地震,给当地畜牧业造成重大损失,河北省省、市畜牧部门积极支援灾区。

• 4月1—2日,新华社、人民日报、经济日报、农民日报等中央八大新闻单位的记者专程来河北采访畜牧业。

• 7月份,河北省主管农业的副省长郭庚茂与省直有关部门的领导到唐山、邯郸、衡水调查畜牧业生产,要求把畜牧业作为农业第一主导产业来抓。

• 8月19日,河北省畜牧良种服务中心从加拿大引进优良种牛61头,其中公牛49头(有7头世界博览会冠军牛),母牛6头,犊牛6头。

• 8月20—21日,河北省政府召开全省畜牧工作会议,省委书记程维高、省长叶连松向大会发了贺信,省委副书记赵金铎作书面讲话,副省长郭庚茂主持会议并作大会主题报告。

• 9月29日,河北省省委书记程维高、省委秘书长冯文海到河北省畜牧良种服务中心视察。

• 10月8—9日,'98河北畜禽兽药饲料交易大会在石家庄市召开,参展单位447个,成交额1.5亿元。

• 11月9—11日,河北省种牛站顺利通过农业部的鉴定验收,专业组对该站的评价是:一流的种牛、一流的管理、一流的设施。

• 11月12日,农业部批准河北省畜禽无规定疫病区建设项目。项目总投资3281万元,用于11个市、26个县的动物防疫、兽医卫生监督及兽药检测体系建设。

(河北省畜牧局供稿)

山西省

• 3月,山西省农业厅畜牧兽医局为贯彻"全省畜牧产业化工作会议精神",以晋畜牧(函)字(98)1372号《关于认真做好畜牧产业化发展规划的函》要求全省各地县围绕畜牧主导产业编写地县级畜牧产业化1998—2010年发展规划。

• 4月,针对原从事煤炭、冶炼、运输、服装等部门行业的企业和个人,纷纷向畜牧业转移的新情况,山西省农业厅晋农业(牧)字(98)91号提出了《关于积极引导非畜牧企业和个人转产畜牧业的意见》。

• 5月,山西省农业厅在夏县召开了"全省畜牧系统兴办实体经验交流暨夏县现场会。"

• 8月,针对全省生猪市场的急剧变化,山西省人民政府以晋政发电(1998)8号下发了《关于稳定生猪生产的通知》,同时拨专款400万元,保护省、地级一、二级种猪场。

• 12月,山西省人民政府召开了"全省草地建设工作会议",制定了《山西省1999—2010年草地建设发展纲要》、《山西省草地建设示范县项目实施方案》、《山西省飞播牧草1999年实施方案》、《山西省牧草种子生产基地建设项目1999年实施方案》等有关文件。

• 12月,由李茂岚主编的《建设畜牧业强省的战略抉择》出版,从理论、政策、技术、管理等多视角、多层次分析研究了山西畜牧业的沿革、发展现状及未来趋势。

(山西省农业厅畜牧局供稿)

内蒙古自治区

• 2月14日,在呼和浩特市召开内蒙古自治区畜牧局长会议。会议安排部署了1998年畜牧业工作并与各盟市签订了生产责任状;表彰奖励1997年获自治区畜牧业综合奖盟市,一等奖为:锡盟、乌盟、兴安盟、伊盟、巴盟;二等奖为:呼盟、赤峰市、呼市、阿盟、包头市;三等奖为:乌海市;会议学习讨论了《认真贯彻落实党的十五大精神,确保畜牧业生产持续丰收》的报告。

• 2月17日,在呼和浩特市召开了内蒙古自治区牲畜"种子工程"工作会议,各盟市分管畜牧业的盟市长及畜牧局长出席了会议。会上,郝益东副主席与各盟市分别签订了责任状,至此,全区牲畜"种子工程"建设全面启动。

• 5月30日,为更好地实施《中华人民共和国种畜禽管理条例》,自治区制定的《内蒙古自治区种畜禽管理条例》经自治区九届人大常委会第三次会议通过并颁布实施。

• 6月~7月,内蒙古自治区人民政府统一组织7个验收组,分赴11个盟市的44旗县,对全区草原"双权一制"落实情况进行了检查验收。至此,全自治区94%草原落实了所有权,95%的可利用草原落实了使用权,71%的可利用草原承包到户。

• 8月4日,内蒙古自治区畜牧厅起草的《内蒙古自治区草原管理实施细则》,经自治区人民政府常务会议通过并颁布实施,为草原执法提供了法规依据。

• 9月3日,内蒙古自治区畜牧厅组织种羊技术组赴澳大利亚引进200只超细型美利奴种公羊,为改良现有细毛羊奠定了基础。

• 9月22日,内蒙古自治区畜牧厅印发《内蒙古自治区兽药新制剂研究管理暂行办法》和《兽药新制剂稳定性试验指导原则》,为进一步规范兽药研制创造了条件。

• 10月24日,在呼和浩特市召开内蒙古自治区实施畜牧业"双增双提"发展战略工作会议,自治区党委刘明祖书记到会并做了重要讲话,自治区政府郝益东副主席做报告。"双增双提"发展战略工作会议的召开,为促进内蒙古畜牧业向质量效益型和实现可持续发展进一步明确了方向，会议对全区畜牧业的发展具有深远的意义。

◦ 11月，《内蒙古自治区基本草牧场保护条例》经自治区人大常委会第六次会议通过，并于1999年1月10日开始实行。《条例》的发布，进一步完善了草原建设、保护法规，为基本草牧场保护提供了条件。

◦ 11月14—24日受农业部委托，自治区畜牧厅对红格塔拉种畜场、五一种畜场、内蒙古白绒山羊场、敖汉种羊场、嘎达苏种畜场、高林屯种畜场及内蒙古家畜改良站、哲盟家畜繁育指导站进行了国家级验收。

（内蒙古自治区畜牧厅供稿）

吉 林 省

◦ 1月5—6日，全省牧业工作会议在长春召开。省委副书记陈玉杰做书面讲话，副省长杨庆才到会讲话。省牧业管理局局长杨绍明在总结1997年工作的基础上，对1998年工作做了具体部署。会议指出，1998年全省的牧业工作要以党的十五大精神为指导，全面贯彻落实全省农村工作会议精神，围绕建设畜牧业大省的目标，突出产业化经营这一主线，大力推进规模经营，加大市场开发力度，高标准地建设牧业龙头加工企业，以无规定疫病区建设为重点，提高畜禽防检疫水平，推进科技进步，努力开创全省牧业工作新局面。

◦ “兴牧工程”竞赛活动全面开展。经省政府同意，从1998年开始，在全省开展为期3年的“兴牧工程”竞赛活动。这项活动以县为单位，以牧业产业化经济区、无规定疫病区和标准化畜牧站为主要建设内容。旨在通过扩大集约规模经营，强化服务保障体系建设，大力推广先进实用的配套技术，促进全省牧业进一步上档次、上水平。省牧业管理局于7月13日下发了《吉林省兴牧工程1998年竞赛活动实施方案》。在这一活动推动下，各级牧业技术推广部门兴办了各种经济实体，经济实力和服务功能有了明显增强。全省标准化畜牧站由36个增加到了93个。在完成“三定”工作的基础上，全省已有70%左右的畜牧兽医站经费得到落实，有效地稳定了基层技术推广队伍。

◦ 2月18—19日，省牧业管理局就禽业、肉猪、肉牛三大龙型经济发展情况向省委副书记陈玉杰同志做汇报。陈玉杰指出，省委已经确定肉牛、肉猪、肉鸡为全省重点龙型经济，要保证三条龙健康发展，要尽最大可能摸清国际、国内市场和当前生产情况，要形成新的经济增长点。当务之急是尽快占领市场。

◦ 4月5—6日，农业部部长陈耀邦同志一行到吉林省视察。视察组赴农安、德惠、榆树视察了三个县市的春耕生产和农业产业化发展情况。5日下午，在听取了省农业厅、省牧业局的工作汇报后，陈部长指出，吉林省是粮食大省，实行农牧结合，发展加工业，并与市场联系在一起，发展产业化，路子非常正确。发展大型龙头企业，必须高起点、高水平。在农业产业化上不要搞重复建设，现有的加工企业要充分利用，龙头企业要与农民形成利益共同体，要在加工、流通中兼顾农民的利益，可以考虑搞些农民入股企业，也可以搞合作社的方式。畜牧业的发展是调节农村剩余劳动力的一个重要方面，要通过加工流通这个环节和市场联结起来。

◦ 5月11—26日，省牧业局考察组赴河南、河北、山东三省进行牧业产业化专题考察。三省牧业产业化起点高、起步早，产业化组织程度高，形成了多种发展模式。三省各级党委、政府高度重视牧业产业化，出台了一系列力度大、可操作性的政策，制定了发展规划。牧业局党组要求全系统的干部认真学习和总结三省的经验，结合本省实际，进一步推动全省牧业产业化向纵深发展。

◦ 6月16—18日，加拿大安大略省农业技术交流团到吉林省考察。省政府赵振起副秘书长、省牧业局杨绍明局长代表省政府、省牧业管理局会见了代表团。省牧业局彭志国副局长就牧业合作项目、加拿大国际开发署援助项目与诺博部长一行进行了讨论。加方在长春期间考察了长春肉种牛繁育中心和农安县种畜场种猪分场。通过为期3天的考察，进一步加强了吉林省与加拿大的牧业技术交流与合作。

◦ 7月8日，中国共产党吉林省牧业管理局第一次代表大会在长春召开。于国志等42名代表参加了会议。卢兴副局长作报告。会议指出，全省牧业系统要高举邓小平理论伟大旗帜，全面贯彻落实党的十五大和省七次党代会精神，围绕建设畜牧业大省的目标，进一步解放思想，实事求是，高标准、高质量地加强党的思想建设、组织建设、作风建设，加强精神文明建设，把党建工作推向新的发展阶段。会议通过选举产生了中共吉林省牧业管理局第一届委员会和纪律检查委员会。

◦ 7月28日，国家农业部验收组对吉林省消灭马鼻疽疫病工作进行了检查验收。验收组认为全省各级领导重视程度高，组织健全，措施得力，技术资料齐全，数据可靠，抽检的256匹马全部为阴性，达到验收标准，顺利通过验收。这是吉林省建国以来继消灭牛瘟、牛肺疫之后又消灭的一个人畜共患疫病。

◦ 抗灾保畜取得决定性胜利。1998年，吉林省西部遭受特大洪涝灾害，给全省牧业造成直接经济损失6.7亿元。灾情发生后，全省牧业系统认真贯彻落实省委、省政府关于开展抗灾自救的指示精神，围绕“确保大灾之后无大疫、确保牲畜越冬、确保基础母畜存栏基本稳定，力争灾区一年受灾一年恢复到正常发展水平”的奋斗目标，突出防疫灭病这一重点，组织各种力量，深入灾区组织抗灾保畜和生产自救。同时，积极筹措牧业救灾资金和药品支援灾区，全省筹集牧业救灾和抗灾保畜资金1 000余万元，国家和省内外兽药厂捐助的价值310余万元的救灾药品，及时下拨受灾市、县。开展了灾后重建工作，新建和修复畜禽棚舍近10万间，秸秆青贮窖9 000余个，加工青黄贮饲料240万吨，为牲畜安全越冬创造了条件。

◦ 9月18—21日，农业部畜牧兽医局局长贾幼陵同志来吉林省检查指导牧业抗灾自救工作。检查组视察了白城市镇赉县嘎什根乡、五棵树镇及镇南种羊场等乡镇畜牧场，检查了牲畜转移点的防疫、饲草贮备、安全越冬度春等方面的工作，听取了白城市政府、镇赉县政府关于抗灾保畜工作的汇报，并就抗灾保畜工作作了重要讲话。指出，吉林省是国家重要的商品粮基地，也是国家重要牧业基地，人均占有肉量居全国第二位，省委、省政府很重视畜牧业，牧业很有优势，很有发展前途。他强调要高度重视防疫工作，认真搞好免疫驱虫，加强检疫、强化监督管理、抓好牲畜安全越冬等工作。

（吉林省牧业管理局供稿）

上 海 市

• 实施三元杂交瘦肉型商品猪良种繁育体系建设项目喜获成功。3年来，累计更新二元杂交生产母猪15.6万头，出栏以地方良种猪为主的三元杂交瘦肉型商品猪659万头，其中1998年出栏超过280万头，胴体瘦肉率由原来的46%提高到55%以上。

• 全市良种蛋鸡、肉鸡覆盖率达到100%，良种肉鸭覆盖率达到92.6%，罗曼蛋鸡辐射到全国25个省、市、自治区，占全国商品代蛋鸡总量的35%以上。

• 新一轮三洋杂交瘦肉型猪繁育体系建设方案经市政府批准。该项目建设内容包括：在闵行区、嘉定区和浦东新区建立3个外来品种良种猪场；在青浦县建立配套系祖代种猪场；直接从美国、加拿大国和法国引进杜洛克、大约克、长白等优良原种猪，从英国PIC公司引进配套系祖代种猪。项目建成后，郊区20万头生产母猪全部更新为二元杂交母猪，其中外来品种二元杂交生产母猪达10万头，年出栏纯三洋杂交瘦肉型和配套系瘦肉型商品猪200万头，瘦肉率达到60%以上。

• 全市奶牛场成乳牛年平均单产首次达到6 778千克，其中4个奶牛场年单产超过8 000千克。全市良种奶牛覆盖率达到60%以上。

• 对郊区蛋鸡生产实行定点、定量、控制生产，产蛋鸡控制量为200万只，当蛋鸡生产出现风险时，由市政府动用风险基金予以适度补贴。

• 5月，经上海市机构编制委员会同意，上海市兽医卫生监督管理所成立，人员编制定为35名，为独立建制的全民事业单位。

• 6月，上海市人民政府办公厅以沪府办(1998)18号文件转发了市农委等五部门"关于加强本市肉类市场监督管理，加大对私屠滥宰打击力度意见的通知"。

• 下半年起，上海市畜牧兽医主管部门对浙江、江苏、江西、河南、山东、安徽等6省来沪活猪和肉品实行"准运证"制度，有效控制了外来不洁肉食品进沪，取得了良好的社会效果。

• 为了稳定郊区生猪生产基础，优化品种结构，在政策导向上鼓励瘦肉型商品猪生产，市政府先后两次动用风险基金2 800多万元，对规模化养猪场的二元杂交生产母猪实行风险补贴。为了稳定蛋鸡生产，市政府先后两次动用风险基金1 200多万元，对200万只控制量蛋鸡给予补贴。

• 各县、区开始对国营、集体性质的畜禽基地场实行经营机制和经营方式转换，通过机制转换，盘活存量，用好增量，促进经营方式调活、品种结构调优、生产成本调低、经济效益调高。

• 全市首次对一、二级种猪场实行种猪生产经营许可证管理制度。

• 上海在全国率先开展了畜产品药物残留检测工作，市兽药饲料监察所专门成立了药残分析室，全年检测样品250多份。

（曹海平）

江 苏 省

• 2月24日，省农林厅召开新闻发布会，宣布今年为"畜牧良种推广年"。省政府姜永荣副省长到会作重要讲话，省农林厅冯惟珠厅长对组织开展畜牧良种推广年活动进行全面部署，省农林厅刘立人副厅长主持会议。

• 3月26日，在南京市政府召开的全市奶业工作会议上，江苏省农林厅副厅长刘立人同志首次提出"早餐吃什么牛奶加鸡蛋——推进中国人的早餐革命"的命题。此后"早餐革命"在江苏和全国产生强烈反响和广泛关注。

• 4月14—23日，省农林厅组织13个工作组就当前畜牧业生产所出现的新情况、新问题以及相应对策、措施进行专题调查。

• 4月25日，全省农业血防综合治理现场会议在仪征召开，省政府姜道远副秘书长、省农林厅刘立人副厅长、省血防站赵勇主任出席会议并讲话。

• 6月1—2日，全省蜂业工作会议在南京召开，省农林厅刘立人副厅长出席会议并讲话。

• 6月8—9日，全省奶业工作会议在南京召开，省政府姜永荣副省长出席会议并作重要讲话，省农林厅冯惟珠厅长作工作报告，刘立人副厅长主持会议。

• 7月3—4日，全省畜牧业增产增收现场会在淮阴召开，省政府姜道远副秘书长发表书面讲话，省农林厅冯惟珠厅长、刘立人副厅长出席会议并讲话。

• 8月23日，全省动物疫病防制紧急会议在南京召开，省政府姜道远副秘书长、省农林厅刘立人副厅长出席会议并讲话。

• 9月17—18日，全省兽药管理工作会议在苏州召开，省农林厅冯惟珠厅长出席会议并讲话。

• 9月24—26日，全省秸秆养畜工作会议在东海召开，省农林厅冯惟珠厅长出席会议并讲话。

• 9月25—29日，欧盟兽医专家组的两名官员 VeroeverenPaul.J 和 ThomasDavid 来江苏，就相关畜产品的加工、生产、畜禽疫病防疫体系、药残控制等进行检查。

• 10月12—16日，农业部齐景发副部长，畜牧兽医局贾幼陵局长、全国畜牧兽医总站徐定人站长等来江苏省视察畜牧兽医工作，省政府姜永荣副省长、姜道远副秘书长，省农林厅冯惟珠厅长、刘立人副厅长分别陪同。

• 11月14—15日，全省动物检疫员技能操作大比武省级决赛在苏州市举行，共决出检疫状元10人，检疫标兵20人，检疫能手48人，苏州、南京、盐城市获组织奖。省政府姜道远副秘书长、省农林厅吴沛良副厅长出席并讲话。

（江苏省农业厅畜牧局供稿）

浙 江 省

• 1月份，浙江省提出了以"进位工程"为目标的加快畜牧业发展思路，通过5年的努力，争取浙江省的畜牧业产值占农业总产值的比例和在全国的位置都有所提高。

• 2月份，浙江省畜禽及其产品防疫、检疫(验)收费票据实行统一管理，规范收取费用，实行收支二条线，"取之于牧，用之于牧"，促进了动物防检疫工作的开展。

• 3月份，为全面贯彻农业部6号令，出台了《浙江省兽用生物制品管理规定》，对兽用生物制品实行全省统一组织供应，建立了冷链体系，较好地保障了防疫灭病工作，保证畜牧业健康发展。

• 3月份，浙江省畜牧局着手部署以推广二元母猪为重点的全省猪品种改良工作,通过提高全省二元母猪的普及率来实现商品肉猪的优质化。

• 4月份,中加合作瘦肉型猪综合项目(二期)和中加奶牛育种综合项目(二期)在浙江省实施。

• 5月份,杭州灯塔养殖总场扩建项目开工。该项目完成后,将使该场成为年出栏25万头优质瘦肉型猪的大型现代化养猪场,并使浙江省的规模养猪水平上一个新的台阶。

• 8月份,浙江省政府开展了全省优质农产品评选活动,"大观山牌"种猪、金华种猪场的加系大约克、镇海种兔场的巨型长毛兔、杭州西湖畜禽养殖总场的西湖野鸭等8个畜产品获金奖,其中"大观山牌"种猪还荣获"浙江省名牌产品"称号。

• 10月份,浙江省根据上海市对进沪生猪及其肉品实行准调证制度的要求,对全省规模养猪场进行防检疫工作的重点检查,符合条件的给予注册登记,允许其产品进入上海市场。

• 12月份,浙江省龙泉市种草养畜项目通过农业部验收,取得了南方天然草山的合理利用、人工草场建设、冬闲田种草、草地建设与经济林开发相结合、家庭牧场建设等方面的经验,并为南方山区发展草地畜牧业和农民脱贫致富走出了新路。

(浙江省畜牧局供稿)

山　东　省

• 1月,山东省从新西兰引进的100只波尔山羊运抵山东,分别放在长清和无棣两县,建设成为山东省波尔山羊良种繁育中心和山东省波尔山羊原种场。随后,从加拿大引进的种牛、丹麦和法国引进的种猪也陆续抵达。

• 1月份,全省开展了《中华人民共和国动物防疫法》宣传月活动。

• 3月初,全省11 000名动物检疫员在17个市地的17个考点进行统一考试,合格的换发新证。

• 3月27日,全省畜牧工作会议在莱阳召开,邵桂芳副省长到会讲话。会议总结上年,安排部署了1998年的工作。

• 5月12—26日,全省防疫监督执法大检查在各地交互进行。

• 5月份,省畜牧局在全省开展"98齐鲁兽药质量行"活动,并依托《齐鲁牧业报》组织开展了"养殖户喜爱的企业"、"优秀产品"评选活动。

• 8月29日,省政府签发《山东省实施〈种畜禽管理条例〉办法》,10月1日正式实施。随后又修订了《山东省饲料工业管理暂行办法》。

• 9月8—10日,'98华东畜禽交易会暨山东省畜禽交易会在山东省国际博览中心举行,两万余人到会,交易额超过2.2亿元,交易会取得了圆满成功。

• 9月19日至10月1日,欧盟兽医和食品办公室(FVO)派兽医工作考察团来山东省青岛、潍坊等地,考察我国兽医结构、疫情报告和禽肉、兔肉残留及加工生产等方面的改进情况。

• 11月27日,省政府在昌邑市召开了全省无规定动物疫病区建设工作会,陈延明副省长到会讲话,标志着在山东无规定动物疫病区项目正式启动。

(山东省畜牧局供稿)

河　南　省

• 1月,利用生物工程技术保种南阳牛工作取得突破性进展。南阳牛是我国著名的地方优良品种,为了使南阳牛这优秀基因资源得以保护利用,80年代我省曾成功地选育出了南阳牛4号(胸粗系)和28号(体长系)两个新品系,促进了南阳牛品种选育、种质保护;1986—1990年又承担了中国农业科学院黄牛基因库保种资源课题,保存南阳牛5个品系种公牛冻精1.5万支(每系0.3万支)。1998年元月份开始,全国畜牧兽医总站畜禽牧草种质资源保存利用中心,资助我省开展生物工程技术保种南阳牛,目前已经保存南阳牛冷冻胚胎120枚,细管冻精1 500支。

• 3月,河南省种猪育种中心成立。该中心是由河南省畜牧局和河南省国营正阳种猪场共同出资建设的一个以种猪育种为主的综合养殖企业。中心于1998年3月开始动工兴建,1998年9月基本建设结束。中心现有生产母猪200头,120头英系大约克种猪将直接从英国引进,预计1999年9月到岸。到2000年下半年即能达到550头生产母猪的设计规模。育种中心将采用国际先进的育种手段和设备建立种猪的BLUP法选种育种体系,主选大约克和长白种猪,每个品种又根据其生产性能及用途分成3个品系。河南省种猪育种中心的成立和投入使用,不仅是我省实现科技兴牧的重要举措,也必将极大增强我省大约克和长白种猪等优良品种的供种能力。

• 3月,河南濮阳泓天威药业有限公司成为我省第一家兽药GMP合格企业。根据《兽药生产质量管理规范》(简称GMP)和《兽药生产质量管理规范实施细则》的有关规定,1998年3月,经农业部畜牧兽医局组织的"兽药生产GMP专家验收组"严格的实地考核,河南濮阳泓天威药业有限公司的生产和经营管理完全符合《规范》和《细则》的要求,顺利通过专家组的验收,被农业部畜牧兽医司批准为兽药GMP合格企业,核发有《兽药生产企业GMP合格证》。

• 5月16—19日,河南省畜牧产业化现场经验交流会在驻马店地区和信阳市召开。会议进一步贯彻落实1997年省委、省政府召开的全省畜牧产业化经营工作会议精神,参观学习驻马店地区和信阳市发展畜牧产业化的先进经验,以加快我省畜牧产业化进程;表彰1997年度畜牧工作先进单位;正确分析1998年度的畜牧业生产形势,研究对策、安排部署下半年工作。通过参观、学习,代表们研究确定了1998年下半年的工作重点。一是进一步落实1997年全省畜牧产业化经营工作会议精神,全面推进我省畜牧产业化进程。二是认清畜牧业生产形势,当好政府参谋,积极采取相应对策,确保畜牧业持续稳定发展。三是进一步改善和强化依法治牧工作,保证我省畜牧业在法制轨道上快速、持续、健康发展。四是努力做好畜牧业信息工作,为政府决策提供可靠依据,指导各地均衡安排生产。五是切实加强项目和资金管理,不断提高资金的使用效益。

• 5月,河南省良种羊育种中心项目建设全面启动。根据省政府要建立健全羊的良种繁育体系,提高全省养羊业科技水平的指示,省畜牧局经过两年的前期筹备工作,1998年5月经省计委、省土地局等批准,在中牟县姚家乡征地44.5公顷,投资930万元,建立了河南省良种羊育种中心。中心计划用2~3年的时间使基础母羊群规模达到500头,羊的存栏数达到1 200头。中心将担负全省良种羊的引进、驯化、选育和推广适应工作,年提供优质合格种羊在800只以上。

◎ 8月，达诺沙星生产线在郑州种畜场开始兴建。1998年8月经省计委批准，郑州种畜场投资800万元，按照GMP标准，设计建造了省内一流的现代化兽药生产线，年设计生产化工合成药50万吨，产值近1亿元。主导产品达诺沙星是美国研制的新一代氟喹诺酮类畜禽广谱抗菌、抗感染药，属国家级二类新药。这条生产线的建成投产，不仅填补了国内空白，也将大大提高我省畜禽疾病防治水平。

◎ 9月，鲁梅克斯菠菜在我省引种初获成功。鲁梅克斯菠菜又名饲料菠菜，原产于哈萨克斯坦。由于其生活力强，生长期长(约20年)，株高可达2米，每公顷产鲜草可达225～300吨，特别是其蛋白质含量达28%～34%，是苜蓿的2倍，且富含多种氨基酸和微量元素，被誉为“绿色黄金植物”。1995年由新疆率先引入，1997年被农业部确立为新品种。我省1998年9月开始由新疆引入，并在郑州、洛阳、商丘、新乡等地初步试种成功。试种结果表明鲁梅克斯菠菜在我省各地均可生长，除冬季外，其他时间也可播种，第2年5月结籽，第一茬鲜草产量约3 000千克。

◎ 10月13日，中加合作现代肉牛生产技术研讨班在郑州成功举办。1998年10月13—17日，全国畜牧兽医总站、农业部国际合作司与加拿大阿尔伯塔省在郑州共同举办了中加合作现代肉牛育种、生产及管理技术研讨班。全国畜牧兽医总站副站长郭式健先生、加拿大驻华使馆参赞B.Howard先生、阿尔伯塔省农业副部长Les Lyster先生及部长助理Barry Mehr先生等亲临研讨班。国内中加世行肉牛项目4个省的生产技术管理人员、9个肉牛主产省的技术管理人员、大型种牛场、肉牛生产场及部分国家级种公牛站的技术负责人等98名学员参加了研讨班。研讨班聘请了加方11位、中方4位在肉牛育种、生产、饲养管理、牛肉加工评级等领域具有丰富经验的肉牛专家授课。这次研讨班规格高、时间长、中外专家及学员多、要求严，在一定程度上提高了我国肉牛生产水平。

◎ 10月23—25日，第十届河南省家禽交易会在郑州举行。来自全国26个省(市)500余厂(场)家的代表1 500多人参加了会议，前来参观、洽谈者超过1万人次。本届交易会设室内展位250个，室外展位面积超过600平方米，交易金额达1.5亿元，是历届家禽交易会中规模最大的一次。本届交易会很好地展示了我省养禽业取得的成果、扩大了河南养禽业的对外合作与交流、研究了当前养禽业的生产形势、推广了养禽业新技术，进一步促进了产品购销与贸易合作。

◎ 10月30日，河南省纯种肉牛繁育中心顺利通过农业部验收，进入国家重点种公牛站行列。该中心自1994年建立以来，分4批从加拿大引进良种肉用种牛126头，品种包括：夏洛来、西门塔尔、利木赞、德国黄牛、全黄阿奎丹等。通过几年的纯种繁育，目前存栏达到212头，其中采精牛21头，种母牛92头，全部达到特一级标准。年产合格冻精125万粒(支)，年推广优秀后备种牛16头。成为中原地区最大的肉用种牛和冻精供种基地。

◎ 12月，《河南畜牧兽医》被评为河南省优秀科技期刊。该刊作为河南省畜牧局和河南省畜牧兽医学会主办的综合性畜牧兽医月刊，主要服务于全省广大畜牧工作者和生产者。1998年，《河南畜牧兽医》杂志全面改版，一是黑白印刷改为彩色胶印；二是由季刊改为双月刊，后又改为月刊；三是由小16开改为国际大16开。改版后的杂志栏目重新设置，面向生产，面向基层，宣传畜牧业政策法规，推广先进实用技术，传播科技知识，交流致富信息，容量更大，时效性更强。1998年《河南畜牧兽医》被评为河南省优秀科技期刊，发行量突破了15 000份，成为中原地区发行量最大的畜牧类刊物之一。

◎ 12月，河南花花牛实业股份有限公司正式挂牌。1998年12月底经河南省体改委批准，河南花花牛实业股份有限公司正式成立。该公司原是河南省畜牧局直属的郑州种畜场，在其原乳品厂和冷饮厂基础上组建的股份制企业。公司股本总额1 005.38万元人民币，河南省郑州种畜场绝对控股，拥有60.2%的股份，职工股份占39.8%。公司主要从事鲜奶及乳制品、冷制品生产经营。河南花花牛实业股份有限公司的改制成功，标志着河南省畜牧企业向现代企业制度过渡迈出了可喜的一步，对推动全省畜牧行业的企业改革起到了示范带头作用。

(河南省畜牧局供稿)

湖　北　省

◎ 3月，全省发展畜禽转化粮食工作现场会在通城县召开，重点向全省推广了通城县大力发展养猪专业户的“小规模大群体”模式及浓缩饲料＋稻谷养猪配套技术，一方面促进了浓缩饲料和饲料科学技术的普及应用，另一方面，利用湖北省现有饲料资源优势和低价的稻谷转化增值，降低饲料成本，在一定程度上减轻了市场风险带来的压力，增加了农民收入。

◎ 7月，针对生猪价格狂跌、猪市和生产剧烈波动的严峻形势，省政府办公厅以“鄂政电〔1998〕8号”明传电报下发了《关于防止生猪生产下滑的通知》，要求各地认真贯彻执行国务院发布的《生猪屠宰管理条例》，坚持对生猪实行定点屠宰、集中检疫、统一纳税、分散经营；坚决纠正屠宰“一把刀”和限制白条肉进城的错误作法，鼓励多层次、多种经济成份的单位和个体经营生猪屠宰和运销业。对缓解生猪下滑趋势、稳定生产起到了重要作用。

◎ 9月，湖北省遭受百年不遇的特大洪涝灾害，牵动了全国畜牧战线同仁们的心，他们纷纷向我们伸出援助之手，慷慨解囊，支持湖北省畜牧业抗洪救灾工作，帮助灾区人民生产自救、重建家园。截止本月底，湖北省共收到农业部以及金宇集团内蒙古生物药品厂、中国种畜进出口公司、河南当阳市奔鹿兽药厂、华中农大实验兽药厂、鄂州大康动物保健品厂调拨和捐赠的救灾兽药，价值共220多万元。

◎ 10月，全省畜牧系统广泛开展献爱心、无灾地区畜牧系统对口捐赠仔猪活动，月底统计，有1.12万头仔猪落户重灾区。

◎ 11月，按照《畜牧业“1511”科技示范服务工程实施方案》，省畜牧局组织了一次大检查。据检查统计，1998年全省有2.4万名畜牧兽医科技人员参加了此项活动，兴办科技示范村798个，科技示范户15万户，共向示范户提供饲料90万吨、种苗2 083万头只，帮助销售畜禽1 610万头(只)，示范户畜牧业经营收入每户平均1万多元。

◎ 12月，全省实施“放心肉”工程会议在宜昌市召开，畜牧部门向社会郑重承诺：今后，经畜牧部门检疫的肉保证是无疫病的放心肉。

• 同月，农业部将湖北省列为全国首批十个无规定动物疫病区项目省之一，下达了4400万元投资计划，全省涉及该项目建设的有8个地(市)、22个县(市)。

(湖北省畜牧局供稿)

广 东 省

• 中共中央政治局委员、省委书记李长春同志深入韶关、河源、东莞、湛江等地调研，视察养牛场、肉猪场、种猪场等畜牧企业，根据各市情况分别提出了加快发展肉牛产业、肉猪生产以带动当地脱贫致富的指示。

• 妥善处理香港禽流感事件影响。1997年底发生在香港的禽流感并致人死亡事件，广东省农业厅迅速做出反应，及时向省政府报告并提出对策，协助农业部专家组和世界卫生组织(WHO)工作组做好各项调查考察工作。WHO工作组于1998年1月16日开始在广东省的考察工作，访问了广东省卫生厅，广州、深圳市卫生局，以及部分卫生防疫站、医院、流行病监测点、禽场、畜禽批发市场和动物实验室。考察工作结束后，该工作组对广东的禽流感监测和防治工作给予充分肯定，并于1月28日的新闻发布会上宣布：在中国南方广东省没有发现禽流感A型H5N1病毒传染人的病例，在广东省农业厅自1994年以来的家禽业者及禽场禽流感每年常规监测收集的样品中，未发现鸡H5N1病毒。发言人强调说，各国没有公众健康的理由来禁止从中国包括香港特别行政区进口鸡和鸡肉制品。据此，2月7日恢复活鸡供港。农业部于3月24日发出"关于处理香港禽流感风波影响内地的事件中违规行为的通报"，对广东省委、省政府的高度重视，广东省农业厅的努力工作给予肯定。

• 农业部饲料质量监督检验测试中心(广州)挂牌开展工作。该中心由广东省饲料监察所承建，1997年12月通过国家级计量认证和农业部机构认可，1998年4月挂牌开展工作。按照国家技术监督局和农业部的统一部署，该中心于1998年4—8月对广东、湖南、福建、海南四省的109家配合饲料生产企业，110个猪、鸡、鸭和特种动物配合饲料产品，进行了监督检查、检验。

• 5月19—21日，广东省农业厅与云浮市畜牧局、新兴县畜牧局在联合执法检查中，发现温氏集团无证生产兽用生物制品25 001瓶，共2 500万头份，标值151 712元；无证配制兽药制剂872 602包，标值约400万元。发现温树汉集团无证配制兽药制剂121 652包(瓶)，标值约70万元。云浮市畜牧水产局对两单位进行了行政处罚，对温氏集团没收非法所得和罚款共10万元，对温树汉集团没收非法所得和罚款共1万元。

• 开展新兽药审评工作。省农业厅于1998年5月5日和11月20日分别召开第一、第二次兽药审评会，对13个兽药新制剂进行审评。

• 为促进饲料资源的开发利用，加快草食动物发展，省政府决定从1996年起每年安排300万元，建设10个省级秸秆氨化养牛示范点。1998年省财政增加70万元用于秸秆氨化养牛的科技推广。

• 总结改革开放20年广东畜牧业成就，制成《发展中的广东畜牧业》VCD光盘。

• 为加强对动物疫病的诊断和监测工作，农业部批准成立华南区动物疫病诊断中心、广东省动物疫情测报中心，广东省人民政府也批准成立广东省动物疫病监测中心，三个中心合署办公。

• 广东省农业厅畜牧办公室继1996年被评为省直机关先进基层党组织，1997年被评为广东省直属机关文明单位后，1998年畜牧办又被广东省直属机关工委授予广东省直属机关先进基层党组织称号，陈福林主任被评为广东省直属机关优秀党务工作者。

• 11月农业部批准广东省畜禽品种改良站筹建农业部种猪质量监督检验测试中心(广州)。

• 11月，广东省农业厅批准成立广东兽药研究所，进行新兽药的研制和开发工作。

• 拥有饲料加工厂、种猪场、肉猪场、屠宰场等实业的广东大型畜牧业私营企业——顺德长江实业公司兼并台山市食品集团及其各乡镇食品站32个。

• 11月国家农业部在广州召开全国种畜禽管理工作会议，对广东省的种畜禽管理工作给予肯定。

(罗建民)

广西壮族自治区

• 3月26—27日，广西草地畜牧业工作会议在南宁召开，广西壮族自治区人民政府分管领导和有关部门领导到会作了重要指示，进一步推动了广西草地畜牧业的发展。

• 4月28日，全国商品瘦肉型猪基地建设工作会议在广西桂林市召开。

• 5月28—30日，广西畜禽品种改良工作会议在广西灵山县召开，会议要求各地要以市场为导向，以品种改良为突破口，努力提高畜禽产品质量。

• 6月，广西部分地市遭受严重的洪涝灾害，畜牧业经济损失6.36亿元(现价)。

• 7月，广西浓缩饲料厂完成企业改制工作，成立广西华桂畜牧饲料有限公司。

• 7月28—29日，由广西壮族自治区人民政府菜篮子工作办公室和广西壮族自治区畜牧局联合主办的98广西饲料兽药禽苗交易会在南宁成功举办，交易会共设展位318个，来自全国18个省市和广西13个地市的代表400多人参加了交易会，前来参观洽谈的人员达两千多人。

• 10月，广西壮族自治区人民政府办公厅表彰了200名在1988—1997十年间为广西畜牧科技事业作出突出贡献的畜牧兽医工作者，并授予"广西科技兴牧先进工作者"称号。

• 10月19—21日，中国畜牧兽医学会禽病学分会第五届代表大会暨第九次学术讨论会在广西南宁召开，来自全国各地的300多名代表参加了会议。

(广西壮族自治区畜牧局供稿)

重 庆 市

• 为加强管理，1998年3月，重庆市农业局对畜牧行政管理机构进行了改革，成立了兽医处和畜牧饲料处，畜牧饲料处与重庆市饲料工业办公室合署办公。

• 7月起，重庆市首批南方草山草坡开发利用示范工程在城口县和石柱县开始实施，国家对每县无偿投入300万元，地方配套300万元，业主自筹300万元，项目的主要内容是每县建设0.0667万公顷核心优质牧草草场和辐射带动0.2667万公顷草山草坡的开发利用，大力发展牛、羊等节粮型草食牲畜。

◦ 1998年下半年，我市全面实施了生猪良种工程，重点是建设新荣昌猪Ⅰ系二级扩繁场和外种猪二级扩繁场。到1998年底，全市已建新荣昌猪Ⅰ系二级扩繁场21个，引种84套（2 268头），新建外种猪二级扩繁场4个，力争用3~5年时间，使全市的母猪基本实现良种化。

◦ 10月18日，中国重庆畜牧科技城举行了开城典礼，农业部副部长路明光临并作重要讲话。

◦ 12月，重庆市种畜场通过国家级重点种畜禽场的复查验收，再次被定为国家级重点种畜禽场。

◦ 为加强饲草饲料工作，12月27日，重庆市编委批准成立重庆市饲草饲料站，与重庆市饲料质量监测管理所合署办公。

（重庆市农业局供稿）

四川省

◦ 2月11日，四川省人民政府下发了《四川省人民政府批转省畜牧食品局关于加强动物防疫体系建设保障畜牧业持续健康发展的意见的通知》（川府发［1998］8号）。

◦ 6月9日，四川省人民政府下发了《四川省人民政府关于本世纪末基本完成牧区人草畜三配套建设任务的通知》（川府发［1998］38号）。《通知》要求把“人草畜”三配套建设作为为牧区人民办的一件实事来抓，提出了指导思想、实施原则、任务目标、措施办法。

◦ 6月，根据《种畜禽管理条例》，经国家畜禽品种审定委员会审定，农业部以农牧函［1998］5号文批准四川省培育的“南江黄羊”为肉用山羊新品种，并颁发了《畜禽新品种（配套系）证书》。

◦ 7月1日，四川省人民政府在成都举行了南江黄羊颁证新闻会，省委副书记、副，省长张中伟主持了会议，副省长敬正书代农业部向南江县颁发了南江黄羊新品种证书。南江黄羊是四川省畜牧科技人员35年辛勤劳动的结晶，不仅丰富了我国畜禽品种资源，而且填补了我国无肉用山羊品种的空白，也是我国历史上惟一经过人工培育的优良肉用山羊新品种。

◦ 7月24日，中共四川省委、省政府在甘孜州召开了全省牧区“人草畜”三配套经验现场交流会。会议总结交流了近年来牧区“人草畜”三配套建设经验，部署了今后牧区三配套建设工作，并参观了石渠、德格牧区“人草畜”三配套建设现场。省委常委刘绍先，副省长欧泽高、敬正书参加了会议。会期5天。

◦ 9月7日，省畜牧食品局向全省各地畜牧部门发出了《四川省畜牧食品局关于抓紧今年后四个月工作确保全面完成全年畜牧业各项目标任务的通知》（川畜食发［1998］118号），《通知》要求全省各地畜牧食品部门振奋精神、坚定信心、团结拼搏、扎实工作，仿真抓好今年后四个月工作，确保今年各项畜牧业目标任务的完成，夺取我省畜牧业连续第22个丰收年，为全省农业发展、农民增收、农村稳定再作新贡献。重点抓好三方面的工作：一是认清形势，坚定信心；二是突出重点，抓出实效；三是认真抓好疫病防治，确保火后无大疫。

◦ 10月9日，农业部在四川德阳市召开了全国部分省区无规定动物疫病区建设经验现场交流会，会议参观了绵竹、什邡等现场，农业部畜牧兽医局副局长冯静兰主持了会议。四川省畜牧食品局在会上做了经验交流。

◦ 11月18日，德国拜耳公司同四川省牧工商总公司合资的拜耳（四川）动物保健有限公司第二期工程奠基典礼在成都西南航空港开发区工地举行。四川省人民政府副省长李达昌，省畜牧食品局局长屈坤宁，副局长罗毅、唐宗长参加了奠基仪式。

◦ 11月21日，四川省畜牧食品局局长屈坤宁在四川省农村工作会议上的发言材料《立足省情适应需要 真正把畜牧业放到更加重要的位置》得到省委副书记、副省长张中伟的亲笔批示：“意见很好，重点突出，措施明确，务求落实，力争本世纪末畜牧业总产值能占农业产值的50%”。

◦ 12月15日，四川省畜牧食品局制订的南江黄羊、四川白猪Ⅰ系出场质量、獭兔饲养技术规范、适度规模养猪技术规范、天府肉鸭、凉山半细毛羊六个畜牧业地方标准通过了四川省技术监督局的审定，颁布实施。

◦ 12月16日，四川省人民政府省长宋宝瑞在省畜牧食品局局长屈坤宁的陪同下，视察了四川省原种猪场，并亲切接见了正在省原种猪场学习的省畜牧食品局中心学习组全体同志。宝瑞省长在听取了坤宁同志的汇报后，就全省畜牧食品工作作了重要指示，并充分肯定了省畜牧食品局全年的工作成绩。

（四川省畜牧食品局供稿）

陕西省

◦ 1998年1月1日《中华人民共和国动物防疫法》正式实施。

◦ 1998年11月3日《〈种畜禽生产经营许可证〉管理办法》发布实施。1998年7月24日《陕西省种畜禽管理办法》发布实施，陕西省农业厅印发了《陕西省种畜禽生产经营许可证管理办法》、《陕西省畜禽良种审定办法》、《陕西省畜禽品种审定委员会组织章程》配套法规。

◦ 完成了陕西省省委省政府关于奋战四年实现绿化灭荒目标，完成了绿化种草82万公顷。

◦ 9月16—17日，陕西省农业厅和陕西省农业综合开发办公室在三原县联合举办了“陕西省第二届秦川牛大赛暨秦川牛产品开发展示交易会”，陕西省省长程安东为大会题词：“让中华秦川牛走向世界！”。

◦ 1998年度在陕西省境内消灭了马鼻疽。

◦ 陕西省礼泉、三原、临渭三县区被确定为国家级秸秆养畜示范县。

◦ 为保证人民群众吃上放心肉，陕西省农业厅实施“放心肉”工程。

◦ 1998年9月22—24日陕西省农业厅在兴平市举行了“肉检”大比武活动。

◦ 1998年度引进波尔种羊240只，年底波尔种羊群已达300只规模。

◦ 1998年度引进非洲鸵鸟130只，年底鸵鸟达2 000只。

（罗创国）

（本栏目主编　王　鹰）

附　录

各地省级畜牧业行政管理、科研、教育、培训机构名录(一)

机构名称	通讯地址	电话	传真	邮编	电子邮件信箱
北　京　市					
北京市畜牧管理办公室	北京市德外冰窖口75号	010－82079018	82079079	100088	
北京市畜牧兽医总站	北京市德外冰窖口75号	010－82079096	62050142	100088	
北京市农林科学院畜牧兽医研究所	北京市海淀区西郊板井村	010－88431684	68410010	100081	
北京市兽医卫生监督检验所	北京市德外冰窖口75号	010－82079091		100088	
北京市畜牧兽医技术服务中心	北京市安外北苑	010－64232646	64232650	100012	
北京市兽医实验诊断所	北京市安外惠忠寺96号	010－64915708	64924759	100101	
北京市兽药监察所	北京市安外北苑	010－64232714		100012	
北京市动物检疫站	北京市西直门外上园村甲3号	010－62255752	62255752	100044	
北京市饲料监察所	北京市安外北苑	010－64232714		100012	
北京农学院动物科学技术系	北京市德外朱辛庄	010－80799141	80799004	102206	
北京市农业学校	北京市房山区长阳镇马场村	010－83663366	83876786	102442	
北京市畜牧学校	北京市昌平县东沙各庄	010－69704993		102209	
农业部中荷北京畜牧培训示范中心	北京市西郊上庄乡	010－62471757	62471759	102205	
北京市奶牛研究所	北京市德外清河南镇	010－62948018	62916204	100085	
天　津　市					
天津市畜牧局	天津市河西区解放南路423号	022－28231746	28301478	300210	
天津市畜牧兽医站	天津市北辰区宜兴埠镇北	022－26991123		300402	
天津市禽病中心	天津市北辰区宜兴埠镇北	022－26991123		300402	
天津市兽药监察所	天津市河西区解放南路沽海路423号	022－28309464		300210	
天津市饲料监察所	天津市河西区解放南路沽海路423号	022－28309464		300210	
天津市兽医卫生监督检验所	天津市河西区大沽南路918号	022－2386078		300210	

各地省级畜牧业行政管理、科研、教育、培训机构名录(二)

机构名称	通讯地址	电话	传真	邮编	电子邮件信箱
天津市动物检疫站	天津市河西区大沽南路918号	022－28315857		300210	
天津市饲草饲料工作站	天津市河西区解放南路沽海路423号	022－2386078		300210	
河　北　省					
河北省畜牧局	石家庄市裕华东路216号	0311－6672122	6672122	050011	hbxmjzzp@public.sj.he.cn
河北省畜牧兽医站	保定市东关大街	0312－6049545		071000	
河北省兽药监察所	石家庄市裕华路33号	0311－7046580		050051	
河北省动物检疫站	石家庄市合作路国泰街5号	0311－3635219	3635310	050051	
河北省畜牧良种服务中心	石家庄市五七畜牧良种服务中心	0311－6839392		050021	
河北省草业服务中心	石家庄市裕华中路13号	0311－6044342		050011	
河北省畜牧兽医技术服务中心	石家庄市裕华中路13号	0311－6678348		050011	
山　西　省					
山西省农业厅畜牧兽医局	太原市迎泽大街312号	0351－4043409	4178367	030001	
山西省畜禽繁育工作站	太原市迎泽大街312号	0351－4043593		030001	
山西省牧草工作站(山西省饲料工作站)	太原市迎泽大街312号	0351－4040601		030001	
山西省家畜疫病防治站	太原市晋示祠路40号	0351－6042619		030024	
山西省兽药监察所	太原市迎泽大街312号	0351－4033069		030001	
山西省饲料工作站	太原市迎泽大街312号	0351－4040601		030001	
山西省饲料监察所	太原市胜利桥	0351－4033069		030001	
山西省兽医卫生监察所	太原市晋示祠路40号	0351－6064471		030024	
内蒙古自治区					
内蒙古自治区畜牧厅	呼和浩特市兴安南路	0471－4951321	4951321	010010	
内蒙古自治区畜牧科学院	呼和浩特市鄂尔多斯路	0471－3964131	3964131	010030	
内蒙古自治区兽医工作站	呼和浩特市昭乌达路412号	0471－4303086	4302287	010010	
内蒙古自治区兽医卫生监督检验所	呼和浩特市新城区中山里29号	0471－6512221	6512221	010051	
内蒙古自治区兽药监察所	呼和浩特市昭乌达路412号	0471－4963172		010010	
内蒙古自治区家畜改良工作站	呼和浩特市东郊黑兰不塔村南	0471－4951147	4963294	010010	
内蒙古自治区草原资源监测管理站	呼和浩特市呼伦北路430路	0471－6510759		010051	
内蒙古自治区牧草种子检验站	呼和浩特市昭乌达路1号	0471－4964278		010020	
内蒙古自治区草原工作站	呼和浩特市昭乌达路	0471－4961864		010020	

各地省级畜牧业行政管理、科研、教育、培训机构名录(三)

机构名称	通讯地址	电话	传真	邮编	电子邮件信箱
内蒙古自治区畜牧业经营管理站	呼和浩特市乌兰察布东路28号	0471-4920537	4911440	010010	
内蒙古自治区畜牧兽医药械物资供应站	呼和浩特市昭乌达路	0471-4961659		010020	
内蒙古自治区畜牧业技术培训中心	呼和浩特市乌兰察布东路28号	0471-4952060		010010	
内蒙古畜牧业杂志社	呼和浩特市乌兰察布东路28号	0471-4913023	4913023	010010	
内蒙古农业大学	呼和浩特市新建西街	0471-4954466	4955077	010010	
哲里木畜牧学院	内蒙古通辽市	0475-8311702		028000	
扎兰屯农牧学校	内蒙古扎兰屯市	0470-3203061		162600	
锡林浩特牧业学校	内蒙古锡林浩特市	0479-8225956		026000	
锡林浩特牧业机械化学校	内蒙古锡林浩特市	0479-8223460		026000	
辽　宁　省					
辽宁省畜牧局	沈阳市和平区太原北街2号	024-23839320		110001	
辽宁省畜牧技术推广站	沈阳市沈河区小南街281号	024-24811642		110015	
辽宁省动物防疫站	沈阳市东陵区东陵路58号	024-88420787		110161	
辽宁省动物卫生监督检验所	沈阳市东陵区万柳塘路105号甲	024-24236879		110015	
辽宁省兽药饲料监察所	沈阳市沈河区小南街281号	024-24810160		110015	
辽宁省畜牧兽医药械管理站	沈阳市东陵区万柳塘路105号	024-24237061		110015	
辽宁省畜牧兽医科研所	辽阳市南驻路11号	0419-2125358		111000	
锦州畜牧兽医学校	锦州市人民街5段48号	0416-4167432		121001	
吉　林　省					
吉林省牧业管理局	长春市人民大街54号	0431-2716030	2711639	130051	
吉林省畜牧兽医工作站	长春市辽阳街9号	0431-7923731	7923032	130062	
吉林省草原管理总站	长春市西安大路168号	0431-7974624		130062	
吉林省兽药饲料监察所	长春市辽阳街9号	0431-7922360		130062	
吉林省动物卫生监督检验所	长春市辽阳街9号	0431-7922942		130062	
黑　龙　江　省					
黑龙江省畜牧局	哈尔滨市文府街4-1号	0451-2623191	2650907	150040	
黑龙江省家畜繁育指导站		0451-6662555	6663181	150069	
黑龙江省兽医卫生防疫站	哈尔滨市香坊区新工街13号	0451-5302896		150031	
黑龙江省畜牧技术服务中心	哈尔滨市南岗区宣西小区70栋	0451-2334892	2334891	150008	

各地省级畜牧业行政管理、科研、教育、培训机构名录(四)

机构名称	通讯地址	电话	传真	邮编	电子邮件信箱
黑龙江省草原中心试验站	哈尔滨市动力区文府街4-1号	0451-2601114	2650907		
黑龙江省兽药饲料监察所	哈尔滨市南岗区先锋路545号	0451-2315956	2315956	150001	
黑龙江省草业中心	哈尔滨市南岗区先锋路545号	0451-2315910		150009	
黑龙江省兽药监察所	哈尔滨市南岗区先锋路545号	0451-2315973		150009	
上海市					
上海市畜牧办公室	上海市斜土路1277弄14号5楼	021-64031246 64046500	64031246	200032	xmbgsh@online.sh.cn
上海市畜牧兽医站	上海市虹桥路何家塘80号	021-62688183 62688191	62689094	201103	asspshlo@online.sh.cn
上海市农业科学院畜牧兽医研究所	上海市北翟路2901号	021-62207858	62207858		
上海畜牧兽医培训中心	上海市闵行区七宝镇吴宝路7号	021-64199358 64193378	64199358	201101	
上海农学院	上海市七莘路2678号	021-64780320	64193285		
上海市农业学校,上海市农业广播电视学校	上海市松江区西新桥20号	021-57822666-226 或91237174	57822438	201600	sassj@online.sh.cn
中国农业科学院上海家畜寄生虫病研究所	上海市石龙路345弄3号	021-64369080	64828833	200232	caassp@public.sta.net.cn
江苏省					
江苏省农林厅	南京市龙江小区草场门大街	025-3737555		210013	
江苏省农林厅畜牧兽医局	南京市龙江小区草场门大街	025-3737555		210013	xmsyj@jsagri.gov.cn
江苏省畜牧兽医总站	南京市龙江小区草场门大街	025-3737555		210013	jsanimal@public1.ptt.js.cn
江苏省兽医卫生监督所	南京市汉口西路180号	025-3728398	3728398	210024	jsveth@public1.ptt.js.cn
江苏省兽药监察所	南京市汉口西路154号	025-3722735	3722735	210024	jsvet@public1.ptt.js.cn
江苏省饲料监察所	南京市汉口西路154号	025-3737944	3737944	210024	jsvet@public1.ptt.js.cn
江苏省牧业服务站	南京市汉口西路180号	025-3728853 3726029	3728853	210024	jsmgscom@public1.ptt.js.cn
江苏省动物血防站	南京市汉口西路180号	025-3728518	3728518	210024	jsvetn@public1.ptt.js.cn
中国养兔杂志科技开发部	南京市汉口西路180号	025-3720836	3720836	210024	
南京农业大学动物医学院	南京市中山门外卫岗			210095	
扬州大学畜牧兽医学院	扬州市文汇路校区	0514-7979275		225009	
江苏省家禽科学研究所	扬州市桑园路46号	0514-7233495	7233495	225003	

各地省级畜牧业行政管理、科研、教育、培训机构名录(五)

机构名称	通讯地址	电话	传真	邮编	电子邮件信箱
江苏省农业科学院畜牧兽医研究所	南京市孝陵卫钟灵路	025－4390353	4390355	210095	
江苏省畜牧兽医学校	泰州市海陵区迎宾路3号	0523－6665159	6663008	225300	
浙　江　省					
浙江省农业厅畜牧管理局	杭州市华家池63号	0571－6953947 6953707	6041245	310020	zjxm@mail.hz.zj.cn
浙江大学动物科学学院	杭州市凯旋路268号	0571－6971310 6049815	6971316	310029	wjni@.zjau.edu.cn
浙江农业科学院畜牧兽医研究所	杭州市石桥路198号	0571－6404219 6404212	6400836	310021	
浙江省畜牧兽医站		0571－6953707			
浙江省动物防疫检疫站		0571－6092463			
浙江省兽药监察所		0571－6998928			
浙江省饲料监察所		0571－6092461			
浙江省畜牧中心		0571－6953947			
安　徽　省					
安徽省农业厅畜牧局	合肥市美菱大道421号	0551－2645961 2656898	2675442 2616494	230001	lxxjldp@mail.hf.ah.cn
安徽省饲料工业办公室	合肥市美菱大道421号	0551－2610214	2675442	230001	
安徽省农业科学院畜牧兽医研究所	合肥市农科南路40号	0551－5146065	5146065	230001	
安徽农业大学畜牧水产学院	合肥市长江西路130号	0551－2823795 －3326、3328		230036	zhxirong@mail.ha.an.cn
安徽农业技术师范学院动物科学系	安徽省凤阳县城	0550－6732040	6727343	233100	
安徽省畜牧技术推广总站(安徽省动物防疫监督所)	合肥市美菱大道421号	0551－2658642	2675442	230001	Lxxjldp@mail.hf.ah.cn
安徽省兽医工作站(安徽省动物血吸虫病防治站)	合肥市金寨南路48号	0551－3524959 3519442	3524959	230022	
安徽省兽药饲料监察所	合肥市金寨南路48号	0551－3519419	3524959	230022	
安徽省畜禽品种改良站	合肥市西郊南卅岗	0551－5905108 5861415	2675442	231283	
安徽省肉种鸡场	合肥市西郊大铺头玉兰大道2.5千米处	0551－5312235	2675442	230031	
江　西　省					
江西省畜牧兽医局	南昌市省政府大院	0791－6225609	6211476	330046	Jxxmliu@public.nc.jx.cn
江西省畜牧技术推广站	南昌市郊桥	0791－3804846	3804846	330044	
江西省家畜防疫检疫站	南昌市福州支路2号	0791－6215053	6215053	330006	
江西省家畜血防站	南昌市省政府大院农业厅内	0791－6295374		330046	
江西省兽药饲料监察所	南昌市南京东路15号附1号	0791－8108874	8102314	330047	

各地省级畜牧业行政管理、科研、教育、培训机构名录(六)

机构名称	通讯地址	电话	传真	邮编	电子邮件信箱
江西农业大学	南昌市蛟桥	0791-3813479	3813556	330045	
江西省畜牧水产学校	南昌市莲塘镇	0791-5716440		330200	
江西省樟树农校	樟树市	0795-7332015		331200	
江西省养蜂研究所	江西南昌向塘镇	0791-5731366		330201	
江西省畜牧研究所	南昌市南昌县横岗	0791-5702433		330200	
江西省饲料研究所	南昌下罗	0791-8222164		330044	
江西省中兽医研究所	南昌市福州支路2号	0791-6215053	6215053	330006	
宜春农业专科学校	宜春市西郊	0795-3202198	3201571	336000	
福建省					
福建省农业厅畜牧局	福州市鼓屏路183号	0591-7856105	7824600	350003	
福建省家畜防疫站	福州市鼓屏路183号	0591-7811060		350003	
福建省家畜育种站		0591-7821064		350000	
福建省兽药饲料监察所		0591-4822114		350000	
福建省兽医卫生监督所		0591-7816824		350000	
福建省饲草站	福州市鼓屏路183号	0591-7816848		350000	
山东省					
山东省畜牧局	济南市槐荫区槐村街68号	0531-7971040 7106904	7953442 7107040	250022	http://www.sdxm.gov.cn
山东省畜牧兽医总站	济南市槐荫区槐村街68号	0531-7958781 7960953	7958783 7110343	250022	
山东省兽药监察所	济南市槐荫区槐村街68号	0531-7955591 7106954	7954094	250022	
山东省饲料监察所	济南市槐荫区槐村街68号	0531-7103441 7121342	7953474	250022	
山东省畜禽良种推广中心	济南市槐荫区槐村街68号	0531-7227020 7261442	7261443	250022	
山东省畜牧兽医研究所	济南市历城区桑园路10号	0531-8960334	8978476	250022	
山东省家禽研究所	济南市天桥区交校路1号	0531-5973184	5975835	250023	
山东农业大学	泰安市岱宗大街61号	0538-8233881 8241103	8241219	271018	
莱阳农学院	莱阳市莱阳农学院动物科学系	0535-7232428 7230252	7232256	265200	
山东省畜牧兽医学校	潍坊市胜利大街88号	0536-8792181	8796787	261041	
山东省畜牧兽医(进修)学院	济南槐荫区槐村街68号	0531-7955570 7120846	7107040 7953442	250022	
河南省					
河南省畜牧局	郑州市经五路23号	0371-5955228	5954378	450003	
河南省畜禽改良站	郑州市经五路23号	0371-5955234		450003	
河南省饲草饲料站	郑州市经五路23号	0371-5955234		450003	
河南省兽医防治站	郑州市经五路23号	0371-5937074		450003	

各地省级畜牧业行政管理、科研、教育、培训机构名录(七)

机构名称	通讯地址	电话	传真	邮编	电子邮件信箱
河南省动物检疫站	郑州市经五路23号	0371-5955234		450003	
河南省兽药监察所	郑州市经五路23号	0371-5977170		450003	
河南省畜牧兽医技术服务中心	郑州市经五路23号	0371-5927270		450003	
湖　北　省					
湖北省畜牧局	武汉市武昌涂家岭七村30号	027-87892386	87814689	430064	
湖北省动物检疫站		027-87892387	87892387		
湖北省兽药监察所		027-87812212			
湖北省兽疫防治站		027-87812218	87812219		
湖北省草地工作站		027-87272215			
湖北省畜禽良种中心		027-87397871			
湖　南　省					
湖南省畜牧局	长沙市湶湾镇畜牧大楼	0731-8882816	8861585	410006	
湖南省畜牧兽医总站	长沙市劳动东路101号	0731-5554029	5524434	410007	
湖南省畜牧兽医技术服务中心	长沙市湶湾镇畜牧大楼	0731-8861042	8866466	410006	
湖南省兽药饲料监察所	长沙市湶湾镇畜牧大楼	0731-8881313		410006	
广　东　省					
广东省农业厅畜牧办公室	广州市先烈东路135号	020-87707458 87718320	87714673	510500	txmb-01@agri.gnet.gd.cn
广东省牧草饲料工作站(广东省牧草种子检验中心)	广州市沙河龙岗路34号大院12栋	020-87714982	87714447	510500	
广东省畜禽品种改良站	广州市先烈东路135号	020-87706562 87714483	87706562	510500	gdpia@public.guangzhou.gd.cn
广东省种猪测定中心	广州市先烈东路135号	020-87706562 87737291	87706562	510500	gdpia@public.guangzhou.gd.cn
广东省兽药监察所	广州市海珠区万寿路113号	020-84412096 84412017	84412096	510230	gdccvm@sti.gd.cn
广东省饲料监察所	广州市海珠区万寿路113号	020-84412017 84412096	84412096	510230	gdccvm@sti.gd.cn
农业部饲料质量监督检验测试中心(广州)	广州市海珠区万寿路113号	020-84412096 84412017	84412096	510230	gdccvm@sti.gd.cn
广东省兽医防疫检疫站	广州市海珠区万寿路113号	020-84234848 84239101	84239101	510230	4401-015@mail.gd.agri
广东省兽医卫生监督检验所	广州市海珠区万寿路113号	020-84234848 84239101	84239101	510230	4401-015@mail.gd.agri
华南区动物疫病诊断中心	广州市海珠区万寿路113号	020-84234848 84239101	84239101	510230	4401-015@mail.gd.agri
广东省疫苗供应站	广州市先烈东路135号	020-87731184 87738053	87731184	510500	
华南农业大学动物医学系	广州五山	020-85511299-3128	87591538	510642	qyhuang@scau.edu.cn

各地省级畜牧业行政管理、科研、教育、培训机构名录(八)

机构名称	通讯地址	电话	传真	邮编	电子邮件信箱
广东省农业科学院兽医研究所	广州市天河区五山路白石岗广东农业科学院兽医研究所	020-87596391	87539473	510640	songcx@inf.sti.gd.cn
广东省农业科学院畜牧研究所	广州市天河区五山	020-87596353 87596354	87596373 85519949	510640	snkyxms@inf.sti.gd.cn
广西壮族自治区					
广西壮族自治区畜牧局	广西南宁市七星路135号	0771-2802377	2802920	530022	
广西壮族自治区畜牧总站	广西南宁市七星路135号	0771-2801674		530022	
广西壮族自治区畜牧兽医技术培训中心	广西南宁市七星路135号	0771-2802801		530022	
广西壮族自治区养蜂指导站	广西南宁市星湖路	0771-5887781		530022	
广西壮族自治区草业开发中心	广西南宁市鲤湾路5号	0771-5852440		530021	
广西壮族自治区畜牧研究所	广西南宁市邕武路24号	0771-3313099			
中国农业科学院广西壮族自治区水牛研究所	广西南宁市邕武路24号	0771-3320589			
广西壮族自治区畜禽品种改良站	广西南宁市邕武路24号	0771-3318656		530001	
广西壮族自治区兽医研究所	广西南宁市友爱北路51号	0771-5626199	5625413		
广西壮族自治区兽医防疫检疫站	广西南宁市友爱北路51号	0771-3134661		530001	
广西壮族自治区兽药监察所 广西壮族自治区饲料监测所	广西南宁市友爱北路51号	0771-3134652		530001	
广西大学动物科技学院	广西南宁市秀灵路5号	0771-3840600			
广西柳州畜牧兽医学校	广西柳州市沙塘	0772-2712214			
海南省					
海南省农业厅	海口市海府路77号	0898-5343913	5338096	570003	
海南省畜牧兽医管理站	海口市海府路	0898-5344996		570000	
海南省动物检疫站	海口市海府路73号	0898-5379684		570203	
海南省兽药饲料监察所	海口市海府路	0898-5340947		570000	
海南省兽医卫生监督检验所	海口市海府路73号	0898-5379684		570203	
重庆市					
重庆市农业局	重庆市渝中区人民路238-2号	023-69016181	63016192	400015	
重庆市兽医防疫站		023-67904834		400020	
重庆市动物卫生检疫站		023-67906944			
重庆市畜禽品种改良站		023-67919075			
重庆市畜牧兽医研究所	重庆市石桥铺玉灵洞200号	023-68611140	68639739	400039	

各地省级畜牧业行政管理、科研、教育、培训机构名录(九)

机构名称	通讯地址	电话	传真	邮编	电子邮件信箱
重庆市养猪科学研究院	重庆市荣昌县	023-46733838	46733838	402460	
重庆市农业学校	重庆市九龙坡区白市驿黄金桥	023-65702129		401329	
重庆市万县农校	重庆市万州区万忠路210号	023-58800269	58800269	405000	
重庆市饲料质量监测管理站	重庆市观音桥华新村326号				
四　川　省					
四川省畜牧食品局	成都市武侯祠大街8号	028-5583759	5541135	610041	
四川省动物防疫监督总站	成都市武侯祠大街4号	028-5079024	5079024	610041	
四川省畜禽繁育改良工作总站	成都市武侯祠大街4号	028-5551547	5581135	610041	
四川省草原工作总站	成都市武侯祠大街4号	028-5535297		610041	
四川省饲料工作总站	成都市武侯祠大街4号	028-5583643		610041	
四川省兽药饲料监察所	成都市武候祠大街4号	028-5554620		610041	
四川省动物血吸虫病防治站	成都市武侯祠大街4号	028-5188845		610041	
四川省养蜂管理站	成都市武候祠大街4号	028-5554076		610041	
四川省成都动物检疫所	成都市武候祠大街4号	028-5188734		610041	
四川省畜牧技术培训中心	成都市武候祠人街4号	028-5554116		610041	
贵　州　省					
贵州省农业厅畜牧局	贵阳市延安中路62号	0851-5824151	5824151	550001	
贵州省兽医防治站	贵阳市三桥南路371号	0851-4843947	4843947	550008	
贵州省畜禽品种改良站	贵阳市延安中路62号	0851-3629739		550001	
贵州省饲草饲料站	贵阳市延安中路62号	0851-5829719	5829719	550001	
贵州省兽药饲料监察所	贵阳市贵惠路43号	0851-5967420		550003	
云　南　省					
云南省畜牧局	昆明市华山东路43号	0871-3627108	3627108	650021	
云南省草山饲料工作站	昆明市华山东路70号	0871-3629738	3629738	650021	
云南省家畜改良工作站	昆明市华山东路70号	0871-3629739	3631530	650021	
云南省养蜂工作站	昆明市华山东路70号	0871-3160715		650021	
云南省兽医防疫总站	昆明市大古楼路圆通桥旁	0871-5159462	5159462	650051	
云南省肉牛和牧草研究中心	昆明市官渡区小哨乡	0871-7391020		650212	
云南省饲料监察所	昆明市华山东路70号	0871-3166144		650021	
云南省兽药监察所	昆明市华山东路70号	0871-3667643		650021	
西藏自治区					
西藏自治区农牧厅	拉萨市林聚路31号	0891-6322297	6335387	850000	
西藏自治区畜牧兽医技术推广站	拉萨市娘热南路15号	0891-6322689	6833716	850000	
西藏自治区动物检疫站	拉萨市娘热7号	0891-6322120		850000	

各地省级畜牧业行政管理、科研、教育、培训机构名录(十)

机构名称	通讯地址	电话	传真	邮编	电子邮件信箱
西藏自治区格尔木动物检疫站	青海省格尔木市西藏驻格动检站	0979-413309		816000	
陕西省					
陕西省农业厅畜牧局	西安市习武园11号	029-7321517	7326874	710003	shmg@public.xa.sn.cn
陕西省畜牧兽医总站	西安市北关龙首村	029-6254607	6254607	710014	
陕西省家畜改良站	泾阳县永乐店	0910-6381365		713700	
甘肃省					
甘肃省畜牧局	甘肃兰州市秦安路1号	0931-8823911 8846304	8826287	730030	gsmyxx@lz.gs.cninfo.net
甘肃省畜牧兽医研究所	甘肃平凉市崆峒东路143号	0933-8213665		744000	
甘肃省动物营养研究所	甘肃兰州市中山路199号	0931-8461295		730030	
甘肃省养蜂研究所	甘肃天水市北道区马跑泉55号	0938-2736850		741022	
甘肃草原生态研究所	甘肃兰州市嘉峪关西路456号	0931-8497314	8497553	730020	
甘肃农业大学畜牧兽医学院	甘肃兰州市安宁区营门村1号	0931-7668011-225	7668010	730070	
甘肃农业大学草业学院	甘肃兰州市安宁区营门村1号	0931-7668011-3227	7668010	730070	
西北民族学院动物科学系	甘肃兰州市西北新村1号	0931-8185569	8157162	730030	
甘肃省畜牧学校	甘肃武威市黄羊镇	0935-2217916	2611341	733006	
甘肃省畜牧科技开发中心	甘肃兰州市秦安路1号	0931-8817294		730030	
甘肃省畜牧培训中心	甘肃兰州市秦安路1号	0931-8880514		730030	
甘肃省畜牧技术推广总站	甘肃兰州市中山路199号	0931-8462830		730030	sxmzz@lz.gs.cninfo.net
甘肃省兽医技术推广总站	甘肃兰州市刘家坪146号	0931-8362079		730046	
甘肃省草原总站	甘肃兰州市刘家坪146号	0931-8368338	8368338	730046	
甘肃省动物检疫总站	甘肃兰州市中山路199号	0931-8462612		730030	
甘肃省蜂业技术推广总站	甘肃天水市北道区马跑泉55号	0938-2736850		741022	
甘肃省畜牧工程设计所	甘肃兰州市中山路199号	0931-8464381		730030	
甘肃省家畜繁育中心	甘肃武威市槐岸北路	0935-2217814		733000	
甘肃省皇城绵羊育种试验场	甘肃肃南皇城滩	0935-8808832		734031	
青海省					
青海省畜牧厅	青海省西宁市交通巷4号	0971-6136100	6141760	810008	
青海省畜牧兽医科学院	西宁市北川宁张公路43号	0971-5318310	5318044	810003	

各地省级畜牧业行政管理、科研、教育、培训机构名录(十一)

机构名称	通讯地址	电话	传真	邮编	电子邮件信箱
青海大学农牧学院	西宁市北川宁张公路34号	0971－5318552		810003	
青海省湟源畜牧学校	青海省湟源县西大街	0972－432120		812100	
宁夏回族自治区					
宁夏回族自治区畜牧局	银川市玉皇阁南街48号	0951－6023320	6023232	750004	
宁夏回族自治区兽医工作站	银川市玉皇阁南街48号	0951－5044580	6085442	750004	
宁夏回族自治区畜牧工作站	银川市玉皇阁南街48号	0951－6024482		750004	
宁夏回族自治区草原工作站	银川市玉皇阁南街48号	0951－5019277		750004	
宁夏回族自治区兽药饲料监察所	银川市玉皇阁南街48号	0951－5045719		750004	
宁夏回族自治区动物检疫站	银川市华林巷12号	0951－4101043		750001	
新疆维吾尔自治区					
新疆维吾尔自治区畜牧厅	新疆乌鲁木齐市新华南路23号	0991－2818940 2810263	2818940	830001	xumutin@mail.xj.cninfo.net
新疆维吾尔自治区草原总站(草原勘测设计院)	乌鲁木齐市燕尔窝路58号	0991－2861056	2861056	830049	
农业部牧草种子质量监督检验测试中心(乌鲁木齐)					
新疆维吾尔自治区伊犁畜牧兽医学校	新疆伊宁市胜利街179号	0999 8024232	8032267	835000	
新疆畜牧科学院	新疆乌鲁木齐市克拉玛依东路21号	0991－4842414 4834107	4832351	830000	kgche@public.wl.xj.cn
新疆农业大学畜牧学院	乌鲁木齐市南昌路42号	0991－4523001－2601(或2603)	4520159	830052	bpflymww@public.wl.xj.cn
新疆维吾尔自治区畜禽繁育改良总站	新疆乌鲁木齐市西山路101号	0991－4513037 4515409		830009	
新疆维吾尔自治区蝗虫鼠害预测预报防治中心站	新疆乌鲁木齐市新华南路23号	0991－2827889	2827889	830001	
自治区畜牧科技资料编译室	新疆乌鲁木齐市新华南路23号畜牧厅编译室	0991－2818353		830001	
新疆维吾尔自治区兽医防检总站	新疆乌鲁木齐市克拉玛依东路45号	0991－4642404 4611489		830063	
新疆维吾尔自治区兽医卫生监督管理所	新疆乌鲁木齐市克拉玛依东路43号	0991－4626081 4626082		830063	
新疆维吾尔自治区兽药饲料监察所	新疆乌鲁木齐市克拉玛依东路43号	0991－4614000 4613864	4613864	830063	
大连市					
大连市农业局	大连市西岗区长春路246号	0411－2481454	2481384	116013	
大连市畜牧兽医技术服务中心	大连市西岗区伊茂沟	0411－2496876		116013	
大连市兽医卫生监督检验所	大连市西岗区伊茂沟	0411－2497141		116013	

各地省级畜牧业行政管理、科研、教育、培训机构名录(十二)

机构名称	通讯地址	电话	传真	邮编	电子邮件信箱
大连市畜牧兽医研究所	大连市沙河口区西南路700号	0411－4641831	4641831		
大连市兽药监查站	大连市沙河口区北甸子	0411－4642285		116021	
青岛市					
青岛市畜牧局	青岛市福州路28号	0532－5718911	5718900	266071	
青岛市畜牧兽医工作站	青岛市团岛路36号	0532－2872062		266001	
青岛市兽药监察所	青岛市人民路16号	0532－3835248		266015	
青岛市畜牧科技培训中心	青岛市宁夏路129号	0532－5825995		266071	
青岛市牧草管理站	青岛市福州路28号	0532－5734398		266071	
宁波市					
宁波市畜牧兽医站	宁波市环城西路南段920号	0574－7468127 7462223	7462223	315202	
厦门市					
厦门市农业局	厦门市莲前西路115号	0592－5191925	5191925	361009	
厦门市畜牧兽医站	厦门市公园南路5号	0592－2024893		361003	
厦门市兽医卫生监督所	厦门市公园南路5号	0592－2024893		361003	
厦门市家畜检疫站	厦门市莲前路牧业中心楼	0592－5193923		361009	
深圳市					
深圳市农业局	深圳市上步中路8号	0755－2245374 2244325(畜牧处)	2243867	518006	
深圳市农业科学研究中心畜牧兽医技术应用研究所	深圳市深南大道香蜜湖西侧农科中心内	0755－3702227	3701723	518040	
深圳市现代养猪及生态研究所	深圳市龙岗区坪山镇田心村	0755－8828283	2404176	518118	
深圳市兽医卫生防疫检疫所	深圳市宝安路洪二村5号	0755－5577506		518008	
深圳市肉品卫生检疫所	深圳市东门南路75号金源大厦	0755－2283863		518001	
深圳市康达尔(集团)家禽育种中心	深圳市龙岗区坑梓镇金沙村	0755－4132635	4132635	518122	
深圳市农业科技推广总站	深圳市深南大道香蜜湖西侧农科中心内	0755－3704819	3704820	518040	

1998年国家科技奖励项目名单(畜牧兽医部分)

奖项	等级	项目名称	主要完成单位
国家技术发明奖	4	家蚕新品种“陕蚕三号”的选育	陕西省蚕桑丝绸研究所等
国家科技进步奖	2	秸秆养畜示范推广(推广类)	全国畜牧兽医总站 农业部畜牧兽医司等
国家科技进步奖	2	0~2周龄肉仔鸡营养参数及饲料配制技术研究	中国农业科学院畜牧研究所等
国家科技进步奖	2	鸡传染性鼻炎病原菌分离、鉴定和油佐剂灭活疫苗的研究及推广应用	中国兽药监察所等
国家科技进步奖	2	家蚕春用多丝量新品种春·蕾×镇·珠的育成与推广	中国农业科学院蚕业研究所
国家科技进步奖	3	我国木本蛋白质饲料资源银合欢毒性及脱毒利用的研究	中国农业科学院畜牧研究所等
国家科技进步奖	3	草原毛虫病毒杀虫剂的研究、生产及在青藏高原草地的大规模应用	四川联合大学 四川省草原站等
国家科技进步奖	3	柞蚕高产优质大茧新品种选大一号选育	吉林省蚕业研究所
国家科技进步奖	3	高寒草场放牧家畜补氮技术研究	青海畜牧兽医科学院
国家科技进步奖	3	凉山半细毛羊新品种选育	四川省凉山州畜牧局等
国家科技进步奖	3	家兔巴氏菌、波氏菌血诊断及灭活油佐剂二联苗	中国农业科学院哈尔滨兽医研究所
国家科技进步奖	3	南昌白猪选育	江西省畜牧兽医局等

1998年农业部科技进步奖获奖项目(畜牧业部分)

项目名称	第一完成单位
一等奖	
瘤胃微生物脲酶抑制剂的合成与应用	中国农业科学院畜牧研究所
中国瘦肉猪新品系选育与配套研究	中国农业科学院畜牧研究所
二等奖	
病毒浓缩培养工艺与猪O型口蹄疫灭活疫苗(Ⅱ)	中国农业科学院兰州兽医研究所
牛流行热病毒亚单位疫苗和灭活疫苗	中国农业科学院哈尔滨兽医研究所
地克珠利(Diclazuril)的研制与开发	中国农业科学院上海家畜寄生虫病研究所
饲料中蛋白质等六项快速检测技术	国家饲料质量监督检验中心(北京)
饲料防霉保鲜技术及防霉剂、霉菌毒素检测新方法	中国农业科学院饲料研究所
节粮小型褐壳蛋鸡的选育	中国农业大学
牧草病害及其防治	甘肃省草原生态研究所
三等奖	
抗猪瘟转基因动物模型的建立	中国农业科学院兰州兽医研究所
仓鼠科常见六种动物种群数量变动规律及预测研究	中国农业科学院草原研究所
狐狸阴道加德纳氏菌病防治技术	中国农业科学院特产研究所
《科学养猪》	中国农业科学院畜牧研究所
盐酸甜菜碱化学合成工艺及工业化生产技术	中国农业科学院饲料研究所
系列养蜂机具的研制与应用	中国农业科学院蜜蜂研究所
肉鸡腹水综合征发病机理及药物控制研究	中国农业大学
母牛孪生机理	南京农业大学
马立克氏病病毒致瘤与非致瘤毒株的研究	南京农业大学
鸡减蛋综合征病毒单克隆抗体的制备及基因文库的构建	华南农业大学
全国畜禽疫病普查及防制对策	全国畜牧兽医总站
白绒山羊优质高产新品系的选育	内蒙古自治区畜牧科学院
牧草种子生理特性及种子技术应用的研究	内蒙古自治区农牧学院
山羊关节炎-脑炎防治技术的研究	新疆畜牧科学院兽医研究所
暖季型草坪草种子种苗生产和建坪管理技术	甘肃省草原生态研究所
甘肃草原蝗虫预测预报研究	甘肃农业大学

1998年度全国农牧渔业丰收奖获奖项目(畜牧业部分)

项 目 名 称	获奖等级	第 一 完 成 单 位
天津市良种猪饲养及加工技术	1	天津市畜牧局
天津市羔羊育肥配套饲养技术	3	天津市畜牧局
良种肉鸭及配套生产技术推广	3	河北沧洲市畜牧兽医工作站
寒冷地区塑膜暖棚养猪配套技术	2	山西省农业厅畜牧兽医局
百万肉鸡卫生保健的系列研究与推广应用	1	内蒙古赤峰铁路兽医卫生检疫站
寒冷地区塑膜棚养畜配套技术	2	辽宁省畜牧技术推广站
以综合防制五号病为主的养猪增产配套技术	3	辽宁省兽医卫生站
良种羊及饲养配套技术	3	吉林省农业科学院
上海市优质黄鸡品种开发与推广	3	上海市畜牧兽医站
鹌鹑高产综合配套技术	2	江苏声无锡市畜牧兽医站
山羊杂交改良及高产饲育配套技术	3	江苏声睢宁县多种经营管理局
以防制口蹄疫为主的养猪综合配套技术	2	浙江省农业厅畜牧管理局
安徽合肥等四市(县)良种家禽及配套饲养技术	2	安徽省农业厅畜牧局畜牧科
安徽省肥西县千万只肉禽科技示范	3	安徽省肥西县畜牧兽医站
以防治口蹄疫为主的养猪综合配套技术	2	江西省畜牧兽医局
宁阳县3 000万只规模养鸡配套技术推广	3	山东省宁阳县畜牧局
良种肉牛及配套饲养技术	1	河南省畜牧兽医技术服务中心
以防治口蹄疫为主的养猪综合配套技术	2	湖北省畜牧局
养鸡机械化技术	3	湖北省农机化技术推广总站
湖南省溆浦县“溆浦鹅的人工扩繁与饲养技术推广”	3	湖南省溆浦县种畜场
以综合防制五号病为主的养猪增产配套技术	2	四川省兽医防疫检疫总站
四川省种草养肉羊综合配套技术推广	3	四川省草原工作总站
贵州省亚热带草山草坡种草养羊综合技术	2	贵州省畜禽品种改良站
农户规模养殖综合示范推广	3	甘肃省畜牧技术推广总站
良种肉牛及饲养配套技术	2	宁夏畜牧工作站
利用优良种畜提高牛羊肉产量系列技术推广	3	青海省畜牧厅

1998年进口饲料添加剂注册目录(一)

饲料添加剂名称	生产厂家	许可证号	有效期限
9801			
罗维素 C - EC ROVIMIXC - EC	瑞士霍夫曼罗氏公司 F. HOFFMAN - LA ROCHE AG.	(98)外饲准字001号	1998.02 - 2003.02
饲料级 K_3STAB K_3STAB FEED GRADE	瑞士霍夫曼罗氏公司 F. HOFFMAN - LA ROCHE AG.	(98)外饲准字002号	1998.02 - 2003.02
妈咪奶 LITTET MILK	美国蓝雷公司 LAND O'LAKES INC. USA	(98)外饲准字003号	1998.02 - 2003.02
MSB65%	意大利威尼达公司 VANETTA SPA. ITALY	(98)外饲准字004号	1998.03 - 2003.02
MPB PLUS	意大利威尼达公司 VANETTA SPA. ITALY	(98)外饲准字005号	1998.02 - 2003.02
氨维乐 - 锌100 AVAILA - Zn100	ZINPRO CORPORATION USA	(98)外饲准字006号	1998.02 - 2003.02
氨维乐 - 铜100 AVAILA - Cu100	ZINPRO CORPORATION USA	(98)外饲准字007号	1998.02 - 2003.02
氨维乐 - 锰80 AVAILA - Mn80	ZINPRO CORPORATION USA	(98)外饲准字008号	1998.02 - 2003.02
氨维乐 - 铁60 AVAILA - Fe60	ZINPRO CORPORATION USA	(98)外饲准字009号	1998.02 - 2003.02
营佳素菜 P - 252 INGASO PIGLETP - 252	西班牙营佳素国际预混料有限公司 INTERNATIONAL DE PREMEZCLAS S. A. SPAIN	(98)外饲准字010号	1998.02 - 2003.02
喜得多 AD_3E HYDROSOL AD_3E	法国法商维克药厂股份有限公司 VIRBAC S. A. FRANCE	(98)外饲准字011号	1998.02 - 2003.02
维生素 B_2 RIBOFLAVIN FEED GRADE	日本东京田边制药株式会社 TOKYO TANABE CO., LTD.	(98)外饲准字012号	1998.02 - 2003.02
BETAFIN - SI BETAFIN - S6	芬兰制糖生化制品公司 CULTOR LTD. FINNSUGAR BIOPRODUCTS FINLAND	(98)外饲准字013号	1998.02 - 2003.02
滴爱斯 - 1000 DS - 1000	NISMIX SDN BHD, MALAYSIA	(98)外饲准字014号	1998.02 - 2003.02
倍加生 PESCAZYME	芬兰饲料国际有限公司 FFIPRODUCTION OY.	(98)外饲准字015号	1998.02 - 2003.02
速酸肥 STACIDEM 1406 - Z	INTERPHIL LABORATORIES, INC. PHILIPPINES	(98)外饲准字016号	1998.02 - 2003.02
亚罗康 BLCS	日本仁安堂药健株式会社 JAPAN JINANDO ENTERPRISES INC.	(98)外饲准字017号	1998.02 - 2003.02
亚罗康 BLCS	中国台湾源泉微生物食品股份有限公司 LIVING SPRING FOOD CO., LTD.	(98)外饲准字018号	1998.02 - 2003.02
9802			
维高新 VIGOSINE	SSNA FRANCE	(98)外饲准字019号	1998.03 - 2003.03

注:1. 登记许可证(97)外饲准字028号产品，中文名称原为“酶宝 - 100”，现改为“活酶菌 - 100”，英文名不变。

2. 登记许可证(97)外饲准字079号产品,中文名改为“利力来”，英文名不变。特此说明。

1998 年进口饲料添加剂注册目录(二)

饲料添加剂名称	生产厂家	许可证号	有效期限
超强多维补液 SUPRAVITAMINOL	SSNA FRANCE	(98)外饲准字 020 号	1998.03-2003.03
乐多仙植酸酶(液体) RONOZYME PHYTASE(L)	丹麦诺和诺德公司 NOVO NORDISK A/S	(98)外饲准字 021 号	1998.03-2003.03
乐多仙植酸酶(包被颗粒) RONOZYME PHYTASE(CT)	丹麦诺和诺德公司 NOVO NORDISK A/S	(98)外饲准字 022 号	1998.03-2003.03
罗维素安定-C35 ROVIMIX STAY-C35	瑞士霍夫罗氏公司 F. HOFFMANN-LA ROCHE AG	(98)外饲准字 023 号	1998.03-2003.03
欧多补 AMINO COMPLEX	意大利欧亚盈有限公司 TROUW NUTRITION ITALIA SPA	(98)外饲准字 024 号	1998.03-2003.03
体脱康 ET REIDRO	意大利欧亚盈有限公司 TROUW NUTRITION ITALIA SPA	(98)外饲准字 025 号	1998.03-2003.03
欲不老油 JUVELA OIL	卫材株式会社 EISAI CO., LTD. JAPAN	(98)外饲准字 026 号	1998.03-2003.03
露他维 A 500 PLUS LUTAVIT A 500 PLUS	德国巴斯夫公司 BASF AG GERMANY	(98)外饲准字 027 号	1998.03-2003.03
露他维 VM-707 LUTAVIT VM-707	德国巴斯夫公司 BASF AG GERMANY	(98)外饲准字 028 号	1998.03-2003.03
露他维 VM-107 LUTAVIT VM-107	德国巴斯夫公司 BASF AG GERMANY	(98)外饲准字 029 号	1998.03-2003.03
露他维 CP-VS-0286 LUTAVIT CP-VS-0286	德国巴斯夫公司 BASF AG GERMANY	(98)外饲准字 030 号	1998.03-2003.03
露他维 CP-VB-0286 LUTAVIT CP-BV-0286	德国巴斯夫公司 BASF AG GERMANY	(98)外饲准字 031 号	1998.03-2003.03
露他维 CP-VBB-0286 LUTAVIT VP-VBB-0286	德国巴斯夫公司 BASF AG GERMANY	(98)外饲准字 032 号	1998.03-2003.03
9803			
乐达健胃酸 HC33720-Z LUCTACID HC33720-Z	西班牙乐达有限公司 LUCTA S.A.-ANIMAL PRODUCTS DIVISION	(98)外饲准字 033 号	1998.05-2003.05
乐达健胃酸 1406-Z LUCTACID 1406-Z	西班牙乐达有限公司 LUCTA S.A.-ANIMAL PRODUCTS DIVISION	(98)外饲准字 034 号	1998.05-2003.05
乐达克霉灵 LS 1491-Z LUCTAMOLD LS 1491-Z	西班牙乐达有限公司 LUCTA S.A.-ANIMAL PRODUCTS DIVISION	(98)外饲准字 035 号	1998.05-2003.05
乐达克霉灵 HC 1777-Z LUCTAMOLD HC1777-Z	西班牙乐达有限公司 LUCTA S.A.-ANIMAL PRODUCTS DIVISION	(98)外饲准字 036 号	1998.05-2003.05
乐达香 1866-Z LUCTAROM BOVIDS 1866-Z	西班牙乐达有限公司 LUCTA S.A.-ANIMAL PRODUCTS DIVISION	(98)外饲准字 037 号	1998.05-2003.05
"杀菌王"液体杀菌剂 TERMIN-8LIQUID	美国安尼妥司大药厂 ANITOX CORP. USA	(98)外饲准字 039 号	1998.05-2003.05

1998年进口饲料添加剂注册目录(三)

饲料添加剂名称	生 产 厂 家	许 可 证 号	有 效 期 限
乐达香"S"1806-Z LUCTAROM SUCKLERS"S" 1806-Z	西班牙乐达有限公司 LUCTA S.A.-ANIMAL PRODUCTS DIVISION	(98)外饲准字038号	1998.05-2003.05
维他力2000 VITALITE-2000	印尼万力制药股份有限公司 PT.WONDERINDO PHARMATAMA	(98)外饲准字040号	1998.05-2003.05
罗曼电解多维 LOVIT VE	德国罗曼动物保健 LOHMANN ANIMAL HEALTH GMBH&CO.KG	(98)外饲准字041号	1998.05-2003.05
蛋白高 STANDARD HI-PRO 2000	PROTEIN RESOURCES, INC.	(98)外饲准字042号	1998.05-2003.05
利富满 CRIBI	LIEVENS INTERNATIONAL - LIVEAMEX N.V.	(98)外饲准字043号	1998.05-2003.05
罗维素叶酸80 SD ROVIMIX FOLIC 80 SD	瑞士霍夫曼罗氏有限公司 HOFFMANN-LA ROCHE LTD.	(98)外饲准字044号	1998.05-2003.05
罗维素H-2 ROVIMIX H-2	瑞士霍夫曼罗氏有限公司 HOFFMANN-LA ROCHE LTD.	(98)外饲准字045号	1998.05-2003.05
罗维素VL-0286 ROVIMIX VL-0286	瑞士霍夫曼罗氏有限公司 HOFFMANN-LA ROCHE LTD.	(98)外饲准字046号	1998.05-2003.25
DL-蛋氨酸 DL-METHIONINE	日本曹达株式会社 NIPPON SODA CO., LTD.	(98)外饲准字047号	1998.05-2003.05
猪乐 PIG LURE	建明工业(亚洲)有限公司 KEMIN INDUSTRIES(ASIA)PTE.LTD.	(98)外饲准字048号	1998.05-2003.05
L-赖氨酸盐酸盐 L-LYSINE MONOHYDROCHLORIDE	味之素株式会社(泰国) AJNOMOTO CO., LTD. THAILAND	(98)外饲准字049号	1998.05-2003.05
L-赖氨酸盐酸盐 L-LYSINE MONOHYDROCHLORIDE	韩国大象株式会社 DAESANG CORPORATION	(98)外饲准字050号	1998.05-2003.05
乐达香1474-Z LUCTAROM 1474-Z	西班牙乐达有限公司 LUCTA S.A.-ANIMAL PRODUCTS DIVISION	(98)外饲准字051号	1998.05-2003.05
乐达香1396-Z LUCTAROM 1396-Z	西班牙乐达有限公司 LUCTA S.A.-ANIMAL PRODUCTS DIVISION	(98)外饲准字052号	1998.05-2003.05
乐达保鲜素1606-Z LUCTAMOLD 1608-Z	西班牙乐达有限公司 LUCTA S.A.-ANIMAL PRODUCTS DIVISION	(98)外饲准字053号	1998.05-2003.05
乐达克霉灵1608-Z LUCTAMOLD 1608-Z	西班牙乐达有限公司 LUCTA S.A.-ANIMAL PRODUCTS DIVISION	(98)外饲准字054号	1998.05-2003.05
乐达克霉灵1330-Z LUCTAMOLD 1330-Z	西班牙乐达有限公司 LUCTA S.A.-ANIMAL PRODUCTS DIVISION	(98)外饲准字055号	1998.05-2003.05
乐达克霉灵1498-Z LUCTAMOLD 1498-Z	西班牙乐达有限公司 LUCTA S.A.-ANIMAL PRODUCTS DIVISION	(98)外饲准字056号	1998.05-2003.05

1998年进口饲料添加剂注册目录(四)

饲料添加剂名称	生　产　厂　家	许可证号	有效期限
宜泉乳素 LACTOSAFE	DENKAVIT NEDERLAND B.V.	(98)外饲准字057号	1998.05－2003.05
康利肥 DENKALAC	DENKAVIT NEDERLAND B.V.	(98)外饲准字058号	1998.05－2003.05
9804			
小猪添加剂301 ANA－VITE PIG CREEP 301	亚洲农业营养私人有限公司 AGRINUTRITION ASIA PTE LTE. SINGAPORE	(98)外饲准字059号	1998.07－2003.07
肉鸡添加剂201 ANA－VITE BROILER STARTER 201	亚洲农业营养私人有限公司 AGRI NUTRITION ASIA PTE LTD. SINGAPORE	(98)外饲准字060号	1998.07－2003.07
肉鸭添加剂401 ANA－VITE DUCK STARTER 401	亚洲农业营养私人有限公司 AGRINUTRITION ASIA PTE LTD. SINGAPORE	(98)外饲准字061号	1998.07－2003.07
DL－蛋氨酸 DL－METHIONINE	日本住友化学工业株工会社 SUMITOMO CHEMICAL CO., LTD. JAPAN	(98)外饲准字062号	1998.07－2003.07
生物素F－2 BIOTIN 2% FEED GRADE	日本住友化学工业株式会社 SUMITOMO CHEMICAL CO., LTD. JAPAN	(98)外饲准字063号	1998.07－2003.07
宝矿维 SOLMINVIT	荷兰英特威国际公司 INTERVET INTERNATIONAL B. V. HOLLAND	(98)外饲准字064号	1998.07－2003.07
康农一号 FARM－AID	AGRITEK INGREDIENTS INC. CANADA	(98)外饲准字065号	1998.07－2003.07
克氧 OXICAP	INDUSTRIAL TECNICA PECUARIA S.A. SPAIN	(98)外饲准字066号	1988.07－2003.07
维生素TEAM VITAMIN T. E. A. M. T TROPICAL	美国富道动物保健品有限公司 FORT DODGE ANIMAL HEALTH, LTD. U.S.A.	(98)外饲准字067号	1998.07－2003.07
富道多维(水溶性) VITAMINS & ELECTROLYTES (SOLUBLE FOR POULTRY)	美国富道动物保健品有限公司 FORT DODGE ANIMAL HEALTH, LTD. U.S.A.	(98)外饲准字068号	1998.07－2003.07
WEATHERGUARD MINERAL	加拿大PMT公司 PRAIRIE MICRO－TECH INC. CANADA	(98)外饲准字069号	1998.07－2003.07
CATAFAC	加拿大PMT公司 PRAIRIE MICRO－TECH INC. CANADA	(98)外饲准字070号	1998.07－2003.07
WET NURSE MILK PRODUCT	加拿大PMT公司 PRAIRIE MICRO－TECH INC. CANADA	(98)外饲准字071号	1998.07－2003.07
唬利灵 FORTICOAT－NL	荷兰赛马尔公司 SELKO B.V. HOLLAND	(98)外饲准字072号	1998.07－2003.07
肥得美 FEEDOMEL	比利时NUKAMEL公司 NUKAMEL N.V. BELGIUM,	(98)外饲准字073号	1998.07－2003.07
维佳宝 SUPER MULTIVITAMIN	马来西亚信达股份有限公司 AGRIPOWER SDN. BHD. MALAYSIA	(98)外饲准字074号	1998.07－2003.07

1998年进口饲料添加剂注册目录(五)

饲料添加剂名称	生产厂家	许可证号	有效期限
9805			
麦可维B5混合型 MICROVIT B5 PROMIX	法国罗纳普朗克动物营养公司 RHONE POULENC ANIMAL NUTRITION, FRANCE	(98)外饲准字075号	1998.08–2003.08
L–赖氨酸盐酸盐 L – LYSINE MONO – HYCHOCHLORIDE	巴斯夫韩国有限公司 BASF KOREA LTD.	(98)外饲准字076号	1998.08–2003.08
DL–蛋氨酸 DL – METHIONINE	德国德固萨公司 DEGUSA AG, GERMANY	(98)外饲准字077号	1998.08–2003.08
甲酸钙饲料级 CALCIUM FORMATE FEED GRADE	德国德固萨公司 DEGUSSA AG, GERMANY	(98)外饲准字078号	1998.08–2003.08
烟酰胺饲料级 NICOTINAMIDE	比利时德固萨安特卫普厂 DEGUSSA ANTWERPEN N. V. BELGIUM.	(98)外饲准字079号	1998.08–2003.08
百乐铜 BIOPLEX COPPER	美国奥特奇生物技术公司 ALLTECH, INC. U.S.A.	(98)外饲准字080号	1998.08–2003.08
百乐猛 BIOPLEX MANGANESE	美国奥特厅生物技术公司 ALLTECH, INC. U.S.A.	(98)外饲准字081号	1998.08–2003.08
百乐铁 BIOPLEX IRON	美国奥特奇生物技术公司 ALLTECH, INC. U.S.A.	(98)外饲准字082号	1998.08–2003.08
益生酵母 YEA – SACC	美国奥特奇生物技术公司 ALLTECH, INC. U.S.A.	(98)外饲准字083号	1998.08–2003.08
硒酵母 SELPLEX	美国奥特奇生物技术公司 ALLTECH, INC. U.S.A.	(98)外饲准字084号	1998.08–2003.08
可喜–得力钙 CALCI – DELICE	法国维克药厂股份有限公司 VIRBAC S.A. FRANCE	(98)外饲准字085号	1998.08–2003.08
肠膜蛋白素 DRIED PORCINE SOLUBLES	美国新多福饲料公司 NUTRA – FLO COMPANY U.S.A.	(98)外饲准字086号	1998.08–2003.08
维生素D3油 VITAMIN D3 OIL	德国巴斯夫公司 BASF AKTIENGESELL – SCHAFT, GERMANY	(98)外饲准字087号	1998.08–2003.08
维生素A油 VITAMIN A OIL	德国巴斯夫公司 BASF AKTIENGESELL – SCHAFT, GERMANY	(98)外饲准字088号	1998.08–2003.08
9806			
美他素 ANASOL	新加坡裕利(T)私人有限公司 ZUELLIG(T)PTELTD. SINGAPORE	(98)外饲准字089号	1998.09–2003.09
木聚糖酶 BIO – FEED PLUS CT	丹麦诺和诺德公司 NOVO NORDISK A/S DENMARK	(98)外饲准字090号	1998.09–2003.09
酶他富5000L NATUPHOS 5000L	德国巴斯夫公司 BASF AKTIENGESELL – SCHAFT, GERMANY	(98)外饲准字091号	1998.09–2003.09

1998年进口饲料添加剂注册目录(六)

饲料添加剂名称	生　产　厂　家	许可证号	有效期限
酶他富 5000G NATUPHOS 5000G	德国巴斯夫公司 BASF AKTIENGESELL－SCHAFF,GERMANY	(98)外饲准字 092 号	1998.09－2003.09
先达矿元 CENTRA－CALPHOS	法国中央大豆集团 CENTRAL SOYA (FRANCE)	(98)外饲准字 093 号	1998.09－2003.09
先达维利多 CENTRA－VIMIX OLIGO	法国中央大豆集团 CENTRAL SOYA(FRANCE)	(98)外饲准字 094 号	1998.09－2003.09
先达维生素 CENTRA－VIAIRE	法国中央大豆集团 CENTRAL SOYA(FRANCE)	(98)外饲准字 095 号	1998.09－2003.09
肥得乐 FOSPH ACID	西班牙 NATURE 公司 NATURE,S.A. SPAIN	(98)外饲准字 096 号	1998.09－2003.09
倍顺 CONDITIONADE	美国 OIL－DRI 公司 OIL－DRI CORPORATION OF AMERICA	(98)外饲准字 097 号	1998.09－2003.09
普利康 PRELAC	荷兰营养饲料公司 NUTRIFEED, THE NETHERLANDS	(98)外饲准字 098 号	1998.09－2003.09
霉卫宝 MILBOND－TX	美国密尔白有限公司 MILWHITE, INC.,USA	(98)外饲准字 099 号	1998.09－2003.09
9807			
安肥 1000 N－FAC 1000	美国百奥家畜国际公司 BIO－LIVESTOCK INTERNATIONAL, INC.USA	(98)外饲准字 100 号	1998.12－2003.12
武田 CVC(F)型 TAKEDA CVC TYPEF	日本武田化学工业有限公司 TAKEDA CHEMICAL INDUSTRIES, LTD.JAPAN	(98)外饲准字 101 号	1998.12－2003.12
武田 CVC(A)型 TAKEDA CVC TYPE A	日本武田化学工业有限公司 TAKEDA CHEMICAL INDUSTRIES, LTD.JAPAN	(98)外饲准字 102 号	1998.12－2003.12
消旋蛋氨酸 DL－METHIONINE	美国德固萨公司 DEGUSSA CORPORATION ALABAMA GROUP.USA	(98)外饲准字 103 号	1998.12－2003.12
MEPRON	德国德固萨公司 DEGUSSA AG. GERMANY	(98)外饲准字 104 号	1998.12－2003.12
海群生(VK3) HETRAZEEN	罗纳普朗克动物营养公司 RHONE－POULENC NUTRITION ANIMALE S.A.FRANCE	(98)外饲准字 105 号	1998.12－2003.12
麦可维 D_3 水分散型 500 MICROVIT D3 PROSOL 500	罗纳普朗克动物营养公司 RHONE－POULENC NUTRITION ANIMALE S.A.FRANCE	(98)外饲准字 106 号	1998.12－2003.12
麦可维 E 混合型 50 MICROVIT E PROMIX 50	罗纳普朗克动物营养公司 RHONE－POULENC NUTRITION ANIMALE S.A.FRANCE	(98)外饲准字 107 号	1998.12－2003.12
麦可维 B_{12} 混合型 10000 MICROVIT B12 PROMIX 10000	罗纳普朗克动物营养公司 RHONE－POULENC NUTRITION ANIMALE S.A.FRANCE	(98)外饲准字 108 号	1998.12－2003.12

1998年进口饲料添加剂注册目录(七)

饲料添加剂名称	生产厂家	许可证号	有效期限
麦可维A超性能型500 MICROVIT A SUPRA 500	罗纳普朗克动物营养公司 RHONE - POULENC NUTRITION ANIMALE S.A.FRANCE	(98)外饲准字119号	1998.12 - 2003.12
喜利康 ISILAC	荷兰营养饲料公司 NUTRIFEED, THE NETHERLANDS	(98)外饲准字110号	1998.12 - 2003.12
福多蜜 FRUCTOMIX	法国国际饲料技术公司 FEED TECHNOLOGY INTERNATIONAL.FRANCE	(98)外饲准字111号	1998.12 - 2003.12
保乐鲜 BAN - OX	美国奥特奇生物技术公司 ALLTECH, INC. BIOTECHNOLOGY CENTER. USA	(98)外饲准字112号	1998.12 - 2003.12
除臭灵 DE - ODORASE	美国奥特奇生物技术公司 ALLTECH, INC. BIOTECHNOLOGY CENTER. USA	(98)外饲准字113号	1998.12 - 2003.12
露他维H2 LUTAVIT H2	德国巴斯夫公司 BASF AKTIENGESELLCHAFT, GERMANY	(98)外饲准字114号	1998.12 - 2003.12
营养素T NUTRASAC T	加拿大纽茨比奥公司 NutriBios Corp. Canada	(98)外饲准字115号	1998.12 - 2003.12
营养酶 NUTRIZYME	加拿大纽茨比奥公司 NutriBios Corp. Canada	(98)外饲准字116号	1998.12 - 2003.12
霉敌霸 MYCO CURB	建明工业(亚洲)有限公司 KEMIN INDUSTRIES(ASIA)PTE. LTD. SINGAPORE	(98)外饲准字117号	1998.12 - 2003.12

1998年进口兽药注册目录(一)

兽药名称	生产厂家	许可证号	有效期限
(44)			
赛杜霉素钠预混剂5% SEMDURAMICIN SODIUM PREMIX(禽旺 AVIAX)	美国辉瑞公司委内瑞拉生产厂 PFIZER, S.A.VENEZUELA	(98)外兽药准字01号	1998.4 - 2003.3
烟酸诺氟沙星 NORFLOXACINE NICOTINATE	以色列雅贝克药品有限公司 ABIC LTD. PHARMACEUTIC - AL & CHEMICAL INDUSTRIES	(98)外兽药准字02号	1998.4 - 2003.3
杆菌肽锌预混剂10% ZINCBACITRACIN PREMIX (ZINC BACITRACIN 10%FEED GRADE)	匈牙利飞乐夏兽药生物制品公司 PHYLAXIA VETERINARY BIOLOGICALS CO.	(98)外兽药准字03号	1998.4 - 2003.3
磺胺间甲氧嘧啶 SULFAMONOMETHOXINE (DAIMETON)	日本富士药品工业株式会社 FUJI CHEMICAL INDUSTRIE - SLTD	(98)外兽药准字04号	1998.4 - 2003.3
磺胺间甲氧嘧啶钠 SUFAM - ONOMETHOXINE SODIUM (DAIMETON SODA)	日本富士药品工业株式会社 FUJI CHEMICAL INDUSTRIE - SLTD	(98)外兽药准字05号	1998.4 - 2003.3

1998年进口兽药注册目录(二)

兽药名称	生产厂家	许可证号	有效期限
牛至油溶液 OREGANO OIL SOLUTION (ROPADIAR)	荷兰 ROPAPHARM B. V. 公司	(98)外兽药准字06号	1998.4-2003.3
牛至油预混剂 OREGANOOIL PREMIX (ROPADIAR)	荷兰 ROPAPHARM.B.V.公司	(98)外兽药准字07号	1998.4-2003.3
三氯苯唑(肝蛭净) TRICLABENDAZOLE (Fasinex) 制剂:三氯苯唑混悬液(肝蛭净10%混悬液)	瑞士诺华动物保健有限公司 Novartis animal Health INC Switzerland	(98)外兽药准字08号	1998.4-2003.3
鸡马立克氏病活疫苗 Marek's disease Vaccine	富道动物保健品公司美国查理斯堡生产厂 Fort Dodge AnimalHealth.INC U.S.A.	(98)外兽药准字09号	1998.4-2003.3
鸡传染性法氏囊病活疫苗 Bursin-2	富道动物保健品公司美国查理斯堡生产厂 Fort Dodge Animal Health.INC U.S.A.	(98)外兽药准字10号	1998.4-2003.3
鸡新城疫法氏囊病二联灭活疫苗 Bursine N-K(ND+IBD)	富道动物保健品公司美国查理斯堡生产厂 Fort Dodge Animal Health.INC U.S.A.	(98)外兽药准字11号	1998.4-2003.3
鸡新城疫法氏囊炎支气管炎三联灭活疫苗 Pro Vac(ND+IB+IBD)	富道动物保健品公司美国查理斯堡生产厂 Fort Dodge Animal Health.INC U.S.A.	(98)外兽药准字12号	1998.4-2003.3
鸡新城疫灭活疫苗 Newcastle-K(ND)	富道动物保健品公司美国查理斯堡生产厂 Fort Dodge Animal Health.INC U.S.A.	(98)外兽药准字13号	1998.4-2003.3
鸡新城疫减蛋综合症二联灭活疫苗 Poulvac-ND+EDS	富道动物保健品公司美国查理斯堡生产厂 Fort Dodge Animal Health.INC U.S.A.	(98)外兽药准字14号	1998.4-2003.3
鸡传染性喉气管炎活疫苗 Laryngo-Vac	富道动物保健品公司美国查理斯堡生产厂 Fort Dodge Animal Health.INC U.S.A.	(98)外兽药准字15号	1998.4-2003.3
鸡新城疫支气管炎减蛋综合症三联灭活疫苗 Poulvac I-INE(EDS+ND+IB)	富道动物保健品公司美国查理斯堡生产厂 Fort Dodge Animal Health.INC U.S.A.	(98)外兽药准字16号	1998.4-2003.3
鸡传染性法氏囊炎活疫苗 IBD Live Vaccine	日本源基本生物公司 Ghen Corporation	(98)外兽药准字17号	1998.4-2003.3
鸡马立克氏病双价活疫苗 Bivalent Marek's Disease Vaccine(HVT+SBI)	日本源基生物公司 Ghen Corporation	(98)外兽药准字18号	1998.4-2003.3
(45)			
鸡传染性法氏囊病中等毒力活疫苗 Bio-bur I	美国三维公司 Tri bio Laboratories, INC. U. S. A.	(98)外兽药准字19号	1998.6-2003.5

1998年进口兽药注册目录(三)

兽药名称	生产厂家	许可证号	有效期限
鸡马立克氏病活疫苗 Marek's Disease Vaccine HVT Cell Free	美国三维公司 Tri bio Laboratories, INC. U. S. A.	(98)外兽药准字20号	1998.6-2003.5
鸡传染性喉气管炎活疫苗 Fowl Laryngo - tracheitis Vaccine	美国三维公司 Tri bio Laboratories, INC. U. S. A.	(98)外兽药准字21号	1998.6-2003.5
鸡新城疫支气管炎法氏囊病三联灭活疫苗 Nobi - Vac ND+IB+G	英特威国际有限公司荷兰疫苗厂 Intervet International B. V. Boxmeer Holland	(98)外兽药准字22号	1998.6-2003.5
鸡传染性鼻炎灭活疫苗 Nobi - Vac Coryza	英特威国际有限公司荷兰疫苗厂 Intervet International B. V. Boxmeer Holland	(98)外兽药准字23号	1998.6-2003.5
鸡马立克氏病活疫苗 HVT/SBI Marek's Disease Vaccine	美国威兰公司 Vineland laboratories U. S. A.	(98)外兽药准字24号	1998.6-2003.5
鸡毒支原体活疫苗 Vaxsafe MC (Ts - 11 Strain)	澳大利亚生物资源公司 Bioproperties Pty LTD Australia	(98)外兽药准字25号	1998.6-2003.5
鸡鼠伤寒沙门氏菌病活疫苗 Zoosaloral H	德国 Impfstoffuerk Dessau - Tomall Gmbh	(98)外兽药准字26号	1998.6-2003.5
鸡新城疫支气管炎二联灭活疫苗 Newcastle + Bronchitis Inactivated Vaceine, Oil Emulsion (VH + H120)	以色列雅贝克药物与化学工业有限公司 ABIC LTD. Pharmaceutical & Chemical Industries Israel	(98)外兽药准字27号	1998.6-2003.5
苯硫苯咪唑预混剂(胖可求,速肥加) Fenbendazole Premix (Panacur)	德国赫司特罗素动物保健品有限公司 Hoechst Roussel Vet Gmbh	(98)外兽药准字28号	1998.6-2003.5
硫酸安普霉素可溶性粉 Apramycin Sulfate Soluble Powder(Apralan Soluble)	美国礼来公司英国生产厂 Eli Lilly and Company England	(98)外兽药准字29号	1998.6-2003.5
潮霉素B预混剂1.76%(海霉素) Hygromycin B premix 1.76%(Hygromix)	美国礼来公司 Eli Lilly and Company U. S. A.	(98)外兽药准字30号	1998.6-2003.5
磷酸泰乐菌素预混剂(泰农预混剂) Tylosin Phosphate premix (Tylan Premix)	美国礼来公司 Eli Lilly and Company U. S. A.	(98)外兽药准字31号	1998.6-2003.5
泰乐菌素莱-磺胺二甲嘧啶预混剂(泰农加磺胺-100) Tylosin Phosphate Sulfamet - hazine Premix(Tylosul - 100)	美国礼来公司 Eli Lilly and Company U. S. A.	(98)外兽药准字32号	1998.6-2003.5

1998 年进口兽药注册目录(四)

兽药名称	生产厂家	许可证号	有效期限
加强安保乐 Amprol 25%	荷兰默沙东公司 Mer Sharp & Dohme B-V-	(98)外兽药准字 33 号	1998.6 – 2003.5
右旋糖酐铁注射液 10% Iron Dextran Injection 10% (Duphafral Ferrodextran + B12)	富道动物保健品公司荷兰生产厂 Fort Dodge (Duphar B-V-Weesp Holland	(98)外兽药准字 34 号	1998.6 – 2003.5
(46)			
癸甲溴氨溶液 50%(博灭特) BROMOSEPT 50%	以色列雅贝克药物与化学工业有限公司 ABIC LTD	(98)外兽药准字 35 号	1998.10 – 2003.9
恩诺沙星溶液 0.5%(拜有利口服液) ENROFLOXACIN SOLUTION	德国拜耳公司 KVP PHARMA AND VETERNA – PRODUCT FACTORY	(98)外兽药准字 36 号	1998.10 – 2003.9
硫酸粘杆菌素 COLISTIN SULFATE	日本明治制果株式会社 MEIJI SEIKA KAISA	(98)外兽药准字 37 号	1998.10 – 2003.9
恩拉霉素(安来霉素) ENRAMYCIN 制剂:恩拉霉素预混剂 F – 40 ENRAMYCIN PREMIX F – 40	日本武田药品工业株式会社 TAKEDA CHEMICAL INDUSTRIES LTD	(98)外兽药准字 38 号	1998.10 – 2003.9
赛地卡霉素(克泻痢宁) SEDECAMYCIN (TAKELAN) 制剂:赛马地卡霉素预混剂 10、20、50 SEDECAMYCIN PREMIX 10、20、50	日本武田药品工业株式会社 TAKEDA CHEMICAL INDUSTRIES LTD	(98)外兽药准字 39 号	1998.10 – 2003.9
杆菌肽锌预混剂 10%、15%(POLFA 倍力健) ZINC BACITRACIN PREMIX	波兰 POLFA 公司	(98)外兽药准字 40 号	1998.10 – 2003.9
硫酸阿普拉霉素预混剂 10%(安百痢) APRAMYCIN SULFATE PREMIX 10%	美国礼来公司英国生产厂 ELI LILLY AND COMPANY ENGLAND	(98)外兽药准字 41 号	1998.10 – 2003.9

(本栏目主编 李振华)

中国畜牧业年鉴编辑部

通讯地址　北京市朝阳区农展馆北路2号
　　　　　中国农业出版社
邮政编码　100026
电　　话　(010)65061875　64195149
　　　　　65074693
传　　真　(010)65061875　65005665
E－mail　bk@bj.col.com.cn
　　　　　nj@bj.col.com.cn

图书在版编目（CIP）数据

中国畜牧业年鉴 1999/《中国畜牧业年鉴》编辑委员会编 .-北京：中国农业出版社，2000.4

ISBN 7-109-06200-7

Ⅰ.中… Ⅱ.中… Ⅲ.畜牧业-中国-1999-年鉴
Ⅳ.S81-12

中国版本图书馆 CIP 数据核字（2000）第 17385 号

中国农业出版社出版
（北京市朝阳区农展馆北路 2 号）
（邮政编码 100026）
出版人：沈镇昭

中国农业出版社印刷厂印刷　　新华书店北京发行所发行
2000 年 4 月第 1 版　　2000 年 4 月北京第 1 次印刷

开本：787mm × 1092mm 1/16
印张：30.25　　插页：16　　字数：1105 千字
定价：150.00 元
http：//www.ccap.com.cn